Buch-Updates
Registrieren Sie dieses Buch auf unserer Verlagswebsite. Sie erhalten dann Buch-Updates und weitere, exklusive Informationen zum Thema.

Galileo
BUCH UPDATE

Und so geht's

> Einfach **www.galileodesign.de** aufrufen

<<< Auf das Logo **Buch-Updates** klicken

> Unten genannten **Zugangscode** eingeben

Ihr persönlicher Zugang zu den Buch-Updates

144146030912

Thomas Bredenfeld

Adobe Photoshop CS3
fortgeschrittene Techniken

Galileo Press

Liebe Leserin, Lieber Leser,

bereits seit langem mit Photoshop zu arbeiten hat nicht nur Vor-, sondern auch Nachteile! Denn wir Photoshop-User kennen das Programm zwar einerseits seit mehreren Versionen, klicken aber andererseits auch auf eingefahrenen Wegen, die nicht immer die besten bzw. schnellsten sind. Dabei bietet Photoshop so viele Möglichkeiten, zum Ziel zu gelangen, und mit jeder Version kommen neue hinzu.

Da ist es gut, wenn uns jemand auf neue Funktionen aufmerksam macht und uns hilft, altbekannte Werkzeuge mit neuen Augen zu sehen. Thomas Bredenfeld ist genau der Richtige. Er ist neugierig, arbeitet sich gerne in neue Funktionen ein, er ist ein Künstler und doch technisch interessiert, und er kennt Photoshop wie »seine Westentasche«. Also der perfekte Autor für dieses anspruchsvolle Buch, das inspiriert, überraschende Einblicke bietet, schnellere Wege für alte Aufgaben aufzeigt. Und so alles bietet, was fortgeschrittene Photoshop-Anwender brauchen.

Ganz wichtig für Sie: Die neuen Funktionen der Extended Version von Photoshop CS3 werden hier ausführlich präsentiert: Wo sonst haben Sie die Möglichkeit, alles über Photoshops neue 3D-Fähigkeit zu erfahren? Und wo sonst werden Ihnen die schwierigen Themen HDR und LAB prägnant erläutert und auch noch verständlich aufgezeigt, warum ein gutes Farbmangement unerlässlich ist und wie man es erreichen kann? Vertrauen Sie sich also diesem Buch an und folgen Sie seinem Autor in die Tiefen von Photoshop.

So manchen Aha-Effekt wünscht

Ruth Lahres
Lektorat Galileo Design

ruth.lahres@galileo-presss.de
www.galileodesign.de
Galileo Press • Rheinwerkallee 4 • 53227 Bonn

Teil III: Kreation in Photoshop

Die Lektionen wurden von Maike Jarsetz aufgenommen. Von Ihr stammt u. a. auch das Training »Das Photoshop-Training für digitale Fotografie«, ISBN 978-3-8362-1045-4. Sie finden folgende Filme:

Kapitel 1: Neu in Photoshop CS3

1.1	Die neue Benutzeroberfläche	(06:16 Min.)
1.2	Das Schnellauswahlwerkzeug	(06:17 Min.)
1.3	Die neuen Smartfilter	(05:40 Min.)
1.4	Der Fluchtpunkt-Filter	(03:30 Min.)
1.5	Die Funktion »Helligkeit/Kontrast«	(02:50 Min.)
1.6	Gradationskurven	(06:38 Min.)
1.7	Schwarzweiß-Umwandlung	(03:52 Min.)
1.8	Bildmapping	(02:43 Min.)
1.9	Einzelbilder zusammenfügen	(04:22 Min.)
1.10	Ein Panorama erstellen	(02:49 Min.)

Kapitel 2: Neuerungen in Camera Raw und in der Bridge

2.1	Die Bridge anpassen	(04:58 Min.)
2.2	Der Metadaten-Filter der Bridge	(05:16 Min.)
2.3	Vorschau in der Bridge	(03:15 Min.)
2.4	JPG entwickeln in Camera Raw	(04:44 Min.)
2.5	Tiefen und Lichter korrigieren mit Camera Raw	(05:36 Min.)
2.6	Retusche im Raw-Konverter	(03:16 Min.)

Camera Raw, DNG und HDR

Probleme bei Digitalfotos beheben

Retusche

Schwarzweiß, Duplex und Schmuckfarben

Farb- und Tonwertkorrekturen

Farbmanagement

Fotomontage und Composing

Effekte für Text und Bild

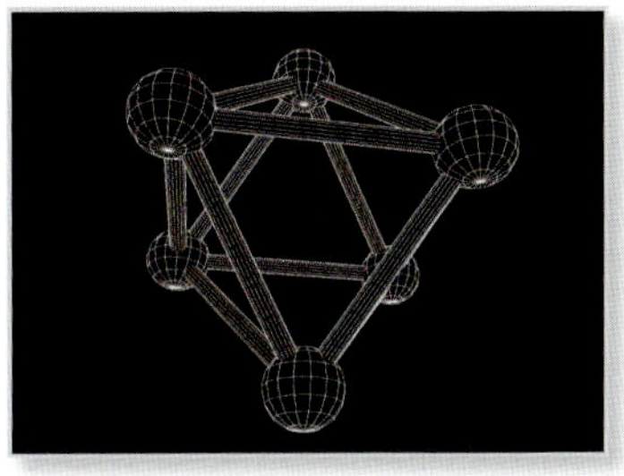

Filter

Photoshop und Web

Automatisierung in Photoshop

Photoshop und 3D

Photoshop und Video

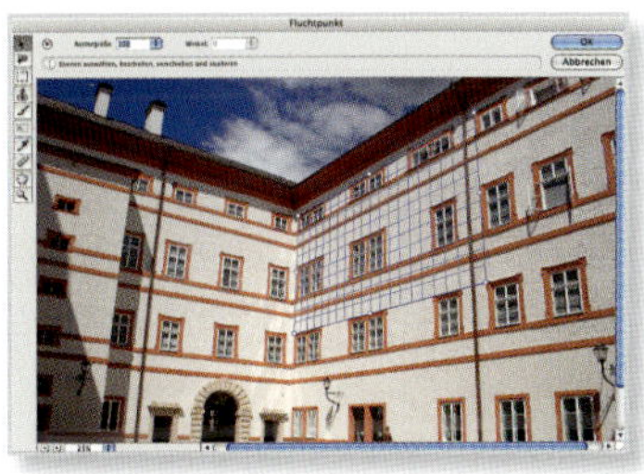

Vorwort

Sie werfen gerade den ersten Blick in ein hoffentlich interessantes Buch. Photoshop war immer interessant, und, wie es ausschaut, bleibt es das auch. Was Sie an Photoshop interessiert, wird sehr vielfältig sein. Sie sind Grafiker, Screendesigner, arbeiten beim Film oder in der Print-Produktion, sind Design-Student oder ein ambitionierter Amateurfotograf, Spieleentwickler oder Druckvorstufen-Profi? Vielleicht sind Sie auch 3D-Artist oder verdienen in der DVD-Produktion Ihr tägliches Brot. Die Bereiche, in denen Photoshop-User tätig sind, können kaum alle aufgezählt werden.

Mein Ziel beim Schreiben dieses Buches war, für die Vielfalt der Leser, die Photoshop benutzen, eine breite Auswahl an Themen zu bieten. Das Programm macht es einem dabei leicht, die erneut im Umfang erweiterte Version CS3 erst recht.

Sie arbeiten schon länger mit Photoshop und sind früheren Versionen ebenso entwachsen wie den Basics dieses Programms. Sie wollen mehr. Es gibt wenig Software von einer solchen Mächtigkeit, die auch lang gediente Nutzer immer wieder mit unentdeckten Features überrascht. Ich hoffe, dieses Buch hält solche Überraschungen für Sie bereit.

Meine Erfahrungen in der Lehre, im Training und in der eigenen Produktion haben gezeigt, dass sich der Mensch gern auf dem Wissensstand ausruht, den er gerade hat. Was einigermaßen funktioniert, wird dann immer so gemacht. Aber das Bessere ist des Guten Feind, und gerade Photoshop bietet riesige Möglichkeiten, die tägliche Arbeit schneller, effektiver, besser und auch weniger langweilig zu gestalten. Viele von Ihnen verdienen mit Photoshop ihr Einkommen – da kann es gar nicht effizient genug sein. Ihnen ist ein großer Teil dieses Buches gewidmet.

Aber auch wer Photoshop nur aus Freude an der Gestaltung nutzt, wird in diesem Buch einige interessante Anregungen finden.

Dieses Buch soll weder das Photoshop-Handbuch noch die Hilfe-Datei ersetzen und auch keine Lektüre für Einsteiger sein;

gute Grundkenntnisse werden vorausgesetzt. Es soll Hinweise geben, in welche Richtung man seine eigene Photoshop-Arbeit weiterentwickeln und verbessern kann. Die oder der eine oder andere kommt vielleicht in diesem Buch auch mit Bereichen in Berührung, die ihr oder ihm vorher kaum bekannt waren. Deshalb geht es auch immer wieder in Randbereiche, in denen Photoshop wichtig ist oder die für Photoshop wichtig sind: Video, 3D, Fotografie, Farbmanagement oder auch Programmierung. Es geht in diesem Buch auch nicht darum, was Photoshop alles kann (das würde nochmals ein oder zwei Bücher in der vorliegenden Gewichtsklasse nötig machen), sondern darum, wie man bestimmte Aufgaben in Photoshop lösen kann. Grundlegende Arbeiten mit und Funktionen von Photoshop werden nur fallweise besprochen und dann meist in zusammenfassender Form, in erster Linie für Sie zum Nachschlagen.

Die Vorstellung von thematisch passender und zusätzlich zu Photoshop verfügbarer Software in diesem Buch erhebt keinen Anspruch auf Vollständigkeit. Es wurden nur solche Programme aufgenommen, die sich im Produktionsalltag als wirklich nützlich herausgestellt haben und die möglichst sowohl für die Mac- als auch für die Windows-Plattform verfügbar sind.

Angesichts der Adaptierung der Creative Suite-Produkte auf Windows Vista und auf den Betrieb auf Macs mit Intel-Prozessoren ist natürlich noch eine Weile mit einigen Inkompatibilitäten zu rechnen, vor allem bei Programmen und Plug-ins von Drittherstellern. Diese Inkompatibilitäten werden nur fallweise erwähnt und sind sicher bei Erscheinen des Buchs oder kurze Zeit danach bereits behoben. Wer sich von der Buch-DVD Demos installieren möchte, dem sei trotzdem zuvor empfohlen, sich auf den Websites der Hersteller, die jeweils erwähnt sind, nach möglichen aktuelleren Versionen zu erkundigen.

Nun noch einige Anmerkungen bzw. Konventionen, die für das gesamte Buch gelten: `Alt` meint auch immer die `⌥`-Taste am Mac. Wird der Begriff »Kontextmenü« gebraucht, ist immer ein Klick mit der rechten Maustaste gemeint. Haben Sie am Mac noch eine Ein-Tasten-Maus, so ist hierzu gleichzeitig die `Ctrl`-Taste zu drücken.

Ist im Buch von Lesern und Nutzern die Rede, sind natürlich die werten Leserinnen und Nutzerinnen genauso angesprochen!

Dieses Buch ist gegenüber seinem Vorgänger zu Photoshop CS2 intensiv überarbeitet und im Umfang stark erweitert worden. Deshalb war es eine größere Unternehmung, ein solches Buch zu schreiben, und das konnte nicht ohne vielfältige Unterstützung gelingen. Ich möchte allen, die mir bei dieser Arbeit geholfen haben, danken, im Besonderen aber den folgenden Menschen, ohne die das Buch nicht das wäre, was Sie jetzt in den Händen halten:

Adobe in Deutschland und Österreich und besonders Ulrich Taller von PRofessional in Wien haben mich so unterstützt, wie man sich das als Autor eines Softwarebuches nur wünschen kann.

Peter Reitmayr hat bereits für den Vorgängertitel sein profundes Wissen über Farbmanagement und die Druckvorstufe mit der Durchsicht der Kapitel »Farbmanagement« und »Photoshop und Druck« beigesteuert.

Wertvolle Anregungen, Verbesserungsvorschläge und Kritik kamen von Josef Stagl, Wolfgang Krimmel, Dietmar Halbauer, Roman Drahosz, Mario Simon-Hoor, Heiner Thiel und Karl Stefan Nolz. Ihnen sei ebenso gedankt wie einer ganzen Reihe von Lesern für ihre Zuschriften zum Vorgängerbuch.

Mein Dank gilt natürlich auch dem Team von Galileo Press für die Unterstützung während der langen Arbeit, allen voran der Lektorin Ruth Lahres für ihre Geduld und ihre professionelle Betreuung.

Weiter möchte ich allen anderen Softwareherstellern danken, die mir erlaubt haben, ihre Programme und Plug-ins auf die Buch-DVD zu bringen, um den Lesern viele Downloads zu ersparen.

Ganz besonders möchte ich schließlich Sonja Bettel für ihre Geduld danken – mit meinem Buchprojekt und mit mir.

Thomas Bredenfeld

1 Was gibt es Neues in Photoshop CS3?

Adobe Photoshop geht mit der Version CS3 in die zehnte Runde. Dass den Machern von altgedienten und bewährten Programmen wie Photoshop noch immer interessante, nützliche oder gar spektakuläre Neuerungen einfallen, zeigt die neue Version des Bildbearbeitungsklassikers.

▲ **Abbildung 1.1**
Sehen Sie im Buch das Photoshop-Zeichen, so werden Ihnen hier die Neuerungen der Version CS3 erklärt.

1.1 Eine lange Geschichte

Nur wenige Programme haben eine derart lange Geschichte wie Adobe Photoshop. Die zehn Versionen haben einen maßgeblichen Anteil an der Entwicklung der elektronischen Bildbearbeitung und des Desktop-Publishings. Seit Ende der 80er-Jahre des vorigen Jahrhunderts, als Thomas Knoll gemeinsam mit seinem Bruder John die ersten Apple-Macintosh-Rechner Bilddarstellung und -bearbeitung lehrte und schließlich den Ur-Photoshop bei Adobe unterbrachte, hat sich die Computertechnik rasant entwickelt.

© Adobe

▲ **Abbildung 1.2**
Photoshop 1.0 für Mac (1990)

Ursprünglich wurde Photoshop nur für den Mac entwickelt, der ja von Anfang an ein Betriebssystem mit grafischer Oberfläche hatte. Als Microsofts DOS dann mit Windows endlich zumindest auf der Oberfläche der Kommandozeilen-Welt entwachsen war, wurde es auch reif für Photoshop.

1993 wurde mit der Version 2.5 das erste Windows-Release präsentiert. Das Kernfeature der Bildbearbeitung in Ebenen gibt es seit der Version 3.

Ab der Version 4, seit Mitte der 90er-Jahre, hat sich Photoshop neben seiner Marktführerschaft als Bildbearbeitungswerkzeug im Desktop-Publishing immer mehr auch in Richtung Bildkreationswerkzeug für Web- und Multimedia-Designer entwickelt. Mittlerweile gibt es in der produzierenden Medienbranche keinen Bereich mehr, der nicht auf irgendeine Weise mit Photoshop zu tun hat.

Was machen die Erfinder heute?
Thomas Knoll steht nach 20 Jahren noch immer an erster Stelle der Photoshop-Creditbox. John Knoll hat sich später den bewegten Bildern zugewandt und für die Special Effects zahlreicher Hollywood-Streifen, wie der »Star Wars«-Reihe, »Star Trek«, »Mission Impossible« u. a., verantwortlich gezeichnet.

1.2 Umfangreiche Produktpflege

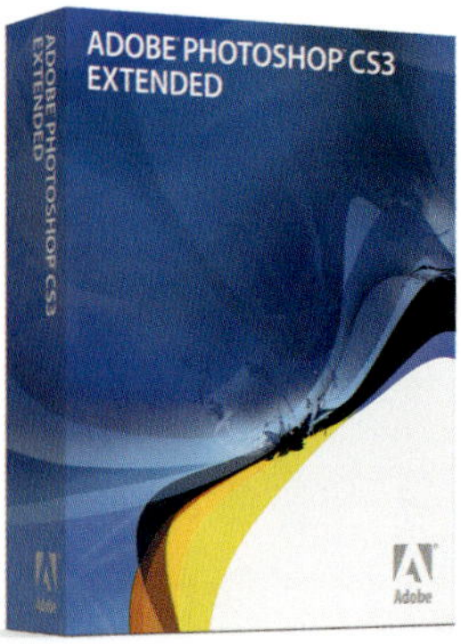

▲ **Abbildung 1.3**
Zehn Versionen und 20 Jahre nach der Urversion »Display«: Photoshop CS3 (Version 10.0, 2007)

Zum runden Geburtstag hat Photoshop nun auch bei der Versionsnummer eine runde Zahl erreicht. Photoshop 10.0 oder CS3 ist aber nicht deswegen das wichtigste Update seiner Geschichte, wie CEO Bruce Chizen im Vorfeld der Veröffentlichung der Creative Suite 3 ohne Übertreibung sagte, sondern weil Adobe mit der Neuausgabe der Suite eine ganze Reihe von wichtigen Meilensteinen zu bewältigen hatte. Das hat sich auch in einer langen Update-Pause seit der Version CS2 geäußert.

1.2.1 Universal Binaries für Mac und Support für Vista

Die native Unterstützung für die neuen Apple Macintosh-Rechner, die von Intel-Prozessoren angetrieben werden, ist nun geschafft. Dort musste Photoshop bis dato in der stark verlangsamten Rosetta-Umgebung laufen. Die native Unterstützung als Grundvoraussetzung für weiterhin flüssiges Arbeiten wurde von der professionellen Grafik-Szene am dringendsten gewünscht. Nun können Photoshop-User am Mac die neue Hardware endlich voll ausnutzen. Gleichzeitig wird natürlich auch das neue Windows-Betriebsystem Vista unterstützt.

Welche Produkte noch verschwinden

FreeHand wurde zugunsten von Illustrator aufgegeben, und GoLive ist zugunsten von Dreamweaver aus der Creative Suite verschwunden.

1.2.2 Nach der Hochzeit von Adobe und Macromedia

Nach dem Aufkauf von Macromedia hat Adobe nun die Produkte beider Firmen zu einem homogenen Portfolio zusammengeführt, Schwerpunkte einiger Programme verlegt und einige Produkte ganz eingestellt.

ImageReady | ImageReady gibt es nun nicht mehr. Nachdem in den letzten beiden Versionen immer mehr ImageReady-Features auch direkt in Photoshop verfügbar gemacht wurden und diese Zweigleisigkeit mehr und mehr zu Inkonsistenzen führte, war es von Adobe konsequent, dieses Produkt endlich verschwinden zu lassen. Dies entspricht auch dem Wunsch der meisten Nutzer.

Der Fokus Screendesign, für den ImageReady ursprünglich stand, wird nun von Fireworks CS3 übernommen, das dezidiert als »Rapid Prototyping Tool« für Screendesign positioniert wird. Es punktet vor allem durch die parallel zur Pixelgrafik verfügbaren Vektorfunktionen (die ja auf der alten FreeHand-Engine basieren). In dieser Hinsicht haben sowohl Photoshop als auch das alte ImageReady mit den Form-Funktionen hier immer etwas hinterhergehinkt. Adobe bringt mit Fireworks auch zum ersten Mal eine direkte Konkurrenz zum altbekannten Corel Draw auf den Markt, das ja ebenfalls Pixel- wie Vektorgrafik beherrscht und auch in der gleichen Preisklasse zu Hause ist.

Neues Produktdesign | Diese Zusammenführung der Produktpaletten äußert sich auch im kompletten Redesign von Packungen und Icons.

▲ **Abbildung 1.4**
Neue Icons für die Produkte der Creative Suite 3

1.2.3 Neue Collections

Wer sich mehrere Programme der Creative Suite zulegen will, braucht sich nun nicht mehr nur zwischen zwei Paketen (»Standard« und »Premium«) entscheiden, sondern hat eine wesentlich größere Auswahl:

- Eine **Creative Suite 3 Design** gibt es als Standard- und Premium-Variante. Hier sind Print- und Cross-Media-Produzenten angesprochen.
- Die ebenfalls in diesen beiden Varianten erhältliche **Creative Suite 3 Web** richtet sich eher an Web-Designer und -Entwickler.
- Zusätzlich wird es eine **Creative Suite 3 Production** geben, die mit den Kernprogrammen Premiere Pro und After Effects den Fokus auf das bewegte Bild legt.
- Wer alles in einer Box will, bekommt mit der **Master Collection** die gesamte Produktpalette mit allen zwölf Haupt- und diversen Hilfsprogrammen.

© Adobe

▲ **Abbildung 1.5**
Die verschiedenen Creative Suite 3-Pakete

1.2.4 Zwei Photoshop-Versionen

Photoshop CS3 als Beta im Test | Schon lange vor dem Erscheinen von Photoshop CS3 gab es eine Neuerung: Erstmals hat Adobe den Nutzern eines seiner wichtigsten Programme in einer öffentlichen Beta-Testphase in Form einer Vorversion zugänglich gemacht, nachdem sich dieses Vorgehen ganz offensichtlich beim neuen Adobe Photoshop Lightroom bewährt und zu weitreichenden Verbesserungen durch User-Feedback geführt hat.

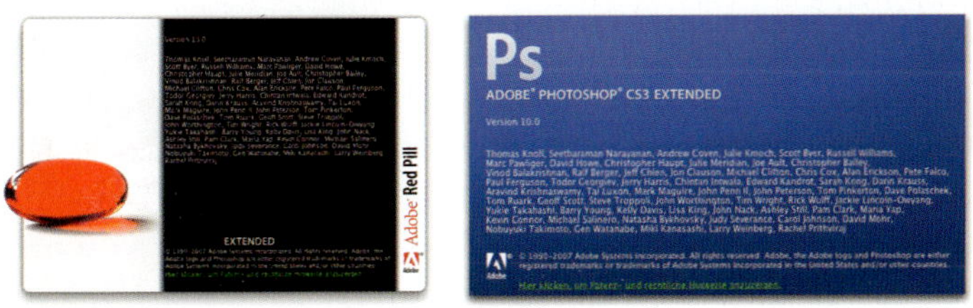

◂ **Abbildung 1.6**
Photoshop CS3: Splash Screen der Beta-Version und der finalen Version

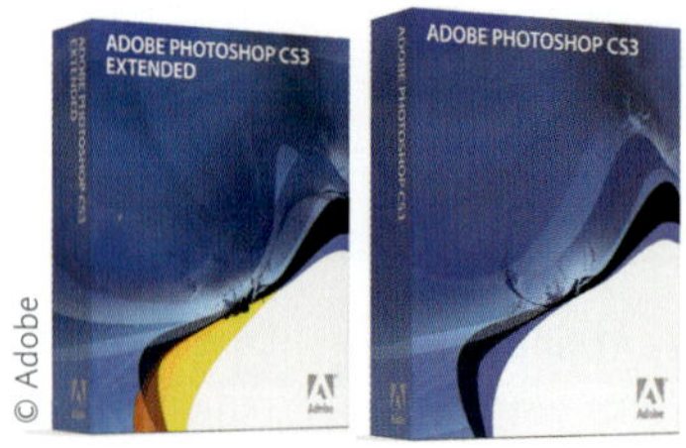

▲ **Abbildung 1.7**
Erstmals gibt es zwei Photoshop-Varianten.

Standard und Extended | Photoshop erscheint erstmals in seiner Geschichte in zwei Versionen: »Standard« und »Extended«. Die erweiterte Variante unterscheidet sich von der Grundversion vor allem durch die Unterstützung von Schnittstellen zu neuen Bereichen, in die Photoshop damit vorstoßen will, z. B. in den 3D-Bereich, in die Video-Produktion und in wissenschaftliche Bereiche. Zu den Unterschieden der beiden Versionen erfahren Sie gleich mehr in Abschnitt 1.4, »Neue Features von Photoshop CS3 Extended«.

1.2.5 Adobe Photoshop Lightroom

Erstmals seit langer Zeit bringt Adobe in der Palette seiner Grafikprodukte auch eine komplett neue, eigenständige Applikation heraus: Adobe Photoshop Lightroom.

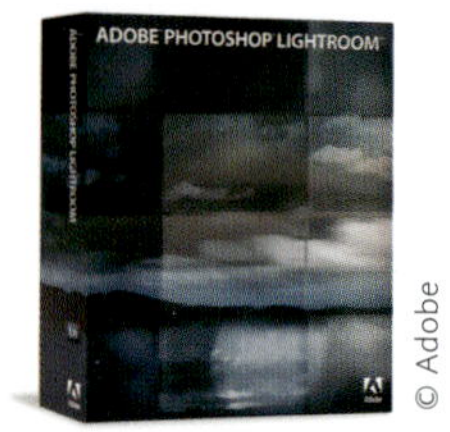

▲ **Abbildung 1.8**
Neues Produkt in der Photoshop-Familie: Adobe Photoshop Lightroom 1.2.

Auf der Buch-DVD im Ordner Adobe-Testversionen finden Sie auch eine Demoversion von Photoshop Lightroom 1.2.

Einsatz und Zielgruppe | Lightroom beherrscht als eigenständiges Programm die Massenverwaltung von digitalen Fotos ebenso wie eine schnell zu bedienende, professionelle Rohdaten-Entwicklung und Farbkorrektur sowie einfache Retuschefunktionen. Hobby-Fotografen und ambitionierten Amateuren reicht dieses Werkzeug für einen sehr attraktiven Preis nahezu für alle Aufgaben. Für Profis positioniert Adobe das neue Lightroom als sehr schnelles Arbeitsvorbereitungs- und Workflow-Tool, dem Photoshop als professionelles Finishing-Werkzeug nachgestellt wird. Dass diese Rechnung aufgegangen ist, hat sich bereits in der langen öffentlichen Beta-Test-Phase beider Programme gezeigt.

Abbildung 1.9 ▶
Bilder verwalten und für die Bearbeitung in Photoshop vorbereiten mit Lightroom

Zusammenarbeit mit Photoshop CS3 | Auch wenn Lightroom als selbstständiges Programm gedacht ist, so gehört es doch zur

Photoshop-Familie, wie Adobe das auch mit dem Namen klarmacht. Es wird deswegen auch an den entsprechenden Stellen in diesem Buch mehrmals Erwähnung finden.

Die Zusammenarbeit von Photoshop und Lightroom ist nahtlos. Man kann direkt aus Lightroom zu Photoshop wechseln (z. B. für Bildbearbeitungen, die die Fähigkeiten von Lightroom übersteigen) und einfach durch Schließen und Speichern wieder zu Lightroom zurückkehren, wo die bearbeitete Kopie neben der originalen Rohdatei zu liegen kommt und mit dieser gemeinsam in den von Lightroom verwalteten Bildbestand integriert wird.

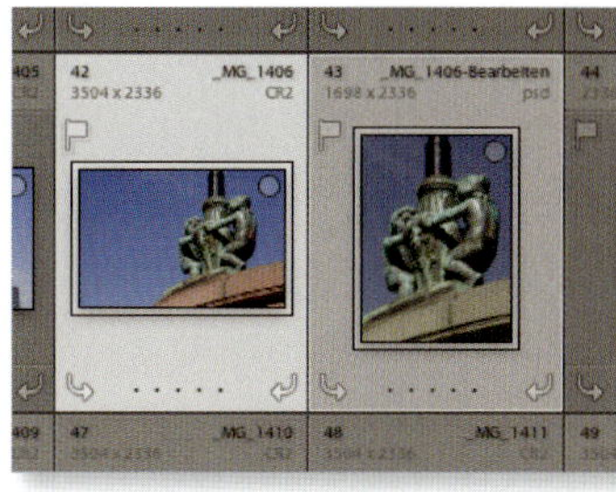

▲ **Abbildung 1.10**
Bearbeiten in Photoshop aus Lightroom heraus (links Raw-Original, rechts bearbeitete PSD-Datei)

1.3 Neue Features von Photoshop CS3 Standard und Extended

Kommen wir nun zu den neuen Funktionen und Features im Programm selbst, die sowohl für die Standard- als auch für die Extended-Version gelten.

1.3.1 Nichtdestruktive Filter

Das wahrscheinlich wichtigste neue Feature war ein wenig durch die konsequent nichtdestruktiven Werkzeuge in Lightroom vorauszuahnen: Endlich gibt es das auch in Photoshop! Seit vielen Jahren von den Grafikern gewünscht, bringt Adobe mit den Smartfiltern nun analog und ergänzend zu den bereits seit Längerem verfügbaren Ebenen-Effekten und Einstellungsebenen die nachträgliche Editierbarkeit von Filtern.

Video-Training
Auf der Buch-DVD im Ordner VIDEO-TRAINING finden Sie eine Video-Lektion zum Thema »Smartfilter«.

◄ **Abbildung 1.11**
Nichtdestruktives Arbeiten mit Filtern: voll editierbarer Weichzeichner mit Verlaufsmaske

Späteres Bearbeiten, Umgruppieren und Löschen von Filtern ist nun endlich Wirklichkeit geworden. Auch Masken für jede Filter-Ebene sind möglich. Ich denke, dass in dieser Hinsicht ein großes Aufatmen durch die Grafikerszene gehen wird: Es gibt jetzt nicht mehr viele »Points of no Return« in der Bildbearbeitung mit Photoshop.

1.3.2 Neue Benutzeroberfläche

Video-Training

Auf der Buch-DVD im Ordner VIDEO-TRAINING finden Sie eine Video-Lektion zum Thema »Neue Benutzeroberfläche«.

Im Rahmen der Bereinigung und Zusammenführung der beiden Produktpaletten von Adobe und Macromedia hat auch das User Interface der wichtigsten Programme eine Runderneuerung erfahren. Eine einzeilige Werkzeugpalette schafft gemeinsam mit zusammenklapp- und gruppierbaren Paletten (»Flyout«-Paletten) mehr Platz auf dem Bildschirm. Dem gleichen Zweck dient der maximierte Bildmodus, der sich immer an den verfügbaren Platz zwischen der Werkzeugleiste links und den Paletten rechts anpasst.

Abbildung 1.12 ►
Die neue, aufgeräumte Benutzeroberfläche von Photoshop CS3

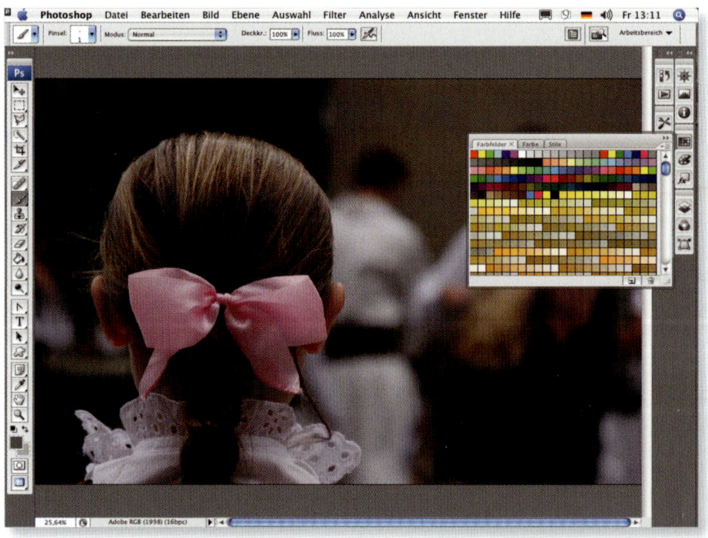

1.3.3 Auswahlwerkzeuge

Bei den Auswahlwerkzeugen hat Adobe eine Reihe von bisherigen Funktionen unter dem Dialog KANTE VERBESSERN zusammengefasst und mit einer sehr brauchbaren Vorschau versehen.

Mit dem neuen Schnellauswahlwerkzeug lassen sich Auswahlen bei geeignetem Bildmaterial einfach durch Nachmalen der Bildkanten anlegen. Ähnlich war das bisher schon unter FILTER • EXTRAHIEREN und bei Freistellungswerkzeugen von Drittherstellern zu sehen.

▲ **Abbildung 1.13**
Auswahlen bearbeiten mit KANTE VERBESSERN

1.3.4 Bildmontage und Panorama

Eine ganze Reihe neuer Möglichkeiten bietet das Funktionspaar Ebenen automatisch ausrichten und Ebene automatisch füllen. Beide Funktionen werden auch von der Funktion Photomerge benutzt, die lange unbrauchbar war und nun bei der Montage von Panoramen aus Einzelbildern endlich eine Qualität bringt, die ihren Verbleib in Photoshop rechtfertigt. Details hierzu und zu anderen Panoramaverfahren finden Sie in Abschnitt 8.10, »Panoramen«.

Video-Training

Auf der Buch-DVD im Ordner Video-Training finden Sie Video-Lektionen zu den Themen »Bildmapping«, »Einzelbilder zusammenfügen« und »Panorama«.

◄ **Abbildung 1.14**
Panorama-Montage mit Photomerge und den Funktionen Ebenen automatisch ausrichten und Ebene automatisch füllen

Hier hat Adobe stark nachgebessert. Interessanter wird allerdings für viele die Möglichkeit sein, mit Ebenen automatisch ausrichten schnell Montagen aus mehreren Fotos zu erstellen, in denen dann einfach und oft ohne großartige Nachbearbeitung unerwünschte Bildteile eliminiert werden können.

Auch die standrichtige Überlagerung mehrerer verrauschter Aufnahmen des gleichen Sujets ist so möglich, mit deren Hilfe dann mit jedem zusätzlichen Bild das Rauschen einfach aus statistischen Gründen weniger wird. Mehr hierzu folgt in Abschnitt 3.1, in dem es um die Rauschbekämpfung geht.

▲ **Abbildung 1.15**
Neue Optionen im Photomerge-Dialog

1.3.5 Schwarzweiß-Umwandlung

Stark verbessert wurde die Produktion von Schwarzweiß-Bildern. Im dafür bereits zuvor oft verwendeten Kanalmixer gibt es nun speicherbare Einstellungen.

Zusätzlich gibt es ein komplett neues Werkzeug zur Schwarzweiß-Konvertierung, das in sechs Farbtöne unterteilt ist, die sich direkt per Click-and-Drag im Bild einstellen lassen. Hier sind ebenfalls Parallelen zu ähnlichen Features in Lightroom erkennbar.

Video-Training

Auf der Buch-DVD im Ordner Video-Training finden Sie eine Video-Lektion zum Thema »Schwarzweiß-Umwandung«.

Abbildung 1.16 ▸
Der neue Dialog zum Ausarbeiten von Schwarzweiß-Bildern

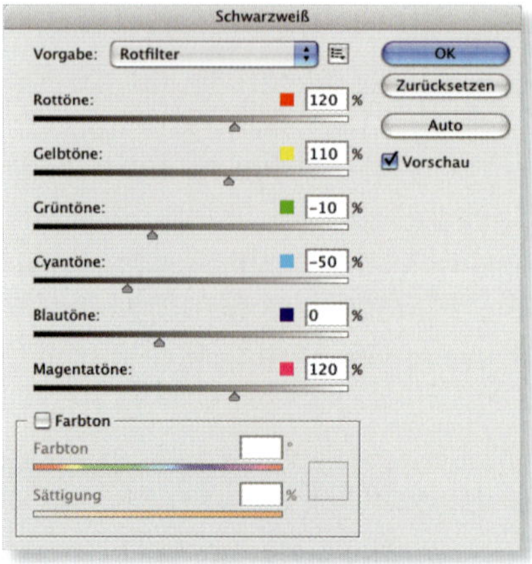

Neuheiten anzeigen lassen

Weitere Neuerungen von Photoshop CS 3 kann man sich anzeigen lassen, wenn man mit Fenster • Arbeitsbereich • Neuheiten in CS3 alle neuen Funktionen in den Menüs blau einfärbt.

1.3.6 Weitere Neuerungen

Kleine, aber feine Verbesserungen finden sich in vielen Bereichen des Programms.

Video-Training

Auf der Buch-DVD im Ordner Video-Training finden Sie eine Video-Lektion zum Thema »Gradationskurven«.

Gradationskurve | Sehr hilfreich ist die Verbesserung im Bereich der Gradationskurven, die endlich ein Histogramm enthalten.

HDR | Die Bearbeitung von HDR-Bildern (High Dynamic Range) wurde erweitert.

Kopierstempel | Die Kopierstempel-Funktionen haben nun eine eigene Palette bekommen und dazu eine interaktive Vorschaufunktion.

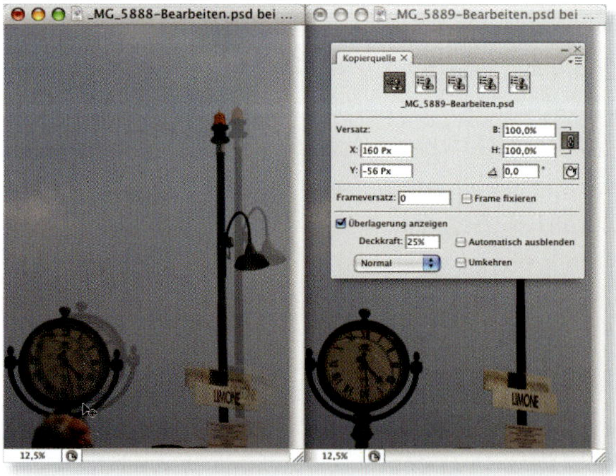

Abbildung 1.17 ▸
Der Kopierstempel hat nun einen Vorschau-Modus und gestattet mehrere Quellen, die auch skaliert und rotiert werden können.

Druckdialog | Im Bereich der Ausgabe ist der Druckdialog angenehm vereinfacht worden.

Zoomify | Für die Ausgabe hochauflösender Bilder im Web hat Adobe die »Zoomify«-Technologie lizenziert, die, verbunden mit einem einbaufertigen Viewer auf Flash-Basis, Bilder derart in verschiedenen Auflösungen und Teilgrößen bereitstellt, dass sie dann beim Betrachter schnell und über teils eindrucksvolle Zoombereiche angezeigt werden können, technisch ähnlich den Satellitenbildern von Google Earth.

◂ **Abbildung 1.18**
Riesige Bilder (hier fast 15 000 Pixel breit) lassen sich mit DATEI • EXPORTIEREN • ZOOMIFY webtauglich ausgeben und anzeigen.

1.4 Neue Features von Photoshop CS3 Extended

1.4.1 3D-Funktionen

Im 3D-Bereich ist das Fluchtpunktwerkzeug verbessert und Photoshop um echte 3D-Funktionen erweitert worden, die nun die Bearbeitung von Texturen auf 3D-Objekten sowie die Ausgabe fertiger Ansichten ohne langwierige Render-Prozesse gestatten.

▾ **Abbildung 1.19**
Mit den neuen 3D-Ebenen kann man die Texturen eines 3D-Modells in Photoshop direkt bearbeiten und auf dem Objekt betrachten.

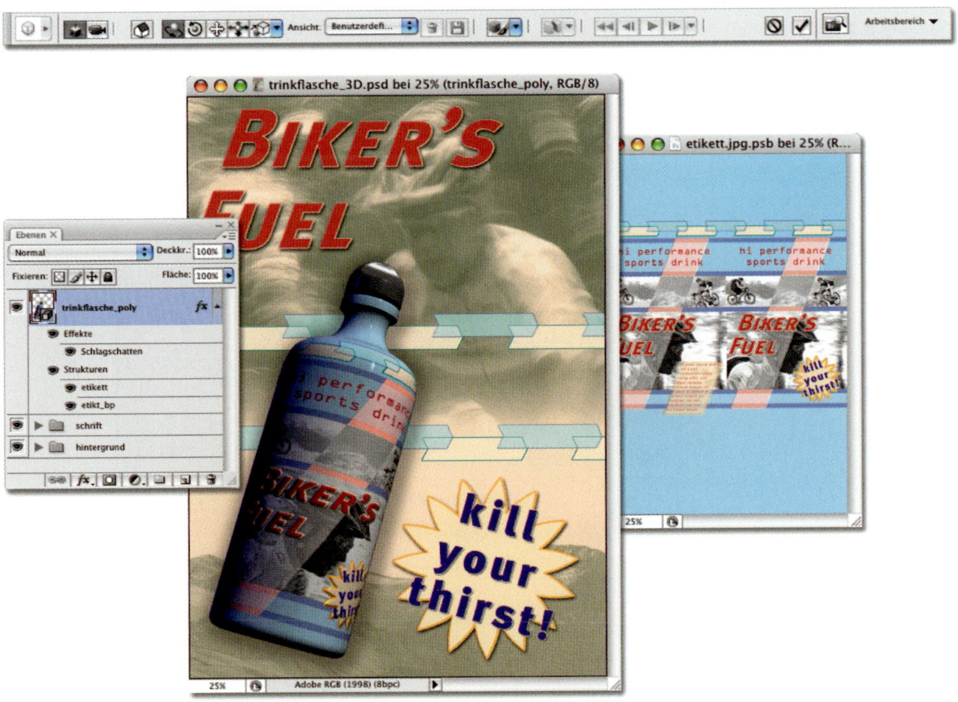

Adobe hat sicher nicht vor, Photoshop zusätzlich zum ohnehin riesigen Funktionsumfang jetzt auch noch als 3D-Anwendung am Markt zu platzieren. Die Absicht ist vielmehr, einige Abläufe in der Zusammenarbeit zwischen 3D-Artists und Grafikern stark zu vereinfachen und zu beschleunigen.

Adobe und 3D

Dass Adobe Schnittstellen zum professionellen 3D-Bereich anstrebt, hat sich ja bereits durch Acrobat 3D abgezeichnet. Verbunden damit gibt es in diesem Bereich auch neue Messfunktionen.

Eine Anwendergruppe findet sich hier sicher im Bereich Engineering und Produktdesign. Im grafischen Bereich ist vor allem eine hohe Akzeptanz bei Package Designern denkbar.

Im professionellen 3D-Bereich hat Photoshop schon lange seinen festen Platz beim Erstellen von Texturen für 3D-Programme. Auch mit den neuen 3D-Funktionen wird es aber keine Konkurrenz für Spezial-Anwendungen wie BodyPaint 3D von Maxon werden. Abgesehen von ihren viel weitreichenderen Features können solche Programme mit einer wesentlich größeren Zahl von 3D-Datenformaten umgehen als Photoshop.

Insgesamt sind die Neuerungen in diesem Bereich aber sehr interessant, wenn auch teilweise noch etwas unausgereift. Mehr dazu folgt in Kapitel 14, »Photoshop und 3D«.

1.4.2 Neue Video-Features

Die bereits mit der Version CS2 begonnene Unterstützung des Video-Bereichs (Ausgabe auf TV-Monitor und Berücksichtigung des Pixelseitenverhältnisses) wurde massiv ausgebaut und mit der ursprünglich in ImageReady beheimateten Animationsfunktion zusammengeführt.

Photoshop und After Effects

In diesem Bereich wurden deutlich erkennbare Anleihen beim altgedienten »Photoshop für bewegte Bilder«, d.h. dem Compositing-Programm Adobe After Effects, gemacht.

Auch bisher konnte Photoshop schon Bildsequenzen bearbeiten. Das war allerdings eher mühsam, erforderte einige zeitraubende Umwege und eine gute Portion spezieller Kenntnisse. Nun lassen sich Videos einfach und problemlos als Video-Ebenen integrieren und bearbeiten, z.B. für Aufgaben wie Video Painting und Rotoscoping.

Abbildung 1.20 ▶
In Photoshop lassen sich mit den neuen Video-Funktionen nun einfachere Compositing-Aufgaben erledigen.

Für anspruchsvolleres Motion Design werden die neuen Features nicht reichen. Da wird kein Weg an professionellen Tools wie After Effects, Combustion oder anderen vorbeiführen. Der Reiz liegt aber darin, dass man z. B. für eine einfache Titelei in der gewohnten Photoshop-Umgebung bleiben kann. Was dieses neue Feature kann, erfahren Sie im Detail in Kapitel 15, »Photoshop und Video«.

1.4.3 Für die Wissenschaft: DICOM und MATLAB

Ganz neue Wege geht Photoshop in der erweiterten Version mit der Unterstützung von Bildmaterial aus dem wissenschaftlichen Bereich.

DICOM | Als erste Neuheit in dieser Richtung gibt es die Integration des DICOM-Bildformats, das einen Standard im medizinischen (vor allem im radiologischen) Bereich darstellt. Es kann sowohl einzelne Bilder als auch ganze Sequenzen (z. B. aus Computertomographen) enthalten und umfasst meist auch sehr viele Metadaten (z. B. vom Patienten). Solche industriell-wissenschaftlichen Bildformate waren bislang traditionell nur in ihrem Fachbereich verbreitet. Hier ist nun eine Schnittstelle in die professionelle Medienproduktion für Präsentationen und grafische Weiterverarbeitung entstanden, die sicher in diesem Bereich den Workflow einfacher und schneller machen wird.

Stapelmodus und Messwerkzeuge

Auch Photoshops Bildbearbeitungsfunktionen eröffnen in diesem Zusammenhang neue Perspektiven: Das Herausarbeiten von signifikanten Bilddetails sowie das Zusammenrechnen von Bildfolgen zur Optimierung wird durch den neuen STAPELMODUS möglich. Zusätzlich gibt es hier im Bereich der neuen Messwerkzeuge z. B. die Möglichkeit einer Zellzählung direkt in Photoshop.

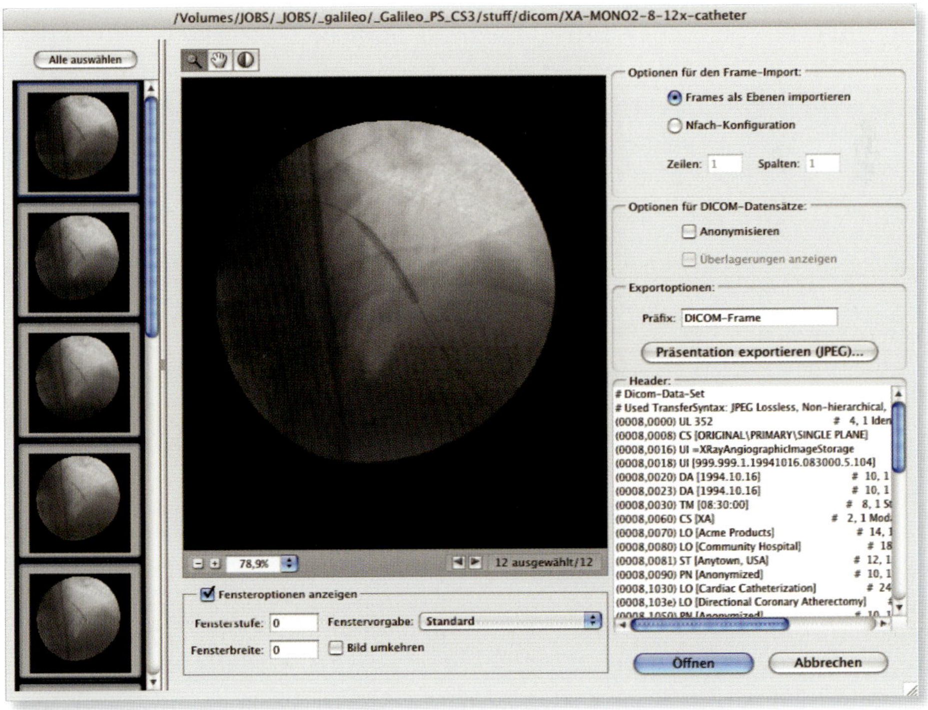

▼ **Abbildung 1.21**
In Photoshop Extended lassen sich DICOM-Bilder oder -Bildsequenzen direkt bearbeiten.

Video-Training

Auf der Buch-DVD im Ordner Video-Training finden Sie Video-Lektionen zu den Themen »Die Bridge anpassen«, »Der Metadaten-Filter« und »Vorschau in der Bridge«.

Was macht Lightroom im Vergleich zur Bridge?

Lightroom ist ausschließlich für Fotos und deren schnelle und möglichst mühelose Standardbearbeitung gedacht sowie als Verwaltungswerkzeug für große Bildmengen. Es unterstützt daher nicht einmal PDF-Dateien und arbeitet auch nicht mit der Versionsverwaltung Version Cue zusammen. Im Gegensatz zu Bridge arbeitet Lightroom im Hintergrund mit einer Datenbank, die für eine große Anzahl zu organisierender Bilder auslegt ist.

MATLAB | Mit der Integration von MATLAB-Daten entsteht eine sehr interessante Schnittstelle sowohl für die Visualisierung von Ergebnissen aus diesem professionellen Standard-Werkzeug der Mathematik als auch für die mathematische Verarbeitung von Bildern aus Photoshop in MATLAB.

1.5 Neu in Adobe Bridge

Was kann Bridge? | Adobe Bridge ist mit der Einführung von Lightroom trotz ähnlicher oder parallel vorhandener Funktionen keineswegs überflüssig geworden. Im Gegenteil: Adobe positioniert Bridge klar als Browser für den Workflow mit allen Produkten und den vielfältigen Dateiformaten der Creative Suite 3, die Versionierung mit Hilfe von Version Cue sowie für die integrierte Farbverwaltung über den ganzen Workflow. Bridge war, ist und bleibt der zentrale Dateibrowser der Creative Suite.

Die neue Arbeitsoberfläche von Bridge | Das User-Interface von Bridge bietet einige sehr sinnvolle Neuerungen. Neben neuen Sortierfunktionen ❶ wurden die Vorschau-Funktionen um ein Lupenwerkzeug ❷ erweitert, das eine Feinbetrachtung von Bildern gestattet, ohne diese öffnen zu müssen. Die kameraspezifischen Metadaten werden nun anschaulich in einem nachgebildeten Display ❸ dargestellt.

Abbildung 1.22 ▼
Das neue Interface von Adobe Bridge

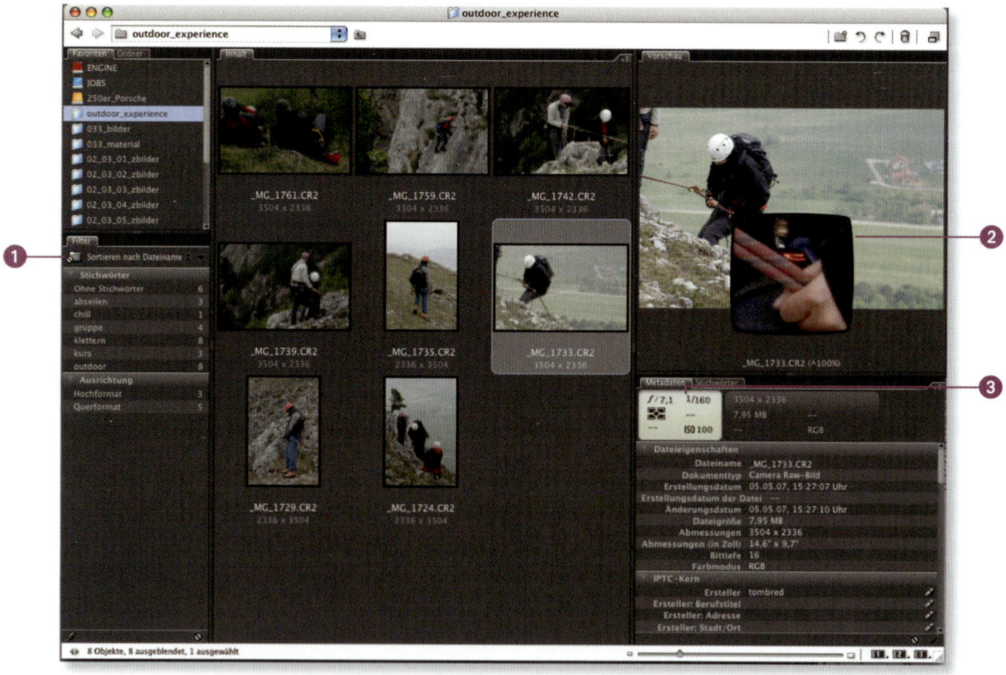

Ordnung mit Stichwörtern und Filtern | Die Stichwortvergabe ist in ein eigenes Tab gewandert ❹. Die Entwicklung von Lightroom hat sicher auch bei dieser neuen Funktion Pate gestanden: Im Tab STICHWÖRTER können den ausgewählten Dateien Schlagwörter aus fertigen oder selbst definierten Beständen zugeordnet werden, die dann links unter FILTER ❺ die Anzeige des Inhalts ❻ einschränken können.

Bilder stapeln

Ebenfalls wie in Lightroom lassen sich ähnliche Bilder mit ALS STAPEL GRUPPIEREN in Gruppen zusammenfassen (siehe Abbildung 1.24).

▲ **Abbildung 1.23**
Neue Stichwort- und Filterfunktionen in Bridge

1.6 Camera Raw-Neuheiten

Camera Raw hat ja bereits während der Laufzeit der Version CS2 regelmäßige Updates erfahren. Der Camera Raw-Dialog ist nun (parallel mit Adobes Entwicklung von Lightroom) um einige Features erweitert worden.

Die Bearbeitungsfunktionen wurden neu organisiert ❷ und um einige schnell anzuwendende Werkzeuge für Flecken oder rote Augen erweitert ❶.

Ein kleines, feines Highlight im Raw-Dialog ist der ebenfalls bereits in Lightroom eingeführte Regler DYNAMIK ❸, den man am besten als einen »sättigungsabhängigen Sättigungsregler« beschreibt: Bereits stärker gesättigte Bildpartien werden im Gegensatz zu flauen Stellen nicht kräftiger eingefärbt. So kann das Bild nicht in zu knallige Farben abdriften, wenn man insgesamt einen satteren Farbeindruck wünscht. Für manche Bilder kann dies der einzige Eingriff bleiben, den es für die perfekte Bildqualität noch braucht.

▲ **Abbildung 1.24**
Bilder gruppieren in Stapeln in Bridge

Video-Training

Auf der Buch-DVD im Ordner Video-Training finden Sie Video-Lektionen zu den Themen »JPG entwickeln in Camera Raw«, »Tiefen und Lichter korrigieren« und »Retusche im Raw-Konverter«.

TIFF und JPEG als Raw öffnen

Nicht alle digitalen Kameras können ein Raw-Format ausgeben. Das gilt auch im professionellen Bereich für ältere Modelle. Mit Photoshop CS3 lassen sich nun auch TIFF- und JPEG-Dateien als Raw-Format öffnen.

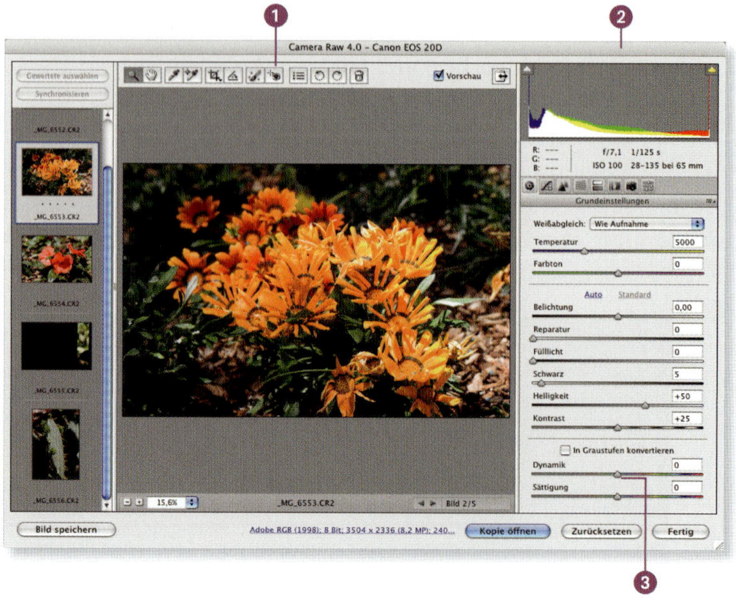

Abbildung 1.25 ▸
Der neue Camera Raw-Dialog

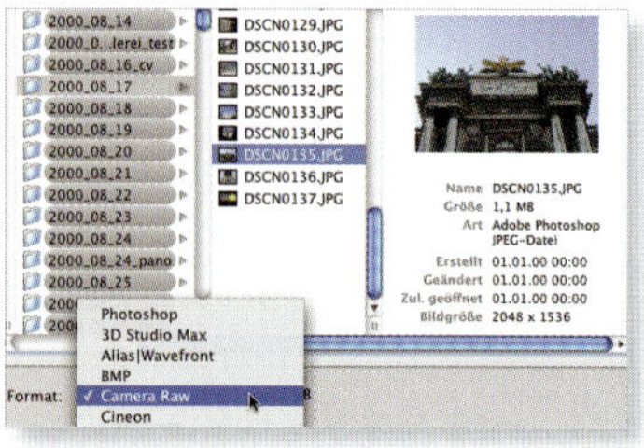

▴ **Abbildung 1.26**
Nun lassen sich auch TIFFs und JPEGs im Camera Raw-Dialog bearbeiten.

1.7 Adobe Device Central für Mobilgeräte

Für die Ausgabe auf mobilen Endgeräten dient das neue Adobe Device Central als Vorschauprogramm und zur Vorlagenerstellung für alle dort unterstützten Dateiformate.

Abbildung 1.27 ▸
Die neue Device Central für die Medienerstellung auf mobilen Kommunikationsgeräten

Für Device Central lassen sich bei Adobe regelmäßig aktualisierte Bibliotheken mit den neuesten Handy-Modellen herunterladen, die die Spezifikation für die Darstellung von Bildern bzw. den möglichen Funktionsumfang z. B. für Flash-Dateien und weitere technische Rahmenbedingungen enthalten. Mit Hilfe dieser Daten kann man mit Device Central dann testen und beurteilen, wie Bilder, Grafiken und Flash-Anwendungen auf dem Handy aussehen werden oder ob sie überhaupt angezeigt werden. Selbst das Aussehen des Bildes auf dem Display lässt sich für verschiedene visuelle Umgebungsbedingungen nachempfinden. Mehr zu diesem Thema folgt in Kapitel 11, »Photoshop und Web«.

TEIL I
Digitalfotos optimal vorbereiten

2 Camera Raw, DNG und HDR

In diesem Kapitel geht es um die typischen Probleme, die Bilder aus Digitalkameras im Bildbearbeitungsalltag machen. Wir werden ihnen hier mit Hilfe von Camera Raw zu Leibe rücken.

2.1 Einführung

Mit der Einführung des zentralen Dateibrowsers Bridge in der Creative Suite 2 hat Adobe die Anbindung der Digitalkamera an Photoshop neu geordnet. Der Import von Camera-Raw-Formaten, anfangs noch als ein (kostenpflichtiges) Plug-in integriert, ist bereits seit der Version CS fixer Bestandteil von Photoshop. Mittlerweile ist die Verarbeitung von Rohdatenformaten für Photoshop bereits nicht nur Routine, sondern hat als Nachbildung des Entwicklungsprozesses in der Dunkelkammer auch Auswirkungen auf die übrigen Bereiche von Photoshop.

Mit der Version CS3 ist nun die vielfältige »Entwicklung« von Bildern als erster Arbeitsschritt auch auf das JPEG- und das TIFF-Format ausgedehnt worden, um auch weniger gut ausgestatteten Fotografen mit Kameras, die keine Rohdatenausgabe haben, diese Möglichkeiten zu bieten.

Video-Training
Auf der Buch-DVD im Ordner Video-Training finden Sie Video-Lektionen zu den Themen »JPG entwickeln in Camera Raw«, »Tiefen und Lichter korrigieren« und »Retusche im Raw-Konverter«.

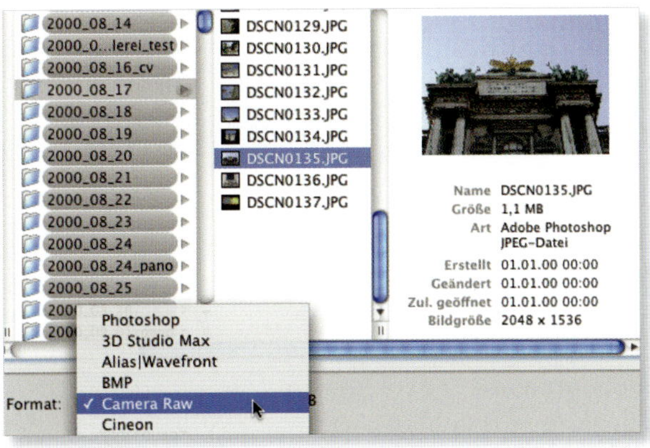

◂ **Abbildung 2.1**
Jetzt auch für TIFFs und JPEGs: Behandlung mit den Werkzeugen von CAMERA RAW

Camera Raw ist in dieser Version (Version 4 von Camera Raw) weiter im Funktionsumfang ergänzt worden. Sein Umfang und die vielfältigen Bildkorrekturmöglichkeiten machen Camera Raw zu einer Art »Photoshop-Vorstufe«, in der neben einer ganzen Reihe von Bild- und Farbkorrekturen nun auch einfache Retusche-Arbeiten erledigt werden können, sodass Photoshop nur mehr für die ausgefeiltere Bildbearbeitung und weiterreichende Manipulationen nötig ist. Adobe platziert Photoshop deshalb im Produkt-Portfolio der Creative Suite 3 auch explizit als »Finishing Tool«.

Vor der Vorbereitung von digitalen Fotografien, also vor den Bearbeitungen und Korrekturen des einzelnen Bildes, kommt ganz sicher noch das Sichten, Ordnen und Verwalten der immer größer werdenden Bildbestände, die die Einführung der digitalen Fotografie mit sich gebracht hat. In diesem Kapitel soll auf die bearbeitende Vorbereitung der Bilder eingegangen werden.

Lightroom und Camera Raw

Die Bearbeitungsmöglichkeiten für das Bild sind bei Camera Raw und Lightroom zwar nicht ganz identisch, aber so ähnlich, dass hier exemplarisch nur der Camera Raw-Dialog im Detail behandelt wird. Außer der Organisation der Bedienfelder, die mit Tabs in Camera Raw und aufklappbar untereinander in Lightroom angezeigt werden, gibt es nur Unterschiede im Detail.

Die Entwicklung von Lightroom 1.0 und Camera Raw 4.0 ist nicht nur zeitlich in engem Zusammenhang zu sehen. Viele Details, die in der langen Public Beta-Phase in Lightroom hinzugekommen oder geändert worden sind, haben schließlich 1:1 Eingang in Camera Raw 4 gefunden.

Wo es sinnvoll ist, führe ich erwähnenswerte Unterschiede zwischen Camera Raw und Lightroom auf, denn es zeigt sich bereits, dass vor allem User, die hauptsächlich Fotomaterial zu bearbeiten haben und weniger die sonstigen Dateiformate der Creative Suite nutzen, Adobe Bridge zugunsten von Lightroom vernachlässigen.

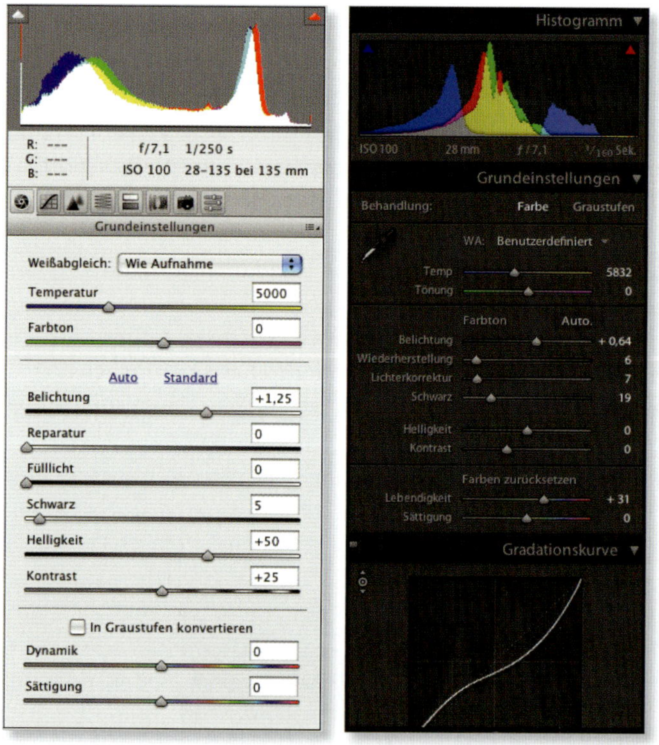

Abbildung 2.2 ▸
Die sehr ähnlichen Bereiche für die Rohdaten-Bearbeitung bei Camera Raw (links) und bei Lightroom (rechts)

2.2 Was ist Camera Raw?

Unter dem RAW-Format versteht man grundsätzlich Bildmaterial in Form von **Rohdaten**, die (noch) keinem fixen standardisierten Dateiformat zugeordnet sind.

Das RAW-Format gibt es bei Photoshop eigentlich schon sehr lange. Es bezeichnet Bilddaten, die sich keinem Format zuordnen lassen, das Photoshop standardmäßig versteht. Das trifft oft auf Material aus dem wissenschaftlich-technischen Bereich zu, z. B. auf Satellitenbilder, Luftaufnahmen, Geländedaten oder auf Bilder aus dem medizinisch-wissenschaftlichen Bereich. Hier muss man genau wissen, wie groß das Bild ist, wie viel Bit Farbtiefe pro Farbkanal darin enthalten sind, wie die Daten organisiert sind – und man muss Photoshop das dezidiert mitteilen.

RAW-Format

Dieses Format ist im Dialog unter Datei • Öffnen seit der Einführung von Camera Raw-Daten als Photoshop Raw zu finden. Früher hieß es einfach Raw, das wurde aber geändert, um Verwechslungen zu vermeiden.

Mit dem Aufkommen der Digitalkameras haben diese ihre Bilder meist als JPEG- oder TIFF-Dateien abgespeichert. Deren Farbtiefe ist begrenzt: JPEG hat immer nur maximal 8 Bit Farbtiefe, TIFF erst seit einiger Zeit 16 Bit. Mit der Weiterentwicklung der Aufnahme-Chips und den steigenden Ansprüchen der Fotografen konnten immer mehr Kameras Bilder mit 12 bis 14 oder noch mehr Bit Farbtiefe pro Kanal aufnehmen, um einen größeren Belichtungsspielraum und mehr Dynamik im Bild zu erreichen. Praktisch alle Hersteller sind dabei eigene Wege gegangen.

Alle Kameras können für niedrigere Ansprüche – und um Platz auf bis zuletzt sehr teuren Speicherkarten zu sparen – JPEGs aufnehmen. Für höhere und professionelle Ansprüche hat jeder Hersteller ein eigenes Format entwickelt, das die rohen Daten, die direkt vom Kamera-Chip kommen, möglichst unverfälscht und trotzdem platzsparend auf die Speicherkarte schicken soll. Dabei werden vom Kamera-Bildprozessor lediglich rein technische Korrekturen und Verbesserungen an den Bilddaten vorgenommen und wird eine verlustfreie Datenreduktion durchgeführt. Das Bild selbst wird im Idealfall nicht verändert. Dies soll möglichst große Offenheit für spätere Bearbeitungen und vor allem Qualitätsreserven bieten.

Hersteller	Raw-Format
Nikon	*.NEF
Minolta	*.MRW
Mamiya	*.MEF
Olympus	*.ORF
Canon	*.CRW + *.CR2
Kodak	*.DCR
Pentax	*.PEF
Fuji	*.RAF
Sigma	*.X3F
Leica	*.RAW
Panasonic	*.RAW
Casio	*.RAW
Sony	*.SRF + *.ARW

▲ **Tabelle 2.1**
Rohdatenformate verschiedener Kamerahersteller (Auswahl)

Also hat jeder Hersteller mittlerweile ein eigenes Rohdaten-Format oder gar mehrere entwickelt. Diese sind untereinander zwar sehr ähnlich, aber weder zueinander noch zu Photoshop kompatibel. In der Regel hat jeder Hersteller auch eine eigene Kameradaten-Software für seine Produkte entwickelt, die einmal den Datentransfer von der Kamera zum Computer erledigt und dann auch das hauseigene Rohdaten-Format in bekannte und kompatible Formate konvertiert (Beispiele: Olympus Camedia Master, Nikon Capture oder Canon EOS Capture).

2.2.1 Alternativen zu Adobes Rohdaten-Werkzeugen

Mit dem Boom der digitalen Fotografie ist in den letzten zwei bis drei Jahren sehr viel Bewegung in das Marktsegment der sogenannten **Raw-Converter** gekommen. Eine ganze Reihe von Herstellern hat auf diesem Markt, z. T. lange vor Adobe, Pionierarbeit geleistet. Mit der Übernahme eines dieser Hersteller, Pixmantec, hat Adobe die technologische Basis für Camera Raw und Lightroom gelegt.

Neben den beiden Programmen von Adobe gibt es eine ganze Reihe von Alternativen, die hier zumindest kurz vorgestellt werden sollten.

Capture One | Als einer der ältesten Raw-Converter hat sich Capture One vor allem im Profibereich einen Namen gemacht. Da der Hersteller PhaseOne auch Digital-Rückteile für Mittelformat- und Fachkameras herstellt, lag und liegt der Fokus natürlich auf der Anbindung dieser Hardware an den Computer. Vor allem im Studio kann man mit Capture One direkt in den Computer aufnehmen, daher auch der Name. Zur klaren Ausrichtung auf das Profisegment des Marktes passt auch der Preis von ca. 500 €. Im Laufe der Zeit hat sich PhaseOne aber auch Raw-Formaten anderer Hersteller geöffnet; auch das direkte Einspielen bei der Aufnahme funktioniert nun mit einigen anderen digitalen Kameras. Capture One kann man sicher als das Vorbild aller professionellen Raw-Werkzeuge bezeichnen. Capture One gibt es für Mac und Windows (*www.phaseone.com*).

Abbildung 2.3 ▸
Capture One von PhaseOne

Aperture | Mit Aperture hat Apple seinen eigenen Raw-Converter herausgebracht. Als Hersteller von Hard- und Software hat Apple Aperture sehr stark auf die Macintosh-Rechner zugeschnitten, für die es ausschließlich erhältlich ist. Das äußert sich in einer beeindruckend flüssigen, grafischen Performance – aktuelle Rechner des oberen Preissegments vorausgesetzt. Es unterscheidet sich in der Gestaltung der Benutzeroberfläche z. T. stark von den anderen

Raw-Programmen, die einander recht ähnlich sind. Das hat seinen Reiz, ist aber gewöhnungsbedürftig. Aperture kostet etwa 320 € (*www.apple.de/aperture*).

◀ **Abbildung 2.4**
Bei der Benutzeroberfläche von Aperture geht Apple sichtbar eigene Wege.

Bibble Pro | Als preislich interessante, aber trotzdem professionelle Alternative hat Bibble Labs sein Bibble Pro platziert. Es zeichnet sich durch eine hohe Arbeitsgeschwindigkeit aus, weil man wahlweise eine ganze Reihe von Funktionen im Hintergrund ablaufen lassen kann. Bibble ist für Mac, Windows und Linux erhältlich und kostet etwa 130 US$ (*www.bibblelabs.com*).

◀ **Abbildung 2.5**
Die Programmoberfläche von Bibble Pro

Werkzeuge der Kamerahersteller | Kamerahersteller können nicht davon ausgehen, dass die Käufer ihrer Produkte Photoshop oder wenigstens einen Raw-Converter besitzen, zumindest oft nicht gleich nach dem Kauf. Deshalb packt fast jeder namhafte

Hersteller Software bei, die auf jeden Fall sicherstellt, dass man Rohdaten, wenn die Kamera welche ausgeben kann, auch in ein von anderen Programmen lesbares Format konvertieren kann. Neben den oft einfacheren Tools, die beigepackt werden, bieten manche Hersteller auch besser ausgestattete Software an. Beispiele sind Olympus mit »Olympus Studio« oder Nikon mit »Capture NX«. Die meisten Hersteller liefern ihre eigenen Programme für Mac und Windows aus.

Abbildung 2.6 ▸
Beispiel für ein Raw-Werkzeug eines Kameraherstellers: Canon Digital Photo Professional

2.3 Der Camera Raw-Dialog (Überblick)

2.3.1 Camera Raw-Daten öffnen

Adobe Camera Raw öffnet sich immer dann, wenn ein unterstütztes Rohdatenformat geöffnet werden soll, sei es von Photoshop über Datei • Öffnen oder von Bridge aus. Seit der Version CS3 lassen sich beim Weg über Datei • Öffnen wahlweise auch die Formate TIFF und JPEG (als Photoshop Raw) öffnen. In Adobe Bridge kann man mit [Strg]/[⌘]+[R] auch RAW-Formate nur in Camera Raw öffnen, ohne (zunächst) Photoshop zu bemühen. Diese Bearbeitungsvorstufe und Eingangskontrolle vor der eigentlichen Bildbearbeitung mit Photoshop ist ein eigenständiges Programm, das hier eingehend besprochen werden muss.

2.3.2 Überblick über den Dialog

Bevor der rechte Teil mit seinen Funktionen beschrieben wird, zunächst ein Überblick über diesen Dialog.

▲ **Abbildung 2.7**
Übersicht über den Camera Raw-Dialog

Der Dialog hat am Bildschirm einen minimalen Platzbedarf von 1 024 × 768 Pixel. Im Kopf des Dialogs werden neben dem Dateinamen die aktuellen Aufnahmedaten angeführt, soweit sie für das Programm aus den **EXIF**-Daten ersichtlich sind.

Oben links befinden sich die cursor-basierenden **Werkzeuge**. Die meisten von ihnen sind selbsterklärend. Das Freistellungswerkzeug ❶ korrespondiert unmittelbar mit den Einstellungen von AUFLÖSUNG und GRÖSSE für die Ausgabe am Fuß ❿. Neu in der Version CS3 ist das Werkzeug für schnelle Retusche von Flecken in Form eines neuartigen, nicht-destruktiven Kopierstempels ❷, den Adobe bereits in Lightroom eingeführt hat. Ebenfalls mit dieser Version hinzugekommen ist das Werkzeug zur Beseitigung roter Augen bei Aufnahmen mit Blitzlicht ❸.

Die Checkbox VORSCHAU ❺ schaltet zwischen Original und bearbeitetem Bild um. Daneben ❻ kann man den gesamten Dialog in den Fullscreen-Modus schalten, was durch die Neuorganisation der Bedienungselemente im Gegensatz zur Vorgängerversion nun erlaubt, auch auf einem Bildschirm von 1 024 × 768 Pixel alles zu sehen.

Ein dreifarbiges **Histogramm** ❼ ist das unentbehrliche Messinstrument für fast alle Operationen. Es ist in den beiden oberen Ecken mit den Clipping-Anzeigen versehen, die neben der Anzeigefunktion auch die Buttons TIEFEN und LICHTER der Vorversion

[EXIF]
EXIF-Daten sind Meta-Informationen, die die Kamera in den sogenannten Header, d.h. in einen Bereich am Anfang der Bilddatei noch vor die eigentlichen Bildinformationen schreibt. Darin sind meist enthalten: Datum, Uhrzeit, Belichtungszeit, Blendenwert, Belichtungsprogramm, ISO-Wert (Lichtempfindlichkeit) und Farbtemperatur (Weißabgleich).

ersetzen und erweitern. Ich gehe gleich noch etwas näher darauf ein.

Mit dem neuen blau unterstrichenen Link unten in der Mitte werden für die Ausgabe bzw. Weiterverarbeitung Größe, Auflösung, Farbtiefe und Farbprofil festgelegt ❿ (hierfür öffnet sich nun ein eigener Dialog mit dem Namen Arbeitsablauf-Optionen).

Unten wird entschieden, wie es weitergeht: Mit Bild speichern ❾ wird dieser Zustand in einer neuen Datei gespeichert, mit Objekt bzw. Bild öffnen ⓫ werden die bearbeiteten Rohdaten an Photoshop weitergereicht.

Im Feld Einstellungen ❽ finden alle Manipulationen statt, die das gesamte Bild betreffen, also die Farb- und Tonwertkorrekturen.

Voreinstellungen

Die Voreinstellungen von Camera Raw öffnet man neuerdings mit einem eigenen Button in der Werkzeugleiste ❹.

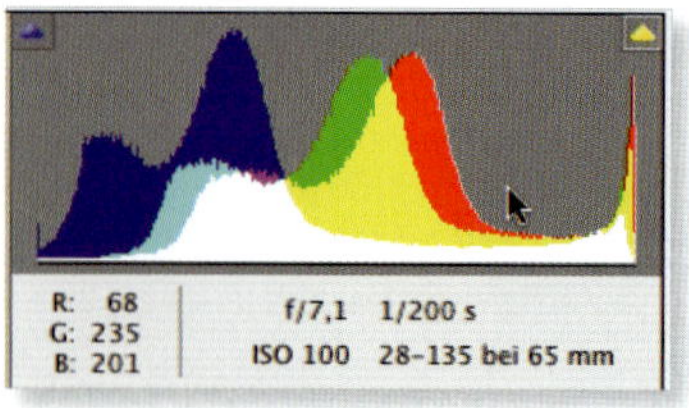

▲ **Abbildung 2.8**
Das Histogramm im Camera Raw-Dialog

Histogramm | Das Histogramm ist um eine Anzeige der Bildparameter darunter erweitert worden. Sie waren in der Vorversion in der Titelleiste des Dialogs zu finden, wo sie im nun möglichen Fullscreen-Modus nicht mehr zu sehen wären.

Ebenfalls neu sind die beiden dreieckigen Clipping-Anzeigen in den Ecken oben: Stößt das Histogramm in den Lichtern oder Tiefen am Minimal- oder Maximalwert an, wechseln diese Marken ihre Farben. Solange sie dunkelgrau sind, ist alles okay. Werden sie farbig, ist mindestens ein Kanal bei 0 bzw. 255 angekommen. Die angezeigte Farbe gibt den über- oder untersteuernden Kanal an, auch in Mischfarben:

- Ist das Dreieck pink, betrifft das Rot und Blau.
- Ist das Dreieck gelb, geht es um Rot und Grün.
- Ist das Dreieck türkis, gibt es ein Clipping bei Grün und Blau.
- Ist das Dreieck weiß, weisen alle drei Kanäle Extremwerte auf.

Klickt man auf die Dreiecke, so wird das Clipping in den Tiefen im Bild blau markiert, entsprechend bei den Lichtern rot. Ob diese Anzeige im Bild aktiv ist, zeigt ein dünner heller Rand um die Dreiecke.

2.4 Grundeinstellungen – Farb- und Kontrastkorrektur

Kommen wir nun zu den Einstellungsmöglichkeiten im rechten Bereich.

2.4.1 Weißabgleich

Im ersten Reiter, GRUNDEINSTELLUNGEN, stellt Camera Raw auf der Basis der EXIF-Daten den WEISSABGLEICH ein. Dieser (obere) Teil des Grundeinstellungsfeldes (Abbildung 2.9) ist für die grundlegende Farbkorrekur zuständig und nimmt bereits einige Arbeitsschritte vorweg, die vor nicht allzu langer Zeit erst an späterer Stelle im Workflow an der Reihe waren.

Die Anwendung von TEMPERATUR, die in Kelvin-Graden angegeben wird, und FARBTON entspricht genau den Einstellmöglichkeiten, die professionelle Digitalkameras für diese Parameter haben. TEMPERATUR verschiebt die Weißbalance zwischen warm (Gelb) und kalt (Blau), FARBTON verschiebt sie zwischen Grün und Magenta.

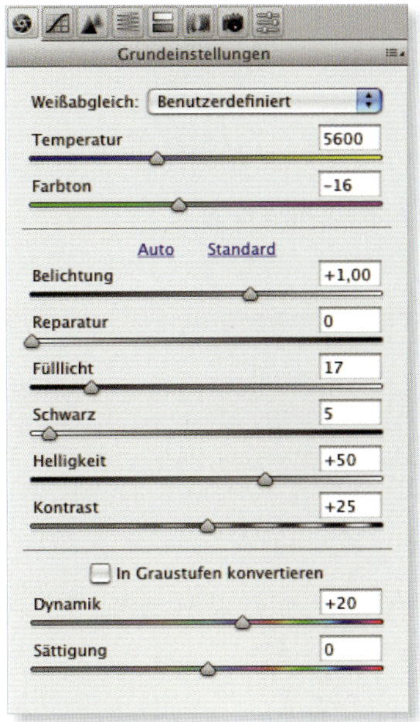

▲ **Abbildung 2.9**
CAMERA RAW • GRUNDEINSTELLUNGEN

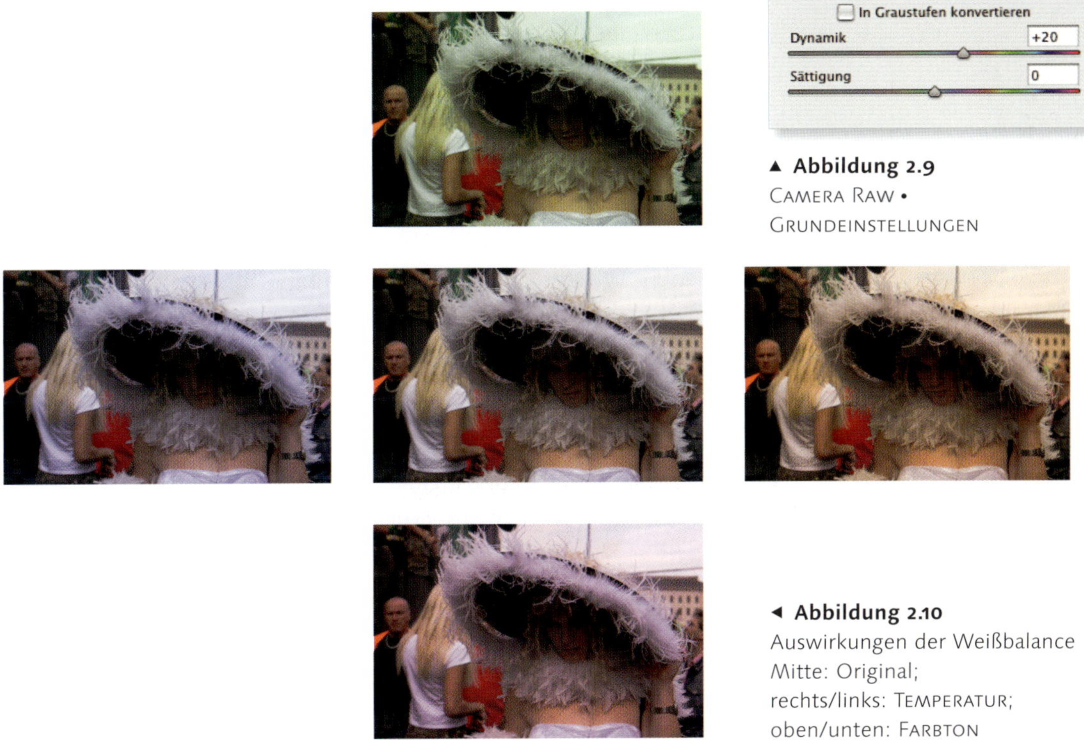

◄ **Abbildung 2.10**
Auswirkungen der Weißbalance
Mitte: Original;
rechts/links: TEMPERATUR;
oben/unten: FARBTON

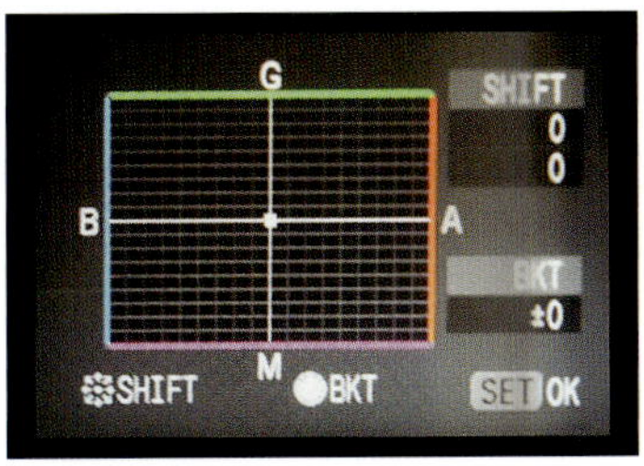

◄ **Abbildung 2.11**
Weißbalance-Display im Setup-Menü einer Profi-Kamera

Es gibt im Dialogfeld WEISSABGLEICH Voreinstellungen wie TAGESLICHT, SCHATTEN, BLITZ usw. Man kann diese Einstellung nach Gefühl vornehmen, aber wirklich helfen können nur Messungen.

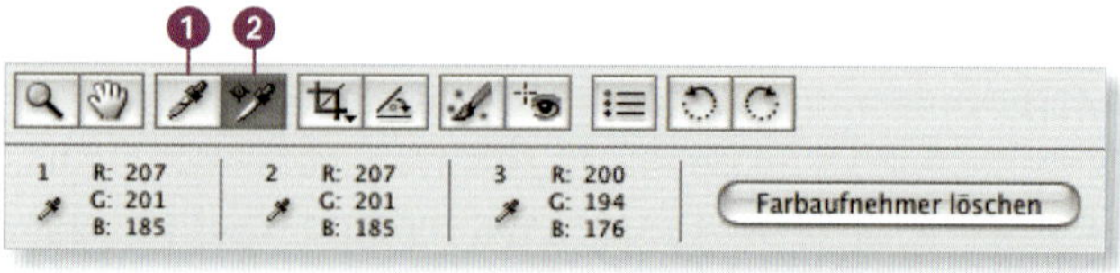

Abbildung 2.12 ▶
Weißabgleich-Werkzeug, Farbaufnahme-Werkzeug und Messpunkte im Bild

TIPP

Einmal gesetzte Messpunkte können durch Klicken mit gedrückter [Alt]-Taste wieder entfernt werden (Cursor wird zur »Schere«).

Mit dem Farbaufnahme-Werkzeug ❷ (Taste [S]) können bis zu neun Messpunkte im Bild gesetzt werden, für diesen Zweck vorzugsweise in Bereichen, die farbneutral sein, also drei gleiche Werte für R, G und B haben sollen. Am einfachsten ist die Einstellung mit dem Weißabgleich-Werkzeug ❶ (Shortcut [I]), das die Balance so verschiebt, dass für den angeklickten Punkt ein neutraler Wert herauskommt, wobei es gleich ist, ob dieser hell oder dunkel ist.

2.4.2 Belichtungskorrekturen

Im mittleren Teil der Grundeinstellungen finden sich Regler für die Belichtungs-, Kontrast- und Sättigungs-Kontrolle. Sie entsprechen im Wesentlichen den Einstellmöglichkeiten, die Photoshop unter BILD • ANPASSUNGEN • TIEFEN/LICHTER bietet und die in Kapitel 6, »Farb- und Tonwertkorrekturen«, eingehend besprochen werden.

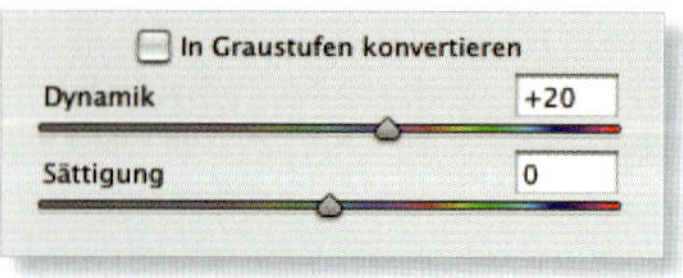

▲ **Abbildung 2.13**
Der neue, untere Teil der Grundeinstellungen

Der Regler SÄTTIGUNG gehörte bisher zur mittleren Gruppe. Zusammen mit der neuen Checkbox IN GRAUSTUFEN KONVERTIEREN und dem neuen Regler DYNAMIK bildet er nun die untere Gruppe, in der das farbige Gesamtverhalten eingestellt wird, bevor es auf den folgenden Tabs ins Detail geht. Mit der Konvertierung in Graustufen kann man bereits hier grob festlegen, wie die Einstellungen oberhalb in ein Schwarzweißbild eingehen. Wird die Konvertierung aktiviert, gehen DYNAMIK und SÄTTIGUNG auf 0, der ursprüngliche Wert wird allerdings im Hintergrund gespeichert.

Der Regler DYNAMIK beeinflusst einen Parameter, den Adobe »Resonanzverhalten« nennt, was auch nicht viel beschreibender als »Dynamik« ist. Trotzdem wird er schnell viele Freude finden, denn hier kann die Sättigung erhöht werden, aber nur dort, wo sie nicht schon sehr hoch ist – ein »sättigungsabhängiger Sättigungsregler« sozusagen. Er macht Bilder kräftiger, ohne eine zu knallige Farbigkeit oder gar das gefürchtete »Bluten« der Farben hervorzurufen. Dieser Regler ist wie einiges andere in Camera Raw zuvor bereits in Lightroom aufgetaucht und wird dort mit LEBENDIGKEIT bezeichnet.

2.5 Gradationskurve – Tonwertkorrektur

Der nächste Reiter bietet eine Gradationskurve an, wie sie von Photoshop selbst bekannt ist (siehe Abschnitt 6.4).

Neu in der Version CS3 ist die Zweiteilung der Kurven. Man kann die Kurve im ersten Tabellenreiter Parametrisch in vier Tonwertbereichen einstellen, deren Abgrenzung voneinander man mit den drei kleinen Dreiecken am unteren Rand des Diagramms verschieben kann. Die aus Photoshop und der Vorversion von Camera Raw gewohnte Bearbeitungsmöglichkeit findet sich nun unter dem Tab Punkt.

Im Tab Punkt findet man Presets. Neben Linear (keine Korrektur), Mittlerer Kontrast und Starker Kontrast bietet er unter Benutzerdefiniert die Möglichkeit, den Tonwertverlauf zusätzlich zu den Möglichkeiten beim Feld Grundeinstellungen fein abzustimmen. Das hellgrau eingeblendete Histogramm ist sehr angenehm, wenn man bei unterbelichteten Bildern den Weißpunkt setzen will.

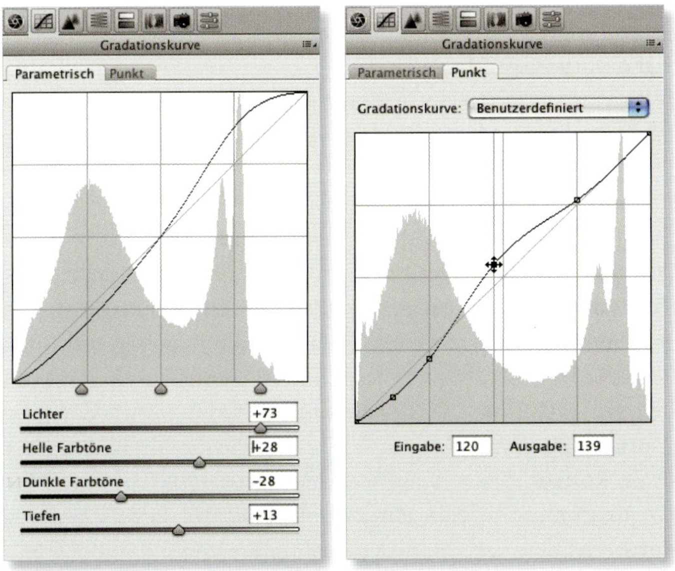

◂ **Abbildung 2.14**
Camera Raw • Gradationskurve

Gradationskurve in Lightroom | In Lightroom gibt es bei der Gradationskurve im Bereich Entwickeln eine weitere, neuartige Einstellmöglichkeit: Klickt man links oben neben dem Kurvendiagramm auf den kleinen Kreis ❷, bekommt man einen Einstell-Cursor ❶, der durch Klicken und Herauf- und Herunterziehen genau den Tonwertbereich verändert, in dem der geklickte Bildteil liegt. Die Prozentwerte des aktuellen Kurvenpunkts werden links oben ❸ bereits angezeigt, wenn man mit der Maus über das Bild fährt. Ebenso wird der mögliche Änderungsbereich im

Diagramm hellgrau schattiert ❹. Rechts unten steht die bereits erfolgte Änderung in diesem Bereich ❺. Das ist ein Feature, was man sich in Camera Raw auch wünschen würde.

Abbildung 2.15 ►
Einstell-Cursor für die Gradationskurve in Lightroom

2.6 Details – Bildschärfe und Rauschen

Dieser Teil des Camera Raw-Dialogs kann kurz und schmerzlos abgehandelt werden.

Stellen Sie einfach alles auf null, und vergessen Sie den Dialog sofort wieder, wenn ein Bild in Photoshop weiterbearbeitet werden soll.

Die Einstellmöglichkeiten sind äußerst spartanisch und lassen sich nur in der Stärke verändern. Camera Raw errechnet z. B. für die Schärfung einfach aus Bildgröße und Auflösung einen Idealwert und wendet dann eine Art UNSCHARF MASKIEREN auf das Bild an. Photoshop hat später ganz andere Kaliber für die Bekämpfung von Unschärfe und Bildrauschen im Angebot, vor allem, weil dann noch Tools von Drittherstellern ins Spiel kommen (siehe Abschnitt 3.4.3).

Unter BRIDGE CS3 • CAMERA RAW-EINSTELLUNGEN am Mac bzw. BEARBEITEN • CAMERA RAW-EINSTELLUNGEN unter Windows können Sie wählen, ob die hier gewählte Einstellung auf das Bild oder nur auf die Vorschau angewendet werden soll. Interessant ist das nur für den Fall, wenn Sie direkt aus Camera Raw ausgeben wollen.

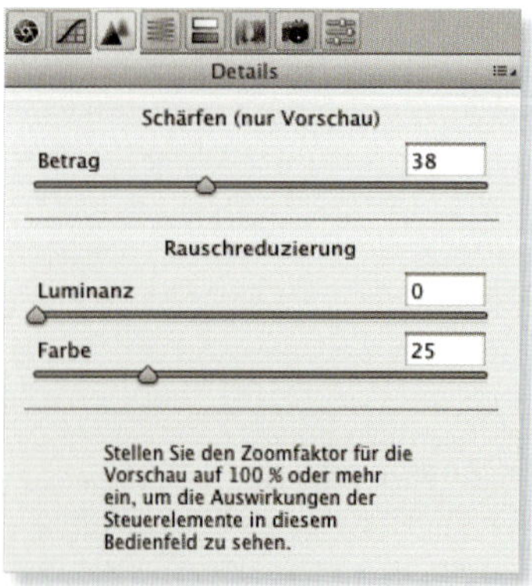

▲ **Abbildung 2.16**
CAMERA RAW • DETAILS

Schwarzweiß
Eng verwandt sind diese Einstellmöglichkeit natürlich mit der neuen Funktion BILD • ANPASSUNGEN • SCHWARZWEISS in Photoshop CS3 (Kapitel 5).

2.7 HSL/Graustufen

Dieser Reiter ist neu und ebenfalls in Lightroom zu finden: Er ermöglicht eine Feinsteuerung der Bildfarbigkeit in acht Farbzonen, und dort jeweils in den drei Grundparametern FARBTON

(Hue, H), SÄTTIGUNG (Saturation, S) und LUMINANZ (Luminance, L) – also mit insgesamt 24 Reglern!

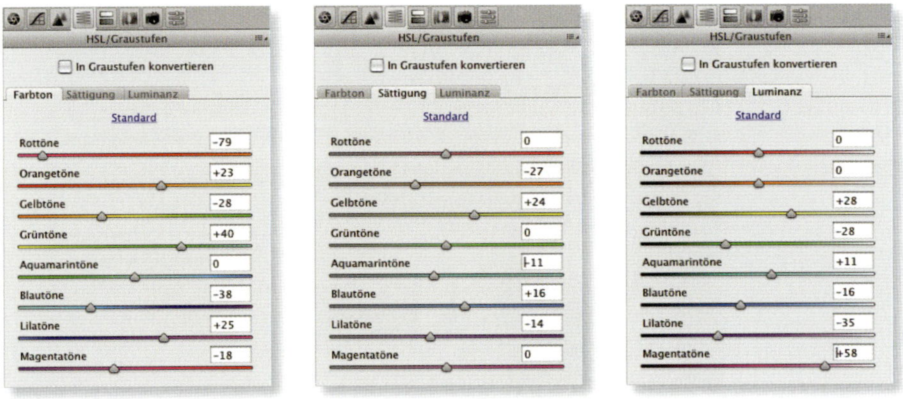

▲ **Abbildung 2.17**
Der neue Tab HSL/GRAUSTUFEN

Zusätzlich findet sich hier ein weiterer Button, IN GRAUSTUFEN KONVERTIEREN, der hier sinnvoller ist als beim Pendant in den GRUNDEINSTELLUNGEN, weil man hier sehr detailliert einstellen kann, wie die einzelnen Farbwerte in die Schwarzweiß-Ausarbeitung eingehen. Das war vorher in dieser Form nur sehr viel mühsamer möglich.

HSL in Lightroom | Bei Lightroom lassen sich die Werte in gleicher Weise wie bei den zuvor erwähnten Gradationskurven bequem direkt im Bild manipulieren, was schneller und präziser geht. Der Wert, der verändert wird, erscheint bereits hervorgehoben, wenn sich die Maus über dem Bild bewegt; in der Abbildung hier ist das der Bereich von MAGENTA. Leider gibt es auch das in Camera Raw noch nicht.

◂ **Abbildung 2.18**
In Lightroom lassen sich die einzustellenden Werte direkt im Bild durch Klicken und Ziehen verändern.

2.8 Teiltonung

Auch dieser Bereich ist neu im Camera Raw-Dialog. Er baut auf den stark erweiterten Möglichkeiten der Schwarzweiß-Entwicklung in Camera Raw auf und erlaubt das Einfärben von Graustufenbildern. Die Lichter und Tiefen eines solchen Bildes können separat eingefärbt und dabei jeweils in den Parametern FARBTON und SÄTTIGUNG eingestellt werden. ABGLEICH balanciert zwischen Lichtern und Tiefen aus.

Abbildung 2.19 ▸
Einfärben eines Graustufenbildes mit TEILTONUNG (gelblich in den Lichtern und bläulich in den Tiefen)

Nicht mehr Blende
Der in der Vorversion verwendete Begriff BLENDE war eine schlechte Übersetzung, weil fototechnischer Schwachsinn, denn die beiden Bildfehler chromatische Aberration und Vignettierung rühren nicht von dieser her, sondern von den Linsen des Objektivs. Jetzt heißt es richtig OBJEKTIVKORREKTUREN.

2.9 Objektivkorrekturen

In diesem Reiter lassen sich Bildfehler korrigieren, die vom Objektiv herrühren.

Chromatische Aberration | Die chromatische Aberration hat ihre Ursache in den unterschiedlichen Lichtbrechungseigenschaften der Linsen für verschiedene Farben gegen den Rand des Bildes hin. Am schlimmsten ist es immer in den Ecken. An scharfen und kontrastreichen Kanten im Bild äußert sich das in Farbsäumen, vor allem in Cyan-Grün- und Rot-Magenta-Tönen. Dieser Fehler wird bei den meisten Objektiven durch eine gut abgestimmte Verwendung verschiedener Glassorten bereits weitgehend reduziert. Je nach Preisklasse des Objektivs gelingt das den Herstellern mehr oder weniger gut.

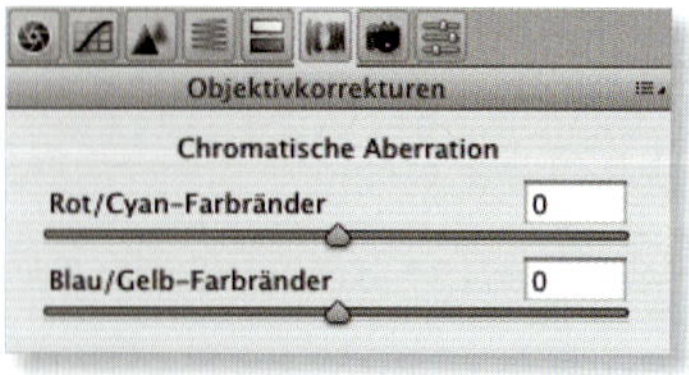

▲ **Abbildung 2.20**
Der obere Teil des Tabs OBJEKTIVKORREKTUREN

Die chromatische Aberration wird in Camera Raw in beiden Varianten bekämpft, in denen sie auftritt: als Saumpaar Rot/Cyan und Blau/Gelb. Im Bildfenster empfiehlt sich eine mindestens 200-prozentige Vergrößerung, bevor man die Regler verschiebt.

▲ **Abbildung 2.21**
In diesem Bild treten Farbsäume auf (siehe die Markierung ❶).

▲ **Abbildung 2.22**
Rot/Grün-Farbsäume

▲ **Abbildung 2.23**
Blau/Gelb-Farbsäume

▲ **Abbildung 2.24**
Die Farbsäume sind entfernt.

Je nach Qualität von Objektiv und Kamera kann man die Farbsäume stark zurückdrängen. Komplett lassen sie sich nicht immer eliminieren.

Blooming | Blaue Farbsäume müssen nicht unbedingt von der Chromatischen Aberration herrühren. Sie können auch durch das so genannte »Blooming« auftreten. Dabei geben Sensorzellen des Kamerachips Ladung an Nachbarzellen ab, wenn sie zu viel Licht abbekommen. Das äußert sich in überstrahlenden Stellen, die meist weiß sind, aber auch in einzelnen Farbkanälen (vor allem Blau) auftauchen können. Von der Chromatischen Aberration kann man das gut unterscheiden, weil diese immer im ganzen Bild bzw. an dessen Rändern auftaucht, Blooming dagegen nur an extrem hellen Stellen und stark kontrastierenden Kanten. Beides lässt sich leider nur durch Retusche beseitigen.

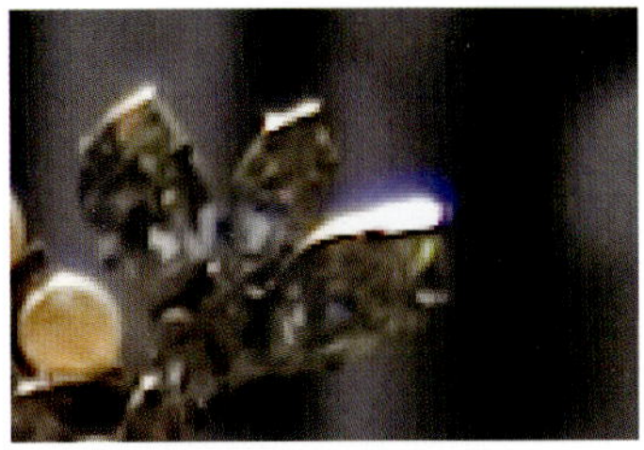

▲ **Abbildung 2.25**
»Blooming« mit Überstrahlen im Blau-Kanal

Gemischte Farbsäume

Treten Rot/Cyan-Farbsäume gemeinsam mit Blau/Gelb-Farbsäumen auf, können Mischfarben auftreten (Pink/Hellgrün oder Rotorange/Blauviolett). Man kann ein Farbpaar ausblenden, wenn man die Alt-Taste dazu drückt. Auf die gleiche Weise lassen sich umgekehrt beim Bearbeiten der Blau/Gelb-Farbsäume die Rot/Cyan-Farbsäume verbergen.

Vignettierung | Dieser Bildfehler wird durch die ungleichmäßige Ausleuchtung des Bildfeldes hervorgerufen. Professionelle, lichtstarke Objektive leuchten ein Bildmotiv bis in die Ecken hinein gleichmäßig aus. Billigere Linsen sind nur in der Mitte gut und fallen zum Bildrand hin oft in Bildqualität und Lichtstärke ab.

Meist ist diese Randabschattung oder Vignettierung im Bild oft nur bei schlechteren Objektiven gleich zu erkennen und am ehesten noch bei sehr gleichmäßigen Motiven wie Himmel. Deswegen kann man sie auch kaum visuell korrigieren, und eine exakte Kompensation dieses Fehlers ist nur dann möglich, wenn man den Betrag kennt, um den die Bildecken zu dunkel sind. Also muss man das ausmessen.

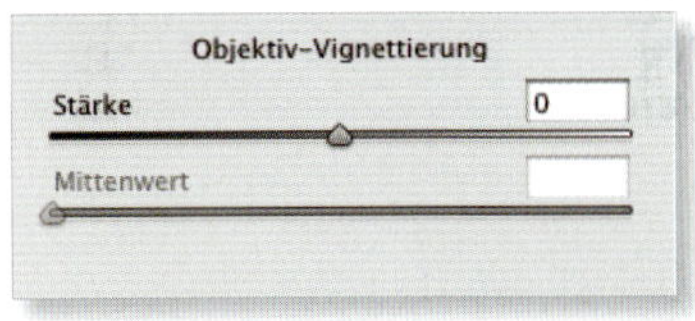

▲ **Abbildung 2.26**
Der untere Teil von Camera Raw • Objektivkorrektur mit dem Parameter Objektiv-Vignettierung

Schritt für Schritt: Vignettierung eines Objektivs ermitteln

Zum Glück hat Camera Raw die Mittel für eine solche Messung an Bord. Die Vignettierung ist von Objektiv zu Objektiv verschieden und ändert sich bei Zoom-Objektiven auch mit der eingestellten Brennweite. Man sollte hier also gewissenhaft vorgehen und die Einstellungen abspeichern. Das ist einmal ein wenig Arbeit, zahlt sich aber auf Dauer sehr aus.

1 Testaufnahme

Man fotografiert eine möglichst gleichmäßig beleuchtete, weiße oder hellgraue Fläche. Dazu klebt man z. B. ein Blatt Papier an die Fensterscheibe und macht die Aufnahme ohne direkte Beleuchtung durch die Sonne oder an einem trüben Tag mit diffus gleichmäßigem Licht. Die Aufnahme darf auf keinen Fall überbelichtet sein, weil das natürlich Teile der zu messenden Fläche auf den Weißwert von 255 »planiert«.

Die Fläche darf nicht nur unscharf sein, sie sollte es sogar sein, damit kleinere Helligkeitsschwankungen nicht das Messergebnis verfälschen. Schalten Sie also den Autofokus der Kamera ab, oder gehen Sie so nah an die Testfläche, dass Sie unter der Mindestentfernung für den Fokus des Objektivs bleiben (Naheinstellungsgrenze). Der Fokus des Objektivs hat auch nichts mit der Vignettierung zu tun.

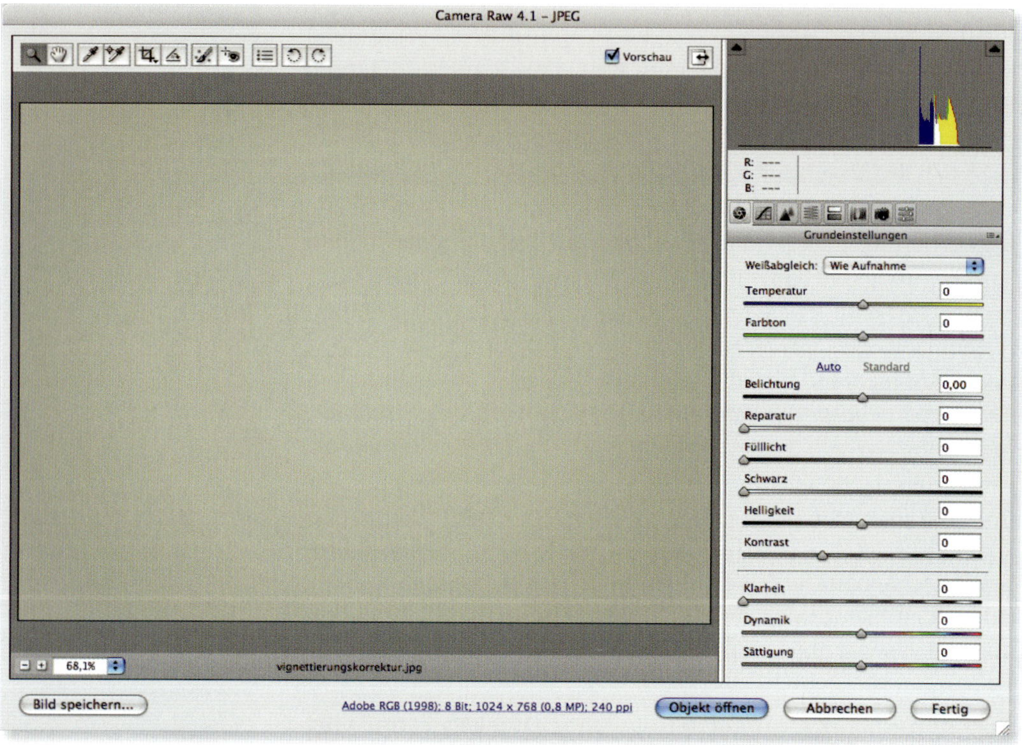

Abbildung 2.27 ▼
Testaufnahme in Camera Raw

2 Neutralisieren

Zunächst ist es sinnvoll, die Aufnahme zu neutralisieren. Das ist zwar für die Brauchbarkeit und Genauigkeit der Messung selbst eigentlich unerheblich, vereinfacht sie aber. Die Farbe der Fläche liegt sehr wahrscheinlich noch nicht neutral auf der Schwarz-Grau-Weiß-Skala, und man sieht im Histogramm mehr oder weniger weit voneinander entfernte Spitzen in den Farbkanälen Rot, Grün und Blau.

Nun nimmt man das Weißabgleich-Werkzeug [I] ❶ aus der Werkzeugleiste und klickt ins Bild. Die Stelle ist im Grunde egal, denn das Bild sollte ja möglichst einförmig sein. Im Histogramm sollte danach ein einzelner weißer, mehr oder weniger spitzer Peak zu sehen sein.

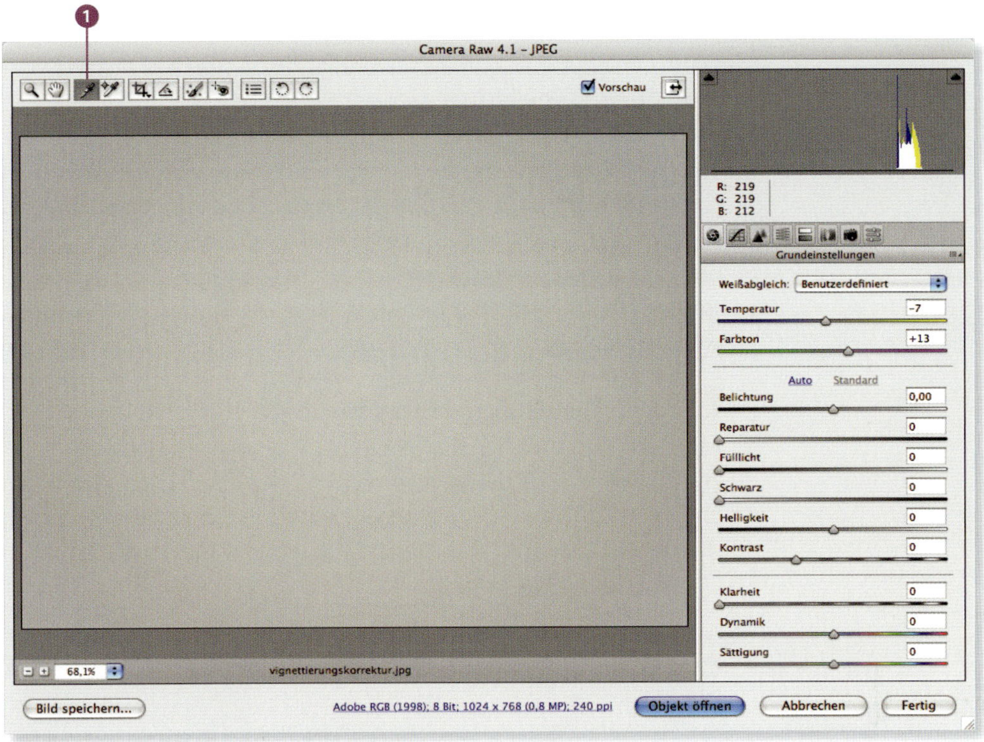

3 Grobeinstellung mit Histogramm

Nach der Neutralisierung kann man nun allein mit dem Histogramm die beiden Regler STÄRKE und MITTENWERT so weit verstellen, dass in der Regel bereits eine visuell ebenmäßige Fläche vorliegt. Dazu wird zuerst der Regler STÄRKE so weit bewegt (in der Regel nach rechts), dass der Peak an der Basis (das ist wichtig!) möglichst schmal ist. Es gibt einen Optimalwert, nach dem es wieder schlechter wird (Abbildung 2.29, links).

▲ **Abbildung 2.28**
Neutralisieren der Testaufnahme mit dem Werkzeug WEISSABGLEICH

▼ **Abbildung 2.29**
Einstellung der Parameter STÄRKE und MITTENWERT mit Hilfe des Histogramms

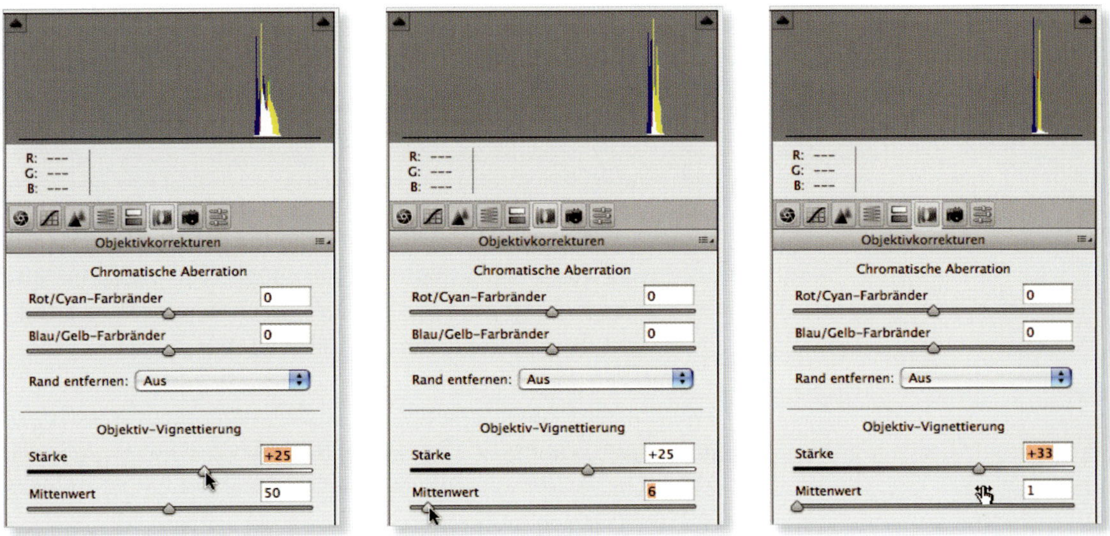

Dann versucht man mit der Manipulation des Reglers MITTENWERT einen Wert zu finden, bei dem der Peak insgesamt am schmalsten ist (Abbildung 2.29, Mitte). MITTENWERT nimmt auf die Tatsache Rücksicht, dass der Verlauf der Abdunklung zum Rand hin in der Regel nicht linear ist, und versucht, das auszugleichen. Meist muss man danach den Regler STÄRKE wieder nachregeln und kann damit den Peak noch schmaler machen (Abbildung 2.29, rechts). Im Bedarfsfall kann man die Anpassung mit beiden wiederholen, weil sie sich gegenseitig beeinflussen.

4 Feineinstellung mit Messpunkten

Mit dem Farbaufnehmer-Werkzeug (Shortcut [S]) setzt man nun zuerst einen Messpunkt in die Mitte der Bildfläche, dann (am besten im Uhrzeigersinn) in die vier Bildecken und dann auf etwa die halben Strecken der Diagonalen vom Mittelpunkt zu Ecke: Die Abbildung illustriert das.

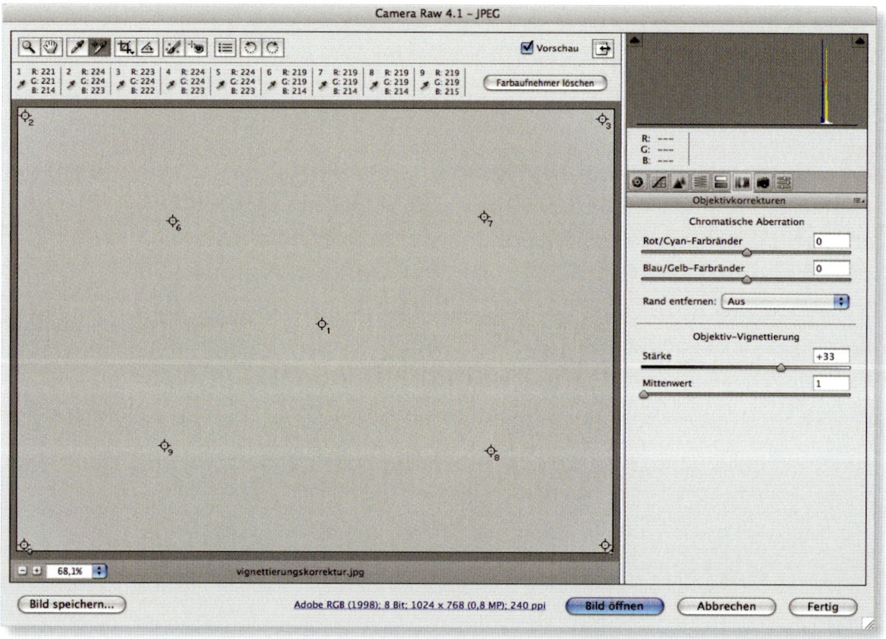

Abbildung 2.30 ▶
Mit dem Setzen von Messpunkten wird die Bekämpfung der Vigettierung weiter optimiert.

Zum Glück erlaubt Camera Raw (offenbar für genau diesen Zweck) nun neun Messpunkte statt der vier möglichen Messpunkte in der Vorversion. Der absolute Idealfall wären nun identische Rot-, Grün- und Blauwerte für alle neun Messpunkte.

Mit den beiden Reglern STÄRKE und MITTENWERT versucht man nun, das bereits ziemlich gute Zwischenergebnis weiter zu verbessern. Die Werte der letzten vier Messpunkte (6–9 in der Abbildung) auf den Diagonalen korrespondieren mit dem Regler MITTENWERT.

5 Korrektur speichern

Man kann nun die Korrekturwerte als Voreinstellung für Camera Raw abspeichern. Im Bearbeitungsbereich rechts oben kann man über das Reitermenü ❶ und dort unter EINSTELLUNGEN SPEICHERN die ermittelten Werte für dieses Objektiv oder diese Brennweite festhalten.

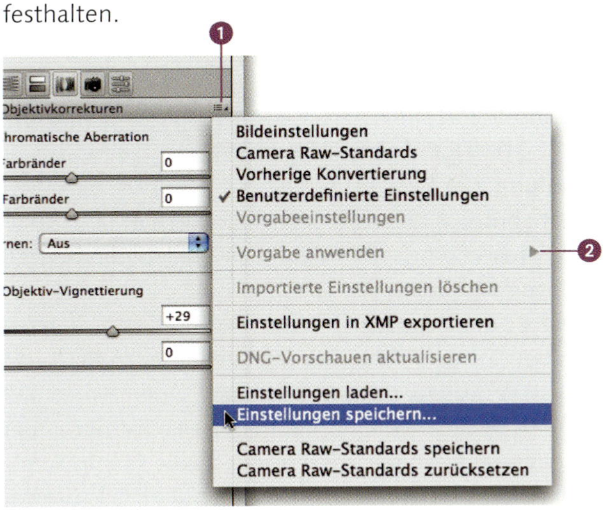

◄ **Abbildung 2.31**
Einstellungen im Reitermenü der Objektivkorrekturen

Im Dialog wählt man ausschließlich den Punkt OBJEKTIV-VIGNETTIERUNG aus (das Pulldown-Menü oben im Dialog hilft, die übrigen schnell abzuwählen). Das garantiert, dass keine anderen, vorher vorgenommenen Einstellungen in Camera Raw überschrieben werden. Mit VORGABE ANWENDEN kann diese Einstellung dann später schnell aufgerufen werden ❷.

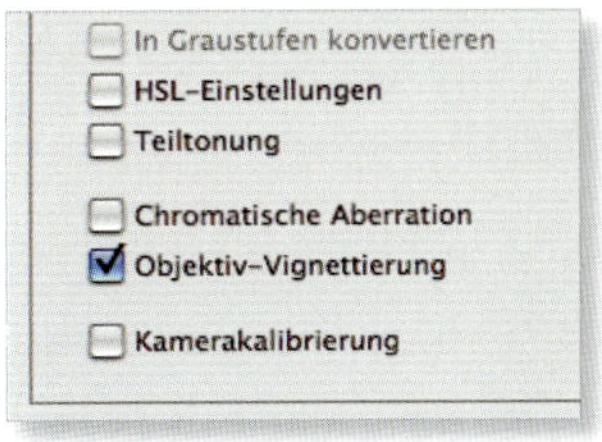

▲ **Abbildung 2.32**
Objektivkorrektur abspeichern ■

Vorgaben

Im letzten (rechten) Tab kann man die Vorgaben für Camera Raw schnell aufrufen und miteinander vergleichen.

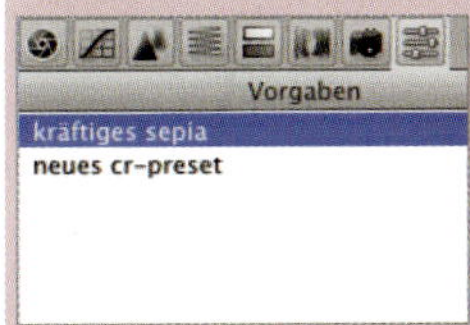

▲ **Abbildung 2.33**
Die Vorgaben-Liste von Camera Raw

2.10 Kamerakalibrierung

Camera Raw kennt die meisten aktuellen Digitalkameras von sich aus und kann entsprechend auf die Rohdaten, die diese liefern, reagieren. Eine Rolle spielen dabei die Farbprofile, die die RAW-Dateien von der Kamera mitbekommen. (Ausführliches zu Farbprofilen in Abschnitt 7.1.2). Sollten die Ergebnisse, die Camera

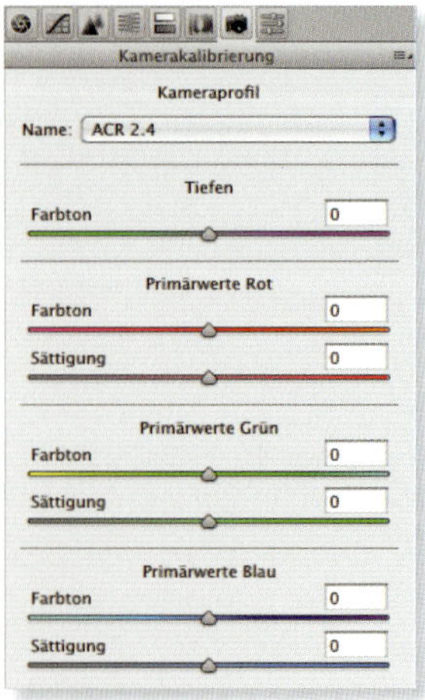

▲ **Abbildung 2.34**
Kamerakalibrierung

Raw aufgrund dieser Vorgaben erstellt, dabei nicht zufriedenstellend sein, kann man diese noch bearbeiten.

Das gilt auch für Bilder, die entweder derart verunglückt sind, dass sie sich mit keiner der vielfältigen Korrekturmöglichkeiten reparieren lassen, oder absichtlich außergewöhnliche Charakteristika haben. In der Regel kann man diesen Teil von Camera Raw ignorieren.

Hinweis

Man kann auch innerhalb der Bilderleiste links durch die Bilder navigieren. Man muss nur die `Alt`-Taste drücken, wenn man auf ein Bild klickt, damit man nicht die Auswahl der Bilder aufhebt oder verändert.

2.11 Multi Image Camera Raw

Die Möglichkeit, die Einstellungen von Camera Raw abzuspeichern, ist die Voraussetzung dafür, dass man ganze Fotostrecken gemeinsam behandeln kann.

Wählt man z. B. über Datei • Öffnen mehrere RAW-Dateien aus, bekommt der Dialog links einen Bildstreifen dazu ❶. Klickt man oben auf Alle auswählen, werden alle Operationen auf alle Bilder gemeinsam angewendet (natürlich zunächst nur in der Vorschau). So kann man schnell überprüfen, ob die Manipulationen einen einheitlichen Look ergeben. Mit den ebenfalls bei der Mehrfachauswahl hinzugekommenen beiden Tasten zum Vor- und Zurückblättern ❷ kann man andere Bilder der Auswahl ins große Fenster holen. Mit Synchronisieren (oben links) lässt sich bestimmen, welche Parameter dabei bei allen Bildern geändert werden. Standardmäßig sind das alle.

Abbildung 2.35 ▶
Multi Image Camera Raw

2.12 Camera Raw-Bild in Photoshop öffnen oder speichern

Hat man alle Einstellungen zur Zufriedenheit vorgenommen, kann man entweder mit BILD ÖFFNEN ❹ die Bearbeitung in Photoshop beginnen oder mit BILD SPEICHERN ❸ die Bilder mit den Änderungen speichern (dafür muss Photoshop übrigens nicht laufen).

Klickt man SPEICHERN, bietet der dann erscheinende Dialog SPEICHEROPTIONEN die Möglichkeit der Umbenennung nebst Nummerierung und das Speichern als TIFF, JPEG, Photoshop-Datei oder DNG (siehe folgender Abschnitt).

Die Tatsache, dass Camera Raw praktisch ein selbstständiges Programm ist, gestattet das Konvertieren und Speichern von Bildern im Hintergrund. Es können ganze Ordner voll Bildern bearbeitet werden, während Photoshop im Vordergrund weiterläuft.

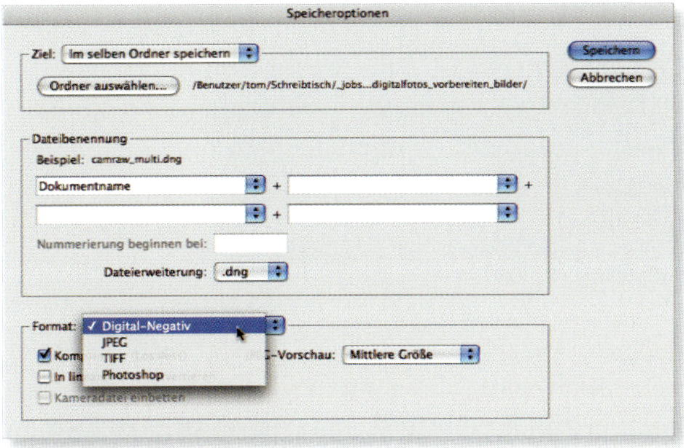

▲ **Abbildung 2.36**
Die SPEICHEROPTIONEN von Camera Raw

XMP-Dateien
Sobald man in CAMERA RAW arbeitet, tauchen sie im Finder bzw. Explorer auf: XMP-Dateien. Manipuliert man in Camera Raw ein Bild und bricht den Dialog nicht ab, sondern klickt auf SPEICHERN, ÖFFNEN oder FERTIG, werden die Operationen in eine eigene kleine Datei geschrieben, die beim nochmaligen Öffnen in Camera Raw diese Einstellungen wieder rekonstruiert. Die Datei hat die Endung *.XMP (Extensible Metadata Platform) und den gleichen Namen wie die Bilddatei. Diese XML-basierten, sogenannten »Filial-Dateien« (oder »Side car files«) gestatten den Transport von Bildern unter Beibehaltung der Camera Raw-Einstellungen auf andere Computer (oder Server).

2.13 Retusche in Camera Raw

Sowohl in Camera Raw als auch in Lightroom hat Adobe zwei einfache, aber häufig benötigte Retuschewerkzeuge neu eingeführt: einen Kopierstempel und ein Werkzeug gegen die roten Augen bei Aufnahmen mit frontalem Blitz. Auf Letzteres müssen wir nicht näher eingehen, das Retuschierwerkzeug aber lohnt einen Blick.

Ps

Video-Training
Auf der Buch-DVD im Ordner Video-Training finden Sie eine Video-Lektion zum Thema »Retusche im Raw-Konverter«.

2.13.1 Retuschierwerkzeug

Das Retuschierwerkzeug [B] ist sichtbar mit dem Kopierstempel in Photoshop verwandt. Da es aber wie alle Einstellungen in Camera Raw zum einen nicht-destruktiv ist und zum anderen in den Metadaten (XMP-Dateien) abgespeichert wird, ist seine Anwendung z. B. mittels Kopieren der Camera Raw-Einstellungen schnell auf weitere Bilder möglich. Das ist besonders dann sinnvoll, wenn Staubkörner auf dem Sensor oder andere ortsfeste Störungen beseitigt werden sollen. Voraussetzung ist natürlich, dass das Bildmaterial das zulässt; z. B. dass alle Störungen auf ebenmäßigen Flächen sitzen.

Die Anwendung des Retuschierwerkzeugs ist denkbar einfach. Man braucht nicht – wie beim Gegenstück aus Photoshop – die [Alt]-Taste, um einen Quellbereich zu definieren, sondern klickt zunächst die Fehlstelle an. Es erscheinen ein roter Kreis und daneben ein grüner Kreis. Diesen zieht man an die Stelle, die man einkopieren möchte. Beide lassen sich unabhängig voneinander bewegen (Pfeilkreuz-Cursor) und skalieren (Doppelpfeil-Cursor auf dem Kreisrand).

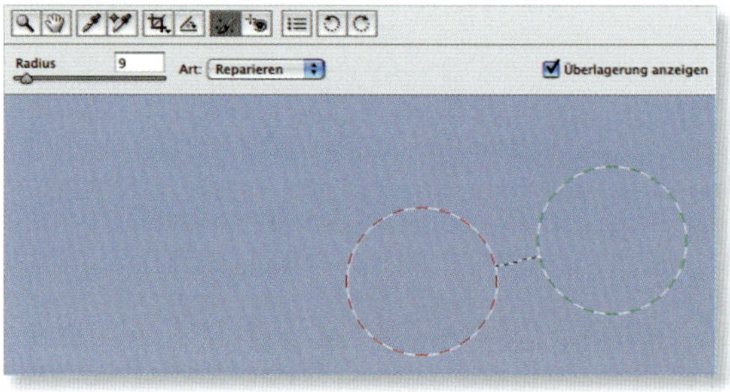

Abbildung 2.37 ▸
Das neue Retuschierwerkzeug in Camera Raw

Mit Überlagerung anzeigen wird »live« gezeigt, wie die reparierte Stelle aussehen wird. Unter Art kann man zwischen reinem Kopieren und Reparieren auswählen. Bei Letzterem werden Farbton, Helligkeit und Struktur des Quellbereichs an den Zielbereich angepasst, ganz ähnlich z. B. wie beim Reparaturpinsel-Werkzeug in Photoshop. Den Radius kann man mit dem gleichnamigen Regler verstellen; die interaktive Möglichkeit mit dem Skalierungs-Cursor auf dem Kreisrand ist aber viel bequemer.

2.14 DNG – Das digitale Negativ

Mit der stürmischen Weiterentwicklung von Hard- und Software auf dem Sektor digitale Fotografie haben proprietäre Dateiformate wie die herstellereigenen RAW-Formate ein Ablaufdatum, was jene Hersteller zeigen, die bereits Nachfolger ins Rennen geschickt haben (Canon mit dem alten »*.crw«- und dem neuen »*.cr2«-Format). Die Gefahr, dass mittel- bis langfristig Bilddaten unbrauchbar werden, weil die entsprechenden Formate nicht mehr unterstützt werden, ist definitiv gegeben.

Adobe und einige andere führende Hard- und Software-Hersteller haben deshalb eine Initiative gegründet, die dieser Gefahr begegnen soll und ein offenes Rohdaten-Format entwickelt hat.

Camera Raw sieht in den Speicheroptionen die Möglichkeit vor, die Bilder als »*.dng«-Dateien abzuspeichern. Diese werden dann beim erneuten Öffnen wie die proprietären RAW-Formate der Kamerahersteller behandelt. Es öffnet sich ebenfalls der Camera Raw-Dialog, bevor es in Photoshop weitergeht. Wie beim analogen (Film-)Negativ wird zunächst erst einmal entschieden, wie der »Abzug« dieses Negativs aussehen soll. Die in Camera Raw behandelten »*.dng«-Dateien beinhalten ein exaktes Abbild der Rohdaten.

DNG-Hardware
Mit dem Spiegelreflex-Digital-Rückteil Leica Digital Modul R für die Kameras Leica R8 und R9 ist im Sommer 2005 die erste Hardware herausgekommen, die das DNG-Format nativ unterstützt und kein eigenes RAW-Format mehr benutzt.

Adobe Digital Negative Converter | Man kann die Bilder auch direkt ohne Bearbeitung einfach nur ins DNG-Format übersetzen. Diesen Job erledigt der Adobe Digital Negative Converter. Er ist ein eigenständiges Programm, das weder Photoshop noch Camera Raw braucht. Es konvertiert einzelne Bilder oder ganze Ordner. In den Voreinstellungen kann bestimmt werden, ob sicherheitshalber auch die Original-RAW-Dateien integriert werden sollen. Der Konverter kann frei (kostenlose Registrierung erforderlich) von der Adobe-Website heruntergeladen werden: *http://www.adobe.com/support/downloads/*.

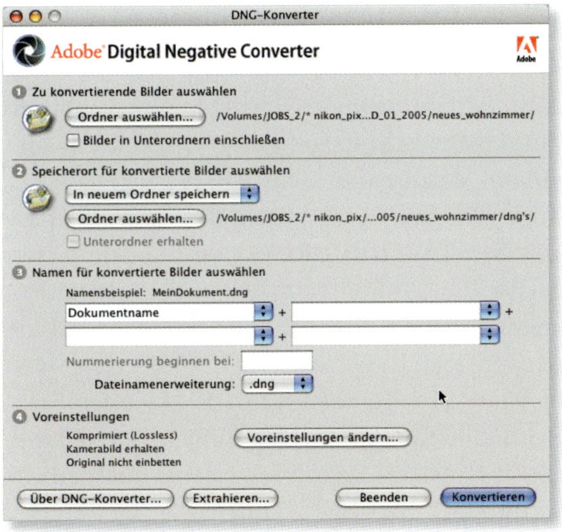

◂ **Abbildung 2.38**
Adobe DNG-Konverter

2.15 Spezialfall HDR

Es ist zwar nicht unmittelbar mit Camera Raw verbunden, aber mit ihm gemeinsam um größere Dynamik und höheren Tonwertumfang im Bild bemüht: das HDR-Format. Mit der Version CS2 hat damit ein Bildformat in Photoshop Einzug gehalten, mit dem viele User bis jetzt (noch) kaum etwas anfangen konnten: **HDR**-Bilder (**H**igh **D**ynamic **R**ange).

2.15.1 Gestalterische Möglichkeiten

Mit diesem Bildformat sind Bilder möglich, die keinerlei Zeichnungsverlust von den schwärzesten Tiefen bis zu den allerhellsten Lichtern haben. Sie zeichnen sich durch eine Vielzahl an technischen und gestalterischen Möglichkeiten aus. Eine davon wird von Fotografen mittlerweile sehr geschätzt: Ein Maler, der z. B. beim Arbeiten mit Ölfarben auf der Leinwand nur den sehr begrenzten Tonwertumfang zwischen den materiellen Farben Schwarz und Weiß zur Verfügung hat, muss den hohen Tonwertbereich von dem, was er sieht und abbilden will, immer interpretieren und zwischen seinem Schwarz und Weiß »einpassen«, was nichts anderes ist als eine Kompression. Dies ist der Grund für den »malerischen« Look, der manche Fotografen am Umgang mit HDR-Bildern reizt.

Einen weiteren Anwendungsfall von HDR-Bildern finden wir im 3D-Bereich, wo HDR-Panoramen zum sogenannten »Image Based Lighting« verwendet werden. Hier wird eine 3D-Szene nicht mit Lichtern erhellt, sondern mit Umgebungslicht, das von solchen HDR-Bildern herrührt. Diese wirken dadurch sehr natürlich. Mehr dazu lesen Sie im Kapitel 14, »Photoshop und 3D«.

HDR-Aufnahme

Auch, wenn man Belichtungsreihen für HDR-Bilder aus freier Hand schießen und sich dann auf die Ausrichtungsautomatik der Software verlassen kann, erfordert dies eine ruhige Hand und einige Übung. Deshalb ist für HDR-Aufnahmen ein stabiles Stativ sehr empfehlenswert, denn die Bilder müssen später exakt aufeinander passen. Zusätzlich ist ein Fernauslöser sinnvoll, weil professionelle Digitalkameras bereits so hohe Auflösungen haben, dass allein die Vibration des zurückklappenden Spiegels auf leichteren Stativen zu sichtbarem Verwackeln führt, zumal die Bildreihen oft in längere Belichtungszeiten hineinreichen. Man sollte mindestens zwei Belichtungsstufen Unterschied zwischen den Bildern haben. Automatische Belichtungsreihen der Kamera (Bracketing) sind nur ab –2/0/+2 zu empfehlen: Variieren Sie immer die Belichtungszeit, **nie** die Blende, denn deren wechselnde Tiefenschärfe erschwert Photoshop die Bilderkennung beim Zusammenfügen!

2.15.2 Die HDR-Technik

Möglich werden diese Bilder durch eine Farbtiefe von 32 Bit pro Farbkanal, also einer Gesamtfarbtiefe von 96 Bit. Die Anzahl der theoretisch darstellbaren Farbtöne ist eine Zahl mit 28 Nullen.

Der Mensch kann nicht einmal alle mit 24 Bit Farbtiefe (3 × 8 jeweils für Rot, Grün und Blau) darstellbaren 16,7 Millionen Farben unterscheiden. Das ist der Standard, mit dem noch immer weite Teile der Bildverarbeitung im Computer ablaufen und mit dem auch am Bildschirm dargestellt wird. Die mittlerweile weit verbreiteten 16-Bit-Bilder (3 × 16 = 48 Bit = 281 Billionen Farbtöne) schaffen für die allermeisten Berechnungen und Bildbearbeitungen genügend Reserven. Wozu also dann noch solche Monsterdateien?

Bei den Bildern, die wir von unserer Umwelt wahrnehmen, ist nicht nur die Anzahl der unterscheidbaren Farbnuancen entscheidend, sondern auch die Lichtverhältnisse. Hier gibt es eine Spanne vom Kerzenlicht bis zu strahlend sonnigem Hochgebirge. Rechnet man bei einer Kamera die Verhältnisse von Blende und Belichtungszeit zusammen, so kommt man allein bei einer Kombination von z. B. acht Blendenstufen (2,8 – 4 – 5,6 – 8 – 11 – 16

– 22 – 32) und 12 Verschlusszeitstufen (1/2000 – 1/1000 – 1/500 – 1/250 – 1/125 – 1/60 – 1/30 – 1/15 – 1/8 – 1/4 – 1/2 – 1/1) rechnerisch auf ein Verhältnis zwischen ganz hell (F2,8 bei 1/1 sec.) und ganz dunkel (F32 bei 1/2000 sec.) von 2^{20}! Gute aktuelle Kameras haben meist noch einen wesentlich größeren Wertumfang.

Diese riesigen Zahlenverhältnisse illustrieren, wie extrem anpassungsfähig das menschliche Auge ist und wie groß der Mangel an Darstellbarkeit auf der Bildbearbeitungsebene. Das wird schnell klar, wenn man ein Zimmer fotografiert, durch dessen Fenster ein heller Sommertag hereinscheint.

Man braucht nicht einmal direkten Sonnenschein, um festzustellen, dass auch eine professionelle Kamera mit vielleicht tatsächlichen 14 Bit Farbtiefe nur zwei Möglichkeiten hat: Draußen ist alles gut zu erkennen, aber das Zimmer ist finster, oder drinnen ist alles okay, aber die Fenster sind ausgerissene weiße Löcher.

◂ **Abbildung 2.39**
Mehr als sechs Blenden Unterschied zwischen zwei Aufnahmen

Solche Motive sind gar nicht so selten, man denke nur an die Architektur-Fotografie. Ein bisher weit verbreiteter Weg war die Montage zweier solcher Bilder. Das ist mit erheblichem Retusche- und Maskierungsaufwand verbunden.

An dieser Stelle kommt nun HDR ins Spiel. In den insgesamt 96 Bit Farbtiefe ist neben genug Platz für die Farbinformation (unterscheidbare Farbtöne) auch ausreichend Raum für einen großen Dynamikumfang (Verhältnis zwischen ganz hell und ganz dunkel). Es gibt praktisch keine Kamera, die ein solches Bild mit einem einzigen Shot aufnehmen kann. Deshalb kombiniert man eine Aufnahmereihe mit entsprechend variierten Belichtungsstufen.

TIPP

Natürlich ist es gut, für HDR-Bilder bereits als Ausgangsmaterial RAW-Dateien zu haben. Aber es geht auch mit JPEGs oder 8-Bit-TIFFs. Deren Umfang an darstellbaren Belichtungsstufen ist zwar kleiner, aber dann nimmt man eben mehr.

Daten auf der DVD
Sie finden die Dateien zu diesem Beispiel auf der Buch-DVD unter BEISPIELDATEIEN/02_RAW_HDR/HDR.

2.15.3 Erstellen von HDR-Dateien

Über DATEI • AUTOMATISIEREN • ZU HDR ZUSAMMENFÜGEN kommt man zum Import-Dialog, der neben den üblichen TIFF- und JPEG-

Dateien auch direkt alle mit Camera Raw kompatiblen Rohdatenformate laden kann.

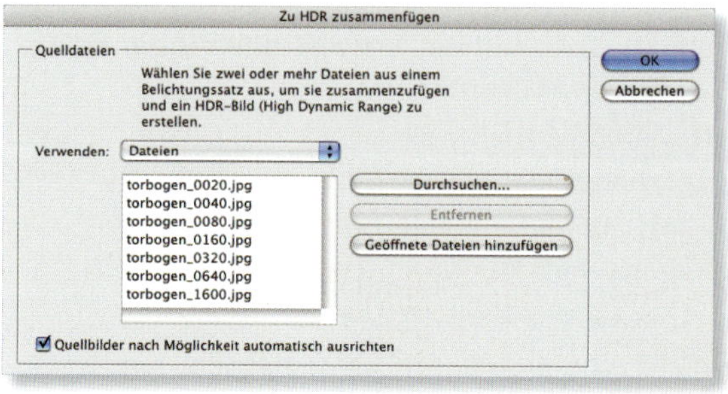

Abbildung 2.40 ►
Import-Dialog von ZU HDR ZUSAMMENFÜGEN

Ein Öffnen von Camera Raw entfällt, weil die Daten ja für diesen Zweck im maximalen Umfang gebraucht werden. Wichtig ist in diesem Dialog die Checkbox QUELLBILDER NACH MÖGLICHKEIT AUTOMATISCH AUSRICHTEN. Dabei versucht Photoshop, automatisch deckungsgleiche Bildbereiche zu erkennen und eventuell vorhandene geringe Verschiebungen auszugleichen, um Unschärfe im Ergebnis zu vermeiden. Man muss beachten, dass die Möglichkeiten von Photoshop hier begrenzt sind, wie man an diesem aus freier Hand aufgenommenen Beispiel auch erkennen kann. Sich bewegende Motivteile können Probleme bereiten, die sich später nur schwer retuschieren lassen.

Abbildung 2.41 ►
Sieben Aufnahmen über fast acht Belichtungsstufen

Danach beginnt Photoshop, still vor sich hin zu werkeln und die Bilder zu einer Datei zusammenzubauen. Sind in den Bildern brauchbare EXIF-Daten vorhanden, erkennt Photoshop alles Nötige automatisch. Die halb fertige Datei wird in einem großen Dialog gezeigt.

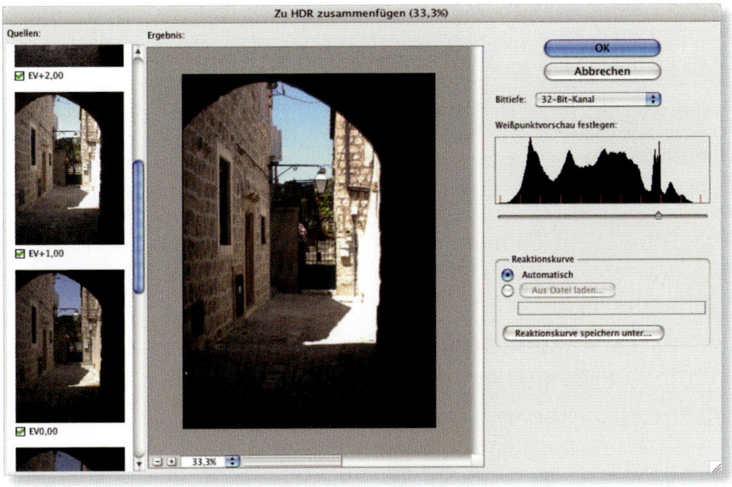

◂ **Abbildung 2.42**
Zwischendialog von Zu HDR zusammenfügen

Links kann man in der Bilderreihe einzelne Bilder entfernen (Bilder mit zu geringem Belichtungsunterschied zu anderen sind manchmal entbehrlich, weil sie mitunter nur Unschärfe produzieren). Im Histogramm rechts wird unter Weisspunktvorschau festlegen der »Nullpunkt« für die Darstellung eines Vorschaubildes bestimmt; die Datei beinhaltet ja weit mehr, als ohne weiteres darstellbar ist. Also muss man hier einen Wert festlegen, damit man etwas Sinnvolles sehen kann. Auf die Bilddaten selbst hat das keinerlei Einfluss. In der Version Photoshop CS3 kann man diese sogenannte Reaktionskurve nun auch abspeichern und laden.

2.15.4 Bearbeiten von HDR-Bildern

Vor der Ausgabe kann die Datei noch bearbeitet werden. Dabei sind die Möglichkeiten mit der neuen Version CS3 bei Weitem nicht mehr so begrenzt wie zuletzt.

Welche Bearbeitungsmöglichkeiten bietet Photoshop für den 32-Bit-Modus? | Die wichtigsten Befehle unter Bild • Anpassungen, die wichtigsten Mal- und Retusche-Werkzeuge und eine Reihe Filter haben bereits unter CS2 im 32-Bit-Modus funktioniert. Hinzugekommen sind nun Ebenen, Ebeneneffekte und das Textwerkzeug. Auch die neuen Smart Filter funktionieren in begrenztem Umfang mit HDR-Bildern.

▲ **Abbildung 2.43**
Textebene mit Schlagschatten bei unterschiedlichen Belichtungsansichten

Mal- und Textwerkzeuge benötigen den Farbwähler. Weil dieser ja naturgemäß bei Weitem nicht alle Farben darstellen kann, die in einem 32-Bit-Bild vorkommen können, hat er eine Erweiterung erfahren, mit der man eine Farbe bei unterschiedlicher Belichtung formulieren kann. Auch die Aufnahme von 32-Bit-Farben aus einem Bild funktioniert damit.

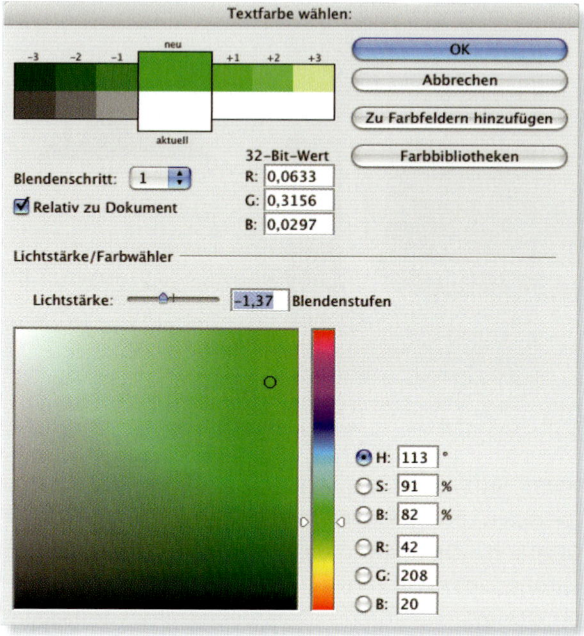

Abbildung 2.44 ▶
Farbwähler mit der neuen Erweiterung für 32-Bit-Bilder

Optimierte Ansicht | Durch den hohen Dynamikumfang sieht man bei der Bearbeitung nicht immer alle Bildstellen. Immer wieder sind einige viel zu hell oder zu dunkel. Um die Bearbeitung durchführen zu können, muss man die Darstellung immer wieder anpassen. Dazu ist im kleinen Ausklappmenü am unteren Rand des Bildfensters der Schieberegler für die Belichtung bei 32-Bit-Bildern zu finden. Ein Doppelklick auf den Schieber setzt die Ansicht wieder auf die Standardbelichtung zurück.

Abbildung 2.45 ▶
Belichtungsregler für 32 Bit im Fuß des Dokumentfensters

2.15.5 HDR ausgeben

Die fertige Datei wird einfach mit DATEI • SPEICHERN UNTER ausgegeben. Soll die Datei nur in Photoshop weiterverarbeitet werden, bleibt man beim »Hausformat«. Das am häufigsten verwendete Format zum Austausch mit anderen Programmen ist Radiance (»*.hdr«). Die anderen Formate (z. B. »Open EXR«) werden nur im High-End-Bereich der Filmindustrie verwendet.

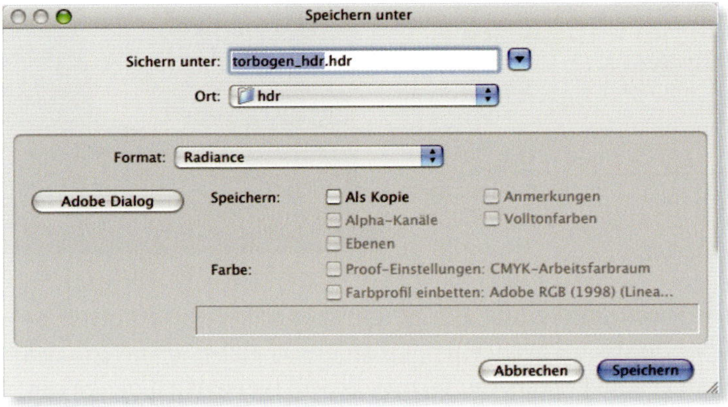

◂ **Abbildung 2.46**
HDR-Bilder abspeichern

2.15.6 Tonwert-Konvertierung von HDR-Bildern

32-Bit-Bilder sind in der Regel ja nicht im Ganzen sichtbar. Für die Sichtbarkeit in vollem Umfang müssen sie in eine Form gebracht werden, die sich am Bildschirm darstellen oder auch ausdrucken lässt.

Bei dieser Konvertierung in 16- oder 8-Bit-Bilder muss man nun bestimmen können, wie dieser gewaltige Dynamikumfang für entsprechende Bildformate »zusammengepresst« werden kann. Für die Übersetzung von 32 Bit in niedrigere Farbtiefen bietet die HDR-Funktion von Photoshop verschiedene Methoden an. Sie werden immer dann aufgerufen, wenn ein HDR- oder 32-Bit-Bild mit BILD • MODUS • 8-BIT-KANAL oder BILD • MODUS • 16-BIT-KANAL in eine andere Farbtiefe umgewandelt werden soll. Diesen Vorgang nennt man auch **Tonemapping**.

Belichtung und Gamma | Im Dialog HDR-KONVERTIERUNG unter BELICHTUNG UND GAMMA bekommt man durch Herumprobieren gute Ergebnisse. Hier ist es meist sinnvoll, zunächst den Regler BELICHTUNG so zu positionieren, dass die Lichter noch Zeichnung enthalten. In der Regel sind dann die Tiefen sehr dunkel geworden. Diese regelt man mit GAMMA so weit nach, bis hier nichts mehr absäuft und auch die dunklen Bildbereiche gut strukturiert sind. Diese Methode bringt oft ohne viel Aufwand den oben erwähnten »malerischen« Eindruck.

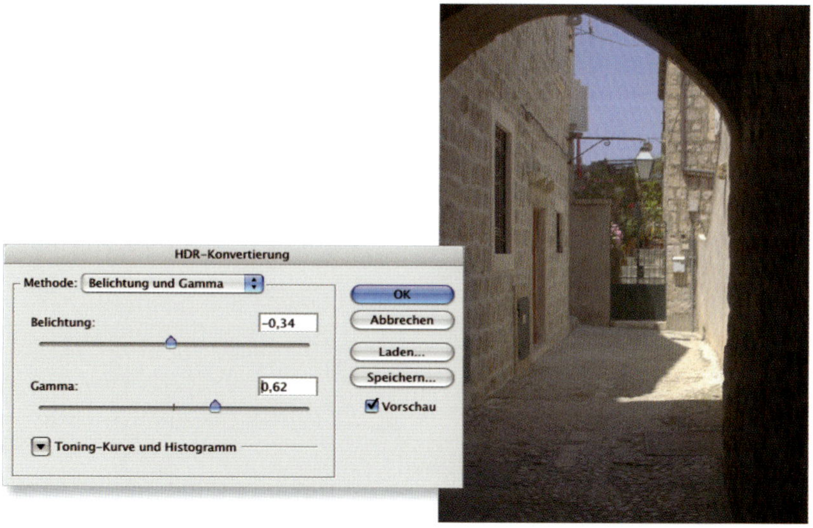

Abbildung 2.47 ▸
HDR zu 8 Bit mit Belichtung und Gamma

Lichterkomprimierung | Die Lichterkomprimierung bietet keinerlei Einstellmöglichkeiten, trotzdem aber bei manchem Bildmaterial gute Ergebnisse. Technisch wird hier einfach der gesamte Tonwertbereich linear auf den Bereich zusammengepresst, der von 8 bzw. 16 Bit dargestellt werden kann.

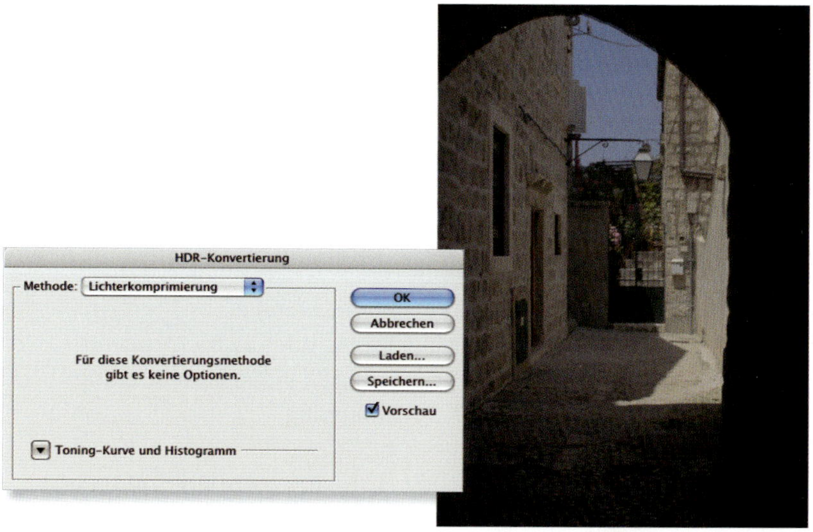

Abbildung 2.48 ▸
HDR zu 8 Bit mit Lichterkomprimierung

Histogramm equalisieren | Im Gegensatz zu Lichterkomprimierung wird bei Histogramm equalisieren nicht linear konvertiert, sondern ein Kontrast eingebaut, der den ursprünglichen Lichtverhältnissen mehr entspricht. Histogramm equalisieren bringt oft sehr gute Ergebnisse, obwohl es keine Einstellmöglichkeit bietet. Bilder mit dieser Einstellung wirken knackiger und weniger flau.

◂ **Abbildung 2.49**
HDR zu 8 Bit mit Histogramm equalisieren

Lokale Anpassung | Lokale Anpassung funktioniert wie die Gradationskurven (siehe Abschnitt 6.4), hat feine Manipulationsmöglichkeiten und bringt entsprechende Resultate. Hier lassen sich oft Bilder produzieren, die sowohl einen malerischen Look als auch genug Kontrast und klare Zeichnung haben. Das geschieht in erster Linie durch die beiden Regler Radius und Schwellenwert, die eng verwandt sind mit den entsprechenden Einstellmöglichkeiten sowohl unter Filter • Scharfzeichnungsfilter • Unscharf maskieren als auch bei Bild • Anpassungen • Tiefen/Lichter. Hier wie dort geht es um eine Kontrastanhebung im lokalen Detailbereich, die das Gesamtkontrastgefüge des Bildes aber kaum verändert.

HDR im 3D-Bereich

Neben Innen- und Außenaufnahmen mit extremem Belichtungsumfang gibt es im Bereich 3D-Grafik einen weiteren wichtigen Anwendungszweck für HDR-Bilder: Seit einiger Zeit geht man dazu über, manche 3D-Szenen (vor allem in der Architektur-Visualisierung und im Produkt-Design) nicht mehr mit (virtuellen) Lichtquellen zu beleuchten, sondern für die Beleuchtung Farb- und Lichtwerte der gesamten Umgebung heranzuziehen. Mehr dazu erfahren Sie im Kapitel 14, »Photoshop und 3D«.

◂ **Abbildung 2.50**
HDR zu 8 Bit mit Lokale Anpassung

2.15.7 Alternativen: HDR Shop und Photomatix

Wie in vielen anderen Bereichen der Bildverarbeitung hat Photoshop auch im Bereich HDR kein Monopol. Es gibt durchaus Alternativen. Zwei davon seien hier kurz vorgestellt: HDR Shop und Photomatix.

Wer sich in diesem Bereich experimentierend umschauen will, sollte auf jeden Fall auch versuchen, die verfügbaren Werkzeuge miteinander zu kombinieren. Praktisch alle Programme, die mit HDR-Bildern umgehen können, beherrschen das Radiance-Format (»*.hdr«). Und dies ist ja gewissermaßen ein Rohformat, das erst in ein komplett sichtbares Format umgewandelt werden muss. Man kann also ohne Weiteres z. B. eine HDR-Datei in Photoshop erzeugen, dann aber in Photomatix das Tonemapping erledigen.

HDR Shop
Die kostenlose Version von HDR Shop können Sie unter folgender Adresse herunterladen: *www.hdrshop.com*. Die Version 2 ist kommerziell und schlägt mit etwa 400 US$ zu Buche. Sie bietet dafür z. B. eine Programmierung auf der Basis von JavaScript an und kann mit RAW-Dateien umgehen. HDR Shop ist nur für Windows erhältlich.

HDR Shop | HDR Shop kommt aus dem wissenschaftlichen Bereich und ist von der University of Southern California entwickelt worden. Die Version 1 ist sparsam ausgestattet, aber relativ einfach zu bedienen und vor allem kostenlos.

Abbildung 2.51 ▲
Der frei erhältliche HDR Shop

Photomatix | Eine kommerzielle, aber recht preisgünstige Alternative zu Photoshops HDR-Fähigkeiten bietet Photomatix. Beim Tonemapping geht Photomatix teilweise andere Wege als Photoshop. Die Tonwertkompression ergibt bei Photomatix oft bessere

Ergebnisse als bei Photoshop. Der Modus DETAIL ENHANCER bietet Einstellmöglichkeiten, die bei Photoshops HDR-Funktionen gar nicht zu finden sind. Photomatix ist eher als Photoshop auf möglichst deckungsgleiche Bilder angewiesen. Die automatische Ausrichtung der Aufnahmen bei Photoshop kommt wesentlich besser mit Freihand-Aufnahmen zurecht.

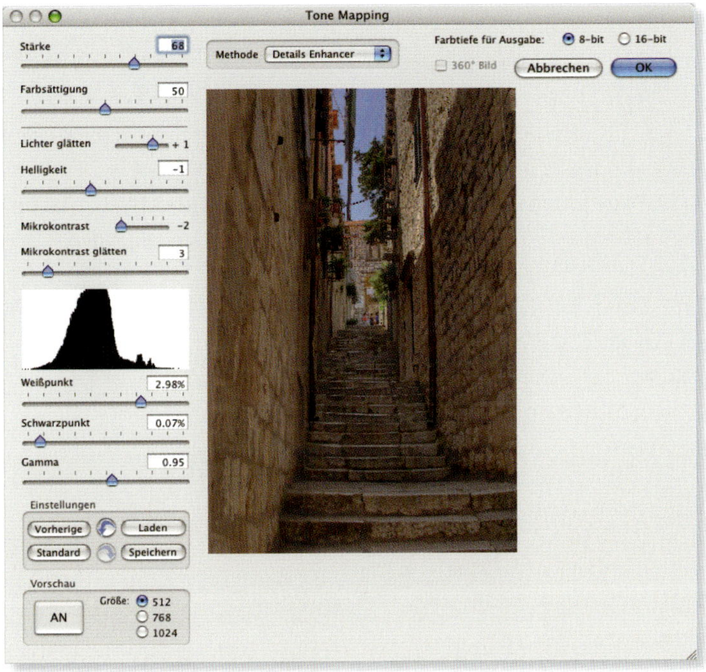

◀ **Abbildung 2.52**
Der Dialog TONE MAPPING in Photomatix Pro

Photomatix
Eine Demo-Version von Photomatix für Mac und Windows finden Sie auf der Buch-DVD im Ordner SOFTWARE/PROGRAMME. Die Vollversion kostet in der Download-Variante etwa 90 €, in der Schachtel etwa 100 €.

3 Probleme bei Digitalfotos beheben

In diesem Kapitel sollen ausführlich die Strategien besprochen werden, die Photoshop selbst oder Dritthersteller für die Probleme von Digitalfotos bereitstellen, die mit den Möglichkeiten von Camera Raw nicht oder nicht so gut zu erledigen sind.

3.1 Rauschen entfernen

Aktuelle Digitalkameras schieben mit allerlei technologischen Tricks die Grenzen des Machbaren immer weiter hinaus. Dank Optiken mit Bildstabilisatoren sind Aufnahmen aus freier Hand möglich, wo früher ein Blitz oder ein Stativ gebraucht wurde. Die Empfindlichkeit reicht heute bei besseren Modellen bis ISO 3200, sodass z. B. im Bereich Event- und Konzertfotografie scharfe Aufnahmen ohne Blitz möglich sind. Das geht nur mit großer Lichtverstärkung. Auch wenn manche Kameras hardwareseitig bereits gute Rauschunterdrückungssysteme an Bord haben, erkauft man sich diese stimmungsvollen Bilder ohne Blitz in der Regel mit heftigem Bildrauschen.

◄ **Abbildung 3.1**
Stimmungsvolles, aber stark verrauschtes Foto

Das Beispielbild ist eine Aufnahme in der späten Winterdämmerung und wurde mit 1/400 Sekunde bei Blende 9 aufgenommen.

Der ISO-Wert musste auf 800 hochgeschraubt werden, um ohne Stativ auszukommen. Die kurze Belichtungszeit war wegen starken Windes nötig. Dieses Bild soll nun als Testfall für die diversen Anti-Rausch-Werkzeuge verwendet werden.

Abbildung 3.2 ▸
Ausschnitt mit Rauschen in 200 % Vergrößerung

3.1.1 Photoshops Bordmittel

Rauschen reduzieren | Als Erstes lassen wir ein Bordmittel von Photoshop, das Sie unter FILTER • RAUSCHFILTER • RAUSCHEN REDUZIEREN finden, auf unser Testobjekt los.

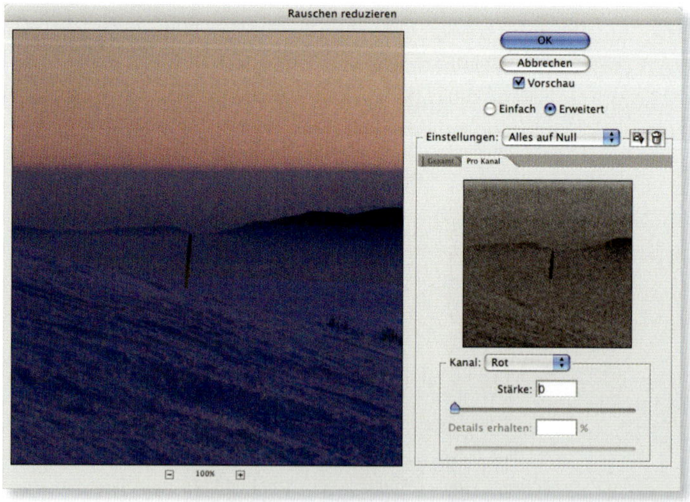

Abbildung 3.3 ▸
Der Dialog von RAUSCHEN REDUZIEREN mit der Rauschunterdrückung pro Farbkanal

Bis zur Version CS2 waren halbwegs gute Rauschbekämpfungsmaßnahmen in Photoshop meist selbst gestrickte Konstruktionen. Mit RAUSCHEN REDUZIEREN bietet Photoshop ein recht gut abstimmbares Werkzeug an. Es lässt sich das Verhältnis zwischen

Rauschunterdrückung und Kantenschärfe einstellen. Zudem kann man das Rauschen gezielt in einzelnen Farbkanälen bekämpfen. Das ist sinnvoll, denn viele Kameras haben oft im Blau- oder im Rot-Kanal Probleme. Der Grün-Kanal ist in der Regel am brauchbarsten, weil die allermeisten Kamera-Sensoren ja zwei grüne, aber nur je einen blauen und einen roten Sensorpixel pro Bildelement haben (»Bayer-Matrix«).

Der Dialog von Rauschen reduzieren kennt die beiden Modi Einfach und Erweitert. Die einzelnen Parameter sind selbsterklärend. Fixe Regeln gibt es bei diesem Filter für die Anwendung nicht. Sinnvoll zu beurteilen ist nur der optische Eindruck. Angenehm ist deshalb die Möglichkeit, einmal als gut empfundene Einstellungen für bestimmte Bildverhältnisse abzuspeichern.

Eine recht brauchbare Kleinigkeit ist die Checkbox JPEG-Artefakt entfernen, die gezielt nach den Blockartefakten der JPEG-Kompression sucht und diese reduziert. Das funktioniert je nach Motiv und Störungsstärke ziemlich gut. Es ist eher interessant für Bilder von Kameras unterer bis mittlerer Preisklasse, die Fotos nur im JPEG-Format abspeichern können. Professionelle Anwender nutzen meist das TIFF- oder das RAW-Format. Beide kennen solche Störungen nicht. Die Ergebnisse von Rauschen reduzieren sind für moderat verrauschte Bilder noch ganz brauchbar, bei unserem Beispiel aber hat Photoshops Hausmittel bereits Probleme. Dreht man alle Regler voll auf, verschlechtert sich das Resultat sogar wieder sukzessive und bildet merkwürdig gekräuselte Strukturen.

Da Rauschbekämpfung immer mit einer mehr oder weniger starken Weichzeichnung einhergeht, kann unter Gesamt mit Details scharfzeichnen dagegengearbeitet werden. Bei den einzelnen Farbkanälen heißt dieser Parameter Details erhalten.

TIPP

Der Dialog Rauschen reduzieren zeigt das Ergebnis in einem kleinen Vorschaubild im Dialog. Aktiviert man die Checkbox Vorschau, wird das Ergebnis im Bild selbst gezeigt. Das Filter ist allerdings recht rechenaufwendig, sodass es bei großen Bildern zäh wird. Hier hilft eine Auswahl. Dann wird nur hierfür die Vorschau berechnet. Holt man sich im Filterdialog die Auswahlgrenze, hat man dort auf diese Weise einen permanenten Vorher/Nachher-Vergleich. Für die spätere Anwendung auf das ganze Bild bietet sich nach einem Rückgängig-Befehl und einem Aufheben der Auswahl dann der Befehl Strg/⌘+F für die Wiederholung oder das Speichern der Einstellungen für eine nochmalige Anwendung an. Das kann man übrigens für alle rechenintensiven Filter tun, wenn es sinnvoll ist und diese das prinzipiell zulassen.

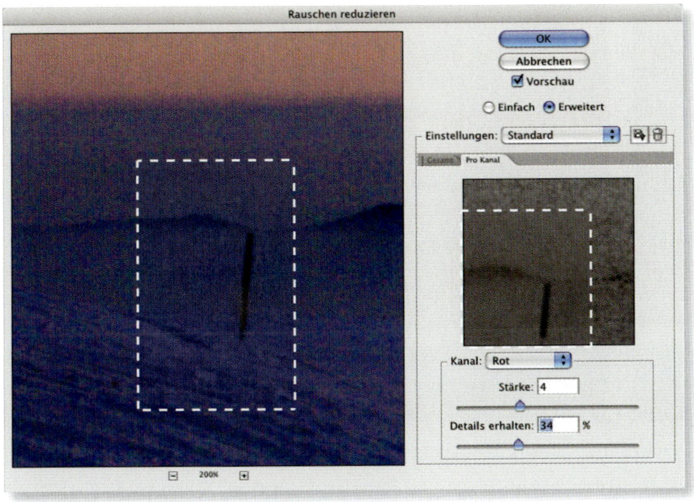

◂ **Abbildung 3.4**
Die Dialogbox Rauschen reduzieren mit einer Auswahl

Rauschen mit »Stacking« reduzieren | Eine Methode zur Rauschbekämpfung, die zwar nicht neu, aber erstmals auf einfache Weise in Photoshop verfügbar ist, nennt sich »Stacking« (Stapeln).

Hierbei wird eine ganze Reihe möglichst deckungsgleicher Aufnahmen desselben Sujets miteinander verrechnet. Da Bildrauschen eine rein statistische Angelegenheit ist, fällt der Rauschanteil eines Bildes automatisch heraus, wenn man eine Bildreihe nimmt und dort für jedes Pixel den Mittelwert aller Tonwerte dieses einen Pixels aus allen Bildern nimmt. Das Rauschen wird dort bei jedem Bild einen anderen Wert erzeugen. Der Rauschanteil selbst wird aber statistisch gegen null gehen, übrig bleibt der reale Tonwert dieses Pixels. Je mehr Bilder man dafür nimmt, desto kleiner wird der Rauschanteil. Sind die Bilder wirklich deckungsgleich, so hat diese Methode den Vorteil, dass keinerlei Nebenwirkungen wie Unschärfe oder Kontrastsäume durch Nachschärfen entstehen, die viele Werkzeuge zur Rauschbekämpfung mit sich bringen.

Die Bilddateien für diesen Workshop finden Sie unter BEISPIELDATEIEN/03_DIGITALFOTOS/STACKING.

Schritt für Schritt: Rauschbekämpfung mit Stacking

Für dieses Beispiel werden neun Aufnahmen aus freier Hand mit folgenden Eckdaten verwendet: Blende 4,5 bei einer 30stel Sekunde mit Bildstabilisator und einem ISO-Wert von 1600. In Camera Raw sind die Bilder noch um 1 ½ Blenden in der Belichtung aufgehellt worden. Die Rauschunterdrückung in Camera Raw wurde bewusst abgedreht.

▼ **Abbildung 3.5**
Neun gleiche, stark verrauschte Aufnahmen in Bridge mit Detailansicht

1 Bilder in Photoshop laden

Die neue Funktion des Bildstapels in Photoshop sollte nicht mit den ebenfalls mit der Version CS3 eingeführten Stapeln in Bridge (siehe Abschnitt 1.5) verwechselt werden. In diesem Beispiel geht es um das Laden einer Reihe von Bildern, die Photoshop dabei gleich zu einem Ebenen-Stapel zusammensetzt.

Unter DATEI • SKRIPTEN • DATEIEN IN STAPEL LADEN... ruft man einen Dialog auf, der zum Öffnen mehrerer Dateien auffordert.

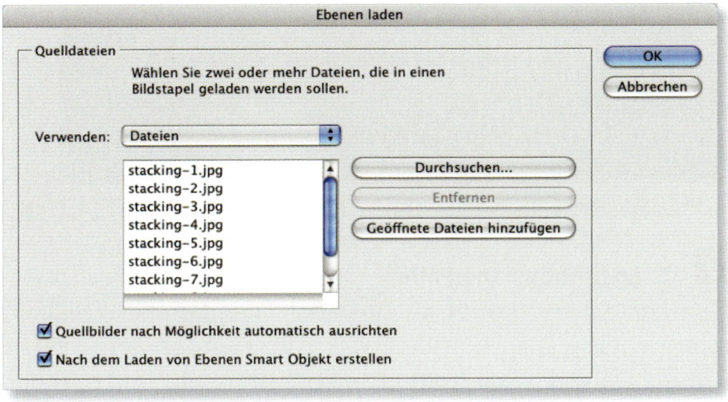

◄ **Abbildung 3.6**
Dateien in Stapel laden

Auch wenn die Aufnahmen mit Stativ gemacht wurden, wird es minimale geometrische Abweichungen der Bilder voneinander geben. Deshalb sollte in diesem Fall unbedingt die Option QUELLBILDER NACH MÖGLICHKEIT AUTOMATISCH AUSRICHTEN aktiviert werden.

Da wir die später entstehenden neuen Bildebenen für die Rauschunterdrückung in einem Smart Object zusammengefasst brauchen, können wir Photoshop das gleich hier mit der unteren Option, NACH DEM LADEN VON EBENEN SMART OBJEKT ERSTELLEN, erledigen lassen.

Der folgende Prozess, den Photoshop mit Hilfe eines JavaScripts (siehe Kapitel 13.4) ablaufen lässt, kann je nach Bildgröße und -anzahl relativ lange dauern.

2 Laden und Ausrichtung überprüfen

Nach dem Ende des Einlese- und Ausrichtungsprozesses finden wir eine Photoshop-Datei mit einer Smart Objekt-Ebene vor. Darin liegen die neun eingelesenen Bilder. Mit einem Doppelklick auf das Smart Objekt-Icon öffnen wir den Ebenenstapel.

Aktiviert man ANSICHT • EINBLENDEN • EBENENKANTEN und wählt in der Ebenen-Palette alle Ebenen aus, so zeigt sich im Bild, ob man bei der Aufnahme eine halbwegs ruhige Hand gehabt hat und Photoshop die Ausrichtungsarbeit nicht allzu schwer gemacht hat.

▲ **Abbildung 3.7**
Smart Objekt-Ebene mit den gestapelten Bildern

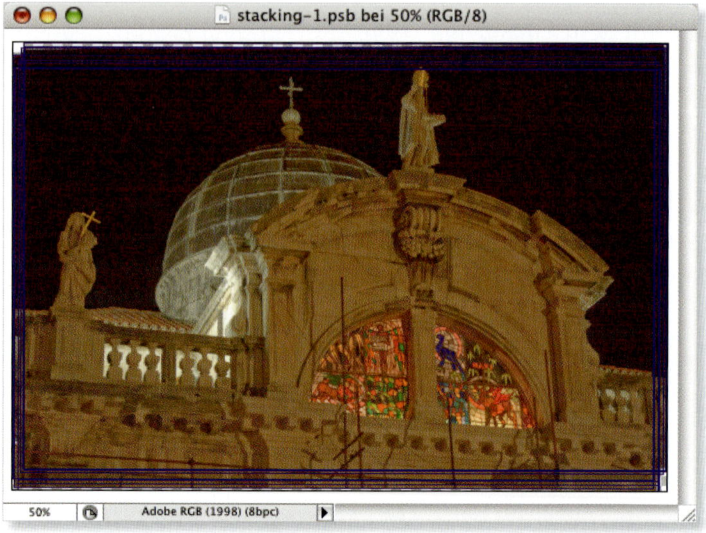

▲ **Abbildung 3.8**
Stapel mit ausgerichteten Ebenen innerhalb des Smart Objekts

3 Stapelmodus anwenden

Nun kommt die eigentliche Operation, die das starke Bildrauschen in dieser Mehrfachaufnahme reduzieren soll. Unter Ebene • Smart Objekte • Stapelmodus • Arithmetisches Mittel geben wir nun an, wie Photoshop die neun Bildebenen miteinander verechnen soll. Während bei den Ebenenmodi (Füllmethoden, siehe Abschnitt 9.1) jeweils nur angegeben wird, wie eine Ebene mit dem darunterliegenden Bildinhalt verrechnet wird, geht hier die Gesamtheit der Ebenen in die Berechnung ein.

Beim Modus Arithmetisches Mittel wird einfach der Durchschnittswert des gleichen Pixels aus allen neun Aufnahmen ermittelt. Die vergleichende Überprüfung (Abschalten mit Stapelmodus • Ohne) zeigt, wie effektiv diese Methode arbeitet. Sie zeichnet sich vor allen dadurch aus, dass die Bildschärfe ohne weitere Maßnahmen voll erhalten bleibt.

Abbildung 3.9 ▸
Vergleich der Aufnahme vor und nach dem Stacking mit dem Durchschnittsmodus mit 200% Vergrößerung

Natürlich ist das Einsatzgebiet dieser Methode begrenzt. Sobald sich im Bild etwas bewegt, entstehen im Bewegungsbereich allerlei Artefakte, je nach Unterschied von Bild zu Bild. Für Architektur- und Landschaftsaufnahmen bei schlechten Lichtverhältnissen ist sie hingegen hervorragend geeignet. ■

Für Kleinigkeiten: Weichzeichner-Werkzeug | Manchmal sind es nur wenige Stellen, die eine Bekämpfung von Bildrauschen notwendig machen und die es unsinnig erscheinen lassen, das ganze Bild deswegen mit einem Anti-Rausch-Tool zu bearbeiten. Hier kann man einfach das Weichzeichner-Werkzeug [R] von Photoshop benutzen.

Schaut man vorher einmal in der Kanäle-Palette nach, welcher Farbkanal besonders betroffen ist, kann man dort behutsam die Kanäle einzeln bearbeiten. Auch ein Wechsel in den LAB-Modus kann sinnvoll sein, wenn sich das Rauschen eher zwischen Luminanz und Chrominanz unterscheidet als zwischen Rot, Grün und Blau.

Behandelt man gezielt flächige Partien und lässt detailreiche Bereiche in Ruhe, kann man auch so Bilder von verrauschten Teilen befreien. Diese Methode ist vor allem bei Gesichtern brauchbar und zu empfehlen, wenn die Haut schön geglättet werden soll, aber feine Details wie Augenbrauen oder Haare globalen Maßnahmen gnadenlos zum Opfer fallen würden. Auch Masken (siehe Abschnitt 8.3) zum Abdecken von schützenswerten Bereichen seien hier erwähnt.

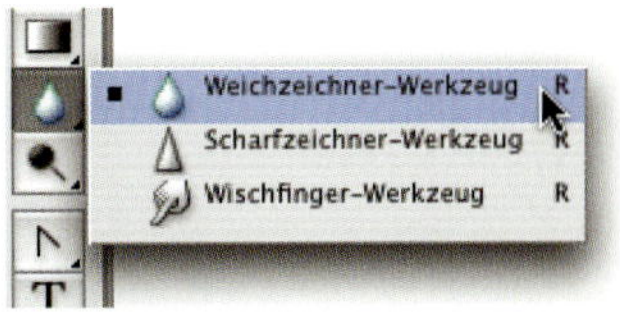

▲ **Abbildung 3.10**
Auch mit dem Weichzeichner-Werkzeug lässt sich Rauschbekämpfung betreiben.

3.1.2 Anti-Rausch-Werkzeuge von Drittherstellern

Für die härteren Fälle muss man in der Regel Tools von Drittherstellern ins Rennen schicken.

Neat Image | Neat Image hat sich in diesem Bereich schon seit einiger Zeit viele Lorbeeren erworben. Es geht zunächst nicht von den Störungen im Bild aus, sondern davon, dass der Chip rauscht, der es erzeugt hat. Und dafür zieht es ein »Device Noise Profile« heran. In der Tat haben Kamera-Chips eine Art Fingerabdruck, was ihr Rauschverhalten angeht. Dies hängt natürlich auch noch vom eingestellten ISO-Wert ab.

Die Herstellung eines Rauschprofils für die eigene Kamera ist mit Neat Image sehr einfach. Man muss nur das »Calibration Target« fotografieren und dieses im Filter-Dialog unter AUTO PROFILE WITH CALIBRATION TARGET zur Untersuchung laden.

Neat Image bringt für die meisten Kameras bereits Rauschprofile mit bzw. bietet diese (laufend aktualisiert) zum Download auf seiner Website an. Diese Profile können im Dialog geladen ❷

Neat Image
Neat Image 4.3 für Mac kostet 60 US$, Neat Image 5.2 für Windows 75 US$. Hersteller: *http://www.neatimage.com*. Beide Versionen finden Sie als Demo auf der Buch-DVD unter SOFTWARE/PLUG-INS.

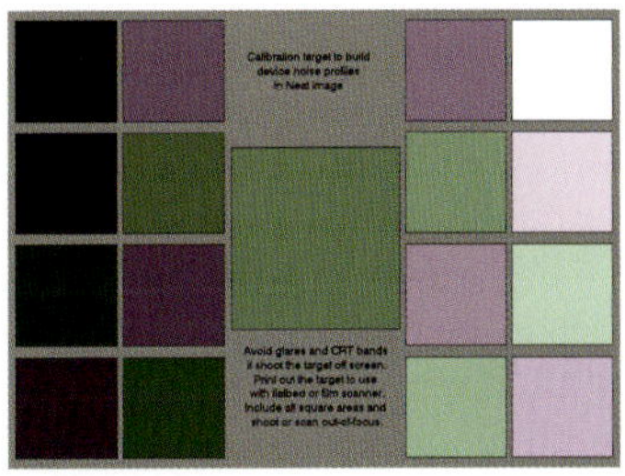

▲ **Abbildung 3.11**
Neat Image Calibration Target

und mit Auto Fine-Tune noch ans Bild angepasst werden. Man kann aber auch das Bild selbst analysieren lassen ❶. Die gewonnenen Einstellungen lassen sich abspeichern ❸.

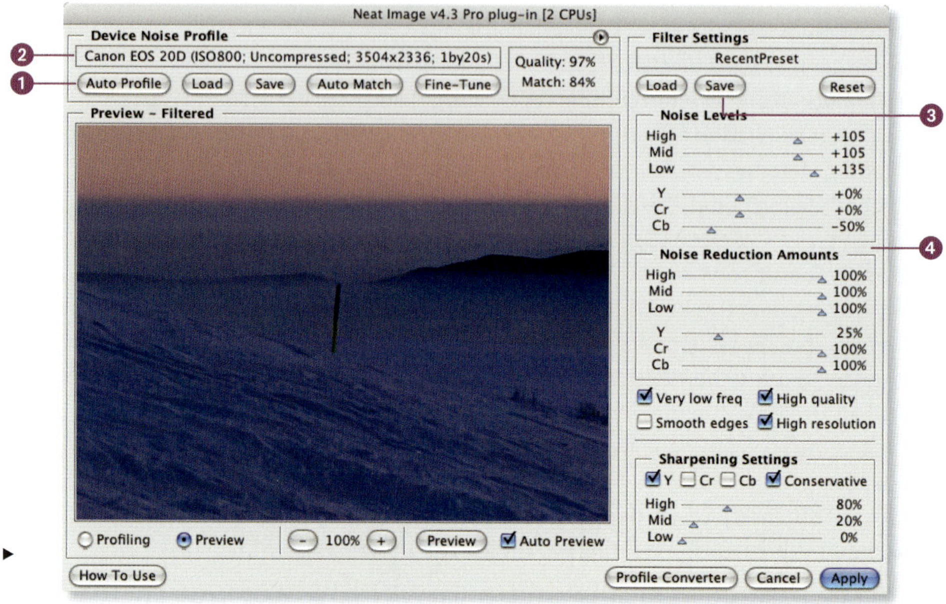

Abbildung 3.12 ►
Neat Image

Einen weiteren Vorteil gegenüber den Photoshop-Bordmitteln stellt die Tatsache dar, dass das Rauschen nicht bezüglich der drei Farbkanäle R, G und B betrachtet wird, sondern getrennt in Luminanz und Chrominanz, also Helligkeitsrauschen und Farbrauschen. Im Teil für die Einstellungen des Filters ❹ wird deshalb auch das YCrCb-Modell verwendet, das dem LAB-Modell sehr ähnlich ist.

In den Einstellungen wird noch zwischen Tiefen, Mitten und Lichtern unterschieden. Auch das Nachschärfen von durch die Rauschunterdrückung weichgezeichneten Bereichen ist gezielt möglich. Neat Image kommt mit unserem Beispiel wesentlich besser klar als Photoshops Rauschen reduzieren.

Noise Ninja
Noise Ninja von Picture Code (*http://www.picturecode.com*) gibt es für Mac und Windows als Photoshop-Plug-in. Es kostet etwa 80 US$. Eine Demo-Version finden Sie auf der Buch-DVD unter Software/Plug-ins.

Noise Ninja | In Bezug auf die Profilierung von Kamera bzw. Chip geht Picture Code mit seinem Rauschbekämpfungstool Noise Ninja sehr ähnliche Wege wie Neat Image. Auch hier gibt es vorgefertigte Profile im Lieferumfang bzw. auf der Website des Herstellers. Auch Noise Ninja trennt intern nach Luminanz und Chrominanz. EXIF-Daten werden eingelesen, wenn diese vorhanden sind, um Informationen über die Kamera zu bekommen.

Aber auch wenn keine Kameradaten und kein vorgefertigtes Profil zur Verfügung stehen, bringt das Auto Profiling anhand der Bilddaten mit Profile Image ❻ sehr gute Ergebnisse.

In der Vorschau ❶ finden sich nach der Profilierung gelbe Rechtecke für die Proben, die Noise Ninja genommen hat. Mit dem MANUAL PROFILING TOOL ❷ kann man dem noch kräftig nachhelfen, indem man selbst besonders arg verrauschte Bereiche definiert. Im NOISE INDEX ❸ wird nach Luminanz und Chrominanz getrennt die statistische Verteilung des Rauschens gezeigt.

Die eigentliche Einstellung geschieht unter dem Tabellenreiter FILTER ❹. Auch hier werden Farbe und Helligkeit getrennt behandelt. Mit PROFILE CHART ❺ lässt sich anhand des »Calibration Chart« ein eigenes Profil erzeugen. Besonders nützlich ist die Möglichkeit, mit dem NOISE BRUSH ❼ gezielt einzelne Bereiche ganz oder teilweise von der Behandlung auszunehmen.

▲ **Abbildung 3.14**
Noise Ninja Calibration Chart zum Erstellen eigener Rauschprofile

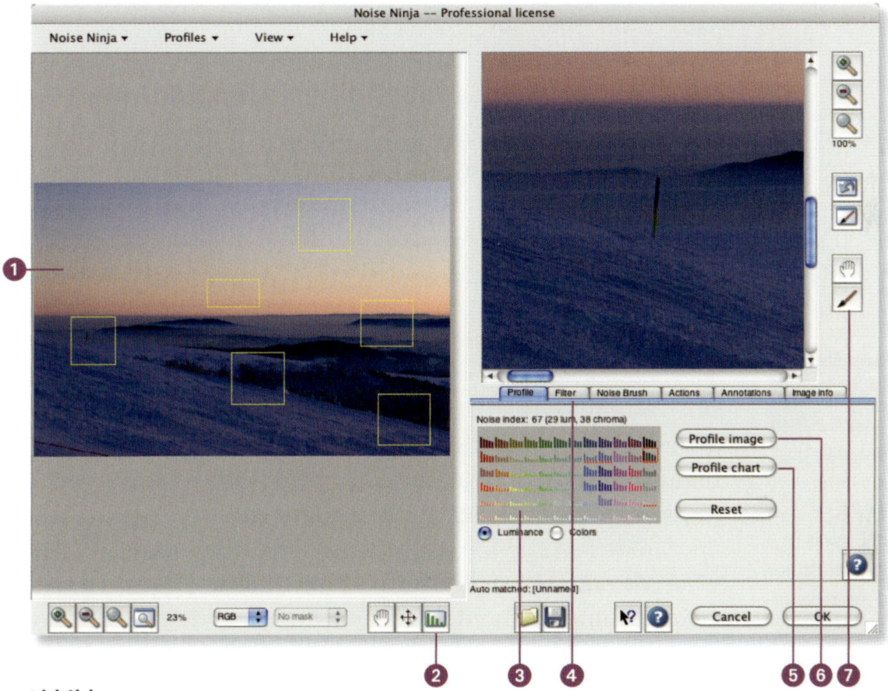

▲ **Abbildung 3.13**
Noise Ninja von Picture Code

Die Ergebnisse von Noise Ninja sind streckenweise beeindruckend und stellen oft auch Neat Image in den Schatten. Im Vergleich zu Photoshop wird hier in einer höheren Liga gespielt.

3.2 Richtig schärfen

Das Thema Schärfen erfordert einiges mehr als die Anwendung entsprechender Photoshop-Werkzeuge. Schärfen ist leider nicht mit dem Aufrufen eines Dialogs, dem Einstellen von ein paar

Werten und dem Klick auf OK getan. Einige grundsätzliche theoretische Überlegungen sollen einen sinnvollen Arbeitsablauf erläutern und dafür sorgen, dass die häufigsten Fehler beim Schärfen nicht passieren. Neben dem am meisten verbreiteten »Überschärfen« lassen sich noch eine ganze Reihe anderer Fehler vermeiden.

3.2.1 Ursachen von Unschärfe

Eine ganze Reihe der Gründe für ein unscharfes Bild findet man bereits bei der Aufnahme. Oft sind sie auch vermeidbar, wenn man weiß, wo Unschärfe jeweils herkommen kann. Es ist immer die beste Strategie, Fehler von vornherein zu vermeiden, anstatt zu hoffen, in Photoshop später ohnehin alles reparieren zu können.

Out of Focus | Eine häufige Ursache für Unschärfe im Bild ist eine falsche Fokussierung. Ob die Fokussierung manuell ausgeführt wurde und nicht genau genug war oder ob der meist eingesetzte Autofokus der Kamera entweder seinen Job nicht richtig gemacht hat oder auf die falsche Bildstelle scharf gestellt hat: Hier liegt der Fehler im Bereich des Objektivs und bei dessen Handhabung. Ist die Optik qualitativ nicht besonders gut, äußert sich das auch meist in genereller Unschärfe, ganz besonders zum Bildrand hin. Ein weiteres Moment ist die Blende. Nur teure und hochwertige Objektive sind bereits bei Offenblende wirklich scharf. Linsen der unteren und mittleren Preisklasse sind zum Teil erst bei weit zugezogener Blende akzeptabel scharf. Fixbrennweiten sind hier gegenüber Zoom-Optiken in der Regel besser.

Unterschiedliche Schärfeprobleme

Mittlerweile kommt sicher ein überwiegender Teil allen Bildmaterials, das in Photoshop weiterverarbeitet wird, aus digitalen Kameras. Im Folgenden sollen vor allem Schärfeprobleme, die von diesem Bildtyp herrühren, besprochen werden. Für Dateien aus anderen Bildquellen wie z. B. Scans, gelten zwar ähnliche Überlegungen, für diese soll aber eher auf spezielle Literatur verwiesen werden und vor allem auch auf die Fähigkeiten von Scansoftware, die diese Probleme oft sehr gut abgestimmt auf die jeweilige Hardware bekämpft.

Viele Megapixel machen noch keine Schärfe | Auch wenn die Kameras immer mehr Megapixel haben, ist das noch keine Garantie für Bildschärfe, denn es kommt mit laufend steigender Auflösung ein weiterer Umstand hinzu, der manchen verwundert: Die Kamera-Chips können teilweise bereits wesentlich schärfer abbilden als die Objektive! Speziell Profi-Spiegelreflex-Kameras mit 24 × 36-mm-Vollformat-Chips jenseits der 10 Megapixel werden mit dem Argument beworben, ohne Einschränkung mit alten Objektiven aus der »Analogzeit« weiterverwendbar zu sein. Diese exquisiten Kameras verlangen aber Linsen mit entsprechenden optischen Qualitäten. Kurz: Die Unschärfe wird uns also auch aus diesem Grund fallweise weiter erhalten bleiben.

Bildstabilisator | Viele, auch schon preisgünstige Digitalkameras haben einen optischen Bildstabilisator eingebaut, der gegen Verwackeln und die daraus resultierende Bewegungsunschärfe helfen soll. Diese Stabilisatoren sind von sehr unterschiedlicher Qualität. Sieht man bei einigen fast keinen Unterschied zwischen Bildern, die mit und ohne Stabilisator aufgenommen wurden, so liefern andere sehr eindrucksvolle Ergebnisse und erlauben z. B. gestochen scharfe Aufnahmen mit 200-mm-Teleobjektiven bei einer 30stel Sekunde Belichtungszeit aus freier Hand. Manchen wundert vielleicht, dass er mit seiner digitalen Spiegelreflexkamera trotz Stativ und Fernauslöser unscharfe Bilder produziert. Hier kann eine Ursache eben genau der Bildstabilisator sein, der versucht, gegen die winzige Erschütterung anzukämpfen, die vom Hochklappen des Spiegels herrührt. Hier hilft nur, den Stabilisator abzuschalten und den Spiegelschlag mit Vorauslösung zu bekämpfen.

Tiefpassfilter | Ein weiterer Grund für die Unschärfe von Bildern aus digitalen Kameras liegt im eingebauten Tiefpassfilter, der bei fast allen Kameras vor deren Sensor montiert ist. Dieser Tiefpassfilter sorgt dafür, dass die sehr kleinteilige, rasterförmige Anordnung der Sensorpixel keine Interferenzen mit feinen, regelmäßigen Strukturen im Bild produziert. Das klingt furchtbar technisch, hat aber den einfachen Zweck, das sogenannte Moiré zu vermeiden. Weil es sich fallweise dennoch nicht ganz vermeiden lässt, wird dieser Bildfehler später auch noch separat besprochen (siehe Abschnitt 3.5.1).

Optisch glättet der Tiefpassfilter das »analoge« Bild für die digitale Abtastung, was zu nichts anderem führt als zu einer leichten Weichzeichnung, also Unschärfe. Sie ist bei praktisch jeder digitalen Kamera vorhanden und wird oft bereits in der Kamera vom Bildprozessor korrigiert. Das ist je nach Kamera mehr oder weniger brauchbar. Bei guten Kameras lässt sich diese automatische Schärfung abschalten. Das sollte man auch tun, denn die Möglichkeiten, die wir später in Photoshop für die Schärfung haben, stellen jeden Mechanismus innerhalb der Kamera weit in den Schatten.

3.2.2 Grundsätzliche Regeln

Den Prozess, ein Bild korrekt zu schärfen, kann man in drei Schritte unterteilen:

1. **Schärfen in Bezug auf den Bildursprung.** Der Grund hierfür wird meist die Herkunft aus einer Digitalkamera und das oben erwähnte Tiefpassfilter sein. Dieser Teil lässt sich in der Regel sehr schematisch behandeln, weil Anteil und Charakter der Unschärfe in der Regel für eine Kamera ziemlich konstant sind. Die Schärfung wird pauschal auf das ganze Bild angewandt.

2. **Schärfen in Bezug auf den Inhalt.** Manche Bilder leben von fein detaillierten Bereichen, z. B. ein Porträtfoto mit feinen Haaren. Ein solches Bild ist anders zu behandeln als z. B. eine diesige Landschaftsaufnahme mit schwachen Kontrasten und weichen Formen. Hier sind die Art und die Stärke der Schärfung klar Beurteilungssache. Dem unterschiedlichen Detailgehalt wird in Form von verschiedenen Masken Rechnung getragen.
3. **Schärfen in Bezug zum Ausgabemedium und zur Ausgabegröße.** Die Ausgabe eines Bildes auf dem Bildschirm hat ganz andere Anforderungen als die Druckausgabe. Entsprechend unterschiedlich kann dieser letzte Schritt im Schärfungsprozess ausfallen. Weil dieser Schritt nur von Medium und Größe der Ausgabe abhängig ist, kann man hier ebenfalls schematisch vorgehen und die Manipulation global anwenden.

3.2.3 Die Werkzeuge

▲ **Abbildung 3.15**
Originalbild und 300 %-Ausschnitt

Bevor es zu einem beispielhaften Workflow für richtiges Schärfen geht, sollen hier zunächst die beiden Bordwerkzeuge von Photoshop besprochen werden, die für das Schärfen ernsthaft in Frage kommen.

Nachdem bei früheren Photoshop-Versionen im Grunde nur FILTER • SCHARFZEICHNUNGSFILTER • UNSCHARF MASKIEREN einigermaßen brauchbar und der Rest dieser Filter-Abteilung überflüssig war, hat Adobe in der letzten Photoshop-Version dieses eine Werkzeug weiterentwickelt und unter dem Namen SELEKTIVER SCHARFZEICHNER herausgebracht. Beide sind die einfachsten Standard-Werkzeuge und sollen im Folgenden beschrieben werden.

Unscharf maskieren | »Alt, aber immer noch gut«, das kann man ohne Weiteres über diesen Befehl sagen. Man muss nur wissen, wo man ihn einsetzen kann und wo nicht.

Mit STÄRKE stellt man die Konstrastverstärkung an den Kanten ein, mit RADIUS die Breite der Aufhellung bzw. der Abdunklung auf der Gegenseite der Kante. Dieser Wert ist absolut in Pixeln angegeben, also grundsätzlich abhängig von der Ausgabegröße zu wählen!

Alle Schärfungsmechanismen haben die Tendenz, nicht nur die Kanten im Bild zu schärfen, sondern auch kleinere Kontraste bis hinunter zum Bildrauschen. Hier verhindert der Regler SCHWELLENWERT, dass dieses Rauschen auch im Kontrast verstärkt wird. Diesen Regler sollte man vorsichtig so weit aufdrehen, bis das Rauschen und die Artefakte (z. B. von der JPEG-Kompression) auf Flächen merkbar zurückgehen. In unserem Beispiel ist das gut auf dem hellen Rand der Sonnenbrille zu sehen (Abbildung 3.16, rechts).

▲ **Abbildung 3.16**
Das Filter Unscharf maskieren in verschiedenen Einstellungen. (Die im Bild stehende senkrechte Auswahlkante erleichtert den Vorher/Nachher-Vergleich, 300 % Vergrößerung.)

Selektiver Scharfzeichner | Dieses seit Photoshop CS2 verfügbare Werkzeug im Menü Filter bietet einige Einstellmöglichkeiten mehr als Unscharf maskieren.

Im Modus Einfach kann neben den bekannten Parametern Stärke und Radius auch gewählt werden, welche Art von Unschärfe bekämpft werden soll. Standard und sicher auch am meisten zu gebrauchen ist unter Entfernen der Typ Gaussscher Weichzeichner. Interessant ist auch, dass hier mit dem Typ Bewegungsunschärfe Verwackler eliminiert werden können, die ja eine bestimmte Richtung haben. Die Einstellungen können abgespeichert werden.

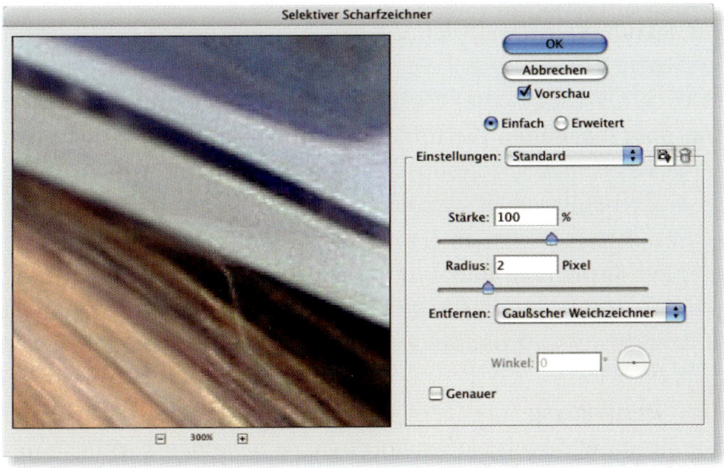

◄ **Abbildung 3.17**
Selektiver Scharfzeichner (Modus Einfach: linke Bildhälfte vorher, rechte danach)

Der Modus Erweitert ergänzt die von Unscharf maskieren übernommene Grundfunktion. Unter den Tabellenreitern Tiefen und Lichter kann man die Stärke der Aufhellung bzw. Abdunklung der Säume an der Kante steuern, ohne die gewonnene Schärfe

Schwellenwert-Regler
Was aus unerfindlichen Gründen bei der Entwicklung von Selektiv Scharfzeichnen unter die Räder gekommen ist, ist der von Unscharf maskieren her gewohnte und dort sehr brauchbare Regler Schwellenwert. Man fragt sich, wo Adobe den gelassen hat?

wieder zu opfern. Mit VERBLASSEN UM kann der Grad eingestellt werden, mit TONBREITE, wie weit die Änderung von den Tiefen und Lichtern in die Mitteltöne hineinreicht.

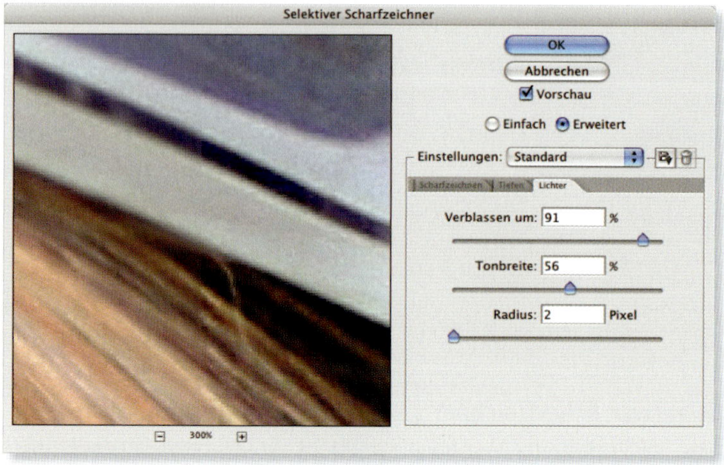

Abbildung 3.18 ▸
SELEKTIVER SCHARFZEICHNER: links vorher, rechts nachher (abgemilderte Kantenbetonung im Modus ERWEITERT, 300 % Vergrößerung)

3.2.4 Professionell schärfen

Nachdem oben die beiden Schärfungswerkzeuge von Photoshop ebenso vorgestellt wurden wie die sinnvolle Dreiteilung des Schärfungsprozesses im Hinblick auf Ursprung, Bilddetails und Ausgabemedium, soll nun ein exemplarischer Arbeitsablauf in Form einer Schritt-für-Schritt-Anleitung folgen.

Sie finden das Beispielbild als Original sowie als Datei mit allen Zwischenschritten als Ebenen auf der Buch-DVD unter BEISPIELDATEIEN/03_DIGITALFOTOS/SCHAERFEN/SCHAERFEN_ORIGINAL.JPG.

Schritt für Schritt: Mehrstufiges Scharfzeichnen mit Maskierungen

In diesem Workshop soll ein Bild aus einer Digitalkamera als Beispiel dienen. Scans oder digitale Bilder aus anderen Quellen sind mit etwas anderen Werten zu behandeln. Das grundsätzliche Vorgehen ist dabei allerdings gleich.

Unser Beispielbild hat etwa 8 Megapixel und soll für die Offsetdruck-Ausgabe im Endformat von 12 × 18 cm aufbereitet werden. In Camera Raw wurde bei der Konvertierung von den Rohdaten auf JPEG nicht geschärft. Das Bild zeigt die typische Unschärfe des Tiefpassfilters vor dem Kamerasensor.

1 Bildanalyse

Das Foto des Segelschiffs wird durch seine feinen Details in der Takelage sicher einige Anforderungen an die Bildschärfe stellen. Diese vielen dünnen Linien heben sich zudem noch mit einem starken Kontrast gegen den hellen Himmel ab. Auf die Feinheit dieser Details werden wir Rücksicht nehmen müssen.

◀ **Abbildung 3.19**
Das Originalbild und eine 300%-ige Ausschnittvergrößerung

TIPP

Das Schärfen eines Bildes sollte grundsätzlich immer **nach** allen anderen Operationen stattfinden. Die Schärfung ist eine lokale Kontraststeigerung in sehr genau definiertem Ausmaß, die durch nachfolgende Retuschen oder Farb- und Tonwertkorrekturen schnell wieder verringert werden oder als unangenehme Überschärfung auffallen kann.

2 Vorbereitung der Grundschärfung

Schärfen ist immer eine kleinräumige Konstrastverstärkung an Kanten. Diese wirkt bei RGB-Bildern auf alle drei Farbkanäle, was unter Umständen zu mehr oder weniger starken Farbverschiebungen an den Kanten führen kann. Deshalb wird nicht das Bild selbst geschärft, sondern mit einem Umweg dafür gesorgt, dass nur die Helligkeitsinformation berücksichtigt und beeinflusst wird. Hierzu wird zunächst ein Duplikat der Bildebene angelegt.

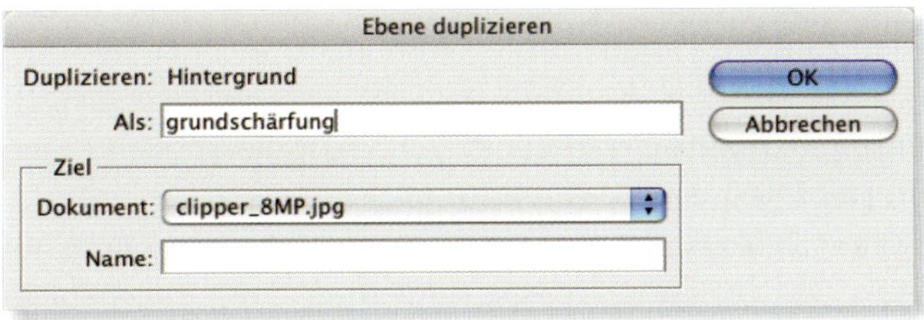

▲ **Abbildung 3.20**
Duplizieren der Bildebene

3 Einschränken der Schärfungswirkung auf Helligkeit

Nun wird mit einem Doppelklick auf die neue Ebenenkopie der Dialog für den Ebenenstil aufgerufen. Unter Fülloptionen gibt es nun einiges zu verändern, um die Schärfungswirkung genau zu steuern.

Als wichtigsten Punkt stellt man zunächst die Füllmethode ❶ auf Luminanz. Das sorgt dafür, dass nur die Helligkeitsinformation geschärft wird und keine Farbinformation. Ein eventuell vorhandenes Farbrauschen wird z.B. auf diese Weise gar nicht erst verstärkt, wie es bei normalem Schärfen der Fall wäre.

Dann setzt man die Deckkraft ❷ der Ebene auf 66% herab. Mit diesen ⅔ hat man einen guten Richtwert, der genug Luft nach oben und unten hat und natürlich verändert werden kann.

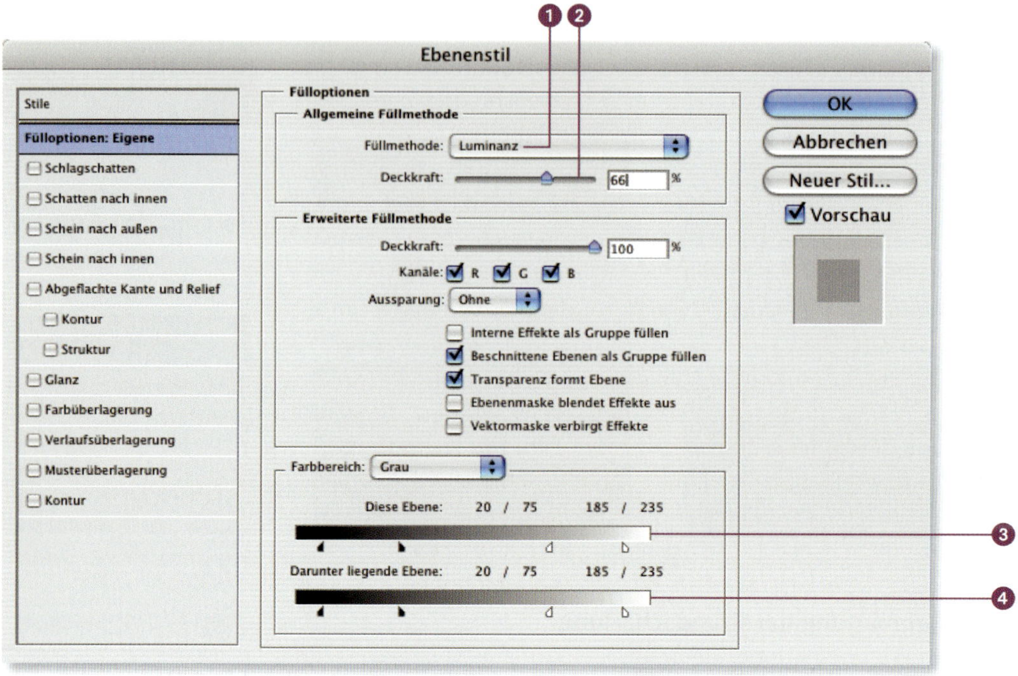

Abbildung 3.21 ▲
Die Einstellungen der Fülloptionen für die duplizierte Schärfungsebene

4 Einschränken der Schärfungswirkung bei Lichtern und Tiefen

Da Schärfen eine Kontrastverstärkung ist, kann es passieren, dass sehr helle und sehr dunkle Kanten durch diese Maßnahme ins volle Schwarz (0) geraten oder weiß ausfressen (255). Um das zu vermeiden, müssen die höchsten Lichter und die dunkelsten Tiefen vom Schärfen ausgenommen werden.

Dazu wird nun weiter unten im Dialog unter Farbbereich eine eher seltener bemühte Ebeneneigenschaft manipuliert. Beim oberen Regler Diese Ebene ❸ wird zunächst der schwarze Schieber von 0 auf 20 verschoben und der weiße von 255 hinab auf 235. Unter- bzw. oberhalb dieser Tonwerte ist die neue Ebene nun transparent. Da dieser Übergang mit diesen Einstellungen sehr abrupt wäre, zieht man nun mit gedrückter [Alt]-Taste zuerst die rechte Hälfte des schwarzen Schiebers nach rechts auf 75 und die linke Hälfte des weißen Schiebers nach links auf 185. Dadurch bekommt die Schärfung eine Betonung auf die Mitte, wo das Auge sie ohnehin am besten wahnimmt.

Ähnlich gehen wir nun auch beim Regler Darunter liegende Ebene ❹ vor. Mit den gleichen Zahlenwerten wird hier eingestellt, wie stark die Duplikatebene mit der Schärfung auf die Originalebene wirkt.

Vorteil des Vorgehens

Zusammen mit dem vorangegangen Duplizieren der Bildebene haben all diese Schritte auch noch einen anderen Vorteil: Das Originalbild bleibt in der Hintergrundebene liegen und wird nicht angetastet.

5 Grundschärfung

Für die Grundschärfung für Bilder aus einer Digitalkamera kann man von Richtwerten ausgehen, die in erster Linie von der

Bildgröße abhängen. Von Typ zu Typ verschieden wird vor allem die Wirkung des Tiefpassfilters vor dem Sensor und damit der Grundschärfungsbedarf sein. Die Werte in Tabelle 3.2 sollten nur als ungefähre Anhaltspunkte dienen.

Ausgehend von diesen Werten wird nun das Bild global geschärft. Da das altbewährte Filter UNSCHARF MASKIEREN gegenüber dem neueren Filter SELEKTIV SCHARFZEICHNEN den Vorteil des Schwellenwertereglers hat, ist er für die hier benötigte Schärfung besser geeignet.

Da der RADIUS für diese Bildgröße eher klein ist, kann man die Stärke recht kräftig wählen. Andernfalls würden die Kontrastsäume durch die größere Breite auffallen. Die leichten JPEG-Artefakte (um die dunklen Linien) lassen sich mit einem leicht erhöhten SCHWELLENWERT (etwa 4) aus der Betonung durch die Schärfung herausnehmen. Auch hier handelt es sich mit den Werten 200 / 0,6 / 0 natürlich nur um Anhaltspunkte, die eine Grundlage für eigene Versuche sein sollten.

Bildgröße (Megapixel)	Schärfungsradius
Bis 4	1,0 Pixel
4 bis 6	0,8 Pixel
6 bis 8	0,7 Pixel
8 bis 10	0,6 Pixel
Über 10	0,5 Pixel

▲ **Tabelle 3.2**
Abhängigkeit von Bildgröße und Schärfungsradius

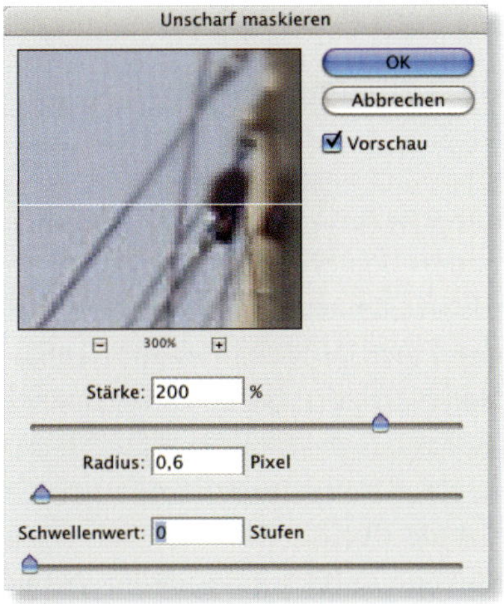

◄ **Abbildung 3.22**
Grundschärfung mit UNSCHARF MASKIEREN (300% Vergrößerung, oben original, unten geschärft)

6 Erstellen einer Maske für die Detailschärfung: Helligkeitsinformationen auslesen

Nachdem wir nun eine gute, nebenwirkungsfreie Grundschärfe im Bild haben, können wir uns um die Details kümmern. Da wir gesehen haben, dass die Scharfzeichnung neben der gewünschten Kantenbetonung gnadenlos auch Störungen auf den glatten Flächen wie Rauschen oder JPEG-Artefakte herausholt, müssen wir die flächigen Bildteile vor der Schärfung schützen. Dafür ist eine Maske nötig, die wir aus den Helligkeitsinformationen des Bildes gewinnen müssen.

Die Gesamthelligkeit des Bildes, die Luminanz, steckt bei RGB-Bildern unterschiedlich verteilt in den drei Farbkanälen. Für die Maske brauchen wir eine möglichst korrekte Graustufenabbildung

Korrekte Helligkeitsinformationen

Durchaus verbreitet ist die Ansicht, dass man korrekte Helligkeitsinformationen aus einem Bild nur dann bekommt, wenn man vom RGB- in den LAB-Modus wechselt und dort den L-Kanal dupliziert und anschließend in den RGB-Modus zurückwechselt. Das funktioniert auch oft recht gut. Wenn man allerdings einmal für die Kontrolle dieses Wechsels Messpunkte ins Bild setzt, wird man feststellen, dass das nicht verlustfrei vonstattengeht. Die RGB-Werte vorher und nachher sind aufgrund von Rechenungenauigkeiten alles andere als gleich, auch wenn es kaum sichtbar ist. Bei sanften Verläufen z. B. kann das unschöne Probleme machen.

Helligkeitsinformation über Kanalmixer

Ein Alternative für die Gewinnung einer korrekten Helligkeitsinformation aus einem Bild führt über eine Einstellungsebene (über den beiden bestehenden Ebenen) mit dem Kanalmixer, der mit folgenden Werten für die Quellkanäle gefüttert wird: Rot: 30 %, Grün: 59 %, Blau: 11 %. Die Checkbox Monochrom muss aktiviert sein. Anschließend wählt man alles aus und kopiert mit Bearbeiten • Auf eine Ebene reduziert kopieren das Graustufenbild, um es dann in einen neuen Kanal einzufügen.

der Helligkeitsverhältnisse. Da Photoshop für die Graustufenumsetzung eine der Gründominanz des menschlichen Empfindens entsprechende Gewichtung von Rot:Grün:Blau von 30:59:11 benutzt, führt ein schneller, umkomplizierter Weg über eine Kanalberechnung.

Hierzu rufen wir unter Bild • Kanalberechnungen einen Dialog auf, in dem wir den Rot- und den Grün-Kanal der beiden vorhandenen Ebenen (originaler Hintergrund und Grundschärfung) miteinander verrechnen. Die geeignete Verrechnungsmethode ist Lichtpunkt.

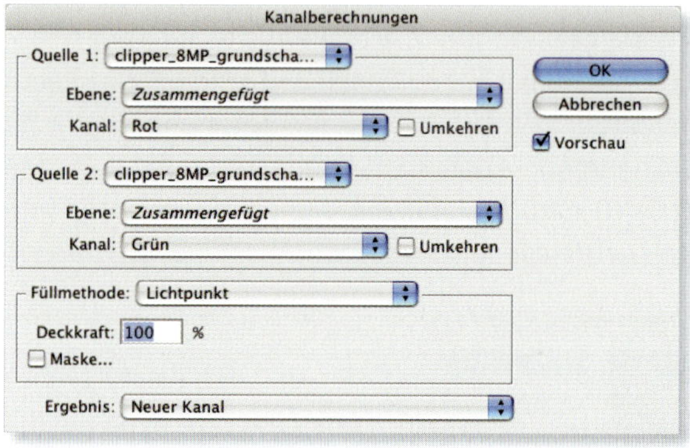

Abbildung 3.23 ▶
Kanalberechnung zur Gewinnung von korrekten Helligkeitsinformationen aus dem Bild

Wir lassen den Blau-Kanal hier außen vor, da Rot und Grün zusammen 89 % der Helligkeitsinformation beinhalten, was für diesen Zweck in fast allen Fällen ausreicht. Die gewonnenene Information landet in einem neuen Alpha-Kanal. Will man es ganz genau haben, kann man auch (etwas aufwendiger) mit dem Kanalmixer arbeiten (siehe Kasten).

Im gewonnenen Alpha-Kanal müssen wir nun die Kanten von den Flächen trennen. Zunächst muss der Alpha-Kanal ein wenig weichgezeichnet werden, damit man ruhige Übergänge in der zu erstellenden Maske bekommt. Wir gehen von einem Bild mit vielen und feinen Details aus. In der Tabelle sind Anhaltspunkte für den Weichzeichner-Radius in Bezug auf Bildgröße und Detaillierung angegeben. In unserem Fall gehen wir also von 1 Pixel Radius aus.

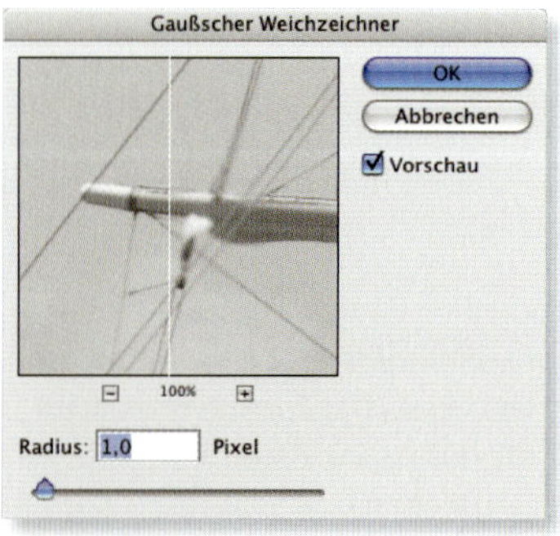

▲ **Abbildung 3.24**
Weichzeichnen der Helligkeitsinformation (Links vorher, rechts nachher)

Tabelle 3.3 ▶
Abhängigkeit von Bildgröße und Weichheit der Kantenmaske

Bildgröße (Megapixel)	Weichheit (wenig Details)	Weichheit (mittlere Details)	Weichheit (viele Details)
bis 4	4,0 Pixel	2,0 Pixel	0,4 Pixel
4 bis 6	6,0 Pixel	3,5 Pixel	0,6 Pixel
6 bis 8	8,0 Pixel	4,0 Pixel	0,8 Pixel
8 bis 10	10 Pixel	6,0 Pixel	1,0 Pixel
über 10	15 Pixel	8,0 Pixel	1,5 Pixel

7 Erstellen der eigentlichen Maske

Für die Erstellung der Maske benutzen wir ein Filter. Mit FILTER • STILISIERUNGSFILTER • KONTUREN FINDEN werden alle Kanten dunkel und alle Flächen hell dargstellt. Da vor allem feinere Kanten hier noch zu blass sind, wird das Filterergebnis mit einer Tonwertkorrektur noch nachbearbeitet.

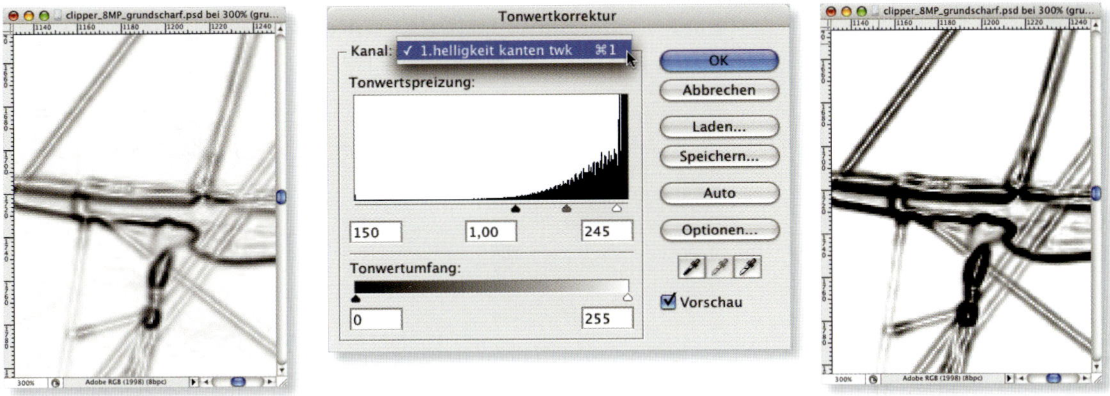

▲ **Abbildung 3.25**
Ergebnis des Filters KONTUREN FINDEN und Tonwertkorrektur zur Verstärkung der Kanten-Flächen-Trennung (300 % Vergrößerung)

Nach der Tonwertkorrektur wird der Kanal mit Strg/⌘+I umgekehrt (Weiß wählt ja aus!). Weil die Tonwertkorrektur die Kanten etwas rauher gemacht hat, werden sie ein weiteres Mal mit dem zuvor schon verwendeten Radius-Wert weichgezeichnet, hier also 1 Pixel.

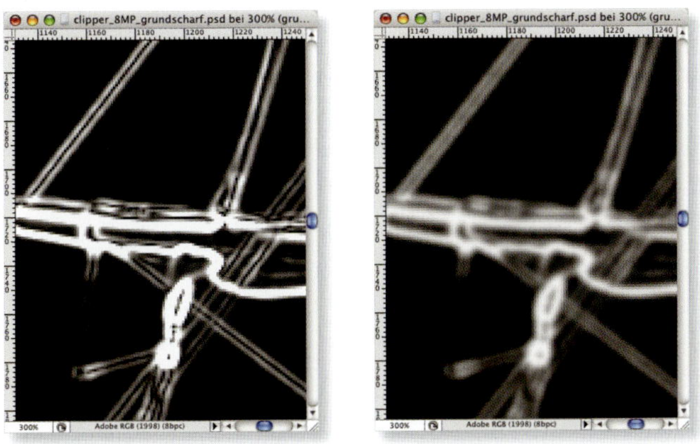

◄ **Abbildung 3.26**
Invertierte Kantenmaske mit abschließender Weichzeichnung (300 % Vergrößerung)

Nun ist die Maske für die Detailschärfung fertig.

8 Detailschärfung

Wir lassen die beiden bestehenden Ebenen (Originalbild und Grundschärfung) in Ruhe und kopieren beide mit dem Shortcut Strg/⌘+Alt+⇧+E zusammen in eine neue Ebene, die ich hier »detailschärfung« genannt habe.

▲ **Abbildung 3.27**
Neue Ebene für die Detailschärfung

Mit einem Strg/⌘+Klick auf den Kanal mit der Kantenmaske wird dieser als Auswahl geladen, und dann wird das Filter UNSCHARF MASKIEREN auf diese Ebene angewendet. Die Einstellungen orientieren sich an den Werten für die Grundschärfung. Fü weichere und weniger detailliertere Bilder sollte der RADIUS leicht erhöht und die STÄRKE entsprechend zurückgenommen werden. Der SCHWELLENWERT von 4 dient wiederum zur Vermeidung von Rausch- und Artefaktverstärkung.

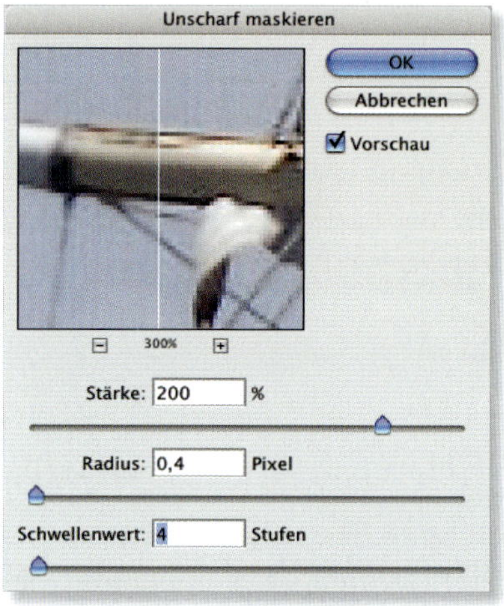

Abbildung 3.28 ▶
Detailschärfung (300 % Vergrößerung, links vorher, rechts nachher)

Zur Abmilderung der Scharfzeichnung, zum Schutz der Lichter und Tiefen vor Clipping und zur Beschränkung der Wirkung auf die Helligkeit des Bildes werden die FÜLLOPTIONEN der Ebene ähnlich wie bei der Grundschärfung geändert.

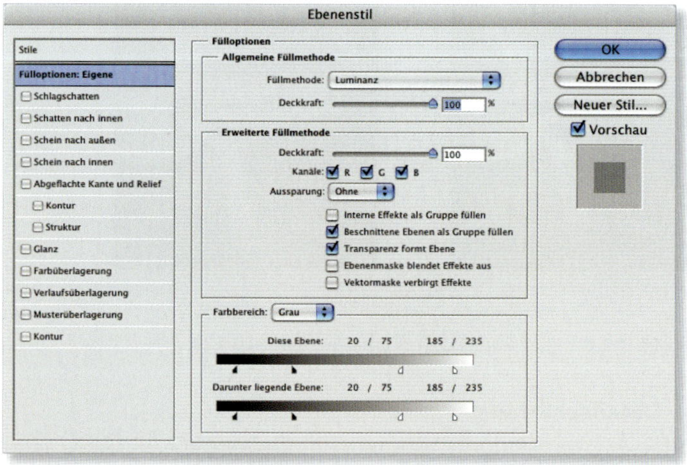

Abbildung 3.29 ▶
Wirkungssteuerung über die FÜLLOPTIONEN

9 Schärfung für die Ausgabe

Die abschließende Schärfung für die Ausgabe im Druck ist nur noch von der Auflösung abhängig. Deshalb muss zuvor unbedingt die Verkleinerung auf das endgültige Maß stattfinden. Eingestellt wird dies über DOKUMENTGRÖSSE und AUFLÖSUNG. Wichtig ist hier die Wahl der Bildneuberechnungsmethode. Hier muss man unbedingt BIKUBISCH SCHÄRFER wählen, will man nicht die ganze zuvor erledigte Arbeit zunichtemachen.

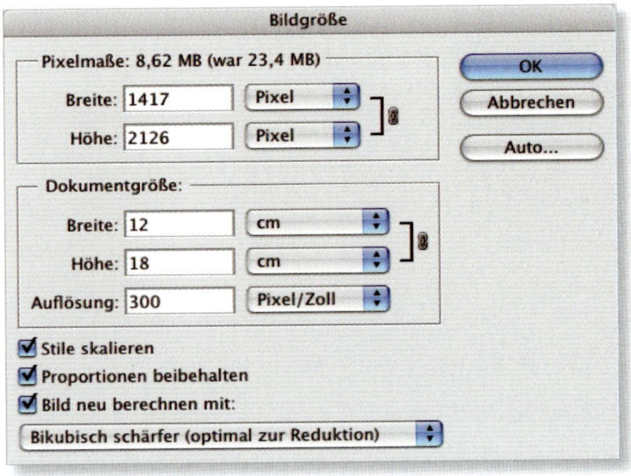

◂ **Abbildung 3.30**
Verkleinern auf das Endformat vor der abschließenden Schärfung

Die endgültige Schärfung für die Druckausgabe wird nun wie die Grundschärfung wieder global, also ohne eine Maske, angewendet.

Wir erzeugen auch hier aus den schon vorhandenen Ebenen ebenfalls mit Strg/⌘+Alt+⇧+E eine neue Ebene. Die Beschränkung der Schärfungswirkung wird wieder ähnlich den beiden zuvor verwendeten Manipulationen an den Fülloptionen der Ebene vorgenommen, diesmal allerdings mit etwas anderen Einstellungen, die auf die Druckausgabe Rücksicht nehmen. Die in der Tabelle 4 aufgeführten Werte sind gute Anhaltspunkte für die Ausgabe im Buchdruck (Offsetdruck).

▾ **Abbildung 3.31**
Schärfung für die Druckausgabe (300 % Vergrößerung, links vorher, rechts nachher) und Wirkung mit den FÜLLOPTIONEN

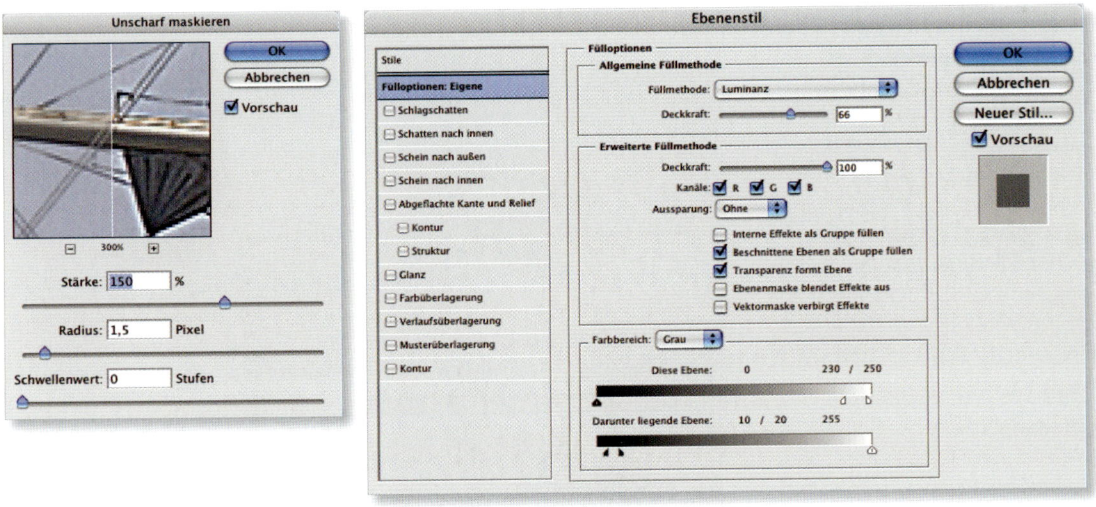

Schärfe richtig beurteilen

Vermeiden Sie speziell zur Beurteilung von Bildschärfe Ansichtsauflösungen in Photoshop mit ungeraden Größenverhältnissen, also 1/3 (33,3 %), 1/5 (20 %), 2/3 (66,6 %) etc. Die am Bildschirm sichtbaren Pixel werden von Photoshop für solche Vergrößerungen (nur für die Ansicht) neu berechnet und geglättet. Das unterscheidet sich mitunter stark vom realen Bildinhalt. Deswegen sollten nur Werte wie 100 %, 200 %, 300 %, 400 % etc. bei den Vergrößerungen verwendet werden und 50 %, 25 %, 12,5 %, 16,67 % etc. bei den Verkleinerungen benutzt werden!

Hinweis

Bei der Bildschirmauflösung wird immer pauschal von 72 dpi ausgegangen. Bitte beachten Sie, dass das sehr stark schwanken kann. Zum einen hängt die real am Bildschirm angezeigte Auflösung davon ab, wie Ihr Monitor eingestellt ist. Betreiben Sie einen 21"-Röhrenmonitor mit 1 600 × 1 200 Pixel, dann haben Sie effektiv 102 dpi! Vor allem Flachbildschirme und Bildschirme von aktuellen Notebooks haben ähnlich hohe Auflösungen: Ein 17"-Notebook mit Breitbild hat bei 1 440 × 900 Pixel eine Auflösung von 100 dpi. Hat der Bildschirm eines kleineren 15,4"-Notebooks die gleiche Größe in Pixeln, steigt die Auflösung auf etwa 115 dpi. Hat hingegen eine 21"-Röhre nur 800 × 600 Pixel, so sind es nur 47 dpi.

Ausgabeauflösung	Schärfungsradius
150 dpi	0,8 Pixel
200 dpi	1,0 Pixel
300 dpi	1,5 Pixel

▲ **Tabelle 3.4**
Schärfungsradius in Bezug auf die Ausgabeauflösung im Druck

Bei Tintenstrahldruckern gibt es große Unterschiede, weil hier die technische Auflösung des Druckers (Größe der Tintentröpfchen) ganz andere Schärfungsradien notwendig machen kann. Probedrucke und eine Begutachtung im Fadenzähler sind hier unumgänglich. Wichtig ist immer, dass die Breite der Kontrastsäume, die die Schärfung produziert, immer kleiner ist als die optische Auflösung des Druckers, d. h. im Druckbild nicht mehr erscheint. Die in der Tabelle aufgeführten Werte erfüllen diese Anforderungen für das Linienraster des Offsetdrucks. Ganz wichtig ist in diesem Zusammenhang, zu beachten, dass für den Offsetdruck geschärfte Bilder in der 100 %-Ansicht am Bildschirm immer überschärft ausschauen. Wenn Sie sich das endgültige Format mit Ansicht • Druckformat oder noch besser mit einem Wechsel auf die 25 %-Ansicht auf den Schirm holen, haben Sie in etwa die Druckgröße und bekommen ein Gefühl für die erzielte Schärfung.

10 Ergebnisbeurteilung

Das Endergebnis unserer Schärfungsroutine zeigt eine dezente Schärfung ohne störende Kontrastsäume oder Verstärkung von Rauschen oder JPEG-Artefakten in den flächigen Bereichen des Bildes.

Abbildung 3.32 ►
Vergleich von Original (links) und Endergebnis (rechts) als Auschnitt in 300-dpi-Auflösung

11 Abspeichern von Einstellungen für die Wiederverwendung

Die zuvor durchgespielte Schärfungsroutine hat einige Stellen, am denen ein ganze Reihe von Einstellungen vorgenommen werden müssen, insbesondere bei den Fülloptionen. Die beiden verwendenten Varianten für die Grund- und die Detailschärfung sowie für die Ausgabeschärfung lassen sich als Ebenenstile abspeichern und dann unter FENSTER • STILE schnell wieder aufrufen.

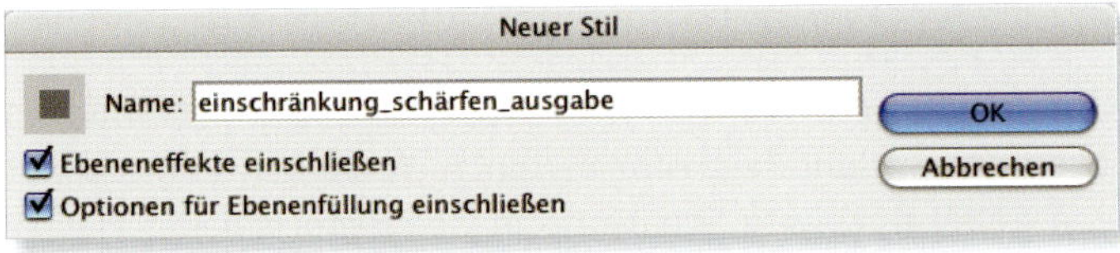

◀ **Abbildung 3.33**
Abspeichern der Fülloptionen als Ebenenstil

3.2.5 Verwendung von Aktionen für die Schärfung

Weil eine wirklich gute Schärfung eine größere Zahl an Arbeitsschritten enthält, sei an dieser Stelle die Verwendung von Photoshops Aktionen angeraten und inhaltlich vorweggenommen (für nähere Details zum Arbeiten mit Aktionen siehe Kapitel 13). Entweder lassen sich die verschiedenen Schärfungsvarianten (Originalgröße, Detaillierung, Ausgabemedium und -größe) fix und fertig in jeweils einzelnen Aktionen ablegen, oder man baut in die Aktionen an den Stellen, wo Eingaben durch den User gewünscht sind, einen Haltepunkt mit dem entsprechenden Dialog ❷ und vorangehenden Anweisungen oder Kommentaren ❶ ein (z. B. für UNSCHARF MASKIEREN).

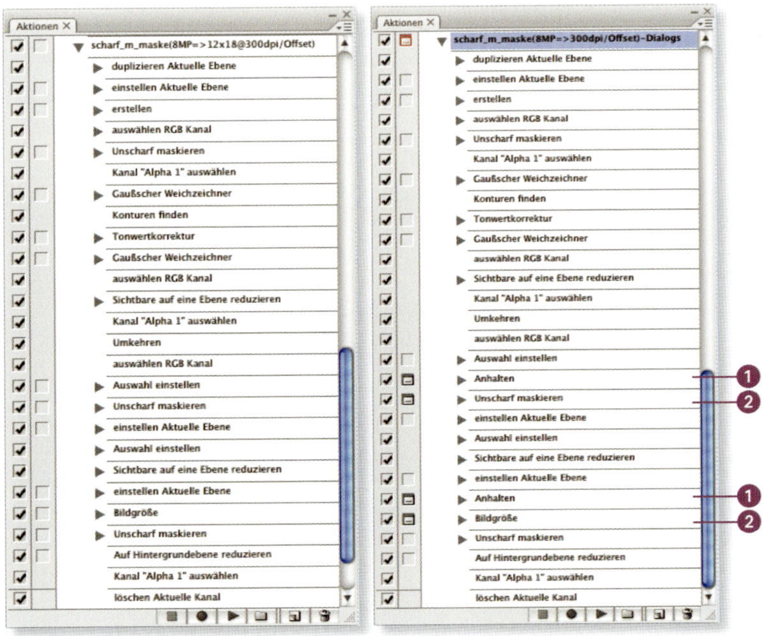

◀ **Abbildung 3.34**
Selbstständig ablaufende Aktion zum Schärfen (links) und Aktion mit Haltepunkten zur Benutzereingabe (rechts)

Sie finden die beiden hier beschriebenen Aktionen, die die Schritte des Workshops automatisch ablaufen lassen, auf der Buch-DVD unter BEISPIELDATEIEN/03_DIGITALFOTOS/SCHAERFEN/SCHAERFEN.ATN.

UltraUSM
Unter dem Namen »UltraUSM+Basis« bzw. »UltraUSM+Web« bietet der Schweizer Marco Rutz ausgefeilte Schärfungsroutinen an, die exzellente Ergebnisse liefern. Es sind auf der Basis von UNSCHARF MASKIEREN und Kantenmasken erstellte Photoshop-Aktionen (wie beim oben stehenden Workshop) mit einer Vielzahl an Varianten. Als Aktionen funktionieren sie sowohl am Mac als auch am Windows-PC. Preis: 10 €. Nähere Infos unter: *www.coolcolours.ch/Services*.

Abbildung 3.35 ►
Als Schritt ANHALTEN in den Ablauf eingefügte Aufforderungen an den Benutzer

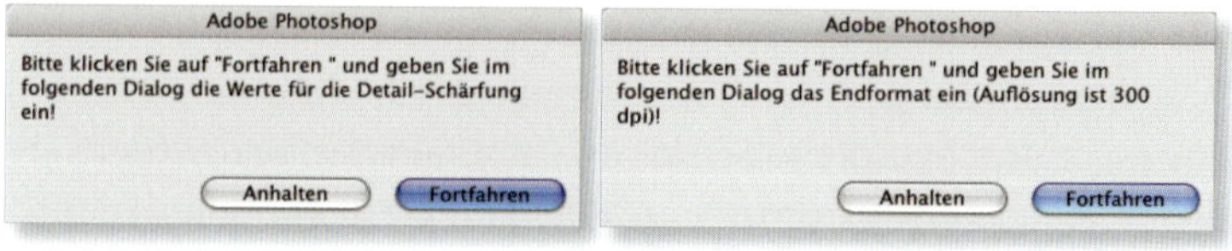

3.3 Schärfen und Rauschbekämpfung mit LAB: *Beide auf einen Streich*

Die Überlegung, dass bei vielen Bildern aus Digitalkameras das Rauschen eher in der Farbinformation zu finden ist und auf der anderen Seite eine gute Schärfung in der Regel auf die Helligkeitsinformation abzielt, macht die Behandlung der Bilder im LAB-Modus sinnvoll, wo wir diese beiden Informationsanteile eines Bildes strikt voneinander getrennt vorfinden und manipulieren können.

3.3.1 Farbinformation verrauscht, Helligkeitsinformation unscharf

Das einfachste Szenario wäre hier, wenn nur die Farbinformation verrauscht wäre und die Helligkeitsinformation unscharf. Dann bräuchte man nämlich nur den Luminanz-Kanal scharf- und die beiden Farbkanäle weichzeichnen. Ein kurzes Beispiel soll das erläutern.

Die für diesen Workshop nötigen Dateien finden Sie auf der Buch-DVD unter BEISPIELDATEIEN/03_DIGITALFOTOS/SCHAERFEN/SCHARFZEICHNEN_LAB.PSD

Schritt für Schritt: Farbinformation weichzeichnen und Helligkeitsinformation scharfzeichnen mit LAB

Das Beispielbild weist sehr wenig Helligkeitsrauschen und ziemlich viel Farbrauschen auf. Außerdem ist es unscharf.

Abbildung 3.36 ▼
Unscharfes und verrauschtes Bild (rechts ein auf 300% vergrößerter Ausschnitt)

1 Konvertierung in LAB-Modus

Nach der Konvertierung von 8 nach 16 Bit Farbtiefe (BILD • MODUS • 16-BIT-KANAL), die sich vorher empfiehlt, wird von RGB nach LAB konvertiert (BILD • MODUS • LAB-FARBE). Die beiden Farbkanäle A und B haben bei den allermeisten Bildern einen vergleichsweise kleinen Wertebereich. 16 Bit sorgen hier für mehr Rechengenauigkeit.

2 Betrachtung der drei Kanäle L, A, B

Wenn wir nun die drei Kanäle untersuchen, so findet sich im Luminanz-Kanal kaum Rauschen, dafür die Unschärfe. In den Kanälen A und B rauscht es dagegen heftig.

▼ **Abbildung 3.37**
Die drei Kanäle L, A und B (300 %-ige Vergrößerung)

3 Luminanz schärfen

In der Kanäle-Palette klickt man nun auf den Kanal HELLIGKEIT und wendet auf diesen das Filter SELEKTIV SCHARFZEICHNEN an.

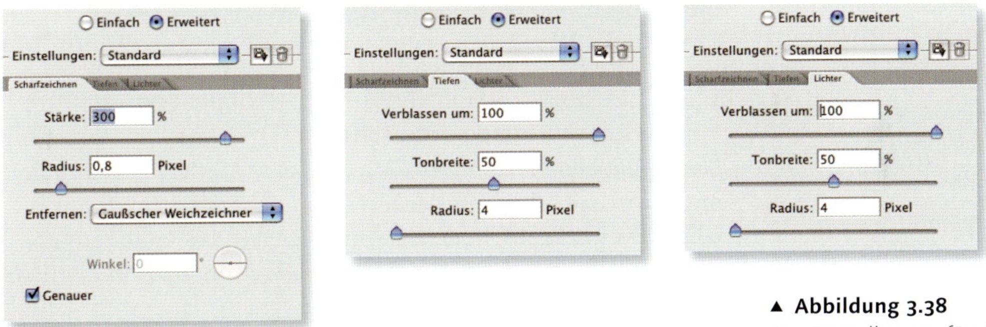

▲ **Abbildung 3.38**
Die Einstellungen für das Filter SELEKTIVER SCHARFZEICHNER im Luminanz-Kanal

4 Farbrauschen eliminieren

Anschließend werden einfach nacheinander die beiden Farbkanäle A und B in der Kanäle-Palette ausgewählt und weichgezeichnet. Man kann hier relativ grob und ohne Maske für den Schutz der Kanten im Bild vorgehen, weil in diesen Kanälen keine Helligkeitsinformation vorliegt, die für die Bildschärfe zuständig ist. Erst bei deutlich größeren Werten für RADIUS und bei kräftigen Farben im Bild werden leichte Farbverschiebungen an den Bildkanten sichtbar.

Abbildung 3.39 ▸
Weichzeichnen eines der beiden Farbkanäle

5 Ergebnis begutachten

Im Ergebnis sieht man die Verbesserung.

Abbildung 3.40 ▸
Einfache Anti-Rausch- und Schärfungsroutine auf Basis des LAB-Modus (links nachher, rechts vorher (300 %-ige Vergrößerung)

3.3.2 Farbinformation verrauscht, Helligkeitsinformation unscharf und verrauscht

Die im vorigen Abschnitt erklärte einfache Methode funktioniert nur, wenn der Luminanz-Kanal sehr wenig verrauscht ist. Andernfalls muss man dann dort noch etwas gegen das Rauschen tun.

Die für diesen Workshop nötigen Dateien finden Sie auf der Buch-DVD unter BEISPIELDATEIEN/03_DIGITALFOTOS/SCHAERFEN/DAEMMERUNG_ISO800.TIF.

Schritt für Schritt: Kombinierte Rausch- und Unschärfebekämpfung mit Smartfiltern im LAB-Modus

In diesem Workshop soll die gemeinsame Bekämpfung der beiden Bildfehler Rauschen und Unschärfe sehr fein einstellbar gemacht werden. Der LAB-Modus erlaubt uns den systematischen Ansatz, die drei Fehlerquellen Unschärfe, Farbrauschen und Luminanzrauschen gezielt und separat anzugreifen. Der Einsatz der mit Photoshop CS3 neu eingeführten Smartfilter hilft hierbei, die komplette Einstellbarkeit der Konstruktion bis zum Schluss zu wahren.

Unser Testbild ist eine Dämmerungsaufnahme mit 800 ISO.

▲ **Abbildung 3.41**
Dämmerungsaufnahme mit 800 ISO und Ausschnitt mit 200 % Vergrößerung

1 Vorbereitung

Zuerst sollte das Bild in den 16-Bit-Modus überführt werden, damit im Farbbereich keine Rechenungenauigkeiten auftreten. Dann erst wird in den LAB-Modus gewechselt. In der Kanäle-Palette sieht man den »blassen« Tonwertumfang der beiden Farbkanäle und im Histogramm deren sehr schmalen Wertebereich.

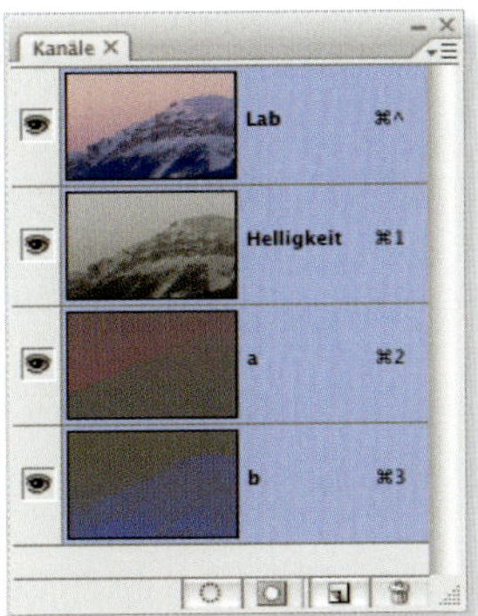

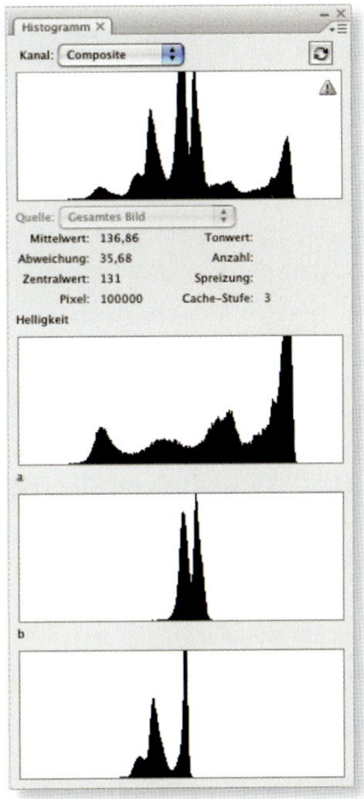

◂ **Abbildung 3.42** ▸
Aufbau des Bildes in der Kanäle-Palette und im Histogramm

Nach der Konvertierung duplizieren wir die Hintergrundebene und bereiten das Duplikat mit EBENE • SMART OBJEKTE • IN SMART OBJEKT KONVERTIEREN oder mit FILTER • FÜR SMARTFILTER KONVERTIEREN für die Nutzung der neuen Smartfilter vor.

2 Maske für Scharfzeichnung erzeugen

Für die Luminanzmaske müssen wir im LAB-Modus keine Klimmzüge machen, denn der L-Kanal enthält ja bereits die korrekten Helligkeitsinformationen.

▲ **Abbildung 3.43**
Duplikat in Smart Objekt konvertieren

Das Vorgehen ist hier ähnlich wie bei dem vorangegangenen Workshop. Wir duplizieren diesen Kanal und wenden FILTER • WEICHZEICHNUNGSFILTER • GAUSSSCHER WEICHZEICHNER mit einem RADIUS von 1 Pixel darauf an. Mit FILTER • STILISIERUNGSFILTER • KONTUREN FINDEN erstellen wir die Grundlage für die Kantenmaske. Nach einer Kontrastverstärkung mittels TONWERTKORREKTUR (Abbildung 3.44, links) wird die Maske mit [Strg]/[⌘]+[I] invertiert (Abbildung 3.44, Mitte) und noch einmal mit einem RADIUS von 1 Pixel weichgezeichnet (Abbildung 3.44, rechts).

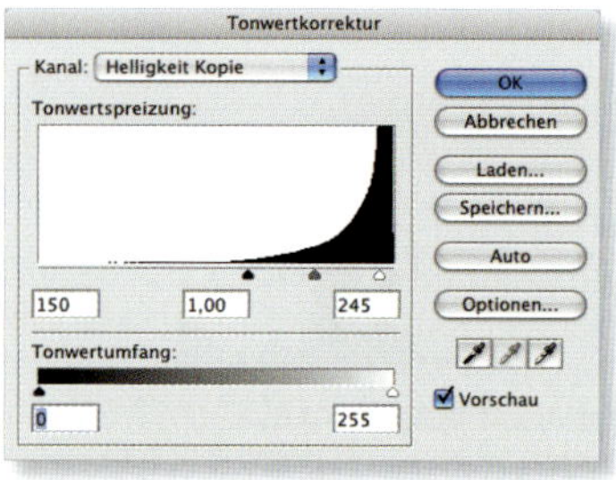

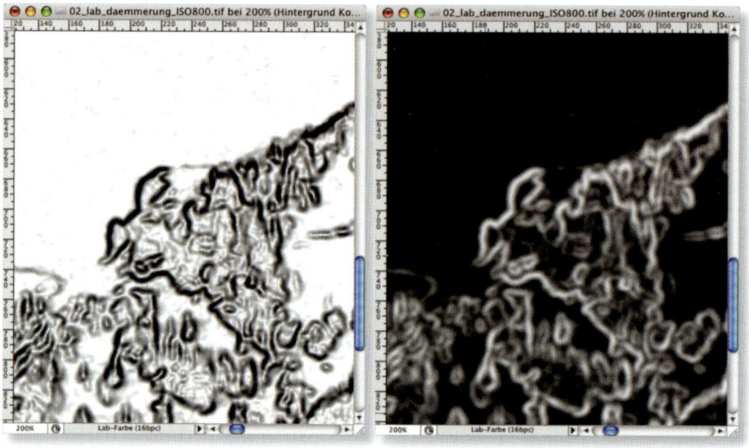

Abbildung 3.44 ▼▶
Herstellung der Maske

3 Luminanz schärfen

Mit einem [Strg]/[⌘]+Klick in der Kanäle-Palette auf die soeben erstellte Kantenmaske lädt man diese als Auswahl. In der Ebenen-Palette wird die bereits vorbereitete Ebene mit dem Smart Objekt aktiviert. Jetzt wählt man bei aktiver Auswahl FILTER • SCHARFZEICHNUNGSFILTER • SELEKTIVER SCHARFZEICHNER. Dieses Filter wird nun in der Ebenen-Palette als Smartfilter dem Smart Objekt untergeordnet.

Im Kopf der Ebenen-Palette stellen wir die FÜLLMETHODE (Ebenen-Modus) gleich auf LUMINANZ und die DECKKRAFT auf 66%, damit nur der Luminanz-Kanal geschärft wird. Das Filter SELEKTIVER SCHARFZEICHNER hat durch die aktive Auswahl automatisch eine Ebenenmaske mitbekommen. Dieses Filter bleibt editierbar!

Die Schärfung wird wie folgt eingestellt. Die Vorschau im Filterdialog bezieht sich nur auf das Filter selbst. Die Wirkung der Ebenenmaske wird nicht berücksichtigt. Deshalb muss VORSCHAU aktiviert sein, damit man die Auswirkung der Einstellungen im Bild begutachten kann.

▲ **Abbildung 3.45**
Das Filter SELEKTIVER SCHARFZEICHNER als Smartfilter

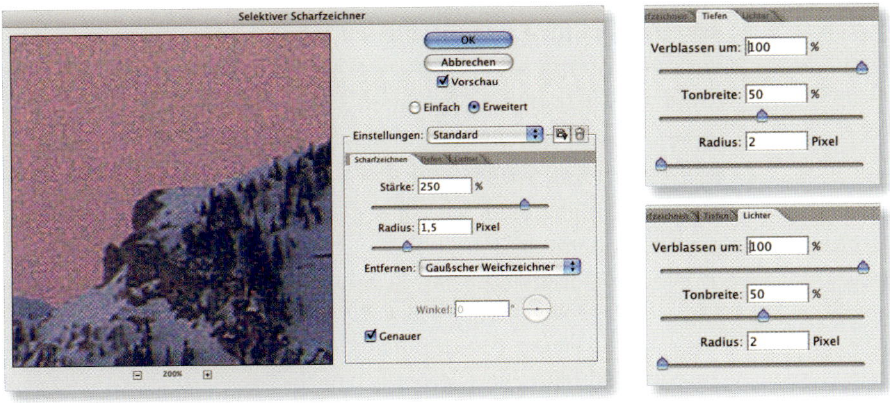

▲ **Abbildung 3.46**
Einstellungen für
Selektiver Scharfzeichner

Nun wird noch der Tonwertbereich eingeschränkt, um ein Clipping der Schärfung zu vermeiden. Das geschieht über die Fülloptionen im Dialog Ebenenstil, der über einen Doppelklick auf die Ebene in der Ebenen-Palette erreicht wird.

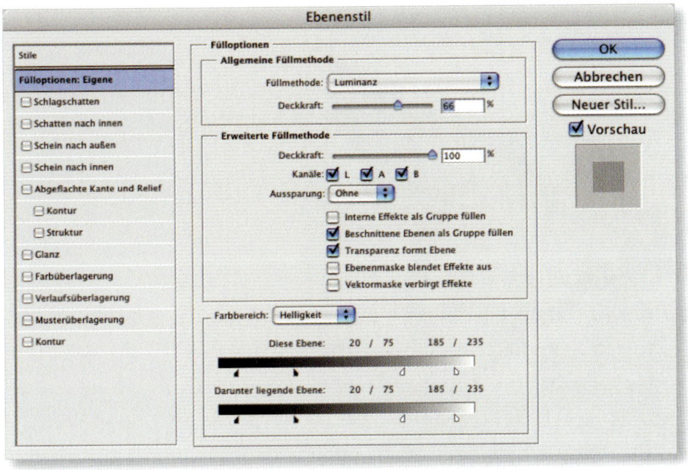

◀ **Abbildung 3.47**
Fülloptionen für die Luminanzschärfung im Dialog Ebenenstil

Jetzt kann man das Ergebnis des ersten Schritts mit dem Original vergleichen.

◀ **Abbildung 3.48**
Nach der Luminanzschärfung (links vorher, rechts nachher, 200 % Vergrößerung)

4 Maske für Farbrauschen erstellen

Rauschbekämpfung geht immer mit einer mehr oder weniger starken Weichzeichnung einher. Haben wir bei der Luminanzschärfung die Flächen vor der Schärfung geschützt, müssen nun umgekehrt die Kanten von dieser Weichzeichnung ausgenommen werden.

Dafür verwenden wir erneut eine Kopie des Helligkeits-Kanals, zeichnen ihn mit 1 Pixel RADIUS weich, wählen das Filter KONTUREN FINDEN an und wenden dann die gleiche TONWERTKORREKTUR wie bei der Luminanzmaske an.

Nun müssen wir allerdings mit FILTER • SONSTIGE FILTER • DUNKLE BEREICHE VERGRÖSSERN die dunklen Konturen, die die zuvor geschärften Kanten vor Weichzeichnung schützen sollen, breiter machen, damit die Rauschbekämpfung verlässlich keine dieser Kanten wieder ruiniert. Danach wird nochmals mit 1 Pixel RADIUS weichgezeichnet.

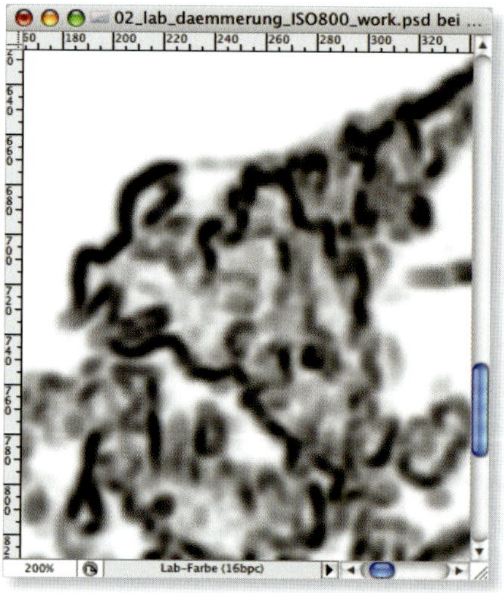

▲▶ **Abbildung 3.49**
Mit dieser Maske wird die Luminanzschärfung bei der Bekämpfung des Farbrauschens geschützt.

5 Farbrauschen eliminieren

Nachdem man die Maske in der Kanäle-Palette mit [Strg]/[⌘]+Klick aktiviert hat, erzeugt man in der Ebenen-Palette eine neue Kopie der Hintergrundebene, verschiebt sie im Ebenenstapel nach oben und konvertiert sie in ein Smart Objekt.

Nun wählt man FILTER • RAUSCHFILTER • RAUSCHEN REDUZIEREN. Für diese Operation genügt bei diesem Filter der Modus EINFACH, weil wir ja eine Schutzmaske haben. Aus dem gleichen Grund kann DETAILS SCHARFZEICHNEN auf 0 bleiben. Die FÜLLMETHODE der Ebene wird dann noch auf FARBE gestellt, damit nur die beiden Farbkanäle A und B beeinflusst werden. Deswegen braucht man den Regler FARBSTÖRUNGEN REDUZIEREN hier nicht, obwohl wir ja eigentlich genau das beabsichtigen. Die anderen

Fülloptionen der Ebene müssen nicht wie beim Schärfen manipuliert werden.

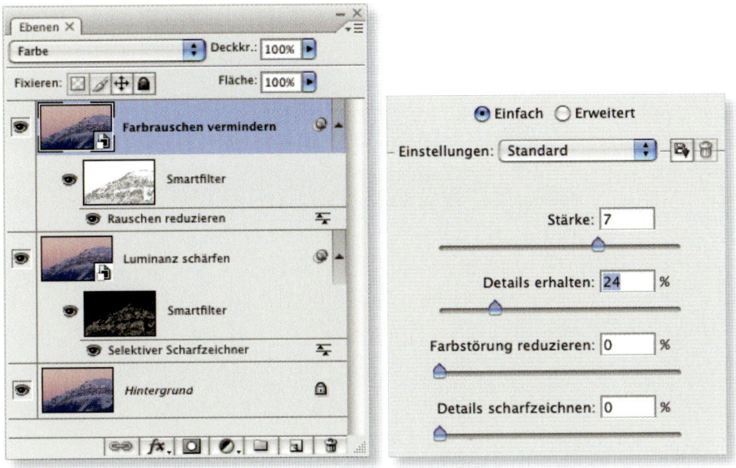

◂ Abbildung 3.50
Das Filter Rauschen reduzieren als Smartfilter

Der Vorher-Nachher-Vergleich zeigt die effektive Beseitigung des Farbrauschens ohne die Scharfzeichnung zu beeinflussen. Was jetzt noch übrig bleibt, ist das Luminanzrauschen.

◂ Abbildung 3.51
Behandlung des Farbrauschens (links nachher, rechts vorher, 200 % Vergrößerung)

6 Luminanzrauschen bekämpfen

Am Schluss wird nun noch gegen das Rauschen im Helligkeitskanal vorgegangen. Da die Kantenschutzmaske die gleiche ist wie beim Beseitigen des Farbrauschens, können wir einfach die gesamte Ebene mit dem Smart Objekt duplizieren. Auch die Einstellungen des Smartfilters Rauschen reduzieren sind vorerst die gleichen. Lediglich die Füllmethode der neuen Ebene muss von Farbe auf Luminanz gestellt werden.

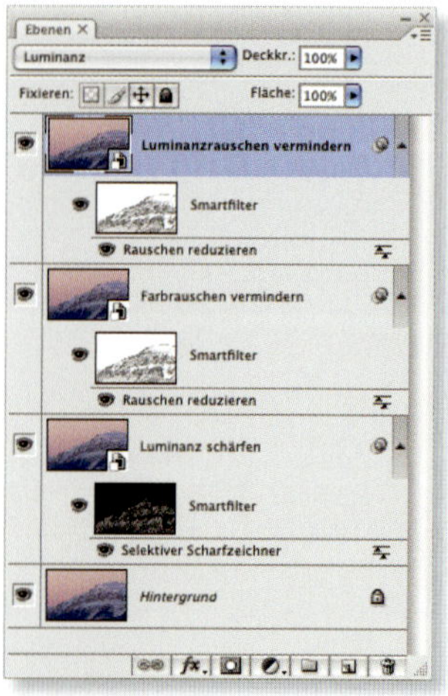

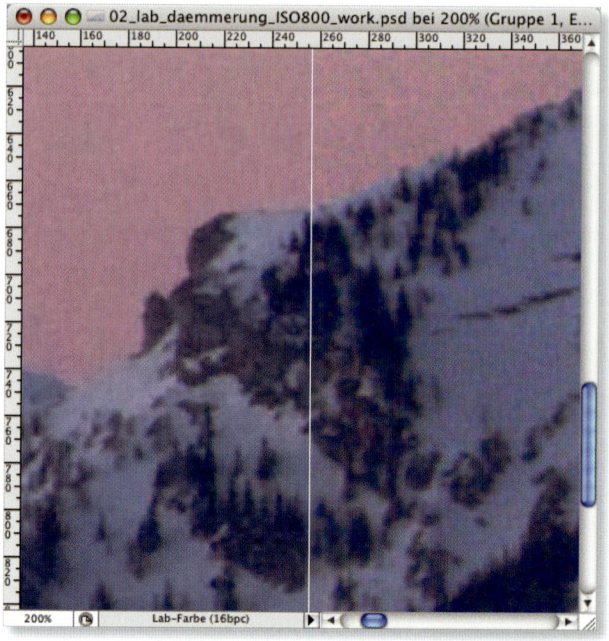

▲▶ Abbildung 3.52
Ebenen-Palette mit den drei Smartfilter-Ebenen und Vergleich des Originals mit dem Endergebnis (rechts, 200% Vergrößerung)

Automatisieren
Selbstverständlich lassen sich diese Arbeitsschritte auch in Form von Aktionen automatisierbar machen.

Der Vergleich zeigt die Wirksamkeit des Verfahrens. Ein großer Vorteil des Einsatzes der neuen Smartfilter ist, dass man nun auch im Nachhinein noch feinabstimmen kann, weil alle drei Filter nicht-destruktiv arbeiten. Es ist noch nichts endgültig. ■

3.4 Optische Fehler beheben

3.4.1 Das Filter Objektivkorrektur

Vor der Version CS2 hat es in Photoshop praktisch keine Möglichkeiten gegeben, optische Verzerrungen, wie sie z. B. bestimmte Objektive hervorrufen, zu korrigieren. Das ging bis dato nur mit Plug-ins von Drittherstellern.

Unter Filter • Verzerrungsfilter • Objektivkorrektur findet man seitdem ein All-in-one-Tool, mit dem in einem einzigen Dialog alle wichtigen Bildfehler aus diesem Bereich korrigiert werden können. Der Dialog ist entsprechend umfangreich und wird in der Folge Schritt für Schritt besprochen.

Daten auf der DVD
Sie finden die Datei zu diesem Workshop auf der Buch-DVD unter Beispieldateien/03_Digitalfotos/Objektivkorrektur.

Schritt für Schritt: Korrektur einer Weitwinkel-Aufnahme

1 Bild gerade ausrichten

Weitwinkel-Aufnahmen haben oft eine Tonnen-Verzerrung, die das Bild bauchig aussehen lässt. Waagerechte und senkrechte Linien sind nach außen gewölbt.

◂ **Abbildung 3.53**
Verzerrte Weitwinkel-Aufnahme

Für die Ausrichtung braucht man ein Gitternetz. Öffnen Sie dazu als FILTER • VERZERRUNGSFILTER • OBJEKTIVKORREKTUR. Bevor man an die Ausrichtung gehen kann, muss man das Bild zuerst gerade ausrichten.

Man sucht sich eine Senkrechte möglichst nahe der Bildmitte und zieht eine möglichst weit reichende Linie mit dem Gerade-ausrichten-Werkzeug [A] ❷ (Abbildung 3.55). Photoshop rotiert nun das Bild automatisch so, dass diese Linie exakt senkrecht ist. Der Winkelwert ❺ ist rechts unten in den Einstellungen in der Abteilung TRANSFORMIEREN zu sehen.

2 Tonnen-Verzerrung beseitigen

Nun kann man das Bild entzerren, indem man entweder den Regler VERZERRUNG ENTFERNEN ❹ in Richtung Kissen-Verzerrung schiebt (nach rechts) oder das Ganze interaktiv mit dem Verzerrung-entfernen-Werkzeug [D] ❶ erledigt.

War die Senkrechte für die gerade Ausrichtung nicht genau in der Mitte, so muss man hier nun eventuell nachbessern, weil sie sich durch das Entzerren wahrscheinlich leicht geneigt hat. In hartnäckigen Fällen geht das so ein paarmal hin und her, bis es passt. Mit dem Raster-verschieben-Werkzeug [M] ❸ kann man das Gitternetz jederzeit so verschieben, dass man die Ausrichtung gut beurteilen kann.

Genaue Eingaben

Hat man das Zahlenfeld beim Regler aktiviert, kann man mit [↑] oder [↓] in Zehntel-Schritten fein einstellen (mit [⇧]+[↑] oder [⇧]+[↓] geht das in ganzzahligen Schritten).

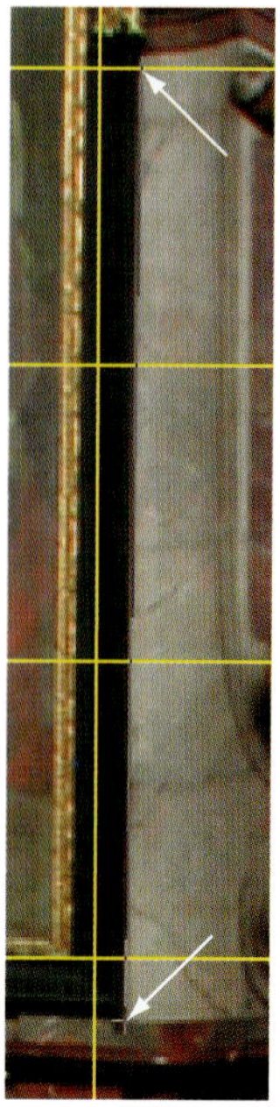

▲ **Abbildung 3.54**
Bild gerade ausrichten

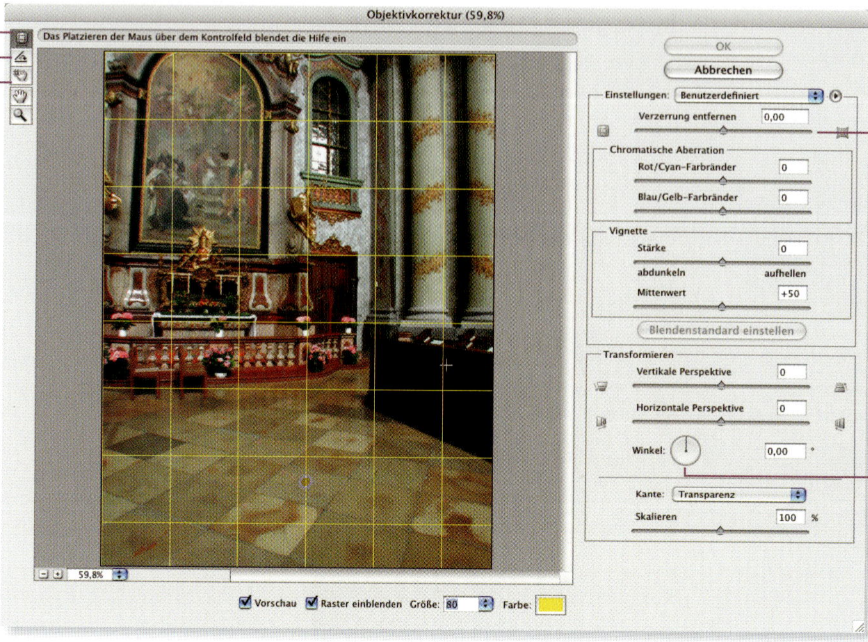

▲ **Abbildung 3.55**
Dialog der Objektivkorrektur

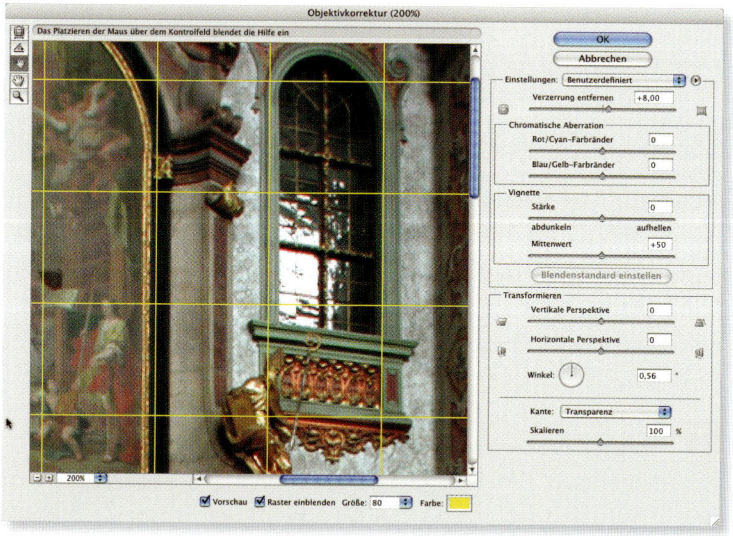

Abbildung 3.56 ▶
Gerade ausgerichtetes und entzerrtes Bild

3 Perspektive korrigieren

Im Anschluss an die Entzerrung, bei der alle vertikalen Linien im Bild senkrecht ausgerichtet wurden, soll nun die Perspektive so korrigiert werden, dass die Horizontalen im Bild auch wirklich waagerecht verlaufen.

Das Filter OBJEKTIVKORREKTUR hat dafür in den Einstellungen die Box TRANSFORMIEREN, wo neben dem WINKEL die VERTIKALE PERSPEKTIVE und die HORIZONTALE PERSPEKTIVE verändert werden können. Im Prinzip wird dabei das Bild um die Hochachse und die Querachse geschwenkt. In unserem Fall ist nur die VERTIKALE PERSPEKTIVE so lange zu ändern, bis die Waagerechten stimmen.

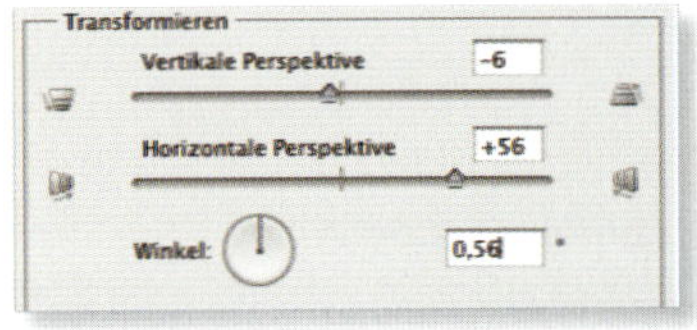

▲ **Abbildung 3.57**
Einstellungen für Perspektiv-Korrektur

◄ **Abbildung 3.58**
Perspektive korrigiert

4 Chromatische Aberration beseitigen

Diese Funktion steht im Camera Raw-Dialog ebenfalls zur Verfügung, aber nur für RAW- oder DNG-Dateien (siehe Kapitel 2). In der Objektivkorrektur kann man die störenden Farbsäume dieses Linsenfehlers nun auch bei allen anderen Bilddateien korrigieren.

Weil die chromatische Aberration als Fehler mit den optischen Verzerrungen verwandt ist, kann man das hier gleich mit erledigen. Hierzu muss man möglichst weit in einer Bildecke eine einigermaßen kontrastreiche Ecke oder Kante aussuchen und stark vergrößern (200–300 %).

Nun verschiebt man den Regler ROT/CYAN-FARBRÄNDER so lange, bis man eine Einstellung gefunden hat, bei der die Säume minimal sind. Ganz zum Verschwinden bringt man sie nicht immer. Das hängt vor allem von der Objektivart und -qualität ab.

BLAU/GELB-FARBRÄNDER sind nicht so häufig. Man sollte aber auch mit diesem Regler probieren, ob eine weitere Bildverbesserung zu erreichen ist.

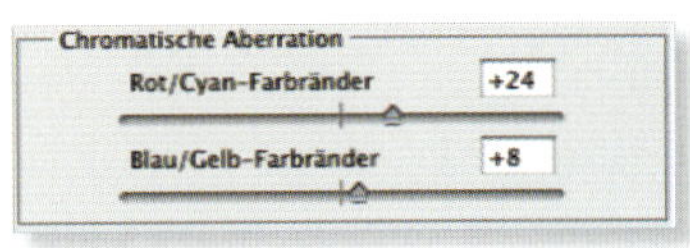

▲ **Abbildung 3.59**
Einstellfeld für die Beseitigung der CHROMATISCHEN ABERRATION

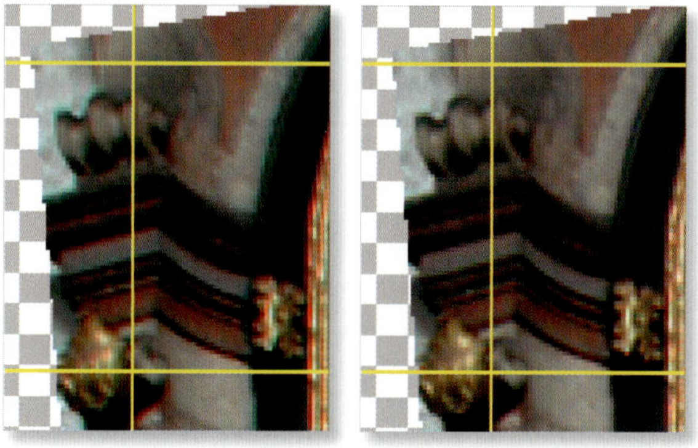

Abbildung 3.60 ▸
Cyan-Farbsaum vor und nach der Behandlung mit Chromatische Aberration

5 Bild skalieren

Durch die Entzerrung und die Perspektiv-Korrektur hat das Bild am Rand kräftig Fläche verloren. Mit dem Regler Skalierung im Feld Transformieren könnte man das Bild nun wieder formatfüllend machen. Man muss aber dabei an die Bildauflösung denken und daran, dass im linken Teil verkleinert, im rechten dagegen vergrößert wurde.

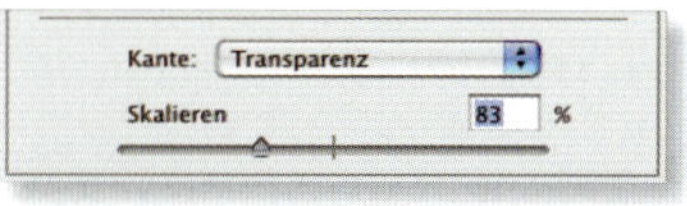

▴ **Abbildung 3.61**
Bild skalieren

Abbildung 3.62 ▸
Skaliertes Bild

Das Vergrößern von Pixelbildern ist prinzipiell mit Qualitätsverlust (vor allem Unschärfe) verbunden. Deshalb bleibt man auf der sicheren Seite, wenn man das Bild so weit verkleinert, dass nichts abgeschnitten wird.

Nach dem Beenden des Filter-Dialogs mit OK bekommt man dann mit dem Freistellungswerkzeug zwar ein kleineres Bild, kann aber sicher sein, dass es nirgends vergrößert wurde.

◂ **Abbildung 3.63**
Das Original und das beschnittene Endergebnis

▴ **Abbildung 3.64**
Foto mit starker Verzerrung (Fullframe-Fisheye)

3.4.2 Für hartnäckige Verzerrungen: Verkrümmen

Mit dem Filter Objektivkorrektur kommt man bei der Behandlung von Linsen-Verzerrungen an eine Grenze. Ab einer bestimmten Brennweite des Objektivs ändern sich dessen geometrische Eigenschaften gravierend, weil alle Verzerrungen stark kugelförmig werden. Das unterscheidet ein Weitwinkel-Objektiv von einem Fischauge. Diese Verzerrungen lassen sich mit der Objektivkorrektur nicht mehr beseitigen.

Auch wenn das alternative Verfahren mit Bearbeiten • Transformieren • Verkrümmen durch die nötige Handarbeit nicht exakten mathematischen Regeln folgt, sondern nur mit Augenmaß zu erledigen ist, kann man in solchen Fällen doch im Modus Eigene, Wulst oder Aufblasen akzeptable Ergebnisse erzielen.

Wichtig sind Hilfslinien, um zunächst im Bild eine Richtschnur für die Senkrechten zu haben. Dann wählt man alles aus und zieht beim Verkrümmen-Gitter die Kantenmitten ins Bild hinein. Dabei dienen die Hilfslinien hier z. B. für die senkrechte Ausrichtung von Laterne und Kirchturm. Auch das Muster des Straßenpflasters oder der Hausfassaden kann als Anhaltspunkt dienen. Hundertprozentig gelingt es meist nicht, aber man bekommt die auffällige kugelige Verzerrung weitgehend aus dem Bild (siehe Abbildung 3.64 und 3.65).

▴ **Abbildung 3.65**
Korrektur eines Fisheye-Bildes mit Verkrümmen im Modus Eigene

Vorsicht!

Beim Verkrümmen ist wichtig, dass man die **Kanten ins Bild** zieht und nicht die **Ecken aus dem Bild**, was einer Vergrößerung und einem Qualitätsverlust durch Unschärfe in den Ecken gleichkäme.

3.4.3 Optik-Korrekturwerkzeuge von Drittherstellern

Es gibt eine Reihe von Filtern, die als Plug-ins von Drittherstellern für die Korrektur von optischen Fehlern angeboten werden.

Einen sehr guten Ruf haben Plug-ins, die auf den **PanoTools** aufbauen. Die PanoTools sind ein ganzes Set von verschiedenen kleinen Programmen zur Bildkorrektur und -entzerrung, deren

[Open Source]
Software, deren Quellcode offengelegt wurde und die jeder Interessierte weiterentwickeln darf und soll. Sie wird auch freie Software genannt, aber weniger, weil sie nichts kostet, sondern weil sie frei von Copyrights und Patenten ist.

Entwicklung als Open-Source-Projekt von Prof. Dersch an der Fachhochschule Furtwangen im Schwarzwald begonnen hat. Mittlerweile werden sie international in verschiedenen Zweigen einer recht großen Entwicklergemeinde weitergeführt und sind zum Teil freie Software. Neben Java-Programmen existieren die verschiedenen PanoTools-Module auch als Photoshop-Plug-ins. Waren sie früher sehr umständlich zu bedienen, haben nun diverse Entwickler teilweise recht komfortable User Interfaces dafür geschrieben.

PTLens
Sie finden das PTLens-Plug-in als Demo-Version auf der Buch-DVD unter SOFTWARE/PLUG-INS. PTLens kostet 15 US$. Es gibt dieses Tool nur für Windows.

PTLens (Windows) | Eine gute Alternative zur Objektivkorrektur von Photoshop ist PTLens, das Thomas Niemann (*http://www.epaperpress.com/ptlens*) auf der Basis der PanoTools entwickelt hat. Neben einem einfach zu bedienenden User Interface ist dieses Plug-in mit einer Datenbank ausgestattet, die eine sehr große Zahl an Kamera-Objektiv-Kombinationen als Vorgabe bietet. Die Korrekturmöglichkeiten hören hier nicht bei der Weitwinkel-Fischaugen-Grenze auf und umfassen auch die Vignettierung und chromatische Aberration.

▲ **Abbildung 3.66**
Originalbild mit der typischen Fischaugen-Verzerrung

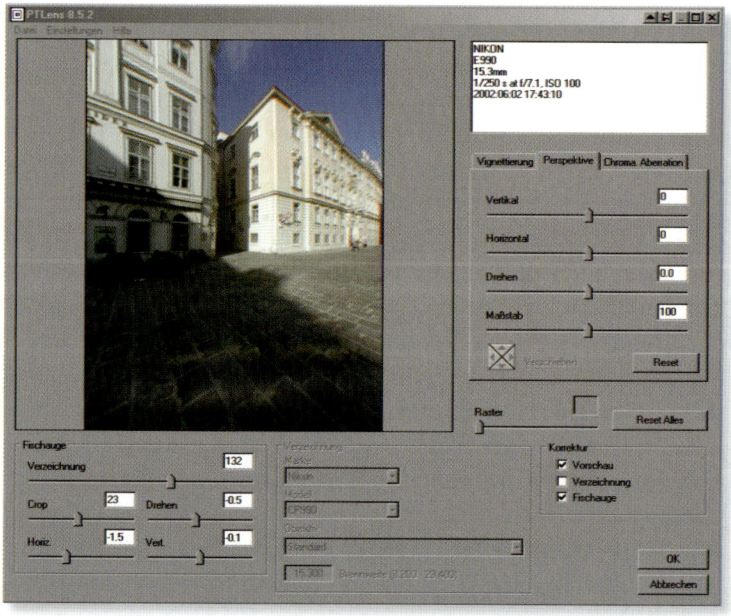

▲ **Abbildung 3.67**
Präzise Optik-Korrekturen auf Basis der PanoTools mit PTLens

LensFix, PanoTools
Demos von LensFix und den Mac PanoTools-Plug-ins finden Sie auf der Buch-DVD unter SOFTWARE/PLUG-INS. Beide kosten zusammen 25 US$ (Hersteller: Kekus Digital, *http://www.kekus.com*).

LensFix und Remap (Mac) | Als Gegenstück zu PTLens, das nur unter Windows verfügbar ist, wird LensFix als Photoshop-Plug-in für die Mac-Plattform angeboten. Es eliminiert ebenfalls optische Verzerrungen und chromatische Aberration.

Auch hier kann man auf eine sehr große Datenbank mit Objektiv-Kamera-Kombinationen zurückgreifen. Außerdem berechnet LensFix (wie auch PTLens) auf der Basis der PanoTools die Entzerrung der Bilder mit wesentlich höherer Genauigkeit, als Photoshop das mit seiner »bikubischen Interpolation« je tun könnte. Vor allem die chromatische Aberration lässt sich wesentlich genauer bekämpfen als mit den Bordmitteln von Photoshop, weil hier extrem präzise Einstellmöglichkeiten geboten werden, um Bildverzerrungen für jeden Farbkanal separat zu beseitigen.

Bikubische Interpolation

Ein Photoshop-Algorithmus, wenn es um die Bildneuberechnung bei allen Transformationen (Skalieren, Drehen, Verzerren) geht. Guter Kompromiss zwischen Qualität und Rechengeschwindigkeit. Bei heiklen Anwendungen wie präzisen Optik-Korrekturen ist sie anderen Verfahren (Sinc, Mitchell, Spline oder Lanczos) jedoch deutlich unterlegen.

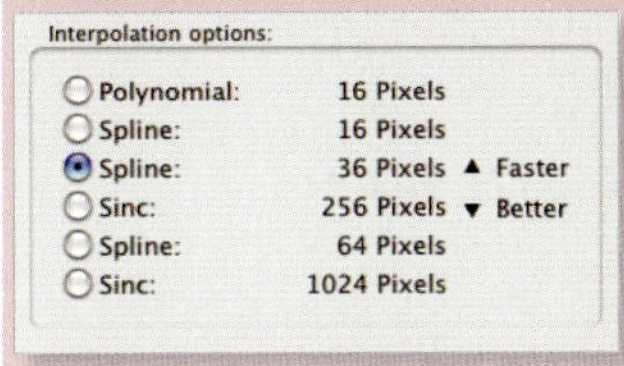

▲ **Abbildung 3.68**
Bildberechnung bei den Panotools

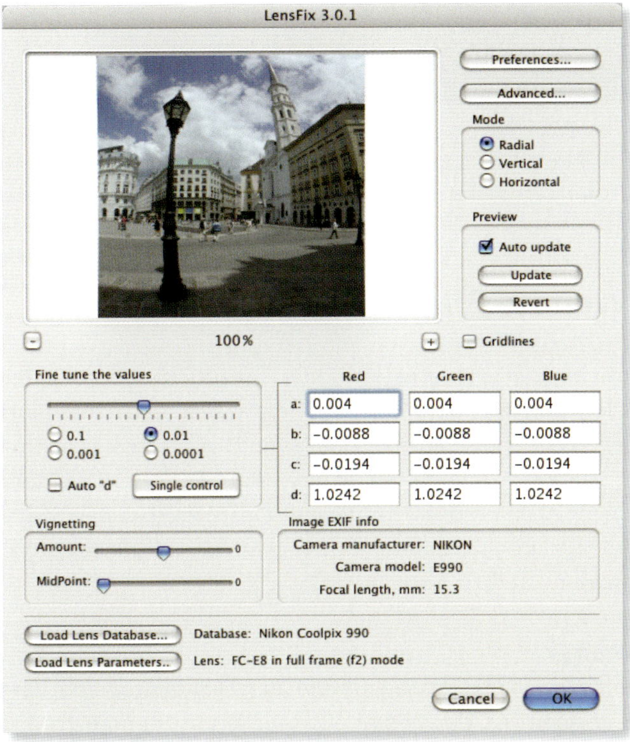

◄ **Abbildung 3.69**
LensFix: Optik-Korrektur auf PanoTools-Basis für Mac

Die Korrektur von stark verzerrten Bildern übernimmt am Mac das PanoTools-Plug-in Remap. Es kann auch genauer Fischaugen-Bilder begradigen als das zuvor vorgestellte Verfahren mit Photoshops Verkrümmen. Außerdem lassen sich damit weitere Bildgeometrien ineinander konvertieren. LensFix und Remap werden mit drei weiteren Plug-ins (Perspective, Adjust, Correct) geliefert.

Seit Neuestem gibt es eine Beta-Version, LensFix CI, die als Stand-alone-Programm und als Photoshop-Plug-in arbeitet. Hier gibt es ein neues User Interface, das weniger technisch ist und stark an eine Kreuzung zwischen Photoshops Objektivkorrektur und PTLens erinnert.

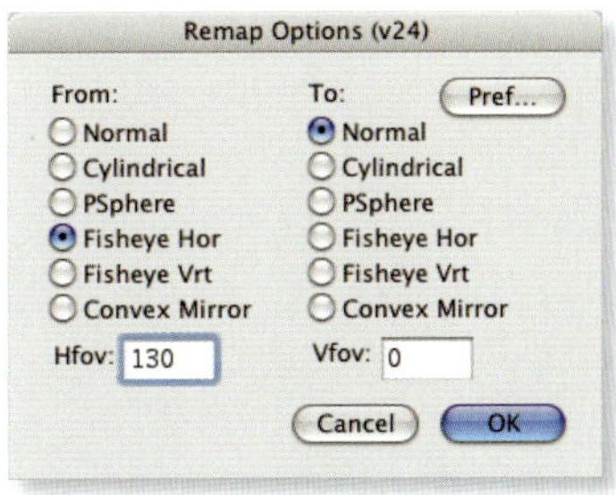

▲ **Abbildung 3.70**
Eines der PanoTools-Plug-ins: Remap

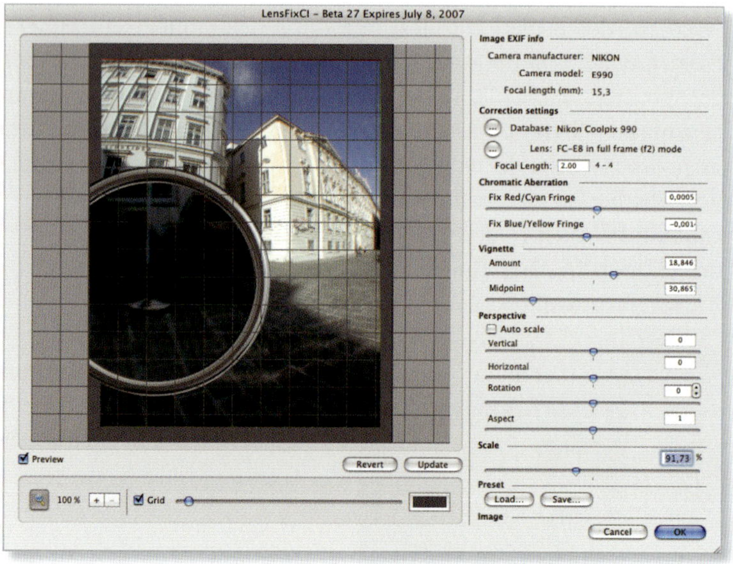

Abbildung 3.71 ▶
Das neue LensFix CI

3.5 Weitere Bildfehler beheben

Die Möglichkeiten fehlerhafter oder unzureichender Bilder aus digitalen Kameras sind nicht auf Rauschen und Unschärfe beschränkt. Die technischen Prinzipien von Digitalkameras bedingen noch weitere Artefakte wie Moiré, Staubflecken, Pink Dots oder Einzelpixelfehler wie Hot Pixels, Dead Pixels oder Stuck Pixels. Im Folgenden wird beschrieben, wie man mit diesen Fehlstellen umgeht.

3.5.1 Moiré

Eines der fiesesten Artefakte, die bei der Digitalfotografie vorkommen können, ist das Moiré. Es taucht unsystematisch auf und ist durch herkömmliche Retusche nur schwer zu beseitigen.

▲ **Abbildung 3.72**
Moiré bei der Aufnahme feiner Muster

Moiré-Entstehung | Moiré entsteht durch Interferenz (Frequenzüberlagerung) von zwei feinen Strukturen. Die eine Struktur ist das Pixelraster des Aufnahmechips der Kamera (deshalb gibt es diesen Fehler bei Analogkameras nicht). Die andere Struktur befindet sich im Bild und ist meist so etwas wie feines Gewebe, Drahtgitter oder Bildschirmzeilen. Liegen diese beiden Strukturen nun in leicht schiefem Winkel zueinander, so gibt es kurven- und bänderartige störende Muster.

Weil die »Aufnahme-Pixel« des Kamera-Chips für Rot, Grün und Blau nebeneinander liegen und nicht alle exakt am gleichen Platz, wirkt diese Interferenz für alle drei Farben unterschiedlich. Deshalb fallen diese Störmuster auch bei schwachfarbigen

Bildern meist sehr bunt aus. Man muss sich nun nicht generell davor fürchten, feine Muster zu fotografieren, aber man sollte ausprobieren, ob die eigene Kamera zum Moiré neigt. Aktuelle Kameras haben meist einen speziellen Tiefpassfilter eingebaut, der Moiré verhindert.

Moiré beheben | Was tun, wenn es einmal aufgetreten ist? Weil es sich in der Regel in diesen Fällen um Muster und nicht um einfarbige Flächen handelt, ist das Retuschieren z. B. mit dem Kopierstempel-Werkzeug schwer bis unmöglich.

Es gibt aber einen guten Trick, der einleuchtet, wenn man den Fehler genau analysiert: Das Muster ist bei den Fehlstellen ja an sich okay. Was stört, ist lediglich die bunte Farbe. Man wählt nun das Pipette-Werkzeug [I] und in dessen Optionen 5×5 Pixel Durchschnitt.

[Moiré Reducer]
Ein ähnliches Verfahren hat der Fotograf Fred Miranda mit einer Photoshop-Aktion namens »Moiré Reducer« (mehr zu Photoshop-Aktionen in Kapitel 13) automatisiert (*http://www.fredmiranda.com/software*, Mac und Windows, keine Demo, 12 US$).

◂ **Abbildung 3.73**
Der Aufnahmebereich der Pipette

Jetzt wechselt man zum Pinsel-Werkzeug [B] und wählt unter Pinsel eine größere Breite mit weicher Kante und unter Deckkraft einen geringeren Wert (hier 25 %), um behutsam vorgehen zu können. Unter Modus (das ist das Entscheidende!) wählt man Farbe. Der Pinsel trägt damit nur Farb-, aber keine Helligkeitsinformation auf.

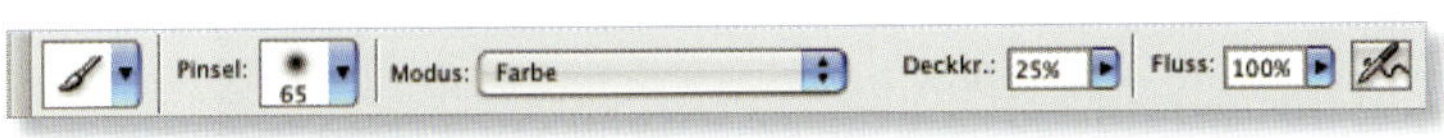

◂ **Abbildung 3.74**
Wählen Sie unbedingt unter Modus die Einstellung Farbe.

Das Muster bleibt intakt, aber die Farbe ändert sich. Beim Malen nimmt man nun immer wieder außerhalb des fehlerhaften Bereichs mit [Alt]+Klick die korrekte Farbinformation auf und kann so das Moiré einfach wegpinseln.

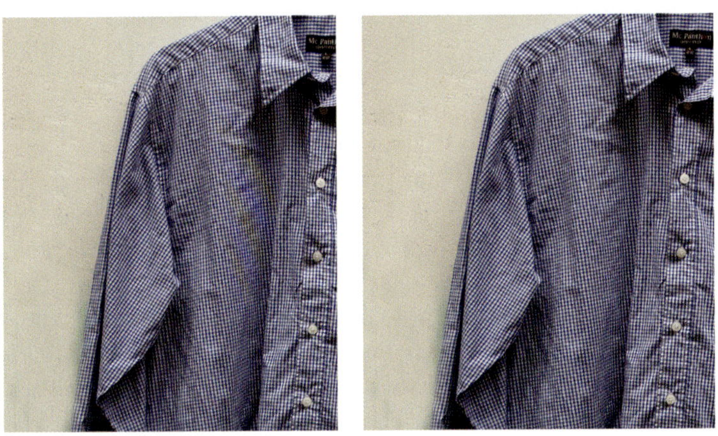

◂ **Abbildung 3.75**
Das Moiré konnte mit dem Farbe-Pinsel beseitigt werden (links vorher, rechts nachher).

3.5.2 Pixelfehler

Neben dem Rauschen als flächendeckender Störung bei Bildern von Digitalkameras gibt es auch singuläre Fehlstellen. Diese können aus Fabrikationsfehlern resultieren, aber auch erst im Laufe der Zeit auftreten.

Dead Pixels | Dead Pixels ❶ liefern keine Information (mehr), sie tauchen im Schadensfall auf jedem Bild auf und sind immer schwarz.

Stuck Pixels | Stuck Pixels ❷ sind hängen geblieben und reagieren nicht mehr. Auch sie sind auf jedem Bild einer schadhaften Kamera vorhanden und meist entweder hellgrün oder hellviolett.

Hot Pixels | Hot Pixels ❸ tauchen nur bei sehr langen Belichtungszeiten auf und sind so etwas wie extreme Ausreißer des Bildrauschens und meist sehr viel heller als ihre Umgebung. Sie können auch temperaturabhängig sein. Aus diesem Grund und um Rauschen generell zu verringern, werden manche High-End-Digital-Kamera-Rückteile auch aktiv gekühlt.

Abbildung 3.76 ▸
Dead Pixel, Hot Pixel und Stuck Pixel

▴ Abbildung 3.77
Sonnenblendungsflecken, sogenannte »Pink Dots« auf dem Kamera-Chip, rechts sehr gut erkennbar im Rot-Kanal

Pink Dots | Ein weiterer Bildfehler, der im Gegensatz zu den vorgenannten Fehlern auf Unvorsichtigkeit beim Umgang mit der Kamera zurückzuführen ist, sind die Pink Dots. Sie entstehen, wenn man den Kamera-Chip zu lange dem Sonnenlicht aussetzt. Der Infrarotanteil des Sonnenlichts blendet den Chip an den Stellen, wo das Sonnenlicht gebündelt wird. Hier entstehen, je nach Objektivbrennweite (und damit je nach Größe des Sonnenabbildes), meist rot-violette Flecken mit etlichen Pixeln Durchmesser, die meistens bleibende Schäden sind. Besonders auffällig sind sie bei Bildern mit sehr langen Belichtungszeiten.

Gefährdet sind vor allem Kompaktkameras, deren Chip praktisch immer offen ist, weil ja davon ein Sucherbild am LCD-Monitor erzeugt wird. Das heißt, man muss gar nicht fotografieren und kann sich diese Pink Dots trotzdem einfangen! Bei Spiegelreflexkameras mit optischem Sucher wird der Chip (bis auf ganz wenige Ausnahmen) nur zur Aufnahme selbst freigegeben.

Pixelfehler beheben | Alle Pixelfehler sind unangenehm, haben aber den großen Vorteil, dass sie absolut ortsfest im Bild sind. So kann man sich unter Umständen sogar Bearbeitungsmasken oder sogar Photoshop-Aktionen (siehe Kapitel 13) herrichten, die diese Fehler automatisch eliminieren. Auch die Beseitigung mit den neuen Retusche-Werkzeugen in Lightroom und Camera Raw (siehe Kapitel 2), die sich schnell durch das Kopieren von Metadaten auf andere Bilder mit den gleichen Fehlern anwenden lassen, kommt in Frage.

Pink Dots bekommt man mit dem gleichen Verfahren wie beim Moiré in den Griff. Bei einem Hot Pixel, Stuck Pixel oder Dead Pixel braucht man nur einige Pixel aus der unmittelbaren Umgebung auf die Schadstelle zu kopieren.

3.5.3 Staub

Das zuvor für die Pink Dots Gesagte kann auch für Staub auf dem Kamera-Sensor gelten. Dies gilt in der Regel nur für Spiegelreflex-Kameras, wo bei einem Objektivwechsel der Spiegelkasten der Kameras zumindest für kurze Zeit offen und für Verschmutzung von außen zugänglich ist. Selbst wenn man das Objektiv kaum oder gar nicht wechselt, gelangt bei Zoomobjektiven, die keine geschlossene Bauweise haben, durch die luftpumpenähnliche Bewegung des Objektivtubus Staub ins Innere der Kamera. Hier ist die Möglichkeit der regelmäßigen Sensorreinigung immer besser, als hinterher in der Bildbearbeitung retuschieren zu müssen. In diesem Fall ist die Ortsfestigkeit dann natürlich ein Vorteil.

4 Retusche

Viele Werkzeuge und Verfahren der Retusche dienen nicht nur zur Beseitigung von Fehlern im Bild. Oft ist Retusche auch ein kreativer Prozess, bei dem Bildteile aus inhaltlichen Gründen entfernt, hinzugefügt oder ergänzt werden.

Die Grenzen zu anderen Bereichen sind (wie immer bei Photoshop) fließend. Die Arbeit des Retuschierens ist nicht zu trennen von Masken (siehe Kapitel 8), seien es Pixel- oder Vektormasken. Bei der Retusche werden gezielt Fehlstellen oder Unzulänglichkeiten beseitigt. Es geht weniger um flächendeckend auftretende Fehler wie Rauschen, Unschärfe oder optische Verzerrungen, die im vorherigen Kapitel besprochen wurden.

4.1 Pinsel-Werkzeuge professionell einsetzen

In keinem anderen Anwendungsbereich des Programms sind mehr Handarbeit und gefühlvoller Umgang mit den Werkzeugen gefragt als bei der Retusche. Hier sind auch die Metaphern für die Werkzeuge am anschaulichsten: Es wird buchstäblich mit Pinseln gemalt.

4.1.1 Allgemeines zu Pinseln

Mit »Pinsel« ist im Folgenden nicht nur das normale Pinsel-Werkzeug [B] gemeint, das für das Auftragen von Farbe gedacht ist. Auch Werkzeuge, die andere Aufgaben haben, **verhalten** sich in der Handhabung wie ein Pinsel. Sie alle haben vergleichbare Möglichkeiten in der Optionsleiste sowie eine ähnliche Pinsel-Palette unter Fenster • Pinsel.

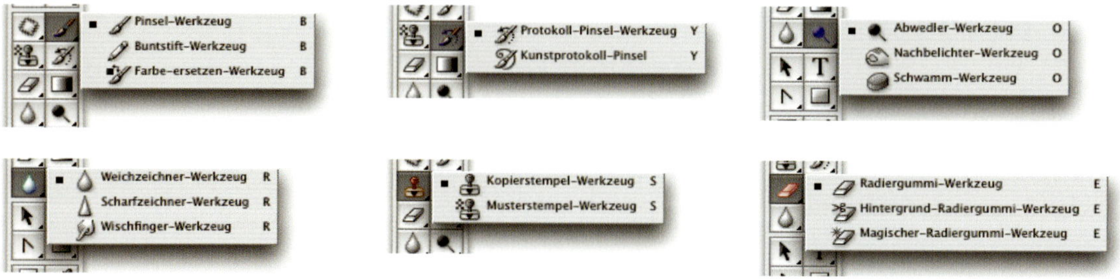

▲ **Abbildung 4.1**
Photoshops wichtigste Pinsel-Werkzeuge

Die Optionen | In den Optionen lassen sich bei vielen Werkzeugen vorgegebene oder eigene Werkzeugeinstellungen ❶ und Pinselvorgaben ❷ auswählen und die wichtigsten Parameter direkt einstellen, z. B. der Modus des Auftrags oder die Arbeitsweise ❸, die Deckkraft ❹ und der Fluss ❺.

Den Modus Airbrush aktiviert man ganz rechts ❻, um diese Art des Farbauftrags zu simulieren.

Durch Klicken auf die Pinselvorgaben ❷ öffnet sich das Flyout-Menü, in dem der Hauptdurchmesser ❼ und die Kantenschärfe ❽ als die beiden wichtigsten Kenngrößen einer Werkzeugspitze direkt eingestellt werden können. Im unteren Teil können Werkzeugspitzen aus Vorgaben ❾ ausgewählt werden.

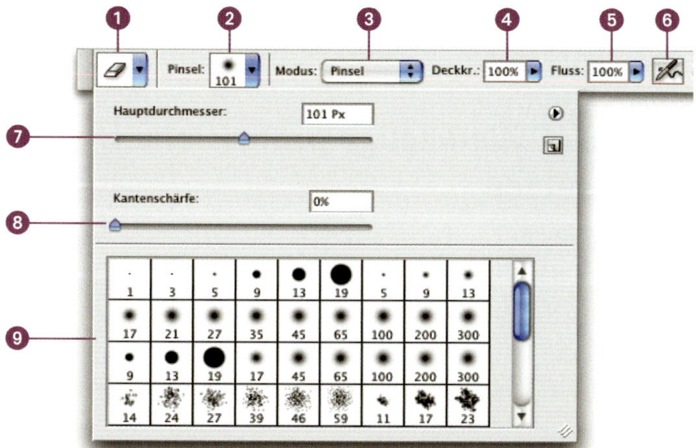

Abbildung 4.2 ▶
Pinsel-Werkzeug-Optionen mit Flyout-Menü

Wirklich interessant wird es aber erst in der Pinsel-Palette. Hier werden die einzelnen Parameter im linken Teil aufgelistet und lassen sich dort aktivieren. Für manche Werkzeuge sind Parameter nicht verfügbar und dann ausgegraut. Im rechten Teil befinden sich die Auswahl der Werkzeugspitzen und/oder die Einstellungen für den jeweiligen Parameter. Unten wird permanent eine Vorschau für den Pinsel geboten.

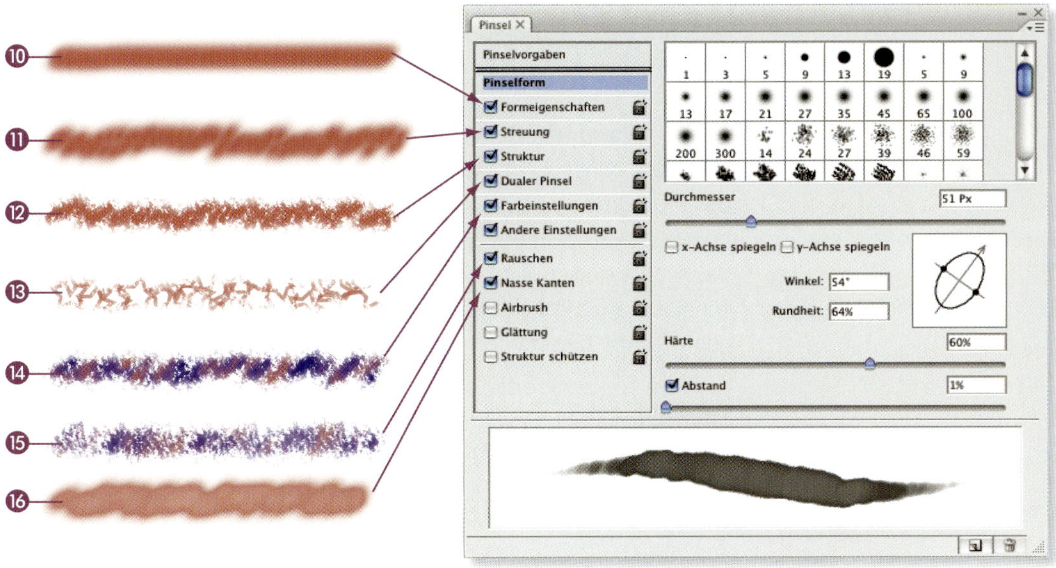

Je nach Bedarf lassen sich einzelne Features für einen Pinsel ein- oder ausschalten; die wichtigsten hier in Kürze:

- Die FORMEIGENSCHAFTEN ⑩ umfassen DURCHMESSER, Form und Weichheit (KANTENSCHÄRFE) des Pinsels. Oben wird seine Grundform gezeigt, eine kleine Pixeldatei, die auch mit eigenen Formen versehen kann. Der Malabstand bestimmt die »Dichte« des Strichs.
- Die STREUUNG ⑪ »zerreißt« das Pinselmuster quer und längs zum Strich. Sie sorgt für chaotische »ausgefranste« Striche.
- Mit STRUKTUR ⑫ lassen sich alle Muster, die Photoshop unter BEARBEITEN • VORGABEN-MANAGER • MUSTER vorrätig hält, als Pinselspitze verwenden.
- DUALER PINSEL ⑬ gestattet das stufenlose Überblenden der ursprünglichen Spitze mit einem zweiten Muster.
- Bei den FARBEINSTELLUNGEN ⑭ lässt sich die Vordergrundfarbe mit der Hintergrundfarbe mischen.
- RAUSCHEN ⑮ sorgt für Rauhigkeit im Strich, wie wenn man beim Malen zu trockene Farbe verwenden würde. Dieser Parameter kann, wie alle weiteren unterhalb der Trennlinie, nur ein- oder ausgeschaltet, aber nicht eingestellt werden.
- Der Parameter NASSE KANTEN ⑯ lässt den Strich zum Rand hin dunkler und in der Mitte blasser werden: Es entsteht ein aquarell-ähnlicher Effekt.

▲ **Abbildung 4.3**
Pinsel-Palette mit Beispielen für die Auswirkungen ihrer Parameter am Strich

Jitter | Ein elektronischer Pinselstrich ist abgesehen von der Mausbewegung, die ihn ausführt, im Grunde nur Mathematik und kann ganz schön langweilig aussehen. Neben der Vielzahl an steuerbaren Werten kann man eine ganze Reihe von Einstellungen

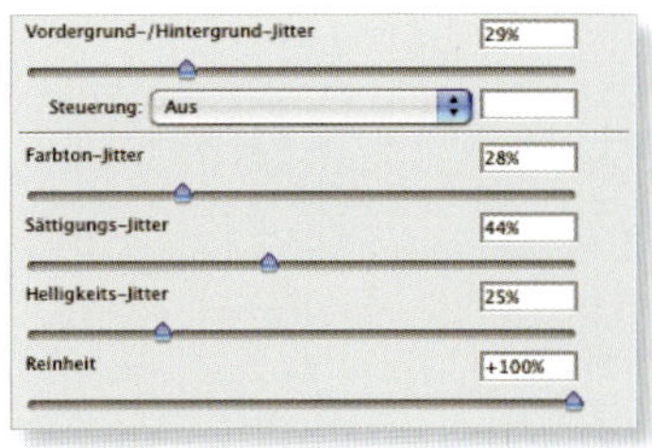

▲ **Abbildung 4.4**
Bei Parametern mit JITTER kann man gezielt den Zufall ins Spiel bringen, hier bei den FARBEINSTELLUNGEN.

für die PINSEL-Parameter mit dem sogenannten JITTER versehen. Das ist dosierter Zufall, der den Pinselstrich lebendiger macht.

4.1.2 Handarbeit: Maus, Shortcuts und Tablett

Nirgends sonst in Photoshop werden die Probleme einer direkten Interaktion zwischen Mensch und Computer augenfälliger als bei den Werkzeugen, die Pinsel benutzen. Es gibt zunächst nur die Mausbewegung auf der Tischplatte (oder noch dürftiger: das Trackpad am Notebook). Die Bewegung kennt nur zwei Richtungen und die Geschwindigkeit.

Tastenkürzel | Diese begrenzte Interaktionsfähigkeit wird ein wenig durch Shortcuts wettgemacht, mit denen man bei der Verwendung der Pinsel einige wichtige Größen direkt verändern kann. Wenn sie erst einmal gut eingeübt sind, erlauben sie wesentlich schnelleres Arbeiten. Eine Auswahl sei hier kurz aufgelistet.

Tabelle 4.1 ▸
Shortcuts für Pinsel-Werkzeuge

Parameter	Shortcut
Pinselgröße	kleiner: Ö größer: # Schrittweite in Pixeln: 1–10: 1 Pixel 10–100: 10 Pixel 100–200: 25 Pixel 200–300: 50 Pixel 300–2 500: 100 Pixel
Kantenschärfe	härter: ⇧+> (25 %-Schritte) weicher: ⇧+# (25 %-Schritte)
Deckkraft	0 bis 9 (Nummernblock) 0 = 100 % Im AIRBRUSH-Modus mit ⇧
Fluss	⇧+0 bis ⇧+9 Nummernblock, 0 = 100 % Im AIRBRUSH-Modus ohne ⇧
Modus (NORMAL, MULTIPLIZIEREN USW.)	nächster: ⇧++ (Nummernblock) voriger: ⇧+- (Nummernblock)
Farbe aus dem Bild aufnehmen	Alt+Klick
Gerade Linie zwischen zwei Punkten	⇧+Klick
Fadenkreuz statt Pinselpitze	⇪-Taste

Das Grafiktablett | Hält man sich vor Augen, dass beim Zeichnen mit der Maus ja ein großer Teil der Motorik von Fingern und Handgelenk wegfällt, so wird klar, warum es so mühsam ist, auf diese Weise mit Photoshop-Pinseln zu arbeiten.

Aus diesem Grund werden für Mal-, Zeichen- und Retuschearbeiten am Computer schon lange **Grafiktabletts** angeboten. Früher ist es nur um das Gefühl gegangen, statt der Maus einen Stift in der Hand zu halten und den Vorteil der gewohnten Motorik auch bei der grafischen Arbeit am Computer zu nutzen. Mittlerweile sind Stifte und Tabletts hochsensible Interfaces geworden, die auf Druck, Neigung und Drehung des Stiftes reagieren und über Tasten am Stift Shortcuts ausführen können. Sie haben sogar am anderen Ende einen Radiergummi wie ein Schulbleistift. Der verhält sich auch genauso und schaltet sofort auf Photoshops Radiergummi um, wenn man ihn umdreht.

Auch die Unterstützung für die Grafiktabletts ist in Photoshop sehr umfangreich. Viele Größen bei der Arbeit mit den Pinseln lassen sich einem der verschiedenen Ausgabewerte des Tabletts zuweisen, wobei sich auch die Stärke der Wirkung einstellen lässt.

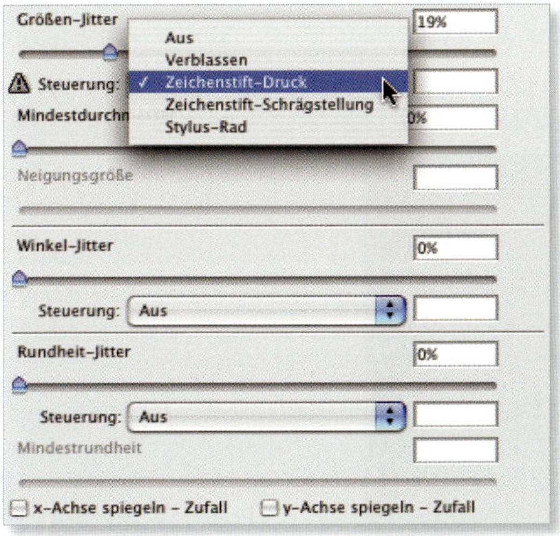

▲ **Abbildung 4.5**
Einstellungen mit dem Zusatz STEUERUNG lassen sich für ein Zeichentablett freigeben.

Viele, die einmal ein solches Gerät bei der Retusche oder bei Malarbeiten ausprobiert haben, geben es nur ungern wieder her. Hiermit sind wirklich zeichnerisch gute, schwungvolle und natürliche Striche möglich, auch weil man ein Tablett auf dem Tisch drehen kann. Allein wenn man die Parameter DECKKRAFT und DURCHMESSER mit dem Druck des Stiftes steuert, kommen bereits sehr ausdrucksvolle Striche dabei heraus.

Manche Stifte haben zusätzlich noch ein Rollrad, mit dem man weitere Werte steuern kann. Speziell beim Maskieren mit der Hand, wo für die Abdeckung von groben und feinen Details

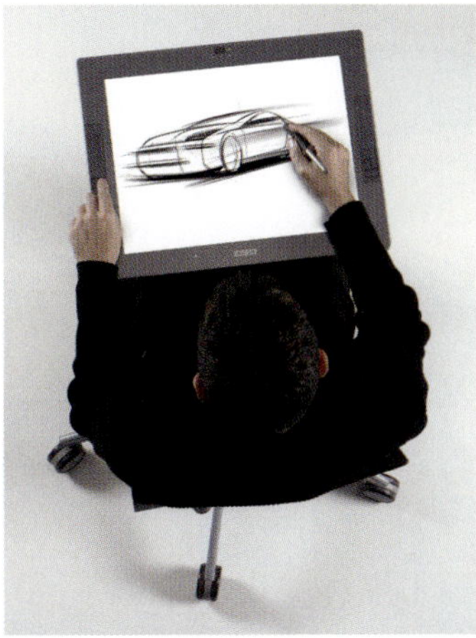

© Wacom

▲ **Abbildung 4.6**
Kombination aus Tablett und Flachbildschirm

Wacom
Marktführer ist in diesem Bereich die Firma Wacom (*http://www.wacom.de*), die u.a. Geräte in Größen zwischen DIN A5 (kleiner sollte es nicht sein) und DIN A3 sowie in Proportionen von 4:3 und 16:9 anbietet (240 bis 870 €). Der ultimative Luxus in dieser Hinsicht ist eine Art »Zeichenblock des 21. Jahrhunderts«, eine Kombination von Grafiktablett und Flachbildschirm. Hier hat man ein Zusammenspiel von Hand und Auge wie auf Papier. So etwas hat allerdings seinen Preis: Für den 15-Zoll-Bildschirm muss man etwa 1200 € auf den Tisch legen, bei 17 Zoll etwa 1500 und bei 21 Zoll etwa 3000 €.

© Wacom

▲ **Abbildung 4.7**
Grafiktablett von Wacom

dauerndes Wechseln des Pinseldurchmessers nötig ist, bringt die Möglichkeit, dies über den Druck des Stiftes oder über ein Rollrad zu tun, eine sehr große Arbeitserleichterung und Zeitersparnis mit sich. Dass einige Tabletts am Rand über frei definierbare Tasten sowie Bildlauf- und Zoom-Steifen verfügen, führt dazu, dass manche Grafiker bei ihrer Arbeit stundenlang weder Tastatur noch Maus in die Hand nehmen müssen.

Daten auf der DVD
Sie finden die Datei zu diesem Workshop auf der Buch-DVD unter BEISPIELDATEIEN/04_RETUSCHE/04_EIGENER_PINSEL.PSD.

Schritt für Schritt: Einen eigenen Pinsel herstellen

Man kann sehr einfach selbst Werkzeugspitzen herstellen. Wir wollen hier einen Pinsel haben, mit dem man mit einem Klick einen Lichtreflex als Glanzpunkt in ein Bild setzen kann.

1 Bild für Pinselspitze erstellen

Zunächst braucht man eine neue Datei (etwa 500 × 500 Pixel). Mit einem Hilfslinienkreuz markiert man die Mitte und zieht von dort eine runde Auswahl auf (weiche Kante mit 25 Pixeln).

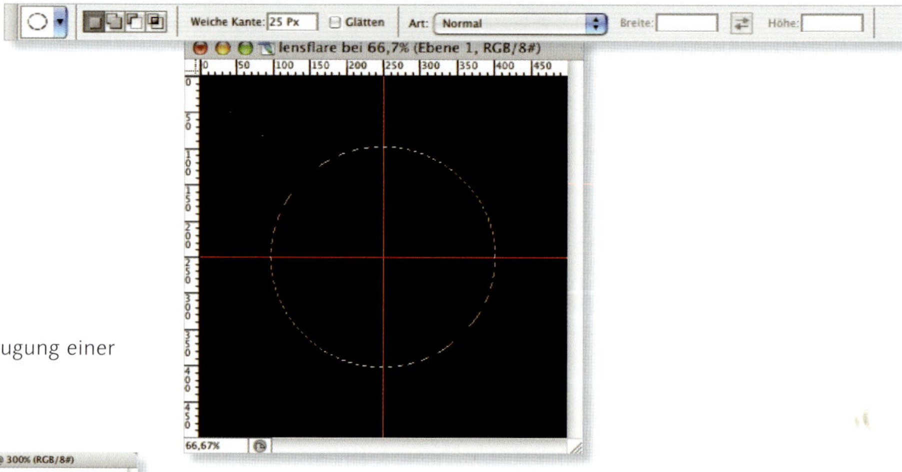

Abbildung 4.8 ▸
Neue Datei zur Erzeugung einer Pinselspitze

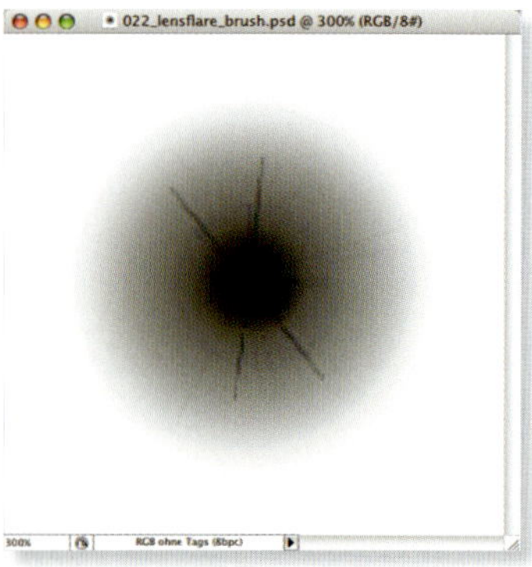

▴ **Abbildung 4.9**
Blendenfleck nach Umkehrung und Tonwertkorrektur

Unter FILTER • RENDERFILTER • BLENDENFLECKE finden wir eine Möglichkeit, Linseneffekte mit Schein und Strahlen zu generieren. Diese sind hell auf schwarzem Hintergrund und müssen nun mit Strg/⌘+I oder BILD • ANPASSUNGEN • UMKEHREN invertiert werden. Eine Tonwertkorrektur (Strg/⌘+L oder BILD • ANPASSUNGEN • TONWERTKORREKTUR) sorgt für einen rein weißen Hintergrund und bessere Konturen im Zentrum.

2 Pinselspitze definieren

Mit AUSWAHL • ALLES AUSWÄHLEN oder Strg/⌘+A wird das ganze Bild ausgewählt. Unter BEARBEITEN • PINSELVORGABE FESTLEGEN kann man nun die neue Pinselspitze benennen und abspeichern. Dabei wird ein RGB-Bild automatisch in das nötige Graustufenbild konvertiert. Ab sofort steht die neue Spitze in der Pinsel-Palette zur Verfügung. Unter PINSELVORGABEN findet man neue Spitzen in der Regel am Schluss.

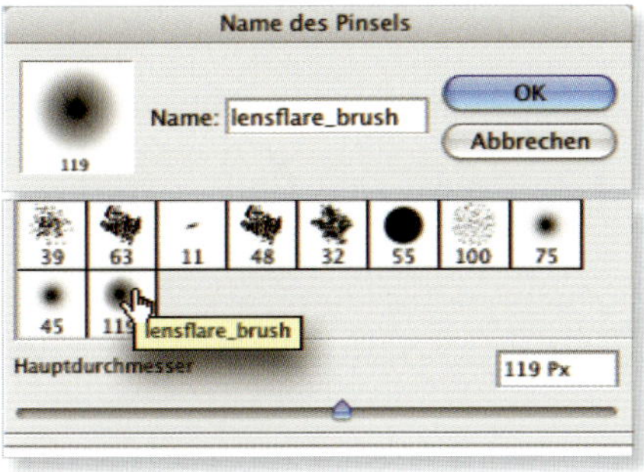

◂ **Abbildung 4.10**
Die neue Pinselspitze wird abgespeichert und findet sich nun in der Pinsel-Palette.

3 Anwendung

Mit der neuen Pinselspitze reicht nun jeweils ein Mausklick an die Stellen, wo man einen Lichtreflex haben will. Sinnvoll ist es natürlich, zur Akzentuierung immer wieder den PINSELDURCHMESSER zu verändern.

▾ **Abbildung 4.11**
Die Lichtreflexe werden mit einem Mausklick angebracht.

4.1.3 Collagen mit Pinselspitzen

Eine schöne Anwendung selbst hergestellter Pinselspitzen sind typographische Collagen. Hier schreibt man einfach etwas in eine Graustufendatei, markiert alles mit [Strg]/[⌘]+[A] und definiert es mit BEARBEITEN • PINSELVORGABE FESTLEGEN als Werkzeugspitze.

In der Pinsel-Palette findet man sie dann mit Angabe ihrer Originalgröße unter den Vorgaben ❷ und ❸. Unter PINSELFORM sollte der MALABSTAND ❹ recht groß gewählt werden. Unter ANDERE EINSTELLUNGEN ❶ sollte man für DECKKRAFT und FLUSS unter STEUERUNG die Option VERBLASSEN wählen und diese eher niedrig einstellen (Abbildung 4.13).

▴ **Abbildung 4.12**
Graustufenbilder für die Pinsel

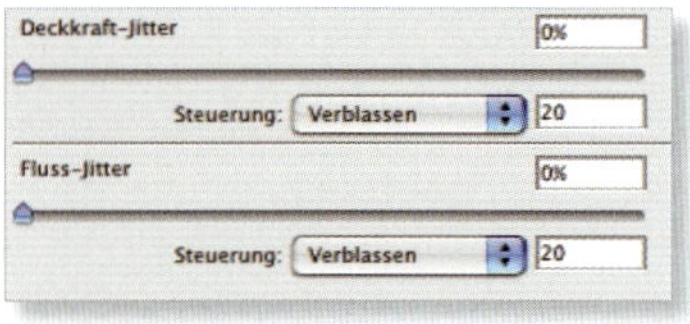

▲ **Abbildung 4.13**
Verblassen von Fluss und Deckkraft bei Andere Einstellungen

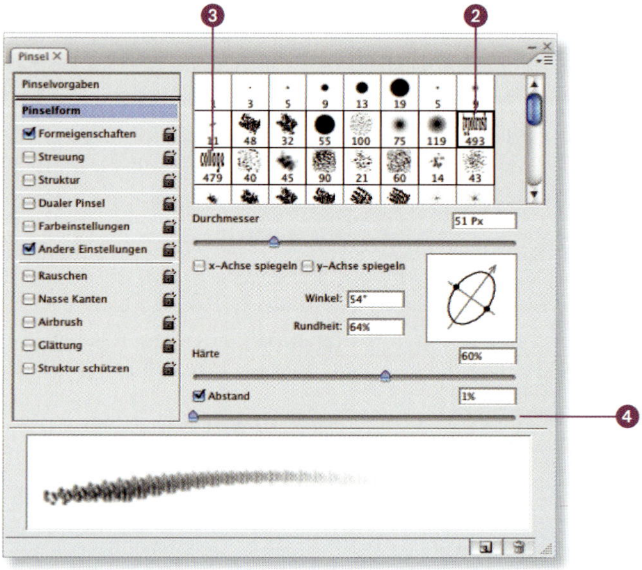

Abbildung 4.14 ▶
Einstellungen für »Schriftpinsel«

Abbildung 4.15 ▶
Typografie-Collage nur mit Pinseln

Natürlich kann man die Vielfalt und Lebendigkeit noch massiv ausbauen, wenn man in der Optionen-Leiste des Pinsel-Werkzeugs mit dem Modus spielt (Multiplizieren, Überlagern usw.; zu den Modi siehe Kapitel 9) oder ein Grafiktablett benutzt und dort verschiedenste Parameter variiert.

4.2 Fortgeschrittene Einsatzzwecke der Retusche-Werkzeuge

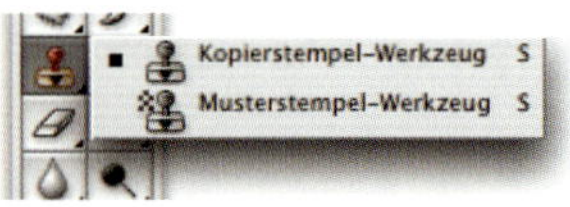

▲ **Abbildung 4.16**
Kopier- und Musterstempel

Das »uralte« Photoshop-Werkzeug Kopierstempel ist und bleibt das wichtigste Retusche-Werkzeug. Auch wenn die Automatiken der neueren Werkzeuge wie Reparatur- und Bereichsreparatur-Pinsel-Werkzeug oder Ausbessern-Werkzeug schon ziemlich gut funktionieren: Retusche ist manuelle Arbeit, die permanent mit dem Auge kontrolliert werden muss. Die Automatik der neueren Werkzeuge ist gegenüber dem Kopierstempel nur fallweise von Vorteil.

Die Gruppe der halbautomatischen Retuschierwerkzeuge enthält das Bereichsreparatur-Pinsel-Werkzeug, das Reparatur-Pinsel-Werkzeug, das Ausbessern-Werkzeug und das Rote-Augen-Werkzeug. Alle vier sind unter dem Shortcut [J] zu finden bzw. lassen sich mit [⇧]+[J] weiterschalten. Auch zu ihnen kommen wir gleich und wollen sie gegenüberstellen.

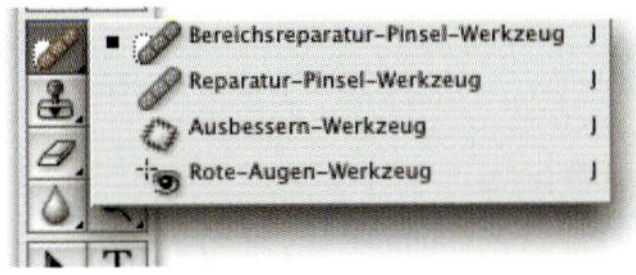

▲ **Abbildung 4.17**
Photoshops halbautomatische Retusche-Werkzeuge

4.2.1 Kopierstempel

Erstmals seit sehr langer Zeit hat dieses Werkzeug in Photoshop CS3 eine erhebliche Renovierung erfahren. Das neue Fenster KOPIERQUELLE gestattet eine weit bequemere und vielseitigere Handhabung des Kopierstempels.

Schritt für Schritt: Kopierstempel mit Kopierquelle verwenden

Im folgenden Beispiel zeigt sich, wie der Kopierstempel mit dem neuen Fenster KOPIERQUELLE zusammen auch kniffligere Retuscheaufgaben einfach und vor allem präzise erledigen kann.

Sie finden die Datei zu diesem Beispiel auf der Buch-DVD unter BEISPIELDATEIEN/04_RETUSCHE/04_KOPIERQUELLE.TIF.

1 Aufgabe und Analyse

Bei diesem Foto einer Kirchenorgel ist auf der linken Seite eine Person aufs Bild geraten, die stört. Leider lässt sie sich nicht so einfach wegretuschieren, weil sie vor einem barocken Ornament steht, das nicht so leicht zu ergänzen ist ❶. Auf den ersten Blick kommt keines der auf dem Bild sonst noch sichtbaren Ornamente als Kopierquelle in Frage. Das Ornament über der Person hat eine ganz andere Form, das nächste rechts von ihr ist zu sehr vom Notenständer verdeckt. Das ganz rechte Ornament über den Registerschaltern ❷ schließlich hat zwar die gleiche Form, ist aber spiegelverkehrt und liegt im Bild mit einer anderen Perspektive vor. Trotzdem ist diese Stelle unser Kandidat.

◄ **Abbildung 4.18**
Die Person links soll aus dem Bild retuschiert werden.

▲ **Abbildung 4.19**
Die Retusche findet auf einer Kopie statt.

2 Kopierstempel einrichten

Zunächst wird eine Kopie der Hintergrundebene eingerichtet, damit zum einen ein Backup des Originals vorhanden ist und zum anderen die retuschierte Stelle später noch mit Ebenenmasken oder Einstellungsebenen angepasst werden kann.

Die Optionen des Kopierstempels werden in der Standardeinstellung belassen. In älteren Versionen gab es nur eine Checkbox, die die Aufnahme der Kopierquelle aus allen Ebenen gestattete. Jetzt gibt es eine Option mehr: AKTUELLE UND DARUNTER. Auch die Pinselgröße und Form lassen wir einmal so, wie sie ist.

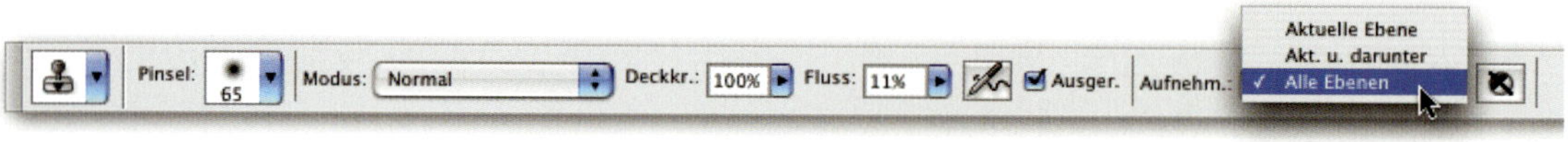

Abbildung 4.20 ▲
Optionen des Kopierstempels

3 Die Kopierquelle-Palette

Neu in der aktuellen Photoshop-Version ist die Kopierquelle-Palette, die unter FENSTER • KOPIERQUELLE zu erreichen ist. Sie erweitert die Möglichkeiten des Kopierstempels ganz erheblich. Zunächst lassen sich bis zu fünf Kopierquellen festlegen und auch benutzen. Diese können (wie bisher schon) auch aus anderen offenen Dateien stammen.

Der Name der Ursprungsdatei wird unter den fünf Buttons ❶ eingeblendet. In der Abteilung darunter findet sich links der VERSATZ zwischen Aufnahmepunkt und aktueller Position der Pinselspitze ❷. Rechts finden sich die Möglichkeiten zur Skalierung und zur Drehung des kopierten Materials ❸. Das bekannte Kettensymbol legt die proportionale Skalierung fest. Darunter gibt es unter FRAMEVERSATZ ❹ Möglichkeiten für die Retusche von Bewegtbildmaterial (»Wire Removal«, siehe Kapitel 15, »Photoshop und Video«). Eine große Arbeitserleichterung finden Sie schließlich ganz unten durch die Möglichkeiten, eine Überlagerung des zu kopierenden Materials (»Overlay«) einzustellen ❺.

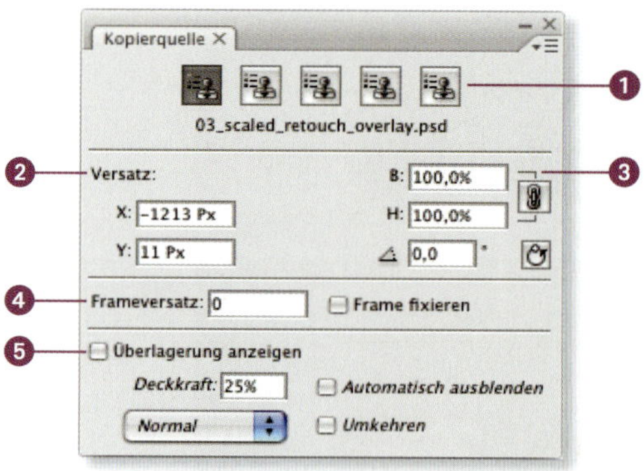

Abbildung 4.21 ▶
Die Palette KOPIERQUELLE

4 Positionierung des Kopierstempels

Als Erstes wird die Option Überlagerung anzeigen aktiviert. Das Overlay-Bild erscheint halbtransparent und gestattet die genaue Positionierung. Sinnvoll ist die Betätigung der Feststelltaste, um statt des Kreises mit dem Pinselspitzendurchmesser ein Fadenkreuz angezeigt zu bekommen.

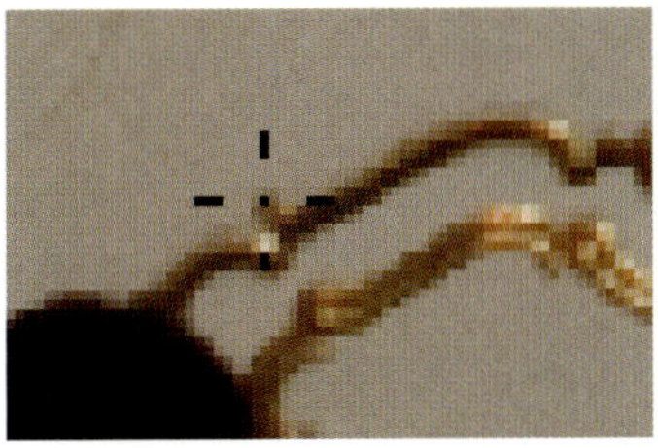

▲ **Abbildung 4.22**
Fadenkreuz statt Werkzeugspitze mit der Feststelltaste

◄ **Abbildung 4.23**
Positionierung einer markanten Bildstelle der Kopie

5 Skalierung der Kopie

Für eine bessere Sichtbarkeit stellen wir nun das Overlay-Bild auf den Modus Differenz und die Deckkraft auf 50 % (Abbildung 4.24). Da wir mit dem Cursor an der Stelle im Bild bleiben müssen, um die Auswirkung der Skalierung zu sehen, wird zuvor der Cursor in das Feld für die Breite gesetzt, damit wir mit den Pfeiltasten [↑] und [↓] die Werte verändern können, ohne die Maus bewegen zu müssen. Außerdem wird zuvor die »Kette« gelöst, um unproportional skalieren zu können.

Wir geben bei der Breite »–100 %« ein, was eine horizontale Spiegelung des Ornaments aus dem rechten Bildteil bewirkt. Die Höhe bleibt unverändert. Nun wird die horizontale Skalierung der Kopie numerisch erhöht. Das Drücken der [⇧]-Taste wechselt von 1er- auf 10er-Schritte. Bei –150 % stimmen die Verhältnisse in etwa.

▼ **Abbildung 4.24**
Differenz-Overlay (rechts) und gespiegelte, horizontale Skalierung (links)

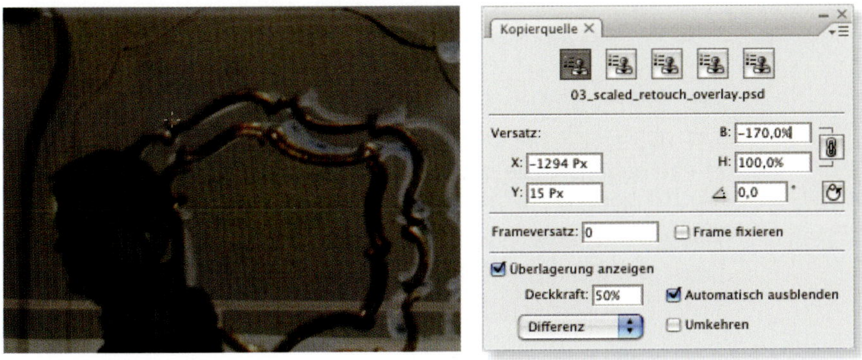

6 Drehen der Kopie

Als Nächstes setzen wir den Cursor in das Zahlenfeld mit dem Winkelsymbol und positionieren ihn dann wieder an der korrekten Stelle im Bild. Mit den [↑]- und [↓]-Tasten wird nun der Winkel der Kopie angepasst. Drückt man die [⇧]-Taste, geht es in ganzen Gradschritten statt in Zehnteln.

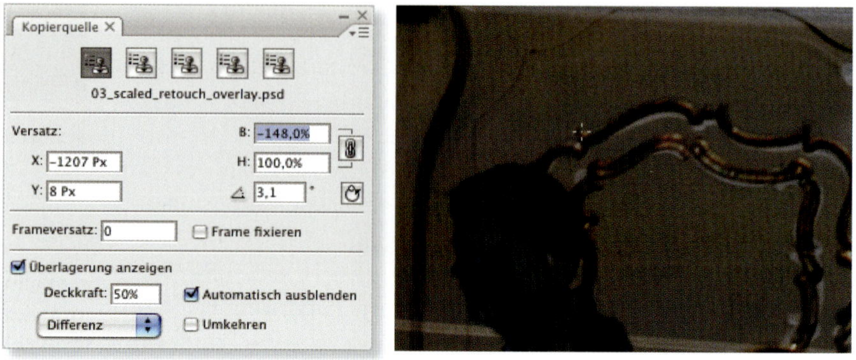

Abbildung 4.25 ▸
Drehung der Kopie

7 Retusche ausführen

Nun kann man beginnen, die Fehlstelle wirklich abzudecken. Da hierbei das Overlay-Bild eher stört, sollte man die Option AUTOMATISCH AUSBLENDEN aktivieren. Dadurch verschwindet das halbtransparente Bild mit dem Klick beim Beginn des Malens. Man sollte in der Ebenen-Palette noch sicherstellen, dass man die Kopie bearbeitet und nicht das Original.

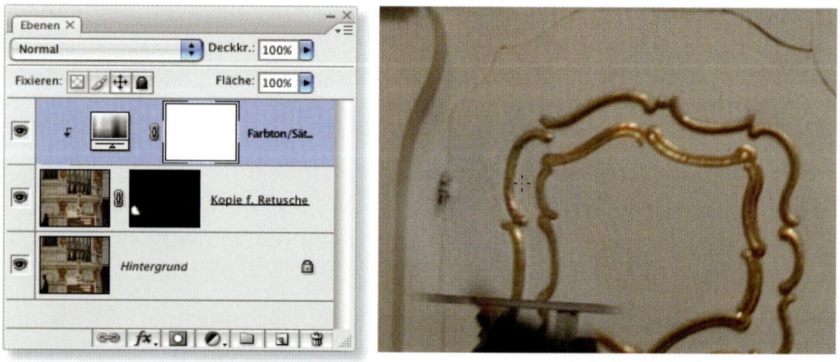

Abbildung 4.26 ▸
Ausführung der Retusche und Anpassung mit einer Einstellungsebene

Die leichten Unterschiede der Kopie in Helligkeit und Farbe lassen sich leicht mit einer Ebenenmaske und einer Einstellungsebene beheben, die mit dieser Ebene gruppiert wird ([Alt]+Klick auf das Symbol für die Einstellungsebenen am Fuß der Ebenen-Palette). Das mitkopierte Geländer wird hier noch weitere Feinarbeiten erforderlich machen. Wenn Sie möchten, führen Sie diese Arbeiten doch noch durch. ■

Kopierstempel-Modus | Eine sehr gute Möglichkeit, die Effizienz des Kopierstempels zu steigern, ist der MODUS, mit dem er wirkt. Hier stehen die gleichen Modi (oder FÜLLMETHODEN) wie bei den Ebenen (siehe Kapitel 9) zur Verfügung.

Interessant sind die Modi ABDUNKELN und AUFHELLEN. Mit ihrer Hilfe kann man gezielt und vor allem schonend dunkle oder helle Fehler in Bildern korrigieren.

Der Kopierstempel wird fast immer mit einer relativ weichen Pinselspitze benutzt. Verwendet man den Modus NORMAL, so bedeutet das meist, dass am Pinselrand, wo dieser halbtransparent aufträgt, eine gewisse Unschärfe entsteht. Das passiert umso mehr, je weicher und größer die Werkzeugspitze ist. Auch wird ja meist die Spitze etwas größer gewählt als die Schadstelle, sodass eigentlich immer eine größere Fläche repariert wird, als wirklich beschädigt ist. Diese Umstände summieren sich, und das Bild bekommt immer mehr Stellen, die leicht weichgezeichnet aussehen.

Um einiges schonender kann man an Bilder herangehen, wenn man den Modus ABDUNKELN und AUFHELLEN benutzt. Oft werden beide gebraucht. Der Modus AUFHELLEN macht alles heller, was dunkler als die aufgenommene Stelle ist, der Modus ABDUNKELN dunkelt nur das ab, was heller ist als die aufgenommene Stelle. In unserem Beispielfoto gibt es eine ganze Reihe schadhafter Stellen, die sowohl heller als auch dunkler sind als ihre unmittelbare Umgebung.

TIPP

Drückt man beim Kopierstempel nach dem Aufnehmen der Quellstelle an eine Stelle und dann mit der [⇧]-Taste auf eine andere Stelle, so verbindet Photoshop die beiden Stempelpunkte mit einer Geraden (wie bei anderen Pinsel-Werkzeugen auch). Damit lassen sich lineare Fehlstellen wie z. B. Drähte schnell beseitigen.

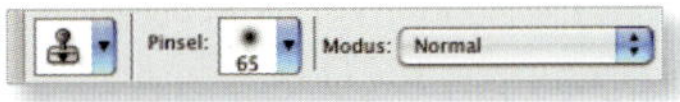

▲ **Abbildung 4.27**
Einstellung MODUS für das Kopierstempel-Werkzeug

◄ **Abbildung 4.28**
Alte und beschädigte Fotografie

Bei den Rissen unten links ❶ wird zuerst das helle Papier mit ABDUNKELN weggestempelt, dann die dunkle Risskante mit AUFHELLEN. Für die zweite Stelle am Haarschopf ❷, wo der Herr Fotograf selbst mit der Stahlnadel auf dem Glasnegativ herumretuschiert hat, gilt das Gleiche. Auch die Unterschrift rechts unten ❸ kann auf diese Weise entfernt werden.

Das Schöne an dem Verfahren ist, dass nur genau dort neue Bildinformation aufgetragen wird, wo es unbedingt nötig ist – nicht mehr und nicht weniger. Die vorhandene Struktur des Bildes bleibt weitgehend erhalten.

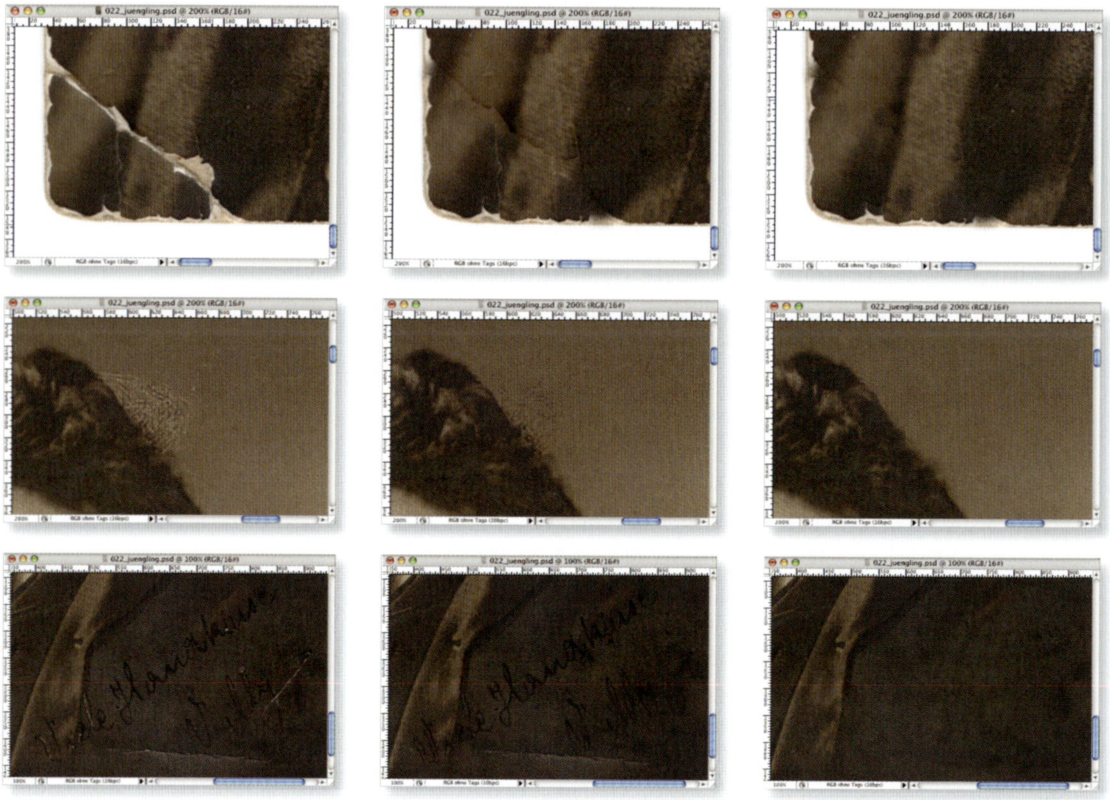

▲ **Abbildung 4.29**
Drei Beispielstellen als Original (links), dann behandelt mit Kopierstempel-Werkzeug (Mitte) mit Modus Abdunkeln, dann mit Modus Aufhellen (rechts)

Auch der Modus Farbe kann sinnvoll sein, wenn ein Bild an sich intakt, aber z. B. teilweise vergilbt ist.

4.2.2 Reparatur-Pinsel-Werkzeug

Das Reparatur-Pinsel-Werkzeug ist vom Kopierstempel-Werkzeug abgeleitet. Der Unterschied ist, dass der kopierte Fleck in Helligkeit, Kontrast, Farbton und Sättigung beim Stempeln angepasst wird. Das ist insofern angenehm, als man z. B. bei Gesichtern nicht mehr auf intakte Bildbereiche angewiesen ist, die in Farbton und Helligkeit exakt gleich sein müssen, damit sie nach dem Stempeln nicht auffallen.

Zu sehr darf man aber die Toleranz dieser Halbautomatik nicht strapazieren. Unterscheidet sich die mit [Alt]-Klick aufgenommene Stelle ❶ zu sehr von der zu reparierenden Schadstelle ❷, kommt auch schon mal Unerwartetes dabei heraus. Hat man sich an die Eigenheiten gewöhnt, ist dieses Werkzeug gegenüber dem

Kopierstempel ein guter Zeitsparer, vor allem bei der Porträtretusche.

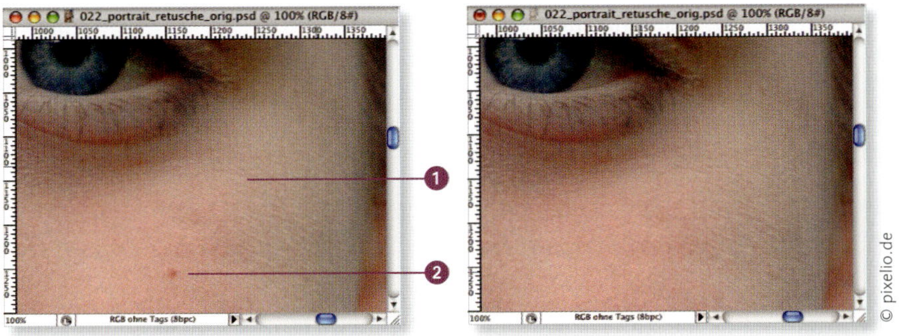

▲ **Abbildung 4.30**
Beim Reparatur-Pinsel-Werkzeug muss die aufgenommene Stelle nicht identisch mit der Zielstelle sein.

4.2.3 Bereichsreparatur-Pinsel-Werkzeug

Das Bereichsreparatur-Pinsel-Werkzeug wird als »Klicken-und-fertig-Feature« beworben. Ganz so einfach ist es aber nicht. Im Gegensatz zu den beiden Werkzeugen, bei denen man eine intakte Stelle aufnehmen muss, soll das bei diesem Werkzeug die Intelligenz von Photoshop übernehmen. Aber das menschliche Auge ist einfach besser und vor allem auch schneller. Die Arbeits- und Zeitersparnis durch den Verzicht auf den Alt+Klick wird oft durch viele Fehlversuche und das sehr oft notwendige Anpassen der Pinselgröße wieder zunichtegemacht.

Will man es verwenden, kann man etwa folgende Faustregel als Tipp geben: Die Pinselgröße sollte etwa doppelt so groß sein wie die zu korrigierende Fehlstelle. Um die Fehlstelle herum sollte alles etwa zwei bis drei Pinseldurchmesser weit einigermaßen homogen aussehen. In der Porträtretusche ist es bei gut freistehenden Störungen (Sommersprossen oder Pickeln) halbwegs zu gebrauchen.

4.2.4 Ausbessern-Werkzeug

Das Ausbessern-Werkzeug ist eine Kombination aus dem Lasso-Werkzeug und den Mechanismen der Retuschierwerkzeuge. Es ist für eher großflächige Korrekturen gut geeignet, um prominente Fehlstellen oder Objekte (wie im folgenden Workshop das rechte Schiff) verschwinden zu lassen. Dieses Werkzeug hat den großen Vorteil, dass es die Zeichnung in den einkopierten Bereichen erhält und nicht zum Weichzeichnen wie z. B. an den weichen Rändern des Kopierstempels neigt. Außerdem passt es das abdeckende Material in Farbton, Sättigung und Helligkeit ans »Zielgebiet« an.

▼ **Abbildung 4.31**
Optionen für das Ausbessern-Werkzeug

Die Bilddatei für dieses Beispiel finden Sie auf der Buch-DVD unter BEISPIELDATEIEN/04_RETUSCHE/04_SCHIFFE_VERSENKEN.JPG.

▲ **Abbildung 4.32**
Das rechte Schiff soll verschwinden.

Schritt für Schritt: Taktik für das Ausbessern-Werkzeug

Auch bei diesem Werkzeug gilt trotz der versprochenen oder erwarteten Einfachheit und Schnelligkeit, dass es sich lohnt, sich vorher wenigstens kurz zu überlegen, wie das Werkzeug arbeitet und was man erreichen will. Das Beispiel ist sicher auch mit diversen anderen Methoden zu erledigen, soll aber hier aber der Demonstration des Ausbessern-Werkzeugs dienen.

Auf den ersten Blick schaut die Aufgabe nicht schwierig aus, denn das Schiff steht an sich recht gut frei, aber das Wasser ringsum ist voller Spiegelungen und Bugwellen.

1 Umgebung aufräumen

Das rechte Schiff komplett mit dem Ausbessern-Werkzeug einzurahmen, wird sicher nicht funktionieren, denn es gibt keine intakten Bereiche im Bild, die groß genug zum Ausbessern wären.

Wir benutzen das Ausbessern-Werkzeug im Modus QUELLE, wo der zu reparierende Bereich eingerahmt wird und dann mit gedrückter Maustaste aus diesem in einen »gesunden« Bereich gezogen wird. Hierbei ist es in unserem Beispiel taktisch sinnvoll, zunächst die Bugwellen und Spiegelungen um das Schiff zu beseitigen, damit der Bereich um das Schiff möglichst klein wird. Zunächst machen wir das links und rechts vom Schiff.

▲ **Abbildung 4.33**
Zunächst wird links und rechts von Schiff ausgebessert.

Nun folgt die Spiegelung unterhalb des Schiffs. Hier sieht man bereits, dass der einkopierte Bereich etwas heller ist als die Zielstelle, Photoshop das aber mit seiner Berechnung ausgleicht.

◂ **Abbildung 4.34**
Spiegelung reparieren

Rote-Augen-Werkzeug

Ein weiteres Retusche-Werkzeug ist das Rote-Augen-Werkzeug. Es soll mit einem Klick die beim Fotografieren mit Blitz so lästigen roten Augen eliminieren. Damit es funktioniert, muss man vorher die PUPILLENGRÖSSE und den VERDUNKLUNGSBETRAG einstellen. Bis das ohne Fehlfunktion klappt, muss man probieren. In weniger Zeit und guter alter Manier hat man die Pupille mit einer runden Auswahl eingekreist und mit Strg/⌘+U oder BILD • ANPASSUNGEN • FARBTON/SÄTTIGUNG alle nötigen Mittel zur Hand, um das Problem zu lösen.

2 Schiff abdecken

Nun ist das Schiff so weit isoliert, dass man daran denken kann, es als Ganzes abzudecken. Teile des Schiffes reparieren zu wollen, macht bei diesem Werkzeug überhaupt keinen Sinn, weil es an den Rändern der Auswahl Artefakte produziert, die den Retuschebedarf weiter erhöhen.

◂ **Abbildung 4.35**
Schiff abdecken

3 Ergebnis säubern

Das Ergebnis ist bereits recht brauchbar, und es ist nur noch wenig Nachbearbeitung nötig. Dafür kann man das Ausbessern-Werkzeug mit kleineren Auswahlen bemühen oder das Reparatur-Pinsel-Werkzeug.

▾ **Abbildung 4.36**
Säubern mit dem Ausbessern-Werkzeug und danach mit dem Reparatur-Pinsel-Werkzeug

4.2.5 Der Protokollpinsel

Eine interessante Möglichkeit im Bereich der Retusche-Werkzeuge bietet das Protokollpinsel-Werkzeug [Y], mit dem man sich sozusagen in die Vergangenheit einer Bilddatei malen kann. Im Englischen heißt dieses Werkzeug auch bezeichnenderweise »History Brush«.

In der Protokoll-Palette zeichnet Photoshop eine ganze Reihe von Arbeitsschritten auf, um sie im Fall ein- oder mehrfacher Rückgängig-Befehle greifbar zu haben. Diesen Aufzeichnungen entsprechen eine ganze Reihe verborgener Bilddateien, die Photoshop auf der Festplatte im »History Cache« (»Undo Buffer«) ablegt, je nachdem, welche Undo-Tiefe man unter Voreinstellungen • Allgemein • Protokollobjekte eingestellt hat.

In der Protokoll-Palette kann man nun in der »Geschichte« des Bildes »zurückfahren« und einen früheren Zustand quasi als »Malfarbe« für das Protokollpinsel-Werkzeug definieren. Das Protokoll hat also nicht nur einen Sicherheitsaspekt, sondern kann auch gestalterisch genutzt werden. Der folgende Workshop soll das illustrieren.

Sie finden die Bilddatei zu diesem Workshop auf der Buch-DVD unter Beispieldateien/04_Retusche/04_MTBer_f_hist_brush.jpg

Schritt für Schritt: Bild teilentfärben

In diesem Beispiel sollen das Protokoll, die Schnappschuss-Funktion und das Protokollpinsel-Werkzeug dafür verwendet werden, ein Foto teilweise zu entfärben und mit einem Effektfilter zu versehen.

Man könnte das zwar auch mit maskierten Einstellungsebene und den neuen Smartfiltern erledigen, die Struktur des Sujets, ein Mountainbiker in voller Fahrt, lässt allerdings einen freien, malerischen Ansatz und damit den Einsatz von Pinselwerkzeugen angebrachter erscheinen. Auch der Vorteil des nichtdestruktiven Arbeitens mit Ebenen, Smartfiltern und Einstellungsebenen wird beim Arbeiten mit dem Protokoll durch den Einsatz von Schnappschüssen aufgewogen. Obwohl hier gemalt wird, ist das Risiko gering, etwas zu verderben.

© pixelio.de

▲ Abbildung 4.37
Das Ausgangsbild

1 Schwarzweiss-Konvertierung

Im Original ist der Sportler mit seinen Tonwerten nicht sehr gut vom Hintergrund abgehoben. Um ihn mehr zu betonen, wird bei der Umsetzung in ein Graustufenbild die neue Funktion Schwarzweiss von Photoshop CS3 dazu benutzt, den grünen Hintergrund sowie die Cyan- und Hellblautöne im Himmel aufzuhellen.

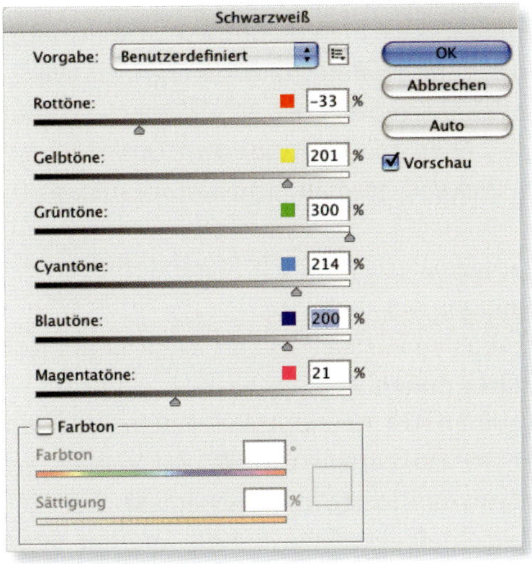

▲ **Abbildung 4.38**
Konvertierung mit Bild • Anpassungen • Schwarzweiss

2 Bewegungsunschärfe

Nun soll die Dynamik im Bild durch die Einführung einer starken Bewegungsunschärfe betont werden. Wir nehmen eher kräftige Einstellungen vor.

▲ **Abbildung 4.39**
Mehr Dynamik mit Filter • Weichzeichnungsfilter • Bewegungsunschärfe

3 Festhalten der Bearbeitungsstufen

Die letzten beiden Arbeitsschritte, die die Grundlage für die weitere Bearbeitung des Bildes werden sollten, liegen nun als Einträge in der Protokoll-Palette vor (Abbildung 4.40).

Theoretisch kann man den Protokollpinsel bereits jetzt einfach nur mit den vorhandenen Einträgen verwenden, indem man in der linken Spalte der Palette den Zustand auswählt, mit dem gemalt werden soll. Weil aber diese drei Einträge bei der weiteren Bearbeitung des Bildes aus der Palette entfernt würden, wenn die in den Voreinstellungen von Photoshop definierte Anzahl maximaler Rückgängig-Schritte erreicht ist, ist ein Festhalten dieser Arbeitsschritte nötig.

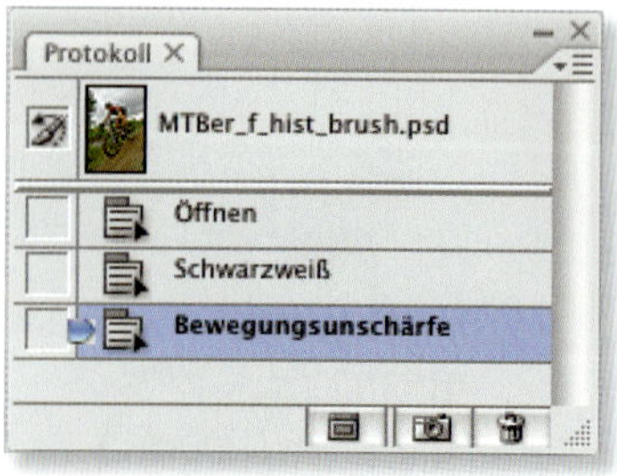

▲ **Abbildung 4.40**
Einträge in der Protokoll-Palette

TIPP

Nach dem Erstellen von Schnappschüssen kann man die Einträge in der Protokoll-Liste zur Entlastung von Photoshop löschen (im Palettenmenü unter PROTOKOLL LÖSCHEN), denn jeder Schritt des Protokolls ist immerhin eine komplette, temporäre Bilddatei auf der Festplatte!

Außerdem ist es auch sicherer, wichtige Schritte abzuspeichern. Diese bekommt man, indem man im Protokoll den entsprechenden Schritt auswählt und entweder über das Kamera-Symbol am Fuß der Palette oder über das Palettenmenü unter NEUER SCHNAPPSCHUSS diesen Zustand festhält und am besten auch gleich sinnvoll benennt.

Nun haben wir das »Malmaterial« für die folgenden Bearbeitungsschritte parat (Abbildung 4.41).

4 Bewegungsunschärfe malen

Wir wechseln nun im oberen Teil der Protokoll-Palette bei den Schnappschüssen zum Schwarzweiß-Zustand ❶ und wählen als Malmaterial den Zustand mit der Bewegungsunschärfe ❷. Der Pinsel ist eher groß, sehr weich eingestellt (auf 400) und hat 50% Deckkraft, um sanft vom Bildrand zur Mitte hin malen zu können. Man sollte weit genug vom Sportler wegbleiben (Abbildung 4.42).

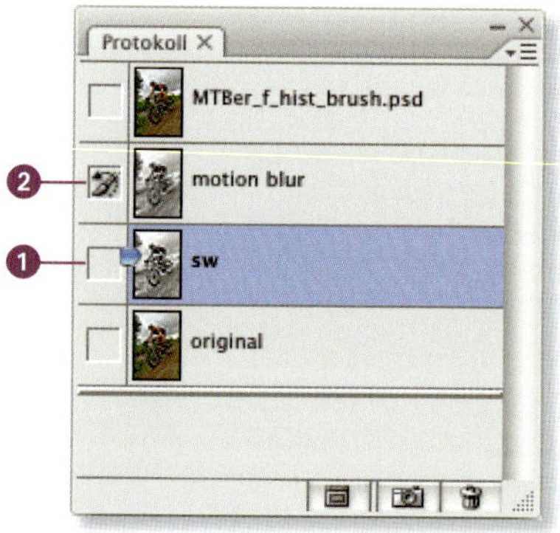

▲ **Abbildung 4.41**
Festlegen eines Ausgangszustands und einer Malquelle in der Protokoll-Palette auf Basis der Schnappschüsse

▲ **Abbildung 4.42**
Nach dem Malen mit Bewegungsunschärfe

5 Fixieren des Zustands als Schnappschuss

Nun wird zunächst dieser Zwischenzustand sicherheitshalber als Schnappschuss festgehalten, um später zu ihm zurückkehren zu können, falls er bereits aus dem Protokoll herausgefallen ist, was später schnell wahrscheinlich wird, weil jeder einzelne Pinselstrich ein Eintrag in der Protokoll-Liste ist. Danach kann das Protokoll wieder gelöscht werden (Abbildung 4.43).

6 »Zurückmalen« in die Farbe

Jetzt wird der Schnappschuss des farbigen Urzustands, hier »Original« genannt, als Malquelle definiert. Mit einem kleineren, etwas härteren Pinsel und voller Deckkraft wird die Farbe ins Bild zurückgemalt. Hierbei wird man immer wieder den Pinsel verkleinern und vergrößern bzw. härter und weicher einstellen müssen. Der Stift eines Grafiktabletts ist hier natürlich sehr von Vorteil.

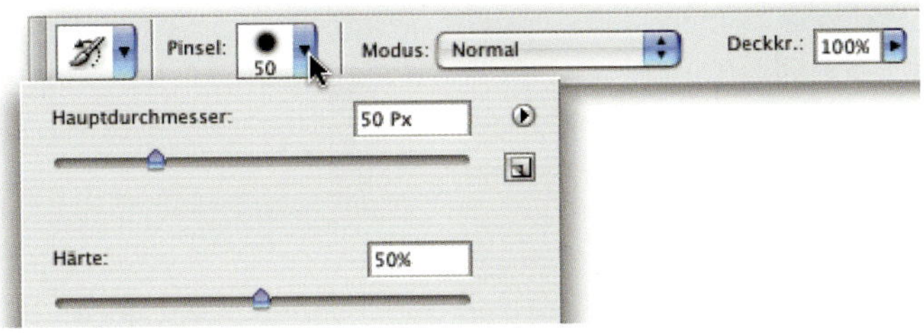

▲ **Abbildung 4.44**
Protokollpinsel-Einstellungen für das Malen mit der Original-Farbe

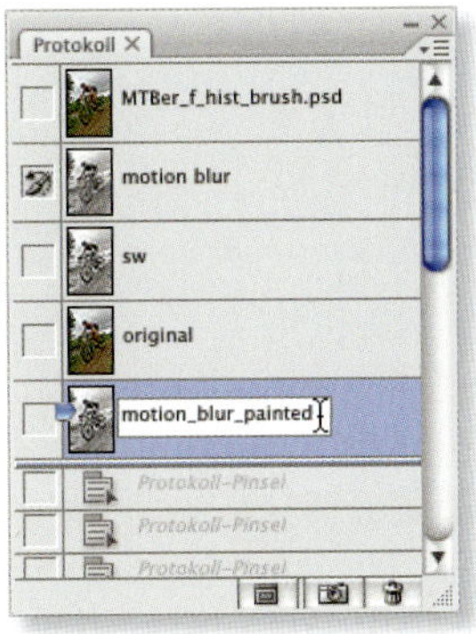

▲ **Abbildung 4.43**
Festhalten des Zwischenzustands mit der gemalten Bewegungsunschärfe

▲ **Abbildung 4.45**
Zurückmalen in die Farbe

7 Feinarbeiten

Man kann allerdings durchaus etwas lässig zunächst die Binnenformen des Radfahrers ausmalen, auch wenn man dabei Teile des Hintergrundes erwischt. Beim Himmel ist es nicht so schlimm, denn die Schwarzweiß-Umsetzung hat nicht nur für eine größere Helligkeit gesorgt, sondern auch für eine Entsättigung.

Die Grün- und Brauntöne dagegen fallen natürlich sehr auf. Die gespeicherten Zustände bei den Schnappschüssen gestatten aber nun, diese letzten Feinarbeiten einfach zu erledigen.

Dazu wechselt man bei der Quelle des Protokollpinsels zum Schwarzweiß-Zustand (hier »sw« genannt). Damit kann man nun die restlichen farbigen Ränder beseitigen, wo sie stören. Bei ohnehin nur schwach gesättigten Bildteilen (Bremsscheibe, Speichen usw.) braucht man hier nicht so genau zu sein.

TIPP

Hier seien praktischerweise nochmals die Shortcuts für die Pinselwerkzeuge wiederholt: Werkzeugspitze größer [#] und kleiner [ö], Spitze weicher [⇧]+[>] und härter [⇧]+[#].

TIPP

Schnappschüsse lassen sich auch im Menü der Protokoll-Palette unter NEUES DOKUMENT als eigene Datei abspeichern, was sowohl als echtes Backup eines Arbeitsschrittes sinnvoll ist als auch als Ausgangspunkt weiterer Versionen.

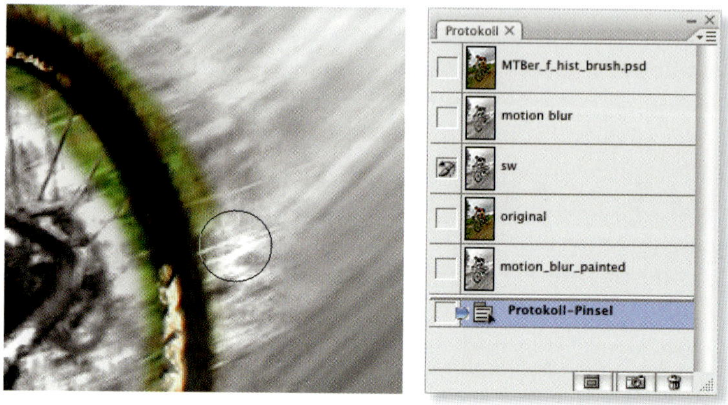

Abbildung 4.46 ▸
Zurückdrängen der Farbränder

Abbildung 4.47 ▸
Vorher-nachher

4.2.6 Farbe-ersetzen-Werkzeug

Ähnlich im Grenzbereich zwischen Retusche- und Kreativ-Werkzeug bewegt sich das Farbe-ersetzen-Werkzeug (mit Pinsel und Buntstift gemeinsam unter B zu finden). Das Werkzeug ersetzt gezielt Farbe in einem Bild und erkennt dabei Bildkanten, um zu verhindern, dass unbeabsichtigt andere als die gewollten Bereiche umgefärbt werden.

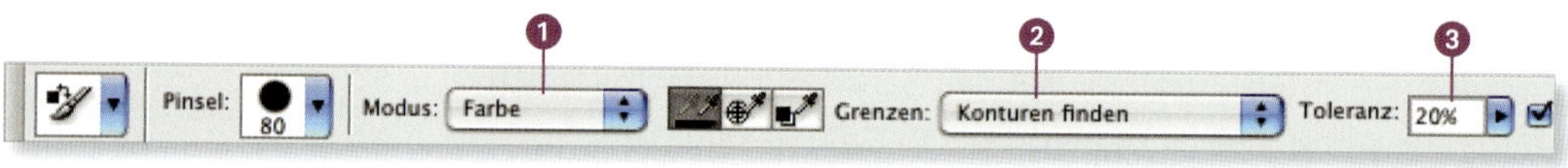

Abbildung 4.48 ▴
Die Optionen des Farbe-ersetzen-Werkzeugs

Wählt man in den Optionen des Werkzeugs für den MODUS die Einstellung FARBE ❶ aus und stellt die Aufnahme auf KONTINUIERLICH FINDEN ❷, so wird dauernd die zu ersetzende Farbe aufgenommen und nachjustiert. Eine Auswahl des Himmels in unserem Beispiel per Zauberstab ist damit überflüssig. Gestoppt wird der Auftrag nur dann, falls sich die Helligkeit abrupt ändert, wenn man Grenzen • Kanten finden eingestellt hat. Die Toleranz ❸ funktioniert hier wie beim Zauberstab.

◀ **Abbildung 4.49**
Farbretusche mit dem Farbe-ersetzen-Werkzeug

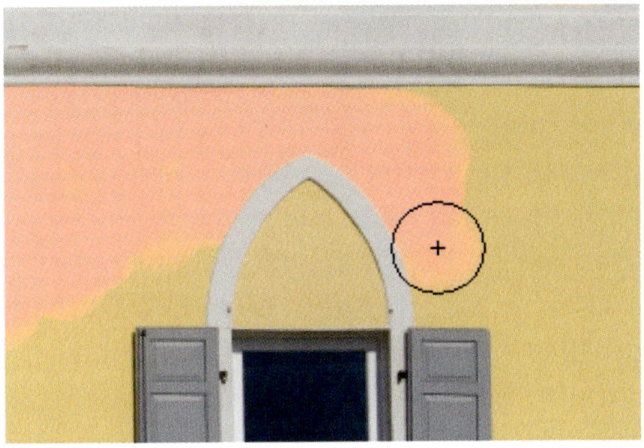

▲ **Abbildung 4.50**
Auch mit großen Pinselstärken kann man locker malen.

▲ **Abbildung 4.51**
Für feinere Details muss die Pinselstärke verringert werden.

Fehler lassen sich mit dem Protokollpinsel und dem Originalzustand als Quelle wieder »zurückmalen«. Dann kann man mit dem Farbe-ersetzen-Werkzeug diese Stelle wieder nachbearbeiten.

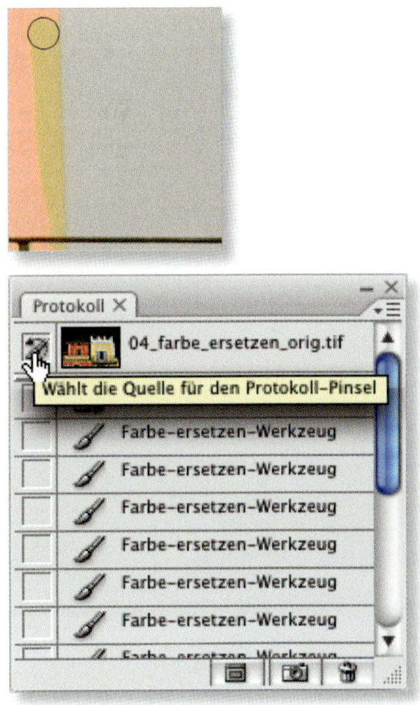

▲ **Abbildung 4.52**
Reparatur mit dem Protokollpinsel

4.3 Porträtretusche

Die Retusche von Gesichtern ist für viele Fotografen und Gestalter das tägliche Brot. In diesem Bereich haben die meisten Anwender im Laufe der Zeit ihren eigenen Arbeitsstil entwickelt. Das ging und geht in Photoshop auch immer gut, denn durch die Vielfalt der Funktionen führen oft mehrere Wege zum Ziel. Außerdem sind viele Werkzeuge und Methoden für die Retusche bereits seit langer Zeit in Photoshop verfügbar.

Wir wollen diese Gewohnheiten nicht umwerfen, denn schließlich ist es ja Ihre im Laufe der Jahre erworbene Routine, mit der Sie beim Geldverdienen Zeit sparen. Aber vielleicht können Sie aus dem folgenden Workshop die eine oder andere Anregung für Ihre tägliche Arbeit gewinnen.

Das für diesen Workshop verwendete Originalbild befindet sich auf der Buch-DVD im Verzeichnis BEISPIELDATEIEN/04_RETUSCHE/04_PORTRAETRETUSCHE.JPG.

▲ **Abbildung 4.53**
Das unterbelichtete und flaue Originalbild

▲ **Abbildung 4.54**
Der Stand nach der Tonwertkorrektur

Gegenstand dieses Workshops soll der komplette Ablauf einer Porträtretusche sein. Das ist ein etwas längeres Unternehmen, aber es ist ebenso lohnend wie sinnvoll, diesen Workshop Schritt für Schritt bis zum Ende nachzuvollziehen. Da die manuelle Retusche mit Pinselwerkzeugen nicht losgelöst von allen anderen Bildverbesserungen wie Tonwert- und Farbkorrekturen betrachtet werden kann und diese auch zur Vorbereitung nötig hat, werden auch eine ganze Reihe von Verfahren vorkommen, die in anderen Kapitel dieses Buches detaillierter beschrieben werden. Sie finden an diesen Stellen entsprechende Querverweise.

Schritt für Schritt: Porträt-Foto retuschieren

1 Die Korrekturreihenfolge

Zunächst eine strategische Überlegung zu einer Frage, die oft gestellt wird: Was kommt sinnvollerweise zuerst? Farb- und Tonwertkorrektur oder Retusche? Im Kapitel 6, »Farb- und Tonwertkorrekturen«, wird diese Frage eingehender behandelt. Deshalb soll hier nur die grundsätzliche Richtung angegeben werden.

Ein erster Blick auf das zu bearbeitende Foto macht zunächst einmal schnell klar, dass vor der Retusche von Fehlstellen und Hautunreinheiten im Gesicht zuallererst eine Grundkorrektur der Tonwertverhältnisse zu erfolgen hat, denn nach der Retusche angewendet würde sie neue Fehler sichtbar machen, die man bei den schlechten Kontrasten im Bild zuerst gar nicht bemerken würde. Ähnliche Überlegungen gelten auch für eine Rauschbekämpfung und Schärfung des Bildes. Also werden die ersten drei Schritte vor der Retusche folgende sein:

- Globale Tonwertkorrektur
- Rauschbekämpfung
- Grundschärfung

2 Grundsätzliche Tonwertkorrektur

Die erste, globale Tonwertkorrektur wird bei einem derart dunklen und flauen Bild eher kräftiger ausfallen. Deshalb sollte zuallererst von den 8 Bit Farbtiefe, die das Original hat, in den 16-Bit-Modus (BILD • MODUS • 16-BIT-KANAL) gewechselt werden, um größere Reserven bei der weiteren Bildbearbeitung zu haben.

Dann nehmen wir mit einer Einstellungsebene vom Typ TONWERTKORREKTUR die in der Abbildungen zu sehenden Einstellungen vor. Die leere Ebenenmaske können wir entfernen (Kontextmenü: EBENENMASKE LÖSCHEN), denn diese braucht auch im leeren, unbenutzten Zustand Speicherplatz.

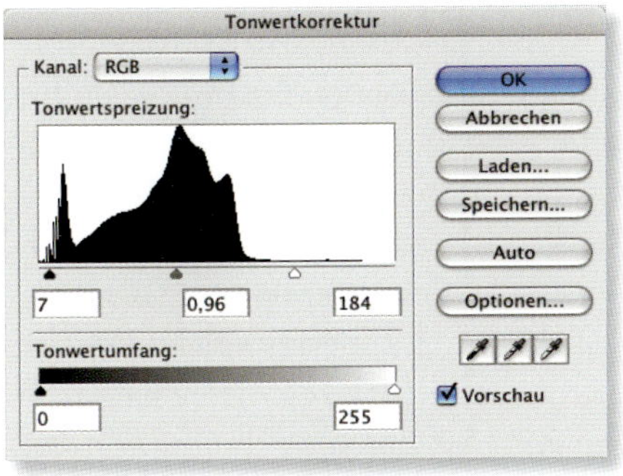

◀ **Abbildung 4.55**
Basis-Tonwertkorrektur

3 Ebenen-Palette ordnen

Bevor wir dem Bildrauschen zu Leibe rücken wollen, werden wir in der Ebenen-Palette beginnen, eine sinnvolle Struktur anzulegen, die in der weiteren Arbeit zum einen Übersicht und vor allem gesicherte Zwischenschritte festhalten soll. Zunächst werden mit der ⇧-Taste beide vorhandenen Ebenen ausgewählt. Mit dem Shortcut Strg/⌘+Alt+⇧+E fassen wir die beiden Ebenen zu einer neuen zusammen und benennen sie gleich um (hier: »grund_twk«). Sie soll uns als Sicherungskopie dienen. Als Material für die Rauschbekämpfung dient eine weitere Kopie (Kontextmenü: Ebene • Ebene duplizieren) dieser Ebene (»anti_noise« genannt).

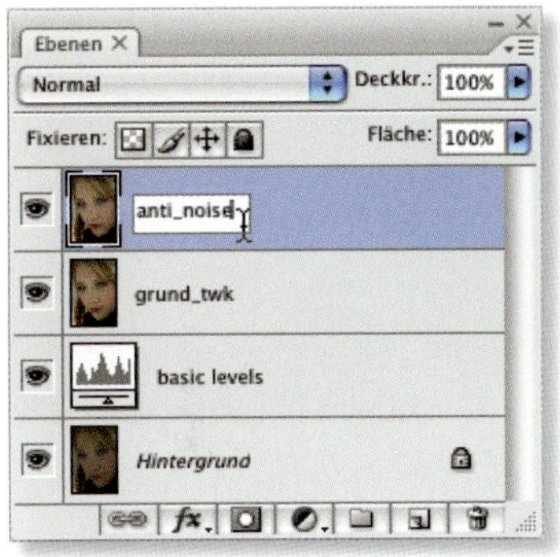

▲ **Abbildung 4.56**
Ebenen-Palette mit einer Kopie als Backup und einer weiteren für die Rauschbekämpfung

4 Rauschen beheben

Auf diese Ebene wenden wir nun das Rauschfilter »Noise Ninja« (siehe Abschnitt 3.1.2) an. Es liefert mit der automatischen Erkennung des Rauschprofils der Kamera ohne weitere Einstellungen ein gutes Ergebnis.

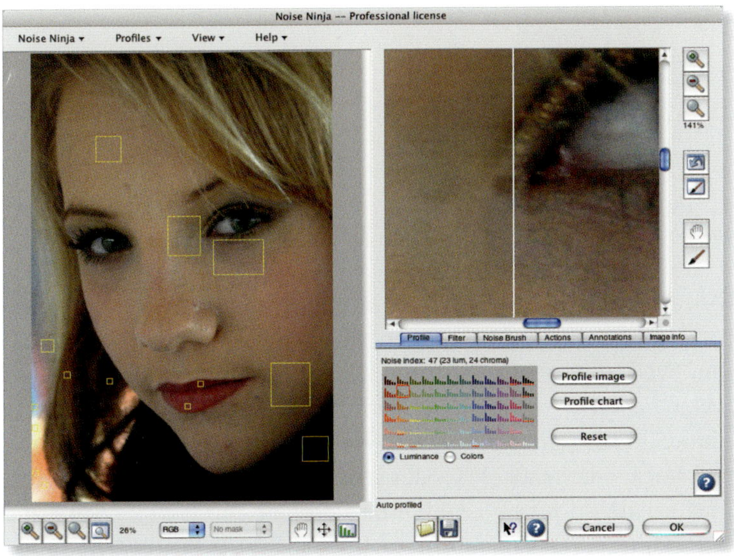

◀ **Abbildung 4.57**
Rauschen entfernen mit »Noise Ninja« (im Vorschaufenster: rechts vorher, links nachher)

Tastenkürzel

Der Shortcut Strg/⌘+Alt+⇧+E erscheint zwar nicht in den Menüs, steht aber unter Eine Kopie aller sichtbaren Ebenen auf die Zielebene reduzieren in der Hilfe. Ist keine Ebene als Zielebene ausgewählt oder mehr als eine, wird immer eine neue Ebene erstellt.

5 Schärfung

Die Schärfung wird wiederum auf einer neuen Ebene ausgeführt. Diese ist eine Kopie der letzten Ebene nach der Rauschbekämpfung und wird in »grundschaerfe« umbenannt.

Die Schärfung benötigt eine Maske, die die soeben entrauschten flächigen Bildteile von der Schärfung ausnimmt. Das grundsätzliche Verfahren ist in Abschnitt 3.2 beschrieben. Deshalb werden von den nötigen Arbeitsschritten nur die wichtigsten Screenshots gezeigt. Zunächst wird aus der Verrechnung von Rot- und Grün-Kanal eine möglichst korrekte Darstellung der Helligkeitsverhältnisse im Bild erzeugt.

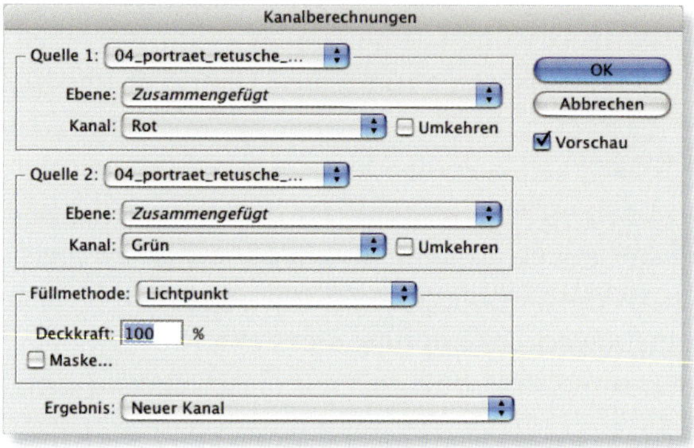

▲▶ **Abbildung 4.58**
Helligkeitskanal für die Schärfemaske durch Kanalberechnung

Dann erfolgt eine Weichzeichnung dieses Helligkeitskanals.

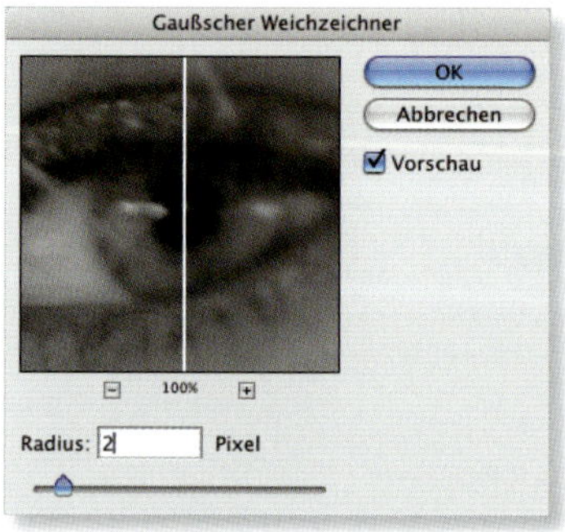

▲ **Abbildung 4.59**
Weichzeichnen vor der Kantenfindung

Anschließend wird FILTER • STILISIERUNGSFILTER • KONTUREN FINDEN angewendet. Das entstehenden Kantenmuster ist Schwarz auf Weiß und wird für eine bessere Trennung von Schwarz und Weiß mit einer TONWERTKORREKTUR im Kontrast verstärkt und mit dem Shortcut Strg/⌘+I invertiert.

Nach nochmaliger Konstrasterhöhung sind die Kanten noch nicht markant genug und werden deshalb mit FILTER • SONSTIGE FILTER • HELLE BEREICHE VERGRÖSSERN um einen Pixel erweitert.

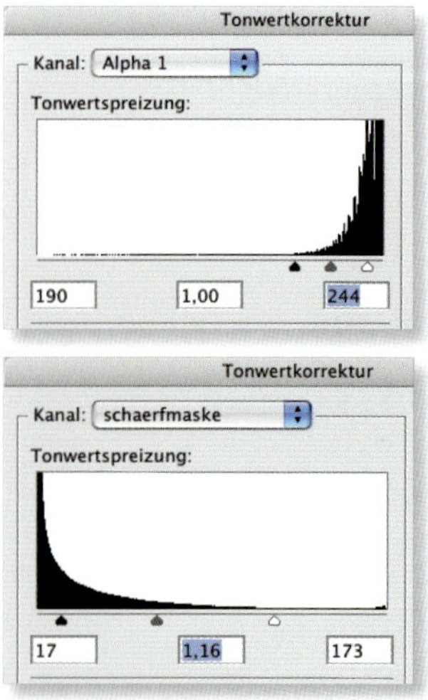

▲ **Abbildung 4.60**
Kontrasterhöhung vor und nach der Invertierung

Nach einer abschließenden Weichzeichnung von 2 Pixel ist die Maske fertig und sollte sinnvollerweise noch entsprechend benannt werden.

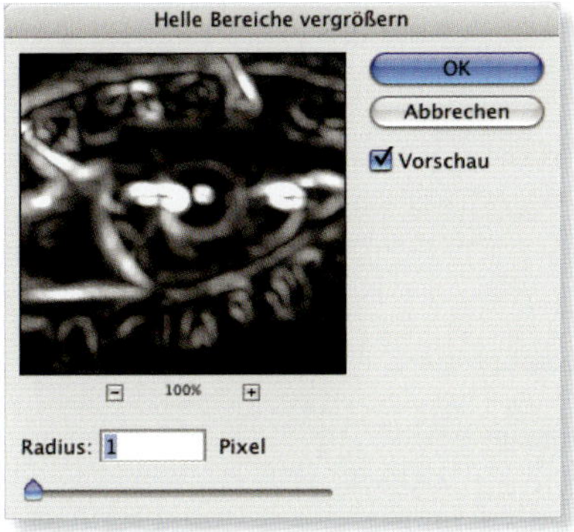

◂ **Abbildung 4.61**
Erweiterung der Kantenmaske

Nun wird die Maske mit einem Strg/⌘+Klick auf ihr Miniaturbild in der Kanäle-Palette als Auswahl geladen. Mit dieser Auswahl wird die Ebene »grundschaerfe« mit FILTER • SCHARFZEICHNUNGSFILTER • UNSCHARF MASKIEREN bearbeitet. Die Einstellungen sind in der folgenden Abbildung zu sehen.

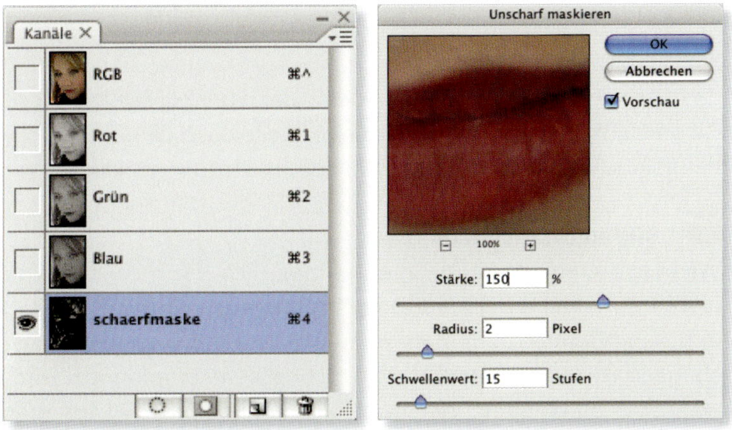

◂ **Abbildung 4.62**
Die neue Schärfemaske in der Kanäle-Palette und die Einstellungen für die Schärfung

Nun wird noch die Wirkung der Schärfung auf das Bild angepasst. Dazu wird mit einem Doppelklick auf das Miniaturbild der Ebene der Dialog EBENENSTIL geöffnet.

Zur Vermeidung von Farbverschiebungen wird die Schärfe mit der Füllmethode LUMINANZ auf die Helligkeit beschränkt und auf 60 % abgeschwächt. Unten werden mit den beiden Reglern unter FARBBEREICH die Lichter und Tiefen von der Schärfung ausgenommen, um ein Übersteuern der Kontrasterhöhung ins Schwarze oder Weiße zu verhindern. (Die Schieber der beiden Regler lassen sich mit der Alt-Taste »auseinanderziehen«, um einen weichen Übergang zu erzeugen.)

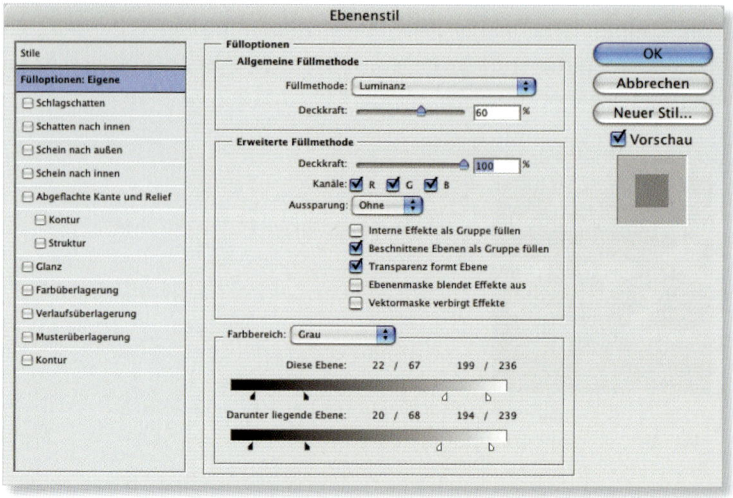

Abbildung 4.63 ►
Wirkungsbeschränkung der Schärfung mit Hilfe der Fülloptionen unter Ebenenstil

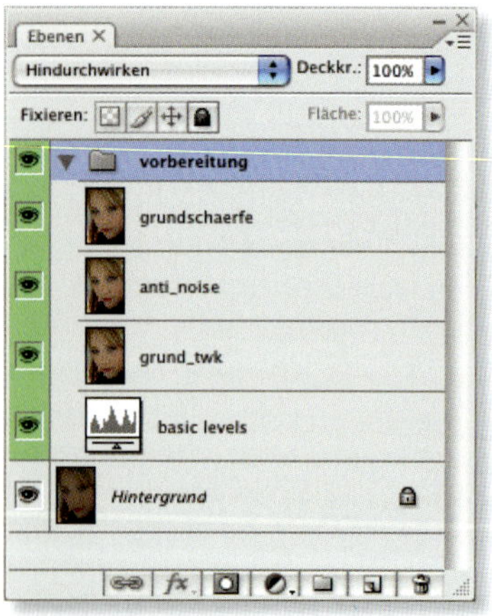

▲ **Abbildung 4.64**
Zusammenfassen der letzten Arbeitsschritte in einem Ebenen-Ordner mit farbiger Markierung

6 Ordnung muss sein!

Als Vorbereitung weiterer Arbeitsschritte empfiehlt es sich, frühzeitig in einem solchen Projekt für Ordnung zu sorgen. Eine sinnvolle Benennung von Ebenen und Kanälen erleichtert das Finden von Zwischenzuständen und eine Nachvollziehbarkeit des Arbeitsablaufs (auch für spätere Wiederholungen!).

Die anderen beiden Ordnungsmittel in der Ebenen-Palette, das Einfärben (Kontextmenü beim »Auge« einer Ebene) und das Organisieren in Ordnern (Menü der Ebenen-Palette: Neue Gruppe aus Ebenen) sollen an dieser Stelle dazu dienen, die bisher gemachten Vorbereitungen übersichtlich zu »verpacken«.

7 Bild neutralisieren

Wichtig bei Porträt-Aufnahmen ist natürlich die möglichst korrekte Wiedergabe der Hauttöne. Das menschliche Auge reagiert in diesem Bereich extrem empfindlich, und selbst kleine Abweichungen vom Erwarteten werden als ungesund empfunden. Auch wenn die Behandlung von Hauttönen in Kapitel 6, »Farb- und Tonwertkorrekturen«, im Detail besprochen wird, muss dieser Arbeitsschritt hier besprochen werden.

Während es für die Druckfarben gewisse Grundtöne mit ihren CMYK-Werten gibt, nach denen man eine gute Wiedergabe dieser Töne im Druck sicherstellen kann, kann man im RGB-Bereich auf eine Faustregel zurückgreifen, die zumindest grob zeigt, ob die Farbdarstellung der Haut passt. Dafür setzen wir im Bild drei Messpunkte mit dem Farbaufnahme-Werkzeug [I]. Einen Messpunkt setzen wir auf eine helle Stelle der Haut (aber kein Glanzlicht!), einen auf einen Mittenton und einen in den Schatten, der möglichst kein Streulicht einer andersfarbigen Umgebung einfangen soll.

Um einen möglichen allgemeinen Farbstich im Bild zu beseitigen, kommt schließlich noch ein vierter Messpunkt auf den Augapfel, der meist als neutral angenommen werden kann.

◄ **Abbildung 4.65**
Vor der Farbkorrektur werden Messpunkte im Bild gesetzt.

Als Erstes wird nun das Bild ausgehend vom Weiß des Augapfels neutralisiert. Dazu wird eine neue Einstellungsebene (Ebene • Neue Einstellungsebene • Gradationskurven) eingefügt. Die automatisch mit eingesetzte Ebenenmaske kann gelöscht werden, weil diese Korrektur das ganze Bild betrifft. Im Dialogfenster der Gradationskurven wird nun mit der mittleren Pipette ❶ unter dem Diagramm auf den Messpunkt 4 beim Auge geklickt.

Damit zwingt man diesen Farbton auf ein neutrales Grau. Hat man die Option Kanalüberlagerungen aktiviert, sieht man die leicht gegeneinander verschobenen Kurven der einzelnen Farbkanäle.

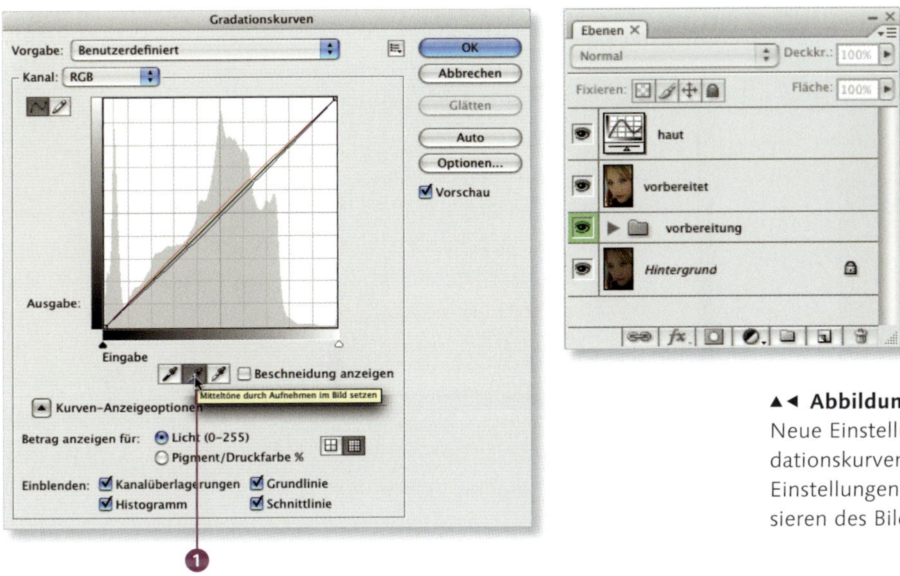

▲◄ **Abbildung 4.66**
Neue Einstellungsebene mit Gradationskurven (rechts) und deren Einstellungen nach dem Neutralisieren des Bildes (links)

▲ **Abbildung 4.67**
Bild vor (links) und nach dem Neutralisieren (rechts)

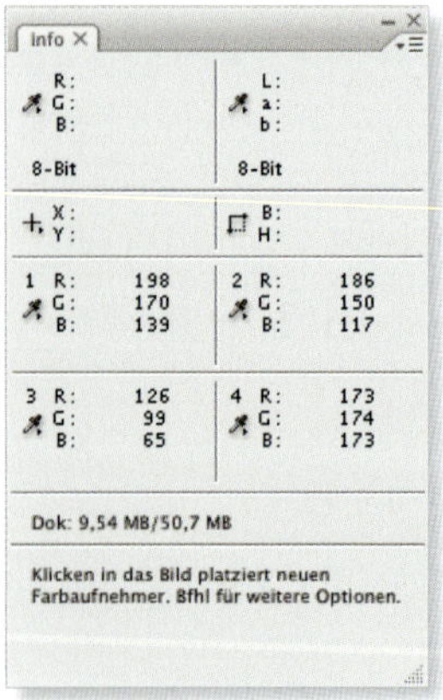

▲ **Abbildung 4.68**
Tonwerte der Hauttöne in der Info-Palette

▲ **Abbildung 4.70**
Der Zwischenstand

8 Hauttöne korrigieren

Die Neutralisierung allein hat bereits eine sichtbare Verbesserung der Hauttöne gebracht.

Nun sollten noch die Hauttöne angepasst werden. Wir gehen von einer bewährten Faustregel für RGB-Bilder aus, die für Hauttöne besagt, dass der Rot-Wert größer als der Grün-Wert und dieser größer als der Blau-Wert sein sollte, wobei die Differenz zwischen Rot und Grün deutlich größer sein sollte als die zwischen Grün und Blau. Klingt umständlich? Finde ich auch. Deshalb hilft mir eine visuelle Eselsbrücke aus folgenden Zeichen, die leicht zu merken ist: R>>G>B. Dieses Verhältnis ist übrigens auch sehr gut im Histogramm zu sehen.

Ein Blick auf die Info-Palette in Abbildung 4.68 zeigt uns bei den Messpunkten 1 bis 3 die RGB-Werte der Hauttöne. Überschlägt man kurz die Differenzen zwischen Rot und Grün bzw. Grün und Blau, so bestätigt sich der bereits zufriedenstellende Eindruck, den das Bild macht. Die Verhältnisse passen bereits recht gut.

9 Farbigkeit der Haut anpassen

Insgesamt kann die Farbigkeit der Haut noch ein wenig kräftiger ausfallen und noch etwas wärmer werden. Dafür öffnen wir die bereits bestehende Einstellungsebene und lassen den Grün-Kanal dabei in Ruhe, weil er maßgeblich für die Konstrastverhältnisse im Bild zuständig ist, und konzentrieren uns auf den Rot- und auf den Blau-Kanal. Die Kurven haben etwa in der Mitte den Punkt, der von der Grauwert-Pipette gesetzt wurde, und bekommen nun noch in Richtung der Lichter und Tiefen zwei weitere Punkte, an denen ein wenig Rot zugegeben und ein wenig Blau herausgenommen wird. Im Resultat ergibt das eine Aufwärmung mit einer Nuance in Richtung Orange-Rot.

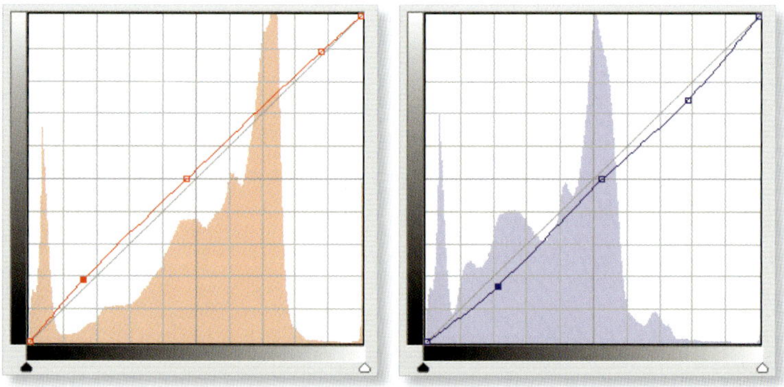

▲ **Abbildung 4.69**
Leichte Korrekturen im Rot- und im Blau-Kanal

10 Farbigen Hintergrund entfernen

Störend wirkt nun noch der zwar weiche, aber zu farbige Hintergrund. Er wird mit einer maskierten Einstellungsebene im Modus FARBTON/SÄTTIGUNG entfernt, indem Sättigung auf –100 gestellt wird (Ebene »bunter hg weg« in Abbildung 4.71).

11 Augenpartie betonen

Vor der eigentlichen Retusche werden wir nun noch die Augenpartie etwas betonen. Gleichzeitig soll dabei die hintere Augenhöhle merkbar vom Nasenrücken abgehoben werden, denn das sorgt im Original bis jetzt für einen etwas flachen Eindruck des Porträts. Beides kann in einem Bearbeitungsschritt erledigt werden.

Wir verwenden dazu eine Gradationskurve in einer Einstellungsebene (»augenaufheller«), die in ihrer Ebenenmaske zunächst einen Verlauf bekommt, der dafür sorgt, dass das Gesicht bis auf einen breiteren Streifen bei der Augenpartie ein wenig abgedunkelt wird. Um zu verhindern, dass es irgendwelche Tonverschiebungen im weitgehend farbkorrigierten Bild gibt, wird die Einstellungsebene auf den Modus LUMINANZ gesetzt. Die vorsichtige Abdunklung der Augenhöhle wird mit einem sehr weichen Pinsel und geringer Deckkraft in die Einstellungsebene gemalt.

Wir haben nun einen gut korrigierten und gesunden Ausgangspunkt für die eigentliche Retusche.

▲ **Abbildung 4.71**
Zusammenfassen der letzten Bearbeitungsschritte

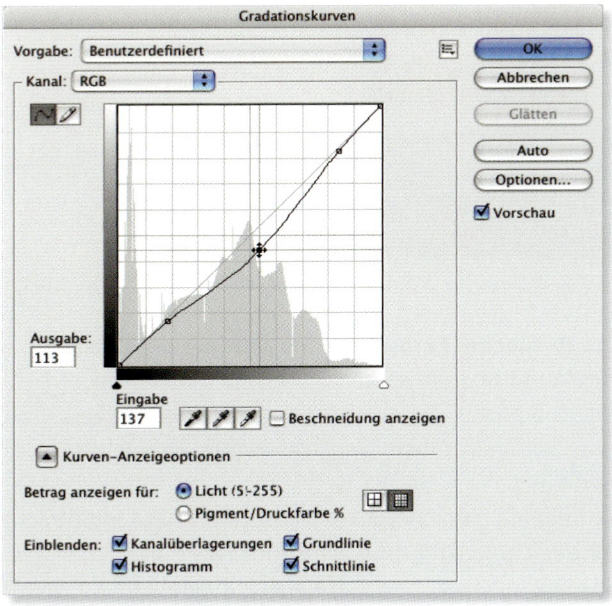

◄ **Abbildung 4.72**
Betonung der Augenpartie und leichte Abdunklung der Augenhöhle

▲ **Abbildung 4.73**
Zustand des Porträts vor der Retusche

12 Erste Retusche: das Lächeln

Als erste Retusche-Maßnahme soll die Dame auf unserem Bild nun etwas weniger ernst dreinschauen und zumindest verhalten lächeln. Nach der Zusammenfassung der vorherigen Arbeitsschritte in einer Gruppe namens »farb+tonwertkorrektur« erzeugen wir eine neuen Bildebene mit allem bisher Erreichten (Shortcut Strg/⌘+Alt+⇧+E).

Diese wird noch dupliziert und »laecheln« genannt. Dann wenden wir auf diese Ebene den Filter Verflüssigen an (Strg/⌘+⇧+X), um die Mundwinkel sehr vorsichtig nach oben und ein wenig auseinanderzuziehen. Diese Retusche ist ziemlich heikel, weil minimale Veränderungen den Gesichtsausdruck sehr stark verändern können. Oft erfordert das mehrere Versuche, bis es passt.

Abbildung 4.74 ▶
Mit dem Filter Verflüssigen zaubern wir ein Lächeln ins Gesicht.

13 Zweite Retusche: Farbwerte des Mundes verbessern

Nun soll der Mund noch in seinen Farb- und Tonwerten verbessert werden. Die Farbe des Lippenstiftes ist etwas zu kalt, und die Trennung zwischen Ober- und Unterlippe könnte teilweise deutlicher sein.

Man könnte eine einfache, selektive Farbkorrektur in Betracht ziehen, weil der Lippenstift eine klare rote Farbe hat. Aber jede noch so sehr auf einen engen Farbbereich begrenzte Korrektur wird den Rot-Anteil der Haut in Mitleidenschaft ziehen. Das brauchen wir also gar nicht erst zu versuchen, sondern wir machen uns besser gleich an die Erstellung einer Maske für die Lippen, die zum Glück einen guten Kontrast zur umgebenden Gesichtshaut haben. Wir ziehen also für die Maske die reine Helligkeitsinformation des Bildes heran. Bewährt hat sich das Verrechnen des Rot-Kanals mit dem Grün-Kanal mit BILD • KANALBERECHNUNGEN. Beim Modus der Berechnung (FÜLLMETHODE) erzielt INEINANDERKOPIEREN den besten Kontrast.

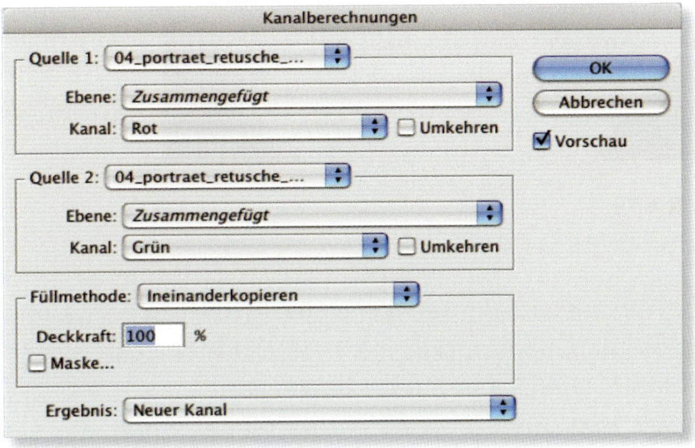

◄ **Abbildung 4.75**
Kanalberechnung für maximalen Kontrast von Lippen und Umgebung für die Lippenmaske

Zur Tontrennung setzen wir im entstandenen Alpha-Kanal zunächst an die dunkelste Stelle der Umgebung einen Messpunkt (Nr. 1) und einen zweiten Messpunkt an die hellste Stelle innerhalb der Lippen (Nr. 2).

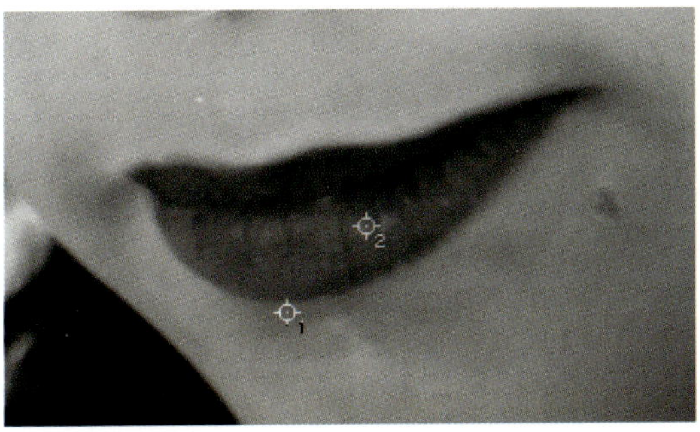

◄ **Abbildung 4.76**
Messpunkte für die Tontrennung

Nun wird eine Gradationskurve (Strg/⌘+M) für die Trennung in Schwarz und Weiß zwischen diesen beiden Messpunkten aufgerufen. Mit einem Strg/⌘+Klick auf die beiden Messpunkte im Bild werden deren Tonwerte als Punkte auf der Kurve eingesetzt.

Dann wird für den rechten oberen der beiden Kurvenpunkte in die Box AUSGABE 255 eingetragen und für den linken unteren 0.

Eventuell müssen die beiden Punkte noch minimal nach rechts oder links verschoben werden, damit letzte graue Flecken im Grenzbereich von Schwarz und Weiß verschwinden. Das geschieht am besten mit dem Cursor auf EINGABE und den ↑- und ↓-Tasten.

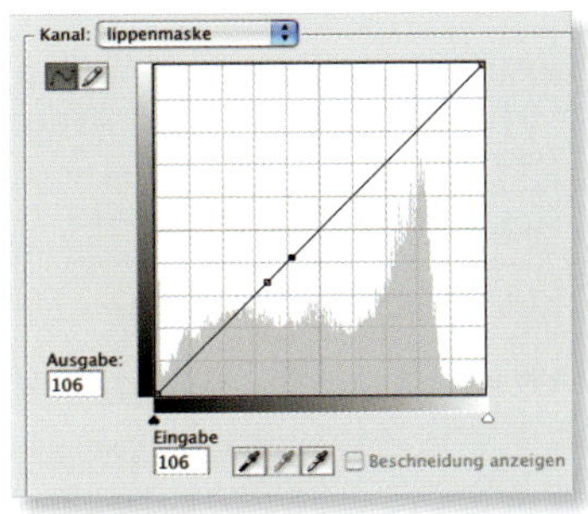

▲ **Abbildung 4.77**
Gradationskurve nach dem Übernehmen der beiden Messpunkte

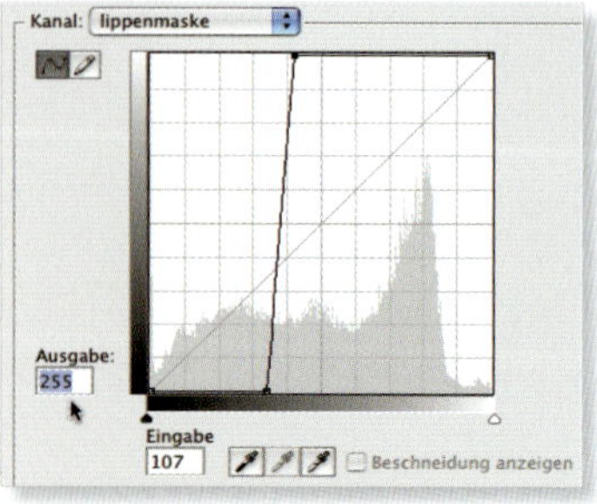

▲ **Abbildung 4.78**
Scharfe Tontrennung für eine saubere Lippenmaske

▲ **Abbildung 4.79**
Die Lippen sind berereits gut von der Umgebung getrennt.

Nach etwas Ausbessern (Pinsel-Werkzeug B mit Schwarz und Weiß) werden die Lippen locker mit dem Lasso eingekreist und die Auswahl mit Strg/⌘+⇧+I umgekehrt.

Dann stellt man mit D Vorder- und Hintergrundfarbe auf Schwarz und Weiß und löscht mit ← alles außer den Lippen. Abschließend wird das Ganze noch mit Strg/⌘+I umgekehrt und mit Filter • Weichzeichnungsfilter • Gaußscher Weichzeichner und 1 Pixel Radius etwas weicher gemacht.

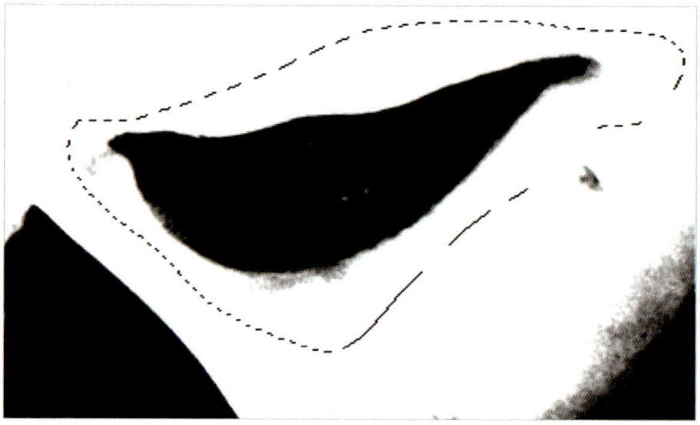

Abbildung 4.80 ▶
Löschen der Umgebung

Diese Maske habe ich im Beispiel »lippenmaske« genannt. Mit einem Strg/⌘+Klick auf ihr Miniaturbild in der Kanäle-Palette wird sie als Auswahl geladen. Wir rufen nun Ebene • Neue Einstellungsebene • Selektive Farbkorrektur auf. Die Auswahl wird als Ebenenmaske übernommen. Die unten abgebildeten Werte sorgen für einen etwas wärmeren Ton.

In nächsten Arbeitsschritt wird noch der Kontrast innerhalb der Lippen angehoben. Dafür benutzen wir eine weitere Einstellungsebene (Gradationskurven), die mit Ebene • Schnittmaske erstellen (Strg/⌘+Alt+G) mit der zuvor erstellten Einstellungsebene (Selektive Farbkorrektur) gruppiert wird und damit direkt die gleiche Ebenenmaske verwendet.

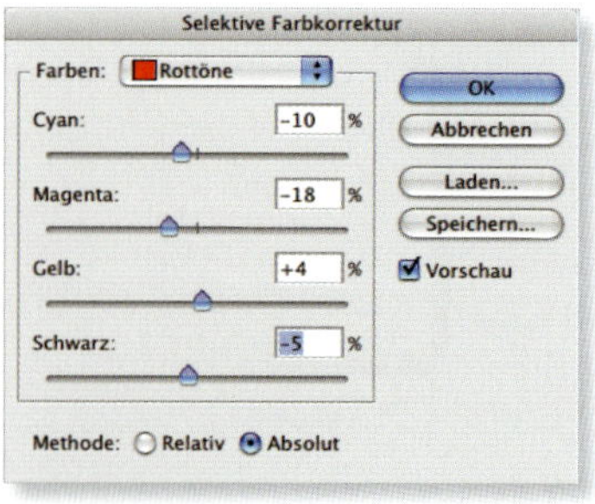

▲ **Abbildung 4.81**
Selektive Farbkorrektur für die Lippen

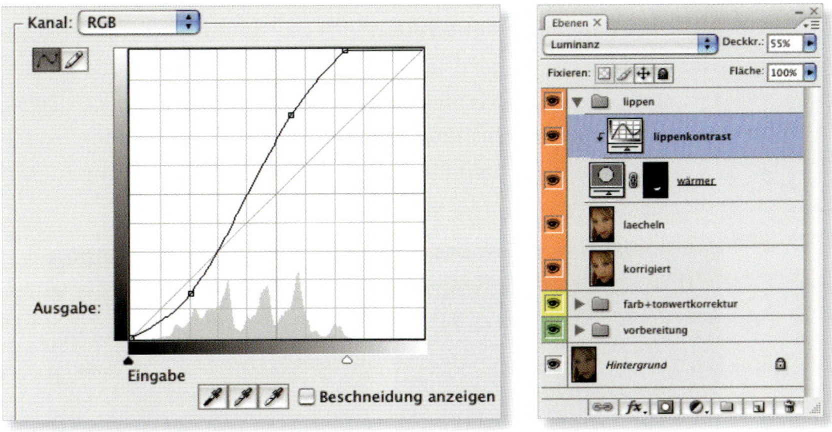

◂ **Abbildung 4.82**
Gruppierte Tonwertkorrektur für den Lippenkontrast

Nach der Kontrastanhebung stellt sich heraus, dass die Maske nicht ganz einwandfrei ist und einen hellen Saum um die Lippen herum stehen lässt. Das muss noch mit dem Pinsel in der Ebenenmaske bereinigt werden. Schließlich werden alle Operationen, die mit den Lippen befasst waren, in einem neuen Ebenen-Ordner zusammengefasst.

▾ **Abbildung 4.83**
Farbkorrigierte Lippen vor und nach der Maskenkorrektur

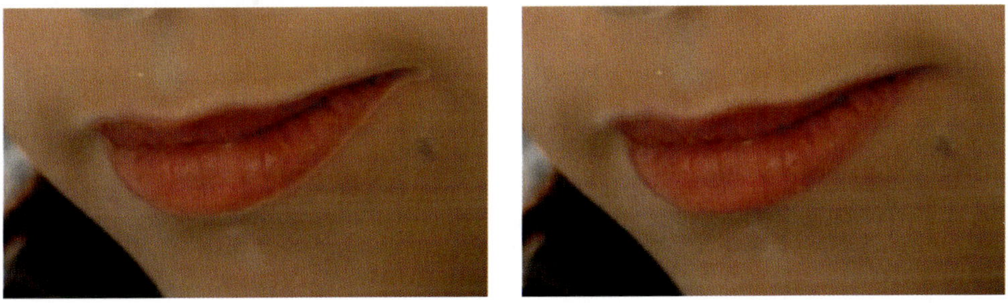

14 Augenkorrektur

Die Augen sind nur sehr schwach farbig, das soll nun geändert werden. Dafür bemühen wir eine Einstellungsebene des Typs Farbton/Sättigung und eine handgemalte Maske, um die wir bei den Kontrastverhältnissen bei den Augen nicht herumkommen.

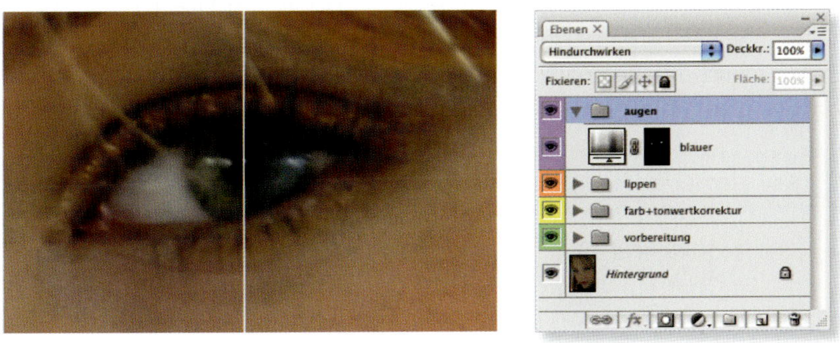

◂ **Abbildung 4.84**
Blaue Augen mit Farbton/Sättigung

15 Retusche der Fehlstellen

Nachdem nun die Farb- und Tonwertkorrektur sowie die gestalterischen Eingriffe erledigt sind, geht es an die finale Retusche. Zunächst wird der bisher erreichte Zustand wieder mit [Strg]/[⌘]+[Alt]+[⇧]+[E] in eine neue Ebene zusammenkopiert, die unser Ausgangspunkt für alles Weitere sein soll.

Abbildung 4.85 ▸
Vergleich von Original und Zustand vor der Fehlstellen-Retusche

16 Hautunreinheiten retuschieren

Für die Retusche von Hautunreinheiten kommt neben dem klassischen Kopierstempel-Werkzeug das Reparatur-Pinsel-Werkzeug ebenso in Frage wie das Bereichsreparatur-Pinsel-Werkzeug.

Letzteres ist wesentlich bequemer, weil man es sich spart, wie bei den beiden ersten, einen Quellbereich zu suchen, aus dem man das Material zum Abdecken der Fehlstelle beziehen will. Das macht Photoshop hier automatisch, vorausgesetzt, die Fehlstelle steht einigermaßen frei und die Pinselgröße ist passend. Sie sollte etwa doppelt so groß sein wie der Fehler. Ein klarer Vorteil ist die Geschwindigkeit, mit der man arbeiten kann, weil man immer nur einen Klick pro Fehlstelle braucht. Welchen der beiden Modi, Näherungswert oder Struktur erstellen, man benutzen sollte, lässt sich nicht pauschal beantworten, hier muss jeweils auf das Bild bezogen probiert werden. Der Modus hängt von der Beschaffenheit der Fehlstelle und vor allem von deren Umgebung ab.

Bereichsreparatur-Pinsel

Dieser ist nur für eher punktförmige Fehler geeignet. Zieht man längere Strecken, z. B. um Hautfalten zu beseitigen, produziert dieses Werkzeug mitunter Artefakte: Im Modus Näherungswert wird oft auffällig weichgezeichnet, im Modus Struktur erstellen tauchen manchmal Stellen auf, die wie überschärft oder farbig verrauscht aussehen. Auch regelmäßig wiederkehrende Muster kommen vor. Wiederholtes Anwenden auf der gleichen, punktförmigen Stelle kann ebenfalls zu Artefakten führen.

▲ Abbildung 4.86
Optionen für das Bereichsreparatur-Pinsel-Werkzeug

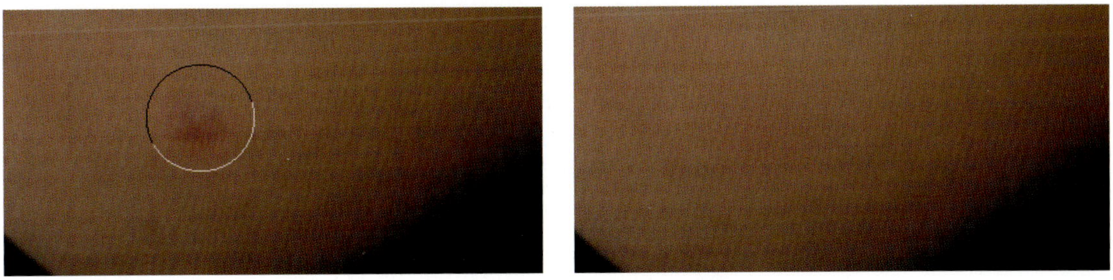

▲ **Abbildung 4.87**
Punktförmige Fehlstellen lassen sich gut mit dem Bereichsreparatur-Pinsel-Werkzeug beseitigen.

17 Retusche der Hautfalten

Für Hautfalten, wie in unserem Beispiel auf der Stirn, ist das Ausbessern-Werkzeug die erste Wahl. Solche Fehler rahmt man mit dem Lasso dieses Werkzeugs recht eng ein und sucht sich dann einen sauberen Nachbarbereich.

▲ **Abbildung 4.88**
Das Ausbessern-Werkzeug bei Stirnfalten

Für sehr feine Fehler ist auch das normale Kopierstempel-Werkzeug [S] gut geeignet. Dort kann ja meistens aus der unmittelbaren Nachbarschaft einkopiert werden, wo kaum Unterschiede in Farbton, Helligkeit und Sättigung auftauchen.

18 Retusche müder Augen

Manche Stellen benötigen noch einige malerische Eingriffe. Unter den Augenlidern sollten noch die dunkleren, etwas kühleren Hautstellen in der Farbe angepasst werden. Dafür bietet sich das normale Pinsel-Werkzeug [B] an, das im Modus Farbe und mit geringer Deckkraft benutzt wird. Auch ein schwacher dunkler Saum über der Oberlippe lässt sich so eliminieren.

▼ **Abbildung 4.89**
Malen mit dem Pinsel im Modus Farbe

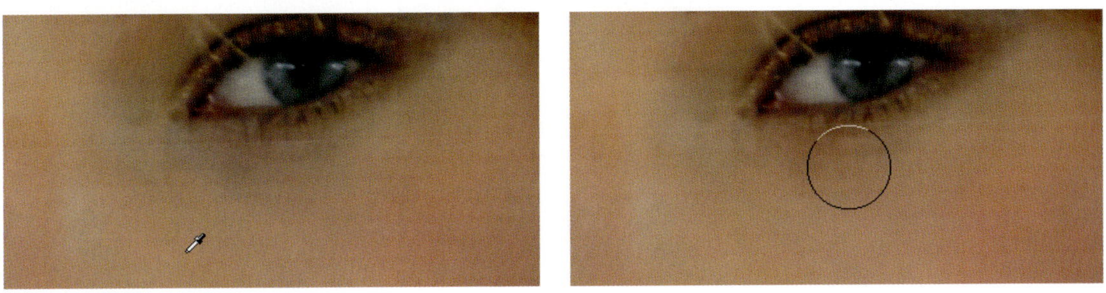

Bei den verschiedenen Retuschierwerkzeugen ist immer wieder Probieren erforderlich. Vor allem die automatischen und halbautomatischen Werkzeuge reagieren oft sehr unterschiedlich bei Bildern, die auf den ersten Blick sehr ähnlich sind. Auch die Feinstruktur (Zeichnung, Rauschen, Schärfe) hat einen großen Einfluss auf diese Werkzeuge.

19 Finale Tonwertkorrektur

Am Schluss wurde dem Bild noch eine leichte Tonwertkorrektur verpasst, um es noch eine Spur kräftiger zu machen.

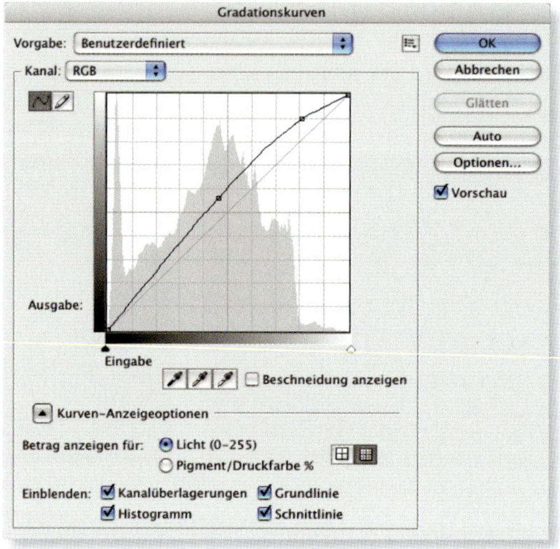

Abbildung 4.90 ▲▶
Abschließende leichte Tonwertkorrektur

Der Ergebnisvergleich zeigt einen sehr großen Unterschied zwischen Original und Bearbeitung, und die Länge dieses Workshops zeigt, wie viel Arbeit in einer gründlichen Porträtbearbeitung stecken kann.

Abbildung 4.91 ▶
Originalbild und fertige Bearbeitung

4.3.1 Hauttöne im Histogramm

Das für (helle, europäische, sogenannte »kaukasische«) Hauttöne typische Verhältnis der drei Farbkanäle Rot, Grün und Blau äußert sich im Histogramm in den Abständen der Spitzen und des »Histogramm-Gebirges«. Will man ein Bild daraufhin untersuchen, kreist man locker mit dem Lasso-Werkzeug [L] möglichst alle Hautpartien im Bild ein. Im Bild unten sehen Sie eine solche Auswahl der Deutlichkeit halber im Maskierungsmodus [Q].

Sollten Sie nicht die Ansicht aller drei Farbkanäle sehen, können Sie diese im Menü der Histogramm-Palette mit Alle Kanäle in Ansicht aktivieren. Die Option Kanäle in Farbe anzeigen zeigt dann die Ansicht, die hier verwendet wird. Das Histogramm bezieht sich nach dem Aufziehen einer Auswahl übrigens immer auf deren Inhalt.

Das linke Histogramm zeigt den Unterschied (grau hinterlegt) der Peaks bei in etwa korrekter Darstellung der Hauttöne: Der Unterschied zwischen Rot und Grün ist etwa doppelt so groß wie derjenige zwischen dem grünen und dem blauen Peak (R>>G>B). Das mittlere Histogramm zeigt einen Blaustich und damit zu kühle Hauttöne. Das blaue Histogramm ist zu weit rechts, der Unterschied zu Grün ist zu klein. Ganz rechts sehen wir ein Histogramm einer zu roten »Sonnenbrand«-Haut: Der rote Peak ist zu weit rechts.

▲ **Abbildung 4.92**
Alle Hauptpartien werden mit dem Lasso ausgewählt (hier im Maskierungsmodus)

▼ **Abbildung 4.93**
Hauttöne im Histogramm

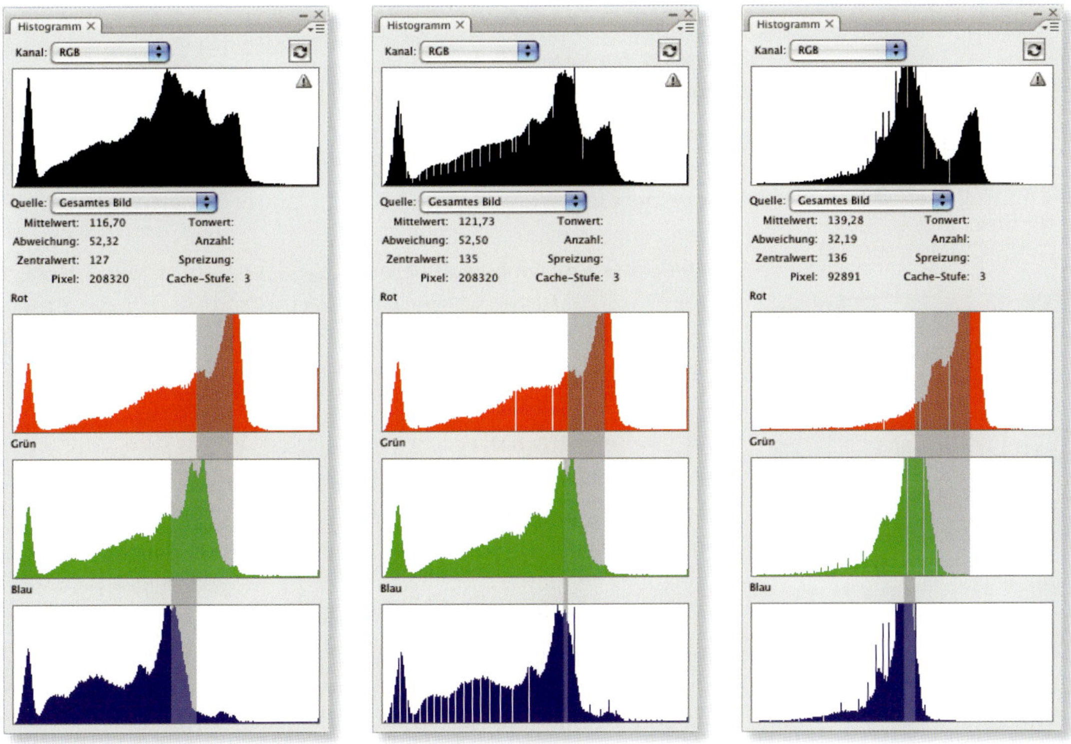

4.4 Retusche mit Auswahlen

Neben den diversen pinselbasierten Werkzeugen sind Retusche-Arbeiten auch mit Auswahlen möglich. Natürlich ist es eher trivial, den Inhalt einer Auswahl durch Ziehen mit der Maus und gleichzeitig gedrückter Strg/⌘- und Alt-Taste an einen neuen Platz im Bild zu kopieren. Aber diese Methode hat den Vorteil, dass diese Kopie noch bearbeitet werden kann, bevor sie endgültig an der Zielstelle fixiert wird. Auch kann man mit Strg/⌘+J schnell eine neue Ebene aus der schwebenden Auswahl machen, wenn man weitergehende Dinge mit ihr vorhat.

4.4.1 Retusche mit transformierten Auswahlen

Vor allem bei großflächigeren Manipulationen bis hin zur Fotomontage erreicht man mit Auswahlen schneller sein Ziel. Oft werden dabei Lasso-Auswahlen verwendet, die eine weiche Auswahlkante haben. Auch wenn das Kopierstempel-Werkzeug nun aufgenommene Bildstellen durch die neue Kopierquelle-Palette nicht mehr nur immer exakt an die Zielstelle kopiert, sondern dabei Größe und Winkel des einkopierten Flecks manipuliert werden können, gibt es Anwendungsfälle, wo dieses Verfahren an seine Grenzen stößt bzw. andere Methoden schneller und besser funktionieren. Ein kurzes Beispiel soll das verdeutlichen.

Die Bilddatei zu diesem Beispiel finden Sie auf der Buch-DVD unter BEISPIELDATEIEN/04_RETUSCHE/04_RETUSCHE_M_AUSWAHL.JPG.

▲ **Abbildung 4.94**
Der Fender soll wegretuschiert werden.

Schritt für Schritt:
Retusche mit transformierten Auswahlen

Bei diesem Beispielbild soll der weiße Fender an der Bordwand des Bootes entfernt werden. Hier kommt man wegen der Streifen der Bootslackierung mit keinem der pinsel-basierten Retusche-Werkzeuge weiter, weil die Streifen zu schmal sind. Oberhalb der Bootskante gibt es außerdem zu viele Details, die z. B. den Bereichsreparatur-Pinsel nur verwirren würden. Auch das Arbeiten mit dem Kopierstempel wäre trotz der neuen Rotationsmöglichkeit mühsam, weil man hier oft nachjustieren müsste.

1 Seile entfernen

Als Erstes sollte man die beiden Seile in Angriff nehmen, weil man so am ehesten die Chance hat, durch das Beseitigen der Anschlüsse an die Details auf dem Bootsdeck die große Form »freizubekommen«.

Beginnen wir rechts: Zunächst wird die Stelle, die wir abdecken wollen, mit dem Lasso-Werkzeug (weiche Kante mit 3 Pixel) eingekreist (zunächst noch ohne die Details an der Öse oben). So kann man dann durch Verschieben der Auswahlkante, die ja noch ohne Inhalt ist, einen passenden Quellbereich suchen (hier rechts am Bordrand). Drückt man dann beim Ziehen gemeinsam [Strg]/[⌘]- und [Alt]-Taste, so zieht man den Quellbereich auf die Fehlstelle. Hier sieht man dann, dass der Winkel des rot-weißen Streifens nicht mit der Zielstelle zusammenpasst.

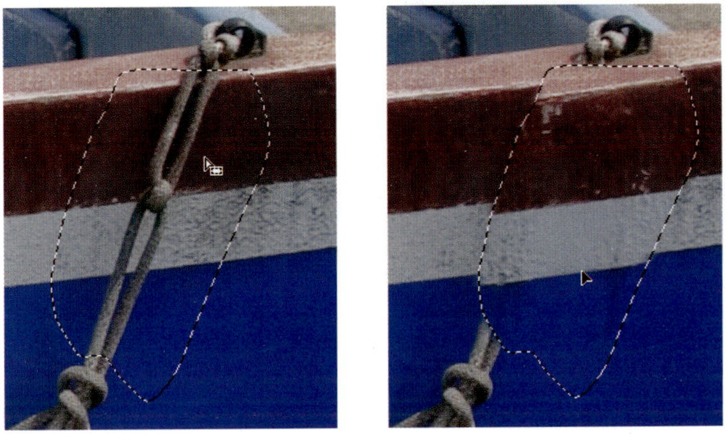

◂ **Abbildung 4.95**
Die einzukopierende Stelle hat nicht den gleichen Winkel wie die Zielstelle.

Nun wird mit [Strg]/[⌘]+[T] die Funktion Frei transformieren aufgerufen. Durch Drehung (Cursor mit gebogenem Doppelpfeil außerhalb des Rahmens) lässt sich die Kopie schon besser an die Fehlstelle anpassen. Den Mittelpunkt der Drehung kann man verschieben, hier wird er auf die Kante der Bordwand geschoben. Dann dreht man bereits um einen Punkt, der passt. Doch erst das Ziehen der Ecken mit gedrückter [Strg]/[⌘]+Taste lässt eine passgenaue Form zu. Hierbei wird der Cursor zu einem grauen Pfeil. Mit [↵] oder einem Doppelklick innerhalb des Rahmens wird die Verformung bestätigt, und mit [Strg]/[⌘]+[D] wird die Auswahl aufgehoben und der Inhalt im Bild fixiert. Die linke Befestigung des Fenders wird in der gleichen Weise behandelt.

▾ **Abbildung 4.96**
Mit Frei transformieren wird die Auswahl an die Fehlstelle angepasst.

2 Fender entfernen

Nun wird die große Fehlstelle im Bild, der weiße Fender, entfernt. Die beiden ersten Retuschen haben ihn gut freigestellt und von allen feineren Details entfernt.

Abbildung 4.97 ►
Der Fender ist isoliert.

Jetzt wird wieder eine Lasso-Auswahl aufgezogen und mit einem Fleck aus einem sauberen Quellbereich auf die Fehlstelle gezogen. Wiederum wird die Auswahl durch Drehen (Ankerpunkt für die Drehung hier rechts oben auf der blau-weißen Kante) und anschließendes vorsichtiges Verzerren an die gebogenen Bootsformen angepasst.

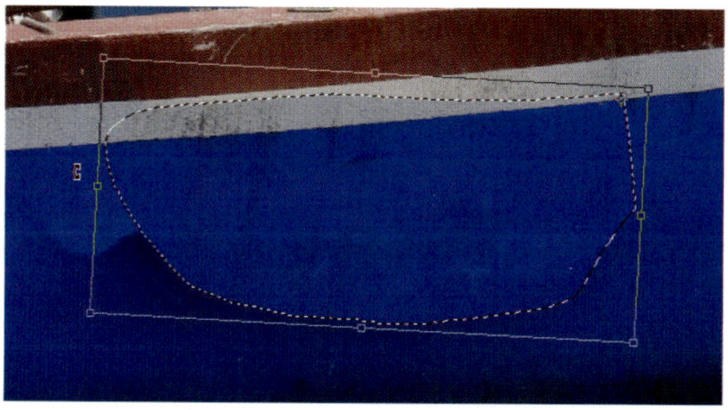

Abbildung 4.98 ►
Rotation und Verzerrung der kopierten Auswahl

Für die verbleibenden Kantenreste (Schatten und Reflexlicht) bietet sich das Ausbessern-Werkzeug an, das diese Aufgabe gut in den Griff bekommt.

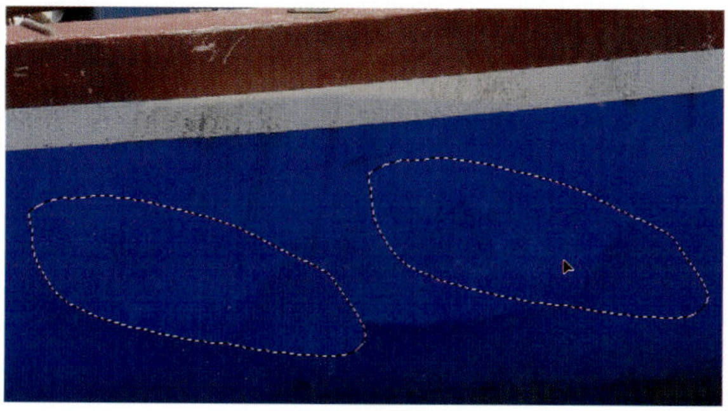

Abbildung 4.99 ►
Nachretuschieren mit dem Ausbessern-Werkzeug

3 Feinarbeiten

Nun müssen nur noch die Detailstellen an der Kante von Bordwand und Bootsdeck retuschiert werden. An der rechten Stelle wird zunächst mit dem Kopierstempel die horizontale Kante durchgezogen. Dadurch wird natürlich die anstoßende hellblaue Kante zerstört. Um sie nun auch noch bis zum Stoß ergänzen zu können, grenzen wir den Bearbeitungsbereich mit dem Polygon-Lasso-Werkzeug ein und schützen die rotbraune Kante vor erneutem Überstempeln.

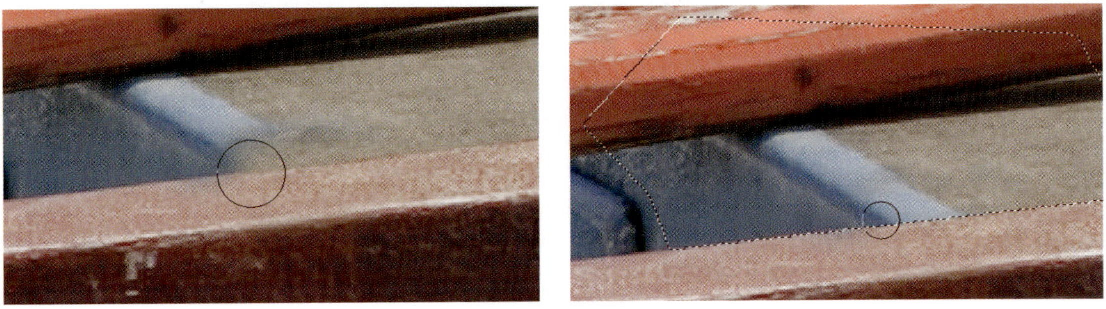

▲ **Abbildung 4.100**
Detailretusche mit dem Kopierstempel und Schutz der Stoßkante mit dem Polygon-Lasso-Wekzeug

▲ **Abbildung 4.101**
Das Original und die fertige Retusche ■

4.4.2 Retusche gebogener Strukturen mit Auswahl-Werkzeugen

Dieses Verfahren klappt auch bei Retuschen auf regelmäßigen Mustern wie Fliesen oder Gittern. Hat man es allerdings mit gebogenen Strukturen zu tun, wie diesem Steinfußboden auf einer sehr weitwinkligen Aufnahme, kommt man so nicht weiter.

Abbildung 4.102 ▶
Stark kugelförmig verzerrte Aufnahme (Fischaugenobjektiv) mit gebogenen Strukturen am Fußboden

▲ **Abbildung 4.103**
Diese Bodenfliese soll »ausgetauscht« werden.

Man kann mit Bearbeiten • Frei transformieren nur geradlinig verzerren. Seit Photoshop CS2 gibt es in solchen Fällen Abhilfe. Im Optionen-Balken findet man neben den Buttons für Abbrechen und Bestätigen einen dritten Button ❶, der die Frei-transformieren-Box zum Verkrümmen-Gitter macht. Man kommt über Bearbeiten • Transformieren • Verkrümmen auch direkt dorthin.

Abbildung 4.104 ▶
Verkrümmen-Option bei aktiver Transformationsbox

▲ **Abbildung 4.105**
Kopieren einer Nachbarfliese und grobes Verzerren mit Frei Transformieren

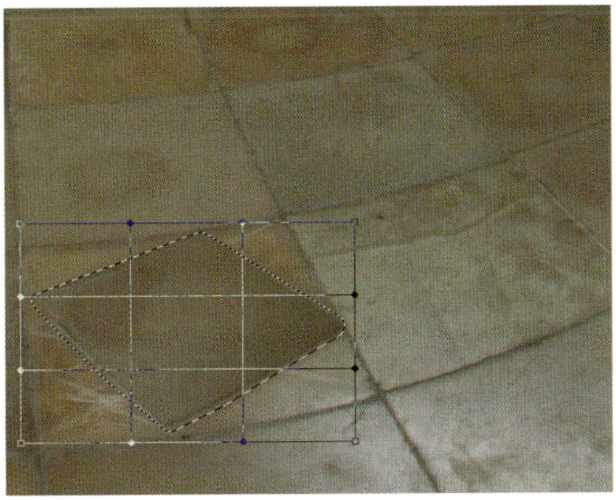

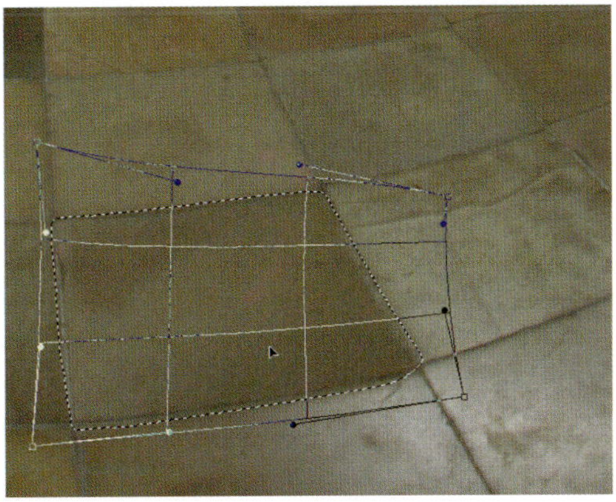

▲ **Abbildung 4.106**
Verzerren der schwebenden Auswahl mit VERKRÜMMEN

Mit diesem Werkzeug kann man die schwebende Auswahl nun so lange verbiegen, bis sie an die neue Stelle passt. Dabei bekommt man fast alle denkbaren Krümmungen hin.

HINWEIS

Die extremen Verzerrungen, die man mit FREI TRANSFORMIEREN und VERKRÜMMEN hinbekommt, können teilweise lokale Vergrößerungen im Bild mit sich bringen, die weit über 100 Prozent hinausgehen. Das bedeutet natürlich eine Verschlechterung der Bildqualität. Diesem Umstand sollte man bei diesen Werkzeugen im Auge behalten.

◄ **Abbildung 4.107**
Fertige Retusche mit der VERKRÜMMEN-Funktion

4.5 Perspektivisch unterstützte Retusche: Der Fluchtpunkt-Filter

Die Retusche auf geradlinig perspektivischen Flächen kann man mit Auswahlen und mit FREI TRANSFORMIEREN auch schon halbwegs in den Griff bekommen. Solange man nicht größere Distanzen in der räumlichen Tiefe mit ihren Größenunterschieden zwischen vorn und hinten zu bewältigen hat, geht das alles recht gut, wenn auch mit viel Handarbeit.

Seit Photoshop CS2 gibt es aber für diese Zwecke ein Werkzeug, das sehr bequem und vor allem zeitsparend mit solchen Aufgaben umgehen kann: Die FLUCHTPUNKT-Funktion (FILTER • FLUCHTPUNKT oder Strg/⌘+Alt+V) bietet für das Retuschieren und Montieren mit Auswahlen und deren Kopien sowie für den Kopierstempel beliebige dreidimensionale Arbeitsflächen. Alle Aktionen, die innerhalb einer solchen Fläche stattfinden, werden perspektivisch korrekt und in richtigem räumlichem Bezug zueinander ausgeführt.

Ein kleines Beispiel für einen solchen Einsatz für perspektivisch korrekte Retusche soll an dieser Stelle genügen. Mit Photoshop CS3 ist das Fluchtpunktwerkzeug massiv erweitert worden. Neben dem Einsatz für Retuscheaufgaben ist es jetzt vor allem Teil des neuen Konzepts der 3D-Integration von Photoshop (nur in der Extended-Version). Das Fluchtpunkt-Werkzeug wird daher in Kapitel 14, »Photoshop und 3D«, eingehend besprochen.

Im Beispielbild sollen die beiden Fenster des Hauses, an denen Jalousien heruntergelassen sind, für ein einheitliches Aussehen der Fassade wegretuschiert werden.

Dazu öffnet man unter FILTER • FLUCHTPUNKT das Fenster der Funktion.

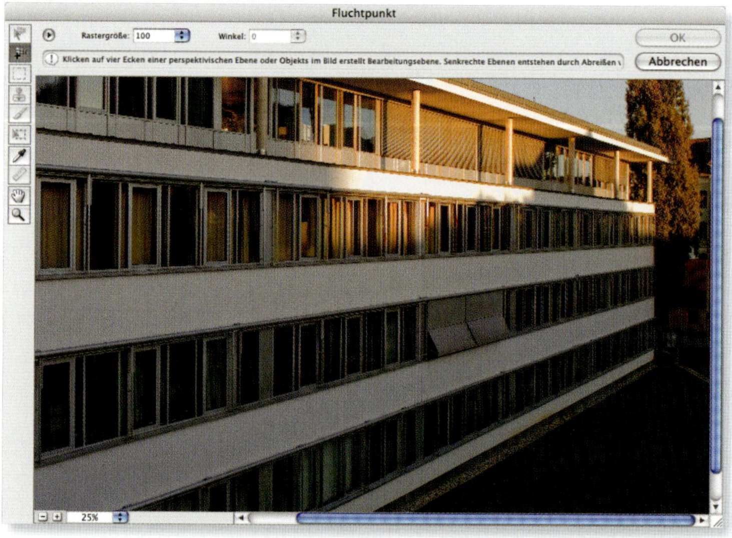

Abbildung 4.108 ▶
Das Fenster des Filters FLUCHTPUNKT

Zunächst muss man mit dem Ebene-erstellen-Werkzeug C ❶ ein perspektivisches Gitter aufziehen. Dafür bietet diese Fassade genug präzise Anhaltspunkte. Wechselt man auf das Auswahlrechteck-Werkzeug M ❷, kann man mit diesem eine räumlich korrekte Auswahl im Bild erstellen.

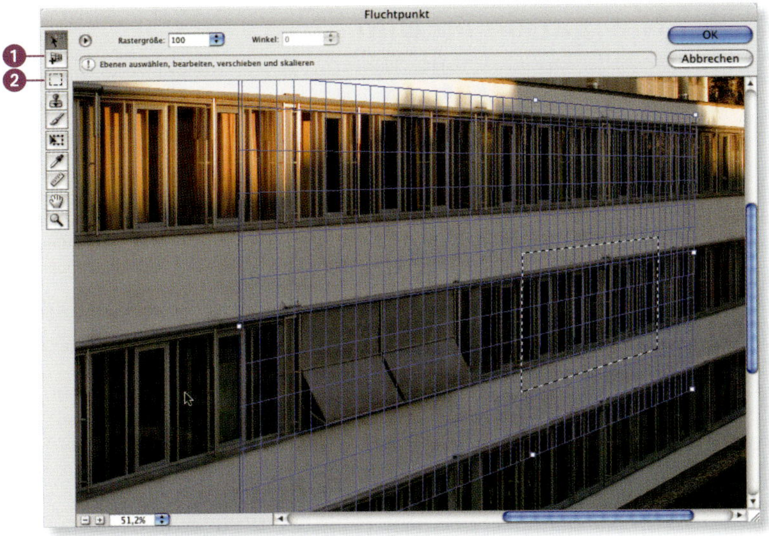

◄ **Abbildung 4.109**
Perspektivische Gitter und perspektivisch korrekte Auswahl

Wie mit einer normalen Auswahl auch kann man nun die Auswahl mit gedrückter [Strg]/[⌘]- und [Alt]-Taste kopieren und in unserem Beispiel eine Fensterpartie ohne Jalousien von rechts oder links einkopieren. Drückt man dabei noch die [⇧]-Taste, so ist die Bewegung der Auswahl korrekt auf die räumlichen Achsen beschränkt.

Nach dem Verschieben der Kopie sitzt diese exakt an der richtigen Stelle, wenn man das Gitter zuvor sorgfältig aufgezogen hat.

▲ **Abbildung 4.110**
Verschieben der Auswahl entlang der Raumachsen

◄ **Abbildung 4.111**
Fertige perspektivische Retusche

4.6 Navigation im Bild

Retusche ist die Photoshop-Arbeit mit den meisten manuellen Operationen. Nirgends sonst bewegt man sich so viel im Bild. Hier ist Fingerfertigkeit sehr von Vorteil. Für die Navigation im Bild bietet Photoshop eine große Zahl an Shortcuts und Maustasten-Kombinationen, deren Benutzung zusammen mit den Shortcuts für die Pinselwerkzeuge, die bereits in Abschnitt 4.1 besprochen wurden, viel teure Arbeitszeit spart. Diese Shortcuts und Maustasten-Kombinationen sollen hier kurz – nach funktionellen Gruppen sortiert – vorgestellt werden.

4.6.1 Lupe/Zoom

Routinierte Photoshop-User klicken äußerst selten auf den Button für das Zoom-Werkzeug [Z] in der Werkzeugleiste.

Viel schneller und jederzeit greifbar ist das Werkzeug mit

- [Strg]/[⌘]+Leertaste zum Einzoomen (Vergrößern).
- [Strg]/[⌘]+[Alt]+Leertaste (oder [Alt]+Leertaste) für das Auszoomen (Verkleinern).

Dabei sorgt ein Klick ins Bild für ein Vergrößern bzw. Verkleinern in ganzzahligen Schritten.

Am häufigsten kommt das Vergrößern durch Aufziehen eines Rahmens für den neuen Bildausschnitt vor. Per Tastatur wird

- mit [Strg]/[⌘]+[+] eingezoomt.
- mit [Strg]/[⌘]+[-] ausgezoomt, wobei [+] und [-] sowohl auf der Haupttastatur funktionieren als auch am Nummernblock.

▲ **Abbildung 4.112**
Mit Leertaste und rechter Maustaste lassen sich die drei Standard-Ansichten schnell auswählen.

Standard-Ansichten | Die Standard-Ansichtsgrößen und die passenden Shortcuts sind:

- Tatsächliche Pixel (1 Bildschirm-Pixel entspricht einem Bild-Pixel) [Strg]/[⌘]+[Alt]+[0] (null)
- Ganzes Bild [Strg]/[⌘]+[0]
- Druckformat hat keinen Shortcut

Tatsächliche Pixel ist auch durch Doppelklick auf das Zoom-Werkzeug [Z] in der Werkzeugleiste zu haben. Eher weniger bekannt ist, dass man alle drei auch bei gleichzeitigem Drücken der Leertaste mit der rechten Maustaste auswählen kann. Bei einem Mac mit einer Ein-Tasten-Maus muss man statt der rechten Maustaste die Leertaste+[Crtl]-Taste drücken.

4.6.2 Navigator

Der NAVIGATOR (unter FENSTER • NAVIGATOR) zeigt stets das ganze Bild und markiert den aktuellen Bildausschnitt, der darin verschoben werden kann. Drückt man die ⇧-Taste, geht das nur waagerecht oder senkrecht. Die beiden Buttons unten und der Schieber sind selbsterklärend. Links unten kann die Ansichtsgröße auch numerisch eingegeben werden (ebenso wie im Dokumentfenster links unten). Mit gedrückter Strg/⌘-Taste kann im Navigator ein neuer Ansichtsrahmen aufgezogen werden. Angenehm ist das vor allem, wenn man im Dokumentfenster extrem eingezoomt hat, aber nicht wieder zum kompletten Bild aufziehen will.

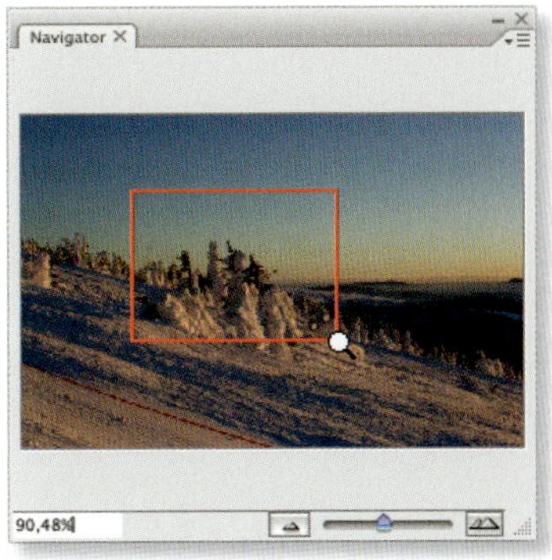

▲ **Abbildung 4.113**
Im Navigator kann mit gedrückter Strg/⌘+Taste ein Ansichtsrahmen aufgezogen werden.

4.6.3 Bewegen im Bild

In der Werkzeugleiste gibt es zum Bewegen im Bild das Hand-Werkzeug H, das den Bildausschnitt im Dokumentfenster bewegt, wenn er kleiner ist als das gesamte Bild. Einfacher geht es mit der Leertaste, die immer das Hand-Werkzeug aktiviert, solange sie gedrückt wird, egal, welches Werkzeug sonst gerade aktiv ist. Das ist sicher eine der meistgebrauchten Maustasten-Kombinationen überhaupt. Stark eingezoomte Bildausschnitte kann man gut mit dem NAVIGATOR bewegen.

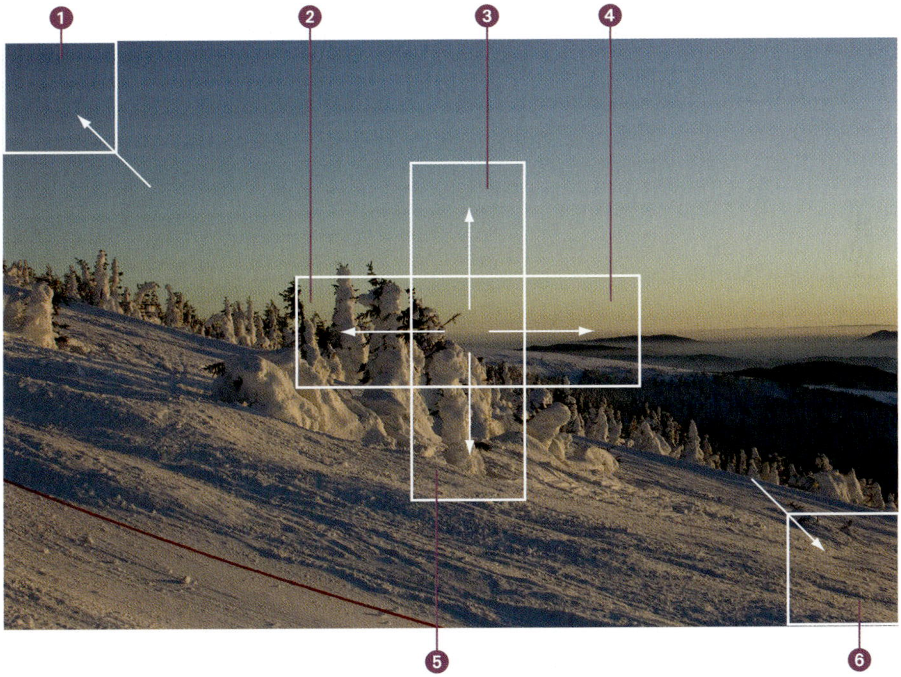

▲ **Abbildung 4.114**
Navigation im Bild mit den Bildlauftasten

100%-Ansicht | Es gibt Retusche-Aufgaben, vor allem Säuberungen nach dem Scannen, bei denen nichts übersehen werden darf und bei denen man das ganze Bild zumindest in der

100%-Ansicht anschauen muss. Hier läuft man Gefahr, beim Benutzen des Hand-Werkzeugs Stellen auszulassen. Auf Nummer sicher geht man mit den vier Navigationstasten zwischen Haupttastatur und Nummernblock.

- Mit [Pos1] geht es in die linke obere Ecke des Bildes ❶.
- Mit [Ende] geht es in die rechte untere Ecke ❻.

Jeweils um exakt einen ganzen aktuellen Bildausschnitt kann man sich mit den Bildlauftasten bewegen:

- [Bild ↑]: nach oben ❸
- [Bild ↓]: nach unten ❺
- [Strg]/[⌘]+[Bild ↑]: nach links ❷
- [Strg]/[⌘]+[Bild ↓]: nach rechts ❹

Drückt man dazu die [⇧]-Taste, verkleinert sich die Schrittweite.

4.6.4 Mausrad

Die meisten handelsüblichen Mäuse haben mittlerweile ein Rad (Scroll-Rad, Bildlaufrad) für Bildläufe, und die meisten Programme unterstützen das auch und weisen dem Rad verschiedenste Funktionen zu. So auch Photoshop: Unter VOREINSTELLUNGEN • ALLGEMEIN kann man die Option MIT BILDLAUFRAD ZOOMEN aktivieren.

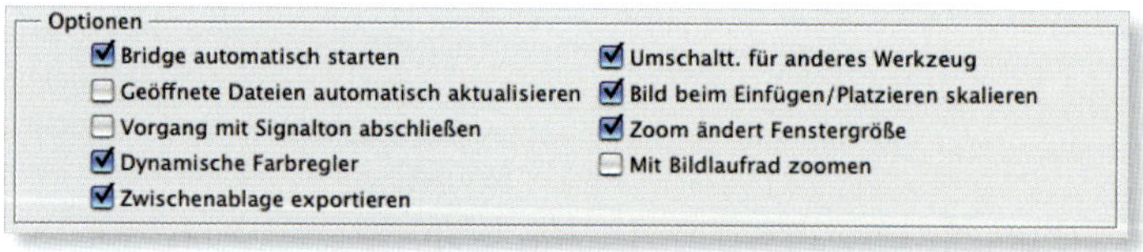

Abbildung 4.115 ►
Optionen für Zoom- und Scroll-Rad in den Voreinstellungen

Zwei-Tasten-Maus

Wer am Mac viel mit Photoshop arbeitet und noch die früher mitgelieferten Ein-Tasten-Mäuse von Apple verwendet, sollte umdenken. Sie schauen zwar nett aus, aber mit einer 20-Euro-PC-Maus mit zwei oder drei Maustasten und Scroll-Rad ist man sehr viel schneller unterwegs. Handelsübliche USB-Mäuse funktionieren normalerweise ohne irgendwelche Installationen sofort und ohne Probleme. Wer mehr Geld ausgeben möchte, besorgt sich Apples »Mighty Mouse« mit fünf Tasten.

Aus diesem Dialog ist nicht klar ersichtlich, dass es sich eigentlich um einen Umschalter handelt.

- Ist diese Option deaktiviert, so bewegt das Scroll-Rad das Bild auf und ab.
- Drückt man dazu die [Strg]/[⌘]-Taste, geht die Bewegung nach rechts und links.
- Die [⇧]-Taste verzehnfacht die Rollgeschwindigkeit.
- Drückt man die [Alt]-Taste, wird das Scroll-Rad zum Zoom-Rad.

Ist die Option in den VOREINSTELLUNGEN aktiviert, so kehrt sich das um. Dann ist das Scroll-Rad standardmäßig für den Zoom zuständig und mit gedrückter [Alt]-Taste für den Bildlauf.

Interessant für die Navigation im Bild ist auch noch die Option ZOOM ÄNDERT FENSTERGRÖSSE. Es kann lästig sein, dass sich das Fenster dauernd in der Größe ändert, wenn man viel mit der Lupe aus- und einzoomt. Dann sollte man das an dieser Stelle deaktivieren. Das geht übrigens auch in der Optionsleiste zum Zoom-Werkzeug unter FENSTERGRÖSSE. Dem Scroll-Rad sind beide Einstellungen egal. Die Fenstergröße ändert sich beim Zoomen mit dem Rad nie.

Andere Geräte wie z. B. Zeichenstifte von Grafiktabletts haben teilweise neben Scroll-Rädern noch andere mechanische Eingabegeräte an Bord, die sich meist vollkommen frei konfigurieren und diversen Photoshop-Funktionen zuordnen lassen. Ähnliches gilt für Mäuse mit mehr als zwei oder drei Tasten.

TEIL II

Farbe und Farbkorrekturen

5 Schwarzweiß, Duplex und Schmuckfarben

Das Thema Farbe taucht bei der Arbeit mit Photoshop an verschiedenen Stellen auf. Statt es in einem Block theoretisch abzuhandeln, um dann bei den einzelnen Anwendungen darauf zu verweisen, soll in diesem Buch alles Wichtige zu diesem Thema anwendungsspezifisch besprochen werden.

Farbe spielt in drei großen Bereichen eine wichtige Rolle:

- Farbkorrektur (Kapitel 6)
- Farbmanagement (Kapitel 7)
- Druckausgabe (Kapitel 12)

Auf die wichtigsten Grundlagen soll aber bereits an dieser Stelle eingegangen werden.

5.1 Grundlagen: RGB, CMYK und LAB

5.1.1 RGB

Technisch gesehen arbeiten Bildschirme, Scanner und Digitalkameras mit den drei Grundfarben des **additiven Farbsystems**. Beim Auge gibt es bei den Farbrezeptoren (Zäpfchen) drei Typen jeweils für **Rot**, **Grün** und **Blau**, wenn auch in ungleicher Empfindlichkeit: Das Auge nimmt grün dominant wahr. Im technischen Bereich sind die drei Grundfarben gleichberechtigt.

[Additives Farbsystem]
Die Farbmischung erfolgt durch Addition von Lichtfarben. Die Summe aller drei Farben ergibt Weiß.

Die Gesamtheit der vom Auge unterscheidbaren Farbnuancen lässt sich mit 256 Farben pro Grundfarbe ausreichend darstellen. Da 256, also 2^8, einem Byte der »Computersprache« entspricht und sich alle wahrnehmbaren Farben mit 3 Byte darstellen lassen, ist diese digitale Verarbeitung von Farbe der Standard. So kann man verallgemeinernd sagen, dass praktisch alles, was im Computer und um ihn herum Bilddaten verarbeitet, deshalb auf der Basis von RGB funktioniert.

▲ **Abbildung 5.1**
Additive Farbmischung bei RGB

5.1.2 CMYK

Anders als bei RGB, das auf der additiven Mischung von Lichtfarben basiert, wird bei CMYK auftreffendes Licht durch Deckung der hellen (Papier-)Oberfläche weggenommen. Dabei »filtern« die drei Buntfarben **Cyan**, **Magenta**, **Gelb** die entsprechenden Anteile des Lichts beim Auftreffen auf die Oberfläche heraus. Weil alle drei zusammen das nur in der Theorie komplett können, braucht man zusätzlich **Schwarz** (Key), um eine vollständige Deckung zu erreichen.

▲ **Abbildung 5.2**
Subtraktive Farbmischung bei CMY

Subtraktive Farbmischung | Man bezeichnet das Ganze deshalb auch als subtraktive Farbmischung, was übrigens dazu führt, dass eine ganze Reihe von Reglern in den Einstelldialogen im Gegensatz zu RGB genau umgekehrt funktionieren: Bei RGB wird eine Farbe von 0 bis 255 heller, bei CMYK steigt der Auftrag einer Farbe von 0 bis 100%, sie wird also dunkler.

Wenn bei einem Bild von vornherein klar ist, dass es später gedruckt werden soll, liegt es eigentlich nahe, gleich mit den Druckfarben Cyan, Magenta, Gelb und Schwarz zu arbeiten. Da aber der Umfang der darstellbaren Farben bei CMYK wesentlich kleiner ist als bei RGB, sind die Bearbeitungsmöglichkeiten auch teilweise sehr beschränkt.

Manches, vor allem einige Filter, funktioniert in Photoshop im CMYK-Modus überhaupt nicht. Trotz dieser Einschränkungen ist die Bearbeitung eines Bildes im CMYK-Modus durchaus sinnvoll, z. B. wenn Scans schon in CMYK angeliefert werden. Da wir hier bereits im Zielfarbraum für den Druck sind, ist es oft nicht sinnvoll, ein solches Bild für die Bearbeitung z. B. nach RGB und danach wieder retour zu konvertieren.

5.1.3 LAB

Von den drei grundlegenden Farbmodellen RGB, CMYK und LAB entspricht Letzteres dem menschlichen Sehen, weil die **Luminanz**-Komponente **L** strikt von den **Farbkomponenten A** und **B** getrennt behandelt wird, wie es auch das Auge mit den Stäbchen (Luminanz, Helligkeit) und den Zäpfchen (Chrominanz, Farbe) tut.

LAB lässt sich vereinfacht auch als Zylinder darstellen. Die Achse ❶ des Zylinders repräsentiert die Luminanz und sein Radius ❷ die Sättigung. Um den Umfang des Zylinders herum finden wir die Farbtöne.

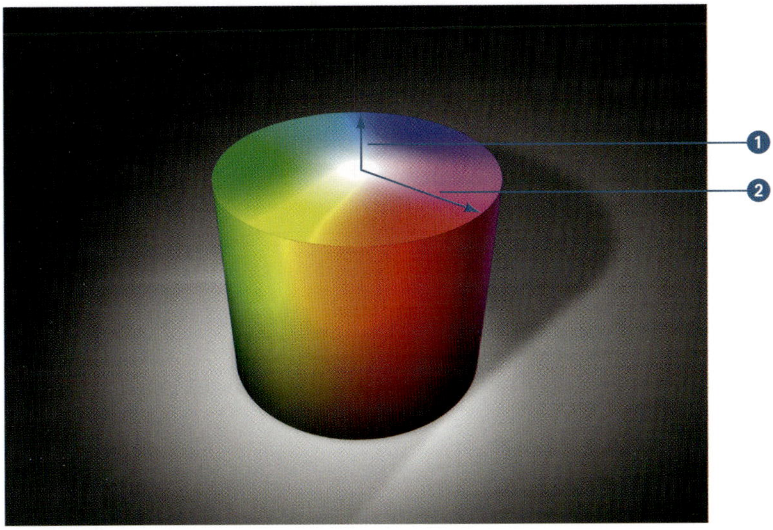

▲ **Abbildung 5.3**
Vereinfachte Darstellung von LAB als Zylinder

Durch die Trennung von Helligkeits- und Farbinformation beim LAB-Modus kann man die Farbigkeit eines Bildes bearbeiten, ohne Kontrast und Helligkeit zu beeinflussen und umgekehrt den Kontrast ohne Farbverschiebungen korrigieren. Man kann deshalb auch aus einem Bild im LAB-Modus schnell ein korrektes Schwarzweiß-Bild machen, indem man lediglich die beiden Farbkomponenten A und B entfernt.

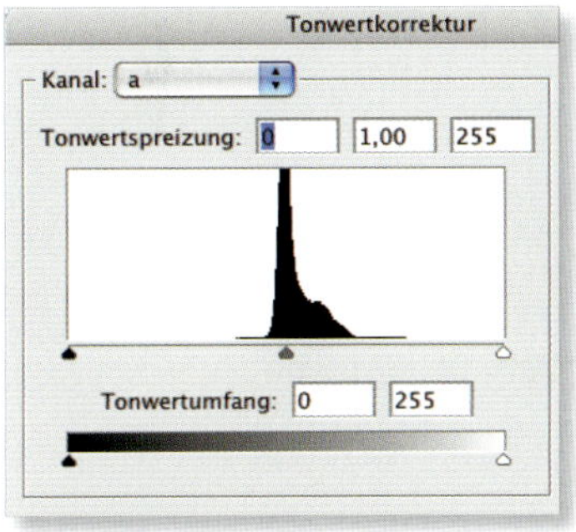

▲ **Abbildung 5.4**
Sehr schmaler Bearbeitungsbereich im Farbkanal B

Nachteil | Ein Nachteil von LAB sei nicht verschwiegen: Manche Operationen in den Farbkomponenten A und B sind relativ schwer einzustellen, vor allem bei der TONWERTKORREKTUR (Abbildung 5.4) und den GRADATIONSKURVEN. Keinen Unterschied gibt es bei FARBTON/SÄTTIGUNG, weil hier ja auch die Helligkeit von der Farbe (Tonwinkel und Sättigung) getrennt behandelt wird.

5.2 Vorbereitung: Arbeitsfarbräume und Profile

Elementar wichtig für das Arbeiten mit Farben ist deren Darstellung am Monitor und die Art und Weise, wie Photoshop Farbe intern verarbeitet. Das Wichtigste dazu wird im Dialog BEARBEITEN • FARBEINSTELLUNGEN (oder Strg/⌘+⇧+K) festgelegt.

Abbildung 5.5 ▸
Der Dialog FARBEINSTELLUNGEN

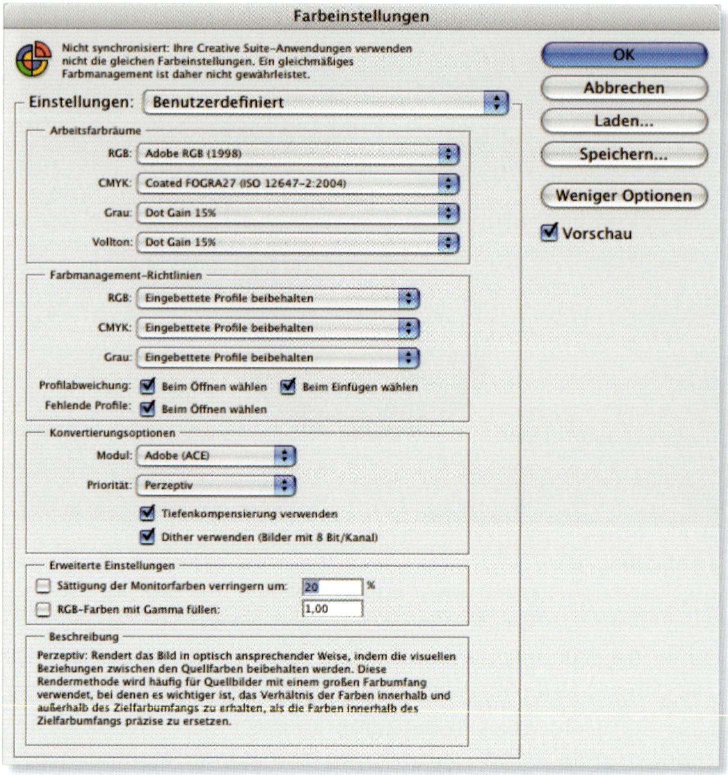

5.2.1 Arbeitsfarbräume

Zum Weiterlesen
Alle Details zu dieser umfangreichen Schaltzentrale sind Kapitel 7, »Farbmanagement«, ausführlich erklärt.

Wichtig sind die Arbeitsfarbräume, vor allem weil die Standard-Einstellungen von Photoshop alles andere als sinnvoll sind und zweifelhafte Ergebnisse bringen, wenn man sie acht- oder kritiklos übernimmt. Jetzt seien nur die grundsätzlichen Empfehlungen für die einzelnen Farbmodi ohne weitere Kommentare aufgeführt:

RGB | Der hier standardmäßig eingestellte Arbeitsfarbraum **sRGB** ist an sich gut, weil z.B. viele Digitalkameras darauf eingestellt sind und ihre Bilder mit diesem Profil versehen. Für die spätere Bearbeitung mit dem Ziel der Druckausgabe ist dieser Farbraum aber zu klein, namentlich an einer Stelle im Blau-Grün-Bereich. Es sollte also für RGB ein größerer Farbraum gewählt werden.

Von den beiden in Photoshop mitgelieferten Farbräumen **ColorMatch-RGB** und **Adobe-RGB**, die als Alternative infrage kommen, ist der letzte der größere, kann also mehr Farben darstellen. Eine noch bessere Alternative ist **ECI-RGB**, der sich an der Farbwiedergabe der besten Monitore orientiert. Wie Sie das nicht zum Lieferumfang gehörende ECI-RGB-Profil einrichten können, erfahren Sie gleich.

ECI-Farbprofile
Das ECI-RGB-Farbprofil finden Sie als »ECI-RGB.V1.0.icc« unter SOFTWARE/FARBE auf der Buch-DVD.

CMYK | Früher war an dieser Stelle auch bei deutschen Photoshop-Versionen als Voreinstellung U.S. SWOP COATED, der in Europa ungebräuchliche amerikanische Druckstandard, eingetragen. Später stand hier EUROSKALA COATED V2, doch dieser ist veraltet. Das nun als Vorgabe für CMYK eingetragene Farbprofil EUROPE ISO COATED FOGRA27 ist da viel besser. Die international genormten ISO-Profile setzen sich langsam als Standard durch. Das Original-ISO-Profil für gestrichenes Papier ist **ISO Coated**. Es ist etwas größer als das vorgegebene Profil von Adobe und hier zu empfehlen. An dieser Stelle kann aber auch ein CMYK-Farbprofil geladen werden, das Ihnen Ihre Druckerei zur Verfügung stellt.

LAB | Vielleicht wundern Sie sich, warum bei den Einstellmöglichkeiten der Arbeitsfarbräume LAB nicht auftaucht. Der Grund ist einfach: LAB umschreibt bereits den Maximalumfang der für das Auge sichtbaren Farben und ist der Referenzfarbraum. Er ist sozusagen selbst das Maß der Dinge, alle anderen beziehen sich auf ihn (Details dazu in Abschnitt 6.11). Photoshop arbeitet übrigens programmintern mit LAB.

[ISO-Profile]
Diese Profile sind auf Basis von ISO-Normen (International Organization for Standardization) entwickelte Farbprofile für die Druckbranche.

5.2.2 Profile laden

Bei der Erstinstallation von Photoshop CS3 sind die oben genannten Farbräume unter EUROPA, UNIVERSELLE ANWENDUNGEN 2 eingestellt. Die Konfiguration, die sowohl für die Screenausgabe als auch für die Druckausgabe gleichermaßen gut geeignet und technisch auf der Höhe der Zeit ist, **ECI-RGB** und **ISO Coated**, muss man sich selbst einrichten, weil beide Profile nicht zum Lieferumfang von Photoshop gehören.

Farbprofile auf der DVD
Die beiden Farbprofile für den RGB- und den CMYK-Arbeitsfarbraum »ECI-RGB.V1.0.icc« und »ISOcoated.icc« finden Sie unter SOFTWARE/FARBE auf der Buch-DVD.

Um sich diese neuen Profile für die Arbeitsfarbräume in die Farbeinstellungen zu laden, kopieren Sie die Dateien »ECI-RGB.V1.0.icc« und »ISOcoated.icc« in das Verzeichnis, in dem im Betriebssystem die Farbprofile abgelegt sind. Beim Mac ist dies SYSTEMFESTPLATTE/LIBRARY/COLORSYNC/POFILES, bei WINDOWS SYSTEMFESTPLATTE\WINDOWS\SYSTEM32\SPOOL\DRIVERS\COLOR (Achtung: Bei Windows kann das je nach Betriebssystem-Version variieren!). Die ».icc«-Dateien funktionieren übrigens auf beiden Plattformen.

▲ **Abbildung 5.6**
Laden eines eigenen RGB-Arbeitsfarbraums

Im Auswahlmenü ARBEITSFARBRÄUME • RGB öffnet man unter RGB-EINSTELLUNGEN LADEN (Abbildung 5.6) einen Dateidialog, der standardmäßig die oben genannten Verzeichnisse zeigt. Nun lädt man das Profil »ECI-RGB.V1.0.icc«. Entsprechend verfährt man bei ARBEITSFARBRÄUME • CMYK MIT CMYK-EINSTELLUNGEN LADEN und lädt die Datei »ISOcoated.icc«.

Zum Weiterlesen
Die eben behandelten Einstellungen haben sehr viel mit Kapitel 7, »Farbmanagement«, zu tun und werden dort näher besprochen.

5.3 Modus: 8 oder 16 Bit?

▲ **Abbildung 5.7**
Einstellung der Farbtiefe unter Bild • Modus

Für die Darstellung aller vom Auge unterscheidbaren Farbnuancen reichen 256 Abstufungen in den drei Farbkanälen R, G und B aus. Die entsprechenden 8 Bit Wortlänge, die der Computer intern dafür verwendet, nennt man auch die **Farbtiefe**. Photoshop bietet für Bilder aber auch die doppelte Farbtiefe von 16 Bit an. Es gibt sogar 32 Bit Farbtiefe, die aber nur für spezielle High-Dynamic-Range-Bilder (HDRI) sinnvoll ist (siehe Abschnitt 2.15).

5.3.1 Vorteile von 16 Bit

Warum also 16 Bit, wenn man dabei gar keine Unterschiede zwischen Farbtönen mehr erkennen kann? Die Antwort ist einfach: Photoshop bietet damit für viele Berechnungen große Reserven an Genauigkeit an. Wenn es nur 256 Werte gibt und z.B. bei einer Tonwertkorrektur innerhalb dieses Bereichs viel verschoben und vor allem skaliert wird (z.B. bei Aufhellungen eines dunklen Bildvordergrundes), dann geht bei den notwendigen Berechnungen allein durch Rundung bereits viel Bildinformation verloren.

[Histogramm]
Das Histogramm zeigt die statistische Verteilung der Tonwerte eines Bildes insgesamt und für einzelne Farbkanäle (Aufruf mit Fenster • Histogramm).

[Weißpunkt]
Derjenige Farbwert, der den hellsten Wert für die Ausgabe definiert, wird Weißpunkt genannt. Analog dazu kennzeichnet der Schwarzpunkt die dunkelste Stelle des Bildes.

Ausgangspunkt 8 Bit | Ein Beispiel soll das anschaulich machen: Als Ausgangspunkt soll eine RGB-Datei mit 8 Bit Farbtiefe und einem Verlauf von Schwarz nach Dunkelgrau mit dem sehr geringen Umfang von 16 Tonwerten (0 bis 15) dienen. So etwas würde einem sehr dunklen Bildbereich entsprechen. Mit Bild • Anpassungen • Tonwertkorrektur soll nun dieser Bereich aufgehellt werden.

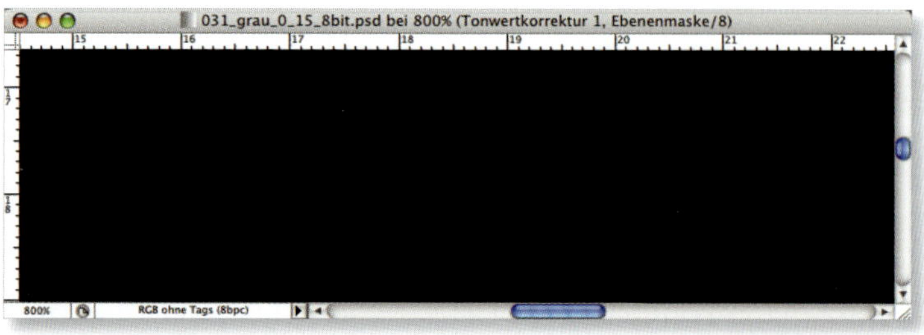

▲ **Abbildung 5.8**
Verlauf mit extrem geringem Tonwertumfang (kaum sichtbar)

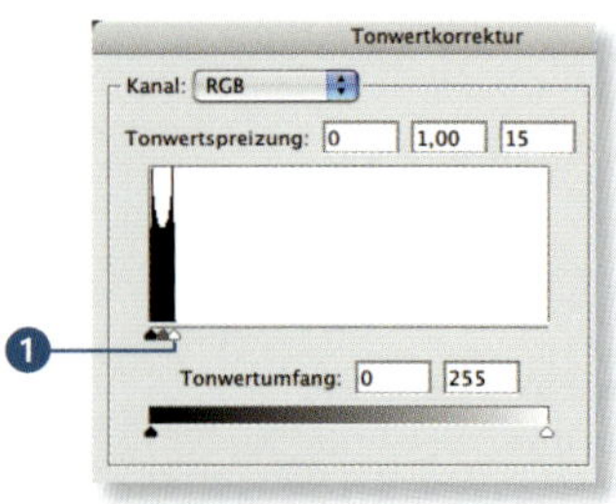

Abbildung 5.9 ▲
Tonwertkorrektur mit Histogramm

Dazu wird der obere weiße Regler (Weißpunkt) im Dialog 1 zum rechten Rand des Histogramms geschoben. Weil bekannt ist, dass der Verlauf von 0 bis 15 geht, kann man auch in das rechte Eingabefeld der Tonwertspreizung einfach die 15 eingeben. Damit werden die 16 Tonwerte auf den vollen möglichen Tonwertumfang »aufgeblasen«.

Im Ergebnis geht der Verlauf nun von Schwarz bis Weiß ❷. Es fällt eine unruhige, körnige und stufige Struktur auf, und obwohl der Verlauf aus Grauwerten besteht, sind plötzlich farbige Bildpunkte zu erkennen, besonders in der Vergrößerung ❸. Im Histogramm sieht man gut, dass immer noch nur 16 Tonwerte vorhanden sind (»Tonwertabriss«).

[Tonwertabriss]
Lücken im Tonwertumfang, die im Bild zu unschönen Stufen führen

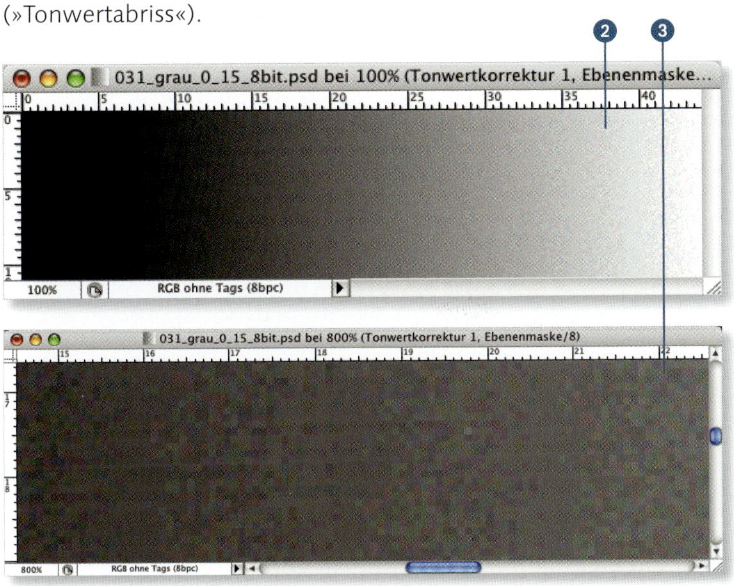

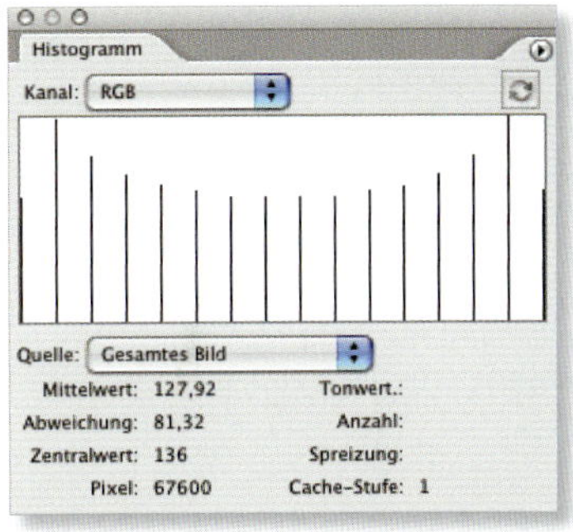

▼ Abbildung 5.10
Tonwertspreizung bei 8 Bit Farbtiefe

An sich würde man im Verlauf nun sehr deutlich alle 16 Tonwerte als markante Stufen sehen. Deswegen versucht Photoshop, die Stufen durch gezielten Einsatz von Störungen zu mildern (»Dithering«). Handelt es sich dabei wie hier um eine RGB-Datei, dann werden dazu auch leicht farbige Werte herangezogen. Entsprechend würde ein stark aufgehellter dunkler Bildteil bei der Bildqualität leiden. Man sieht also, dass bessere Mittel notwendig sind.

[Dithering]
Bei einem begrenzten Umfang an möglichen Tonwerten werden Zwischentöne durch das Hinzufügen von Störungen (Rauschen) simuliert.

Das Beispiel in 16 Bit | Zieht man den exakt gleichen, tonwertarmen Verlauf in einer Datei auf, die mit 16 Bit Farbtiefe angelegt wurde, und wendet die gleiche Tonwertkorrektur darauf an, bietet sich ein besseres Bild. Der Verlauf ist makellos ❹, und auch in der Vergrößerung ❺ sind keine Auffälligkeiten zu sehen. Das Histogramm bestätigt diesen Eindruck. Bei 16 Bit Farbtiefe gibt es zwischen den 256 Abstufungen, die wir mit dem Auge noch unterscheiden können, weitere 256 Unterstufen, die Photoshop in solchen Fällen nutzen kann und die genügend Reserven auch für starke Korrekturen bieten.

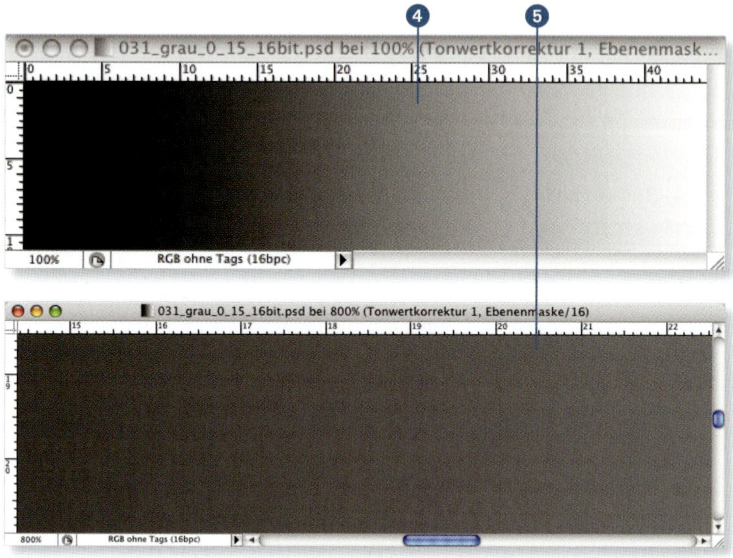

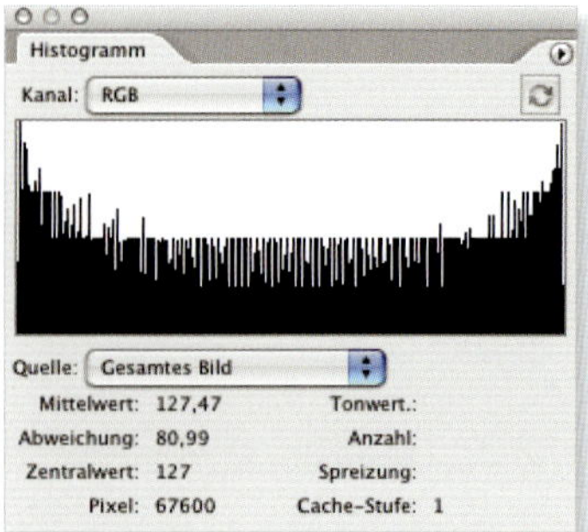

▲ **Abbildung 5.11**
Tonwertspreizung bei 16 Bit

5.3.2 Mein Bild hat aber nur 8 Bit Farbtiefe: Was tun?

Wenn man ein Bild hat, das bereits mehr als 8 Bit Farbtiefe besitzt, wie viele Bilder von neueren und besseren Digitalkameras oder guten Scannern, kann Photoshop diese im 16-Bit-Modus sehr gut und meist ohne sichtbare Verluste bearbeiten. Oft liegt aber ein Bild mit nur 8 Bit Farbtiefe vor, wie z. B. prinzipiell alle JPEG-Dateien. Der 16-Bit-Modus ist kein Wundermittel, und was im Bild nicht drin ist, kann er auch nicht hineinzaubern. Wenn man also ein 8-Bit-Bild im 16-Bit-Modus bearbeitet, so halten sich lediglich die Verluste, die sonst durch die geringere Rechengenauigkeit entstanden wären, in Grenzen.

8-Bit-Dateien umwandeln | Es gibt allerdings einen guten Trick, mit dem man aus einer 8-Bit-Datei fast eine »echte« 16-Bit-Datei machen kann.

Am Anfang von Bildbearbeitungen kann oft eine Skalierung und/oder ein Beschnitt auf die gewünschte Endgröße stehen. Konvertiert man vor einem solchen Schritt gleich zu Anfang die Datei von 8 auf 16 Bit, so steht für die komplette Neuberechnung der Tonwerte **aller** Bildpixel, die dabei immer stattfindet, ein sehr viel größerer Tonwertumfang zur Verfügung. Es entstehen dadurch »echte« 16-Bit-Tonwerte, die diese Reserve in der Rechengenauigkeit natürlich für die weitere Bearbeitung auch mitnehmen.

TIPP

Will man (noch) keine massive Verkleinerung auf ein Endformat vornehmen, kennt man das Zielformat noch nicht oder will sich diese Verkleinerungen für einen späteren Arbeitsschritt aufheben, kann man auch die Bildgröße um einen kleinen Betrag verkleinern (wenige Prozent). Hierfür sollte man dann auf jeden Fall im Dialog Bildgrösse unter Bild neu berechnen mit der Option Bikubisch (schärfer) auswählen, da sonst eine merkbare Unschärfe ins Bild kommt.

Fazit | Man kann also prinzipiell sagen, dass man Bildbearbeitung immer im 16-Bit-Modus durchführen sollte. Bei der Entwicklung der letzten Photoshop-Versionen hat Adobe die Unterstützung des 16-Bit-Modus sukzessive auf immer mehr Bereiche des

Programms ausgedehnt, sodass mittlerweile praktisch alle wichtigen Funktionen damit laufen. Nur noch in kleinen Bereichen, z. B. bei einigen Filtern vor allem von Drittherstellern, hapert es noch am 16-Bit-Support.

Natürlich wird eine Bilddatei durch den Wechsel von 8 auf 16 Bit exakt doppelt so groß. Das ist der Preis für die höhere Rechengenauigkeit und die Qualitätsreserven. Angesichts der Geschwindigkeit von aktuellen Rechnern und deren Ausstattung mit Arbeitsspeicher und Festplatten (egal ob Apple Macintosh oder Windows PC) ist dieser Preis aber angemessen und für die erreichbare bessere Bildqualität leicht zu akzeptieren.

5.4 Schwarzweiß-Bilder

In diesem Kapitel seien mit Schwarzweiß-Bildern – dies zur Klarstellung – immer Graustufenbilder gemeint. In der Nomenklatur von Photoshop besteht ein Schwarzweiß-Bild ja **nur** aus Schwarz und Weiß (von Adobe »Bitmap«-Bild genannt, um das Ganze noch um die Verwirrung mit dem Windows-Bildformat zu bereichern). Ein solches Bild kommt mit einem Bit Farbtiefe aus.

Video-Training

Auf der Buch-DVD im Ordner VIDEO-TRAINING finden Sie Video-Lektionen zum Thema »Schwarzweiß-Umwandlung«.

Auf den ersten Blick mag das Thema angesichts der Möglichkeiten, die man bei Photoshop mit Farben hat, ein wenig harmlos klingen. Aber allein die Anzahl verschiedener Verfahren, mit denen sich aus farbigen Dateien Schwarzweiß-Bilder erzeugen lassen, verrät, dass das durchaus nicht trivial ist und dass es eine ganze Reihe kreativer Möglichkeiten in dieser Richtung gibt.

Gerade durch den Boom der digitalen Fotografie ist eine Experimentierfreude im Zusammenhang mit Schwarzweiß-Bildern aufgekommen, die einer richtiggehenden Renaissance der guten, alten Dunkelkammer gleichkommt. Selbst eine der Neuerungen bei Photoshop CS3 widmet sich diesem Thema. Ebenso tragen Camera Raw und Lightroom diesem Trend Rechnung.

Im Folgenden soll ein Überblick über die mittlerweile große Vielfalt der Verfahren zur Produktion von Schwarzweiß-Bildern gegeben werden.

5.4.1 Schwarzweiß via Modusumwandlung in Graustufen

Die nahe liegendste Methode, das sehr buntfarbige Originalbild (RGB, Abbildung 5.12) in ein Schwarzweiß-Bild zu wandeln, ruft man über BILD • MODUS • GRAUSTUFEN auf.

▲ **Abbildung 5.12**
Originalbild in RGB

Photoshop rechnet einfach die drei Farbkanäle zusammen, indem die drei Farbkanäle nach der Formel `0,3 × Rot + 0,59 × Grün + 0,11 × Blau` summiert werden. Diese Formel entspricht der Gründominanz des menschlichen Sehens und wird z. B. auch

▲ **Abbildung 5.13**
Mit Bild • Modus • Graustufen konvertiertes Bild

▲ **Abbildung 5.14**
Extrahierter Luminanz-Kanal

beim Erzeugen des Farbfernsehsignals benutzt. Dabei gibt es nichts einzustellen.

Das Ergebnis ist immer schematisch und nimmt keinerlei Rücksicht auf den Bildinhalt. Es ist also nicht wirklich zu empfehlen.

5.4.2 Schwarzweiß über den Luminanzkanal

Sehr ähnlich und ohne direkte Einflussmöglichkeiten verhält sich die Methode, das Bild in den LAB-Modus zu konvertieren, die beiden Farbkomponenten-Kanäle A und B rauszuwerfen und das übrig gebliebene Mehrkanalbild mit dem Luminanz-Kanal in Graustufen zu wandeln. Der Unterschied ist aber bereits interessant.

5.4.3 Farbkanal extrahieren

Eine weitere Methode, die zwar keine direkte Gelegenheit zu Eingriffen bietet, aber zumindest eine bescheidene Auswahl bietet, besteht darin, einen der drei Farbkanäle zu benutzen. Dieser kann durch Löschen der anderen beiden extrahiert werden (dabei muss die zurückbleibende einkanalige Mehrkanal-Datei in Graustufen konvertiert werden). Das Kopieren des Kanal-Inhalts und das Einsetzen in eine neu erstellte Graustufen-Datei funktioniert ebenso.

▲ **Abbildung 5.15**
Rot-, Grün- und Blau-Kanal (von links)

Die Wahl zwischen den drei Kanälen steht in einem durchaus berechenbaren Zusammenhang mit den Bildinhalten und lässt sich deswegen ganz gut abschätzen.

- Der **Rot-Kanal** (Abbildung 5.15, links) verstärkt die Kontraste im Himmel. Erfahrene Schwarzweiß-Fotografen wissen um die Wirkung eines Rotfilters bei schwarzweißen Landschaftsaufnahmen.
- Der **Grün-Kanal** kommt bei Landschaftsaufnahmen einem wahrnehmungsrichtigen Bild und dem Kontrastverhältnis des farbigen Originals meist am nächsten. Das gilt aber auch bei anderen Aufnahmen, weil hier wieder die Tatsache der Gründominanz des Auges ins Gewicht fällt.
- Im **Blau-Kanal** verflacht der Tonwertumfang im Himmel zugunsten eines kräftigeren und klareren Vordergrundes.

5.4.4 Schwarzweiß erstellen über Farbton/Sättigung

Diese Methode funktioniert im ersten Schritt genauso wie der Weg über das Umwandeln in ein LAB-Bild. Das Ergebnis ist zuerst auch sehr ähnlich. Man zieht zunächst eine Einstellungsebene über dem Bild ein und wählt als Funktion FARBTON/SÄTTIGUNG. Im dann folgenden Dialog zieht man unter STANDARD, d.h. für alle Farben gemeinsam, die SÄTTIGUNG ganz nach links.

Das Bild ist nun schwarzweiß. Dann aber wird es interessant: Wählt man die einzelnen Farbtonbereiche über BEARBEITEN oder benutzt man die Pipette, so kann man massiv in das Geschehen eingreifen. In Abbildung 5.17 wurde z.B. unter GELBTÖNE die Helligkeit angehoben, um das gelbe Band besser von den benachbarten Bändern in Blau und Rosa zu trennen.

Diese Methode hat weitreichende Möglichkeiten und lässt sich noch ausbauen, z.B. mit einer zweiten gleichartigen Einstellungsebene, um die Effekte noch zu verstärken, denn die Einstellungsbereiche von FARBTON/SÄTTIGUNG sind begrenzt.

▲ **Abbildung 5.16**
Einstellungsebene mit FARBTON/SÄTTIGUNG zum Entsättigen

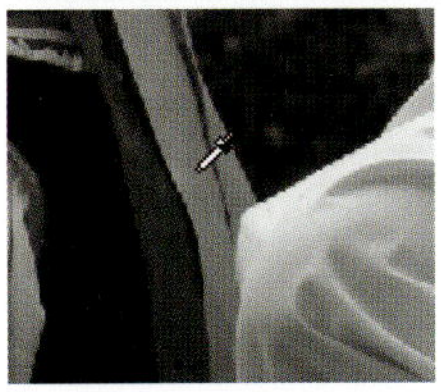

▲ **Abbildung 5.17**
Einzelne Farbtöne in ihrer Auswirkung auf die Graustufen manipulieren

5.4.5 Schwarzweiß über den Kanalmixer

Normalerweise kann man mit dem Kanalmixer (EBENE • NEUE EINSTELLUNGSEBENE • KANALMIXER) die einzelnen und an sich unabhängigen Farbkanäle kreuzweise in Beziehung setzen und so sehr stark »verdrehen«. Eine kleine Checkbox im Dialog der Einstellungsebene mit dem Namen MONOCHROM ❶ bietet einen sehr flexiblen Weg zu guten Schwarzweiß-Bildern.

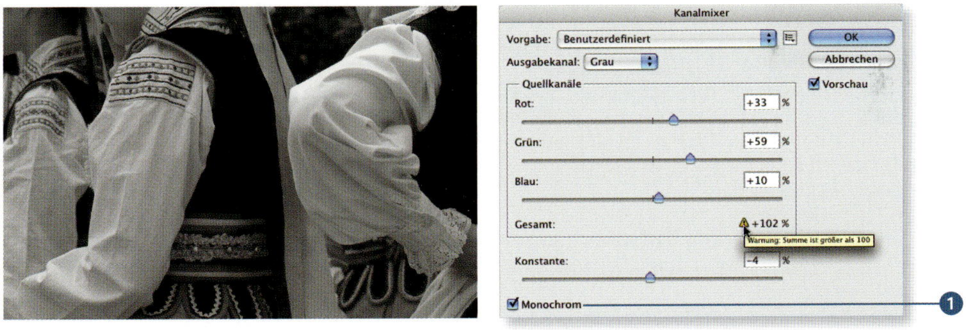

▲ **Abbildung 5.18**
Der Kanalmixer im Modus MONOCHROM und das Graustufen-Ergebnis

5.4.6 Kombination aus Entsättigen und Gradationskurven zur Erstellung eines Schwarzweiß-Bildes

Einen der vielen Vorteile der Einstellungsebenen macht sich das folgende Verfahren zunutze. Es lassen sich damit Bearbeitungsschritte »stapeln« und in Anordnung und Reihenfolge austauschen, was z.T. extrem unterschiedliche Ergebnisse bei gleichen Arbeitsschritten und gleichem Ausgangsmaterial ergibt.

In diesem Beispiel legen wir als »Ausgangsschritt« die eigentliche Erzeugung des Schwarzweiß-Bildes fest, indem zuoberst eine simple Einstellungsebene mit Farbton/Sättigung liegt, in der unter Bearbeiten • Standard einfach die Sättigung abgedreht wird. Darunter wird nun in einer weiteren Einstellungsebene mit Gradationskurven an den Farben des Bildes »geschraubt«.

▲ **Abbildung 5.19**
Originalbild

▲ **Abbildung 5.20**
Bild nach dem Entsättigen

▲ **Abbildung 5.21**
Einstellungsebenen

Um in diesem Bild z. B. die Zeichnung im Wald zu verbessern, wurde die Grünkurve kräftig angehoben.

Abbildung 5.22 ▶
Gradationskurven für die einzelnen Farbkanäle

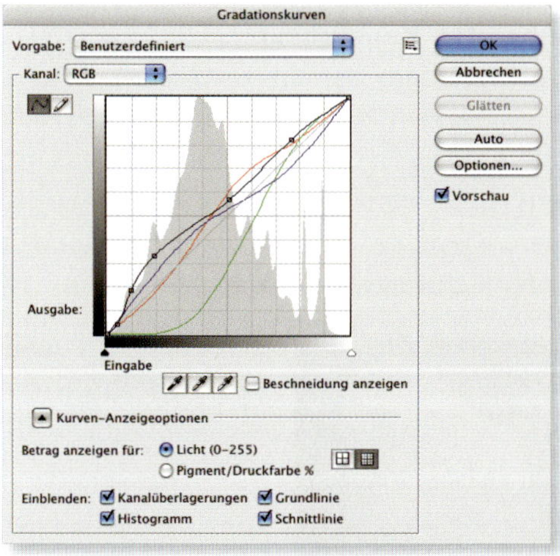

▲ **Abbildung 5.23**
Endergebnis nach Manipulation der Gradationskurven unter der Entsättigungsebene

Die entsprechenden Kurven zum Endergebnis in den drei Kanälen zeigt Abbildung 5.22. Die Kurve unter Kanal • RGB ist in diesem Fall auch noch verändert worden. Das entspricht natürlich dann einer gesamten Tonwertkorrektur des Bildes.

▲ **Abbildung 5.24**
Originalbild (© pixelio.de)

5.4.7 Die neue Schwarzweiß-Funktion

Eine neue und lange vermisste Funktion finden Sie in Photoshop CS3 unter Bild • Anpassungen • Schwarzweiss oder Strg/⌘+⇧+Alt+B. Sie bietet ohne viel Drumherum und Überlegung die Möglichkeit, in acht Bereichen rund um den Farbkreis zu beeinflussen, wie stark die jeweilige Farbe in das schwarzweiße Ergebnis eingeht. Diese Funktion kann auch nicht-destruktiv, also als Einstellungsebene angewendet werden.

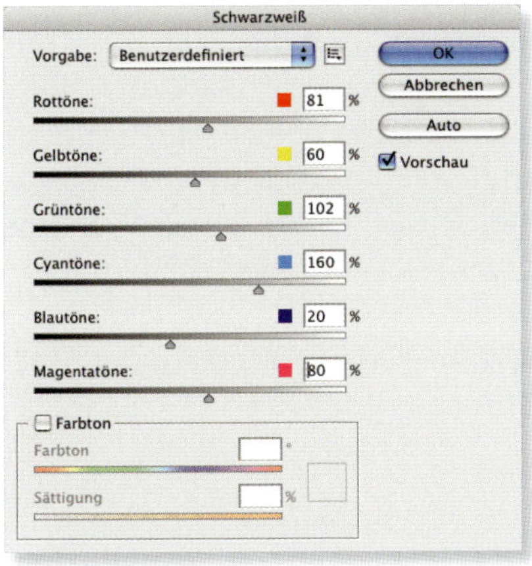

◂ **Abbildung 5.25**
Die neue Funktion Schwarzweiss

▴ **Abbildung 5.26**
Die neue Schwarzweiß-Funktion als Einstellungsebene

Ganz besonders angenehm ist ein bereits aus einigen Lightroom-Funktionen bekanntes Feature, mit Klicken und Ziehen im Bild selbst bestimmte Parameter zu verändern. In diesem Fall sucht sich die Funktion Schwarzweiss bei einem Klick ins Bild selbstständig den Farbbereich, der verändert wird. Das ist ganz besonders hilfreich, weil man ja nach dem Aufruf der Funktion das Farbbild nicht mehr sieht. Der entsprechende Farbbereich wird in der Dialogbox der Funktion mit einem kleinen Rahmen markiert.

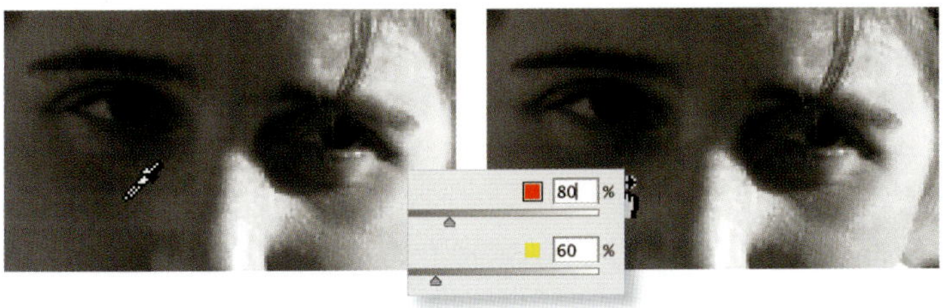

◂ **Abbildung 5.27**
Interaktives Anpassen der Farbbereiche für die Schwarzweiß-Umsetzung im Bild

Zieht man nun mit der Maus nach rechts oder links, so ändert der Cursor seine Form zur bekannten »Doppelpfeilhand«, und es vergrößert bzw. verringert sich der Prozentwert des Farbbereichs. Das Trennen von nahe beieinanderliegenden Farbtönen gelingt so sehr leicht.

◂ **Abbildung 5.28**
Ergebnisbild

▲ **Abbildung 5.29**
Originalbild

5.4.8 Schwarzweiß-Konvertierung über die Verlaufsumsetzung

Eher weniger bekannt ist der Einsatz des Befehls BILD • ANPASSUNGEN • VERLAUFSUMSETZUNG für die Konvertierung eines Farbbildes in ein Schwarzweiß-Bild. Dieser Befehl ist auch als Einstellungsebene zu haben und wir setzen ihn hier auch in dieser Weise ein.

Es wird nun jedem Tonwert im Bild ein Wert auf der Skala eines Verlaufs zuordnet.

Abbildung 5.30 ▶
Einstellungsebene mit Verlaufsumsetzung und linearem Schwarzweiß-Verlauf

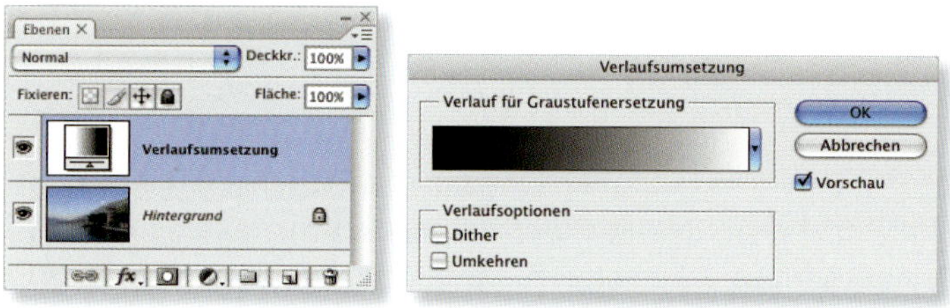

Eine normale Schwarzweiß-Umsetzung benutzt also einen einfachen Verlauf von Schwarz nach Weiß. Das Ergebnis weicht nicht allzu stark von den anderen einfachen Schwarzweiß-Methoden ab.

Abbildung 5.31 ▶
Lineare Verlaufsumsetzung

Interessant wird es aber dann, wenn dieser Verlauf nicht mehr linear ist. Klickt man in den Verlauf der kleinen Dialogbox unter VERLAUFSUMSETZUNG, so öffnet sich der Dialog VERLÄUFE BEARBEITEN. (Für Details zu dieser Box siehe Abschnitt 9.6.)

Durch gezieltes Setzen von weiteren Punkten auf der Unterseite der Verlaufsskala kann man mit verschiedenen Grauwerten und durch Verschieben von deren Position die Charakteristik der Umsetzung in sehr weiten Grenzen verändern. Das geht bis zur völligen Unkenntlichkeit des Bildes, vor allem wenn die Grauwerte nicht von links nach rechts ansteigend sind. Das Verhalten ähnelt einer komplett verbogenen Linie bei den Gradationskurven.

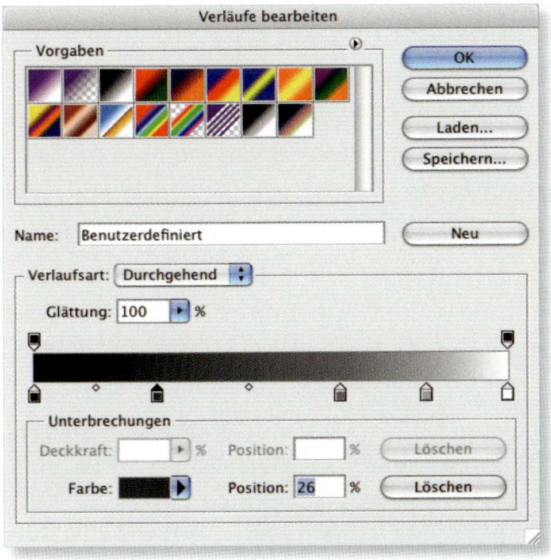

▲ **Abbildung 5.32**
Anpassung des Verlaufs

▲ **Abbildung 5.33**
Angepasste Verlaufsumsetzung

5.4.9 Schwarzweiß in Camera Raw und Lightroom

Mit der Schwarzweiß-Umsetzung eines Bildes muss man nicht bis zur Bearbeitung in Photoshop warten. Man kann das bereits mit den Raw-Werkzeugen Camera Raw und Lightroom erledigen.

Camera Raw-Dialog | Es war bereits im Camera Raw-Dialog der Creative Suite 2 möglich, Schwarzweiß-Bilder zu erzeugen. Dafür gab es allerdings keine eigene Funktion, sondern nur den Umweg über das Entsättigen und dann über die Manipulation des Kamera-Profils.

Bei Photoshop bzw. Bridge CS3 finden Sie in Camera Raw nun im rechten Bearbeitungsfeld eine neue entsprechende Funktion unter HSL/GRAUSTUFEN. Ist hier die Checkbox IN GRAUSTUFEN KONVERTIEREN aktiviert, wird das Bild in ein Schwarzweiß-Bild konvertiert.

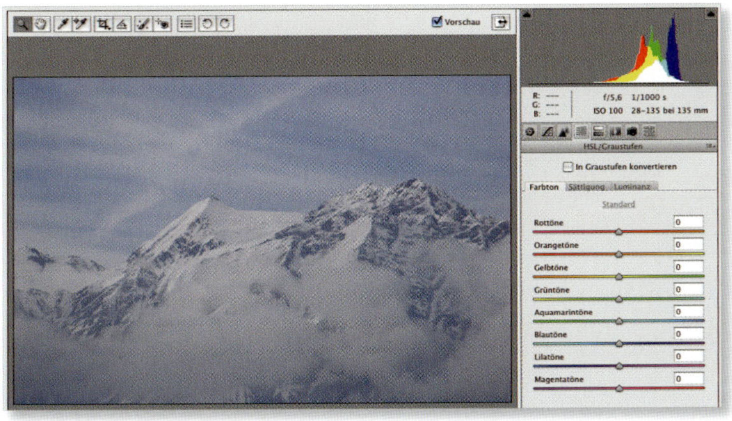

◀ **Abbildung 5.34**
Flaues Originalbild in Camera Raw

Mit den acht Farbzonenreglern können Sie nun festlegen, wie welche Farbe ins schwarzweiße Ergebnis eingeht. Hier dunkelt eine Herausnahme der Blautöne und ein Anheben der Rottöne den Himmel stark ab und verleiht dem ansonsten noch nicht manipulierten, kontrastschwachen Originalbild viel mehr Präsenz. Auch in der klassischen Schwarzweiß-Fotografie wurde für dramatischere Landschaftsaufnahmen immer ein Rotfilter verwendet. Die Kontrastanhebung erfolgt hier ohne jede andere Einstellung, und auch die Gradationskurve wurde nicht benutzt.

Abbildung 5.35 ▶
Schwarzweiß-Konvertierung in Camera Raw

Lightroom | Sehr ähnlich geht es in Lightroom zu. Unter GRAUSTUFEN finden Sie im Abschnitt ENTWICKELN ähnliche Einstellmöglichkeiten wie in Camera Raw.

▼ **Abbildung 5.36**
Die Abteilung GRAUSTUFEN im Abschnitt ENTWICKLUNG von Lightroom

Die interaktive Einstellmöglichkeit der Farbzonenwirkung mit Pipette und durch Klicken und Ziehen hat Adobe hier zuerst präsentiert. Dieses Werkzeug aktiviert man mit dem kleinen Zeichen in der linken oberen Ecke einer Abteilung, wenn diese eine solche Möglichkeit vorsieht (das sind einige).

Hier konnte der bereits sehr kontrastreichen Aufnahme noch eine dramatische Betonung der gleißenden Frühlingssonne und ein Aufklaren der Atmosphäre entlockt werden. Auch kam eine starke Blauabsenkung zum Einsatz.

Das Schöne an Lightroom ist, dass bei solchen Schwarzweiß-Experimenten mit dem Erstellen von sogenannten virtuellen Kopien sehr schnell Reihenversuche gemacht werden können, ohne dass je das Originalbild angetastet würde.

▲ **Abbildung 5.37**
Interaktives Farbbereichswerkzeug für die Schwarzweiß-Umsetzung

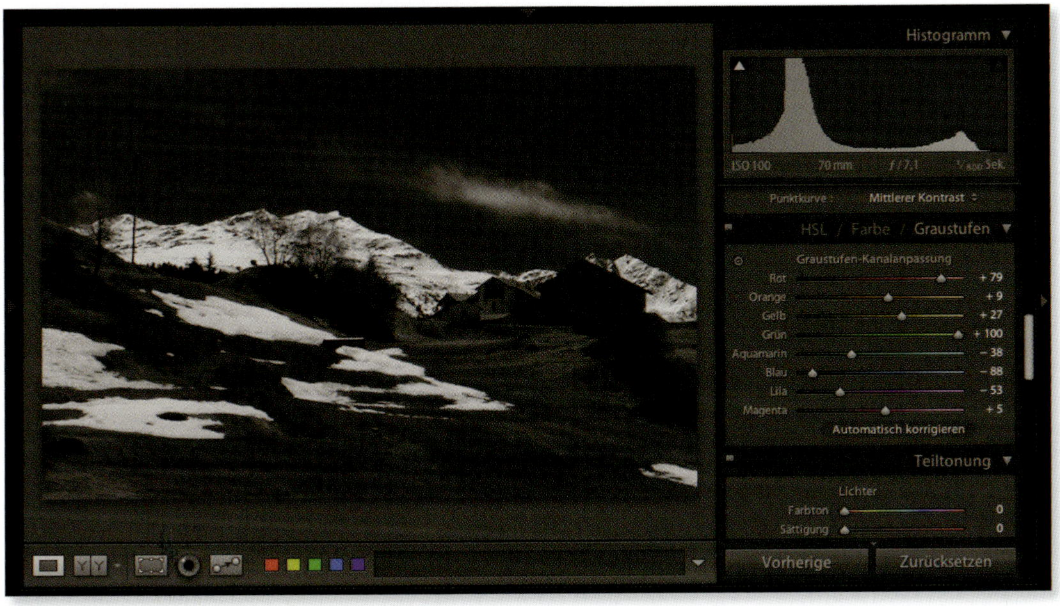

▲ **Abbildung 5.38**
Schwarzweiß-Bild in Lightroom

5.4.10 Schwarzweiß über die Montage von Raw-Abzügen

Eine weitere Möglichkeit, die wie einiges andere zuvor Beschriebene altgediente Fotografen an die Dunkelkammer-Zeiten erinnern wird, ist die Montage von verschieden ausgearbeiteten Abzügen. In unserem Beispiel wurden ein und dieselben Rohdaten in Camera Raw einmal mit dem Augenmerk auf möglichst guten Kontrast auf dem gedeckten Tisch im Vordergrund hin ausgearbeitet, ein zweites Mal im Hinblick auf eine gute Durchzeichnung des Ufers im Hintergrund. Beide werden nach der Behandlung in Camera Raw als getrennte Dateien abgespeichert. (Genauso gut ginge das in Lightroom mit dem Erstellen einer virtuellen Kopie, verschiedenen Bearbeitungen von beiden Bildern und dem abschließenden gemeinsamen Export.)

▲ **Abbildung 5.39**
Dunkler und heller Schwarzweiß-Abzug aus Camera Raw

Der helle und der dunkle Abzug werden dann in Photoshop zusammenkopiert. Dazu zieht man den hellen Abzug mit dem Bewegen-Werkzeug V und gedrückter ⇧-Taste passgenau auf den dunkeln Abzug. Der im Ebenenstapel oben liegende helle Abzug wird nun im Modus (Füllmethode) Negativ multiplizieren und mit einer Deckkraft von 50 % mit dem unteren dunklen Abzug verrechnet. So bekommt man quasi das Beste aus beiden Bildern. Deckkraft und Füllmethode sind bei diesem Verfahren je nach Sujet und Bildstruktur natürlich stark experimentierpflichtig!

▲ **Abbildung 5.40**
Montage der beiden Abzüge

5.4.11 Infrarotbilder nachbauen

Eine schöne Möglichkeit, mit einer anderen Kombination der Konvertierungen von Farbe zu Schwarzweiß zu experimentieren, ist der Nachbau eines Infrarotfotos. Bei diesen Fotos wird normalerweise das sichtbare Licht durch ein Filter gesperrt und das im Spektrum unterhalb des Rot gelegene sogenannte »nahe« Infrarot (das »ferne« kennt man von Wärmebildkameras) auf einen Spezialfilm aufgenommen. Das ergibt einen ganz charakteristischen dramatischen Look, der sehr reizvoll ist. Alle Vegetation reflektiert das Infrarot der Sonne, ebenso die Wolken, der Himmel dagegen fast überhaupt nicht. Der sogenannte »Snow Effect« mit strahlend weißen Bäumen und fast schwarzem Himmel ist sehr eigenartig.

Schritt für Schritt: Dramatische Aufnahmen per Fake-Infrarotbild

1 Das Vorgehen

Aus diesen Vorgaben kann man auch gleich das Prozedere ableiten, um diesen Effekt in Photoshop zu erzielen. Vereinfacht: Das Grün muss sehr stark aufgehellt und das Blau sehr stark abgedunkelt werden. Das Originalbild hat den dafür nötigen blauen Himmel und eine einigermaßen sattgrüne Pflanzenwelt zu bieten.

▲ **Abbildung 5.41**
Originalbild

2 Kanalmixer

Da sich das Ganze also in der Nähe der Grundfarben RGB abspielen wird, liegt der Einsatz des Kanalmixers sehr nahe. Eines vorweg: Wichtig ist bei diesem Beispiel der 16-Bit-Modus, weil extreme Tonwertveränderungen stattfinden müssen. Der Kanalmixer, der als Einstellungsebene eingezogen wird, weil später noch eine weitere Bearbeitung dazukommt, wird entsprechend folgenden Überlegungen eingestellt.

Zunächst muss die Checkbox Monochrom aktiviert werden. Dann soll der Grün-Kanal maximal hell werden und der Blau-Kanal maximal dunkel. Rot bleibt unverändert. Weil im Grün nun manche Lichter ausreißen, sollte man die Gesamthelligkeit unter Konstante so weit zurückdrehen, bis das okay ist. Das Zwischenergebnis geht schon in die richtige Richtung.

TIPP

Echte Infrarotbilder, bei denen analoge Kameras einen Spezialfilm brauchen, sind mit einer Digitalkamera recht einfach zu machen. Ebenso wie bei der Kamera mit Film brauchen Sie einen Rot- oder Schwarzfilter, um das sichtbare Licht abzuschwächen oder ganz zu sperren. Normalerweise können Chips von Digitalkameras Infrarot aufnehmen. Manche haben aber einen IR-Schutzfilter vor dem Chip, dann geht es nicht. Testen können Sie das ganz einfach, indem Sie auf Ihre TV-Fernbedienung drücken und die kleine Sendeleuchtdiode vorn mit langer Belichtungszeit aufnehmen. Sehen Sie diese dann auf dem Bild als hellen Punkt, ist Ihre Kamera infrarottauglich. Eines haben echte Infrarotfotos übrigens den in Photoshop nachgebauten voraus: Weil Infrarotlicht Dunst und Nebel durchdringt, haben sie oft eine unwirkliche Klarheit bis zum Horizont.

Daten auf der DVD
Sie finden die Datei zu diesem Workshop auf der Buch-DVD unter Beispieldateien/05_Farbe/05_Infrarot.psd

▲ **Abbildung 5.42**
Einstellungsebene mit Kanalmixer

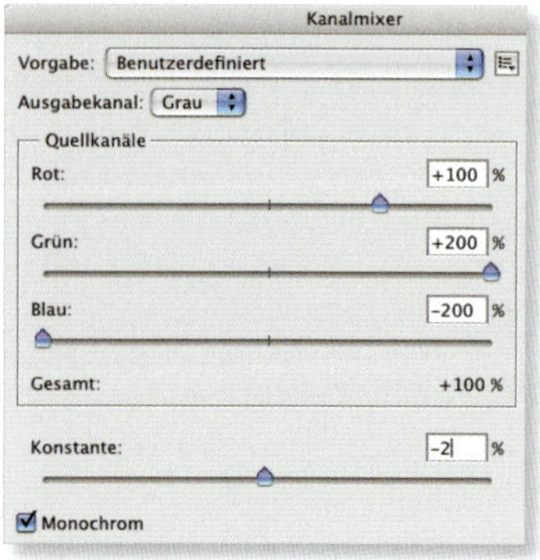

▲ **Abbildung 5.43**
Einstellungen im KANALMIXER

▲ **Abbildung 5.44**
Mit dem Kanalmixer kommt man dem Infrarotbild-Look schon recht nahe.

3 Finetuning mit Gradationskurven

Um den Effekt noch weiter zu verstärken, bauen wir eine zweite Einstellungsebene mit Gradationskurven ein. Diese liegt **unter** der Kanalmixer-Ebene, denn jetzt sollen die Farbkanäle noch so weit getrimmt werden, dass der Kanalmixer noch besser in unserem Sinne »greift«.

Wie schon beim Kanalmixer lassen wir das Rot in Ruhe. Im Grün-Kanal stellen wir nun noch eine Aufhellung in den Lichtern ein und im Blau-Kanal eine Tonwertbegrenzung nach oben, um es dunkler zu machen. Im Gesamtergebnis kann man nun noch ein wenig Kontrast hinzufügen.

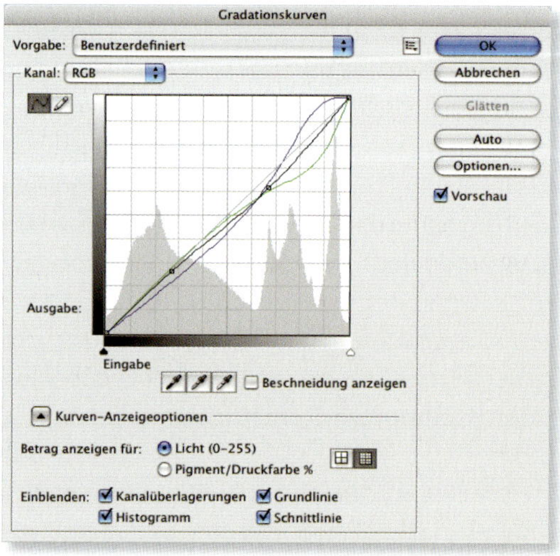

Abbildung 5.45 ▶
Grün- und Blau-Kurve sowie die Feinkorrektur in RGB am Schluss

Das Resultat kann sich sehen lassen. Man beachte den Vordergrund, der sich im Tonwertumfang relativ wenig verändert hat und verhindert, dass das Bild wie ein Negativ aussieht. Das entspricht auch echten Infrarotfotos.

◄ **Abbildung 5.46**
Fertig: Fast schwarzer Himmel und der »Snow Effect« bei den Bäumen ■

5.5 Schwarzweiß-Bilder tonen

Reine Schwarzweiß-Bilder werden durch ihre Neutralität von vielen Betrachtern als zu kalt und leblos empfunden. Eine ganz feine Färbung kann die Aussagekraft eines Schwarzweiß-Fotos oft stark verbessern. In der Dunkelkammer werden für dieses Einfärben, auch »Tonung« genannt, den Entwickler-Chemikalien färbende Substanzen zugesetzt, und die Bildbearbeitung bietet ebenfalls eine ganze Reihe von Methoden, um dieses Ergebnis zu erreichen.

5.5.1 Einfache Tonungen mit Farbton/Sättigung

Die sicher einfachste Möglichkeit, ein Schwarzweiß-Bild mit einer Tonung zu versehen, ist der Dialog FARBTON/SÄTTIGUNG, sei er mit BILD • ANPASSUNGEN • FARBTON/SÄTTIGUNG aufgerufen oder als Einstellungsebene eingesetzt. Aktiviert man die Checkbox FÄRBEN, wird das Auswahlmenü oben ausgegraut, und die drei Regler FARBTON, SÄTTIGUNG und HELLIGKEIT bestimmen statt der Farben im Bild nunmehr die Tonung. Wenn man temporär die Checkbox deaktiviert, das Auswahlmenü auf STANDARD stehen lässt und den Regler SÄTTIGUNG auf –100 zieht, so kann man das Schwarzweiß-Bild, das der Tonung zugrunde liegt, bearbeiten.

▲ **Abbildung 5.47**
Einfache Tonung mit FARBTON/SÄTTIGUNG im Modus FÄRBEN

◄▲ **Abbildung 5.48**
Einfach getontes Bild

▲ **Abbildung 5.49**
Tonung innerhalb der Schwarzweiß-Funktion

5.5.2 Tonung mit der Schwarzweiß-Funktion

Die neue Funktion SCHWARZWEISS hat im unteren Teil des Dialogs die Checkbox FARBTON, die uns ebenfalls eine einfache Tonung zur Verfügung stellt.

5.5.3 Tonung in Camera Raw und Lightroom

Etwas mehr Variationen bei der Tonung von Schwarzweiß-Bildern gestattet die sogenannte Teiltonung (»Split Toning«). Dabei sieht Camera Raw für die Lichter und die Tiefen eines Bildes getrennte Farben vor, die in Farbton und Sättigung unabhängig voneinander eingestellt werden können. Der Regler ABGLEICH balanciert den Übergang zwischen den beiden Farben in den Mitten aus.

Abbildung 5.50 ▶
Der Reiter TEILTONUNG in Camera Raw

Die gleiche Funktion findet sich auch in Lightroom, wo sie, wie eine ganze Reihe anderer Neuerungen in Photoshop CS3, zuerst eingeführt wurde.

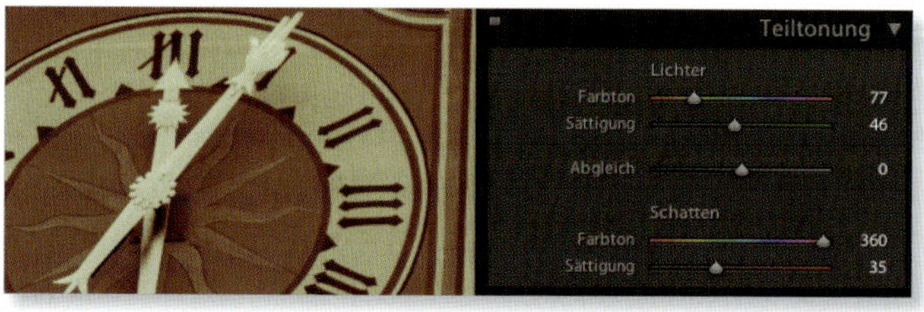

Abbildung 5.51 ▶
Die Abteilung TEILTONUNG im Abschnitt ENTWICKELN bei Lightroom

5.5.4 Tonung mit Verlaufsumsetzung

Die sicher vielseitigste Methode für die Tonung eines Schwarzweiß-Bildes bietet der Einsatz einer Verlaufsumsetzung (unter BILD • ANPASSUNGEN • VERLAUFSUMSETZUNG oder per Einstellungsebene). Sie geht so weit, dass hier der Übergang zwischen Schwarzweiß-Bild und Farbbild fließend ist.

Als Beispiel soll uns das in Abschnitt 5.4.8 für die Schwarzweiß-Konvertierung mittels Verlaufsumsetzung genutzte Sujet dienen. Nach einem Doppelklick auf das Miniaturbild in der Ebenen-Palette und einem Klick auf den Verlauf im Dialog VERLAUFSUMSETZUNG gelangen wir zum Dialog VERLÄUFE BEARBEITEN.

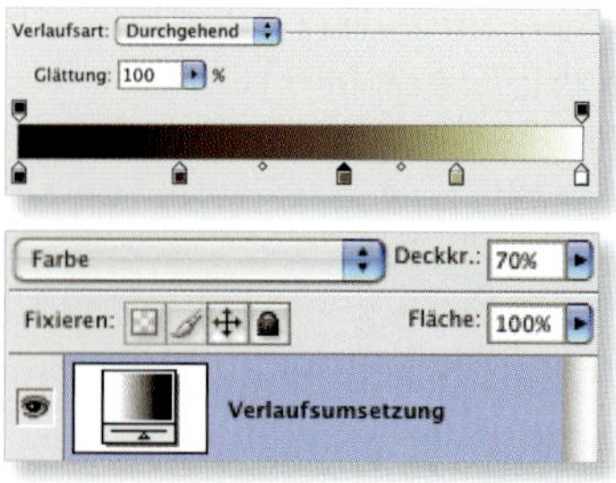

▲ **Abbildung 5.52**
Farbige Manipulation des Verlaufs für die Verlaufsumsetzung und Änderung der Füllmethode für die Einstellungsebene

Dort können an den einzelnen Schiebern für die verschieden Farbzonen, die die Tonwertumsetzung steuern, jeweils andere, leicht oder auch stärker gesättigte Farben gewählt werden.

Die gestalterischen Möglichkeiten reichen hier von Bildern im Stil verblasster Aufnahmen aus der Anfangszeit des Farbfilms bis hin zu Schwarzweiß-Bildern mit äußerst differenzierten Split Tonings mit kaum merkbaren Farbnuancen. Wegen der Feinheit der Übergänge und Verläufe sei bei dieser Methode übrigens unbedingt der 16-Bit-Modus empfohlen!

◀ **Abbildung 5.53**
Differenzierte Tonung mit farbiger Verlaufsumsetzung

[Indizierte Farben]
Hier legt ein definierter Satz an Farben (bis zu 256) den Umfang aller darstellbaren Farbtöne fest. Früher wurde das sehr oft zur Reduktion der Dateigröße bei CD-ROMs und zur Anpassung von Bildmaterial auf Monitore mit nur 256 darstellbaren Farben benutzt. Die im Web sehr verbreiteten GIF-Dateien, die auch auf indizierten Farben beruhen, wurden hier früher für die Ausgabe vorbereitet. Seit einigen Photoshop-Versionen geschieht das bequemer und besser unter Datei • Für Web speichern. Dieser Farbmodus ist sonst auch noch beim TIFF-Format verfügbar und dort z. B. bei der Produktion von Texturbildern für 3D-Programme interessant, wo ohne sichtbaren Qualitätsverlust oft wenige Farbtöne ausreichen (z. B. Erdtöne). In den 3D-Programmen wird man dann dafür mit Ersparnis an Arbeitsspeicher und schnellerer Berechnung belohnt.

5.6 Duplex & Co.

Auch wenn an meinen könnte, die im vorigen Abschnitt besprochenen Schwarzweiß-Bilder mit einer Tonung bestünden ja nur aus einer Farbe und Schwarz und (Papier-)Weiß, sind sie doch vollwertige RGB-Bilder, nur mit einem stark reduzierten Farbtonumfang. Weit verbreitet ist auch aus diesem Grund die Verwechslung solcher Bilder mit den Begriffen Duplex, Duplex-Druck oder auch Duotone.

Mit den drei grundlegenden Farbmodellen RGB, CMYK und LAB sind die Möglichkeiten von Photoshop noch lange nicht erschöpft. Neben Bitmap-Bildern (1-Bit-Farbtiefe, also nur Schwarz und Weiß), den Graustufen (in 8 und 16 Bit) und dem Modus Indizierte Farben steht der Modus Duplex zur Verfügung.

5.6.1 Was ist Duplex?

Der Modus Duplex und der verwandte Modus Mehrkanal sind in erster Linie für den Druck interessant, weil sie gestatten, anstelle der fixen Belegung der Farbkanäle mit Cyan, Magenta, Gelb und Schwarz eigene Farben zu definieren, die dann auf den

▲ **Abbildung 5.54**
Photoshop-Farbmodi unter BILD • MODUS

entsprechenden Druckplatten aufgetragen werden. Bei Duplex ist ein Graustufenkanal mit bis zu vier Druckfarben belegbar, bei Mehrkanal-Dateien ist die Anzahl der Kanäle im Prinzip nicht eingeschränkt.

Bevor wir weitergehen, sind an dieser Stelle einige Begriffsklärungen angebracht. Erfahrungsgemäß gerät nämlich auch lang gedienten Photoshop-Usern gerade in diesem Bereich immer wieder mal etwas durcheinander.

Begriff	Erklärung
Schmuckfarbe Spot Color Sonderfarbe Volltonfarbe seltener: Echtfarbe	Eine Schmuckfarbe wird zusätzlich oder anstatt der Prozessfarben CMYK im Druck eingesetzt, um spezielle Farbtöne ohne Mischung der vier Grundfarben zu drucken. Sie wird auch als Buntfarbe zusätzlich zum Schwarzweiß-Druck eingesetzt. Jede Schmuckfarbe ergibt einen zusätzlichen Farbauszug für den Druck. Die Schmuckfarben werden in Anwendungsprogrammen mithilfe von Farbkatalogen ausgewählt. Schmuckfarben werden auch für Zusatzfeatures beim Druck, wie metallisierende Effektfarben, Lackierungen oder Stanzungen, verwendet. Eine Schmuckfarbe braucht in Photoshop einen eigenen zusätzlichen Farbkanal.
Farbkataloge Farbatlas Farbtabellen	Neben den vier Grundfarben beim Druck (CMYK) gibt es noch eine ganze Reihe anderer Farbsysteme wie PANTONE, HKS, TOYO oder TRUMATCH. Diese Systeme beruhen darauf, dass klar definierte, fertig gemischte Volltonfarben des entsprechenden Herstellers verwendet werden, die man anhand von Musterfächern mit den dort aufgetragenen Originalfarben auswählt. Diese Farben werden oft fälschlich als Sonderfarben oder Schmuckfarben bezeichnet. Dass eine PANTONE-Farbe verwendet wird, heißt noch nicht, dass sie eine Schmuckfarbe ist, denn man kann die meisten genauso gut in CMYK drucken. Für druckfremde Farbsysteme wie das Industriefarbsystem RAL gibt es Übersetzungstabellen oder -programme.
Farbauszug	Zerlegung einer Farbvorlage in die vier Grundfarbenanteile Cyan, Magenta und Gelb sowie Schwarz. Das sind jeweils Graustufen-Bilder, die das zeigen, was später auf die Druckfilme bzw. auf die einzelnen Druckplatten kommt.
Prozessfarben Skalenfarben	Darunter versteht man die vier Grundfarben für den Vierfarbdruck: Gelb, Cyan, Magenta und Schwarz. Aus diesen werden durch Überlagerung verschiedener Druckraster alle damit möglichen Farbtöne gemischt.
Duplex	Druckverfahren, bei dem zwei Farben (z. B. Schwarz und eine weitere Farbe) nach einer einzigen Graustufen-Vorlage gedruckt werden, wobei Rasterwinkelung, Tonwerte und Tonabstufungen unterschiedlich gewählt werden. Ein Duplex-Druck wirkt wegen der besseren Tonabstufung wesentlich plastischer als ein Einfarbendruck und kommt der Qualität eines Fotos näher. Der Duplex-Druck benutzt nur einen Kanal, kann aber mit Schmuckfarben kombiniert werden. Bei Triplex und Quadruplex sind dies drei bzw. vier Druckfarben, wobei oft Volltonfarben verwendet werden, z. B. PANTONE.
Registerhaltigkeit	Dieser Begriff ist dreifach belegt und sorgt immer wieder für Verwirrung. ▸ Er bezeichnet die exakt gleiche Ausrichtung der Druckzeilen auf der Vorder- und Rückseite des Papiers, ▸ die durchgehend gleichmäßige Anordnung der Fließtextzeilen auf den Grundlinien bei mehrspaltigem Satz, auch wenn dazwischen Überschriften stehen, und ▸ das exakte Aufeinanderpassen der vier oder mehr Druckplatten. Ist bei Letzterem die Registerhaltigkeit nicht gegeben (Passerungenauigkeiten), entstehen Unschärfen, Farbsäume oder Blitzer. Die ersten beiden Punkte betreffen Satz und Druck, der letzte auch die Arbeit in Photoshop.

5.6.2 Duplex-Bilder: »Farbiges Grau«

In einer interessanten Zwitterstellung zwischen farbigen CMYK- und Graustufen-Bildern finden wir die Duplex-Bilder.

- Zum einen stellt Duplex als Low-Budget-Alternative ein Druckverfahren dar, das genauso mit einer einfarbigen Druckdatei auskommt wie Graustufen-Bilder.
- Zum anderen bieten sie gestalterische Möglichkeiten, die mit CYMK gar nicht machbar sind, weil im Grunde beliebig mit Volltonfarben gearbeitet werden kann.

Tonwertumfang eines Graustufenbilds | Auch wenn ein Graustufenbild 256 mögliche Abstufungen hat, kommt dieser Tonwertumfang im Druck nicht komplett an. Das liegt an drei Umständen:

1. Es gibt nur ein Druckraster statt vier. Das Druckbild ist nicht so dicht und wirkt offener und »grobkörniger« als bei CMYK, wo die vier Raster in fein abgestimmten Winkeln ein Optimum an Dichte und Gleichmäßigkeit ergeben.
2. Im Hellen ist die Auflösung des Druckplattenbelichters durch die kleinste Punktgröße des Druckrasters begrenzt. Deswegen »fliegen« die unteren 3 bis 10 Prozent des Tonwertumfangs einfach raus: Die Lichter reißen aus, wenn man den Tonwertumfang vorher nicht künstlich begrenzt.
3. Die Tiefen sind ebenfalls limitiert. Ab dem Tonwert, wo die Punkte des Druckrasters zu einer kompletten Fläche zulaufen, ist Schluss (etwa bei 95%). Ab hier wird es nicht mehr dunkler.

Insgesamt führen alle diese Umstände dazu, dass ein Graustufenbild im Druck nicht viel mehr als etwa 50 verschiedene Tonwerte umfasst.

Duplex mit zwei Druckplatten | Der Duplex-Druck stellt hier dann eine wesentliche Erweiterung der Möglichkeiten dar. Duplex beruht darauf, dass vom selben Graustufenbild eine zweite Druckplatte »gefüttert« wird, wobei die Gradation und das Raster gegenüber der Erstfarbe (oft Schwarz) geändert werden. Das führt zu einer Anreicherung der Tonwerte. So erreicht man durch ein Duplex-Bild, das mit Schwarz für die Tiefen und unteren Mitten und mit Grau für die höheren Mitten und Höhen gedruckt wird, ein wesentlich besser durchgezeichnetes Ergebnis.

Nimmt man eine dunkle und eine helle Volltonfarbe (PANTONE, HKS etc.) für den Duplex-Druck, so wird meist in etwa die gleiche Gradation vorgenommen: Die dunkle der beiden Farben hat eine zu den Lichtern (nach links, es geht ja nicht um

Helligkeit, sondern umgekehrt um den Farbauftrag) fallende Kurve. Die helle Farbe hat den stärksten Auftrag in den oberen Mitten, während zu den Lichtern hin der Auftrag zugunsten des Papierweiß wieder zurückgeht.

Die im Druck realisierbare Tonwertwiedergabe verbessert sich so gegenüber dem einkanaligen Graustufenbild erheblich. Auch ergibt der höhere mögliche Gesamtfarbauftrag ein kräftigeres und präsenteres Druckbild.

Die folgenden drei Bildbeispiele zeigen Duplex-Bilder mit ihren Kurven und den dazugehörigen Volltonfarben.

▼ Abbildung 5.55
Beispiele für Duplexbilder mit ihren Farben (jeweils rechts) und den Gradationskurven für den Farbauftrag (jeweils links)

5.6.3 Triplex und Quadruplex

Kommt zu den zwei Druckfarben beim Duplex-Druck eine dritte Platte dazu, spricht man von Triplex. Bei vier Platten hat man einen Quadruplex-Druck, der mit CMYK aber außer der Anzahl der Platten nichts gemein hat, weil alle vier Farben hier komplett unabhängig sind.

Daten auf der DVD
Sie finden die Datei zu diesem Workshop auf der Buch-DVD unter BEISPIELDATEIEN/05_FARBE/05_TRIPLEX_MOEWEN.JPG.

Schritt für Schritt: Ein Triplex-Bild erstellen

Nach dieser längeren Theoriestrecke nun wieder etwas Praktisches: Im folgenden kleinen Workshop soll aus einem normalen RGB-Foto ein fein abgestimmtes Triplex-Bild werden.

1 RGB-Bild vorbereiten

Ein Duplex- oder wie hier ein Triplex-Bild basiert immer auf einem einzigen Graustufenkanal. Für dessen Erstellung kommt im Prinzip Verfahren zur Schwarzweißerstellung in Frage (siehe Abschnitt 5.4).

Wir wählen in diesem Beispiel die neue Funktion SCHWARZWEISS. Anschließend bekommen wir mit BILD • MODUS • GRAUSTUFEN die korrekte Basis für ein Triplex-Bild.

▲ Abbildung 5.56
Originalbild in RGB

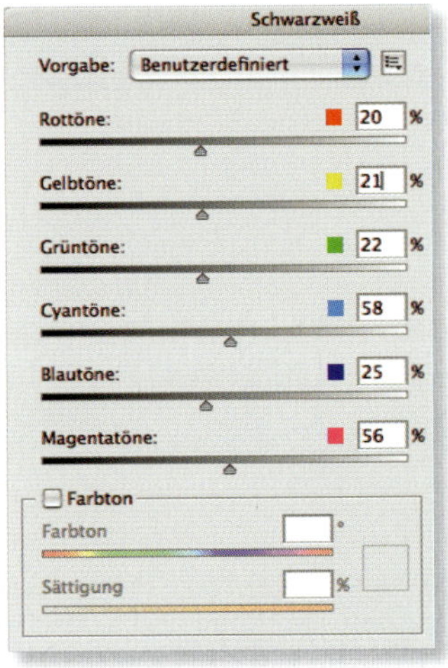

▲ **Abbildung 5.57**
Graustufenbild als Ausgangspunkt für ein Triplex-Bild

Wichtig ist bei der Umwandlung in ein Graustufenbild ein möglichst geschlossener und großer Tonwertumfang. Es lohnt sich deshalb, hierbei das Histogramm im Auge zu behalten. Auch sollten deswegen alle diese Operationen sowie mögliche Tonwertkorrekturen im 16-Bit-Modus passieren, um die bestmögliche Qualität zu bewahren. Abschließend muss nämlich in 8 Bit konvertiert werden, weil Duplex nicht mit 16 Bit funktioniert.

2 In Duplex konvertieren

Mit Bild • Modus • Duplex wird das Bild nun für die Wahl der einzelnen Duplex-Farben eingerichtet. Zunächst finden wir im Dialog nur das Schwarz des Graustufen-Kanals.

◂ **Abbildung 5.58**
Nach der Umwandlung in Duplex

Es hat eine lineare Gradationskurve (linkes Kästchen). Wählt man nun unter Art den Modus Triplex aus, können in den nächsten beiden Zeilen Farben ausgewählt werden (Klick auf das Farbkästchen). Es öffnet sich der Photoshop-Farbwähler. Weil man bei Duplex in der Regel zu Volltonfarben aus Farbkatalogen greift, wählt man hier Entsprechendes unter Farbbibliotheken aus.

3 Farbauswahl

Für die erste Farbe Schwarz beizubehalten ist vor allem deswegen sinnvoll, weil Schwarz für satte Tiefen sorgt. Das Bild soll den an

> **TIPP**
>
> Da die einzelnen Farbkataloge jeweils eigene Sortierungen der Farbtöne aufweisen und es sehr mühsam sein kann, einen Ton unter Hunderten zu finden, ist es oft sinnvoll, zunächst über den Farbwähler eine passende Farbe auszusuchen und dann mit FARBBIBLIOTHEKEN in den gewünschten Katalog zu wechseln. Dabei wählt Photoshop automatisch den Farbton aus dem Katalog, der dieser Farbe am nächsten kommt. Benutzt man vorgegebene Farben, dann sollten deren Nummern im Katalog bekannt sein und man kann in der Farbbibliothek die Ziffern dieser Nummer schnell hintereinander eintippen. Photoshop springt dann direkt zu dieser Farbe.

Sepia erinnernden Look eines edlen alten Silbergelatine-Abzugs bekommen, den die Fotografen in der ersten Hälfte des 20. Jahrhunderts von ihren Glasnegativplatten gemacht haben.

Entscheidend ist die Auswahl der Druckfarben. Für die hellen Töne wählen wir aus dem »PANTONE solid coated«-Katalog ein warmes Gelb aus (1345 C). Bei den Mitten und Tiefen wird ein warmes Braun (730 C) gewählt, das nicht allzu dunkel sein sollte, denn für die starken Tiefen gibt es ja noch das Schwarz. Die Farben sollten bei Duplex im Sinne eines großen Tonwertreichtums nicht allzu nahe beieinander liegen. Für den Druck ist außerdem noch die Reihenfolge der Farben wichtig: Die dunkelsten Farben sollten oben stehen, die hellsten unten. Einen ersten Eindruck von der Farb- und Tonwertskala gibt der Verlauf unten in der Dialogbox.

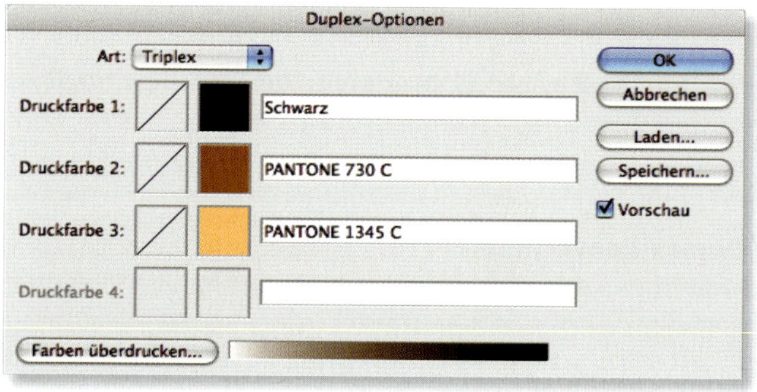

Abbildung 5.59 ▸
Duplex-Dialog mit drei Farben (Triplex)

4 Einstellung der Duplexkurven

Das Schwarz ist wichtig für die Zeichnung des Bildes, sollte aber zu den Mitten und Lichtern hin stark zurückgenommen werden, damit vor allem die hellen gelblichen Töne nicht »schmutzig« werden – deswegen die gezeigte Absenkung. Bei den Tiefen sorgen 100% für sattes Schwarz am dunklen Ende der Skala (Abbildung 5.60, links). Das Braun soll im Mitten- und Tiefenbereich wirken und in den Lichtern kaum (Mitte). Das Gelb hat sein Maximum in den tieferen Lichtern und den helleren Mitten (rechts).

▾ Abbildung 5.60
Duplexkurven für die einzelnen Druckfarben

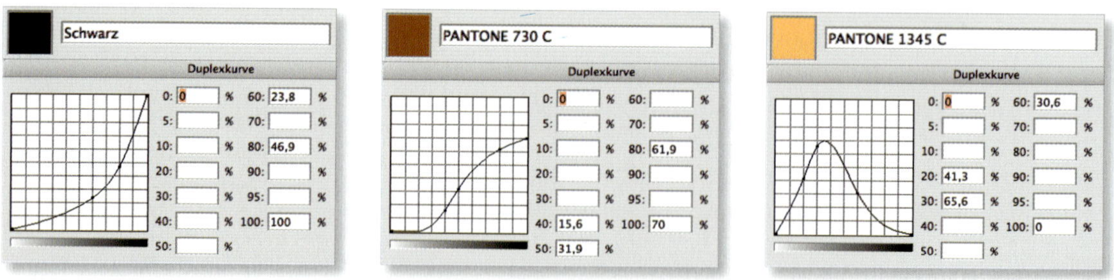

Gegen das Weiß hin sollte man hier wieder schwächer werden, damit man mit dem Papierweiß schöne, sehr helle Akzente setzen kann. Bei diesem Arbeitsschritt muss man in der Regel viel testen. In den Duplexkurven-Dialogen gilt natürlich auch, dass das helle Ende der Skala links ist und das dunkle rechts.

5 Verbesserungen

Man kann nun noch abschließende Verbesserungen vornehmen. Solange das Bild noch als Photoshop-Datei vorliegt, sind Bearbeitungen mittels Einstellungsebenen für Tonwertkorrektur und Gradationskurven verfügbar, allerdings nur mehr in 8 Bit. Kontrollieren kann man die einzelnen Druckfarben ja nicht als Kanäle, sondern nur mit dem Trick, dass man vorübergehend mit BILD • MODUS • MEHRKANAL in den entsprechenden Modus wechselt, um abzuschätzen, was später auf den einzelnen Druckplatten zu sehen sein wird.

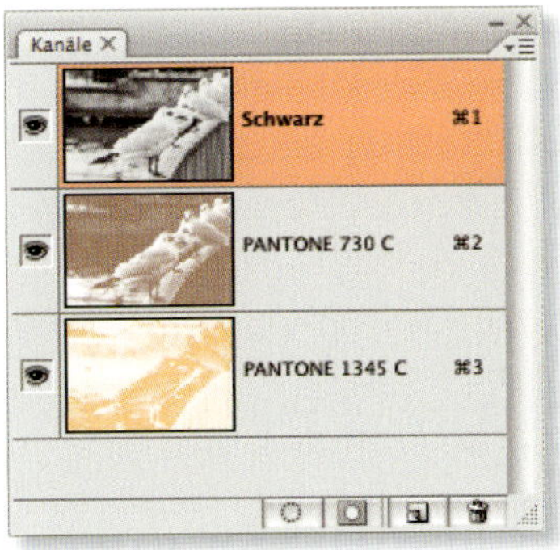

▲ **Abbildung 5.61**
Kontrolle der Druckfarben durch vorübergehenden Wechsel in den Mehrkanal-Modus

◀ **Abbildung 5.62**
Fertiges Triplex-Bild

Ein Zurückkonvertieren ist nicht möglich, weil man nur Graustufenbilder in Duplex umwandeln kann. Deshalb geht es nur mit Strg/⌘+Z retour. Alternativ kann man aber auch einen Schnappschuss in der Protokoll-Palette machen.

6 Speichern und Dateiformat

Das fertige Triplex-Bild muss nun nur noch gespeichert werden. Damit die Weiterverarbeitung in den nachfolgenden Schritten (Layoutprogramm) klappt, ist einiges zu beachten, denn für Duplex-, Triplex- und Quadruplex-Bilder ist die Auswahl an möglichen Dateiformaten für den Austausch mit anderen Programmen auf PHOTOSHOP EPS begrenzt.

Bitte beachten Sie, dass Sie beim SPEICHERN im folgenden Dialog unter KODIERUNG bei Windows ASCII85 und beim Mac BINÄR einstellen. Die eingebettete Vorschaudatei (BILDSCHIRMDARSTELLUNG) stellen Sie am Windows-PC am besten auf TIFF, am Mac

Kurven speichern

Gerade weil man bei Duplex-Bildern viel experimentieren muss, ist es sinnvoll, die Arbeit abzuspeichern, um sie z. B. für Bildserien weiter zur Verfügung zu haben. Wie bei vielen anderen Photoshop-Dialogen gibt es auch hier die LADEN- und SPEICHERN-Buttons. Die bei Duplex-Bildern entstehenden ».ado«-Dateien sind plattformübergreifend nutzbar.

auf MACINTOSH. Später sollte dann Ihr Layoutprogramm auch die Volltonfarben (wenn Sie für Ihr Duplex welche verwendet haben) nach dem Import im Farbbestand aufführen. ■

5.7 Schmuckfarben

Arbeitet man in Photoshop für Print-Jobs, kommt zwangsläufig irgendwann einmal das Thema Schmuckfarbe (auch Sonderfarbe oder Volltonfarbe) auf. Speziell beim Verpackungsdesign, beim Entwurf von Logos und Markenzeichen und beim Produzieren von Drucksachen werden die Firmen- oder Markenfarben oft mit Farbtönen aus Katalogen wie PANTONE definiert, die eine weitgehende Konsistenz des Erscheinungsbildes gestatten. Der Drucker kann genau die fertig gemischte Farbe in seine Maschine einfüllen, die der Kunde auf seinem PANTONE-Fächer ausgesucht hat, wo die Farbe materiell im Original aufgetragen ist.

5.7.1 Was ist zu beachten?

Im Umgang mit mehr als den üblichen vier Druckfarben, der hierzu nötig ist, gibt es eine Reihe von Dinge zu beachten. Hier gibt es immer wieder Gelegenheit zu Fehlern und Missverständnissen. Das folgende Beispiel soll eine solche Aufgabe komplett abbilden. Vor allem der erste Teil kann aber durchaus auch als Montageübung verstanden werden. Der gezeigte Workflow geht ein wenig über das Problem hinaus, weil auch Bereiche vor und nach der eigentlichen Handhabung von Schmuckfarben in Photoshop zur Sprache kommen. Wie so oft bei Photoshop kann man bestimmte Themen nur schwer von anderen trennen, denn es ist wichtig, bereits beim Aufbau von Arbeitsabläufen darauf zu achten, dass später bei der eigenen Arbeit oder bei denjenigen, denen Sie Ihre Daten liefern, keine Probleme auftauchen. So ist der Umgang mit Schmuckfarben ein gutes Beispiel.

Daten auf der DVD
Sie finden die Dateien zu diesem Workshop auf der Buch-DVD im Ordner BEISPIELDATEIEN/05_FARBE/SCHMUCKFARBEN.

Schritt für Schritt: Montage mit Schmuckfarbe

Für das Etikett einer Olivenölflasche soll eine Montage aus Fotomaterial und aus grafischen Elementen entstehen, bei der Teile in zwei Sonderfarben gedruckt werden sollen, die durch das Corporate Design der Firma festgelegt sind. Das Etikett ist für den Druck auf einer 6-Farben-Offset-Maschine gedacht. Weil der Workshop etwas länger ist und eine ganze Reihe von Schritten enthält, sei zuerst das gewünschte Endergebnis vorgestellt.

◂ **Abbildung 5.63**
Etikett mit zwei Schmuckfarben: Olivgrün und Violett

1 Material

Als Bestandteile des Etiketts stehen uns eine Landschaftsfotografie als JPEG und ein Olivenzweig als Illustrator-Datei zur Verfügung.

▾ **Abbildung 5.64**
JPEG und Illustrator-Datei als Basis

2 Illustrator-Datei vorbereiten

Die Illustrator-Datei mit dem Olivenzweig ist in den beiden Volltonfarben 268 C und 576 C aus dem Katalog PANTONE SOLID COATED angelegt worden.

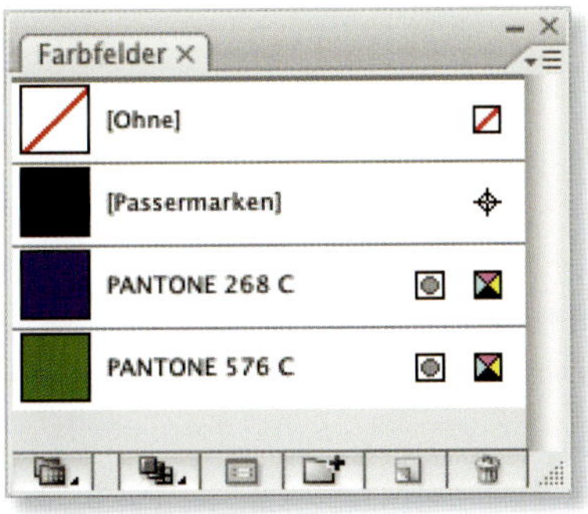

▴ **Abbildung 5.65**
Farben der Illustrator-Datei

HINWEIS

Auch, wenn wir hier von Anfang an über die Farbwähler bzw. Farbfelder von Illustrator und Photoshop PANTONE-Farbtöne verwenden, handelt es sich hier **noch nicht** um Schmuck-, Vollton- oder Sonderfarben, sondern immer nur um Näherungen in RGB oder CMYK. Die Volltonfarben selbst kommen erst ins Spiel, wenn Volltonfarbenkanäle dafür sorgen, dass diese Farben wirklich als **Druckfarben** eingesetzt werden. Bis dahin haben die verwendeten PANTONE-Farben ausschließlich gestalterische Funktion!

Damit die Bildelemente beider Farben später in Photoshop getrennt behandelt werden können, muss die Illustrator-Datei in zwei Versionen aufgeteilt werden. Damit die beiden Versionen exakt standrichtig und passgenau in Photoshop platziert werden können, bekommen sie noch einen Rahmen ohne Füllung und Kontur (»dummy frame«, in den Abbildungen unten ist das der dünne, blaue Rahmen). Beide Versionen werden als separate Illustrator-Dateien abgespeichert.

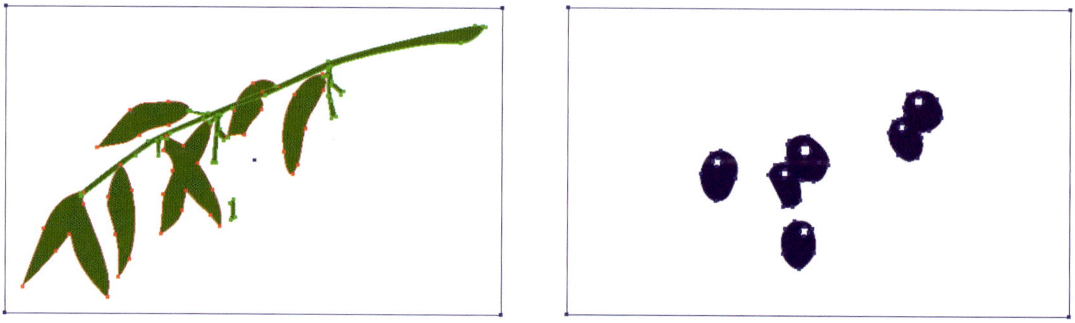

▼ **Abbildung 5.66**
Trennung der Bildelemente nach Farben in Illustrator

3 Dateiformat einrichten

Das Etikett wird bereits für den Druck eingerichtet, also als CMYK-Datei in Druckauflösung. Einige Hilfslinien sorgen später für leichteres Arbeiten.

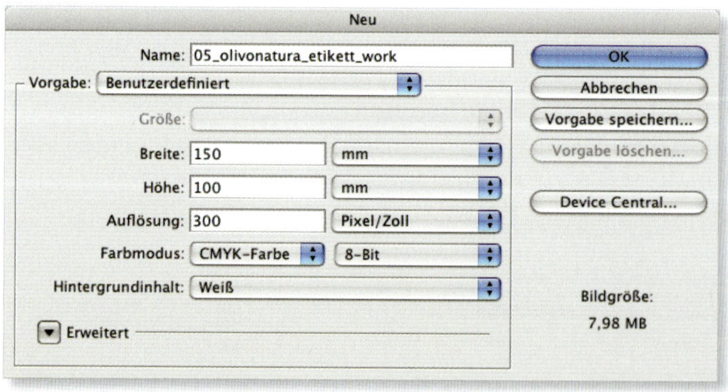

Abbildung 5.67 ▶
Datei einrichten

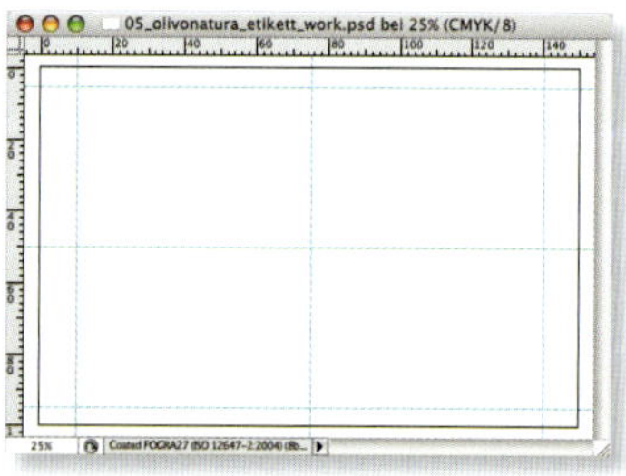

▲ **Abbildung 5.68**
Hilfsliniengerüst

4 Bild platzieren

Um die Datei möglichst lange für Änderungen am Ursprungsmaterial offen zu halten, wird hier mit Smart Objects gearbeitet. Die Fotografie wird also mit Datei • Platzieren in die neue Photoshop-Datei geladen. Den Wert der Skalierung (66%) tragen wir manuell in den Optionen des Transformationsrahmens ein. Die Bilddatei sollte direkt nach dem Platzieren zentriert sein. Ansonsten muss mithilfe der Hilfslinien korrigiert werden.

◂ **Abbildung 5.69**
Foto platzieren

5 Illustrator-Dateien platzieren

Nun wird die Illustrator-Datei mit den violetten Olivenfrüchten platziert. Bei den Optionen, die man für die Platzierung von PDF-Dateien hat, zu denen diese Datei in diesem Fall zählt, ist es wichtig, die Option Beschneiden auf: Objektrahmen zu wählen. Am Vorschaubild links kann man auch gleich sehen, warum: Nur dann wird der transparente Dummy-Rahmen mit importiert. Er garantiert die Standrichtigkeit der beiden verschiedenfarbigen Bildelemente, denn Präzision ist hier sehr wichtig, wenn wir am Ende auf der Druckmaschine ein einwandfreies Druckbild haben wollen.

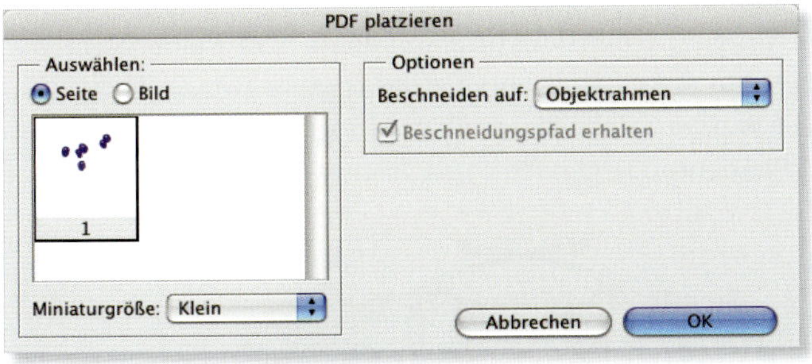

◂ **Abbildung 5.70**
Import-Optionen beim Platzieren der Illustrator-Datei

Die Skalierung nach dem Platzieren **muss** hier auf jeden Fall manuell eingegeben werden, damit sie später exakt mit der zweiten platzierten Datei zusammenpasst. Die Skalierung beträgt in unserem Fall 45%. Man bewegt nun den Transformationsrahmen in die linke obere Hilfslinien-Ecke und bestätigt die Transformation.

Die zweite Illustrator-Datei mit dem Grün der Zweige und Blätter wird mit den genau gleichen Optionen platziert und sollte nach der gleichen Ausrichtung an den Hilfslinien exakt mit den Früchten zusammenpassen.

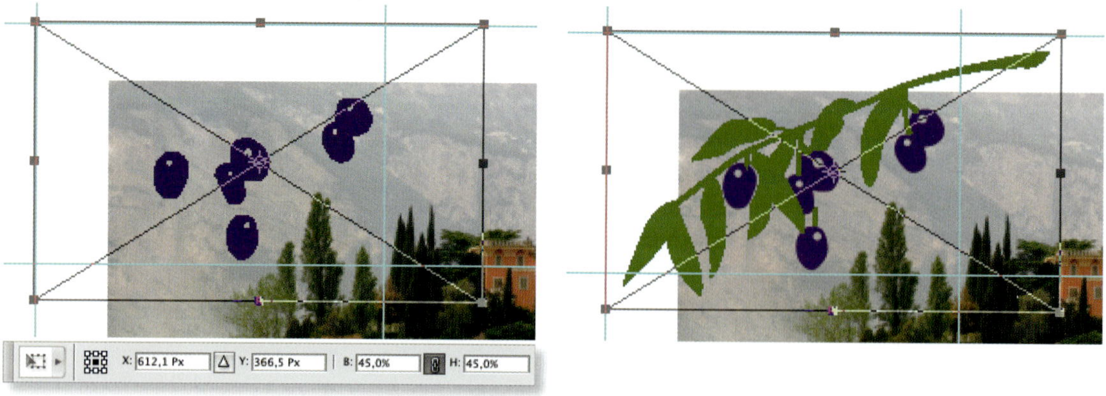

▲ **Abbildung 5.71**
Zwei Illustrator-Dateien platzieren und skalieren

6 Zweige spiegeln

Nun werden die beiden Smart Object-Ebenen in der Ebenen-Palette (mit gedrückter [⇧]-Taste) ausgewählt, im Menü der Ebenen-Palette mit GRUPPE AUS EBENEN in einem Ordner zusammengefasst und mit EBENE • EBENE DUPLIZIEREN kopiert. Wir haben jetzt vier Smart Objects in diesem Ordner.

Es sollten nun die beiden Kopien in der Ebenen-Palette ausgewählt sein. Man spiegelt nun die beiden Ebenen, indem man entweder den Shortcut [Strg]/[⌘]+[T] benutzt oder den Befehl BEARBEITEN • FREI TRANSFORMIEREN. In der Optionsleiste deaktiviert man das Kettensymbol für das proportionale Skalieren und gibt für die horizontale Skalierung –100 % ein; die vertikale bleibt unverändert. Danach schiebt man diese (nun gespiegelte) Kopie in die rechte obere Hilfslinien-Ecke und bestätigt die Transformation für die beiden kopierten Ebenen. Die Reihenfolge der Ebenen sollte (falls nötig) nun für das spätere Druckbild noch so geändert werden, dass die dunkleren Früchte jeweils **über** den grünen Elementen liegen.

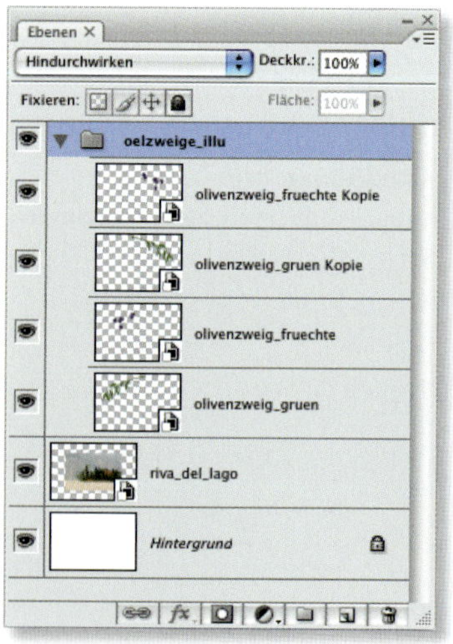

▲ **Abbildung 5.72**
Zustand in der Ebenen-Palette nach dem Spiegeln

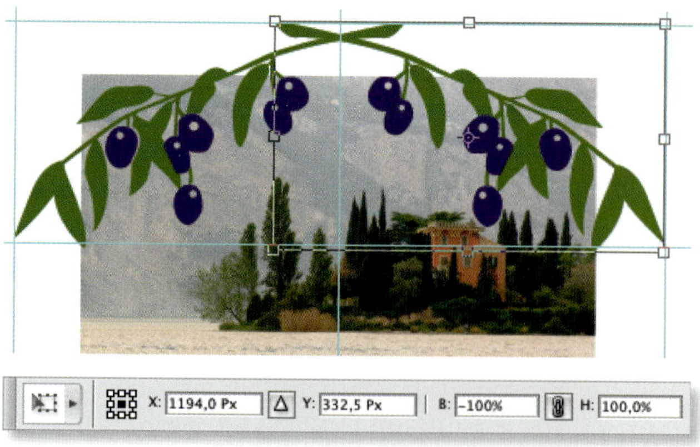

▲ **Abbildung 5.73**
Spiegeln mit FREI TRANSFORMIEREN

7 Schrift-Elemente einfügen

Für die Beschriftung wählen wir die Möglichkeit von Photoshop, Text auf Pfaden zu positionieren (Details dazu finden Sie in Kapitel 9.7). Der Pfad wird am Hilfslinien-Gerüst festgemacht. Für die Schriftfarbe wird aus den in Photoshop integrierten Farbkatalogen ausgewählt, die uns die gleichen Farben bieten, die wir für die Elemente aus Illustrator verwendet haben.

▲ **Abbildung 5.74**
Text und Text auf Pfad für die Beschriftung

▲ **Abbildung 5.75**
Textebenen

8 Hintergrundverlauf

Für den Hintergrund wird nun ein sanfter radialer Verlauf benötigt. Dieser wird mit EBENE • NEUE FÜLLEBENE • VERLAUF angelegt. Die gewählten Optionen sehen Sie in Abbildung 5.76.

Die grüne Farbe am rechten Ende des rechten Verlaufs ist ebenfalls aus dem PANTONE-Farbkatalog ausgewählt worden. Die Ebene bekommt nun noch eine rechteckige Maske mit runden Ecken. Diese legt man als Vektormaske an (siehe Abschnitt 8.6).

▲ **Abbildung 5.76**
Verlaufsoptionen für den Hintergrund

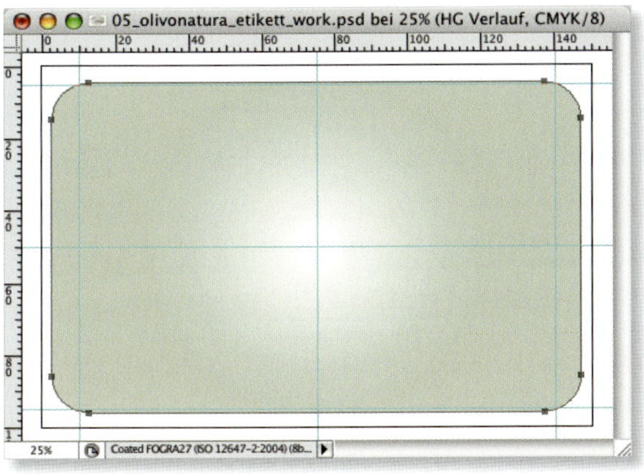

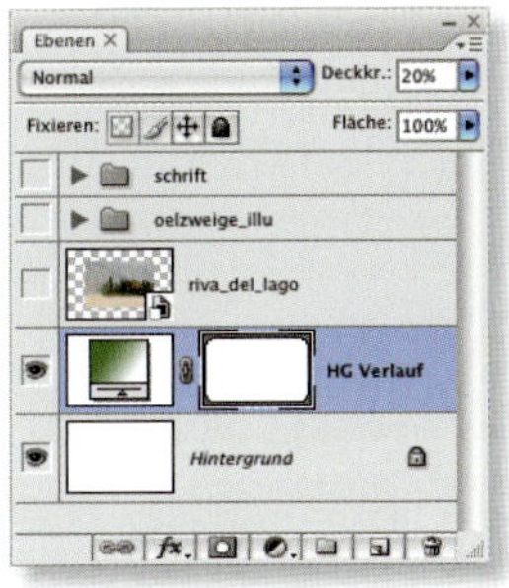

◄▲ **Abbildung 5.77**
Radialer Verlauf als Füllebene mit Vektor-Ebenenmaske

9 Bild weich maskieren

Nun wird die Landschaftsfotografie in der Mitte abmaskiert, damit die grafischen Elemente kontraststark und gut erkennbar auf der Fläche stehen. Dazu wird auf einer weißen Ebenenmaske (Befehl: Ebene • Ebenenmaske • Alles einblenden) mit einem großen, schwarzen Pinsel sehr weich vom Rand her abgedeckt.

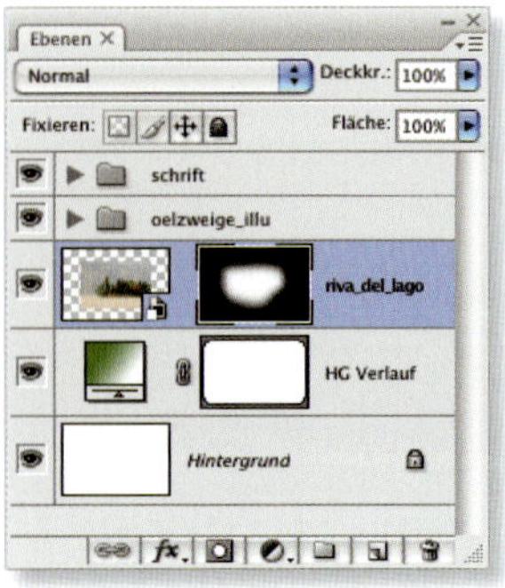

▲ **Abbildung 5.78**
Das Bild wird weich innerhalb der Grafik-Elemente abmaskiert

10 Rahmen

Der Rahmen des Etiketts besteht aus einem abgerundeten Rechteck. Es entsteht aus einer weißen Füllebene mit dem Inhalt Volltonfarbe ❶ (Abbildung 5.80). Die Ebenenmaske ❷, die automatisch mit entsteht, wird auf den Papierkorb der Ebenen-Palette gezogen und damit gelöscht. Sie wird ersetzt durch eine Vektormaske, die wir in der Ebenen-Palette einfach mit gedrückter [Alt]-Taste von der Ebene mit dem Verlaufshintergrund als Kopie hierher ziehen.

Mit einem Doppelklick auf die Ebene wird der Dialog Ebenenstil aufgerufen, in dem zuerst die Fülloptionen eingestellt werden. Unter Erweiterte Füllmethode wird die Deckkraft des Ebeneninhalts auf 0% gesetzt, damit das Weiß der Fläche verschwindet. Die Ebene selbst mit ihrer Deckkraft (Allgemeine Füllmethode) bleibt dabei sichtbar.

Abbildung 5.79 ▶
Ebenenstil für den Rahmen: Die Einstellungen für Füllmethoden und Kontur

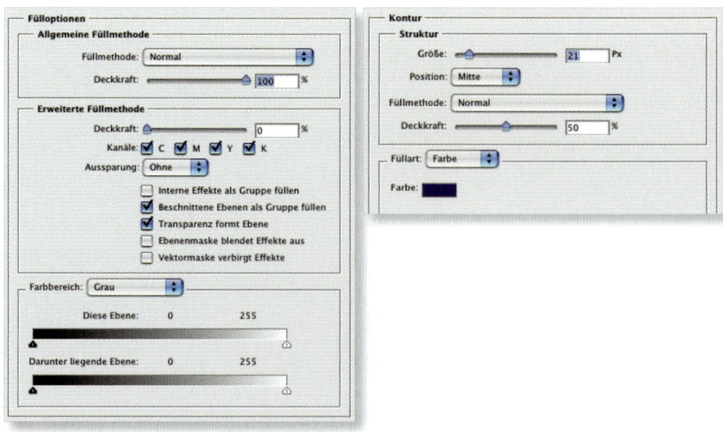

Dann wird unter KONTUR eine breitere Outline mit 50% DECKKRAFT im bereits verwendeten PANTONE-Violett erstellt. Eine Kopie (EBENE DUPLIZIEREN) ❸ wird mit FREI TRANSFORMIEREN etwas verkleinert, und die Breite der Outline wird etwas verringert. Beide werden in der Ebenen-Palette in einem Ordner zusammengefasst ❹. Dieser Ordner bekommt noch eine Ebenenmaske ❺, die den unteren Schriftzug und die gekreuzten Zweigenden aus dem Rahmen ausspart.

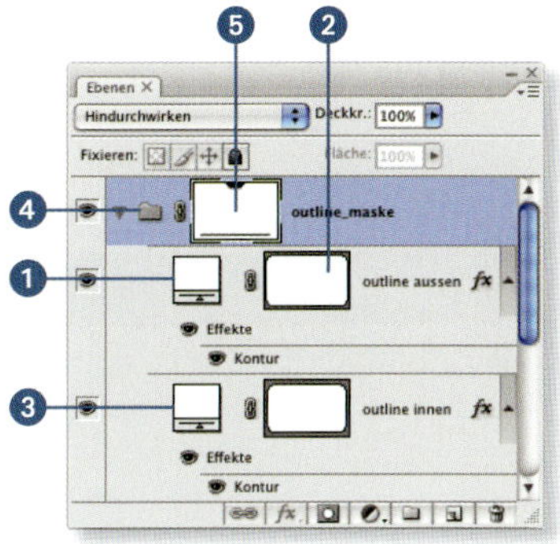

Abbildung 5.80 ▲
Erstellen des Rahmens mit vektormaskierter Vollton-Ebene

11 Grünen Volltonkanal anlegen

Bevor nun der erste Volltonkanal angelegt wird, muss kurz bedacht werden, was darin zu finden sein soll. Wir befinden uns mit dieser Datei im CMYK-Modus. Schwarz bedeutet bei einem Kanal also den vollen Farbauftrag, den wir nun überall dort benötigen, wo wir den vollen Grünton haben. Da es sich um eine Montage handelt, werden wir uns diese Bildteile zusammensuchen müssen.

Beginnen wir mit dem Verlaufshintergrund: Zuerst blenden wir in der Ebenen-Palette alles außer dieser Ebene und dem festen weißen Hintergrund aus. Nun wählen wir alles aus und kopieren mit Strg/⌘+⇧+C alles Sichtbare, und zwar auf eine Ebene reduziert.

Dann wählen wir im Menü der Kanäle-Palette NEUER VOLLTONFARBKANAL. Im folgenden Dialog klicken wir auf das Farbfeld und wählen im Farbwähler unter FARBBIBLIOTHEKEN die grüne Volltonfarbe PANTONE 576 C aus.

Der entstandene neue Farbkanal in der Kanäle-Palette ist zunächst leer. Nachdem man ihn ausgewählt hat, wird der kopierte Verlaufshintergrund eingefügt. Da es sich um einen Graustufenkanal handelt, wird nur die Helligkeit des blassgrünen Verlaufs eingefügt.

PANTONE process
Nicht immer ist es nötig oder bezahlbar, neben den vier Prozessfarben eine fünfte oder sechste Schmuckfarbe zu drucken, aber es ist trotzdem gewünscht, dass sich das Ergebnis z. B. an einer PANTONE-Farbe orientiert. Dafür gibt es die PANTONE process-Reihe, die alle ihre Farbwerte in CMYK übersetzt vorliegen hat. Man wählt also am Fächer und/oder im Photoshop-Farbkatalog letztlich eine CMYK-Farbe aus. Die Farbtreue einer echten Schmuckfarbe ist natürlich nicht gegeben. Auch gibt es unter den Volltönen Farben, die in CMYK gar nicht darstellbar sind. Für das HKS-System ist das ähnlich.

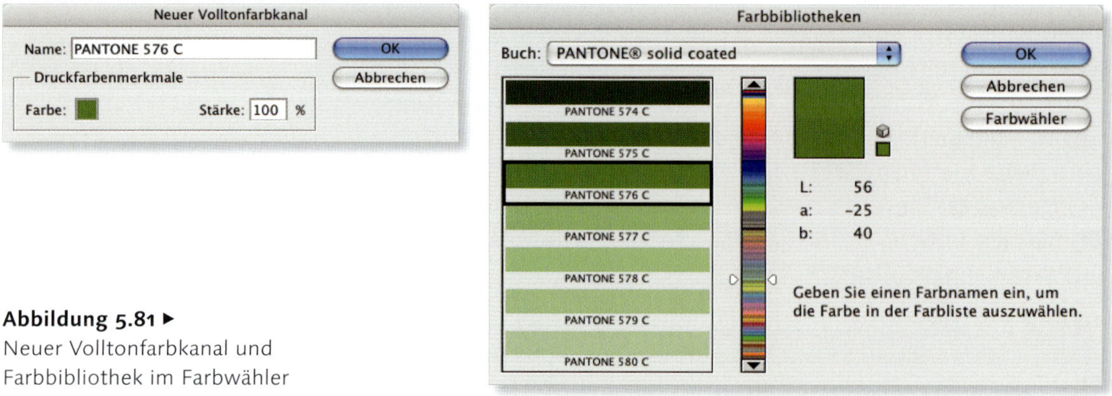

Abbildung 5.81 ▸
Neuer Volltonfarbkanal und Farbbibliothek im Farbwähler

> **ACHTUNG!**
>
> Ein Schmuckfarbenkanal, der einen Namen aus einem Farbkatalog trägt, darf nie umbenannt werden, auch dann nicht, wenn es die Möglichkeit dazu gibt. Wenn ein solches Bild in ein Layoutprogramm importiert wird, das ja letztlich die endgültige Druckdatei produziert, kann es passieren, dass das Programm die Schmuckfarbe nicht erkennt und entweder gar nicht oder falsch druckt. Außerdem muss ja die Druckerei anhand der Druckdatei den Einsatz der Sonderfarben überprüfen und sicherstellen, dass diese richtig gedruckt werden.

Gleich anschließend werden mit gedrückter Strg/⌘+⇧-Taste die weiteren grünen Elemente in der Ebenen-Palette als Auswahl geladen: Zunächst die beiden Zweige, dann der untere Schriftzug und schließlich der gebogene Schriftzug.

Hier sind aber nur die beiden dekorativen Elemente links und rechts grün. Der violette Teil mit der Schrift wird mit dem Lasso und gedrückter Alt-Taste von dieser Auswahl wieder abgezogen. Das Ergebnis dieser Auswahl zeigt Abbildung 5.82 im Maskierungsmodus Q.

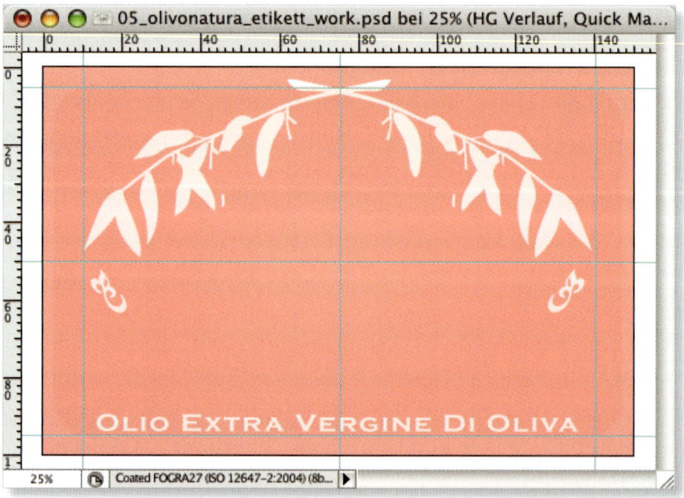

Abbildung 5.82 ▸
Auswahl der grünen Bildelemente

Bei bestehender Auswahl wird nun auf die Kanäle-Palette gewechselt und im neuen grünen Schmuckfarbenkanal diese Auswahl mit Bearbeiten • Fläche füllen mit Schwarz gefüllt. Zur Kontrolle werden in der Ebenen-Palette alle Ebenen bis auf den fixen Weißhintergrund abgeschaltet: Die schwarzen Partien im Schmuckfarbenkanal erscheinen im Bild nun in der grünen PANTONE-Farbe.

HINWEIS

Volltonfarbenkanäle erscheinen **nicht** als Bildinhalt in der Ebenen-Palette! Die nebenstehende Ansicht sieht man, wenn man alles in der Ebenen-Palette unsichtbar gemacht hat! Das kann durchaus zu Verwirrung führen, weil sich ja Schmuckfarbenkanäle auch mit den Ebenen des Bildes »mischen«.

◀ **Abbildung 5.83**
Der grüne Schmuckfarbenkanal

12 Violetten Volltonkanal erzeugen

Neben den violetten Schrift-Elementen haben wir mit dem Rahmen und seinem 50%igen Farbton auch Abtönungen der geplanten Schmuckfarbe, die wir entsprechend berücksichtigen müssen. Die Vorgehensweise ist dieselbe wie beim grünen Schmuckfarbenkanal.

Der grüne Kanal wird zunächst der Übersicht halber abgeschaltet. Nun wird die Ebenengruppe mit dem Rahmen sichtbar gemacht. Dann wird mit [Strg]/[⌘]+[A] alles ausgewählt und wieder mit [Strg]/[⌘]+[⇧]+[C] alles Sichtbare zusammenkopiert.

Der zweite Volltonfarbenkanal wird mit der violetten PANTONE-Farbe 268 C erstellt. In ihn wird in der Kanäle-Palette der kopierte Rahmen eingefügt, der dort nun hellgrau zu sehen ist und in der Bildansicht blassviolett (Abbildung 5.84).

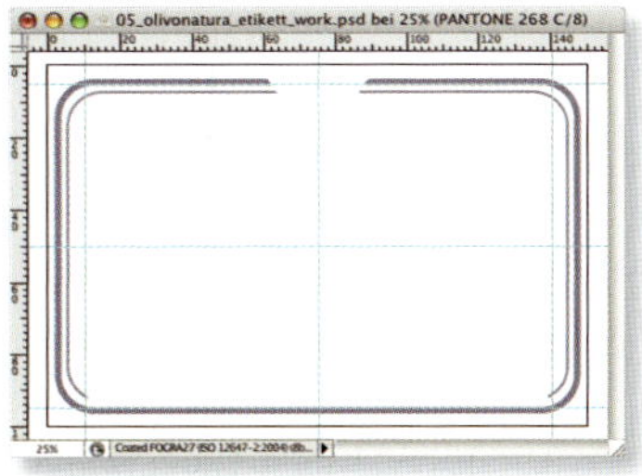

▲ **Abbildung 5.84**
Rahmen im violetten Volltonfarbenkanal

In der Ebenen-Palette werden nun (wieder mit gedrückter [Strg]/[⌘]+[⇧]-Taste) die beiden Ebenen mit den Olivenfrüchten sowie der gebogene Schriftzug als Auswahl geladen. Von Letzterem werden mit dem Lasso und gedrückter [Alt]-Taste die beiden grünen Ornamente wieder aus der Auswahl entfernt. Diese Auswahl wird nach dem Wechsel in die Kanäle-Palette im violetten Schmuckfarbenkanal mit Schwarz gefüllt. Die Abbildung zeigt die Schmuckfarbe allein auf dem weißen Hintergrund.

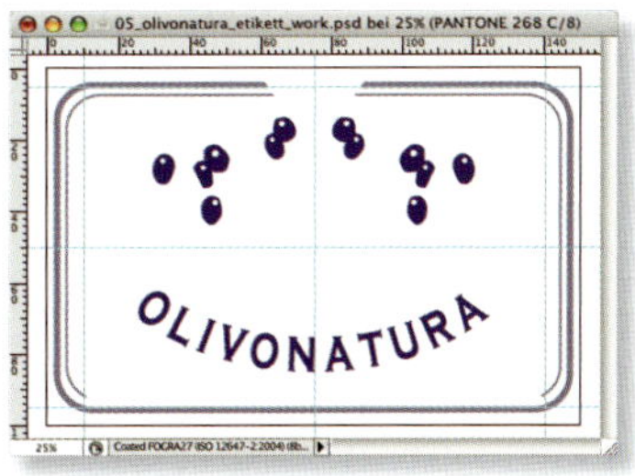

▲ **Abbildung 5.85**
Kompletter violetter Schmuckfarbenkanal

13 Kontrolle mit Fotografie

Ab jetzt kann man alle Elemente außer dem Foto und dem weißen Hintergrund unsichtbar belassen und quasi vergessen. Sie haben nur der Gestaltung der Montage gedient. Auch ihre Farbgebung war ausschließlich für die Erstellung und deren visuelle Kontrolle notwendig. Selbst die Farbe der platzierten Illustrator-Dateien ist technisch für das Endergebnis eigentlich egal. Alle grünen und violetten Farbtöne für die grafischen Elemente im Bild werden nun von den beiden Schmuckfarbenkanälen übernommen.

Abbildung 5.86 ▸
Zwischenstand mit weißem Hintergrund, der Foto-Ebene sowie den beiden Schmuckfarbenkanälen

14 Farbauftrag begrenzen

Der Gesamtfarbauftrag (siehe Abschnitt 12.1) ist für eine bestimmte Papiersorte oder ein bestimmtes Druckverfahren begrenzt. Statt der theoretisch möglichen 4 × 100% bei CMYK dürfen in der Regel zwischen 280 und 350% wirklich auf das Papier kommen. Da wir in unserem Fall mit den beiden Schmuckfarben noch zwei Druckplatten mehr haben, wird das Problem des maximalen Farbauftrags noch heikler.

Das ist ein wichtiger Grund, dafür zu sorgen, dass unter den Schmuckfarben alle vier CMYK-Kanäle ausgeblendet werden und dort nur das weiße Papier stehen bleibt. Das würde in unserem Fall bedeuten, dass selbst wenn beide Schmuckfarben vollflächig übereinander gedruckt werden würden, sie es nie über 200% Gesamtauftrag bringen würden.

Wir müssen also das Foto bei unserem Beispiel überall dort ausmaskieren, wo die Volltonfarbkanäle belegt sind. Eine solche Maske erstellt man natürlich aus den Volltonfarbkanälen selbst. Da wir zwei davon haben, können wir nicht, wie bei einer einzigen Volltonfarbe, diesen Kanal mehr oder weniger direkt benutzen, sondern müssen uns diese Maske zusammenbauen. Dafür bietet sich der Befehl Bild • Kanalberechnungen an.

Die beiden Volltonfarbkanäle PANTONE 576 C und PANTONE 268 C werden im Modus Abdunkeln zusammengerechnet. Das Ergebnis wird in einem neuen, normalen Alpha-Kanal abgelegt. Mit `Strg`/`⌘`+Klick auf sein Miniaturbild in der Kanäle-Palette wird er als Auswahl geladen.

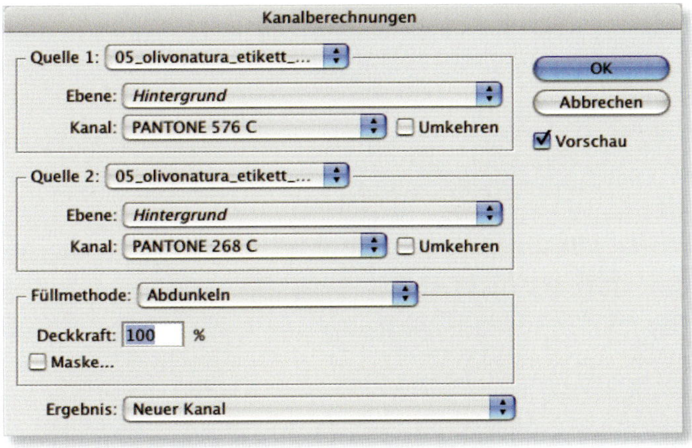

◀ **Abbildung 5.87**
Zusammenrechnen der beiden Volltonfarbkanäle für die Bildmaske

Die Fotografie hat bereits für ihren weichen Rand eine Ebenenmaske, und diese soll auch für eventuell notwendige Korrekturen so erhalten bleiben. Hier kann man den Trick wählen, diese einzelne Ebene in eine Gruppe zu packen (Menü der Ebenen-Palette: NEUE GRUPPE AUS EBENEN) und dieser Gruppe die noch bestehende Auswahl der neuen Maske als quasi weitere Ebenenmaske zuzuweisen. Die Anordnung dieser Konstruktion zeigt die folgende Abbildung).

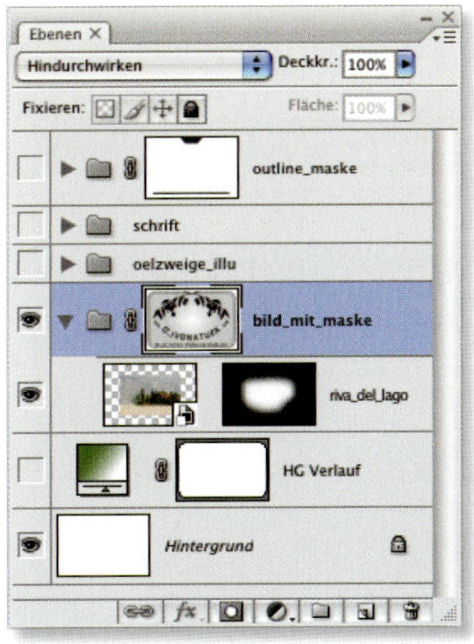

▲ **Abbildung 5.88**
Bildmaske

Da die Spitzlichter auf den Olivenfrüchten von der Illustrator-Datei Aussparungen in der Vektorgrafik waren, fallen sie bei dieser Gelegenheit als Löcher auf, durch die das Foto hindurchschaut. Das muss noch kurz mit einer schnellen Retusche in der Ebenenmaske repariert werden.

Abbildung 5.89 ▲
Wirkung der Maske auf das Bild und Retusche der Spitzlichter

HINWEIS

Da es in den Farbkatalogen zum einen Farben gibt, die lasierend sind, also darunter liegende Farbschichten durchscheinen lassen, oder zum anderen deckende Farben, die also alles unterhalb abdecken, muss man Photoshop sagen, wie sich die Schmuckfarbe im konkreten Fall verhalten soll. Das geschieht in der Volltonfarbkanal-Option STÄRKE. Wenn hier 0% angegeben ist, so ist die Farbe sehr stark durchscheinend, wird also auf einem dunklen Hintergrund kaum auffallen.

15 Blitzer vermeiden

Man hat einen weiteren Vorteil, wenn man die Volltonkanäle auf den CYMK-Kanälen ausmaskiert: Da praktisch keine Druckfarbe komplett deckend ist, sondern alle mehr oder weniger durchscheinend (lasierend) sind, erhöht sich die Leuchtkraft der Schmuckfarbe, wenn diese direkt auf dem weißen Papier steht. Dieser Umstand ist auch dann sehr wichtig, wenn eine helle Schmuckfarbe vor einem dunklen Hintergrund stehen soll.

Selbst wenn diese Schmuckfarbe stark deckend wäre, würde auf jeden Fall die dunkle CMYK-Farbe darunter den Farbton verfälschen. Auch in diesem Fall bewahrt eine Aussparung der CMYK-Farben vor Fehlern.

Eine große Gefahr besteht allerdings bei dieser Aussparung. Wenn die Druckplatten nicht absolut exakt auf der gleichen Position übereinander drucken, also nicht »registerhaltig« sind, kommt diese Aussparung als feiner Saum des weißen Papiers zum Vorschein. Diese sogenannten **Blitzer** müssen unbedingt vermieden werden. Dazu dient die Funktion der **Überfüllung** (engl. Trapping). Hierbei wird der Farbauftrag der Schmuckfarben ganz leicht ausgedehnt.

Bei Satzprogrammen geschieht das oft automatisch. In unserem Fall, also bei Photoshop, muss man das manuell erledigen. Man kann das auf verschiedene Weisen erreichen. Entweder man arbeitet mit dem Erweitern von Auswahlen, um das Schwarz eines Volltonfarbkanals um wenige Pixel auszudehnen. Man könnte auch den Filter DUNKLE BEREICHE VERGRÖSSERN verwenden.

Aber Photoshop hat diese Funktion bereits eingebaut. Unter BILD • ÜBERFÜLLEN wird genau das Passende angeboten. Ruft man diesen Befehl auf, so kommt erst einmal eine Warnung, die klar macht, dass man vorher unbedingt die endgültige Version seiner Arbeitsdatei, die die ganzen Montageschritte enthält, abspeichern sollte. Geht man nicht auf ABBRECHEN, um das nachzuholen, sondern mit OK weiter, so wird nun alles Sichtbare auf die Hintergrundebene reduziert (Druckdateien erlauben ja keine Ebenen!) und die Möglichkeit geboten, das Ausmaß der Überfüllung festzulegen. Der hier zu wählende Wert ist von der Druckmaschine abhängig. Ihre Druckerei sagt Ihnen, was hier eingetragen werden muss.

▲ **Abbildung 5.90**
Warnung vor dem Überfüllen

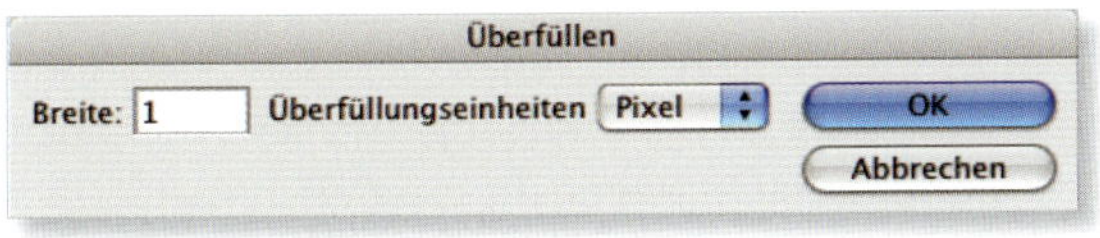

▲ **Abbildung 5.91**
Breite für das Überfüllen einstellen

▲ **Abbildung 5.92**
Vor (links) und nach der 1 Pixel weiten Überfüllung (rechts)

16 Kontrolle der Datei

Die fertige Datei sollte vor der Ausgabe noch kontrolliert werden, vor allem auf den Inhalt sowohl der CMYK- als auch der Schmuckfarbenkanäle, und dieses sowohl in der Kanäle-Palette als auch in der Ebenen-Palette.

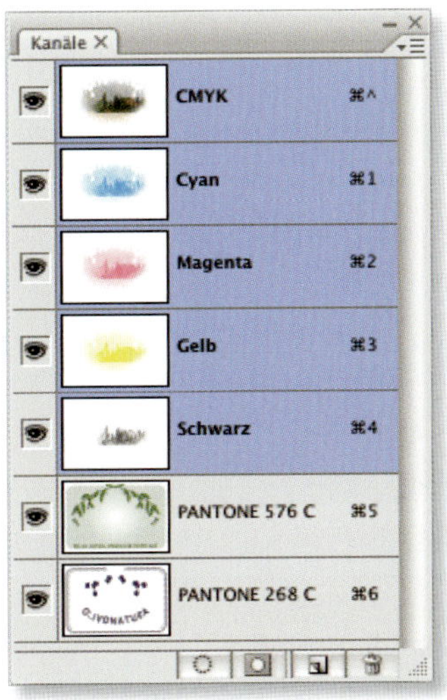

Abbildung 5.93 ▲►
Struktur der fertigen Datei in der Kanäle- und der Ebenen-Palette

17 Ausgabeformat für Schmuckfarben

Nun wäre das Bild fertig zum Import in ein Layoutprogramm wie QuarkXPress oder Adobe InDesign. Das richtige Dateiformat ist bei Schmuckfarben nicht ganz trivial. Am besten fährt man mit TIFF, das in seiner Dateistruktur Zusatzfeatures wie Schmuckfarben erlaubt. Man muss es dem TIFF aber mitteilen, und zwar über die Checkbox VOLLTONFARBEN im SPEICHERN-Dialog von Photoshop.

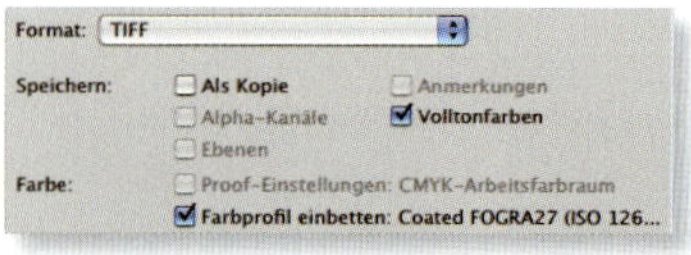

▲ **Abbildung 5.94**
Ausgabe als TIFF mit der Option VOLLTONFARBEN

Als weiteres Dateiformat kommt noch Photoshop DCS (Desktop Color Separations) in Frage. Es basiert auf PostScript und ist dem EPS sehr ähnlich (und hat auch die Datei-Endung ».eps«). Wichtig ist hier, dass DCS 2.0 verwendet wird, denn die Version 1.0 unterstützt keine Schmuckfarben. Auch normale Photoshop-EPS-Dateien unterstützt diese nicht.

Eine Alternative für Benutzer von Adobe InDesign ist die Verwendung von Photoshop PDFs. Auch der Standard PDF/X-3 unterstützt hierbei Schmuckfarben.

18 Tests und weitere Behandlung

Abschließend sei noch kurz die Verwendung solcher Dateien mit Schmuckfarben in der Weiterverarbeitung sowie deren Test in Layout-Umgebungen besprochen. Schließlich soll die viele Arbeit, die man in Photoshop für solche Dinge investiert, später nicht durch Fehler wieder zunichtegemacht werden.

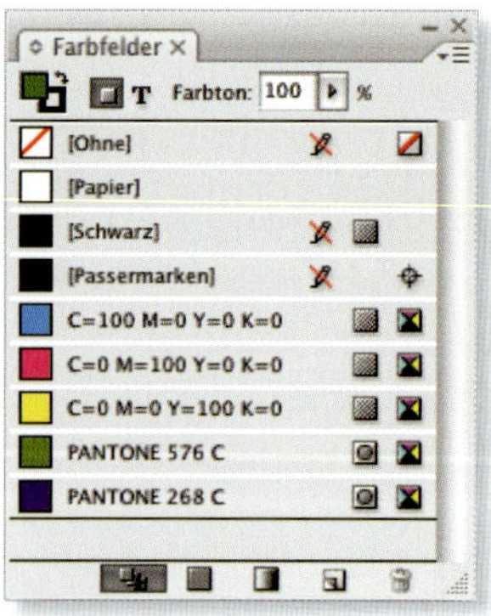

▲ **Abbildung 5.95**
Farbbestand in InDesign nach dem Import unserer Datei

Importiert man ein CMYK-Bild mit Schmuckfarben in ein Layoutprogramm, so sollten die verwendeten Volltonfarben automatisch zu den Farbbeständen des Layout-Dokuments hinzugefügt werden.

Diese Farben können nun für die weitere Bearbeitung herangezogen werden, hier z. B. für Textergänzungen. So kann man sicher sein, dass auch für diese Elemente im Druck volle Farbkonsistenz herrscht.

Abbildung 5.96 ▶
Verwendung der Schmuckfarben für Text im Layoutprogramm

Im Layoutprogramm kann auch überprüft werden, was auf den einzelnen Druckplatten wirklich ankommen wird. In Adobe InDesign finden Sie diese Informationen unter FENSTER • AUSGABE • SEPARATIONSVORSCHAU oder (nach Ausgabe der Satzdatei als PDF) in Acrobat unter ERWEITERT • DRUCKPRODUKTION • AUSGABEVORSCHAU. Auch der Gesamtfarbauftrag kann hier überprüft werden.

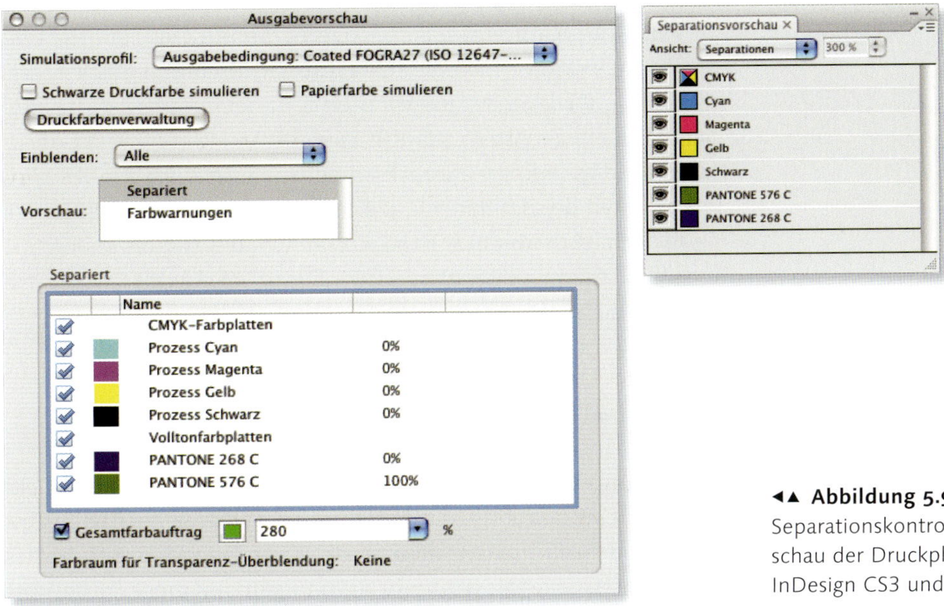

◄▲ **Abbildung 5.97**
Separationskontrolle und Vorschau der Druckplatten in InDesign CS3 und Acrobat 8

Am Ende dieses Prozesses stehen nach dem Export eines PDFs aus dem Satzprogramm und einer Schlussüberprüfung in Acrobat (»Preflight«) druckfähige Daten zur Verfügung.

◄ **Abbildung 5.98**
Druckfertige PDF/X-3-Datei in Acrobat 8 ■

5.7.2 Reden Sie mit Ihrem Setzer und Ihrer Druckerei!

Die beiden vorangegangenen Workshops zu Duplex-Bildern und Schmuckfarben zeigen die Arbeit an diesen Bildtypen, die Sie **innerhalb** von Photoshop machen. Gerade diese beiden vom weitgehend üblichen CMYK-Druck-Workflow abweichenden Verfahren haben es in sich, was Belichtung und Druck angeht. Es gibt allein bei den Druckmaschinen in dieser Hinsicht große Unterschiede.

Auch die beiden gängigen Satzprogramme QuarkXPress und Adobe InDesign verhalten sich bei diesem Thema ziemlich unterschiedlich. Darüber hinaus könnten z. B. beim letzten Workshop durchaus einige Arbeitsschritte sowohl bereits vorher in Illustrator erledigt werden als auch später im Satzprogramm. Es gibt, wie so oft in diesem Bereich, mehrere Wege, die zum Ziel führen. Deswegen ist es immer sehr zu empfehlen, mit allen zu reden, die Ihre Bilddateien weiterverarbeiten. Es gibt hier keinen Standardweg, auf dem gute Ergebnisse garantiert sind!

5.8 Farbschemata

Farben aus Farbkatalogen wie PANTONE oder HKS spielen nicht nur beim Gebrauch in Druckverfahren wie Duplex oder beim Einsatz von Schmuckfarben eine große Rolle. Auch am Anfang des Gestaltungsprozesses wird sehr oft und gern auf diese Farbbibliotheken zurückgegriffen, vor allem auch deswegen, weil die Auswahl von Farben mit den Farbfächern der Hersteller sehr direkt, anschaulich und vor allem verlässlich ist. Hier sind ja die Originalfarben auf Karton aufgetragen.

Sind nicht nur einzelne Farben z. B. für Logos auszuwählen, sondern ganze Reihen von Farben, die harmonieren und dem Zweck der Gestaltung entsprechend wirken sollen, dann müssen Farbschemata entwickelt werden. Das kann sehr gut allein mit Gefühl und gestalterischer Erfahrung geschehen. Es gibt aber auch bestimmte Gesetzmäßigkeiten und Beziehungen zwischen Farben, dargestellt in verschiedenen Farblehren wie z. B. denjenigen von Goethe oder Johannes Itten, um nur zwei Personen zu nennen, die sich darüber den Kopf zerbrochen haben. Und wo etwas in Regeln und Verhältnissen fassbar ist, kann eine Software nicht weit sein, die das abbildet und den Prozess der Gestaltung eines Farbschemas sehr unterstützen kann. Davon gibt es sogar eine gewisse Auswahl, die hier vorgestellt werden soll.

Die Art und Weise, wie man an diesen Prozess herangeht, kann sehr unterschiedlich sein. Manchmal ist man gezwungen, eine Reihe von Farben aus einem Bild abzuleiten oder ein Bild

TIPP

Normalerweise nimmt das Pipette-Werkzeug in Photoshop Farbwerte nur im Bild oder in der Farbregler- bzw. der Farbfelder-Palette auf. Klickt man mit der Pipette irgendwo ins Bild, drückt **dann** die [Alt]-Taste und hält sie gedrückt, kann man vom gesamten Bildschirm eine neue Vordergrundfarbe holen. Drückt man **zuerst** die [Alt]-Taste und hält sie gedrückt, so tut man das Gleiche für die Hintergrundfarbe.

als Vorgabe zur Entwicklung einer Farbtabelle heranzuziehen. Ein weiterer Fall ist das vollkommen freie Entwickeln von Farbschemata. In jedem Fall geht es hier um den praktisch gestalterischen Einsatz von Farbe, nicht um deren theoretische Grundlagen.

5.8.1 Farbtabellen aus Bildern gewinnen

Wollen Sie aus einem Bild eine Tabelle der beherrschenden Farben extrahieren, stehen Ihnen neben manuellen Mitteln wie der Pipette [I] bessere Verfahren zur Verfügung, die vor allem Farbwerte mitteln und die Statistik der Farbverteilung mit berücksichtigen.

▲ **Abbildung 5.99**
Ausgangsbild (© pixelio.de)

Farbtabelle über indizierte Farben | Da es Bildformate gibt, die auf der Darstellung nur der statistisch häufigsten Farben beruhen, liegt hier auch der Schlüssel zu einer solchen Tabelle. Mit Bild • Modus • Indizierte Farben wird der Tonwertumfang eines Bildes auf eine Anzahl von 2 bis 256 Farben heruntergebrochen. Hierbei kann man im Dialog Indizierte Farben verschiedene Gewichtungen und Beschränkungen ausprobieren. Palette • Lokal (Perzeptiv) ergibt in der Regel gute Ergebnisse.

◂ **Abbildung 5.100**
Dialog von Indizierte Farbe

Bei aktivierter Vorschau kann man an der Tonwertreduktion im Bild erkennen, wie viele Farben für das Bild wirklich nötig sind. Unter Farben kann man dann deren Anzahl reduzieren, in unserem Beispiel auf 16. Wählt man nun Palette • Eigene, kann man diese Farbtabelle abspeichern.

Diese Tabelle wird zunächst angezeigt und dann mit Speichern als »*.act«-Datei abgelegt. Sie kann nun nicht nur in Photoshop, sondern auch in anderen Adobe-Programmen weiterverwendet werden. In der Farbfelder-Palette von Photoshop kann diese Tabelle über das Palettenmenü mit Farbfelder laden oder Farbfelder ersetzen geladen werden.

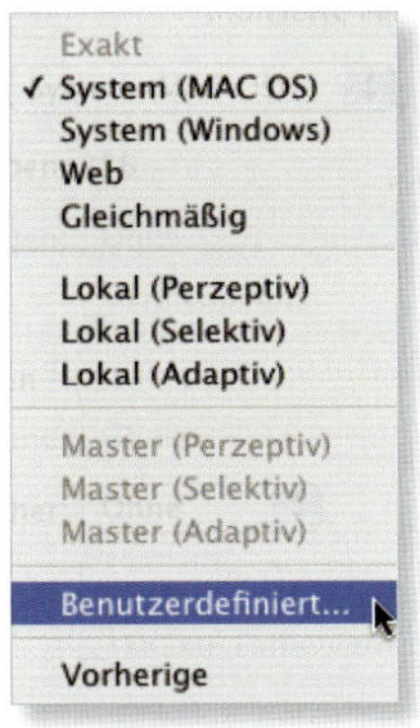

▲ **Abbildung 5.101**
Farbpaletten-Auswahl

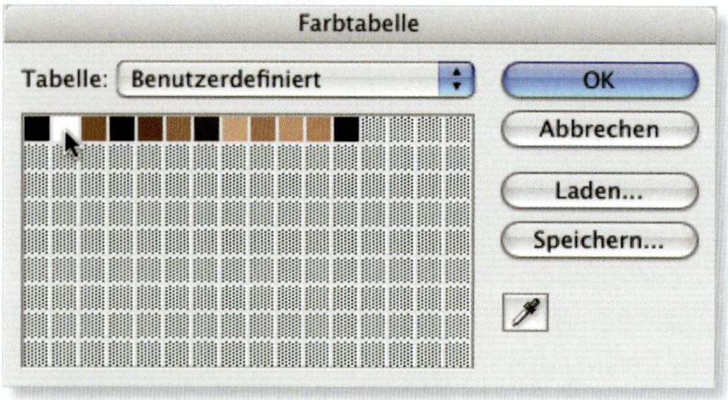

▲ **Abbildung 5.102**
Eigene Farbtabelle bei Indizierte Farbe

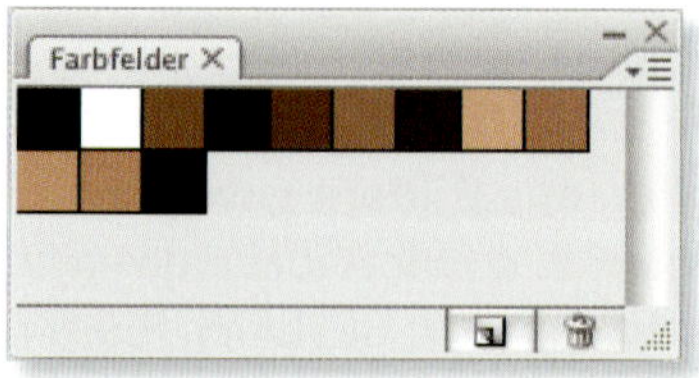

▲ **Abbildung 5.103**
Farbtabelle in Farbfelder-Palette geladen

Farbtabelle über »Für Web und Geräte speichern« | Eine andere Möglichkeit, eine Farbtabelle aus einem Bild zu gewinnen, bietet sich über den Dialog von Datei • Für Web und Geräte speichern ([Strg]/[⌘]+[Alt]+[⇧]+[S]). Wählt man hier als Kompressionsmethode unter Vorgabe das GIF-Format aus und reduziert die Anzahl der Farbtöne auf das gewünschte Maß, so wird eine Farbtabelle angezeigt, die mit einem kleinen Button ❶ abgespeichert werden kann, und zwar als ImageReady-Farbtabelle (auch wenn ImageReady aus der aktuellen Creative Suite verschwunden ist), die aber funktionell identisch mit einer Photoshop-Farbtabelle ist (»*.act«-Datei).

Abbildung 5.104 ▸
Farbtabelle erzeugen über die GIF-Kompression im Dialog Für Web speichern

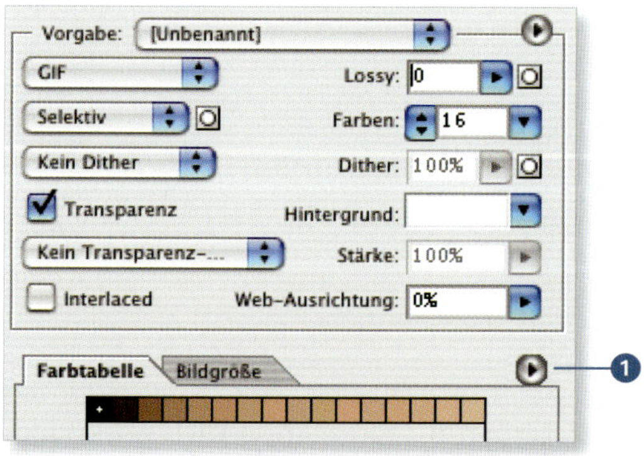

▲ **Abbildung 5.105**
ImageReady- und Photoshop-Farbtabellen-Datei

Der Vorteil bei der Methode über den Dialog Für Web und Geräte speichern ist, dass die Farbtöne gemäß der Voreinstellung dieses Dialogs sortiert sind, und zwar standardmäßig nach Luminanz, was in diesem Fall für die Hauttöne praktisch ist.

5.8.2 Farbschemata entwickeln mit Softwareunterstützung

Wenn man von Grund auf ein Farbschema für eine Gestaltungsaufgabe entwickeln muss, kann und sollte man sich zuallererst auf sein Gefühl verlassen. Da es aber dabei doch gewisse

Gesetzmäßigkeiten gibt, ist eine Unterstützung durch Software ebenso möglich wie sinnvoll und angenehm. Solche Programme haben die elementaren Regeln einer Farblehre praktisch eingebaut. Weil solche Dinge die Arbeit sehr erleichtern und verkürzen können, sollen an dieser Stelle einige Möglichkeiten vorgestellt werden.

Neben Farbschema-Software, die online in einem Browserfenster läuft, und verschiedenen eigenständigen Programmen hat sich Adobe selbst jüngst dieses Themas angenommen und begonnen, solche Features in seine Programme einzubauen.

Adobe Kuler | Auf der Webseite Adobe Labs (labs.adobe.com) stellt Adobe seit geraumer Zeit neue Projekte vor und bietet künftige Programme und Technologien als Alpha- oder Beta-Versionen zum Testen an. Dort hat auch vor längerer Zeit ein Projekt namens Kuler das Licht der Welt erblickt.

Mittlerweile auf die Adresse kuler.adobe.com übersiedelt, stellt Kuler ein auf Flash basierendes Werkzeug zur Erstellung von Farbschemata dar.

Nach einer kostenlosen Registrierung wird man dort Teil einer Community, die Farbschemata erzeugt, diese veröffentlicht und gegenseitig bewertet. Diese Farbschemata sind auch mit einer Reihe von Stichwörtern versehen, sodass man zu einem bestimmten Thema dort durchaus schnell eine passende Farbzusammenstellung finden kann.

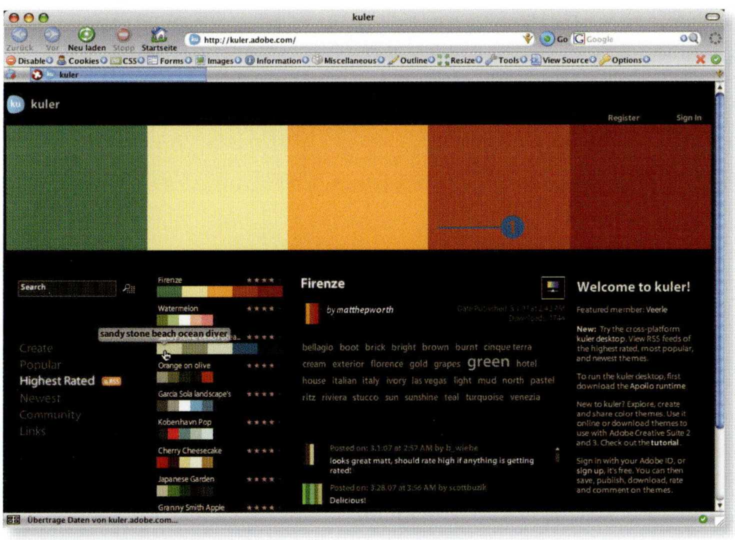

◂ **Abbildung 5.106**
Die Startseite von Kuler

Auf der Bearbeitungsseite von Kuler kann man die bestehenden Farbschemata bearbeiten und verändern oder eigene kreieren und in einer persönlichen Bibliothek ablegen und auch veröffentlichen.

[Websichere Farben]
Immer wieder taucht dieser Begriff (auch Web Safe Colors) auf, sowohl in Photoshop und ImageReady als auch in diverser Farbschema-Software. Damit sind jene 216 Farben gemeint, die verlässlich von allen Browsern auf allen Betriebssystemen dargestellt werden können, wenn der Bildschirm nur 256 Farben zeigen kann. Die RGB-Werte setzen sich immer aus den sechs Werten 0, 51, 102, 153, 205 und 255 zusammen ($6^3 = 216$). Bei den Hex-Werten sind diese entsprechend 00, 33, 66, 99, CC und FF.

Da diese technische Einschränkung inzwischen weitgehend Geschichte ist, haben die websicheren Farben spürbar an Bedeutung verloren.

TIPP

Zur Standard-Anordnung der Farbfelder-Palette, die nicht immer ideal ist, gibt es eine visuell gute Alternative. Im Palettenmenü ist sie unter dem Namen VisiBone2 zu finden und im Photoshop-Programm-Ordner unter »Vorgaben/Farbfelder/VisiBone2.aco«. Man kann die Standardfelder über das Palettenmenü ersetzen. Diese Farbfelder versuchen, die 216 websicheren Farben sinnvoll in einem RGB-Farbkreis anzuordnen.

Die Bedienung ist praktisch selbsterklärend. Die einzelnen Farben können als RGB, CMYK- oder LAB-Werte eingegeben werden, wenn man sich an Vorgaben zu halten hat ❶. Auch die Eingabe von Hexadezimalwerten von Web-Farben oder mit Farbton, Sättigung und Helligkeit ist möglich. Als Ausgangspunkt wählt man eine Regel ❷, nach der die Farben grundsätzlich auf dem Farbkreis angeordnet werden sollen. Für schnelle Variationen kann die Basisfarbe geändert werden ❸. Schließlich kann man die Schemata benennen ❹ und mit Stichwörtern versehen ❺.

▼ **Abbildung 5.107**
Bearbeitung eines Farbschemas in Kuler

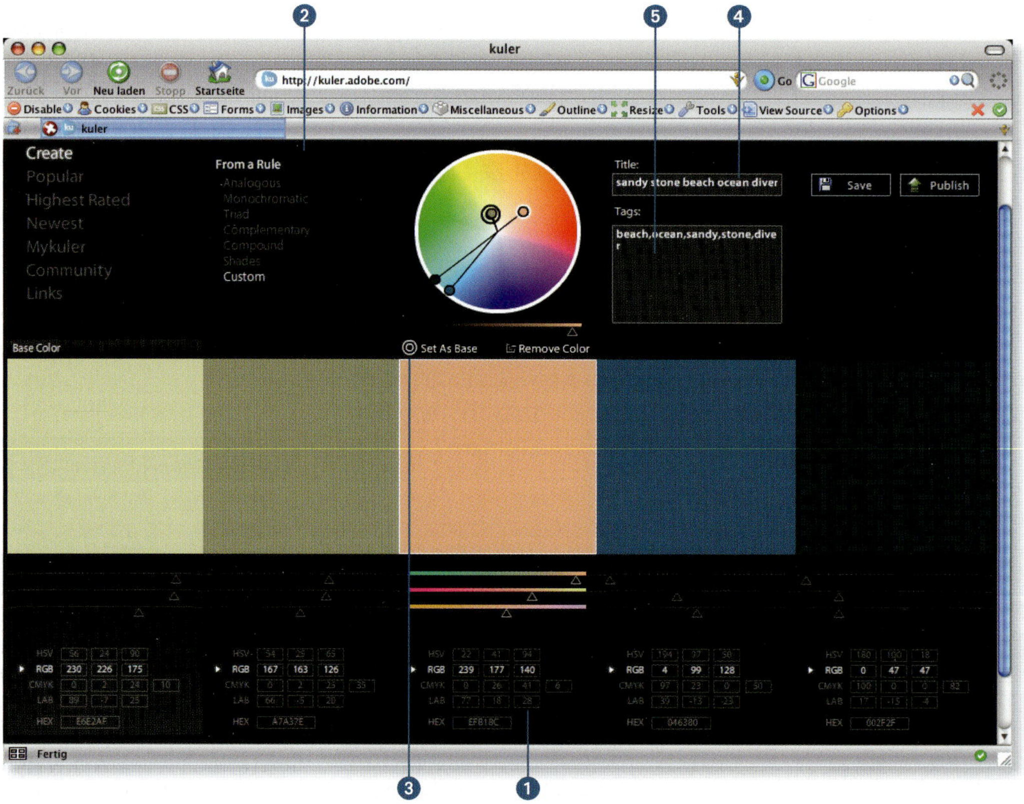

▲ **Abbildung 5.108**
Download des Farbschemas aus Kuler als »*.ase«-Datei

Sehr nützlich ist die Download-Möglichkeit des erstellten Farbschemas. Auf der Hauptseite kann man seine eigenen und auch alle anderen veröffentlichten Farbschemata im Format ADOBE SWATCH EXCHANGE (»*.ase«) herunterladen. Dieses Format kann von allen geeigneten Creative Suite-Programmen gelesen werden.

Diese Farbfeld-Dateien zeigen mit der neuen CS3-Version von Bridge ihren Inhalt bereits hier an, was besonders praktisch ist, wenn man viel mit solchen Dateien arbeitet oder verschiedene Versionen während der Arbeit unterscheiden können muss.

Wenn die Datei umfangreicher sein sollte, kann man im Fenster Vorschau in der Bridge auch blättern.

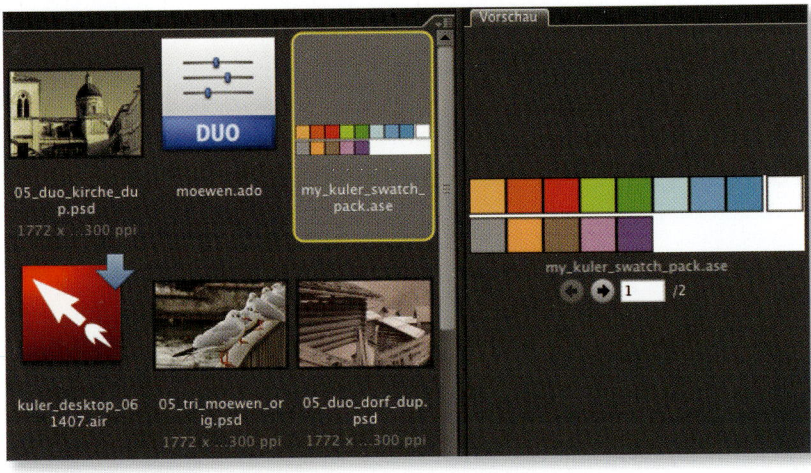

▲ **Abbildung 5.109**
Vorschau einer Farbfeld-Datei in Bridge CS3

Kuler Desktop | Neben Kuler in der Online-Version, die nur im Browser läuft, hat Adobe auf der Basis seiner neuen ActionScript-HTML-JavaScript-XML-Technologie AIR (Adobe Integrated Runtime, bekannter derzeit vielleicht noch unter dem Arbeitstitel Apollo), ein Widget zur Verfügung gestellt, das Kuler in einer Miniapplikation zusammenfasst, die Kuler Desktop heißt. Hier hat man platzsparend Zugriff auf die Kuler-Farbschemata und kann schnell alle fünf Farbwerte als Hexadezimalzahlen in die Zwischenablage kopieren.

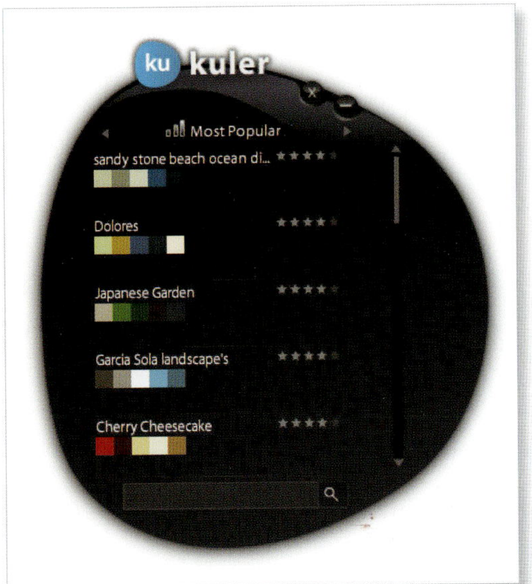

◂ **Abbildung 5.110**
Kuler Desktop

Kuler als Widget
Alternativ zu Kuler Desktop gibt es für die Mac-Plattform schon länger ein Dashboard-Widget von Adobe. Man kann es hier gratis herunterladen: *kuler.adobe.com/links/kulerWidget.zip*

Regeln für Farbschemata

Auch wenn die einzelnen Programme und Werkzeuge, die mit Farbschemata arbeiten, Unterschiede aufweisen, sind die prinzipiellen Möglichkeiten in etwa gleich. Praktisch alle arbeiten mit allen (oder einigen der) unterhalb kurz vorgestellten Grundregeln, die es für Farbschemata auf dem Farbkreis gibt. Diese Regeln sind ganz sicher nicht als strikt zu verstehen und sind nur ein Ausgangspunkt für die Findung einer Farbharmonie. Ein übliches Vorgehen ist es, mit einer Regel anzufangen und dann die Farben frei weiter anzupassen, also z. B. in Kuler mit einer festen Regel wie »Triad« oder »Compound« zu beginnen und dann mit »Custom« die Harmonien zu verfeinern.

Die einzelnen Regeln haben gewisse Grundcharakeristiken. Während die Regeln mit großen und starren Farbwinkeln wie »Komplementär«, »Triadisch« oder »Tetradisch« eher kräftiger wirken und starke, laute Farbkontraste bringen, sind »Compound« oder »Analog« eher feiner ausgewogen. Die Grenzen sind natürlich fließend und hängen vor allem vom Gebrauch der Parameter Sättigung und Helligkeit ab, denn die Position am Farbkreis ist ja nur eine Größe, die man verändern kann.

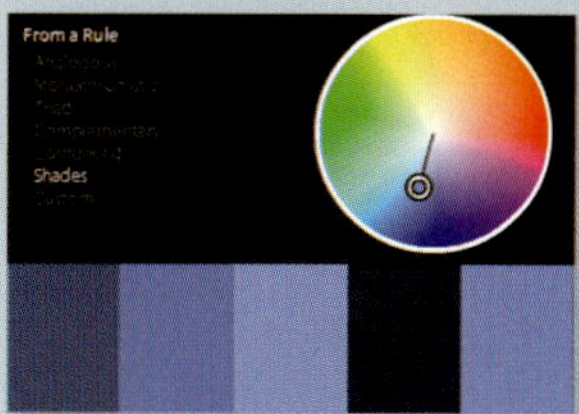

▲ **Abbildung 5.111**
»Schattierungen«: Verschiedene Helligkeiten bei gleichem Farbton und gleicher Sättigung

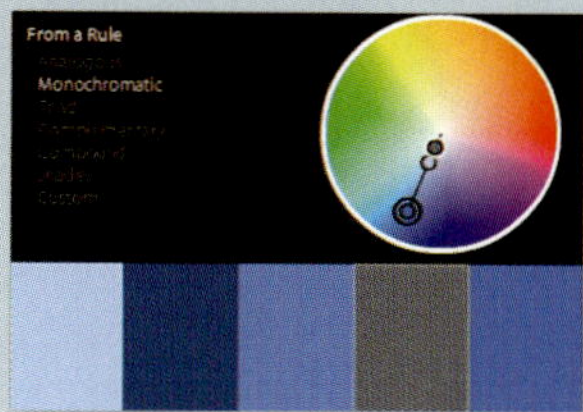

▲ **Abbildung 5.112**
»Monochrom«: Gleicher Farbton

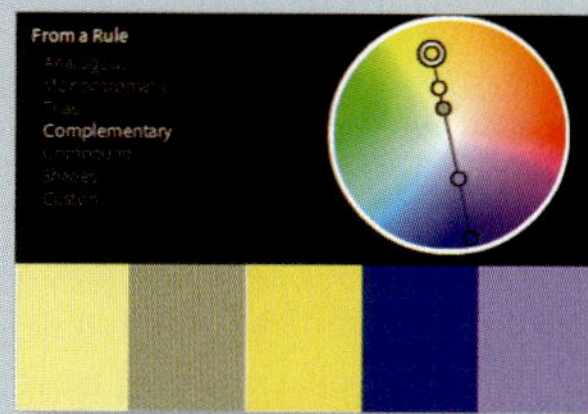

▲ **Abbildung 5.113**
»Komplementär«: Alle Farben liegen auf einer Achse zwischen Farbe und Gegenfarbe.

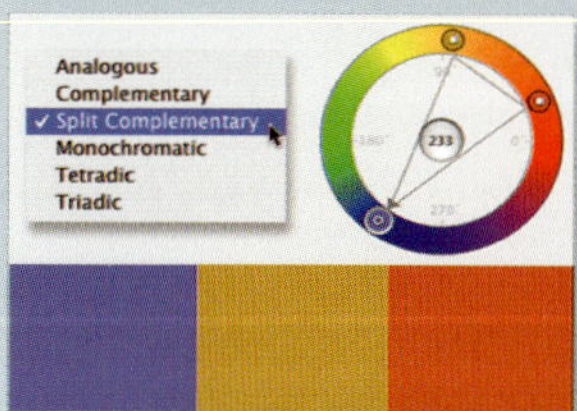

▲ **Abbildung 5.114**
»Split Complementary«: Die Komplementärfarben liegen beiderseits der Farbachse.

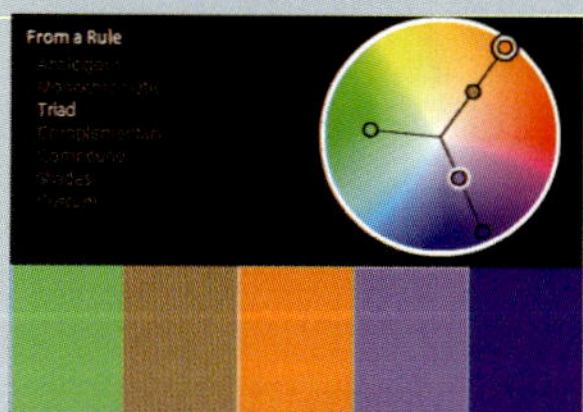

▲ **Abbildung 5.115**
»Triadisch«: Drei Farbachsen im Winkel von 120°

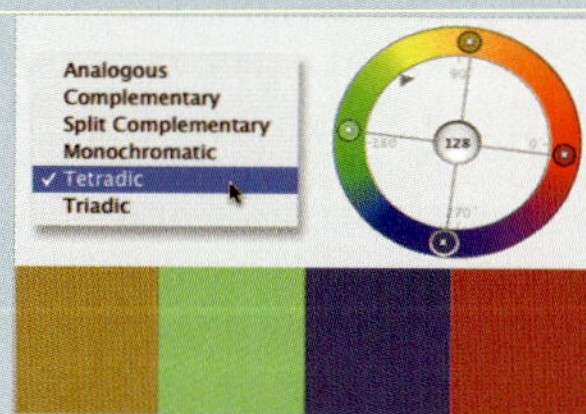

▲ **Abbildung 5.116**
»Tetradisch« oder »Doppelkomplementär«: Zwei Farbachsen im 90°-Winkel

▲ **Abbildung 5.117**
»Analog« oder »Harmonisch«: Hauptfarbe mit 2 oder 4 Nebenfarben in symmetrischen Winkeln

▲ **Abbildung 5.118**
»Compound«: Unsymmetrische Harmonie

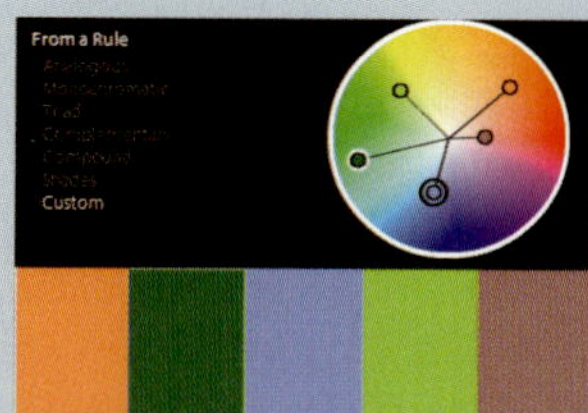

▲ **Abbildung 5.119**
»Custom«: Frei definierbar ohne fixe Relationen

Farbschemata entwickeln mit Adobe Illustrator | Ein größerer Teil der Kuler-Technik ist in Adobe Illustrator CS3 integriert worden. Die Arbeit mit Farben ist in Illustrator derzeit weit fortgeschrittener als in Photoshop. Weil eine ganze Reihe Photoshop-Nutzer mehr in der Kreation als in der reinen Bildbearbeitung tätig sind und viele auch nicht nur Photoshop allein anschaffen, sondern gleich die gesamte Creative Suite, sei dieses Feature von Illustrator hier kurz beschrieben.

Neu in Illustrator ist die Möglichkeit, Farben in Gruppen zusammenzufassen und innerhalb des Programms auch auf Basis der Zugehörigkeit zu einer solchen Gruppe mit den Farben zu arbeiten. Diese Gruppen können auch aus Kuler stammen.

In der englischen Version von Illustrator CS3 kann aus dem Programm über ein eigenes Fenster direkt auf die Kuler-Online-Bibliothek zugegriffen werden. Bei der deutschen Version geht das (noch) nicht. Hier bleibt, ebenso wie in Photoshop, der Import der »*.ase«-Datei.

Für die Bearbeitung von Farbgruppen in Illustrator kann man bei einer Farbgruppe in der Palette Farbfelder mit einem Doppelklick den neuen Dialog Interaktive Farbe öffnen, der von der Handhabung her sehr große Ähnlichkeit mit Kuler hat.

In der Palette Farbhilfe bekommt man in Illustrator CS3 bereits bei Auswahl nur einer einzigen Farbe eine ganze Reihe von Vorschlägen, wie diese Farbe in Bezug auf diverse Harmonieregeln wirkt.

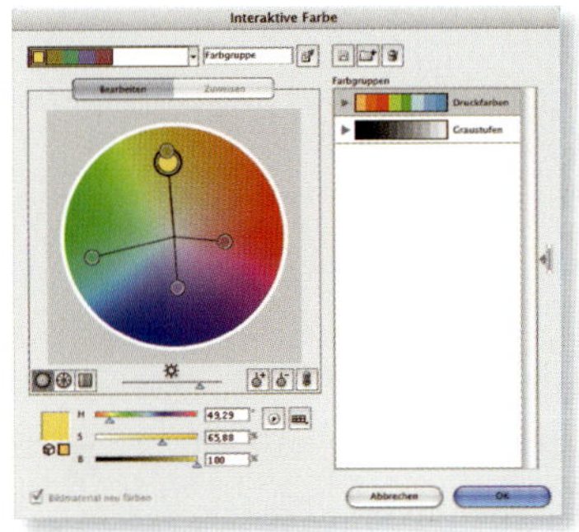

▲ **Abbildung 5.120**
Der Dialog Interaktive Farbe in Illustrator CS3

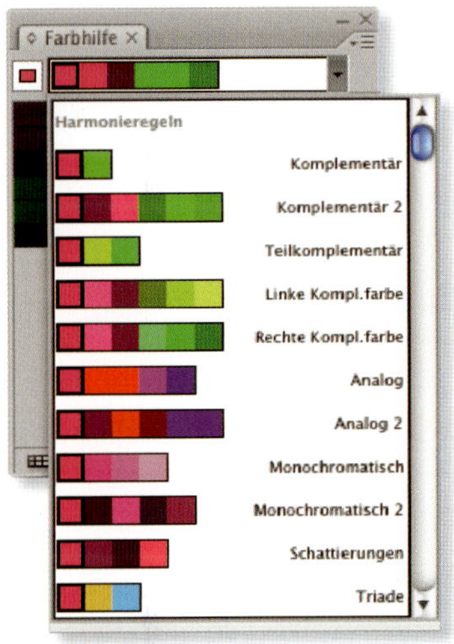

▲ **Abbildung 5.121**
Die Illustrator-Palette Farbhilfe mit Farbschema-Vorschlägen

Color Scheme Generator 2 | Dieses Werkzeug ist nur online verfügbar, und sein Gebrauch ist angenehmerweise ebenfalls kostenlos. Unter der Internetadresse *http://wellstyled.com/tools/colorscheme2/index-en.html* findet man ein sehr umfangreich ausgestattetes Interface, mit dem sich professionell Farbschemata generieren lassen.

Wie fast alle Programme in diesem Bereich basiert es nicht auf dem RGB-, sondern auf dem RYB-Farbkreis (Rot-Gelb-Blau).

Auf einer einzigen kompakten Webseite sind alle wichtigen Parameter zusammengefasst. Aus dem Farbkreis ❶ kann eine Basisfarbe gewählt werden. Darunter finden sich die fünf wichtigsten Beziehungsmuster ❷.

Bei Contrast geht es um zwei gegenüberliegende Farben, die sich komplementär ergänzen, bei Triad und Tetrad in gleicher Weise um drei oder vier Farben. Das am häufigsten gebrauchte Muster ist Analogic. Dabei gibt es eine Hauptachse zwischen der Basisfarbe und ihrer Komplementärfarbe.

Mit Angle/Distance ❸ kann man zwei Nachbarfarben unterschiedlich weit von dieser Achse entfernt platzieren. In dem

[RYB]
Im Gegensatz zu RGB, das physikalisch dem menschlichen Sehen und den technischen Gegebenheiten bei Computer und Monitor entspricht, ist RYB die farbharmonisch korrekte Darstellung des Farbkreises, wie sie in der klassischen Farblehre (z. B. der von Johannes Itten) üblich ist. Dieser Farbkreis wird daher auch meist als »artistic color wheel« bezeichnet.

großen Chart daneben ❹ wird diese Vierer-Kombination mit jeweils drei Abtönungen und im Zusammenspiel mit schwarzer und weißer Schrift gezeigt. Eine Liste mit allen Farben und ihren Hex-Codes ❺ bildet die Ergebnis-Ausgabe (leider gibt es keine andere Ausgabe-Möglichkeit). Unten kann mit VARIATIONS ❻ der Gesamtcharakter des Schemas in Helligkeit und Sättigung verändert werden.

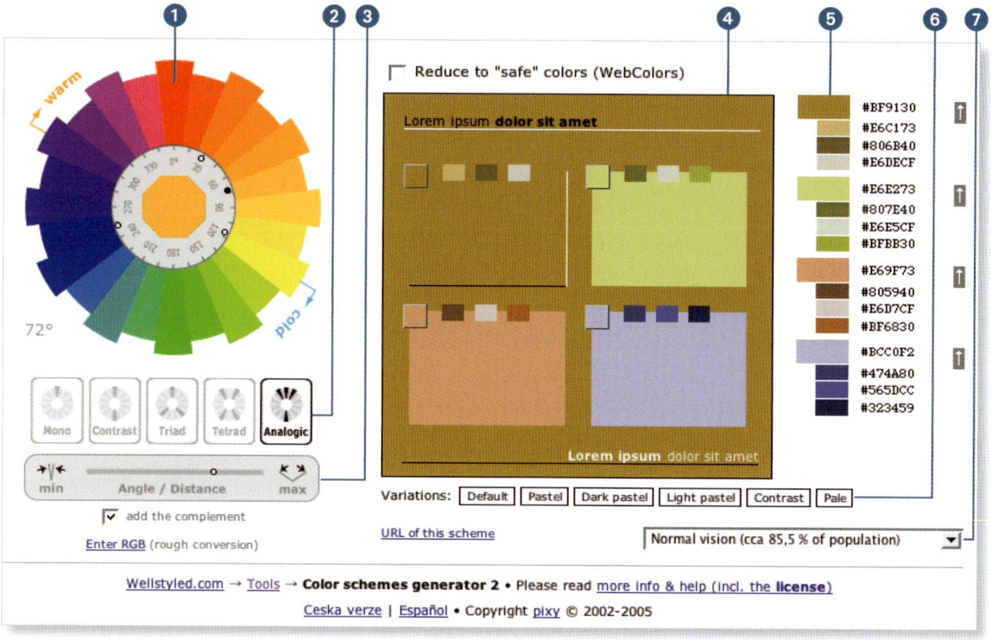

▲ **Abbildung 5.122**
Color Scheme Generator 2, ein Online-Farbschema-Werkzeug

Da zunehmend, wie auch in den Richtlinien des World Wide Web Consortium empfohlen, auf die Barrierefreiheit von Webseiten Wert gelegt wird und diese immer mehr Pflichtbestandteil vor allem von öffentlichen Ausschreibungen ist, bietet das Pulldown-Menü ❼ die Überprüfung des Farbschemas unter Berücksichtigung diverser Augenleiden und Sehbehinderungen wie Farbenblindheit.

Demo auf der DVD
Color Schemer Studio ist als eines der wenigen Programme auf diesem Gebiet sowohl für Mac als auch für Windows erhältlich und kostet etwa 50 US$. Eine Demo finden Sie auf der Buch-DVD unter SOFTWARE/FARBE/COLORSCHEMER. Hersteller: Color Schemer (*http://www.colorschemer.com*)

Color Schemer Studio | Als eigenständiges Programm bietet Color Schemer Studio im Wesentlichen die gleichen Features wie der Color Scheme Generator.

Nach Festlegung einer Basisfarbe im linken Teil geht das Programm für die Erzeugung des Schemas wählbar vom Farbkreis ⓬ COLOR WHEEL ❾ bzw. harmonischen Beziehungsmustern

(HARMONIES) aus oder schlägt selbstständig Kombinationen vor (SUGGESTED COLORS).

Zwei sehr nützliche Helfer sind der COLOR MIXER ⓫ und die QUICKPREVIEW ⓮. Der COLOR MIXER kann aus zwei Farben Mischungen in beliebigen Abstufungen erzeugen und so schnell korrekte Abtönungen von Farben schaffen. Außerdem kann er nicht nur linear mischen, sondern Farben auf dem Farbkreis im und gegen den Uhrzeigersinn überblenden. Mit dem ANALYZER ⓭ kann man Lesbarkeitsproben für bestimmte Farbkombinationen machen, wobei man unter ADJUST • COLOR BLINDNESS SIMULATION gemäß diverser Accessability-Vorschriften prüfen kann, wie die Farbkombinationen auf Benutzer mit optischen Beeinträchtigungen wirken. Der SCREENPICKER ❶ kann Farbproben am gesamten Bildschirm nehmen, gleichgültig aus welchem Fenster oder Programm.

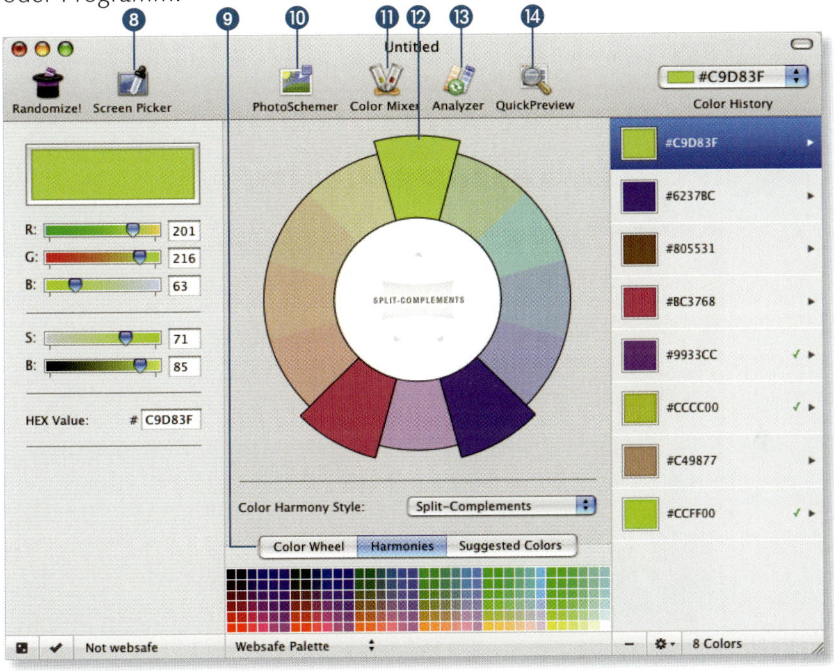

▲ **Abbildung 5.123**
User-Interface von Color Schemer Studio

Beim QUICKPREVIEW ⓮ kann man ein kleines Musterlayout per Drag & Drop mit den Farben des Schemas ausprobieren. Sehr praktisch für die Weiterverarbeitung ist die Möglichkeit, direkt aus dem kleinen Fenster eine HTML-Datei zu speichern, in der dann alle vorkommenden Farben gleich als Hexadezimal-Code vorliegen.

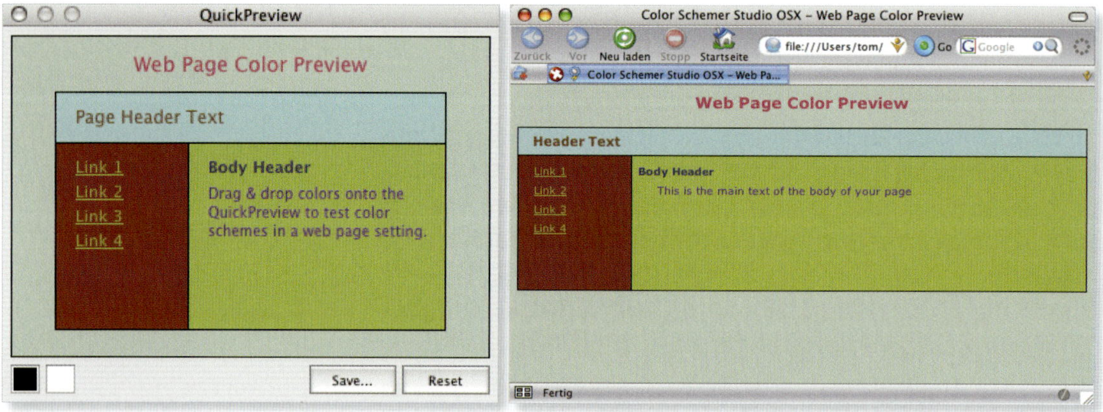

▲ **Abbildung 5.124**
Vorschau eines Farbschemas als Webseiten-Layout im Fenster QUICKPREVIEW und im Browser nach dem HTML-Export

Eine ähnliche Funktion wie die Aufnahme von Farben aus Bildern mittels Indizieren von Farben oder dem Umweg über die Funktion FÜR WEB UND GERÄTE SPEICHERN bietet Color Schemer Studio mit der Funktion PHOTOSCHEMER ⑩. Hierbei kann eine bestimmte Anzahl Farbproben aus einem Bild genommen und gespeichert werden.

Abbildung 5.125 ►
Farbproben nehmen mit der Funktion PHOTOSCHEMER

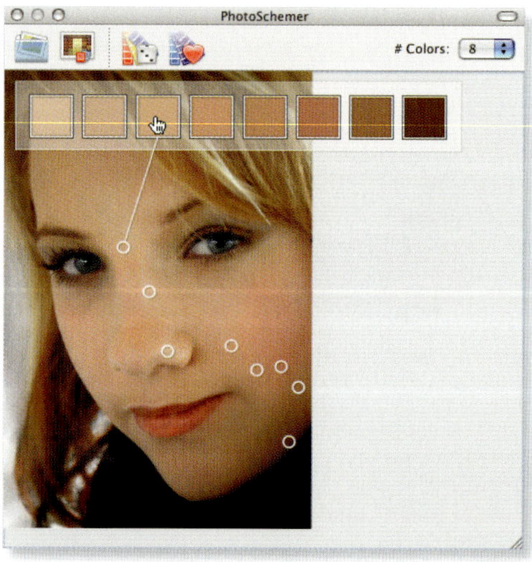

▲ **Abbildung 5.126**
Export eines Farbschemas als Photoshop-Farbfeld-Datei

Demoversion auf der Buch-DVD
Eine Demoversion von Color Consultant Pro finden Sie auf der Buch-DVD unter SOFTWARE/FARBE/COLORCONSULTANTPRO. Das Programm ist nur für Mac erhältlich und kostet etwa 30 US$ (*http://www.code-line.com*).

Hervorzuheben ist ganz besonders die Möglichkeit, ein Farbschema über FILE • EXPORT WIZARD direkt als Farbtabelle in Form von »*.aco«- und »*.act«-Dateien abzuspeichern, die damit gebrauchsfertig in alle Adobe-Programme importiert werden können.

Color Consultant Pro | Color Consultant Pro ist ein reines Mac-Programm und kostet etwa 30 US$. Gegenüber Color Schemer hat es den Vorteil, dass es in CMYK- und LAB-Farben rechnen und mehrere Harmonieregeln kombinieren kann. Es liefert in

HTML- und PDF-Form übersichtliche Farbtabellen, die z. B. als Vorgaben für andere am Produktionsprozess Beteiligte klare Zahlen in allen gängigen Farbmodellen enthalten.

▼ Abbildung 5.127
Color Consultant Pro und vom Programm erstellte PDF-Farbtabelle

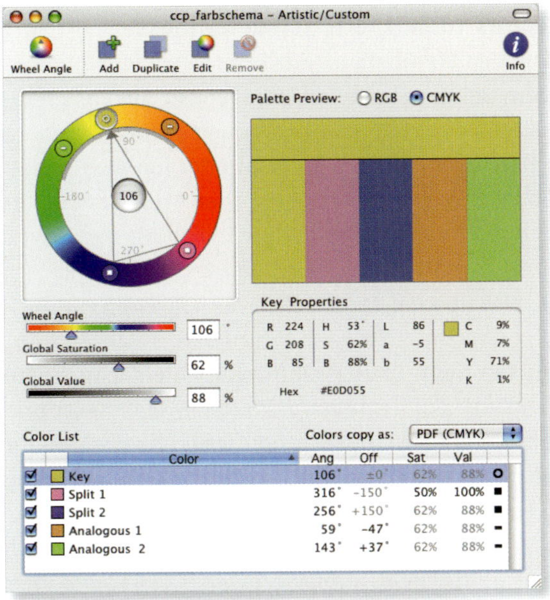

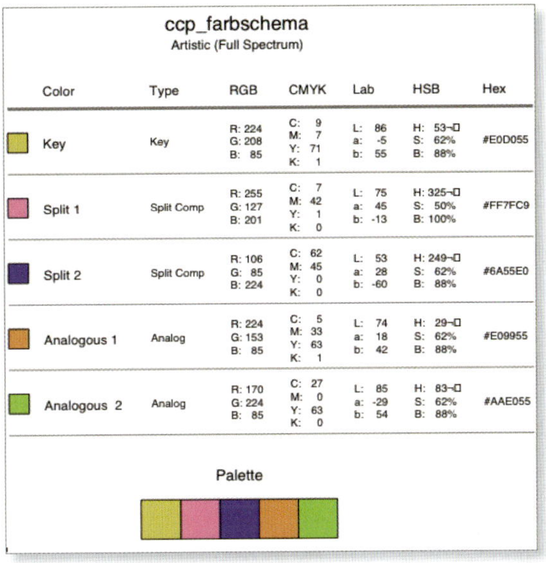

ccp_farbschema
Artistic (Full Spectrum)

Color	Type	RGB	CMYK	Lab	HSB	Hex
Key	Key	R: 224 G: 208 B: 85	C: 9 M: 7 Y: 71 K: 1	L: 86 a: -5 b: 55	H: 53¬□ S: 62% B: 88%	#E0D055
Split 1	Split Comp	R: 255 G: 127 B: 201	C: 7 M: 42 Y: 1 K: 0	L: 75 a: 45 b: -13	H: 325¬□ S: 50% B: 100%	#FF7FC9
Split 2	Split Comp	R: 106 G: 85 B: 224	C: 62 M: 45 Y: 0 K: 0	L: 53 a: 28 b: -60	H: 249¬□ S: 62% B: 88%	#6A55E0
Analogous 1	Analog	R: 224 G: 153 B: 85	C: 5 M: 33 Y: 63 K: 1	L: 74 a: 18 b: 42	H: 29¬□ S: 62% B: 88%	#E09955
Analogous 2	Analog	R: 170 G: 224 B: 85	C: 27 M: 0 Y: 63 K: 0	L: 85 a: -29 b: 54	H: 83¬□ S: 62% B: 88%	#AAE055

Palette

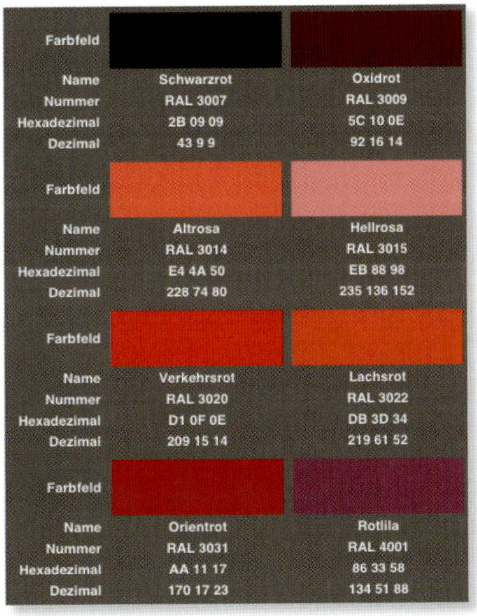

Farbfeld		
Name	Schwarzrot	Oxidrot
Nummer	RAL 3007	RAL 3009
Hexadezimal	2B 09 09	5C 10 0E
Dezimal	43 9 9	92 16 14
Farbfeld		
Name	Altrosa	Hellrosa
Nummer	RAL 3014	RAL 3015
Hexadezimal	E4 4A 50	EB 88 98
Dezimal	228 74 80	235 136 152
Farbfeld		
Name	Verkehrsrot	Lachsrot
Nummer	RAL 3020	RAL 3022
Hexadezimal	D1 0F 0E	DB 3D 34
Dezimal	209 15 14	219 61 52
Farbfeld		
Name	Orientrot	Rotlila
Nummer	RAL 3031	RAL 4001
Hexadezimal	AA 11 17	86 33 58
Dezimal	170 17 23	134 51 88

◂ Abbildung 5.128
RAL-Werte und ihre hexadezimalen Entsprechungen

RAL-Farbtabelle auf der Buch-DVD
Es kommt immer wieder vor, dass Kunden, vor allem aus dem Bereich Industrie und Handwerk, ihre Farbvorgaben nicht in Farbtönen aus Katalogen wie PANTONE oder HKS definieren, sondern nach dem RAL-Standard, mit dem z. B. Lackierungen von Fahrzeugen oder Maschinen angegeben werden. Auf der Buch-DVD finden Sie unter SOFTWARE/FARBE/RAL_FARBTABELLE_HEX_RGB.PDF eine Liste der wichtigsten Farben mit ihren Werten in RGB und als Hexadezimalcode.

ColorTheory Pro | Als weitere Alternative ist z. B. ColorTheory Pro zu nennen, das etwa 100 US$ kostet, für Mac und Windows existiert und zusätzlich als Photoshop-Plug-in installiert werden kann. Eine Demo finden Sie unter *http://www.digitalanarchy.com/theory/theory_pro.html*.

Wie man sieht, sind sich alle Programme recht ähnlich, die beiden letztgenannten können allerdings leider keine Farbtabellen-Dateien exportieren.

Eine Demoversion von Art Directors Toolkit finden Sie auf der Buch-DVD unter SOFTWARE/PROGRAMME/ARTDIRECTORSTOOLKIT. Das Programm ist in Version 5.0 nur für den Mac erhältlich und kostet etwa 40 US$ (*www.codeline.com*). Die ältere Windows-Version (3.0) kostet 30 US$.

5.8.3 Art Directors Toolkit: Das Schweizermesser

Art Directors Toolkit ist ein überaus nützliches Werkzeug mit vielen Funktionen, die bei der täglichen Arbeit (nicht nur) mit Photoshop hilfreich sind. Nicht nur im Umgang mit Farben, sondern auch in anderen Bereichen, egal ob für Print oder für Web, bietet Art Directors Toolkit Zusatzinformationen oder Arbeitserleichterungen. Man kann es ohne Übertreibung wirklich als das »Swiss Army Knife« auf dem Schreibtisch des Grafikers bezeichnen. Im Folgenden sei es deshalb kurz vorgestellt.

Zahl | Auf der ersten Seite, ZAHL, kann man viele Maßsysteme und Einheiten ineinander umrechnen, z. B. Zoll in Millimeter und Zentimeter. Ebenso findet man Berechnungsmöglichkeiten für Standard-Papiergrößen und die Größe von Bilddateien, abhängig von Farbmodell, Farbtiefe und Auflösung.

RGB | Die zweite Seite, RGB, umfasst einen RGB-Farbwähler und eine Web-Farben-Palette. Besonders nützlich ist das mit der Lupe gekennzeichnete lange Farbfeld unter dem Farbwähler, das nach Klick eine Lupe öffnet, die auf dem gesamten Bildschirm unabhängig von dem Programm- oder Dateifenster, das sich dort befindet, Farben aufnehmen kann, die in der Palette unterhalb gespeichert werden können.

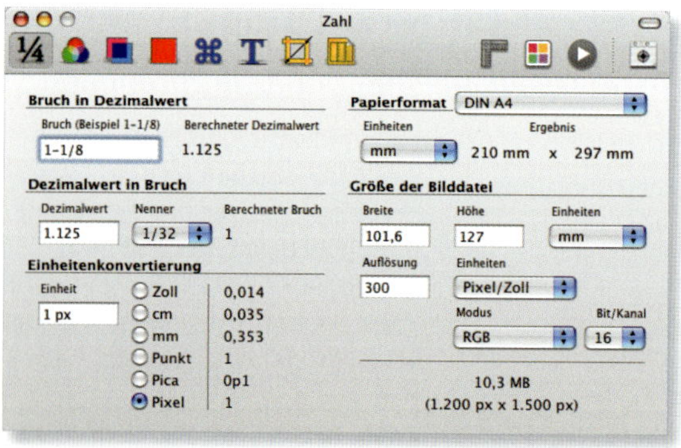

▲ **Abbildung 5.129**
Seite für die Umrechnung von Einheiten, Papier- und Dateigrößen

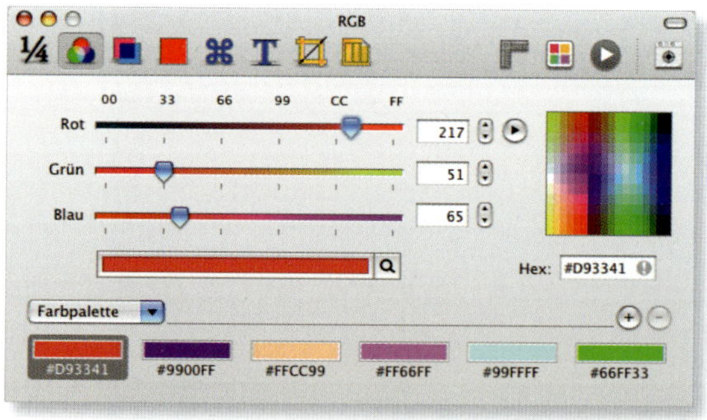

▲ **Abbildung 5.130**
RGB-Farbwähler

Mischen | Unter MISCHEN kann man RGB- und CMYK-Farben in verschiedenen Abtönungen miteinander mischen. Neben Webfarben (jeweils in Hexadezimal-Schreibweise und HTML-konform benannt) findet man die beiden wichtigsten PANTONE-Kataloge »solid coated« und »solid uncoated«.

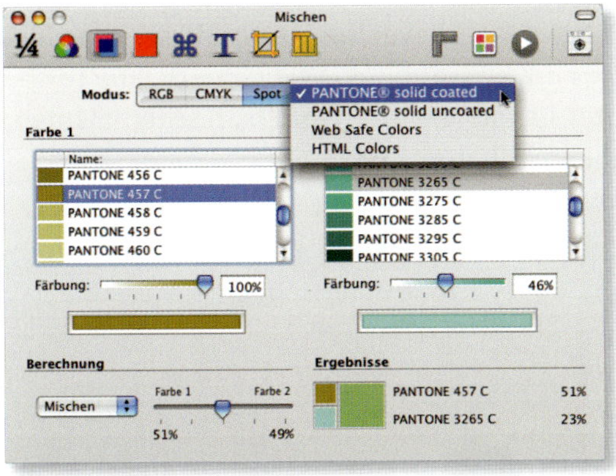

◂ Abbildung 5.131
Farbmischer für RGB, CMYK, Web- und Volltonfarben

Farbmuster | In der Abteilung Farbmuster kann man beliebige RGB- oder CMYK-Farben den jeweils ähnlichsten Volltonfarben aus den beiden PANTONE-Katalogen zuordnen. Diese Farben werden mit den entsprechenden Werten in RGB, CMYK, LAB und Farbton/Sättigung/Helligkeit angezeigt. Mit dem Lupenfarbfeld kann man auf dem ganzen Bildschirm Farben aufnehmen. Rechts unten kann man mit aktivierter Checkbox Ähnliche Farben finden und unter Abweichung von einstellen, wie stark diese ähnlichen Volltonfarben entweder in Farbton, Sättigung oder Helligkeit von der Probe abweichen dürfen. Der Regler daneben stellt die Stärke der erlaubten Abweichung ein. Speziell diese Funktion erweist sich schnell als sehr nützlich.

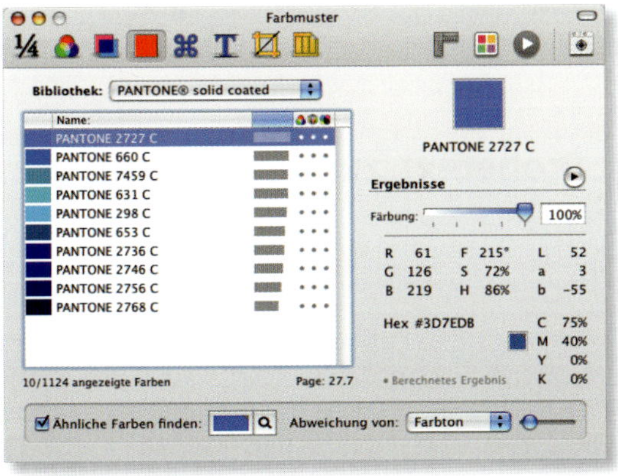

◂ Abbildung 5.132
Die Seite Farbmuster mit der Ähnlichkeitssuche für PANTONE-Farben

Sonderzeichen | Unter Sonderzeichen finden sich alle speziellen Schriftzeichen, die in den auf dem Computer installierten Schriften vorkommen. Speziell für Webdesigner und -entwickler sehr nützlich ist die Anzeige des Zeichencodes in ASCII, Hexadezimalcode und Unicode sowie der HTML-Umlautmaskierung. Zwei unauffällige Buttons klären über den physischen Standort der angezeigten Schrift auf und kopieren die Umrisse des ausgewählten Schriftzeichens als Vektorgrafik (PDF) in die Zwischenablage. In Photoshop kann das dann als Vector Smart Objekt eingefügt werden, in Illustrator als Zeichenobjekt. Wie hilfreich eine solche Funktion für Gestalter ist, die viel mit typographischen Elementen arbeiten, braucht nicht betont zu werden.

Abbildung 5.133 ▶
Die Seite Sonderzeichen

Text und Skalieren | Die Seiten Text und Skalieren dienen zum Einpassen von Schriften in vorgegebene Maße und zum Berechnen von Dokumentgrößen in Abhängigkeit von Skalierung und Auflösung.

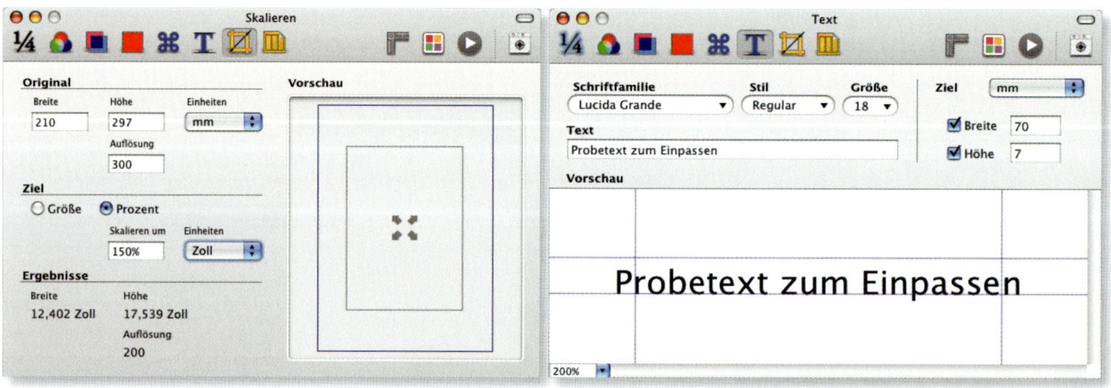

▲ **Abbildung 5.134**
Die Seiten Text und Skalieren

Layout | Für Layouter gedacht ist die gleichnamige, letzte Seite im User Interface von Art Directors Toolkit. Hier können unter Raster schnell mehrspaltige und mehrzeilige Layouts angelegt werden. Mit dem kleinen Kopier-Button rechts unten lassen sich die Layout-Rahmen als PDF mit Vektorgrafik in die Zwischenablage kopieren und in Illustrator z.B. als Gerüst für Hilfslinien benutzen. Das geht sehr viel schneller, als ein solches Layout dort zu erstellen. Auch in Photoshop lässt sich das einfügen, und zwar als Vector Smart Objekt. Die Anordnung mehrseitiger, ausgeschossener Dokumente kann man sich unter SPREADS anzeigen lassen. Gerade, wenn man das Ausschießen selbst machen muss und das nicht der Druckerei und ihrer Software überlassen kann, erspart dieses Werkzeug das altbekannte Falten, Schneiden und Bekritzeln eines Papier-Dummies oder das Erstellen eines Musters in einer Layout-Software. Auch Leerseiten werden korrekt angezeigt, wenn die Anzahl der Seiten nicht durch 4 teilbar ist.

▼ **Abbildung 5.135**
Die Abteilung LAYOUT mit Spaltenberechnung und Ausschießmustern

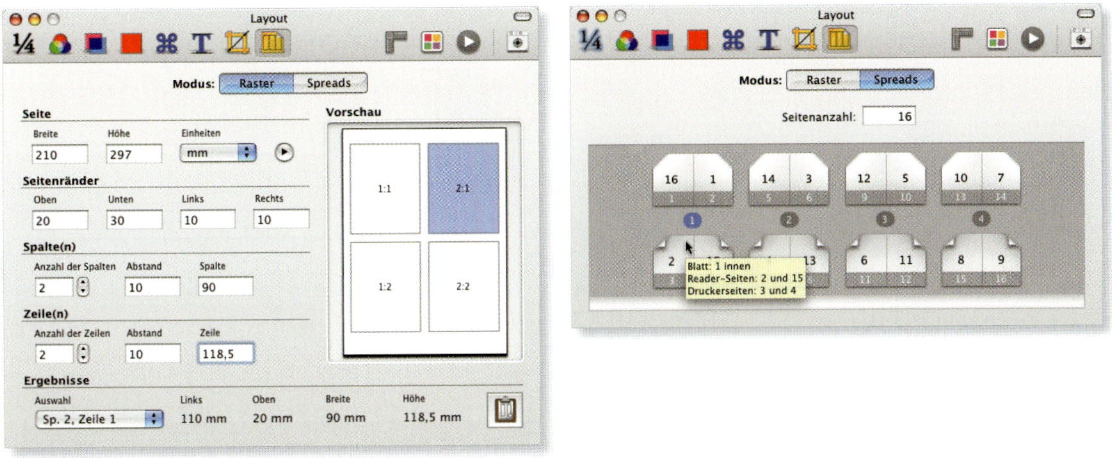

Werkzeuge | Neben dem LAUNCHER, der schnellen Zugriff auf häufig benutzte Ordner, Dateien und Programme bietet, und der PALETTE, in der man am unteren Rand des Fensters Farben ablegen kann, ist das Lineal eines der nützlichsten Werkzeuge von Art Directors Toolkit, vor allem für Webdesigner und -entwickler. Es schwebt über allen Fenstern und ist ideal zum Kontrollieren von CSS-Layouts, Bildgrößen usw.

◀ **Abbildung 5.136**
Unentbehrlich für Webdesigner: das Bildschirm-Lineal

Der Bildschirm-Farbaufnehmer und das Lineal fehlen neben einigen anderen Features leider noch bei der älteren Windows-Version.

6 Farb- und Tonwertkorrekturen

Meist entsprechen Bilder nicht dem, was der Grafiker oder sein Kunde sich darunter vorstellen. Neben Schwächen bei Helligkeit, Kontrast und Tonwertumfang bzw. -verlauf gibt es vor allem bei der Farbigkeit eines Bildes praktisch immer etwas zu ändern und zu verbessern.

Die Ursachen für solch unzureichendes Bildmaterial sind vielfältig: Ein falscher Film wurde in die Kamera eingelegt, es wurde unkorrekt belichtet bzw. beleuchtet, oder der Weißabgleich bei einer Digitalkamera wurde nicht einwandfrei eingestellt.

Oft beginnt dann das große Probieren: Bei den vielen Werkzeugen von Photoshop und Drittherstellern wird schon etwas Passendes dabei sein, zumal hier auch einige Software-Anbieter immer wieder perfekte Ergebnisse mit einem Mausklick versprechen.

▲ **Abbildung 6.1**
Tageslichtfilm bei Kunstlicht

6.1 Bildanalyse

Solchen Produkten liegen meist unzulässige Verallgemeinerungen darüber zugrunde, was ein »gutes« Bild ist. Stattdessen ist jedes Bild ein Einzelfall, und genauso individuell müssen auch die Behandlungsmethoden ausfallen. Trotzdem gibt es so etwas wie einen »Masterplan«, eine grundsätzliche Strategie, wie man sich einem solchen Bild nähert.

▲ **Abbildung 6.2**
Blaustich oder Absicht?

Ziel | Zunächst wäre zu entscheiden, wo man eigentlich hin will: Ist das Bild grob fehlerhaft? Sind nur leichte Änderungen zu machen? Oder könnte es sein, dass ein Bild vom Fotografen genau so gemeint ist und vielleicht nur der eigene Monitor falsch eingestellt ist? Unsicherheiten hinsichtlich Letzterem lassen sich durch konsequentes Farbmanagement ausschließen. Manche Bilder sind augenfällig misslungen und haben einen unverkennbaren Farbstich, wie z. B. eine Aufnahme bei Kunstlicht mit einem

Tageslichtfilm (Abbildung 6.1). Andere Aufnahmen empfinden wir als blaustichig (Abbildung 6.2). Aber soll die »Blaue Stunde« über den Bergen vielleicht genau so aussehen? Oder soll der Vordergrund in Abbildung 6.3 absichtlich dunkel sein? Auch kann die Vorgabe sein, ein Foto farblich in einen anderen Zusammenhang einzupassen, ihm einen ganz bestimmten »Look« zu geben.

▲ **Abbildung 6.3**
Low-Key-Bild oder abgesoffen?

6.1.1 Strategien bei der Bildbearbeitung

Das Wort »Strategie« klingt vielleicht etwas mächtig, aber es hilft sehr, wenn man sich über die einzelnen Arbeitsschritte hinaus einige grundsätzliche Gedanken zum generellen Arbeitsablauf macht.

Es ist z.B. beileibe nicht trivial, in welcher Reihenfolge bestimmte Schritte erfolgen. Oft erledigen sich einzelne Maßnahmen von selbst, wenn ein anderer Schritt vorgezogen wird. Umgekehrt kann die falsche Reihenfolge auch Probleme verursachen, die kaum lösbar sind und die letztlich die Qualität der Arbeit gefährden können. So beeinflusst z.B. eine Schärfung des Bildes die Tonwerte. Andererseits ist es kontraproduktiv, ein geschärftes Bild zu skalieren oder zu drehen, weil die meisten Transformationen erneut eine leichte Unschärfe ins Bild bringen.

Grundsätzlich sollte man die großen, augenfälligen Bildprobleme zuerst behandeln. Basierend auf diesen Überlegungen und Erfahrungen lässt sich folgende Reihenfolge der Arbeitsschritte vorschlagen:

In 16 Bit umschalten

Grundsätzlich sollte man am Beginn jeder Bildbearbeitung mit BEARBEITEN • MODUS • 16-BIT-KANAL in den 16-Bit-Modus wechseln, auch wenn das Bild nur 8 Bit Farbtiefe pro Kanal hat. Da am Anfang der Bearbeitung meist der Beschnitt und die Skalierung auf das Endmaß stattfinden, handelt es sich ab dann durch die komplette Neuberechnung aller Bilddaten um ein echtes 16-Bit-Bild. Der Bedarf an Speicher und Rechenleistung steigt dadurch zwar auf das Doppelte, alle Manipulationen, die die Farbwerte eines Pixels neu berechnen müssen, haben dadurch aber einen wesentlich größeren Wertebereich und eine sehr viel höhere Genauigkeit. Das gilt für das Beschneiden, wenn eine Zielgröße und/oder -auflösung angegeben wird oder die Perspektiv-Option aktiviert ist, für alle geometrischen Transformationen wie Drehen, Skalieren, Verzerren, Scheren usw. Auch fast alle unter BILD • ANPASSUNGEN genannten Manipulationen profitieren davon. Gleiches gilt für Filter wie Weich- und Scharfzeichner sowie für alle Filter, die in irgendeiner Form verzerren.

1. Bildanalyse | Grundsätzliche Beurteilung der vorhandenen Bildqualität: Hier sollte geklärt werden, ob die Bildschärfe in Ordnung ist und ob der Ausschnitt stimmt. Weiter gibt der Blick auf das Histogramm klar Auskunft über den Tonwertumfang. Die Farbkanäle verraten ebenfalls viel über den Aufbau des Bildes und mögliche Schwächen. Ebenso sollten Bildstörungen beachtet werden: Fusseln und Kratzer, wenn das Bild vom Scanner stammt; Risse und Flecken, wenn das Original alt und/oder beschädigt war; Bildrauschen bei Digitalkameras oder Moiré, wenn gedruckte Originale gescannt wurden usw.

2. Bearbeitungziel | Wo soll die Reise hingehen? Soll möglichst originalgetreu reproduziert werden? Soll sich das Bild am Ende vollkommen homogen in eine bestehende Fotostrecke eines Magazins einfügen? Oder soll das Bild Grundlage einer eher freien und sehr kreativen Bearbeitung sein?

3. Beschnitt und Montage | Dies sollte als erster praktischer Schritt erfolgen. Wenn ich z.B. das ganze Bild von Störungen wie

Fusseln befreit habe und danach durch Beschneiden das neue Format definiere, war die Säuberungsarbeit für den abgeschnittenen Teil natürlich für die Katz. Hier sollte die definitive Größe und Auflösung des Bildes bereits festgelegt werden. Speziell das Beschneiden des Bildes mit aktivierten Größen- und Auflösungsoptionen sowie das perspektivische Beschneiden produzieren durch die komplette Bildneuberechnung eine leichte Unschärfe und viele neue Tonwerte.

4. Bildmontage | Auch das Montieren von Bildteilen sollte zu Anfang geschehen, denn für alle damit zusammenhängenden Manipulationen unter BEARBEITEN • TRANSFORMIEREN bzw. BEARBEITEN • FREI TRANSFORMIEREN gilt sinngemäß das Gleiche wie beim Freistellen. Außerdem sollten bei Bildmontagen Ebenen benutzt werden, um die maximale Freiheit in der Bearbeitung zu behalten.

5. Globale Farb- und Tonwertkorrektur | Nun geht es um die Beseitigung von Farbstichen, die Korrektur von Belichtungsfehlern oder das Einpassen in eine bestimmte Farbstimmung, kurz, um die Korrektur des Gesamtbildes. Hier sollten im Sinne einer späteren Bearbeitbarkeit nur Einstellungsebenen mit den entsprechenden Korrekturwerkzeugen verwendet werden.

6. Retusche | Nun sollte retuschiert werden. Die Werkzeuge werden in Kapitel 4 besprochen. Da erst die globale Tonwertkorrektur Fehler in sehr dunklen oder sehr hellen Bildbereichen sichtbar macht, sollte sie erst danach passieren. Umgekehrt könnte manche Retusche doch kleinere Unsauberkeiten produzieren, die vielleicht nach einer Tonwertkorrektur plötzlich sichtbar werden.

7. Lokale Farb- und Tonwertkorrektur | Erst jetzt kümmert man sich um einzelne Fehlstellen wie zu blasse Hautstellen in Gesichtern oder die Schattenfarbe und -tiefe eines Gegenstandes. Details an einer bestimmten Stelle benötigen vielleicht ein wenig mehr Kontrast als das Gesamtbild, oder ein Bildteil, der in einer Montage aus einem anderen Foto stammt, muss ein wenig gelber, blauer usw. sein, damit er ins Gesamtgefüge passt. Diese Dinge werden am besten ebenfalls mit Einstellungsebenen erledigt. Diese sind dann in der Regel maskiert (siehe Kapitel 8).

8. Optimierung für die Ausgabe | Am Schluss ist es entscheidend, wie das Bild ausgegeben werden soll. Erst hierhin gehört das Schärfen eines Bildes. Da Schärfungen immer auf Pixel bezogen sind, muss man die gewünschte Ausgabeauflösung berück-

TIPP

Retusche vor der Tonwertkorrektur erfordert es manchmal, dass das Bild in besonders dunklen oder besonders hellen Bereichen repariert werden muss. Beides ist mühsam bis unmöglich. Andererseits treten hier Nachlässigkeiten nach Tonwertkorrekturen gnadenlos ans Tageslicht. In solchen Fällen hilft eine Einstellungsebene mit der später geplanten Korrektur. Man kann es hier auch noch ein wenig übertreiben. Fällt diese Korrektur bereits wie gewünscht aus, lassen sich sowohl bei der Tonwertkorrektur als auch z. B. bei den Kurven die Einstellungen abspeichern. So kann man Fehler retuschieren, die vor der Tonwertkorrektur nicht sichtbar gewesen wären.

sichtigen: Bei der Druckausgabe mit z. B. 300 dpi muss man hier die Schrauben viel mehr anziehen als bei der Bildschirmausgabe mit 72 dpi.

Gleichzeitig ist hier sehr wichtig, ob das Bild ein RGB-Bild bleibt oder zum Druck in CMYK konvertiert wird. Mit [Strg]/[⌘]+[⇧]+[Y] oder ANSICHT • FARBUMFANG-WARNUNG sollte man dann überprüfen, ob alle vorkommenden Farben auch wirklich gedruckt werden können. Auch die Berücksichtigung von Farbprofilen kommt hier zum Tragen (zur Druckausgabe siehe Kapitel 12, zu Farbprofilen und Farbmanagement siehe Kapitel 7).

Diese Abfolge muss man nicht immer sklavisch einhalten, dafür ist Bildmaterial einfach zu vielfältig. Wenn man ein arg verrauschtes Foto aus einer Digitalkamera bekommt, wird man z. B. früher zu Schärfung und Rauschbekämpfung greifen müssen als erst unmittelbar vor der Ausgabe. Als Vorschlag ist die genannte Bearbeitungsreihenfolge aber eine gute Richtschnur. Ein praktisches Beispiel, das sich in etwa an diesen Ablauf hält, finden Sie in Kapitel 4, »Retusche«.

6.1.2 Welchen Farbmodus verwenden?

Ein weiterer Aspekt bei der Planung der Arbeitsweise ist der Farbmodus, in dem das zu bearbeitende Bild vorliegt. Es funktionieren zwar praktisch alle Werkzeuge zur Farb- und Tonwertkorrektur für alle Farbmodi, aber nicht alle diese Methoden sind für alle Modi gleich gut brauchbar.

So ist z. B. die SELEKTIVE FARBKORREKTUR für CMYK-Bilder sehr viel besser geeignet als für RGB-Bilder, während FARBTON/SÄTTIGUNG im LAB-Modus besonders gut funktioniert. Ähnliches gilt für TIEFEN/LICHTER, das bei RGB und LAB gut greift, aber z. B. im CMYK-Modus bei identischen Einstellungen signifikant deutlich andere Ergebnisse liefert.

Auch arbeiten manche Funktionen in verschiedenen Modi grundsätzlich anders. Die Gradationskurven zeigen z. B. in den beiden Farbkanälen bei LAB ein komplett anderes Verhalten als in den Farbkanälen des RGB-Modus. Die Reihe der Beispiele lässt sich noch lange fortsetzen und zeigt, dass hier das Probieren Pflicht ist und dass das Anpassen des Workflows an das eigene typische Bildmaterial später viele Arbeitsschritte spart.

TIPP

Wenn man lange an einem Bild arbeitet, kann sich so etwas wie Betriebsblindheit einstellen. Hier hilft ein wenig Distanz: Am besten, man lässt etwas Zeit ins Land gehen, bevor man das Bild abschließend bearbeitet. Auch der wiederholte Vergleich zwischen Original und aktuellem Zustand hilft mehr, als man glauben mag!

6.1.3 Beurteilung von Farbe und Helligkeit

Bevor die einzelnen Bearbeitungsmethoden der Farbkorrektur besprochen werden, sei auf Grundsätzliches zur Beurteilung hingewiesen: Wir sehen Farbe und Helligkeit getrennt. Die Physiologie des menschlichen Auges sorgt mittels »Stäbchen« und »Zäpfchen« dafür, dass beide Parameter getrennt aufgenommen und verarbeitet und erst im Gehirn zu einem kompletten Sinneseindruck verrechnet werden. Das Helligkeitssehen mit den 120 Millionen Stäbchen-Zellen der Netzhaut ist wegen der großen Anzahl der Rezeptoren vor allem für die Bildschärfe zuständig. Die »nur« etwa 6 Millionen wesentlich größeren Zäpfchen-Zellen erledigen das Farbsehen.

Die Tatsache, dass damit Farbinformationen wesentlich unschärfer sind, machen sich diverse Bildbe- und -verarbeitungstechniken zunutze. Bei Fernsehsignalen wird so z. B. für die Farbe teilweise massiv Übertragungsbandbreite eingespart. Die Zäpfchen sind auch wesentlich weniger lichtempfindlich. Das sorgt dafür, dass »nachts alle Katzen grau« sind, bedeutet aber auch, dass die Helligkeit am Arbeitsplatz des Grafikers wichtig für die Farbbeurteilung ist (siehe Kapitel 7, »Farbmanagement«).

Bei der Bildbearbeitung mit Photoshop, besonders bei Tonwert- und Farbkorrekturen, spielen die Umstände unseres Sehens eine große Rolle. Die standardmäßige Bildbearbeitung mit RGB-Farben hat nämlich den großen Nachteil, dass sie dem kaum Rechnung trägt, während die Manipulationen in LAB das Bild in die gleichen Wahrnehmungskomponenten aufteilt wie das Auge: in Helligkeit (Luminanz, L) und zwei Farbkanäle A und B.

Eine Helligkeitskorrektur in RGB beeinflusst immer zwangsläufig alle drei Farbkanäle, während bei der gleichen Korrektur in LAB die Farben in Ton und Sättigung unangetastet bleiben. Es kann also gerade für Bildmaterial, bei dem die Farbmanipulation sehr heikel oder die Farbcharakteristik bereits von Anfang an gut und zu erhalten ist, sehr sinnvoll sein, von RGB nach LAB zu wechseln. Auch lassen sich die ersten Korrekturen an Helligkeit und Gesamtcharakteristik oft leichter beurteilen, wenn man im LAB-Modus die beiden Farbkomponenten A und B in der Kanäle-Palette unsichtbar macht und das Bild zunächst als (korrekt dargestelltes) Graustufenbild bewertet und bearbeitet (zum Arbeiten in LAB siehe den Abschnitt 6.11).

6.1.4 Bildtypen

Vor der Bildbearbeitung kann man Bilder grob in drei Kategorien einteilen, was ihren **Tonwertcharakter** angeht:

- **Low-Key-Bilder** bestehen mehrheitlich aus mittleren bis dunklen Tonwerten.
- **Mid-Key-Bilder** haben eine eher ausgewogene Charakteristik und ein Histogramm mit Mittenbetonung oder mehr oder weniger ausgeprägte, aber gleichmäßig verteilte Spitzen.
- **High-Key-Bilder** haben das »Tonwert-Gebirge« mit klarem Gewicht auf der rechten Seite.

HISTOGRAMM-PALETTE

Im Histogramm werden bei Bearbeitungen unter FENSTER • HISTOGRAMM auch Vorher-nachher-Histogramme angezeigt, die sehr aufschlussreich sind (grau: vorher, schwarz: nachher).

Gerade bei Tonwert- und Farbkorrekturen sollte dieses Fenster immer offen und zu sehen sein – auch dies übrigens ein Argument für einen zweiten Monitor.

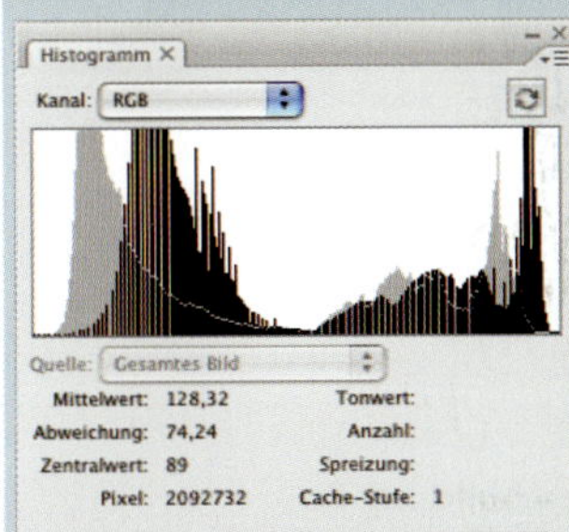

▲ **Abbildung 6.4**
Die Histogramm-Palette mit dem Vorher-nachher-Histogramm

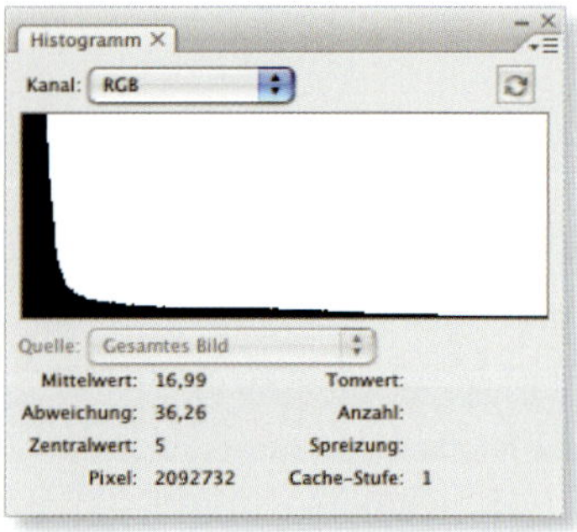

© pixelio.de

▲▶ Abbildung 6.5
Low-Key-Bild mit Histogramm

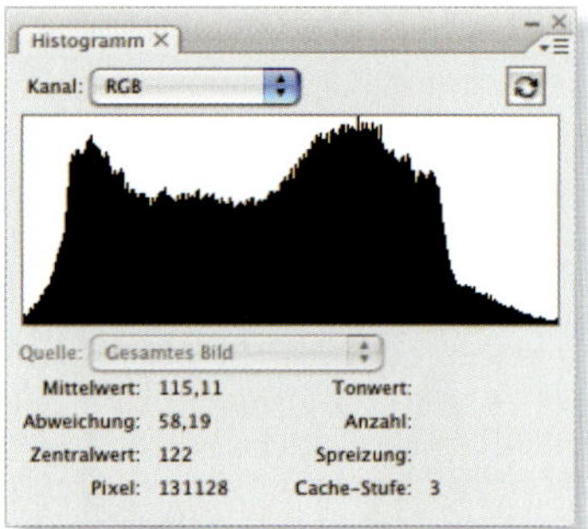

▲▶ Abbildung 6.6
Mid-Key-Bild mit Histogramm

© iStockphoto

▲▶ Abbildung 6.7
High-Key-Bild mit Histogramm

Grundsätzlich muss man beurteilen, ob die vorliegende Charakteristik ein zu korrigierender Fehler oder gewollt ist. Allzu schematische oder auch automatische Korrekturen können den Bildeindruck komplett zerstören oder verfälschen.

◂ **Abbildung 6.8**
Bild mit Auto-Tonwertkorrektur

6.2 Helligkeit und Kontrast korrigieren

Grundlage aller Korrekturen am Tonwertumfang sind Helligkeit und Kontrast des Bildes.

Es erscheint naheliegend, mit BILD • ANPASSUNGEN • HELLIGKEIT/KONTRAST zu beginnen. Bisher war es in Büchern für Fortgeschrittene üblich, vor diesem Befehl zu warnen, denn er gehörte zu den brutaleren Werkzeugen, mit denen man einem Bild (siehe das Original in Abbildung 6.9) zu Leibe rücken kann.

Warum? Änderte man die Helligkeit (Abbildung 6.10), wurde das Histogramm einfach nach links (dunkler) oder rechts (heller) verschoben. Dabei fiel jeweils an einem von beiden Enden der Tonwertskala eine ganze Reihe Werte heraus. Beim Kontrast (Abbildung 6.11) wurde der Tonwertumfang einfach skaliert, für die Erhöhung verbreitert, für die Abschwächung verkleinert. Bei der Verbreiterung fielen sowohl in den Lichtern als auch in den Tiefen Bildinformationen an den beiden Enden des Histogramms einfach heraus.

Video-Training
Auf der Buch-DVD im Ordner VIDEO-LEKTIONEN finden Sie Video-Lektionen zum Thema »Helligkeit/Kontrast«.

▴ **Abbildung 6.9**
Originalbild

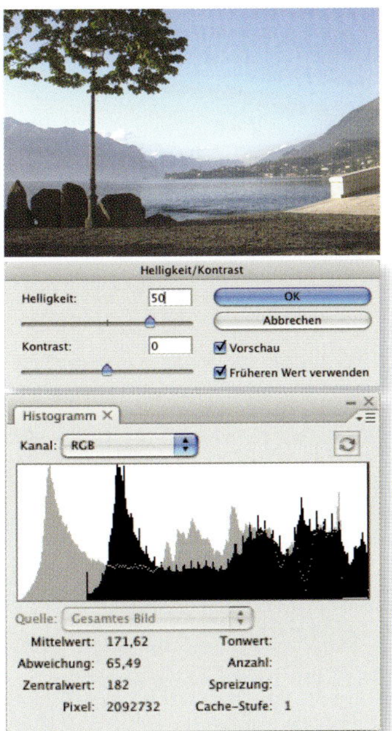

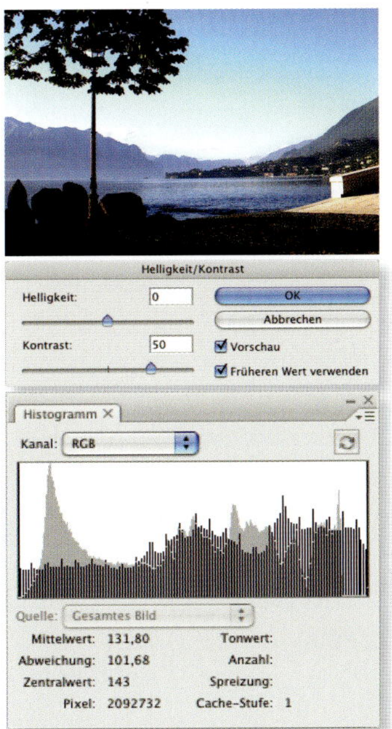

◂◂ **Abbildung 6.10**
Helligkeit erhöhen im alten Modus

◂ **Abbildung 6.11**
Kontrasterhöhung im alten Modus

Wie man an den beiden Dialogboxen sehen kann, ist dort eine Checkbox Früheren Wert verwenden aktiviert. Diese ist in Photoshop CS3 hinzugekommen und lässt die Funktion Helligkeit/Kontrast wirken, wie bisher gewohnt.

Adobe hat diese bisher meistens unbrauchbare Funktion überarbeitet, so dass jetzt Verluste an Bildinformation vermieden werden. Deaktiviert man diese Checkbox und wechselt in den neuen Modus, so wird das Histogramm beim Verändern der Helligkeit an jeweils einem Ende zusammengeschoben, statt dort Werte »über die Tischkante fallen« zu lassen.

Beim Kontrast wird analog dazu bei einer Erhöhung ebenfalls zum Rand des Histogramms gestaucht, aber es werden keine Werte in den Lichtern und Tiefen verworfen. Das Ergebnis sind wesentlich »gesündere« Bilder als beim alten Modus, selbst bei Einstellungen, die, wie in unserem Beispiel, um 50 % höher gewählt wurden.

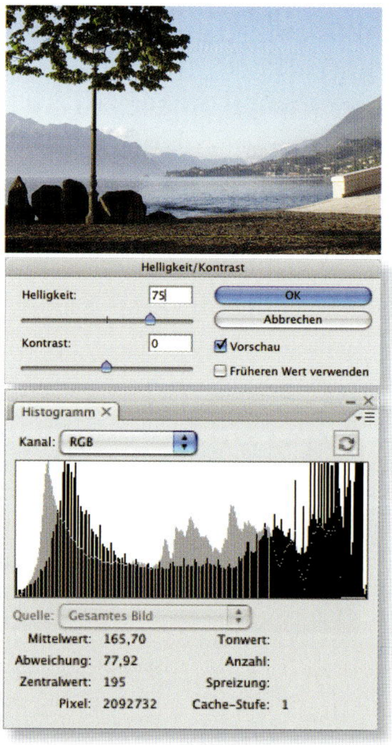

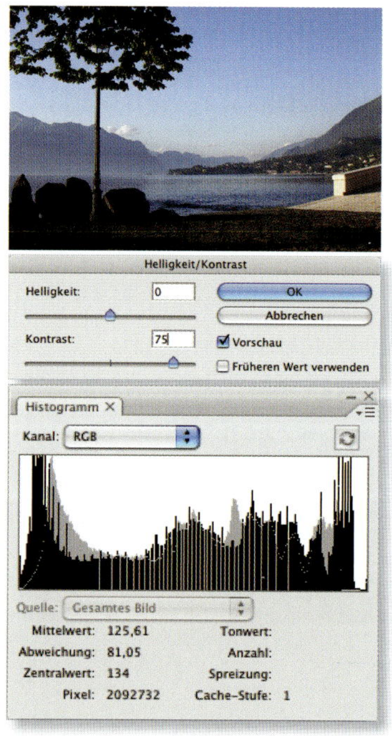

Abbildung 6.12 ▸▸
Der neue Modus bei Helligkeit

Abbildung 6.13 ▸
Kontrast im neuen Modus

Dass man die Funktion Helligkeit/Kontrast grundsätzlich verwerfen sollte, kann man nach dem Update von Adobe nun nicht mehr sagen. Allerdings sind die Einstellungsmöglichkeiten prinzipiell immer noch sehr mager, und Sie sollten andere, differenzierte Werkzeuge für ernsthaftere Korrekturen auf jeden Fall vorziehen.

6.3 Tonwertkorrektur

Wesentlich mehr Manipulationsmöglichkeiten als HELLIGKEIT/KONTRAST bietet die Funktion TONWERTKORREKTUR, die Sie unter BILD • ANPASSUNGEN • TONWERTKORREKTUR finden oder mit dem Shortcut [Strg]/[⌘]+[L] aufrufen können. Besser ist es allerdings, die Bearbeitung mit einer Einstellungsebene vorzunehmen. Mit EBENE • NEUE EINSTELLUNGSEBENE • TONWERTKORREKTUR lassen sich nun Bildanalysen und -korrekturen ohne Verlust an Originaldaten vornehmen. Die Funktion kann obendrein noch mit Masken versehen werden.

Ebenenmaske löschen

Jedes Mal, wenn man eine Einstellungsebene in ein Dokument einfügt, ist diese standardmäßig mit einer Ebenenmaske versehen. Oft braucht man diese aber nicht. Außerdem beansprucht sie Speicherplatz. Man muss sie also von Hand löschen. Das geht über das Menü (EBENE • EBENENMASKE • LÖSCHEN), das Kontextmenü auf dem Miniaturbild in der Ebenen-Palette oder indem man das Miniaturbild der Ebenenmaske auf den Papierkorb am Fuß der Ebenen-Palette zieht. Einen Shortcut gibt es leider nicht. Praktisch ist es also, sich hier über BEARBEITEN • TASTATURBEFEHLE einen eigenen Shortcut zu erstellen. Alternativ kann man diese automatische Ebenenmaske generell im Paletten-Menü unter PALETTENOPTIONEN abstellen (FÜR EINSTELLUNGSEBENEN STANDARDMASKEN VERWENDEN).

6.3.1 Tonwertkorrektur und Arbeiten mit dem Histogramm

Die Bezeichnung TONWERTKORREKTUR verrät zwar ihren ursprünglichen Zweck, den Tonwertumfang eines Bildes zu optimieren, sie kann aber gleichzeitig auch zur Farbkorrektur verwendet werden. Die meisten Photoshop-Nutzer sind mit ihr halbwegs vertraut, doch vor allem im Zusammenspiel mit der Histogramm-Palette zeigt sie trotz der scheinbaren Einfachheit ihre Stärken. Das Arbeiten mit der TONWERTKORREKTUR bei offener Histogramm-Palette ist prinzipiell sehr zu empfehlen. Das folgende praktische Beispiel soll eine Reihe von Aspekten dieser Funktion durchspielen.

Schritt für Schritt: Bild nur mit Tonwertkorrektur optimieren

Das Originalbild ist zu dunkel und hat außerdem einen Farbstich. Beide Mängel sollten allein mit der Tonwertkorrektur behoben werden.

Das für diesen Workshop benötigte Bild finden Sie auf der Buch-DVD unter BEISPIELDATEIEN/06_FARBKORREKTUR/06_TONWERTKORREKTUR.JPG.

◂ **Abbildung 6.14**
Originalbild

1 Einstellungsebene mit Tonwertkorrektur

Zunächst legen wir eine Einstellungsebene mit einer Tonwertkorrektur an. Dadurch können wir die Korrektur nicht-destruktiv halten und haben während der Arbeit durch einfaches Ausblenden der Einstellungsebene jederzeit einen Vorher-nachher-Vergleich. Die Ebenenmaske brauchen wir nicht, und wir löschen sie sofort.

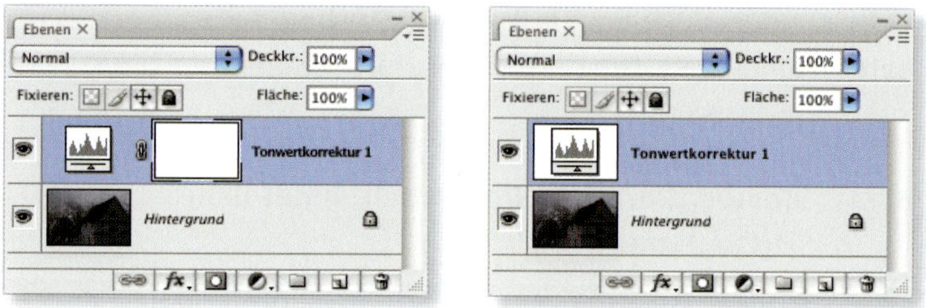

Abbildung 6.15 ▸
Tonwertkorrektur als Einstellungsebene mit gelöschter Ebenenmaske

2 Histogramm-Palette öffnen

Auch wenn das Histogramm schon lange Bestandteil des Dialogs TONWERTKORREKTUR ist, steht es uns dort nur bei offenem Dialog zur Verfügung und auch nur entweder in der Ansicht für alle oder eines einzelnen Farbkanals. Deswegen wurde die Histogramm-Palette eingeführt (FENSTER • HISTOGRAMM).

Im Palettenmenü der Histogramm-Palette kann man die im Standardmodus (KOMPAKTE ANSICHT) eher wenig auskunftsfreudige Palatte zu einem Informationszentrum für die Tonwert- und Farbstruktur eines Bildes machen. Hierzu wählt man den Modus ALLE KANÄLE IN ANSICHT. Wer es bunt, aber dafür etwas anschaulicher mag, kann unten noch KANÄLE IN FARBE ANZEIGEN aktivieren. Bevor wir weitermachen, sollte diese Palette also offen sein.

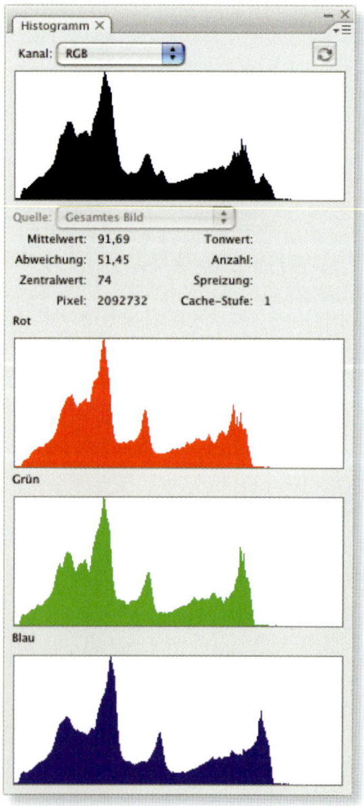

▴ **Abbildung 6.16**
Die Histogramm-Palette in kompletter Ansicht

3 Bildanalyse über das Histogramm

Ohne das Bild selbst gesehen zu haben, lassen sich allein anhand des Histogramms gleich drei »Behauptungen« aufstellen:

- Dass unser Bild zu dunkel ist, kann man der Linkslastigkeit des Histogramms und dem Fehlen heller Tonwerte im rechten Teil gleich erkennen. Ein klarer Fall von Unterbelichtung.
- Das Bild ist im Wesentlichen schwachfarbig, weil die Histogramme der drei Farbkanäle einander sehr ähnlich sind. Das Bild ist also eher grau.
- Die Histogramme für den Rot-Kanal und den Grün-Kanal sind sehr ähnlich positioniert, wogegen das Histogramm für den Blau-Kanal nach rechts verschoben ist. Das bedeutet einen bläulichen Farbstich.

4 Gesamt-Tonwertumfang korrigieren

Die beiden äußeren Schieber beim Regler TONWERTSPREIZUNG (unter dem Histogramm) in der Dialogbox von TONWERTKORREKTUR, Schwarzpunkt (schwarz) und Weißpunkt (weiß), dienen zum Verteilen des Tonwertumfangs auf die gesamte mögliche Skala zwischen den Extremwerten Schwarz und Weiß.

Beim Auslauf der Histogrammkurve sind die hellsten und dunklesten verfügbaren Tonwertes des Bildes oft nur als dünn zugespitzte Linien zu erkennen. Um die Erfassung der wirklichen Extremwerte im Bild zu erleichtern, sollte man z. B. beim Verschieben der Schwarzpunkt-Regler immer die [Alt]-Taste gedrückt halten. Sie färbt das Bild weiß und zeigt beim Verschieben nach rechts für die niedrigsten Tonwerte im Bild die entsprechende Farbe des Farbkanals (oder auch Mischungen, wenn es mehrere sind). Hier sind die dunkelsten Stellen im Bild im Rot-Kanal.

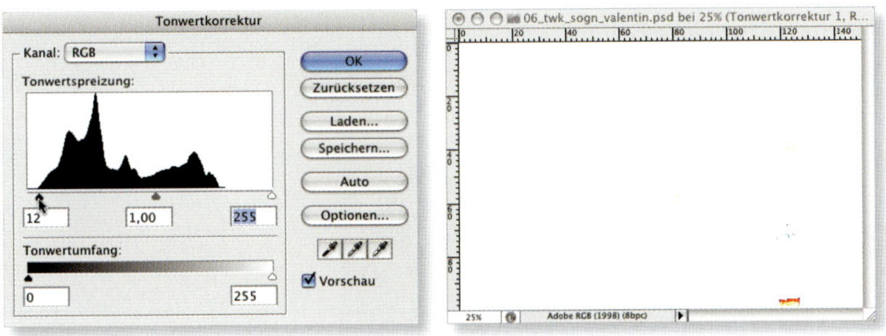

◂ **Abbildung 6.17**
Tonwertkorrektur in den Tiefen bis zum Clipping

Analog dazu verschiebt man den Weißpunkt-Regler mit gedrückter [Alt]-Taste von 255 nach links, bis in der diesmal schwarzen Fläche die ersten Farbpunkte auftauchen.

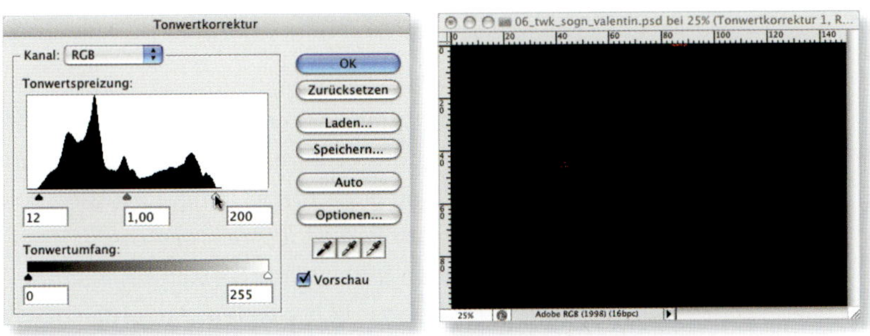

◂ **Abbildung 6.18**
Tonwertkorrektur in den Lichtern bis zum Clipping

Dieses Vorgehen ist genauer als das Einstellen anhand des Histogramms. Man kann auch auf diese Art bewusst Spitzlichter ausfressen lassen oder dunkle Vordergründe ins Schwarz absaufen lassen, um einen Gewinn an Tonwerten für die wichtigen Bildteile zu erreichen. Die visuelle Kontrolle ist einfach: Man kann die [Alt]-Taste loslassen, um das Bild zu sehen, und erneut drücken, um diese sogenannte Clipping-Anzeige wieder zu bekommen.

5 Gamma: Helligkeitsverlauf ändern

Die düstere Stimmung des Bildes wird nun noch mit dem Regler für Gamma (grau) aufgehellt, indem man ihn nach links schiebt. Dadurch wird aus dem unteren Teil der Tonwerte proportional mehr auf die untere Hälfte des Ausgangs-Tonwertumfangs ausgegeben: Die Tiefen werden aufgehellt.

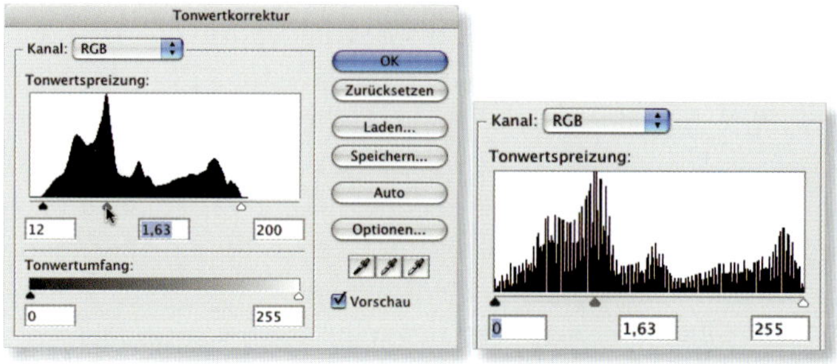

Abbildung 6.19 ▸
Gamma-Wert für Bildaufhellung erhöhen

Das Bild schaut nun schon deutlich besser aus und bietet in allen Tonwertlagen eine brauchbare Zeichnung.

▲ Abbildung 6.20
Nach der Tonwertspreizung und Erhöhung des Gamma-Wertes

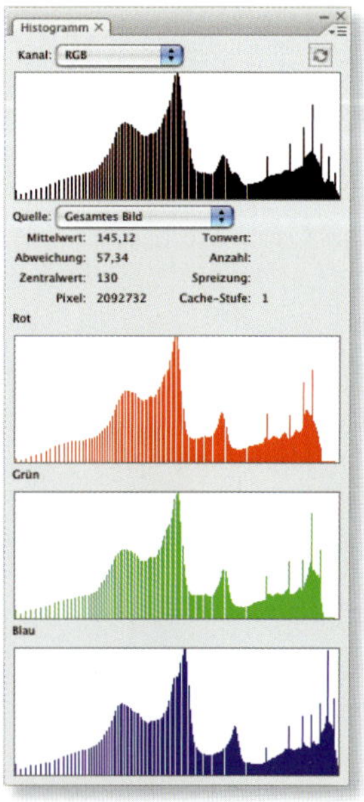

▲ Abbildung 6.21
Der Blau-Kanal verzeichnet einen Versatz nach rechts.

6 Neutralisieren

Der Blaustich im Bild hat sich durch die Erhöhung des Tonwertumfangs und die Aufhellung nicht verringert. Betrachten wir nun alle drei Farbkanäle, so sieht man auch folgerichtig, dass die Tonwertumfänge der einzelnen Farbkanäle größer geworden sind, der Blau-Kanal aber immer noch einen Versatz nach rechts hat.

Dieser Farbstich muss nun behandelt werden. Am einfachsten ist das mit der Mittelton-Pipette. Klickt man mit ihr ins Bild wird der an dieser Stelle vorgefundene Farbwert auf einen Grauwert gestellt, d.h., die Tonwerte für Rot, Grün und Blau werden gleich gemacht. Man nimmt dafür eine Bildstelle, die in natura mutmaßlich neutral grau ist. In unserem Fall ist das die linke Seitenwand der Kapelle. Der Farbstich ist aus dem Bild verschwunden. Die Palette INFORMATION zeigt meist sehr ähnliche Werte für die drei Farbkanäle bei Schneefeldern, Nebel und Wand.

Nach dem Neutralisieren ist der Versatz des Blau-Kanals auch veschwunden. Im Histogramm ist das gut zu sehen.

Schauen wir uns die Gamma-Werte der einzelnen Farbkanäle an, so ist dieser Ausgleich in etwa nach dem Durchschnittsprinzip passiert: Rot und Grün sind ein wenig erhöht (also aufgehellt) worden, Blau wurde etwas mehr abgesenkt (abgedunkelt).

Wenn man jetzt in der Dialogbox der Tonwertkorrektur die einzelnen Farbkanäle durchschaut, sieht man die durch die Neutralisierung verschobenen Gamma-Werte.

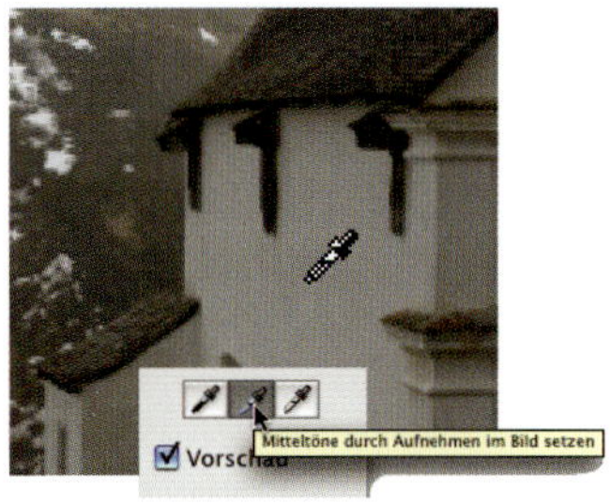

▲ **Abbildung 6.22**
Neutralisieren mit der Mittelton-Pipette

TIPP

Wenn Sie in der Dialogbox der Tonwertkorrektur arbeiten, können Sie schnell zwischen der RGB-Ansicht und den einzelnen Farbkanälen hin- und herschalten, wenn Sie die Shortcuts [Strg]/[⌘]+[^] für RGB, [Strg]/[⌘]+[1] für Rot, [Strg]/[⌘]+[2] für Grün und [Strg]/[⌘]+[3] für den Blau-Kanal wählen. Sie liegen alle vier angenehm auf der Tastatur nebeneinander.

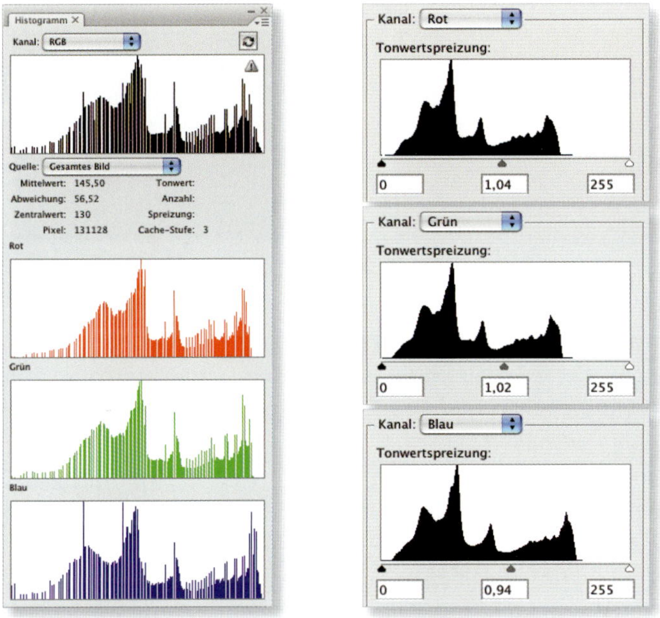

◄ **Abbildung 6.23**
Histogramm nach dem Neutralisieren

◄ **Abbildung 6.24**
Neutralisiertes Bild

7 Tonwertumfang der Farbkanäle verändern

Obwohl der Gesamttonwertumfang jetzt in Ordnung ist, fällt auf, dass in den einzelnen Farbkanälen noch immer eine Linkslastigkeit und ein »zu dunkles« Histogramm festzustellen ist. Was heißt das? Oder: Kann man hier noch etwas verbessern?

Versuchen wir also hier nun, was wir für das Gesamtbild bereits gemacht haben: Wir optimieren den Tonwertumfang für die drei Farbkanäle einzeln. Das Prinzip ist das gleiche. Auch hier funktioniert die Clipping-Kontrolle mit gedrückter [Alt]-Taste. Lediglich die Farbfläche ist bei den Tiefen zuerst Rot, Grün oder Blau, während sie bei den Lichtern Schwarz ist. Wenn wir mit Rot beginnen, so wird der Schwarzpunkt so weit verschoben, bis im Rot erste schwarze Flecken auftauchen, dann der Weißpunkt, bis erste rote Flecken im Schwarz erscheinen.

▼ **Abbildung 6.25**
Tonwertumfang für den Rot-Kanal optimieren (Clipping-Anzeige für Tiefen (Mitte) und Lichter (rechts))

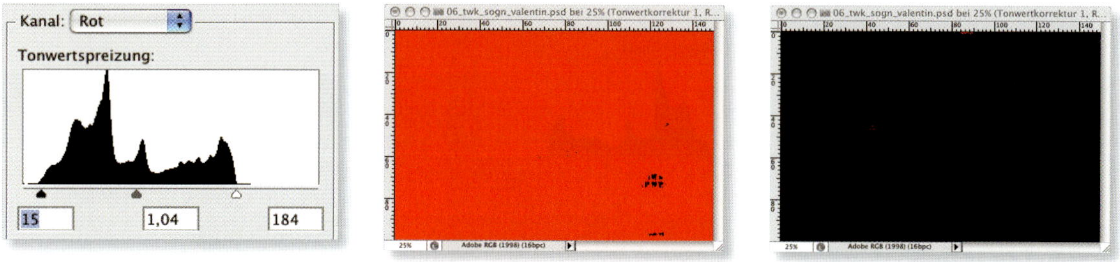

Analog wird mit den beiden verbleibenden Farbkanälen verfahren. Das Gesamt-Histogramm zeigt nun eine Übersteuerung an, also abgesoffene Tiefen und ausgefressene Lichter. Auch im Bild ist das gut zu erkennen. Die Farbigkeit dagegen ist angenehm kräftiger geworden.

Die Korrektur ist einfach: Im Modus RGB werden Schwarz- und Weißpunkt wieder auf 0 bzw. 255 gesetzt. Das Bild hat nun durch die Einzelbehandlung der Farbkanäle einen Gelbstich bekommen, der anschließend noch einmal mit der Mittelton-Pipette mit einem Klick auf die Wand neutralisiert wird.

▲ **Abbildung 6.26**
Übersteuerung nach der Tonwertkorrektur der einzelnen Farbkanäle in Bild und Histogramm

▲ **Abbildung 6.27**
Vorher/nachher

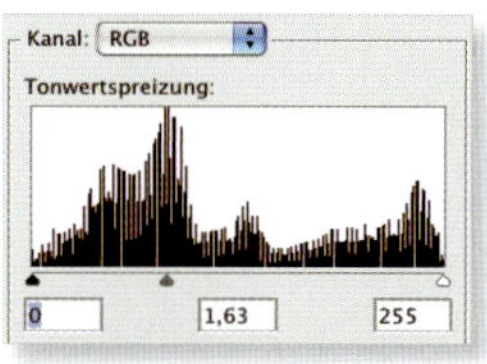

▲ **Abbildung 6.28**
Das Histogramm nach Korrektur der Übersteuerung und erneutem Neutralisieren

Im Endergebnis fällt auf, dass die Farben gegenüber der nur tonwertkorrigierten Version nun etwas kräftiger geworden sind. Das ist ein Vorteil einer Einzelkorrektur der Farbkanäle. Im Grunde kann man bei einem Bild mit dieser schwachen Farbigkeit auch die erste Tonwertkorrektur in RGB und die erste Neutralisierung weglassen. Wir haben sie ja auch letztlich korrigieren müssen. ■

Probleme beim Verändern des Tonwertumfangs in den Kanälen | Wichtig wäre noch anzumerken, dass die im vorangegangenen Workshop gezeigte Art der Einzelkorrektur nur bei solch schwachfarbigen Bildern sinnvoll ist. Haben Bilder stärkere Farben oder eine größeren Buntheit, so ist das mit Vorsicht zu genießen, wie das folgende Beispiel zeigt.

◂ **Abbildung 6.29**
Stärker farbiges Bild nach einer Einzelkorrektur der drei Farbkanäle und anschließender Neutralisierung (links original, rechts bearbeitet)

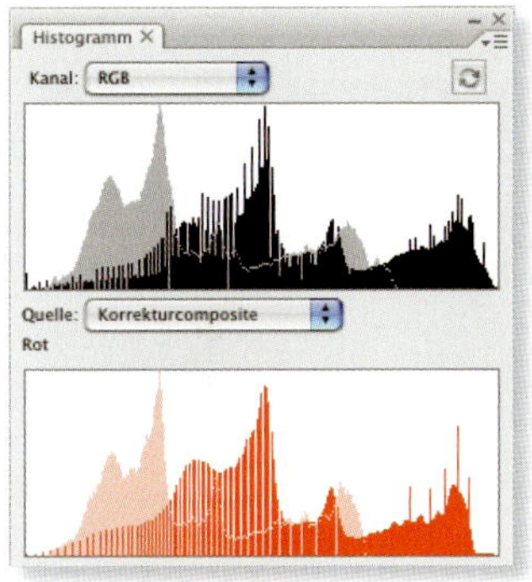

▴ **Abbildung 6.30**
KORREKTURCOMPOSITE

Einstellungsmöglichkeiten des Histogramms | Wenn Sie die Tonwertkorrektur in einer Einstellungsebene anwenden, so kann es sein, dass Sie bei der Histogramm-Palette die blasse Ansicht des vorherigen Zustandes vermissen, die immer gezeigt wird, wenn Sie die Tonwertkorrektur direkt anwenden. Bei Anwendung als Einstellungsebene können Sie in der Histogramm-Palette unter QUELLE wählen, was angezeigt werden soll. Wählen Sie hier KORREKTURCOMPOSITE, bekommen Sie die Vorher-nachher-Ansicht auch bei Einstellungsebenen.

Will man die dreifarbige Ansicht des Histogramms, die es in Camera Raw und Lightroom gibt, auch in der Histogramm-Palette haben, so kann man dort unter KANAL den Modus FARBEN wählen.

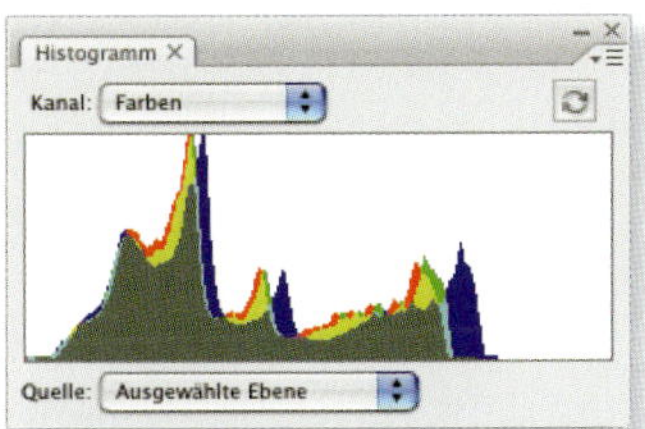

◂ **Abbildung 6.31**
Kanal in Farben

Dass sich in einem solch wichtigen Dialog die gewählten Einstellungen mit SPEICHERN sichern lassen, versteht sich von selbst.

TIPP

Drückt man bei offenem Tonwertkorrektur-Dialog die `Alt`-Taste, so verwandelt sich die Taste ABBRECHEN in ZURÜCKSETZEN, was die vorgenommenen Manipulationen wieder auf den Ausgangspunkt zurücksetzt, ohne den Dialog zu schließen. Das Gleiche gilt auch für fast alle anderen Verfahren unter BILD • ANPASSUNGEN. Und auch der Shortcut `Esc` für ABBRECHEN funktioniert hier sinngemäß: Mit der `Alt`-Taste geht es ebenfalls zurück.

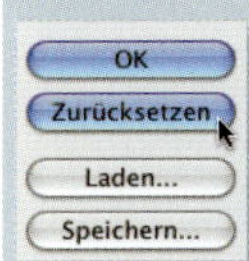

Nützlich wird das vor allem, wenn bei Stapelverarbeitungen (siehe Kapitel 13) eine ganze Reihe von z. B. unterbelichteten Fotos aus der gleichen Kamera aufbereitet werden sollen.

6.3.2 Tonwertbegrenzung

Der Balken mit dem Schwarzweiß-Verlauf im unteren Teil des Tonwertkorrektur-Dialogs wird meist in Ruhe gelassen, denn in der Regel wollen Photoshop-User möglichst den vollen Tonwertumfang ausnutzen (Abbildung 6.34).

Für manche Fälle ist aber dessen Einstellbarkeit von Nutzen. In welchem Fall will man kein ganz schwarzes Schwarz und kein wirklich weißes Weiß?

Wenn man für die Druckausgabe produziert, sollte man berücksichtigen, dass man in den verschiedenen Druckverfahren keine ganz hellen Töne hinbekommt, denn man kann die Punkte des Druckrasters nicht beliebig klein machen. Die Auflösung des Film- oder Plattenbelichters in der Druckerei ist zwar sehr hoch, aber doch begrenzt. Am anderen Ende der Skala bleiben bei sehr dunklen Farben zwischen den großen Druckpunkten nur noch ganz kleine Zwischenräume von Papierweiß übrig, die letzte, sehr dunkle Nuancen von komplett zugelaufener Druckfarbe und damit dem Vollton unterscheiden.

Papierbeschaffenheit | Prinzipiell gilt: Je saugfähiger das Papier ist, desto unschärfer sind die Druckpunkte und desto schlechter ist die Trennung zwischen Druckfarbe und Papierfarbe. Während man an einem hochwertigen und gut eingestellten Bildschirm z. B. auch bei Tonwerten zwischen 250 und dem Maximum von 255 noch Nuancen ausmachen kann, muss man selbst bei Hochglanzpapier an beiden Enden des Tonwertumfangs etwa 3 % (bei einer Skala von 0 bis 255 einen Betrag von 8) abziehen.

Unter 3 % Bedeckung brechen die dann schon winzigen Druckfarbpunkte ins Papierweiß ab (sogenanntes »Ausfressen« oder »blow out«), über 97 % (247) läuft das Druckraster in die Vollfarbe zu (»Punktschluss«, »Zulaufen«, »plug up« oder »fill in«). Als Faustregel nimmt man hier für die hellen Partien 5 % (12) und für die dunklen Stellen 95 % (242) an.

Beim Zeitungsdruck mit seinem ungestrichenen und stark saugfähigen Papier muss der Tonwertumfang noch weiter begrenzt werden (Weiteres zur Druckausgabe finden Sie in Kapitel 12).

Diesen Umstand sollte man bei allen Bildbearbeitungen im Hinterkopf behalten, bei denen es um Kontrasterhöhung geht, also auch z. B. bei der Schärfung. Hier kann eine zu heftige Bearbeitung starke Tiefen und Lichter in einen Tonwertbereich treiben, der nicht mehr drucktauglich ist.

Negativbild

Man kann übrigens ohne Weiteres die beiden Schieber des Ausgabe-Tonwertumfangs aneinander vorbeiziehen. Das ergibt ein Negativ des Bildes, dessen Tonwertumfang man dabei auch gleich bestimmen kann.

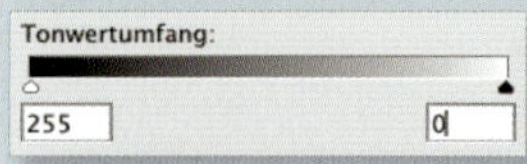

▲ **Abbildung 6.32**
Die beiden Schieberegler haben Ihre Plätze getauscht.

▲ **Abbildung 6.33**
Das Ergebnis ist ein Negativbild

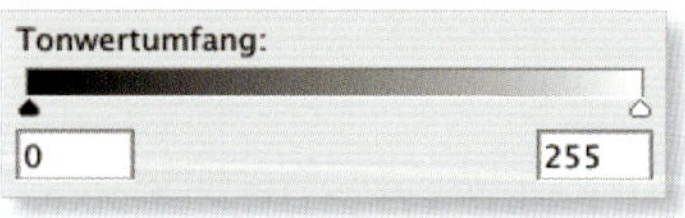

▲ **Abbildung 6.34**
Voller Tonwertumfang

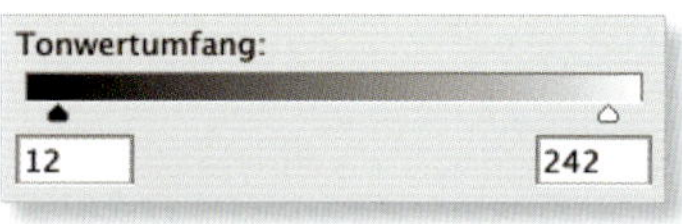

▲ **Abbildung 6.35**
Tonwertbegrenzung für die Druckausgabe

6.3.3 Clipping

Die Clipping-Anzeige des Histogramms mit gedrückter [Alt]-Taste ist auch nützlich, wenn man mithilfe der Tonwertkorrektur bewusst Bildbereiche opfern oder verwerfen will. Hier hilft sie, die Bereiche, die erhalten bleiben und verbessert werden sollen, von denen zu trennen, die weiß ausfressen oder im Schwarz zulaufen sollen. Die folgenden zwei Beispiele seien exemplarisch für diese Verfahren bei den Lichtern und bei den Tiefen vorgestellt.

▼ **Abbildung 6.36**
Verwerfen heller Bildbereiche mit Clipping bei der Tonwertkorrektur (rechts die Anzeige mit gedrückter [Alt]-Taste)

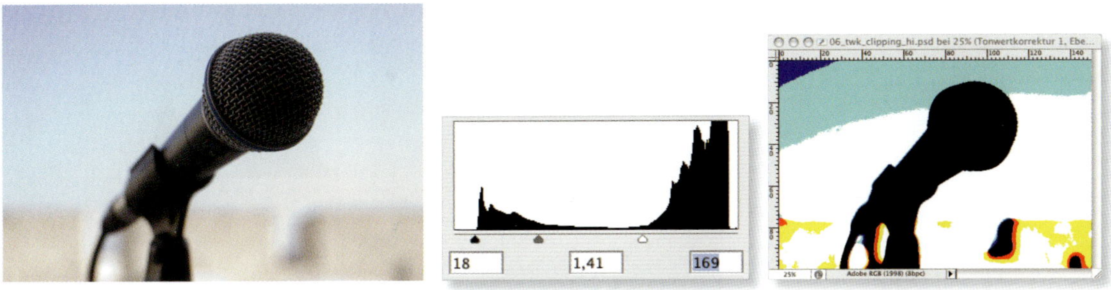

Das Ergebnis zeigt in den vorher sehr dunklen Bereichen eine deutliche und gute Zeichnung. Der Hintergrund ist fast durchgehend weiß, was in der weiteren Bearbeitung eine Freistellung erleichtern würde.

Im zweiten Beispiel mit einer unterbelichteten Aufnahme soll durch Clipping der verfügbare Tonwertbereich in den Mitten und Lichtern erhöht werden, indem der dunkle Vordergrund komplett geschwärzt wird. Hier wird umgekehrt darauf geachtet, dass im hellen Bereich der Clipping-Anzeige nicht allzu viele Farbflecke zu finden sind.

▲ **Abbildung 6.37**
Ergebnis

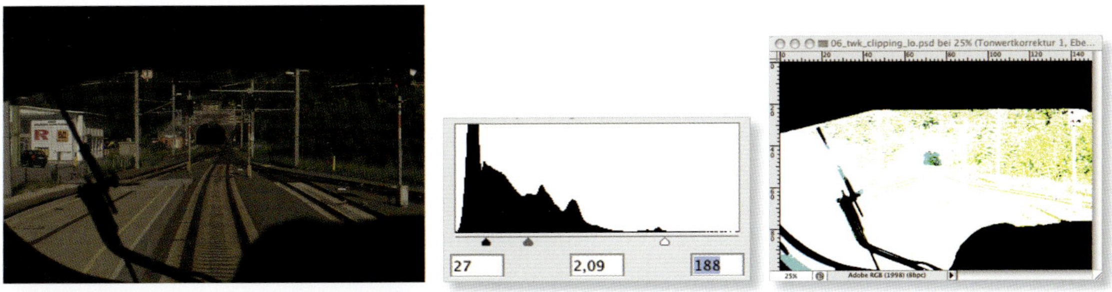

▲ **Abbildung 6.38**
Clipping in den Tiefen (rechts die Anzeige mit gedrückter [Alt]-Taste)

◀ **Abbildung 6.39**
Das Resultat mit schwarzem Vordergrund

6.3.4 Autokorrekturen der Tonwertkorrektur

Der Button Auto im Dialog Tonwertkorrektur gestattet eine automatische Korrektur des Tonwertumfangs. Unter professionellen Nutzern von Photoshop sind diese Funktionen in der Regel verpönt. Trotzdem sollen sie hier vorgestellt werden, haben sie doch eine ganze Reihe von verschiedenen Mechanismen an Bord, die brauchbar sein können, wenn man genau weiß, was Photoshop im Einzelnen darunter versteht und wie man unter Optionen die richtigen Werte einstellt.

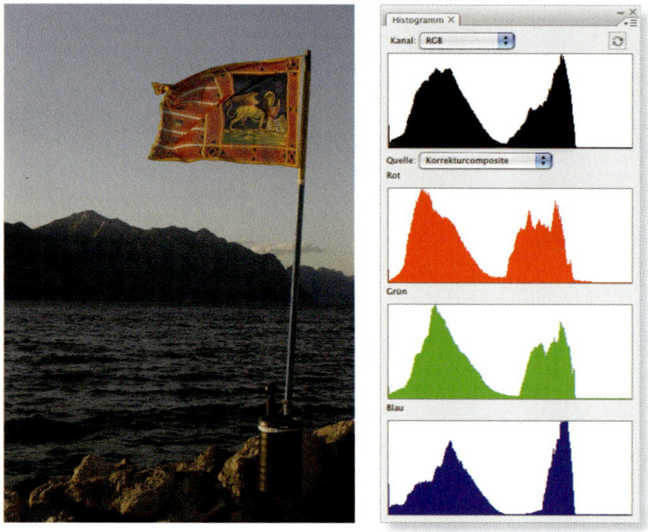

Abbildung 6.40 ►
Originalbild mit Histogramm

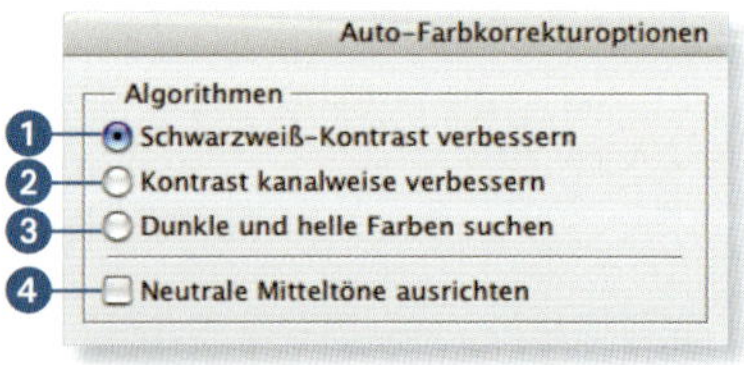

▲ Abbildung 6.41
Optionen für den Button Auto im Dialog Tonwertkorrektur (oberer Teil)

Auto-Farbkorrekturoptionen | Im oberen Teil unter Algorithmen kann man wählen, wie Photoshop den Schwarz- und den Weißpunkt setzt und das Gamma des Originalbildes verschiebt. In der Histogramm-Palette kann man die Ergebnisse sehen.

Bei Schwarzweiss-Kontrast verbessern ❶ wird der Tonwertumfang aller drei Farbkanäle so gestreckt, dass der größte der drei optimal in den Ausgabebereich passt. Wichtig: Die Skalierung ist für alle Kanäle gleich, was die Farbcharakteristik erhält.

Kontrast kanalweise verbessern ❷ skaliert den Tonwertumfang jedes Farbkanals unabhängig von den anderen, was einen stärkeren Gesamtkontrast, aber fast immer eine Veränderung der Farben mit sich bringt. Die Farben werden kräftiger, aber die Gesamtcharakteristik verschiebt sich in der Regel.

Bei Dunkle und helle Farben suchen ❸ wird die Farbigkeit im Dunklen und Hellen untersucht und danach der Kontrast verbessert: Die Farbänderung ist geringer als bei ❷. Mit der Checkbox Neutrale Mitteltöne ausrichten ❹ wird versucht, die Mitten auf die Zielfarbe für die Mitteltöne zu bringen, im Normalfall ein 50%iges Grau. Bei eher farbneutralen Bildern und nicht allzu kräftigen Farbigkeiten kann man hiermit schnell und einfach einen Farbstich beseitigen.

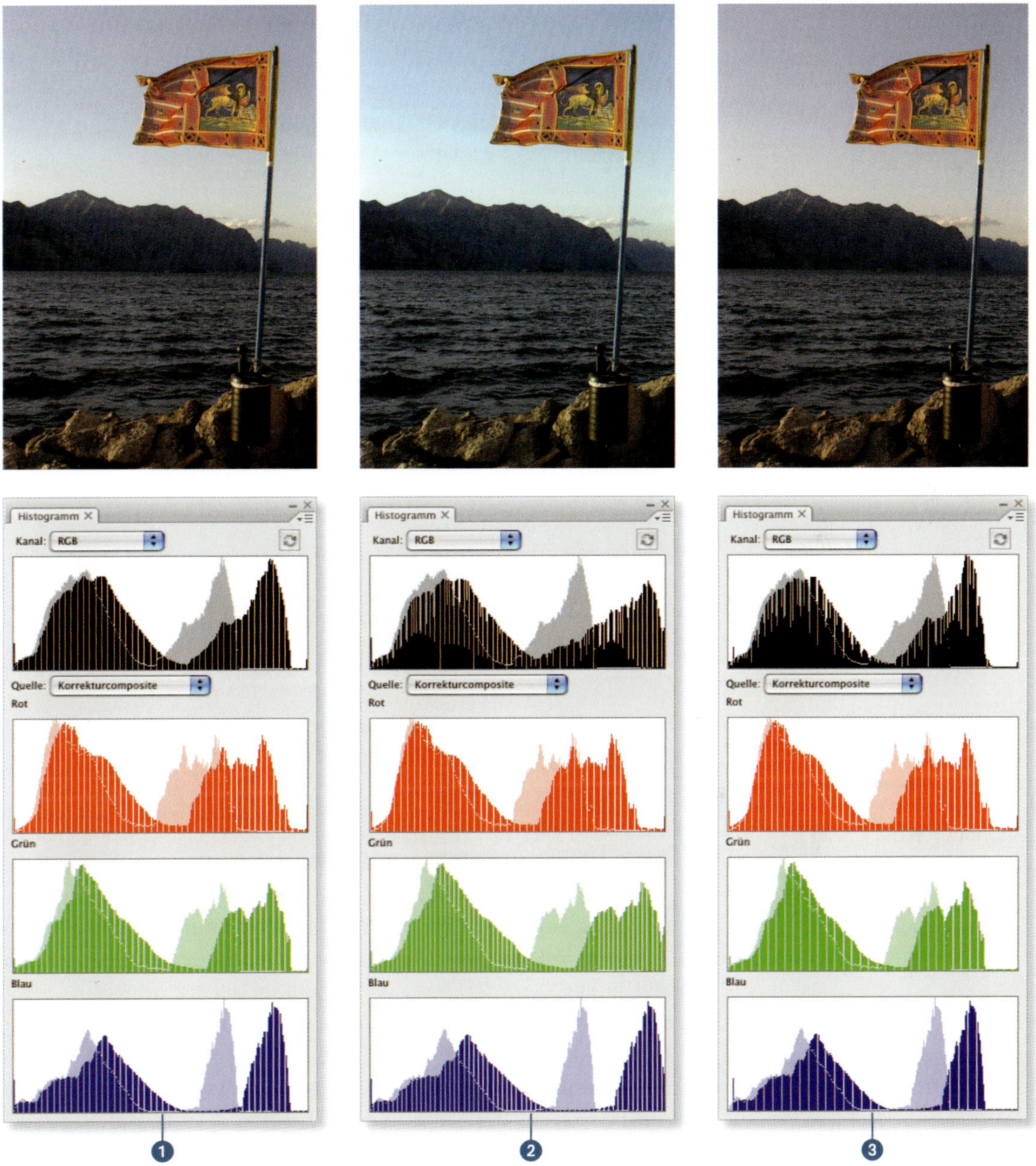

▲ **Abbildung 6.42**
Die drei Algorithmen des Modus Auto bei der Tonwertkorrektur im Bild und im Histogramm

Eigene Extrem- und Neutralwerte | Statt bei den Extremwerten der Tonwertkorrektur Schwarz und Weiß zu verwenden und für die Neutralisierung einen Grauwert von 50% zu nutzen, kann man diese Eckdaten verändern. Das geht über den Button Optionen im Dialog der Tonwertkorrektur. Neben den Möglichkeiten der oben besprochenen Auto-Tonwertkorrektur können

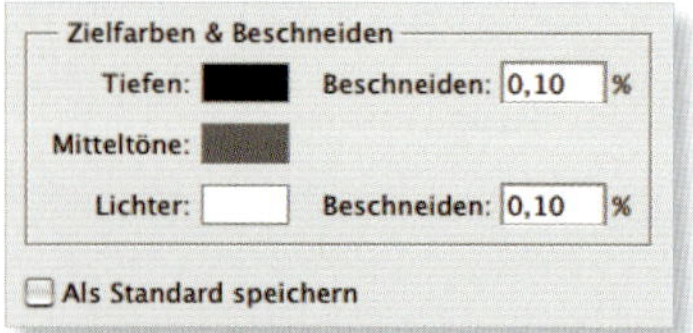

▲ **Abbildung 6.43**
Unterer Teil des Dialogs für die Optionen bei AUTO in der TONWERTKORREKTUR mit den ZIELFARBEN

im unteren Teil des Dialogs AUTO-FARBKORREKTUROPTIONEN diese drei Farbwerte selbst definiert werden.

Neben der Funktion BESCHNEIDEN, die den Tonwertumfang von den Extremwerten 0 und 255 entfernt hält, lassen sich dort für TIEFEN, MITTELTÖNE und LICHTER eigene Farben definieren. Das müssen nicht nur Grauwerte, sondern können auch Buntfarben sein. Mit einem Doppelklick auf die Farbfelder öffnet man den bekannten Farbwähler.

Schritt für Schritt: Eigene Extrem- und Neutralwerte definieren

Die Bilddatei für dieses Beispiel finden Sie auf der DVD zu diesem Buch unter BEISPIELDATEIEN/06_FARBKORREKTUR/06_TONWERTKORREKTUR_AUTO.JPG.

Aus dieser sehr flauen Aufnahme von einem Regentag im Gebirge werden wir keine heitere und durchsonnte Landschaft zaubern können, aber etwas mehr Farbe, Tonwertumfang und eine Verbesserung der Bildstimmung sollten schon drin sein.

Abbildung 6.44 ▸
Verregnetes Originalbild

1 Extrempunkte im Bild feststellen und markieren

Zunächst müssen wir den hellsten und der dunkelsten Punkt im Bild finden, um den Tonwertumfang möglichst präzise zu optimieren. Hierfür verwenden wir eine Einstellungsebene mit einer TONWERTKORREKTUR und bewegen mit gedrückter [Alt]-Taste die beiden Schieber für Schwarz- und Weißpunkt, bis die ersten Farbflecken im Weiß bzw. Schwarz auftauchen (siehe vorherige Beispiele dieses Kapitels).

Diese Stellen markieren wir mit einem Messpunkt. Dazu merkt man sich die Stelle und drückt die [⇧]-Taste. Die Pipette, auf die der Cursor sonst außerhalb des Dialogfensters im Bild wechselt, wird nun zum Farbaufnahme-Werkzeug, mit dem man bei offenem Dialog der TONWERTKORREKTUR einen Messpunkt setzen kann.

TIPP

Das Drücken der [⇧]-Taste bei offenem Dialog zum Setzen eines Messpunktes im Bild funktioniert nicht nur bei der TONWERTKORREKTUR, sondern auch bei den meisten anderen Dialogen unter BILD • ANPASSUNGEN sowie auf den entsprechenden Einstellungsebenen.

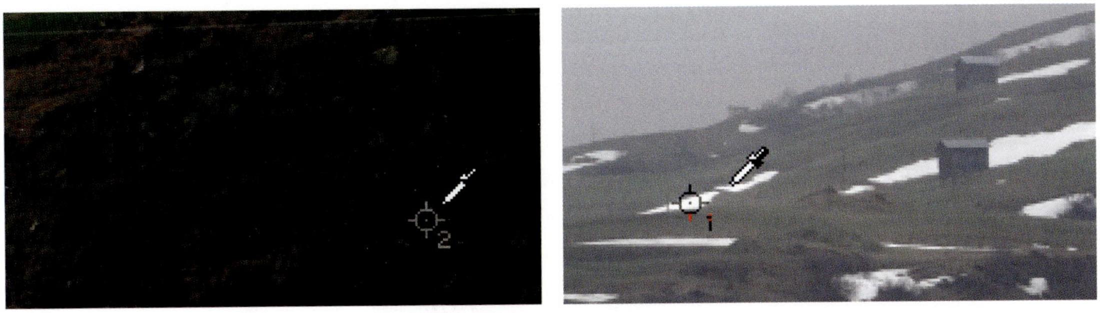

▲ **Abbildung 6.45**
Setzen eines Messpunktes für Tiefen und Lichter

2 Eigene Werte für Schwarz- und Weißpunkt

Im Dialog Tonwertkorrektur finden Sie rechts unten die drei Buttons mit den Pipetten für Schwarzpunkt, Mitteltöne und Weißpunkt. Mit einem Doppelklick auf diese Buttons öffnen Sie den Farbwähler. Diese Funktion entspricht übrigens dem Weg über die drei Farbfelder im unteren Teil des Dialogs Auto-Farbkorrekturoptionen.

Wir wollen den Tonwertumfang an dieser Stelle für eine gedachte Druckausgabe um 5% an beiden Enden beschränken. Dazu wählen wir bei den Tiefen für RGB jeweils den Wert 12 und für die Lichter dreimal den Wert 242. Man kann an dieser Stelle auch farbige Werte eingeben, wenn man eine Tönung des Bildes zu den Extremwerten hin erreichen möchte. Wir lassen das in diesem Beispiel aber mit den drei gleichen Werten neutral.

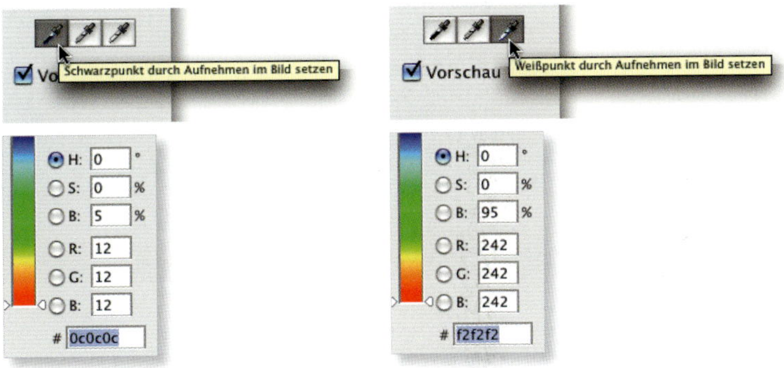

▲ **Abbildung 6.46**
Eigene Werte für Schwarz- und Weißpunkt definieren

3 Eigenen Neutralwert definieren

Mit einem Doppelklick auf den Button für die Mittelton-Pipette öffnen wir ein weiteres Mal den Farbwähler und geben hier für Rot und Grün einen leicht erhöhten, gelblichen Wert ein, der im Bild die kühlen Grautöne im Mittenbereich aufwärmen und die Wiesen satter grün machen soll.

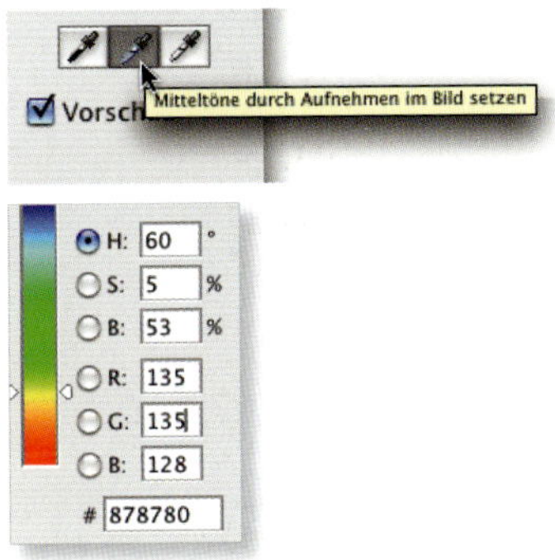

▲ **Abbildung 6.47**
Eigener, gelblicher Neutralwert

ACHTUNG!

Nachdem man die Extrem- und Neutralwerte geändert hat, wird man beim Schließen des Dialogs gefragt, ob man das als Standardfarben speichern möchte. Klickt man auf NEIN (das sollten Sie immer tun!), so gelten die Änderungen nur für diese eine Operation oder Einstellungsebene. Bei JA gelten sie für alle weiteren, was man unangenehmerweise nicht im Dialog sehen kann. Erst die Optionen oder ein Doppelklick auf die Pipetten-Buttons zeigen die veränderten Voreinstellungen.

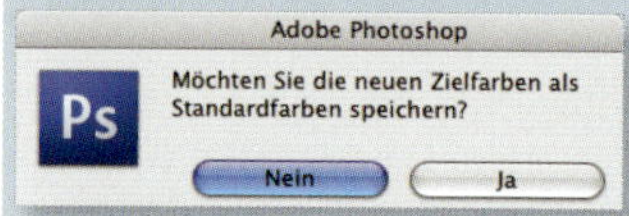

▲ **Abbildung 6.51**
Die Warnung

4 Bild mit den drei definierten Werten anpassen

Nun braucht man nur noch mit der Schwarzpunkt-Pipette auf den mit dem Messpunkt markierten dunkelsten Punkt im Bild zu klicken und mit der Weißpunkt-Pipette auf den hellsten. Dann sucht man sich eine Stelle im Bild, die wahrscheinlich oder sicher grau ist und klickt dort mit der Mitteltöne-Pipette hin.

▲ **Abbildung 6.48**
Setzen des Neutralwerts im Bild auf einer grauen Fläche

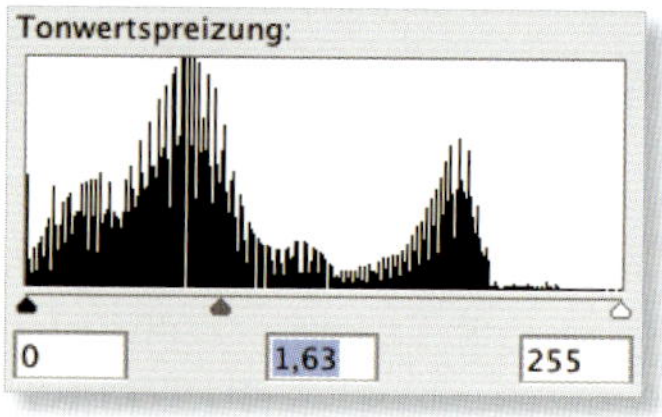

▲ **Abbildung 6.49**
Abschließende Gamma-Korrektur

Das Bild ist nun um einiges kontrastreicher, präsenter und auch wärmer in der Stimmung geworden.

Eine abschließende Gamma-Korrektur hellt die dunkleren Bereiche im Bild auf.

▲ **Abbildung 6.50**
Original und fertig bearbeitetes Bild ■

6.4 Gradationskurven

Die Tonwertkorrektur ist noch recht einfach zu bedienen, und ihre Ergebnisse sind ganz gut vorherzusagen. Deshalb begnügen sich viele, auch lang gediente Photoshop-User damit. Wirklich interessant wird es aber erst mit den Gradationskurven.

Besteht die Tonwertkorrektur, technisch gesprochen, aus vier Übertragungsfunktionen (RGB, Rot, Grün, Blau) mit je drei Stützpunkten (Schwarz, Gamma, Weiß), so bieten die Gradationskurven beliebig viele Stützpunkte an – theoretisch zumindest, denn mehr als 255 haben ja im Dialog nicht Platz. Wir können das, was das Bild hergibt, in eine beliebige Beziehung setzen zu dem, was herauskommen soll.

Die Leistungsfähigkeit äußert sich in einem direkten Vergleich zwischen beiden Werkzeugen: Obwohl beide Dialoge recht verschieden ausschauen, lassen sich mit den Gradationskurven exakt die gleichen Bearbeitungen durchführen wie mit der Tonwertkorrektur: Ausgabeminimum ❶ und Ausgabemaximum ❹ festlegen, Schwarzpunkt ❷ und Weißpunkt ❸ setzen, Gamma verringern ❺ und erhöhen ❻. Die Bewegung des Gammaschiebers in der Tonwertkorrektur entspricht exakt der Bewegung des Punktes 128 | 128 auf der Mitteldiagonalen von links oben nach rechts unten.

Video-Training

Auf der Buch-DVD im Ordner Video-Lektionen finden Sie Video-Lektionen zum Thema »Gradationskurven«.

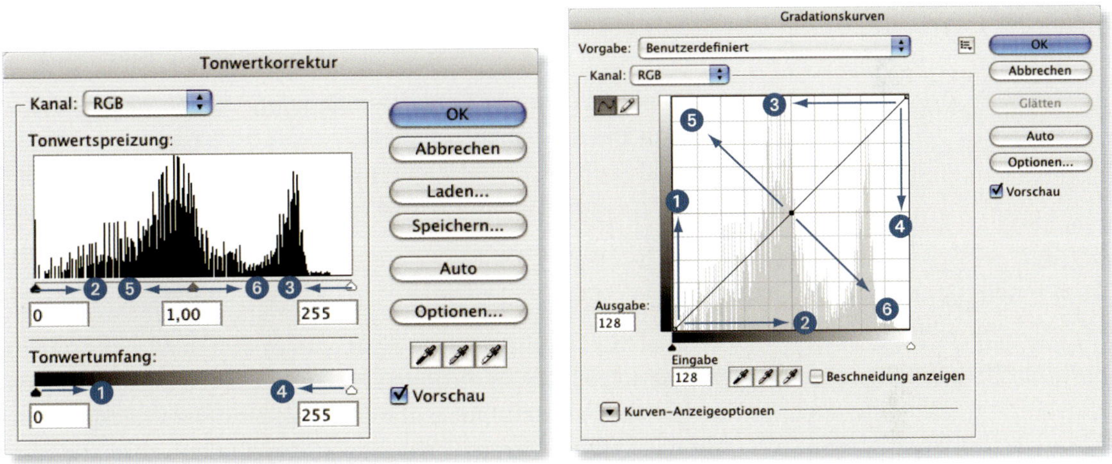

▲ **Abbildung 6.52**
Funktionsentsprechungen bei den Gradationskurven und bei der Tonwertkorrektur

Die nach diesem Vergleich naheliegende Frage, ob man deswegen die Tonwertkorrektur eigentlich gleich vergessen sollte, kann man seit der neuen Version von Photoshop eigentlich mit »ja« beantworten (auch wenn der Tonwertkorrektur zuvor viel Platz in diesem Buch gewidmet worden ist, weil sie angenehm einfach zu bedienen und anschaulicher ist).

6.4.1 Neuerungen in CS3

Der Dialog Gradationskurven hat in Photoshop CS3 massive und teils lange erwartete Verbesserungen erfahren. Sie stellen eine große Arbeitserleichterung dar und verdienen es, hier genauer beschrieben zu werden.

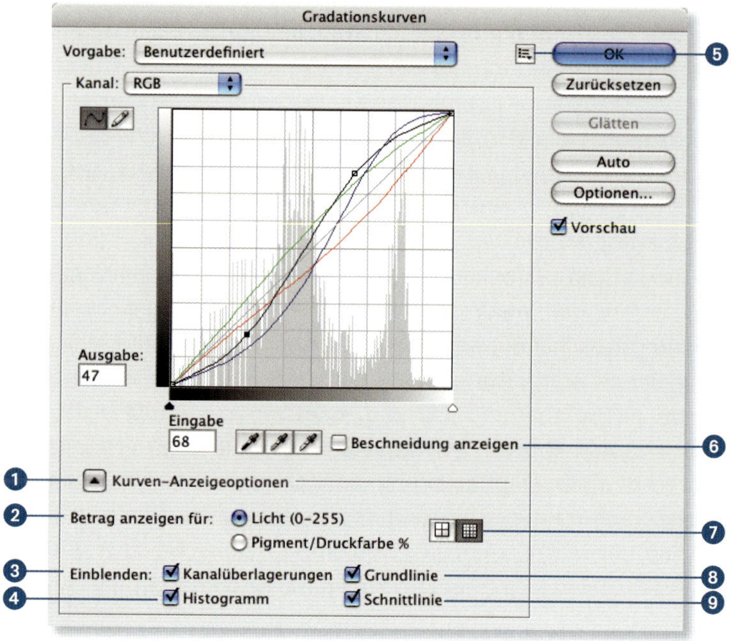

Abbildung 6.53 ▸
Die neuen Funktionen im Dialog GRADATIONSKURVEN

Unter KURVEN-ANZEIGEOPTIONEN ❶ rufen Sie den neuen Mehrumfang an Funktionen auf. Zunächst ist der Dialog nicht mehr in einer kleinen und einer großen Variante zu haben, sondern hat von vornherein eine fixe Größe, die ausreicht, alles Wichtige gut zu erfassen.

Histogramm | Das bereits in Lightroom und in Camera Raw der Creative Suite 2 eingeführte Histogramm innerhalb der Kurvenbox ist nun auch in Photoshop selbst verfügbar. Dieses von vielen seit Langem gewünschte Feature lässt sich mit der Checkbox HISTOGRAMM ❹ aktivieren. Die Histogramme für die Farbkanäle werden in den Unterseiten ebenfalls dargestellt, und zwar immer in Farbe (unabhängig von der Photoshop-Voreinstellung FARBAUSZÜGE IN FARBE ANZEIGEN).

Diagrammgitter | Die 25%- und die 10%-Rasterung des Diagrammgitters kann man nun mit einem Button ❼ umschalten. Der früher dafür nötige `Alt`+Klick ins Gitter funktioniert aber weiterhin auch noch.

Clipping-Anzeige | Die bei der Tonwertkorrektur erwähnte Clipping-Anzeige ist für die Gradationskurve nun ebenfalls verfügbar. Entweder man drückt auch hier die `Alt`-Taste beim Ziehen der Schwarz- und Weißpunkt-Schieber, die nun neuerdings am unteren Rand des Diagramms zu finden sind und die Anfangs- und Endpunkt der Kurve bewegen, oder man aktiviert die Checkbox

Beschneidung anzeigen ❻. (Diese Clipping-Anzeige ist nur in RGB verfügbar.)

Grundlinie und Schnittlinie | Die Grundlinie ist die 45°-Diagonale, die eine lineare Beziehung zwischen Ein- und Ausgabe definiert. Die entsprechende Hilfslinie im Diagramm kann man mit der gleichnamigen Checkbox ❽ ein- und ausblenden. Mit Schnittlinie ❾ schaltet man ein Fadenkreuz ein, das beim Bewegen eines Kurvenpunkts erscheint, um sich besser im »Histogramm-Gebirge« zu orientieren.

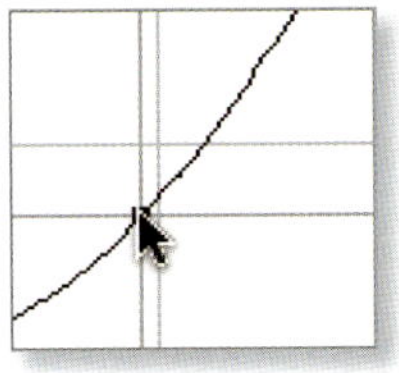

▲ **Abbildung 6.54**
Schnittlinienkreuz beim Bewegen eines Kurvenpunkts

Betrag | Die Wahlmöglichkeit unter Betrag anzeigen für: ❷ schaltet zwischen den Lichtstärkewerten bei RGB und LAB (0 bis 255) und den Farbauftragswerten im CMYK- und Mehrkanal-Modus (0% bis 100%) um. Diese Funktion hatte bisher der kleine schwarz-weiße Doppelpfeil am unteren Rand des Diagramms. Die Logik der Gradationskurve funktioniert dann natürlich genau umgekehrt.

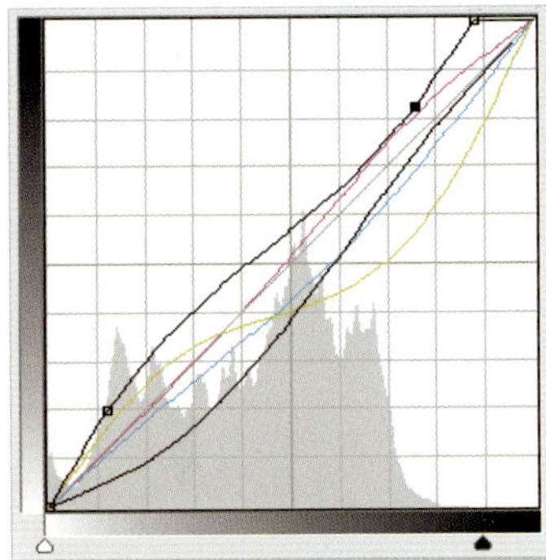

▲ **Abbildung 6.55**
Umgekehrte Funktionsweise der Gradationskurve im CMYK-Modus

Kanalüberlagerungen | Ein sehr brauchbares und von vielen sicher schon lange gewünschtes Feature kann man unter Kanalüberlagerungen ❸ aktivieren. Hier werden im RGB- bzw. CMYK-Modus bei der Gesamtansicht der Kanäle (Shortcut [Strg]/[⌘]+[^]) die Kurven der einzelnen Farbkanäle mit angezeigt. Wollte man in früheren Versionen wissen, was sich in den Farbkanälen tut, hat man bisher immer mit [Strg]/[⌘]+[1] bis [Strg]/[⌘]+[3] bei RGB bzw. [Strg]/[⌘]+[1] bis [Strg]/[⌘]+[4] bei CMYK durch die Kanäle schalten müssen. Die neue Funktion wird man nach kurzer Zeit schon nicht mehr missen wollen.

Gradationskurven speichern | Das Abspeichern von Kurven war zwar bisher auch schon möglich, ist aber nun bequemer. Über den kleinen Menü-Button ❺ (Tooltip Vorgabeoptionen) lässt sich nun die gerade eingestellte Kurve in Photoshops Standard-Vorgaben-Verzeichnis des jeweiligen Benutzers ablegen. Alle Kurven, die Photoshop dort findet, werden links daneben unter Vorgabe aufgelistet und sind dort schnell und ohne die bisher nötigen Dateidialoge greifbar. Natürlich kann man Kurven auch von woanders laden bzw. woandershin abspeichern.

Vorteil der Gradationskurven | Wenn man beim Vergleich von Tonwertkorrektur und Gradationskurven nun bedenkt, dass sich beliebig viele Punkte auf der Kurve setzen und bewegen lassen, dann kann man sagen, dass die Gradationskurven dort anfangen, wo die Tonwertkorrektur aufhört. Was bedeutet das nun für die

Inhalt der Ebene ändern

Hat man eine Einstellungsebene z. B. mit einer Tonwertkorrektur, die bereits aufwendig mit einer Maske versehen wurde, kommt dann aber darauf, dass eigentlich eine Gradationskurve besser wäre, so müsste man die Ebenenmaske als Auswahl laden und eine neue Einstellungsebene erzeugen, die dann die gleiche Maske hat. Einfacher geht das, indem man unter Ebene • Inhalt der Ebene ändern für die vorhandene Einstellungsebene die Gradationskurven wählt. Alles andere, vor allem die Maskierung, bleibt erhalten.

Einstellungsebene

Gradationskurven sollte man ebenfalls als Einstellungsebenen anwenden, um sich spätere Änderungen offen zu halten – und dies nur, nachdem das Bild in den 16-Bit-Modus konvertiert wurde, um Manipulationsverluste möglichst gering zu halten.

Kurven selbst zeichnen

Man kann sich seine Kurven auch selbst zeichnen. Wer eine ruhige Hand hat, wählt das Bleistift-Symbol und zeichnet eine Kurve:

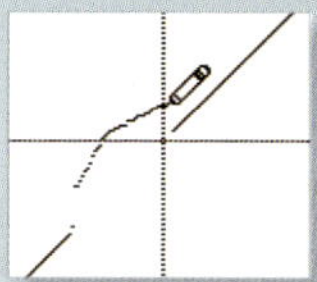

Danach kann man mit dem Button GLÄTTEN die Kurve »weicher« machen.

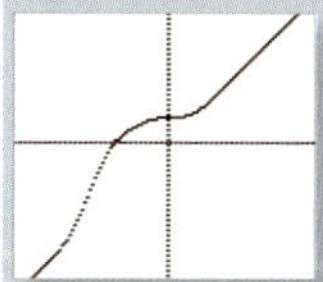

Allzu abrupte Sprünge sollte die Kurve nämlich nicht haben, weil das zu groben und fleckigen Farbabstufungen führt.

praktische Arbeit an Farbkorrekturen? Was eine bestimmte Gradationskurve im Bild bewirkt, ist oft schwieriger vorherzusagen als bei der Tonwertkorrektur. Gradationskurven erfordern einige Übung und Routine. Beherrscht man sie aber einmal, so wird man immer gleich zu richtigem Werkzeug greifen und nicht lange mit dem Taschenmesser herumprobieren.

Vor Photoshop CS hatten die Gradationskurven gegenüber der Tonwertkorrektur den großen Nachteil, dass man das Histogramm bei der Arbeit an den Kurven überhaupt nicht sehen konnte. Dann kam die Histogramm-Palette dazu, die das endlich ermöglicht hat, denn es hilft sehr, die Auswirkungen der Kurvenbiegerei auch unmittelbar am technischen Bildaufbau beurteilen zu können – ein weiterer Grund, warum entweder die Histogramm-Palette immer offen oder die neue Histogramm-Darstellung im Dialog der Gradationskurve aktiviert sein sollte.

6.4.2 Die üblichen Kurvenformen

Bei der Vielfalt der Möglichkeiten, die die Gradationskurven bieten, hilft es, wenn man sich vor Augen hält, dass bestimmte Bildmanipulationen mit charakteristischen Kurvenformen einhergehen. So kann man zum einen recht schnell erkennen, was eine bestimmte Kurve mit einem Bild macht, und zum anderen auch zumindest grob eine Kurve einrichten, nachdem klar ist, was ein Bild, das man zu bearbeiten hat, an Korrekturen braucht. Wer bis jetzt viel mit der Tonwertkorrektur gearbeitet hat, wird nach einiger Übung mithilfe der Kurvenform recht intuitiv mit den Gradationskurven umgehen können. Im Folgenden seien einige typische Fälle mit den dazugehörigen Kurven vorgestellt.

Schwacher Kontrast | Dieses Bild zeigt einen eher geringen Tonwertumfang und damit einen zu schwachen Kontrast. Durch Zusammenschieben von Schwarz- und Weißpunkt unter dem Diagramm werden die Tonwerte gespreizt. Das Drücken der Alt-Taste aktiviert die Clipping-Anzeige im Bild und verhindert das Zulaufen in den Tiefen und das Ausfressen in den Lichtern. Hier verhält sich die Kurve genau wie die Tonwertkorrektur. Eine steilere Kurve heißt immer: Tonwertumfang erhöhen.

Abbildung 6.56 ▼
Steilere Kurve für mehr Tonwertumfang (links das Original)

Bild aufhellen | Die charakteristische Kurvenform für eine Aufhellung des Bildes hat den Kurvenbauch auf der linken Seite. In unserem Beispiel wird sie mit einer Erhöhung des Tonwertumfangs durch Zusammenziehen von Schwarz- und Weißpunkt kombiniert. Das entspricht bei der Tonwertkorrektur in etwa einer Verschiebung des Gamma-Reglers nach links. Eine Abdunklung des Bildes würde natürlich umgekehrt zu einem Kurvenbauch auf der rechten Seite der Kurve führen.

▼ **Abbildung 6.57**
Erhöhung des Tonwertumfangs und Aufhellung

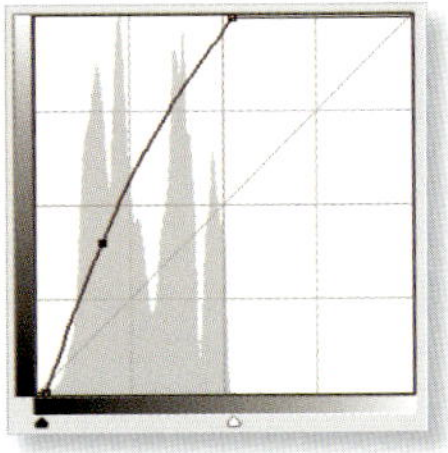

Mehr Kontrast | Das folgende Bildbeispiel hat einen an sich zufriedenstellenden Tonwertumfang, der nur geringfügig verbessert werden muss. Der Kontrast ist allerdings nicht stark genug. Hier erhöht eine Aufsteilung der Kurve den Tonwertumfang im für die Kontrastwahrnehmung entscheidenden Mittenbereich. Daraus ergibt sich die typische S-Form der Kurve.

▼ **Abbildung 6.58**
Typische S-Kurve zur Kontrastverstärkung

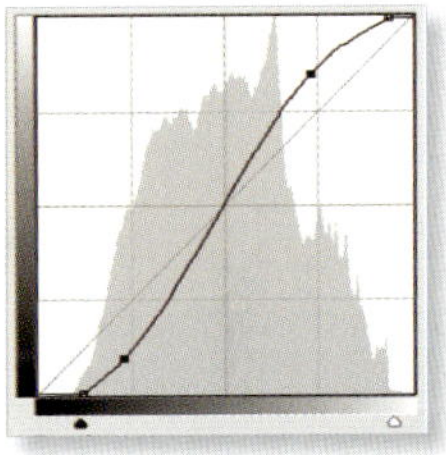

6.4.3 Kontrasterhöhung in Teilbereichen

Manchmal will man nur einen Teilbereich des Tonwertumfangs bearbeiten. In diesem Beispiel sind die Lichter und oberen Mitten okay. Im den unteren Mitten und den Tiefen aber sind die Details nicht gut genug durchgezeichnet. Eine nur teilweise Bearbeitung ist hier sinnvoll.

Um das sicherzustellen, setzt man an der dunkelsten Stelle des Teils, der nicht bearbeitet werden soll, mit gedrückter [Strg]/[⌘]+Taste einen Ankerpunkt auf die Kurve. Das ist in diesem Fall bei den dunkelsten Schattenstellen am linken orangefarbenen Tank. Unterhalb dieses Bereichs stellt man nun eine S-Kurve für die Kontrasterhöhung im unteren Tonwertbereich ein. Da die Kurve immer »stetig« (d.h. ohne Knick in den Ankerpunkten) ist und sozusagen »unter Spannung« steht, biegt sich der obere Teil, der

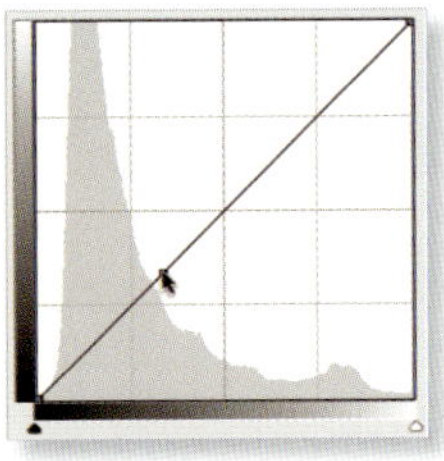

▲ **Abbildung 6.59**
Erster Kurvenpunkt außerhalb des Bearbeitungsbereichs

eigentlich nicht beeinflusst werden sollte, nach unten durch. Das behebt man, indem man auf halber Strecke im oberen Teil einen weiteren Ankerpunkt setzt und diesen auf die diagonale Grundlinie zurückversetzt, also den oberen Teil quasi »festnagelt«.

Abbildung 6.60 ▼
Kontrasterhöhung in einem Teilbereich (Original links)

6.4.4 Farbstich entfernen

Das folgende Beispiel zeigt, wie selektiv man mit den Gradationskurven arbeiten kann und dass auch mehrere Manipulationen wie die Tonwertkorrektur und die Entfernung eines Farbstichs in einem Durchgang erledigt werden können.

Die Bilddateien für dieses Beispiel finden Sie auf der DVD zu diesem Buch unter Beispieldateien/06_Farbkorrektur/06_Blaustich_u_dunkel.jpg

Schritt für Schritt: Farbstich entfernen mit den Gradationskurven

Bei diesem Bild soll der Himmel nach Möglichkeit unangetastet bleiben, während der kräftige Blaustich auf den Figuren ebenso korrigiert werden soll wie die schwachen Kontrastverhältnisse in diesem Bildbereich.

▲ Abbildung 6.61
Originalbild

1 Hellste Stelle finden

Zunächst benutzen wir die Clipping-Anzeige des Dialogs (Checkbox Beschneidung anzeigen), um mit den Schwarz- und Weißpunkt-Schiebern die hellste Stelle der Figurengruppe zu finden. Dort setzen wir mit gedrückter [⇧]-Taste einen Messpunkt als Markierung. Einen zweiten Messpunkt setzen wir in das Himmelsblau. Nun drücken wir die [Alt]-Taste und klicken auf den Button Abbrechen/Zurücksetzen, denn das Aufsteilen der Kurve hat ja nur zum Finden der hellsten Stelle gedient. Mit [Strg]/[⌘]+Klick auf die beiden Messpunkte übernehmen wir diese nun auf die Kurve als Ankerpunkte.

Abbildung 6.62 ►
Setzen von zwei Mess- und zwei Ankerpunkten

2 Tonwertbereich verbessern

Nun wird der untere Tonwertbereich sowohl im Umfang (Schwarzpunkt nach rechts) als auch im Kontrast verbessert (S-Kurve).

3 Farbstich entfernen

Um den Blaustich auf den Figuren zu entfernen, wird nun mit der grauen Mittelton-Pipette an einer geeigneten Stelle ins Bild geklickt. Dieser Vorgang setzt jeweils einen Ankerpunkt auf die Mitte der drei Farbkurven und verschiebt ihn nach links oben oder rechts unten, um an diesem Punkt drei identische Werte für Rot, Grün und Blau zu bekommen. Ist die Checkbox KANALÜBERLAGERUNGEN aktiviert, sieht man die drei verschieden gebogenen Farbkurven.

4 Verfärbung zurücknehmen

Da sich die Neutralisierung über den gesamten Tonwertumfang erstreckt, hat sich auch der Himmel leicht verfärbt. Um das zu korrigieren, wird nun mit der normalen Pipette und gedrückter Strg/⌘+⇧-Taste auf den Messpunkt im Himmel in allen drei Farbkurven ein Ankerpunkt gesetzt. Diese drei Punkte schiebt man dann auf die diagonale Grundlinie zurück. Alternativ kann man auch bei ausgewähltem Punkt unter AUSGABE den gleichen Zahlenwert eingeben, der bei EINGABE erscheint. Die drei Farbkurven liegen nun im oberen Teil wieder auf der Grundlinie, und das Blau ist wieder original.

▲ **Abbildung 6.63**
Tonwertkorrektur um unteren Bereich

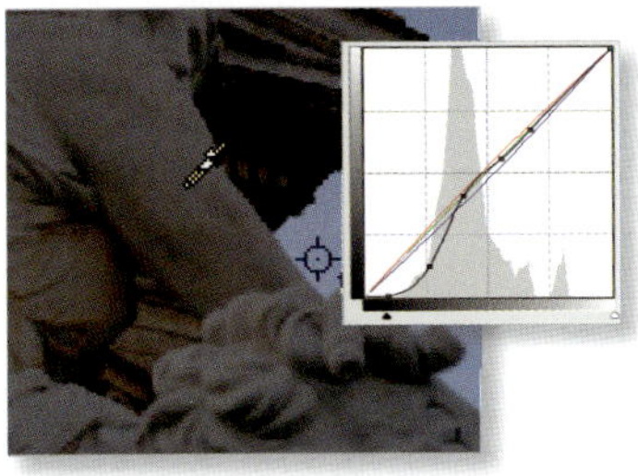

▲ **Abbildung 6.64**
Neutralisieren mit der Mittelton-Pipette und korrigierte Farbkurven

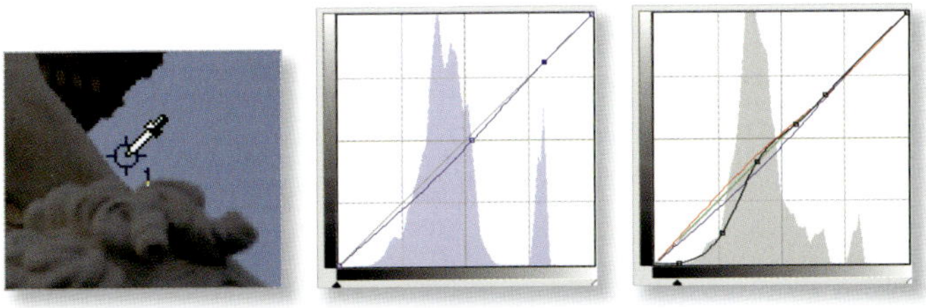

◄ **Abbildung 6.65**
Setzen eines Kurvenpunkts in allen Farbkurven und Zurücksetzen auf die Grundlinie

▲ **Abbildung 6.66**
Original und fertig korrigiertes Bild ■

6.4.5 Kontrast und Farbigkeit abmildern

Das folgende Bild stammt von einer Digitalkamera, deren Bilder zu knalligen Farben und starkem Kontrast neigen. Hier soll die Farbigkeit ein wenig dezenter ausfallen. Dafür nimmt man eine Kurve, die genau entgegengesetzt zur S-Kurve der Kontrastverstärkung läuft.

Durch diese Manipulation kommt es allerdings zu leichten Farbverschiebungen. Der linke Teil des Himmels hat dabei einen Grünstich bekommen, der rechte einen Rotstich. Das kann durch entsprechende vorsichtige Korrekturen im oberen Teil der Rot- und der Grün-Kurve ausgeglichen werden. Die Blau-Kurve, die ja für den Tonwert des Himmels im Gesamtgefüge maßgeblich ist, lässt man hierbei in Ruhe.

Abbildung 6.67 ▼
Kontrastreduktion und Farbkorrektur (Original links)

Daten auf der DVD
Sie finden die Datei zu diesem Workshop auf der Buch-DVD unter BEISPIELDATEIEN/06_FARBKORREKTUR/06_VG_ZU_DUNKEL.JPG.

Optionen

Dass die Einstellungen der Gradationskurven mit LADEN und SPEICHERN für die spätere Verwendung gesichert und auch wieder aufgerufen werden können, versteht sich von selbst. Ebenso wie bei der Tonwertkorrektur gibt es auch eine Auto-Funktion mit den gleichen Optionen. Und natürlich sollten Kurven, wenn möglich, immer nur im 16-Bit-Modus angewandt werden.

Schritt für Schritt: Bild mit dunklem Vordergrund korrigieren

In diesem kleinen Beispiel soll versucht werden, ein sehr dunkles Bild von einem Bahnhof zu bearbeiten. Der noch helle Abendhimmel überstrahlt den dunklen Vordergrund mit den Gleisen und Zügen. Der größte Teil des Bildinhalts befindet sich im unteren und untersten Tonwertbereich. Ähnliche oder noch extremere Verhältnisse kann man bei Gegenlichtaufnahmen, z. B. im winterlichen Hochgebirge, vorfinden.

Abbildung 6.68 ▸
Originalbild mit zu dunklem Vordergrund

1 Maske für Korrektur anlegen

Die helleren Bereiche am Himmel sind in Ordnung und sollen von der Tonwertkorrektur ausgenommen werden. Weil der Vordergund sehr dunkel ist, wird man hier stärker zupacken müssen, was diese Helligkeiten in Mitleidenschaft ziehen würde.

Die Maske für die Korrektur kann man in solchen Fällen leicht aus dem Bild selbst gewinnen. In diesem Bild dominiert keine bestimmte Farbe. Deswegen ist es egal, welchen der drei Farbkanäle man dafür heranzieht. Im Normalfall nimmt man den Grün-Kanal, da er beim menschlichen Sehen am meisten helligkeitsbestimmend ist. Nach dem Duplizieren wird der neu entstandene Alpha-Kanal mit einer Gradationskurve so konstrastverstärkt, dass er gut zwischen hellen und dunklen Bereichen trennt.

Farbkanal für Helligkeit bestimmen

Ist das Bild eher bunt und starkfarbig, wird es mitunter schwer zu entscheiden, welcher Farbkanal die Helligkeitsverhältnisse des gesamten Bildes am besten wiedergibt und für eine Helligkeitsmaske geeignet ist. Hier kann man vorübergehend in den LAB-Modus wechseln, dort den immer wahrnehmungsrichtigen Luminanz-Kanal **L** duplizieren und dann wieder nach RGB zurückgehen. (Diese Wandlung RGB – LAB – RGB produziert allerdings ganz leichte Farbverschiebungen und ist überprüfungspflichtig! Alternativ dazu bieten sich Kanalberechnungen an; siehe Abschnitt 8.7.4).

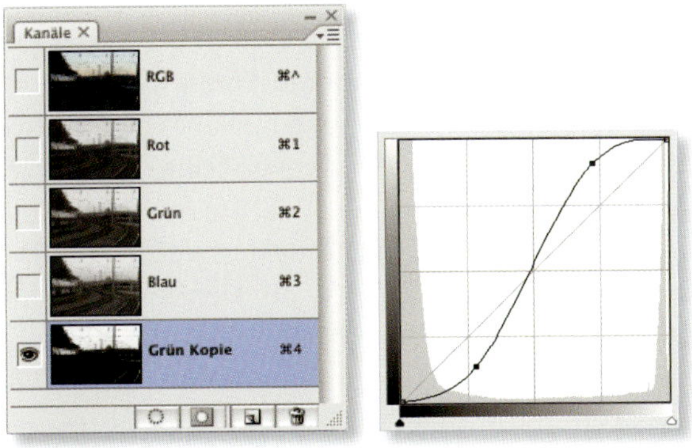

◂ **Abbildung 6.69**
Grün-Kanal duplizieren und im Kontrast verstärken

▴ **Abbildung 6.70**
Duplizierter Grün-Kanal des Originals und kontrastverstärkte Kopie

2 Vordergrund aufhellen

Für die Aufhellung wählen wir zuerst eine Einstellungsebene mit einer Gradationskurve (Ebene • Neue Einstellungsebene • Gradationskurve). Die Gradationskurve hebt die Mitten und Tiefen kräftig an (Abbildung 6.71). Wir wenden sie zunächst ohne Maske an, um die negativen Auswirkungen auf den Himmel zu verdeutlichen. Die automatisch erzeugte weiße Ebenenmaske löschen wir also zunächst.

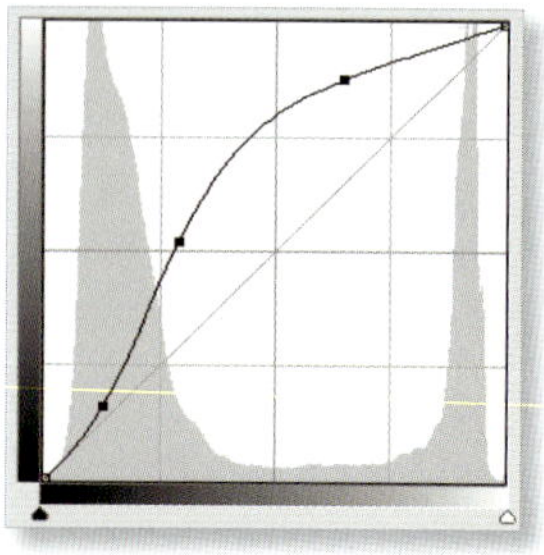

▲ **Abbildung 6.71**
Mitten und Tiefen anheben

Der Vordergrund ist nun aufgehellt und gut durchzeichnet. Eine solche Kurve führt natürlich dazu, dass die Lichter, in unserem Fall praktisch der gesamte Himmel, ausfressen. Deswegen muss der Wirkungsbereich der Gradationskurve eingeschränkt werden.

Abbildung 6.72 ►
Korrigierter Vordergrund mit ausgefressenem Himmel

3 Maskierung für die Gradationskurven-Ebene

Um die Wirkung unserer Einstellungsebene mit der Gradationskurve zu begrenzen, nutzen wir nun die zuvor erstellte Maske, die helle und dunkle Bildbereiche gut voneinander trennt. Wir laden die Maske mit [Strg]/[⌘]+Klick auf das Miniaturbild des Alpha-Kanals in der Kanäle-Palette. Hier sind die dunklen Bildbereiche dunkel dargestellt. Wir brauchen das natürlich umgekehrt, denn die hellen Bildbereiche sollen ja geschützt werden. Entweder kehren wir die Auswahl mit [Strg]/[⌘]+[⇧]+[I] um und benutzen den Button MASKE HINZUFÜGEN am Fuß der Ebenen-Palette oder wir gehen im Menü über EBENE • EBENENMASKE • AUSWAHL AUSBLENDEN. Das kehrt die Auswahl in der nun entstehenden Ebenenmaske ebenfalls um.

Der Vordergrund behält im Wesentlichen die zuvor erreichte Aufhellung, der Himmel hingegen bekommt seine ursprüngliche Helligkeit und Farbigkeit zurück.

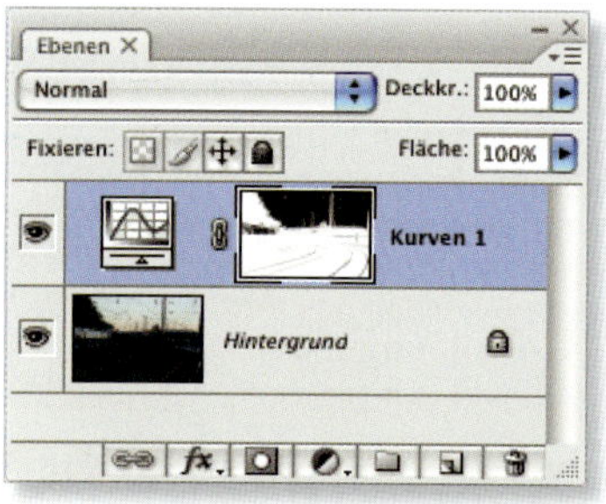

▲ **Abbildung 6.73**
Invertierte Auswahl als Ebenenmaske für die Gradationskurve

Abbildung 6.74 ►
Aufgehellter Vordergrund bei intaktem Himmel

4 Farben im Himmel verstärken

Das Zwischenergebnis ist von Helligkeit und Kontrast her gut, allerdings fällt jetzt der Himmel gegen den kräftigeren Vordergrund farblich etwas ab und wirkt ein wenig zu flau. Die notwendige Anpassung der Farbsättigung soll hier also in den helleren Bildteilen erfolgen. Deshalb wollen wir die Maske weiterverwenden.

Die Einstellungsebene mit der Gradationskurve wird dupliziert und in der Funktionsweise mit Ebene • Inhalt der Ebene ändern • Farbton/Sättigung umgebaut. Da wir den Wirkungsbereich dieser neuen Einstellungsebene umgekehrt haben wollen, markieren wir die Ebenenmaske in der Ebenen-Palette und invertieren sie mit Strg/⌘+I. Die Sättigung kann man im Himmel auf einen Wert von +30 erhöhen.

Vergleicht man das fertige Ergebnis mit dem Originalbild, so entspricht es den Erwartungen.

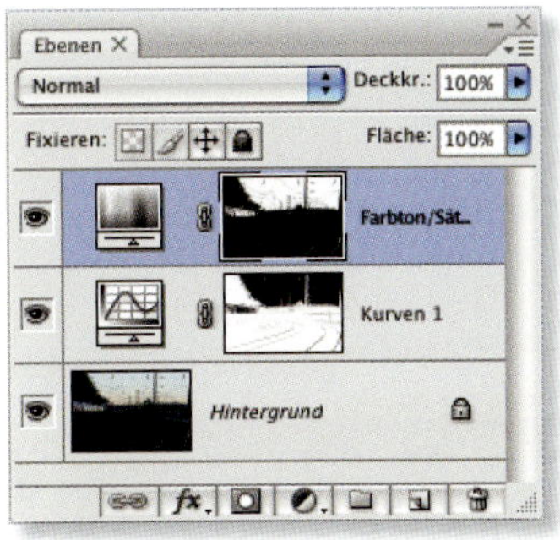

▲ **Abbildung 6.75**
Funktion der Einstellungsebene ändern und Ebenenmaske invertieren

▲ **Abbildung 6.76**
Original und fertig korrigiertes Bild ■

6.4.6 Farbstiche numerisch entfernen

Ein im Grunde sehr einfacher Weg, Farbstiche aus Bildern zu eliminieren, führt über die Info-Palette, wo man selbst solche Verfärbungen dingfest machen kann, die visuell als neutral beurteilt werden. (Prinzipiell vorausgesetzt werden muss natürlich für solche Aussagen, dass der Monitor einwandfrei kalibriert und profiliert ist.) Wählt man eine Stelle im Bild aus, an der man neutrales Grau erwartet oder wünscht, und schaut sich in der Info-Palette die RGB-Werte an, so sollte sich ein neutrales Grau immer durch drei gleiche (oder zumindest sehr ähnliche) Werte auszeichnen, also z. B. 187, 187, 187. Darauf beruht das im Folgenden vorgestellte Verfahren zur Farbstichbeseitigung.

Daten auf der DVD
Sie finden die Datei zu diesem Workshop auf der Buch-DVD unter Beispieldateien/06_Farbkorrektur/06_Farbstrich.jpg.

Schritt für Schritt: Farbstich per Eingabe beseitigen

Das Beispielbild einer Klarinette hat einen Gelbstich, der von einer nicht ganz perfekten Beleuchtung herrührt. Die Metalltöne sollten aber eher kühl und neutral grau wirken.

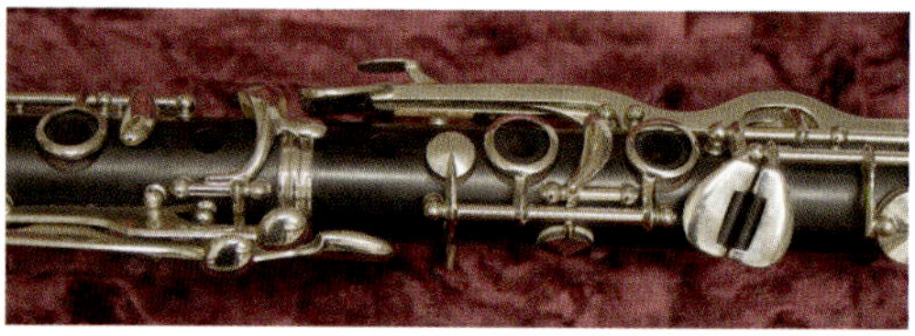

Abbildung 6.77 ▸
Originalbild mit Gelbstich

1 Messpunkte setzen

Das Farbaufnahme-Werkzeug gestattet es, bis zu vier Messpunkte im Bild zu definieren, die ab dann permanent im unteren Teil der Info-Palette erscheinen. In Bildern mit großem Kontrast wie in diesem Beispiel empfiehlt es sich, die vier Punkte so zu verteilen, dass sowohl ganz helle als auch ganz dunkle Stellen dabei erfasst werden. Auch sollten die Messpunkte zahlenmäßig recht gleichmäßig verteilt sein und nicht allzu nah zusammenliegen.

An den Zahlenwerten der vier Messpunkte ist der Gelbstich klar auszumachen: Die Blauwerte sind kleiner als die meist ähnlichen Rot- und Grün-Werte. In den Tiefen werden hier die Verhältnisse besser (vor allem Punkt #3 ist schon fast perfekt).

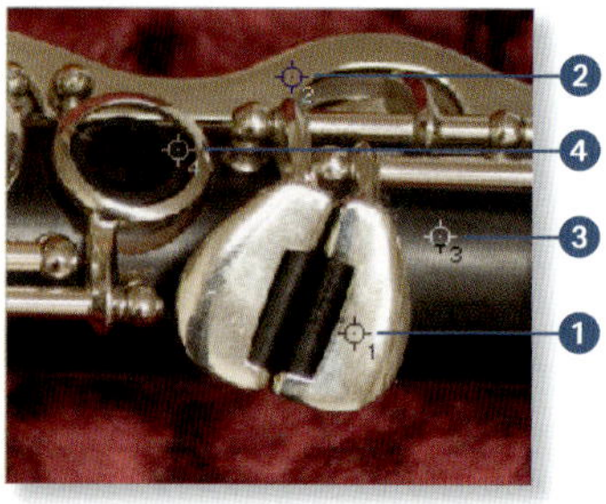

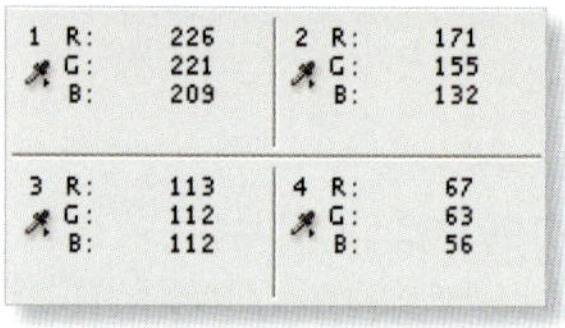

▴ **Abbildung 6.78**
Messpunkte im Bild und im unteren Teil der Info-Palette

2 Einstellungsebene mit Gradationskurven

Für die Korrektur wird eine Einstellungsebene mit Gradationskurven gewählt. Bei offenem Dialogfenster verwandelt sich der Cursor über dem Bild in eine Pipette. Klickt man nun mit gedrückter [Strg]/[⌘]- sowie [⇧]-Taste möglichst genau auf alle Messpunkte, so werden auf den Kurven der drei Farbkanäle je vier Ankerpunkte gesetzt.

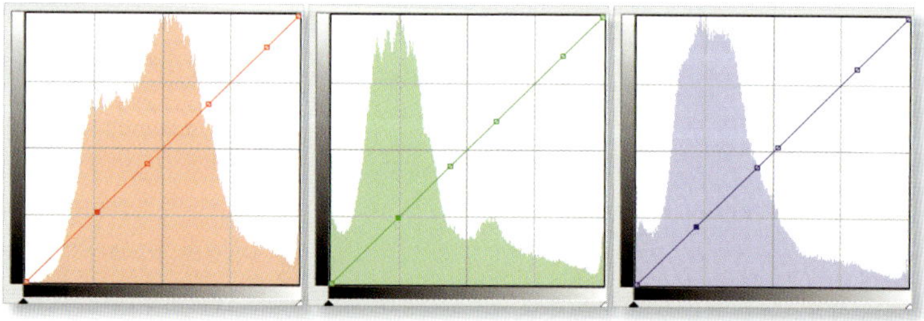

Abbildung 6.79 ▸
Die vier gesetzten Messpunkte auf den Kurven der drei Farbkanäle

Die Info-Palette zeigt nun für jeden der Messpunkte drei Zahlenpaare. Vor dem Schrägstrich steht der Originalwert, danach der veränderte Wert. Da bis jetzt nur Punkte auf den Kurven gesetzt wurden, aber noch nichts verändert wurde (die Kurven sind ja noch gerade), sind beide Werte zunächst gleich.

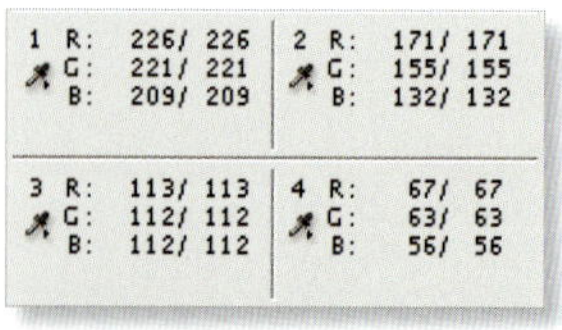

▴ **Abbildung 6.80**
Vorher-nachher-Werte für die vier Messpunkte in der Info-Palette

3 Punkte numerisch neutralisieren

Nun wird für den Messpunkt #1 das gewünschte Grau geschätzt oder berechnet ([R + G + B] / 3), hier also einmal grob geschätzt 218 für alle drei Kanäle. Zunächst wählt man im Dialog der

Gradationskurve mit Strg/⌘+1 den Rot-Kanal aus und klickt nun auf den obersten rechten gesetzten Punkt (nicht den Weißpunkt ganz in der Ecke!). Durch Druck der ⇆-Taste wird das Feld Eingabe aktiviert. Hier kann man am besten mit der ↓- oder der ↑-Taste den Punkt so weit verschieben, bis der rechte Wert in der Info-Palette 218 anzeigt.

Mit Strg/⌘+2 wechselt man in den Grün-Kanal und mit Strg/⌘+3 schließlich in den Blau-Kanal und wiederholt das Ganze dort jeweils. Dieser Kurvenpunkt ist nun neutralisiert. In der Info-Palette stehen dann den Originalwerten die drei identischen Grauwerte gegenüber. Das Ganze wird nun für alle drei Werte bei allen restlichen Punkten wiederholt.

Leider hat Photoshop (noch immer) keine Automatik für diese sehr präzise Methode an Bord, sieht man von der Mitteltöne-Pipette des Gradationskurven-Dialogs ab, die lediglich einen einzigen Ankerpunkt setzen kann. Wenn die Messpunkte im Bild sinnvoll gewählt wurden, was ihre Verteilung im Tonwertbereich angeht, dann sind alle vier Messpunkte neutralisiert. Die jeweils rechten Messwerte in der Info-Palette sind fast alle gleich und liegen damit auf der Grauachse.

Die Gradationskurven gleichen nun die Farbstiche über den gesamten Verlauf aus. Das Ergebnis zeigt keinen Gelbstich mehr, und das Metall der Klarinettenmechanik hat die gewünschte kühle Farbe bekommen.

Navigation durch Kurvenpunkte

Man kann auf der Kurve zwischen den einzelnen Punkten mithilfe der ⇆-Taste navigieren: Den nächsten Ankerpunkt erreicht man mit Strg/⌘+⇆ unter Windows und mit Ctrl+⇆ am Mac. Zum vorherigen Ankerpunkt geht es mit Strg/⌘+⇧+⇆ unter Windows und mit Ctrl+⇧+⇆ am Mac.

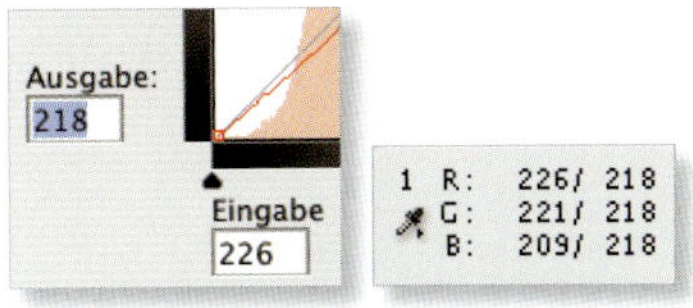

▲ **Abbildung 6.81**
Werteingabe im Kurvendialog für den Rot-Kanal bei Messpunkt #1 und Anzeige in der Info-Palette

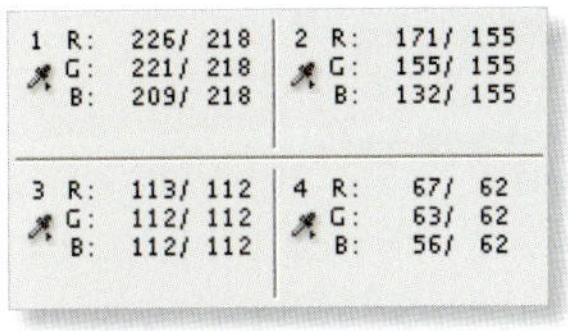

▲ **Abbildung 6.82**
Alle Messpunkte sind neutralisiert.

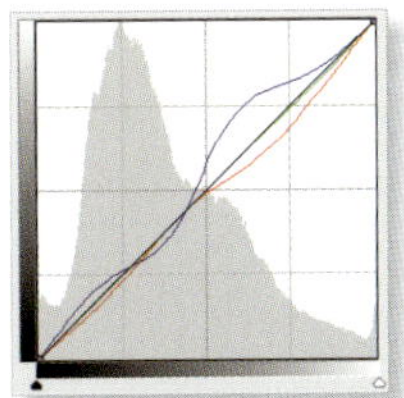

▲ **Abbildung 6.83**
Die Kurven der drei Farbkanäle nach der Korrektur

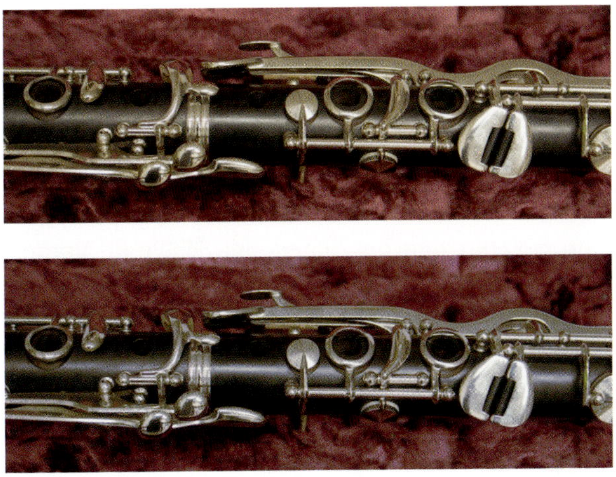

▲ **Abbildung 6.84**
Das Bild im Original und ohne Farbstich ■

Dieses Verfahren ist, zugegeben, mit einiger Tipperei verbunden, aber an Präzision kaum zu schlagen. Es ist lediglich durch die derzeitige maximale Anzahl von vier Messpunkten limitiert, die aber in der Regel ausreichen. Hat man eine ganze Serie Bilder, die z. B. durch konstant falsche Beleuchtung beim Fotografieren einen durchgehend gleichen Farbstich haben, dann hilft die Möglichkeit, diese Korrekturkurven abzuspeichern und wiederzuverwenden – vor allem im Rahmen einer Stapelverarbeitung (siehe Kapitel 13).

6.4.7 Foto-Aufnahmen mit Graukeil zur Bestimmung des Grauwertes

Eine logische Fortsetzung des zuvor durchgespielten Workshops zur numerischen Entfernung von Farbstichen ist die Arbeit mit einem mitfotografierten Graukeil bei Aufnahmen im Studio. Hierbei wird eine Grauskala, die vom Papierweiß bis zu einer möglichst dunklen schwarzen Druckfarbe reicht, im Bild platziert und kommt so mit auf die Aufnahme.

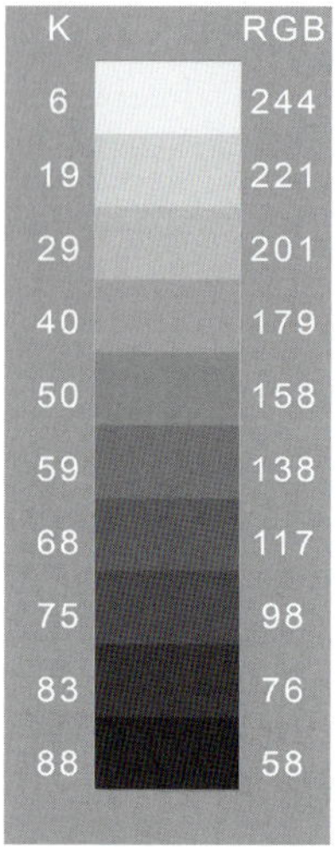

▲ **Abbildung 6.85**
Graukeil

▲ **Abbildung 6.86**
Aufnahme im Studio mit Graukeil

Sie finden die Datei zum Ausdrucken unter BEISPIELDATEIEN/06_FARBKORREKTUR/06_GRAUKEIL_25X10CM.TIF. Am besten funktioniert dieser Graukeil, wenn Sie ihn auf einem Schwarzweiß-Drucker drucken oder sicherstellen, dass bei einem Farbdrucker nur schwarze Tinte oder Toner benutzt wird. Auch ein Ausbelichten auf Fotopapier ist eine Möglichkeit. Glänzendes Papier ergibt in der Regel dunklere Schwarzwerte, spiegelt aber natürlich mehr, wodurch sich Messwerte verfälschen können.

Schritt für Schritt: Grauwerte per Graukeil bestimmen

Im oben gezeigten, sehr einfachen und improvisierten Studio-Setup mit einer simplen tageslicht-ähnlichen Deckenbeleuchtung sollen mithilfe des Graukeils die feinen Farbnuancen des Porzellans beim Geschirr und des Silbers der Schale im Vordergrund korrekt wiedergegeben werden. Die Aufnahme wurde von Camera Raw mit einer komplett zurückgesetzten Einstellung, also ohne jede Bearbeitung, an Photoshop weitergegeben.

Abbildung 6.87 ▶
Die Original-Aufnahme

1 Einstellungsebene für Gradationskurven

Wir arbeiten hier wiederum mit einer Einstellungsebene mit Gradationskurven. Das Setzen von Messpunkten ist für diese Methode an sich nicht erforderlich und wird hier nur zur Verdeutlichung angewendet. Hier sei die Anzahl der gewünschten Ankerpunkte einmal auf vier beschränkt. Die Genauigkeit ist natürlich beliebig erweiterbar.

2 Helligkeitskorrektur

Zunächst wird im Kurvenmodus RGB (im Dialog unter KANAL) eine Helligkeitskorrektur vorgenommen. Dazu wird an den vier Messpunkten mit gedrückter [Strg]/[⌘]-Taste ein Ankerpunkt auf die RGB-Kurve gesetzt. Nun wird im Feld AUSGABE der Wert eingegeben, der auf dem Graukeil neben diesem Feld aufgedruckt ist, bei Punkt ❹ also z. B. »98«. Dadurch ergibt sich etwa folgende Kurve für RGB:

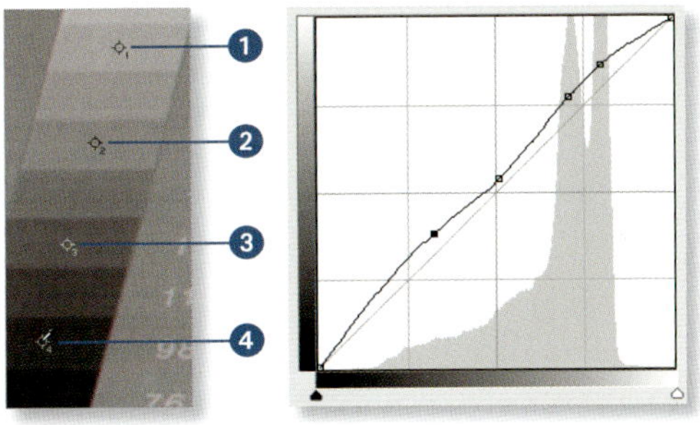

◄ **Abbildung 6.88**
Korrektur des Helligkeitsverlaufs

3 Neutralisieren

Im zweiten Durchgang wird die Farbe in Richtung neutral korrigiert. Hierzu wird an den vier Messpunkten ins Bild geklickt, diesmal mit gedrückter [Strg]/[⌘]+[⇧]-Taste. Auf den drei Farbkurven werden nun je vier Ankerpunkte gesetzt. Auch hier wird unter AUSGABE der auf dem Graukeil aufgedruckte Wert eingeben. Es entstehen nun drei entsprechende Korrekturkurven für Rot, Grün und Blau. Sie liegen in diesem Beispiel sehr eng beieinander, weil die Farbtemperatur (siehe Kapitel 7) der Beleuchtung (5000° K) der Weißabgleichseinstellung der Kamera entsprochen hat.

Pipette voreinstellen

Immer, wenn bei einem Werkzeug oder einer Funktion eine Pipette im Spiel ist, sollte man zuvor bei der Pipette [I] in den Optionen sicherstellen, dass mindestens ein Aufnahmebereich von 5 × 5 PIXEL DURCHSCHNITT eingestellt ist. Dieser Wert gilt dann immer auch für alle anderen Vorkommen dieses Werkzeugs, auch bei denen, die nur mit zusätzlichen Tasten aktiviert werden, wie z. B. bei den Gradationskurven. Ein zu kleiner Aufnahmebereich (z. B. 1 × 1 Pixel), kann allein durch Bildrauschen zu kaum vorhersehbaren Abweichungen führen.

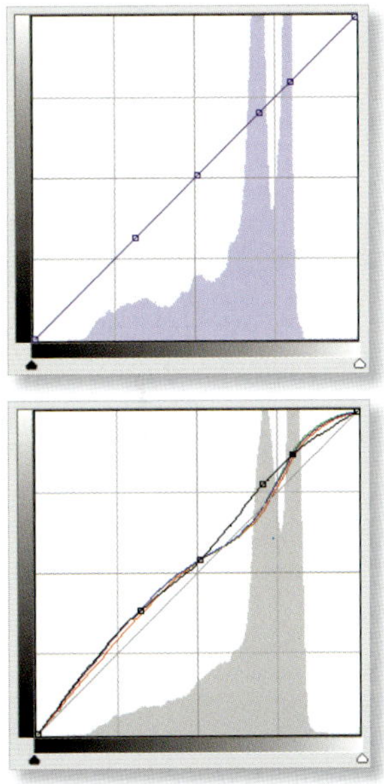

▲ **Abbildung 6.89**
Ankerpunkte auf einer Farbkurve und Korrekturkurven für die drei Farbkanäle

◄ **Abbildung 6.90**
Neutralisiertes Bild

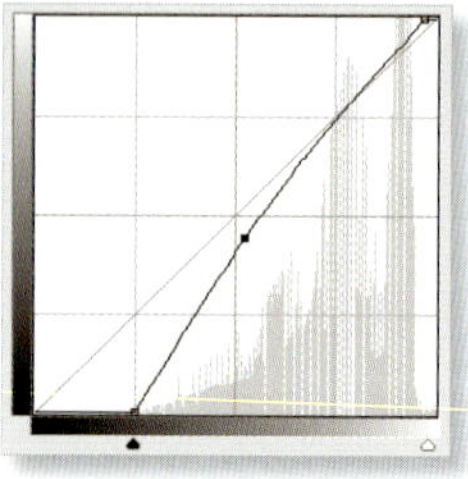

▲ **Abbildung 6.91**
Einstellungen für die Schlusskorrektur

Das Ergebnis ist ein farblich bereits sehr gut ausbalanciertes Bild. Alle Materialoberflächen haben die richtigen Nuancen. Das Bild ist allerdings noch etwa kontrastschwach.

4 Finale Korrektur

Auf der Grundlage des in Helligkeitsverlauf und Farbigkeit korrigierten Bildes findet nun noch eine abschließende Korrektur mit einer einfachen Kurve mit verschobenem Schwarz- und Weißpunkt und einer Kurve mit einem Ankerpunkt statt (Abbildung 6.91). Das entspricht einer TONWERTKORREKTUR.

▲ **Abbildung 6.92**
Das Original und das fertige Bild ■

TIPP

Natürlich muss der Graukeil nicht bei jedem Foto mit aufs Bild. Wenn die Beleuchtungsverhältnisse stabil und reproduzierbar sind, muss man nur einmal eine Aufnahme machen, um die Korrekturkurven zu bestimmen.

Anwendung | Besonders interessant ist dieses Verfahren für eine große Anzahl gleichartiger Shots, also z. B. bei Katalogfotografie. Wenn das Setup einmal steht, kann man die einmal ermittelte und gespeicherte Korrekturkurve im Rahmen einer Aktion mittels Stapelverarbeitung über Hunderte von Aufnahmen laufen lassen und bekommt verlässlich gute Ergebnisse.

Wichtig ist in diesem Zusammenhang natürlich, dass im Raw-Format aufgenommenes Material in Camera Raw oder Lightroom immer mit exakt der gleichen Einstellung weiterverarbeitet wird. Empfehlenswert ist dort in einem solchen Fall eine lineare Einstellung, die die Bilder ohne Korrekturen durchlaufen.

TIPP

Diese Methode kann man je nach eigenen Möglichkeiten noch variieren. Vorhandene Targets, die man von Color-Management-Paketen kennt oder kaufen kann, lassen sich einscannen, ausmessen und deren Werte für diese Methode verwenden. Dann ergeben sich natürlich eigene Zahlenwerte.

Graukeil und Camera Raw | Man hat zwar auch in Camera Raw die Möglichkeit, einen Graukeil auszumessen und eine entsprechende Korrekturkurve numerisch einzugeben. Für die einzelnen Farbkanäle geht das aber leider nicht. Daher ist man beim Neutralisieren des Bildes auf die Weißabgleich-Pipette angewiesen, die natürlich nicht die Feinheit einer Kurve mit mehreren Ankerpunkten bietet. Manche Raw-Programme wie z. B. Phase One Capture One, bieten die Möglichkeit, das vorgestellte Verfahren bereits in der Raw-Verarbeitung anzuwenden.

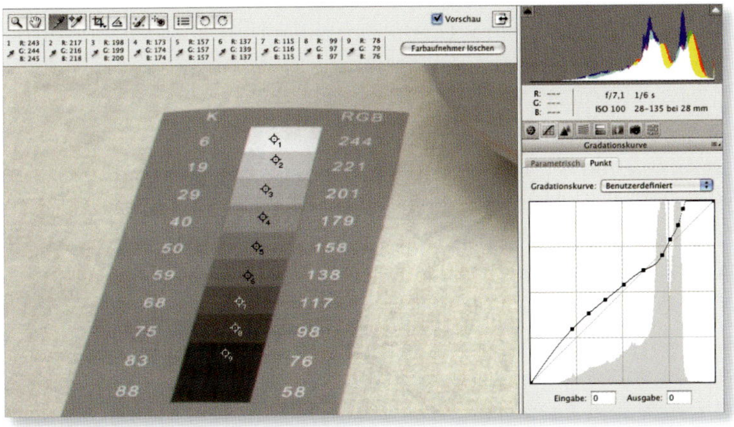

◂ **Abbildung 6.93**
Ausmessen des Graukeils in Camera Raw und Erstellen einer Korrekturkurve für die Helligkeit

Aktion	Tastenkombinationen
Tonwert eines Bildpunktes als Kurvenwert setzen	[Strg]/[⌘]+Klick ins Bild
Tonwert eines Bildpunktes in allen Farbkanälen als Kurvenwert setzen	[Strg]/[⌘]+[⇧]+Klick ins Bild
Mehrere Kurvenpunkte auswählen	[⇧]-Klick auf Kurvenpunkte
Nächsten Ankerpunkt auswählen	Windows: [Strg]+[⇥] Mac: [Ctrl]+[⇥]
Vorigen Ankerpunkt auswählen	Windows: [Strg]+[⇧]+[⇥] Mac: [Ctrl]+[⇧]+[⇥]
Wert Eingabe ändern	[←] und [→]
Wert Ausgabe ändern	[↑] und [↓]

◂ **Tabelle 6.1**
Shortcuts für den Gradationskurven-Dialog

6.5 Farbton und Sättigung professionell anpassen

Korrigiert man mit den Gradationskurven einzelne Bereiche eines Helligkeitsverlaufs, sei es im Gesamten oder in den einzelnen Farbkanälen, so kommt man mit den Kurven kaum und noch weniger mit der Tonwertkorrektur weiter, wenn man einzelne Farbtöne oder Farbbereiche korrigieren will.

Solange man in RGB unterwegs ist, ist z. B. der Parameter Sättigung nur in einem sehr komplexen Zusammenspiel aller drei Grundfarben zu manipulieren. Gleiches gilt, wenn gezielt die Helligkeit eines bestimmten Farbtons angehoben werden soll. Das ist weder mit der Tonwertkorrektur noch mit den Gradationskurven zu schaffen. Diese beiden sind gut geeignet, um Farbstiche im Gesamten zu entfernen, weil man die drei Farbkanäle gut daraufhin vergleichen kann. Komplett stecken bleiben wird man mit

Tonwertkorrektur und Gradationskurven, wenn man versucht, Bereiche eines Bildes umzufärben.

6.5.1 Farbton/Sättigung

Farbton/Sättigung behandelt ein Bild mit den drei Parametern Farbton, Sättigung und Helligkeit. Dies entspricht eher dem menschlichen Sehen als das in dieser Hinsicht viel abstraktere und mathematische RGB.

Vor allem, wenn man einzelne Farben stärken oder den Gesamt-Farbeindruck verbessern oder Farbstimmungen grundsätzlich umbauen möchte, ist Farbton/Sättigung ein gutes Mittel.

Aufrufen kann man die Funktion über Bild • Anpassungen • Farbton/Sättigung bzw. Strg/⌘+U oder besser in Form einer Einstellungsebene über Ebene • Neue Einstellungsebene • Farbton/Sättigung.

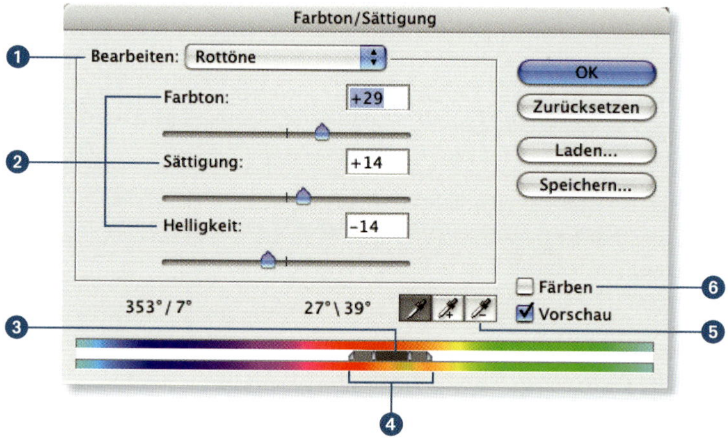

Abbildung 6.94 ►
Dialogbox für Farbton/Sättigung

Tipp

Die einzelnen Farbbereiche sind (ähnlich wie bei Tonwertkorrektur und Gradationskurve) durchnummeriert und schnell per Shortcut zu erreichen.

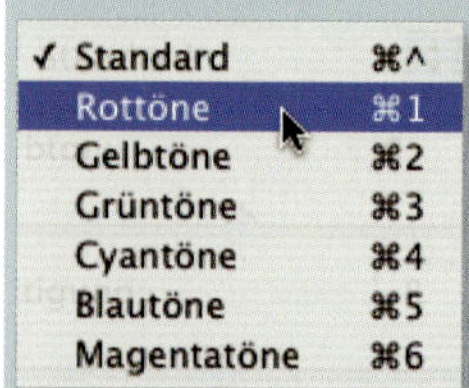

▲ Abbildung 6.95
Einstellungen unter Bearbeiten

Im Einstellungsdialog lässt sich unter Bearbeiten ❶ festlegen, welche Farbbereiche bearbeitet werden. Mit Standard wird das ganze Bild beeinflusst. Wählt man hier oben einen der Farbbereiche (sechs Bereiche à 60 Grad) aus – in diesem Screenshot die Rottöne –, so wird der Wirkungsbereich des Dialogs eingeschränkt. Die Einstellungen selbst werden mit den drei Reglern ❷ vorgenommen.

Die beiden Farbbalken unten im Dialog bekommen einen »Schieber« ❸, der diesen beschränkten Bereich veranschaulicht. Der mittlere dunkelgraue Abschnitt markiert den Kernbereich der Wirkung, die beiden helleren »Seitenteile« kennzeichnen den Übergang zu den Nachbarbereichen, wo diese Wirkung dann nachlässt. Die vier Anfasser des Schiebers ❹ gestatten, alle Grenzen zu verschieben und damit den Einflussbereich sehr fein einzustellen.

Die Pipetten ❺ dienen zum »Aufnehmen« von Farben aus dem Bild, mit der Plus-Pipette kann der Wirkungsbereich erweitert, mit Minus verkleinert werden. Die Pipette kann auch den Farbbereich unter BEARBEITEN auswählen.

Die Checkbox FÄRBEN ❻ dient dem Einfärben eines zuvor entsättigten Bildes und wird in Abschnitt 5.5, »Schwarzweiß-Bilder tonen«, besprochen.

Gesamtfarbigkeit ändern | Mit der ersten Seite des Dialogs FARBTON/SÄTTIGUNG kann man die Gesamtfarbigkeit des Bildes verändern. Das kommt nicht allzu oft vor, denn für die Gesamtfarbstimmung am »Farbton-Rad« zu drehen, macht in den seltensten Fällen Sinn, weil sich **alle** Farben auf dem Farbkreis verschieben. Auch hier die SÄTTIGUNG global verändern zu wollen, ist in der Regel ein eher unsensibles Verfahren. Zu schnell kommt man dabei in Regionen, wo ein Bild nur noch knallbunt wird.

Dreht man an diesem Regler, wenn man ein Bild für den Druck aufbereitet, sollte auf jeden Fall die Farbumfang-Warnung ([Strg]/[⌘]+[⇧]+[Y]) eingeschaltet sein. Auch die Manipulation der HELLIGKEIT an dieser Stelle ist den Mitteln z. B. der Gradationskurven weit unterlegen.

▲ **Abbildung 6.96**
Originalbild (© iStockphoto)

6.5.2 Selektiv Farben ändern

In unserem Bildbeispiel soll das rot-orange Boot gelb umgefärbt werden, ohne andere Bildbereiche farblich zu beeinflussen. Danach sollen Meer und Himmel etwas entsättigt und ein wenig grünlicher werden.

Zunächst wechseln wir bei BEARBEITEN in den Bereich ROTTÖNE ([Strg]/[⌘]+[1]). Mit der linken Pipette wird der Farbbereich mit einer Probe aus dem Bild genauer innerhalb des Rot-Bereichs lokalisiert (Abbildung 6.97).

Nun wird der Bereich mit den Schiebern auf der unteren Farbskala verkleinert, um die Farben genauer manipulieren zu können. Dazu werden zuerst die hellgrauen, seitlichen Schieber zusammengezogen, und dann werden mit den Randschiebern diese Übergangsbereiche noch verkleinert.

Mit der Plus-Pipette (oder gedrückter [⇧]-Taste) erweitern wir nun den Bereich, indem wir rund um die Ecke in der Abbildung 6.98 klicken. Hier haben wir nämlich sowohl Farbtöne dieses Bereichs, die in der Sonne liegen, als auch solche im Schatten und solche, die auch andersfarbiges Reflexlicht enthalten könnten. Alle diese Farben liegen in diesem Beispiel allerdings sehr nah zusammen.

▲ **Abbildung 6.97**
Aufnahme eines Farbbereichs

HINWEIS

Man kann einen Farbbereich mit der Aufnahme-Pipette in einen anderen Bereich verschieben. Wenn man also z. B. den Rotbereich auswählt, aber mit der Pipette hauptsächlich gelb-orange Töne erwischt, so erscheint im Auswahlmenü Bearbeiten statt Rottöne nun ein Bereich Gelbtöne 2.

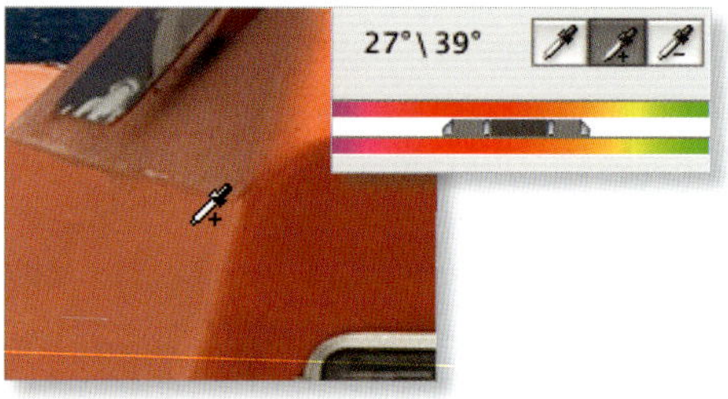

▲ **Abbildung 6.98**
Erweitern eines Farbbereichs

Nun wird der Regler Farbton in einen gelben Bereich verschoben, die Sättigung erhöht und die Helligkeit reduziert.

Abbildung 6.99 ►
Einstellungen unter Farbton/Sättigung

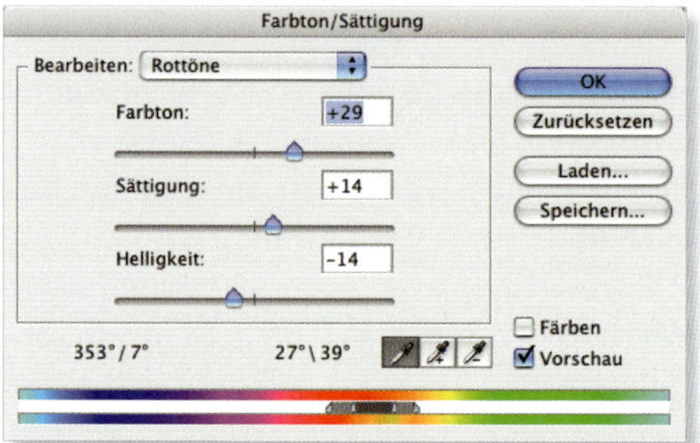

▲ **Abbildung 6.100**
Stand nach der Gelbfärbung

Das Zwischenergebnis in Abbildung 6.100 zeigt, dass diese Bearbeitung sehr sauber getrennt vom restlichen Bild stattgefunden hat.

Für die Zurücknahme der Sättigung in Meer und Himmel wählen wir den Cyan-Bereich aus (Strg/⌘+4). Hier nehmen wir den Farbbereich mit einer Probe in Richtung Horizont auf, damit wir Himmel und Meer gleichermaßen gut erwischen. Auch hier wird nach der Aufnahme der Wirkungsbereich durch Zusammenziehen der Schieber verkleinert und damit präzisiert.

▲ **Abbildung 6.101**
Aufnahme des Farbbereichs im Bild und Beschränkung der Wirkungsbreite

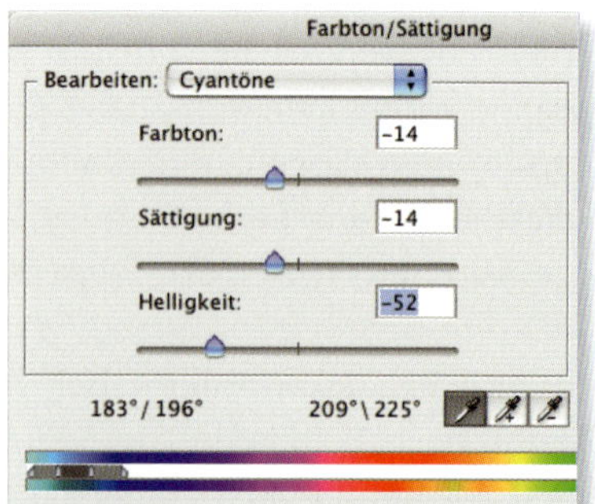

▲ **Abbildung 6.102**
Entsättigen und Umfärben der Cyantöne

Dieser Cyan-Bereich wird nun leicht in die grüne Richtung verschoben, ein wenig entsättigt und schließlich abgedunkelt (Abbildung 6.102).

Im fertigen Bild hebt sich das farbige Boot durch den farblich zurückgenommenen Hintergrund viel besser ab.

▼ **Abbildung 6.103**
Fertig bearbeitetes Bild

6.6 Farb- und Tonwertkorrektur trennen

Meist werden Bilder im RGB-Modus bearbeitet. Tonwertkorrekturen beeinflussen dabei – je nach Struktur des Bildes mehr oder weniger stark – auch die Farbigkeit. Da z.B. der Parameter Sättigung eines Bildes sich bei Tonwertkorrekturen oder der Arbeit mit den Gradationskurven komplex ändern kann, ist es durchaus angebracht, die beiden Schritte Tonwertkorrektur und Farbkorrektur sauber voneinander zu trennen. Hierbei läuft es meist auf eine Kombination der beiden Methoden Farbton/Sättigung und Gradationskurve hinaus. Hierbei hat man eine Vielzahl von Möglichkeiten, deren Wirkung sich präzise steuern lässt. Das folgende praktische Beispiel soll das verdeutlichen.

Daten auf der DVD
Sie finden die Datei zu diesem Workshop auf der Buch-DVD unter Beispieldateien/06_Farbkorrektur/06_hsb_portraet.jpg.

Schritt für Schritt: Farb- und Tonwertkorrektur trennen

Als Beispielbild soll uns ein Porträtfoto dienen, das eher unvorteilhaft ausgeleuchtet ist. Der recht starkfarbige Hintergrund mit den Palmblättern macht dem Gesicht im Vordergrund optisch stark Konkurrenz. Die hellen Stellen im Blattwerk machen das Porträt außerdem fast zu einer Gegenlichtaufnahme. Das Gesicht selbst

▲ **Abbildung 6.104**
Das Originalbild (© pixelio.de)

Grüntöne

Man kann in Bezug auf Grüntöne, vor allem bei Pflanzen, oft sinngemäß sagen: »Das meiste Grün ist Gelb.« Im Dialog FARBTON/SÄTTIGUNG führt das dann dazu, dass der ursprünglich gewählte grüne Farbbereich in den gelben überspringt.

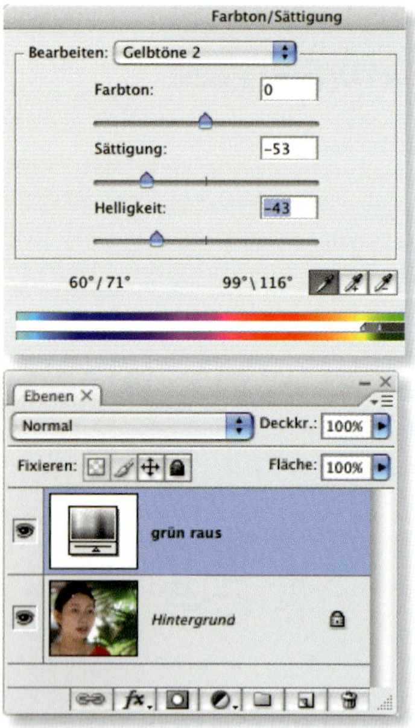

▲ **Abbildung 6.105**
Entfärben des grünen Hintergrunds

hat keine ausgeprägten Kontraste, und die Farbigkeit schaut auf den ersten Blick vom Farbton her fast okay aus, ist aber auf jeden Fall zu blass.

1 Grünen Hintergrund entfärben

Als erste Maßnahme, bevor wir überhaupt irgendetwas am Gesicht manipulieren, soll der Hintergrund zurückgedrängt werden. In einer Einstellungsebene mit der Funktion FARBTON/SÄTTIGUNG wählen wir die GRÜNTÖNE aus (Strg/⌘+3) und klicken mit der Pipette und gedrückter ⇧-Taste auf diverse grüne Stellen in den Palmblättern. Hierbei ändert sich der ausgewählte Farbbereich unter BEARBEITEN in GELBTÖNE 2.

Der Hintergrund wird nun abgedunkelt und entsättigt. Hierbei sollte man darauf achten, dass auf der Farbskala im unteren Teil des Dialogs die Abgrenzung gegenüber dem Gelb-Orange-Bereich nicht zu weich ist, denn hier beginnen bereits Farbtöne, die in der Haut des Gesicht vorkommen könnten.

Das Gesicht tritt nun bereits mehr hervor. Die Blätter sind nicht mehr die stärkste Farbe im Bild.

▲ **Abbildung 6.106**
Farblich gedämpfter Hintergrund

2 Analyse der Hauttöne

Für die Korrektur der Hauttöne verlassen wir uns nicht so sehr auf den optischen Eindruck, sondern wenigstens auf Faustregeln, wie Hauttöne aufgebaut sein sollten. Hier haben wir eine Dame mit Hautfarben des asiatischen Typs, die anders (etwas gelblicher) liegen als die Farbtöne z. B. des europäischen Typs (der auch »kaukasisch« genannt wird).

Betrachten wir bei unserem Beispiel zunächst die Faustregel, dass bei Hauttönen der Wert für Rot größer als derjenige für Grün sein muss und dieser wiederum größer als der Blau-Wert, wobei der Abstand zwischen Rot und Grün deutlich größer sein sollte als derjenige zwischen Grün und Blau (R >> G > B).

Setzen wir drei Messpunkte mit dem Farbaufnahme-Werkzeug [I] jeweils auf eine helle Stelle (kein Spitzlicht!), eine mittlere und eine schattige Stelle, so zeigen die dazugehörigen Anzeigen in der Info-Palette schon recht brauchbare Werte.

- An den hellen Stellen (Punkt #1) ist der Blauwert verhältnismäßig zu groß, daraus resultiert der eher kühle Eindruck der Lichter im Gesicht.
- Der Punkt #2 hat wenig abweichende Rot- und Grün-Werte, aber viel weniger Blau. Deswegen wirkt das Gesicht in den Mitten viel wärmer.

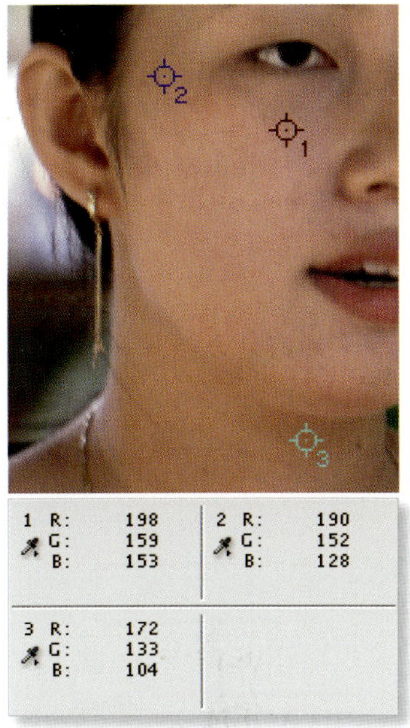

▲ **Abbildung 6.107**
Analyse der Hauttöne mit Messpunkten

In den Schattenpartien schaut es ganz gut aus. Erweitern wir die Begutachtung noch, und wählen wir die Hauttöne locker mit dem Lasso-Werkzeug [L] aus (in der Abbildung 6.108 zur Verdeutlichung im Maskierungsmodus [Q]). Die Histogramme analysieren nun nur den Inhalt der Auswahl und zeigen, dass dort der Abstand zwischen Rot und Grün eine Spur zu groß gegenüber dem Abstand von Grün zu Blau ist. Das Grün muss also etwas nach rechts verschoben werden. Wenn man Rottönen, wie hier der Haut, Grün zufügt, wird es in die gelbe Richtung gehen. Das würden wir hier brauchen.

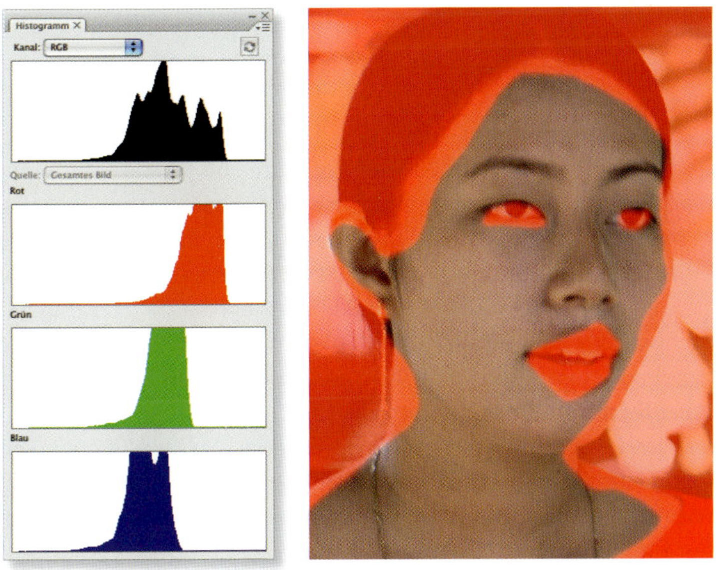

◂ **Abbildung 6.108**
Histogramm der Hautton-Bereiche

3 Korrektur der Hauttöne

Nach dieser Analyse legen wir eine weitere Einstellungsebene an, wiederum mit der Funktion FARBTON/SÄTTIGUNG. Man könnte das zwar auch mit der bereits bestehenden Einstellungsebene erledigen, diese Trennung in verschiedene Einstellungsebenen hat aber den Vorteil, dass man die Manipulationen besser auseinanderhalten und einzelne davon für Vergleiche an- und abschalten kann.

Wir verschieben nun den Farbton der Haut um wenige Grad nach rechts in die gelbe Richtung. Die Haut verträgt auch einen recht hohen Mehrbetrag an Sättigung. Die Helligkeit bleibt unberührt.

▼ **Abbildung 6.109**
Korrektur der Hauttöne im Rot-Bereich

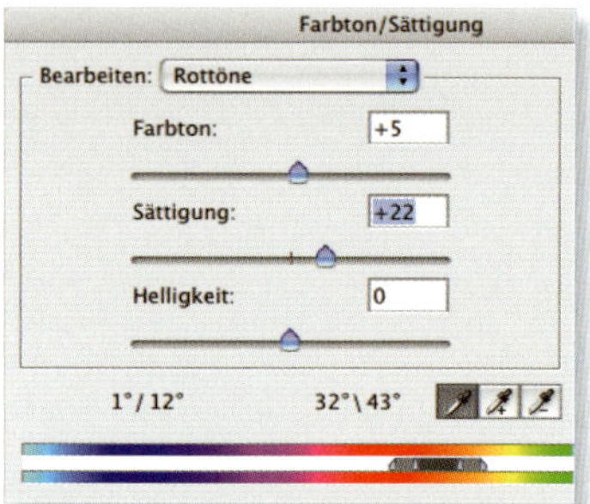

Abbildung 6.110 ▶
Korrigierte Hauttöne

4 Tonwertkorrektur des Porträts

Nun soll noch der Kontrast im Gesicht verbessert werden, denn auch, wenn die Hauttöne jetzt passen, so wirkt das Gesicht noch zu flach und zu wenig plastisch. Für die Tonwertkorrektur wählen wir eine Einstellungsebene mit der Funktion GRADATIONSKURVEN.

Um zu verhindern, dass die dunklen Bildbereiche (Haare und Palmblätter) in die Tonwertkorrektur mit einbezogen werden, müssen sie ausgenommen werden. Dafür setzen wir mit gedrückter [Strg]/[⌘]-Taste einen Ankerpunkt mit einem Klick in eine dunkle Blattgrünstelle. Um diesen unteren Teil der Gradationskurve »ruhig« zu bekommen, wird auf halber Strecke zur »schwarzen« Ecke ein weiterer Punkt auf die Kurve gesetzt (»festnageln«). Nun wird in den oberen zwei Dritteln der Kurve mit einer S-Form der Kontrast erhöht.

Das Ergebnis gibt leider der eingangs gemachten Bemerkung Recht, dass Tonwertkorrekturen oft die Farbigkeit beeinflussen. Man sieht Bereiche in der Haut, z. B. links der Augenpartie, wo die Sättigung zu sehr zugenommen hat.

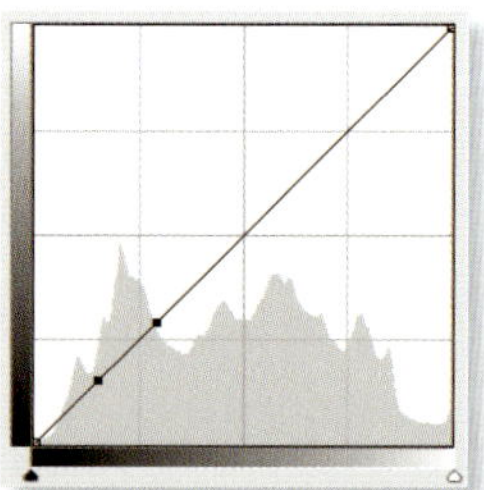

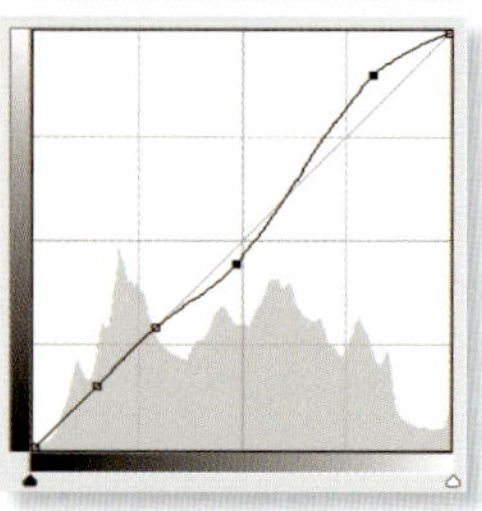

▲ **Abbildung 6.111**
Tonwertkorrektur

◂ **Abbildung 6.112**
Zustand nach der Tonwertkorrektur

5 Tonwertkorrektur beschränken

Das Problem lässt sich leicht lösen, indem man die Füllmethode (früher »Modus«) der Einstellungsebene mit den Gradationskurven von NORMAL auf LUMINANZ umstellt. So wirkt die Tonwertkorrektur nun nicht mehr auf die Farbigkeit, sondern nur auf die Helligkeitsinformation des Bildes. Wir haben nun mehr Kontrast im Gesicht, aber genau die gleiche Farbigkeit, die wir mit der Farbkorrektur erreicht haben.

▾ **Abbildung 6.113**
Original und fertig bearbeitetes Bild

6.7 Farben gezielt austauschen

Eine Aufgabe, die im Alltag des Grafikers immer wieder vorkommt, ist das Ersetzen von Farben in einem Bild, ohne dass der Rest des Bildes davon beeinflusst wird. So sollen z. B. Gegenstände in Firmenfarben erscheinen, die sie in der Realität nicht haben, oder eine sehr bunte, zu kräftige Farbe stört den an sich guten Gesamteindruck eines Bildes.

Daten auf der DVD
Sie finden die Datei zu diesem Beispiel auf der Buch-DVD unter BEISPIELDATEIEN/06_FARBKORREKTUR/06_FARBE_AUSTAUSCHEN.JPG.

▲ **Abbildung 6.114**
Auf diesem Frachter sollen mit gezielten Manipulationen einzelne Fahrzeuge umgefärbt werden.

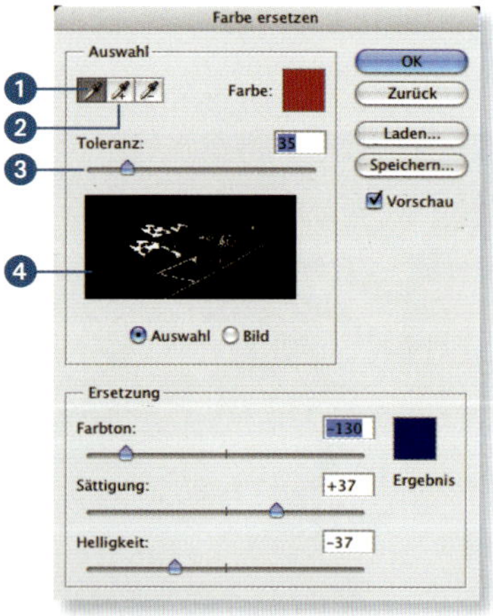

▲ **Abbildung 6.115**
Dialog FARBE ERSETZEN

▲ **Abbildung 6.116**
In den Tiefen sind leider noch Rottöne übrig geblieben.

Es gibt hier zwei grundsätzliche Strategien:

- Zum einen kann man versuchen, gezielt bestimmte Farben aus den im Bild vorhandenen zu manipulieren.
- Zum anderen gibt es die Möglichkeit, auf der Basis von Farben Auswahlen zu erstellen, die dann die Bildbereiche für eine weitere Bearbeitung maskieren.

An einem Beispiel lassen wir vier verschiedene Verfahren gegeneinander antreten, um die Unterschiede klar zu machen.

Doch zunächst der Job: Aufgabe ist es, den gelben Lastwagen vorne links in einem dunklen Türkis einzufärben, im Ton vergleichbar dem zweiten LKW von links hinten. Gleiches soll dem orangefarbigen LKW vorn passieren. Dabei darf aber das Gelb bei den Schiffsaufbauten nicht verändert werden. Zudem sollen alle roten Autos die gleiche Farbe bekommen wie die dunkelblauen. Auch hier sollen rote Teile des Schiffs unangetastet bleiben.

6.7.1 Farbe ersetzen

Probieren wir zuerst eine zumindest vom Wortlaut des Befehls her besonders naheliegende Lösung aus: BILD • ANPASSUNGEN • FARBE ERSETZEN.

Mit der Pipette dieses Dialogs ❶ nehmen wir im Bild einen Rotton von einem der PKW ab. Mit der [⇧]-Taste oder der Plus-Pipette ❷ kann man den Wirkungsbereich um mehrere Farbtöne erweitern.

Am schwarzweißen Auswahl-Fenster ❹ des Dialogs kann man beurteilen, was alles »erwischt« wird. Mit dem Regler für TOLERANZ ❸ ändert man das Verhalten an den Rändern des ausgewählten Farbbereichs. Das Wort TOLERANZ erinnert an den Zauberstab, und in der Tat funktioniert FARBE ERSETZEN sehr ähnlich: Es wird mittels bestimmter Farbwerte eine Auswahl definiert, innerhalb derer dann in einem zweiten Schritt genau diese Farbwerte verändert werden.

Für das Ersetzen der ausgewählten Farbtöne ist der untere Teil des Dialogs unter ERSETZUNG zuständig. Dort klickt man in das Farbfeld ERGEBNIS, um den Photoshop-Farbwähler aufzurufen. Mit dessen Pipette holt man sich eine Probe von einem dunkelblauen Nachbarauto. Das Ergebnis enttäuscht allerdings: In den Tiefen bleiben schmutzigrote Flecken hängen.

Hier zeigt sich die mangelnde Fähigkeit dieser Methode, nach Farbtonähnlichkeiten zu selektieren. Stattdessen wird mit den Ähnlichkeiten der Farbwerte gearbeitet. Das führt dazu, dass entweder zu helle oder zu dunkle Schattierungen eines Farbtons nicht erfasst werden oder umgekehrt Nachbartöne mit hineinspielen. In diesem Beispiel würde bereits der orange Lastwagen mit ausgewählt. Das Ganze wird also leicht unsauber. Das gilt vor allem, wenn man versucht, diese Schwäche mit erhöhter Toleranz abzufangen.

6.7.2 Farbbereich auswählen

Das Manko, keine Einstellungsebene für FARBE ERSETZEN zu haben, lässt sich teilweise umgehen: Da diese Funktion eigentlich zunächst ein Auswahlwerkzeug ist, wundert es nicht, wenn unter AUSWAHL • FARBBEREICH AUSWÄHLEN ein Dialog erscheint, der praktisch identisch mit dem oberen Teil des Dialogs von FARBE ERSETZEN ist.

Der Vorteil ist hier zunächst, dass man sich unten unter AUSWAHLVORSCHAU im Bild (Abbildung 6.117) unterschiedliche Darstellungen der ausgewählten Farben anzeigen lassen kann.

Nachteil

Ein weiterer gravierender Nachteil des Verfahrens in diesem Zusammenhang sei noch nachgereicht: FARBE ERSETZEN gibt es nur im Menü BILD • ANPASSUNGEN, nicht als Einstellungsebene. Gerade bei solchen Manövern, bei denen man immer wieder probieren muss, ist dauerndes Rückgängigmachen ziemlich nervend.

Kante verbessern

Die hier erzeugten Auswahlen lassen sich mit dem neuen Werkzeug KANTE VERBESSERN noch weiterbearbeiten (siehe Abschnitt 8.2).

▲ **Abbildung 6.117**
Dialogbox für FARBBEREICH AUSWÄHLEN

▲ **Abbildung 6.118**
Auswahlvorschau im Bild

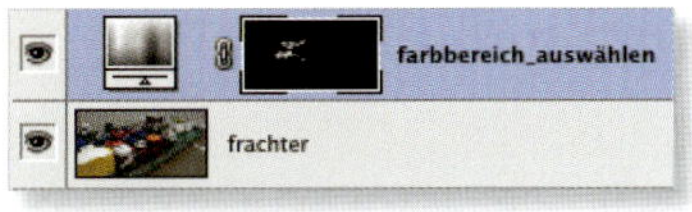

▲ **Abbildung 6.119**
Einstellungsebene mit Maske aus FARBBEREICH AUSWÄHLEN

Ansonsten gilt funktionell das Gleiche wie bei FARBE ERSETZEN. Nützlich ist hier, dass zunächst eine Auswahl erstellt wird, die dann in weiterer Folge auch für eine Einstellungsebene zur Verfügung steht und – ganz wichtig – auch als Maske später noch weiterbearbeitet werden kann.

Hier wird die entstandene Auswahl für eine Einstellungsebene mit FARBTON/SÄTTIGUNG verwendet, um mit FARBTON die Farben von Rot nach Blau zu trimmen.

Das Ergebnis zeigt auch in diesem Fall die gleiche Schwäche wie zuvor bei FARBE ERSETZEN. Lediglich die nachträglichen Bearbeitungsmöglichkeiten sind besser: So kann man nun vor allem die Ebenenmaske säubern und bearbeiten (insbesondere durch eine Kontrastverstärkung mit TONWERTKORREKTUR), um ein besseres Resultat zu bekommen.

▲ **Abbildung 6.120**
Ebenfalls rote Reste in den Tiefen

6.7.3 Selektive Farbkorrektur

Naheliegend und Erfolg versprechend klingt auch die Funktion Selektive Farbkorrektur. Sie erzeugt im Gegensatz zu den beiden vorangegangenen Verfahren keine Auswahl, sondern geht von den Farbtönen selbst aus. Die Korrekturen finden in CMYK-Farbwerten statt, was bereits verrät, dass diese im kleineren Farbwerte-Bereich der Druckfarben stattfinden. Man erreicht also nicht derart große Änderungen und satte Farben, wie sie hier gefordert wären.

Das maximal Erreichbare in diesem Fall zeigt Abbildung 6.122. Allerdings ergibt dieses Verfahren bereits eine ziemlich große Tonreinheit: Auch in den Tiefen sind die Farbänderungen sauber.

▲ **Abbildung 6.121**
Mehr ist mit der selektiven Farbkorrektur in diesem Fall nicht drin.

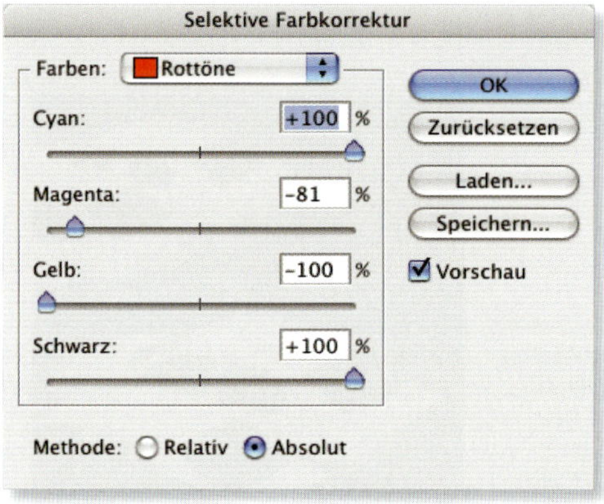

Abbildung 6.122 ▶
Selektive Farbkorrektur

6.7.4 Farbton/Sättigung

Wenden wir uns nun der bereits besprochenen Funktion Farbton/Sättigung zu, und verwenden wir sie als Einstellungsebene. Zunächst umkreisen wir die zu ändernden Bildbereiche locker mit dem Lasso, dem wir eine weiche Kante geben (etwa 10 Pixel), um nicht betroffene Bildteile zu schützen. Bei aktiver Auswahl wird eine Einstellungsebene mit Farbton/Sättigung erstellt.

Hier nimmt man nun mit der Pipette und gedrückter [⇧]-Taste einige Rottöne von den Autos und grenzt den Farbbereich, der normalerweise 60° umfasst, auf einen viel schmaleren Abschnitt ein, hier 7°. Bei der Umfärbung wird jetzt nur von den verschiedenen Rottönen der Autos ausgegangen.

Zuerst ist der Farbwinkel entscheidend für den Wirkungsbereich. Die »Farbauswahl« unter diesem Farbwinkel umfasst alle Rottöne des Autolacks (egal wie gesättigt oder wie hell oder dunkel sie sind) und ist daher um vieles präziser. Diese Autos nun dunkelblau einzufärben, ist leicht und gelingt fast perfekt.

▲ **Abbildung 6.123**
Farbton/Sättigung als Einstellungsebene mit Ebenenmaske

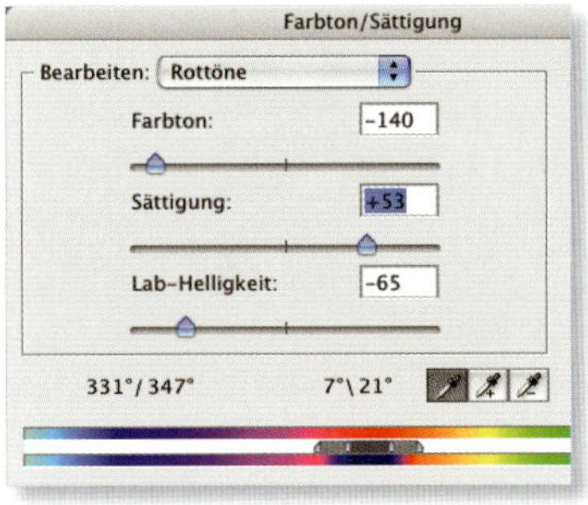

▲ **Abbildung 6.124**
Enger Bereich für die Änderung der Rottöne

◄ **Abbildung 6.125**
Alle roten PKW sind nun blau

Die Ebenenmaske dient hier – das sei nochmals klargestellt – nicht zur Auswahl der roten Autos, sondern nur zum Schutz anderer roter Stellen im Bild, in diesem Fall den rot lackierten Deckaufbauten des Frachters vorne im Bild. Deshalb kann man diese »Schutzmasken« eher lässig um die Objektgruppen herumziehen.

Analog zu diesem ersten Schritt wird nun der LKW vorne links umrissen und mit einer engen Begrenzung auf den gelben Farbton der Plane zur Umfärbung auf ein dunkleres Türkisgrün, ähnlich dem LKW hinten rechts, vorbereitet.

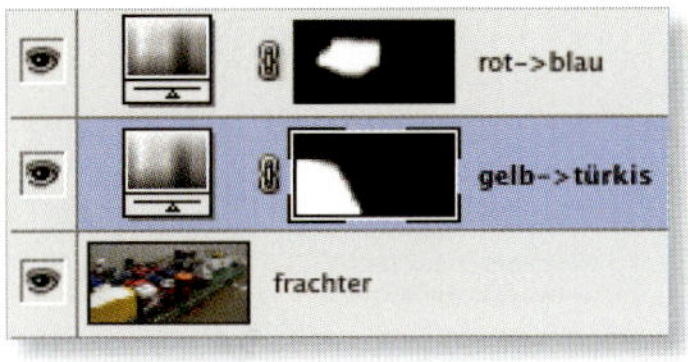

▲ **Abbildung 6.126**
Einstellungsebene mit Ebenenmaske für den gelben LKW

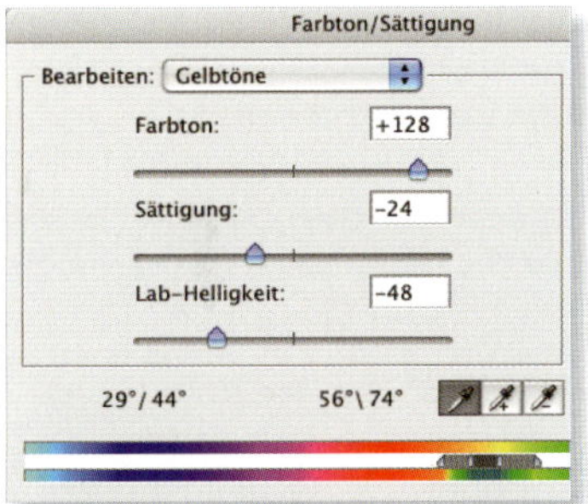

▲ **Abbildung 6.127**
Änderung von Gelb zu Türkis

◄ **Abbildung 6.128**
Das Gelb vorne links ist an den türkisgrünen LKW hinten angeglichen.

Nun soll noch der orangefarbene LKW vorne rechts in das gleiche Türkis umgefärbt werden. Auch hier wird eine Lasso-Auswahl zu

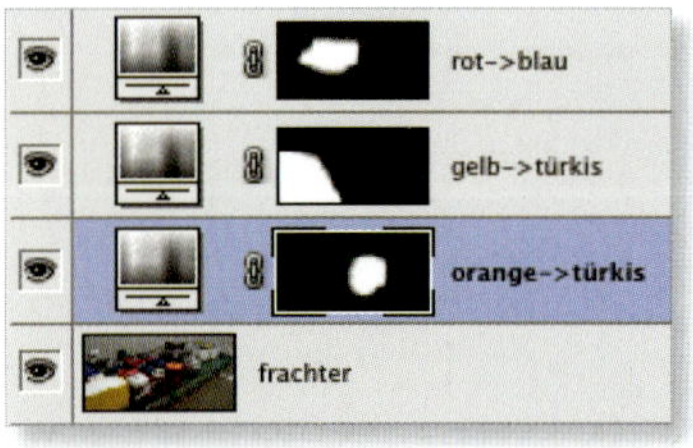

▲ **Abbildung 6.129**
Einstellungsebene mit Ebenenmaske für den orangenen LKW

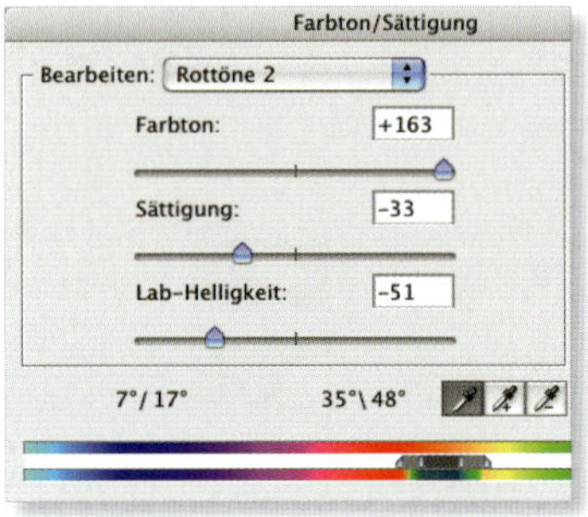

▲ **Abbildung 6.130**
Änderung von Orange in Türkis

einer schützenden Ebenenmaske. Mit der Pipette werden mehrere Orangetöne aufgenommen. Im Grenzbereich (hier zwischen Rot und Gelb) hat Photoshop hier wieder für die Tonbereiche neue Namen vergeben, hier Rottöne 2.

▲ **Abbildung 6.131**
Der orangefarbene LKW ist an das Türkis angeglichen.

Die Tonreinheit dieser Methode erlaubt sehr überzeugende Ergebnisse. Auf jeden Fall lassen sich die gewünschten Änderungen auf diese Weise besser vornehmen als mit den Funktionen, die von ihren Bezeichnungen her viel eher dafür geeignet scheinen.

▼ **Abbildung 6.132**
Endergebnis mit allen drei Farbkorrekturen

6.8 Hauttöne korrigieren

Besonders heikel reagiert das Auge auf Hauttöne, denn diese Farben können wir extrem differenziert wahrnehmen. In diesem Farbbereich können Bildeindrücke bei minimalen Wertänderungen zwischen schön und gut oder fremd und krank schwanken.

6.8.1 Hautkorrektur mit den Bordmitteln von Photoshop CS3

Umso wichtiger sind Hauttöne bei der Farbkorrektur. Da hier speziell die Einstellungen für den Druck Probleme machen können und der Farbumfang der Druckfarben wesentlich kleiner ist und deshalb auch weniger Regelmöglichkeiten zulässt, sollte man Korrekturen an Hauttönen im Hinblick auf die CMYK-Farben vornehmen.

Sinnvollerweise basiert das am meisten dafür verwendete Werkzeug, die FARBBALANCE, auf den vier Druckfarben. Natürlich sollte diese Funktion wieder nur im 16-Bit-Modus und als Einstellungsebene verwendet werden.

Hautton-Tabellen | Sehr sinnvoll sind in diesem Zusammenhang Tabellen oder Farbfelder mit Standard-Hauttönen, wie sie auch bei Normbildern (Targets) für die Einstellung von Scannern und Kameras verwendet werden. Sie lassen sich sehr gut als Referenz verwenden und gestatten eine präzise Korrektur der Hauttöne ohne viel Herumprobieren.

Hauttypen | Ob Sonnenbrand oder Aufnahmefehler: Das Bild des Arbeiters enthält zu viel Rot in den Hauttönen, wenn man diese mit den Tönen von Referenzfarbfeldern oder eines Referenzverlaufs vergleicht.

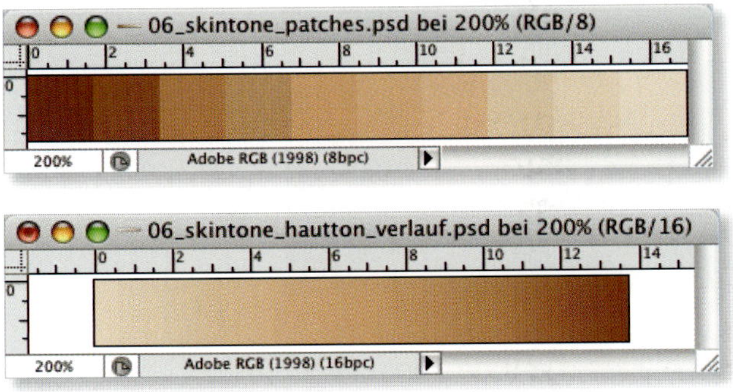

▲ **Abbildung 6.135**
Hautton-Farbfelder und Hautton-Verlauf

▲ **Abbildung 6.133**
Im Original sind die Hauttöne zu rötlich.

Daten auf der DVD
Sie finden die Datei zu diesem Beispiel auf der Buch-DVD unter BEISPIELDATEIEN/06_FARBKORREKTUR/06_HAUTTON.JPG.

Hautton-Farbfelder
Eine Farbfelder-Datei mit den hier verwendeten Hautton-Referenzfarbwerten finden Sie unter BEISPIELDATEIEN/06_FARBKORREKTUR/06_HAUT.ACO auf der Buch-DVD. Wie Sie solche Farbfelder und Farbfeld-Dateien selbst erzeugen können, lesen Sie in Kapitel 5, »Schwarzweiß, Duplex und Schmuckfarben«.

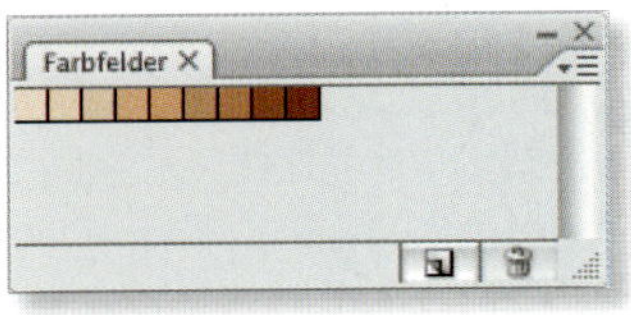

▲ **Abbildung 6.134**
Für die Hautkorrektur geeignete Farbfelder

Solche Werte müssen natürlich nach den verschiedenen Hauttypen ausdifferenziert sein. Die hier verwendeten Werte entsprechen dem mitteleuropäischen Durchschnitt. Man kann sich eine solche Farbtabelle auch leicht selbst erstellen, indem man aus einem guten Foto entsprechende Proben nimmt. Auch wenn diese Werte eine rein rechnerisch präzise Korrektur erlauben: Das letzte Wort hat selbstverständlich immer das Auge (kalibrierter Monitor vorausgesetzt)!

Schritt für Schritt: Hauttöne korrigeren mit der selektiven Farbkorrektur

1 Referenzdatei laden

Für die Korrektur kopiert man eine Referenzdatei ins Bild. Sie liegt in einer Ebene über dem zu korrigierenden Bild.

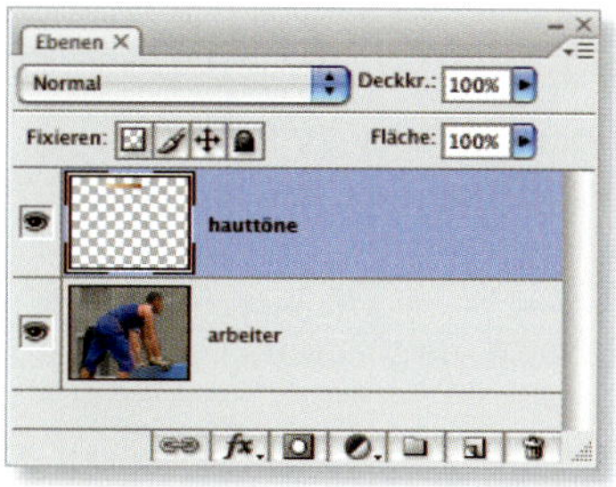

▲ **Abbildung 6.136**
Referenzdatei als neue Ebene über dem Bild

2 Messpunkte setzen

Nun setzt man mit dem Farbaufnahme-Werkzeug [I] einen Messpunkt auf einen im Bild befindlichen Hautton ❶ und einen zweiten auf eine ähnlich helle Stelle im Referenzverlauf ❷. Dann stellt man in der Info-Palette die Anzeige für die beiden Messpunkte auf LAB um (kleine Pipette mit Pfeil) und verschiebt den Messpunkt 2 auf dem Referenzverlauf so lange, bis die L-Werte exakt gleich sind, denn es soll ja nur noch der Farbton verändert werden, nicht die Helligkeit. Dies gelingt natürlich mit einem Verlauf besser als mit Farbfeldern. Jetzt sind nur noch die Farbkomponentenwerte A und B verschieden. Diese interessieren uns hier aber nicht.

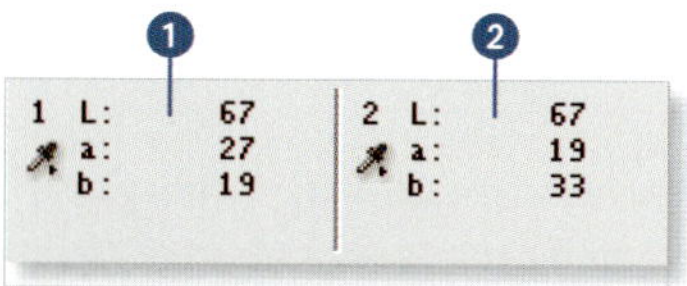

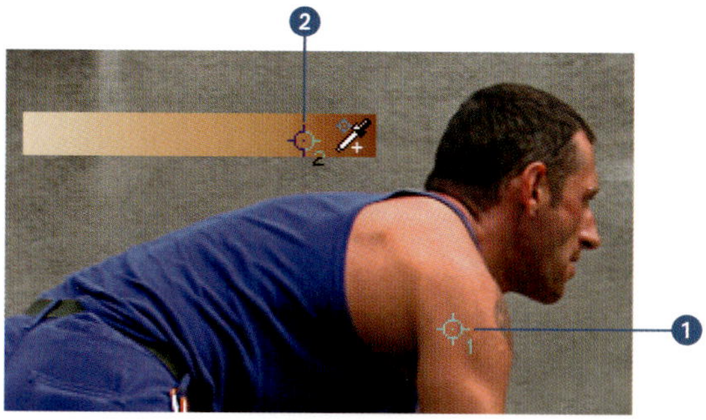

▲▶ **Abbildung 6.137**
Auswahl des Referenzpunktes anhand des L-Wertes einer LAB-Messung auf der Haut und auf der Referenz

3 Selektive Farbkorrektur verwenden

Dann wird (auch wenn es um ein RGB-Bild geht!) die Wertanzeige in der Info-Palette auf CMYK umgestellt, weil die nun zu erstellende Einstellungsebene mit der Selektiven Farbkorrektur auf der Basis von CMYK-Werten arbeitet.

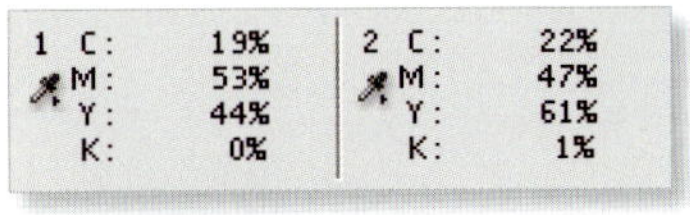

▲ **Abbildung 6.138**
Anzeige der Messpunkte in CMYK-Werten

Korrigiert wird hier nun naheliegenderweise hauptsächlich in den ROTTÖNEN. Als Methode wählt man RELATIV. Der Unterschied besteht lediglich darin, wie gerechnet wird:

- 50% Magenta + 10% RELATIV ergeben 50% + 10% davon, also 55%.
- 50% Magenta + 10% ABSOLUT ergeben 50% + 10%, also 60%.

Mit RELATIV kann feiner eingestellt werden.

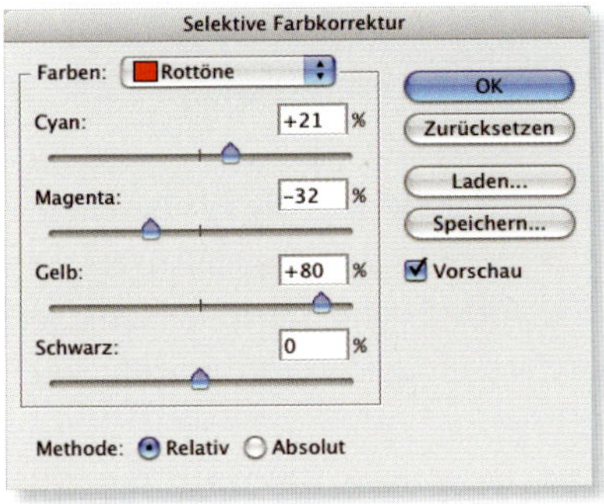

◂ **Abbildung 6.139**
Einstellungsebene mit der Funktion SELEKTIVE FARBKORREKTUR in den Rottönen

4 Rottöne korrigieren

Nun wird im Dialog für die SELEKTIVE FARBKORREKTUR bei den Rottönen so lange korrigiert, bis die veränderten CMYK-Werte bei Messpunkt #1 in der Info-Palette ❸ identisch sind mit den ursprünglichen Werten von Messpunkt #2 auf dem Referenzverlauf ❹. Da man hier an CMYK-Werten »herumschraubt«, aber ein RGB-Bild vorliegen hat, beeinflussen sich die Werte beim Verstellen ein wenig gegenseitig. Deshalb sollte man immer bei der Farbe beginnen, die am nächsten beim Korrekturbereich liegt – bei Haut also praktisch immer in den Rottönen, folglich also mit dem Magenta-Regler.

Oft reicht es sogar bei Hauttönen, nur in den Rottönen zu korrigieren. Fallweise, wenn das Ergebnis visuell nicht zufriedenstellend oder das Bild so farbverschoben ist, dass die Regelbereiche nicht weit genug gehen, muss auch in den Gelbtönen nachgebessert werden. Das Ergebnis zeigt die Korrekturen, ohne dass andere Bildbereiche in Mitleidenschaft gezogen worden wären.

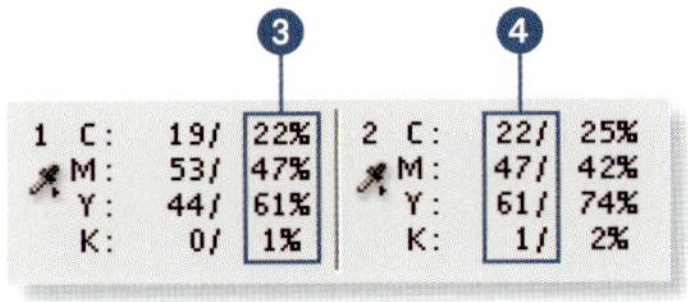

▲ **Abbildung 6.140**
Korrektur anhand von CMYK-Werten

5 Ergebnis überprüfen

Um das Ergebnis nicht nur optisch zu überprüfen, sondern auch zahlenmäßig, kann man den Referenzverlauf unter der Einstellungsebene hervorholen und seine unbearbeiteten Werte an Messpunkt #2 mit denen von Punkt #1 auf dem Arm des Arbeiters (also unter der Einstellungsebene) vergleichen. Die Werte sind identisch.

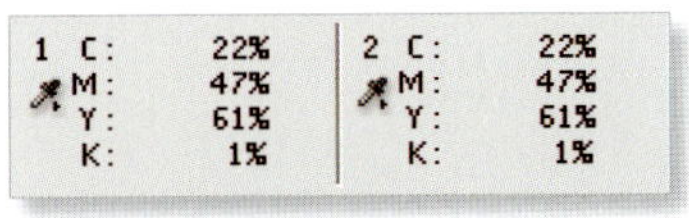

▲ **Abbildung 6.141**
Einen Abgleich der Hautfarben mit den Referenzfarben ergibt identische CMYK-Werte bei beiden Messpunkten.

▲ **Abbildung 6.142**
Original und korrigiertes Bild

Hauttöne abschätzen in RGB und CMYK | Es ist nicht einfach und erfordert viel Erfahrung, bis man ohne weitere Hilfsmittel am Bildschirm, der dazu natürlich kalibriert sein muss, abschätzen kann, ob ein Hautton in einem Bild einigermaßen korrekt wiedergegeben wird.

Neben der bereits erwähnten Faustregel R>>G>B, die eine brauchbare Näherung für die Größen der drei Farbkanäle bei Hauttönen gibt, ist noch die Darstellung der Hauttöne im CMYK-Modus sehr wichtig. Hier ist man ja in der Regel »näher an der Ausgabe dran«, und viele Grafiker nehmen eine Farbkorrektur der Hauttöne erst hier vor, weil die Chancen, dass dann noch etwas misslingt, hier geringer sind. Grundsätzlich kann man hier auch mit der zuvor beschriebenen Methode arbeiten, vor allem weil ja die SELEKTIVE FARBKORREKTUR ohnehin auf der Basis von CMYK-Werten korrigiert.

Analog zu R>>G>B gibt es bei CMYK die andere Möglichkeit, die drei Kanäle Cyan, Magenta und Gelb (Schwarz spielt bei Hauttönen nur in den ganz dunklen Schatten eine Rolle) abzuschätzen: **Magenta und Gelb** sind von den Werten her oft in **etwa gleich** oder doch recht ähnlich. Da Magenta die dunklere von beiden Farben ist, ist sie auch der Anhaltspunkt für die Helligkeit der Hautstelle. Gelb schwankt etwa +/–10% um den Magenta-Wert herum. Ist es weniger, wird die Haut rötlich und geht in Richtung Sonnenbrand, ist es mehr, wirkt sie gesund gebräunt.

Entscheidend für den Hautton ist Cyan: Es bricht das Magenta und steuert quasi dessen Sättigung. Zu viel Cyan lässt Haut fahl und ungesund erscheinen, zu wenig zu ungesättigt und damit unangenehm knallig. Ein guter Richtwert für **Cyan** ist etwa **ein Viertel von Magenta**. Dieser Wert kann hinuntergehen bis circa auf ein Fünftel und hinauf auf ein Drittel. Diese Werte gelten in etwa für den kaukasischen Hauttyp. Anhand dieser Zahlen kann man in einem CMYK-Bild recht gut abschätzen, an welchen Schrauben man bei der Hauttondarstellung drehen kann.

6.8.2 Hautton-Korrekturen mit SkinTune

Es gibt neben den Bordmitteln von Photoshop eine Reihe von Dritthersteller-Werkzeugen, die sich um die Farbkorrektur von Hauttönen kümmern. Eine solche Investition macht unter Umständen durchaus Sinn, weil solche Korrekturen in manchen Bereichen (News, Katalogproduktionen, Event-Fotografie) manchmal in großen Mengen auftauchen. Dann sind Schnelligkeit und einfache Bedienung gefragt.

SkinTune kostet etwa 80 US$ und ist online bei *www.phototune.com* erhältlich. Eine Demoversion für Mac und Windows finden Sie auf der Buch-DVD unter SOFTWARE/PLUGINS/PHOTOTUNE.

Eines dieser Werkzeuge ist SkinTune des US-Herstellers PhotoTune. Das Vorgehen ist denkbar einfach: Zunächst ist das rechte Ergebnis-Fenster schwarz, und man wird aufgefordert, im linken Originalbild eine Stelle mit einem Hautton anzuklicken. Das sollte ein mittlerer Ton sein, also kein Schatten, kein Glanzlicht, und es sollte auch kein andersfarbiges Reflexlicht darauf zu sehen sein.

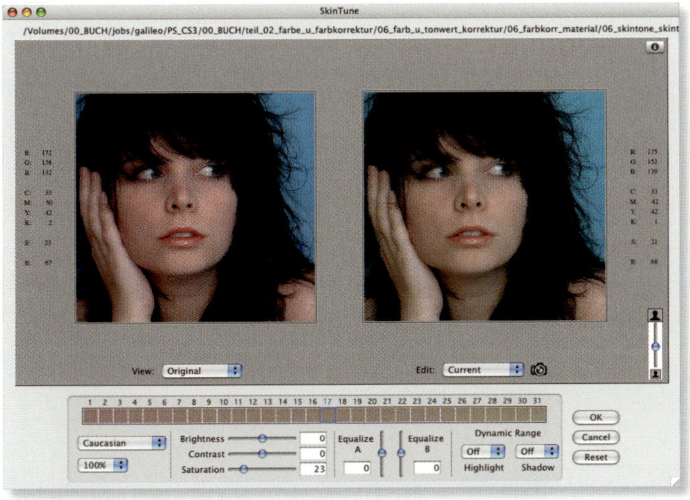

© pixelio.de

◂ **Abbildung 6.143**
Das Fenster der Filter SKINTUNE

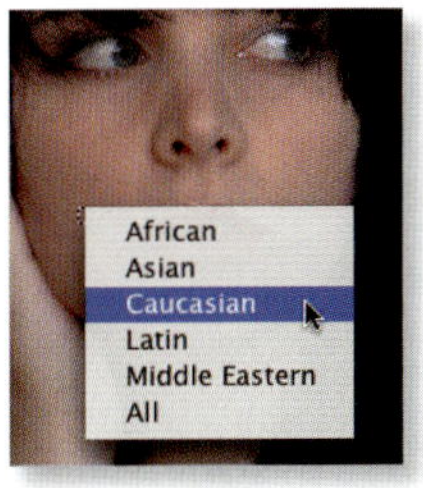

▴ **Abbildung 6.144**
Aufnahme eines Hauttons als Referenzpunkt

Nach dem Klick muss man aus einem Kontextmenü einen Hauttyp auswählen, in unserem Fall den »kaukasischen«. Im unteren Teil des Filter-Fensters kann man das Ergebnis, das fast immer bereits nach dem ersten Klick gut aussieht, noch verfeinern. Die Einstellmöglichkeiten sind recht umfangreich, aber im Großen und Ganzen selbsterklärend. Selbst eine Begrenzung des Tonwertumfangs für die spätere Druckausgabe ist hier vorgesehen (DYNAMIC RANGE).

Demo auf der DVD
Sie finden eine 30-Tage-Demo von CoCo auf der Buch-DVD unter SOFTWARE/PLUGINS/AURELON. CoCo ist nur für Mac erhältlich und kostet in der Standard-Version (RGB und CMYK) 195 €, in der Multichannel Edition, die Schmuckfarben beherrscht, 490 €. (Infos: *www.aurelon.com*)

6.8.3 Hauttöne in CMYK korrigieren mit CoCo

Eine konsequente Weiterentwicklung des Konzepts, das hinter der Funktion SELEKTIVE FARBKORREKTUR von Photoshop steckt,

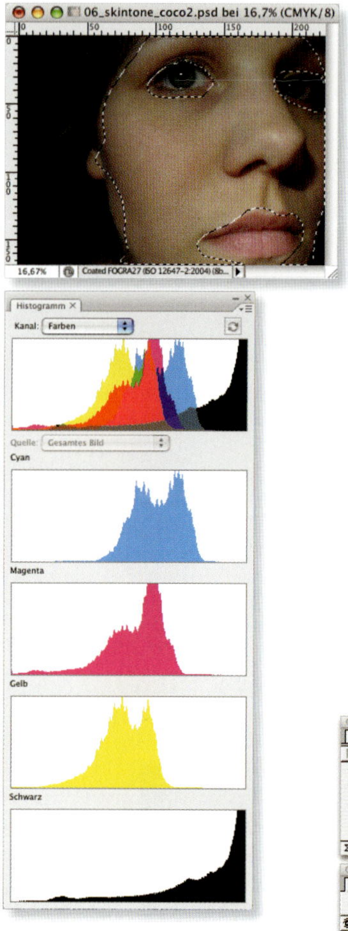

▲ **Abbildung 6.145**
Originalbild und CMYK-Histogramm der ausgewählten Hautbereiche

stellt CoCo dar, ein Plug-in der holländischen Firma Aurelon. Auch wenn es den RGB- und LAB-Modus beherrscht, ist CoCo in Profikreisen (die der Preis nicht so sehr stört) sehr beliebt, um Hauttonkorrekturen im CMYK-Modus durchzuführen. Die Arbeitsweise von CoCo ist relativ simpel. Im Gegensatz zur Selektiven Farbkorrektur von Photoshop kann man in CoCo sehr genau bestimmen, inwieweit Nachbarfarbbereiche von Änderungen tangiert werden.

Unser Beispielbild bestätigt im Histogramm des Cyan-Kanals den Look des Originals: Die Hautfarbe wirkt zu kühl, und das Histogrammgebirge für diese Farbe liegt zu weit rechts. Magenta und Gelb liegen recht eng zusammen, und Magenta dominiert leicht über das Gelb, das für die Wärme in Hauttönen zuständig ist. Da Magenta ein kühles Rot ist, trägt das zum fahlen, kühlen Charakter bei.

Beginnend mit den hellen Stellen unter Vermeidung der Glanzlichter (z. B. auf der Nasenspitze) legt man mit der Pipette eine erste hellste Stelle fest, die geändert werden soll ❶.

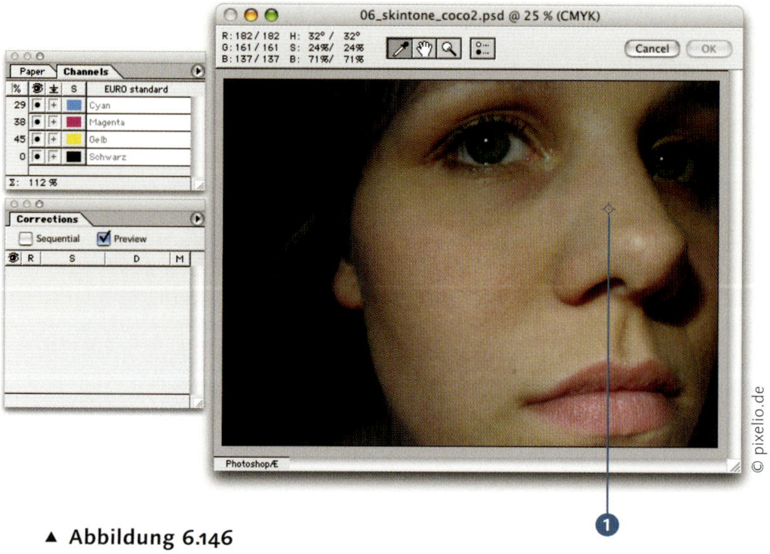

▲ **Abbildung 6.146**
Das User-Interface von CoCo

Es öffnet sich nun ein kleines Fenster, in dem die aufgenommene Farbe durch eine neue ersetzt werden kann. Dabei lässt sich über den Regler Range der Bereich festlegen, der diese Veränderung von den Nachbarbereichen abgrenzt.

Das ist gegenüber Photoshops Funktion Selektive Farbkorrektur ein gravierender Vorteil. Die bearbeitete Farbe taucht nach dem Klick auf OK in der Palette Corrections auf, in der dann durch separates An- und Abschalten die Änderungen im

Einzelnen noch überprüft werden können. Man fährt nun mit zunehmend dunkleren Proben bis in die Schatten der Hautpartien fort. Die Reihenfolge der Bearbeitungen ist nicht gleichgültig und kann hier per Drag & Drop umgestellt werden.

Der Vorteil von CoCo ist, dass man hier für eine bestimmte Farbe praktisch nur die numerischen Zielwerte einer CMYK-Farbe eintippen braucht und die Sache dann passt. Wer da z. B. seine typischen Hautwerte im Kopf hat, ist schnell am Ziel.

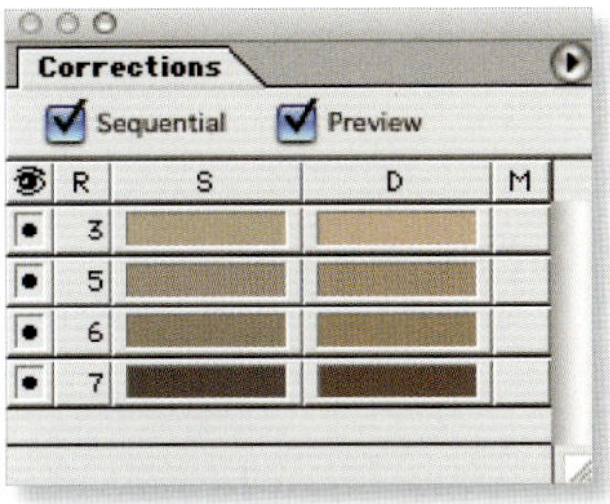

◂ **Abbildung 6.147**
Liste der korrigierten Farben

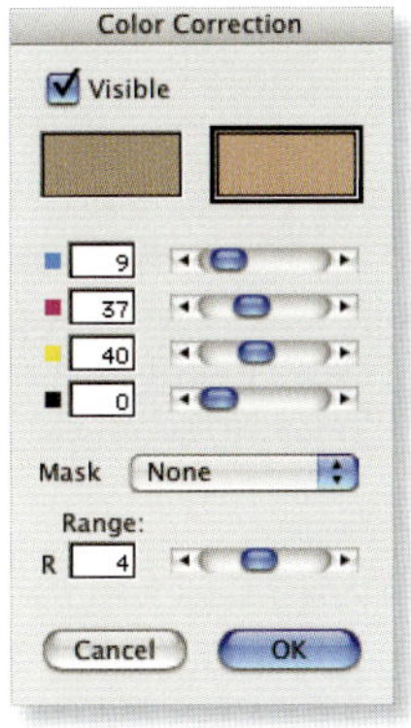

▴ **Abbildung 6.148**
Farbkorrekturfeld

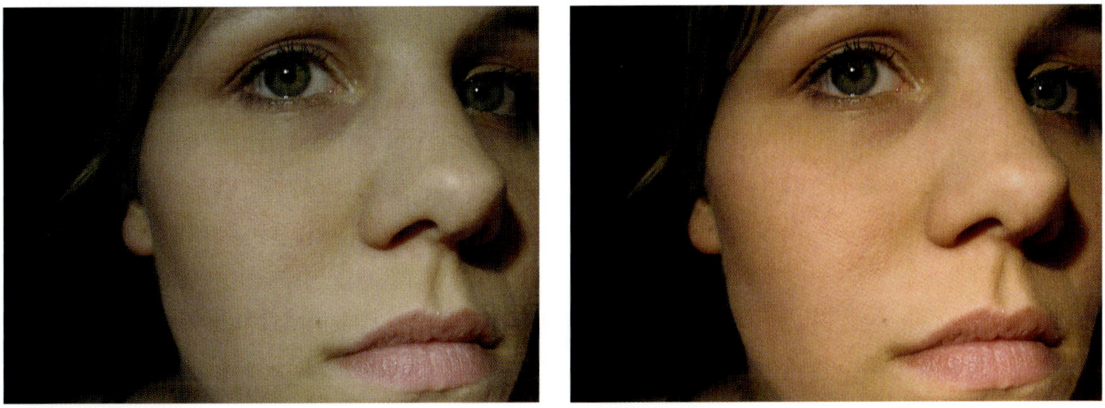

▴ **Abbildung 6.149**
Vorher-nachher-Vergleich

Farbe ersetzen mit CoCo | Natürlich funktioniert CoCo auch bei anderen Aufgaben, wo präzise Farben ersetzt werden müssen. Wenn z. B. auf einem Foto ein Auto, das in blauen Firmenfarben lackiert ist, auch möglichst genau so im Bild erscheinen muss, ist CoCo das Mittel der Wahl. Die Multichannel-Version unterstützt hierbei sogar PANTONE-Farben. Damit lassen sich z. B. in CMYK-Dateien mit Schmuckfarben Bildteile, die sonst in CMYK gedruckt würden, so umdefinieren, dass der Blauton nicht mehr mit Cyan und Magenta gedruckt wird, sondern in dem für das Corporate Design der Firma definierten PANTONE-Blau. So etwas ist in Photoshop selbst eher schwer zu machen. Das erklärt die Beliebtheit von CoCo in der Druckvorstufe, vor allem im Zusammenhang mit Package Design und Produktfotografie.

▲ **Abbildung 6.150**
Leichtes Umfärben mit CoCo im CMYK-Modus

6.9 Kanalmixer: Für schwere Fälle

Während die Selektive Farbkorrektur sehr feine Änderungen erlaubt, sind bei grob misslungenen Bildern oder massiven Eingriffen in den Bildaufbau härtere Mittel angesagt.

Im Folgenden soll die satte rote Lichtstimmung auf der Bühne eines Clubs aus der Einfarbigkeit »befreit« werden, auch, damit die scheinbare Unschärfe, die Rotlicht oft verursacht, verschwindet. Wenn man wild an den Farben herumschrauben will oder muss, dann kommt man am Kanalmixer nicht vorbei. Hier als Einstellungsebene angewendet, erlaubt er es, in einem Farbkanal Informationen aus den anderen beiden Kanälen (bei RGB) zu verarbeiten.

Abbildung 6.151 ▶
Die Bühne wirkt durch das satte Rotlicht scheinbar unscharf.

Wir verwenden ihn hier, um den dominanten Rot-Kanal von 100% zunächst etwas zu dämpfen. Viel kann man da nicht herausnehmen, weil in diesem Kanal die meiste Bildinformation zu finden ist. Nun gibt man dosiert in den beiden anderen Kanälen Informationen aus dem Rot-Kanal hinzu.

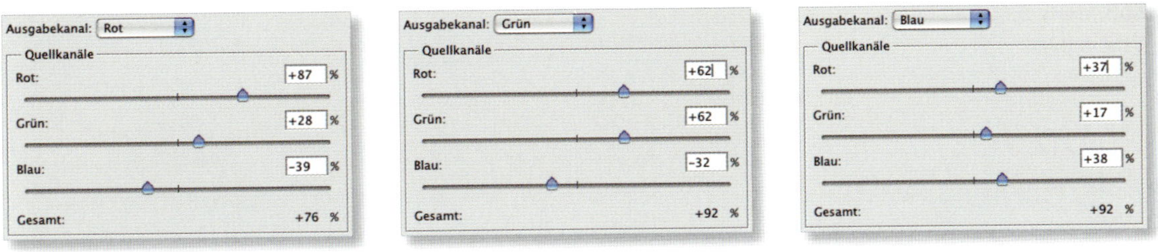

▲ **Abbildung 6.152**
Die Einstellmöglichkeiten der drei Farbkanäle im Dialog des Kanalmixers

Mit dieser Methode kann man gezielt die Farbinformationen »umverteilen«. Sehr vorteilhaft wirkt der KANALMIXER, wenn einzelne Farbkanäle kaum Information enthalten oder sehr dunkel sind. Er erfordert allerdings meist viel Probieren: Manchmal verursachen kleine Wertänderungen krasse Ergebnisse, manchmal tut sich kaum etwas. In diesem Beispiel führt der Mixer jedoch zu einem recht brauchbaren Ergebnis. Das Rot ist weitgehend aus dem Bild gewichen, die Stimmung aber noch gut erhalten geblieben.

◀ **Abbildung 6.153**
Im Ergebnis ist das Rot massiv zurückgedrängt.

6.10 Fotofilter & Co.: Auf die Schnelle

6.10.1 Fotofilter

Eine schnelle Bildkorrektur bieten die unter dem Namen FOTOFILTER zusammengefassten Manipulationen. »Filter« ist im Gegensatz zu anderen Photoshop-Filtern wörtlich zu verstehen. Hier geschieht dasselbe wie bei den farbigen Glasfiltern, die vor das Objektiv der Kamera zu schrauben sind. Es gibt jedoch einen großen Unterschied: Fotografiert man mit einem Filter vor der Linse, ist das Bild eingefärbt oder korrigiert auf dem Film, und das bleibt auch so.

Abbildung 6.154 ▶
Originalbild

▲ **Abbildung 6.155**
Fotofilter als Einstellungsebene

Im digitalen Zeitalter lässt sich das nachträglich erledigen: Als Einstellungsebene angewandt, taucht der Fotofilter die Landschaft mit dem herbstlich klaren Hochgebirgsmorgen mithilfe des Filters WARMFILTER (85) stimmungsmäßig wesentlich wärmeres Licht, während der KALTFILTER (80) mit hart wirkendem Licht die Stimmung merklich abkühlt. Mit SEPIA gibt man dem Bild einen warmen, etwas alt und vergilbt wirkenden Look.

▲ **Abbildung 6.156**
Warmfilter

▲ **Abbildung 6.157**
Kaltfilter

▲ **Abbildung 6.158**
Sepia-Filter

Es gibt noch eine ganze Reihe anderer Filter, im Grunde einmal um den Farbkreis herum. Hier lohnt es sich herumzuprobieren. Der Vorteil des Fotofilters ist eine einfache Bedienbarkeit: Außer der Intensität des Effekts (DICHTE) kann man nichts einstellen.

Sehr gut ist, dass die LUMINANZ ERHALTEN bleibt, wenn man die entsprechende Checkbox aktiviert lässt. Bei physikalischen Filtern vor dem Objektiv verliert man ja prinzipiell an Lichtausbeute!

6.10.2 Tiefen/Lichter

Seit Photoshop CS gibt es unter BILD • ANPASSUNGEN • TIEFEN/LICHTER (aber leider auch unter Photoshop CS3 noch immer nicht als Einstellungsebene) einen Erste-Hilfe-Koffer für die normalen Problemfälle des Bilderalltags.

Als Beispiel soll dieses Foto so verbessert werden, dass es zufrieden stellend aussieht. Das Original ist eine typische Teleobjektiv-Aufnahme, die an einem etwas diesigen Sommerabend entstand und entsprechend dunstige und flaue Farben aufweist.

▲ **Abbildung 6.159**
Originalbild

Hier stellt Adobe mit einem Minimum an Bedienungselementen ein Werkzeug bereit, das in sinnvoller Kombination Teile der Funktionalitäten von TONWERTKORREKTUR, FARBTON/SÄTTIGUNG und GRADATIONSKURVEN in sich vereint. Der Dialog zeigt zunächst nur bei TIEFEN und bei LICHTERN je einen Regler für STÄRKE. Das wäre ja dann doch ein wenig mager. Aber unter WEITERE OPTIONEN EINBLENDEN gibt es dann das volle Programm.

Mit STÄRKE wird entschieden, wie stark entweder die Tiefen aufgehellt oder die Lichter abgedunkelt werden. Die TONBREITE legt fest, wie weit der veränderte Bereich von unten bzw. oben in die Mitten hineinwirkt. Sehr wirkungsvoll ist der Regler RADIUS, der lokal entscheidet, was überhaupt zum dunklen bzw. hellen Bereich gehören soll. Ist der Radius klein, wird eher im Detail gearbeitet, ist er groß, so korrigiert TIEFEN/LICHTER in großzügigen Bildbereichen. Man merkt das an hellen Säumen, die auftauchen, wenn der Radius noch zu klein ist.

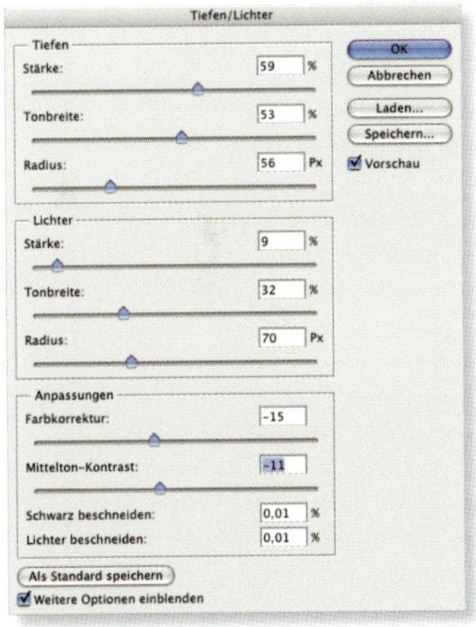

▲ **Abbildung 6.160**
Dialogbox für TIEFEN/LICHTER

◂ **Abbildung 6.161**
Schnelle Korrektur mit TIEFEN/LICHTER

Tonwertkorrekturen, die in RGB ausgeführt werden, haben, wie bereits mehrfach erwähnt wurde, den Nachteil, dass die Farben bei einer Änderung der Helligkeitswerte meist in Mitleidenschaft gezogen werden: Sie können in den bearbeiteten Bereichen oft sowohl zu flau als auch unangenehm zu satt werden, je nach Bildstruktur. Auch TIEFEN/LICHTER krankt vom Prinzip her daran. Um das auszugleichen, gibt es mit dem Regler FARBKORREKTUR die Möglichkeit, diese Verluste wieder zu kompensieren. Der MITTELTON-KONTRAST kümmert sich um den Mittenbereich des Bildes. TIEFEN/LICHTER vollbringt keine Wunder, aber sein Vorteil ist die Schnelligkeit. Man hat alles Wichtige beieinander und kann eine flotte Grundkorrektur in einem Dialog erledigen.

6.10.3 Unscharf maskieren: Kleiner Missbrauch

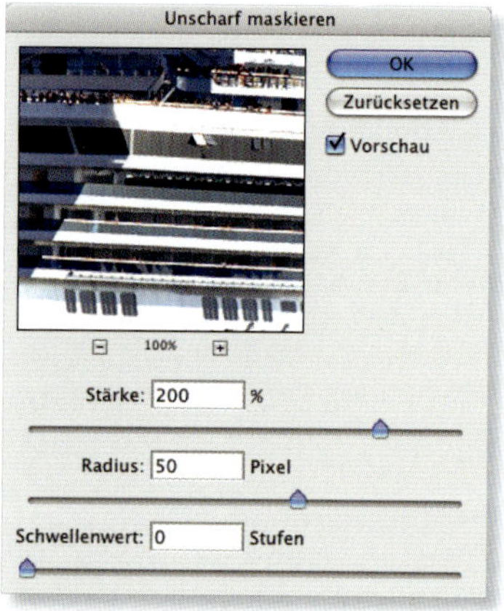

▲ **Abbildung 6.162**
Unscharf maskieren als Smartfilter

Auch wenn das ein wenig abwegig klingen mag: Die Funktion TIEFEN/LICHTER hat einen nahen Verwandten in einer ganz anderen Ecke innerhalb der Vielfalt von Photoshops Funktionen. Ebenso wie bei TIEFEN/LICHTER geht es bei UNSCHARF MASKIEREN um eine lokale Kontrastanhebung. Nur ist diese bei UNSCHARF MASKIEREN sehr viel kleinräumiger vorgesehen als bei TIEFEN/LICHTER. Wenn man das einmal ändert und bei UNSCHARF MASKIEREN den Parameter RADIUS an den rechten Anschlag verschiebt, sieht man ähnliche Wirkungen wie bei TIEFEN/LICHTER!

Das Manko, dass bei TIEFEN/LICHTER keine nicht-destruktive Variante in Form einer Einstellungsebene existiert, kann jetzt mit Photoshop CS3 ausgeglichen werden, indem man stattdessen einfach UNSCHARF MASKIEREN als neuen Smartfilter anwendet. Dadurch erweitern sich auch noch die Möglichkeiten um die Beeinflussung durch Füllmethoden und Deckkraft, die es sonst nur noch nachträglich über die Funktion VERBLASSEN geben würde – auf jeden Fall aber destruktiv.

Ziehen wir also beim gleichen Beispiel, das wir für TIEFEN/LICHTER verwendet haben, eine Smartfilter-Ebene ein (Details zu Smartfiltern finden Sie in Kapitel 10). Dazu duplizieren wir in der Ebenen-Palette die Hintergrundebene und bereiten sie mit FILTER • FÜR SMARTFILTER KONVERTIEREN für diesen Einsatz vor. Nun rufen wir FILTER • SCHARFZEICHNUNGSFILTER • UNSCHARF MASKIEREN auf. Der Filter sortiert sich unter der Smartfilter-Ebene ein, und der bekannte Filter-Dialog öffnet sich.

Mit den oben gewählten Einstellungen (STÄRKE 200 und RADIUS 50) soll zunächst einmal nur die Wirkungsweise verdeutlicht werden, bevor wir hier für unseren Zweck brauchbare Werte eingeben. Sehr schön kann man die lokale Kontrastanhebung von UNSCHARF MASKIEREN sehen.

▲ **Abbildung 6.163**
Typische helle und dunkle Säume bei einer übertriebenen Einstellung von Unscharf maskieren

HINWEIS

Sehr ähnlich wie Tiefen/Lichter und Unscharf maskieren wirkt das seit der Version 1.1 in Lightroom verfügbare Werkzeug Klarheit unter Entwickeln • Präsenz.

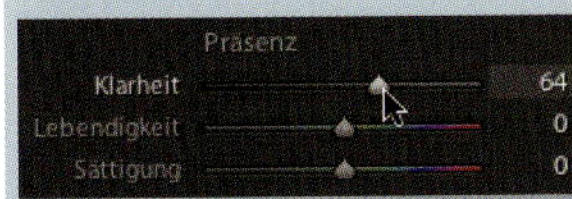

▲ **Abbildung 6.164**
Die Funktion in Lightroom

Jetzt nutzen wir den maximalen Radius, der uns bei Unscharf maskieren zur Verfügung steht, und schieben den Regler ganz nach rechts auf 250 Pixel (hier hat Tiefen/Lichter den größeren Einstellbereich bis 2500 Pixel). Die Stärke drehen wir zurück auf 30%.

So ist die Kontrastanhebung sehr weich und moderat und kommt in der Wirkung der Funktion Tiefen/Lichter sehr nahe. Man hat nun noch weitreichende Möglichkeiten, die Wirkung nachträglich und vor allem nicht-destruktiv zu beeinflussen. In der Ebenen-Palette kann man mit einem Doppelklick auf das kleine Regler-Icon rechts in der Smartfilter-Ebene die Fülloptionen für diesen Filter öffnen und hier die Filterwirkung mit den von der Ebene bekannten Füllmethoden beeinflussen. Auch die Deckkraft dieses Filters innerhalb des Filter-Stapels (es können ja auch mehrere sein) lässt sich einstellen.

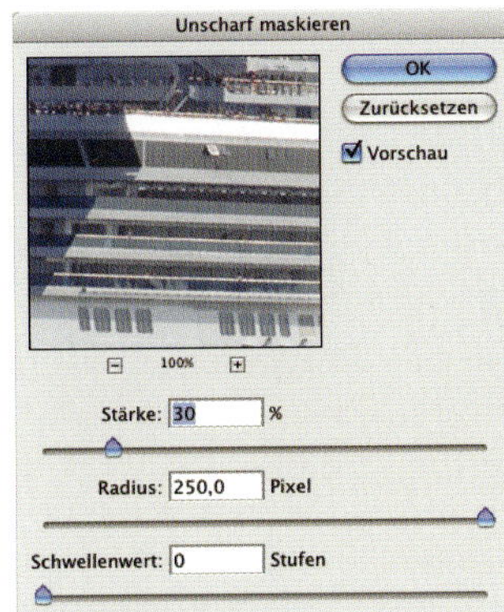

▲ **Abbildung 6.165**
Maximaler Radius für weiche und großräumige Kontrastverbesserung

▲ **Abbildung 6.166**
Wirkung von Unscharf maskieren mit großem Wert für Radius

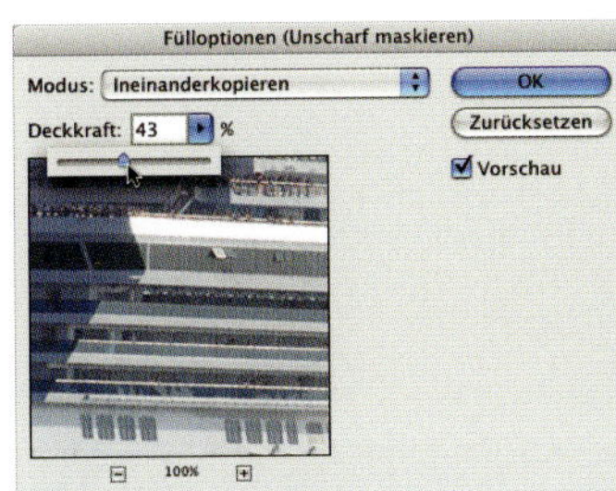

▲ **Abbildung 6.167**
Fülloptionen für den Smartfilter

6.11 Die Alternative: Farb- und Tonwertkorrektur in LAB

Ausgehend von einer strikten Trennung der Bildkorrekturen in Helligkeitsbearbeitungen und Arbeiten an der Farbe, die bereits mehrfach angesprochen wurde, sei nun eine wichtige Alternative zum doch am weitesten verbreiteten Workflow im RGB-Modus besprochen: die Bildbearbeitung im LAB-Modus. Da unsere optische Wahrnehmung ebenfalls auf einer Trennung der Sensorik für Helligkeit (Luminanz) und Farbe (Chrominanz) beruht, liegt eine Bildbearbeitung auf dieser Basis eigentlich nahe.

Eine Reihe von Vorteilen einer Trennung von Farb- und Helligkeitsinformationen bei der Bildverarbeitung im LAB-Modus wurden bereits beim Thema »Schärfen« und »Rauschbekämpfung« (siehe Kapitel 3) besprochen. Im LAB-Modus können die teilweise sehr unterschiedlichen Strukturen von Luminanz- und Farbrauschen jeweils getrennt behandelt werden, was in RGB nicht möglich ist.

Sowohl in RGB als auch in CMYK ist prinzipiell keine Trennung von Farb- und Helligkeitsinformationen gegeben. Verändert man einen Farbkanal, so beeinflusst das praktisch immer beide Parameter. Das macht eine ganze Reihe von Farb- und Tonwertkorrekturen schwierig, schlecht vorhersagbar und oft nachbearbeitungspflichtig.

6.11.1 Tonwertkorrektur ohne Farbverschiebungen

Betrachten wir das folgende Beispielbild (Abbildung 6.168), das an einem bedeckten und dunstigen Tag mit einem Teleobjektiv aufgenommen wurde. So etwas ist meist eine eher flaue Angelegenheit. Als Erstes sollte hier eine Tonwertkorrektur stattfinden.

▲ **Abbildung 6.168**
Originalbild

RGB | Wenn wir bei diesem Bild im RGB-Modus eine Helligkeitskorrektur vornehmen wollen, ist die Gradationskurve das Mittel der Wahl. Wir verändern nur die Kurve von RGB und erhöhen den Tonwertumfang. Die S-Kurve links unten soll mehr Zeichnung in das felsige Ufer bringen, die obere die Segelboote mit mehr Kontrast versorgen.

Die Tonwertkorrektur holt in den Felsen einen starken Blaustich hervor; Blau und Rot auf den Segeln sind merkbar kräftiger geworden.

◂ **Abbildung 6.169**
Tonwertkorrektur im RGB-Modus

LAB | Wenden wir etwa die gleiche Kurve im LAB-Modus auf die HELLIGKEIT (Luminanz) an, so bleibt die Farbigkeit des Bildes bei Verbesserung des Tonwert-Umfangs komplett erhalten. Bei den Felsen sieht man den Unterschied zur Bearbeitung in RGB sehr stark.

◂ **Abbildung 6.170**
Tonwertkorrektur im LAB-Modus (oben: L-Kurve)

Der gerade gezeigte Unterschied allein ist noch kein Grund, für diese Operation in den LAB-Modus zu wechseln, denn man kann die Gradationskurve im RGB-Modus auch als Einstellungsebene einfügen und bei dieser mit der Füllmethode LUMINANZ dafür sorgen, dass die Farben unangetastet bleiben. Wo also gibt es noch Unterschiede zwischen RGB und LAB oder gar Vorteile, wenn man LAB benutzt?

6.11.2 Sättigung bearbeiten in RGB und LAB

Benutzen wir das vorherige Beispiel weiter, und versuchen wir, die Farbigkeit kräftiger zu bekommen, also einfach die Sättigung zu verstärken.

RGB | In RGB fügen wir eine Einstellungsebene mit der Funktion FARBTON/SÄTTIGUNG ein und stellen die Sättigung auf einen Wert von +50. HELLIGKEIT und FARBTON bleiben unberührt. Die Veränderung bei einer solchen Erhöhung der Sättigung fällt erwartungsgemäß heftig aus. Das Bild läuft farblich komplett aus dem Ruder.

Abbildung 6.171 ▸
Erhöhung der Sättigung im RGB-Modus

Selbst eine Nachkorrektur des RGB-Bildes auf der Basis der oben angestellten Überlegung, die Einstellungsebenen mithilfe der Füllmethoden in ihrer Wirkung zu steuern oder zu beschränken, bewirkt ein deutlich anderes Ergebnis als die Korrektur in LAB: Hier wurde die Einstellungsebene mit den GRADATIONSKURVEN, die gesamt auf RGB wirkt, in den Modus LUMINANZ gestellt, und die Einstellungsebene mit FARBTON/SÄTTIGUNG wurde in den Modus FARBE gestellt.

Abbildung 6.172 ▸
Nachkorrektur beim RGB-Bild mit Wechsel der Füllmethoden für die Einstellungsebene

LAB | Wenden wir nun exakt die gleiche Einstellungsebene mit FARBTON/SÄTTIGUNG auf das LAB-Bild an, so wird das Bild farblich kräftiger, wobei es aber insgesamt gesund wirkt. Man sieht an diesem kleinen Beispiel, wie verschieden RGB und LAB bereits auf einfache Farbkorrekturen reagieren.

◂ **Abbildung 6.173**
Erhöhung der Sättigung im LAB-Modus

6.11.3 Gradationskurven im A- und B-Kanal

Interessant und gleichzeitig auch schwierig und teilweise recht unanschaulich wird es im LAB-Modus, wenn man sich den beiden Farbkanälen A und B zuwendet. Sie sind grundsätzlich anders aufgebaut als die Farbkanäle aller anderen Modi, wie RGB, CMYK oder Graustufen. Sie geben nicht die Helligkeit einer Lichtfarbe oder den Auftrag einer Druckfarbe wieder, sondern beschreiben gemeinsam quasi wie ein Koordinatensystem einen Farbort, bei dem sich aus dem A- und B-Wert Farbton und Sättigung einer Farbe ergeben. Die dazugehörige Helligkeitsinformation ist sauber getrennt davon im Luminanz-Kanal abgelegt. Diese Trennung von Helligkeit und Farbe hat, wie schon mehrfach erwähnt, eine ganze Reihe von Vorteilen.

Schritt für Schritt: Farb- und Tonwertkorrektur in LAB

In diesem Beispiel soll das unten gezeigte Bild im LAB-Modus sowohl in seinem Tonwertumfang als auch in seiner farbigen Struktur verbessert werden.

Datei auf der Buch-DVD
Sie finden das Originalbild für diesen Workshop unter BEISPIELDATEIEN/06_FARBKORREKTUR/06_LAB.TIF.

◂ **Abbildung 6.174**
Originalbild

16 Bit

Wegen der schmalbandigen Farbkanäle A und B und der bei starken Korrekturen möglichen Rechenungenauigkeiten sollte man beim LAB-Modus immer in 16 Bit arbeiten.

1 Tonwertkorrektur

Das Beispielbild liegt als LAB-TIFF in 16 Bit Farbtiefe vor. Der dunstige Gesamteindruck macht zunächst einmal eine Optimierung des Tonwertumfangs nötig. Dafür ziehen wir eine Einstellungsebene mit der Funktion GRADATIONSKURVEN ein.

Nun werden der Schwarz- und der Weißpunkt an die Grenzen des Histogramms herangefahren. Eine Clipping-Anzeige steht im LAB-Modus leider nicht zur Verfügung. Es ist also etwas Vorsicht zu empfehlen. Das Zwischenergebnis ist jetzt nach dem Anlegen einer typischen S-Kurve schön kontrastreich, aber eher fahl in den Farben.

Abbildung 6.175 ▸
Korrektur des Tonwertumfangs

2 Farben kräftiger machen

Nun ist die Farbigkeit des Bildes an der Reihe, und die beiden Farbkanäle A und B kommen ins Spiel. Wenn Sie hier die Schwarz- und Weißpunktregler am Fuß des Diagramms zusammenschieben, wird der vorhandene Umfang an Farbtönen gestreckt. Diese Spreizung sorgt im optischen Eindruck für mehr Sättigung. Wichtig ist, dass diese Aufsteilung der Gradationskurve symmetrisch geschieht. Die Kurve muss genau durch die Mitte des Diagramms gehen, ansonsten gibt es starke Farbstiche. Hierin liegt natürlich auch der Schlüssel zur Beseitigung eben solcher Farbstiche.

TIPP

Wenn Sie sich das Rechnen erleichtern wollen, wechseln Sie bei BETRAG ANZEIGEN FÜR auf PIGMENT/DRUCKFARBE %. Dann können Sie die Beträge leicht zu 0 addieren oder von 100 abziehen, ohne allzu viel kopfrechnen zu müssen. Bitte beachten Sie aber, dass das Diagramm dann andersherum funktioniert.

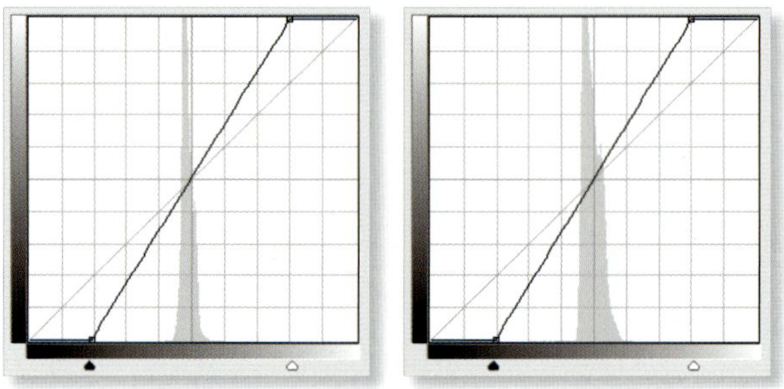

Abbildung 6.176 ▸
Spreizung in den Kanälen A (links) und B (rechts)

Nun hat das Bild eine Farbigkeit, die dem zuvor angehobenen Kontrast entspricht. Insgesamt ähnelt dieses symmetrische Zusammenziehen der Eckpunkte in den beiden Farbkanälen in etwa einer Erhöhung der Sättigung.

◂ **Abbildung 6.177**
Nach der Korrektur der beiden Farbkanäle

3 Farbigkeit des Bildes umgestalten

Im letzten Schritt ging es um eine neutrale Erhöhung der Sättigung. Man kann mithilfe der Gradationskurven in den Farbkanälen natürlich auch ein Bild einfärben oder die Stimmung verändern. Hier soll ein leichter Gelbton den Bildeindruck insgesamt wärmer machen. Dazu zieht man im B-Kanal die Kurve in der Mitte ein ganz kleines Stück nach links oben (in die »gelbe« Richtung). Man muss hier behutsam vorgehen, weil durch den kleinen Wertebereich jede Manipulation gleich relativ große Auswirkungen hat.

◂ **Abbildung 6.178**
Korrektur in Richtung Gelb im B-Kanal

Nun erscheinen die Grüntöne, vor allem diejenigen im Hintergrund, noch etwas zu schwach. Diese Korrektur muss dann

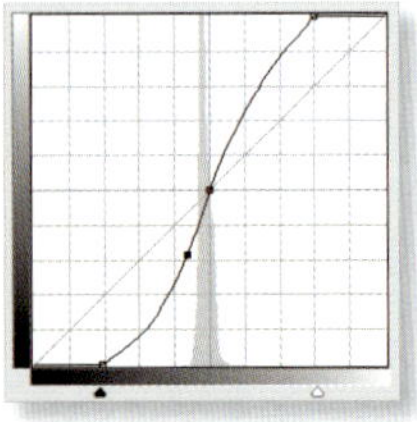

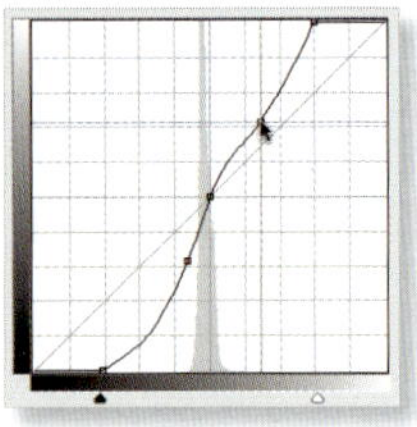

▲ **Abbildung 6.179**
A-Kanal: das Grün im Wald verstärken und dann Magenta aus den Lichtern zurückdrängen

natürlich im »rot-grünen« A-Kanal stattfinden. Wie von den Gradationskurven gewohnt, klicken wir mit gedrückter [Strg]/[⌘]-Taste und der Pipette auf den Hintergrund. Es wird ein Ankerpunkt auf der linken unteren (negativen) Seite der Kurve gesetzt. Diesen Punkt ziehen wir nach rechts. Dadurch werden mehr zum Rot neigende Farbtöne in Richtung grüne Ausgabe verlagert, und das Grün der Bäume wird kräftiger. Gleichzeitig wird aber auch der obere rechte Ast der Kurve nach links gewölbt (Abbildung 6.179) und ein starker Magenta-Stich in den Lichtern bemerkbar. Mit einem von Hand gesetzten Ankerpunkt bringen wir den oberen Teil der Kurve wieder in die ursprüngliche Form, damit dieser Farbstich verschwindet.

▲ **Abbildung 6.180**
Original und korrigiertes Bild ■

Mit Farbumfang-Warnung arbeiten

Weil wir in den beiden Farbkanälen einen sehr schmalen Wertebereich haben und Änderungen sehr schnell große Beträge für die Farbsättigung ergeben können, ist es bei später gewünschter Druckausgabe sehr ratsam, immer wieder mit [Strg]/[⌘]+[⇧]+[Y] die FARBUMFANG-WARNUNG zu aktivieren, um keine Überraschungen im Bezug auf den zulässigen Gesamtfarbauftrag zu erleben.

Kurven in den Farbkanälen A und B | Während sich die Gradationskurve im Helligkeitskanal L genauso verhält, wie man das aus dem RGB-Modus gewohnt ist, ist ihre Funktionsweise bei den beiden Farbkanälen A und B im LAB-Modus sehr viel weniger offensichtlich. Zur Verdeutlichung seien hier die Wirkungsrichtungen gezeigt: Bei der Helligkeitskurve bewirkt ein Ziehen der

Kurvenmitte nach links oben eine Aufhellung des Bildes, nach rechts unten eine Abdunklung des Bildes. Beim Farbkanal A geht es links oben gegen Magenta, nach rechts unten wird es grüner. Bei Kanal B ist es links oben Gelb und rechts unten Blau. Die Grundlinie (Diagonale von links unten nach rechts oben) ist neutral. Wählt man im Dialog der Gradationskurven den Modus Pigment/Druckfarbe %, so geht natürlich alles umgekehrt.

Während der L-Kanal von 0–255 geht (wie die einzelnen Kanäle von RGB auch), haben die beiden Farbkanäle A und B einen Wertebereich von –128 bis +127. Die wenig gesättigten Farben liegen um 0 herum. Zum Beispiel hat ein graues Bild also bei A und B jeweils einen einzelnen senkrechten Strich in der Mitte des Histogramms. Je breiter ein Histogramm bei A und B ist, desto mehr gesättigte Farben sind im Bild vorhanden. Ist in der Info-Palette ein Wert im A-Kanal negativ, ist es ein Grün-Ton, positiv ein Rot-Ton. Im B-Kanal ist entsprechend ein negativer Wert blau und ein positiver Wert gelb.

A und B sind wenig anschauliche Bezeichnungen für die beiden Kanäle. Man kann sich eine Eselsbrücke bauen, wenn man sich merkt, dass im **B-Kanal** die beiden Farben mit **B** im Namen enthalten sind: Gel**B** und **B**lau.

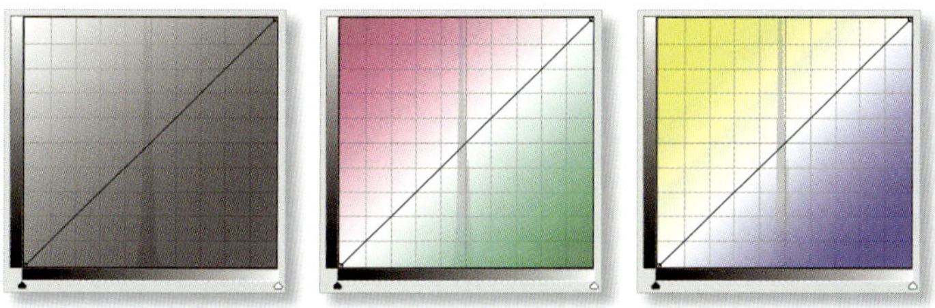

◂ **Abbildung 6.181**
Gradationskurven in LAB mit den Wirkungsrichtungen für L, A und B

6.11.4 Neutralisieren in LAB

Dass das Neutralisieren eines Bildes im LAB-Modus anders funktionieren muss als z. B. in RGB, sieht man bereits einfach daran, dass die Mittelton-Pipette sowohl im Dialog von Tonwertkorrektur als auch bei den Gradationskurven zwar angezeigt wird, aber nicht aktiviert werden kann.

Eine maßgebliche Rolle spielt hier die Info-Palette, ohne die man hier nicht auskommt. Bei der Anzeige in LAB hat ein neutraler Ton immer den Wert 0 in den beiden Farbkanälen.

Schritt für Schritt: Bild neutralisieren

Der LAB-Modus bietet sich beim Neutralisieren für Fälle an, in denen man in RGB und CMYK an Grenzen stößt. In diesem Beispiel soll das Bild so korrigiert werden, dass die Alu-Fenster und die hellgrauen Tischplatten neutral sind, die leuchtend gelb

Datei auf der Buch-DVD
Sie finden das Originalbild für diesen Workshop unter Beispieldateien/06_Farbkorrektur/06_LAB_neutralisieren.tif.

angestrichene Wand ihr Gelb behält und die Abendstimmung der »Blauen Stunde« draußen ebenfalls erhalten bleibt.

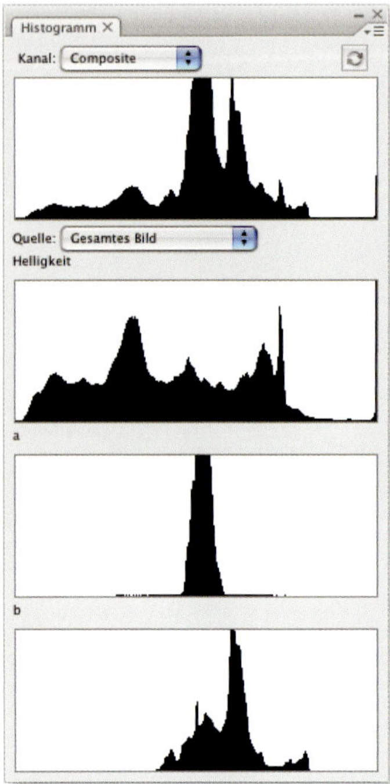

Abbildung 6.182 ▲▶
Originalbild mit Histogramm

1 Analyse

Wenn wir uns das Histogramm dazu anschauen, sehen wir, dass der Farbumfang im B-Kanal wesentlich größer ist als derjenige im A-Kanal. Das eher rechtslastige Diagramm zeigt eine Gelbdominanz im Bild an (Gelb ist im B-Kanal positiv). Grün- und Rot-Töne sind kaum vorhanden, deshalb ist im A-Kanal wenig los.

2 Messpunkte setzen

Setzen wir nun Messpunkte an die Stellen, die wir neutral haben wollen. Deren Werte in der Info-Palette sprechen eine klare Sprache: Bei Punkt #1 und #3 ist der Gelb-Wert erstaunlich hoch. (Die Sättigung fällt bei solch lichten Tönen im Bild visuell nicht mehr so sehr ins Gewicht.) Der Messpunkt #2 auf einem in natura weißen Fassadenteil des Kirchturms soll als Vergleichswert für einen außenliegenden Neutralton dienen. Er ist natürlich komplett blau ohne Grün- oder Rotanteile.

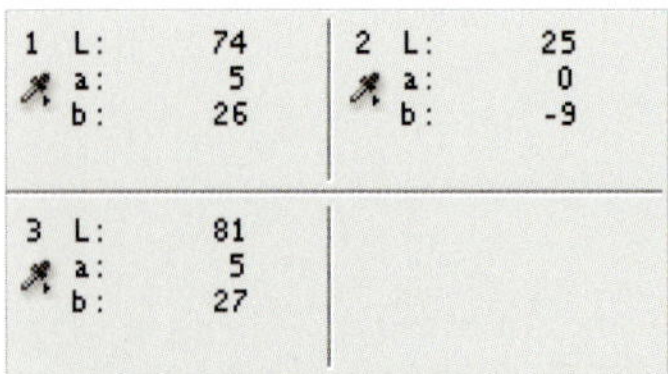

▲▶ **Abbildung 6.183**
Messpunkte und deren Werte in der Info-Palette

3 Gradationskurven verwenden

Nun erstellen wir eine Einstellungsebene mit der Funktion Gradationskurven. Hier wurde gleich die in diesem Fall unnötige Ebenenmaske gelöscht. Diese Einstellungsebene soll nur dem B-Kanal ([Strg]/[⌘]+[3]) gewidmet sein. Für die einzelnen Kanäle separate Einstellungsebenen zu verwenden, dient hier nur der Anschauung und dem Testen, denn so lassen sie sich unabhängig voneinander an- und abschalten.

Bei den Messpunkten #1 und #3 ergeben sich nach dem [Strg]/[⌘]+Klick mit der Pipette auf diese Punkte im Bild zwei Ankerpunkte, die sehr eng beieinander liegen (Wert: 26 und 27). Einen davon kann man also getrost wieder löschen. Der dritte Punkt (#2) liegt in der Mitte des Achsenkreuzes. Dort lassen wir ihn in Ruhe. Nun wird der Ankerpunkt für die Messpunkte #1 und #3 nach rechts verschoben, um den Gelbstich zu eliminieren. Das heißt, er wird verschoben, bis der B-Wert auf 0 gekommen ist.

▲ **Abbildung 6.184**
Einstellungsebene für den B-Kanal

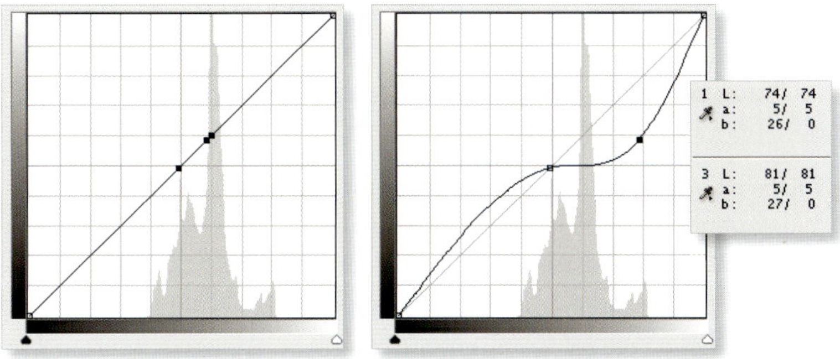

◂ **Abbildung 6.185**
Messpunkt #1 und #3 werden im B-Kanal auf 0 gesetzt.

Das Gelb ist von den Fenstern und Tischen verschwunden. Übrig geblieben ist ein schwacher Rotstich, der in der Info-Palette jeweils mit einem Wert von 5 im A-Kanal erscheint.

◂ **Abbildung 6.186**
Nach der ersten Korrektur des B-Kanals

4 Korrekturen im A-Kanal

Dieser Rotstich wird nun im A-Kanal beseitigt. Wir ziehen dafür eine neue Einstellungsebene mit Gradationskurven ein und kümmern uns dort nur um den A-Kanal (Strg/⌘+2). Die Info-Palette zeigt in diesem Kanal für die Messpunkte #1 und #3 gleiche Werte, also setzen wir mit der Pipette und einem Strg/⌘+Klick an eine von beiden Stellen nur einen Ankerpunkt auf die Kurve. Dieser wird nun so lange nach rechts (Richtung Grün) verschoben, bis die Info-Palette für beide Messpunkte 0 anzeigt. Jetzt sind beide Punkte neutral.

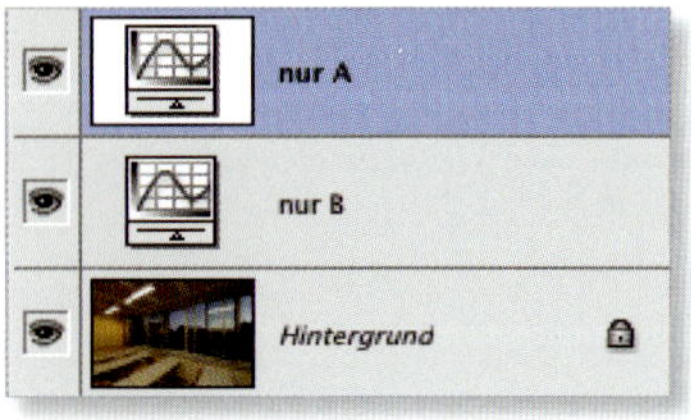

▲ **Abbildung 6.187**
Neue Einstellungsebene für den A-Kanal

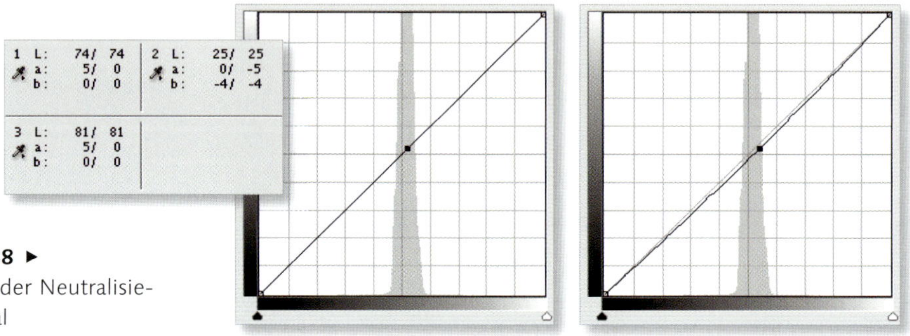

Abbildung 6.188 ▸
Zweiter Schritt der Neutralisierung im A-Kanal

Das ist natürlich nicht ohne Auswirkungen auf den Rest des Bildes geblieben. Was wir neutral haben wollten, ist neutral, aber sowohl der blaue Himmel als auch die gelbe Wand des Klassenzimmers haben schwer an Farbigkeit eingebüßt. Der Himmel hat nun sogar einen Grünstich bekommen.

Abbildung 6.189 ▸
Ergebnis nach der Neutralisierung der Messpunkte #1 und #3

5 Übrige Farbbereiche korrigieren

Die Tatsache, dass die Gradationskurve im LAB-Modus ja nicht, wie im RGB-Modus, die Stärke eines Farbkanals steuert, sondern in der Lage ist, die Farbe in zwei Parametern (Farbton und Sättigung) gleichzeitig zu beeinflussen, macht ihre Stärke aus.

Sie kommt auch in diesem Beispiel zum Tragen, wenn man den blauen Himmel wieder ins Bild holen will, und zwar nicht nur, ohne den Rest des Bildes zu beeinflussen, sondern vor allem, ohne die bereits erreichten Neutraltöne zu verlieren. Hierzu setzen wir mit der Pipette und mit einem [Strg]/[⌘]+Klick auf den blauen Himmel (etwa in der Bildmitte) einen Ankerpunkt auf die Kurve des B-Kanals. Er liegt auf der Kurve links der Mitte und lässt daher durch seine Gelb-Tendenz den Himmel grünlich erscheinen (Abbildung 6.190).

Diesen Ankerpunkt bewegen wir jetzt nach rechts auf die blaue Seite. Einige Bildstellen in der Nähe der Neutraltöne haben sich dabei leicht ins Gelbliche verschoben. Das wird beim Ankerpunkt in der Mitte mit einem leichten Versatz nach rechts wieder ausgeglichen. Ein Blick auf die Info-Palette bei Messpunkt #1 und #3 hilft dabei.

▼ **Abbildung 6.190**
Korrektur des Himmels

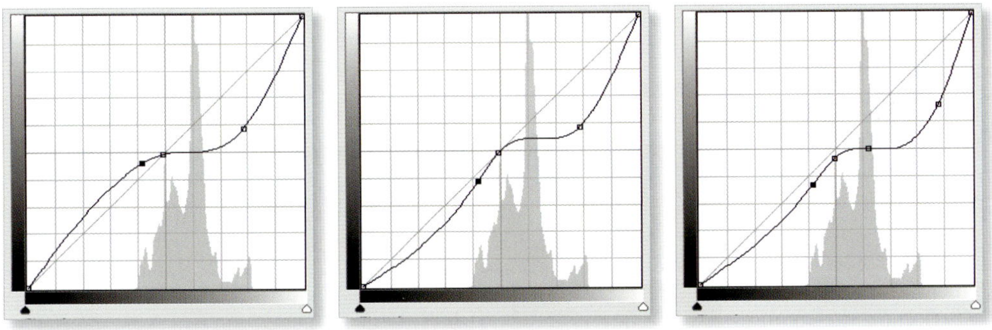

Nun hat der Himmel wieder annähernd die originale blaue Farbe, wogegen der Rest des Bildes nahezu unverändert geblieben ist.

◀ **Abbildung 6.191**
Korrektur des blauen Himmels ohne Beeinflussung des restlichen Bildes

6 Weitere Farbkorrekturen vornehmen

Die ursprünglich kräftig gelbe Wand im linken Bildteil ist durch den Neutralisierungsprozess in ein trübes Gelbgrau abgesackt.

Klicken wir bei weiter offener B-Kanal-Kurve mit der Pipette und gedrückter [Strg]-Taste auf die Wand, so wird dort ein Ankerpunkt gesetzt, der sehr weit in den blauen Bereich hinüberhängt, was das originale Gelb im Moment zu diesem Grau kompensiert. Bevor wir diesen Punkt nach links (zurück in Richtung Gelb) schieben, können wir noch den Ankerpunkt rechts oberhalb löschen, den wir hier nicht mehr brauchen. Wenn der Punkt in der Nähe der Grundlinie liegt, kommt wieder der ursprüngliche starke Gelbton der Wand zum Tragen.

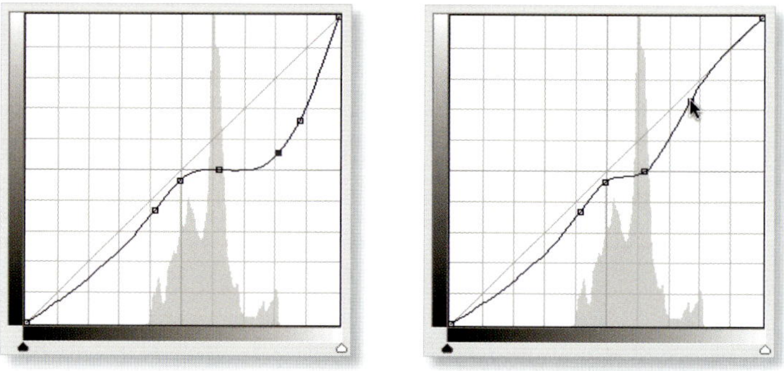

Abbildung 6.192 ▸
Korrektur der gelben Wand

Abbildung 6.193 ▸
Die kräftig gelbe Wand ist wiederhergestellt.

7 Tonwertumfang korrigieren

Abschließend wird noch leicht der Tonwertumfang korrigiert, indem die Kurve im L-Kanal (hier zwecks Anschaulichkeit wieder mit einer separaten Einstellungsebene) manipuliert wird. Hierbei lassen wir die Lichter der Deckenlampen und deren Spiegelungen im Fenster bewusst zugunsten einer besseren Durchzeichnung des Gesamtbildes ausfressen und schieben den Weißpunkt ein gutes Stück in den rechten Rand des Histogramms hinein. Die schwache S-Kurve erhöht leicht den Kontrast. Da sich das alles nur in der Luminanz des Bildes abspielt, bleiben die Farben vollkommen unverändert.

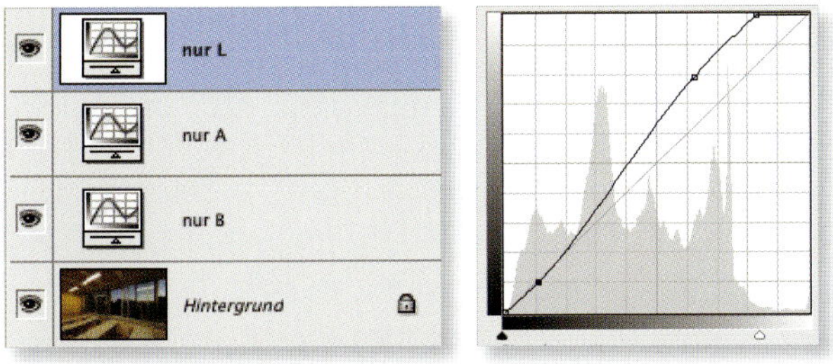

◂ **Abbildung 6.194**
Einstellungsebene für den L-Kanal mit leichter Korrektur des Tonwertumfangs

▴ **Abbildung 6.195**
Original und fertig korrigiertes Bild

Dieses nun fertig gestellte Beispiel zeigt, dass man im LAB-Modus komplexe Neutralisierungsaufgaben erledigen kann, die im RGB-Modus entweder gar nicht oder nur mit erheblichem Mehraufwand (Maskierung, Kombinationen von Füllmethoden usw.) lösbar sind. Ein Vergleichsversuch in RGB mit diesem Beispielbild hat zu eher frustrierenden Ergebnissen geführt. Zu solchen Aufgaben zählen vor allem Mischlichtsituationen wie hier in unserem Beispiel, wo die Farbtemperatur im Innenraum 3 600° K beträgt und außen einen für die späte Abenddämmerung typisch hohen Wert von 6 700° K aufweist. ■

6.12 Farbkorrektur-Plug-ins von Drittherstellern

Bei Filtern von Drittherstellern denken die meisten Photoshop-User an wilde Effekte wie z. B. die legendären Kai's Power Tools. Dass eine ganze Reihe von Softwarefirmen Adobe im ureigensten Revier von Photoshop »Konkurrenz« machen, erstaunt so manchen. So gibt es auch im Bereich Farb- und Tonwertkorrektur einige Produkte, die es wert sind, hier vorgestellt zu werden, vor allem unter zwei professionellen Gesichtspunkten: Qualität und Geschwindigkeit. Neben einigen solcher Werkzeuge, die auch als Standalone-Programme arbeiten, hängen sich die meisten Werkzeuge als Plug-ins in die Photoshop-Struktur ein.

Color Mechanic Pro
Hersteller: Digital Light & Color (*http://www.colormechanic.com*, Mac und Windows, Demo verfügbar, etwa 50 US$, lt. Hersteller demnächst für Photoshop CS3 auf Intel-Macs)

6.12.1 Color Mechanic Pro

Die Herrschaften von Digital Light & Color haben die Photoshop-Features von FARBTON/SÄTTIGUNG und SELEKTIVE FARBKORREKTUR konsequent in Richtung professioneller Color Correction weiterentwickelt, wie sie in Film- und Video-Programmen wie den AVID-Produkten oder Final Cut Pro zu finden ist.

Die Dialogbox von Color Mechanic Pro schaut auf den ersten Blick überraschend einfach aus. Permanenter A/B-Vergleich in den oberen beiden Fenstern erlaubt ein schnelles Arbeiten.

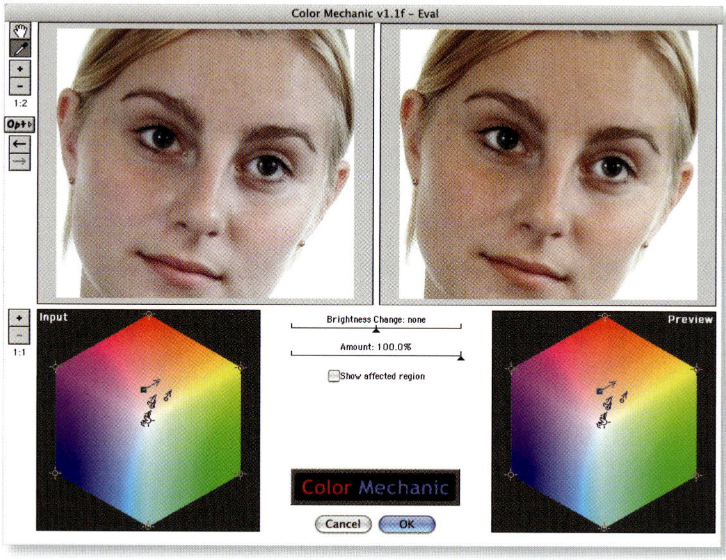

Abbildung 6.196 ►
Das User Interface von Color Mechanic

Das Prinzip von Color Mechanic ist relativ einfach: Ein Klick ins Bild zeigt den Farbton im sechseckigen Diagramm. Nun zieht man einen Pfeil aus dem Punkt, der im Diagramm angelegt wurde, und zwar entweder in die Region eines anderen Farbtons oder nach außen (satter) oder nach innen (neutraler). Will man diesen Ton erhalten, so zieht man einfach keinen Pfeil heraus und nagelt diese Farbe dort praktisch fest. Für den dritten fehlenden Parameter, die Helligkeit, gibt es den Regler BRIGHTNESS, der für jeden Punkt separat einstellbar ist.

Für feine Korrekturen, wie hier in der Hautfarbe des Gesichts, kann man in das Diagramm einzoomen. Punkte lassen sich natürlich auch wieder löschen. Mit den Punkten, die sich standardmäßig in den sechs Ecken befinden, kann man die Farbigkeit als Ganzes beeinflussen. Die Checkbox SHOW AFFECTED REGION macht die Wirkung der Korrektur beim aktuellen Punkt im Bild sichtbar.

▲ **Abbildung 6.197**
Einzoomen ins Farbdiagramm hilft bei delikaten Korrekturen

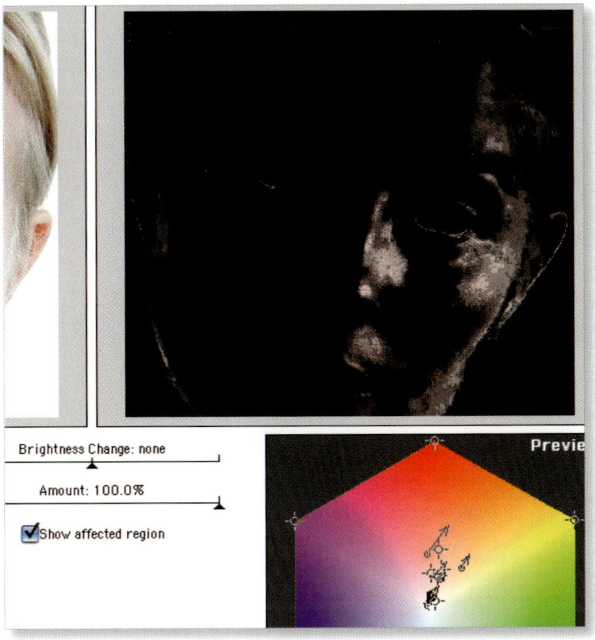

◂ **Abbildung 6.198**
So lassen Sie den Wirkungsbereich der Korrektur eines Punktes anzeigen.

Farbmodus

Color Mechanic arbeitet im 8- und 16-Bit-Modus und mit RGB- wie CMYK-Bildern, wobei, wie bei allen Farbkorrekturarbeiten, 16 Bit unbedingt zu empfehlen sind.

Mit diesen Features, dem anschaulichen User Interface und mit der praktisch nicht begrenzten Anzahl an Messpunkten schlägt Color Mechanic die Bordmittel von Photoshop in diesem Bereich um Längen. Auch die Einfachheit besticht: Ein kurzer Blick in das ohnehin nicht üppige Handbuch, und man kann sofort mit dem Programm arbeiten.

6.12.2 iCorrect EditLab Pro

Eine sinnvolle Zusammenstellung von Photoshops Standard-Werkzeugen Tonwertkorrektur, Farbton/Sättigung, Tiefen/Lichter und Gradationskurven bietet iCorrect EditLab Pro von PictoColor. In Step-by-Step-Manier führt die Dialogbox durch den Prozess, der in logischer Reihenfolge das Bild optimiert.

Der Smart Color Mode entspricht in etwa den diversen Auto-Funktionen in Photoshop. Aktiviert man diesen Modus in den Preferences (Voreinstellungen) von EditLab, so wird bereits mit einem voroptimierten Bild geöffnet, das oft auch schon bereits sehr gut ausschaut.

Demo auf der DVD
Sie finden eine Demo-Version dieses Plug-ins auf der Buch-DVD unter Software/PlugIns/EditLab. Hersteller: PictoColor (*http://www.pictocolor.com*), Mac und Windows, etwa 100 US$.

Schritt für Schritt: Farb- und Tonwertkorrekturen mit EditLab Pro

Lassen wir EditLab auf dieses flaue, zu dunkle und gelbstichige Foto los. Das Original ist nicht in Camera Raw bearbeitet worden, und in EditLab haben wir den Smart Color Mode nicht aktiviert.

Datei auf der Buch-DVD
Sie Beispieldatei finden Sie auf auf der Buch-DVD unter Beispieldateien/06_Farbkorrektur/06_EditLAB.tif.

Abbildung 6.199 ▶
Verbesserungwürdiges Beispielbild

1 Bild neutralisieren

Im ersten der vier mit Tabs gekennzeichneten Arbeitsschritte wird das im Original fehlerhafte Bild anhand eines in Grau gewünschten Punktes neutralisiert.

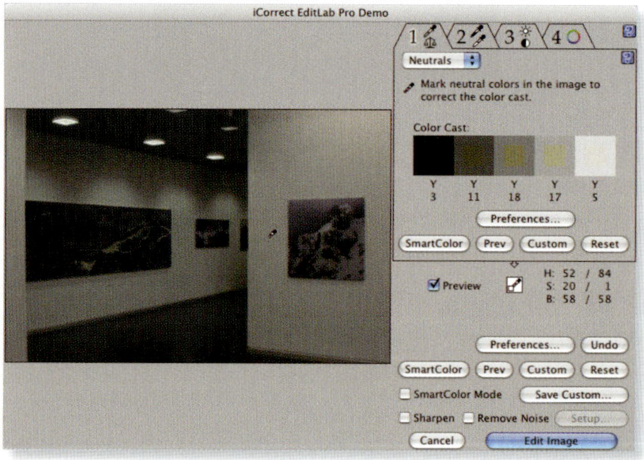

Abbildung 6.200 ▶
Schritt 1 in EditLab: Neutralisieren

2 Tonwertkorrektur

Der zweite Schritt bedarf kaum einer Erklärung, sieht er doch der TONWERTKORREKTUR nicht nur äußerlich sehr ähnlich.

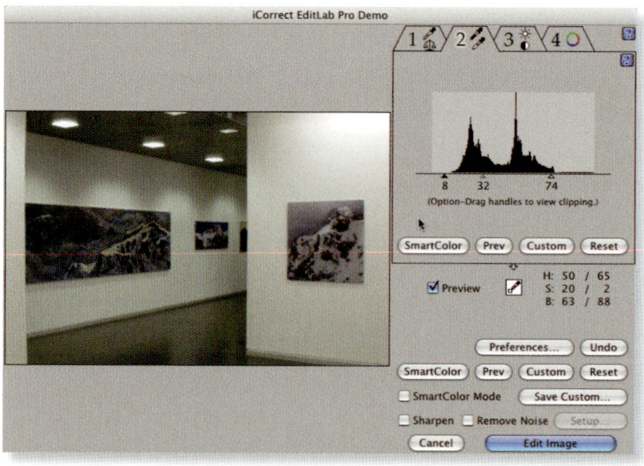

Abbildung 6.201 ▶
Schritt 2: Klassische Tonwertkorrektur

3 Weitere Korrekturen

Der folgende Schritt 3 ist ungefähr eine Kombination der Funktionen, die GRADATIONSKURVEN und TIEFEN/LICHTER mitbringen. Auch eine Korrektur der Sättigung (SATURATION), die ja meist nach all diesen Korrekturen in RGB nötig ist, kann hier vorgenommen werden.

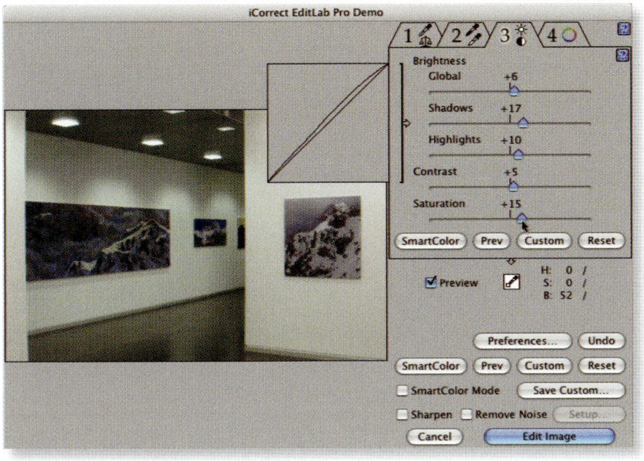

◂ **Abbildung 6.202**
Schritt 3: GRADATIONSKURVE und TIEFEN/LICHTER

4 Farbkorrektur

Im vierten und letzten Schritt schließlich geht es an die Farbkorrektur. Hier haben die Entwickler von PictoColor eine anschauliche Entsprechung der Darstellung der Funktion FARBTON/SÄTTIGUNG von Photoshop gefunden. Mit der Pipette kann einer der sechs Fixpunkte am Farbtonkreis markiert und in Farbtonversatz, Helligkeit und Sättigung verändert werden.

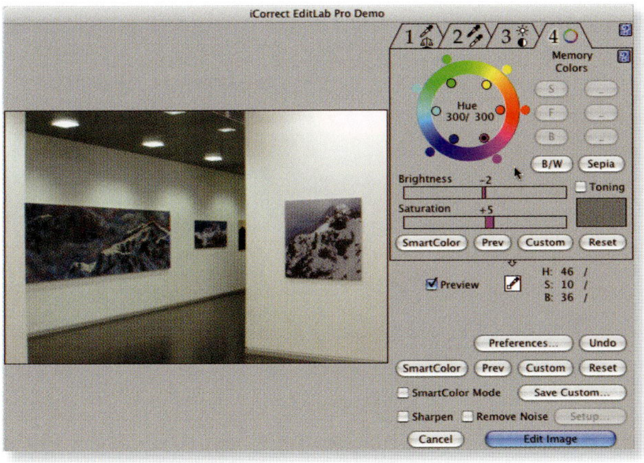

◂ **Abbildung 6.203**
Vierter und letzter Schritt, gleichzeitig das Endergebnis: Selektive Farbkorrektur

Auch wenn EditLab im Grunde keine wesentlich neuen Funktionen gegenüber Photoshop bringt, so ist es aus zwei Gründen eine sinnvolle Ergänzung: Zum einen ist es wesentlich schneller, als die in EditLab verfügbaren Funktionen einzeln in Photoshop aufzurufen. Zum anderen bringt der SMARTCOLOR MODE meist bessere Ergebnisse als die AUTO-Funktionen von Photoshop. Bei Standardfällen erfordern sie meist nur wenig Nachbearbeitung. EditLab funktioniert ebenfalls im 16-Bit-Modus.

Ein wirkliches Highlight ist, dass EditLab die am Bild vorgenommenen Veränderungen als ICC-Profil abspeichern und auch solche Farbprofile editieren kann.

EditLab funktioniert als eines der wenigen Drittherssteller-Plug-ins bereits im neuen Smartfilter-Modus und kann damit nicht-destruktiv angewendet werden.

6.12.3 PhotoTune 20/20 Color MD

Demo auf der Buch-DVD
Eine Demo-Version für Mac und Windows von 20/20 Color MD finden Sie auf der Buch-DVD unter SOFTWARE/PLUGINS/PHOTOTUNE. 20/20 Color MD kostet ca. 50 US$. Weitere Infos erhalten Sie unter *www.phototune.com*.

Eine Abwandlung der Photoshop-Funktion BILD • ANPASSUNGEN • VARIATIONEN stellt das Plug-in 20/20 Color MD dar. Hier gibt es im normalen Modus nicht viel zu regeln, sondern nur ein Frage-Antwort-Spiel, bei dem man immer zwei Alternativen vorgelegt bekommt, von denen man, eventuell nach einer kleinen Anpassung, die bessere auswählen muss.

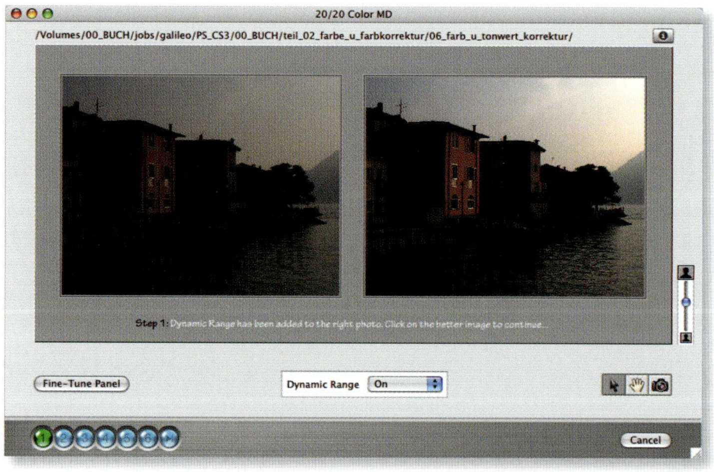

Abbildung 6.204 ▶
Startvergleich bei 20/20 Color MD

Das geht so weiter durch sieben Schritte, wobei meist nur ein einziger Regler verfügbar ist, der zwischen LESS und MORE einstellbar ist und der die gezeigten Unterschiede abmildert bzw. verschärft, bevor man durch den Klick auf das jeweils als besser empfundene Bild zum nächsten Schritt weitergeht. Dabei wird jeweils nach der besseren Variante von zwei Bildern gefragt: Zuerst wird automatisch ein Schwarz- und ein Weißpunkt gesetzt, dann kann man die Helligkeit wählen, und anschließend gibt es nacheinander vier Paare, die einander auf den Farbachsen Rot-Cyan, Gelb-Violett, Grün-Magenta und Gelb-Rot gegenüberliegen.

▲ **Abbildung 6.205**
Sieben Ja/Nein-Entscheidungen führen zum Ziel (hier drei Abbildungen als Ausschnitt).

Nach der letzten Entscheidung öffnet sich die Möglichkeit zum Finetuning. Hier kann der letzte Schritt (Gelb-Rot-Achse) nochmals nachkorrigiert werden. Dann folgt eine Grundeinstellung mit Helligkeit, Kontrast und Sättigung und schließlich noch eine Tonwertbegrenzung für den Druck (Dynamic Range). Unter Hue & Saturation findet sich noch eine abschließende Farbkorrektur.

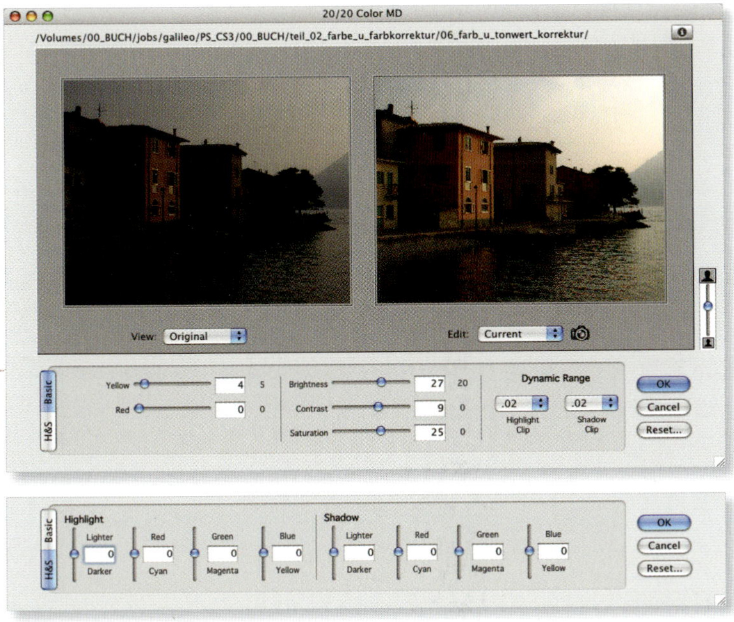

◀ **Abbildung 6.206**
Letzter Schritt des Dialogs mit den Möglichkeiten zum Finetuning des Bildes in den beiden Modi Basic und Hue & Saturation (unten)

20/20 Color MD funktioniert sowohl in 8 als auch in 16 Bit Farbtiefe bereits im neuen Smartfilter-Modus von Photoshop CS3. Es kann damit ebenfalls nicht-destruktiv benutzt werden. Die Photoshop-Funktion Variationen dagegen ist noch immer nicht in Form einer Einstellungsebene verfügbar.

7 Farbmanagement

Um Photoshop als Bildbearbeitungsprogramm dreht sich in diesem Buch zwar fast alles, aber hier sind auch Sachverhalte wichtig, die nicht das Programm allein betreffen. Deshalb ist dieser Punkt auch nicht isoliert zu sehen, sondern verlangt eine generelle Betrachtung. Es wird auch ein wenig physikalisch und theoretisch. Aber es lohnt sich sehr, damit vertrauter zu werden, denn neben Zeitersparnis bedeutet Farbmanagement auch mehr Verlässlichkeit, weniger Irrwege und Verzicht auf kostspielige und mühsame Tests. Zudem wächst die Sicherheit im Datenaustausch mit Geschäftspartnern, weil man verbindliche Angaben zu den Farben seiner Daten machen kann. Der Ärger sowie rechtliche und finanzielle Streitereien über misslungene Drucke werden weniger, und Fehler in der Bearbeitungskette lassen sich leichter finden.

Wozu dient Farbmanagement?
Farbmanagement, oft auch englisch Color Management genannt, dient der Farbsicherheit und Farbkonsistenz über die verschiedenen Arbeitsschritte der Bildbearbeitung. Es erstreckt sich von den verschiedenen Eingabegeräten wie Scanner und Kamera über die Arbeit in Photoshop bis hin zur Ausgabe auf Geräten wie Druckern und Bildschirm.

Trotz dieser guten Argumente wird das Thema Farbmanagement immer noch von vielen Photoshop-Profis eher gemieden. Dafür gibt es mehrere Gründe:

- Altgediente User haben eingespielte Workflows, die sich zum Teil über lange Jahre durch viel Herumprobieren »bewährt« haben und deswegen einigermaßen vorhersagbare Ergebnisse hervorbringen, was Farbgenauigkeit angeht.
- Im Gegensatz zur sonstigen handwerklich-kreativen Arbeit mit Photoshop ist dieser Bereich am Anfang eher theoretisch und unanschaulich. Hier haben vor allem praktisch veranlagte User viele Hemmungen.
- Nimmt man Farbmanagement ernst, erfordert es einige Investitionen in Software und Messgeräte sowie Lern- und Zeitaufwand.
- Die Umgebung muss immer mitspielen. Sowohl die Lieferanten der Daten als auch die Empfänger müssen diesen Workflow konsequent mittragen. Das erfordert fallweise rege Missionstätigkeit gegen den noch immer sehr weit verbreiteten »Das haben wir schon immer so gemacht«-Geist.

Alle diese Punkte lassen sich leicht entkräften, denn wenn Farbmanagement richtig eingesetzt wird, spart es Zeit, Geld und Nerven. Die Sinnfrage erübrigt sich außerdem bei den meisten Photoshop-Usern sehr schnell, wenn sie zum ersten Mal sehen, wie ohne jedes Herumschrauben ein eingescanntes Foto aus dem Farbdrucker kommt, das einfach keine Farbabweichungen gegenüber seinem Original aufweist.

7.1 Was ist Farbmanagement überhaupt?

▲ **Abbildung 7.1**
Referenzfarbraum mit allen sichtbaren Farben

Weil Farbe ein physikalisches Phänomen ist, sollte man meinen, dass die exakte Wissenschaft leicht in der Lage sein sollte, hier für Objektivierbarkeit und Normierung zu sorgen. Aber weit gefehlt, denn unser Sensorium für Farben, das Auge, ist ein derart anpassungsfähiges Organ, dass hier praktisch keine verlässliche Basis vorhanden ist.

Man braucht also für die Objektivierbarkeit zwei Dinge:

- eine objektive Methode, Farben zu messen, und
- einen Wertebereich, der alle Farben umfasst, die wir wahrnehmen können.

Zu den Messmethoden kommen wir später, den Bereich aller für das Auge sichtbaren Farben können wir jetzt schon benennen: Es ist der **Referenzfarbraum**. Dieser Raum lässt sich physikalisch exakt beschreiben und darstellen. Und er ist unabhängig vom Ein- oder Ausgabevermögen einzelner Geräte.

TIPP

Farbräume kann man in 3D-Ansichten besonders gut veranschaulichen. Möglich ist das mit dem ColorSync-Dienstprogramm, das Bestandteil von Mac OS X ist. Dort lassen sich die Farbräume als 3D-Darstellungen im Raum drehen, was diese Materie sehr anschaulich macht. Windows hat so etwas leider nicht eingebaut.
Ebenso geeignet ist aber ColorThink (*http://www.chromix.com*). Man kann das Ganze auch online haben: Auf der Website *http://www.iccview.de* werden 3D-Farbräume gezeigt. Man kann dort auch Vergleiche anstellen und sogar eigene Farbprofile für solche Vergleiche hochladen.

7.1.1 Farbräume

Die Fähigkeit aller Scanner, Drucker, Kameras und Monitore, Farben zu erfassen oder wiederzugeben, ist begrenzt. Alle diese Geräte können nur einen Teil der für das Auge wahrnehmbaren Farben verarbeiten. Das äußert sich in der unterschiedlichen Größe und Form der einzelnen Farbräume.

Dieses Problem versucht das Farbmanagement zu lösen. So sind die Farbräume der meisten Ein- und Ausgabegeräte in der Regel kleiner als z. B. der sogenannte **Arbeitsfarbraum** von Photoshop, was einerseits heißt, dass in Bezug auf Eingabegeräte wie Scanner immer genug Reserven da sind, aber andererseits, dass auf der Ausgabeseite z. B. beim Druck praktisch immer mit Verlusten zu rechnen ist. Den Umfang und die Art dieser Qualitätsverluste zu minimieren und berechenbare und konstante Ergebnisse zu erzielen, ist eine der Kernaufgaben von Farbmanagement.

Um das Ganze etwas anschaulicher zu machen, sollen nun einige Farbräume, denen man bei der Arbeit mit Photoshop begegnet, vergleichend als 2D- und 3D-Grafiken dargestellt werden. Meist werden sie in der verbreiteten »Schuhsohlen«-Form dargestellt. Hierbei wird meist die räumliche Darstellung der Einfachheit auf die Sohle projiziert.

RGB | Einer der größeren nutzbaren Farbräume ist der **Adobe-RGB**-Farbraum. Die meisten Farbräume von Ein- und Ausgabegeräten »haben in ihm Platz«. Er wird sehr oft als Arbeitsfarbraum in Photoshop verwendet, weil bei der Bildbearbeitung so kaum Probleme in Bezug auf nicht darstellbare Farben auftauchen.

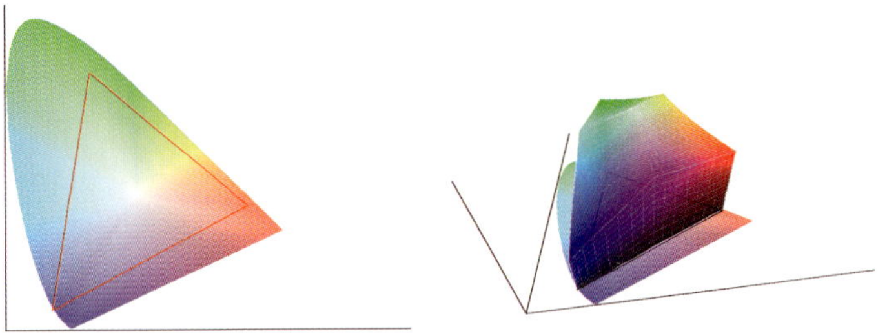

◂ **Abbildung 7.2**
Adobe-RGB-Farbraum

Ein weiterer Arbeitsfarbraum trägt den Namen **sRGB**. Er ist bei den meisten Digitalkameras fix vorgegeben. Er ist eher zu gebrauchen, wenn es nicht um Druckaufgaben geht, also vor allem in Fällen, wo lediglich Bildschirmausgabe gefordert ist wie bei Web- und Multimedia-Anwendungen: Der sRGB-Farbraum ist kleiner als der Adobe-RGB-Farbraum. Letzterer wird deswegen vor allem dann verwendet, wenn später gedruckt werden soll.

Weitere, ähnlich große und gebräuchliche RGB-Farbräume sind **ColorMatch-RGB** und **ECI-RGB**.

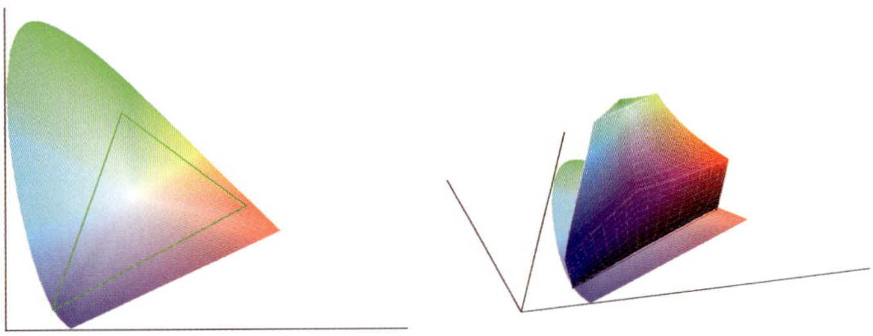

◂ **Abbildung 7.3**
Der sRGB-Farbraum

CMYK | Von den Farbräumen, die den Umfang der darstellbaren Farben bei Druckverfahren umreißen, seien hier derjenige für **ISO coated** (gestrichenes Papier) als Beispiel für ein Verfahren und derjenige für einen **Farblaserdrucker** als Beispiel für ein konkretes Gerät genannt. Sehr schön zu sehen ist hier, dass der Farbraum für den Farblaserdrucker sichtlich kleiner ist.

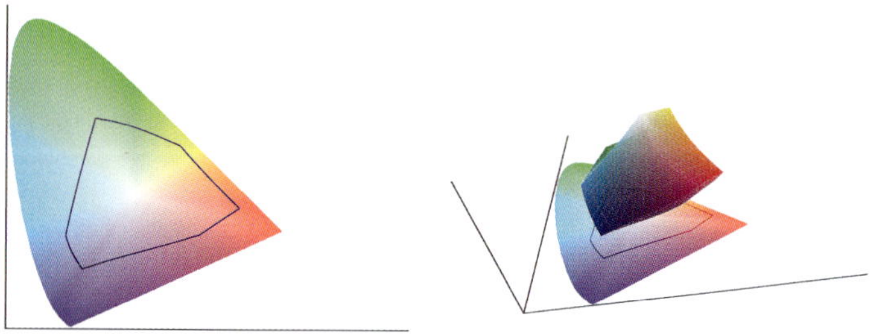

Abbildung 7.4 ►
Farbraum für ISO coated

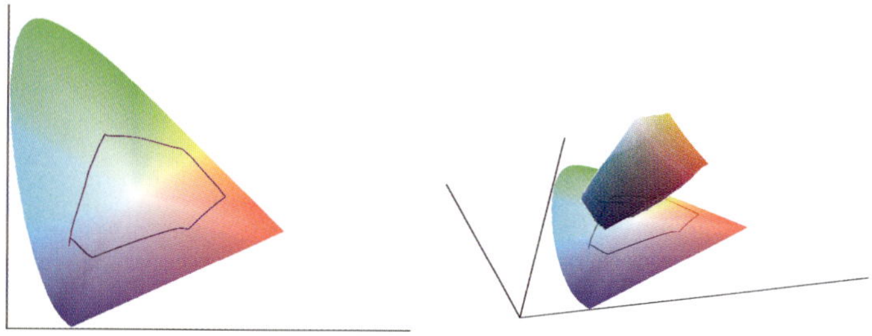

Abbildung 7.5 ►
Farbraum für Farblaserdrucker

Als Beispiel für ein Eingabegerät soll ein (guter) **Scanner** dienen. Hier sieht man, dass der Bereich darstellbarer Farben bereits einen Großteil des Referenzfarbraums umfasst, an einigen Stellen (blauviolett) sogar darüber hinausgeht.

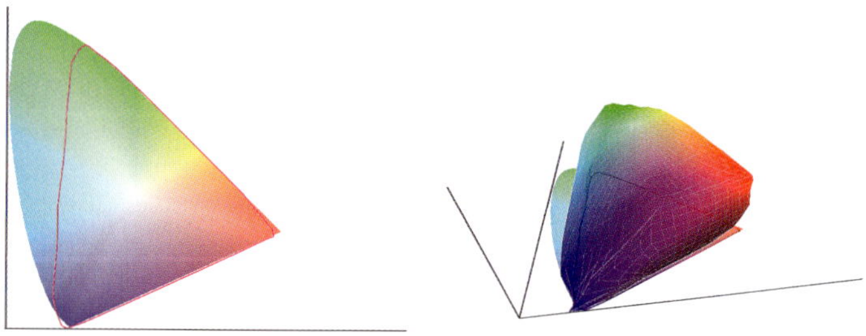

▲ **Abbildung 7.6**
Farbraum für Scanner

Farbräume im Vergleich
Vergleicht man einzelne Farbräume in der flachen »Schuhsohlen«-Darstellung in Bezug auf den Referenz-Farbraum ❶, so ergibt dies folgendes Bild:
❷ Adobe-RGB-Farbraum
❸ sRGB-Farbraum
❹ ISO coated-Farbraum
❺ Farbumfang eines Farblaserdruckers
❻ Farbumfang eines Scanners
Sehr schön zu sehen ist, dass der sRGB-Farbraum im Gegensatz zu Adobe-RGB nicht den ganzen Druckfarbraum abdeckt (Blau- und Grüntöne).

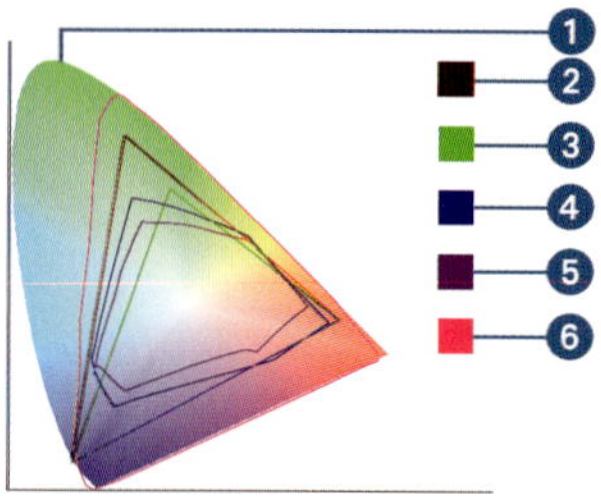

▲ **Abbildung 7.7**
Profilvergleich

Als Ausgabefarbraum ist natürlich noch der Umfang dessen sehr wichtig, was der **Monitor** zeigen kann. Meist kommt das, je nach Qualität, mehr oder weniger an den sRGB- und den Adobe-RGB-Farbraum heran.

7.1.2 Farbprofile

Die Aufgabe des Farbmangements ist es nun, diese verschiedenen Farbräume der Ein- und Ausgabegeräte mit dem Arbeitsfarbraum so in eine rechnerische Beziehung zu setzen, dass die Farbcharakteristik eines Bildes während der verschiedenen Arbeitsschritte im Idealfall gleich bleibt. Eine solche mathematische Beschreibung wird Farbprofil oder **ICC-Profil** genannt.

Auch wenn sich unterschiedliche Farbprofile am gleichen Bild im Druck dieses Buches nur schwer darstellen lassen (die Druckausgabe hat ja die kleinsten Farbräume, deshalb wurde hier leicht übertrieben), soll der folgende Vergleich einige Profile visuell gegenüberstellen.

▲ **Abbildung 7.8**
Visueller Farbraum-Vergleich: ❶ ist das unprofilierte Original, ❷ sRGB, ❸ ColorMatch RGB, ❹ ein Profil für den Druck mit starkem Schwarzaufbau und ❺ für den Druck nach ISO coated.

Anhand eines ICC-Profils für den Scanner wird eine eingescannte Bilddatei in Beziehung zum Referenzfarbraum gebracht, während ein weiteres Profil für den Monitor dafür sorgt, dass dieser die Datei während der Bearbeitung farbrichtig anzeigt. Das Bildschirmprofil ist damit auch eines der wichtigsten Farbprofile, denn die Basis aller Arbeit mit Programmen wie Photoshop ist ja das, was man am Bildschirm sieht.

Jedes Gerät versteht etwas anderes unter Farbe. Die Farbprofile sind die genauen mathematischen Beschreibungen der Farbräume von einzelnen Geräten und des sogenannten Arbeitsfarbraums, der uns hier in erster Linie als der Farbraum von Photoshop interessiert. Auch Photoshop ist im Grunde ja nichts anderes als ein »Gerät«, das ebenfalls eine Beschreibung dessen braucht, was es darstellen und verarbeiten kann!

Diese Farbprofile können an Dateien angehängt werden. Zu diesem Zweck existieren für die wichtigsten Bilddatenformate (TIFF, PSD, JPG, EPS usw.) genormte Vorschriften, wo und wie diese Profile in die Datei eingebettet werden.

[ICC]
Praktisch alle namhaften Hersteller von Soft- und Hardware, die in irgendeiner Form mit Farben zu tun haben, sind Mitglied im International Color Consortium. Auf der Basis von ColorSync, einer Entwicklung von Apple und Linotype, die schon früh Bestandteil des Mac-Betriebssystems war, hat das ICC eine Normungsplattform für das Farbmanagement geschaffen. Natürlich sind ICC-Profile plattformunabhängig.

7.1.3 Color Management Modul und Rendering Intent

Bevor wir uns der Erstellung und dem Gebrauch von Farbprofilen zuwenden, sind noch zwei sehr wichtige Begriffe zu erwähnen: das Color Management Modul und der Rendering Intent.

CMM ≠ CMM
Zur allgemeinen Begriffsverwirrung trägt die zweifache Verwendung der Abkürzung CMM bei: Neben Color Management Modul taucht auch ab und zu der Begriff Color Matching Method auf, der meist aber den Rendering Intent meint.

Gamma-Probleme

Abgesehen von verschiedenen Farbprofilen ist beim Datentransfer zwischen der Mac- und der Windows-Welt zu beachten, dass beide mit einem unterschiedlichen Gamma-Wert arbeiten: Während am **Mac** das Gamma von **1,8** Standard ist, arbeitet **Windows** mit einem Wert von **2,2**. Das heißt, dass am Mac erstellte Bilder auf Windows zu dunkel erscheinen und umgekehrt solche, die von Windows stammen, am Mac zu hell sind. Das ist vor allem auch bei der Bildschirmausgabe (z. B. Web oder CD-ROM) zu berücksichtigen. Im Dialog Datei • Für Web und Geräte speichern trägt Photoshop dem Rechnung (siehe Kapitel 11).

Color Management Modul | Das Color Management Modul (CMM) ist die Systemroutine, die für die Umrechnung zwischen den Farbräumen mittels der Farbprofile zuständig ist. Am Mac ist das **ColorSync**, bei Windows-Systemen das Image Color Matching (ICM) bzw. bei Microsofts neuem Betriebssystem Vista das **Windows Color System** (WCS).

Darüber hinaus bietet Adobe für seine Produkte ein eigenes CMM an, die Adobe Color Engine (ACE). Diese ist vor allem dann zu bevorzugen, wenn plattformübergreifend gearbeitet wird, sie ist aber auf Programme der Adobe-Palette beschränkt. Das CMM ist also der Ort, »wo« die Farbraumumrechnungen passieren.

Rendering Intent | Das »Wie« dieser Umrechnungen wird mit dem Rendering Intent beschrieben. Dessen Charakteristik ist sehr davon abhängig, welches Bildmaterial vorliegt und ob es sich um ein Eingabe-, Anzeige- oder Ausgabe-Profil handelt. Der Rendering Intent kommt erst bei der Anwendung von Profilen zum Tragen und wird dort eingehend besprochen (siehe Abschnitt 7.4.1).

7.2 Arbeitsplatz und Beleuchtung

Bevor das Werkzeug Farbmanagement überhaupt wirksam werden kann, muss man sich der Tatsache bewusst werden, dass das Auge in seiner **Farbwahrnehmung** vo#n drei Faktoren beeinflusst wird, die nichts mit dem Computer oder seiner Peripherie zu tun haben:

- der Beleuchtung des Arbeitsplatzes
- der dort vorhandenen Gesamthelligkeit
- den Umgebungsfarben

Um diese Faktoren plakativ zu beschreiben: Ein Grafiker, der in einem abgedunkelten Raum mit konstantem Kunstlicht vor einem Monitor sitzt, dessen Oberfläche nichts Helles oder Buntes hinter seinem Rücken reflektiert und auf den auch kein direktes Licht scheint, wird völlig andere Ergebnisse bekommen als sein Kollege, der tagsüber direkt am Fenster sitzt und dessen Schreibtischlampe abends seinen Platz und den Bildschirm beleuchtet. Hat dieser z. B. auch noch ein leuchtend buntes T-Shirt an, das sich im Monitor spiegelt, verschärft das den Unterschied weiter. Bevor man hier nicht konstante und verlässliche Verhältnisse schafft, hat Color Management wenig Sinn.

Unser Auge passt sich der Umgebung grundsätzlich immer an. Unsere Beurteilung der Farbe einer Bilddatei wird also immer maßgeblich von den Umgebungsbedingungen mitbestimmt. Das kann man nicht deutlich genug sagen.

7.2.1 Der ideale Arbeitsplatz

Wie schaut also ein idealer Arbeitsplatz aus, den der Photoshop-User haben sollte, wenn er wirklich farbverbindlich arbeiten will? Das lässt sich kurz in einigen Punkten zusammenfassen:

- Für die **Beleuchtung** von professionellen Grafik-Arbeitsplätzen gibt es Normen (ISO 3664), die die Betrachtungsbedingungen betreffen. Sie erstrecken sich auf die Lichtfarbe und die Helligkeit der Umgebungsbeleuchtung: Die Farbtemperatur sollte 5000° K (Kelvin) betragen. Es ist allerdings auch das Farbspektrum wichtig, also die Verteilung der Farben, die im Gesamteindruck Weiß ergeben.
  Normlicht mit 5000° K und gleichmäßiger Farbverteilung im Spektrum wird auch als D50 bezeichnet und ist z. B. in Druckereien für die Abmusterung vorgeschrieben.
  Die Umgebungshelligkeit sollte im Bereich von 32 bis 64 Lux liegen. Das ist sehr viel weniger als normales Bürolicht! Aber nur dann ist die typische Lichtabstrahlung des Monitors im Vergleich zur Umgebung weder zu hell noch zu dunkel. Messgeräte für professionelles Farbmanagement verfügen über einen Modus zur Umgebungslichtmessung sowohl für die Farbtemperatur als auch für die Helligkeit. Behelfsmäßig kann man aber auch ein simples Blatt Papier nehmen. Es sollte kein großer Helligkeitsunterschied zwischen dem Papier und einer weißen Fläche am Monitor bestehen.
- Der Arbeitsplatz sollte **nicht am Fenster** liegen. Die Farbtemperatur des Tageslichts schwankt extrem von Werten um 3000° K bei gelb-roter Morgen- oder Abendsonne bis hin zu 9000° K bei strahlend blauem Himmel nahe bei nordseitigen Fenstern. D50 entspricht im Vergleich dazu in etwa gleichmäßig bedecktem Himmel.
- Der Monitor darf **kein Streulicht** abbekommen. Man sollte das Arbeitsplatzlicht entsprechend abblenden oder dem Monitor einen Blendschutz (Hutze) gönnen. Bei Profi-Monitoren wird so etwas mitgeliefert. Selbstbau ist aber auch nicht schwer.
- **Hinter dem Rücken des Grafikers** sollte keine große Helligkeit herrschen, die sich im Monitor spiegelt. Auch starkfarbige Gegenstände stören. Die Glasflächen der Röhrenmonitore sind trotz Entspiegelung hiervon stärker betroffen als die meist matten Flachbildschirme. Störende Farbe kann natürlich auch von der Kleidung des Grafikers ausgehen oder von Gegenständen auf der Tischfläche des Arbeitsplatzes!

D50-Beleuchtung

Eine Arbeitsplatzbeleuchtung, die D50 entspricht, garantieren z. B. professionelle Leuchtstoffröhren von Just Normlicht (*http://www.just-normlicht.de*). Für eine 120-cm-Röhre (36 Watt) muss man mit etwa 25 € rechnen. Das ergibt allerdings schon viel Licht, wenn diese Beleuchtung eher nahe am Monitor ist. Zum Vergleich: Zwei kleine Schreibtischlampen mit je einer 11-Watt-Tageslicht-Leuchtstoffröhre rechts und links des Monitors ergeben bereits fast 70 Lux. Diese Tageslichtröhren sind übrigens eine halbwegs brauchbare Alternative zu Normröhren. Sie liegen nicht so präzise bei D50 (meist 4900 bis 5100° K), sind dafür aber billig und in jedem besseren Elektroladen zu haben. Beispiele sind Osram Lumilux de Luxe oder Philips TLD de Luxe. Beide müssen nach der Wattzahl mit »950« gekennzeichnet sein, was für 5000° K steht.

▲ **Abbildung 7.9**
Helligkeitsvergleich Umgebung – Monitor

▲ **Abbildung 7.10**
Monitor mit Blendschutz

- Auf dem Monitor sollte **kein Schreibtischhintergrund** zu sehen sein: weder Südseestrand noch Blumenwiese, sondern einfach nur 50% Grau. Einzige Alternative dazu: der ECI-Monitortest-Schreibtischhintergrund, mit dem sich nebenbei auch permanent wichtige Parameter des Bildschirms im Auge behalten lassen.

ECI-Monitortest
Sie finden den ECI-Monitortest-Hintergrund für Mac und Windows in den wichtigsten Bildschirmgrößen auf der Buch-DVD unter SOFTWARE/FARBE. Eine Anleitung dazu liegt als PDF bei.

Es klingt nicht sehr gemütlich, aber ideal wäre letztlich ein komplett mittelgrau gewandeter User mit einem grauen Schreibtisch in einem grauen Raum mit Normlicht. Das ist vielleicht das eine Extrem, aber der eine oder andere Leser wird möglicherweise feststellen müssen, dass sein Arbeitsplatz eher dem Gegenteil nahekommt. Die Erfahrung zeigt, dass manchmal gerade der Traumarbeitsplatz im schicken Designerloft mit Riesenfenstern und ähnliche als besonders angenehm empfundene Arbeitsplätze unter diesen Gesichtspunkten schlicht unbrauchbar sind.

▲ **Abbildung 7.11**
ECI-Monitortest-Hintergrund

7.2.2 Profile erstellen

Um nun ein Farbprofil für ein Ein- oder Ausgabegerät zu bekommen, muss dieses Gerät, wie bei jedem Messvorgang, mit einer bekannten Referenz verglichen werden. Genau diese Abweichung der Farbdarstellung des Geräts von dieser Referenz zu beschreiben, wird dann später die Aufgabe des Profils sein. Es wird also ein Messgerät und eine Referenz gebraucht, um die Geräte zu **profilieren**. Die folgenden Abschnitte erklären das Vorgehen für die einzelnen Geräte.

Monitor vermessen | Der Monitor wird mit einem **Kolorimeter** vermessen. Dieses Messgerät kann nur selbstleuchtende Objekte wie Bildschirme erfassen. Meist wird dem am Bildschirm befestigten Messkopf von einer passenden Software eine genormte und bekannte Sequenz an Farben vorgespielt. Aus den Differenzen von gemessenen Ergebnissen und der Referenz wird das Farbprofil errechnet. Die Referenz ist meist durch die Kalibrierung des Herstellers gegeben. Hochwertige Geräte werden vor jeder Messung an einer Referenz wie z. B. einer hochlichtstabilen weißen Kachel kalibriert. Dazu finden Sie mehr in Abschnitt 7.2.3, »Monitor-Kalibrierung quick and dirty«.

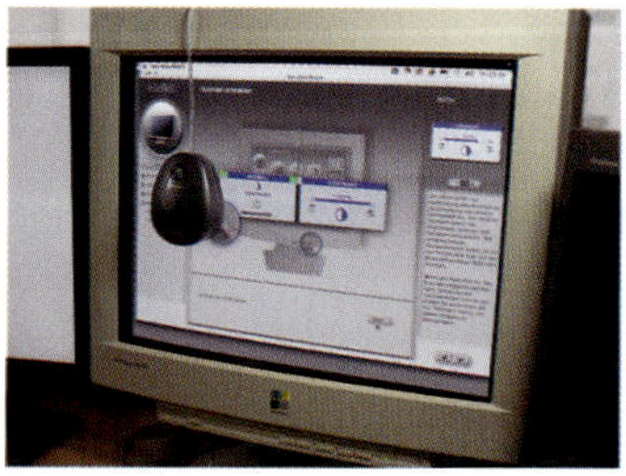

▲ **Abbildung 7.12**
Monitor-Messung mit Kolorimeter

▲ **Abbildung 7.13**
Scanner mit Target

Scanner vermessen | Einen Scanner kann man ausmessen, indem man ein genormtes Bild, in der Regel ein besonders hochwertiges Foto mit einem Testmuster, ein sogenanntes **Target**, einscannt und die gewonnene Bilddatei mit den bekannten (oder noch besser zuvor ausgemessenen) Farbwerten des Targets von einer Profilierungssoftware vergleichen lässt. Dia-Scanner oder Flachbett-

Scanner mit Durchlichteinheit werden analog dazu mit speziellen Dia-Targets vermessen.

Drucker vermessen | Drucker lässt man eine genormte Datei, ein **Test-Chart** (in der Regel ein ähnliches Target-Bild wie das bei der Scanner-Kalibrierung benutzte), ausdrucken und misst diese dann aus.

Hierzu benötigt man ein **Spektrofotometer**, das im Gegensatz zum Kolorimeter Farben von Materialoberflächen vermessen kann. Weil hier eine spezielle hochstabile Lichtquelle die Farbfelder für die Messung beleuchten muss und dazu der technische Aufbau des Messkopfes dieser Geräte wesentlich komplizierter ist, muss man für Spektrofotometer leider wesentlich tiefer in die Tasche greifen als für Kolorimeter.

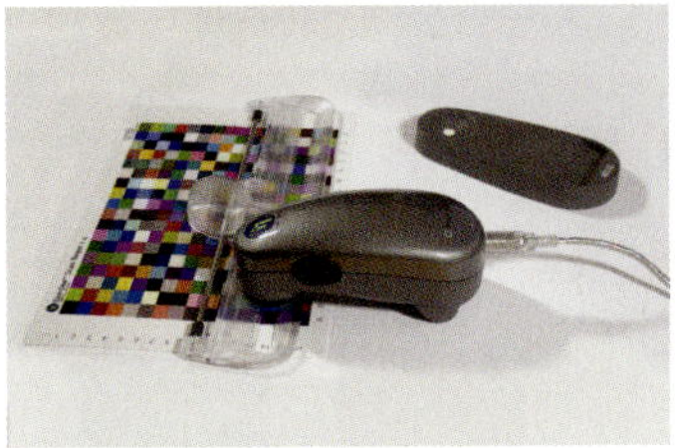

▲ **Abbildung 7.14**
Vermessen eines gedruckten Test-Charts mit einem Spektralfotometer

Einzelne Farbmanagement-Lösungen versuchen diese Klippe zu umschiffen, indem der zuvor kalibrierte Scanner das Spektrofotometer ersetzt und die gedruckte Messdatei einliest. Weil dann für eine Komplettlösung, die alle Geräte umfasst, nur das wesentlich preisgünstigere Kolorimeter gebraucht wird und ein Scanner oft vorhanden ist, ist dieser Weg für viele eine interessante Alternative. Natürlich hängt die erreichbare Qualität der Farbprofile sehr stark von der Leistungsfähigkeit des Scanners und von der Genauigkeit seiner Kalibrierung ab. Für viele Ansprüche ist das aber durchaus genügend, auch wenn ein Scanner niemals ein Messgerät ist.

Digitalkamera vermessen | Ähnlich wie beim Scanner verläuft die Kalibrierung bei **digitalen Kameras** über die **Aufnahme eines Targets**. Diese sind allerdings oft anders aufgebaut als Scanner-Targets und werden in der gleichen Umgebung und mit den gleichen Kameraeinstellungen aufgenommen, die dann auch natürlich für die eigentlichen Aufnahmen exakt so beibehalten werden müssen. Das Kalibrieren einer Digitalkamera ist also nur in lichtstabilen Studio-Situationen sinnvoll. Im Gegensatz dazu würde man bei Außenaufnahmen mit einem Farbprofil genau die Lichtstimmungen, auf die man vielleicht lange gewartet hat, auf eine neutrale Farbigkeit zwingen, was ja in der Regel eben nicht gewünscht ist.

▲ **Abbildung 7.15**
Target für Digitalkamera

7.2.3 Monitor-Kalibrierung »quick and dirty«

Zumindest die Monitor-Kalibration kann man statt mit einem Messgerät auch mit »Bordmitteln« erledigen. Weil diese aber unter professionellen Gesichtspunkten keine wirklich brauchbaren Ergebnisse bringen, seien sie hier nur kurz erwähnt:

Adobe Gamma für Windows und das Monitor-Kontrollfeld bei Mac OS X.

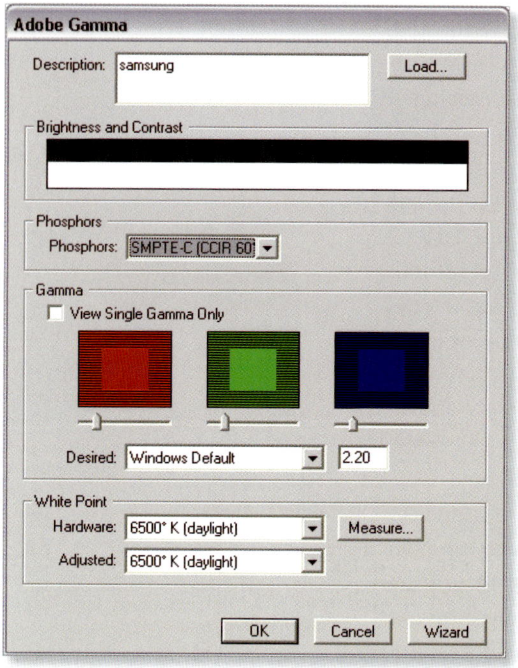

▲ **Abbildung 7.16**
Adobe Gamma findet sich unter START • EINSTELLUNGEN • SYSTEMSTEUERUNG.

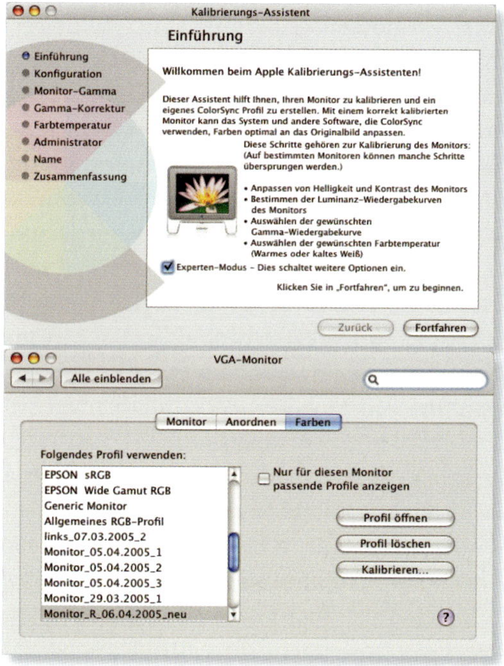

▲ **Abbildung 7.17**
Das Monitor-Kontrollfeld bei Mac OS X findet man im Apfelmenü unter SYSTEMEINSTELLUNGEN • HARDWARE • MONITORE.

Adobe Gamma wurde bisher auf Windows-Systemen automatisch mit Photoshop und anderen Adobe-Produkten mitinstalliert. Mit der neuen Version CS3 ist das nicht mehr der Fall. Adobe Gamma kann aber von älteren Installationen durchaus noch auf Ihrem System zu finden sein und sollte dann deaktiviert oder deinstalliert werden.

Für alte Systeme vor Mac OS X gab es ebenfalls ein Adobe Gamma-Kontrollfeld. Ab Mac OS X ist die Kalibriermöglichkeit Bestandteil von ColorSync im Betriebssystem. Beide sind sehr ähnlich und benutzen das Auge als »Messinstrument«, das speziell bei der Einschätzung der Umgebungsbedingungen meist versagt. Die Kalibrierung liefert bei beiden einfach und schnell ein ICC-Profil für den Monitor, das aber bei der Unzuverlässigkeit der Resultate nur für Webdesigner o. Ä. ausreichend ist, wo ohnehin bei der Ausgabe kaum eine Farbverbindlichkeit gefordert werden kann. Für alle anderen User, die in irgendeiner Form mit Druckausgabe zu tun haben, gilt: Finger weg!

7.3 Profilierung mit Drittanbietern

Zugegeben, zuvor gab es einiges an Theorie. Sie wollen nun sicher wissen, wie das genau geht. Auch wenn Sie gerade ein Buch über Adobe Photoshop lesen, wird es nun um Lösungen von Drittherstellern gehen, denn Adobe bietet derlei nicht an. Außerdem sind die Messgeräte ja Hardware, die mit entsprechender Kalibrierungs- und Profilierungssoftware zusammenarbeiten müssen.

Hier kocht natürlich jeder Hersteller sein eigenes Süppchen, und es ist nicht allzu vieles zu Konkurrenzprodukten kompatibel. Praktisch alle Produkte auf dem Markt unterstützen hingegen selbstverständlich die Norm der ICC-Profile und damit die Zusammenarbeit mit den jeweiligen CMMs vom Betriebssystem oder von Adobe. Eingehende Recherche ist sicher angebracht, bevor man sich für ein System entscheidet.

7.3.1 Arbeitsplatz profilieren mit Eye-One Pro von GretagMacbeth

Als Beispiel für die Profilierung soll hier Eye-One Pro von GretagMacbeth dienen. Das ist einer der führenden Hersteller von Farbmess- und Management-Lösungen in der Druckvorstufe und im Druckereigewerbe.

▲ **Abbildung 7.18**
Eye-One Pro Color Management als Komplettpaket

Eye-One Pro hat den großen Vorteil, dass sich alle Profilierungsaufgaben mit der gleichen Kombination aus Spektrofotometer und Software erledigen lassen. Benötigte Features lassen sich separat freischalten. Die Benutzeroberfläche ist auf leichte Bedienung ausgerichtet, liefert aber professionelle Qualität bei den erstellten Farbprofilen. Das sehr günstige und einfache Eye-One Display 2 kann als Kolorimeter nur Monitore kalibrieren, dafür allerdings alle Typen (manche Lösungen haben Probleme mit Flachbildschirmen!). Die Software, Eye-One Match, wird bei beiden Messgeräten benutzt.

Eye-One Pro ist für Mac und Windows erhältlich. Es beginnt mit einer Monitor-only-Lösung bei etwa 290 € und reicht bis zu einer Komplettlösung für fast alle Ein- und Ausgabegeräte um etwa 3 000 € (Website des Herstellers: *http://www.gretagmacbeth.ch*).

Es folgen vier Workshops, in denen wir uns den verschiedenen Geräten widmen wollen: Monitor, Scanner, Drucker und zu guter Letzt der Profilierung einer Digitalkamera. Hier wird deutlich, welchen Aufwand das Ganze in etwa ausmacht.

Mehrere Monitore

Will man an einem Computer mit mehreren Monitoren diese auch separat profilieren, so geht das nur, wenn für jeden Monitor eine eigene Grafikkarte eingebaut ist. Bei den meisten heute üblichen Doublehead-Karten geht das nicht, weil darauf nur ein Grafikchip für beide Monitorausgänge arbeitet. Hier muss man sich für einen der beiden als farbkritischen Bildschirm entscheiden und versuchen, den Zweitschirm mit den Möglichkeiten der Monitor-Hardware an den profilierten anzugleichen. Bei den meisten Grafikern zeigt aber dieser zweite Schirm ohnehin nur die Paletten z. B. von Photoshop.

Schritt für Schritt: Monitor profilieren mit Eye-One Pro

1 Gerät wählen

Auf dem Auswahl-Screen von Eye-One wählt man das zu profilierende Ein- oder Ausgabegerät aus, in diesem Fall den Monitor.

Außerdem ist zwischen Basis-Modus und Erweiterter Modus zu wählen. Im Basis-Modus fehlen eine ganze Reihe Einstellmöglichkeiten, die das Ganze einfacher und schneller machen, aber auch ungenauer. Das gilt übrigens auch für die Profilierung der anderen Geräte.

Ist das Eye-One Display 2-Kolorimeter am USB-Port angeschlossen, ist dies die einzige Wahlmöglichkeit. Bei Eye-One Pro ist die Auswahl vom Umfang der freigeschalteten Features abhängig.

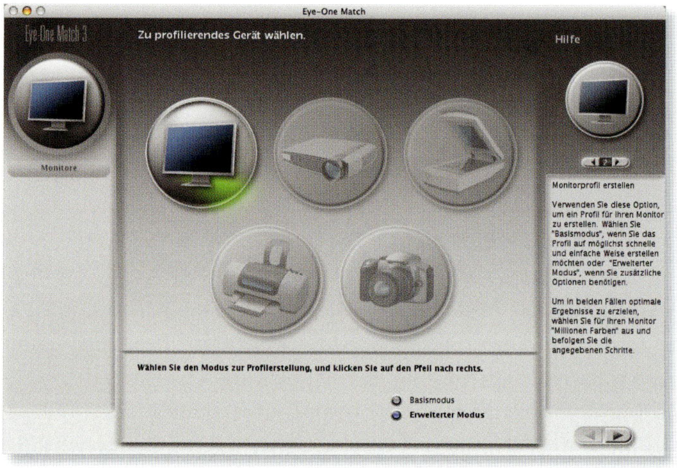

Abbildung 7.19 ▸
Auswahl-Screen von Eye-One Match

Danach wird zwischen Röhren- oder Flachbildschirm oder einem Notebook-Bildschirm unterschieden, die alle drei unterschiedliche Anforderungen an die Profilierung haben.

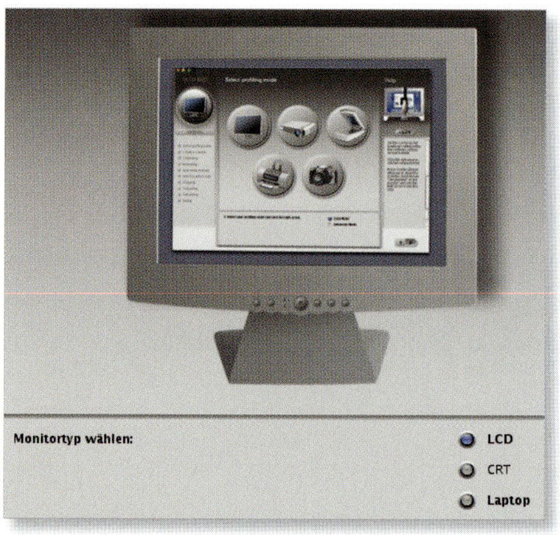

Abbildung 7.20 ▸
Bildschirmtyp auswählen

2 Zielvorgaben festlegen

Im nächsten Schritt legt man die Zielvorgaben fest.

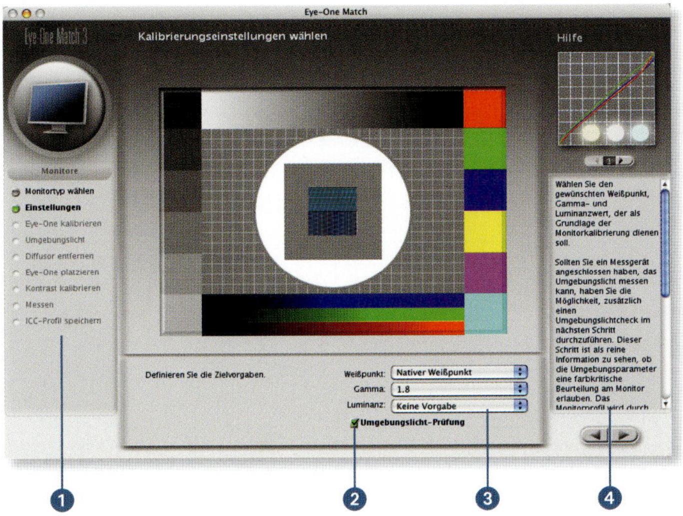

◀ **Abbildung 7.21**
Einstellung der Vorgaben

Will man zunächst das Umgebungslicht messen, kann man hier vorher die entsprechende Checkbox markieren ❷. Dieser Schritt ist vor allem für die spätere Arbeit in Photoshop wichtig, denn auch bei messtechnisch vollkommen korrekten Profilen ist das Umgebungslicht für die Beurteilung der Ergebnisse unserer Arbeit in Photoshop entscheidend.

Das Ergebnis dieser Messung dient also zur Überprüfung der zuvor besprochenen Arbeitsplatzbedingungen. Da wir hier mit einem geeichten Messgerät arbeiten, ist die eigentliche Profilerstellung von der Umgebung unabhängig.

Auf diesem Screen kann man die Zielvorgaben ❸ wie Weißpunkt, Gamma und Luminanz einstellen. Diese sind im Basis-Modus nicht sichtbar, sondern nur im erweiterten Modus.

Zu den einzelnen Schritten, die links in der abgearbeiteten Reihenfolge zu sehen sind ❶, finden sich rechts unter Hilfe ❹ ausführliche Erklärungen, was gerade passiert, und Wissenswertes dazu.

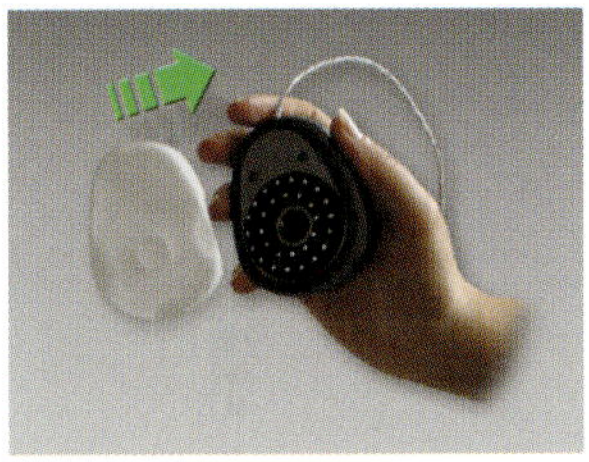

▲ **Abbildung 7.22**
Umgebungslicht-Messung, hier mit Eye-One Display 2

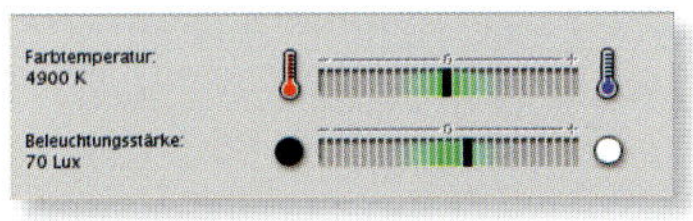

▲ **Abbildung 7.23**
Ergebnis der Umgebungslicht-Messung

3 Messgerät befestigen

Als Nächstes fordert Eye-One Match dazu auf, das Messgerät am Monitor zu befestigen. Eye-One Match findet automatisch die Stelle, wo sich das Messgerät befindet.

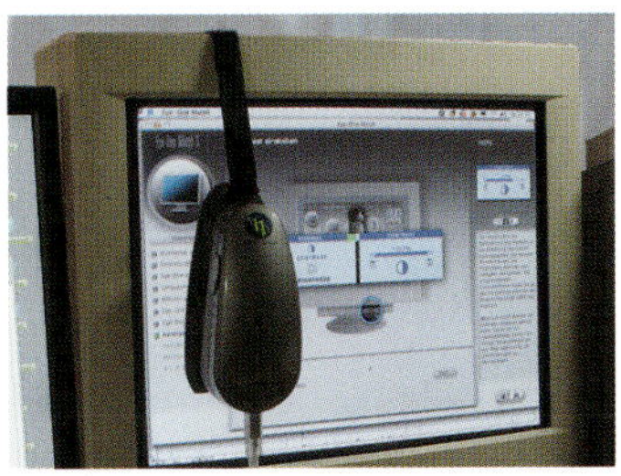

▲ **Abbildung 7.24**
Eye-One Pro-Messgerät am Monitor

4 Kontrast einstellen

Nun ist der Kontrast auf 100 % zu stellen. Dann wird der Kontrast so lange zurückgenommen, bis die Messskala einen Wert im grünen Bereich anzeigt.

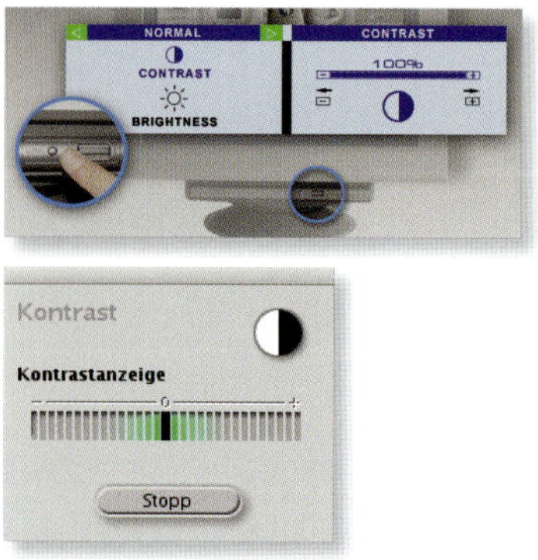

▲ **Abbildung 7.25**
Kontrasteinstellung

Einstellungen sichern

Die ermittelten und hardwaremäßig am Monitor eingestellten Werte für Kontrast und Helligkeit sind die Grundlage der nun folgenden Kalibrierung und dürfen später niemals verstellt werden, weil dann das erstellte Profil nicht mehr gilt und wertlos wird. Profis geben einen Streifen Klebeband über die entsprechenden Einstellknöpfe am Monitor oder schützen diese anderweitig gegen versehentliche Veränderung.

5 Helligkeit einstellen

Das Einstellen der Helligkeit läuft nach dem gleichen Schema ab:

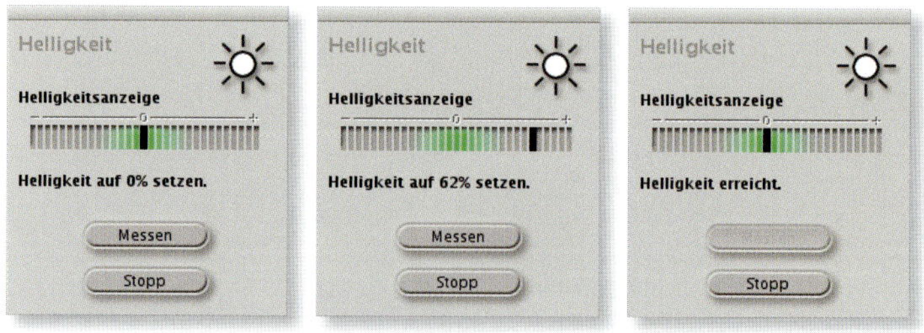

▲ **Abbildung 7.26**
Annäherung an die optimale Helligkeit

6 Profilierungsvorgang

Nun startet der eigentliche Profilierungsvorgang. Eye-One spielt dem Messgerät eine ganze Reihe Farben am Monitor vor, deren bekannte Werte mit den vom Messgerät erfassten Werten verglichen werden. Das dauert normalerweise nur wenige Minuten. Wenn die Messung beendet ist, berechnet die Software das Farbprofil.

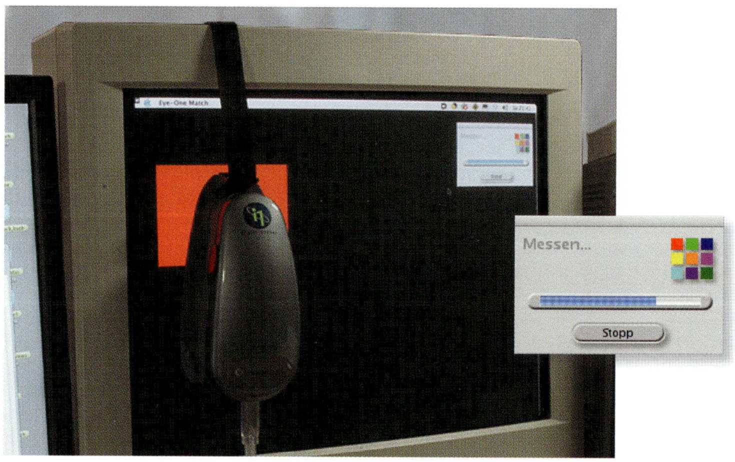

▲ **Abbildung 7.27**
Profilierungsvorgang

7 Profil speichern

Das Ergebnis wird angezeigt und muss nur noch bestätigt werden. Dann wird es gespeichert und gleichzeitig dem Monitor zugewiesen. Ebenso kann ein Reminder eingestellt werden, der an die Erneuerung der Kalibrierung erinnert.

Nach dem Ergebnis-Screen wird verraten, wohin Eye-One die Profile speichert: Bei Windows XP sind Farbprofile unter

Systemfestplatte\WINDOWS\system32\spool\drivers\color zu finden, beim Mac unter Systemfestplatte/Library/ColorSync/Profiles. (Bei anderen Windows-Versionen kann der Speicherort auch woanders liegen.)

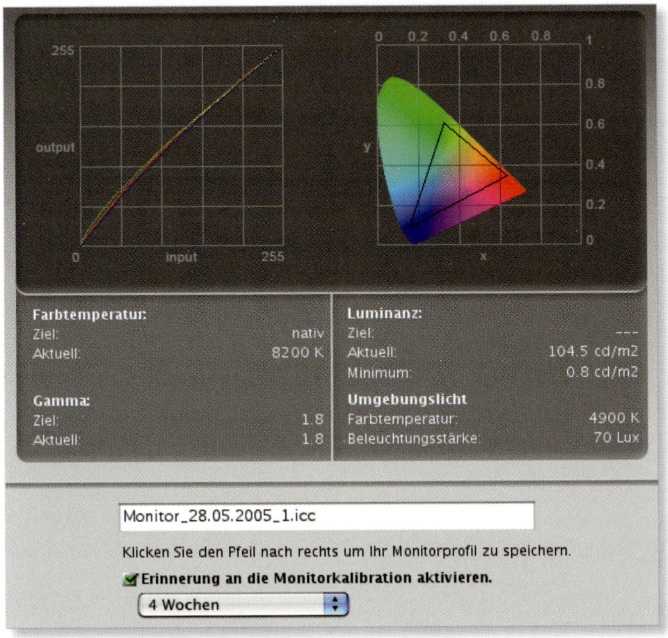

◄ **Abbildung 7.28**
Ergebnis-Screen der Monitor-Profilierung

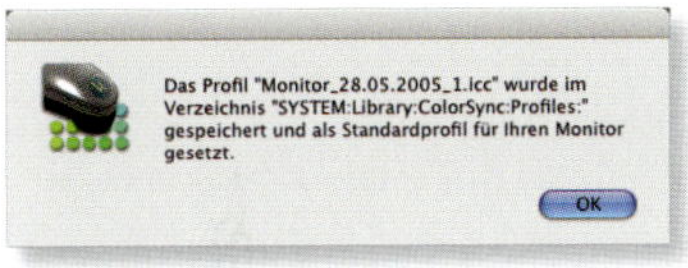

▲ **Abbildung 7.29**
Speicherort für das neue Farbprofil

Monitor wiederholt kalibrieren | Eine regelmäßige Neueinstellung der Kalibrierung ist insofern sinnvoll, weil Monitore altern und unmerklich ihre Farbe verändern. Bei Flachbildschirmen kommt außerdem noch hinzu, dass die Kaltkathodenröhre für die Hintergrundbeleuchtung des Monitors durch Alterung Helligkeit verliert, bis hin zur fast völligen Abdunklung ab etwa fünf Jahren. Deshalb ist eine monatliche Neuprofilierung kein lästiger Zusatzaufwand. Man gewöhnt sich auch schnell daran, denn die Monitor-Profilierung dauert bei dieser Lösung nur etwa zehn Minuten. Vergleichbare Produkte sind nicht viel schneller oder sogar langsamer. Allein das rechtfertigt zumindest die Anschaffung einer Lösung für die Bildschirm-Kalibrierung wie z. B. Eye-One Display 2.

Schritt für Schritt: Scanner profilieren

Die Profilierung eines Scanners geschieht über das Einscannen eines Targets: Eye-One verwendet standardmäßig ein eigenes Target, andere Hersteller greifen auf das Standard-Target IT 8.7 nach der Norm ISO 12641 zurück.

▲ **Abbildung 7.30**
Gretag-Target

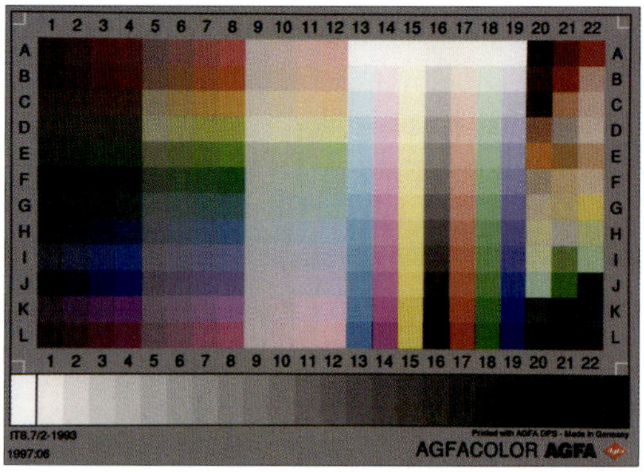

▲ **Abbildung 7.31**
IT 8.7-Target

1 Scan-Art wählen

Beim Beginn der Scanner-Profilierung muss man zwischen Auf- und Durchsichtscan wählen. Als Durchsicht-Vorlage braucht man ein Dia-Target.

Abbildung 7.32 ▶
Scanner mit Kalibrierungs-Target

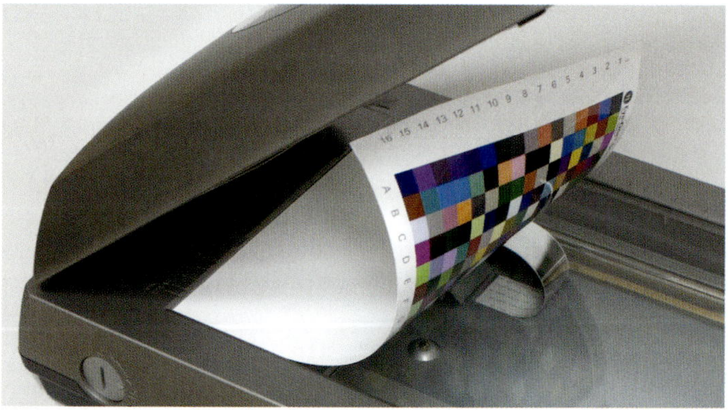

▲ **Abbildung 7.33**
Referenzdaten laden oder neu erstellen

HINWEIS

Grundsätzlich gilt für Targets, gleich ob sie aus Dias, Fotos oder anderen Materialien bestehen, dass sie sehr sorgfältig behandelt werden müssen:

- Nur zum Gebrauch aus der Lichtschutzhülle nehmen!
- Niemals dem Sonnenlicht oder starkem Lampenlicht aussetzen!
- Nicht verschmutzen oder knicken!

2 Aufsichtscan

Beim Aufsichtscan kann man bei der Referenz wählen zwischen bereits bekannten Vergleichsdaten (das sind lediglich Zahlentabellen) oder der Möglichkeit, diese zu erstellen, indem man das Target zuerst vermisst.

Diese Möglichkeit ist insofern sehr professionell, als sie sich nicht darauf verlässt, dass das Target mit den Vergleichsdaten übereinstimmt, sondern in Betracht zieht, dass auch ein hochwertiges Target altert und ungenau wird, auch wenn man es sorgsam behandelt.

3 Vermessungsvorgang mit Testchart

Der Vermessungsvorgang ist mit dem ausgedruckten Testchart bei der Drucker-Profilierung identisch. So wird die gesamte Profilierung des Scanners immer auf die (sehr hohe) Grundgenauigkeit des Spektrofotometers zurückgeführt.

4 TIFF-Datei laden und zuschneiden

Nach dem Laden des eingescannten TIFF-Bildes muss dieses zugeschnitten werden, damit die Software die einzelnen Farbfelder fehlerfrei zuordnen kann.

◄ **Abbildung 7.34**
Target-Scan zuschneiden

Ein Zuschnittsrahmen muss genau an die Ecken des Testbildes angepasst werden. Fallweise muss der Scan gedreht werden. Eine Lupe hilft dabei.

Vor der Auswertung und Profilberechnung wird auf dem vorletzten Screen die Lagerichtigkeit der Datei überprüft.

ACHTUNG!

Deaktivieren Sie alle Bildkorrektur-Möglichkeiten in der Scannersoftware, z. B. Kontrast- und Helligkeitsoptimierung usw., unbedingt vor dem Einscannen des Targets. Das gilt natürlich auch für alle Scanvorgänge, die dann mit dem neuen Farbprofil arbeiten sollen.

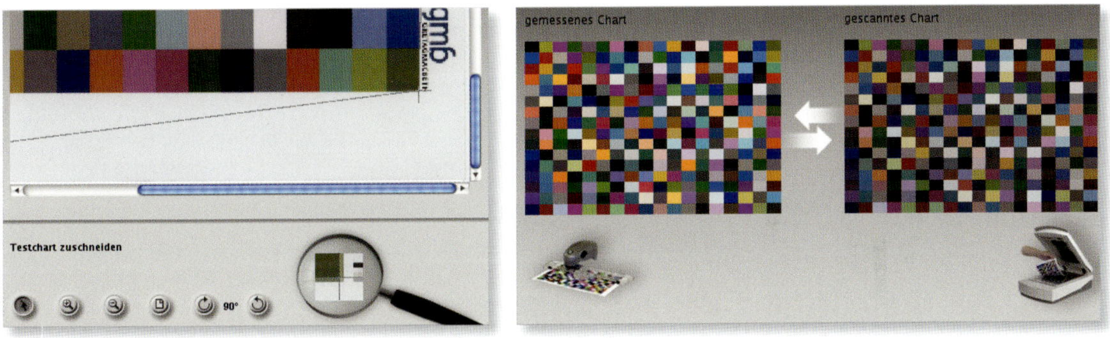

▲ **Abbildung 7.35**
Beschnittrahmen präzise definieren und Lagerichtigkeit des Scans überprüfen

5 Profil erstellen

Dann wird das Profil erstellt und zum Abspeichern an der Standardstelle je nach Betriebssystem angeboten.

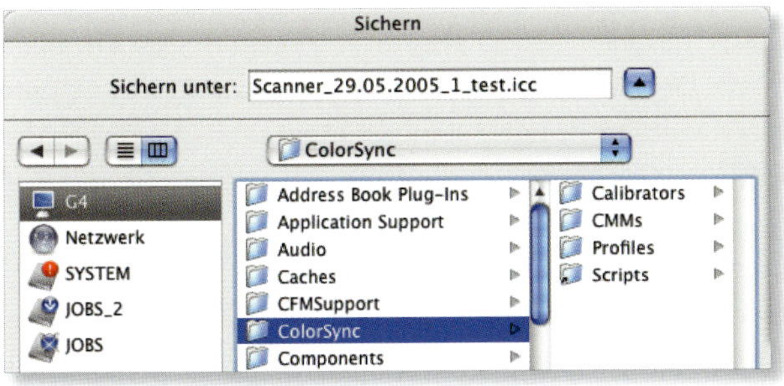

◄ **Abbildung 7.36**
Scanner-Profil abspeichern

Schritt für Schritt: Drucker profilieren

1 Drucker in Eye-One Pro auswählen

Für die Profilierung von Druckern benötigt man als Messnormal eine Datei mit verschiedenen Farbfeldern, die bekannte Farbwerte haben. Diese Testcharts haben ein paar Dutzend bis einige hundert Messfelder – je mehr, desto genauer wird das ermittelte ICC-Profil sein.

Eye-One Match erkennt alle im System eingetragenen Drucker automatisch und auch, ob es sich um RGB- oder CMYK-Drucker handelt. Mit DRUCKER WÄHLEN werden der zu kalibrierende Drucker und die zu druckende Messdatei ausgewählt. Hier gibt es Unterschiede, die von den freigeschalteten Features abhängen.

ACHTUNG!

Viele Drucker haben in ihren Treibern eine Menge Einstellmöglichkeiten zur Optimierung, Farbeinstellung usw. Alle diese Optionen sollten sowohl für den Druck des Testcharts zum Kalibrieren als auch später beim Drucken unter Benutzung des neuen Farbprofils unbedingt **deaktiviert** werden!

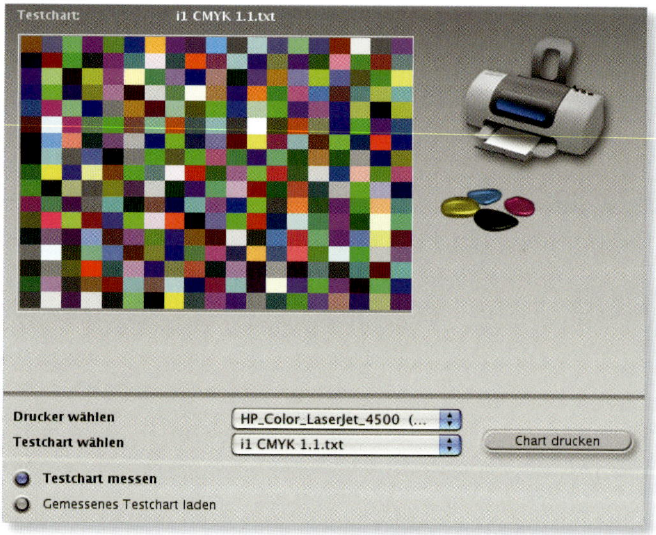

Abbildung 7.37 ►
Auswahl von Drucker und Testchart

Papiersorten

Bei der Drucker-Profilierung ist auch das **Papier** sehr wichtig, weil es maßgeblich den Farbauftrag bestimmt. Man sollte bei einem Drucker unbedingt für jede verwendete Papiersorte ein eigenes Profil erstellen!

2 Testchart drucken

In der Regel kann man das Testschart direkt aus der Profilierungssoftware ausdrucken. Sollte das nicht klappen, kann die Datei auch aus Photoshop ausgedruckt werden.

3 RGB oder CMYK?

Nun muss die Software noch wissen, mit welchem Typ Drucker sie es zu tun hat. Der Farbumfang, den ein Drucker auf das Papier oder auf andere Medien bringt, hängt nicht so sehr von der Frage »RGB- oder CMYK-Drucker?« ab, sondern vor allem von der Art des Farbauftrags.

So bedingen verschiedene Maximalfarbaufträge im Offsetdruckverfahren unterschiedliche Vorgaben für das zu erstellende Farbprofil. Die dazu nötige Auswahl wird vor der Messung getroffen, in diesem Beispiel ein Farblaserdrucker:

RGB- oder CMYK-Drucker?

Auch wenn physikalisch fast alle Drucker (mindestens) mit Cyan, Magenta, Gelb und Schwarz drucken, wird abhängig vom Format der übermittelten Daten unterschieden: Als RGB-Drucker sind in der Regel Tintenstrahldrucker zu behandeln. CMYK-Drucker sind in der Regel alle Drucker, die PostScript-fähig sind, z. B. viele Farblaserdrucker, Offsetbelichter, aber auch Tintenstrahldrucker, die mit PostScript-RIP z. B. als Proof-Drucker arbeiten. Die Handbücher zum Drucker oder die Hersteller geben im Zweifelsfall Auskunft. Entscheidend ist auf jeden Fall der Druckertreiber.

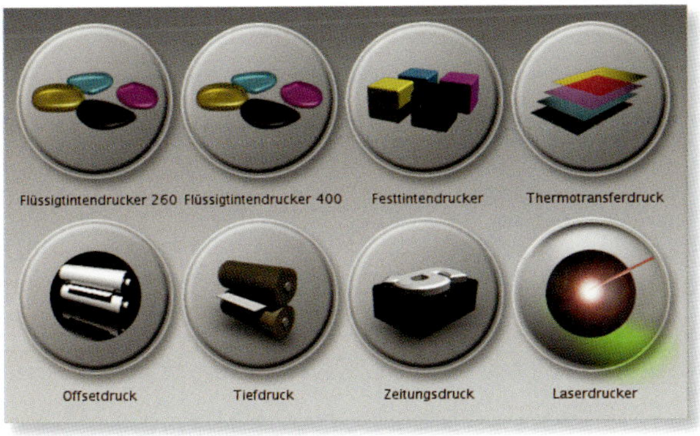

◂ **Abbildung 7.38**
Druckertyp auswählen

4 Spektrofotometer ansetzen

Im Gegensatz zum Kolorimeter, mit dem der selbstleuchtende Bildschirm vermessen wurde, muss nun ein reflektierendes Objekt erfasst werden. Dazu dient das Spektrofotometer, das das Testchart mit einer Normlichtquelle beleuchtet. Diese muss vor der Messung selbst kalibriert werden, indem der Messkopf eine hochlichtechte weiße Kachel misst.

Nun beginnt der eigentliche Messvorgang. Mit einem mitgelieferten Lineal wird das Spektrofotometer zeilenweise über das gedruckte Testchart geführt. Der Messbildschirm gibt Rückmeldungen, ob Zeilen anhand des Musters erkannt wurden und jedes einzelne Feld korrekt erfasst wurde oder nicht, und fordert fallweise zur Wiederholung auf.

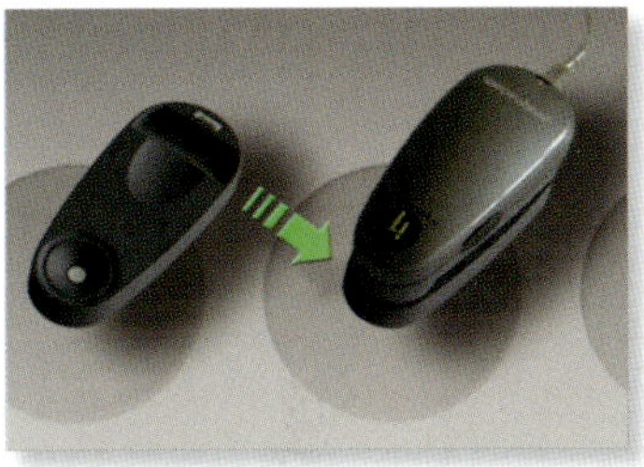

▴ **Abbildung 7.39**
Kalibrieren des Spektrofotometers

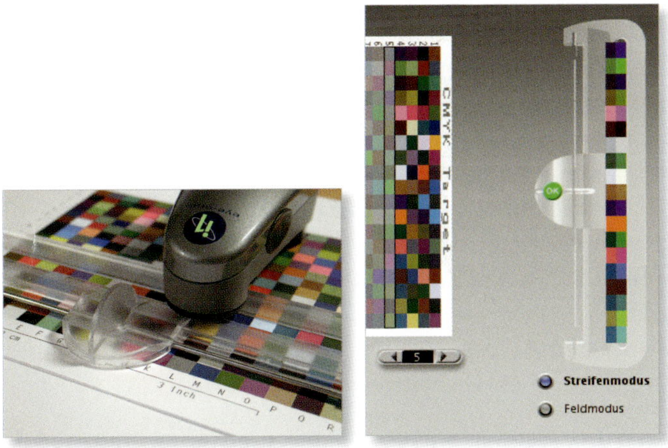

◂ **Abbildung 7.40**
Ausmessen des gedruckten Testcharts und der Messbildschirm

5 Farbprofil abspeichern

Nach dem Abtasten der letzten Reihe wird das Farbprofil für den Drucker erzeugt und gespeichert.

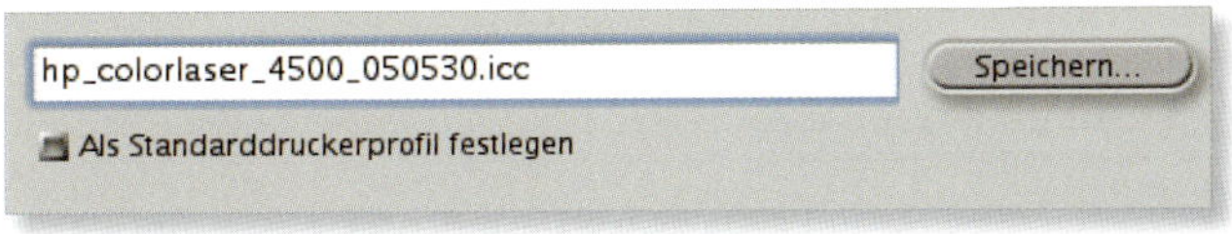

◂ **Abbildung 7.41**
Druckerprofil speichern

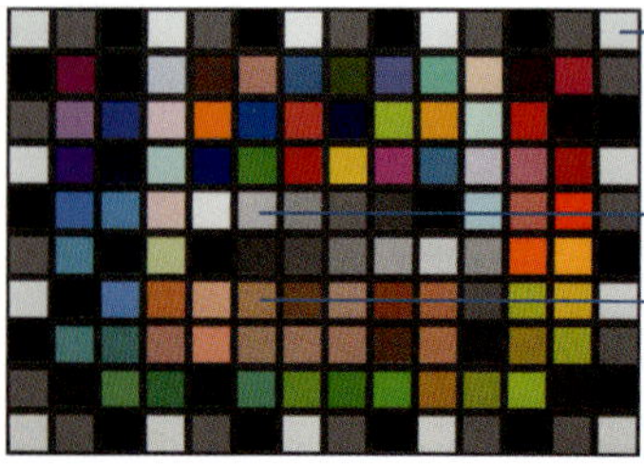

▲ **Abbildung 7.42**
Grau-Weiß-Bereiche und Hautton-Felder im Target

Schritt für Schritt: Digitalkamera profilieren

❶ Im Prinzip gelten für das Profilieren einer Digitalkamera ähnliche Regeln wie für den Prozess der Scanner-Profilierung. In beiden Fällen nimmt ein Bildeingabegerät eine bekannte Messreferenz auf.

Im Gegensatz zum Scanner ist aber bei der Kamera die Ausleuchtung des Targets sehr kritisch. Deshalb hat das Eye-One-Target graue und weiße Felder umlaufend sowie in der Mitte. Mit den Randfeldern ❶ lässt sich die Gleichmäßigkeit der Ausleuchtung überprüfen, die Mittelfelder ❷ dienen dem Weißabgleich der Kamera. Unterhalb der Mitte befinden sich Hauttöne ❸, die in der Studiofotografie heikel sind.

1 Aufnahme des Targets

Die Situation bei der Aufnahme des Targets sollte identisch mit den Gegebenheiten bei den tatsächlichen Aufnahmen sein, bei denen das neue Farbprofil genutzt werden soll, oder wenigstens sehr ähnlich. Deshalb ist ein Einsatz einer profilierten Kamera nur im Studio mit reproduzierbaren Bedingungen sinnvoll.

Abbildung 7.43 ▶
Testchart-Aufnahme im Studio

2 TIFF-Datei erstellen

Das aufgenommene Target muss der Software als TIFF-Datei zur Verfügung gestellt werden.

Hat man im RAW-Format aufgenommen, muss das Bild beim anschließenden Import in Photoshop so eingerichtet werden, dass sowohl die weißen als auch die schwarzen Felder in einem bestimmten Wertebereich liegen (siehe Abschnitt 2.3). Außerdem wird ein Weißabgleich mit den Feldern in der Mitte durchgeführt. Die Werte des RAW-Imports sollten auf jeden Fall für den zukünftigen Gebrauch abgespeichert werden!

3 TIFF-Datei beschneiden

Nach dem Laden der so aufbereiteten TIFF-Datei in Eye-One Match muss diese für die Auswertung beschnitten werden, ganz ähnlich wie beim Profilieren des Scanners. Danach wird die Brauchbarkeit der Aufnahme überprüft, daraufhin, was die Gleichmäßigkeit und Stärke der Ausleuchtung angeht. Nötigenfalls werden Hinweise gegeben, ob und wie die Aufnahme zu wiederholen ist.

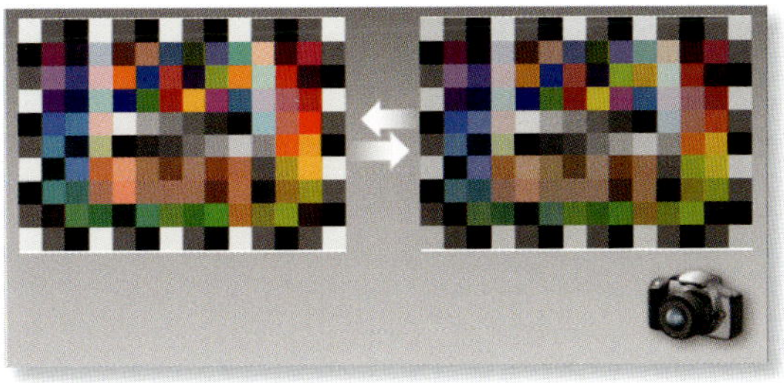

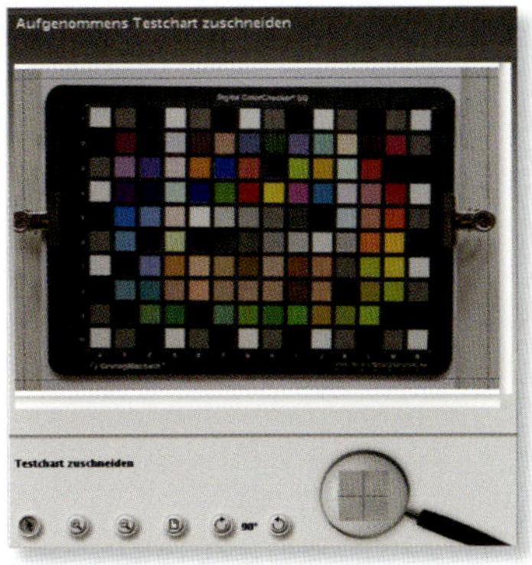

▲▶ **Abbildung 7.44**
Aufgenommenes Testchart beschneiden (rechts), Brauchbarkeit checken (links)

4 Farbtemperatur wählen

Es folgt die Abfrage der Farbtemperatur der Beleuchtung, die im Zweifelsfall mit der Umgebungslicht-Messfunktion des Spektrofotometers gemessen werden kann (wie bei der Monitor-Profilierung).

Eine Prüfung der Standrichtigkeit der Aufnahme geht schließlich der Profilerstellung voraus.

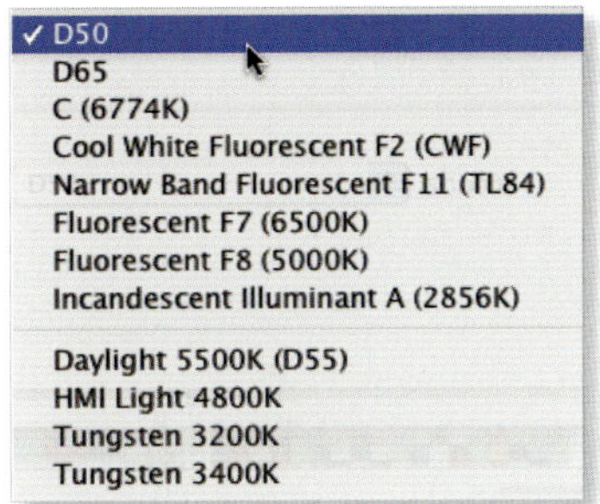

▲ **Abbildung 7.45**
Farbtemperatur auswählen

5 Optional: ICC-Profil bearbeiten

Anders als bei anderen Profilen bietet die Software anschließend noch die Möglichkeit, das ICC-Profil im Detail zu bearbeiten. Nach einer Aufforderung, ein eigenes Referenzbild (hier ein IT 8.7-Target) aufzunehmen und zu laden, sind nun noch Feinjustierungen bei Belichtung und Kontrast, bei der Sättigung sowie in der Lichter- und Schattenzeichnung möglich.

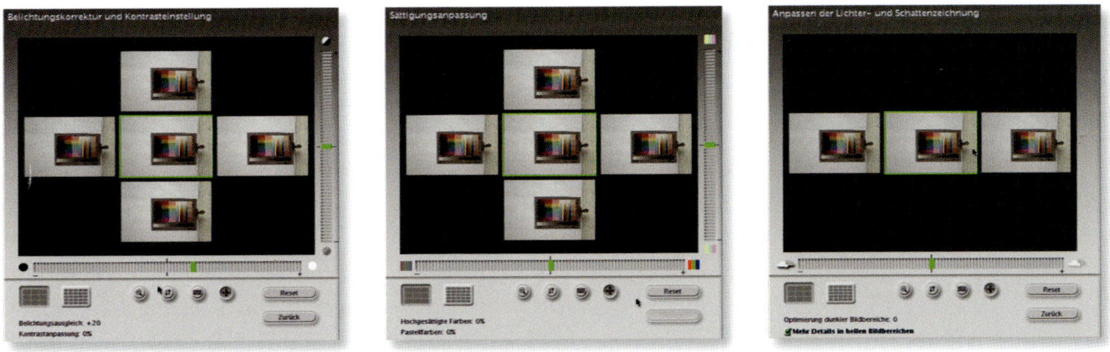

▲ **Abbildung 7.46**
Kamera-Profil feineinstellen: Belichtung und Kontrast (links), Sättigung (Mitte) und Lichter- und Schattenzeichnung (rechts)

Wichtig ist hier natürlich, zu beachten, dass diese Manipulationen erstens subjektiv sind und zweitens einen gut profilierten Monitor voraussetzen.

6 Profil speichern

Abschließend werden die Feinänderungen nochmals zusammengefasst und das Profil gespeichert.

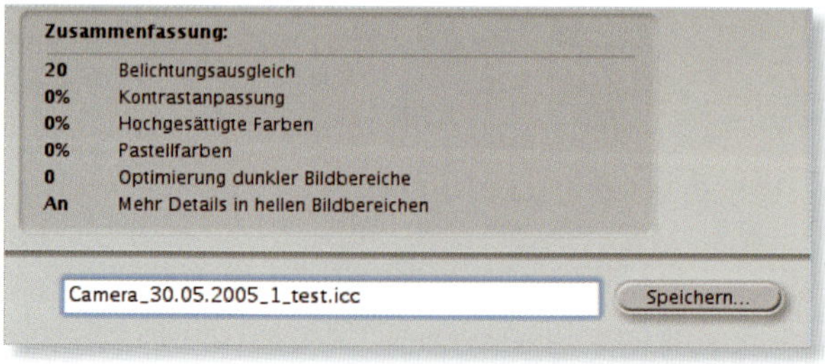

Abbildung 7.47 ▶
Speichern des Kamera-Profils

Nun sind alle Geräte des Arbeitsplatzes profiliert und die erstellten Farbprofile bereit zum Einsatz. Angenehmerweise ist der technische Teil der Profilierung mittlerweile meist hinter gut durchdachten und leicht zu erfassenden Benutzeroberflächen in Form von Wizards oder Step-by-Step-Assistenten verschwunden, sodass die Furcht vor heftigem Lernaufwand vollkommen unbegründet ist. Wenn noch dazu wie hier bei Eye-One Match jeder Schritt mit ausführlichen Erklärungen versehen wird, ist es umso leichter. ■

7.3.2 Wartung der Profile: In Eigenregie oder mit Dienstleister?

Farbprofile sind nichts für die Ewigkeit. Monitore altern langsam und unmerklich, die Bildröhren verlieren Helligkeit und der Bildschirm-Phosphor verändert langsam seine Farbe. Bei Flachbildschirmen wird die Hintergrundbeleuchtung im Laufe der Zeit dunkler. Auch Scannerlampen werden nicht jünger, und bei Scannerzeilen und Digitalkamera-Chips kann man ebenfalls nicht von Langzeitstabilität ausgehen. Auch die Arbeitsplatzbeleuchtung ist nicht konstant.

Bei Druckern ist es noch verschärfter: Hier ist keine Tintencharge wirklich identisch mit der anderen, bei manchen Druckern kommt bei vollen Tintentanks eine etwas andere Farbe aufs Papier als bei halb vollen oder fast leeren.

Der hier als Beispiel für die Drucker-Profilierung benutzte Farblaserdrucker reagiert sehr stark auf Luftfeuchtigkeit und Raumtemperatur. Auch der Toner-Füllstand spielt eine Rolle. Laserdrucker sind insgesamt keine Stabilitätswunder, was Farbe angeht. Darum werden für farbverbindliche Arbeiten im Bereich von Grafikstudios, Werbeagenturen usw. meist Tintenstrahldrucker eingesetzt. Am farbstabilsten und entsprechend teuer sind natürlich dezidierte Proofdrucker.

Aus diesen Gründen bedürfen Farbprofile einer regelmäßigen Pflege. Jede bessere Farbmanagement-Software hat dazu Erinnerungsfunktionen, die die Aktualität der einzelnen Profile permanent kontrolliert und das Nachprofilieren anmahnt. Weil

Papier-Problematik

Ein sehr wichtiges Moment beim Profilieren von Druckern ist das Papier. Es beeinflusst maßgeblich den Farbauftrag. Ist das Papier beschichtet oder unbeschichtet? Enthält es optische Aufheller, um weißer zu wirken? Oder wird später auf Zeitungspapier gedruckt, womöglich sogar auf eingefärbtem? Wie stark saugt es Farbe auf? Auch sind beim gleichen Papier die einzelnen Produktionschargen nicht identisch. All diese Umstände und Fragen machen es notwendig, dass speziell bei Druckerprofilen für jede Farb-Papier-Kombination ein eigenes Profil erstellt wird. Wenn man es ganz genau nimmt, sollte man das Profil auch erneuern, wenn man z. B. bei einem Tintenstrahldrucker neue Patronen oder Tanks einsetzt oder wenn man die Papiersorte wechselt.

Farbmanagement-Software und -Hardware je nach Features eine gewisse Investition darstellen, stellt sich spätestens hier die Frage, ob man das selbst machen oder einen der zahlreichen Dienstleister in diesem Bereich in Anspruch nehmen soll. Hier gilt es, folgende Fragen zu klären:

- Habe ich einen oder mehrere Arbeitsplätze?
- Habe ich nur einen Bildschirm oder zusätzlich Scanner, diverse Drucker und/oder Kameras?
- Arbeiten meine Datenlieferanten und -empfänger bereits weitgehend mit Farbmanagement?
- Wie hoch ist bei mir oder in meiner Firma der Anteil an Jobs, die unbedingt farbverbindlich sein müssen?

Vor allem die Notwendigkeit der Regelmäßigkeit macht einen externen Dienstleister im Laufe der Zeit zu einer eher teuren Angelegenheit, vor allem, wenn es nicht nur um einen einzelnen Arbeitsplatz geht. Auf der anderen Seite sind Lösungen, die die Profilierung kompletter Arbeitsplätze mit allen Ein- und Ausgabegeräten erlauben, ziemlich kostspielig, vor allem, weil dann ein Spektrofotometer gebraucht wird. Sind in einer Firma aber z. B. eine ganze Reihe von Druckern im Einsatz, amortisiert sich auch eine solche größere Investition schon sehr bald.

7.3.3 Drittanbieter-Produkte

Es gibt eine ganze Reihe von Herstellern auf diesem Gebiet, die sowohl sehr preiswerte und einfache als auch komplette Lösungen anbieten, beginnend bei reiner Monitor-Profilierung mit etwa 200 bis 300 € für Software und Kolorimeter bis hin zu Paketen, die kaum Wünsche offen lassen, für einige tausend Euro.

Die zuvor eingehender vorgestellte Lösung **Eye-One** von Gretag Macbeth gestattet die Erstellung professioneller Profile für alle wichtigen Ein- und Ausgabegeräte bei sehr einfacher Bedienbarkeit. Sehr angenehm ist die Möglichkeit der stufenweisen Erweiterung um neue Features (*http://www.gretagmacbeth.com* bzw. *http://www.i1color.com*).

Auch wenn der Hersteller x-rite (*http://www.xrite.com*) sich mittlerweile mit Gretag zu einer Firma zusammengeschlossen hat, werden die Produkte weiter unter den alten Namen vermarktet. Mit den Produkten der **Monaco**-Serie geht er den vor allem preislich interessanten Weg, bei den einfachen Lösungen (»MonacoEZcolor«, *http://www.ezcolor.com*) das teure Spektrofotometer für die Drucker-Profilierung durch einen zuvor kalibrierten Scanner zu ersetzen.

Ähnliche Ansätze und Produkte gibt es von **ColorVision** (»Spyder«, *http://www.colorvision.ch*).

Open-Source-Projekte

Im Bereich Farbmanagement gibt es interessanterweise auch Open-Source-Projekte. Ein Einstieg in diese Welt findet sich unter *http://www.coloraid.de*. Hier werden übrigens auch sehr preisgünstige Standard-Targets angeboten (*http://www.targets.coloraid.de*). Vor allem das dort auch erhältliche IT 8.7-Target (ISO 12641) funktioniert mit einer ganzen Reihe von Software-Lösungen.

7.4 Anwendung in Photoshop: Die Farbeinstellungen

Nun geht es daran, das Farbmanagement in die Arbeit mit Photoshop zu integrieren. Photoshop ist ja die zentrale Schnittstelle zwischen allen Eingabe- und Ausgabegeräten.

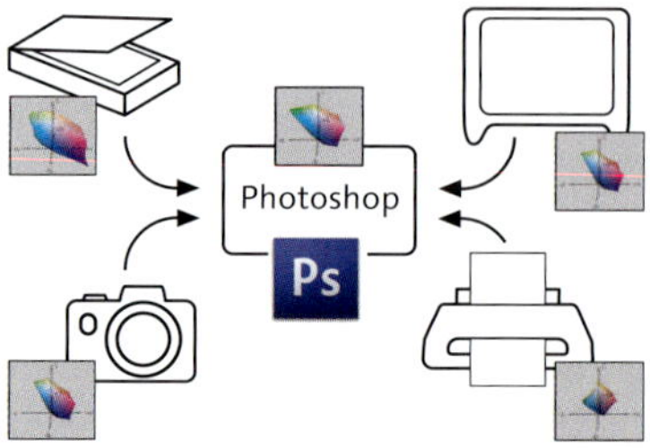

Abbildung 7.48 ▶
Color Management-Workflow mit Photoshop

Die Einrichtung des Farbmanagements für das Arbeiten in Photoshop konzentriert sich im Grunde auf einen einzigen Dialog. Der hat es dafür allerdings in sich. Die ICC-Profile, die man sich für seine diversen Geräte erstellt hat, tun ja von allein gar nichts. Sie sind nur die mathematischen Beschreibungen, mit denen das Color Management Modul gefüttert wird, damit es die unterschiedlichen Profile zueinander in Beziehung setzen kann. Dieses Modul muss nun aktiviert werden.

Mit Bearbeiten • Farbeinstellungen oder [Strg]/[⌘]+[⇧]+[K] lässt sich die Dialogbox für das Farbmanagement aufrufen.

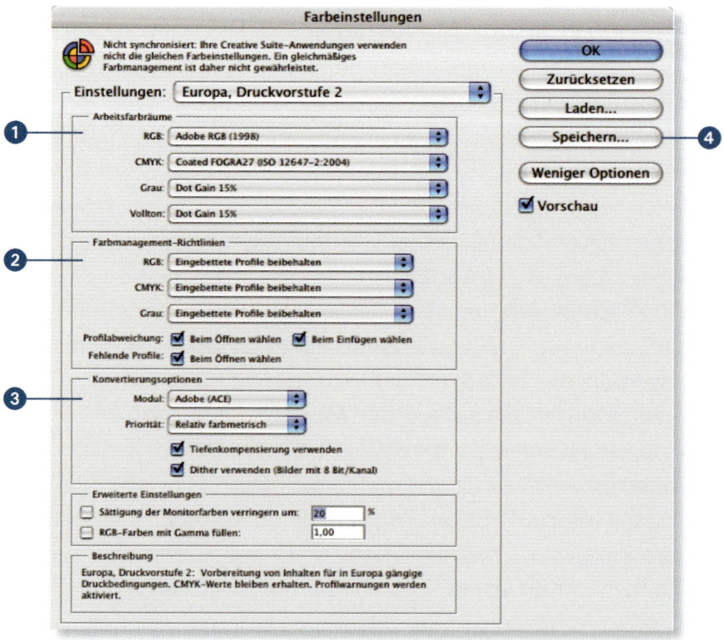

Abbildung 7.49 ▶
Photoshops Farbmanagement-Zentrale: der Dialog Farbeinstellungen

Dieser Dialog gliedert sich grob in drei Blöcke:

1. Die Einstellung der Arbeitsfarbräume für RGB, CMYK sowie für Graustufen und Volltöne ❶
2. Die Richtlinien, wie im Rahmen des Farbmanagements mit Dateien umgegangen werden soll ❷ (alle drei Checkboxen aktivieren!)
3. Die Wahlmöglichkeiten zum CMM ❸

Da es sich insgesamt um eher umfangreiche Einstellungen handelt, kann und sollte man diese natürlich auch speichern und benennen ❹.

7.4.1 Arbeitsfarbräume

Unter ❶ wird eingestellt, mit welchem Farbraum Photoshop (als »Gerät« sozusagen) arbeitet.

RGB-Farbraum wählen | Unter RGB ❺ (Abbildung 7.50) wird der für diese Farben benutzte Farbraum gewählt. Er sollte natürlich so groß sein, dass alle Farbräume der verwendeten Ein- und Ausgabegeräte »hineinpassen«.

Hierzu gibt es einige Faustregeln:

RGB-Arbeitsfarbraum für Grafiker und Fotografen | Grafiker und Fotografen, die für den Druck arbeiten, also nach getaner Arbeit die Bilder als CMYK-Dateien ausgeben wollen, sind am besten mit **Adobe RGB**, ColorMatch-RGB oder **ECI-RGB** bedient. Im Gegensatz dazu ist z. B. sRGB, mit dem viele Dateien von Digitalkameras profiliert sind, ungeeignet, weil er zu klein ist und ihm eine kleine »blaue Ecke« fehlt.

RGB-Arbeitsfarbraum für Web- und Screendesigner | Web- und Screendesigner arbeiten meist für die bildschirmbasierte Darstellung ihrer Bilder. Hier reicht von der Farbraumgröße her **sRGB** (standardized RGB) aus, zumal er den meisten Monitor-Profilen ziemlich ähnlich ist.

sRGB hat den Vorteil, dass er der Windows-interne Farbraum ist und die meisten Digitalkameras ihn unterstützen und ihre Bilder mit diesem Profil ausgeben. Außerdem ist sRGB per Definition des W3C (World Wide Web Consortium) der Standard-Farbraum für die Darstellung von Inhalten im Web. Alles, was bei HTML und CSS mit Farbe zu tun hat, bezieht sich darauf. Da man aber auch davon ausgehen muss oder kann, dass viele Betrachter an ihren Monitoren herumschrauben, kann man sich Farbverbindlichkeit im Grunde auch schenken und im Zusammenhang mit elektronisch dargestellten Medien ganz auf Farbmanagement verzichten.

HINWEIS

Die wenigsten wissen, dass Photoshop keineswegs ohne Farbprofile arbeitet, wenn man das Farbmanagement deaktiviert. Es werden dann nur grundsätzlich alle an Dateien angehängten Profile verworfen und auch keine mit ausgegeben. Intern arbeitet Photoshop aber sehr wohl mit sRGB als RGB-Arbeitsfarbraum und SWOP coated als CMYK-Arbeitsfarbraum. Das sollte man nicht aus den Augen verlieren.

ECI-RGB

Von der ECI, der European Color Initiative (*http://www.eci.org*), wurde ein RGB-Farbraum definiert, der alle denkbaren CMYK-Farbräume verlässlich umfasst. Das Profil wird nicht mit Photoshop mitgeliefert. Sie finden es auf der Buch-DVD unter SOFTWARE/FARBE.

ProPhoto RGB?

Wer sich die zur Auswahl stehenden RGB-Farbräume anschaut, wird sich vielleicht fragen, warum man nicht z. B. den »Riesenfarbraum« ProPhoto RGB wählt, weil darin ja fast alle anderen Platz haben. Aufgrund des riesigen Wertebereichs von ProPhoto RGB (extrem satte Farben) entstehen bei der Umrechnung durch das CMM durch Ungenauigkeiten teilweise Verluste.

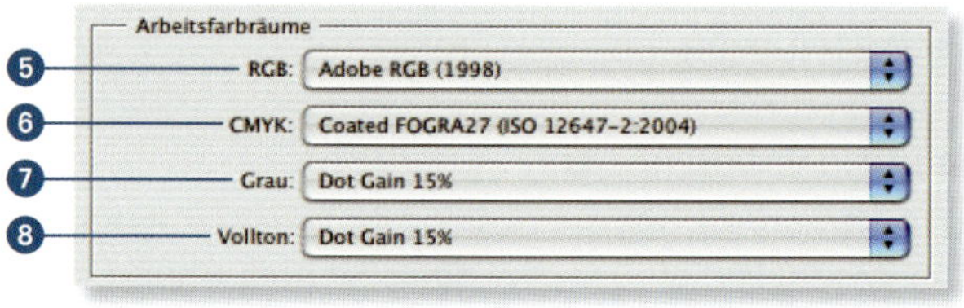

Abbildung 7.50 ▸
Einstellung der Arbeitsfarbräume

[Tonwertzuwachs]
Ein Punkt eines Druckrasters wird auf saugendem Papier größer als auf gestrichenem: Der Tonwert wird größer, die Farbe dunkler. Entsprechend diesem Zuwachs reduziert man den Farbwert vor der Ausgabe, um dies auszugleichen (Details zur Druckausgabe finden Sie im Kapitel 12).

CMYK-Farbraum wählen | Beim nächsten Punkt CMYK ❻ wird der Arbeitsfarbraum für das Vierfarbmodell gewählt. Sollten Sie von der Druckerei, die Ihre Dateien erhält, ein Farbprofil zur Verfügung gestellt bekommen: Hier ist der Platz, wo es angewendet wird. Wenn dieses Profil dorthin kopiert wurde, wo es hingehört, also beim Mac in den Ordner SYSTEMFESTPLATTE/LIBRARY/COLORSYNC/PROFILES oder bei Windows XP in SYSTEMFESTPLATTE\WINDOWS\SYSTEM32\SPOOL\DRIVERS\COLOR (bei anderen Windows-Versionen kann der Speicherort auch andernorts liegen), taucht es an dieser Stelle in Photoshop auf.

Ansonsten wählt man in Europa **ISO coated**, wenn auf gestrichenem Papier gedruckt wird. Das passt meistens. Das in Photoshop »eingebaute« **Europe ISO FOGRA27** als Adobes Entsprechung zu ISO coated ist auch okay. Wichtig ist, dass ein ISO-Profil verwendet wird. Die Euroskala ist definitiv out!

ISO-CMYK-Profile
Auch im Druckbereich gibt es Profile, die von der ECI auf ISO-Norm-Basis definiert und angeboten werden (ISO coated, ISO uncoated, ISO uncoatedyellowish, ISO webcoated). Sie finden diese auf der Buch-DVD.

Arbeitsfarbraum für Graustufen und Volltonfarbe wählen | Unter GRAUSTUFEN ❼ und VOLLTONFARBE ❽ stellen Sie den Tonwertzuwachs für Grau oder Schmuckfarbe (z. B. Pantone) ein. Es sollte der Wert der CMYK-Farben verwendet werden, in der Regel gibt es hier aber Vorgaben Ihrer Druckerei. Falls Sie keines der beiden Features verwenden, können Sie diese Einstellmöglichkeiten getrost ignorieren.

Lästige Fragerei?
Manche empfinden es als nervend, aber die drei Checkboxen PROFILABWEICHUNG bzw. FEHLENDE PROFILE ❶ garantieren, dass man immer gezwungen ist, wenigstens kurz darüber nachzudenken, was gerade mit welchen Profilen passieren soll. Deshalb ist es besser, sie alle drei immer einzuschalten.

7.4.2 Farbmanagement-Richtlinien

Eine Datei, die Sie in Photoshop bearbeiten wollen, bringt entweder ein Profil mit oder nicht – oder auch das falsche. Hier stellen Sie ein, was beim Öffnen einer Datei geschehen soll.

Abbildung 7.51 ▸
Farbmanagement-Richtlinien

Man kann das Farbmanagement ausschalten, mitgelieferte Profile erhalten oder diese in den Arbeitsfarbraum konvertieren. Was aber ist wann zu tun?

Farbprofile stimmen überein | Dieser Idealfall tritt z. B. auf, wenn eine Digitalkamera ihre Bilder im Abobe RGB-Farbraum abspeichert und dieser in Photoshop auch als Arbeitsfarbraum eingestellt ist. Auch wenn alle drei Checkboxen der »Fehlerbehandlung« aktiviert sind, kommen in diesem Fall keine Beschwerden von Photoshop.

TIPP

Es kann durchaus sinnvoll sein, z. B. die Digitalkamera so einzustellen, dass sie die Aufnahmen nicht in sRGB, wie meist üblich, sondern in Adobe-RGB abspeichert. Manche Kameras können das, vor allem die professionelleren Modelle.

Farbprofil stimmt nicht überein | Hier ist zu entscheiden, ob das eingebettete Profil beibehalten oder ob in den Arbeitsfarbraum konvertiert werden soll.

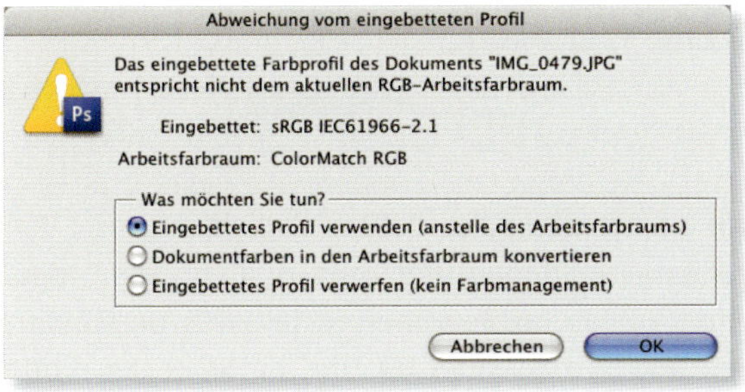

◂ **Abbildung 7.52**
Profil-Abweichung

Bei Eingebettete Profile beibehalten werden alle Bildbearbeitungen im entsprechenden Farbraum vorgenommen, wogegen so lange nichts spricht, wie dieser groß genug ist. Wenn ich z. B. das Profil eines Digitalkamera-Bildes, das ein sRGB-Farbprofil mitbringt, beibehalten will, also im sRGB-Raum weiterarbeite, ist das für die Ausgabe im Web okay, nicht aber für die CMYK-Ausgabe beim Druck! In einem solchen Fall ist es besser, in einen »großen« RGB-Farbraum zu konvertieren, also in Adobe-, ColorMatch- oder ECI-RGB, je nachdem, was eingestellt ist.

Kein Farbprofil | Öffnet man Dateien, die kein Farbprofil angehängt haben, seien es z. B. Screenshots oder Bilder aus Programmen, die wie 3D-Programme kein Farbmanagement kennen, dann arbeitet man automatisch im Arbeitsfarbraum mit ihnen, auch ohne dass dieser dezidiert zugewiesen ist. Das würde erst beim Abspeichern geschehen.

Geheime Zeichen

In der Titelleiste des Dokumentfensters verrät uns Photoshop diskret, was gerade mit den Farbprofilen passiert:

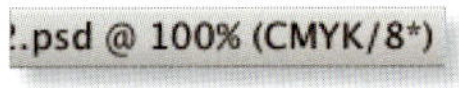

Nach der Farbtiefe (hier 8 Bit) wird mit einem **Sternchen *** angezeigt, dass der Datei ein anderes Profil anhängt als das Arbeitsprofil.

Steht dort eine **Raute #**, so ist die Datei unprofiliert.

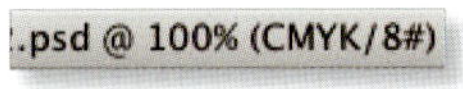

Kommt hinter der Bitanzahl **nichts**, ist alles bestens: Das Dateiprofil entspricht dem Arbeitsfarbraum.

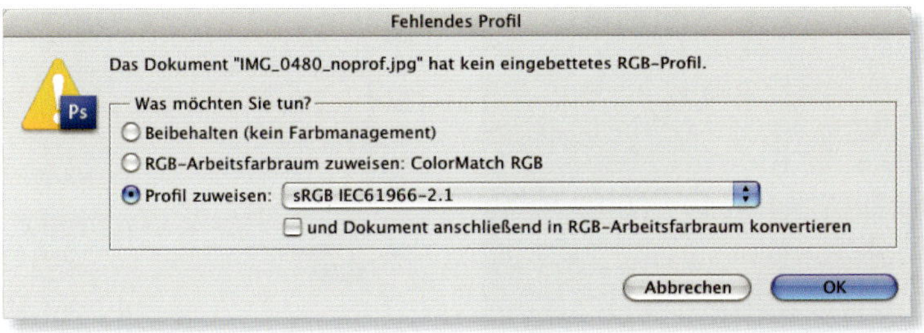

◂ **Abbildung 7.53**
Kein Profil angehängt

Einfügen von Inhalten aus einer anders profilierten Datei | Natürlich können auch mehrere Dokumente gleichzeitig offen sein, die unterschiedliche Farbprofile haben. Für das Hin- und Herkopieren zwischen diesen Dokumenten gelten sinngemäß die gleichen Regeln wie beim Öffnen einer Datei.

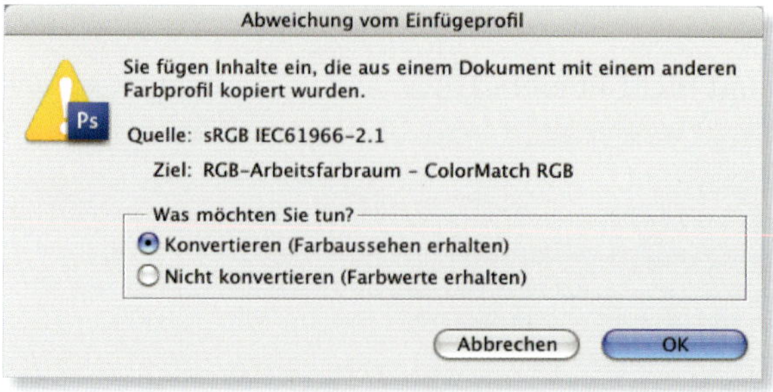

Abbildung 7.54 ▸
Dialogbox beim Einfügen von Inhalten aus einer anders profilierten Datei

Farbmanagement-Richtlinien: Aus | Die Einstellung Aus bei den Farbmanagement-Richtlinien bedeutet in allen Fällen, dass Photoshop bei einem Bild nur die reinen RGB-Daten betrachtet, eventuell eingebettete Profile ignoriert und natürlich am Ende beim Speichern auch kein Profil in die Datei einbettet.

CMYK-Profil in CMYK-Arbeitsfarbraum konvertieren | Beim Öffnen einer Datei mit einem CMYK-Profil bei gleichzeitiger Konvertierung in den CMYK-Arbeitsfarbraum muss man beachten, dass als Basis für die Umrechnung immer der geräteunabhängige LAB-Farbraum herangezogen wird.

Dies bedeutet, dass z. B. ein beabsichtigter Farbaufbau (Abbildung 7.55, links und Mitte oben), der in dieser Datei die kräftigen Farben des Sujets erhalten soll, beim Konvertieren in den Arbeitsfarbraum diese Informationen verliert (rechts und Mitte unten). Hier sollte also immer das mitgelieferte Profil beibehalten werden! Meist wird man aber in einem solchen Fall vom Urheber auch dezidiert darauf hingewiesen.

▾ Abbildung 7.55
Änderung des Farbaufbaus bei CMYK-zu-CMYK-Profilkonvertierung

7.4.3 Konvertierungsoptionen

Unter diesem Punkt wird eingestellt, welches Color Management Modul die Umrechnung der Profile vornimmt und wie das geschieht.

Modul | Zunächst wird das zuständige Modul ausgewählt: Hier gibt es eine klare Regel:

- Soll **plattformübergreifend** gearbeitet werden oder besteht zumindest die Möglichkeit, dass das passieren kann, dann sollte auf jeden Fall die Adobe Color Engine (ACE) benutzt werden, die es sowohl bei Windows- als auch auf Mac-Maschinen gibt.
- Bleiben die Dateien auf **einer Plattform**, so kann man bei Windows die ICM des Betriebssystems benutzen, beim Mac Apples ColorSync.

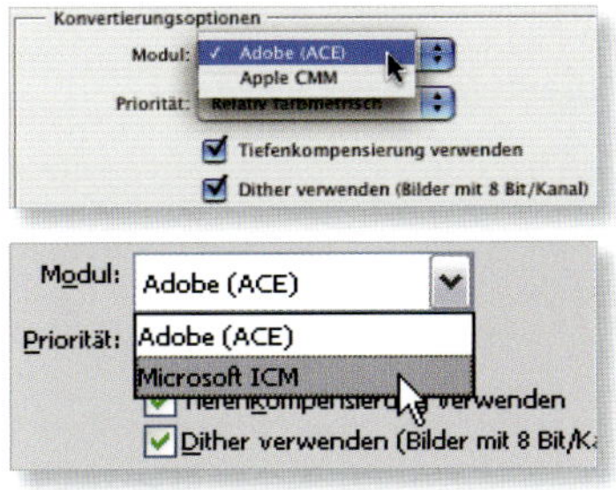

▲ **Abbildung 7.56**
CMM auswählen am Mac und bei Windows

Color Management Modul unter Windows Vista | Nachdem es eine systemweite Handhabung von Farbprofilen beim Mac OS mittels ColorSync seit etwa anderthalb Jahrzehnten gibt, hat nun Microsoft mit dem WCS (Windows Color System) jüngst die Implementierung von ICC-Profilen in sein neues Vista vorgestellt. Nach gründlicher Recherche ist dieses Feature sehr mit Vorsicht zu genießen, und sehr viele professionelle Grafiker haben bereits schlechte Erfahrungen damit gemacht:

- WCS-Profile sind nicht kompatibel zu ICC-Profilen. ICC-Profile müssen zuerst »übersetzt« werden.
- Wird mit reinen ICC-Profilen gearbeitet, versieht weiterhin die alte ICM-Engine ihren Dienst.
- WCS hat noch einen sehr unzureichenden Support für CMYK-Farben.
- WCS gibt es nicht für Windows XP.
- Es gibt es noch fast keine Vista-Treiber für Profilierungshardware.

Zusammen mit dem extremen Leistungshunger von Windows Vista sind das gute Gründe, ähnlich wie einst bei Windows XP, vor dem Erscheinen eines Service Pack 2 als Grafikprofi die Finger von Vista zu lassen.

Priorität bzw. Rendering Intent | Unter PRIORITÄT, einer weniger geglückten Übersetzung des englischen Begriffs **Rendering Intent** (deutsch besser »Umrechnungsziel«), kann man wählen, wie die Umrechnung durchgeführt wird. Beginnen wir mit den beiden letzten Optionen, die sich sehr ähnlich sind und sich zusammenfassen lassen:

Abbildung 7.57 ▸
Rendering Intent auswählen

[Gamut]
Mit dem Gamut (engl. für Skala, Tonleiter) bezeichnet man das Maß für den Umfang der Farbdarstellungsmöglichkeiten eines Ein- oder Ausgabegeräts (siehe auch Kapitel 12).

- **Relativ farbmetrisch** und **absolut farbmetrisch** sind eng verwandt. Bei beiden wird alles beibehalten, was beim größeren Farbraum in den kleinen »hineinpasst«. Alle Werte, die darüber hinausgehen, werden in Richtung Grenze des kleinen Farbraums hinunterskaliert. Der Farbraum wird also quasi beschnitten (Gamut Clipping). Das bedeutet zwangsläufig einen Tonwert- und damit Zeichnungsverlust bei den satteren Farben.

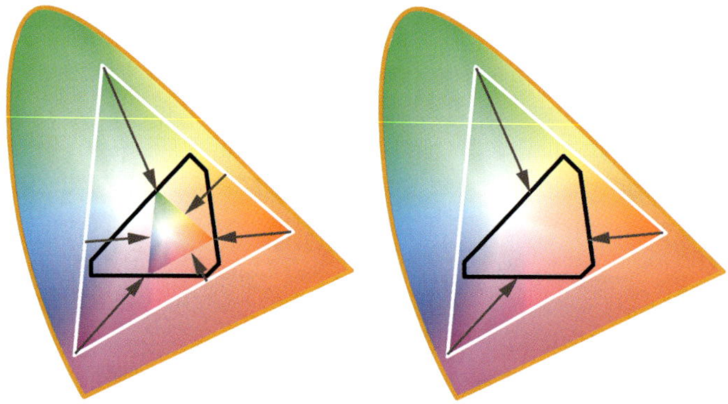

Abbildung 7.58 ▸
Rendering Intents beim Konvertieren von Adobe RGB (weiß) zu CMYK-Farben (schwarz) (links perzeptiv, rechts farbmetrisch)

  Dieses Verfahren ist nur sinnvoll, wenn beide Farbräume nicht zu unterschiedlich groß sind oder wenn z. B. der CMYK-Farbraum einer Druckmaschine auf den größeren eines Proofdruckers umgerechnet werden soll.
  Relativ und absolut beziehen sich dabei auf den Weißpunkt: Bei der relativen Methode bleibt er gleich, d.h. Weiß ist Papierweiß; bei der absolut farbmetrischen Methode wird das Papierweiß mit der Farbe des Auflagenpapiers simuliert. Deswegen ist dieser Modus eigentlich nur beim Proofdruck wichtig.
- **Perzeptiv**, in manchen Zusammenhängen auch als **fotografisch** bezeichnet, versucht, durch eine intelligente Skalierung den gesamten Farbwertebereich in den neuen, meist ja kleineren Farbraum einzupassen (siehe auch hier Abbildung 7.58, links). Dabei bleiben die Bezüge zwischen den Farben erhalten und wirken damit von der Wahrnehmung (engl. »perception«) her richtig.

HINWEIS

Der Modus Perzeptiv kann sehr stark motivabhängig sein. Auch Einflüsse der Profilierungssoftware können sich bemerkbar machen. Perzeptiv neigt zu Instabilität, und Überprüfungen sind ratsam.

Deshalb eignet sich PERZEPTIV sehr gut für Fotos. Sollen bestimmte Farbwerte strikt eingehalten werden, z.B. die eines Firmenlogos, ist die perzeptive Methode zu meiden, weil praktisch **alle** Farbwerte geändert werden.

- **Sättigung**: Gegenstück zu Perzeptiv, das vor allem bei reinfarbigen und kräftigen Grafiken verwendet wird. Diese Methode ist für Fotos ungeeignet.

Dither verwenden | Mit der Option DITHER VERWENDEN kümmert man sich um schöne glatte Verläufe bei Bildern mit 8 Bit Farbtiefe, die bei Farbwertumrechnungen fallweise ziemlich beleidigt reagieren können und dann das sogenannte Banding zeigen. Besonders bei hochwertigen Druckverfahren kann das sehr unangenehm auffallen. Bei 16 Bit Farbtiefe gibt es so hohe Reserven bei der Anzahl möglicher Tonwertstufen, dass das Banding in der Regel nicht befürchtet werden muss.

[Banding]
Unschöner Effekt, der entsteht, wenn sich die sanft und kontinuierlich verändernden Farbwerte eines Verlaufs (z. B. Himmel) nach einer Umrechnung der Farbskala auf neue Farbwerte verteilen, z. B. bei Manipulationen mit Tonwertkorrektur, Gradationskurven oder auch durch das CMM.

Tiefenkompensierung verwenden | Die Option TIEFENKOMPENSIERUNG VERWENDEN kommt praktisch nur bei der Methode RELATIV FARBMETRISCH zum Tragen. Sie skaliert bei der Konvertierung die Tonwerte der Tiefen so, dass die dunklen Stellen nicht ins Schwarze »absaufen«. Sonst nicht reproduzierbare Tiefen werden je nach Papiersorte angehoben. Resultat ist, dass der gesamte Dynamikumfang zwischen Weiß und Schwarz vom Quellfarbraum in den Zielfarbraum einskaliert wird. Bei PERZEPTIV wird das automatisch berücksichtigt.

Angenehmerweise bekommt man in diesem Dialog im untersten Teil zu jedem Punkt einige Erklärungen, wenn man mit der Maus darüber fährt.

Welche Einstellungen vornehmen? | Eine grundsätzliche Empfehlung abzugeben ist schwer. Das hängt sehr vom Sujet ab. Für fotografische Inhalte kommt ohnehin nur PERZEPTIV und RELATIV FARBMETRISCH infrage, wobei RELATIV FARBMETRISCH die Möglichkeit mit sich bringt, dass zu satte Farben von Zeichnungsverlust bedroht sind. In sich stimmige Bilder gibt es eher mit PERZEPTIV, auch wenn es im Ruf steht, das Bild manchmal ein wenig zu »schönen«. Letztlich entscheiden Versuche, Erfahrung, Geschmack und natürlich der Kunde.

7.4.4 Fremddaten-Handling

In den folgenden Abschnitten wird zusammengefasst, welche Möglichkeiten dem Grafiker bei der Übernahme von Fremddaten begegnen können.

RGB-Fremddaten ohne Profil | Es hilft nichts: Hier fischen Sie im Trüben, und Raten ist angesagt. Haben Sie selbst einen kalibrierten Monitor und können nachfragen, ob der Lieferant den auch hat, kann man sich wenigstens ein paar Anhaltspunkte holen, wie das Bild »gemeint« ist. Herumprobieren mit verschiedenen gängigen Profilen kann auch helfen. Beginnen sollte man dabei mit sRGB, weil das bei den meisten Photoshop-Versionen die Standard-Voreinstellung nach der Installation ist und viele (vor allem im Farbmanagement unerfahrene) User das nie geändert haben.

RGB-Fremddaten mit falschem Profil | Immer wieder kommt es vor, dass Daten falsche Profile auf dem Weg zu Ihnen mitbekommen haben. Wenn es ein krasser Fehler ist, wird dieser sofort visuell auffallen. Auch hier hilft natürlich eine Nachfrage. Geht das nicht, kann man beim Öffnen der Datei und eingeschaltetem Profilfehler-Dialog, der auf die Abweichung vom eingebetten Profil aufmerksam macht, mit Eingebettetes Profil verwerfen reagieren. Im Weiteren kann man dann so vorgehen, als wenn gar kein Profil angehängt gewesen wäre.

CMYK-Fremddaten mit Profil | Wie schon erwähnt, kann die Profil-Konvertierung bei CMYK-Daten einen beabsichtigten Farbaufbau zerstören. Hier wäre also meist mit Verlusten zu rechnen. Zudem sind ja CMYK-Farbräume auch rechnerisch kleiner, sodass bei der Umrechnung ohnehin nur eine geringere Genauigkeit erreicht werden kann als bei RGB. Sollte aber ein zu großer Unterschied zwischen Quell- und Zielfarbraum bestehen, z. B. bei einem CMYK-Bild, das für gestrichenes Papier (z. B. ISO coated) hergerichtet wurde, aber auf Zeitungspapier gedruckt wird, dann muss konvertiert werden.

CMYK-Fremddaten ohne Profil | Hier weist man einfach sein Standard-CMYK-Arbeitsprofil zu. Eine Zuweisung ist ja keine Konvertierung, d. h., die absoluten Farbwerte bleiben erhalten. Es gibt also auch keine rechnerischen Verluste. Natürlich tappt man auch hier über das beabsichtigte Aussehen des Bildes im

Dunkeln. Korrekturen sollten hier eher mit vorsichtiger Bildbearbeitung geschehen.

7.4.5 Farbmananagement-Workflow am Beispiel

Zum Schluss dieses Abschnitts wollen wir die Probe aufs Exempel machen, eine Vorlage einscannen und diese vom Scanner profiliert an Photoshop weitergeben. Die Bildschirmdarstellung sollte dabei dank Monitor-Profil sehr nahe an das Original herankommen. Wenn schließlich nach dem Ausdrucken aus Photoshop das Druckerprofil dafür sorgt, dass der Ausdruck wirklich so ausschaut wie das Original, kann man davon ausgehen, dass man einen gut profilierten Arbeitsplatz und einige Sorgen weniger hat – von der Zeit-, Papier- und Toner- bzw. Tinten-Ersparnis durch zahllose Versuche einmal ganz zu schweigen.

Schritt für Schritt: Gescanntes Bild drucken

1 Scannersoftware neutralisieren

Praktisch alle Scanner werden mit einer eigenen Scansoftware geliefert. Die meisten Scanprogramme sind dafür da, dem Laien die an sich nicht triviale Wissenschaft vom richtigen Scannen zu ersparen und auf Knopfdruck aus schlechten Vorlagen tolle Bilder zu produzieren. Auch professionelle Scanprogramme wie Vuescan, Silverfast oder das alte Linocolor haben solche Automatiken an Bord. Da alle diese Programme ihre Korrekturen vom Bildinhalt abhängig machen, versucht die Scansoftware jedes Mal auf andere Art und Weise das hervorzubringen, was sie unter einem gelungenen Scan versteht. Vorhersehbarkeit ist also in keinem Fall zu erwarten.

Deshalb müssen alle Wizards, Assistenten und Automatiken unbedingt abgeschaltet werden! Genau diese neutrale Einstellung war ja auch die Grundlage des für den Scanner erstellten Farbprofils gewesen. Je nach Scansoftware ist es manchmal aber nicht einfach, alle automatischen Korrekturen ausfindig zu machen. Zum Glück bieten aber zumindest alle professionellen Pakete die Möglichkeit, eigene Einstellungen unter einem sinnvollen Namen abzuspeichern. Wenn die Scansoftware das unterstützt, kann man direkt das für den Scanner erstellte Farbprofil verwenden und den Scan auch gleich in den später benutzten Arbeitsfarbraum konvertieren.

Zunächst muss jedoch sichergestellt werden, dass in der Scansoftware, hier beim Beispiel Silverfast, alle Korrekturmöglichkeiten deaktiviert werden, wie alle Filter ❶, die in die Farbigkeit eingreifen (Entrasterung usw. kann man natürlich benutzen). Auch

Scansoftware

Die meisten Scanner bringen ihre eigene Scansoftware mit. Will man wirklich brauchbare Ergebnisse mit umfassenden Kontrollmöglichkeiten, kommt man um die Anschaffung einer professionellen Software nicht herum:

- Silverfast
  http://www.silverfast.de, für Windows und Mac, Demo verfügbar, Preise hängen vom Scanner ab (100–200 €).
- Vuescan
  http://www.hamrick.com, für Mac und Windows, Demo verfügbar, Pro-Version mit Kalibrier- und Profilier-Option etwa 90 USD.

Beide funktionieren mit einer großen Anzahl von Scannern, die laufend erweitert wird.

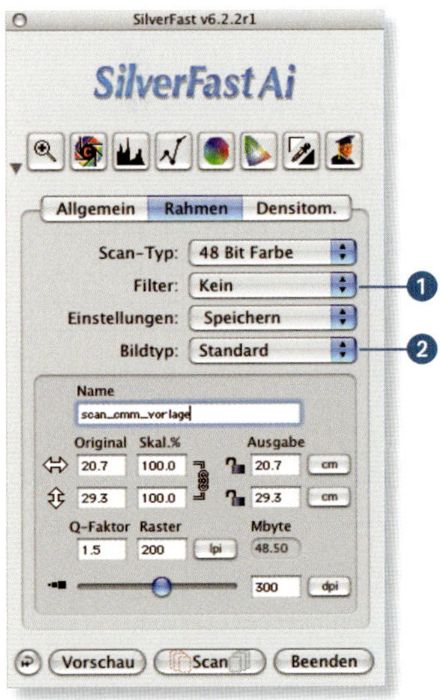

▲ **Abbildung 7.59**
Scansoftware-Fenster

Presets ❷, die für Porträts, Landschaften und Ähnliches vorgefertigte Einstellungen mitbringen, sind unbedingt zu deaktivieren. Photoshop erledigt die meisten Dinge, die hier angeboten werden, in der Regel auch viel besser und kontrollierter.

2 Profile in der Scansoftware zuweisen

Alle besseren Scanprogramme haben in ihren Einstellungen eine Möglichkeit, mit Farbmanagment umzugehen. Bei Silverfast findet sich diese unter Allgemein • Optionen.

Zunächst legt man fest, welches CMM benutzt werden soll. Da die Adobe ACE nur innerhalb der Adobe-Produktpalette zur Verfügung steht, kann man hier auf Windows die ICM und am Mac ColorSync aktivieren ❸. Unter Intern -> Ausgabe ❹ wird das generelle Farbmodell ausgewählt, hier für die spätere Bildbearbeitung RGB.

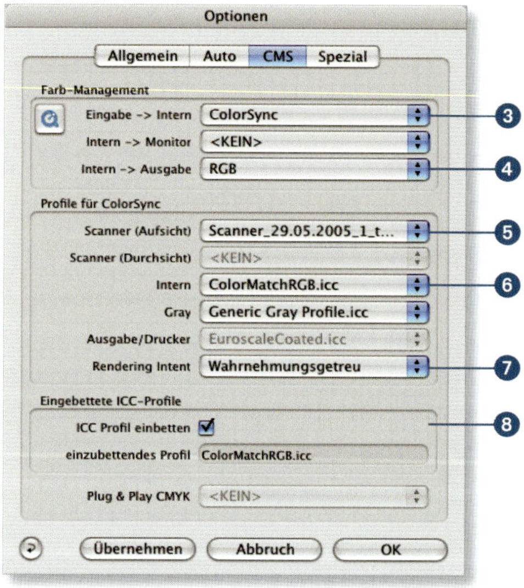

Abbildung 7.60 ▸
Farbmanagement-Einstellungen der Scansoftware Silverfast

Viele professionelle Scanner können auch direkt in CMYK scannen, was aber nur selten zu empfehlen ist, weil die Bearbeitungsmöglichkeiten dann später durch den kleinen Arbeitsfarbraum sehr stark limitiert sind. Auch funktionieren z. B. manche Filter nicht mehr oder nicht so gut.

Nun werden die Profile zugewiesen: Wichtig ist hier das Scanner-Profil ❺, das zuvor erstellt wurde. Unter Intern ❻ wird bereits hier der Zielfarbraum angegeben, in diesem Fall ColorMatch-RGB. Das bedeutet, dass die Scansoftware hier schon die Umrechnung des Scannerprofils in den Arbeitsfarbraum vornimmt. Man muss ihr folglich also auch sagen, wie: Unter Rendering Intent ❼ wird Wahrnehmungsgetreu eingestellt, das Gleiche, was Photoshop unter Perzeptiv versteht.

Schließlich wird das Arbeitsprofil eingebettet ❽, was den großen Vorteil hat, dass das Bild bereits fertig profiliert zur Bearbeitung in Photoshop ankommt; die Fragerei beim Öffnen fällt weg. Sehr angenehm!

3 Profile in Photoshop zuweisen

Kann die Scansoftware nicht oder nur unzureichend mit Profilen umgehen, kann man auch Photoshop beim Öffnen der gescannten Datei die Profilzuweisung erledigen lassen. Dafür müssen natürlich alle drei Checkboxen in den Farbeinstellungen, die sich um die Profilfehler kümmern, aktiviert sein.

Beim Öffnen des rohen unprofilierten Scans erscheint ein Dialog, der zwei Dinge gleichzeitig passieren lässt: Zunächst wird der unprofilierten Datei das erstellte Scanner-Profil zugewiesen ❾, und direkt im gleichen Arbeitsgang wird die so profilierte Datei in den Arbeitsfarbraum konvertiert ❿.

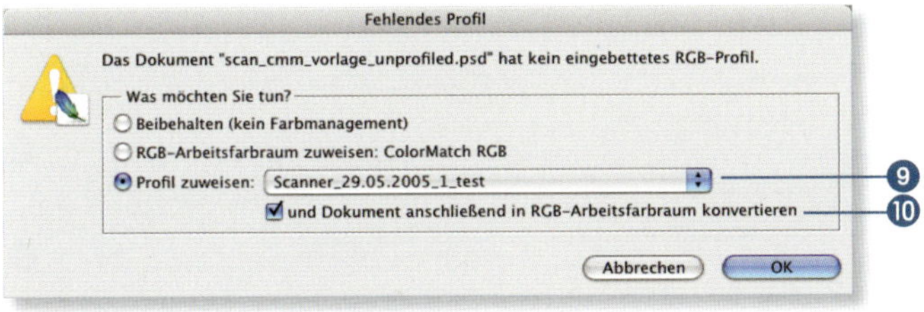

◀ **Abbildung 7.61**
Unprofilierten Scan öffnen

4 Profiliert drucken

Hat man den Monitor sorgfältig kalibriert und stimmen die Beleuchtungsverhältnisse am Arbeitsplatz sowohl bzgl. Helligkeit als auch Farbtemperatur, sollte der profilierte Scan am Bildschirm seinem Original schon sehr ähnlich sehen.

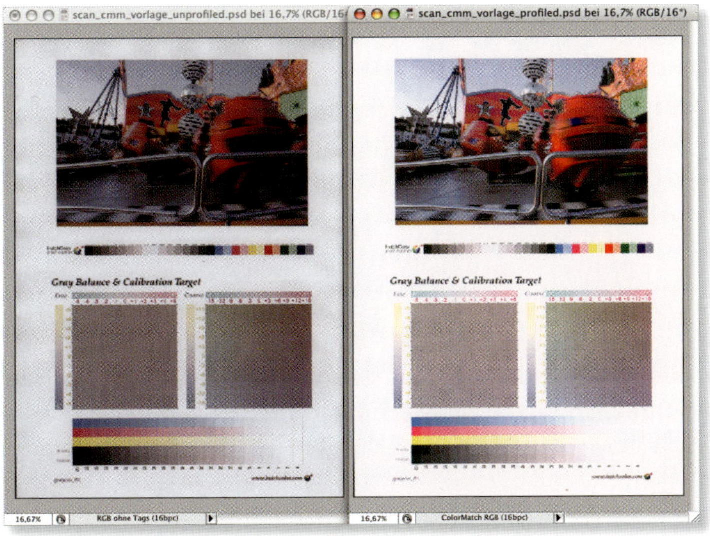

◀ **Abbildung 7.62**
Unprofilierter (links) und profilierter Scan (rechts)

Im Photoshop-Druckdialog wird nun das Farbmanagement behandelt, das den Drucker betrifft. Unter Datei • Drucken (oder Strg/⌘+P) bekommt man den umfangreichen Druckdialog zu sehen.

Im Abschnitt Farbmanagement wählt man Dokument ❶. Hier wird der Arbeitsfarbraum angegeben. In den Optionen wird nun bei der Farbhandhabung ❷ der Eintrag Farbverwaltung durch Photoshop gewählt. Die Alternative Farbverwaltung durch Drucker hat ja wenig Sinn.

Es wird auch ausdrücklich darauf hingewiesen (beim Darüberziehen mit der Maus), dass das Farbmanagement im Druckertreiber deaktiviert sein muss. Das entspricht ja auch den Bedingungen, unter denen das Druckerprofil erstellt wurde. Dieses wird unter Druckerprofil ❸ gewählt. Für fotografischen Inhalt und Verwandtes wählt man schließlich noch die Renderpriorität ❹ mit Perzeptiv oder Relativ farbmetrisch aus.

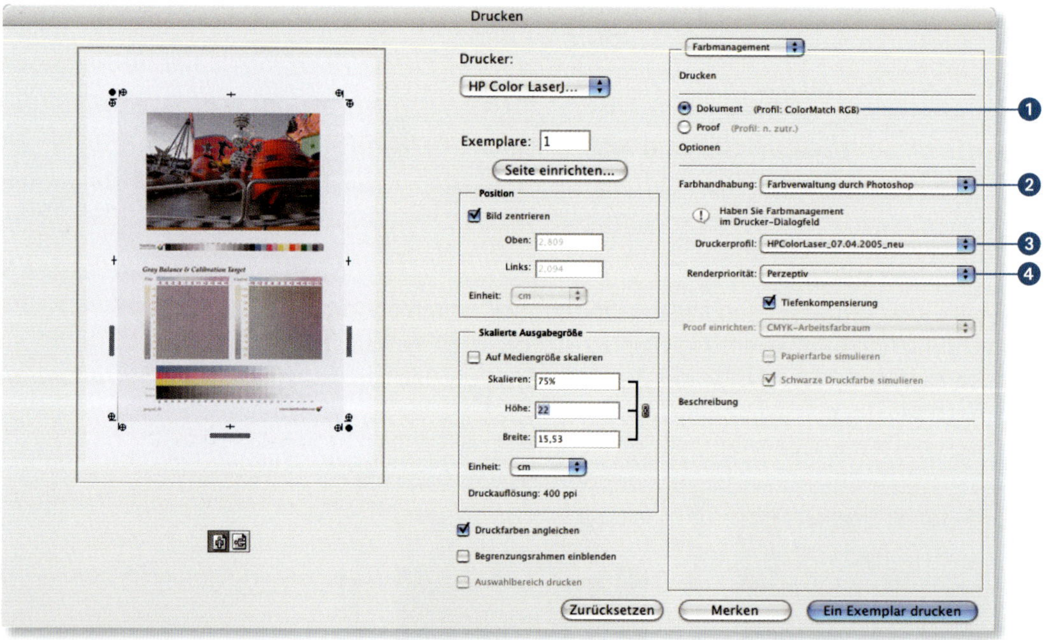

▲ **Abbildung 7.63**
Der Photoshop-Druckdialog

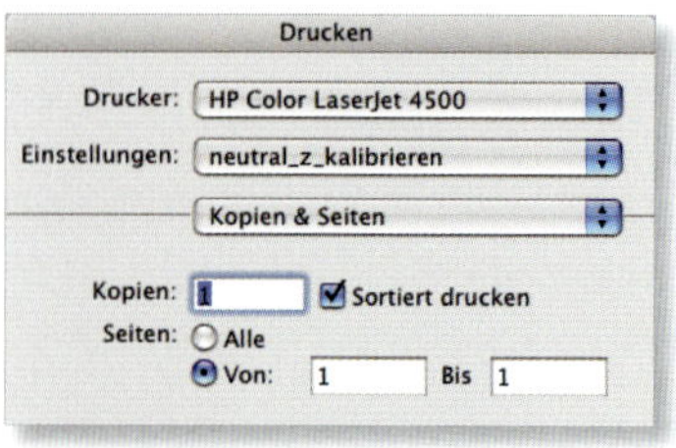

▲ **Abbildung 7.64**
Keine Farbbeeinflussung durch den Drucker!

Im Dialog des Druckers gilt es jetzt nur noch sicherzustellen, dass keine Beeinflussung der Farbe durch den Drucker oder seinen Treiber mehr stattfinden kann. Hier muss man sich einmal durch alle Optionen seines Druckers durcharbeiten und Entsprechendes deaktivieren. Diese Einstellung sollte man dann unbedingt speichern!

5 Überprüfung des Ergebnisses

Vergleichen Sie nun das Druckergebnis sowohl mit seinem Original als auch mit der Bildschirmdarstellung. Hierbei sollten Sie auf die korrekte Raumhelligkeit und Farbtemperatur des Umgebungslichts achten. Es zeigt sich unmittelbar, warum Farbmanagement sinnvoll ist:

◂ **Abbildung 7.65**
Ergebnisvergleich: links das Original, rechts der gedruckte Scan

TEIL III
Kreation in Photoshop

8 Fotomontage und Composing

Photoshop ist schon lange kein reines Bildbearbeitungswerkzeug mehr, sondern ist immer mehr auch kreative Zentrale zur Erfindung und Gestaltung kompletter Bildinhalte geworden.

Neben der Bildbearbeitung, die sich um Retusche, Aufbereitung und Perfektionierung eines bereits vorhandenen Bildes kümmert, hat sich Photoshop mehr und mehr von einem Manipulations- auch zu einem Kreationswerkzeug gewandelt. Es lassen sich damit Bilder gestalten, die ihren Ursprung nicht mehr in irgendwelchen Bildaufnahmen wie Fotos haben, sondern allein mit den Bordwerkzeugen von Photoshop erzeugt werden können.

8.1 Bearbeitungsmöglichkeiten für die Kreation

Die gestalterischen Möglichkeiten sind hierbei allein durch die Kombination einiger weniger, ganz elementarer Bearbeitungsmittel bereits enorm. Nimmt man noch die Filter hinzu, die Photoshop bietet und deren Zahl ständig von zahllosen Drittherstellern erweitert wird, so tut sich ein wahrer Dschungel an Möglichkeiten auf. Darin kann man sich allerdings auch verlaufen, und man bekommt vor dem Bildschirm sprichwörtlich die gleichen Schwierigkeiten wie der Maler vor der weißen Leinwand: Man weiß nicht, wo man anfangen soll.

Prinzipiell gibt es folgende Möglichkeiten:

- Die Arbeit mit **Auswahlen**, **Masken** und **Alpha-Kanälen**, die als Gemeinsamkeit eine Graustufeninformation haben, mit der angegeben wird, was von einem Bildteil sichtbar oder verdeckt ist bzw. was zur Bearbeitung freigegeben oder gesperrt ist.

Regelmäßige Neuerungen

Die meisten Bearbeitungen in Photoshop bedingen, dass man zuvor entscheiden muss, wo Manipulationen vorgenommen werden sollen. Dafür muss etwas ausgewählt werden. So simpel, so gut. Aber selbst beim Auswahlwerkzeug, das jeder Photoshop-Nutzer kennt, gibt es noch eine Reihe Kniffe und Erleichterungen, die erfahrungsgemäß viele nicht benutzen, weil sie ihre gewohnten Arbeitsabläufe nicht ändern. Immer wieder sind auch hier, gut versteckt, im Laufe der Jahre Änderungen von Adobe vorgenommen worden, die oft einfach gar nicht bemerkt werden, weil sie neben den großen Neuheiten untergehen.

- Die **Ebenen**, die es gestatten, Bilder und Bildteile in Schichten übereinander zu legen und zu montieren. Hier findet sich also das eigentliche Werkzeug zur Fotomontage.
- **Filter**, die Bildinformationen innerhalb von Bildteilen manipulieren. Hier werden beliebig komplizierte Bildveränderungen möglich, und hier hat sich im Laufe der Zeit in Form von Zusatzmodulen, den »Plug-ins«, so ziemlich alles Denkbare versammelt, was Mathematik mit Pixeln und Farben so anstellen kann.

Interaktion | Natürlich sind diese drei wichtigsten Gruppen von Bearbeitungsmöglichkeiten nie getrennt voneinander zu betrachten, sondern sie interagieren auf die vielfältigste Art und Weise. Dieser Umstand trägt nicht gerade zur Übersicht bei, ist aber eine der wesentlichen Stärken von Photoshop als Kreativwerkzeug: So legen z. B. Auswahlen fest, wo ein Filter wirken soll, oder Masken, was von einer Ebene sichtbar sein soll. Man kann Alpha-Kanäle mit Filtern bearbeiten und Ebeneninformationen als Maske verwenden. Diese damit nur ganz kurz angedeuteten Möglichkeiten sind nahezu unbegrenzt. Von ganz naheliegenden Verfahren bis komplett unanschaulichen und sehr komplizierten Tricks ist gerade in diesem Bereich der Photoshop-Arbeit alles zu haben.

Dieses Kapitel soll weniger die grundlegenden Dinge erklären als eine komprimierte Tour durch diese Möglichkeiten bieten und Ihnen vor allem ein Gefühl dafür vermitteln, welche Probleme oder Aufgabenstellungen man am besten mit diesem, jenem oder einem ganz anderen Verfahren angehen kann. Auf allzu Naheliegendes soll ebenso verzichtet werden wie auf die genaue Schilderung einfacher Arbeitsabläufe.

Tastenkürzel

Mit [M] erreicht man dieses Werkzeug, mit [⇧]+[M] kann man zwischen rechteckiger und runder Auswahl wechseln. Als Merkhilfe kann das englische Wort »Marquee« dienen. Die beiden Einzelzeilen-Auswahlen sind aus diesem Shortcut ausgenommen, eben weil sie selten gebraucht werden.

Ein wichtiger Aspekt sind Shortcuts und Kombinationen von Maus-Klicks und -Bewegungen zusammen mit Tastendrücken. Die Erfahrung hat gezeigt, dass sich hier bei der täglichen Arbeit sehr viel Zeit sparen lässt, dass es aber auch sehr mühsam ist, sich alle diese Dinge aus der Photoshop-Hilfe zusammenzusuchen.

8.2 Auswahlen erstellen

Auch, wenn es manchem Leser trivial erscheinen mag, verdienen die Auswahlwerkzeuge einige kurze Absätze.

8.2.1 Auswahlwerkzeuge

In der Werkzeugpalette von Photoshop sind die Auswahlwerkzeuge prominent links oben vertreten, wie es sich für etwas derart Wichtiges gehört. Das kleine Flyout-Menü zeigt uns vier Möglichkeiten: eine rechteckige und eine runde Auswahl sowie jeweils die Auswahl einer Zeile horizontal oder vertikal.

Die letzten beiden gibt es, weil niemand auch mit noch so ruhiger Hand eine einzelne Bildzeile auswählen kann, man aber so etwas z. B. in Dateien benötigt, die Bildmaterial aus Videos enthalten. So können Fehler in einzelnen Bildzeilen korrigiert werden. Auch im Screendesign spielt diese Funktion eine Rolle.

TIPP

Die für das Umschalten der verschiedenen Werkzeuge einer Gruppe notwendige ⇧-Taste kann man in den Voreinstellungen unter ALLGEMEIN mit der Checkbox UMSCHALTTASTE FÜR ANDERES WERKZEUG abschalten.

Optionsleiste | Ist das Auswahlwerkzeug aktiviert, erscheint oben in der Optionsleiste eine ganze Reihe Einstellmöglichkeiten für dieses Werkzeug, die sich unter WERKZEUGVOREINSTELLUNGEN mit selbst gewählten Namen abspeichern lassen.

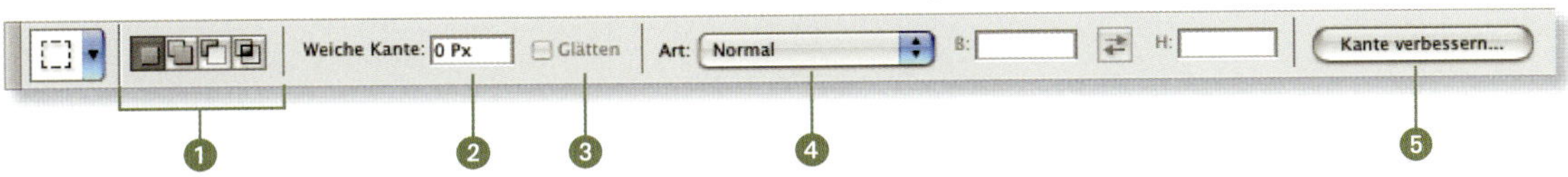

▲ **Abbildung 8.1**
Optionen für die Auswahlwerkzeuge

Daneben finden sich die vier Buttons ❶ für das grundsätzliche Verhalten der Auswahl. Der daneben befindliche Eintrag WEICHE KANTE ❷ wird an dieser Stelle auch eher selten benutzt, taucht er doch viel bequemer im Kontextmenü auf. Außerdem lässt er sich später mit AUSWAHL • AUSWAHL VERÄNDERN • WEICHE KANTE oder Strg/⌘+Alt+D ändern. Die Option GLÄTTEN ❸ ist nur umschaltbar, wenn man eine runde Auswahl haben will. Sie kümmert sich um die Kantenglättungen in den Kurven.

Mit ART ❹ lassen sich Auswahlen auf fixe Größen (in der gerade aktuellen Maßeinheit) oder auf feste Seitenverhältnisse einschränken. Hier ist dann die Möglichkeit, mit der ⇧-Taste ein proportionales Aufziehen der Auswahl zu ermöglichen, logischerweise deaktiviert. Für das Anlegen von Mehrfachauswahlen ist die ⇧-Taste aber nach wie vor aktiv. Die Alt-Taste zum Abziehen einer neuen Auswahl von einer bestehenden funktioniert auch mit fixen Auswahlen wie gewohnt, ebenso die Kombination mit Alt+⇧ zum Erzeugen einer Schnittmengen-Auswahl.

Ganz rechts schließlich lässt sich direkt vom Auswahlwerkzeug aus die neue Funktion KANTE VERBESSERN aufrufen ❺.

HINWEIS

Runde Auswahlen haben manchmal, etwa dort, wo die Rundung sehr flach wird (z. B. oben), eine deutliche Treppenbildung, auch dann, wenn GLÄTTEN aktiviert ist. Besonders bei kleinen Durchmessern sind manchmal kreisförmige Pfade oder sogar einkopierte Illustrator-Kreise besser.

Professionelle Tastenkürzel | Wie schon in Kapitel 4, »Retusche«, erwähnt wurde, ist für Profis nicht nur die Maushand gefragt, sondern ebenso die andere. So spielt auch das Auswahlwerkzeug die wirklich virtuosen Stücke nur mit Maus-Tastatur-Kombinationen. Die unten stehende Tabelle zeigt, wie das im Einzelnen geht.

Tabelle 8.1 ►
Tastenkombinationen für die rationelle Arbeit mit Auswahlen

Taste + Ziehen	Ergebnis
⇧	Erste Auswahl wird quadratisch bzw. kreisrund aufgezogen
Alt	Erste Auswahl wird zentriert aufgezogen
Alt + ⇧	Erste Auswahl quadratisch bzw. kreisrund und zentriert aufziehen
⇧	Bestehende Auswahl wird erweitert
Alt	Bestehende Auswahl abzüglich neuer Auswahl
Alt + ⇧	Bestehende Auswahl bildet Schnittmenge mit neuer Auswahl
⇧, loslassen, dann ⇧	Bestehende Auswahl wird quadratisch bzw. kreisrund erweitert
⇧, loslassen, dann Alt	Bestehende Auswahl mit zentriert aufgezogener Auswahl erweitern
Alt, loslassen, dann Alt	Bestehende Auswahl minus zentriert aufgezogener Auswahl
Alt, loslassen, dann ⇧	Bestehende Auswahl minus quadratische bzw. kreisrunde Auswahl

8.2.2 Lasso

Will man freiere Auswahlformen haben oder unregelmäßig geformte Objekte auswählen, ist in der Regel das Lasso gefragt.

Hier gibt es das normale Lasso für ganz freie Auswahlen und das Polygon-Lasso-Werkzeug, das von Klickpunkt zu Klickpunkt gerade Linien zieht. Mit einem Doppelklick wird die Auswahl auf kürzestem Weg geschlossen, mit Esc kann man einen verunglückten Auswahlversuch abbrechen.

Das Magnetische-Lasso-Werkzeug schließlich findet Bildkanten in seiner Nähe. Haben diese einen ausreichenden Kontrast, so ist dieses Lasso ein sehr zeitsparendes Werkzeug für Freistell-Arbeiten: Es reicht, einfach ungefähr in der Nähe der Kante des freizustellenden Objekts entlangzufahren.

TIPP

Ist das Polygon-Lasso oder das Magnet-Lasso aktiviert, so kann man mit gleichzeitigem Drücken der Alt-Taste zum normalen Lasso umschalten, um z. B. zwischendurch eine freie, unregelmäßige Kante nachzuzeichnen.

Optionsleiste | In den OPTIONEN kann der Fangradius (BREITE) ❶ eingestellt werden, der entscheidet, wie nahe man mit dem Lasso-Werkzeug einer Kante kommen muss, damit die Auswahl dort »einrastet«. Der erforderliche KONTRAST ❷ bestimmt, wie groß ein Helligkeitsunterschied sein muss, um als Kante akzeptiert zu werden.

Mit FREQUENZ ❸ wird die Genauigkeit der Liniennachführung (Häufigkeit der Ankerpunkte) angepasst. Mit entsprechender Hardware ausgestattete User regeln das Ganze mit viel Gefühl über den Zeichenstift ihres Grafiktabletts ❹. Für alle anderen gibt es die Shortcuts, die während des Ziehens funktionieren. Auch hier ist in Photoshop CS3 ein Button zum Aufruf von KANTE VERBESSERN hinzugekommen ❺.

▼ **Abbildung 8.2**
Lasso-Optionen

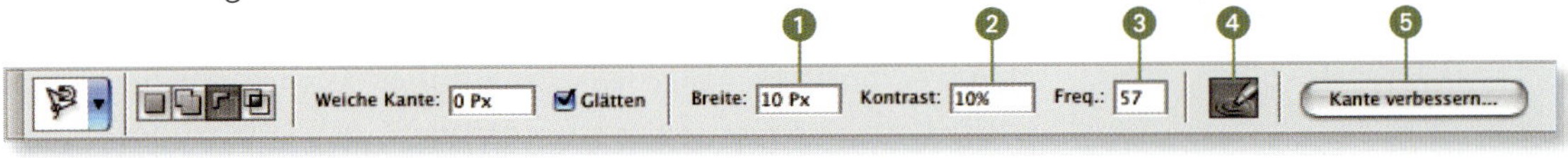

Für das Fingerspiel der linken Hand mit Alt- und ⇧-Taste gelten bei den Lassos übrigens die gleichen Regeln wie beim Auswahlwerkzeug. Die Lasso-Werkzeuge hören auf den Shortcut L, durch die drei Varianten tastet man sich mit ⇧+L.

TIPP

Shortcuts für das Magnet-Lasso:
Kantenkontrast +/–: ./,
Breite +/–: Ö/#
Ankerpunkt-Frequenz +/–: Ü/Ä
Bei allen bewirkt die ⇧-Taste den Sprung auf den Minimal- bzw. Maximalwert.

8.2.3 Zauberstab

Auswahlwerkzeug und Lasso sind für willkürliche Auswahlen zuständig. Soll z. B. ein Objekt auf einem Foto freigestellt, also von einem Hintergrund isoliert werden, kommt man mit ihnen aber oft nicht besonders weit. Der Zauberstab wählt selbstständig Farben aus, die mehr oder weniger ähnlich zu der Stelle sind, an die man klickt. Hält man die ⇧-Taste bei weiteren Klicks gedrückt, werden mehrere Farben in eine solche Auswahl miteinbezogen.

TIPP

Weitgehend unbekannt ist, dass man die Grundgenauigkeit des Zauberstabs mit der Sample-Größe (1 × 1 bis 5 × 5 Pixel) des Pipettenwerkzeugs (einstellbar bei dessen Optionen) beeinflussen kann.

Optionsleiste | In den Optionen lässt sich über die TOLERANZ ❼ einstellen, ob nur exakt ein Farbwert berücksichtigt werden soll oder inwieweit auch benachbarte Farbwerte einbezogen werden sollen.

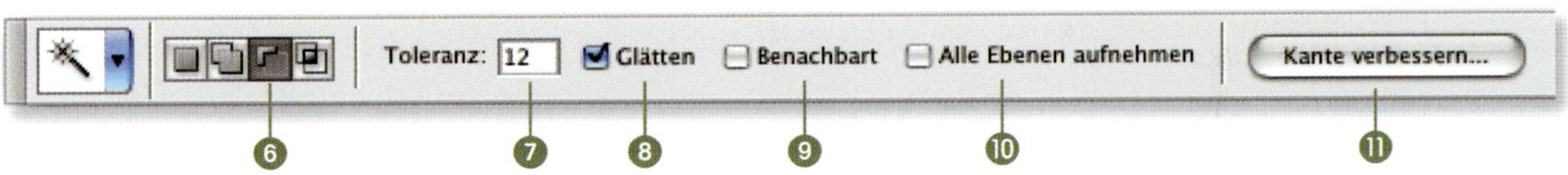

▲ **Abbildung 8.3**
Zauberstab-Optionen

Das ist die wichtigste Möglichkeit, dieses Werkzeug an verschiedene Aufgaben anzupassen: Ist die auszuwählende Fläche ebenmäßig einfarbig, reicht eine kleine Toleranz. Umgekehrt erfordern unruhige Flächen hohe Toleranzen, die aber mitunter bereits das freizustellende Objekt an den Kanten »anfressen«. Mit BENACHBART ❾ werden nur unmittelbar zusammenhängende Flächen ausgewählt. Wenn diese Option nicht aktiviert ist, werden alle ähnlichen Farben im gesamten Bild ausgewählt. ALLE EBENEN AUFNEHMEN ❿ bezieht auch ähnliche Farben auf sichtbaren anderen Ebenen ein, wenn vorhanden.

Der Zauberstab hat den Shortcut W (Merkhilfe: »Magic **W**and«). Weil hier nicht-rechtwinklige Auswahlformen erzeugt werden können, gibt es hier natürlich auch, wie bei den runden

Auswahl und dem Lasso, die Wahlmöglichkeit GLÄTTEN ❽. Für die Verknüpfung von Auswahlen ❻ gilt hier ebenfalls, was bei Auswahlwerkzeug und Lasso bereits erwähnt wurde.

Farbkanäle auswählen

Ist eine Auswahl mit dem Zauberstab nicht befriedigend, so kann man alternativ versuchen, in einem der Farbkanäle, z. B. Blau, einen bestimmten Graustufenbereich zu erwischen. Bei manchen Bildern kann das bessere Ergebnisse bringen, vor allem, wenn nur leicht verschiedene Farben fast identische Helligkeiten haben.

Mit diesen drei Werkzeugen lassen sich also komplexe Auswahlen erstellen, vor allem, wenn aufeinanderfolgende Auswahlen z. B. unterschiedlich weiche Kanten haben. Umkehren kann man Auswahlen mit AUSWAHL • AUSWAHL UMKEHREN oder [Strg]/[⌘]+[⇧]+[I]. Nützlich ist das z. B., wenn man den Hintergrund mit dem Zauberstab komplett ausgewählt hat, am Schluss aber das freigestellte Objekt kopieren oder ausschneiden will. Auch hier kann man direkt die neue Funktion KANTE VERBESSERN aufrufen ⓫.

Bei Bildern mit einem ausgeprägten Farbrauschen (z. B. von billigen Digitalkameras) muss man bei Freistellaufgaben oft die Toleranz des Zauberstabs auf unbrauchbare Werte hochschrauben. Hier hilft eine eher niedrige Toleranz, mit der man eine sehr »raue« und »löchrige« Auswahl bekommt, und schließlich der Befehl AUSWAHL • AUSWAHL VERÄNDERN • ABRUNDEN mit oft sehr niedrigen Werten (1–3 Pixel), um die Auswahl »zusammenfließen« zu lassen.

Video-Training

Auf der Buch-DVD im Ordner VIDEO-LEKTIONEN finden Sie Video-Lektionen zum Thema »Schnellauswahlwerkzeug«.

8.2.4 Schnellauswahlwerkzeug (QuickSelect)

Die in Photoshop CS3 hinzugekommene Variante des Zauberstabes mit dem unhandlichen Namen »Schnellauswahlwerkzeug« (QuickSelect) befindet sich mit diesem gemeinsam in der Werkzeugpalette. Es handelt sich dabei um eine gelungene Kombination aus dem kantenorientierten Magnet-Lasso und dem flächenorientierten Zauberstab.

Hierbei wird einfach mit einem Pinsel in der Nähe der Kante des auszuwählenden Objekts entlanggefahren. Dabei erweitert das Werkzeug die Fläche automatisch bis zur nächsten Kante. Dies geschieht ohne weitere Beeinflussungsmöglichkeit und erfordert deswegen einige Übung, denn die Funktion hängt entscheidend vom Verhältnis zwischen dem Kontrast der Kante und der Größe des Pinsels ab.

TIPP

Weil das Schnellauswahlwerkzeug mit einer Pinsel-Werkzeugspitze arbeitet, gelten hier natürlich ebenso die gleichen Regeln wie auch die gleichen Shortcuts, also z. B: [#] für eine Vergrößerung der Spitze und [Ö] für eine Verkleinerung. Gleiches gilt für [⇧]+[>] für eine weichere Pinselspitze und [⇧]+[#] für eine härtere. Auch ein druckempfindlicher Zeichenstift lässt sich hier einsetzen. Natürlich funktioniert auch hier die Erweiterung oder Verkleinerung der Auswahl mit der [⇧]-Taste oder [Alt]-Taste.

Optionsleiste | Die Optionen gleichen denen der anderen Auswahlwerkzeuge, lediglich die Checkbox AUTOMATISCH VERBESSERN ist hier anders und auch sehr wichtig. Sie gestattet Photoshop, die Auswahlkante bereits während des Ziehens zu optimieren und zu glätten. Das erfordert jedoch einen erheblichen Rechenaufwand, und das Aktivieren dieser Funktion ist nur auf aktueller Hardware zu empfehlen, vor allem bei größeren Pinselspitzen.

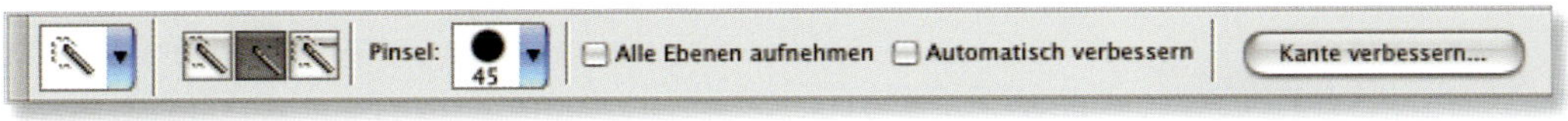

▲ **Abbildung 8.4**
Optionen des Schnellauswahlwerkzeugs

© pixelio.de

▲ **Abbildung 8.5**
Schnell Freisteller produzieren mit dem Schnellauswahlwerkzeug

8.2.5 Manipulation von Auswahlen

Mit den drei anderen Menübefehlen unter AUSWAHL • AUSWAHL VERÄNDERN kann man die Auswahl mit definierter Breite auf die Kante der bisherigen Begrenzung setzen (UMRANDUNG) oder die Auswahl um einen bestimmten Pixelbetrag ERWEITERN bzw. VERKLEINERN. Letzteres ist z. B. dann nützlich, wenn die Auswahl des Zauberstabes zu »locker« um ein Objekt herum sitzt.

Auswahl einschränken | Das Bewegen von Auswahlen kann man einschränken, wenn man die [⇧]-Taste drückt, nachdem man hineingeklickt und sie zu ziehen begonnen hat (sonst würde man ja eine Mehrfachauswahl aufziehen). Dann lässt sie sich nur rechtwinklig oder in 45°-Winkeln bewegen. Ist bei vorhandener Auswahl noch eines der Auswahlwerkzeuge (Rechteck- bzw. Kreis-Auswahl, Lasso oder Zauberstab) aktiv, so wird nur die Auswahl bewegt, nicht jedoch ihr Inhalt.

Will man nur den Inhalt bewegen, so kann man entweder zum Bewegen-Werkzeug wechseln oder zum Auswahlwerkzeug zusätzlich die [Strg]/[⌘]+Taste drücken. Die [Alt]-Taste dazu erstellt direkt eine schwebende Kopie, die dann bewegt wird. Natürlich gilt auch hier, wie zuvor bei zusätzlich gedrückter [⇧]-Taste, die Einschränkung auf rechte Winkel bzw. die 45°-Diagonalen. Der Cursor gibt über die gewählten Aktionen visuelle Rückmeldung in Form der kleinen Schere (bewegen) oder des schwarzweißen Doppelpfeils (bewegen und kopieren).

8.2.6 Kante verbessern

Unmittelbar mit den zuvor genannten Funktionen zusammenhängend und im Menü mit AUSWAHL • KANTE VERBESSERN auch direkt über AUSWAHL VERÄNDERN gelegen hat Adobe mit Photoshop CS3 einen Dialog eingeführt, der von den meisten Auswahlwerkzeugen mit dem entsprechenden Button direkt aufgerufen werden kann.

Der Dialog ist angenehmerweise mit einer Rollover-Funktion und Erklärungen ausgestattet, die beim Überfahren der einzelnen Funktionen unten im Dialog eine teilweise bebilderte Erklärung zur jeweiligen Einstellmöglichkeit zeigt.

Die ersten beiden Parameter bestimmen die Qualität der Kante. Mit RADIUS kann man sich um feinere Details und weichere Übergänge zwischen Ausgewähltem und nicht Ausgewähltem

TIPP

Im Dialog von KANTE VERBESSERN kann man mit Shortcuts schnell zwischen den einzelnen Darstellungsarten umschalten. Mit [F] schaltet man der Reihe nach von links nach rechts durch die Darstellungsformen, mit der Taste [X] setzt man das Bild in die Originalansicht, egal welche Ansicht gerade ausgewählt ist. Nochmals [X] kehrt dorthin wieder zurück. Die in den Rollover-Erklärungen angeführte Taste [P] für das (De-)Aktivieren der VORSCHAU funktioniert bei der deutschen Version von Photoshop leider nicht.

kümmern. Mit KONTRAST lassen sich zu weiche Kanten schärfer formulieren.

Im Abschnitt darunter geht es um die grundsätzliche Geometrie der Auswahlkante. Diese Funktionen sind in etwa bisher auch schon im Menü unter dem Punkt AUSWAHL zu haben gewesen, kommen nur jetzt in diesem Dialog mit unmittelbarem visuellen Feedback daher. ABRUNDEN »verschleift« die Kontur der Auswahl und macht sie glatter. Die WEICHE KANTE mildert den Übergang von Auswahl und Nicht-Auswahl ab. Auch VERKLEINERN/ERWEITERN entspricht genau der bereits vorhanden Funktion zum Vergrößern und Verkleinern der Auswahl – hier allerdings nicht, wie gewohnt in Pixeln, sondern in Prozent (wie viel Prozent von was lässt sich allerdings nicht feststellen).

▲ **Abbildung 8.6**
Der Dialog KANTE VERBESSERN

Die Vorschau | Die einzelnen Vorschau-Modi lassen sich mit den fünf Icons umschalten. Ganz links die Original-Ansicht ❶, dann eine Ansicht im Maskierungsmodus ❷, eine Ansicht vor schwarzem ❸ und weißem Hintergrund ❹. Schließlich kann die Auswahl selbst als Graustufenbild ❺ begutachtet werden.

Abbildung 8.7 ▼
Die Vorschau-Modi von KANTE VERBESSERN

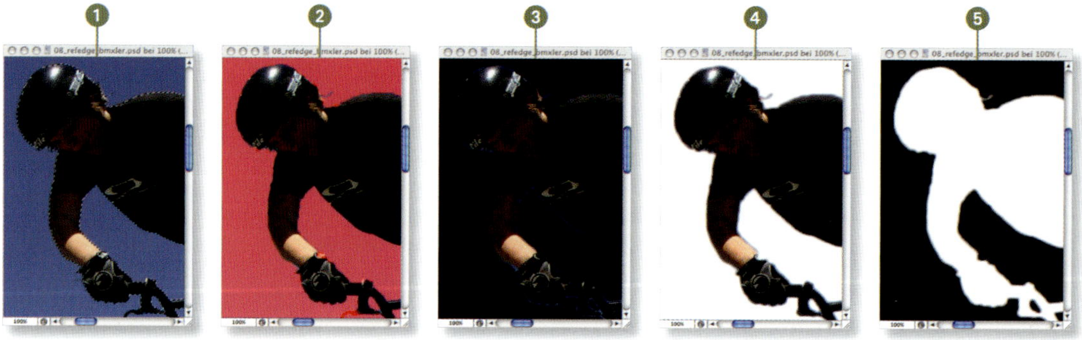

Sehr angenehm ist, dass man den Dialog KANTE VERBESSERN jederzeit wieder verlassen kann, um mit anderen Werkzeugen und Methoden an der Auswahl weiterzuarbeiten. Anschließend kann man ihn dann wieder aufzurufen.

TIPP

Wenn man eine Auswahl als Kanal speichert und den entsprechenden Button am Fuß der Kanäle-Palette benutzt, kann man gleichzeitig die [Alt]-Taste drücken und so den neuen Kanal gleich benennen. Das ist sehr zu empfehlen, weil Namen wie »Alpha 1« oder »Alpha 4 Kopie« nicht besonders aussagekräftig sind. Zwar bietet das Vorschaubildchen etwas Information; wenn es sich aber um kleine Details handelt, nützen die wenig.

8.2.7 Speichern und Laden von Auswahlen

Bevor man bei den Möglichkeiten, Auswahlen mit weiteren Werkzeugen und wieder mit Auswahlen zu bearbeiten, komplett die Orientierung verliert, empfiehlt es sich, die Auswahlen in Zwischenschritten abzuspeichern. Auch als Backup in langwierigen Prozessen ist die Vorgehensweise sehr zu empfehlen.

Speichern | Unter AUSWAHL • AUSWAHL SPEICHERN kann man zunächst bestimmen, wo die aktuelle Auswahl gespeichert werden soll. Das kann im gleichen Dokument sein oder in einem neuen. Im gleichen Dokument kann die Auswahl als neuer Alpha-Kanal gespeichert werden, einen bestehenden ersetzen oder der aktiven Ebene als Ebenenmaske zugewiesen werden. Wird als Alpha-Kanal gespeichert, kann dieser sofort mit einem bestehenden verrechnet werden. Das geschieht mit den gleichen Methoden, die auch beim Aufziehen mit den Auswahlwerkzeugen verwendet werden (Summe, Differenz, Schnittmenge).

ACHTUNG!

In der Ebenen-Palette ergab Strg/⌘+Klick auf eine **Ebene** früher eine Auswahl entsprechend ihrer Transparenz. Ab Photoshop CS2 hat Strg/⌘+Klick diese Funktion nur bei einem Klick auf das Miniaturbild. Strg/⌘+Klick auf das Miniaturbild der Ebenenmaske lädt diese Information als Auswahl. Auf dem Rest des Ebenenfeldes dient Strg/⌘+Klick nun zur Mehrfachauswahl von Ebenen.

◄ **Abbildung 8.8**
Auswahl speichern

Auswahl als neue Datei | Auch lässt sich die Auswahl in eine komplett neue Datei verwandeln, die keine Farbkanäle, sondern nur einen oder mehrere Alpha-Kanäle, aber keine Bildinformation enthält.

Solche sogenannten Mehrkanal-Dateien sind sehr brauchbar als »Parkplatz« für Auswahlen. Auch in andere (offene) Dateien lassen sich Auswahlen hineinspeichern. Voraussetzung dafür ist allerdings, dass diese die gleichen Abmessungen haben. Meist werden Auswahlen aber im gleichen Dokument gespeichert.

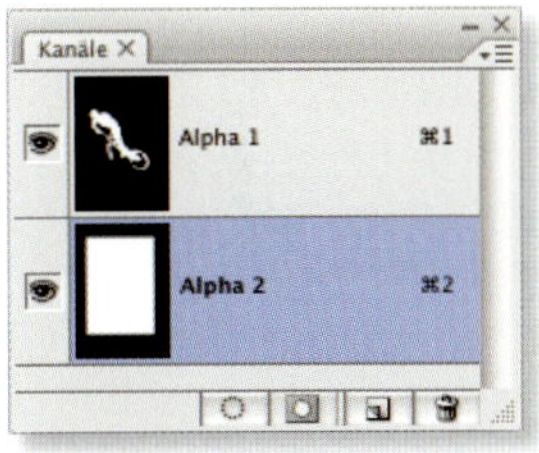

▲ **Abbildung 8.9**
Mehrkanal-Datei als Format zum Sichern von Auswahlen

Neben dem Menüpunkt Auswahl • Auswahl speichern können Auswahlen schneller und bequemer über das Kontextmenü oder über den Fuß der Kanäle-Palette gespeichert werden (Abbildung 8.10).

Auswahl laden | Das Laden von gespeicherten Auswahlen geschieht ebenfalls entweder mit Auswahl • Auswahl laden, mittels Kontextmenü (allerdings nur, wenn zuvor nichts ausgewählt war) oder in der Kanäle-Palette. Man kann hier einen Kanal auswählen und den Laden-Button am Fuß klicken.

Weitaus schneller und eleganter geht das jedoch, wenn man mit gedrückter Strg/⌘+Taste einen Kanal anklickt. Weitere gedrückte Tasten erledigen das Verrechnen mit bereits aktiven Auswahlen gleich mit:

Kanäle immer sichtbar

Wenn man intensiv mit Auswahlen, Kombinationen davon sowie mit Kanälen und Ebenen arbeitet, ist es sehr empfehlenswert, die Kanäle aus der Palette mit den Ebenen, Kanälen und Pfaden »herauszureißen« und offen neben die Ebenen-Palette zu legen, damit man weiß, was man denn überhaupt bearbeitet.

Taste(n)+Klick	Aktion
Strg/⌘	Auswahl von Kanal laden
Strg/⌘+⇧	Bestehende Auswahl um Kanal erweitern

◄ **Tabelle 8.2**
Shortcuts für das Verrechnen von Auswahlen

▲ **Abbildung 8.10**
Auswahl speichern über die Kanäle-Palette

Taste(n)+Klick	Aktion
Strg/⌘+Alt	Kanal von bestehender Auswahl abziehen
Strg/⌘+Alt+⇧	Schnittmenge von Kanal und bestehender Auswahl

▲ **Tabelle 8.2**
Shortcuts für das Verrechnen von Auswahlen (Forts.)

8.2.8 Transformieren der Auswahl

Auswahlen können skaliert, gedreht und verzerrt werden. Hierbei wird nur die Auswahl selbst, aber nicht ihr Bildinhalt manipuliert! Diese Funktion ist über Auswahl • Auswahl transformieren oder über das Kontextmenü (bei bestehender Auswahl) zugänglich. Die Verwechslungsgefahr mit Bearbeiten • Frei Transformieren sollte beachtet werden.

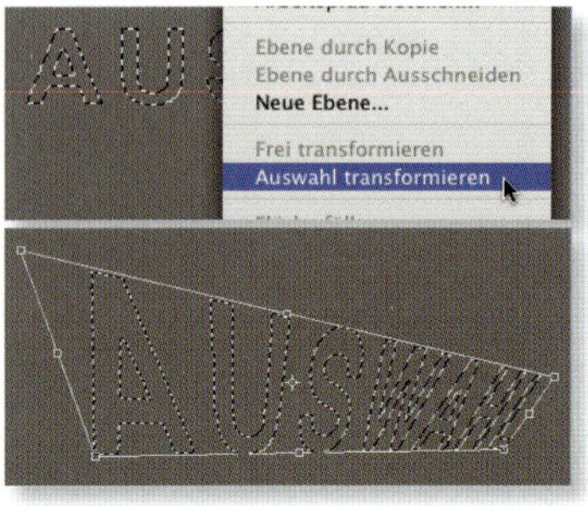

▲ **Abbildung 8.11**
Der Befehl Auswahl transformieren im Kontextmenü und die Auswahl-transformieren-Box mit Anfassern

8.3 Masken

Der Begriff »Maske« wird in Photoshop an mehreren Stellen und in sehr unterschiedlichen Zusammenhängen gebraucht. »Maske« ist ein übergeordneter Begriff, dessen Bedeutung sich in Photoshop danach richtet, wo er eingesetzt wird. Die Erfahrung hat immer wieder gezeigt, dass hier auch bei durchaus schon geübten Nutzern die Verwirrung mitunter groß ist.

8.3.1 Begriffserklärung

Auch wenn es manchem User trivial erscheinen mag, sollten die folgenden Begriffsklärungen und Abgrenzungen durchaus nützlich sein:

- Eine **Auswahl** kann als Maske dargestellt werden, indem für diese der **Maskierungsmodus** aktiviert wird. Diese Maske zeigt an, wo etwas zur Bearbeitung ausgewählt ist. Das wird einstellbar farbig transparent dargestellt.
- Eine **Ebene** kann eine Maske enthalten. Sie wird **Ebenenmaske** genannt und bestimmt, wo Teile einer Ebene ausmaskiert, also unsichtbar sind. Der Bildinhalt der Ebene bleibt unverändert!
- Ein zweiter Typ **Ebenenmaske** kann eine **Vektormaske** sein. Dieser Sonderfall maskiert nicht auf Basis von Pixelinformationen, sondern anhand von Vektoren.
- **Alpha-Kanäle** können ebenso wie Auswahlen als **Maske** dargestellt werden. Sie sind einfach nur in der Datei zusätzlich zu den reinen Bildinformationen abgespeicherte Graustufenbilder. Ihre Verwendung ist zunächst nicht festgelegt und sehr vielfältig.

- Bei den sogenannten **Schnittmasken** wird die Transparenzinformation einer Ebene dazu benutzt, eine **andere Ebene** zu **maskieren**.

8.3.2 Aufgaben einer Maske

Wie in der klassischen Dunkelkammer deckt eine Maske Bildbereiche ab, die geschützt und nicht bearbeitet werden sollen, und lässt Bereiche frei, in denen Manipulationen wirken sollen. Prinzipiell sind Masken nichts anderes als Graustufeninformationen, wobei Weiß nichts anderes als »komplett ausgewählt« heißt und schwarz »überhaupt nichts ausgewählt« bedeutet. Alle Grautöne dazwischen wählen mehr oder weniger stark aus und schwächen Manipulationen entsprechend.

Masken bearbeiten | Photoshop speichert intern auch die Transparenzen der Ebenen als Graustufenbild ab. Auch ist eine Auswahl intern immer ein Graustufenbild, auch wenn wir die »laufende« Auswahlgrenze sehen. Das Grauwertbild einer Auswahl kann man als Maske wie ein ganz normales Bild mit den Retuschewerkzeugen (z. B. Pinsel) bearbeiten. Dazu wechselt man unten in der Werkzeugpalette in den MASKIERUNGSMODUS ❶ oder bedient sich des Shortcuts [Q]. Mit einem Doppelklick auf einen der beiden Buttons kann man Farbe und Transparenz der »Maskierungsfolie« anpassen ❸ und angeben, ob das Ausgewählte oder das nicht Ausgewählte eingefärbt werden soll ❷. Die standardmäßige Rotfärbung ist klarerweise nicht für alle Aufgaben ideal.

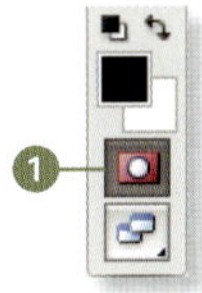

▲ **Abbildung 8.12**
Umschalten zwischen der normalen Ansicht der Auswahl und dem Maskierungsmodus

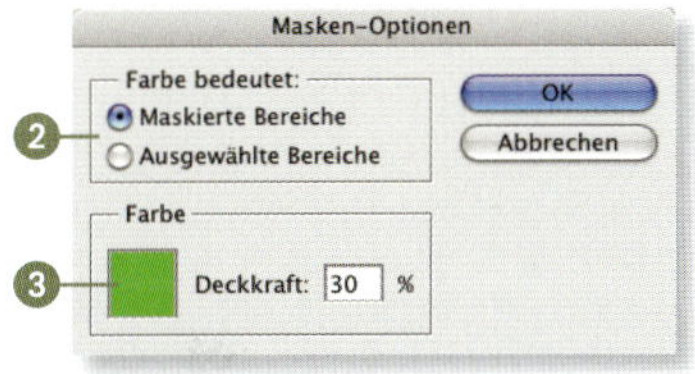

Abbildung 8.13 ▲
Die Darstellungsoptionen für den Maskierungsmodus

Masken in der Kanäle-Palette bearbeiten | Die Maskierung wird in der Kanäle-Palette als kursiv beschrifteter (temporärer) Alpha-Kanal angezeigt und kann dort nach Abschalten der eigentlichen Bildinformation (Auge im RGB- bzw. CMYK-Gesamtkanal) als Graustufenbild bearbeitet werden. Dabei lassen sich dann z. B. Fehlstellen einer Zauberstab-Auswahl (z. B. Löcher) viel besser erkennen als im transparenten und schwachkontrastigen Overlay des Maskierungsmodus. Auf dem Maskierungsbild kann man mit Weich- oder Scharfzeichnern, mit allen Malwerkzeugen oder Verläufen und auch mit Filtern arbeiten.

▼ **Abbildung 8.14**
Auswahl in einem Bild mit Auswahlkante, Darstellung im Maskierungsmodus und Auswahl als Graustufenbild (vergrößert)

Dass man auf diesem Graustufenbild wiederum Auswahlen nutzen kann, macht das Ganze erst richtig leistungsfähig, aber leider auch zunehmend unübersichtlich. Es erfordert nämlich doch fallweise einiges Abstraktionsvermögen, wenn man mit Auswahlen ein Graustufenbild manipuliert, das ja selbst eine Auswahl darstellt.

8.4 Kanäle und Alpha-Kanäle

Die Kanäle in Photoshop bestehen immer (im Gegensatz zu den Ebenen, die farbige Bildinformationen enthalten) aus Graustufeninformationen.

TIPP

Für die Farbkomponenten kann man in den Voreinstellungen von Photoshop entscheiden, ob man sie als Grauwerte oder in der Eigenfarbe des Kanals sehen will. Das macht manche Farbinformationen anschaulicher, bringt aber z. B. im Gelb-Kanal bei CYMK herzlich wenig, weil man kaum etwas erkennt.

8.4.1 Die Funktion

Kanäle haben zwei grundlegende Funktionen: Zum einen beinhalten sie die Farbkanäle, also die drei oder vier Bestandteile der Farbinformation. Bei RGB sind das die drei Komponenten Rot, Grün, und Blau (Abbildung 8.15, links), bei LAB die Luminanz und die beiden Buntfarbkomponenten A und B (Mitte) und schließlich bei CMYK die vier Druckfarben Cyan, Magenta, Gelb und Schwarz (rechts). Zum anderen können diese Kanäle auch die bereits erwähnten Alpha-Kanäle sein. Hier lassen sich beliebige Graustufenbilder ablegen – für welchen Zweck auch immer. Meist handelt es sich um Maskierungs- und Auswahl-Informationen, im Druckbereich auch um Sonderfarben.

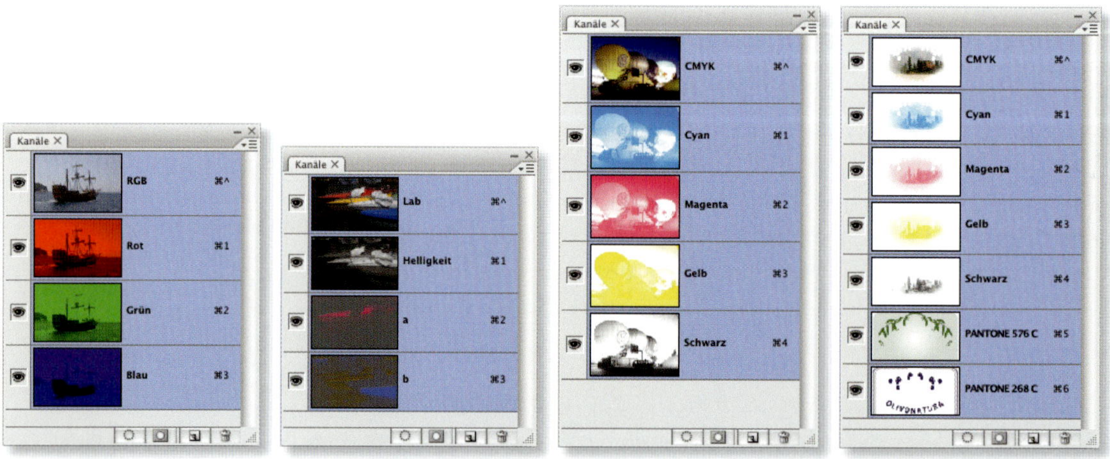

▲ **Abbildung 8.15**
RGB-, LAB- und CMYK-Farbkanäle und CMYK mit Schmuckfarben

Sichtbar sind Alpha-Kanäle nur, wenn man das will. Sobald ein »Auge« in der Kanäle-Palette angeklickt wird, erscheint der entsprechende Alpha-Kanal im Bild in Form jenes transparenten Overlays, das auch beim Maskierungsmodus bei der Erstellung einer Auswahl gezeigt wird. Auch hier lassen sich per Doppelklick auf den Kanal Farbe und Transparenz einstellen, und zwar für jeden Kanal anders, was fallweise hilfreich sein kann, um die Übersicht zu wahren.

▼ **Abbildung 8.16**
Alpha-Kanäle in der Maskierungsansicht mit unterschiedlichen Optionen für die Darstellung

8.4.2 Arbeiten in der Kanäle-Palette

Dass Farbkomponenten-Kanäle und Alpha-Kanäle gleichberechtigt in derselben Palette zu finden sind, hat einige Vorteile. So kann z. B. der Helligkeitskanal bei einem LAB-Bild (bei RGB ist oft Grün der helligkeitsdominante Kanal) dafür verwendet werden, ganz einfach eine Auswahl zu erzeugen, die helle Bildteile mehr auswählt als dunkle (oder auch umgekehrt). Dafür braucht man nur den Farbkanal zu duplizieren (über das Palettenmenü oder per Drag & Drop auf den Neu-Button), der dadurch automatisch zu einem Alpha-Kanal wird und den man dann als Auswahl laden kann. Aber auch farbige Bildinformationen lassen sich in einen neuen Alpha-Kanal kopieren. Beim Einfügen werden diese automatisch auf Graustufen heruntergerechnet.

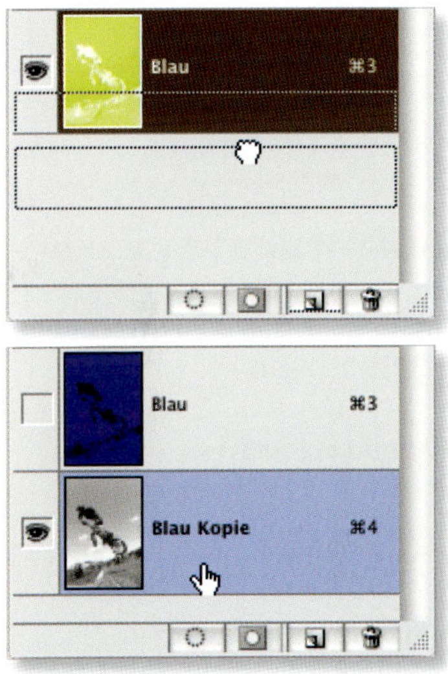

▲ **Abbildung 8.17**
Farbkanal duplizieren

8.5 Ebenen

Den meisten Lesern wird die Arbeit mit Ebenen vertraut sein. Deshalb soll der folgende Abschnitt nur in komprimierter Form die wichtigsten Funktionen zusammenfassen.

8.5.1 Was sind Ebenen?

In den Ebenen finden sich die Bildinformationen einer Photoshop-Datei. Schichtenweise angeordnet werden sie in der

TIPP

Seit Photoshop CS2 können Ebenen direkt innerhalb der Ebenen-Palette mit [Alt]+Ziehen kopiert und gleichzeitig an den gewünschten Platz im Ebenenstapel einordnet werden.

Ebenen-Palette organisiert. Ein z. B. frisch von einem Scanner eingelesenes oder aus einer Digitalkamera geladenes Bild besteht zunächst aus einer einzigen Ebene, der Hintergrundebene. Gleiches gilt beim Öffnen anderer Bildformate (BMP, PICT, TGA, GIF, JPEG usw.), die bis auf wenige Ausnahmen (PNG, TIFF) nur eine Bildebene kennen. Die Ordnung in Bildschichten gestattet große Freiheiten in der Gestaltung und ist die wichtigste Voraussetzung für Fotomontagen. Die oberste Ebene in der Ebenen-Palette ist auch als oberste Schicht im Bild zu sehen.

8.5.2 Die Ebenen-Palette

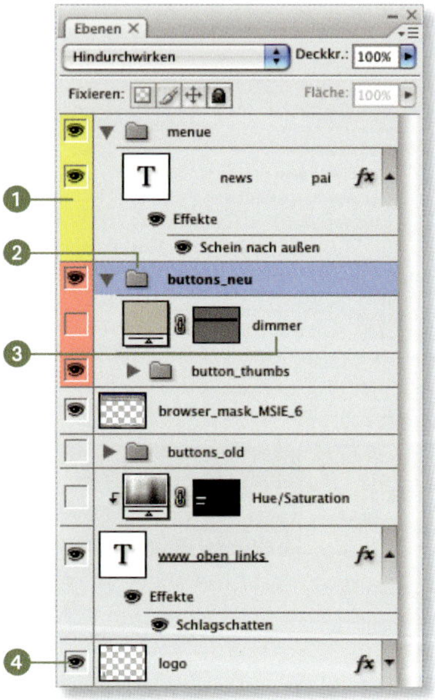

Abbildung 8.18 ▲
Ebenen-Palette

Ebenen gestatten das Aufbauen mehrschichtiger Bilder mit dem großen Vorteil, dass die Einzelteile einer solchen Komposition weitgehend editierbar bleiben. Dabei lassen sich solche Dateien mithilfe der Ebenen-Palette gut organisieren und ordnen, weil man sie in Ordnern zusammenstellen ❷, farbig markieren ❶ und vor allem benennen ❸ kann. Speziell Letzteres ist unabdingbar, will man nicht bei Dutzenden Ebenen, die »Ebene 34«, »Ebene 37«, »Ebene 5 Kopie« oder ähnlich nichtssagend heißen, komplett den Überblick verlieren.

Weiter lassen sich Ebenen per Drag & Drop in der Reihenfolge zwischen Vorder- und Hintergrund verschieben und mit dem Auge sichtbar oder unsichtbar schalten ❹.

Benutzt man die Buttons unten in der Ebenen-Palette, werden Befehle wie das Erzeugen einer neuen Ebene ❺, das Duplizieren (Ziehen auf ❺) oder das Anlegen eines Gruppierungsordners ❻ sofort ausgeführt und mit Standardnamen versehen. Zieht man eine Mehrfachauswahl an Ebenen auf das Ordner-Icon ❻, landen diese Ebenen sofort in einer neuen Gruppe. Mit dem Kettensymbol ❼ werden einzelne ausgewählte Ebenen für gemeinsames Bewegen verbunden.

Abbildung 8.19 ►
Der Fuß der Ebenen-Palette

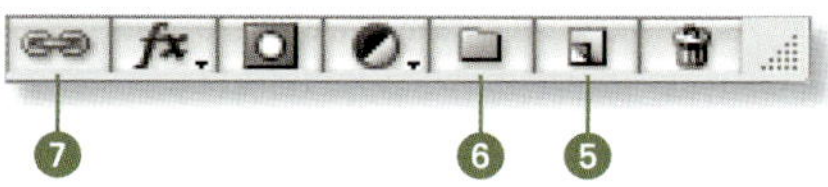

Hält man beim Klick die [Alt]-Taste gedrückt, wird man zuerst nach dem Namen gefragt, den die neue Ebene bzw. der neue Ordner bekommen soll. Gleiches gilt, wenn man eine vorhandene Ebene mit gedrückter [Alt]-Taste auf den Button für eine neue Ebene zieht. Hier kann man neben dem Namen statt der aktuellen Datei auch eine andere offene oder gar eine neue Datei als Ziel angeben – ein sehr schönes Feature übrigens, um während einer kreativen Phase schnell mal interessante Bildteile oder Zwischenergebnisse für später oder für ganz andere Zwecke zur Seite zu legen.

Thumbnails einstellen

Man kann im Palettenmenü der Ebenen-Palette entscheiden, ob man den gesamten Inhalt der Ebene im Thumbnail oder nur die tatsächlich vorhandenen Pixel sehen will. Das ist besonders hilfreich, wenn sich auf der Ebene nur kleine Bildinhalte wie ein winziger Schriftzug oder Button etc. befinden.

Im Kopf der Ebenen-Palette kann man bestimmen, wie eine Ebene mit den darunter liegenden verrechnet wird (❽, Ebenen-Modus/ Füllmethode, siehe Kapitel 9.1), wie der Grad der Transparenz sein soll ⓭, und bei FLÄCHE ⓮ gibt man an, welche Deckkraft der Bildinhalt selbst (ohne allfällige Effekte) haben soll. In der Zeile darunter bestimmen Sie, was Sie bei einer Ebene sperren wollen: die Bearbeitung der Transparenz ❾, im Gegensatz dazu die Bearbeitung der Pixel ❿, das Bewegen der Ebene ⓫ oder sämtliche Manipulationen ⓬.

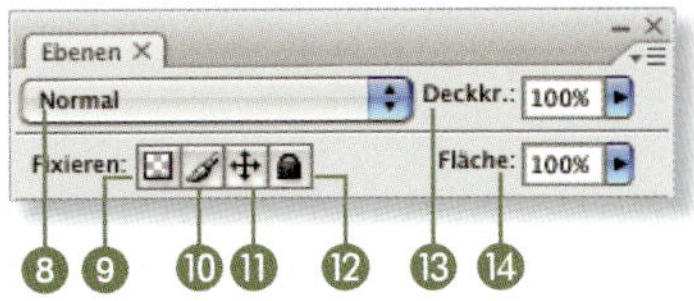

▲ **Abbildung 8.20**
Kopf der Ebenen-Palette

Ebenen-Ordner | Will man mehrere Ebenen mittels Ordnern (Sets, Gruppen) zusammenfassen, bieten sich eine ganze Reihe Möglichkeiten durch Kombinationen von Klicken und Ziehen und diversen gedrückten Tasten an, die in der Tabelle unterhalb zusammengefasst sind. Operationen wie z. B. die Veränderung der Transparenz oder eine Bewegung gelten im Weiteren dann für alle Ebenen in diesem Ordner gemeinsam.

◀ **Tabelle 8.3**
Shortcuts für Ebenen und Gruppen

Aktion	Ergebnis
Eine oder keine Ebene ausgewählt	
Klick auf Ordner-Icon am Fuss der Ebenen-Palette	Neue leere Gruppe **über** der ausgewählten oder obersten Ebene
[Strg]/[⌘]+Klick auf Ordner-Icon	Neue leere Gruppe **unter** der ausgewählten oder obersten Ebene
[Alt]+Klick auf Ordner-Icon	Neue leere Gruppe **über** der ausgewählten oder obersten Ebene mit Dialog
[Strg]/[⌘]+[Alt]+Klick auf Ordner-Icon	Neue leere Gruppe **unter** der ausgewählten oder obersten Ebene
Mehrere Ebenen ausgewählt	
[⇧]+Klick auf mehrere Ebenen	Zusammenhängend auswählen
[Strg]/[⌘]+Klick auf mehrere Ebenen	Unzusammenhängend auswählen
[Strg]/[⌘]+[Alt]+[A]	Alle Ebenen auswählen
[Strg]/[⌘]+[G]	Ausgewählte Ebenen in eine neue Gruppe
Ausgewählte Ebenen auf Ordner-Icon ziehen	Diese Ebenen in eine neue Gruppe
Ausgewählte Ebenen mit [Alt]-Taste auf Ordner-Icon ziehen	Diese Ebenen mit Dialog in eine neue Gruppe
Klick auf Ordner-Icon	Neue leere Gruppe **über** den ausgewählten Ebenen
[Strg]/[⌘]+Klick auf Ordner-Icon	Neue leere Gruppe **unter** der obersten ausgewählten Ebene

Ebenen-Dialoge

In der Ebenen-Palette öffnet sich je nach Ebenentyp eine ganze Reihe verschiedener Dialoge, wenn man eine Ebene doppelklickt. Mit [Alt]+Doppelklick öffnet sich bei den meisten Ebenentypen der Eigenschaften-Dialog (Markierungsfarbe und Name). Ein Doppelklick auf den Namen erlaubt es, diesen zu ändern. Es ist auch von Bedeutung, wo man hinklickt (Thumbnail, Effekt-Icon usw.). Auch die Kontextmenüs sind verschieden.

Tabelle 8.3 ▶
Shortcuts für Ebenen und Gruppen (Forts.)

Aktion	Ergebnis
Alt+Klick auf Ordner-Icon	Neue leere Gruppe per Dialog **über** der obersten ausgewählten Ebene
Strg/⌘+Alt+Klick auf Ordner-Icon	Neue leere Gruppe per Dialog **unter** der obersten ausgewählten Ebene
⇧+Klick auf Ordner-Icon	Ausgewählte Ebenen in eine neue Gruppe
⇧+ Alt+Klick auf Ordner-Icon	Ausgewählte Ebenen per Dialog in eine neue Gruppe

Maus-Akrobatik

Alt+Klick auf ein Auge macht alle anderen außer der angeklickten Ebene unsichtbar. Außerdem kann man mit gedrückter Maustaste die »Auge-Spalte« entlangfahren, um mehrere Ebenen sichtbar bzw. unsichtbar zu schalten.

8.5.3 Ebenen bewegen

Für die Bewegung einer Ebene ist das Verschieben-Werkzeug zuständig (Shortcut V). Ist ein beliebiges Auswahlwerkzeug (Rechteck- oder Kreisauswahl, Lasso, Zauberstab usw.) aktiviert, kann man eine Ebene mit gedrückter Strg/⌘+Taste bewegen, ohne das Verschieben-Werkzeug aktivieren zu müssen. Ist nichts ausgewählt, wird die ganze Ebene bewegt, ansonsten der markierte Teil.

▲ **Abbildung 8.21**
Ebenen auswählen im Kontextmenü

Optionen | In der Optionen-Leiste des Verschieben-Werkzeugs kann man entscheiden, ob man Ebenen in der Ebenen-Palette auswählen kann oder direkt im Bild. Auch die Auswahl der sichtbaren Ebenen mittels Kontextmenü ist möglich. Die Auswahl erfolgt dann durch Klicken in den nicht-transparenten Teil einer Ebene. Man kann dabei wählen, ob eine Ebene, die Teil einer Gruppe ist, die ganze Gruppe auswählt oder ob nur sie selbst ausgewählt wird.

Abbildung 8.22 ▶
Optionen für das Verschieben-Werkzeug

Die Checkbox Transformationssteuerungen erspart den Befehl Strg/⌘+T für Bearbeiten • Frei Transformieren: Der Inhalt der Ebene wird nun direkt mit Anfassern an den Ecken für Skalierung, Rotation und Verzerrung gezeigt. Drehungen erfolgen durch Klicken und Ziehen außerhalb der Box. Der Cursor gibt entsprechendes Feedback.

Tabelle 8.4 ▶
Shortcuts für die Transformations-Box

Aktion an der Transformations-Box	Wirkung
⇧+Ziehen	Skaliert proportional
⇧+Rotieren	Lässt Drehungen in 45°-Schritten einrasten
Alt+Ziehen	Skaliert zentrisch

Aktion an der Transformations-Box	Wirkung
Strg/⌘+Ziehen an den Ecken	Frei verzerren
Strg/⌘+⇧+Ziehen an den Ecken	Verzerrungsrichtung beschränkt auf Verlängerung der Kanten
⇧-Ziehen des Zentrumsankerpunkts	Zentrumsankerpunkt rechtwinklig oder entlang der 45°-Diagonalen bewegen
Alt+Klick+Ziehen innerhalb der Box	Neue Ebene als Kopie (Achtung! Passiert schnell versehentlich!)

◄ **Tabelle 8.4**
Shortcuts für die Transformations-Box (Forts.)

Ebenen ausrichten | Mehrfach ausgewählte Ebenen können aneinander ausgerichtet werden. Dafür sind die 12 Buttons im mittleren Teil der Optionen-Leiste zuständig. Die Icons sind selbsterklärend.

Ganz rechts ist mit Photoshop CS3 ein neuer Button hinzugekommen: EBENEN AUTOMATISCH AUSRICHTEN, der im Abschnitt 8.9, »Montagehilfen«, eingehend besprochen wird.

TIPP

Ist nur eine einzige Ebene ausgewählt und besteht gleichzeitig irgendwo eine Auswahl im Bild, so sind die linken sechs Buttons ebenfalls aktiv und richten die Ebene entsprechend an der Auswahl aus.

◄ **Abbildung 8.23**
Abschnitt für die Ausrichtung in der Optionenleiste des Verschieben-Werkzeugs

Ebenen-Hilfsmittel | Für Ausrichtungsarbeiten ist es sehr sinnvoll, mit ANSICHT • EINBLENDEN • EBENENKANTEN die Boxen, die die einzelnen Ebenen-Inhalte umreißen, sichtbar zu machen.

In den gleichen Zusammenhang gehören die **magnetischen Hilfslinien** (Smart Guides). Man findet sie unter ANSICHT • EINBLENDEN • MAGNETISCHE HILFSLINIEN. Hat man mehrere Ebenen in einer Datei und bewegt eine oder mehrere davon oder eine Auswahl, so erscheinen temporäre Hilfslinien (hier pink gefärbt) jeweils in Bezug auf die Ränder und Mitten der Inhalte anderer Ebenen.

▲ **Abbildung 8.24**
Ebenenkanten sichtbar machen

▲ **Abbildung 8.25**
Die magnetischen Hilfslinien rasten an den Mitten und Kanten von Objekten anderer Ebenen ein und erleichtern das Positionieren.

8.6 Ebenen-, Schnitt- und Vektormasken

8.6.1 Ebenenmasken

Jede Ebene hat zunächst eine Art »eingebaute« Maske. Das ist ihre eigene Transparenz-Information, die intern von Photoshop immer als ein fix zu dieser Ebene gehöriger Alpha-Kanal betrachtet wird. Löscht man Teile einer Ebene z. B. mit dem Radiergummi, verändert man diesen Alpha-Kanal zusammen mit der Bildinformation, und zwar destruktiv, d. h., es gehen effektiv Pixel verloren.

▲ **Abbildung 8.26**
Erstellen einer Ebenenmaske über den Button am Fuß der Ebenen-Palette

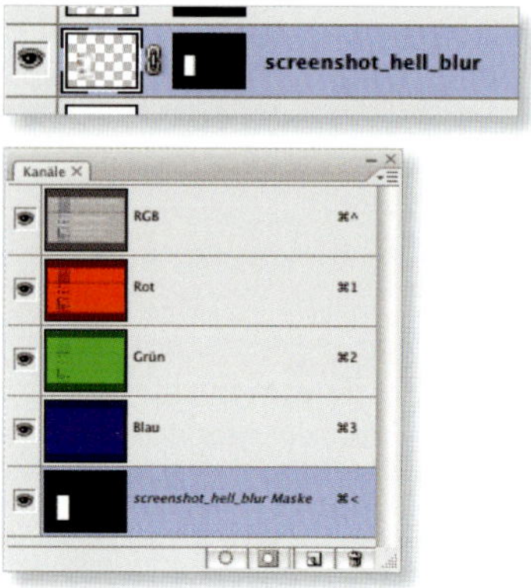

▲ **Abbildung 8.27**
Ebenenmaske in der Ebenen-Palette und in der Kanäle-Palette

ACHTUNG!

Will man Ebenenmasken manipulieren, empfiehlt es sich sehr, die Kanäle-Palette und die Ebenen-Palette separat offen zu haben. Hantiert man z. B. mit dem Radiergummi, ist es schwer erkennbar, ob man etwas von der Bildebene weglöscht oder nur von der Ebenenmaske. Welche von beiden aktiviert ist, erkennt man in der Ebenen-Palette nur an dem dünnen schwarzen Rahmen um das jeweilige Thumbnail.

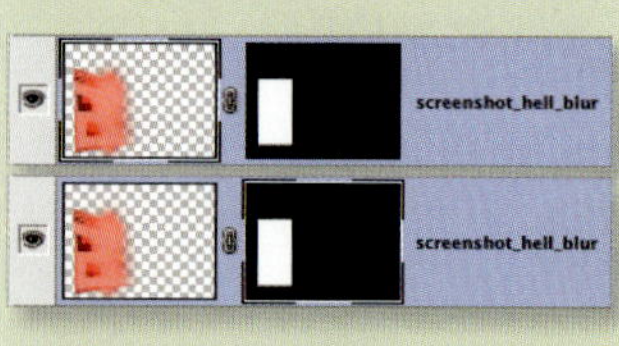

▲ **Abbildung 8.28**
Nur am Rahmen erkennen Sie, ob es sich um die Ebenenmaske oder die Bildebene handelt.

Und genau hier kommt die Ebenenmaske ins Spiel. Seit ihrer Einführung in Photoshop 4.0 bietet sie die Möglichkeit, jeder Ebene einen unabhängig vom Bildinhalt bearbeitbaren Alpha-Kanal als Maske zuzuordnen. Damit kann man die Transparenz einer Ebene ändern, ohne tatsächlich Pixel aus der Ebene zu löschen – eine echte Maskierung also. Zusammen mit den Einstellungsebenen sind Ebenenmasken ein ganz wesentliches Werkzeug der nichtdestruktiven Bildbearbeitung in Photoshop.

Ebenenmasken erstellen | Ebenenmasken lassen sich auf mehrerlei Art und Weise erstellen. Bei aktiver Auswahl über Ebene • Ebenenmaske wird entschieden, ob der ausgewählte Bildteil ein- oder ausgeblendet wird. Ist nichts ausgewählt, kann man nur alles ein- oder alles ausblenden. Alternativ dazu kann der Button am Fuß der Ebenen-Palette benutzt werden. Drückt man beim Klicken die Alt-Taste, so wird aus dem Einblenden ein Ausblenden.

Anzeige der Ebenenmaske | Eine Ebenenmaske ist permanent in der Ebenen-Palette zu sehen. Temporär wird sie in der Kanäle-Palette angezeigt, wenn die Ebene aktiviert ist, wobei sie, wie alle Maskierungen, kursiv geschrieben wird.

Ebenenmaske bearbeiten | Da es sich bei der Ebenenmaske ja eigentlich um einen Alpha-Kanal handelt, kann diese auch wie ein solcher bearbeitet, d. h. wiederum mit Auswahlen oder Malwerkzeugen manipuliert werden. Das gestattet das nicht-destruktive »Löschen« von Teilen einer Ebene. Dafür muss der temporäre Ebenenmasken-Kanal aktiviert werden. Klickt man in der Kanäle-Palette auf das »Auge« dieses Kanals, wird er auch im Bild angezeigt. Mit einem Doppelklick auf den Kanal kann man hier Farbe und Transparenz des Overlays wie auch sonst bei Alpha-Kanälen einstellen. Das Umbenennen ist logischerweise nicht möglich. Will man den Ebenenmasken-Kanal mit vollem Schwarzweiß-Kontrast als Graustufenbild bearbeiten, braucht man bloß in der Kanäle-Palette den Master-Farbkanal ganz oben (RGB, CMYK usw.) durch einen Klick auf das Auge ausblenden.

Kontextmenü der Ebenenmasken | Die Ebenenmaske lässt sich im Kontextmenü (Rechtsklick auf Ebenenmasken-Thumbnail) ein- und ausschalten, ohne entfernt zu werden, was sehr hilfreich für Kontrollzwecke ist. Sie ist dann rot ausgekreuzt.

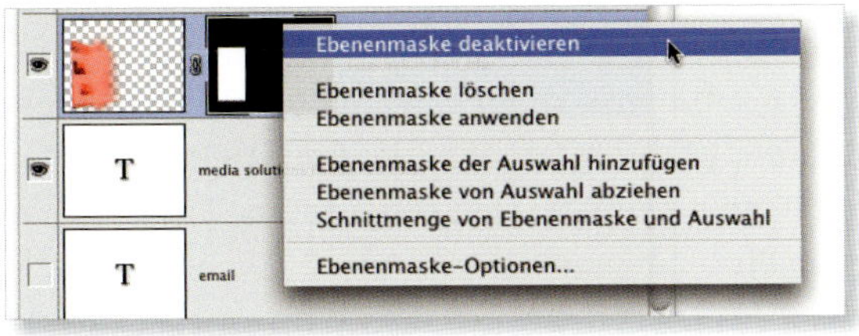

▲ **Abbildung 8.29**
Ebenenmasken-Kontextmenü

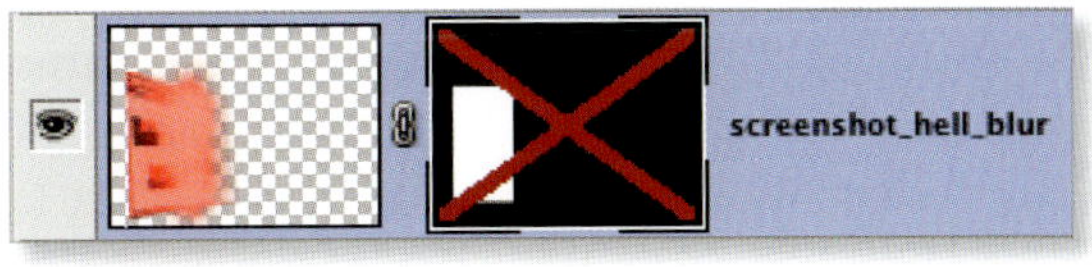

▲ **Abbildung 8.30**
Abgeschaltete Ebenenmaske

Hier kann sie auch gelöscht oder destruktiv auf die Ebene angewendet werden. Dann werden tatsächlich Bildpixel gelöscht. Die vom Verrechnen von Auswahlen bekannten Verfahren stehen auch für Ebenenmasken zur Verfügung. Normalerweise bewegt sich eine Ebenenmaske immer mit der Ebene mit, wenn diese z. B. verschoben wird. Will man das nicht, kann durch einen Klick auf das Kettensymbol zwischen Ebenen- und Ebenenmasken-Thumbnail die Maske von ihrer Ebene gelöst werden. Ebenenmasken von Smart Object-Ebenen können nicht verkettet werden.

Für das Arbeiten mit Ebenenmasken gibt es einige nützliche Tastenkombinationen in der Ebenen-Palette:

Vorder- und Hintergrundfarbe

Arbeitet man in Ebenenmasken mit Pinsel oder Radiergummi, bekommt man mit D Schwarz und Weiß als Vorder- bzw. Hintergrundfarbe. Mit X kann man die beiden vertauschen.

Transparenzinformation laden

Strg/⌘+Klick entweder auf das Ebenen-Thumbnail oder auf das der Ebenenmaske lädt die jeweilige Transparenzinformation als Auswahl.

Taste + Klick auf Thumbnail	Aktion
Ebene	Bildebene aktiviert
Maske	Maske aktiviert
⇧+Maske	Maske an/aus
Alt+Maske	Nur Maske anzeigen und aktivieren
Alt+⇧+Maske	Beides anzeigen und Maske aktivieren

◂ **Tabelle 8.5**
Shortcuts für die Ebenenmasken

Ansichten der Ebenenmaske | Die Arbeit mit Ebenenmasken erfordert eine gewisse Übersicht. Die diversen Ansichtsmöglichkeiten erleichtern das wesentlich.

▼ **Abbildung 8.31**
Ebenenmasken im Bild (von links nach rechts): ohne Maske, mit Maske, Maske als Alpha-Kanal und Maske als Overlay

8.6.2 Schnittmasken

Verwandt mit den Ebenenmasken sind die Schnittmasken. Hierbei werden Transparenz-Informationen einer Ebene als Maske für darüber liegende Ebenen benutzt. Das klingt wenig anschaulich, daher hier ein Beispiel:

Abbildung 8.32 ▶
Montage mit Schnittmasken

Die (an sich grauen) Schriftzüge sollen als Transparenzmaske für die beiden darüber liegenden Ebenen mit den Verläufen dienen.

TIPP

Am schnellsten erstellt man eine Schnittmaske mittels Alt+Klick auf die Linie zwischen zwei Ebenen. Der Cursor dazu schaut dann so aus:

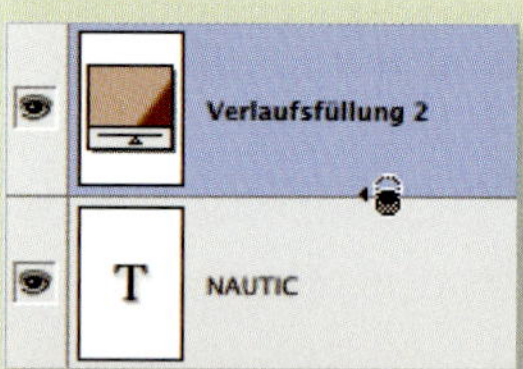

▲ **Abbildung 8.33**
Schnittmaske erstellen mit Alt+Klick

Schnittmaske erstellen | Im Ebenenstapel werden dazu mit dem Befehl Ebene • Schnittmaske erstellen, aus dem Kontextmenü oder mit Strg/⌘+Alt+G die Textebenen den darüber liegenden Verlaufsfüllebenen als Schnittmasken zugeordnet. Gekennzeichnet wird dies durch Einrücken der »geschnittenen« Ebene und Unterstreichung des Namens der »schneidenden« Ebene.

Einsatz | Schnittmasken eignen sich hervorragend für Collagen und Fotomontagen, bei denen dichte Gefüge aus unterschiedlichen Bildern gefragt sind. Zusammen mit den Füllmethoden (Modi) bekommt man hier oft mit relativ wenig Bildmaterial schnell ansprechende Ergebnisse.

8.6.3 Vektormasken

Auswahlen, Ebenenmasken und Schnittmasken basieren auf Pixel-Informationen. Deren Genauigkeit ist natürlich beschränkt und z. B. beim Zauberstab auch vom Bildinhalt selbst abhängig. Will man allerdings noch genauere Masken erstellen, so hat man die Möglichkeit, die Vektorzeichen-Engine von Photoshop zu benutzen. Das ist für eine ganze Reihe von Anwendungen der präzisere Weg, eine Maske zu bekommen, weil es hier auch echte Subpixel-Genauigkeit gibt.

Vektormaske erstellen | Früher gab es grundsätzlich zwei Möglichkeiten, Vektorformen für Masken zu erstellen: mit dem Pfadwerkzeug oder mit dem Formenwerkzeug, wobei Letzteres eine Reihe vorgefertigter Formen mitbringt. Beide sind mittlerweile zusammengewachsen und haben zwar in der Werkzeugpalette separate Buttons, benutzen aber fast die gleiche Optionsleiste.

TIPP

Eine Vektormaske kann direkt als Auswahl geladen werden, wenn man das Masken-Thumbnail in der Ebenen-Palette mit gedrückter [Strg]/[⌘]-Taste anklickt.

Anwendung | Bevor die Zeichenwerkzeuge und -methoden selbst besprochen werden, hier noch kurz vorab die Information, dass es bei der Anwendung keine wesentlichen Unterschiede zwischen Vektor- und Ebenenmasken gibt. Es wird lediglich mit vektorbasierten statt mit pixelbasierten Formen maskiert. Das meiste bei den Ebenenmasken Gesagte gilt hier also sinngemäß ebenfalls.

Links in der Optionsleiste kann man entscheiden, ob der Pfad als Vektormaske ❶ oder als Pfad in der Pfade-Palette liegen soll ❷ bzw. direkt mit Pixeln oder Mustern gefüllt werden soll ❸.

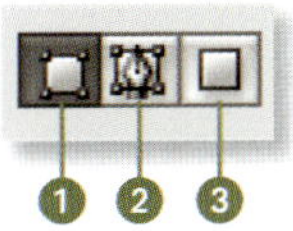

▲ **Abbildung 8.34**
Auswahl des Pfadtyps

8.6.4 Vektorformen für Masken erstellen

Die verschiedenen Zeichenstift-Werkzeuge sind sicher das mächtigste Vektorwerkzeug in Photoshop. Wer Erfahrung mit Zeichenprogrammen wie Adobe Illustrator oder dem alten Macromedia FreeHand hat, wird sich hier sehr schnell zurechtfinden.

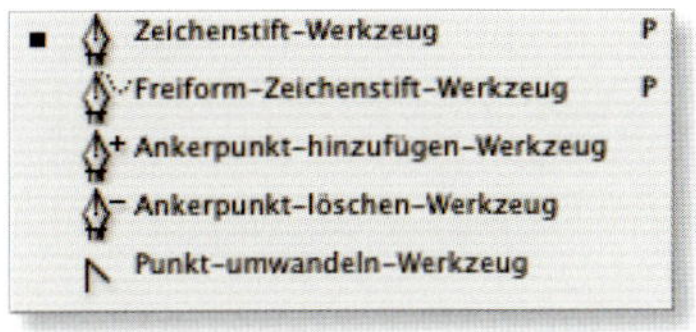

▲ **Abbildung 8.35**
Die Zeichenstift-Werkzeuge

Die Formwerkzeuge sind eng verwandt mit den beiden Zeichenstift-Werkzeugen. Vor allem in der Nachbearbeitung der Formen greift man auf den Zeichenstift und seine Funktionen zurück. Außer über die Werkzeugpalette und den Shortcut [U] kann man die einzelnen Werkzeuge dieser Gruppe auch direkt über die Optionsleiste anwählen.

Es sind dies die Werkzeuge für Rechtecke ❶, abgerundete Rechtecke ❷, Ellipsen und Kreise ❸, Sterne und Polygone ❹, Linien ❺ und andere Formen ❻.

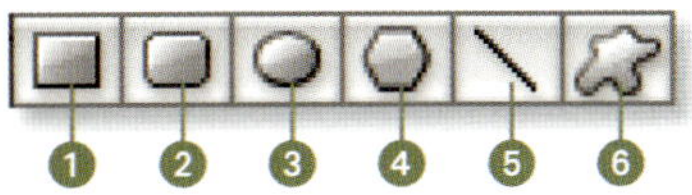

▲ **Abbildung 8.36**
Die verschiedenen Formwerkzeuge

Zeichenstift-Werkzeug | In der Werkzeugpalette hat das Zeichenstift-Werkzeug gleich fünf Einträge im Flyout-Menü. Die ersten beiden sind mit dem Shortcut [P] erreichbar, die letzten drei nicht, was auch Sinn macht, weil sie besser mit Tastenkombinationen aufzurufen sind oder sowieso automatisch auftauchen.

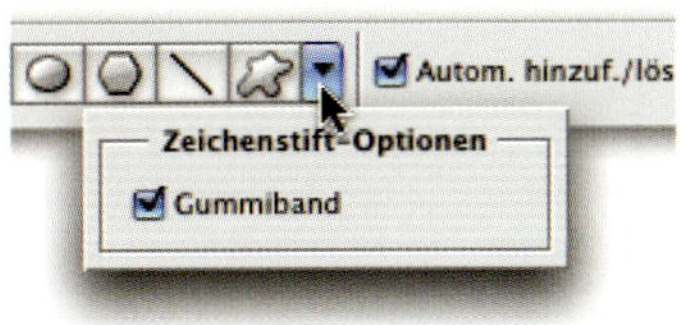

▲ **Abbildung 8.37**
Optionen des Zeichenstift-Werkzeugs

In den Optionen sind für das Zeichenstift-Werkzeug lediglich zwei Einstellmöglichkeiten vorhanden, diese sind allerdings wichtig: Mit Automatisch hinzufügen/löschen schaltet das Werkzeug von der Normalfunktion (weitere Ankerpunkte setzen, Abbildung 8.38, oben) so um, dass an Stellen, wo schon ein

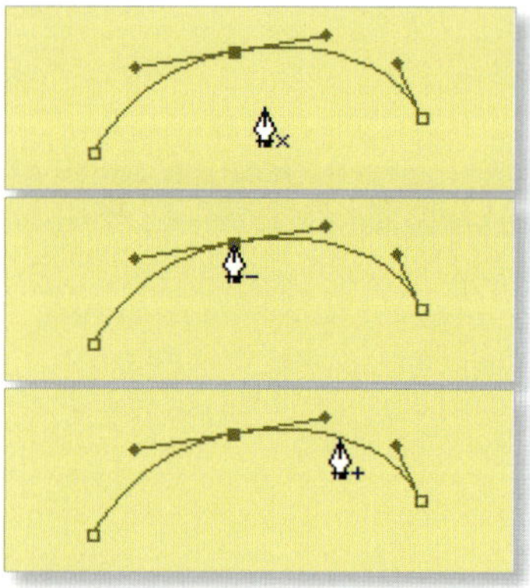

▲ **Abbildung 8.38**
Änderung der Zeichenwerkzeug-Funktion auf Ankerpunkten und auf dem Pfad

Ankerpunkt sitzt, dieser gelöscht werden kann (Mitte), während dazwischen auf der Pfadlinie ein neuer hinzugefügt werden kann (unten). Der Cursor gibt hier auch eine entsprechende Meldung. Deshalb erübrigt sich auch die Umschaltung auf die entsprechenden weiteren Ankerpunkt-Werkzeuge mit dem Shortcut [P]. Die Option GUMMIBAND zeigt den gerade zu zeichnenden Pfad sofort und interaktiv an, **bevor** man den nächsten Ankerpunkt setzt. Ohne diese Einstellung zeichnet man vor allem bei gebogenen Pfaden oft im Blindflug.

Freiform-Zeichenstift | Dieses Werkzeug ist ein gelungener Zwitter aus dem normalen Zeichenstift und dem magnetischen Lasso. Es ist bei Freistelljobs genau dann gefragt, wenn man Vektoren einsetzen will oder muss (z. B. um einen Beschneidungspfad für ein Layoutprogramm einzubetten), aber nicht alles mit der Hand machen will. Sehr brauchbar, vor allem bei genügend Kontrast an der Freistellkante, ist die Option MAGNETISCH, die analog zum magnetischen Lasso funktioniert.

Abbildung 8.39 ►
Freiform-Zeichenstift-Werkzeug mit »eingeschaltetem Magneten«

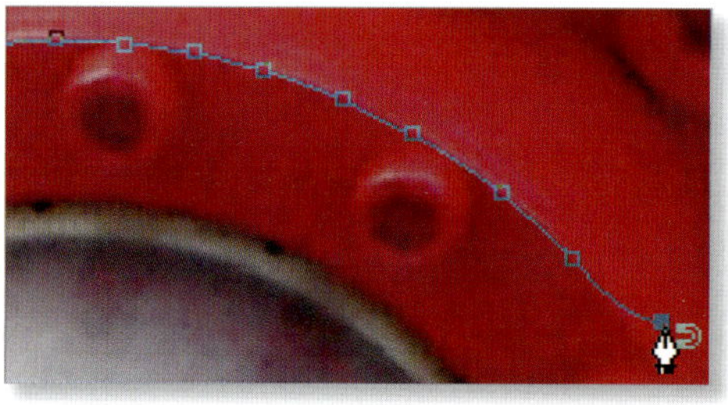

▲ **Abbildung 8.40**
Freiform-Zeichenstift-Werkzeug

In der Optionsleiste ❶ kann man das Verhalten genau an das Bildmaterial anpassen. Der Stift eines Grafiktabletts wird unterstützt.

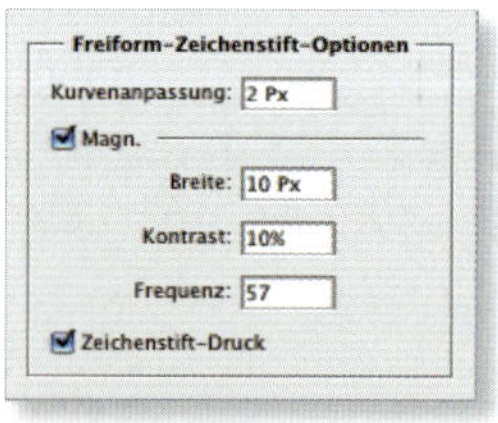

▲ **Abbildung 8.41**
Optionen des Freiform-Zeichenstift-Werkzeugs

Rechteck-Werkzeug | Das Formwerkzeug RECHTECK zieht Vektorpfad-Rechtecke auf. In seinem Pulldown-Menü in der Optionsleiste lassen sich verschiedene Eigenschaften einstellen, die sehr an die Optionen der Rechteck-Auswahl erinnern und natürlich auch mit Tastenkombinationen aufzurufen sind: [⇧]+Ziehen ergibt eine quadratische, [Alt]+Ziehen eine zentriert aufgezogene Form, die Kombination von beidem verhält sich ebenfalls erwartungsgemäß.

Da Pfade auflösungsunabhängig sind, sind sie nicht an die Elementarmaßeinheit »Pixel« von Photoshop gebunden, sondern können genauer sein (Subpixel). Das ist allerdings insbesondere bei pixelgenauen Screendesigns mit relativ geringer Gesamtauflösung oft nicht erwünscht, um klare Kanten zu erhalten. Die Deaktivierung der Option AN PIXELN AUSRICHTEN ist in diesem Zusammenhang zu verstehen und auch sehr sinnvoll.

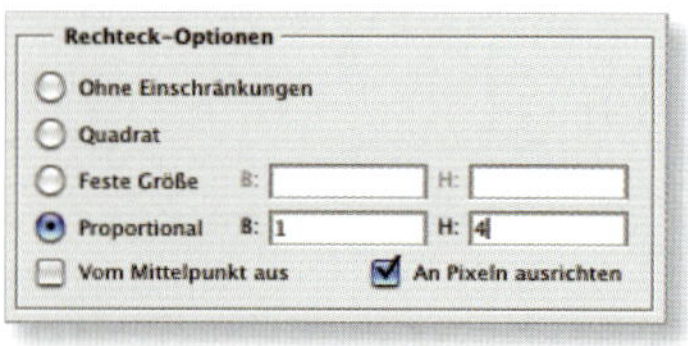

▲ **Abbildung 8.42**
Rechteck-Werkzeug-Optionen

Abgerundetes Rechteck-Werkzeug | Das abgerundete Rechteck-Werkzeug zieht Rechtecke und Quadrate mit runden Ecken auf, die für Rahmen, Buttons und dergleichen gebraucht werden. Das Optionen-Pulldown-Menü ist identisch mit dem des Rechteck-Werkzeugs, lediglich der Radius der Ecken lässt sich zusätzlich eingeben.

▲ **Abbildung 8.43**
Optionen des Werkzeugs für abgerundete Rechtecke

Ellipsen/Kreis-Werkzeug | Auch beim Ellipse- bzw. Kreis-Werkzeug finden sich nur wenige Unterschiede zum Pendant bei den Auswahlen. Die entsprechenden Tastenkombinationen mit der [Alt]- und der [⇧]-Taste gelten auch hier.

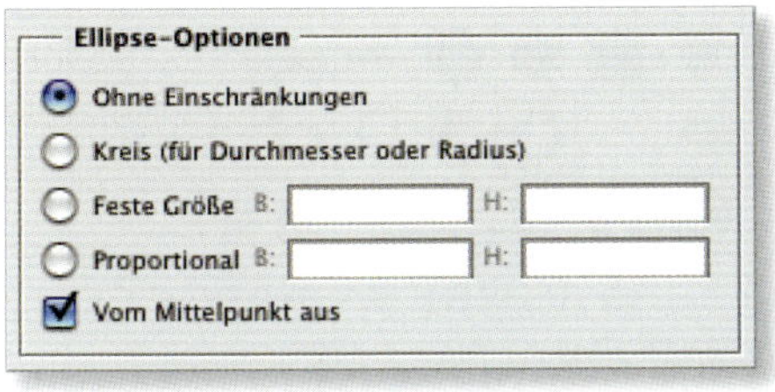

◀ **Abbildung 8.44**
Optionen für das Ellipse-Werkzeug

Polygon/Stern-Werkzeug | Das Polygon- bzw. Stern-Werkzeug hat eine ganze Reihe an Optionen zu bieten, weil es sowohl Polygon- als auch Sternformen erstellen kann. Die Parameter sind hier selbsterklärend. Hier sehen Sie ein Einstellungsbeispiel mit seinem Ergebnis:

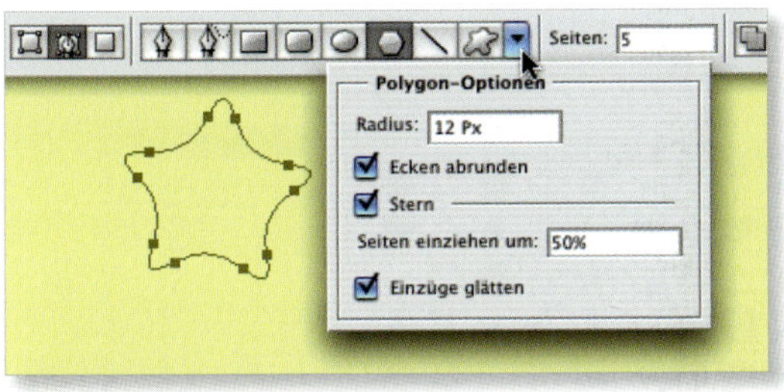

◀ **Abbildung 8.45**
Optionen des Polygon-Werkzeugs

Linienzeichner-Werkzeug | Beim Linienzeichner-Werkzeug gibt es Optionen nur für mögliche Pfeilspitzen am Anfang bzw. am Ende einer Linie:

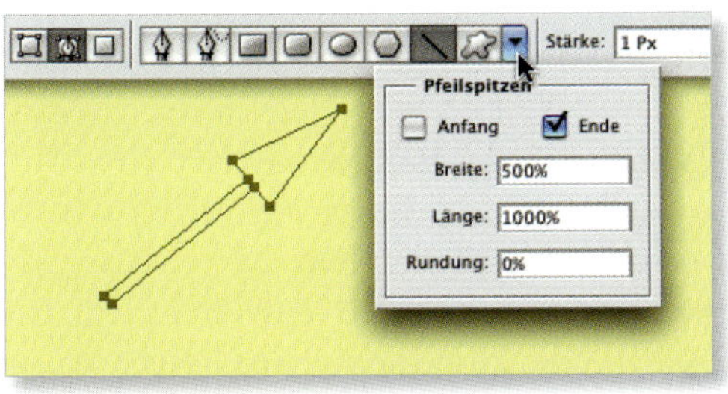

◀ **Abbildung 8.46**
Pfeile zeichnen mit dem Linienzeichner-Werkzeug

Eigene-Form-Werkzeug | Das Eigene-Form-Werkzeug enthält eine ganze Menge an brauchbaren Funktionen für verschiedenste Zwecke! Das Eigene-Form-Werkzeug bietet Vektorformen, die über die simplen Möglichkeiten der anderen Formwerkzeuge weit hinausgehen. Einerseits gehört bereits eine stattliche Sammlung an vorgefertigten Formen, Icons und Zeichen zum Lieferumfang von Photoshop, und andererseits kann man hier auch selbst erstellte Formen abspeichern, z.B. aus Illustrator einkopierte Vektorformen.

Abbildung 8.47 ▸
Das Eigene-Form-Werkzeug

Pfade importieren

Pfade lassen sich natürlich auch in anderen Programmen erstellen, kopieren und in Photoshop einfügen. Da dann die Zwischenablage auf PostScript basiert (EPS), sind die Chancen groß, dass Photoshop diese Daten auch als Vektorobjekt importieren bzw. platzieren kann. In diesem Fall wird dann gefragt, wie man die Daten einfügen möchte:

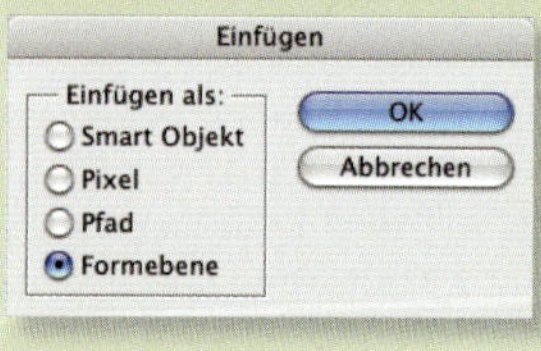

▲ Abbildung 8.49
Das Dialogfeld Einfügen

Besonders komfortabel geht das natürlich mit Illustrator, weil der ja auch aus dem Hause Adobe stammt. Hier werden Vektordaten als Smart Objekt (siehe Abschnitt 11.2) eingefügt:

▲ Abbildung 8.50
Vektordaten als Smart Objekt

Mit dem kleinen Pfeil ❶ erreicht man über das Menü dieser Palette u.a. eine Sammlung von weiteren Formen im Vorgaben-Manager, wo man eigene und vorgefertigte Formen laden, speichern und verwalten kann. Die Speicherung erfolgt in »*.csh«-Dateien, die auch plattformübergreifend einsetzbar sind.

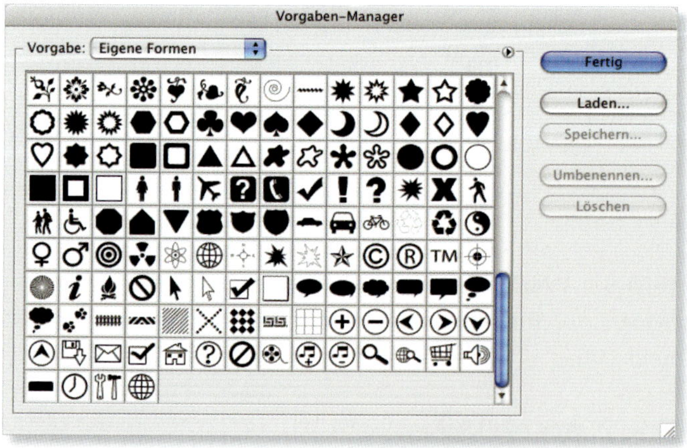

▲ Abbildung 8.48
Eigene Formen verwalten Sie im Vorgaben-Manager.

8.6.5 Professionell zeichnen in Photoshop

Dass dem Zeichnen ein eigener Abschnitt gewidmet ist, hat einen guten Grund: Nach der grundsätzlichen Beschreibung der Werkzeuge soll es hier um die Fingerfertigkeit gehen, die

die Zeichen-Werkzeuge verlangen, wenn man wirklich effizient, schnell und professionell mit ihnen arbeiten will. Bei den beiden Zeichenstift-Werkzeugen ist schon beim Zeichnen selbst und bei den Form-Werkzeugen der flüssige Gebrauch von Maus und Tastatur während der fast immer notwendigen Nachbearbeitung und Anpassung von großem Wert. Vor allem das Anlegen von Freistellmasken für die spätere Verwendung in Satzprogrammen wie Adobe InDesign oder QuarkXPress ist für viele Grafiker und Photoshop-User einer der Brot-und-Butter-Jobs. Man denke hier nur z. B. an Produktkataloge. Und weil viele Druckereien und Druckvorstufenbetriebe wegen der Auflösungsunabhängigkeit lieber Bilder mit Vektormasken haben als mit einem Alpha-Kanal, lohnt sich etwas Übung.

TIPP

Aus Fremdprogrammen wie Macromedia FreeHand oder Corel Draw exportierte Vektordateien im Illustrator-Format werden als Smart Objekte in Photoshop eingebettet. Sie werden bei einem Doppelklick auf die entsprechende Ebene in der Ebenen-Palette in Illustrator geöffnet und sind dort editierbar.

Rechtwinklig | Beim Klicken mit gedrückter [⇧]-Taste werden die Ankerpunkte immer rechtwinklig bzw. in 45°-Schritten gesetzt. Das gilt auch für Kurven, wenn sie nach dem Klicken gezogen werden.

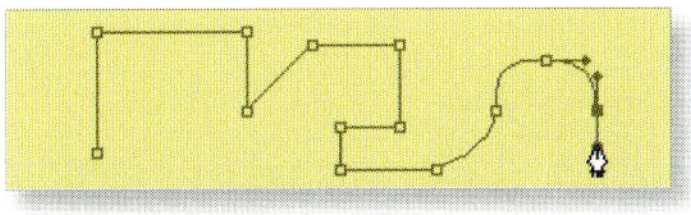

▲ **Abbildung 8.51**
Einschränkung des Pfadverlaufs auf 45°-Schritte

Ankerpunkte verschieben | Hält man die [Strg]/[⌘]-Taste gedrückt, so kann man während des Zeichnens sowohl bereits gesetzte Ankerpunkte verschieben als auch bei Kurven Anfasser bewegen. Der Cursor wird hierbei wie beim Direktauswahlwerkzeug [A] weiß, wie Abbildung 8.52 zeigt.

Wird dabei zusätzlich die [⇧]-Taste gedrückt, so sind diese Bewegungen auf 90°- und 45°-Winkel beschränkt.

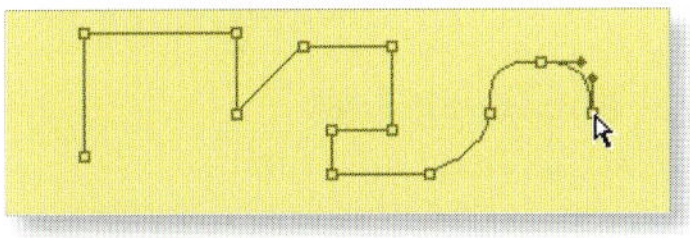

▲ **Abbildung 8.52**
Verschieben von Ankerpunkten während des Zeichnens

Eckpunkte | Drückt man nach dem Klicken, das einen neuen Ankerpunkt erzeugt, und beim anschließenden Ziehen, um Anfasser für die Kurve zu bekommen, die [Alt]-Taste, werden die Anfasser »gebrochen«. Ein Eckpunkt mit unterschiedlichen Ein- und Ausgangswinkeln entsteht.

Auch beim späteren Editieren funktioniert das Ganze ähnlich. Klickt man mit gedrückter [Alt]-Taste auf einen Eckpunkt, kann man Anfasser »herausziehen«. Die [⇧]-Taste beschränkt auch hier wieder auf rechte und 45°-Winkel.

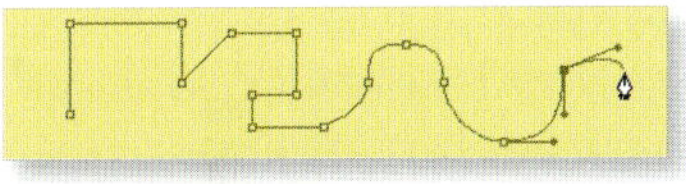

▲ **Abbildung 8.53**
Eckpunkt durch Brechen der Tangente

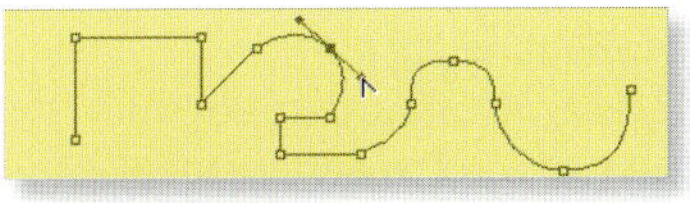

▲ **Abbildung 8.54**
Bewegen der Anfasser eines Ankerpunktes

Tangente brechen | Ein wenig Fingerballett: Lässt man die [Alt]-Taste kurz los und drückt diese gleich wieder, kann man eine solche Tangente direkt brechen.

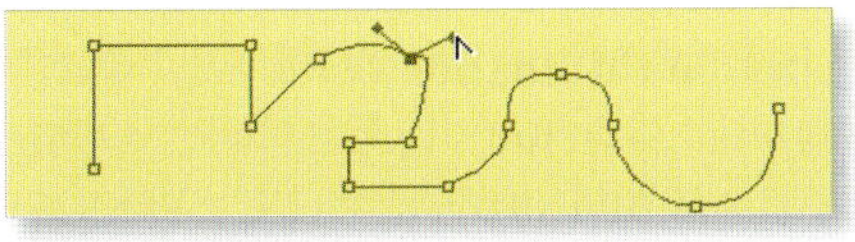

◀ **Abbildung 8.55**
Nachträgliches Brechen einer Tangente

Pfad bewegen | Pfadstücke lassen sich natürlich auch bewegen – mit gedrückter [⇧]-Taste wieder beschränkt auf die rechten Winkel und die 45°-Diagonalen.

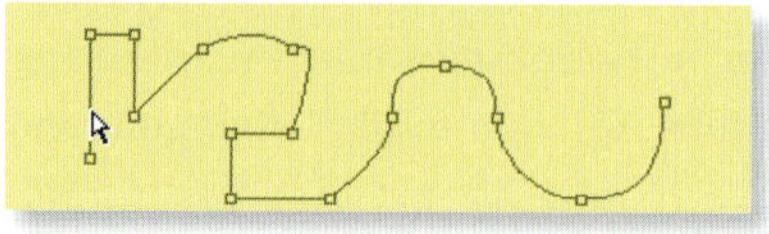

Abbildung 8.56 ▸
Verschieben eines Pfadstücks

Pfad als Auswahl | Soll ein Pfad Grundlage einer Auswahl sein, so gibt es hier mehrere Möglichkeiten, ihn in eine Auswahl umzuwandeln:

- [Strg]/[⌘]+Klick auf das Miniaturbild des entsprechenden Pfades in der Pfade-Palette
- Klick auf den entsprechenden Button am Fuß der Pfade-Palette
- über das Kontextmenü

▴ Abbildung 8.57
Pfad als Auswahl laden

Die Pfade müssen dafür geschlossen sein! »Offene« Auswahlen gibt es ja logischerweise nicht.

Daten auf der DVD
Sie finden die Datei zu diesem Workshop auf der Buch-DVD unter BEISPIELDATEIEN/08_FOTOMONTAGE/08_FREISTELLEN.JPG.

Schritt für Schritt: Freisteller für den Druck mit Pfaden

Für scharfkantige und runde Gegenstände wie dieses Blechspielzeugauto bieten sich Pfade zum Freistellen besonders an, vor allem, wenn wie hier der Hintergrund des Tisches nicht optimal für einen schnellen Erfolg von Zauberstab und Co. ist.

Abbildung 8.58 ▸
Dieses Spielzeugauto soll vom Hintergrund isoliert werden.

1 Pfad direkt als Vektormaske zeichnen

Man kann Pfade als selbstständige Objekte in der Pfade-Palette, in Form einer Vektorform-Ebene oder als Ebenen-Maske anlegen. Letzteres ist in diesem Fall das Mittel der Wahl, weil durch schnelles Ein- und Ausschalten die Qualität des Freistellers überprüft werden kann. Dazu legen wir zunächst mit EBENE • VEKTORMASKE • ALLES EINBLENDEN eine leere Vektormaske an. Diese wird zunächst mit einem [⇧]+Klick auf ihr Miniaturbild wirkungslos gemacht, damit man besser anfangen kann zu zeichnen.

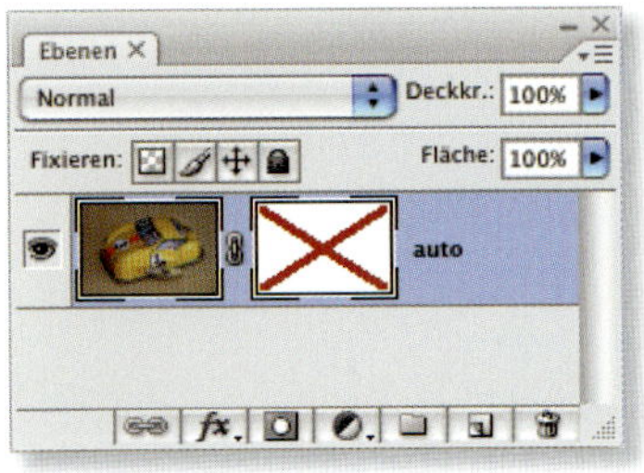

▲ **Abbildung 8.59**
Vorerst deaktivierte, leere Vektor-Ebenenmaske

2 Grobform mit Eckpunkten

Nur Routiniers schaffen es, eine Kontur auf Anhieb so nachzuzeichnen, dass sowohl die Punkte als auch die Krümmungen der Kurven gleich gut an der freizustellenden Form sitzen. Ein bewährtes Verfahren ist, diese Arbeit in zwei Schritte aufzuteilen. Zuerst werden an markanten Stellen, vor allem an den Ecken, Ankerpunkte gesetzt, ohne bereits Kurven zu zeichnen, also ohne gleich Anfasser aus den Punkten »herauszuziehen«.

◄ **Abbildung 8.60**
Pfad mit Ankerpunkten an markanten Stellen grob »anheften«

3 Kurven-Tuning

Nun werden der Reihe nach alle Ankerpunkte durchgegangen und mit [Alt]+Klicken und Ziehen die Anfasser aus den Punkten gezogen. Wenn noch das Zeichenwerkzeug aktiviert ist, kann man mit [A] das Direktauswahl-Werkzeug auswählen (oder man drückt die [Strg]/[⌘]-Taste und schaltet direkt dorthin um). Mit diesem kann man dann die Anfasser in Länge und Winkel an die Krümmungen des Objekts anpassen. Fallweise wird man auf den Pfadstrecken noch zusätzliche Punkte einfügen müssen. Sobald der Cursor die Zeichenfeder mit dem Plus-Zeichen zeigt, ist das möglich.

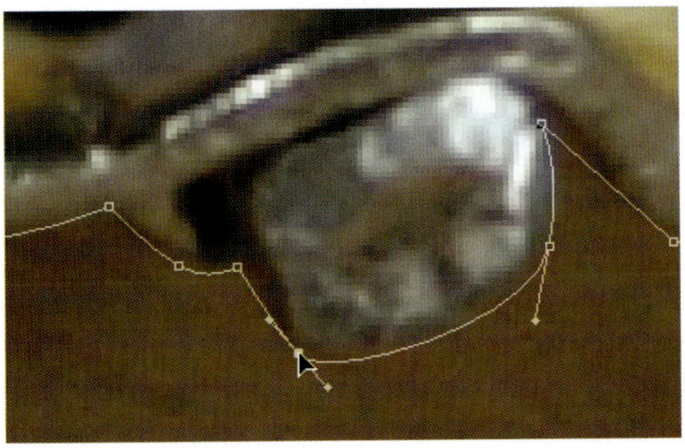

◄ **Abbildung 8.61**
Herausziehen der Anfasser an den Ecken und Anpassen der Kurven an die Form

4 Kontrolle

Durch Ein- und Ausschalten der Vektormaske kann jederzeit überprüft werden, wie gut die Maske sitzt. Dazu klickt man mit gedrückter [⇧]-Taste auf das Thumbnail der Vektormaske in der Ebenen-Palette.

▲ **Abbildung 8.62**
Kontrolle des Freistellpfades durch Aktivieren der Vektormaske

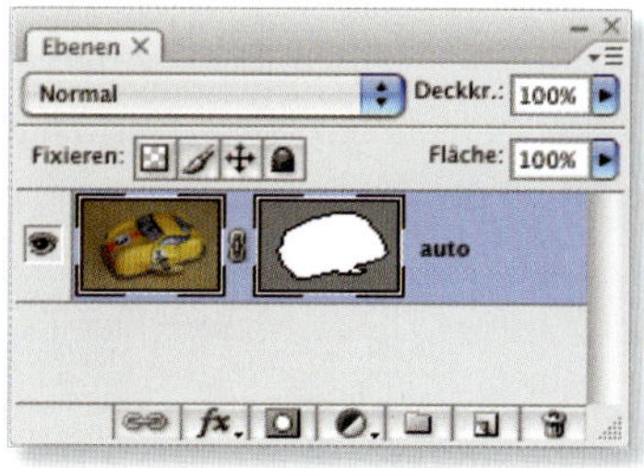

▲ **Abbildung 8.63**
Vektormaske aktivieren

5 Beschneidungspfad definieren

Der Freistellpfad soll nun so exportiert werden, dass ihn ein Satzprogramm (z. B. Adobe InDesign oder QuarkXpress) so interpretieren kann, dass das eingebettete Objekt von Text umflossen werden kann. Da Photoshop beliebig viele Pfade in einem Dokument ermöglicht, in PostScript-Formaten aber nur einer gestattet ist, muss man das entsprechend definieren. Weil der Pfad der Vektormaske nur temporär in der Pfad-Palette auftaucht (kursive Beschriftung!), muss er zu einem dauerhaften Pfad gemacht werden, indem man auf ihn in der Pfade-Palette doppelklickt und ihn benennt.

Abbildung 8.64 ▶
Pfad der Vektormaske als permanenten Pfad speichern und benennen

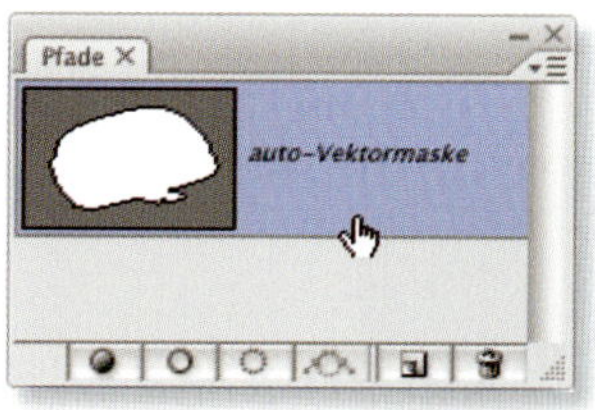

[RIP]
Raster Image Processor: Hardware- oder Software-Prozessor, der Pixel- und Vektordaten, die ihm im PostScript-Format geliefert werden, in die entsprechenden Daten umrechnet, die der Drucker (oder Belichter) benötigt.

Nun kann er über das Palettenmenü der Pfade-Palette als Beschneidungspfad definiert werden: Die GERÄTEPIXEL beziehen sich auf die Genauigkeit, mit der ein **RIP** die Kurven des Beschneidungspfades auf seine Druckauflösung umrechnet. Diese Box kann in den meisten Fällen leer bleiben, wenn es keine Probleme gibt oder die Setzerei oder Druckerei keinen Wert vorgibt.

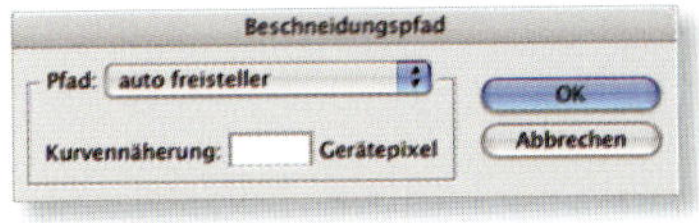

▲ **Abbildung 8.65**
Pfad als Beschneidungspfad definieren

6 Abspeichern

Beim Speichern einer solchen Photoshop-Datei gibt es einiges zu beachten: Zunächst empfiehlt es sich, die Vektormaske zu löschen, nachdem man den Pfad als Beschneidungspfad definiert hat. Vektormasken sind ein Photoshop-spezifisches Feature, das in PostScript nicht unterstützt wird. Der Beschneidungspfad sollte der einzige Pfad in der Datei sein.

Abspeichern sollte man die Datei mit DATEI • SPEICHERN UNTER als Photoshop EPS. Bei den dann zu wählenden Optionen gilt es Unterschiede zwischen Mac und Windows zu beachten. Hier sehen Sie die Einstellungen für beide:

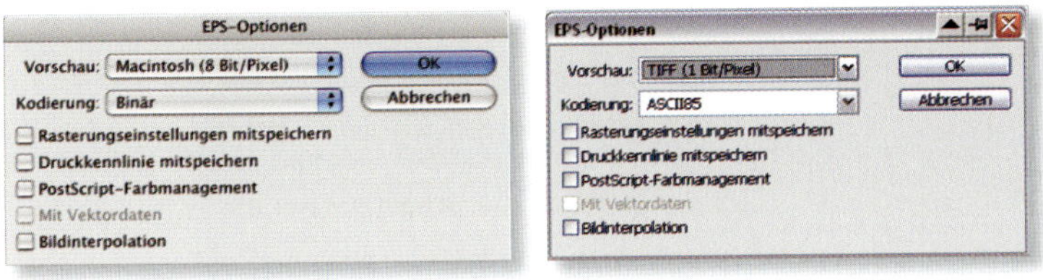

◀ **Abbildung 8.66**
EPS-Optionen bei Mac und Windows

7 Ergebnis in Layoutprogramm einbauen

Nun wird das gespeicherte EPS in einem Layoutprogramm eingebaut, in unserem Fall Adobe InDesign (für QuarkXpress gilt sinngemäß das gleiche Vorgehen). In InDesign wählen wir DATEI • PLATZIEREN und klicken in die leere Dokumentfläche oder ziehen mit dem Platzierungs-Cursor einen Rahmen in gewünschter Größe auf. Die Holzfläche des Hintergrundes ist bereits aus dem Bild ausgeblendet worden, weil InDesign den Beschneidungspfad bereits automatisch erkannt hat.

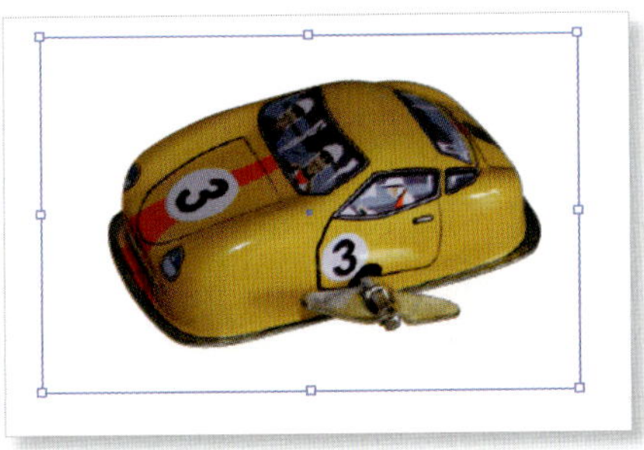

◀ **Abbildung 8.67**
EPS-Datei nach dem Platzieren in InDesign

8 Kontur-Optionen

Nun wird das Layout weiterbearbeitet und das Bild, das über dem Text liegt, durch die Optionen in der Palette KONTURENFÜHRUNG so eingestellt, dass der Text mit einem gewissen Abstand (hier 5 mm) um das freigestellte Bild herumfließt.

Wie man in der Palette erkennen kann, hat InDesign sogar den in Photoshop vergebenen Namen für den Beschneidungspfad eingelesen. Man kann den Pfad für den Textumfluss auch noch nachbearbeiten, ohne den eigentlichen Bescheidungspfad anzutasten. Deswegen zeigt InDesign auch die Ankerpunkte eines neuen Pfades (hier Beschneidungspfad + 5 mm).

▲ **Abbildung 8.68**
Optionen für die KONTURENFÜHRUNG in InDesign

▲ **Abbildung 8.69**
Von Text umflossenes EPS-Bild nach Einstellung der Konturenführung

8.6.6 Kombination von Vektor- und Ebenenmasken

Beide Maskentypen schließen sich nicht aus und können in ein und derselben Ebene auch kombiniert werden, wobei jede Methode ihre Stärken ausspielen kann. Im folgenden Beispiel wird die Anwendung von Ebenen- und Vektormasken mit anderen Techniken kombiniert.

Daten auf der DVD
Sie finden die Dateien zu diesem Workshop auf der Buch-DVD im Ordner BEISPIELDATEIEN/08_FOTOMONTAGE/MASKENKOMBI.

Schritt für Schritt: Vektor- und Ebenenmasken kombinieren

1 Aufgabe

Bei diesem Sujet, bei dem ein neuer Hintergrund eingesetzt werden soll, ist es sinnvoll, für die Außenform der steinernen Figur Pfade für die Freistellung zu verwenden, weil hier überwiegend gerade oder schön geschwungene Kanten zu finden sind. Andere Maßnahmen kann man eher gleich vergessen, da sich die Statue weder in Farbton noch im Helligkeitsgefüge nennenswert vom Hintergrund abhebt. Einzig die vergoldete Spirale des Bischofstabs verspricht eine schnellere Lösung mit pixelbasierten Auswahlmethoden.

2 Goldtöne auswählen

Beginnen wir also mit dem Ende des Stabes. Die Tonwerte sind sehr unterschiedlich, haben aber an einem bedeckten Tag ohne das blaue Reflexlicht des Himmels in etwa den gleichen Farbton. Es bietet sich also als erster Versuch AUSWAHL • FARBBEREICH an. Wir schalten gleich die Plus-Pipette ein und fahren ein wenig in den goldenen Bildbereichen herum. Nach einem Wechsel der AUSWAHLVORSCHAU auf die Ansicht GRAUSTUFEN schaut das Ergebnis im Bild gleich recht erfolgversprechend aus.

▲ **Abbildung 8.70**
Diese Figur soll mit einer Kombination von Vektor- und Ebenenmasken freigestellt werden.

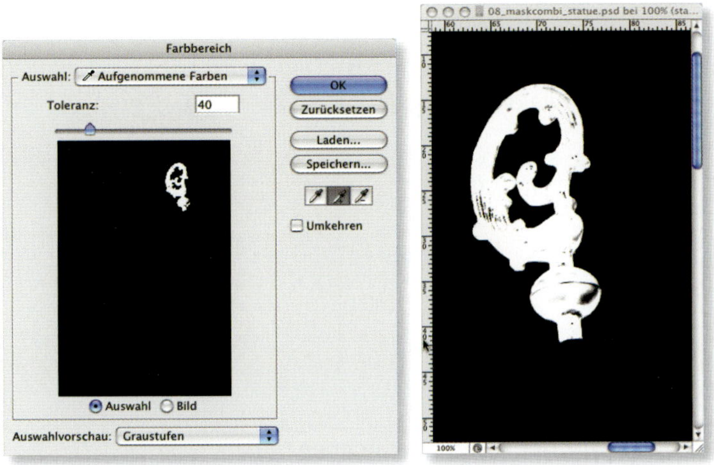

◄ **Abbildung 8.71**
Auswahl der Goldtöne mit FARBBEREICH

Nun wird noch der Wert für Toleranz ein wenig erhöht und mit der Pipette in die kleinen verbleibenden dunklen Bereiche der Goldtöne geklickt, um die Binnenform der Spirale sauber zu bekommen. Außerhalb werden nun bereits erste Flecken mit ausgewählt, weil die Steinfassade ebenfalls (wenn auch schwache) Gelbtöne enthält. Das macht jetzt nichts, darum kümmern wir uns gleich.

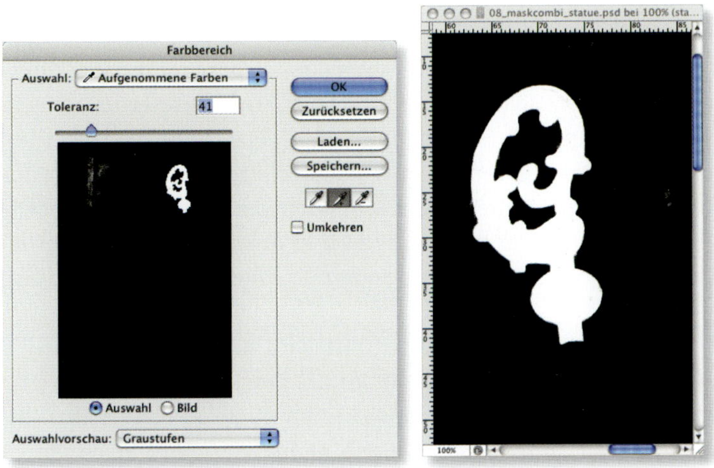

◄ **Abbildung 8.72**
Verbesserung der Auswahlqualität

Die fertige Auswahl wird mit EBENE • EBENEMASKE • AUSWAHL EINBLENDEN oder dem Button EBENENMASKE HINZUFÜGEN am Fuß der Ebenen-Palette zu einer Ebenenmaske gemacht. Dafür darf die Bildebene natürlich nicht die Hintergrundebene sein.

3 Ebenenmaske säubern

Die grauen Flecken, die von der Auswahl mit FARBBEREICH im Umfeld übrig geblieben sind, werden nun einfach weggelöscht, indem bei aktiver Ebenenmaske (Klick auf deren Miniaturbild) auf dieser Maske eine Rechteck-Auswahl um die Spirale aufgezogen und mit Strg/⌘+⇧+I umgekehrt wird (in der Abbildung 8.73, links im Maskierungsmodus). Dann wird mit ← einfach alles Störende gelöscht (Abbildung 8.73, rechts).

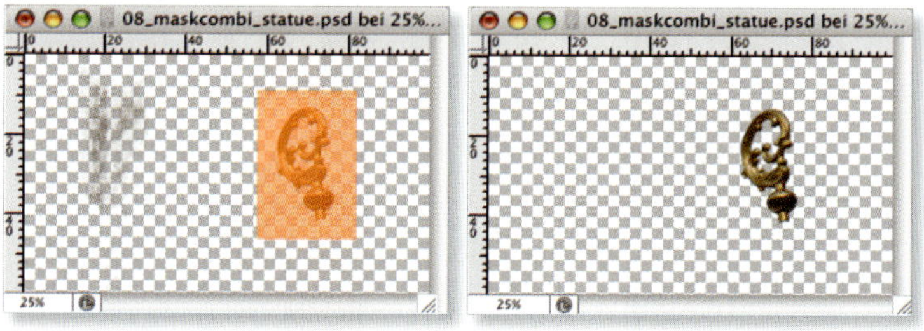

Abbildung 8.73 ▸
Säubern der Ebenenmaske

4 Pfad für die Figur roh zeichnen

Zunächst machen wir die Ebenenmaske mit einem ⇧-Klick auf ihr Miniaturbild unsichtbar, damit wir beim Zeichnen des Pfades etwas sehen.

Man könnte nun direkt auf einer neuen Vektormaske beginnen, den gewünschten Pfad zu erstellen. Wir zeichnen aber einen neuen Pfad in der Pfade-Palette. Das hat den Vorteil, dass man noch ein Backup hat, falls in der Vektormaske etwas schiefgeht. Wählt man nun das Zeichenstift-Werkzeug aus, so muss man darauf achten, dass es im Modus PFADE arbeitet. Andernfalls wird eine neue Formebene erzeugt.

▴ Abbildung 8.74
Zeichenstift-Werkzeug im Modus PFADE

Die Statue hat einerseits lange, ruhig geschwungene Linien als Begrenzung (Mütze und Gewand), andererseits unruhigere Bereiche (Hand mit Fingern und Haare). Das Zeichnen selbst teilen wir darum in zwei Abschnitte auf. Zunächst befassen wir uns mit den ruhigen Linien: Sie werden mit dem normalen Zeichenstift-Werkzeug grob nachgezogen und nur an den markantesten Stellen mit Ankerpunkten versehen. Es wird nur abschnittsweise gezeichnet.

Am Ende eines Pfad-Abschnitts wird mit gedrückter Strg/⌘-Taste (der Cursor wechselt auf das Direktauswahl-Werkzeug) irgendwo neben den Pfad geklickt, um quasi den »Stift abzusetzen« und an anderer Stelle einen neuen Abschnitt zeichnen zu können. Nach dem Beginn wird der entstandene ARBEITSPFAD doppelgeklickt und umbenannt (»fuer_vektormaske«). Wir haben nun vier Teilpfade, die nicht geschlossen sind.

Nun wechseln wir zum Freiform-Zeichenstift-Werkzeug. Die unruhigeren Formen der Statue werden nun damit möglichst in der Nähe der Kante nachgezeichnet. Am besten funktioniert das mit den Einstellungen aus Abbildung 8.76.

Wir setzen am Ende eines bestehenden Pfadstücks an (Cursor mit kleinem diagonalen Strich daneben) und fahren an der Begrenzung der Figur entlang. Das Werkzeug setzt bereits beim Darüberrollen etwa in den eingestellten Abständen Ankerpunkte. Man kann aber auch mit einem Klick an einer wichtigen Stelle manuell einen Punkt setzen, was sehr zu empfehlen ist.

Beim nächsten schon bestehenden Pfadstück angekommen, zeigt der Cursor neben sich das Pfad-beenden-Zeichen. Mit einem Klick auf den ersten Ankerpunkt des nächsten Pfadstücks wird nun diese Lücke im Pfad geschlossen.

▲ **Abbildung 8.75**
Rohe Teilpfade in der Pfade-Palette

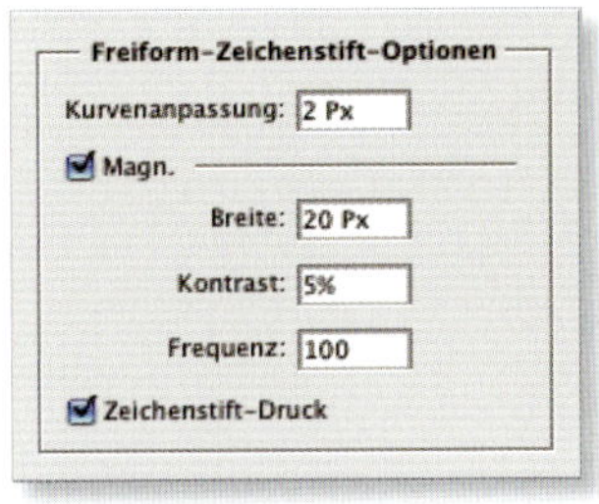

▲ **Abbildung 8.76**
Einstellungen für das Freiform-Zeichenstift-Werkzeug

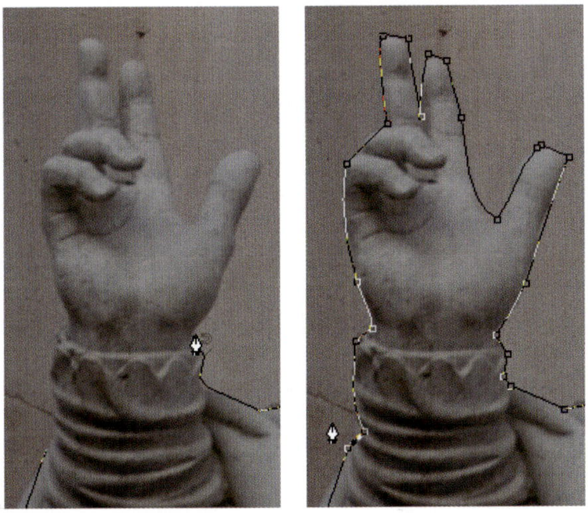

◀ **Abbildung 8.77**
Beginn und Ende der Pfadergänzung mit dem Freiform-Zeichenstift-Werkzeug

5 Pfad schließen

Nun muss der Pfad geschlossen werden. Dazu muss so weit aus dem Bild herausgezoomt werden, dass die Arbeitsfläche außerhalb des Bildrandes im Fenster zu sehen ist. Dann wird mit dem Zeichenstift-Werkzeug unten an den bestehenden offenen Pfad angeschlossen und um die Bildecke herum der Pfad am rechten Bildrand geschlossen.

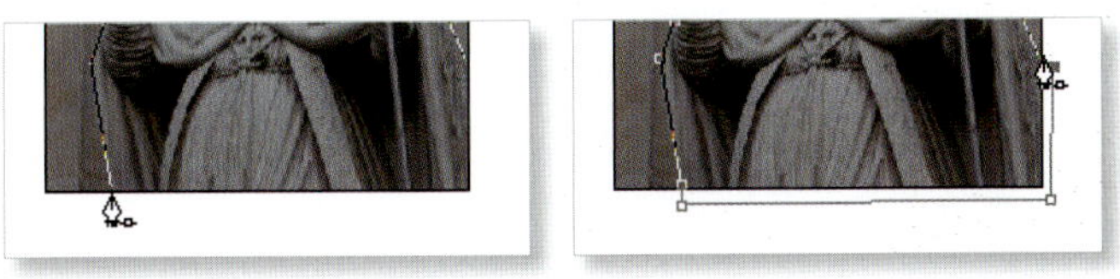

◀ **Abbildung 8.78**
Pfad außerhalb des Bildes schließen

TIPP

Benutzt man beim Säubern von Pfaden das Punkt-umwandeln-Werkzeug, so sollte man vor dem Klicken auf einen Ankerpunkt mit der [Strg]/[⌘]+Taste das Direktauswahl-Werkzeug aktivieren, um die Tangenten nicht versehentlich zu brechen.

6 Pfad sauber nachbearbeiten

Für das Nachbearbeiten des Pfades gilt im Wesentlichen das im vorigen Abschnitt Besprochene. Ein Besonderheit in diesem Beispiel ist allerdings der vom Freiform-Zeichenstift-Werkzeug erzeugte Pfad. Im Gegensatz zu einem manuell gezeichneten Pfad, bei dem man mittels Ziehen nach dem Setzen eines Ankerpunktes gleich die Tangenten herausziehen kann und dann auch ungefähr weiß, wo das geschehen ist, weiß man das bei solchen automatisch erzeugten Ankerpunkten in der Regel nicht.

Klickt man nun mit dem Punkt-umwandeln-Werkzeug, um beim Nachbearbeiten die Tangenten zu behandeln, auf einen Ankerpunkt, so werden die Tangenten gebrochen, wenn das Freiform-Zeichenstift-Werkzeug dort welche erzeugt hat. Das ist nervend, weil man vor allem bei hohen Punktfrequenzen und einem kleinteiligen Pfad oft vorher nicht sehen kann, ob der Punkt Tangenten hat oder ein harter Eckpunkt ist.

Besser ist es, mit [A] das Direktauswahl-Werkzeug zu wählen. Wenn man nun auf einen Ankerpunkt klickt, zeigt dieser seine Tangenten. Sie werden aber nicht verändert. Nun kann man bei Bedarf mit gedrückter [Alt]+[⇧]-Taste jederzeit zum Punkt-umwandeln-Werkzeug umschalten, um die Tangenten zu manipulieren oder zu brechen. Mit [P] kann man zum Zeichenstift-Werkzeug wechseln, um neue Punkte einzuzufügen oder zu entfernen.

7 Pfad zu Vektormaske machen

Nun wird der Pfad, der ja bis jetzt nur in der Pfade-Palette zu finden war, mit Ebene • Vektormaske • Aktueller Pfad zu einer Vektormaske gemacht. Im Bild kann nun die Qualität dieser Freistellung überprüft werden.

Abbildung 8.79 ▸
Pfad zu Vektormaske machen

8 **Beide Masken aufeinander abstimmen**

Wenn wir nun die weiter vorn abgeschaltete Ebenenmaske wieder aktivieren, ist das Bild leer oder besser gesagt komplett ausmaskiert. Machen wir in der Kanäle-Palette für die Ebenenmaske mit einem Klick auf das »Auge« den Maskierungsmodus aktiv, sieht man beide Masken und deren Funktion. Die ausmaskierten Bereiche überlagern sich nicht, deshalb ist nun nichts mehr vom Bild zu sehen.

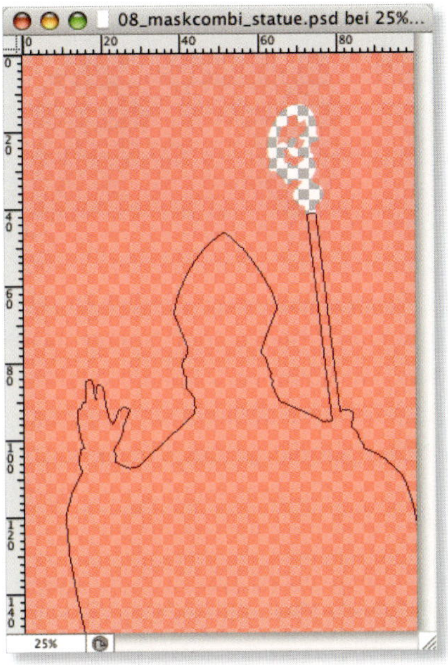

◄ **Abbildung 8.80**
Ebenenmaske und Vektormaske überlappen sich nicht und maskieren das Bild deshalb komplett aus.

Leider kann man innerhalb einer Ebene beide Masken, also Ebenenmaske und Vektormaske, nicht miteinander verrechnen, also keine Differenzen, Schnittmengen oder Ausschlüsse bilden, wie das z. B. bei Auswahlen geht. Es gibt nur den Summen-Modus. Es muss also an einer Bildstelle die eine **und** die andere Maske offen sein, damit man dort etwas sieht. Wir müssen nun beide Masken so manipulieren, dass die jeweils für diese Maske beabsichtigte Kontur durchkommt.

Das klingt aufwendig, ist es aber nicht. Es muss lediglich bei derjenigen Maske, die in einem Bereich die Kontur vorgeben soll, in der jeweils anderen Maske dieser Bereich geöffnet werden. Das kann recht locker geschehen. Zunächst wird die Ebenenmaske dort »aufgemacht«, wo die Vektormaske die Figur maskiert. Beginnen wir direkt bei der Spirale am oberen Ende des Stabes. Hier wird einfach mit einem recht großen Pinsel (harte Kante!) mit Weiß in der Ebenenmaske gemalt und der von der Vektormaske geschützte Bereich sichtbar gemacht. Die Figur ist nun schnell freigelegt.

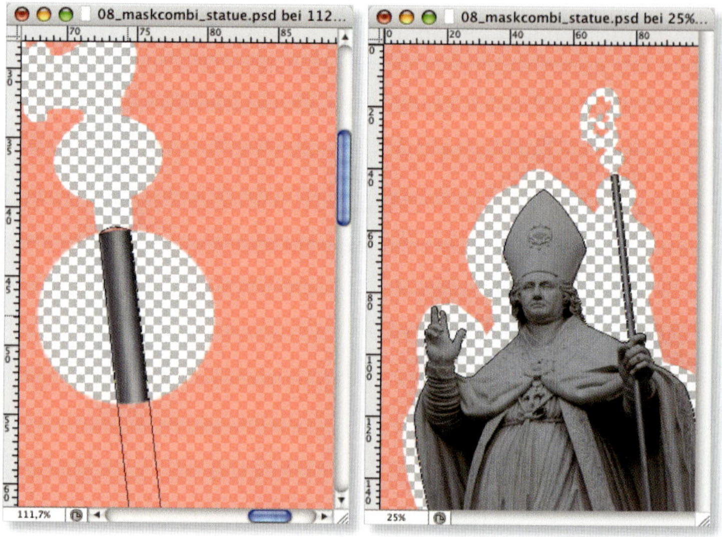

Abbildung 8.81 ▸
Freilegen des von der Vektormaske geschützten Bereichs in der Ebenenmaske

▴ Abbildung 8.82
Rechteck-Werkzeug im Modus Pfade

Nun geht es umgekehrt in der Vektormaske. Hier genügt ein einfaches Rechteck, das wir als zweiten Pfad in der Vektormaske aufziehen. Einzig beim Anschluss, wo Stab und Spirale aneinanderstoßen, muss man die beiden Freilegungen geringfügig nachbearbeiten, wobei es egal ist, ob man das in der Ebenenmaske oder der Vektormaske tut. Somit ist die Freistellung der Statue komplett.

Abbildung 8.83 ▸
Die in der Ebenenmaske maskierte Spirale in der Vektormaske freilegen

9 Montage komplettieren

Nun soll die Aufgabe noch fertiggestellt werden und der neue Hintergrund eingefügt werden. Dafür werden wir uns der Smart Objekte und der Smartfilter bedienen. Der Hintergrund wurde beim PLATZIEREN skaliert, leicht geschert und gespiegelt, um gut zur Statue zu passen.

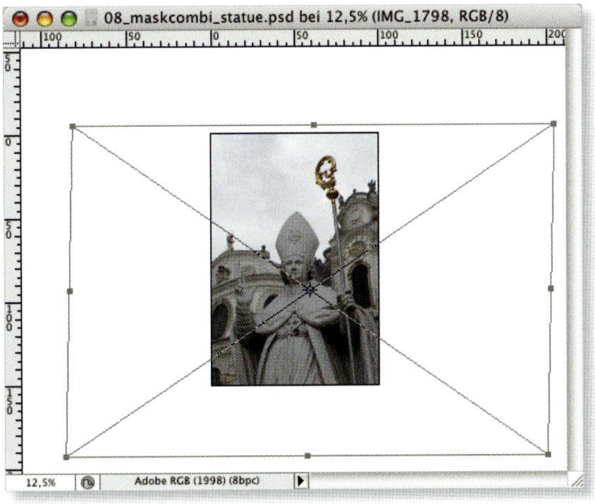

▲ **Abbildung 8.84**
Platzieren und Transformieren des Hintergrundbildes

Anschließend wurde der GAUSSSCHE WEICHZEICHNER als Smartfilter angewandt. Dies geschieht hier natürlich ohne das Umwandeln der Ebene mit FÜR SMARTFILTER KONVERTIEREN, denn wir haben ja bereits durch das Platzieren ein Smart Objekt.

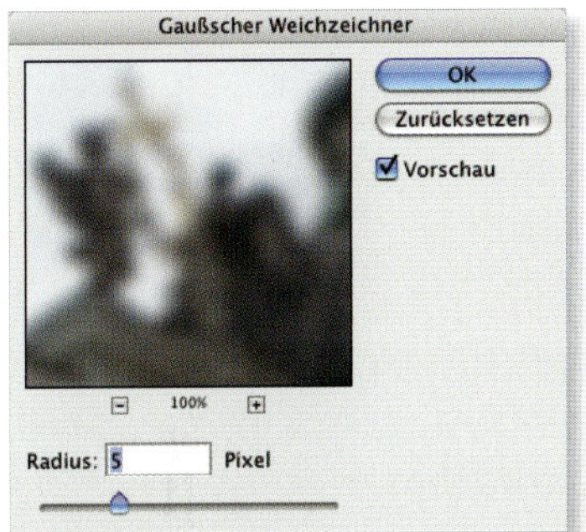

▲ **Abbildung 8.85**
Weichzeichner als Smartfilter

10 Letzte Korrekturen

Nun wird noch der Hintergrund aufgehellt und die Ebene mit der Statue ein wenig im Kontrast verbessert. Beides geschieht mit Einstellungsebenen mit der Funktion GRADATIONSKURVEN, wobei diejenige für die Statue mit der darunterliegenden mit [Strg]/[⌘]+[Alt]+[G] gruppiert wird, um nur auf diese zu wirken (eingerückt in der Ebenen-Palette).

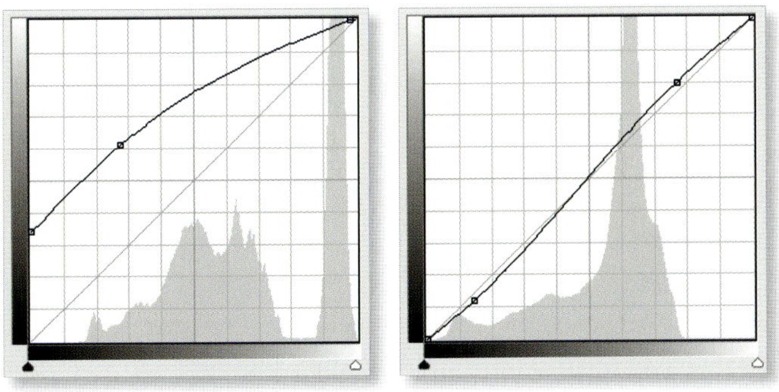

◀ **Abbildung 8.86**
Aufhellen des Hintergrundes (links) und Kontrastanhebung für die Figur (rechts)

Die Montage ist nun fertiggestellt und ist bis zum Schluss editierbar. Alle wesentlichen Arbeitsschritte sind nicht-destruktiv und lassen sich korrigieren oder wieder aus dem Bild herausnehmen.

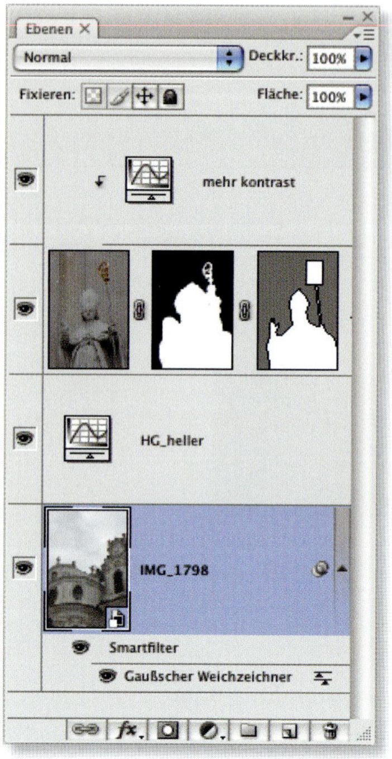

▲ **Abbildung 8.88**
Aufbau in der Ebenen-Palette ■

▲ **Abbildung 8.87**
Originalbild und fertige Montage

8.7 Andere Freistellmethoden

Neben den zeichnerischen Methoden für die Maskierung und Freistellung von Objekten gibt es zwei Wege, mithilfe der Bildinformation selbst Maskierungsdaten zu gewinnen. Ein Weg basiert, wie der Zauberstab, auf Ähnlichkeiten von Pixeln innerhalb bestimmter Bildflächen, ein anderer Weg führt über die Helligkeitsinformationen des Bildes oder einzelner Farbkanäle.

8.7.1 Freistellen mit Extrahieren

Eines dieser Verfahren ist der Befehl Extrahieren: Mit Filter • Extrahieren oder Strg/⌘+Alt+X bekommt man ein Werkzeug, das sowohl zeichnerisch als auch mit Bildinformationen arbeitet. Mit einem Marker fährt man ungefähr an den Kanten entlang und »schüttet« dann die gewünschte Binnenform zu. Anschließend wird mit dem Button Vorschau der Freistellprozess gestartet.

Das Resultat ist nicht wirklich befriedigend und bedarf in vielen Fällen noch einiger Nachbearbeitung, auch wenn es sich um eher nicht zu anspruchsvolle Aufgaben handelt. Ob man mit Extrahieren gute Ergebnisse erzielen kann, hängt sehr stark vom Bildmaterial ab. Da aber auf jeden Fall reichlich probiert und nachbearbeitet werden muss und der Aufwand auch für einfachere Freisteller in der Regel hoch ist, ist dieses Werkzeug unter professionellen Gesichtpunkten nur wenig brauchbar. Außerdem ist die fehlende 16-Bit-Unterstützung ein gravierendes Manko.

HINWEIS

Der Befehl Extrahieren steht auch in Photoshop CS3 nach wie vor nur im 8-Bit-Modus und nicht im 16-Bit-Modus zur Verfügung.

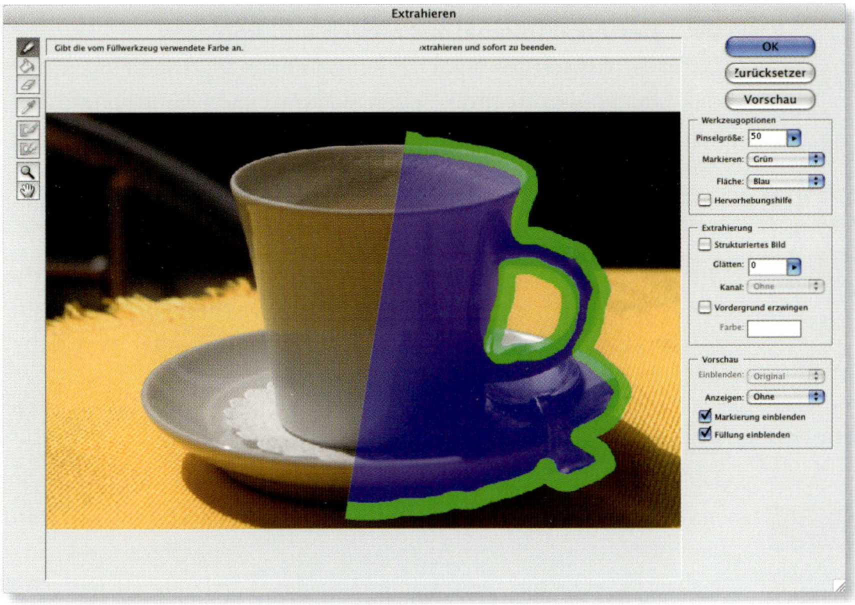

◂ **Abbildung 8.89**
Der Dialog Extrahieren

8.7.2 Masken aus Farbkanälen

Neben dem mehr oder weniger manuellen Erstellen von Masken für Freistellungen von Bildern kann man auch versuchen, die Bildinformation oder geeignete Teile davon zur Gewinnung von Maskeninformationen heranzuziehen. Manchmal bekommt man so (fast) ohne manuelle Eingriffe perfekte Masken. Es gibt eine Reihe von Verfahren, von denen einige in der Folge vorgestellt werden sollen. Auf jeden Fall muss man jeweils überlegen, ob es sinnvoll ist, eines von diesen Verfahren anzuwenden und wenn ja, welches. Am Anfang steht grundsätzlich eine Analyse, welcher Farbkanal oder welche Farbkanäle dafür in Frage kommen. Mit einiger Übung und Erfahrung geht das Erstellen von Masken mit diesen Methoden meist schneller und besser als mithilfe von Auswahlen oder manuell erstellten Pfaden.

Daten auf der DVD
Sie finden die Dateien zu diesem Workshop auf der Buch-DVD unter Beispieldateien/08_Fotomontage/08_Maske_Fuchs.jpg.

Schritt für Schritt: Auswahl mit Farbkanälen

Haarige Angelegenheiten (wie den alten Fuchspelz im folgenden Workshop) freizustellen kann man mit Werkzeugen wie Zauberstab etc. meist gleich vergessen. Auch wenn es sich um ein hoch aufgelöstes Bild handelt, sind die Haare am Rand des freizustellenden Objektes und die Zwischenräume sehr fein, was sich in vielfältigen Graustufen äußert, die eine Maske für so etwas benötigt. Damit kommen Auswahlwerkzeuge, die »in Pixeln denken«, einfach nicht gut genug zurecht. Darum bietet sich hier ein anderer Weg an: Die Gewinnung der Maske aus den Bildinformationen selbst bzw. aus Teilen davon, also einem Farbkanal.

▴ **Abbildung 8.90**
Das Originalbild

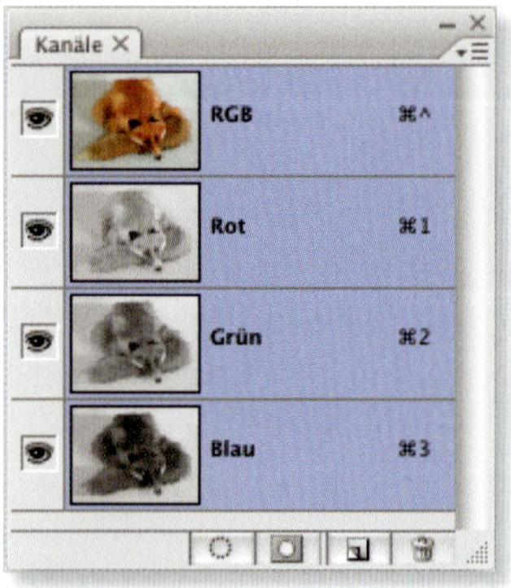

▲ **Abbildung 8.91**
Der Blau-Kanal hat den höchsten Kontrast und wird kopiert.

LAB zuhilfe nehmen

Wenn man das Gefühl hat, dass die drei Farbkanäle R, G und B allesamt nicht für die Gewinnung einer Maske taugen, so kann auch ein kurzer Ausflug nach LAB hilfreich sein. Das gilt besonders dann, wenn etwas eher Graues von einem ähnlich hellen, aber farbigen Hintergrund zu lösen ist oder umgekehrt. Hier hat dann oft einer der beiden Farbdifferenzkanäle A und B einen signifikanten Unterschied zwischen Objekt und Hintergrund (siehe auch das folgende Beispiel).

1 Besten Farbkanal auswählen und kopieren

Dafür ist zunächst einmal derjenige Kanal auszusuchen, in dem das Objekt den bestmöglichen Kontrast zum Hintergrund hat. Hat das Bild eine eher warme Farbigkeit, so ist das, wie in unserem Fall, meist der Blau-Kanal.

Um diesen Blau-Kanal nun zu einer Maske zu machen, bedient man sich der Kanäle-Palette und dupliziert zunächst diesen Kanal, um ihn zu bearbeiten (das Original zu bearbeiten hieße ja, das Bild selbst zu verändern). Der Kontrast zwischen Fuchs und Hintergrund ist im Blau-Kanal zwar schon ganz gut, aber ganz sicher nicht ausreichend für eine brauchbare Maske.

2 Kanalkopie im Kontrast verstärken

Dieser Kontrast muss also verstärkt werden, was in diesem Fall einfach über eine Tonwertreduktion zu erreichen ist. Dafür wird der Kontast mit Bild • Anpassungen • Gradationskurve oder Strg/⌘+M auf den kopierten Blau-Kanal angewandt. Am einfachsten ist es, wenn man sich jetzt den dunkelsten Punkt des Hintergrundes (Messpunkt #1) und den hellsten Punkt des Fuchsfells sucht (Messpunkt #2). An beiden Punkten klickt man mit gedrückter Strg/⌘+Taste ins Bild und setzt damit zwei Kurvenpunkte. Im Histogramm des Dialogs für die Gradationskurve kann man bei diesem Beispiel auch schön den hellgrauen Hintergrund erkennen. Es ist dies der spitze Peak beim rechten der beiden Kurvenpunkte.

Abbildung 8.92 ▶
Setzen von zwei Messpunkten im kopierten Blau-Kanal

Nun gibt man unter Ausgabe beim rechten oberen Punkt 255 und beim unteren linken 0 ein. Die Kurve steilt sich stark auf und trennt bereits recht gut den Fuchs vom Hintergrund. Ein wenig muss man an den beiden Punkten herumschieben, um die wenigen weißen Löcher im Fell noch auszubügeln.

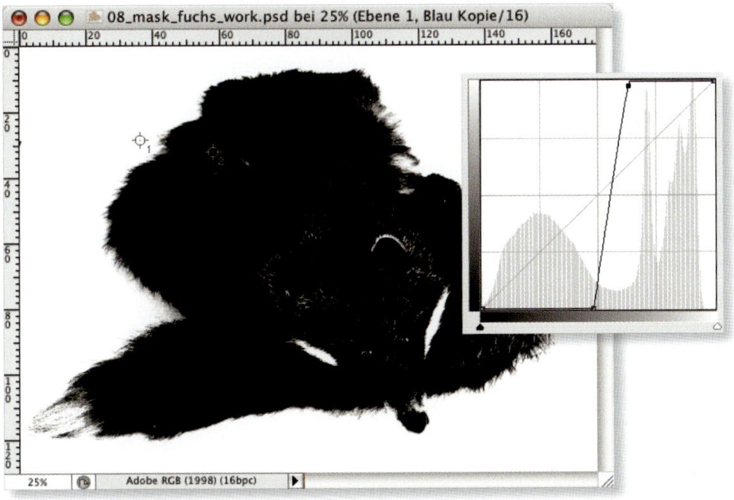

◂ **Abbildung 8.93**
Mit Gradationskurven kontrastverstärkte Kanalkopie

Der große Vorteil dieser Methode ist, dass die Details der Haare relativ gut erhalten bleiben, weit besser auf jeden Fall als z. B. beim Arbeiten mit dem Zauberstab.

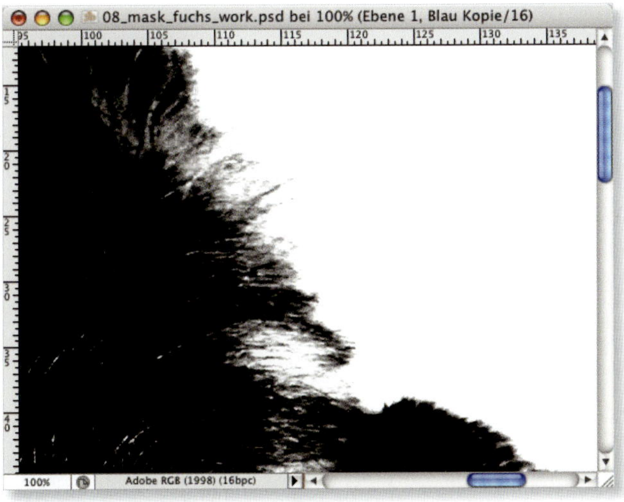

◂ **Abbildung 8.94**
Feine Details bleiben erhalten.

Eine Nachbearbeitung ist aber trotzdem nötig, denn die hellen Haare der Schwanzspitze, die hellen Partien an der Schnauze und den Ohren sowie die Glanzlichter der Augen müssen noch mit Radiergummi oder Pinsel entfernt werden. Das ist aber schnell erledigt.

3 Ebenenmaske erstellen

Nun wird das Miniaturbild des bearbeiteten Kanals mit gedrückter Strg/⌘-Taste angeklickt und damit als Auswahl geladen. Nachdem man in der Ebenen-Palette die Bildebene mit einem Doppelklick vom Hintergrund gelöst hat, klickt man nun mit gedrückter [Alt]-Taste auf den Button Maske hinzufügen am Fuß der Ebenen-Palette, um die Auswahl umgekehrt als Ebenenmaske einzufügen.

Zur besseren Kontrolle kann man hinter die Ebene mit dem freigestellten Objekt einen möglichst kontrastfarbigen Hintergrund legen, hier ein Türkisblau (oder auch schon den geplanten Hintergrund, auf den das Objekt montiert werden soll). Im Detail zeigt sich dann schnell, wo noch nachbearbeitet werden muss.

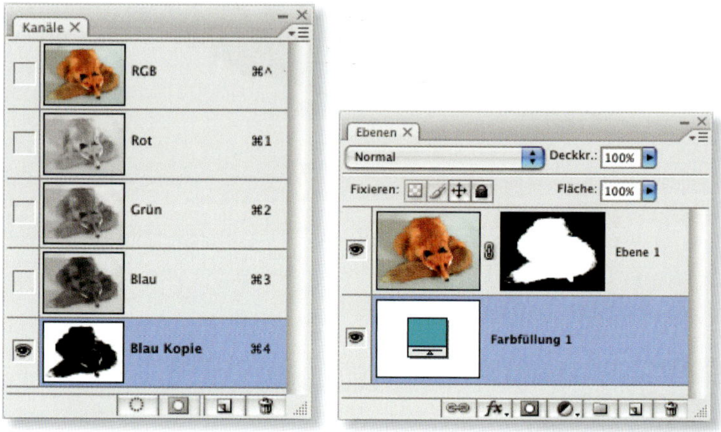

Abbildung 8.95 ▸
Der bearbeitete Kanal wird umgekehrt als Ebenenmaske eingezogen, und das maskierte Bild wird mit einer Kontrastfarbe hinterlegt.

Der bearbeitete Blau-Kanal hat nur noch wenige Fehlstellen, die leicht repariert werden können.

4 Nachbearbeitung

Dünne graue Säume sorgen in der Maske bei solch feinen Details wie Haaren für unschöne helle Ränder mit Resten des ehemaligen Hintergrunds, die in unserem Beispiel auf einem neuen dunklen Hintergrund sehr stören würden. Hier ist oft eine Nachbearbeitung erforderlich.

Abbildung 8.96 ▸
Nachbearbeitung der Maskendetails:
Links: Original,
Mitte: Abwedler
Rechts: Nachbelichter

Besonders geeignet sind dafür das an die Dunkelkammerarbeit erinnernde Abwedler-Werkzeug und das Nachbelichter-Werkzeug. Beide sind mit dem Shortcut [O] zu erreichen. Stellt man das Abwedler-Werkzeug in seinen Optionen unter Bereich auf

Lichter und seine Stärke (Belichtung) auf Werte zwischen 10 und 20%, so werden mittel- bis hellgraue Detail der Maske mit jedem Pinselstrich vorsichtig in Richtung weiß gedrängt. Feine Details werden ins Dunkle »hinausgearbeitet«. Dunkle Tonwerte werden nicht verändert.

Umgekehrt dunkelt das Nachbelichter-Werkzeug mittlere bis dunkelgraue Tonwerte (Bereich: Tiefen) der Maske in Richtung Schwarz ab. Die Belichtung wird gleich eingestellt. Hier werden umgekehrt die hellen Stellen in Ruhe gelassen. Die Benutzung eines Zeichentabletts ist hier angenehm.

Mit dem Nachbelichter-Werkzeug werden die grauen Säume der Maske zurückgedrängt, und mit dem Abwedler-Werkzeug können z.B. hier die feinen Haarspitzen »ausgemalt« werden, wenn sie zu abrupt enden. Beide Werkzeuge arbeiten also entgegengesetzt.

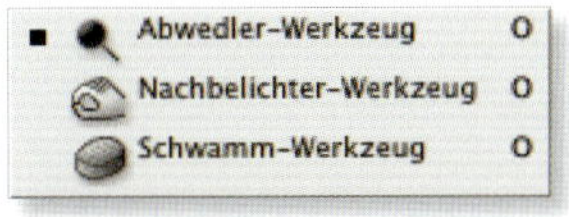

▲ **Abbildung 8.97**
Abwedler und Nachbelichter

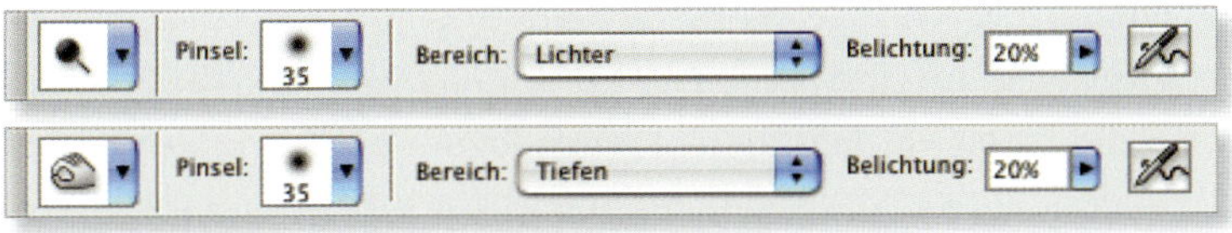

◀ **Abbildung 8.98**
Optionen für Abwedler (oben) und Nachbelichter (unten)

Hier kann man gut sehen, dass solche Masken, weil sie von vornherein aus vielen Graustufen bestehen, diese auch bei der Kontrastverstärkung noch so weit behalten, dass im Endergebnis genau jene Teiltransparenzen auftreten, die man für Maskierungsarbeiten von solch feinen Details unbedingt braucht. ■

Abbildung 8.99 ▼
Original und freigestelltes Endergebnis

8.7.3 Maske mit dem Kanalmixer erstellen

Ist kein eindeutig bester Farbkanal für die Maskenerstellung ausfindig zu machen oder will man den manuellen Aufwand möglichst vermeiden, was vor allem bei mehrfarbigen Objekten der

Fall sein kann, sollte man es mit dem Kanalmixer versuchen. Da unter BILD • ANPASSUNGEN • KANALMIXER destruktiv ins Bild eingegriffen wird, ist das Vorgehen über eine Einstellungsebene besser. Am Fuß der Ebenen-Palette erstellt man eine solche über den Eintrag NEUE EINSTELLUNGSEBENE ERSTELLEN • KANALMIXER. Aktiviert man unten im Dialog des Kanalmixers die Checkbox MONOCHROM, wird das Ergebnis als Graustufenbild ausgegeben. Auch kann man das Bild vorübergehend mit weiteren Einstellungsebenen so weit bringen, dass einzelne Kanäle oder Kanal-Kombinationen brauchbare Masken abgeben. Eine solche Kombination soll der folgende Workshop darstellen.

Daten auf der Buch DVD
Sie finden das Beispielbild auf der DVD unter BEISPIELDATEIEN/08_FOTOMONTAGE/08_MASKE_KANALMIXER.JPG.

Schritt für Schritt: Maske mit Kanalmixer und Einstellungsebenen

Die Kontrastverhältnisse auf dem Beispielbild erscheinen trotz der mäßigen Belichtungssituation noch brauchbar. Allerdings ist die Orchidee mehrfarbig, was Probleme erwarten lässt, auch wenn sich die roten Flecken meist innerhalb der gelben Blütenblätter befinden, wo sie in der Binnenform leicht manuell entfernt werden können. Aber das soll ja möglichst vermieden werden.

1 Analyse

Betrachten wir die Kanäle-Palette, so erscheint der Blau-Kanal als Ausgangspunkt der weiteren Versuche am besten geeignet. Der Rot-Kanal gibt am wenigsten her, was bei einem Bild dieser Farbigkeit zu erwarten war. Was die Blume angeht, so ist der Grün-Kanal dem Blau-Kanal entgegengesetzt aufgebaut. Das hilft uns vielleicht noch.

▲ **Abbildung 8.100**
Das Originalbild

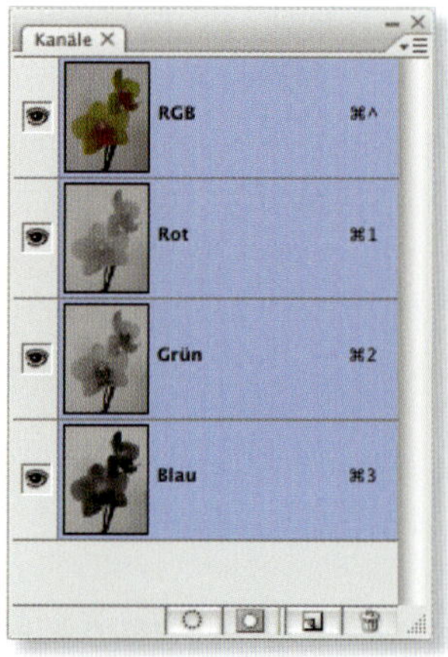

▲ **Abbildung 8.101**
Die Farbkanäle des Originals

2 Kanalmixer einfügen

Mit einer Einstellungsebene fügen wir den KANALMIXER ein. Er läuft im Modus MONOCHROM (Checkbox links unten). Im Einstellungsdialog drängen wir den Rot-Kanal und den Grün-Kanal zugunsten des Blau-Kanals stark zurück. Der Blau-Kanal kommt mit 200 % an den rechten Anschlag. Die Warnung zum Gesamt-Wert von +127 % können wir hier getrost ignorieren, denn wir wollen ja einen Kanal für eine Maske erzeugen und nicht das Bild selbst manipulieren.

Durch Ausbalancieren von Rot-Kanal und Grün-Kanal versuchen wir nun, die roten Blütenteile möglichst dunkel zu bekommen. Das Zwischenergebnis schaut schon recht brauchbar aus.

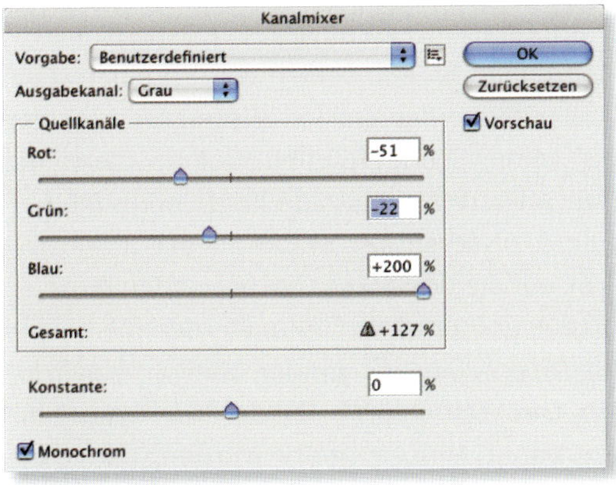

▲ **Abbildung 8.102**
Einstellungsebene mit Kanalmixer und dessen Einstellungen

▲ **Abbildung 8.103**
Zwischenergebnis mit dem Kanalmixer

3 Kontrast mit Gradationskurven optimieren

Versuchen wir nun, die Qualität der Maske zu verbessern. Ein Ansatz dazu ist, vom nicht allzu großartigen Kontrast des Bildes auszugehen und diesen zu erhöhen. Zunächst manipulieren wir die RGB-Kurve. Die Tontrennung der Maske wird um einiges besser.

Noch immer sind die roten Blütenteile in der Maske nicht zufriedenstellend dunkel. Wenn wir davon ausgehen, dass durch den Kanalmixer das Rot keine große Rolle in der Maske spielt, wird klar, dass die hellen Stellen in der Blüte eigentlich nur von deren Blau-Anteil herrühren können, der ja im Kanalmixer verstärkt wurde. Die rote Farbe in der Blüte ist ja auch eher ein Magenta-Ton.

Abbildung 8.104 ►
Kontrasterhöhung unter der Kanalmixer-Ebene

Nehmen wir nun diesen Blau-Anteil gezielt aufs Korn. Dafür wechseln wir im Dialog der GRADATIONSKURVEN mit Strg/⌘+3 zur Kurve für den Blau-Kanal. Im Bild setzen wir mit einem ⇧-Klick einen ersten Messpunkt in den weißen Hintergrund, dessen Blau-Anteil wir ja auf keinen Fall gefährden wollen, damit das Weiß weiß bleibt. Zwei weitere Messpunkte kommen in die hellen und die dunkleren Fehlstellen der Maske in der Blüte. Mit einem Strg/⌘+Klick auf die drei Messpunkte werden diese als Ankerpunkte in die Kurve übernommen. Nun werden die beiden linken Punkte hinabgezogen, um die grauen Stellen möglichst dunkel zu bekommen. Der rechte obere Teil der Kurve muss mit einem weiteren Ankerpunkt »festgenagelt« werden, damit das Weiß nicht dunkler wird. Die rechte hohe Spitze im Histogramm ist der Hintergrund, der nicht verändert werden darf.

▼ **Abbildung 8.105**
Messpunkte für den Blau-Kanal im Bild (❶❷❸), als Ankerpunkte auf der Blau-Kurve (Mitte: vorher und rechts: nachher)

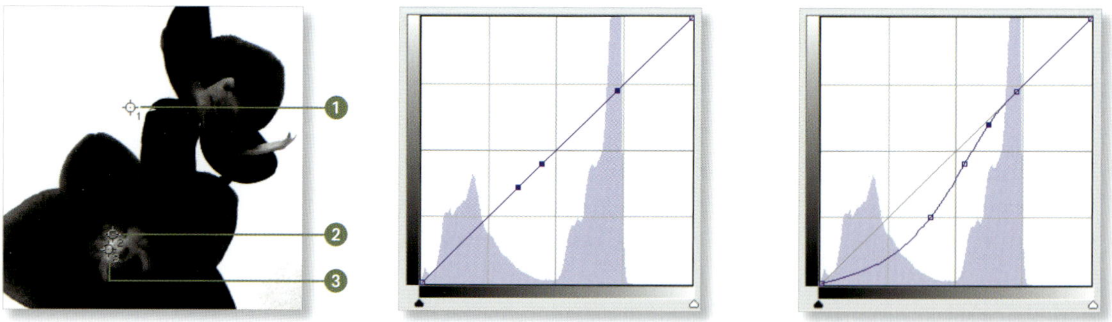

Leichte Unsauberkeiten am rechten Bildrand werden mit einer abschließenden Korrektur der RGB-Kurve erledigt. Das Ergebnis ist nun schon sehr gut und verspricht einen nur mehr minimalen manuellen Nachbesserungsbedarf.

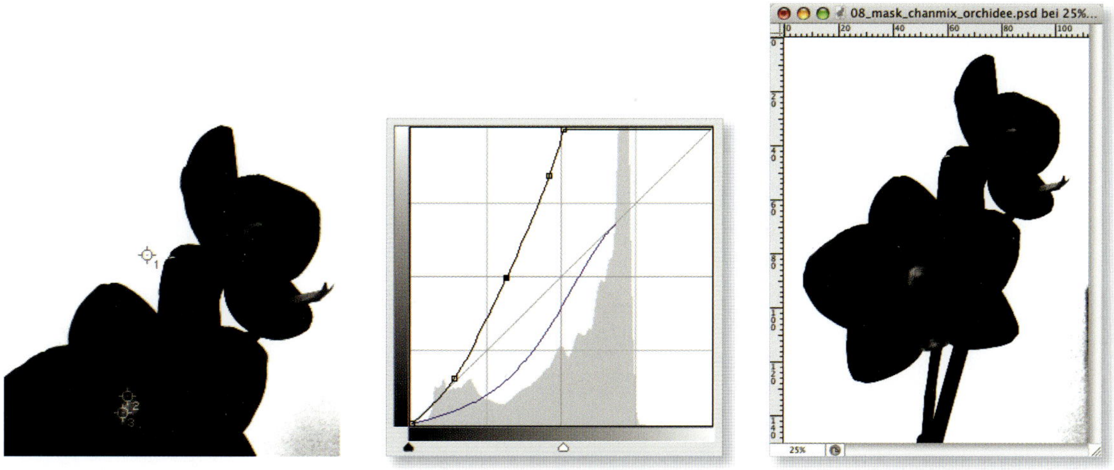

▲ **Abbildung 8.106**
Im Blau-Kanal korrigierte Maske (links), letzte Konstrastkorrektur (Mitte) und Ergebnis (rechts)

4 Alternative: Farbton/Sättigung

Ein anderer Ansatz für einen solchen Fall ist die Arbeit mit Farbton/Sättigung. Wir deaktivieren die Einstellungsebene mit den Gradationskurven vorübergehend und fügen eine Einstellungsebene mit Farbton/Sättigung ein.

Hier gehen wir nun der Reihe nach alle Farbbereiche durch, die in der Blüte vorkommen. Wir nehmen die Farbtöne mit der Plus-Pipette in der Blüte ab. Bei den Gelbtönen (Strg/⌘+2) bewirkt eine Anhebung der Sättigung eine Verdunklung der Blüte, weil im Kanalmixer Rot und Grün (das ergibt ja Gelb) abgesenkt wurden, d.h. negativ wirken. Zusätzlich wird Gelb auch hier noch abgedunkelt. Bei den Magentatönen (Strg/⌘+6) wird ebenfalls stärker gesättigt und maximal abgedunkelt. Bei den Rottönen (Strg/⌘+1) reicht ebenfalls eine Anhebung der Sättigung wie bei Gelb. Die Wirkung ist ähnlich.

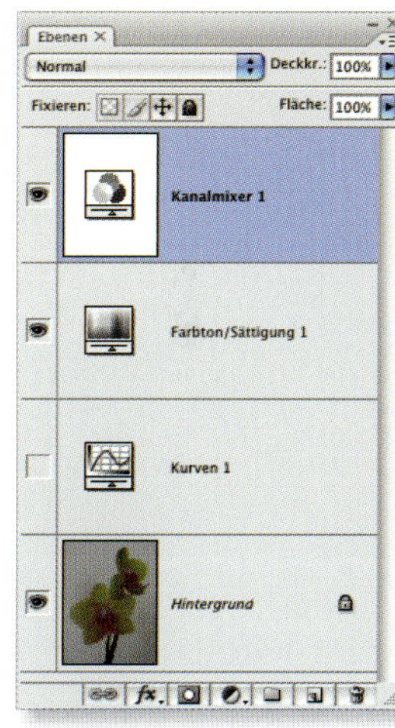

▲ **Abbildung 8.107**
Alternativ wird nun unter dem Kanalmixer eine Einstellungsebene mit Farbton/Sättigung eingezogen.

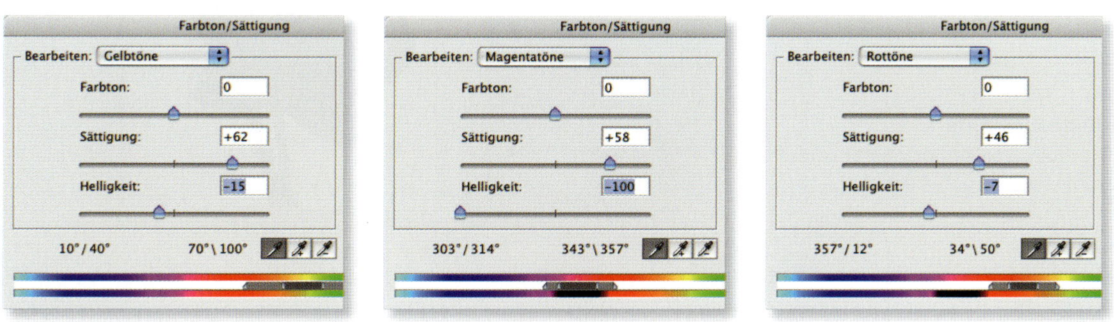

▲ **Abbildung 8.108**
Farbton/Sättigung mit den Einstellungen für Gelb-, Magenta- und Rottöne

Das Ergebnis dieses Versuchs stellt ebenfalls eine Verbesserung gegenüber der alleinigen Verwendung des Kanalmixers dar.

Abbildung 8.109 ▸
Ergebnis der Einstellungsebene mit Farbton/Sättigung unter dem Kanalmixer

5 Kombinationen der Versuche

Wenn wir nun versuchsweise die Einstellungsebene mit den Gradationskurven wieder sichtbar machen, verstärken sich die beiden zu einem noch besseren Ergebnis. Probiert man weiter herum und zieht die Einstellungsebene mit Farbton/Sättigung unter diejenige mit den Gradationskurven, wird es noch besser, und die wenigen verbleibenden Fehlstellen lassen auf den ersten Blick ein leichtes Spiel für die Finalisierung der Maske erwarten.

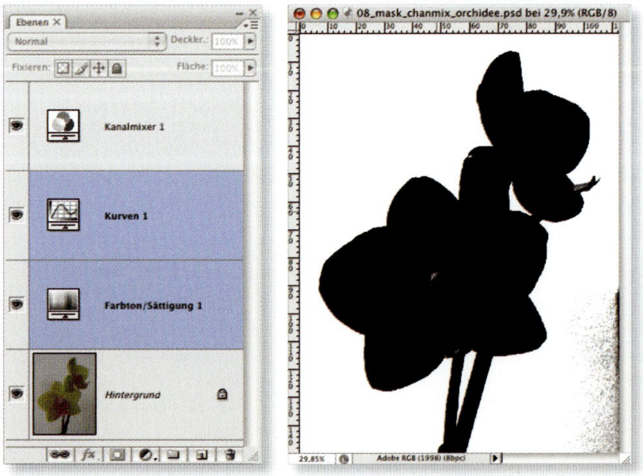

Abbildung 8.110 ▸
Kombination der beiden Einstellungsebenen unter dem Kanalmixer

6 Fertigstellung

Die Information, die wir für die Maske brauchen, liegt jetzt noch als reine Bildinformation vor, nicht als Auswahl oder Alpha-Kanal. Wir müssen nun mit Strg/⌘+⇧+C alles Sichtbare Auf eine Ebene reduziert kopieren.

In der Kanäle-Palette erstellen wir einen neuen Kanal und fügen dort das Graustufenbild der Maskierung ein. Mit einem [Strg]/[⌘]+Klick auf das Miniaturbild des neuen Kanals laden wir dieses als Auswahl. Bei bestehender Auswahl klicken wir auf den Button EBENENMASKE HINZUFÜGEN am Fuß der Ebenen-Palette. Die Freistellung ist nun endlich im Bild sichtbar. Nun werden die kleinen Retuschen in der Maske ausgeführt.

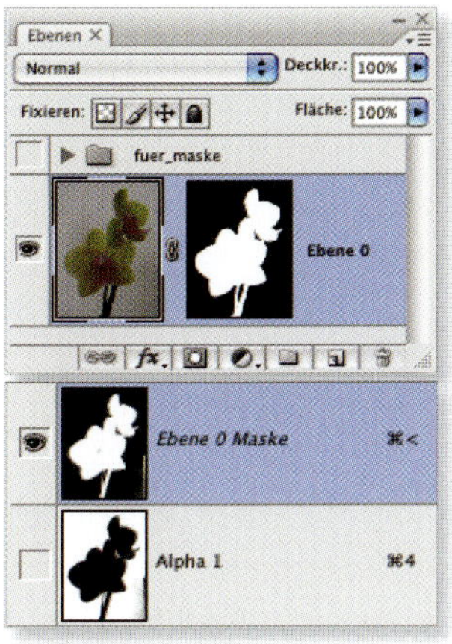

▲ **Abbildung 8.111**
Erstellung der Ebenenmaske aus dem Alpha-Kanal

▲ **Abbildung 8.112**
Fertige Maskierung

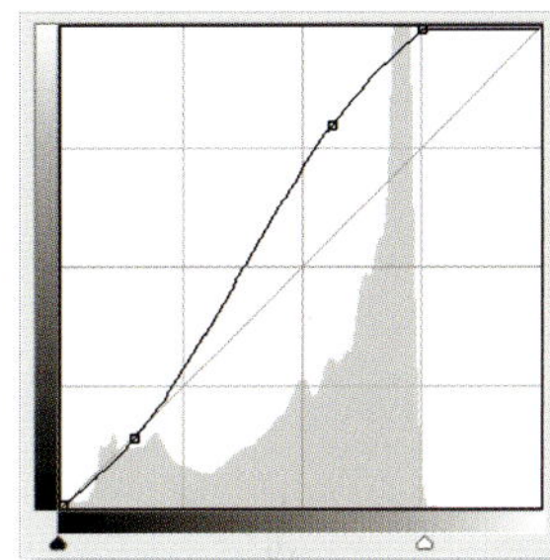

▲ **Abbildung 8.113**
Finale Tonwertkorrektur

7 Letzte Korrekturen

Das Bild verträgt noch eine kleine Tonwertkorrektur, die wir mit einer Einstellungsebene mit der Funktion GRADATIONSKURVEN ausführen. Eine unter der maskierten Blume eingezogene Volltonfläche dient zur Überprüfung des fast ohne manuelle Retusche erreichten Ergebnisses. Das fertige Bild und die dazugehörige Ebenenkonstruktion sehen Sie unterhalb.

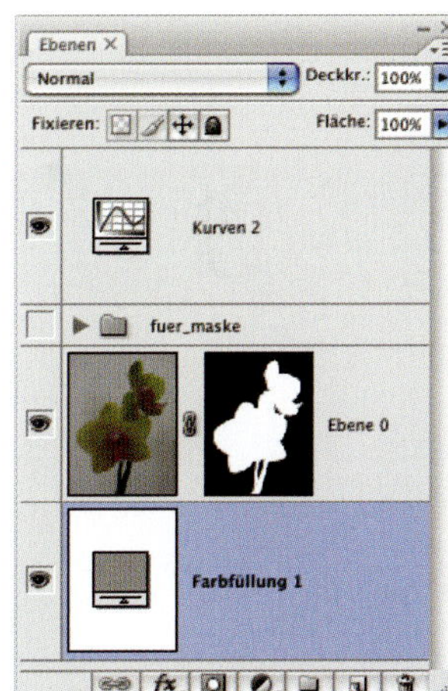

▲ **Abbildung 8.114**
Der Endzustand der Ebenen-Palette

◄ **Abbildung 8.115**
Original und fertig maskierte Blume ■

8.7.4 Masken mit Kanalberechnungen

Eine weitere Verfeinerung des oben beschriebenen Verfahrens ist die Arbeit mit Kanalberechnungen.

Unter BILD • KANALBERECHNUNGEN findet man einen den meisten Usern weitgehend unbekannten Menüpunkt, der es allerdings ziemlich in sich hat und den man hier sehr gut gebrauchen kann. Dabei geht es zugegebenermaßen etwas abstrakt zu, denn man kann sich auf Anhieb kaum vorstellen, was passiert, wenn man z. B. den Rot-Kanal eines Bildes mit dessen Grün-Kanal verrechnet, noch dazu, wenn es eine große Auswahl an Berechnungen gibt. Neben viel Erfahrung hilft hier vor allem Probieren, auch wenn es natürlich einige Faustregeln gibt. Ein praktisches Beispiel soll diesen Ansatz illustrieren.

Daten auf der DVD
Sie finden das Beispielbild auf der Buch-DVD unter BEISPIELDATEIEN /08_FOTOMONTAGE/08_KANALBERECHNUNGEN_BLUME.JPG.

Schritt für Schritt: Maske aus Kanalberechnungen

In unserem Beispiel haben wir eigentlich nur einen markanten Farbunterschied zwischen der rotvioletten Blüte und dem vielen Grün drumherum. Als Grundlage für eine Isolierung dieser Blüte haben wir weder eine glatte Fläche zur Verfügung noch markante Helligkeitsunterschiede. Wir müssen also versuchen, allein mit der Farbe klarzukommen.

▲ **Abbildung 8.116**
Originalbild

1 Kanäle untersuchen

Untersuchen wir also die Farbkanäle auf etwas Brauchbares.

Im Grün-Kanal schaut es recht gut aus. Hier ist die Blüte mit ihren Rot- und Blau-Anteilen sehr dunkel. Nun weiten wir die Auswahl an Kanälen aus, indem wir mit BILD • DUPLIZIEREN zwei Kopien des Bildes erzeugen. Die erste Kopie wandeln wir mit BILD • MODUS • CMYK-FARBE um, die zweite Kopie konvertieren wir in LAB-FARBE. Jetzt sieht die Sache schon anders aus.

Der Magenta-Kanal im CMYK-Modus liefert auf den ersten Blick den Favoriten für die weitere Maskierungsarbeit. Ein gute und homogene Trennung, wenn auch nicht mit allzu großem Kontrast ergibt sich im A-Kanal beim LAB-Modus. Das wundert bei einem Bild mit einem Rot-Grün-Kontrast ja auch nicht weiter. Wir lassen die beiden Kopien offen, speichern sie eventuell als separate Dateien und wenden uns wieder dem RGB-Bild zu.

◂ **Abbildung 8.117**
Das Bild mit seinen Farbkanälen in RGB, CMYK und LAB

2 Kanalberechnungen durchführen

Wenn man nun unter Bild • Kanalberechnungen den entsprechenden Dialog aufruft, sind zunächst einige Erklärungen fällig. Sehr anschaulich ist das Ganze nämlich nicht.

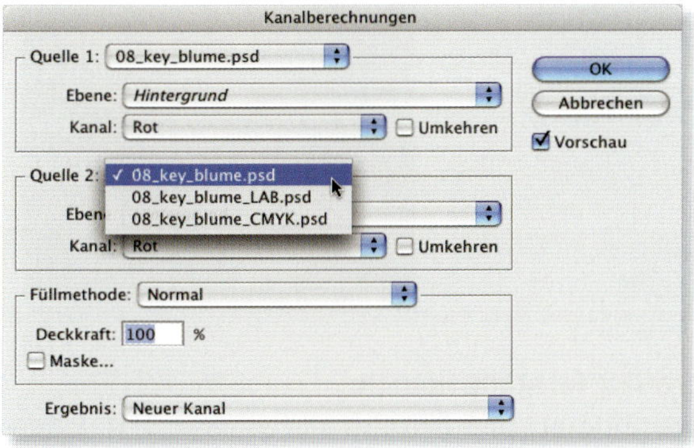

◂ **Abbildung 8.118**
Der Dialog Kanalberechnungen

Die beiden oberen Teile, Quelle 1 und Quelle 2, geben an, was als Grundlage für die folgende Berechnung genommen werden soll. Unter Quelle 1 und Quelle 2 kann unter den offenen Dateien ausgewählt werden. Das kann die gleiche (aktuell bearbeitete) Datei sein, aber auch, wie hier die Auswahl bei Quelle 2 zeigt, eine andere offene Datei.

Abhängig von dieser Datei-Auswahl stehen darunter bei Ebene alle in dieser Datei zur Verfügung stehenden Ebenen oder alle Zusammengefügt (Abbildung 8.119, oben). Bei den Kanälen kann man unter allen Farbkanälen und allen verfügbaren Alpha-Kanälen wählen (Abbildung 8.119, unten).

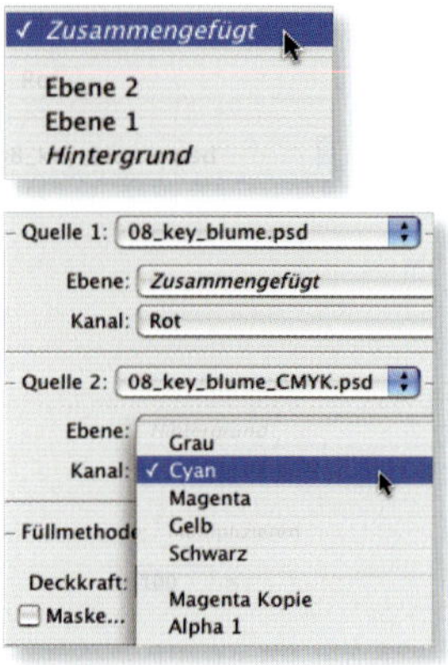

▲ **Abbildung 8.119**
Ebenen- und Kanal-Auswahl

Wir sollten nun versuchen, die beiden besten der insgesamt verfügbaren zehn Farbkanäle (R, G, B, L, A, B, C, M, Y und K) miteinander zu verrechnen. Oben haben wir schon den Magenta-Kanal aus CMYK und den A-Kanal aus LAB erwähnt. Das Ergebnis soll Hell auf dunklem Grund ergeben, beim A-Kanal ist das der Fall, bei Magenta ist es umgekehrt. Also aktivieren wir bei Quelle 2 neben Kanal die Checkbox Umkehren.

Die darunter einzustellende Füllmethode ist neben der Auswahl der brauchbarsten Ausgangskanäle die wichtigste Entscheidung. Hier hilft eigentlich nur Probieren. Wenn man mit der Maske bei einer möglichst guten Tonwerttrennung zwischen Tiefen und Lichtern ins Helle kommen will, so ist Lineares Licht meist ein guter Ausgangspunkt und oft auch der beste Tipp. Das Ergebnis ist bereits gut strukturiert.

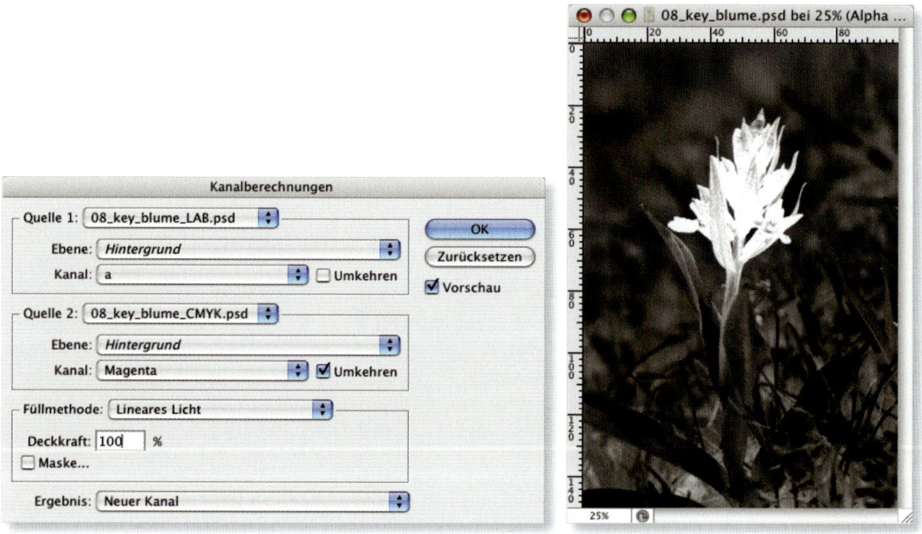

▲ **Abbildung 8.120**
Der Magenta-Kanal aus CMYK wird mit dem A-Kanal aus LAB verrechnet.

3 Optimieren der Ausgangskanäle

Ähnlich wie beim vorgehenden Beispiel wollen wir nun das Ausgangsmaterial verbessern und fügen hier in der CMYK-Variante der Datei eine Einstellungsebene mit der Funktion Farbton/Sättigung ein und erhöhen massiv die Sättigung für die Magentatöne.

Ebenso verfahren wir bei der LAB-Datei. Dort wird zusätzlich noch die Sättigung im Bereich der Grüntöne erhöht, denn der für uns interessante A-Kanal bei LAB lebt ja von der Rot-Grün-Trennung. Rein visuell schauen die Ergebnisse in den Bildern selbst natürlich krass aus.

Abbildung 8.121
Sättigung erhöhen für Magenta bei CMYK (links) und bei Magenta und Grün im LAB-Modus (rechts)

Nun wiederholen wir die Kanalberechnungen mit den gleichen Quellkanälen und Einstellungen. Bei Ebene ist wichtig, dass Zusammengefügt ausgewählt ist, damit die soeben eingefügten Einstellungsebenen zum Tragen kommen. Die entstehende Maske ist wesentlich besser geworden und wird kaum Nachbearbeitung benötigen. Die Blüte ist fast vollflächig weiß, die Grau-Schwarz-Struktur im Hintergrund spielt sich nur in den Tiefen ab.

Abbildung 8.122
Maske mit der gleichen Berechnung der optimierten Quellen

Mit einer einfachen Tonwertkorrektur wird der neue Maskenkanal nun in den Tiefen auf Schwarz gezogen. Es sind nur noch wenige Retuschen in der Blüte und im weitgehend schwarzen Hintergrund zu erledigen.

Abbildung 8.123 ▸
Tonwertkorrektur der Maske

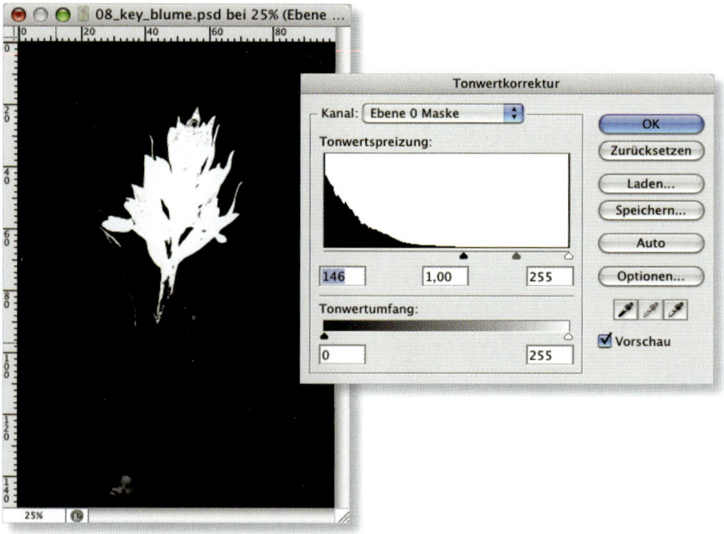

▲ **Abbildung 8.124**
Berechneter Kanal als Ebenenmaske

4 Ebenenmaske erstellen und optimieren

Mit einem [Strg]/[⌘]+Klick auf das Miniaturbild des Maskenkanals in der Kanäle-Palette wird dieser als Auswahl geladen und als Ebenenmaske auf die Bildebene angewendet, nachdem diese mit einem Doppelklick von der Hintergrundebene abgehoben wurde.

Die Ebenenmaske hat noch etwas raue, pixelige Kanten, die unter anderem von der Tonwertkorrektur zur Kontrastverstärkung herrühren. Das lässt sich durch eine ganz leichte Weichzeichnung (Gaußscher Weichzeicher mit 0,3 Pixel Radius) verbessern.

▲ **Abbildung 8.125**
Leichtes Weichzeichnen der Maske

Die fertige Maskierung zeigt ein sehr gutes Ergebnis mit minimalem manuellen Aufwand. Die Chancen sind meist gut, mit dieser Methode unter den zehn zur Verfügung stehenden Farbkanälen etwas Passendes zu finden, um darauf aufbauend mit den Kanalberechnungen zumindest eine gute Rohform für eine Maske erstellen zu können. Man kann diese Methode auch in Teilbereichen eines Bildes anwenden, indem man ähnliche Abgrenzungen vornimmt wie in Abschnitt 8.6.6, »Kombination von Vektor- und Ebenenmasken«.

◀ **Abbildung 8.126**
Fertig freigestellte Blüte

8.8 Maskierungswerkzeuge von Drittherstellern

So vielfältig freizustellendes Bildmaterial auch ist, so verschieden sind die Methoden dafür. Deswegen wundert es kaum, dass bei manchen Aufgaben keines der Bordmittel von Photoshop ein befriedigendes Ergebnis bringt. Da Maskierungen aber in vielen Einsatzbereichen von Photoshop häufige und meist schnell zu erledigende Jobs sind, gibt es durchaus einen Markt für Werkzeuge, die diese Dinge schneller, besser und bequemer beherrschen als Photoshop. Über die Programmschnittstelle der Plugins (Zusatzmodule) sind sie direkt in Photoshop integrierbar.

8.8.1 Masken erstellen mit Corel KnockOut 2

Auch wenn Produkte aus dem Hause Corel von Grafik-Profis selten wirklich ernst genommen werden, findet sich doch eher versteckt im Portfolio dieser Firma ein Programm namens KnockOut, das speziell für Freistellaufgaben gedacht ist und das in einer ganzen Reihe von Fällen helfen kann, wo Photoshop längst mit seinem Latein am Ende ist. Neben sehr »haarigen« Angelegenheiten sind dies auch Bilder mit echten Transparenzen, im Extremfall sogar Glas oder Rauch.

Die Entwicklung dieses Programms hat Corel nicht selbst geleistet. Es handelt sich um ein zugekauftes Produkt der Firma Ultimatte, die im Bereich der Maskierung und Freistellung von

Film- und Videobildern jenen Oscar-dekorierten Industriestandard definiert hat, der mittlerweile als Hardware und als Software-Plug-ins für alle gängigen Videoprogramme vertrieben wird. KnockOut, ihre einzige Entwicklung für Standbilder mit einem einstigen Preis von über 500 US$ und mit Hardwarekopierschutz, hat die Firma später an Corel verkauft. Jetzt kostet KnockOut nur noch um die 80 €. Es gibt KnockOut für Mac und Windows, aber nur in Englisch, und leider ist keine Demo-Version verfügbar (Infos: *http://www.corel.de*).

Die Programmoberfläche | KnockOut war früher ein eigenes Programm, mit dem man Photoshop-Dateien bearbeiten konnte. Mittlerweile wird es zwar als Plug-in für Photoshop angeboten und auch installiert. Das Plug-in öffnet aber weiterhin ein neues eigenständiges Programmfenster, das beim Schließen nach der Bearbeitung die Datei wieder in Photoshop zurückschreibt.

Abbildung 8.127 ►
KnockOut-Programmfenster

Dies ist ein Grund, warum KnockOut relativ viel Arbeitsspeicher braucht. Ein anderer ist das komplexe Rechenverfahren, mit dem der Ultimatte-Algorithmus das freizustellende Objekt vom Hintergrund trennt.

Bevor man KnockOut aufruft, muss man die Hintergrundebene zunächst mit einem Doppelklick in eine normale Ebene umwandeln, die KnockOut braucht, um die Transparenzinformation darin zurückzuschreiben. Das geht bei der Hintergrundebene nicht. Weiter ist es sehr empfehlenswert, diese Ebene vorher zu duplizieren, weil KnockOut die Masken-Information destruktiv erzeugt: Es wird Bildinhalt gelöscht! Mit diesem »Backup« bietet sich später zusätzlich eine gute Möglichkeit, die Maske nachzubearbeiten.

▲ **Abbildung 8.128**
KnockOut arbeitet destruktiv und sollte nur mit einer Ebenenkopie benutzt werden.

Objekt laden | Unter FILTER • KNOCKOUT 2 finden wir die Möglichkeit, die gerade aktive Ebene (LOAD WORKING LAYER) in KnockOut zu öffnen oder ein dort bereits erstelltes »Projekt« zu laden.

Das hier freizustellende Objekt, eine Bergdohle, hat die beiden besonderen Schwierigkeiten, dass zum einen die Federn eine sehr detaillierte Maskenkante erfordern und zum anderen der Hintergrund alles andere als gleichförmig ist. Wir konzentrieren uns hier auf den Kopf der Dohle.

◄ **Abbildung 8.129**
Lockeres Nachzeichnen der Binnenform

Die Werkzeuge | Es genügt, relativ locker innerhalb der freizustellenden Form mit dem Inside Object-Werkzeug ❶ eine Auswahllinie zu ziehen. Mit gedrückter [⇧]-Taste oder mit ADD INSIDE OBJECT ❺ erweitert man die Auswahl, mit gedrückter [Alt]-Taste oder mit SUBSTRACT INSIDE OBJECT ❻ zieht man davon ab. Ein Modus ähnlich dem Polygon-Lasso von Photoshop steht ebenfalls zur Verfügung ❼.

Danach kann man entweder mit dem Outside Object-Werkzeug ❷ außen um die Form herumfahren oder einfacher und bequemer mit dem Button AUTO OUTSIDE OBJECT ❾ es KnockOut überlassen, zumindest ungefähr die Maskenkante zu finden. Das gelingt ihm meist erstaunlich gut. Mit den Plus/Minus-Buttons ❽ kann man nun die Außenauswahl so weit ausdehnen, dass sie überall verlässlich außerhalb der Form liegt.

Die weitere Bearbeitung erfolgt mit dem Outside Object-Werkzeug. Hier empfiehlt es sich, das Ganze als Projekt (*.cko-Datei) zu speichern. Mit dem PROCESS-Button ❹ wird das Bild nun freigestellt, wobei man mit DETAIL ❸ die Kante noch weiter beeinflussen kann.

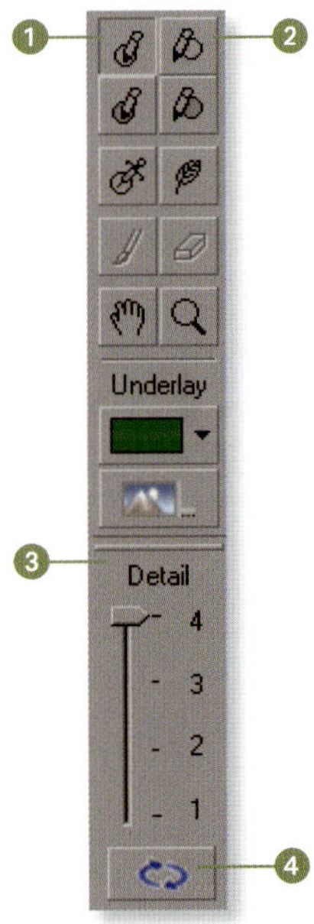

▲ **Abbildung 8.130**
KnockOut-Werkzeuge

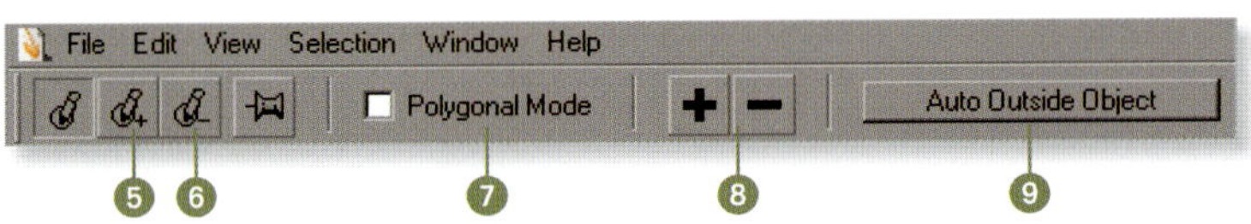

◄ **Abbildung 8.131**
KnockOut-Eigenschaftenleiste

Ergebnis überprüfen | Nach dem Verarbeiten lässt sich das Ergebnis gegen einen einfarbigen Hintergrund überprüfen, dessen Farbe sich in der Werkzeugleiste links unter UNDERLAY bestimmen lässt.

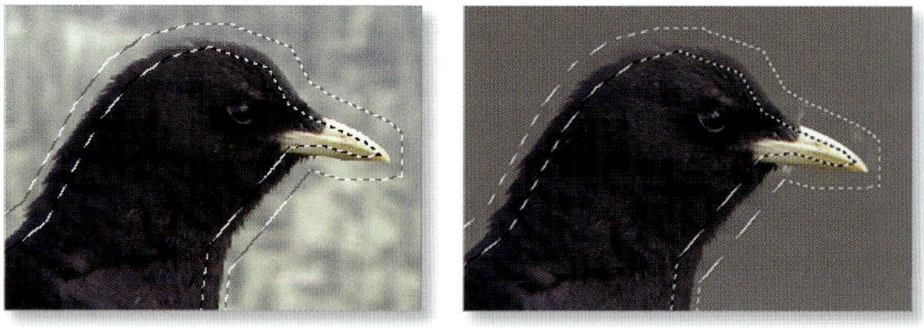

Abbildung 8.132 ▶
Kopf der Dohle mit Auswahllinien für INSIDE OBJECT und OUTSIDE OBJECT (links) und Kontrolle nach dem Prozess (rechts)

Mit VIEW • ALPHA kann man die Maske als Graustufenbild überprüfen.

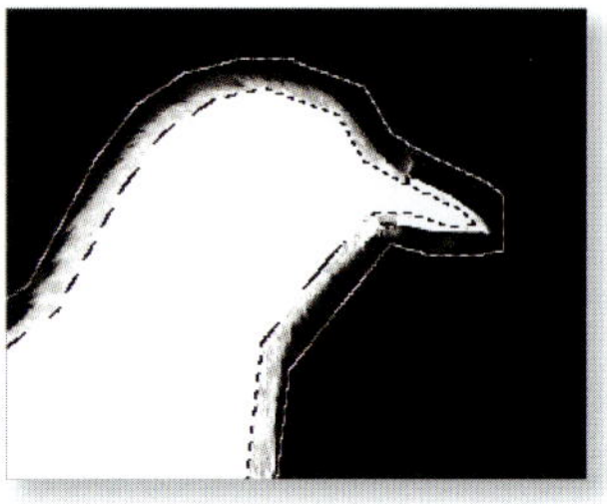

▲ Abbildung 8.133
Kontrolle des erzeugten Alpha-Kanals

Datei an Photoshop übergeben | Schließlich wird mit FILE • APPLY die Bilddatei inklusive Transparenzinformationen an Photoshop zurückgegeben. Dort hat KnockOut nun die bearbeitete Ebene um Transparenzinformationen ergänzt.

Dass KnockOut so etwas wie Ebenenmasken nicht kennt und das Bildmaterial destruktiv behandelt, stört uns nicht weiter, denn man kann die Transparenz der Ergebnis-Ebene mit einem Strg/⌘+Klick auf diese Ebene als Auswahl laden und diese der vorbereiteten Backup-Ebene als Ebenenmaske zuweisen. Nun kann man die von KnockOut erzeugte Maske weiterbearbeiten. In KnockOut selbst sind ohnehin die Möglichkeiten der Nachbearbeitung sehr sparsam. Typisch für den Ultimatte-Algorithmus sind feine, schleierartige Artefakte an den Kanten der Maske, die sich aber leicht mit einer Tonwertkorrektur am »schwarzen Ende« des Alpha-Kanals der Ebenenmaske bereinigen lassen.

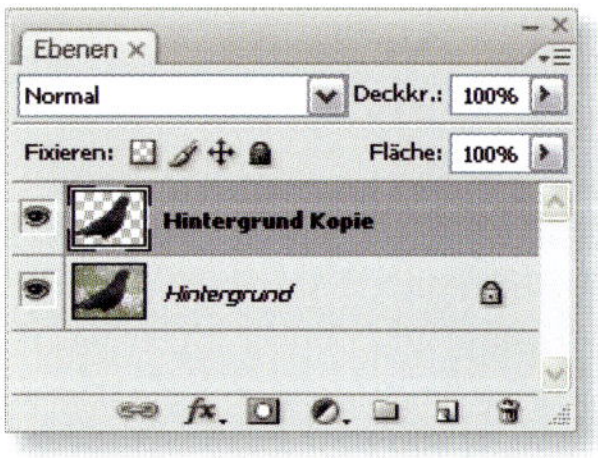

▲ Abbildung 8.134
Anwenden und zu Photoshop zurückkehren

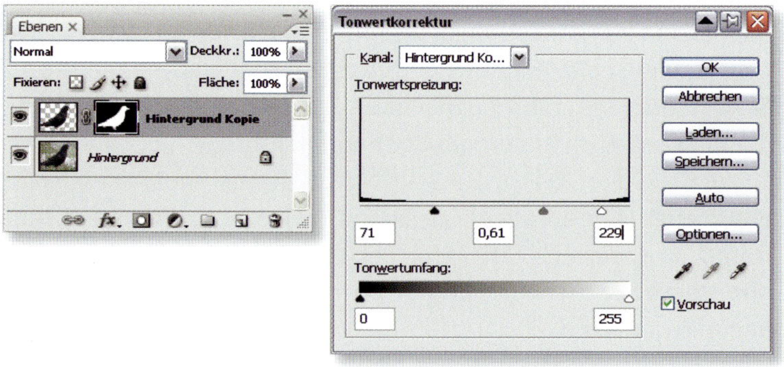

Abbildung 8.135 ▶
Umwandlung der Ebenentransparenz in eine Ebenenmaske (links) und Kontrastkorrektur der Maske (rechts)

8.8.2 Masken erstellen mit Mask Pro 4

Ein weiteres, sehr leistungsfähiges Freistellwerkzeug ist Mask Pro von onOne Software. Ursprünglich von Extensis entwickelt und mittlerweile schon recht alt (1997) und entsprechend ausgereift, bietet es vor allem zwei Vorteile im Gegensatz zu KnockOut: Es verfügt über mehr und besser einstellbare Werkzeuge, und es läuft als echtes Photoshop-Plug-in, was sich erfreulich im Verbrauch von Arbeitsspeicher niederschlägt. Auch wenn es teurer als KnockOut ist, ist es für Grafiker, die viele solche Jobs zu erledigen haben, eine Anschaffung, die sich schnell amortisiert.

Das freizustellende Objekt, eine Mobilfunk-Antenne mit vielen filigranen Details, wird für unser Beispiel in den Arbeitsbereich von Mask Pro geladen.

Wie bei KnockOut muss man Mask Pro eine normale Ebene zur Verfügung stellen, keine Hintergrundebene, weil hierhin nach der Bearbeitung die Transparenzinformation zurückgegeben werden muss.

Demo auf der DVD
Sie finden eine Demo-Version für dieses Plug-ins auf der Buch-DVD unter SOFTWARE/PLUGINS/MASKPRO. Mask Pro 4.1 funktioniert mit Photoshop CS3 und auf Intel-Macs. Hersteller: onOne Software (*http://www.ononesoftware.com*, Mac und Windows, etwa 160 US$)

▲ **Abbildung 8.136**
Diese Antenne mit ihren Details soll freigestellt werden.

Die Arbeitsoberfläche | Unter FILTER • ONONE • MASK PRO 4.1 wird ein neues Arbeitsfenster mit eigenen Paletten geöffnet.

In der Werkzeugpalette klickt man nun mit der grünen Pipette ❶ (Shortcut [I], **I**nside) und mit gedrückter [⇧]-Taste auf möglichst viele Farbtöne in Randnähe des freizustellenden Objekts. Diese erscheinen sofort in der Palette der zu erhaltenden Farben ❹ (KEEP). Im zweiten Arbeitsschritt geschieht dann das Gleiche mit den Farben des Hintergrundes: Mit der roten Pipette ❸ (Shortcut [O], Outside) nimmt man eine größere Anzahl Farbproben vom Hintergrund in der Nähe des freizustellenden Objekts an, die dann in der Palette der zu entfernenden Farben (DROP) landen ❺.

Optionen | Nun fährt man mit dem magischen Pinsel ❷ (Shortcut [M]) knapp außerhalb des Objekts entlang. Der magische Pinsel lässt sich in der kleinen Palette TOOL OPTIONS anpassen. Bei größeren Bildern, größeren Pinseldurchmessern und vielen Farben in den beiden Paletten sollte man nur klicken und nicht etwa ziehen wie in diesem Beispiel: Man bekommt hier nämlich je nach Computer schon mal die Rechenzeit zu spüren. Tut sich zu Anfang nichts, muss man den Regler THRESHOLD (Schwellenwert) herunterschieben. In der Regel sollte bei gut gewählten Farben nun die Kante des Objekts bereits ordentlich freigestellt werden.

Am Fuß des Arbeitsfensters kann man sich alternativ zum Bild auch hier zur Kontrolle den Alpha-Kanal der Maskierung oder eine Ansicht auf einem einfarbigen kontrastfarbigen Hintergrund anzeigen lassen. Es genügt, die Kante der Maske sauber

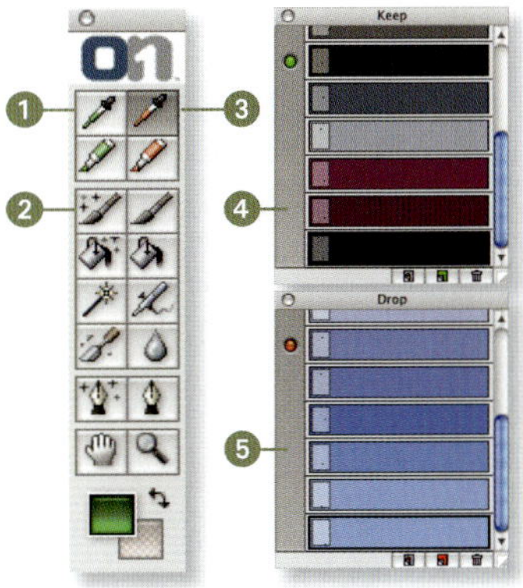

▲ **Abbildung 8.137**
Werkzeug- und Farbpaletten von Mask Pro

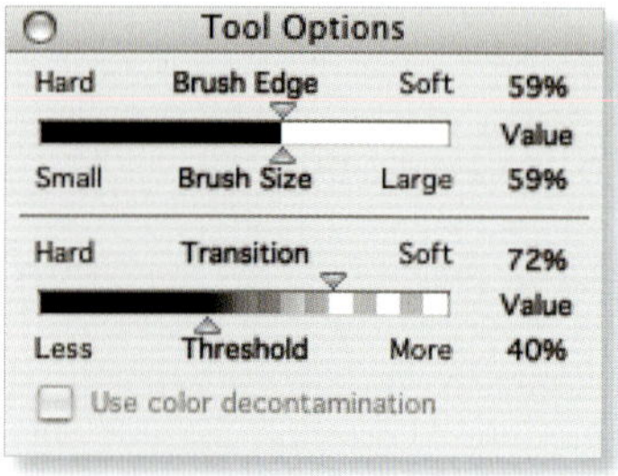

▲ **Abbildung 8.138**
Werkzeugoptionen von Mask Pro

Abbildung 8.139 ▶
Sauber freigestellter Rand der Antenne und Kontrolle mit Kontrastfarbe

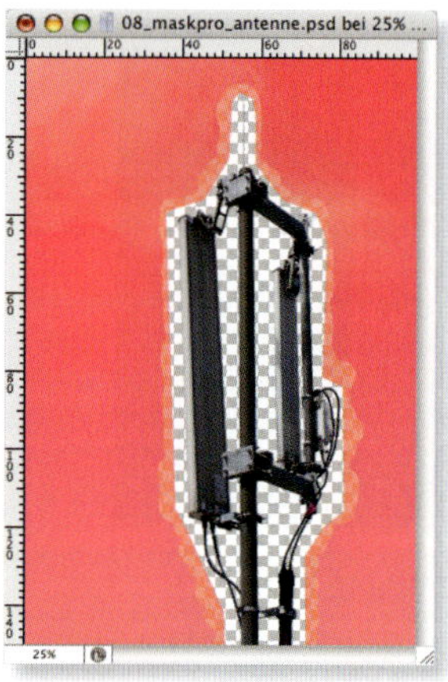

▲ **Abbildung 8.140**
Schnelles Entfernen des restlichen Hintergrunds in Photoshop mit Polygon-Lasso

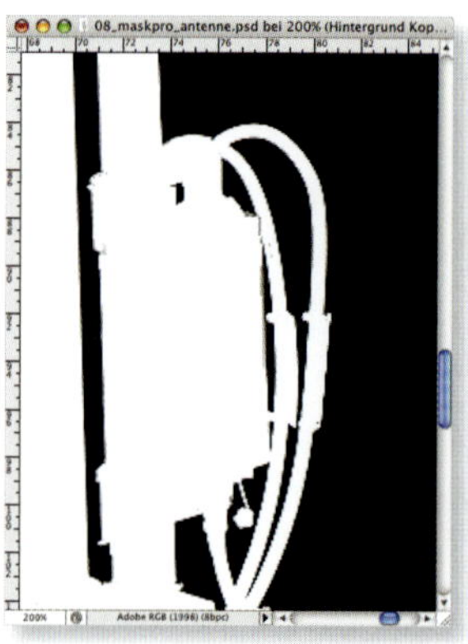

▲ **Abbildung 8.141**
Nachbearbeitete Ebenenmaske

zu haben. Das Entfernen des restlichen Hintergrundes geht in Photoshop schneller, deshalb kann man hier bereits aus Mask Pro aussteigen.

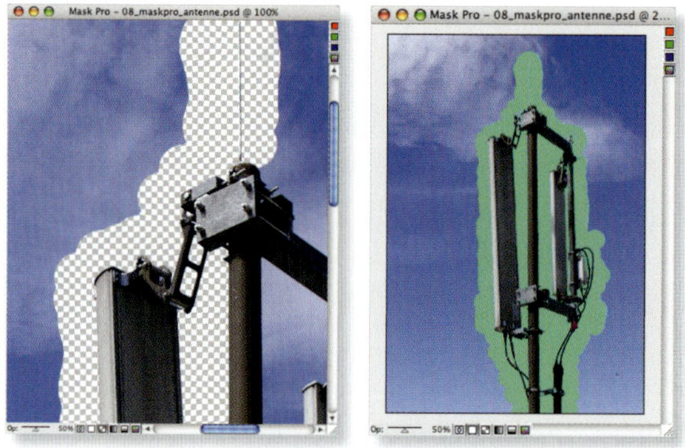

Bearbeitung in Photoshop | In Photoshop wird das freigestellte Objekt mit dem Polygon-Lasso (hier in der Maskierungsansicht) schnell umrahmt, mit [Strg]/[⌘]+[⇧]+[I] die Auswahl invertiert und mit [←] der Rest des Hintergrundes gelöscht.

Arbeiten mit einer Kopie | Auch bei Mask Pro empfiehlt sich das bei KnockOut zuvor beschriebene Verfahren, vor dem Arbeiten in Mask Pro eine Kopie der Ebene anzulegen, nach der Bearbeitung die Transparenz der Ergebnisebene als Auswahl zu laden und diese zu einer Ebenenmaske für die zurückbehaltene Kopie zu machen. Dort kann man dann die nötigen Schlusskorrekturen an den Fehlern der Maske anbringen (Abbildung 8.141). Meist sind das bei Mask Pro leicht körnige Strukturen außerhalb des Objektrandes und einzelne Löcher in der Innenform, hier z. B. vom Reflexlicht des Himmels auf Metallteilen.

8.8.3 Ultimatte AdvantEgde

Ultimatte hat seit Neuerem bei seinem Bluescreen-Keying-Tool AdvantEdge, das im Film- und Videobereich zur Freistellung von Objekten vor meist blauem oder grünem Hintergrund dient, die Kompatibilität von diversen Videoschnitt-Programmen auch auf Photoshop ausgedehnt. Das patentierte Verfahren, das in Grundzügen bereits in Ultimattes alter Entwicklung KnockOut zur Anwendung kommt, ist hier noch viel weiter verfeinert worden. Sinnvoll ist AdvantEdge vor allem dann, wenn die Hintergründe eher einfarbig sind, die Bilder also z. B. von im Fotostudio bereits entsprechend aufgenommenen Objekten stammen. Dann allerdings spielt das Plug-in seine Stärken bei sehr schwierigen Aufgaben wie Reflexionen und Transparenzen aus. Wie man am Beispielbild sieht, werden auch Schatten korrekt interpretiert.

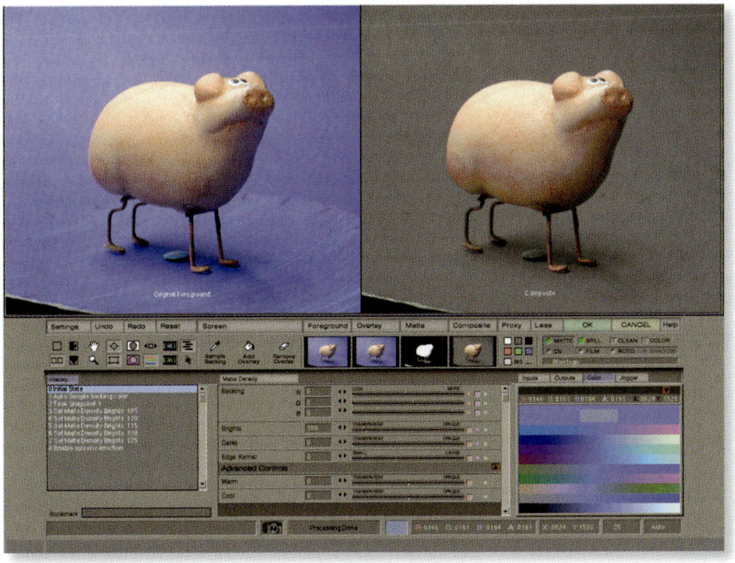

◂ **Abbildung 8.142**
User Interface von Ultimatte AdvantEdge

Hersteller
Es gibt AvantEdge für Mac und Windows, aber nur in Englisch. Es kostet etwa 500 US$ (*http://www.ultimatte.com*, Demo verfügbar).

8.8.4 Primatte Chromakey

Wie der Name schon sagt, ist Primatte Chromakey von der Firma Digital Anarchy ebenso wie Ultimattes Werkzeug ein sogenannter »Chromakeyer«. Primatte Chromakey arbeitet etwas anders als sein Kollege von Ultimatte, ist ebenfalls seit einiger Zeit als Photoshop-Plug-in zu haben und auch etwas günstiger.

Hersteller
Es gibt dieses Plug-in für Mac und Windows, aber nur in Englisch. Es kostet etwa 300 US$ (*http://www.digitalanarchy.com*, Demo verfügbar).

◂ **Abbildung 8.144**
Das User Interface von Primatte Chromakey

© pixelio.de

▴ **Abbildung 8.143**
Originalaufnahme aus dem Fotostudio

Primatte Chromakey läuft bereits als Smartfilter unter Photoshop CS3 und gestattet so die nicht-destruktive Anpassung an den neuen Hintergrund. Wer als Grafiker oder Fotograf routinemäßig viele Freisteller produzieren muss, sollte sich diese beiden Programme näher ansehen.

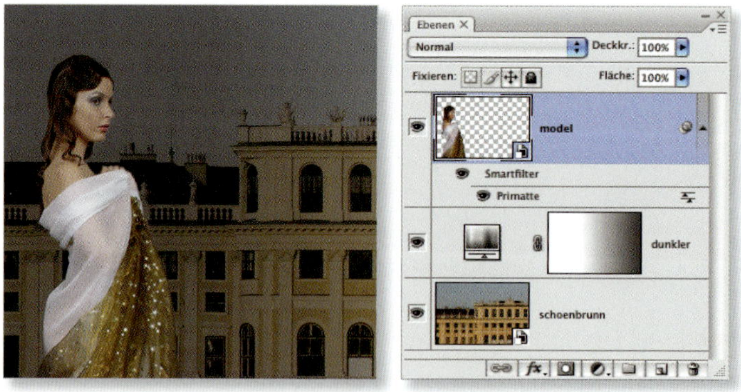

Abbildung 8.145 ►
Primatte Chromakey als Smart filter in einer Montage

8.9 Auto Align und Auto Blend: Neue Montagehilfen

Neben der Freistellung von Bildern ist das Zusammenfügen verschiedener Bilder oder von deren Teilen der zweite Aufgabenbereich bei der Fotomontage. Neben den Ebenen selbst als Voraussetzung für eine Montage ist die Transformation (Bewegen, Drehen, Skalieren, Verzerren) derselben das wichtigste Werkzeug bei dieser Arbeit.

Mit Photoshop CS3 sind zwei neue Montagehilfen ins Programm aufgenommen worden, die in diesem Zusammenhang sehr nützliche, zusätzliche Dienste leisten können.

- Mit der Funktion Ebenen automatisch ausrichten (»Auto Align«) kann Photoshop, ausgehend vom Bildinhalt, der mit Mustererkennung analysiert wird, Ebenen automatisch so ausrichten, dass sie möglichst passgenau übereinanderliegen.
- Ebenen automatisch füllen ist die nicht sehr brauchbare deutsche Übersetzung der Funktion »Auto Blend«, die damit wesentlich besser beschrieben ist. Hiermit kann Photoshop bei zusammengefügten Ebenen (was meist zuvor mit Auto Align passiert ist) mithilfe von Ebenenmasken sowie von Farb- und Tonwertkorrekturen diese Ebenen so ineinander überblenden, dass keine Stoßkanten oder verräterischen Säume die vorherige Montage erkennen lassen.

Beide Werkzeuge arbeiten Hand in Hand, finden sich gemeinsam im Menü und sind in einigen Photoshop-Funktionen gemeinsam vorhanden oder von dort auswählbar.

8.9.1 Ebenen automatisch ausrichten

Mit Ebenen automatisch ausrichten kann Photoshop mittels Mustererkennung die Lage von Ebenen herausfinden, solange sich deren Unterschiede in Farbton, Helligkeit und Sättigung in Grenzen halten. Photoshop verschiebt, dreht, skaliert die Ebenen, um als gleich erkannte Bildbereiche passgenau übereinanderlegen zu können. Selbst eine Kissen- oder Tonnenverzerrung wird dafür im Bedarfsfall herangezogen. Diese Funktion läuft weitgehend automatisch ohne Eingriffsmöglichkeiten durch den Benutzer ab.

Anwendung | Es gibt eine ganze Reihe praktischer Anwendungsmöglichkeiten für diese Funktion. Sehr gut und nützlich ist die Montage von mehreren Gruppenporträts, denn irgendwer auf einem solchen Bild schaut todsicher gerade entweder nicht in die Kamera, gähnt, hat die Augen geschlossen und lächelt gerade nicht.

Im folgenden Workshop soll eine andere Anwendung durchgespielt werden: die saubere und schnelle Entfernung von Passanten aus einem Bild.

Daten auf der DVD
Sie finden die Dateien zu diesem Workshop auf der Buch-DVD im Ordner BEISPIELDATEIEN/08_FOTOMONTAGE/08_AUTO_ALIGN.

Schritt für Schritt: Aufnahme von Passanten befreien

Vom Bildsujet wurden vier Aufnahmen gemacht, um für die spätere Bearbeitung sicherzustellen, dass die sich bewegenden Passanten auf der Stadtmauer an genügend unterschiedlichen Positionen zu finden sind und dass überall im Ausschnitt verlässlich Bildinformationen aus dem Hintergrund zur Verfügung stehen, um diese abzudecken.

▼ Abbildung 8.146
Vier Aufnahmen mit störenden Passanten

1 Bilder in Ebenenstapel laden

Wir könnten die vier Bilder gemeinsam in Photoshop öffnen und dann mit ALLES AUSWÄHLEN, KOPIEREN und EINFÜGEN in einer neuen Datei zu einem Ebenenstapel zusammenzufassen. Photoshop hat dafür aber eine bequeme Funktion, die uns das abnimmt. Unter DATEI • SKRIPTEN • DATEIEN IN STAPEL LADEN finden wir einen Dialog, mit dem wir mehrere Dateien oder auch Ordner ein einer einzigen Photoshop-Datei mit einer Anzahl Ebenen sammeln können, die der Anzahl der Ursprungsdateien entspricht.

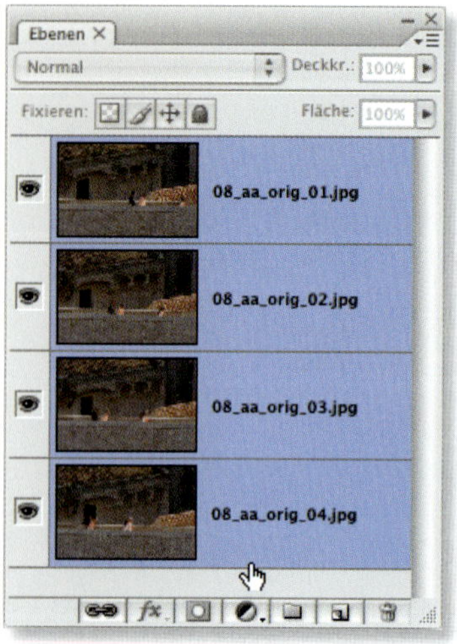

▲ **Abbildung 8.147**
Geladene Dateien in der Ebenen-Palette

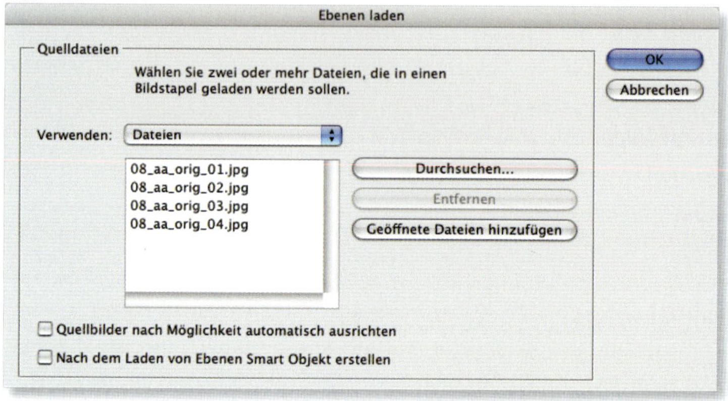

Abbildung 8.148 ►
Mehrere Dateien in einen Ebenenstapel laden

Man kann mit GEÖFFNETE DATEIEN HINZUFÜGEN auch bereits in Photoshop offene Bilder dafür verwenden. Die Option QUELLBILDER NACH MÖGLICHKEIT AUTOMATISCH AUSRICHTEN ruft selbstständig nach dem Laden die Funktion EBENEN AUTOMATISCH AUSRICHTEN auf. Das lassen wir hier jetzt deaktiviert, weil wir die Funktion im nächsten Schritt separat benutzen wollen. Die Checkbox NACH DEM LADEN VON EBENEN SMART OBJEKT ERSTELLEN sorgt dafür, dass der erstellte Ebenenstapel gleich nach dem Laden bzw. Ausrichten in ein Smart Objekt verpackt wird. Das ist für Fälle wie das »Stacking« (siehe Abschnitt 3.1) nützlich, hier brauchen wir das aber nicht.

2 Ebenen automatisch ausrichten

Die vier Originalbilder sind ohne Stativ aufgenommen worden und haben natürlich keinen deckungsgleichen Inhalt. Den brauchen wir aber, wenn wir die Personen im Bild mit Bildteilen aus dem Hintergrund abdecken wollen. Also müssen die vier Ebenen passgenau übereinandergelegt werden. Bevor wir die Funktion BEARBEITEN • EBENEN AUTOMATISCH AUSRICHTEN aufrufen oder in der Optionen-Leiste des Bewegen-Werkzeugs den entsprechenden Button anklicken, müssen alle Ebenen in der Ebenen-Palette ausgewählt sein (mit der ⇧-Taste oder Strg/⌘+⇧+A).

▲ **Abbildung 8.149**
EBENEN AUTOMATISCH AUSRICHTEN in den Optionen des Bewegen-Werkzeugs

Die dann folgende Dialogbox bietet die Auswahl verschiedener Montage-Verfahren.

Wenn man nicht weiß, was man nehmen soll, ist AUTO die beste Wahl. Photoshop bekommt in den meisten Fällen selbst heraus, ob und wie die Bilder zu verzerren sind. ZYLINDRISCH verzerrt die Einzelbilder tonnenförmig, um sie zu einem Zylinder zusammenfügen zu können. Das wird vor allem für Panorama-Aufnahmen gebraucht. PERSPEKTIVISCH tut das Gleiche, aber ohne Verzerrung. NUR REPOSITIONIEREN ist ideal zum Zusammenfügen von mehrteiligen Scans großer Vorlagen. Hier bleibt alles »flach«, und es wird nur gedreht und verschoben.

Je nach Bildanzahl und -größe bzw. Rechenleistung Ihres Computers kommt nun eine kürzere oder längere (Kaffee-)Pause. Die Bildererkennung und Berechnung der Transformationen und Verzerrungen ist aufwendig und braucht ihre Zeit.

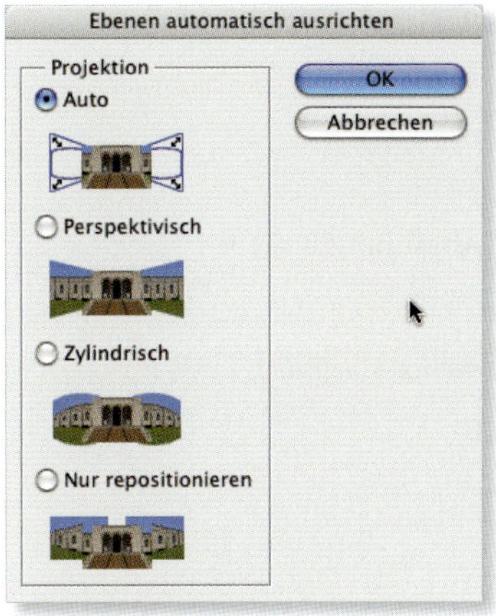

▲ **Abbildung 8.150**
Optionen für EBENEN AUTOMATISCH AUSRICHTEN

3 Verschiebungen überprüfen

Danach kann man sich mit ANSICHT • EINBLENDEN • EBENENKANTEN die durchgeführten Verschiebungen sichtbar machen lassen.

◀ **Abbildung 8.151**
Verschobene Ebenen nach dem Aufruf von Ebenen automatisch ausrichten

4 Retuschieren der Personen

Wir machen nun die beiden obersten Ebenen unsichtbar und fügen bei der zweiten Ebene von unten mit einem Alt-Klick auf den Button MASKE HINZUFÜGEN am Fuß der Ebenen-Palette eine schwarze (alles abdeckende) Ebenenmaske ein. Sie können das auch mit EBENE • EBENENMASKE • ALLE AUSBLENDEN tun.

Wir klicken nun in der Ebenen-Palette auf das schwarze Miniaturbild der Ebenenmaske, um sie zu aktivieren. Am besten benutzt man einen normalen Pinsel B, der eher etwas größer und relativ hart sein sollte. Nach dem Shortcut D sind die Vordergrund- und die Hintergrundfarbe jeweils Schwarz und Weiß. Mit X kehren wird das um, damit wir nun mit weißer Farbe in der schwarzen Maske an den Stellen die zweite Ebene freilegen können, wo sich in der ersten Ebene Personen befinden. Das sind

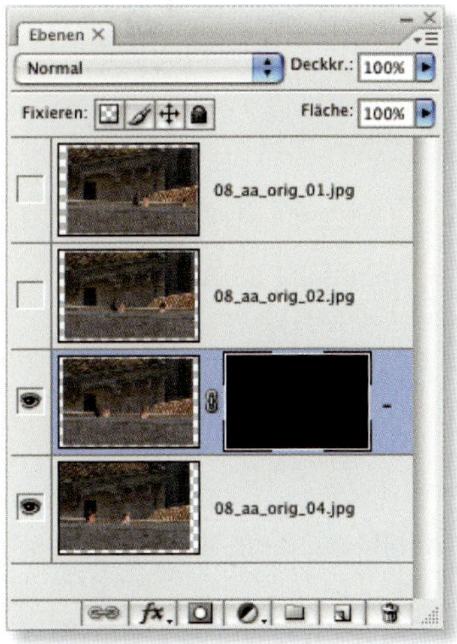

▲ **Abbildung 8.152**
Zweite Ebene bearbeiten

die beiden Stellen jeweils mit den Herren links und den Damen rechts. Bei den Herren gelingt es fast, bei den Damen ganz (bis auf einen kleinen, verräterischen Schatten auf der Mauerbrüstung).

Abbildung 8.153 ▸
Linke Fehlstelle (links: vor dem Bearbeiten der Ebenenmaske, rechts: nachher)

Abbildung 8.154 ▸
Rechte Fehlstelle (links: vor dem Bearbeiten der Ebenenmaske, rechts: nachher)

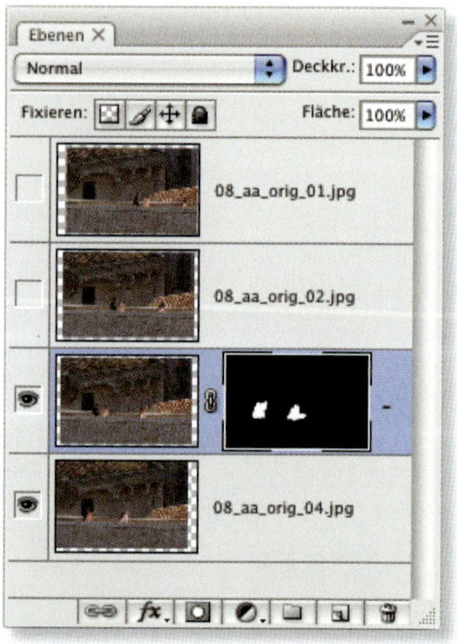

▴ **Abbildung 8.155**
Bearbeitete Ebenenmaske der zweiten Ebene

Für den nächsten Durchgang wiederholen wir das Ganze mit der dritten Ebene, die wir dafür natürlich sichtbar machen und mit einer schwarzen Ebenenmaske versehen müssen. Der Rest der Fehlstelle bei den beiden Herren lässt sich zusammen mit dem kleinen Schatten der beiden leicht entfernen. Auch der verbliebene Schatten der beiden Damen macht keine Probleme.

Abbildung 8.156 ▸
Linke Fehlstelle (links: vor dem Bearbeiten der zweiten Ebenenmaske, rechts: nachher)

◄ **Abbildung 8.157**
Rechte Fehlstelle (links: vor dem Bearbeiten der zweiten Ebenenmaske, rechts: nachher)

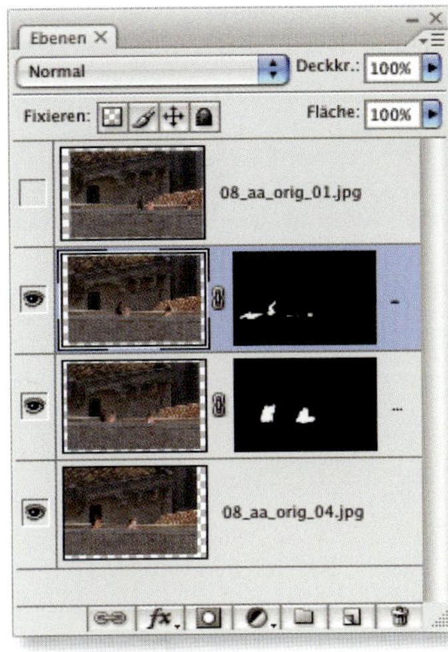

▲ **Abbildung 8.158**
Bearbeitete Ebenenmaske der dritten Ebene

Die vierte Aufnahme haben wir für die Retusche nun gar nicht mehr gebraucht.

5 Endformatierung

Da von den drei oberen Bildebenen nur wenig bis gar kein Bildinhalt verwendet wurde, ergibt sich das Bildformat des Ergebnisses natürlich aus den Begrenzungen der ersten, untersten Ebene. Um die Bildinformation am Rand, die in den weiteren drei Ebenen zur Verfügung steht, nicht zu veschenken, kann man nun die vorhandenen Ebenenmasken dafür benutzen, hier noch anzustückeln. Vor allem die oberste, vierte Ebene bietet am rechten und unteren Bildrand genug, um dort noch mit ein paar weißen Pinselstrichen den leeren Rand der Montage zu füllen. Gleiches gilt für die Ecken der Ebenen 2 und 3.

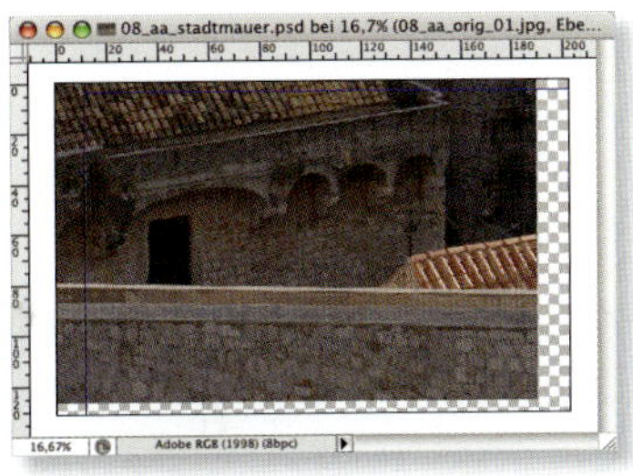

▲ **Abbildung 8.159**
Alle vier Passanten konnten restlos entfernt werden.

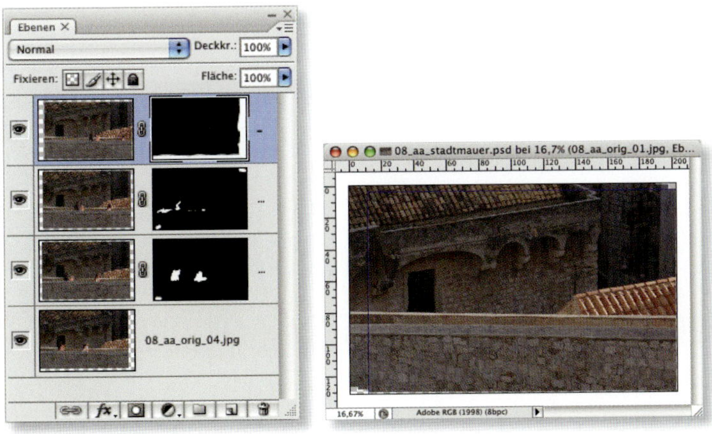

◄ **Abbildung 8.160**
Freilegen zusätzlicher Bildinformationen an den Bildrändern und -ecken

6 Ergebnis

Nach einem abschließenden Beschnitt ist die Datei fertig. Weil die Passgenauigkeit der Funktion EBENEN AUTOMATISCH AUSRICHTEN in solchen Anwendungsfällen sehr hoch ist, hat die Retusche keinerlei Spuren hinterlassen.

▲ **Abbildung 8.161**
Original und retuschiertes Ergebnis ■

8.9.2 Ebenen automatisch füllen

Auch das zweite der neuen Bildmontage-Features von Photoshop CS3 wollen wir hier in Form eines kleinen Workshops vorstellen. Hier soll aus einigen Aufnahmen ein Panorama zusammengesetzt werden.

Daten auf der DVD
Sie finden die Dateien zu diesem Workshop auf der Buch-DVD im Ordner Beispieldateien/08_Fotomontage/08_auto_blend.

Schritt für Schritt: Einzelbilder zu einem Panorama zusammenbauen

Wenn man für eine spätere Montage nicht Bilder schießt, die den gleichen Bildausschnitt zeigen, wie im vorherigen Workshop, sondern den Ausschnitt mit jeder Aufnahme ein wenig verschiebt, dann bekommt man naheliegenderweise eine Art Panoramabild.

▲ **Abbildung 8.162**
Die Originalbilder

1 Ebenen laden

Zuerst werden die fünf Einzelaufnahmen, die sich etwa zu einem Drittel überlappen müssen mit Datei • Sktipten • Dateien in Stapel laden zu einem Ebenenstapel zusammengefügt. Die Option Quellbilder nach Möglichkeit automatisch ausrichten lassen wir an dieser Stelle noch deaktiviert.

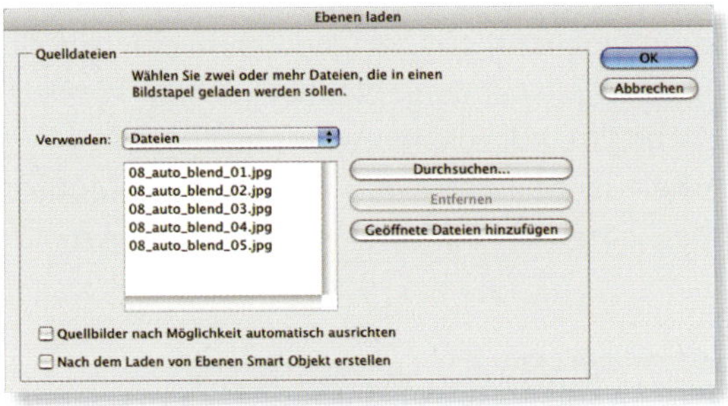

◂ **Abbildung 8.163**
Einzelbilder in Ebenenstapel laden

2 Ebenen automatisch ausrichten

Die fünf Bilder sind mit einem Weitwinkel-Objektiv aufgenommen und überstreichen einen Bildwinkel von fast 180°. Das Ergebnis sollte also in etwa der Abwicklung eines halben Zylinders entsprechen. Wir verwenden deshalb nach dem Auswählen aller Ebenen in der Ebenen-Palette und nach dem Aufruf von Bild • Ebenen automatisch ausrichten den Modus Zylindrisch.

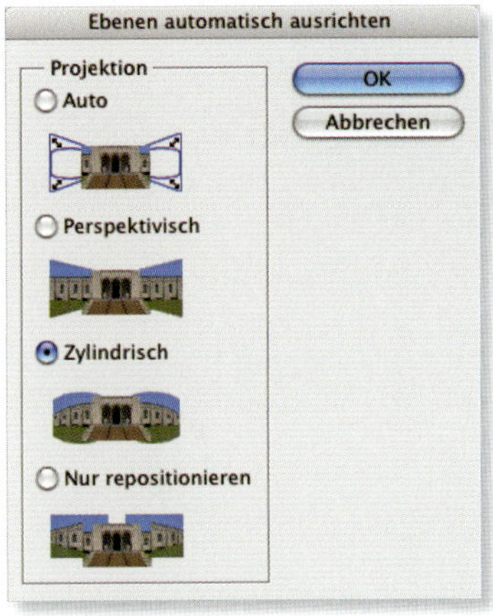

▴ **Abbildung 8.164**
Der Modus Zylindrisch bei den Optionen für die Ausrichtung

3 Zwischenergebnis

Das Ergebnis schaut grob betrachtet schon sehr ansprechend aus. Die Einzelbilder werden im Modus Zylindrisch tonnenförmig verzerrt, um bestmöglich zusammenzupassen. Der Erfolg dieser Aktion hält sich aber offenbar in Grenzen, denn im Detail sieht man an den Rändern der Ebenen teilweise grobe Anschlussfehler und stark sichtbare Kanten im Bild. Auch die Abschattung des Objektivs zum Bildrand hin (Vignettierung, siehe Abschnitt 2.9) macht sich hier bemerkbar.

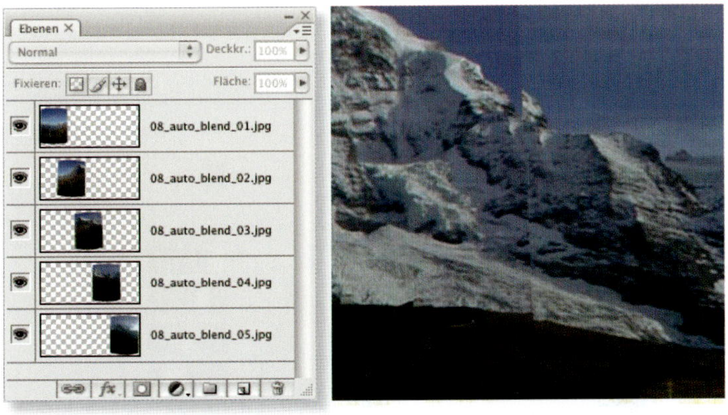

◂ **Abbildung 8.165**
Eingepasste Ebenen (links) und Anschlussfehler im Bild (rechts)

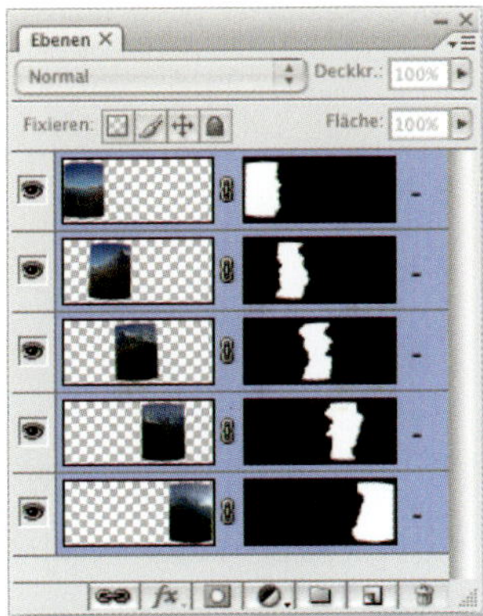

▴ **Abbildung 8.166**
Automatisch erzeugte Ebenenmasken

4 Ebenen automatisch füllen

Nun rufen wir Bild • Ebenen automatisch füllen auf. Dieser Befehl wird kommentarlos und ohne Eingriffsmöglichkeiten durch den Benutzer ausgeführt. Photoshop passt automatisch Farb- und Tonwerte in den Überlappungsbereichen der Bilder so an, dass sie möglichst harmonisch ineinander übergehen. Dann sucht sich die Funktion möglichst gut geeignete Bereiche, wo die Bilder mit Ebenenmasken ineinandergeblendet werden können. Daher rührt auch die englisch Bezeichnung »Auto Blend«.

Nach diesem Arbeitsschritt schaut das Panorama wesentlich besser aus. Störende Kanten im Bild sind nicht mehr auszumachen.

Abbildung 8.167 ▸
Das Panorama nach Ebenen automatisch füllen

5 Optimierung des Panoramas

Panoramen haben oft einen großen Kontrastumfang. Die Berücksichtigung der Schneefelder auf den Bergen hat das Bild in den Tiefen ein wenig zu dunkel werden lassen. Das ändern wir mit einer Einstellungsebene (Gradationskurven). Auch haben wir hier, wie man am Schatten des Fotografen am Boden erkennen kann, am linken Bildrand die Sonne im Rücken und am rechten Rand die Sonne fast im Bild. Durch Gegenlicht und Dunst ist das Bild in diesem Teil vom Kontrast her schwächer. Um das zu verbessern, fügen wir eine weitere Einstellungsebene mit der Funktion Gradationskurven ein, die wir mit einer Ebenenmaske und darin mit einem Verlauf von links nach rechts »aufmachen«.

Abbildung 8.168 ▸
Aufhellung des Panoramas (links) und Kontraststeigerung im rechten Teil

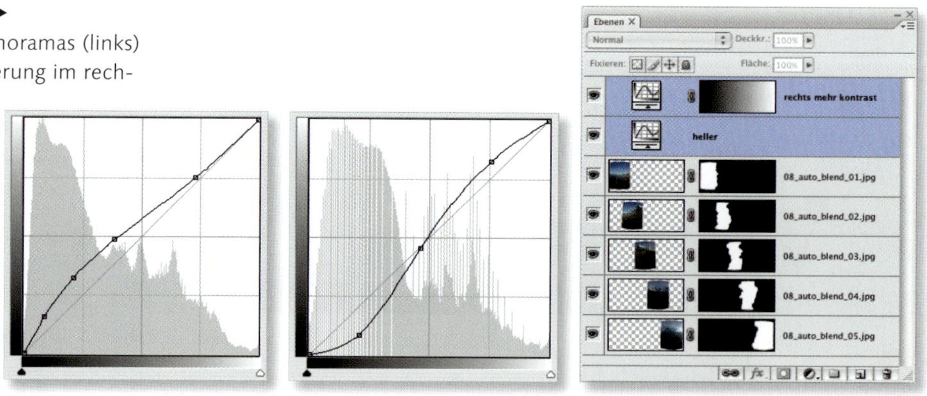

Nach dem Beschnitt zu einem besseren Höhen-Breiten-Verhältnis haben wir eine Datei, die bei einer Originalgröße der fünf Einzelbilder von nur 3 Megapixel doch 44 cm Breite in Druckqualität ergibt.

▲ **Abbildung 8.169**
Das fertige Panoramabild

8.10 Panoramen

Nun ist es nur ein kleiner Schritt zu Photoshops Funktion PHOTOMERGE, die es seit der Version CS gibt und die für die Montage von Panoramabildern gedacht ist. Bis jetzt musste man dieses Feature wegen äußerst dürftiger Qualität komplett vergessen. Im Zuge der Einführung der beiden Funktionen EBENEN AUTOMATISCH AUSRICHTEN und EBENEN AUTOMATISCH FÜLLEN hat Adobe dieses Werkzeug unter der Motorhaube aber augenscheinlich komplett erneuert. Die Qualität kann sich nun durchaus sehen lassen. PHOTOMERGE ist im Grunde nichts anderes als ein vorgefertigter Ablauf der beiden Funktionen, und im Zuge des Prozesses werden uns auch die von den beiden neuen Funktionen bekannten Dialoge wieder begegnen.

8.10.1 Photomerge

Nach dem Aufruf von DATEI • AUTOMATISIEREN • PHOTOMERGE öffnet sich ein Dialog, der in etwa die Optionen von EBENEN AUTOMATISCH AUSRICHTEN mit dem Dialog von DATEIEN IN STAPEL LADEN verbindet. PHOTOMERGE kann auch mit mehreren ausgewählten Bildern direkt aus Bridge aufgerufen werden (WERKZEUGE • PHOTOSHOP • PHOTOMERGE).

▼ **Abbildung 8.170**
Die Originalbilder in Adobe Bridge

Photomerge-Dialog | Im Dialog von Photomerge lädt man die gewünschten Bilder und kann die bereits aus EBENEN AUTOMATISCH AUSRICHTEN bekannten Modi einstellen. Die Checkbox FÜLLBILDER ERGÄNZEN wird in der Hilfe nicht erklärt. Auch anderweitig lässt sich nicht herausbekommen, was sie tut.

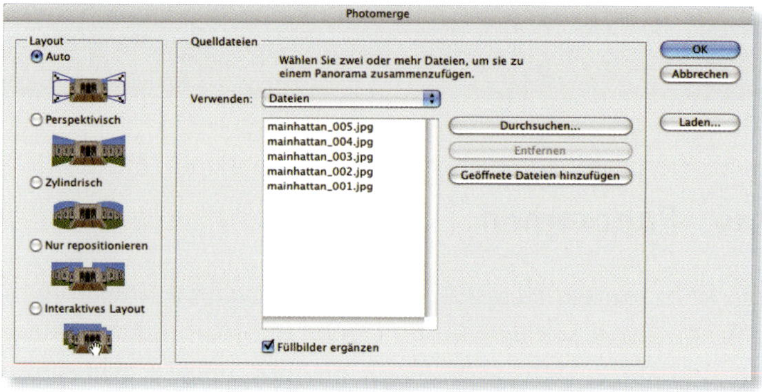

Abbildung 8.171 ▸
Der erste Dialog von PHOTOMERGE

Die Modi für LAYOUT sind PERSPEKTIVISCH, ZYLINDRISCH und NUR REPOSITIONIEREN und sind damit bereits aus dem Optionen-Dialog der Funktion EBENEN AUTOMATISCH AUSRICHTEN bekannt, die hier im Hintergrund wirkt.

Wählt man hier INTERAKTIVES LAYOUT aus, so gelangt man zum zweiten Dialog, der auf den ersten Blick identisch mit der bisherigen Funktion PHOTOMERGE scheint. Hier kann man die Bilder verschieben und drehen, wenn sie nicht passen sollten. Unter EINSTELLUNGEN kann man nochmals zwischen NEU REPOSITIONIEREN und PERSPEKTIVISCH wählen.

Abbildung 8.172 ▸
Das Fenster für INTERAKTIVES LAYOUT

Das Ergebnis | Einmal gewonnene Layouts lassen sich als *.pmg-Dateien abspeichern. Es wird bereits eine Vorschau geboten, wie das Bild inklusive der Überblendung der Stoßkanten in etwa aussehen wird.

Das Ergebnis schaut trotz Freihandaufnahme ohne Stativ sehr überzeugend aus. Selbst das linke Bild, das etwas heller ausgefallen ist als die anderen vier, ist sauber überblendet worden. Auch gehende Passanten und fahrende Autos haben nicht zu den für zusammengesetzte Panoramabilder typischen »Geisterbildern« geführt.

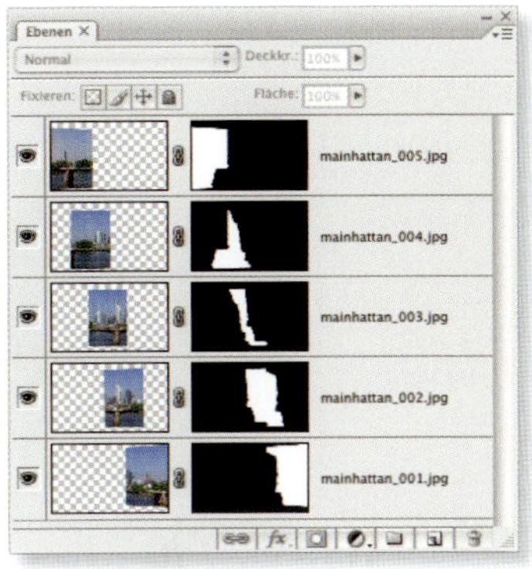

▲ **Abbildung 8.173**
Ebenenstapel mit Masken und Montage

Eine einzige Fehlstelle lässt sich entdecken. Sie ist zwar nicht recht erklärbar, dafür aber ganz leicht zu entfernen, weil auch PHOTOMERGE einen Ebenenstapel mit Ebenenmasken produziert, der alle weiteren Retuschemöglichkeiten offen lässt. Nach dem Beschnitt ergibt sich aus den fünf 8-Megapixel-Dateien eine Druckdatei von 60×27 cm bei 300 dpi.

▲ **Abbildung 8.174**
Die einzige Fehlstelle im Bild

◄ **Abbildung 8.175**
Das beschnittene Endergebnis

Probleme mit der Funktion Photomerge | Die Funktion PHOTOMERGE hat sich mit Photoshop CS3 also zu einem ernst zu nehmenden Werkzeug entwickelt. Natürlich hat sie Grenzen. Das vorstehende Beispiel wurde mit 96 mm Brennweite aufgenommen.

Dabei kommt es bei guten Objektiven noch kaum zu Verzerrungen, die Photomerge Probleme machen könnten.

Anders sieht es am weitwinkligen Ende der Brennweiten-Skala aus. Beim nächsten Beispiel sind sechs Bilder mit 16 mm Brennweite und im 360°-Kreis aufgenommen worden. Auf einem Präzisionsstativ ist dafür gesorgt worden, dass sich von Aufnahme zu Aufnahme absolut nichts zwischen Nah- und Fernbereich im Bild verschiebt (»Parallaxenfehler«). Das Ergebnis ist zwar um Größenordnungen besser als noch bei Photoshop CS2, aber bei dieser Architekturaufnahme kommt PHOTOMERGE an seine Grenzen und verrät auch, dass oft »geschummelt« wird.

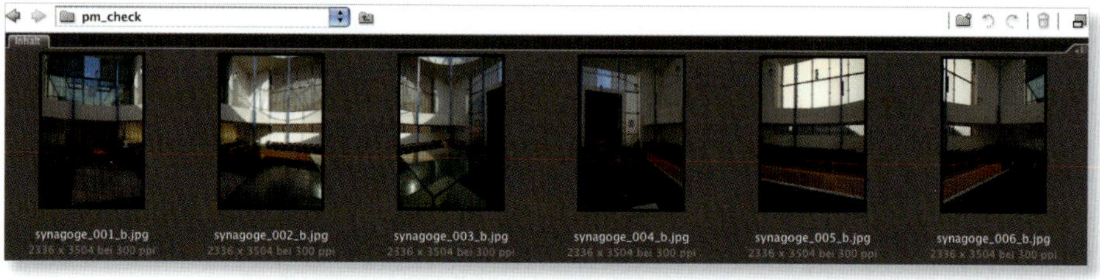

Abbildung 8.176 ▲
Sechs Weitwinkel-Aufnahmen über 360°

Die von PHOTOMERGE erzeugte Tonnenverzerrung ist hier sehr schön zu sehen. Eine deutliche Fehlstelle ist im Ergebnis markiert.

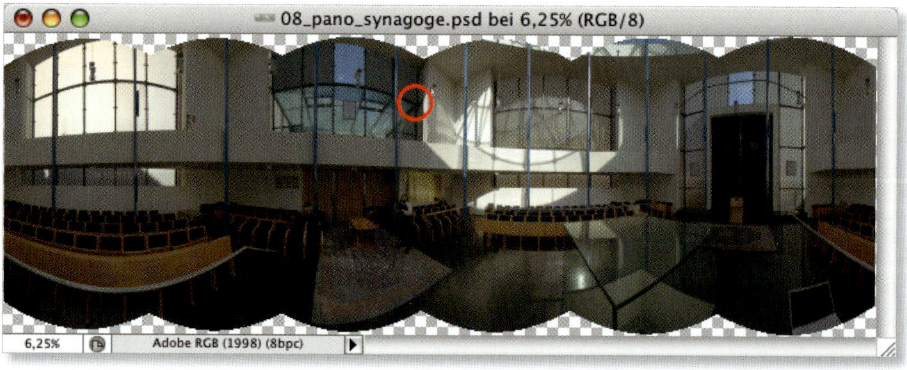

Abbildung 8.177 ▲
Die fertige Montage

Man erkennt, wie eine deutliche Bruchkante im Bild entstanden ist. Hier reichen die Verzerrungsmöglichkeiten von PHOTOMERGE nicht mehr aus, um die Bilder an diesen Stellen deckungsgleich zu bekommen. Deaktiviert man die Ebenenmasken und schaltet die oben liegende Ebene in den Modus (Füllmethode) DIFFERENZ, sieht man auch, wie groß die Distanzen der Bilddetails in Wahrheit sind. Photoshop »schlängelt« die Kante der Ebenenmaske geschickt über Pixel, an denen es nach dem Anwenden von EBENEN AUTOMATISCH FÜLLEN keine oder fast nicht wahrnehmbare Farbton- oder Helligkeitsunterschiede gibt.

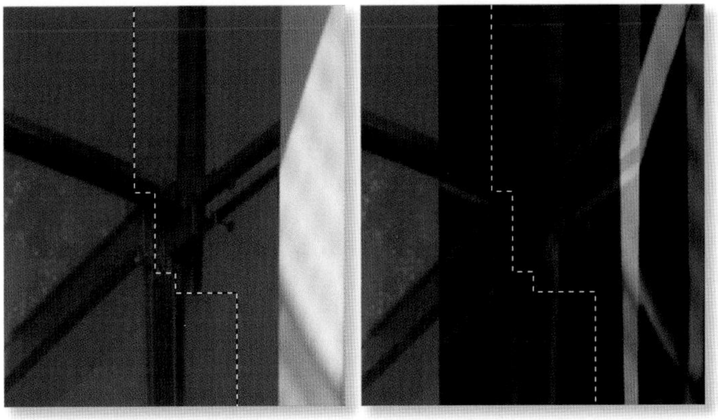

◂ **Abbildung 8.178**
Die Fehlstelle im Detail mit Ebenenmaske als Auswahlkante, rechts mit der Füllmethode DIFFERENZ

Fazit | Photomerge ist zwar für viele Anwendungszwecke, die mit der Montage von mehreren Bildern zu tun haben, wesentlich besser geworden, man sollte aber damit auf der Seite eher längerer Brennweiten bleiben und sich von Architekturaufnahmen fernhalten, wo solche Fehler gnadenlos auffallen, und auch noch sehr schwer zu retuschieren sind. Da es sich hier durch die nötigen Verzerrungen auch meist um gebogene Strukturen handelt, muss hier z. B. oft auch das Fluchtpunktwerkzeug (siehe Abschnitt 4.5) passen. Für Landschaften, wie beim Beispiel zu EBENEN AUTOMATISCH FÜLLEN (siehe Abschnitt 8.9.2), kann man es durchaus empfehlen.

8.10.2 Professionelle Alternativen für die Erstellung von Panoramen

Photoshop stößt zum einen bei seiner Tonnenverzerrung an Grenzen, zum anderen ist die Genauigkeit der Bildberechnung für wirklich professionelle Ergebnisse bei der Panorama-Produktion nicht hoch genug. Die von Photoshop verwendete bikubische Interpolation liegt bei vielen professionellen Werkzeugen am untersten Ende der Qualitätsskala. Auch ist die Verzerrung, die die diversen Objektive erzeugen, mit der einfachen Tonnenverzerrung, die Photoshop beherrscht, nicht wirklich in den Griff zu bekommen. Das gilt vor allem für weitwinklige Linsen, die für volle 360°-Panoramen oder gar für sphärische Panoramen (Vollkugeln) von 360° × 180° verwendet werden.

Verzerrt Photoshop ein Bild mit einem mathematischen Parameter, so tun das professionelle Programme mit drei Parametern und können damit auch komplexe Optiken und deren Fehler auskorrigieren. Diese Genauigkeit führt oft bereits bei einer Montage ohne Überblendung zwischen den Einzelbildern zu beeindruckenden Ergebnissen. Die Durchschnittsgenauigkeit liegt bei sauber aufgenommenen Bildern mit 30 000 Pixeln Breite bei unter 1 Pixel.

HINWEIS

Einen umfassenden Einstieg in die Materie Panoramafotografie und -bearbeitung nebst umfangreichen Reviews zu Soft- und Hardware bietet das Portal *http://www.panoguide.com*. (Infos zu PanoTools: *http://panotools.sourceforge.net*)

In dieser Klasse spielen die PanoTools, die, wie der Name schon sagt, ursprünglich zur Panorama-Erstellung entwickelt wurden, eine wichtige Rolle. Auf deren Basis gibt es einige kostenlose oder sehr günstige Lösungen, die Photoshops Bordwerkzeug in puncto Verlässlichkeit sowie Bild- und Montagequalität um Längen schlagen. Das Wölben der an sich »flachen« Einzelbilder entweder zu einer Zylinder- oder Kugelform erledigen die PanoTools mit sehr hoher Präzision. Sie bekommen bei ihren Berechnungen auch die Brennweite ganz exakt heraus, die ja immer ein wenig vom Nominalwert abweicht. Die PanoTools sind ein schon recht altes Open-Source-Projekt, und darauf basierende Programme sind deshalb auch nur teilweise kostenpflichtig.

Nachdem man die Einzelbilder abhängig von Objektiv-Typ und Brennweite gezielt gewölbt hat, passen sie meist exakt zusammen. Wird mit der nötigen Sorgfalt und gutem Gerät fotografiert, bringt das makellose Ergebnisse auch bei extremen Optiken und schwierigen Sujets.

Der wissenschaftlich-technische Hintergrund, vor dem die PanoTools entwickelt wurden, hat sie anfangs sehr mühsam in der Bedienung gemacht. Selbst in ihrer ursprünglichen Form als Photoshop-Plug-in mussten sie lange Zeit mit Script-Dateien gefüttert werden, um überhaupt etwas zu tun. Mittlerweile hat die eifrige Entwicklergemeinde rund um die PanoTools eine ganze Reihe von Bedienungsoberflächen (»Frontends«, »GUIs«) für die schwer zugänglichen Tools entworfen. Zwei davon seinen hier kurz vorgestellt.

Neben den PanoTools hat sich im kommerziellen Bereich der Stitcher der französischen Firma REALVIZ etabliert.

PTGui

Eine Demo von PTGui Pro finden Sie auf der Buch-DVD unter SOFTWARE/PTGUI. PTGui Pro kostet 149 €, die einfachere Version PTGui ohne HDR-Support 79 € (Hersteller: New House Software, *http://www.ptgui.com*).

PTGui | Das PanoTools-Frontend PTGui führt in einer Schritt-für-Schritt-Metapher durch den Prozess der Panorama-Erstellung. Es gibt einen einfachen Assistenten-Modus und einen Experten-Modus. Zuerst werden die Einzelbilder geladen, dann wird festgelegt, welchen Typ Panorama man haben will. Objektiv- und Kamera-Parameter müssen nur ungefähr angegeben werden, denn diese werden von den PanoTools aus den Bildern errechnet. Zusätzlich kann man auf eine inzwischen beachtliche Objektivdatenbank zurückgreifen. PTGui kann auch mit Extrem-Optiken wie Fischaugen-Linsen umgehen.

In unserem Beispiel wird PTGui mit 30 Aufnahmen gefüttert. Ein sogenanntes Multi-Row-Panorama wurde mit einem Weitwinkel-Objektiv und mit zehn Aufnahmen horizontal und je weiteren zehn 45° nach oben und nach unten geneigt aufgenommen, um den vertikalen Blickwinkel zu erhöhen.

▲ **Abbildung 8.179**
30 Aufnahmen sollen zu einem Panorama montiert werden.

Der PROJECT ASSISTANT fordert zuerst zum Laden der Bilder auf. PTGui versucht als Erstes, in den EXIF-Daten Brauchbares zu finden. Sind Angaben zu Brennweite und Kameratyp vorhanden, beschleunigt das die Suche nach den richtigen Parametern für die Suche nach den gleichen Bildbereichen auf benachbarten Bildern.

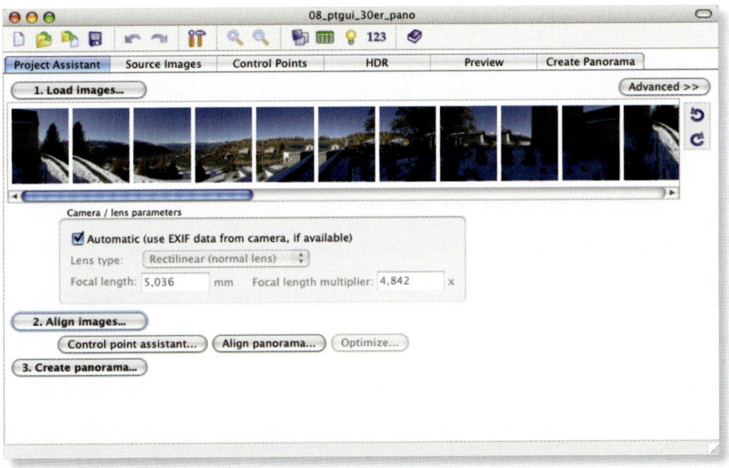

◄ **Abbildung 8.180**
Der Start-Dialog mit dem Projekt-Assistenten

Geht das alles reibungslos, wird gleich der Punkt 2. ALIGN IMAGES mit erledigt. Dabei werden automatisch Kontrollpunkte gesetzt, die gleiche Bildpunkte auf benachbarten Bildern markieren. Hat sich im Bild nichts bewegt (Passanten, Autos, Wolken usw.), ist die Präzision meist bereits auf Anhieb sehr gut.

Sind genügend Kontrollpunkte gesetzt, beginnt gleich anschließend ein interner Optimierungsprozess, der meist ein Weilchen dauert und in dem alle Bilder so lange verschoben, gedreht und gewölbt werden, bis die Distanz zwischen den Kontrollpunkten minimal ist. Dabei werden auch die Kamera-Parameter präzise errechnet, die man dann speichern kann, was für später einen großen Geschwindigkeitsgewinn bedeutet.

Danach kann man sich unter PREVIEW eine niedrig aufgelöste Vorschau anzeigen lassen oder die Montage im PANORAMA EDITOR begutachten. Hier lassen sich auch sowohl der Horizont als auch der Mittelpunkt des Panoramas einstellen.

Abbildung 8.181 ▶
Vorschau im PANORAMA EDITOR

Wenn man mit der Vorschau zufrieden ist, kann das Panorama in einer Vielzahl an Formaten ausgegeben werden. Dabei wird die optimale Bildgröße für verschiedene Zwecke bzw. die maximale Bildgröße ausgerechnet, die das Originalmaterial hergibt. Wir haben hier Einzelbilder von nur 1024×768 Pixeln und bekommen eine Datei von 4500×1700 Pixel Größe. Mit Bildern momentan aktueller Digitalkameras kann man auf diese Weise gigantische Dateien produzieren.

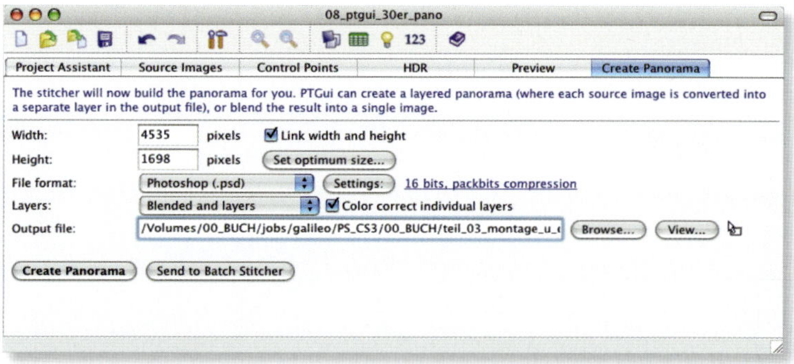

▲ **Abbildung 8.182**
Ausgabe-Dialog von PTGui

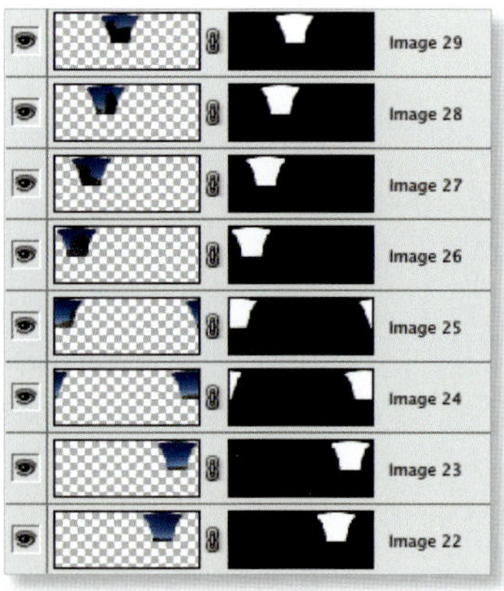

▲ **Abbildung 8.183**
Ausgabe als Photoshop-Datei mit maskierten Ebenen

Wir haben hier außerdem das Panorama als Photoshop-Datei mit Ebene ausgeben lassen. Das gestattet noch eine sehr genaue Nachbearbeitung in Photoshop. Vorsicht ist allerdings in Bezug auf die Dateigröße geboten: Die Datei hat 30 Ebenen, was bei bereits bei dieser Bildgröße zu einem ordentlichen Speicherhunger und Platzbedarf auf der Festplatte führt!

▲ **Abbildung 8.184**
Fertiges Panorama mit 360 × 135° Blickwinkel

PTGui HDR | Als erstes Programm überhaupt kann PTGui HDR-Panoramen komplett zusammensetzen, wobei es aus den Einzelaufnahmen mit den verschiedenen Belichtungsstufen (Bracketing, siehe Abschnitt 2.15, »Spezialfall HDR«) vorher selbst mit seinem Tonemapping HDR-Einzelbilder erzeugen kann, bevor es diese zu HDR-Panoramen montiert. Hier sind es 3 × 6 Bilder mit je +/–2 Blenden Unterschied, die zu einem vollen 360°-Kreis zusammengesetzt wurden.

▼ **Abbildung 8.185**
Sechs Einzelbilder in drei Belichtungsstufen werden zu einem HDR-Panorama zusammengesetzt.

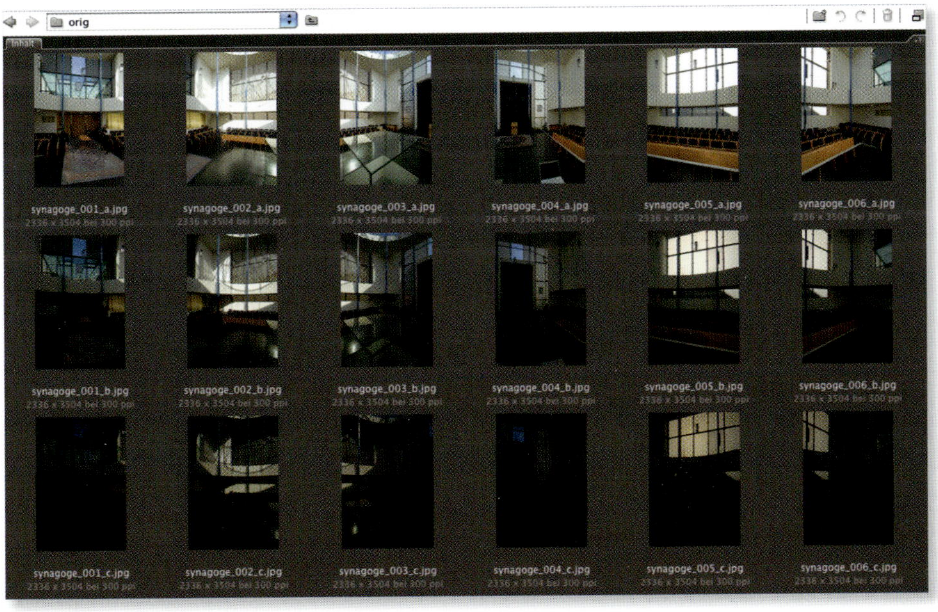

Man kann den hohen Tonwertumfang der Ergebnis-Datei (*.hdr) direkt in PTGui mittels Tonemapping zu einem TIFF oder JPEG komprimieren oder die HDR-Datei in Photoshop öffnen und mit den Methoden, die in Abschnitt 2.15, »Spezialfall HDR«, besprochen werden, auf den niedrigeren Tonwertumfang für Druck oder Bildschirmdarstellung herunterrechnen.

Im Modus ADVANCED hat man Zugriff auf alle Parameter des Prozesses und kann diesen noch weiter optimieren. Es gibt im Zusammenhang mit digitalen Panoramen fast nichts, was man mit PTGui nicht machen kann. Es ist das älteste und sicher das derzeit umfangreichste und ausgereifteste Frontend auf der Basis der PanoTools.

Abbildung 8.186 ▸
Das Ergebnis als TIFF

Hugin
Hugin finden Sie auf der Buch-DVD unter SOFTWARE/PROGRAMME/HUGIN. Hugin ist freie Software und kostenlos für Mac, Windows und Linux verfügbar. Mehr Infos finden Sie auf der Projekt-Website unter *http://hugin.sourceforge.net*.

Hugin | Dieses Programm ist wie die PanoTools selbst ein Open-Source-Projekt und damit kostenlos. Das User Interface und die Arbeitsweise sind PTGui sehr ähnlich, wenn auch um einiges einfacher, deswegen sei hier auf Screenshots verzichtet. Auch die Einbindung von Zusatzprogrammen zum automatischen Setzen von Kontrollpunkten und zum Verschleifen der Übergänge funktioniert hier.

REALVIZ Stitcher | Einen anderen Zugang als das Arbeiten mit Kontrollpunkten in benachbarten Bildern hat REALVIZ Stitcher. Er hat von Anfang auf Mustererkennung gesetzt, und das gelingt ihm derart gut, dass ihm lediglich komplett strukturlose Flächen wie Himmel Probleme bereiten. Manuelles Setzen von Kontrollpunkten wie bei den PanoTools-basierten Programmen ist hier zwar möglich, aber die Ausnahme und nur bei Problemfällen notwendig. Das User Interface ist intuitiv und die Bedienung sehr einfach.

REALVIZ Stitcher
Demos von Stitcher für Mac und Windows finden Sie auf der Buch-DVD unter SOFTWARE/PROGRAMME/REALVIZ_STITCHER. Stitcher kostet etwa 500 € (Hersteller: REALVIZ, *http://www.realviz.com*).

Man lädt Bilder in den IMAGE STRIP am unteren Rand des Fensters und zieht sie dann einfach in das große Montagefenster, das man sich als Kugel vorstellen kann, an deren Innenseite man die Bilder einfach »einklebt«. Die Positionierung braucht nur sehr ungefähr zu sein, ein Klick, und das Bild sucht sich die richtige Position. Bei sorgfältig aufgenommenem Fotomaterial ist auch eine vollautomatische Montage möglich. Mit etwas Glück ist kaum Nachbearbeitung nötig. Auch Stitcher kann anhand der Bilder auf die Kameradaten zurückrechnen. Sind EXIF-Daten vorhanden, werden die natürlich auch gerne angenommen.

Während des ganzen Montageprozesses kann man sich frei in der Bildkugel umschauen. Eine kleine Vorschau rechts oben zeigt das Panorama im Überblick.

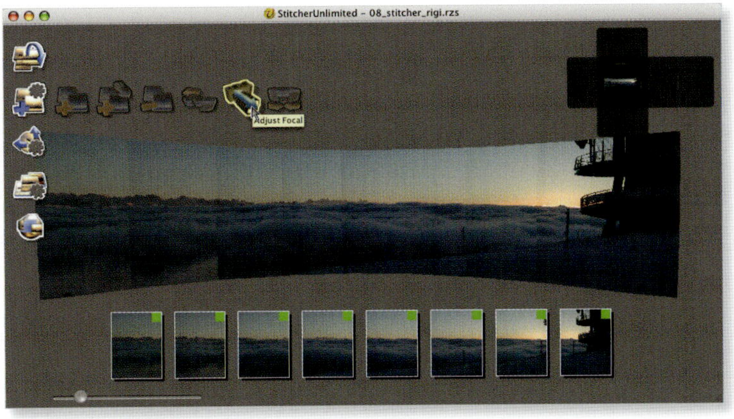

◄ **Abbildung 8.187**
Das User Interface von REALVIZ Stitcher

Flache Bildmontagen für hochauflösende Fotos sind ebenso möglich wie zylindrische Panoramen mit nur einer Bildreihe oder sphärische bzw. kubische Panoramen mit einer kompletten Rundumsicht von 360° × 180°. Auch Stitcher verwendet auf Wunsch für die Berechnung der gewölbten Bilder weit bessere Bildberechnungsalgorithmen als Photoshop. Stitcher kann auch seit einiger Zeit mit Fischaugen-Objektiven umgehen.

Ebenso wie PTGui kann man Stitcher mit HDR-Bildern füttern und bekommt dann HDR-Panoramen heraus. Stitcher muss allerdings die Einzelbilder für das Panorama bereits als fertige HDR-Bilder zugeliefert bekommen. Diese müssen in Photoshop, Photomatix, HDRShop oder ähnlichen Programmen erzeugt werden.

Wie bei den PanoTools-betriebenen Programmen kann man auch hier fertig verschliffene Ergebnisse oder Photoshop-Dateien mit Einzelebenen (auch mit Ebenenmasken) bekommen. Neben Bilddateien als Ausgabeformaten beherrscht Stitcher auch eine Vielzahl an Multimedia- und webtauglichen Formaten. Stitcher ist ein professionelles und schnelles Programm, das natürlich seinen Preis hat, aber beeindruckende Resultate liefert.

▼ **Abbildung 8.188**
Fertiges Panorama mit Stitcher

8.10.3 Fazit

Die eigentliche Erstellung von Panoramen sollte man also nur in problemlosen Fällen in Photoshop selbst vornehmen. Für die Vorbereitung und die Nachbearbeitung ist Photoshop jedoch unverzichtbar. Für die optimale Vorbereitung von professionellen Panoramen sind Aktionen gegen Vignettierung (Nahtstellen im Bild!) und chromatische Aberration sowie oft auch Tonwertkorrekturen notwendig. Hier haben sich auch Adobe Bridge mit Camera Raw und neuerdings auch Lightroom bewährt. In der Nachbearbeitung kommt Photoshop dann wieder beim Schärfen, einem eventuell erforderlichen Verschleifen der Nähte in den Ebenenmasken und sonstigen Retuschen sowie bei abschließenden Farbkorrekturen zum Zuge.

9 Effekte für Text und Bild

Die Effekte und Filter von Photoshop sind neben den Montagemöglichkeiten die eigentlichen visuellen Kreativ-Werkzeuge. Sie widmen sich weniger der Perfektionierung von bestehendem (mangelhaftem) Bildmaterial, sondern sollen dieses Material verändern und verfremden oder gar komplett neue Bildinhalte kreieren.

Hier beginnt also die »große Freiheit«, in der man sich aber auch verlaufen kann. Die Gefahr der Beliebigkeit angesichts der ungeheuren Möglichkeiten, die gemeinerweise auch in Zwischenstadien auf dem Computerbildschirm zumindest technisch immer »gut« aussehen, ist groß.

Plug-ins | In diesem Bereich ist zudem traditionell eine große Anzahl an Entwicklern unterwegs, die für Photoshops offene Plug-in-Schnittstelle eine gigantische Zahl an mehr oder oft auch weniger sinnvollen Effekten und Filtern programmiert haben.

[Plug-in]
Zusatzmodul, das die Funktionalität eines Programms erweitert. Der Hersteller des Programms veröffentlicht dazu die technischen Bedingungen der Schnittstelle, und Dritthersteller können solche Module dann programmieren und verkaufen. Auch der Hersteller selbst lagert oft Funktionen in Plug-ins aus, um die Kernapplikation schlank zu halten. Adobe tut das im Fall von Photoshop auch.

In früheren Zeiten konnte man die Neuerscheinung von gewissen Plug-ins flächendeckend in der ganzen Medienbranche beobachten. Altgediente User werden sich vielleicht noch amüsiert an die epidemisch auftauchende Eselsecke von Kai's Power Tools erinnern. Eine ganze Reihe solcher Effekte ist mittlerweile in Photoshop (teilweise durch Zukauf der Firmen oder Nachbau der Produkte) integriert. Der Bedarf an »Drittmitteln« ist auch deswegen zurückgegangen. Die wirklich guten und brauchbaren Dritthersteller-Plug-ins sind nach wie vor an einer Hand abzuzählen.

Wichtig ist in erster Linie, seinen Werkzeugkasten sehr gut zu kennen und für den jeweiligen Zweck genau zu wissen, was man dort gebrauchen kann und was nicht. Ein Plug-in-Ordner von ein paar Hundert Megabyte, den man aber nicht wirklich durch und durch kennt, kostet neben längeren Startzeiten von Photoshop im Alltags-Ernstfall der Produktion nur unnötig Zeit durch endloses Probieren und Rückgängigmachen. Es sei hier also eine Lanze gebrochen für das gute alte »Weniger ist mehr«. Was dabei erfahrungsgemäß übrig bleibt, wird im Folgenden beschrieben und steht Ihnen auf der Buch-DVD teilweise zum Testen zur Verfügung. Das Hauptaugenmerk liegt natürlich auf den Bordmitteln von Photoshop.

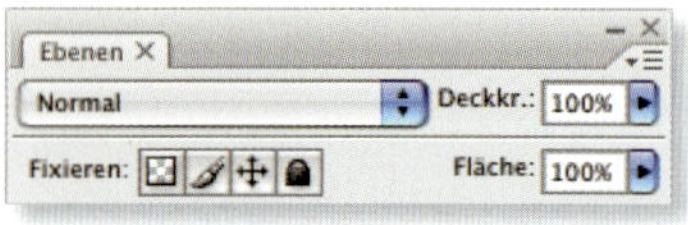

▲ **Abbildung 9.1**
Kopf der Ebenen-Palette: Füllmethoden und Deckkraft oben, Sperren und Fläche unten

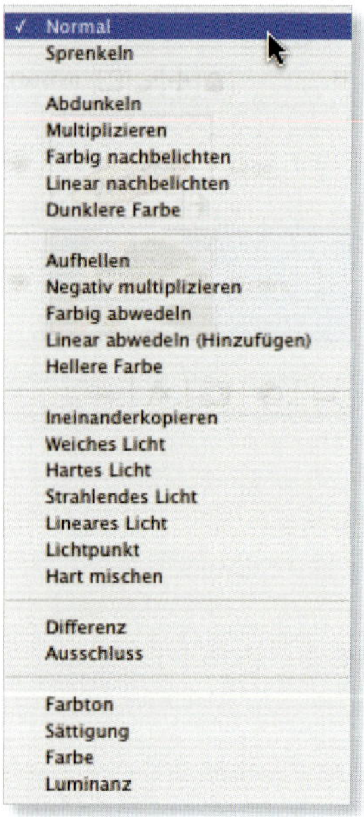

▲ **Abbildung 9.2**
Die verschiedenen Füllmethoden (Modi) der Ebenen

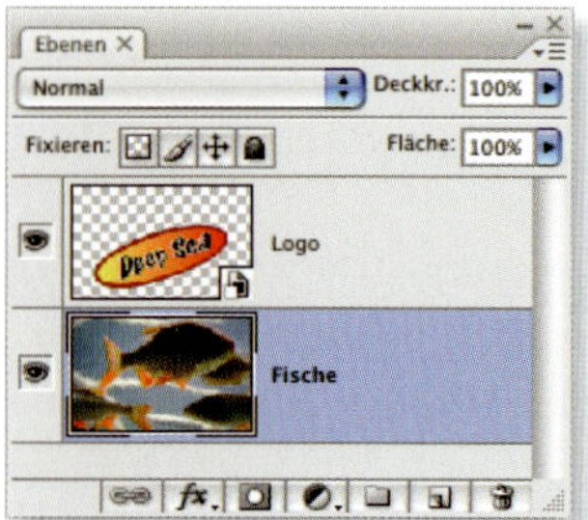

▲ **Abbildung 9.3**
Logo über einer Bildebene

9.1 Ebenen-Füllmethoden/-Modi

Die Funktionen, die Sie im Kopf der Ebenen-Palette finden, werden Ihnen einigermaßen vertraut sein. Dennoch sind sie es wert, hier im Detail behandelt zu werden. Die Füllmethoden wurden in früheren Versionen des Programms auch »Modus« oder »Ebenen-Modus« genannt. Diese Bezeichnungen werden auch hier immer wieder parallel verwendet, weil sehr viele Nutzer das alte Wort »Modus« noch gewohnt sind.

Diese verschiedenen Modi gehören zu den Photoshop-Funktionen, die in ihrer Auswirkung nur schwer vorab einzuschätzen sind und deshalb für die meisten einen hohen Experimentieraufwand bedeuten.

Außerdem ist im oberen Bereich der Ebenen-Palette seit der Version CS der Regler Fläche hinzugekommen, der schon viele verwirrt hat.

Seit der Einführung der Ebenen in Photoshop 3 sind die Ebenen-Füllmethoden das wichtigste Mittel zur Bildmontage und -kreation und aus dem Leben des Photoshop-Users nicht mehr wegzudenken. Solange die Ebenen immer im Modus Normal übereinander liegen, sind sie nicht mehr als eine einfache Collage, die man mit Papier auch machen könnte. Wirklich spannend wird die Arbeit mit Ebenen, wenn man die Art und Weise verändert, wie diese untereinander verrechnet werden.

Beim Wort »verrechnen« sind wir dann schnell bei Modi mit mathematischen Bezeichnungen wie Multiplizieren, Differenz und Ausschluss. Das ist nicht besonders anschaulich. Für manche Modi gibt es wenigstens Beschreibungen, wie Nachbelichten oder Abwedeln, die an alte Dunkelkammerzeiten erinnern. Was bei dieser Vielfalt an Bezeichnungen hilft, ist, diese Möglichkeiten so in den funktionellen Gruppen zu betrachten, wie Adobe sie im Pulldown-Menü mit den Trennlinien auch unterteilt.

9.1.1 Gruppe 1: Normal und Sprenkeln

Beide Füllmethoden (Modi) verrechnen eine Ebene in gleicher Weise mit darunter liegenden Ebenen, nämlich gar nicht.

Normal | Dies ist der Standardmodus. Er ergibt ein gewöhnliches collageartiges Übereinanderlegen der Ebenen.

▲ **Abbildung 9.4**
NORMAL

Sprenkeln | Diese Füllmethode löst die Ebene auf, indem eine Störung (Noise) bestimmt, wo es Transparenz gibt oder nicht. Diese Störung wird mit DECKKRAFT dichter oder lockerer gemacht. Die Pixel der Ebene sind entweder voll deckend oder voll transparent, es gibt keine Zwischenwerte. Dieser Modus wird eher selten verwendet. Es gibt hierfür Alternativen, die besser steuerbar sind (z. B. Ebenenmasken).

▲ **Abbildung 9.5**
SPRENKELN

9.1.2 Gruppe 2: Abdunkeln, Multiplizieren, Farbig nachbelichten, Linear nachbelichten, Dunklere Farbe

Diese Gruppe ist generell durch ein dunkleres Ergebnis der Verrechnung gekennzeichnet. Die fünf Modi unterscheiden sich nur durch die Art und Weise, wie das geschieht.

▲ **Abbildung 9.6**
ABDUNKELN

Abdunkeln | Bei ABDUNKELN wird in jedem der Farbkanäle der dunklere Wert von beiden Ebenen gewählt.

Multiplizieren | MULTIPLIZIEREN ist eine häufig verwendete Füllmethode. Die Farbwerte werden miteinander multipliziert, was immer zu dunkleren Farben führt, die aber kräftig bleiben. Das Verhalten ähnelt lasierenden Farben oder einem Leuchtfarbenmarker.

▲ **Abbildung 9.7**
MULTIPLIZIEREN

▲ **Abbildung 9.8**
NORMAL (links) und MULTIPLIZIEREN (rechts)

Liegt Schwarz über Schwarz, so ist das eine Multiplikation mit null, und es kommt immer null heraus. Ist also etwas auf einer der beiden beteiligten Ebenen schwarz, wird es dort immer schwarz bleiben. Ist an einer Stelle Weiß zu finden, so entspricht dies einer Multiplikation mit eins, und es verändert sich nichts. Das Weiß verschwindet, und nur die andere Farbe bleibt unverändert übrig.

Diesen Effekt von MULTIPLIZIEREN kann man sich in einem häufig vorkommenden Fall zunutze machen: Immer wieder einmal soll ein Logo auf einen Hintergrund montiert werden. Dieses

WMF-Format

Eine Grafik, die in Microsoft-Office-Produkten entstanden ist (z. B. »WordArt« – davon gibt es leider genug!), basiert meist auf dem WMF-Format (Windows Meta File). Kann man ein Word- oder Excel-Dokument mit einer solchen Grafik in ein PDF konvertieren, so bleibt diese in der Regel als Vektorform erhalten und damit skalierbar und randscharf beim Weiterverarbeiten mit Photoshop. Zwischenbearbeitungen kann man bei diesen PDFs auch in Illustrator vornehmen.

TIPP

Wenn man eine Ebene dupliziert und mit MULTIPLIZIEREN über ihr Original legt, kann man so den Kontrast erhöhen und mit DECKKRAFT direkt regeln.

Logo kommt aber nicht freigestellt z. B. als Photoshop-Datei mit einer Ebene und Transparenz, sondern wird als JPEG-Datei gemailt oder, schlimmer, als unbekanntes Etwas in ein Word-Dokument eingebettet. Zu allem Überfluss haben manche solcher Dateien auch noch einen Schatten, der ein Freistellen weiter erschwert. Hat man ein Logo auf einem weißen Hintergrund, kann man das mit MULTIPLIZIEREN elegant und einfach freistellen, weil das Weiß verschwindet.

Abbildung 9.9 ►
Ein Logo mit Schatten auf weißem Hintergrund wird mit korrektem Schatten mit der Füllmethode MULTIPLIZIEREN freigestellt.

Auch der Verlauf des Schattens wird korrekt interpretiert: Statt von Grau auf Weiß geht er nun von Grau nach Transparent. Das Ganze funktioniert allerdings nur mit schwarzen Logos. Bei anderen Farben muss man zu Ebenenmasken und anderen Mitteln greifen oder das Ganze entsprechend vorbereiten.

Eine andere, sehr gebräuchliche Einsatzmöglichkeit der Füllmethode MULTIPLIZIEREN ist die Veränderung der Lichtstimmung mit einfachen Mitteln. Die Landschaft in der Abbildung 9.10 lässt sich mit einer darüber liegenden Graustufen-Ebene schnell ein wenig dramatisieren.

▼ **Abbildung 9.10**
Original, daneben ein Verlauf als gewünschte Helligkeitsinformation. Rechts sehen Sie eine gezielte Abdunklung des Bildes mit MULTIPLIZIEREN.

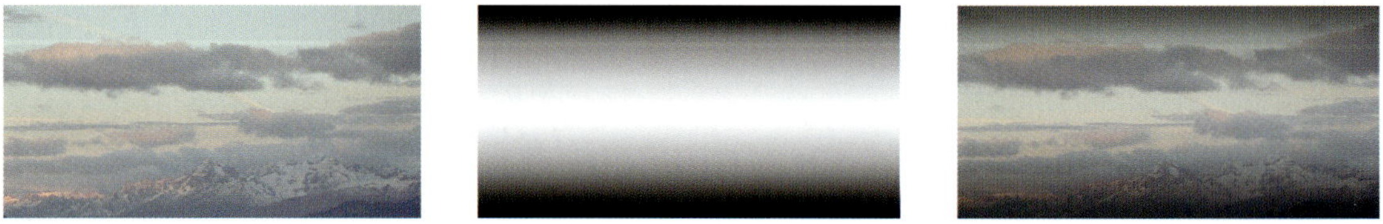

Farbig und linear nachbelichten | FARBIG NACHBELICHTEN und LINEAR NACHBELICHTEN sind sich schon vom Namen her sehr ähnlich. Beide entsprechen dem Nachbelichten in der Dunkelkammer, wo ein Mehr an Licht das Foto dunkler macht. Bei FARBIG NACHBELICHTEN geschieht das über einen erhöhten Kontrast in den einzelnen Farbkanälen, bei LINEAR NACHBELICHTEN über ein Absenken der Helligkeit. Bei Ersterem werden durch den höheren Farbkontrast die Farben satter, bei Letzterem werden die Farbtöne dunkler, wobei die Sättigung gleich bleibt.

▲ **Abbildung 9.11**
FARBIG NACHBELICHTEN

▲ **Abbildung 9.12**
LINEAR NACHBELICHTEN

Dunklere Farbe | Die mit Photoshop CS3 neu hinzugekommene Füllmethode DUNKLERE FARBE ist keine Verrechnungsmethode, sondern eine Ersetzungsmethode und nimmt für jedes Pixel den jeweils dunkleren Wert der beiden an der Verrechnung beteiligten Ebenen.

▲ **Abbildung 9.13**
Aufhellen

9.1.3 Gruppe 3: Aufhellen, Negativ multiplizieren, Farbig abwedeln, Linear abwedeln, Hellere Farbe

Bei dieser Gruppe von Füllmethoden liefert die Verrechnung der Ebenen in der Regel ein Ergebnis, das heller ist als das Ausgangsmaterial.

Aufhellen | Das Gegenstück zu Abdunkeln – der Modus Aufhellen – lässt für jeden Farbkanal immer den helleren der beiden Werte im Ergebnis erscheinen. In der Summe wird das Bild aber meist blasser.

▲ **Abbildung 9.14**
Negativ multiplizieren

Negativ Multiplizieren | Dies entspricht exakt dem Gegenteil von Multiplizieren aus der »Abdunklungsgruppe«. Wie dort Weiß verschwindet, so verschwindet hier das Schwarz. Trifft Weiß auf Weiß, kommt Weiß dabei heraus. Anschaulich vorstellbar ist dieser Modus mit zwei Diaprojektoren, die ihre Bilder auf eine gemeinsame Leinwand werfen.

▲ **Abbildung 9.15**
Farbig abwedeln

Farbig und linear abwedeln | Bei Farbig abwedeln wird der Kontrast der Farbkanäle verringert, die Sättigung steigt an, und bei Linear abwedeln (neuerdings mit dem Zusatz (Hinzufügen) wird die Helligkeit erhöht, die Sättigung bleibt gleich. Schwarz ändert nichts. Alles ist also genau umgekehrt wie bei den beiden »Nachbelichtern«.

▲ **Abbildung 9.16**
Linear abwedeln

[Abwedeln]
Der Begriff »Abwedeln« stammt wie sein Gegenstück »Nachbelichten« aus der Dunkelkammer. Dort wird das Licht, das auf das Fotopapier fällt, abgeschattet, wodurch das Papier an dieser Stelle heller bleibt. Zur Vermeidung von sichtbaren Kanten wird mit dem hierfür meist benutzten Karton hin- und hergewedelt.

Hellere Farbe | Diese in Photoshop CS3 neu hinzugekommene Füllmethode nimmt von den beteiligten Ebenen den jeweils helleren von beiden Tonwerten.

9.1.4 Gruppe 4: Ineinanderkopieren, Weiches Licht, Hartes Licht, Strahlendes Licht, Lineares Licht, Lichtpunkt, Hart mischen

Diese Gruppe kann man nicht so eindeutig charakterisieren wie die zwei zuvor. Am ehesten laufen die Modi hier auf eine mehr oder weniger starke Kontrasterhöhung im Verrechnungsergebnis hinaus.

▲ **Abbildung 9.17**
Der Modus Ineinanderkopieren

Ineinanderkopieren | Diese Füllmethode mischt die Farben so, dass die Lichter und Tiefen im Wesentlichen erhalten bleiben, wobei die Sättigung meist leicht zunimmt. Durch diesen Kontrasterhalt ist Ineinanderkopieren sehr schön zum Montieren von

Collagen geeignet, weil die Detailerkennbarkeit beider Ebenen gewährleistet bleibt.

▲ **Abbildung 9.18**
Beide Ebenen (untere Ebene links und obere Ebene in der Mitte) behalten Details und Kontrast durch Ineinanderkopieren.

Licht-Füllmethoden | Für die Modi mit dem »Licht« im Namen kann man sich eine Beleuchtung der unteren Ebene vorstellen: Wo die obere Ebene hell ist, scheint mehr Licht auf die untere. Wo Schatten ist, entsprechend weniger. Das Ergebnis wird dort heller ausfallen, wo die obere Ebene heller als 50%iges Grau ist, und dunkler, wo sie in der Helligkeit darunter liegt. Es findet also eine Kontraststeigerung statt.

Da die vier »Licht«-Füllmethoden sehr ähnlich sind und zudem durchaus systematische Verwandtschaft zu anderen Modi haben, ist es hilfreich, diese vier in einer Tabelle zusammenzufassen. Weil es für die Behandlung von Hell und Dunkel einen Grenzbereich um die 50% Grau gibt, ist diese Vierergruppe stark »probierpflichtig«. Hier sind Vorhersagen sehr schwierig. Je nach Bildinhalt und Struktur sind manchmal kaum Unterschiede auszumachen, wie bei unserem Beispiel in manchen Bildbereichen zwischen hartem Licht und strahlendem Licht.

TIPP

Der Modus Ineinanderkopieren gestattet eine schnelle und regelbare Kontrastverbesserung bei »flauen« Bildern, die komplett mit Shortcuts erledigt werden kann. Mit Ebene • Neu • Ebene durch Kopie ([Strg]/[⌘]+[J]) erzeugt man ein Duplikat und wählt dafür den Modus Ineinanderkopieren ([Alt]+[⇧]+[O]). Mit Deckkraft kann die Wirkung geregelt werden (Zahlen am Ziffernblock). Dieser Modus produziert sehr lebendige Ergebnisse und reiche Texturen. Er wird deshalb sehr oft im Screendesign gebraucht.

▲ **Abbildung 9.19**
Weiches Licht

▲ **Abbildung 9.20**
Hartes Licht

▲ **Abbildung 9.21**
Strahlendes Licht

▲ **Abbildung 9.22**
Lineares Licht

Ebenen-Inhalt	Weiches Licht	Hartes Licht	Strahlendes Licht	Lineares Licht
Heller als 50 % Grau	Heller und mehr Kontrast	Ähnlich wie NEGATIV MULTIPLIZIEREN	Ähnlich wie FARBIG ABWEDELN	Ähnlich wie LINEAR ABWEDELN
Dunkler als 50 % Grau	Dunkler und mehr Kontrast	Ähnlich wie MULTIPLIZIEREN	Ähnlich wie FARBIG NACHBELICHTEN	Ähnlich wie LINEAR NACHBELICHTEN

▲ **Tabelle 9.1**
Die »Licht«-Füllmethoden und ihre Verwandschaften

Lichtpunkt und Hart mischen | Die beiden letzten Modi in dieser Gruppe, LICHTPUNKT und HART MISCHEN, stehen etwas abseits dieser Systematik. Sie sind schon eher Effekte als Füllmethoden. Der Modus LICHTPUNKT bringt Ergebnisse, die je nach Bildinhalt im Bereich von HARTEM LICHT, STRAHLENDEM LICHT oder LINEAREM LICHT liegen. Das ist eher schwer abzuschätzen, besonders hier muss man also experimentieren.

▲ **Abbildung 9.23**
LICHTPUNKTE

HART MISCHEN wird seinem Namen gerecht: Es erzeugt recht brutale Tontrennungen und entspricht der Funktion unter BILD • ANPASSUNGEN • TONTRENNUNG mit der Einstellung 2 STUFEN. Pro Farbkanal wird mit der 50%-Grau-Schwelle entschieden, ob der entsprechende Farbwert in diesem Kanal an dieser Stelle auf 0 oder auf 255 steht, also Farbe an oder aus.

▲ **Abbildung 9.24**
HART MISCHEN

Das macht 2^3, also acht Möglichkeiten und ergibt ausschließlich die Farben Rot, Grün, Blau, Gelb, Cyan, Magenta, Schwarz und Weiß.

Darauf basierend wird HART MISCHEN mit einem kleinen Trick zu einer Art einstellbarem Posterize-Effekt (Tontrennung): Legt man über ein Bild eine zweite Ebene, gefüllt mit 50 % Grau, und wählt als Modus HART MISCHEN, so entspricht das exakt der normalen Photoshop-Tontrennung. Zieht man nun zwischen beiden Ebenen eine Einstellungsebene mit einer TONWERTKORREKTUR ein, so kann man die Grau-Schwelle mit dem Grau-Schieber (Gamma) pro Kanal manipulieren. Diese Methode ist im Gegensatz zum Befehl TONTRENNUNG neben der Einstellbarkeit noch komplett nicht-destruktiv!

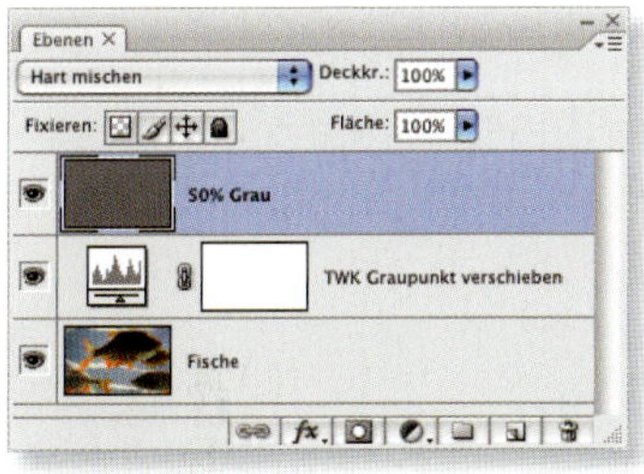

▲ **Abbildung 9.25**
Einstellbarer »Posterize«-Effekt mit HART MISCHEN

9.1.5 Gruppe 5: Differenz, Ausschluss

Diese beiden Füllmethoden sind im Photoshop-Menü zusammengefasst, weil sie eng verwandt sind, auch wenn die Bezeichnungen nicht gerade ähnlich und in ihrer Wirkungsweise zunächst nur für Techniker anschaulich sind, die mit Mathematik und Logik zu tun haben.

▲ **Abbildung 9.26**
DIFFERENZ

Differenz | Durch das Abziehen einer Ebene von anderen entstehen bei der DIFFERENZ negativ-ähnliche Effekte im Bild.

Ausschluss | Visuell ähnlich, nur meist schwächer schaut es beim AUSSCHLUSS aus. Technisch entspricht es dem logischen EXOR, das

▲ **Abbildung 9.27**
Ausschluss

Programmierkundige unter den Lesern aus diversen Sprachen kennen werden. Beide Füllmethoden verlangen in der Regel Experimente, damit dabei etwas Brauchbares herauskommt.

Differenz als Positionierungshilfe | Die Differenz ist eine sehr nützliche Funktion in einem ganz anderen Zusammenhang: Man kann sie als Präzisionspositionierer »missbrauchen«. Ein kleines Beispiel soll das verdeutlichen. Zwei Aufnahmen einer Landschaft sollen möglichst nahtlos zu einem Bild zusammengefügt werden.

Abbildung 9.28 ▶
Diese beiden Bilder sollen möglichst nahtlos aneinandergefügt werden.

Nach dem Einkopieren beider Bilder in eine Datei mit zwei Ebenen wird die grob positionierte obere Ebene auf den Modus Differenz gestellt.

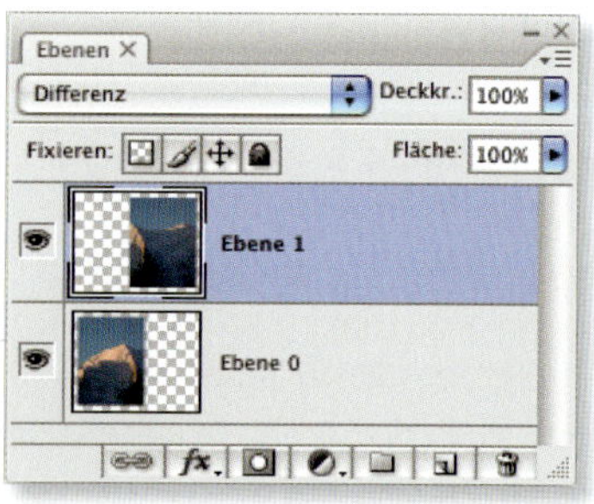

▲▶ **Abbildung 9.29**
Montage der beiden Bilder und Umschalten der oberen Ebene auf Differenz

Nun erscheinen im Überlappungsbereich all jene Bildteile sehr dunkel oder schwarz, die ähnliche Farben haben (Himmel). Wo die Position hingegen nicht passt, ist es heller. Jetzt verschiebt man die obere Ebene so lange, bis der Überlappungsbereich möglichst viele möglichst dunkle Flächen enthält.

◄ **Abbildung 9.30**
Bilddifferenzen sind hell (links). Fast schwarzer Überlappungsbereich bei Passgenauigkeit (rechts)

Danach stellt man den Modus wieder auf NORMAL und kann im Weiteren darangehen, die Bildkante zu retuschieren.

◄ **Abbildung 9.31**
Das gut passende Ergebnis, wobei die obere Ebene auf NORMAL zurückgestellt wurde.

9.1.6 Gruppe 6: Farbton, Farbe, Sättigung, Luminanz

Bei dieser Viererfamilie werden nur einzelne Komponenten der Farb- und Tonwerte nach dem HSB-Modell in die Verrechnung der Ebenen einbezogen.

[HSB]
Hue, **S**aturation, **B**rightness: englische Bezeichnung für das Farbmodell, das einem Tonwert die drei Parameter Farbton, Sättigung, Helligkeit zugrundelegt.

Farbton | Bei FARBTON wird nur der Farbton der oberen Ebene übernommen. Von der unteren Ebene kommen Luminanz und Sättigung.

▲ **Abbildung 9.32**
FARBTON

Farbe | Der Modus FARBE übernimmt Farbton und Sättigung der oberen und die Luminanz der unteren Ebene. Mit diesen beiden Füllmethoden kann man sehr schön (Graustufen-)Bilder einfärben.

▲ **Abbildung 9.33**
Farbe

▲ **Abbildung 9.34**
Sättigung

▲ **Abbildung 9.35**
Luminanz

Sättigung | Beim Modus Sättigung werden der Farbton und die Luminanz der unteren Ebene beibehalten. Nur die Sättigung der oberen Ebene wird übernommen. Ein Graustufenbild als obere Ebene würde das Bild zu einem Graustufenbild machen, eine Ebene mit vollem Rot (oder Grün oder Blau) alle Farben voll sättigen.

Luminanz | Der Modus Luminanz hingegen prägt der unteren Ebene lediglich die Helligkeitswerte der oberen Ebene auf, Farbton und Sättigung bleiben gleich.

Einstellungsebenen | Speziell die Modi Luminanz, Farbton und Farbe spielen eine wichtige Rolle für den Umgang mit Einstellungsebenen. Der Modus Luminanz verhindert z. B. die oft störende Beeinflussung der Farbigkeit beim Arbeiten mit Tonwertkorrektur und Gradationskurven im RGB-Modus. Umgekehrt kann man z. B. im Modus Farbe unabhängig von den Helligkeitswerten unbesorgt an der Farbe herumschrauben.

Weil viele Füllmethoden intensives Probieren erfordern, ist es nützlich, das über Tastenkombinationen (Tabelle 9.2) schnell zu erledigen. Besonders sinnvoll ist die Möglichkeit, sich mit ⇧++ und ⇧+- durch alle Modi hindurchzutasten.

Füllmethode	Shortcut	Füllmethode	Shortcut
Einen Modus vor	⇧++ (Ziffernblock)	Weiches Licht	Alt+⇧+F
Einen Modus zurück	⇧+- (Ziffernblock)	Hartes Licht	Alt+⇧+H
Normal	Alt+⇧+N	Strahlendes Licht	Alt+⇧+V
Sprenkeln	Alt+⇧+I	Lineares Licht	Alt+⇧+J
Abdunkeln	Alt+⇧+K	Lichtpunkt	Alt+⇧+Z
Multiplizieren	Alt+⇧+M	Hart mischen	Alt+⇧+L
Farbig nachbelichten	Alt+⇧+B	Differenz	Alt+⇧+E
Linear nachbelichten	Alt+⇧+A	Ausschluss	Alt+⇧+X
Aufhellen	Alt+⇧+G	Farbton	Alt+⇧+U
Negativ multiplizieren	Alt+⇧+S	Farbe	Alt+⇧+C
Farbig abwedeln	Alt+⇧+D	Sättigung	Alt+⇧+T
Linear abwedeln	Alt+⇧+W	Luminanz	Alt+⇧+Y
Ineinanderkopieren	Alt+⇧+O		

▲ **Tabelle 9.2**
Füllmethoden: Shortcuts, wobei Alt natürlich auf dem Mac ⌥ entspricht

9.2 Füllmethoden bei Werkzeugen und Filtern

Neben der Verrechnung von verschiedenen Ebenen im Ebenenstapel sorgen die Füllmethoden auch in anderen Funktionsbereichen von Photoshop für vielfältige gestalterische Möglichkeiten.

So verfügen praktisch alle Werkzeuge, die auf der Basis von Pinselspitzen arbeiten, also die normalen Pinselwerkzeuge, der Kopierstempel, Weich- und Scharfzeichner, ein Teil der Reparaturwerkzeuge usw., zumindest über einen Teil der von den Ebenen bekannten Füllmethoden. Hier wird der normale Pinsel im Modus FARBTON benutzt, um die Farbe der Kuh zu ändern, ohne die Helligkeitszeichnung zu beeinträchtigen. Im hellen, fast weißen Bereich des Fells wirkt dieser Modus z. B. kaum, was in diesem Beispiel sehr vorteilhaft ist.

▲ **Abbildung 9.36**
Pinsel-Werkzeug im Modus FARBTON

Bei den meisten Filtern kann nach deren Anwendung über BEARBEITEN • VERBLASSEN in einem zweiten Arbeitsschritt die Wirkung des Filters über eine Einstellung der DECKKRAFT abgemildert werden. Im folgenden Beispielbild wurde zuerst der Filter BEWEGUNGSUNSCHÄRFE mit einem ABSTAND von 500 Pixeln angewendet und anschließend mit VERBLASSEN im Modus AUFHELLEN auf die helleren Bildbereiche beschränkt. Dadurch entsteht hier ein Eindruck von Bewegung, ohne dass das Schiff als Ganzes unerkennbar weichgezeichnet würde, was ohne VERBLASSEN der Fall gewesen wäre.

◄ **Abbildung 9.37**
Verblassen der Bewegungsunschärfe im Modus AUFHELLEN

Auch die neuen Smartfilter können mit Füllmethoden in ihrer Wirkungsweise beeinflusst werden. Das Ergebnis ist visuell gleich wie bei VERBLASSEN, allerdings nicht-destruktiv.

▲ **Abbildung 9.38**
Füllmethoden für Smartfilter

9.3 Praktisches Arbeiten mit Füllmethoden

Das Arbeiten mit den verschiedenen Modi der Ebenen erfordert trotz der Systematik, die in diesem Feature von Photoshop steckt, viel Probieren und vor allem Erfahrung, was man mit welchem Mitteln erreichen kann. Die folgenden beiden Beispiele mit dem gleichen Ausgangsbild sollen ein wenig verdeutlichen, wie man vorgehen kann. Dies sind keineswegs Standardverfahren, sondern sollen nur Anregungen und Startpunkte für Ihre eigenen Versuche sein. Erfahrungsgemäß sind speziell in diesem Bereich Experimente überaus dankbar!

Sie finden die Datei für dieses Beispiel auf der Buch-DVD unter BEISPIELDATEIEN/09_EFFEKTE/09_MODI_FX_MODEL.JPG.

9.3.1 Weichzeichnen mit Füllmethoden

Dieses Porträtfoto soll mit einem speziellen Look veredelt werden, der ein wenig an die typisch weichgezeichneten Bilder des englischen Fotografen David Hamilton erinnern soll. Es soll dezent weicher werden, ohne allerdings die Detailzeichnung zu verlieren. Das klingt nach einem Widerspruch, ist aber mit Ebenen und deren Füllmethoden recht einfach zu erledigen.

© pixelio.de

▲ **Abbildung 9.39**
Originalbild

Schritt für Schritt: Porträtfoto softer machen

1 Ebenenkopie weichzeichnen

Zuerst wird die Hintergrundebene dupliziert und mit dem GAUSSSCHEN WEICHZEICHNER mit 20 Pixel RADIUS weichgezeichnet. Das Bild ist nun unkenntlich soft geworden.

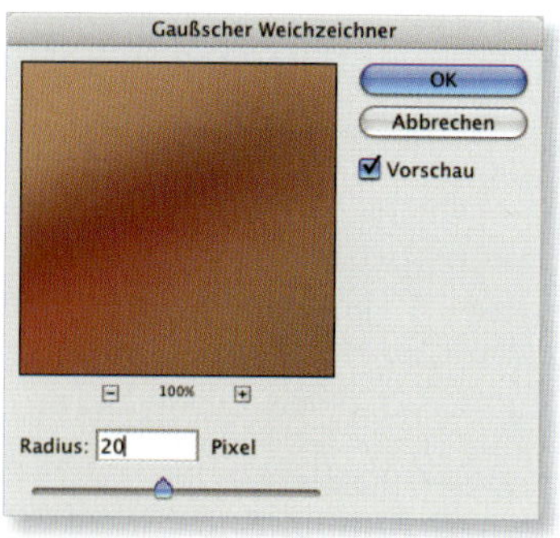

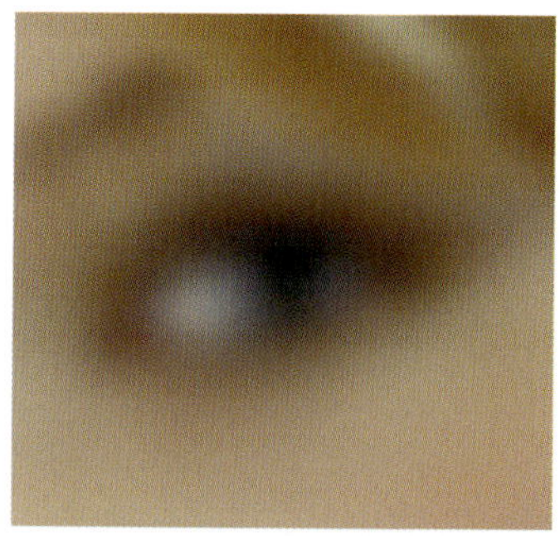

▲▶ **Abbildung 9.40**
Weichzeichnung der Ebenenkopie

Nun wird diese Ebenenkopie in der DECKKRAFT auf 50 % reduziert und in den Modus ABDUNKELN gesetzt. Dadurch wirkt der Weichzeichner nur teilweise und in den dunkleren Bildbereichen. Die Mitten und Lichter bleiben weitgehend unbeeinträchtigt, und der Gesamteindruck bleibt noch gut durchzeichnet.

◄▲ **Abbildung 9.41**
Weichgezeichnete Ebenenkopie im Modus ABDUNKELN und in der DECKKRAFT reduziert

2 Zweite Ebenenkopie weichzeichnen

Jetzt wird der vorige Arbeitsschritt wiederholt, jedoch diesmal in Bezug auf die Lichter im Bild. Eine weitere Kopie der Hintergrundebene wird mit Strg/⌘+F mit der gleichen Einstellung wie zuvor weichgezeichnet und in den Modus AUFHELLEN versetzt. Die DECKKRAFT wird dabei auf 25 % erniedrigt. Diesmal werden also die Lichter weichgezeichnet. Die Mitten und Tiefen bleiben unangetastet.

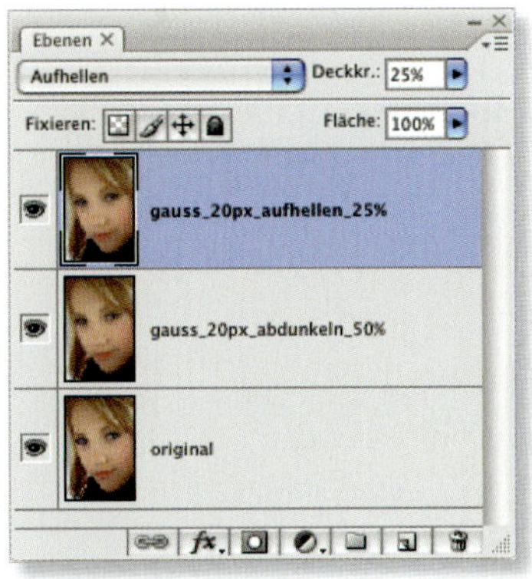

◄▲ **Abbildung 9.42**
Zweite weichgezeichnete Ebenenkopie im Modus AUFHELLEN

Die Lichter überstrahlen nun leicht und ergeben die gewünschte vage Unschärfe. Zudem glättet diese zweite Ebene die hellen Hauttöne angenehm aus.

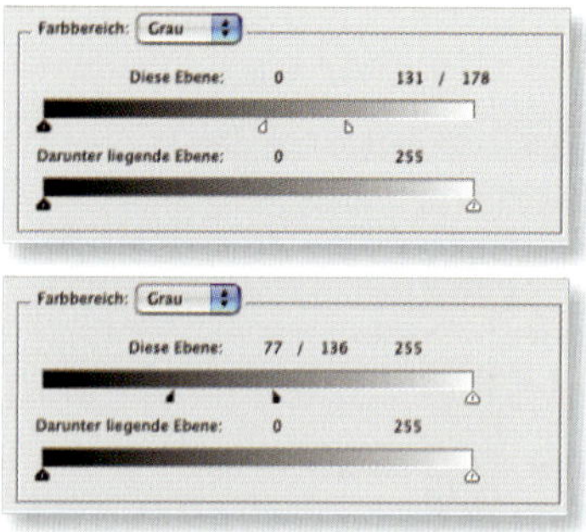

▲ **Abbildung 9.43**
Fülloptionen für die Ebene mit dem Modus Abdunkeln (oben) und diejenige mit dem Modus Aufhellen (unten)

3 Feintuning mit Fülloptionen

Man kann den Wirkungsbereich der beiden weichgezeichneten Ebenenkopien nun noch weiter und sehr fein einstellen, wenn man mit einem Doppelklick auf die Ebene in der Ebenen-Palette (nicht auf das Miniaturbild) den Dialog Ebenenstil öffnet. Mit den Reglern Diese Ebene unter Farbbereich lässt sich regeln, wie weit die jeweilige Ebene in den für die Detailwahrnehmung wichtigen Mittenbereich hineinwirkt. Die weiche Übergangszone zwischen Wirkung und Nicht-Wirkung kann man durch Auseinanderziehen der beiden Hälften des jeweiligen Schiebers mit gedrückter [Alt]-Taste erreichen.

Das Ergebnis zeigt den nochmal verfeinerten Weichzeichner-Look.

Abbildung 9.44 ▶
Original und fertiges Bild ■

9.3.2 Crossover

Aufbauend auf dem Ergebnis des vorigen Workshops soll nun ein weiterer spezieller Look mithilfe von Ebenen, deren Füllmethoden und Filtern erreicht werden. Dieser Look ist angelehnt an das sogenannte »Crossen« oder den »Crossover-Look«. Dieser stammt aus der analogen Fotografie und bezeichnet das Entwickeln von Dias und Negativen mit der jeweils entgegengesetzten chemischen Entwicklungsmethode. So werden Dias mit dem an sich für Negative vorgesehenen C-41-Prozess entwickelt und umgekehrt Negative im E-6-Prozess für Dias. Je nach Richtung bekommt man dabei typisch verfälschte Farben, ein verstärktes

Filmkorn, einen höheren Kontrast oder eine knallige Farbigkeit und leichte Unschärfe. Dieser Look war z. B. in den 80er Jahren für Plattencovers sehr beliebt. Die Effekte sind vielfältig und in ihrer Nachbildung auf digitalem Wege natürlich noch massiv veränderbar.

Schritt für Schritt: Crossover-Look

Der Ausgangspunkt für das Folgende soll das Endergebnis des vorigen Workshops sein.

Sie finden die Datei für dieses Beispiel auf der Buch-DVD unter BEISPIELDATEIEN/09_EFFEKTE/09_CROSSOVER-LOOK.TIF.

1 Kontrastanhebung mit Kanalmixer

Zunächst soll eine massive Kontrastverstärkung erreicht werden. Dazu wird eine Ebenenkopie mit einer Einstellungsebene mit der Funktion KANALMIXER versehen. Diese Einstellungsebene wird im Fuss der Ebenen-Palette mit gedrückter [Alt]-Taste aufgerufen, damit direkt die Option SCHNITTMASKE AUS VORHERIGER EBENE ERSTELLEN aktiviert werden kann. Die ist dann eingerückt und wird nur auf die Ebenenkopie. Der Kanalmixer läuft in Modus MONOCHROM, damit wir ein Schwarzweißbild erhalten. Die Ebenenkopie wird mit der Einstellungsebene in einen eigenen Ordner gepackt.

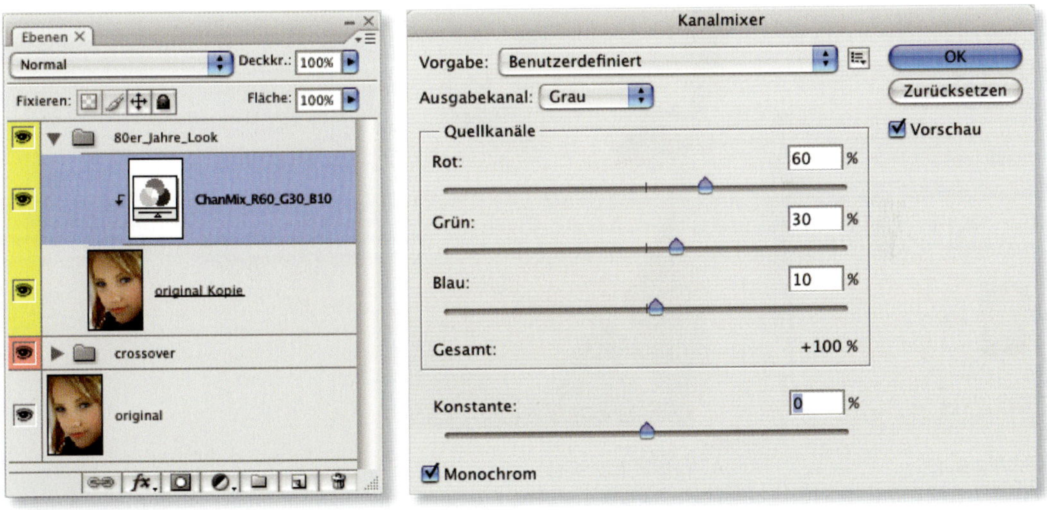

▲ **Abbildung 9.45**
Einstellungsebene mit Kanalmixer

2 Füllmethode Ineinanderkopieren

Das Ergebnis dieser Aktion ist zunächst unspektakulär schwarzweiß. Nun wird die Füllmethode des Gruppenordners auf INEINANDERKOPIEREN geänder und wir bekommen ein kontrastreiches, etwas plakativ wirkendes, fahles Ergebnis.

▲▶ Abbildung 9.46
Die Kanalmixer-Gruppe im Modus INEINANDERKOPIEREN

3 Einfärben

Nun wird gegen den fahlen Eindruck eine Einstellungsebene mit der Funktion FARBTON/SÄTTIGUNG eingezogen. Diese läuft im Modus FÄRBEN und sorgt für eine wärmere, sepia-artige Farbigkeit.

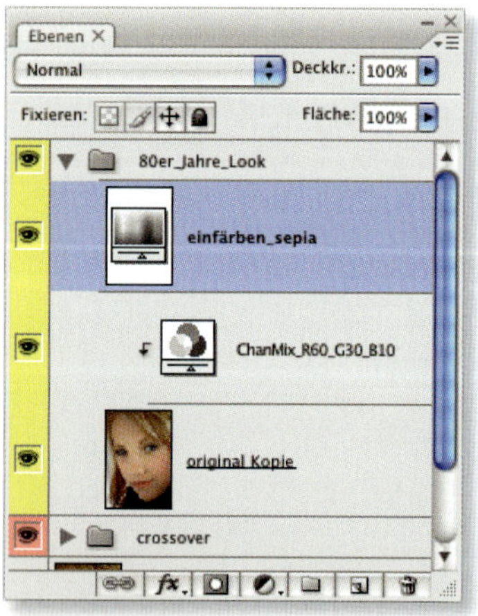

▲ Abbildung 9.47
Einstellungsebene zum Einfärben

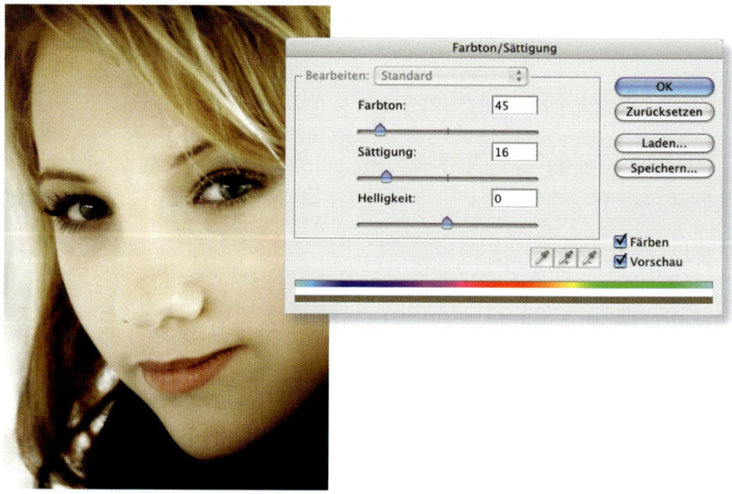

▲ Abbildung 9.48
Einstellungen im Dialog FARBTON/SÄTTIGUNG und Zwischenergebnis nach dem Einfärben

4 Aufhellen

Insgesamt wirken die Mitten und Tiefen nun etwas zu düster. Das wird mit einer Einstellungsebene mit GRADATIONSKURVEN behoben. Sie heben die dunklen Bereiche des Bildes deutlich an.

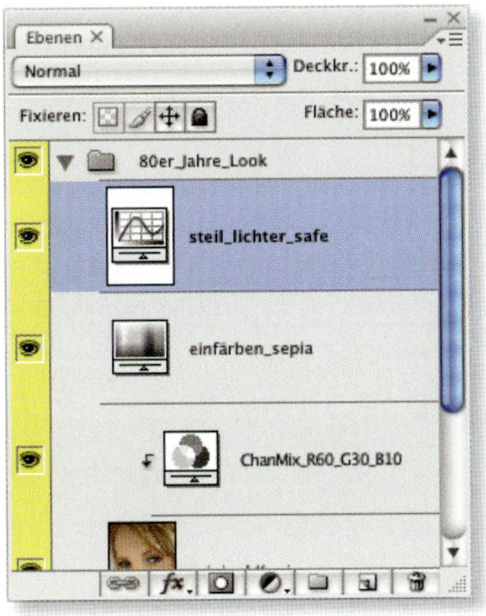

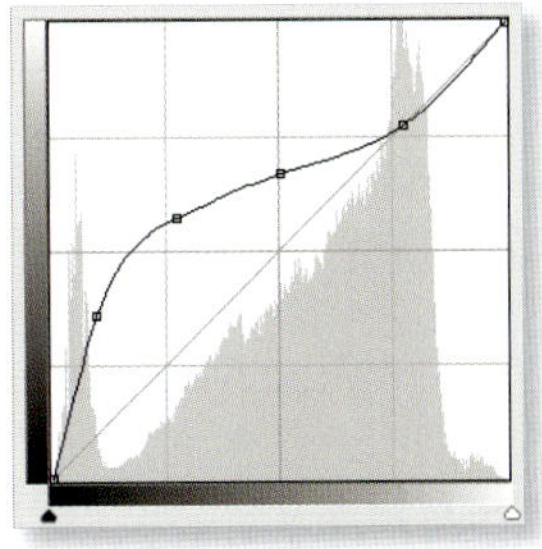

◄▲ **Abbildung 9.50**
Aufhellung mit Gradationskurven

▲ **Abbildung 9.49**
Aufgehelltes Bild

Die Lichter werden dabei möglichst in Ruhe gelassen, so dass in den hellen Hautpartien noch immer genug Zeichnung für die Gesichtsform übrig bleibt.

5 Filmkorn hinzufügen

Ein wichtiges Merkmal von gecrossten Fotos ist die stark hervortretende Körnigkeit des Films. Dies in Photoshop zu erreichen, ist natürlich nicht schwer. Dazu wird eine neue, leere Ebene erstellt, mit Strg/⌘+A alles ausgewählt und diese mit Bearbeiten • Fläche füllen mit 50% Grau ausgefüllt. Darauf wird mit Filter • Rauschfilter • Rauschen hinzufügen ein Rauschen im Modus Gaussche Normalverteilung in 25% Stärke und mit aktivierter Checkbox Monochromatisch erzeugt.

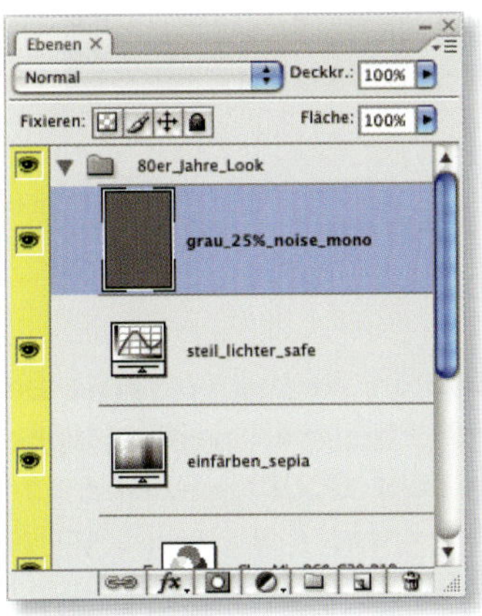

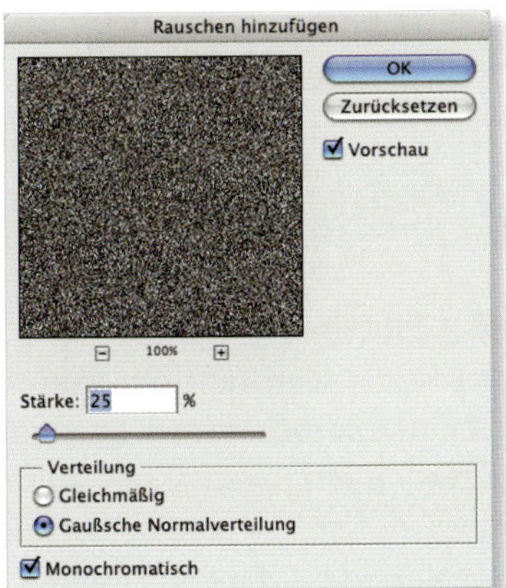

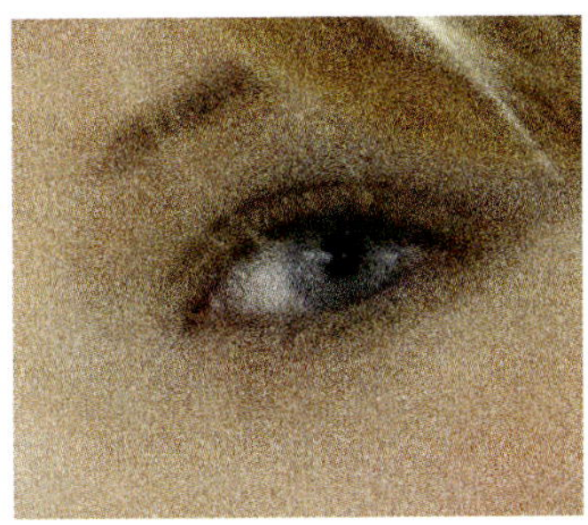

◄▲ **Abbildung 9.51**
Hinzufügen von Rauschen für das Filmkorn

Da die Ebene mit dem Rauschen die Füllmethode Normal hat, deckt sie innerhalb des Ordners alles unterhalb liegende ab und wirkt nur über den Ordner-Modus Ineinanderkopieren auf die Originalebene. Deswegen muss sie nun noch umgestellt werden. In diesem Fall ist der Modus Weiches Licht am besten geeignet.

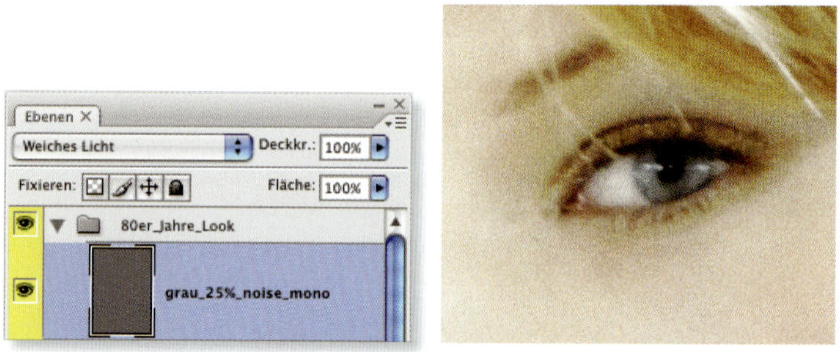

Abbildung 9.52 ▸
Rausch-Ebene im Modus Weiches Licht

Die Ebene mit dem Rauschen hätte sich theoretisch auch noch als Smartfilter-Ebene einziehen lassen. Dann wäre das Ergebnis mit den verschiedenen Ebenen vollständig editierbar geblieben. Aber auch so bietet es eine Reihe von Veränderungsmöglichkeiten und das gezeigte Bild stellt nur eine von vielen Möglichkeiten dar.

Abbildung 9.53 ▸
Das Original und das fertige Bild

9.4 »Effekt«-ives Arbeiten mit Ebenen

9.4.1 Füllebenen

Im Laufe der Zeit und mit den jüngeren Photoshop-Versionen sind zu den altbekannten Ebenen mit Pixelinhalt weitere Typen dazugekommen, die Adobe unter dem Begriff »Füllebenen« zusammenfasst. Sie finden sich unter Ebene • Neue Füllebene und zeigen in der Ebenen-Palette ihre eigenen Thumbnails.

Volltonfarbe | Der erste Typ mit dem Namen VOLLTONFARBE ist etwas unglücklich benannt, weil er mit dem gleichen Begriff im Zusammenhang mit Druckfarben verwechselt werden kann (siehe Abschnitt 5.7). Tatsächlich wird dieser Ebenen-Typ nur mit einer Farbe gefüllt, nicht mehr und nicht weniger. Das hat eigentlich mit einer Volltonfarbe nichts zu tun. Mit einem Doppelklick auf das Ebenen-Icon öffnet sich der normale Photoshop-Farbwähler.

▲ **Abbildung 9.54**
Die drei Füllebenen-Typen im Menü (oben) und in der Ebenen-Palette (unten)

Verlauf | Bei der Füllebene des Typs VERLAUF öffnet sich beim Doppelklick auf das Thumbnail-Bild ein Optionen-Dialog, in dem sich neben der eigentlichen Verlaufsauswahl und deren Parametern die Erstreckung des Verlaufs entweder über die ganze Ebene oder nur über den sichtbaren Teil einstellen lässt (AN EBENE AUSRICHTEN). Details zu Verläufen finden Sie in Abschnitt 9.6.

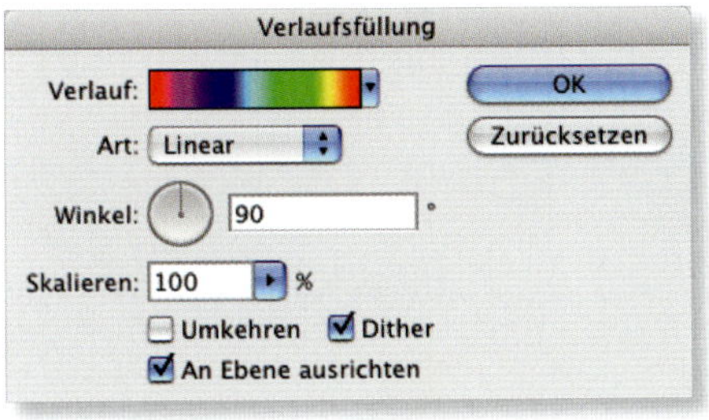

◀ **Abbildung 9.55**
Optionen für die VERLAUFSFÜLLUNG

Muster | Bei der Füllebene MUSTER kann man neben der Auswahl des Musters dessen Skalierung angeben. Hier ist es wichtig zu beachten, dass bei Werten über 100 % das Muster, das ja aus Pixeln besteht, vergrößert wird, was mit Qualitätsverlusten verbunden ist. Deswegen sollte man die Größe vorher überprüfen. Ein Muster mit 10 × 10 Pixeln ist z. B. für spätere Druckzwecke eher nicht brauchbar.

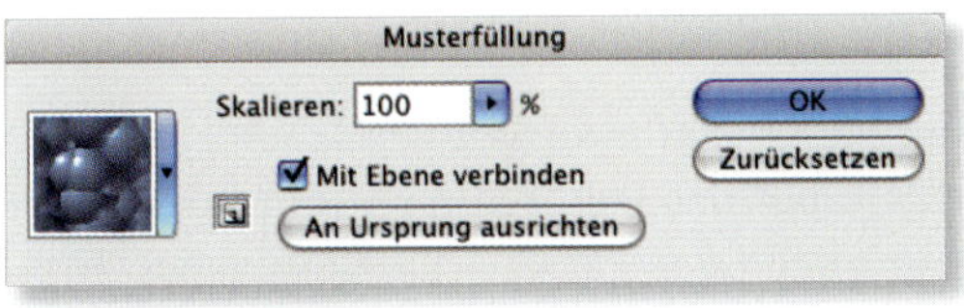

◀ **Abbildung 9.56**
Optionen für das Muster

9.4.2 Zwei gleiche Regler? Deckkraft vs. Fläche

Mit der Version 7 von Photoshop wurde der Kopfteil der Ebenen-Palette geändert. Dort finden Sie zwei Regler, einen für DECKKRAFT und einen für FLÄCHE.

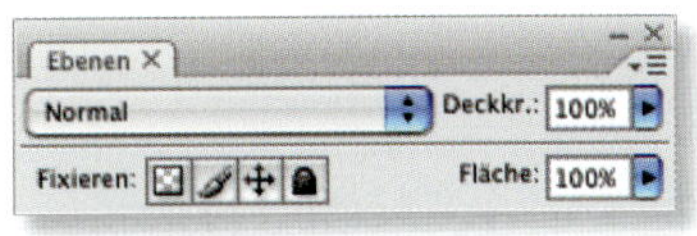

▲ **Abbildung 9.57**
Kopf der Ebenen-Palette mit den Reglern für DECKKRAFT- und FLÄCHE

Hat man normale Bildebenen, so kann man zunächst nicht erkennen, was der Regler FLÄCHE anderes tut als DECKKRAFT und wozu dieser eigentlich gut sein soll. Viele User benutzen

▲ **Abbildung 9.58**
Ansicht von Button und Hintergrund in der Ebenen-Palette

deswegen erfahrungsgemäß den Regler FLÄCHE einfach gar nicht, was schade ist, denn er spart viel Arbeit, wenn man ihn sinnvoll einsetzt. Ein kleines Beispiel soll die verschiedenen Funktionen und deren Nutzen klarmachen.

Ein simpler Button ist mit einigen Ebeneneffekten (mehr dazu gleich im Anschluss) versehen worden. Der Button steht über einer Hintergrundebene. Wird die DECKKRAFT des Buttons verringert, so wird **alles** in seiner Ebene **transparenter**. Wird der Regler FLÄCHE zurückgenommen, bleiben alle Effekte unverändert. Der **Pixelinhalt** der Ebene wird hingegen **abgeblendet**. Das erlaubt einige sehr elegante Kombinationen von Effekten, die sonst nur mit erheblichem Mehraufwand zu realisieren wären. Die englischen Bezeichnungen »Opacity« und »Fill« machen übrigens etwas besser klar, wo hier der Unterschied liegt.

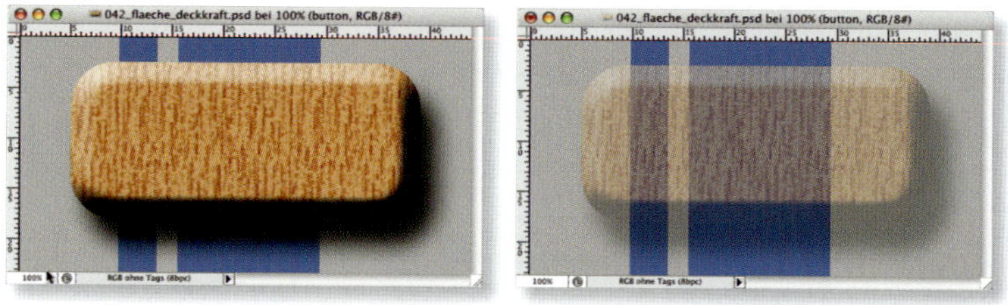

Abbildung 9.59 ▶
Normalzustand (links, DECKKRAFT und FLÄCHE auf 100 %) und DECKKRAFT auf 50 % (rechts, ebenfalls mit FLÄCHE auf 100 %)

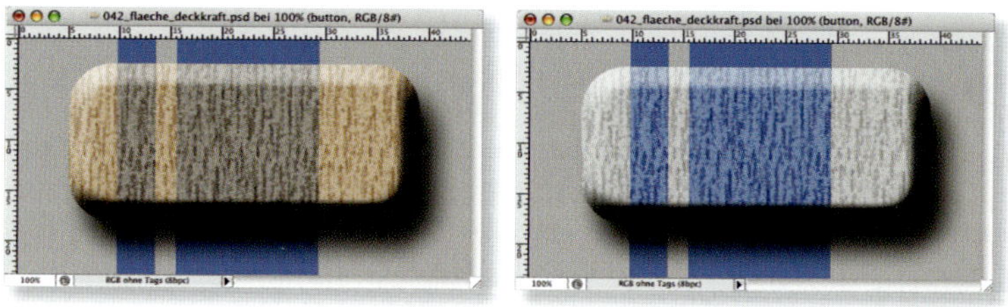

Abbildung 9.60 ▶
DECKKRAFT auf 100 % mit FLÄCHE auf 50 % (links) und mit FLÄCHE auf 0 % (rechts)

Tastenkürzel

Die DECKKRAFT lässt sich sehr schnell und bequem mit Tasten einstellen. Ist das Zahlenfeld markiert, so kann man den Wert mit [↑] bzw. [↓] prozentweise erhöhen oder reduzieren. Drückt man die [⇧]-Taste dazu, geht das in 10 %-Schritten. Die Nummerntasten auf dem Ziffernblock der Tastatur stellen Werte direkt ein: [1] z. B. ergibt 10 %, [9] 90 %, und [0] stellt 100 % ein. Wenn man zwei Tasten schnell hintereinander drückt, lassen sich auch zweistellige Prozentangaben machen.

9.5 Ebenenstile

Die Ebenenstile, früher »Ebeneneffekte« genannt, sind über den Fuß der Ebenen-Palette, über das Palettenmenü mit FÜLLOPTIONEN, das Kontextmenü oder über EBENE • EBENENSTIL zu erreichen. Wie man sieht, bietet Photoshop hier keine 100 %-prozentig konsistente Benennung.

Es sollen in der Folge nicht alle Effekte der Reihe nach einzeln und in all ihren Details besprochen werden. Das soll der Photoshop-Help-Datei und vor allem Ihnen und Ihrer Experimentierfreude überlassen bleiben. Zwei Beispiele und ein kleiner Workshop sollen das Zusammenspiel zwischen Füllebenen, den Reglern DECKKRAFT und FLÄCHE sowie den Ebenenstilen kurz umreißen.

9.5.1 Beispiel 1: Der Ausschnitteffekt

Hier soll ein Ausschnitt-Effekt erstellt werden. Eine Textebene liegt zunächst über einem Hintergrund. Mit Fülloptionen • Schatten nach innen kann dieser Effekt schnell erzielt werden. Will man den ursprünglichen Bildhintergrund im Ausschnitt sehen, so hilft hier der Regler Fläche, der zurückgedreht wird. Im Bereich der Textfüllung wird nun die darunter liegende Ebene sichtbar. Bevor die Kombination dieser beiden Funktionen verfügbar war, musste in früheren Photoshop-Versionen zumindest mit duplizierten Ebenen gearbeitet und der Text dazu gerastert werden. Jetzt bleibt der Text editierbar.

▼ Abbildung 9.61
Textebene über Hintergrund und Ausschneide-Effekt durch Ebenenstil Schatten nach innen

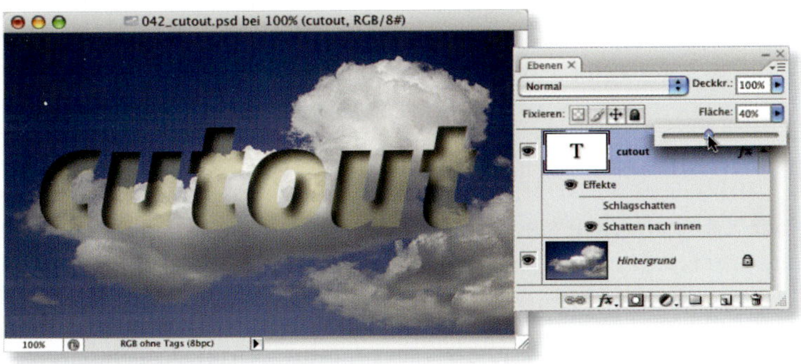

▲ Abbildung 9.62
Praktischer Einsatz des Reglers Fläche mit abgeblendeter Buchstabenfüllung

9.5.2 Beispiel 2: Prägung

In diesem Beispiel soll ein Schriftzug eingeprägt werden.

Schritt für Schritt: Einen Schriftzug prägen

Einige Parameter in den einzelnen Dialogseiten des umfangreichen Ebenenstil-Dialogs sollen hier näher betrachtet werden. Es liegen in diesem Fall eine Formebene und eine Textebene über

Mausbewegungen bei Fülloptionen

Wenn im Fülloptionen-Dialog der Punkt Schlagschatten oder Schatten nach innen ausgewählt ist, kann man mit dem Cursor ins Bild fahren und beim Schatten gleichzeitig Winkel und Distanz interaktiv verstellen:

Bei Abgeflachte Kante und Relief • Struktur und bei Musterüberlagerung lässt sich so auch das Muster positionieren. Drückt man dazu die [⇧]-Taste, beschränkt man die Bewegung auf das 45°-Raster.

Das Ganze ist vor allem deswegen angenehm, weil z. B. der Regler Distanz beim Schatten im unteren Bereich ziemlich unsensibel reagiert. Durch Zoomen lässt sich hier die Genauigkeit sehr gut steigern.

einem Hintergrund. Die Form hat einen glühenden Schein und ein Randprofil, die Schrift soll sich in die Form »einprägen«.

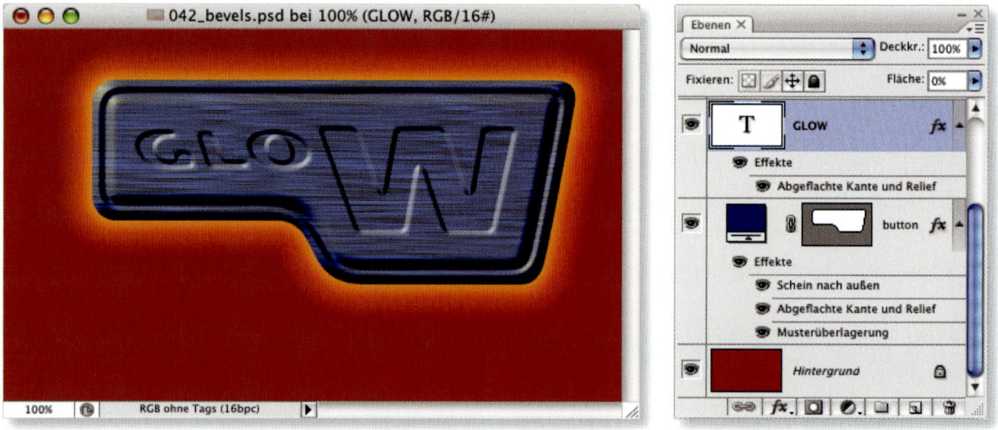

▲ **Abbildung 9.63**
Form mit Reliefrand, Schein und eingeprägter Schrift (links) und deren Aufbau in der Ebenen-Palette (rechts)

Beispieldateien auf der DVD: 09_EFFEKTE/09_BEVELS.PSD

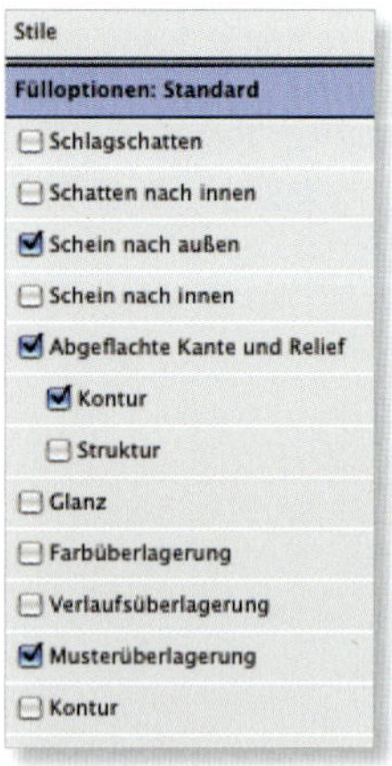

▲ **Abbildung 9.64**
Seitenmenü im Ebenenstil-Dialog für die Formebene

Abbildung 9.65 ▶
Einstellungen für SCHEIN NACH AUSSEN und ABGEFLACHTE KANTE UND RELIEF

1 Schein nach außen

Der Effekt der Formebene ist SCHEIN NACH AUSSEN, der statt einer einfachen Scheinfarbe einen Verlauf ins Transparente bekommen hat ❶. Wichtig ist hier auch, bei ELEMENTE • TECHNIK die Einstellung PRÄZISE ❷ zu wählen, damit der Schein auch wirklich an den Umrissen der Form entlanggeht. Andernfalls wird der Schein Weicher vom geometrischen Schwerpunkt der Form aus erzeugt.

2 Abgeflachte Kante und Relief

Weiter hat die Form eine ABGEFLACHTE KANTE UND RELIEF, die mit einer gewölbten (statt der geraden) GLANZKONTUR ❸ ein ausgeprägteres Spitzlicht erhält. Diese Glanzkontur hat nichts mit dem Profil der Kante selbst zu tun.

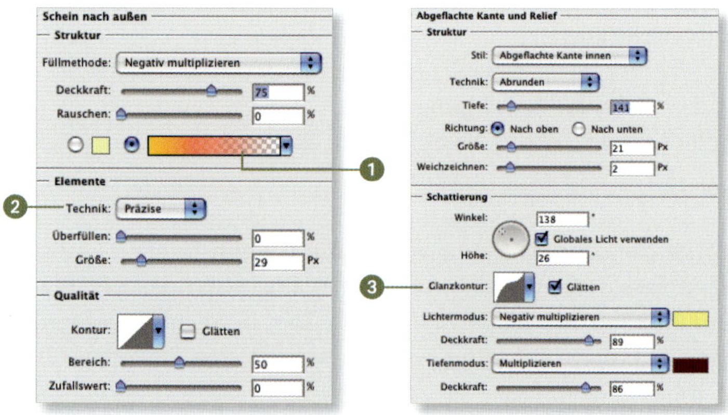

Deren Einstellmöglichkeiten finden sich im Seitenmenü im Unterpunkt von Abgeflachte Kante und Relief unter Kontur. Hier wird ein Doppelprofil für das Randrelief eingestellt. Mit dem Wert für Bereich wird eingestellt, wie weit sich das Profil vom Rand weg erstreckt.

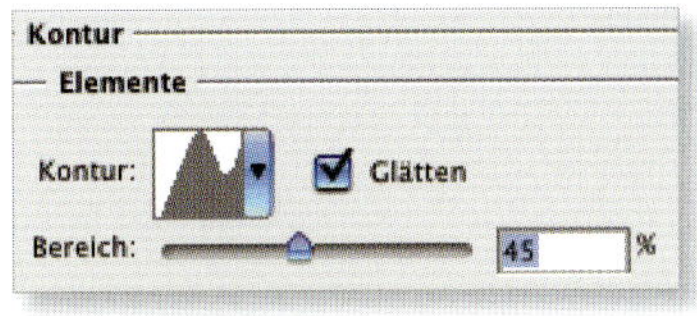

▲ **Abbildung 9.66**
Einstellungen für Abgeflachte Kante und Relief • Kontur

3 Musterüberlagerung

Damit die Binnenform nun noch eine Struktur bekommt, wird unter Musterüberlagerung ein Muster eingefügt, das an gebürstetes Aluminium erinnert. Mit dem Modus Ineinanderkopieren wird es in die Farbe der Formebene eingearbeitet.

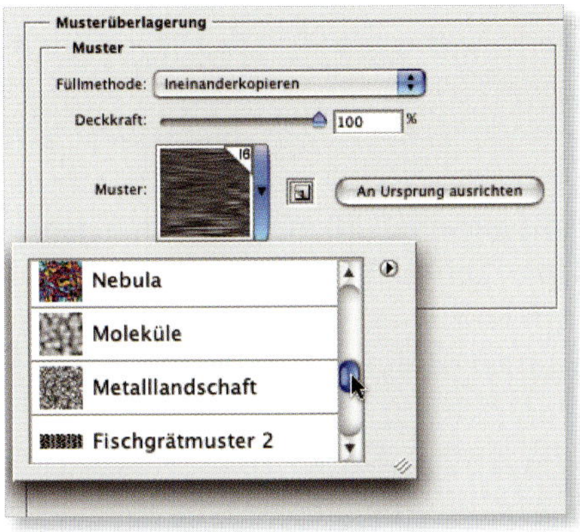

◀ **Abbildung 9.67**
Musterüberlagerung

16-Bit-Muster

Hat ein Muster in der Icon-Ansicht eine kleine »Eselsecke« mit der Zahl 16, so handelt es sich um ein Muster mit 16 Bit Farbtiefe.

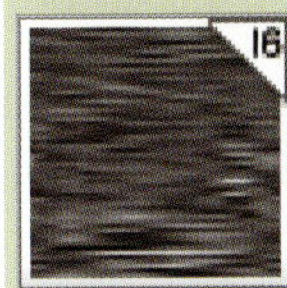

4 Textebenen-Effekte

Die Textebene hat eine einfache Abgeflachte Kante mit Relief, allerdings ist diese umgekehrt (Stil • Abgeflachte Kante innen), weil eine Einprägung ja vertieft sein sollte. Der Inhalt der Textebene selbst wurde mit dem Regler Fläche ausgeblendet. Die Schriftfarbe ist somit egal und übrig bleibt, wie gewünscht, allein der Kanteneffekt als Prägung.

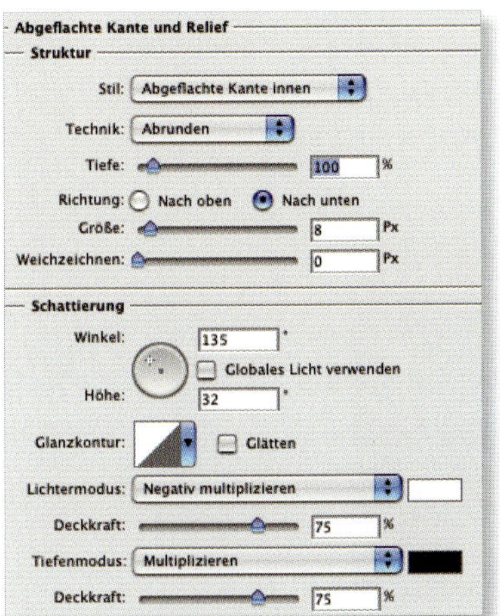

◀ **Abbildung 9.68**
Abgeflachte Kante und Relief für die Textebene

9.5.3 Ebenenstil speichern

Die insgesamt umfangreichen Einstellungen des Ebenenstil-Dialogs lassen sich abspeichern und so schnell und einfach weiterverwenden. Mit dem Button Neuer Stil rechts oben in der Dialogbox kann man die aktuelle Konfiguration unter einem neuen Namen speichern.

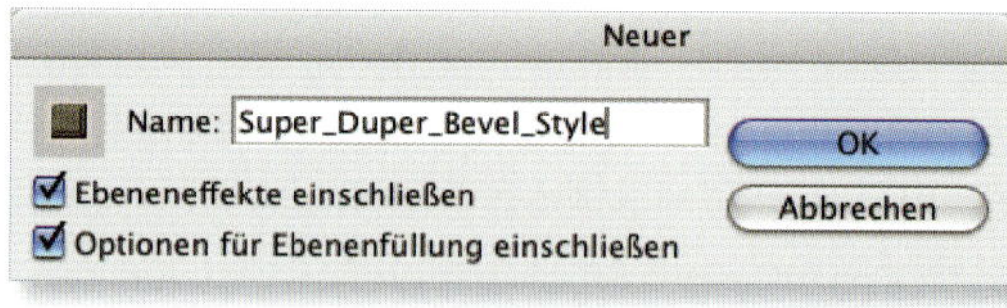

Abbildung 9.69 ▸
Neuen Ebenenstil abspeichern

Das Gleiche passiert übrigens, wenn man in der Stile-Palette (Fenster • Stile) in den unteren freien Teil klickt (der Cursor ist ein Eimer), um einen neuen Stil hinzuzufügen. Nun lassen sich unter Optionen für Ebenenfüllung auch die Einstellungen für Deckkraft und Fläche mitspeichern. Die neuen Stile erscheinen dann sowohl unter dem obersten Menüpunkt Stile in der Ebenenstil-Dialogbox als auch im Stile-Menü des Optionsbalkens für die Formebenen und natürlich in der Stile-Palette.

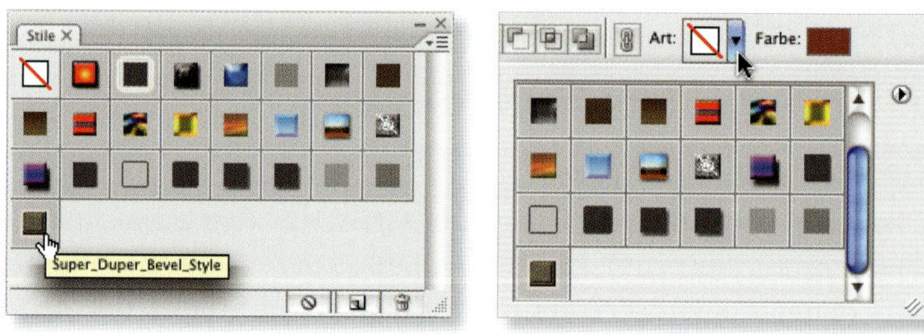

Abbildung 9.70 ▸
Ebenenstile in der Stile-Palette (links) und im Optionen-Balken für die Formebenen (rechts)

9.5.4 Ebenenstile kopieren

Innerhalb der Ebenen-Palette lassen sich Stile im Kontextmenü mit Ebenenstil kopieren und Ebenenstil einfügen von einer Ebene auf die andere übertragen. Das geht auch (und noch schneller) mit Alt+Klick auf das »*fx*« und Ziehen auf die neue Ebene.

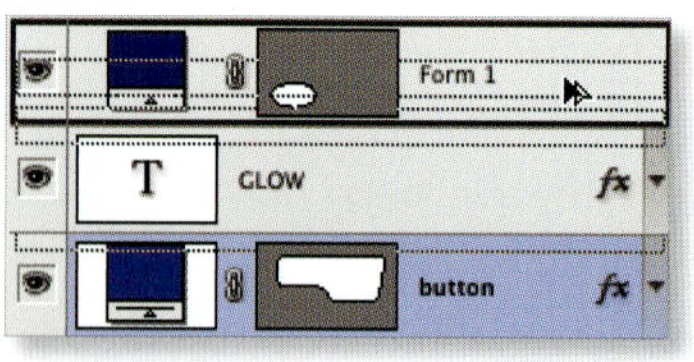

▴ Abbildung 9.71
Ebenenstil mit Alt+Ziehen kopieren

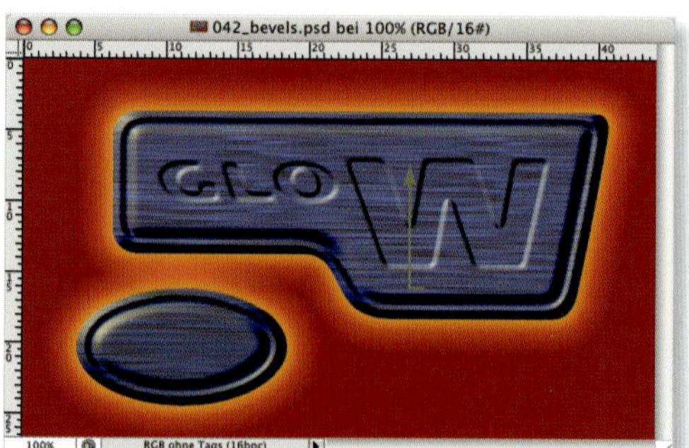

Abbildung 9.72 ▸
Neue Formebene mit kopiertem Ebenenstil

9.5.5 Ebenenstile im Einsatz

Der Umgang mit Füllebenen und Ebeneneffekten findet seinen wichtigsten Anwendungszweck im Screendesign. Dazu gehört das Gestalten von Interface-Elementen wie Buttons.

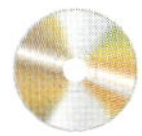

Daten auf der DVD
Sie finden die Datei zu diesem Workshop auf der Buch-DVD unter BEISPIELDATEIEN/09_EFFEKTE/09_AQUA_BUTTON.PSD.

Schritt für Schritt: Aqua-Button nachbauen

Im folgenden Beispiel soll der typische Glas-Look der »Aqua«-Buttons der Betriebssystem-Oberfläche von Apples Mac OS X nachempfunden werden. Dieser Look ist sehr beliebt und hat sich in den letzten Jahren sowohl im Web verbreitet als auch bei einem Betriebsystemkonkurrenten wiedergefunden. Bei dieser Aufgabe kommt man dank Füllebenen und Ebeneneffekten praktisch ohne Pixelbild-Material aus.

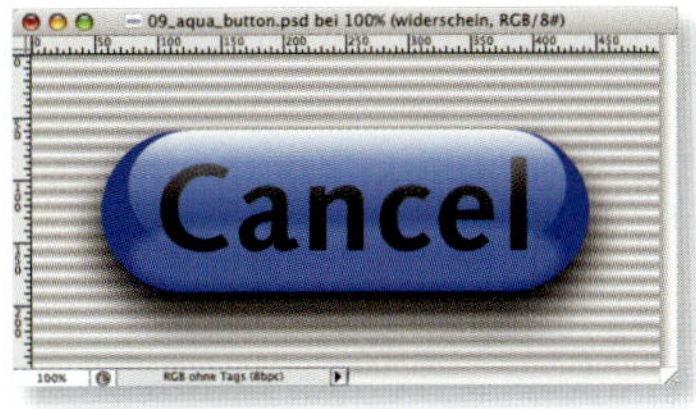

▲ **Abbildung 9.73**
So soll der fertige Button aussehen.

1 Streifenhintergrund

Der Hintergrund mit dem dezenten Streifen-Look lässt sich einfach mit einer Füllebene MUSTER erstellen. Dazu brauchen wir allerdings erstmal ein Muster. Hierzu erstellen wir einen ganz kleine Datei (hier 12×12 Pixel) und zoomen maximal ein, zeichnen mit dem Buntstift-Werkzeug (B) zwei hellgraue 2-Pixel-Balken mit gleich breitem Abstand und wählen zwei Balken und zwei Zwischenräume aus. Man kann hier auch mit einer Auswahl und deren Füllung arbeiten.

Mit BEARBEITEN • MUSTER FESTLEGEN wird dieses Muster gespeichert. Nach Aufruf des Befehls EBENE • NEUE FÜLLEBENE • MUSTER wählen wir das eben definierte Muster aus. Im Thumbnail der Füllebene wird das Muster angezeigt .

▲ **Abbildung 9.74**
Muster erstellen

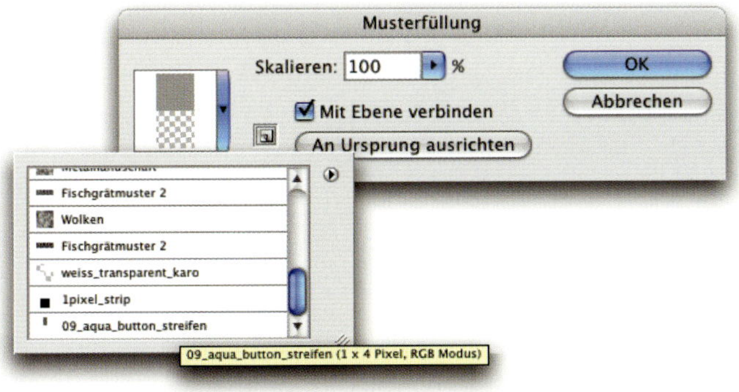

◄ **Abbildung 9.75**
Optionen für Füllebene mit Muster

2 Button-Grundform

Für die ovale Grundform des Buttons wählen wir das Werkzeug für abgerundete Rechtecke U. Wir ziehen aber zunächst kein solches Rechteck im Bild auf, sondern klicken im Optionen-Balken auf das Flyout-Menü ❶, um unter FESTE GRÖSSE direkt die Maße einzugeben: 400×100 Pixel. Damit sich für die Enden des Buttons genaue Halbkreise ergeben, muss man unter Radius die halbe Höhe eingeben. Dann wird der Button mit einem Klick (ohne Ziehen) im Bild platziert.

Das Formwerkzeug produziert in einem Schritt eine Füllebene mit einer soliden Farbe und einer Vektormaske.

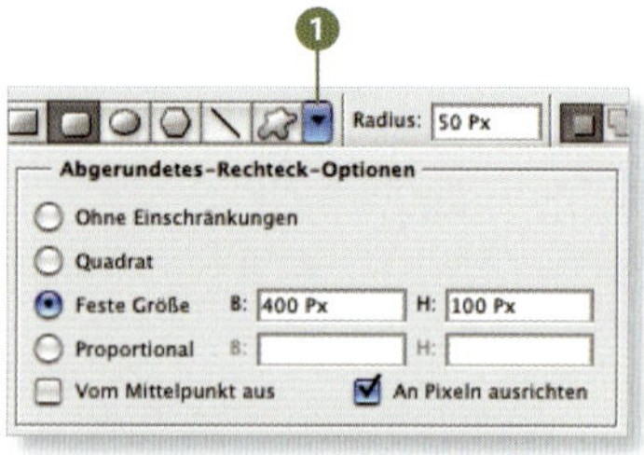

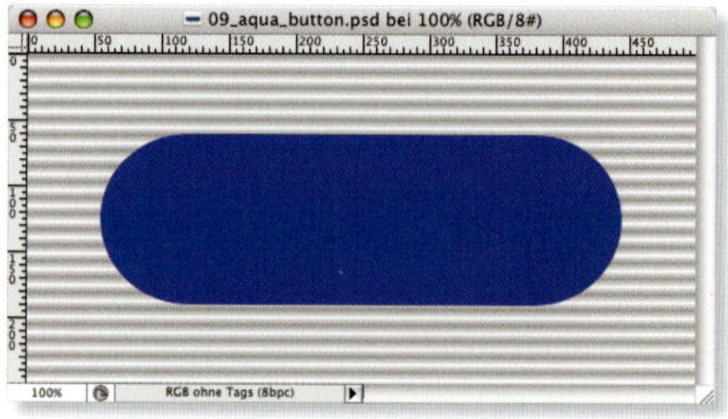

▲ **Abbildung 9.76**
Optionen für Abgerundetes Rechteck und die resultierende Button-Grundform

3 Glanzlicht mit Verlauf erstellen

Für das charakteristische Glanzlicht der »Aqua«-Buttons duplizieren wir die Ebene mit der blauen Grundform und wechseln mit Ebene • Inhalt der Ebene ändern • Verlauf deren Typ.

Im dann folgenden Dialog für die Optionen der Verlaufsfüllung wählt man einen Verlauf von Weiß nach Transparent aus ❷. Dieser muss noch ein wenig verändert werden, indem man bei den Verlaufseigenschaften für die Transparenz (Schieber oberhalb des Streifens) den kleinen Punkt ❸ für die Verteilung des Verlaufs zum Weiß hinüberzieht, damit dieses nicht zu weit in den dunklen Teil des Buttons hineinreicht.

▲ **Abbildung 9.77**
Optionen für die Verlaufs-Füllebene (oben) und für den Verlauf (unten)

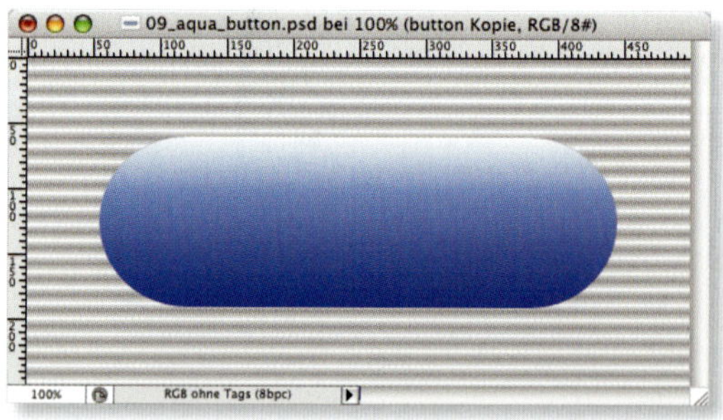

Abbildung 9.78 ►
Zwischenergebnis mit Glanzverlauf

Der eigentliche Glanzeffekt beruht aber nur zum Teil auf dem Verlauf selbst. Wichtig ist seine Form. Um diese anzupassen, wählt man bei aktivierter Ebene [Strg]/[⌘]+[T] oder Bearbeiten • Frei transformieren. Nun wird die ovale Verlaufsform von unten auf etwa ⅔ skaliert und schließlich werden noch die unteren Ecken mit gedrückter [Strg]/[⌘]-Taste ein wenig einwärts geschoben. Nun passt das Glanzlicht zu der beabsichtigten Form.

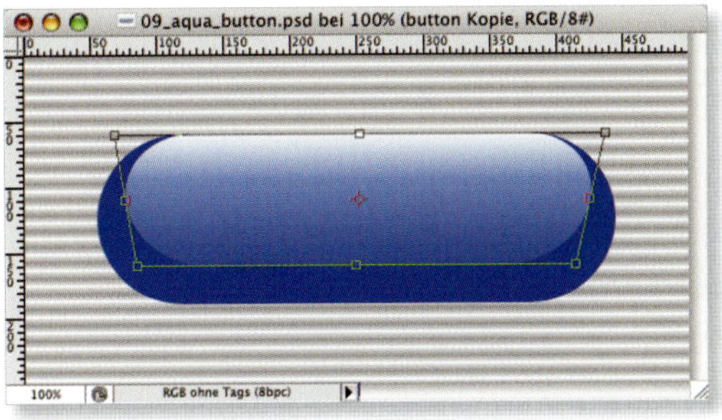

◀ **Abbildung 9.79**
Verzerrter Glanzverlauf

4 Reflex im Glas erstellen

Für einen wirklich glaubhaften Eindruck von Glas brauchen wir noch einen leichten blauen Widerschein im Innern. Auch hier arbeiten wir mit einem Duplikat der Ebene, auf der wir die blaue Button-Grundform erzeugt haben. Die Farbe dafür wird leicht heller, aber im gleichen Farbton gewählt. Nun wird diese Ebene skaliert: zuerst ein wenig schmäler als das Glanzlicht, dann in der Höhe auf einen schmalen Streifen.

Weil das Transformationsviereck dann sehr schmal wird und die Anfasser mit der Maus nur noch schlecht zu greifen sind, kann man das auch über den Werte-Cursor im Transformations-Optionen-Balken machen.

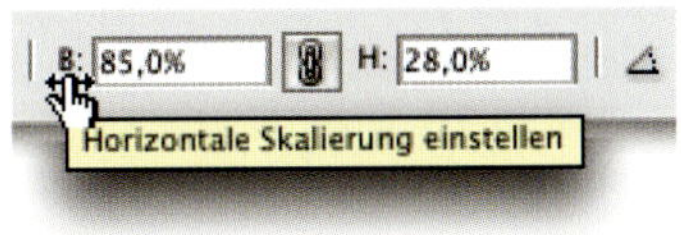

▲ **Abbildung 9.80**
Skalieren im Optionen-Balken

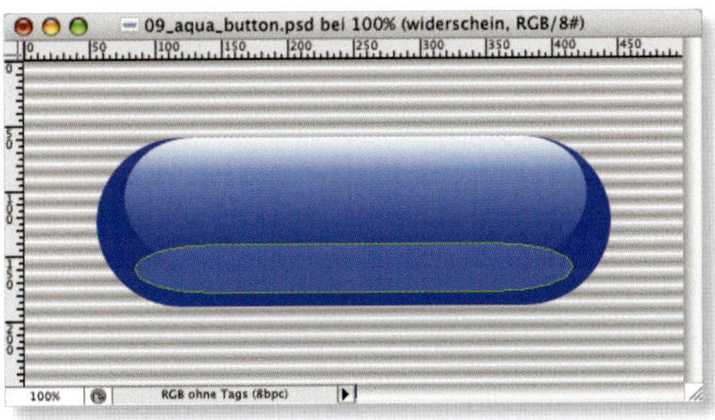

▲ **Abbildung 9.81**
Skalierte Kopie der Buttongrundform für den Widerschein

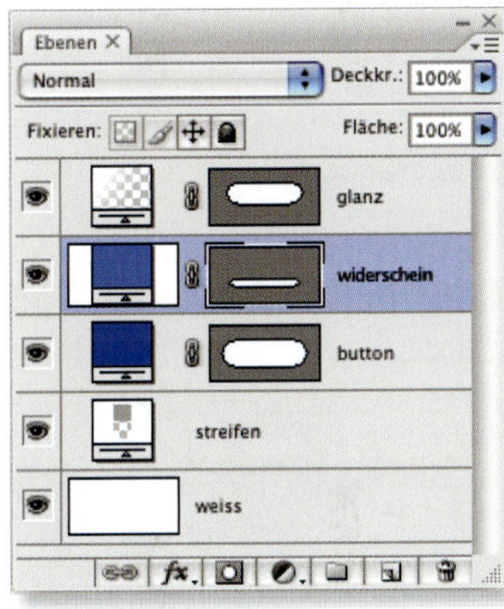

▲ **Abbildung 9.82**
Der dazugehörige Ebenen-Aufbau

Dieser Reflex hat als Vektorform noch einen sehr scharfen Rand. Ein schneller Weg wäre nun, die Ebene zu rastern und einen weichzeichnenden Filter anzuwenden, was dann aber nicht mehr bearbeitbar wäre oder aber diese Ebene mit einem Smartfilter zu versehen. Einfacher ist es jedoch, dem Reflex den Ebeneneffekt Schein nach aussen zuzuweisen und diesen so einzustellen, dass die Scheinfarbe gleich wie die Füllungsfarbe ist. Dazu holt man einfach im Farbwähler des Effekts mit der Pipette die Farbe der Formebene aus dem Bild.

Der Modus des Effekts wird auf Aufhellen gestellt. Das Zwischenergebnis schaut nun schon recht gut nach Glas aus.

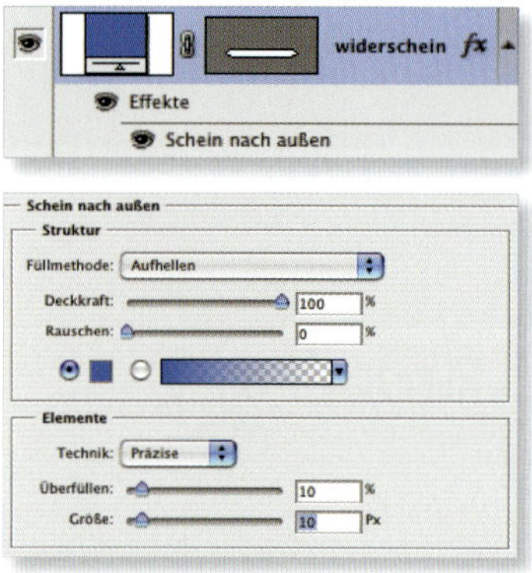

▲ **Abbildung 9.83**
Ebeneneffekt SCHEIN NACH AUSSEN (oben) mit seinen Einstellungen (unten)

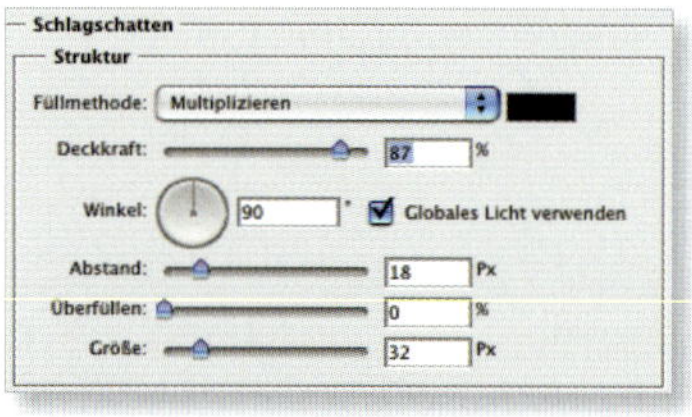

▲ **Abbildung 9.85**
Einstellungen für SCHLAGSCHATTEN

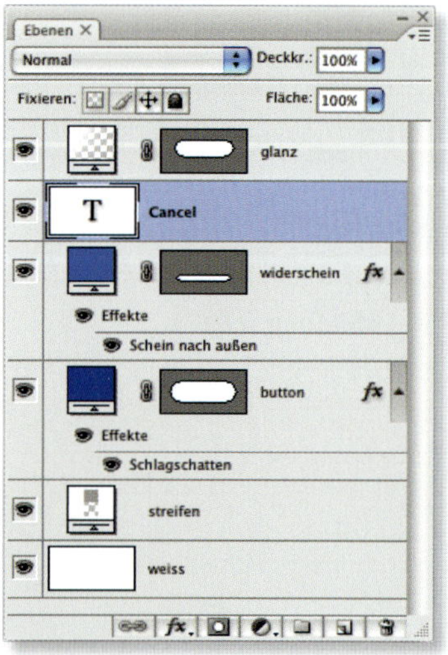

▲ **Abbildung 9.86**
Der Ebenen-Aufbau des Endergebnisses

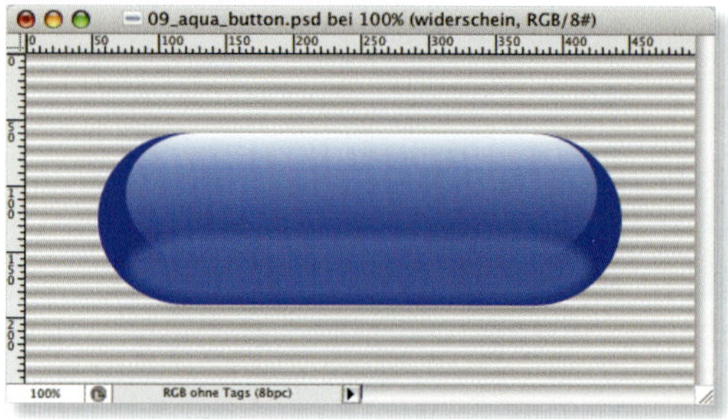

▲ **Abbildung 9.84**
Button mit Glanzlicht und Reflex

5 Schatten und Text

Für diese letzten beiden Elemente ist nur zu beachten, dass der Ebeneneffekt SCHLAGSCHATTEN für die dunkelblaue Button-Ebene auf 90° eingestellt werden muss, weil Glanzlicht und Reflex so ausschauen, als ob das Licht gerade von oben käme.

Weiter muss die Beschriftung des Buttons auf einer Textebene **unterhalb** des Glanzlichts, aber **oberhalb** der Ebene mit dem Reflex liegen, damit es so ausschaut, als ob sich die Schrift **im** Button befinden würde. Beides sind kleine Details, aber an denen hängt ja oft die Glaubwürdigkeit solcher Effekte. Der fertige Button ist dem Vorbild schon recht nahe gekommen.

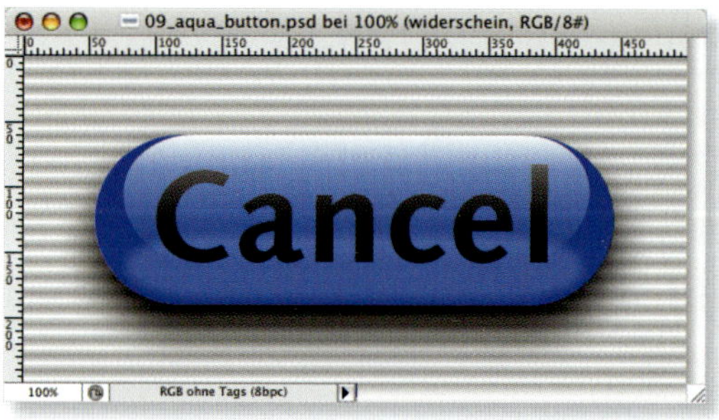

▲ **Abbildung 9.87**
Das Endergebnis ■

9.6 Verläufe

Als allein stehendes gestalterisches Element hat der Verlauf kaum etwas in ernst zu nehmender grafischer Arbeit zu suchen. Wir alle kennen zur Genüge z. B. den berüchtigten Dunkelblau-Schwarz-Verlauf in langweiligen PowerPoint-Präsentationen. Wenn Verläufe allerdings dezent und geschickt eingesetzt werden, sind sie in Photoshop sehr nützlich. Deshalb werden sie an dieser Stelle kurz besprochen.

9.6.1 Verläufe anlegen

Verläufe lassen sich auf Folgende Arten erzeugen:

- Mit dem Verlaufswerkzeug (G) in Form von Pixel-Bildinhalt auf einer Ebene oder darin innerhalb einer Auswahl erzeugen.
- Sie können als Füllebene angewandt werden, wobei diese Ebenen mit Ebenen- und/oder Vektormaske versehen sein können. Diese Methode ist vorzuziehen, weil sie bessere Editierbarkeit bietet.
- Ein Spezialfall ist die Einstellungsebene vom Typ VERLAUFSUMSETZUNG, die durchaus interessante Ergebnisse hervorbringen kann.

16 Bit

Weil Verläufe prinzipiell einen großen Reichtum an Tonwerten besitzen und auf ihren glatten Flächen Artefakte sofort auffallen, ist es generell zu empfehlen, im **16-Bit-Modus** zu arbeiten, um bei Manipulationen **Tonwertabrisse** und **Banding** zu vermeiden.

Einstellungsmöglichkeiten | Allen gemeinsam sind die Dialoge für die Grund- und die Feineinstellung des Verlaufs selbst. Für die Grundeinstellung des Verlaufswerkzeugs kommt der Optionen-Balken zum Einsatz. Sehr ähnliche Einstellmöglichkeiten bekommt man, wenn man bei der Verlauf-Füllebene oder der Einstellungsebene mit der Verlaufsumsetzung auf das Ebenen-Icon doppelklickt.

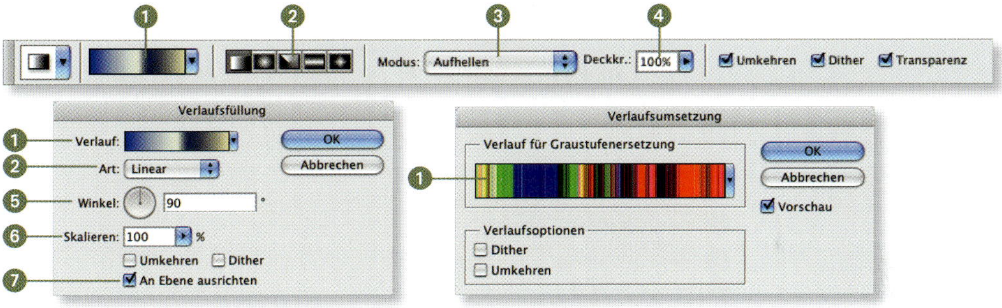

▲ **Abbildung 9.88**
Optionen für das Verlaufswerkzeug (oben), für die Verlaufsfüllung (links) und für die Verlaufsumsetzung (rechts)

Zunächst die Gemeinsamkeiten: Bei allen drei Funktionen lassen sich die Verläufe auswählen ❶. Beim Verlaufswerkzeug und der Verlaufsfüllung lässt sich der Typ (ART) auswählen ❷. Bei der Verlaufsumsetzung fehlt das natürlich, weil ja hier gar keine Geometrie im Spiel ist, denn dieser Verlauf ist ja nicht direkt sichtbar, sondern gibt lediglich an, welche Graustufen in welche Farben umgesetzt werden: Schwarz entspricht der linken und Weiß der rechten Farbe.

Den MODUS (Füllmethode) ❸ und die DECKKRAFT ❹ gibt es nur beim Verlaufswerkzeug. Bei Verlaufsfüllung und Verlaufsumsetzung werden diese beiden Parameter später über die Ebenen-Eigenschaften geregelt.

Die Verlaufsfüllung hat nun neben WINKEL ❺ und SKALIEREN ❻ noch die Eigenschaft AN EBENE AUSRICHTEN ❼, mit der festgelegt wird, ob sich der Verlauf über die ganze Ebene erstreckt oder nur über den sichtbaren Teil. Die Positionierung wird mit der Maus erledigt: Solange die Dialogbox für die Verlaufsfüllung offen ist, wird der Cursor über dem Bild zum Bewegen-Cursor, ganz ähnlich wie beim Schlagschatten. Wann immer es machbar ist, sollte man für Verläufe die Füllebene benutzen, weil hier alles editierbar bleibt. Nach dem Aufziehen des Verlaufs mit dem Verlaufswerkzeug ist dieser ein Pixelbild und nur noch als solches zu bearbeiten.

9.6.2 Verläufe bearbeiten

Der Klick auf die Miniaturdarstellung des Verlaufs öffnet in allen drei Fällen die eigentliche Schaltzentrale der Verläufe. Im oberen Teil des Dialogs VERLÄUFE BEARBEITEN finden Sie die Möglichkeit, aus den Presets von Photoshop (oder Ihren eigenen) auszuwählen, Verläufe zu speichern, zu laden oder zu erstellen. Dieser Teil gleicht anderen Dialogen in Photoshop, die mit Vorgaben umgehen.

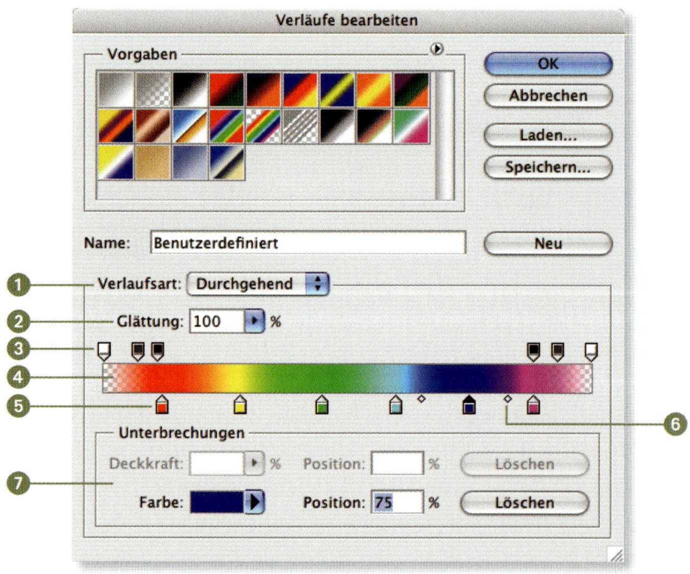

Abbildung 9.89 ▸
Der umfangreiche Dialog VERLÄUFE BEARBEITEN

Der untere Teil ist interessanter. Zunächst wird bei VERLAUFSART ❶ entweder mit DURCHGEHEND ein diskret einstellbarer Verlauf oder mit STÖRUNG ein nur global in seinem Verhalten regelbarer, sehr feinteiliger Verlauf gewählt. Unter dem Verlaufsbalken ❹ befinden sich die Farbschieber (UNTERBRECHUNGEN) ❺, darüber die Transparenz-Schieber ❸. Bei beiden gibt es kleine Marker ❻, die die »Spannung« zwischen den Farb- und Transparenzpunkten bestimmen. Den Verlauf kann man dann noch mit GLÄTTUNG ❷ verfeinern.

Im unteren Teil ⑦ finden Sie die Detaileingaben für die einzelnen Unterbrechungs-Punkte. Die Löschen-Buttons braucht man kaum, denn die Schieber lassen sich dafür einfach nach oben oder unten wegziehen.

Verlaufsart Rauschen | Bei der VERLAUFSART • RAUSCHEN kann man zwischen RGB, LAB und HSB wählen. Bei allen drei stellt man mit KANTENSCHÄRFE die Vielfalt der Farbtöne ein. Mit den schwarzen und weißen Schiebern auf den kleinen Farbskalen lässt sich der mögliche Farbtonumfang einschränken. Am besten einstellen kann man das erfahrungsgemäß beim HSB-Typ. Mit ZUFALLSPARAMETER wird bei jedem Klick neu »gewürfelt«.

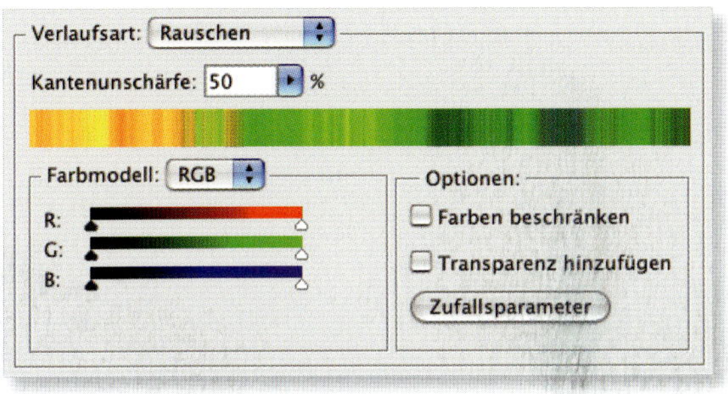

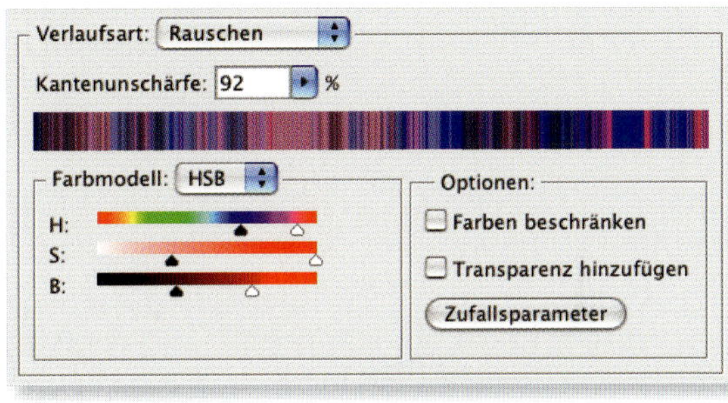

▼ **Abbildung 9.90**
VERLAUFSART • STÖRUNG auf RGB-Basis und auf HSB-Basis mit reduziertem Tonumfang

9.6.3 Verlauf-Beispiele

Zwei Beispiele mit einer Verlaufs-Füllebene und einer Einstellungsebene mit Verlaufsumsetzung sollen einen möglichen Praxis-Einsatz kurz illustrieren.

▲ **Abbildung 9.91**
Blasses Originalbild

Gewitterstimmung mit Verlaufsebene | Dieses sowohl farblich als auch vom Kontrast her flaue Bild soll in Richtung Gewitterstimmung verändert werden. Meist greift man hier zu massiven Manipulationen mittels Tonwert- und Farbkorrekturen. Aber auch mit einer Verlaufsfüllung kann man mit wenig Aufwand sehr gute Ergebnisse erzielen.

Eine Füllebene mit einer Verlaufsfüllung wird über das Bild gelegt.

Da es auf eine Kontrasterhöhung und Abdunklung hinauslaufen wird, ist der Modus MULTIPLIZIEREN für diese Ebene ein guter Ausgangspunkt.

Der Verlauf wird in den Optionen so eingestellt, dass er sich von oben nach unten erstreckt (WINKEL 90°). In den Einstellungen für die Verlaufsfarben wird das Wasser im Vordergrund (linkes Ende) blau abgedunkelt, der Bereich um das Schiff bleibt hell.

Typisch für solche Stimmungen ist ein düsterer Horizontbereich, der nach oben (rechtes Ende) zu einem schmutzig-schwefligen Ton wird. Die Veränderungen am Verlaufsfarben-Balken

▲ **Abbildung 9.92**
FÜLLEBENE mit VERLAUFSFÜLLUNG

sind unmittelbar im Bild zu sehen, sodass man die Schieber für die Farben präzise auf die Bildbereiche einrichten kann. Dafür kann man übrigens praktischerweise den Verlaufsdialog größer aufziehen.

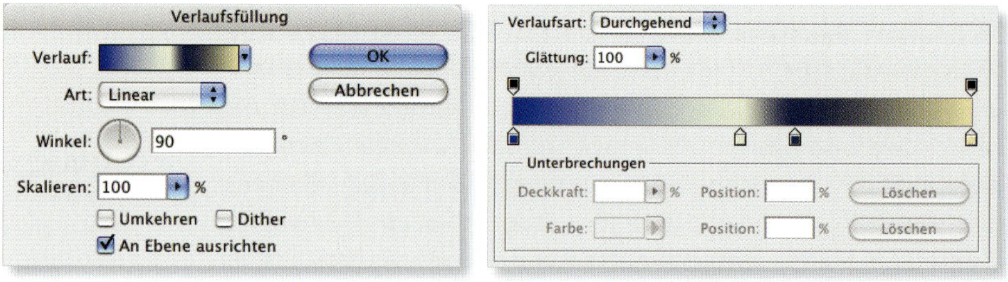

Abbildung 9.91 ▲
Einstellung für die Verlaufsfüllung (links) und die Verlaufsfarben (rechts)

Das Ergebnis lässt nichts zu wünschen übrig.

▲ Abbildung 9.92
Das Original und das Endergebnis

Einstellbare Farbzufallsmuster | Für diverse Hintergründe und andere Zwecke, vor allem im Bereich Screendesign, braucht man immer wieder lebendig und zufällig strukturierte Muster. Dafür bieten sowohl Photoshop selbst als auch verschiedenste Plug-ins eine Unzahl an Möglichkeiten. Die meisten haben den Nachteil, dass sie nach der Erstellung nicht mehr veränderbar sind und sich nur noch als gewöhnliche Pixelbild-Ebenen bearbeiten lassen. Mit einer 3-Ebenen-Konstruktion aus einem Graustufenbild und je einer Einstellungsebene mit Gradationskurven und mit einer Verlaufsumsetzung bekommt man eine weit gehend editierbare Lösung.

Basis ist ein wolkiges Graustufenbild, das man aus einer mit 50 % Grau gefüllten Ebene mit Filter • Renderfilter • Differenz-Wolken erzeugt und eventuell nachher mit einer Tonwertkorrektur auf den vollen Tonwertumfang zwischen Schwarz und Weiß spreizt.

Darüber kommt zunächst eine Einstellungsebene mit einer Verlaufsumsetzung, die die Grauwerte in die Farbwerte des Verlaufs übersetzt. Hier kann nun in den Optionen für den Verlauf nach Herzenslust herumgeschraubt werden. Vor allem der Verlaufstyp Störung gestattet im HSB-Modus eine schöne Eingrenzung der Farbtöne bei Erhaltung der Lebendigkeit des Zufalls.

Weil die Zuordnung der Grauwerte zu den Verlaufsfarben an sich fix ist, erweitert es die Möglichkeiten noch einmal massiv, wenn man zwischen der Ebene mit dem Graustufenbild und der Einstellungsebene mit der Verlaufsumsetzung eine dritte Ebene einzieht. Die Einstellungsebene mit den Gradationskurven kann nun sehr frei die Zuordnung der Werte zwischen den beiden anderen Ebenen verändern. Nun hat man genug Schrauben, an denen man drehen kann.

Die Verschiedenartigkeit und der Reichtum der Muster sind abenteuerlich! Und alles bleibt noch dazu editierbar. Sinnvoll ist es, dieses 3-Ebenen-Paket mit der neuen Funktion In Smart Objekt konvertieren in eine Screendesign-Komposition einzubauen. In diesem Bereich können Sie Ihrer Experimentierfreude freien Lauf lassen!

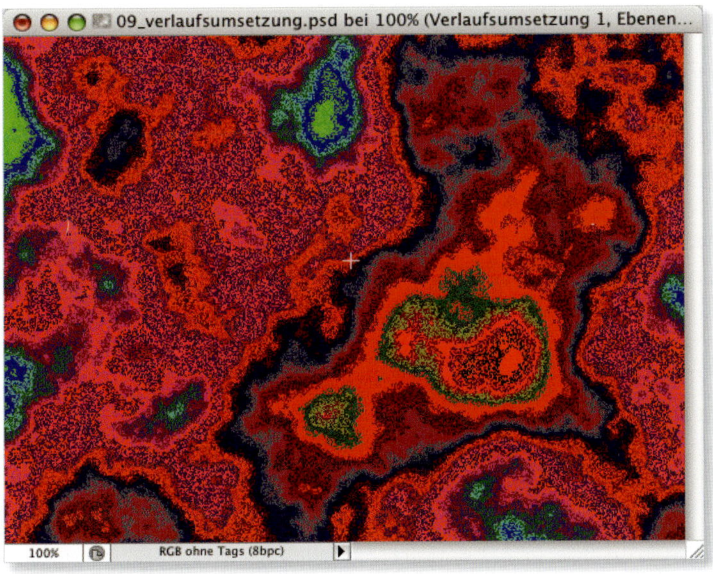

▲ **Abbildung 9.98**
Eines der unzähligen Ergebnisse

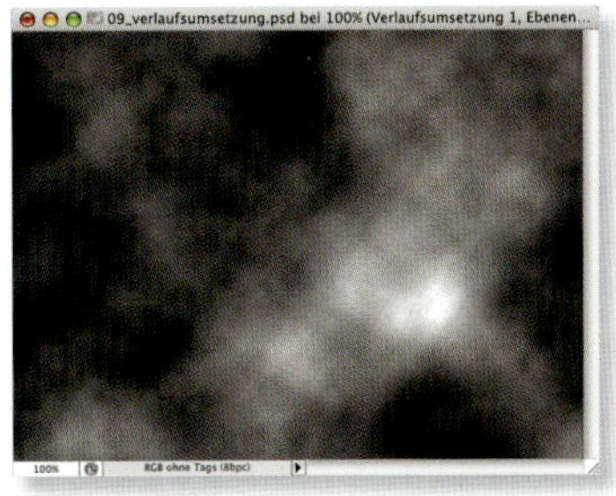

▲ **Abbildung 9.95**
Wolkiges Graustufenbild als Basis

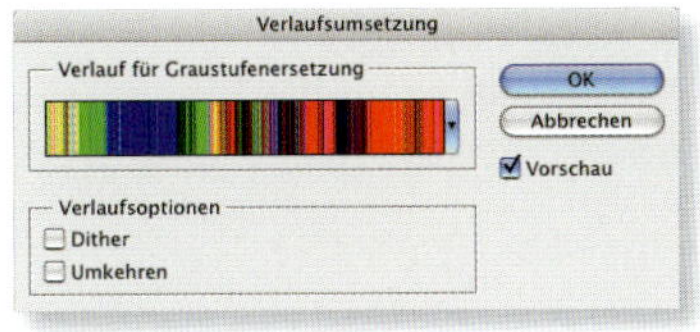

▲ **Abbildung 9.96**
Optionen für die Verlaufsumsetzung mit Verlauf vom Typ Störung

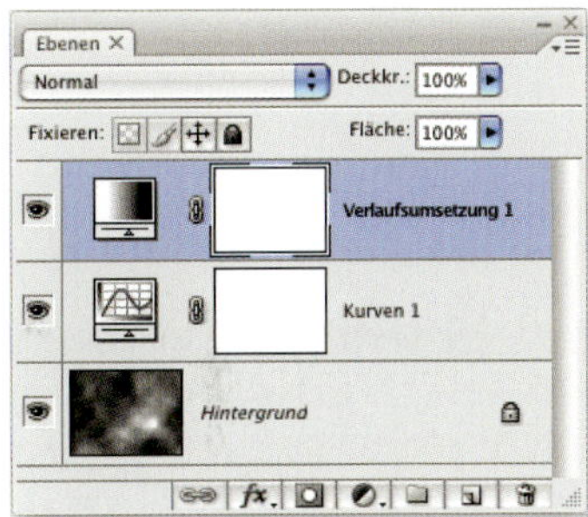

▲ **Abbildung 9.97**
Einstellungsebene mit Gradationskurven und Verlaufsumsetzung

Zum Weiterlesen
Ein weiterer Anwendungsfall der Verlaufsumsetzung ist die fein einstellbare und einfärbbare Erstellung von Schwarzweißbildern, die in Abschnitt 5.4 besprochen wird.

9.7 Text und Texteffekte

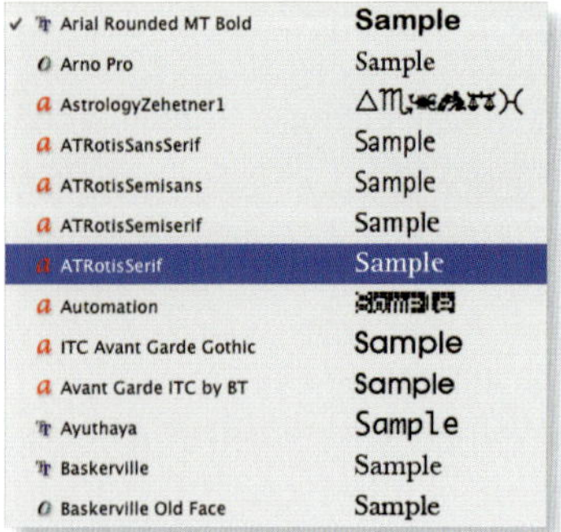

▲ **Abbildung 9.99**
Voreinstellung für das Schriftmenü und WYSIWYG-Darstellung

Weil Text in Photoshop wie Füll-, Muster- und Verlaufsebenen zu den »Nicht-Pixel«-Ebenen gehört, seien hier einige Punkte kurz besprochen.

Viel Neues hat sich in den letzten Photoshop-Versionen in Bezug auf Text nicht getan. Lediglich die WYSIWYG-Vorschau der Fonts im entsprechenden Menü hat mit Photoshop CS2 endlich ein lange vermisstes Feature gebracht, das viele Grafiker schon in Illustrator CS schätzen gelernt haben.

Die Größe der Vorschau kann man in den Voreinstellungen unter TEXT anpassen. Es empfiehlt sich die große oder sehr große Schriftvorschau zu wählen. Dann kann man auch Schriftschnitte, die sich nur wenig voneinander unterscheiden, besser beurteilen.

Die Text-Palette selbst sei in diesem Buch übergangen. Sie hat sich schon länger nicht mehr geändert und ist außerdem sehr ähnlich zur gleichnamigen Funktion in Illustrator, InDesign und anderen Adobe-Produkten, die mit Schrift umgehen können. Sie dürfte den allermeisten Lesern vertraut sein.

In diesem Kapitel ist Text in Zusammenhang mit verschiedensten Effekten interessant. Weil eine Textebene im Grunde technisch nichts anderes ist als eine Füllebene mit Farbe oder Verlauf und dem Text selbst als Vektormaske, steht der Vorteil der Bearbeitbarkeit auch komplizierterer Effekte mit Text im Vordergrund.

▲ **Abbildung 9.100**
Textebene mit Schatten- und Verlaufseffekten (oben) und Aufbau in der Ebenen-Palette (unten)

9.7.1 Text auf Pfad

Zu den interessanteren Features bei Text in Photoshop zählt der Text auf Pfad, der mit der Version 8 (CS) eingeführt wurde. Man spart damit einige Arbeit, die sonst in Illustrator gemacht werden müsste. Es gibt zwar noch immer einiges, was Text auf Pfaden dabei nicht zusammenbringt, vor allem Mehrzeiligkeit, aber der direkte Zugriff auf diese typischen Vektorgrafik-Funktionen bringt im Arbeitsalltag mit Photoshop doch einen Geschwindigkeitsvorteil.

▲ **Abbildung 9.101**
Text auf einem Pfad

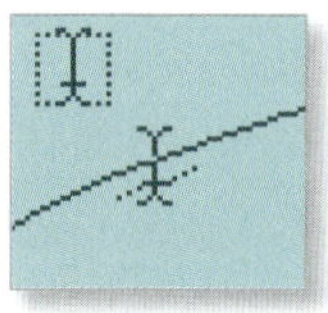

▲ **Abbildung 9.102**
Text-Cursor ändert sich auf Pfad

Text auf Pfad anlegen | Das Vorgehen ist denkbar einfach: Pfad zeichnen, Textwerkzeug auswählen ([T]) und Cursor über den Pfad bewegen, wo er sich ändert, dann schreiben (oder auch kopierten Text einfügen). Mit dem Textwerkzeug wird der Text selbst bearbeitet.

Für dessen Positionierung auf dem Pfad drückt man entweder die [Strg]/[⌘]-Taste zusätzlich zur Maus oder benutzt das Pfadauswahl-Werkzeug ([A]). An drei Stellen, am Anfang und Ende sowie in der Mitte, ändert sich der Cursor. Man kann den Text nun verschieben oder kürzen.

◂ **Abbildung 9.103**
Cursors zur Textverschiebung und -skalierung auf einem Pfad

Wechselt man mit dem Cursor auf die andere Seite des Pfades, »schlägt« die Schrift um. Gleichzeitig zur Positionierung erscheint um den Pfad herum eine Transformations-Box, die die üblichen Operationen erlaubt. Der ursprüngliche Pfad, sei es der einer Formebene oder der eines Pfades aus der Pfade-Palette, hat nach der Zuordnung zum Text keine Verbindung mehr zu seinem Original. Er existiert ab dann nur als Arbeitspfad für diese Textebene und kann dort wie jeder andere Pfad auch bearbeitet werden.

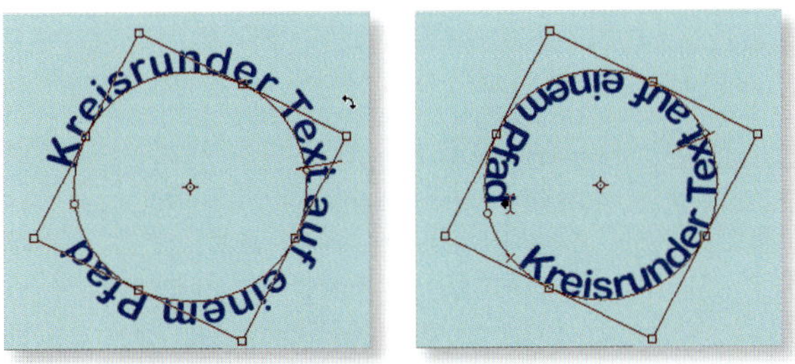

◂ **Abbildung 9.104**
Text auf einem geschlossenen Pfad mit Transformations-Box (links) und Spiegelung des Textes auf die Innenseite des Pfades (rechts)

▴ **Abbildung 9.105**
Verkrümmten Text erstellen

Text auf Pfad verzerren | Noch etwas holprig funktioniert die Kombination von Text auf Pfaden mit dem Verzerrungswerkzeug (Verkrümmten Text erstellen in der Optionsleiste des Textwerkzeugs) innerhalb der Textfunktion. Sie ist für Text auf Pfad anwendbar, allerdings kann der Pfad dann nicht mehr bearbeitet werden, wird nur noch als gestrichelte Linie gezeigt und taucht auch nicht mehr als Arbeitspfad in der Pfade-Palette auf. Wechselt man im Dialog zu Text verkrümmen unter Stil zurück zu Ohne, ist der Pfad wieder verfügbar. Abgesehen davon erreicht man mit dieser Funktion wildeste Verzerrungen bei voller typografischer Editierbarkeit des Textinhalts. Ebenen, die derart verändert wurden, bekommen ein eigenes Icon in der Ebenen-Palette.

Abbildung 9.106 ▸
Optionen zu TEXT VERKRÜMMEN (links) und Ebene mit verzerrtem Text auf einem Pfad (rechts)

9.7.2 Neonschrift

Ein beliebter Effekt ist der Look von Neon-Leuchtreklamen. Im Zusammenspiel mit Ebenen-Effekten lässt sich dieser schnell und einfach herstellen. Für unser Beispiel wurde der Text zunächst auf einem Pfad geschrieben und dann verzerrt.

Abbildung 9.107 ▸
Neonschrift

Der Textebene wurden dann drei Effekte zugeordnet: Eine gelb-rote KONTUR, ein SCHEIN NACH INNEN mit einem Verlauf und ein SCHEIN NACH AUSSEN.

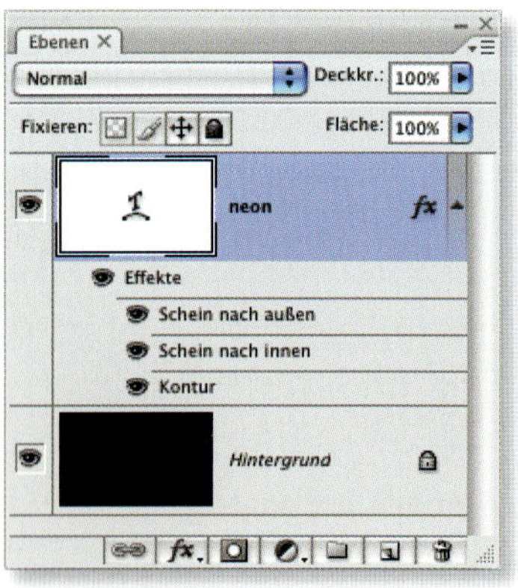

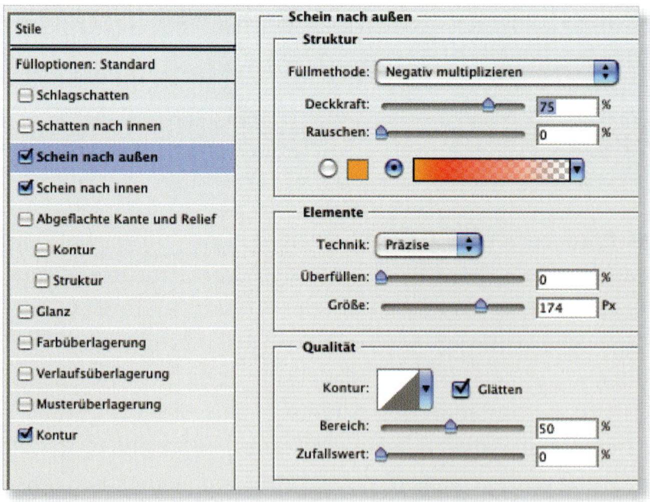

▴▸ Abbildung 9.108
Einstellungen für die Verläufe (rechts) und Ebenenaufbau (oben)

9.7.3 Text als Smart Objekt aus Illustrator

Verglichen mit einem Vektorgrafik-Programm wie Illustrator stößt man mit den Text-Funktionen in Photoshop doch immer wieder an Grenzen. Mithilfe der Smart Objekte, die es gestatten, Vektorgrafiken aus Illustrator in Photoshop zu platzieren, sie aber weiter editierbar zu halten, ist das mit der vorherigen Version Photoshop CS2 behoben worden.

Früher musste Vektorgrafik beim Import gerastert werden und konnte danach nur noch als Pixelgrafik weiterbearbeitet werden, die Vorteile beliebiger Skalierbarkeit bei immer gegebener Randschärfe waren dahin. Die Möglichkeit, in den jüngsten Photoshop-Versionen kopierte Vektorgrafiken als Pfad oder als Formebene einzufügen, war bereits ein Schritt in diese Richtung. Ab Photoshop 9 gibt es in dieser Hinsicht kaum noch Limits und es lassen sich komplette und hoch komplexe Illustrator-Dateien in Photoshop importieren.

▲ **Abbildung 9.109**
Ebene mit Smart Objekt

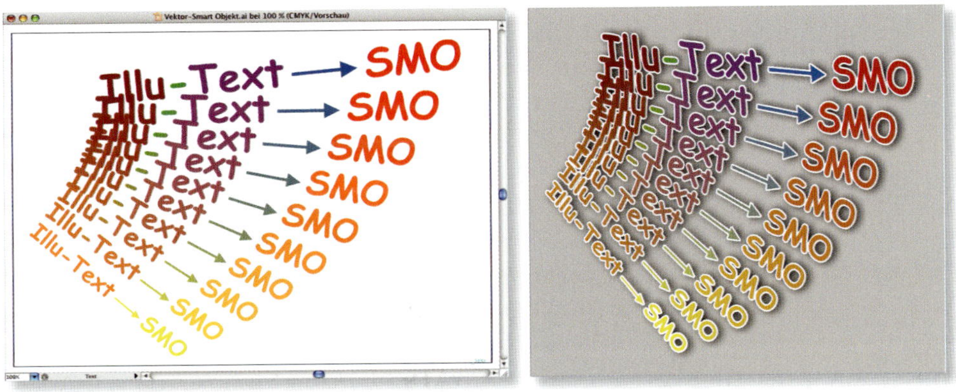

▲ **Abbildung 9.110**
Vektorgrafik mit Schrift in Illustrator (links) und als Smart Objekt platziert mit Ebeneneffekten und Transformationen in Photoshop (rechts)

Über Datei • Platzieren wird die Vektorgrafik importiert. Wie schon früher erscheint unmittelbar nach dem Import eine Transformations-Box zum Positionieren, Drehen oder Skalieren der Grafik. Statt an dieser Stelle nun gnadenlos auf Pixel zu rastern, entsteht eine Ebene mit einem Smart Objekt. Dessen Vorschaubildchen zeigt in der rechten unteren Ecke das Smart Objekt-Icon. Ein Doppelklick hierhin öffnet die Vektorgrafik im Illustrator (auch wenn die Grafik z. B. aus Macromedia FreeHand kopiert wurde).

Wird sie in Illustrator wieder geschlossen und gespeichert, werden die dort durchgeführten Änderungen sofort in Photoshop aktualisiert. Dabei können der Ebene bereits Ebeneneffekte zugewiesen sein, wie in unserem Beispiel.

Es ist kaum nötig zu erwähnen, was für ein mächtiges Feature das ist! Im Zusammenhang mit Text ist es vor allem deshalb interessant, weil natürlich in Illustrator viel mehr geht als in Photoshop,

TIPP

Smart Objekte entstehen nicht nur durch den Befehl Datei • Platzieren, sondern auch durch Kopieren und Einfügen aus Vektorgrafik-Programmen. Was beim Einfügen passieren soll, wird jeweils gefragt:

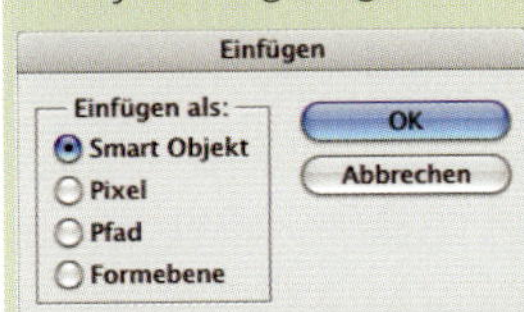

▲ **Abbildung 9.111**
Die Dialogbox Einfügen als

wie z.B. die Funktion »Angleichung« mit dem Überblenden von verschiedenen Schriften und Farben zeigt. Smart Objekte sichern die Editierbarkeit über die Grenzen von Photoshop hinaus!

Daten auf der DVD
Sie finden die Dateien zu diesem Workshop auf der Buch-DVD im Ordner BEISPIELDATEIEN/09_EFFEKTE/09_SPRECHBLASE.

Schritt für Schritt: Comic-Sprechblase

Als kleines Beispiel für die Verwendung von Smart Objekten für Textanwendungen soll eine typische Comic-Sprechblase dienen. Das Ausgangsmaterial wurde in Illustrator erstellt. Der Ausruf »HEY!!!« wurde dort mit der »Verzerrungshülle« verformt, was in dieser Art in Photoshop nicht geht. Auch die nicht ganz triviale Behandlung von Illustrator-Dateien mit mehreren Ebenen soll hier demonstriert werden.

1 Import aus Illustrator

Da die drei einzelnen Objekte in der Illustrator-Datei in Ebenen angelegt wurden und in Photoshop ebenso getrennt bearbeitet werden sollen, kommt DATEI • PLATZIEREN eigentlich nicht infrage, weil dann alle drei Illustrator-Ebenen in einer Photoshop-Ebene als ein einziges Smart Objekt zusammengefasst würden und die Einzelteile sich nicht separat mit Effekten versehen lassen. Auch in Photoshop CS3 gibt es noch keinen Import von Vektorgrafik als Smart Objekt mit Ebenenerhalt, wie es z.B. mit Photoshop- und Illustrator-Dateien in Adobe After Effects schon lange geht. Diese Klippe kann man einstweilen nur mit Planung und mit einem Trick umschiffen.

Wichtig ist hier und in vielen anderen ähnlich gelagerten Fällen, dass die Einzelteile aus Illustrator nach dem Platzieren in Photoshop wieder standrichtig in den Ebenen zu finden sind. Dazu ist es in Illustrator wichtig, eine »Dummy-Box« um alle Inhalte zu legen. Dieses Rechteck ohne Inhalt und Kontur liegt hier in der untersten Ebene.

Abbildung 9.112 ▸
Ausgangsmaterial mit Dummy-Box in Illustrator (links) und sein Ebenenaufbau (rechts)

2 Platzieren mit Objektrahmen

Nun platziert man zunächst die komplette Illustrator-Datei in Photoshop. Wichtig beim Import ist es, im Dialog von PDF Platzieren die Option Objektrahmen zu wählen.

Dadurch wird sichergestellt, dass der Import sich an den Außenmaßen der Dummy-Box orientiert. Wählt man den Standard Begrenzungsrahmen, werden transparente Objekte (wie eben diese Box) ignoriert. Wichtig, ist, dass nur importiert wird, was sichtbar ist. Die Sperrung von Ebenen in Illustrator dagegen ist gleichgültig.

3 Illustrator-Datei einrichten

Nun richtet man die Illustrator-Datei in Größe, Lage und Form mit dem nach dem Import erscheinenden Transformationsrahmen ein. Sodann erscheint die Ebene über dem Smart Objekt mit der Vektorgrafik über der zuvor eingefügten Füllebene mit blauem Hintergrund.

◂ **Abbildung 9.113**
Nach dem Einkopieren in Photoshop

4 Trennen der Illustrator-Ebenen

Jetzt muss nach dem Import selbst in einem zweiten Schritt für die Trennung der in Illustrator einzeln angelegten Bestandteile der Grafik gesorgt werden. Die Überlegung ist nun, Kopien der importierten Vektorgrafik anzulegen und dort die jeweils nicht benötigten Illustrator-Ebenen auszublenden.

Die naheliegende Methode, die Ebenen einfach zu duplizieren führt hier schnell in eine Sackgasse, weil alle solche Kopien das **identische** Smart Objekt beinhalten. Ändert man nach einem Doppelklick auf eines von ihnen etwas darin, so findet sich diese Änderung nach dem Schließen und Sichern in allen Kopien genauso wieder. Die Smart Objekte bleiben hier also Instanzen ein und derselben Vektorgrafik-Datei!

Wählt man jedoch im Menü Ebene • Smart Objekte • Neues Smart Objekt durch Kopie, so ist aus dem Wortlaut nicht unbedingt ersichtlich, dass hier nicht nur eine neue Smart Objekt-Ebene im Ebenenstapel entsteht, sondern sich darin eine neue, **unabhängige** und echte Kopie des ursprünglichen Inhalts befindet. Das ist genau das, was hier gebraucht wird.

5 Ebenenkopien erstellen

Wir erzeugen nun auf diese Weise drei Kopien und blenden die zwei der drei Bildebenen aus, die in der aktuellen Ebene jeweils nicht gebraucht werden. Die zuerst importierte Ebene lässt man sicherheitshalber als Backup des Original-Imports stehen, bis alles passt. Ganz wichtig ist dabei, dass das transparente Dummy-Box im Illustrator immer eingeblendet bleibt, weil sie das Format des Smart Objekts aufspannt und so die Standrichtigkeit aller Einzelteile garantiert. Hat man sich vom Erfolg der Aktion überzeugt, sollte man die einzelnen Ebenen sinnvoll benennen und kann dann die Backup-Ebene entweder ausblenden oder löschen.

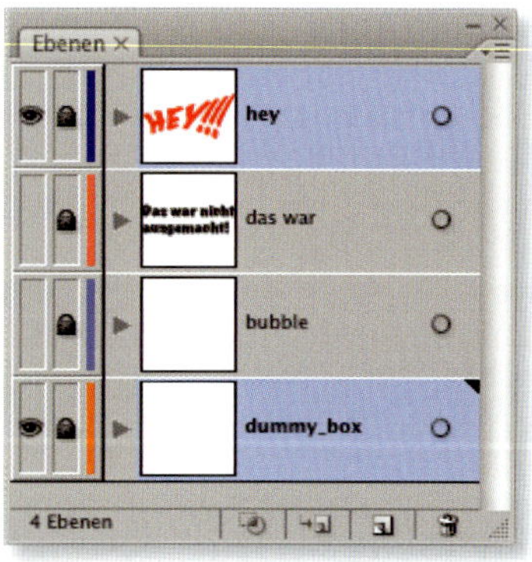

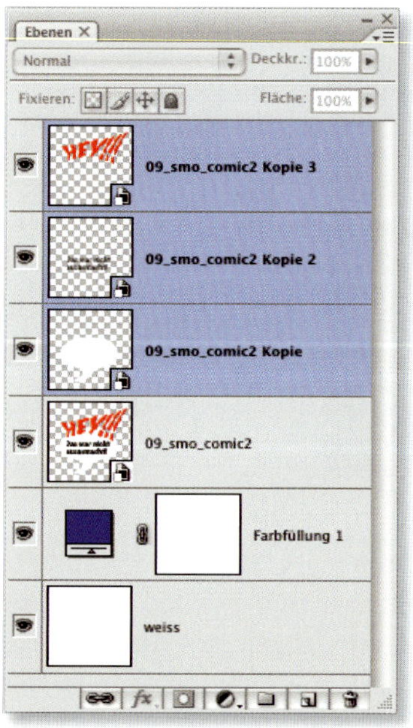

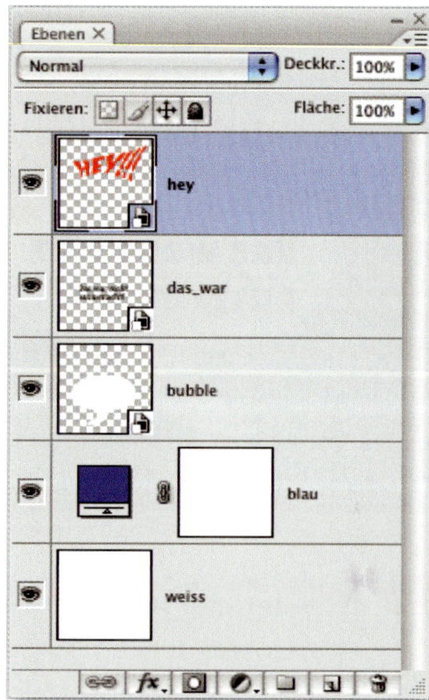

▲▶ Abbildung 9.114
Ausblenden nicht benötigter Bestandteile aus den Kopien der Smart Objekte in Illustrator und anschließendes Aufräumen in Photoshop (rechts)

6 Kontur für Sprechblase

Als Erstes bekommt die weiße Sprechblase einen schwarzen Rand. Unter Ebene • Ebenenstil • Kontur wird für sie eine Umrandung eingestellt, die in einem guten Verhältnis zur Schriftstärke steht.

◂ **Abbildung 9.115**
Schwarze Kontur für die Sprechblase mit Einstellungen

7 Weiße Outline für den Ausruf

Der Ausruf »HEY!!!« soll eine weiße Umrandung bekommen, die ihn in die Sprechblase integriert. Dazu geben wir ihm als Ebeneneffekt eine weiße Kontur, die so breit ist, dass die Zwischenräume zusammenfließen.

◂ **Abbildung 9.116**
Breiter, weißer Rand für den Ausruf mit einer Kontur und den Einstellungen

8 Schwarzer Rand um die weiße Outline

Damit diese breite weiße Kontur sich komplett an die Sprechblase anschließt, brauchen wir auch hier, wie bei der Sprechblase, einen weiteren schwarzen Rand. Eine zweite Kontur um die weiße herum steht leider nicht zur Verfügung.

Aber es gibt einen Trick: Man kann den Ebeneneffekt Schein nach aussen als Kontur »missbrauchen«. Mit der Deckkraft auf 100 % und Füllmethode auf Normal sorgt man für ein klares Schwarz. Als Technik muss Präzise angegeben werden, sonst folgt der Schein nicht genau den Umrissen des Ausrufs. Überfüllen mit einem Wert von 100 % sorgt schließlich für das

Wichtigste: Die scharfe Kante. Die GRÖSSE wird nun so eingestellt, dass der schwarze Rand unter dem weißen hervorkommt. Da der Schein relativ »weit weg« vom Inhalt der Ebene ist, muss man auf jeden Fall GLÄTTEN im unteren Teil QUALITÄT aktivieren, damit die schwarze Umrandung nicht »ausgefressen« aussieht.

Abbildung 9.117 ▶
Ausruf mit fertigem Rand mit Einstellungen

9 Füllmethode für die Outline ändern

Nun soll die schwarze Umrandung des Ausrufs im weißen Bereich der Sprechblase verschwinden, damit sich die beiden gut zusammenfügen. Maskieren wäre zu mühsam. Einfacher geht es über die FÜLLMETHODE von SCHEIN NACH AUSSEN. Der Modus FARBIG NACHBELICHTEN lässt Schwarz auf Weiß verschwinden.

Abbildung 9.118 ▶
Durch den geänderten Modus ist die schwarze Outline innerhalb der weißen Sprechblase verschwunden

10 Rasterhintergrund

Viele Comics arbeiten mit dem groben Raster einfarbiger Hintergründe als Stilmittel. So etwas lässt sich in Photoshop einfach nachstricken. Dieser Hintergrund soll außerdem einen Verlauf von Blau nach Weiß bekommen. Die Möglichkeit, später die Farbe des Hintergrunds ändern zu können, hält man sich am besten offen, indem man diesen als Füllebene mit einer Farbe anlegt, wie bereits zu Anfang geschehen.

Für den Verlauf benutzen wir eine Ebenenmaske, auf der wir einen Verlauf von Schwarz nach Weiß aufziehen. Weil die neue Ebenenmaske natürlich den blauen Hintergrund teilweise transparent macht, muss er mit einer weißen Ebene unterlegt werden. Mit Filter • Vergröberungsfilter • Farbraster und den unten gezeigten Einstellungen erzeugen wir einen groben Raster-Look mit Druckpunkten. Damit die Druckpunkte blau sind und nicht weiß, muss die Ebenenmaske mit [Strg]/[⌘]+[I] invertiert werden.

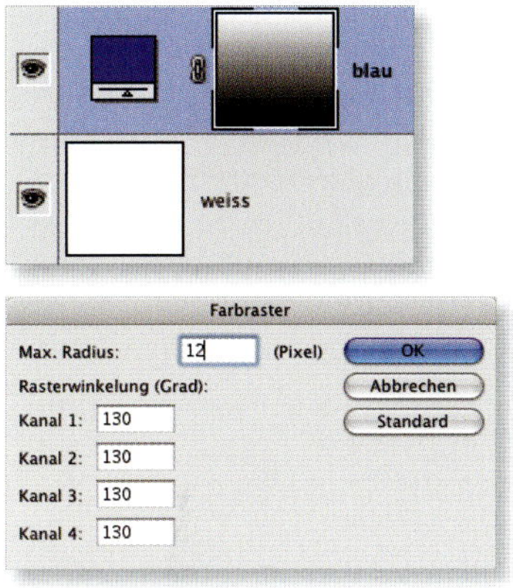

▲ **Abbildung 9.119**
Ebenenmaske mit Verlauf für den Hintergrund und Einstellungen für den Raster-Effekt darauf

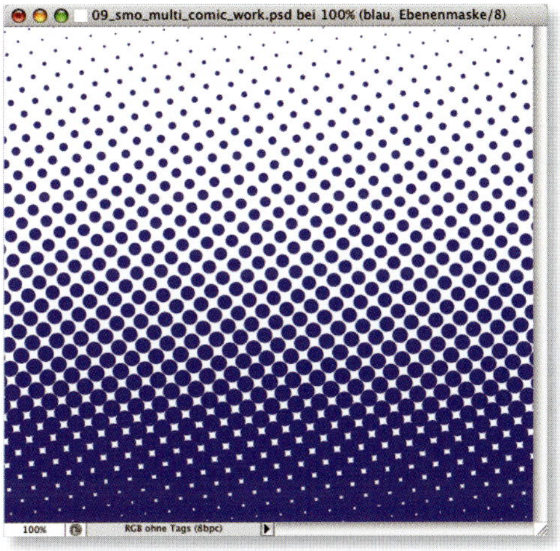

◀ **Abbildung 9.120**
Blaue Volltonebene mit grobem Druckraster

11 Verschwundene Outline wiederherstellen

Man hätte ja vorher drauf kommen können! Die schwarze Outline um das »HEY!!!« verschwindet natürlich auch auf den weißen Stellen des Rasterhintergrundes. Wie kann man diesen kleinen Schönheitsfehler unseres Tricks elegant ausbügeln? Es hilft nur ein weiterer, kleiner Trick: Wenn man eine Reihe von Ebenen in einer Gruppe zusammenfasst, kann man für diese Gruppe festlegen, mit welcher Füllmethode sie auf alles unter ihr Liegende wirkt.

Nachdem man alle drei Ebenen mit den Vektor-Smart-Objekten mit dem Befehl Ebene • Ebene gruppieren oder [Strg]/[⌘]+[G] gruppiert hat, fällt auf, dass in der Ebenen-Palette für die neu entstandene Gruppe die Füllmethode (Modus) auf Hindurchwirken steht. Diesen Modus gibt es nur für Gruppen. Wählt man alternativ dazu im Menü der Ebenen-Palette Neue Gruppe aus Ebenen, so wird man sofort nach dem Modus für die neue Gruppe gefragt.

Abbildung 9.121 ▶
Wiederherstellung der schwarzen Outline durch Gruppenbildung und Korrektur der Füllmethode

HINDURCHWIRKEN ist Standard und heißt, dass alle eingeschlossenen Ebenen ihren Modus behalten und jede für sich entsprechend auf alle anderen Ebenen (auch außerhalb der Gruppe!) wirkt. Visuell ändert sich dabei in unserem Fall gar nichts. Ändert man aber den Modus auf NORMAL, so gilt der Modus einer in der Gruppe befindlichen Ebene nur innerhalb dieser. Zuerst wird alles **innerhalb** der Gruppe verrechnet und dann erst das Ergebnis als Ganzes mit dem Rest. Das rettet in diesem Fall unseren Trick: Die schwarze Outline um das »HEY!!!« ist wieder da! Und unsere Sprechblase ist fertig.

Abbildung 9.122 ▶
Die fertige Datei mit ihrem Ebenenaufbau

9.7.4 Spezialfall Pixelfonts

Beim Arbeiten mit Photoshop kommt jeder in Hinblick auf die bildschirmbasierte Ausgabe irgendwann einmal an den Punkt, wo er merkt, dass die Auflösung begrenzt und der Platz knapp ist. Vor allem beim Webdesign wird dann aus diesem Grund die Schrift immer kleiner und kleiner und schließlich nicht mehr lesbar.

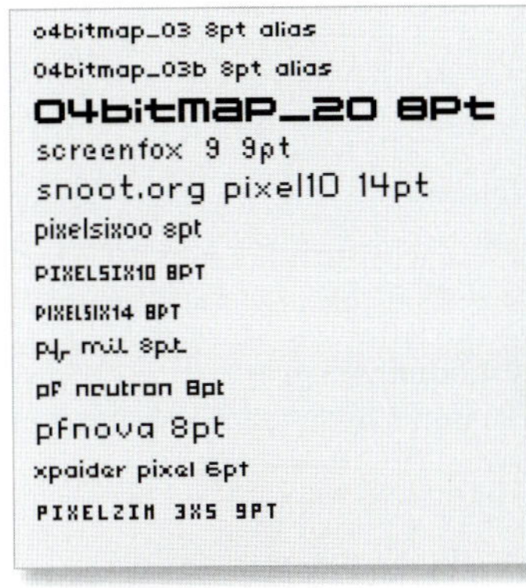

▲ **Abbildung 9.123**
Beispiele für Pixelfonts

Die Lösung dieses Problems ermöglichen zwei Dinge: eine spezielle Behandlung von Schriften für solche Zwecke und die eigens dafür gestalteten Fonts, die sogenannten »Pixelfonts«. Diese Schriften sind von vornherein auf einem sehr sparsamen Pixelraster aufgebaut. Die meisten dieser Fonts haben eine Größe von 8 pt, die gleichzeitig auch 8 Pixeln entspricht. Im Extremfall kann man einen Font auch noch auf 6 pt reduzieren, das sind dann 5 Pixel Zeichenhöhe, die man minimal braucht, um überhaupt einen Buchstaben darstellen zu können, plus einen Pixel Zeilenabstand. Kleiner geht es dann nicht mehr. Diese Schriften sind speziell auf möglichst gute Lesbarkeit bei minimalem Platzverbrauch hin getrimmt.

Damit das auch funktioniert, muss man in Photoshop drei Dinge beachten:

- Die Auflösung der Datei muss 72 dpi betragen, weil ja in Bildschirmauflösung gearbeitet und ausgegeben wird.
- Dann sollte man schauen, für welche Größe die Schrift gestaltet wurde und diese auch nur in dieser Größe verwenden. Pixelfonts funktionieren in der Regel nur in einer ganz bestimmten Größe (meist 8 pt) oder ganzzahligen Vielfachen davon.
- Die Schrift **darf nicht geglättet** werden! Die Lesbarkeit hängt bei kleinen Schriften in niedrigen Auflösungen ganz entscheidend von der Schärfe ab. Dazu stellt man im Optionen-Balken des Textwerkzeugs bei GLÄTTUNG (Antialias) ❶ OHNE ein. Dann wird die Schrift nicht mit diversen Graustufen geglättet, die sonst bei dieser geringen Größe für Unschärfe bis zur Unleserlichkeit sorgen.

TIPP

Im Gegensatz zu anderen Fonts sind viele Pixelfonts Freeware und mit etwas Geduld findet man reichlich davon. Gute Startpunkte im Web sind z. B.:

- *http://www.dafont.com/en*
- *http://www.1001freefonts.com*
- *http://www.fontasy.de*
- *http://www.free-fonts.com*
- *http://www.acidfonts.com*

Ein Beispiel mit zwei häufig verwendeten Pixelfonts, der »Sevenet« und der »SilkScreen«, zeigt die Auswirkungen von Größe und Schriftglättung. Die SilkScreen funktioniert übrigens in 8 und in 9 pt, die Sevenet nur in 8 pt. Gut zu sehen ist, wie die Schriftglättung die Schrift unscharf macht.

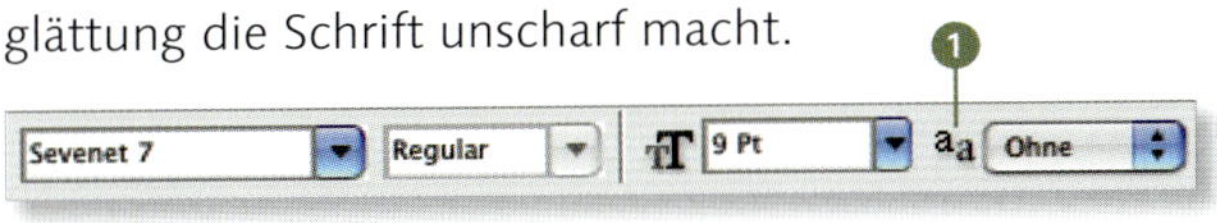

◀ **Abbildung 9.124**
Pixelfonts immer in der richtigen Größe und immer ohne Schriftglättung

Eine falsche Größe verzerrt die Schrift entweder unschön, wenn sie zu groß ist, oder lässt sie zu einem unleserlichen Etwas zusammenlaufen, wenn sie zu klein ist. Sorgfalt wird hier mit guter Lesbarkeit belohnt. Viele mit solchen Schriften gestaltete Websites zeigen das anschaulich.

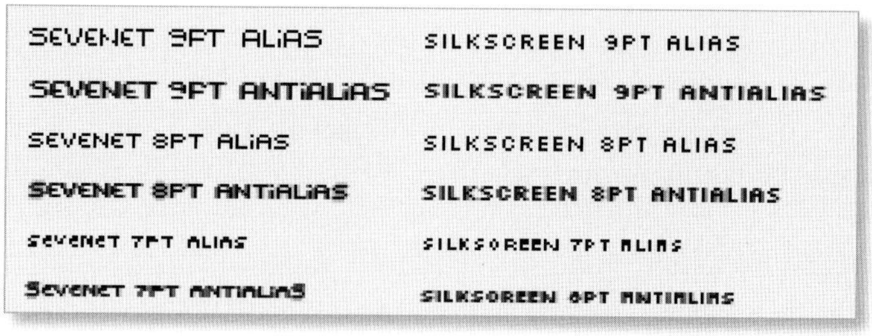

Abbildung 9.125 ►
Pixelfonts mit (Anti-Alias) und ohne (Alias) Schriftglättung sowie in richtigen und falschen Größen

10 Filter

Photoshop hat im Wesentlichen zwei Grundaufgaben: Bilder reparieren und optimieren einerseits und Bilder (um-)gestalten andererseits. Diese zweite Aufgabe ist ohne die Filter nicht denkbar.

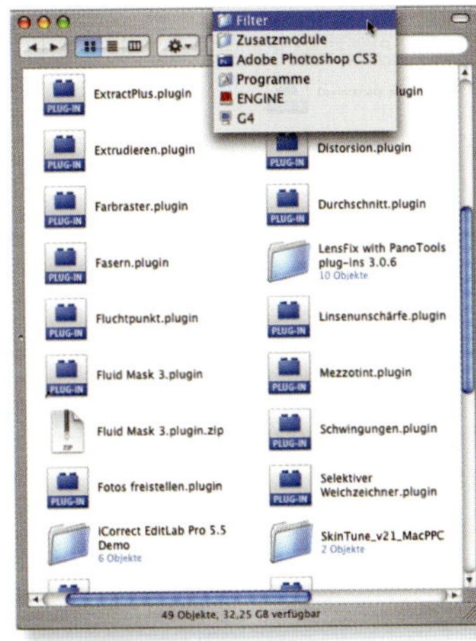

▲ **Abbildung 10.1**
Im Zusatzmodule-Ordner von Photoshop

10.1 Allgemeines zu Filtern

Filter greifen direkt in das Bildmaterial ein. Im Gegensatz zu den zuvor besprochenen Ebeneneffekten und allen Manipulationen, die mit Einstellungsebenen durchgeführt werden, wie Tonwert- und Farbkorrektur, sind Filter in der Regel destruktiv, d.h., sie verändern das Originalmaterial dauerhaft.

Smartfilter | Zumindest war das bis zum Erscheinen der neuen Version CS3 so, denn jetzt ist ein von vielen Nutzern schon sehr lange gehegter Wunsch in Erfüllung gegangen: die nicht-destruktive Anwendung von Filtern. Ähnlich wie schon seit Langem in After Effects – Adobes »Photoshop für bewegte Bilder«, wo Filter auf Video-Ebenen angewendet werden konnten, ohne das Originalmaterial zu verändern – gibt es nun in Photoshop die neuen Smartfilter, die Filtereffekte auf Bildmaterial nicht-destruktiv anwenden können und die im Folgenden eingehend besprochen werden. Für viele User ist dies (neben der vollständigen Tauglichkeit von Photoshop für Intel-basierte Mac-Rechner) die wichtigste Neuerung der Version 10 von Adobes Flaggschiff. Dazu mehr in Abschnitt 10.1.3.

Plug-Ins nicht gefunden?

Installer von englischsprachigen Plug-ins suchen bei der Installation im Photoshop-Programmordner oft nach einem Ordner PlugIns, obwohl dieser bei der deutschen Version Zusatzmodule heißt. Wird dieser Ordner PlugIns nicht gefunden, legen ihn manche Installer neu an und installieren das Plug-in dort hinein. So wird es aber nicht von Photoshop gefunden und taucht nach der Installation nicht im Menü unter Filter auf. Solche Plug-ins muss man dann manuell in den deutschen Zusatzmodule-Ordner verschieben.

Filter sind Plug-ins

Filter können mittlerweile fast alles Denkbare machen, was Mathematik überhaupt mit digitalem Bildmaterial anstellen kann. Sie sind in Photoshop als »Plug-ins« eingebunden, sind also nicht Teil des Programmkerns, sondern Zusatzmodule, was auch die deutsche Übersetzung für Plug-ins ist. Plug-ins waren ursprünglich als Schnittstelle für Dritthersteller gedacht, aber mittlerweile hat Adobe selbst fast alle eigenen Filter als Plug-ins ausgelagert. Sie befinden sich im Ordner ZUSATZMODULE.

10.1.1 Gruppierung der Filter

Die Auswahl an Filtern ist unüberschaubar groß, und es ist nicht leicht, zwischen Brauchbarem und Unsinnigem zu unterscheiden. Auch ist bei dieser Vielzahl eine Unterteilung in funktionelle Gruppen sinnvoll (hier zunächst nur anhand der Photoshop-eigenen Filter):

- **Deformation:** Diese Filter verformen das Bild ganz oder teilweise mit automatischen oder manuellen Mitteln. Beispiele sind VERFLÜSSIGEN, KRÄUSELN oder VERKRÜMMEN.
- **Imitation:** Mal- und (Kunst-)Druckverfahren verfremden das Bild zu Gemälden und Zeichnungen (AQUARELL, FRESKO, STRICHUMSETZUNG).
- **Fotografisch:** Hier werden bildnerische Eigenheiten von Film, Kamera und Zubehör nachempfunden: TIEFENSCHÄRFE ABMILDERN, SCHARFZEICHNER, WEICHZEICHNER usw.
- **Synthese:** Sie produzieren komplett neue Bildelemente. Dazu gehören BLENDENFLECKE, BELEUCHTUNGSEFFEKTE, WOLKEN.
- **Grund- und Hilfsfunktionen:** Diese Filter generieren entweder »Grundstoff« für das weitere Arbeiten mit anderen Filtern (z. B. RAUSCHEN HINZUFÜGEN) oder beinhalten Funktionen, die man oft als Hilfsmittel braucht (VERSCHIEBUNGSEFFEKT, VIDEO-FILTER).

Nicht alle Filter finden sich im Menü »Filter«
Auch außerhalb des Menüpunkts FILTER sind bei Photoshop Filter verteilt: Zum Beispiel finden Sie VERKRÜMMEN, der von der Funktionsweise her klar zu den Filtern zu rechnen ist, unter BEARBEITEN • TRANSFORMIEREN. Die Trennlinie hat Adobe nicht ganz eindeutig gezogen. Im ZUSATZMODULE-Ordner befinden sich unter FILTER noch eine ganze Reihe anderer Funktionen, z. B. VARIATIONEN, FLUCHTPUNKT oder BELICHTUNG. Auch sind manche Funktionen wie z. B. BILD • ANPASSUNGEN • TONTRENNUNG von ihrer Wirkungsweise her eigentlich Filter.

10.1.2 Weniger ist mehr!

Filter haben mehr als andere Gestaltungsmittel die Tendenz, aufdringlich und vordergründig zu wirken. Ein guter Einsatz ist fast immer dezent und abgewogen. Aus diesem Grund sollen hier auch nur erfahrungsgemäß wirklich brauchbare Filter besprochen werden. Bei den vorgestellten Filtern oder Filtersammlungen von Drittherstellern gilt es gerade in dieser Hinsicht, gut zu überlegen, ob eine Anschaffung sinnvoll ist. Es gibt eine ganze Reihe von Filtern, deren Ergebnisse letztlich auch mit anderen Mitteln in Photoshop erreicht werden können. Sie haben ihre Berechtigung dann meist nur hinsichtlich Bequemlichkeit und Zeitersparnis und der einfacheren Anwendung. Andere Filter wiederum, vor allem solche von Drittherstellern, bringen Effekte zustande, die man aus Photoshop mit keinem Trick der Welt herausholen kann. Die hier vorgestellten Filter zeigen eine Auswahl, die zwar auf jahrelanger Erfahrung beruht, aber trotzdem subjektiv ist.

Probieren und die eigene Marktforschung sind gerade hier sehr wichtig und unverzichtbar.

10.1.3 Filtergalerie

Die Anwendung von Filtern hat immer viel mit Probieren zu tun. Alle Filter mit der Vielfalt ihrer Wirkungen kann man nicht im Kopf behalten, und alle der Reihe nach durchzuprobieren ist mühsam. Adobe hat deshalb mit der Version Photoshop CS für einen größeren Teil der eigenen Filter die Filtergalerie eingeführt.

Unter FILTER • FILTERGALERIE sind die Gruppen KUNSTFILTER, MALFILTER, STILISIERUNGSFILTER, STRUKTURIERUNGSFILTER, VERZERRUNGSFILTER und ZEICHENFILTER geordnet zusammengefasst und gemeinsam aufruf- und einstellbar.

▲ **Abbildung 10.2**
Der Dialog von FILTER • FILTERGALERIE

Ein Vorschaufenster ❶ ist mit einer katalogartigen Übersicht über die Wirkung der Filter ❷ kombiniert. Rechts findet sich der Einstellungsbereich ❸ zum gerade aktiven Filter. Weil das Ergebnis von Filterkombinationen sehr stark von der Reihenfolge der Anwendung abhängt, ist das Ausprobieren dieser verschiedenen Abfolgen besonders aufwendig. Deswegen ist der Bereich für die Filterreihenfolge ❹ sehr praktisch und zeitsparend, weil die gemeinsame Wirkung sofort in der Vorschau begutachtet werden kann. Hier lassen sich Filter umsortieren, vorübergehend deaktivieren und auch wieder löschen.

Um die einzelnen Filter zu besprechen, ist hier nicht genug Platz. Die kleinen Vorschaubilder im Katalogbereich und die

Vorschau

Die Filtergalerie kann zu einer schweren Geduldsprobe werden, wenn Sie große Bilder bearbeiten, vor allem, wenn auch noch mehrere Filter zusammen angewendet werden sollen. Jede Änderung macht dann eine je nach Filter mehr oder weniger langwierige Neuberechnung der Vorschau nötig. Deshalb ist es sehr hilfreich, vorher eine kleine Auswahl in einem repräsentativen Bildbereich aufzuziehen und in der Vorschau nur diesen Bereich zu begutachten.

Leider kann man in der Filtergalerie die Filter- und Einstellungskombinationen noch immer nicht abspeichern. Wenn man die Einstellung mit OK bestätigt, dann die Operation rückgängig macht, die Auswahl aufhebt und schließlich wieder FILTER • FILTERGALERIE aufruft, so sieht man, dass diese sich alle Einstellungen vom letzten Mal gemerkt hat. Nun braucht man nur noch auf OK zu klicken, und alles wird für das ganze Bild berechnet.

Namen erklären sie außerdem meist anschaulich. Zudem sind ohnehin die meisten Filter in der Filtergalerie in ihrer Wirkung stark vom Ursprungsmaterial und auch von dessen Größe abhängig. Sie müssen sie deshalb auf jeden Fall ausprobieren.

10.2 Smartfilter

Eine der wirklich entscheidenden Neuerungen von Photoshop CS3 sind die bereits mehrfach erwähnten Smartfilter, die den letzten Rest an destruktiver Bildbearbeitung, der nach der Einführung von Einstellungsebenen und Smart Objekten noch in Photoshop verblieben ist, auf ein Minimum reduzieren. Nun lassen sich Bilder bis auf wenige Ausnahmen bis zum Schluss vollständig editierbar halten.

Video-Training

Auf der Buch-DVD im Ordner VIDEO-TRAINING finden Sie Video-Lektionen zum Thema »Smartfilter«.

Fast alle im Menü unter FILTER befindlichen Funktionen lassen sich nun als Smartfilter auf Ebenen anwenden und bleiben dabei dauerhaft bearbeitbar und lassen sich auch wieder entfernen. Am folgenden Beispielbild sollen die wichtigsten Eigenschaften der Smartfilter beleuchtet werden.

Der Name Smartfilter legt nahe, dass diese mit den in Photoshop CS2 eingeführten Smart Objekten verwandt sind. Dem ist tatsächlich so, ist doch die Umwandlung der zu bearbeitenden Ebene in ein Smart Objekt die Bedingung für die Anwendung eines Smartfilters. Dies geschieht im Menü unter FILTER • FÜR SMARTFILTER KONVERTIEREN. Die Ebene bekommt das bekannte Smart-Objekt-Icon in der rechten unteren Ecke des Miniaturbilds in der Ebenen-Palette.

10.2.1 Smartfilter in der Ebenen-Palette

Smart Objekt und Smartfilter

Normale Smart Objekte (platzierte Bilder oder Vektorgrafiken) brauchen natürlich nicht mehr für Smartfilter in Smart Objekte konvertiert zu werden, denn sie sind ja bereits welche.

Wählt man nun im Menü unter FILTER die gewünschte Funktion aus, so wird die Ebene entsprechend mit der Smartfilter-Markierung versehen ❶. Unterhalb wird das Smartfilter eingerückt ❷ gezeigt. Es hat (wie eine Einstellungsebene) eine eigene, leere Filtermaske. Diese Filtermaske ist von einer eventuell vorhandenen Ebenenmaske der Ebene selbst vollkommen unabhängig. Der gewählte Filter erscheint darunter mit seiner Bezeichnung ❸. Mit einem Doppelklick kann man jederzeit den für dieses Filter bekannten Einstellungsdialog öffnen. Da ein Smartfilter im Prinzip eine Unterebene der Smart-Objekt-Ebene darstellt, können die Filter ähnlich normalen Ebenen in Deckkraft und Füllmethode verändert werden. Das geschieht mit einem Doppelklick auf das kleine Regler-Icon rechts ❹.

▲ **Abbildung 10.3**
Originalbild

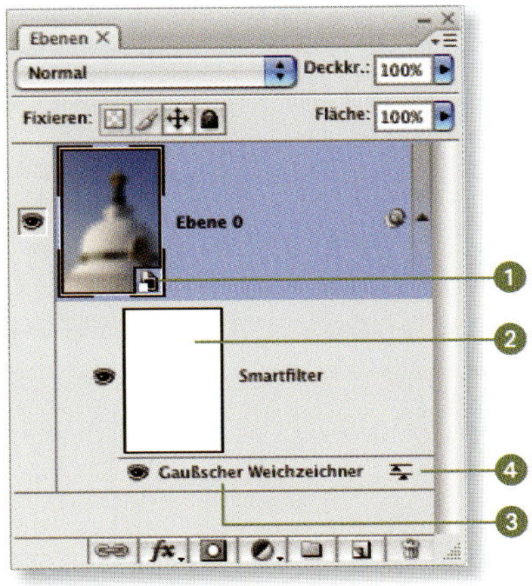

▲ **Abbildung 10.4**
Ansicht in der Ebenen-Palette

10.2.2 Smartfilter bearbeiten

Die Filtermaske kann genau so wie eine Ebenenmaske bearbeitet und auch mit gedrückter ⇧-Taste an- und ausgeschaltet werden. Hier wurde der Weichzeichner für die Mitte des Bildes mit einem radialen Verlauf ausgeblendet.

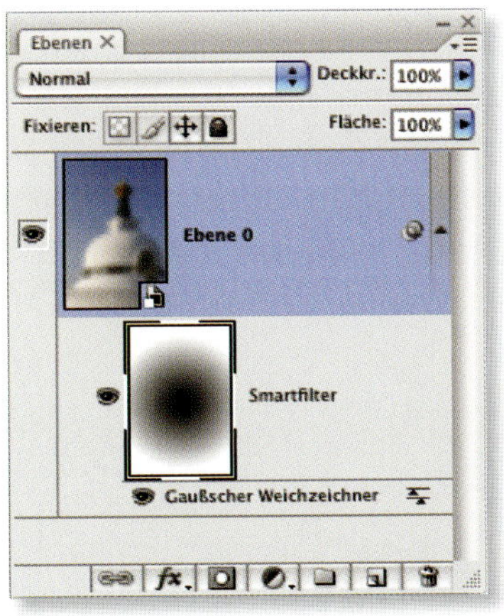

◀ **Abbildung 10.5**
Smartfilter mit Filtermaske

10.2.3 Fülloptionen von Smartfiltern

Will man die Fülloptionen eines Filters ändern, so kann man mit einem Doppelklick auf das Regler-Icon des entsprechenden Filters einen Dialog mit einer Vorschau öffnen. Hier steht neben den aus der Ebenen-Palette bekannten Füllmethoden noch ein Regler für die Deckkraft zur Verfügung.

Abbildung 10.6 ▸
Änderung der Fülloptionen für das Smartfilter

Renderzeit bedenken

Eine Smart-Objekt-Ebene ist nichts anderes als eine temporäre Pixel-Ebene, die bei jeder Veränderung neu berechnet (gerendert) wird. Wenn man innerhalb einer Reihe von Smartfiltern etwas verändert (Aus-/Einblenden/Fülloptionen), so rendert Photoshop das Ergebnis jedes Mal neu. Bei größeren Bildern dauert das manchmal etwas. Bei Änderungen der Filtereinstellungen oder der Fülloptionen wird in der Vorschau immer nur die Wirkung des aktuellen Filters auf alles darunter Liegende angezeigt, nicht das Zusammenspiel mit den darüber befindlichen Filtern. Ein Warnhinweis macht darauf aufmerksam.

Hat man die Filtermaske gelöscht (Ziehen auf den Papierkorb der Ebenen-Palette oder EBENE • SMARTFILTER • FILTERMASKE LÖSCHEN), lässt sich unter EBENE • SMARTFILTER • FILTERMASKE HINZUFÜGEN eine neue, leere Maske einrichten.

10.2.4 Mehrere Smartfilter anwenden

Da ein Smartfilter eine Art Container ist, können darin auch mehrere Filter zusammen angewendet werden. Ein neuer Filter wird oberhalb eines oder mehrerer schon vorhandener Filter eingefügt. Die Reihenfolge ist dabei entscheidend für das Ergebnis: Der oberste Filter wird zuletzt berechnet. Das folgende Beispiel illustriert diesen Umstand. In Abbildung 10.7 wird erst weichgezeichnet, dann wird der Mosaik-Effekt angewendet. In Abbildung 10.8 wird das zuerst angewendete Mosaik weichgezeichnet.

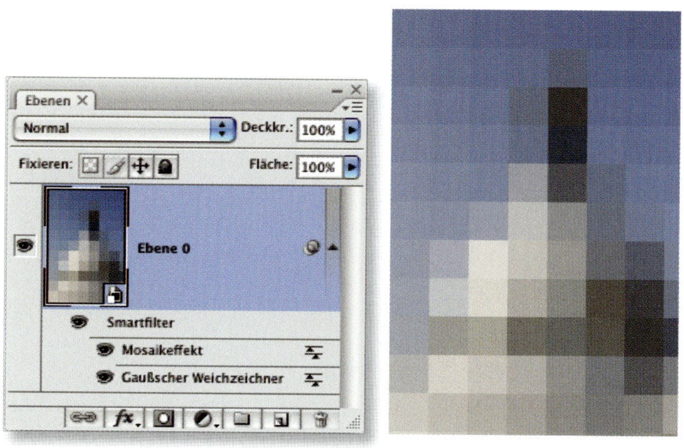

▴ Abbildung 10.7
Mehrere Filter in unterschiedlicher Reihenfolge innerhalb des Smartfilters: Hier erst der Mosaikeffekt, dann der Gaußsche Weichzeichner.

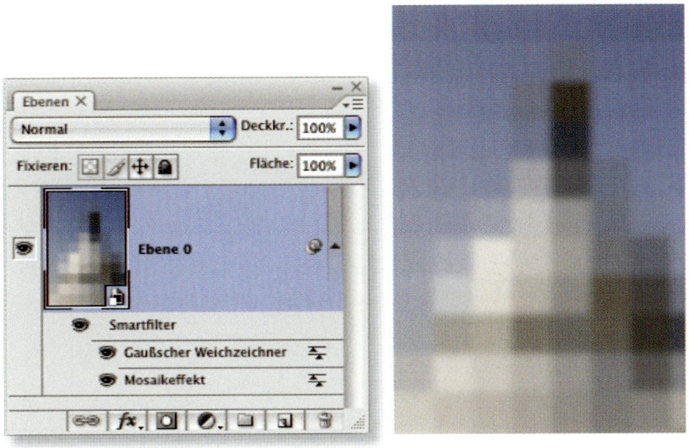

▲ **Abbildung 10.8**
Mehrere Filter, hier erst der Gaußsche Weichzeichner, dann der Mosaikeffekt.

Inhalte | Da Smartfilter eine Smart-Objekt-Ebene als Voraussetzung haben und damit quasi temporär gerenderte Pixel-Ebenen sind, arbeiten sie mit beliebigem Inhalt. Neben platzierten Bildern und Vektor-Dateien kann ein solcher Inhalt auch eine Textebene sein, die für diesen Zweck mit Für Smartfilter konvertieren handhabbar gemacht werden kann. Abbildung 10.9 zeigt ein Beispiel.

▲ **Abbildung 10.9**
Schrift mit Smartfilter

10.2.5 Backup-Ebenen

Will man in gewohnter Manier mit Filtern destruktiv arbeiten oder erlaubt ein Filter eines Drittherstellers (noch) keinen Einsatz als Smartfilter und wird deshalb Originalmaterial bleibend verändert, bleibt an sich nur der Weg über den Befehl Bearbeiten • Rückgängig bzw. Bearbeiten • Schritt zurück.

Es ist deshalb ratsam, immer mit Duplikaten der Bildebene zu arbeiten. Das hat nicht nur den Vorteil, dass man bei Fehlern mit einem neuen Duplikat des Originals weiterarbeiten kann, sondern bietet auch weitere Möglichkeiten der Feineinstellung. Der Befehl Verblassen (der mit Photoshop CS2 übrigens von der gewohnten Position im Filter-Menü zu Bearbeiten gewechselt ist) gestattet, einen Filter nachträglich in Stärke und Modus zu beeinflussen. Ab dem Aufruf eines weiteren Filters ist diese Möglichkeit aber vorbei bzw. gilt ab dann für den neuen Filter.

Wendet man die Filter aber auf Ebenen-Duplikate an, hält man sich alle Möglichkeiten permanent offen. Auch erlauben dabei Ebenenmasken, den Wirkungsbereich später noch zu verändern. Man ist nicht auf die einmal angelegte Auswahl für die Anwendung eines Filters beschränkt. Ebenso können Füllmethode oder Deckkraft der gefilterten Ebene später immer wieder geändert

▲ **Abbildung 10.10**
Der Filter Radialer Weichzeichner, nachträglich modifiziert mit Deckkraft und Modus

werden. Das ist gestalterisch sehr nützlich. Der Befehl VERBLASSEN kann so durch ein abgeblendetes Ebenen-Duplikat ersetzt werden.

Abbildung 10.11 ▸
Das gefilterte Ebenen-Duplikat wurde in Deckkraft und Modus geändert.

10.3 Weichzeichner

Diese Filterfamilie hat mit den Vorversionen einigen Zuwachs bekommen. Wurden früher vorwiegend GAUSSSCHER WEICHZEICHNER und BEWEGUNGSUNSCHÄRFE benutzt, wurde seitdem einige Vielseitigkeit in diesen Bereich gebracht.

Gaußscher Weichzeichner | Das folgende Porträtfoto wurde zuerst mit dem altbekannten GAUSSSCHEN WEICHZEICHNER behandelt. Hierbei wird das Bild sehr gleichmäßig eingeebnet und auch von Details befreit. Diese Unschärfe wird rein mathematisch erzeugt und wirkt daher immer ein wenig unnatürlich. Sie erinnert eher an den Blick durch eine mattierte Glasscheibe als an die optische Unschärfe von Auge oder Kamera.

Feld weichzeichen | Die Funktion FELD WEICHZEICHNEN kommt dieser Unschärfe in optischer Hinsicht sehr viel näher. Bei gleichem RADIUS (15 Pixel) in beiden Beispielen sind bei FELD WEICHZEICHNEN viel mehr Details erkennbar.

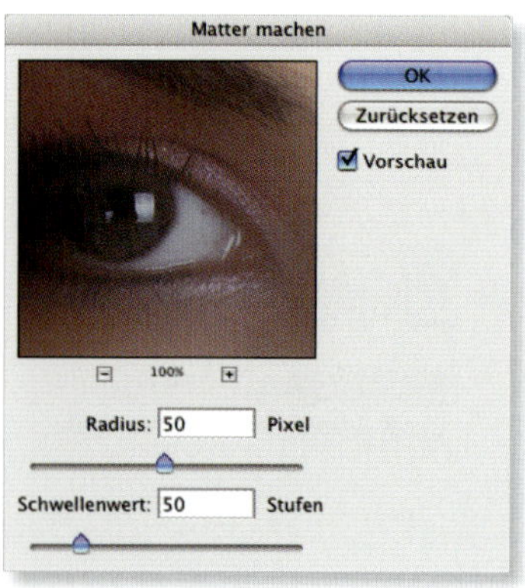

▴ Abbildung 10.12
Optionen für MATTER MACHEN

Matter machen | MATTER MACHEN zeichnet abhängig von einer bestimmten Detaildichte weich, die im Dialog mit dem Parameter SCHWELLENWERT eingestellt werden kann. Der Effekt erinnert an die analoge »Fettlinse«. Auch feinere Details bleiben erhalten, während Flächen überstrahlen.

© istockphoto

◂ **Abbildung 10.13**
Originalbild (oben links) und Gaussscher Weichzeichner (oben rechts), Feld weichzeichnen (unten links) und Matter machen (unten rechts)

10.3.1 Selektiver Weichzeichner

Der Selektive Weichzeichner lässt nur flächige Strukturen verschwimmen, Kanten bleiben nach Wunsch erhalten. In den Optionen kann man z. B. dafür sorgen, dass bei einem Gesicht Hautunreinheiten weichgezeichnet werden, kontrastreiche Feinheiten wie Haare dagegen unangetastet bleiben. In unserem Beispiel werden die Flächen fast comicartig ausgeglättet.

Dieser Filter bietet weitreichende Möglichkeiten sowohl im kreativen Bereich als auch in der Retusche. Zudem lassen sich mit dem Selektiven Weichzeichner Pixelbilder hervorragend für die neue Funktion Interaktiv abpausen in Adobe Illustrator vorbereiten. Mit den entstehenden klaren Flächen kommt Illustrator sehr gut zurecht, wenn es darum geht, aus Pixelbildern Vektorzeichnungen zu machen, was einen bekannt mühseligen Job erleichtert.

◂ **Abbildung 10.14**
Selektiver Weichzeichner mit seinen Optionen

10.3.2 Bewegungsunschärfe

Der altbekannte Filter Bewegungsunschärfe (englisch: Motion Blur) zeichnet entlang einer vorgegebenen Richtung weich. Er hat mit der Vorversion Photoshop CS2 unter dem Namen Form weichzeichnen eine konsequente Weiterentwicklung erfahren.

▼ **Abbildung 10.15**
Simuliertes Kamera-Verwackeln mit Form weichzeichnen

Der Filter Form weichzeichnen zeichnet nicht nur entlang einer bestimmten Richtung weich, sondern auch entlang einer Form. Ausgangspunkt sind die unter Bearbeiten • Vorgaben-Manager • Eigene Formen aufgeführten Vektorformen, die an sich für Formebenen und Vektormasken gebraucht werden. Diese Formen lassen sich im Dialog des Filters auswählen. Die hier benutzte selbst erstellte Form einer länglichen S-Kurve ahmt überzeugend eine verwackelte Kamera nach.

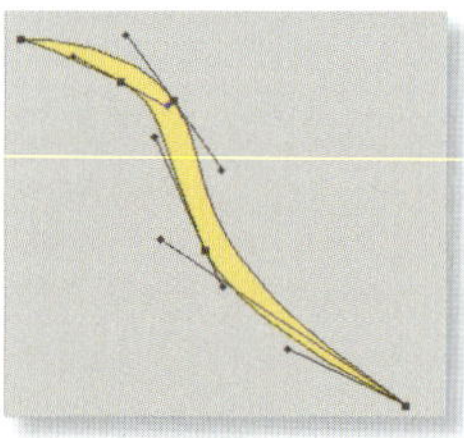

▲ **Abbildung 10.16**
Eigene Vektorform für Form weichzeichnen erstellen

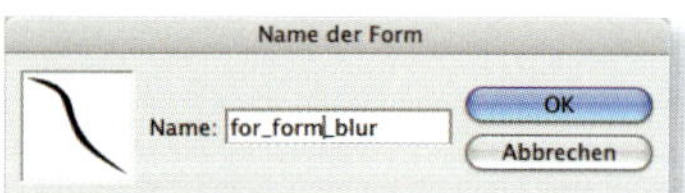

▲ **Abbildung 10.17**
Eigene Vektorform speichern

Abbildung 10.18 ▶
Eigene Vektorform in den Optionen des Filters benutzen

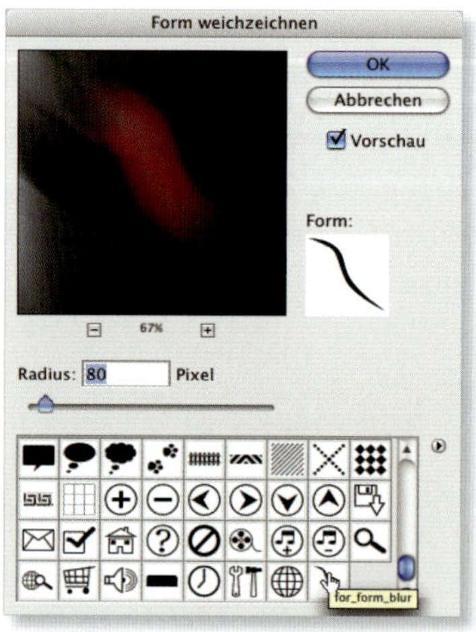

10.3.3 Tiefenschärfe abmildern

Der mit Abstand interessanteste Filter aus der Weichzeichner-Familie trägt den etwas sperrigen Namen Tiefenschärfe abmildern. Neben anderen Anwendungszwecken taugt er vor allem zum nachträglichen Verändern der Schärfestruktur von Bildern.

Mit dem Siegeszug der digitalen Fotokameras ist ein Problem in der Bildgestaltung häufiger geworden: die hohe Tiefenschärfe.

◄ **Abbildung 10.19**
Viele Bilder von Digitalkameras haben eine große Tiefenschärfe.

Das Problem Tiefenschärfe | Die Aufnahmechips der Kameras sind oft wesentlich kleiner als das analoge Filmformat von 24 × 36 mm. Die dadurch wesentlich kleineren Objektive führen dazu, dass vor allem bei Kompaktkameras nur große Blendenzahlen und damit kleine Blendenöffnungen möglich sind. Das Resultat sind Bilder, die oft vom Vordergrund bis weit in den Hintergrund scharf sind, also eine große Tiefenschärfe haben.

Die wichtige gestalterische Möglichkeit, mithilfe von geringer Tiefenschärfe z. B. ein Objekt im Vordergrund scharf vor einen unscharfen Hintergrund zu stellen, ist je nach Kamera und Objektiv deshalb manchmal kaum oder bei Spiegelreflexkameras nur mit sehr lichtstarken und damit teuren Objektiven gegeben. Bei (semi-)professionellen digitalen Spiegelreflexkameras nimmt diese Einschränkung mit zunehmender Chipgröße ab. Weil die Tiefenschärfe außerdem noch vom Abbildungsmaßstab abhängt, dem Verhältnis von Objektentfernung und Brennweite, macht sich die Brennweitenverlängerung durch die kleineren Chips zusätzlich negativ bemerkbar. Kurz: Viele Bilder von Digitalkameras sind »zu scharf«.

Die Lösung | Ab Photoshop CS kann man dieses Problem mit dem Filter TIEFENSCHÄRFE ABMILDERN angehen. Seither ist es möglich, definierte Bildbereiche gezielt unscharf zu machen.

In unserem Beispiel entspricht der Bildtiefe von vorn nach hinten die Erstreckung vom rechten bis zum linken Bildrand. Der Filter arbeitet am besten mit Graustufeninformationen. Ein Alpha-Kanal mit einem Verlauf ist in diesem Fall für uns ideal.

Wird dieser im oberen Teil des Filterdialogs als QUELLE ❶ angegeben, kann man mit WEICHZEICHNEN-BRENNWEITE den scharfen Bereich einstellen. Ein Fadenkreuz-Cursor im Bild tut übrigens anschaulich denselben Dienst: Wo man im Bild hinklickt, wird es

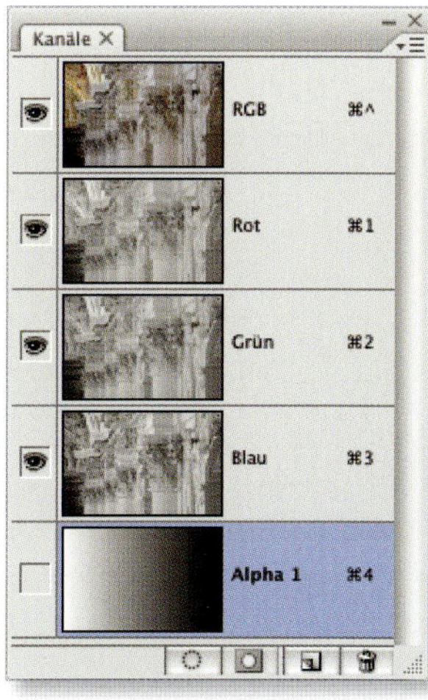

▲ **Abbildung 10.20**
Alpha-Kanal für Tiefeninformation

scharf. Unter Iris ❷ kann man mit Radius die Stärke der Weichzeichnung einstellen. Die Form bildet die Blendenlamellen der Kamera nach, was sich bei Spitzlichtern in entsprechenden mehreckigen Formen äußert. Im unteren Teil lässt sich mit der Anhebung der Spitzlichter ❸ und einer Art Filmkorn ❹ das Imitieren des Kamera-Verhaltens noch weiter verfeinern.

Abbildung 10.21 ▼
Einstellungen im Dialog Tiefenschärfe abmildern

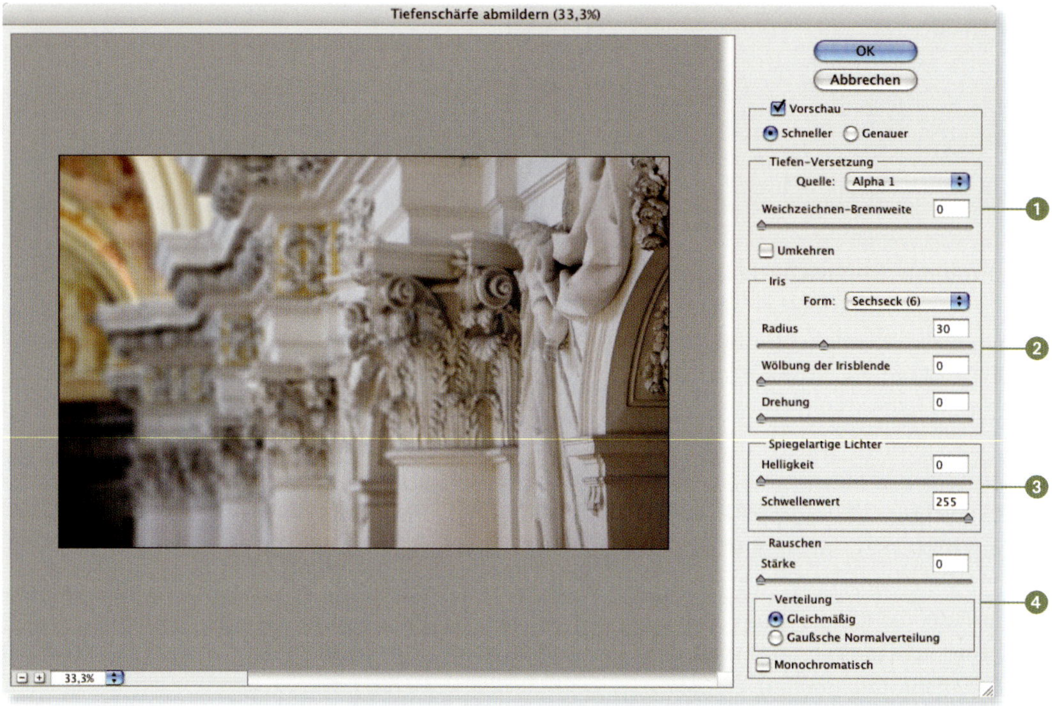

Fast wie mit dem Fokus-Ring der Kamera kann man nun in Photoshop auf unterschiedliche Entfernungen im Bild nachträglich »scharfstellen«.

▲ Abbildung 10.22
Ergebnis mit dem Regler Weichzeichnen-Brennweite etwa in der Mitte (links) und im Hintergrund (rechts)

Nicht verschwiegen werden soll, dass andere Motive deutlich kompliziertere Alpha-Kanäle erfordern als unseren simplen Verlauf, um das Ergebnis realistisch aussehen zu lassen. Deshalb kann man unter QUELLE neben Alpha-Kanälen auch Ebenenmasken und Transparenzen angeben. Mit etwas Feinarbeit kann man mit TIEFENSCHÄRFE ABMILDERN Bilder noch ganz wesentlich in ihrem Aufbau verbessern, auch wenn das niemals hochwertige Optiken ersetzen kann.

[Scharfzeichner]
Wer als logische Fortsetzung an dieser Stelle nun die Filter aus der Scharfzeichner-Familie erwartet, findet diese in Kapitel 3, »Probleme bei Digitalfotos beheben«. Sie werden kaum als Effekte und Gestaltungsmittel gebraucht, sondern dienen vielmehr zur Bildaufbereitung.

10.4 Beleuchtungseffekte

Unter FILTER • RENDERFILTER • BELEUCHTUNGSEFFEKTE bietet Photoshop eine gestalterische Möglichkeit an, die in einfacheren Anwendungsfällen den Einsatz eines 3D-Programms erspart. Macht man sich einige Gedanken über die grundsätzliche Arbeitsweise dieses Filters, so kann man Bildmaterial gezielt dafür herrichten und so sehr ansprechende Ergebnisse erzielen. Falls Ihnen als eventuellem User von 3D-Programmen das Grundprinzip nicht schon ohnehin vertraut ist, soll dieses in einer kleinen Schritt-für-Schritt-Anleitung ein wenig »beleuchtet« werden.

▲ Abbildung 10.23
Typische Anwendung des Filters BELEUCHTUNGSEFFEKTE

Schritt für Schritt: Relief-Logo erstellen

Der Filter BELEUCHTUNGSEFFEKTE kann ein Bild mit einer oder mehreren Lichtquellen beleuchten, wobei aus dem Bild gewonnene Graustufeninformationen für eine reliefartige Strukturierung benutzt werden können. Interessant wird es aber erst, wenn man hierfür gezielt eigene Graustufenbilder erstellt.

Daten auf der DVD
Sie finden die Datei zu diesem Workshop auf der Buch-DVD unter BEISPIELDATEIEN/10_FILTER/BELEUCHTUNGSEFFEKTE.PSD.

1 Bild erstellen

Der Ebenenaufbau der gesamten Bilddatei ist in zwei Bereiche unterteilt. Gelb markiert finden Sie in einer Gruppe ❷ (»farbe«) die Elemente des zunächst »flachen« farbigen Bildes.

◀ Abbildung 10.24
Flaches Bild mit den farbigen Elementen

Über einem hellblauen Hintergrund liegt ein blaues Oval in Form einer Füllebene mit Vektormaske. Über diesen beiden sorgt eine Pixelbild-Ebene ❸, die mit einem Muster gefüllt und mit

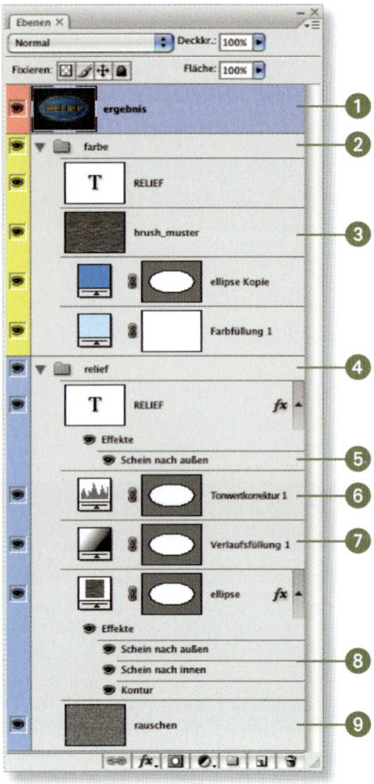

▲ **Abbildung 10.25**
Ebenen-Aufbau der Datei: blaue Ebenen für das Relief, gelbe Ebenen für das farbige Bild

dem Modus LUMINANZ und einer DECKKRAFT von 45 % versehen wurde, für eine Struktur im Bild. Darüber finden Sie noch einen Schriftzug.

2 Reliefbild erstellen

Das Graustufenbild (im Ebenenaufbau als Gruppe »relief« blau markiert ❹) für die Relief-Funktion des Filters liefert diesem »Höheninformationen«: Schwarz ist vertieft, und Weiß ist erhaben. Die ovale Form und der Schriftzug sind Kopien aus der »Bild«-Gruppe.

Für den rauen Außenbereich liegt ganz im Hintergrund eine Ebene mit Rauschen ❾ (FILTER • RAUSCHFILTER • RAUSCHEN HINZUFÜGEN). Das Innere der Ovalform besteht aus einer Muster-Füllebene ❽, die mit einer Verlaufsfüllebene ❼ in der Mitte aufgehellt wurde, um später eine leichte Wölbung zu bekommen. Der Verlauf ist rund, die Ebene hat den Modus NEGATIV MULTIPLIZIEREN und 85 % DECKKRAFT. Darüber schränkt eine Einstellungsebene mit einer TONWERTKORREKTUR ❻ die Grauwerte auf einen mittleren Bereich ein (89 bis 165).

Abbildung 10.26 ▶
Das Reliefbild in Graustufen

3 Kanten verfeinern

Der plastische Effekt lässt sich noch wesentlich verfeinern, indem man gezielt die Bildkanten bearbeitet. Ist eine Kante im Reliefbild scharf, so ist sie das auch im Relief. Wird sie dagegen weichgezeichnet, so sind die Kanten nicht so steil und bieten dem Licht viel mehr Möglichkeiten für Reflexe, wodurch das Ganze optisch sehr gewinnt.

Die Aufgabe des Weichzeichnens kann man auch mit den Ebeneneffekten SCHEIN NACH AUSSEN und SCHEIN NACH INNEN erledigen. Für die schwarze Schrift wurde ein schwarzer SCHEIN NACH AUSSEN gewählt ❺. Der Rand des Ovals hat neben einer weißen Kontur sowohl einen weißen SCHEIN NACH INNEN als auch NACH AUSSEN ❽.

4 Zusammenkopieren der Relief-Information in einem Alpha-Kanal

Für die Anwendung des Filters benötigt man eine einzelne Pixelbildebene und als Graustufeninformation einen Alpha-Kanal. Den

Alpha-Kanal gewinnt man zunächst, indem nur alle blau markierten Ebenen sichtbar gemacht werden. Dann wird mit BEARBEITEN • AUF EINE EBENE REDUZIERT KOPIEREN (Strg/⌘+⇧+C) alles Sichtbare als Pixelinformation in die Zwischenablage kopiert. Durch EINFÜGEN in einen neuen Alpha-Kanal sichern wir die Relief-Information für die spätere Anwendung im Filter.

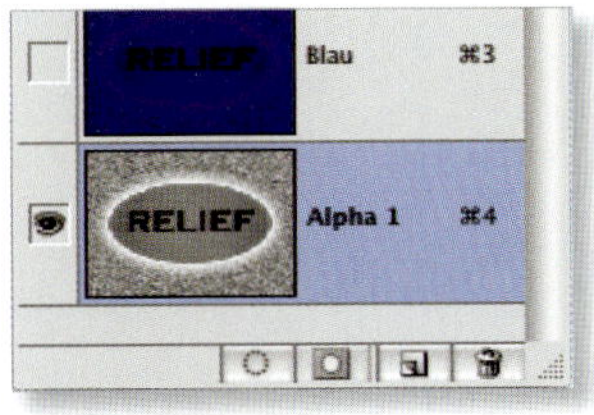

▲ **Abbildung 10.27**
In einem Alpha-Kanal zusammenkopierte Relief-Information

5 Farbiges Bild zusammenkopieren

Nun werden alle gelb markierten Ebenen sichtbar gemacht und wiederum mit Strg/⌘+⇧+C zusammenkopiert. Den Inhalt der Zwischenablage fügen wir in eine neue leere Ebene ganz oben in der Ebenen-Palette ein. Es entsteht die gewünschte (rot markierte) Pixel-Bildebene ❶. Auf diese Ebene wird der Filter angewendet.

6 Filter anwenden

Wird schließlich der Filter BELEUCHTUNGSEFFEKTE auf die zusammenkopierte Bildebene angewendet, kann man im Filter-Dialog auf der rechten Seite die Einstellungen vornehmen und auf der linken Seite die Lichtquelle(n) positionieren und manipulieren.

Wichtig ist zuerst, unter RELIEF-KANAL den zuvor erzeugten Alpha-Kanal auszuwählen. Unter LICHTART können Typ, Farbe und Intensität der Lichtquelle(n) eingestellt werden. Die EIGENSCHAFTEN bestimmen, wie die Farbinformation der Bildebene mit dem Licht reagiert. Allzu realistische Dinge darf man sich aber z. B. unter METALL oder PLASTIK nicht vorstellen. Photoshop ist ja kein 3D-Programm. Das Vorschaufensterchen bietet das nötige Feedback für das Probieren, das hier gefordert ist.

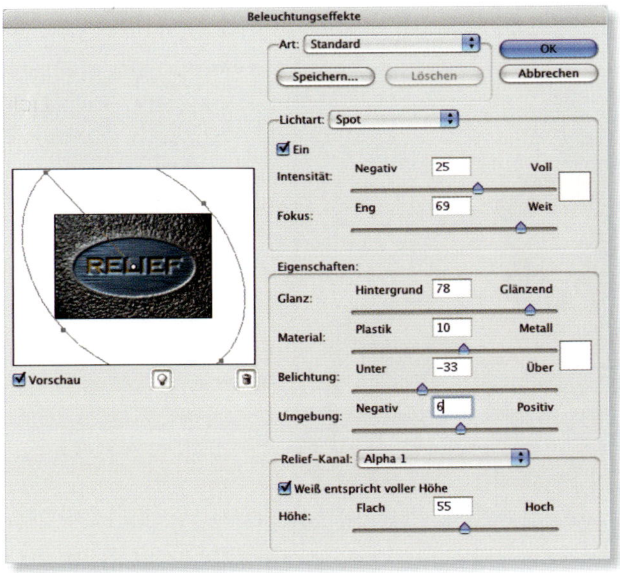

◀ **Abbildung 10.28**
Einstellungen für BELEUCHTUNGSEFFEKTE

▲ **Abbildung 10.29**
Das Ergebnis

Beim Ergebnis überzeugt vor allem dadurch, dass es schnell geht und hierzu kein 3D-Programm benötigt wird. Vor allem das geschickte Vorgehen bei der Erstellung des Relief-Kanals kann mit wenig Aufwand schöne Resultate bringen. ■

10.5 Verzerrungsfilter

In dieser Filtergruppe sind viele alte Bekannte zusammengefasst. Was man mit KRÄUSELN, VERBIEGEN, SCHWINGUNGEN, DISTORSION etc. anfangen kann, wissen die meisten, denn Benennungen und Funktionen sind in der Regel recht anschaulich. Einige der Werkzeuge aus dieser Familie sollen aber trotzdem hier besprochen werden, weil sie bestimmte Bereiche gut abdecken.

10.5.1 Verflüssigen

Exemplarisch sei hier der Filter VERFLÜSSIGEN genannt, der mit seinem fein dosierbaren Vorwärts-krümmen-Werkzeug hervorragend für subtile (oder auch gemeine) Gesichts- und Mimik-Korrekturen geeignet ist und den man deshalb auch immer im Zusammenhang mit der Retusche (siehe Kapitel 4) nennen sollte.

Angenehm und sehr nützlich ist bei diesem Filter, dass er sein eigenes Protokoll mitbringt: Mit [Strg]/[⌘]+[Z] kann man den jeweils letzten Schritt rückgängig machen oder wiederherstellen. Mit [Strg]/[⌘]+[Alt]+[Z] kann man über mehrere Schritte zurückgehen, mit [Strg]/[⌘]+[⇧]+[Z] natürlich auch wieder vor.

© pixelio.de

▲ **Abbildung 10.30**
Originalbild

Abbildung 10.31 ▶
Im Gegensatz zum Originalbild schaut dieser Herr nach der Behandlung mit dem Filter VERFLÜSSSIGEN nun etwas freundlicher aus.

Der Filter VERFLÜSSIGEN verfügt darüber hinaus über ein reiches Arsenal an Werkzeugen und Verzerrungsmethoden, die allesamt aber ein mehr experimentelles als ein praktisches Potenzial haben und aus diesem Grund hier übergangen werden. Ein größerer Teil dieser Werkzeuge lässt an ein Werkzeug namens Kai's Power Goo denken, ein Spaßprogramm zur Grimassenproduktion, an das sich der eine oder andere Leser vielleicht noch erinnern wird.

Objektivkorrektur und Fluchtpunkt
An sich gehört auch die OBJEKTIVKORREKTUR zu dieser Filtergruppe. Da sie aber einen Spezialauftrag hat, wird sie in Kapitel 3, »Probleme bei Digitalfotos beheben«, besprochen, wo sie für die Entzerrung von Fotos zuständig ist. Ebenso wird die neue Funktion FLUCHTPUNKT, die unter FILTER zu finden ist, dort besprochen, wo es um perspektivisch korrekte Retusche und 3D-Anwendungen geht (siehe Kapitel 14).

10.5.2 Versetzen-Filter

Interessant und mit einem großen experimentellen Potenzial ausgestattet ist der Filter VERSETZEN. Mit etwas Geduld kann man hier relativ frei Verzerrungen erzeugen. Das Prinzip ist einfach: Eine externe Datei wird als sogenannte »Displacement Map« interpretiert und auf das Bild angewandt. Hierbei wird 50 % Grau als Nullpunkt definiert und bewirkt keinerlei Verzerrung. Schwarz ergibt die größte negative Verschiebung, Weiß ist analog der größte positive Wert.

Der erste Kanal der Map (Rot) kümmert sich um die Verschiebung in X-Richtung, Grün als zweiter Kanal (wenn gewünscht und vorhanden) verschiebt entlang der Y-Achse. Der Blau-Kanal wird bei diesem Verfahren ignoriert. Die Verzerrungen in der Abbildung unten rechts wurden durch die beiden Dateien links erzeugt. Die linke Graustufen-Datei verzerrt nur in Y-Richtung (oberer Schriftzug). Eine RGB-Datei, wo der Grün-Kanal genau so aussieht und die beiden anderen Kanäle grau sind, tut den gleichen Dienst. Will man in beiden Richtungen gleichzeitig verzerren, wird man eine Datei wie in der mittleren Abbildung brauchen, deren Rot-Kanal quer verzerrt und deren Grün-Kanal in der Vertikalen. Das Ergebnis zeigt der mittlere Schriftzug.

▲ **Abbildung 10.32**
Für die Verzerrung benutzte Verzerrungsdateien und Ergebnis (rechts)

Der Filter kann für sehr »experimentell« anmutende Ergebnisse benutzt werden, aber auch äußerst nützliche Anwendungszwecke haben. Schattenwürfe auf einer unregelmäßigen Oberfläche lassen sich damit genauso erzeugen wie z. B. Schriftzüge auf faltigem Stoff. Arbeitet man in der Map mit Mustern, kann man malereiartige Strukturen schaffen.

Leider ist man immer auf die Displacement Map als externe Datei angewiesen. Da der Filter keinerlei Verknüpfung zu dieser Datei aufrechterhält, muss jede noch so kleine Änderung jedes Mal neu geladen werden. Durch den Einsatz des Filters VERSETZEN in Form eines Smartfilters lässt sich hier gegenüber früher beim Probieren viel Zeit sparen, denn der wiederholte Aufruf des Filters entfällt. Man muss nur mit einem Doppelklick eine neue Map laden.

10.5.3 Verkrümmen

Die wirklich sehr brauchbare Funktion VERKRÜMMEN ist die letzte in der Gruppe der Verzerrungsfilter. Auch wenn sie unter BEARBEITEN • TRANSFORMIEREN • VERKRÜMMEN zu finden ist, gehört sie eher zu den Filtern. Technisch ist sie zudem als Plug-in in Photoshop integriert wie andere Filter auch.

Schritt für Schritt: Etikett auf eine Flasche kleben

Daten auf der DVD
Sie finden die Datei zu diesem Workshop auf der Buch-DVD im Ordner BEISPIELDATEIEN/10_FILTER/VERKRUEMMEN.

Solche Aufgaben kommen immer wieder einmal vor: Im Package Design müssen neue Produkte visualisiert werden, die es noch nicht gibt, oder der Kunde will die neuen Etiketten auf dem alten Produkt sehen. Die Lösung über ein 3D-Programm ist nicht immer möglich, oft teuer und auch nicht einfach, wenn ein wirklich realistischer Look gefordert ist.

1 Etikett aus Illustrator in Photoshop erweitern

Die grafischen Elemente des Etiketts wurden in Adobe Illustrator erstellt: Umrandung, Lilien und Schriftzüge. Für diese Dinge ist ein Vektorzeichenprogramm trotz der vielen Funktionen, die Photoshop in diesem Bereich bereits an Bord hat, noch immer die erste Wahl, weil es schneller geht, mehr Möglichkeiten bietet und genauer ist.

Abbildung 10.33 ▸
Die grafischen Elemente wurden in Adobe Illustrator produziert.

Zur Weiterverarbeitung wurde die Zeichnung als Photoshop-Datei mit Ebenen aus Illustrator exportiert. Das hat zum einen den Vorteil, dass diese später als Smart Objekt in Photoshop platziert werden kann und dabei die Ebenen erhält, was mit Illustrator-Dateien (noch) nicht geht. Außerdem soll das Etikett in Photoshop noch erweitert werden.

▲ **Abbildung 10.34**
Etikett als weiterbearbeitete Photoshop-Datei

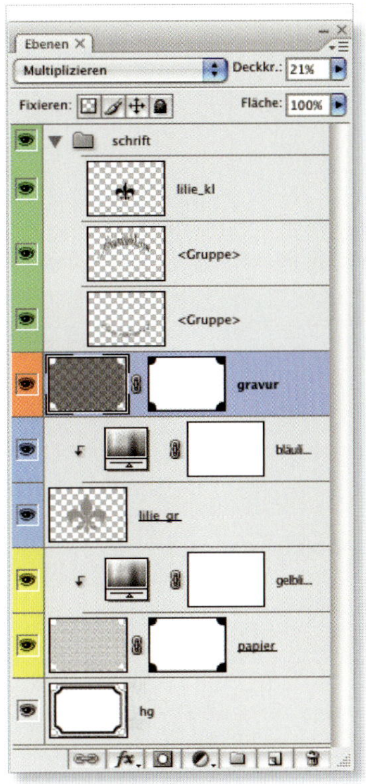

▲ **Abbildung 10.35**
Ebenen-Aufbau des Etiketts

Zuerst wurde die Hintergrundebene »hg« als Auswahl geladen, eine neue Ebene darüber mit 50% Grau gefüllt und mit FILTER • RAUSCHFILTER • RAUSCHEN HINZUFÜGEN »verrauscht«. Mit einer gruppierten (Strg/⌘+Alt+G) Einstellungsebene vom Typ FARBTON/SÄTTIGUNG im Modus FÄRBEN wurde diese Ebene aufgehellt und gelblich eingefärbt. Diese beiden Ebenen (»papier« und »gelblich«) sind im Aufbau der Datei gelb markiert.

Die große Lilie wurde mit der gleichen Methode hellblau eingefärbt (blaue Markierung). Um den Look von feinem gemustertem Papier zu bekommen, wurde eine weitere Ebene mit 50% Grau eingezogen (orange Markierung, »gravur«), die über den Dritthersteller-Filter PANOPTICUM ENGRAVER (siehe Abschnitt 10.8.2) mit einem feinen gewellten Gravurmuster versehen wurde. Dieses Muster wurde mit schwacher (20%) DECKKRAFT im Modus MULTIPLIZIEREN über den Hintergrund inklusive der blauen Lilie gelegt. Die Schriftgruppe (grüne Markierung) aus Illustrator bleibt unverändert.

2 Etikett in Photoshop platzieren

In das Bild mit der Flasche wird die Photoshop-Datei mit dem Etikett über DATEI • PLATZIEREN eingebettet. Das hat den Vorteil, dass das Etikett später als Smart Objekt jederzeit wieder bearbeitet werden kann. Auch wenn die Datei als Smart Objekt nun nur eine Ebene belegt, besteht sie nach wie vor aus den zehn Ebenen der Etikett-Datei!

Abbildung 10.36 ▸
Flasche im Original und Ebenen nach der Platzierung des Etiketts

Ein Doppelklick auf das Smart-Objekt-Symbol rechts unten im Ebenen-Thumbnail öffnet diese Datei wieder. Nach dem Platzieren erscheint die Transformieren-Box, mit der grob skaliert und positioniert wird. Das braucht zunächst keineswegs genau zu sein.

Abbildung 10.37 ▸
Platziertes Etikett im Bild mit der Transformieren-Box

3 Etikett verzerren

Das platzierte Etikett wird nun mit BEARBEITEN • TRANSFORMIEREN • VERKRÜMMEN so verzerrt, dass es sich der bauchigen Form der blauen Flasche optimal anpasst. Hier gibt es keine geometrischen Tricks, es helfen allein Augenmaß und Gefühl.

Nach dem Aufruf des Filters wählt man im Optionen-Balken den Typ EIGENE. Es erscheint ein 3 × 3 Felder großes Gitter mit Ankerpunkten und Anfassern an den Ecken. Durch Ziehen an den

Eckpunkten und Verändern der Anfasser-Winkel wird nun das Etikett an die Flaschenform angepasst. Das Verhältnis der Anfasser-Länge an gegenüberliegenden Ecken bestimmt auch eine Streckung und Stauchung des Inhalts. Ebenso kann innerhalb der Gitterfelder der Inhalt bei konstanten Außengrenzen verschoben werden. In diesem Fall ist das vor allem wichtig, um die perspektivisch korrekte Krümmung des Etiketts herzustellen. Zur linken Seite hin muss es gestaucht werden.

▼ Abbildung 10.38
Verformungsgitter der Verkrümmen-Funktion (links) und fertig verkrümmtes Etikett (rechts)

4 Farb-, Kontrast- und Umgebungsanpassung

Die korrekte perspektivische Anpassung ist allerdings nur die halbe Miete, wie das Ergebnis des vorigen Schritts klar zeigt. Das Etikett fällt trotz stimmiger Geometrie optisch noch sehr aus dem Bild heraus. Um das zu beheben, müssen die Farbigkeit, die Helligkeit und der Kontrast ebenso angepasst werden wie die Wechselwirkung mit Licht und Schatten der Umgebung. Hierfür werden zunächst zwei Einstellungsebenen mit Gradationskurven eingerichtet. Die Ebene »lichter« dient dazu, die linke Seite des Etiketts aufzuhellen. Sie wird mittels einer Ebenenmaske gemalt. Die Kurve (links oben) zeichnet eine starke Lichter-Anhebung. Die zweite Ebene darunter für die Schatten arbeitet analog und dunkelt mit der anderen Kurve (rechts oben) die lichtabgewandten Teile des Etiketts ab.

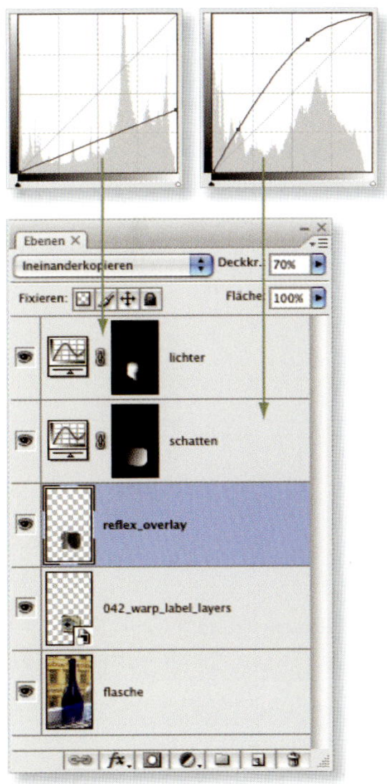

▲ Abbildung 10.39
Ebenen-Aufbau der fertigen Datei

5 Etikett integrieren

Jetzt stimmen zwar die Lichtverhältnisse, aber es fehlt noch das gewisse »Etwas«. Das Etikett ist noch immer nicht wirklich ins Geschehen integriert. Nun hilft ein kleiner Trick weiter. Man lädt die Umrisse des verkrümmten Etiketts mit [Strg]/[⌘]+Klick auf das Miniaturbild in der Ebenen-Palette und markiert die Ebene mit der Flasche. Nun erstellt man mit dem auswählten Bereich eine neue Ebene (Ebene • Neu • Ebene durch Kopie oder [Strg]/

⌘+J). Diese wird zuerst mit BILD • ANPASSUNGEN • FARBTON/SÄTTIGUNG oder Strg/⌘+U entsättigt und anschließend mit BILD • ANPASSUNGEN • TONWERTKORREKTUR kontrastverstärkt.

Da die Flasche durchsichtig ist, müssen noch alle Reflexe aus dem »Innern« der Flasche wegretuschiert werden. Nun wird der graue Fleck (Ebene »reflex_overlay«) mit dem Modus INEINANDERKOPIEREN und einer DECKKRAFT von 70% über das Etikett gelegt, dessen Integration ins Gesamtbild nun glaubhaft ist. Die fertige Montage wirkt sehr viel überzeugender.

▲ **Abbildung 10.41**
Die fertige Montage

▲ **Abbildung 10.40**
Kopie der Flasche »unter« dem Etikett, entsättigt, kontrastverstärkt und retuschiert (links) und als Ebene überlagert (rechts)

6 Austausch von Smart Objekten

Mit der hier vorgestellten Kombination aus den Smart Objekten und der VERKRÜMMEN-Funktion könnte man einen ganzen Katalog von neuen Flaschen herstellen.

Man hat über EBENE • SMART OBJEKTE • INHALT ERSETZEN nun im Weiteren die Möglichkeit, sehr schnell ganze Serien von Etiketten auf diese Flasche zu kleben.

Abbildung 10.42 ▶
Neues Etikett durch Austauschen des Smart Objekts

Man kann die VERKRÜMMEN-Funktion auch freier verwenden und wildere Verzerrungen damit erzeugen. So ist zum Beispiel ein »Eselsohr« damit kein Problem.

Verkrümmen eignet sich auch für Korrekturen auf gewölbten Flächen bei der Retusche mithilfe von Auswahlen.

▲ **Abbildung 10.43**
»Eselsohr« (Page Curl) durch Verkrümmen

10.6 Hilfsfilter

Aus dieser Gruppe seien jene Filter erwähnt, die nicht so sehr gestalterischen Aufgaben dienen, sondern eher als technische Hilfsmittel zu gebrauchen sind oder für Zwischenschritte bestimmter Aufgaben taugen. Zu ihnen gehören z. B. der Video-Filter De-Interlace, der für die Entfernung von Zeilensprung-Artefakten bei TV-Bildern sorgt (siehe auch Kapitel 15), oder Rauschen hinzufügen, der einfach nur Rauschen produziert, mit dem man dann im Weiteren vielfältige Dinge anstellen kann. Ebensolche Filter, die Ausgangsmaterial für weitere gestalterische Schritte zur Verfügung stellen, sind die Wolken und Differenzwolken, die Sie unter Renderfilter finden.

10.6.1 Verschiebungseffekt

Ein gleichfalls sehr nützlicher Filter aus dieser Familie ist Filter • Sonstige Filter • Verschiebungseffekt. Neben anderen Aufgaben kann er vor allem bei der Erstellung nahtloser Muster sehr hilfreich sein. Beim Beispielbild unten müssten nach einer Anwendung dieses Filters mit einem horizontalen und einem vertikalen Versatz nur die Stoßkanten retuschiert werden. Das spielt neben der Produktion von nahtlosen Hintergründen z. B. für Webseiten eine Rolle, vor allem aber bei der Erstellung von Texturen für den 3D-Bereich. Deshalb wird dieser Filter dort auch detaillierter besprochen (siehe Kapitel 14).

▲ **Abbildung 10.44**
Versatz nach rechts und unten mit dem Filter Verschiebungseffekt

10.7 Do it yourself: Eigene Filter bauen

Man ist bei Photoshop nicht nur auf die Bordmittel oder die Produkte von Drittherstellern angewiesen, sondern kann auch selbst die Ärmel hochkrempeln und sich eigene Filter bauen.

10.7.1 Eigene Filter

Mit einer sogenannten »Filter-Matrix« (»Convolution Kernel«) bietet Photoshop bei den Filtern eine Bastelecke der Sonderklasse. Hier wird es so richtig elementar, denn man kann auf mathematischer Basis selbst Filter erstellen. Ziemlich unauffällig im Menü Filter unter Sonstige Filter • Eigener Filter versteckt, findet man einen Dialog mit 27 großteils unbeschrifteten Zahlenfeldern. Dieser Filter beruht auf dem mathematischen Begriff der

▲ **Abbildung 10.45**
Originalbild

»Faltung« (»Convolution«). Mit einer 5×5-Felder-Matrix wird angegeben, wie stark ein Bildpixel mit seinen Nachbarn verrechnet wird. Es wird immer von einem »Zentralpixel« ausgegangen.

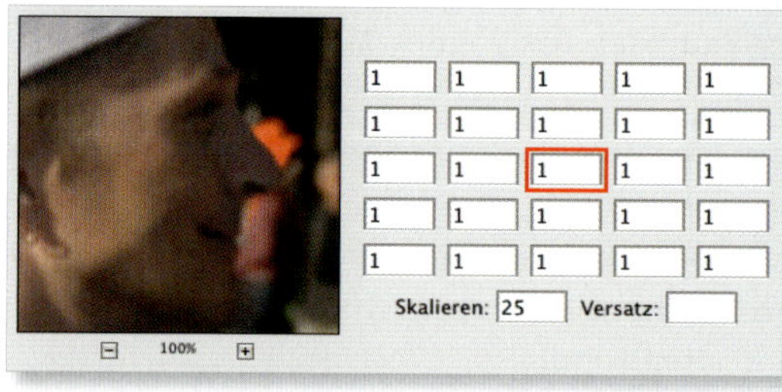

Abbildung 10.46 ▸
Der Dialog von Eigener Filter mit dem »Zentralpixel« (rot umrahmt)

Steht dort eine 1 und sonst überall nichts oder eine 0, dann erhält man das Original. Es wird nur mit positiven und negativen ganzen Zahlen gearbeitet. Will man das Zentralpixel gegenüber den Nachbarn stärker gewichten, trägt man dort einen hohen Wert ein und bei den Nachbarn einen niedrigen. Deshalb gibt es die Felder Skalieren und Versatz, die danach für einen korrekten Wertebereich bei der Ausgabe sorgen.

▾ **Abbildung 10.47**
Selbst gebaute Filter (von links oben nach rechts unten):, Weichzeichnen, Scharfzeichnen, Konturen hervorheben und Tontrennung (Posterize)

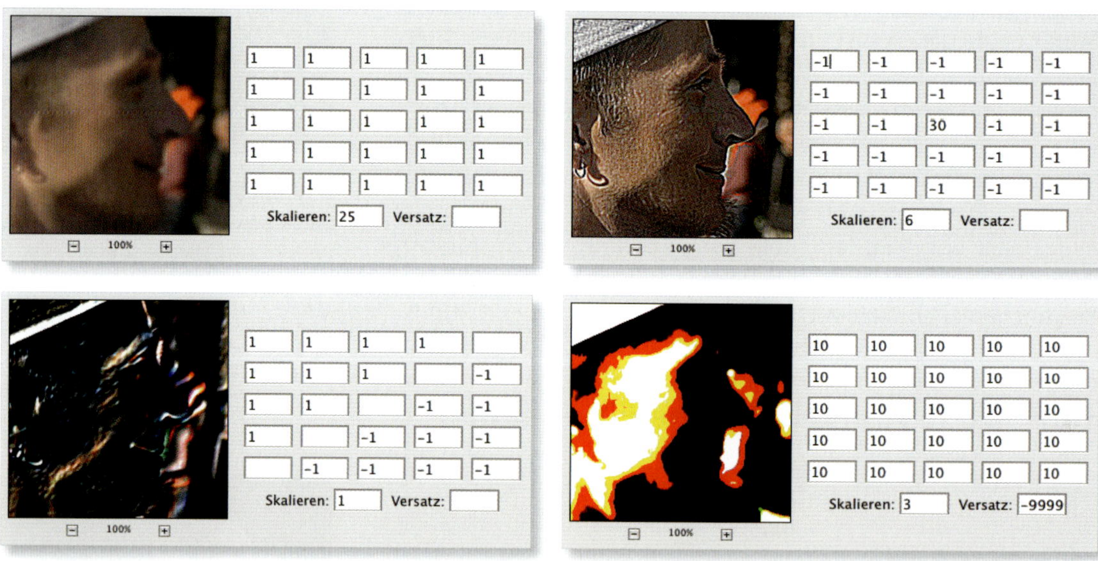

▴ **Abbildung 10.48**
Abgespeicherte Matrix-Datei

Speichern | Da viele Filter in Photoshop im Grunde auf ähnlichen mathematischen Verfahren beruhen, wundert es nicht, dass manche Ergebnisse dieser Convolution Matrix an bekannte Filter erinnern. Die Beispiele belegen das. Die Ergebnisse lassen sich in Matrix-Dateien abspeichern, denn wer will schon immer 27 Zahlen eingeben?

10.7.2 Filter Foundry

Einen Schritt weiter sowohl in puncto Flexibilität als auch Komfort gehen Filter-Entwicklungstools wie das alte »Filter Factory«, das früher zum Lieferumfang von Photoshop gehört hat. Es ist inzwischen alternativ auf der Basis einer GNU/GPL-Lizenz von der australischen Firma Telegraphics Software weiterentwickelt worden, frei verfügbar und heißt nun Filter Foundry. Sein Dialogfeld ist ebenso wie EIGENER FILTER recht spartanisch aufgebaut und besteht aus acht frei belegbaren Reglern und vier Feldern für die Farbkanäle und einen Alpha-Kanal, die mit beliebigen mathematischen Formeln versehen werden können.

Filter Foundry
Sie finden das Plug-in FILTER FOUNDRY auf der Buch-DVD unter SOFTWARE/PLUGINS/FILTER-FOUNDRY. Eine detaillierte Dokumentation dazu gibt es u. a. unter *http://thePlug-insite.com/know-how/ffpg/ffpg.htm*. Auf dieser Website gibt es auch Links zu vielen mit Filter Foundry erzeugten freien Filtern. Windows-Nutzern sei auch ein Blick auf *http://www.filtermeister.com* empfohlen.

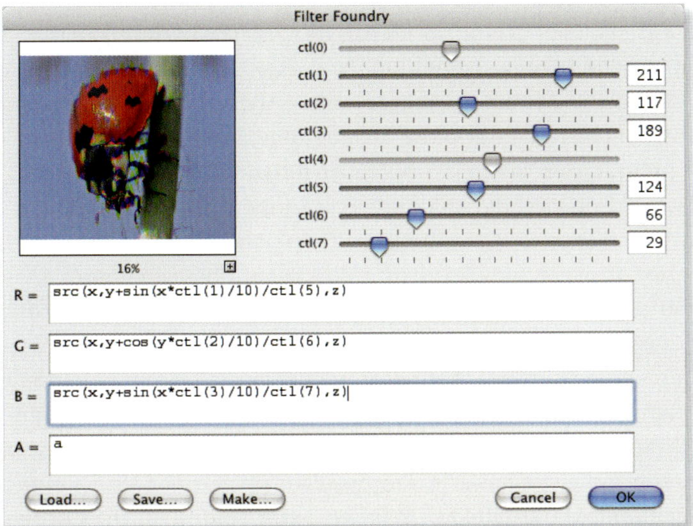

◂ **Abbildung 10.49**
Der Filter-Dialog von FILTER FOUNDRY

Mit CTL(0) bis CTL(7) können die Reglerwerte in die Formeln eingebaut werden. Mit LOAD und SAVE kann man fertige Formeln laden und eigene speichern, mit MAKE kann man eine Formel sogar zu einem eigenständigen Plug-in machen! Hierbei gibt es die Möglichkeit, das Dialogfeld selbst zu beschriften.

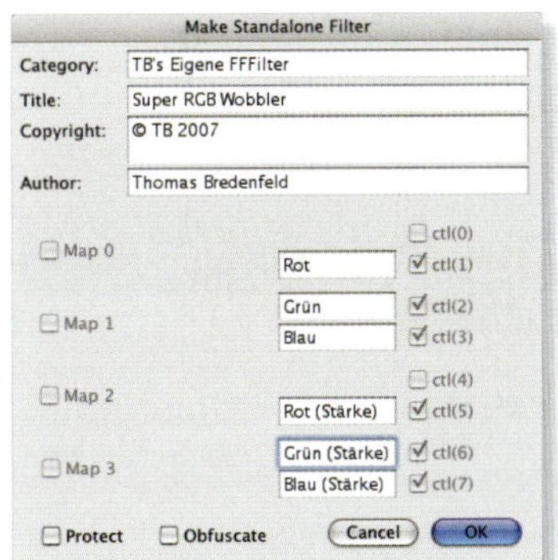

▴ **Abbildung 10.50**
User Interface für eigenes Plug-in festlegen

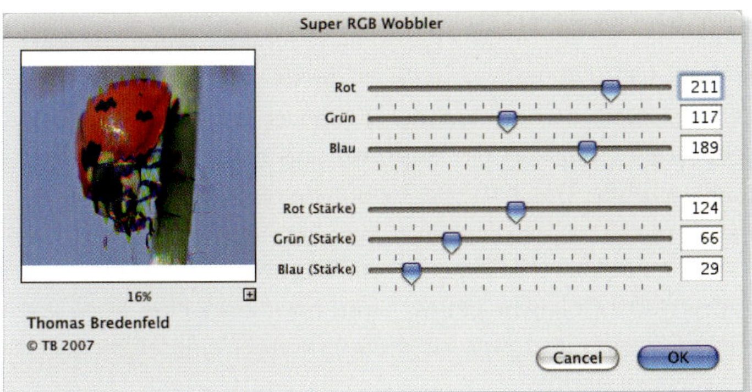

◂ **Abbildung 10.51**
Dialog des eigenen Plug-ins

© pixelio.de

▲ **Abbildung 10.53**
Originalbild (oben) und Bearbeitung mit eigenem Filter (unten)

Anschließend kann man es als Plug-in an entsprechender Stelle in Photoshops PlugIn-Ordner abspeichern und auch unter einem selbst gewählten Eintrag im FILTER-Menü aufrufen.

▲ **Abbildung 10.52**
Eigener Eintrag im Menü FILTER

10.8 Filter von Drittherstellern

Als sich 1993 mit Photoshop 2.5 zur Mac-Version das erste Release für die Windows-Plattform gesellte, wurde auch die Plug-in-Schnittstelle eingeführt und für die Entwicklung von Drittherstellеr-Modulen freigegeben. Mittlerweile ist die Zahl der Softwarefirmen, die für diese Schnittstelle Filter und Erweiterungen programmiert haben, unüberschaubar.

Aus dieser Vielzahl sollen im Folgenden einige subjektiv ausgewählte Beispiele von aktuellen Produkten herausgegriffen werden, die meist schon länger am Markt sind und sich immer wieder in der Produktion als brauchbar erwiesen haben. Hierbei fällt auf, dass die guten Plug-ins meist schon eine längere Geschichte haben und dass es nur mehr sehr wenig wirklich Neues in diesem Bereich gibt. Vieles ist sehr speziell und oft nur in ganz bestimmten Fällen zu gebrauchen, und manches ist einfach nur schrill und vordergründig spektakulär und taugt für nicht mehr als für einen »5-Minuten-Wow-Effekt«. Manche Filter sind auch inzwischen so schnell wiederzuerkennen, dass man sie nicht mehr wirklich einsetzen kann. Auch bei den Dritthersteller-Plug-ins landet man also zwangsläufig beim »Weniger ist mehr«.

10.8.1 Panopticum Digitalizer

Der Digitalizer streut Buchstaben und Zahlen über eine Auswahl oder ein ganzes Bild. Über EDIT SYMBOLS kann man bestimmen, aus welchem Vorrat an Zeichen dies geschieht. Auch die typographischen Eigenschaften werden hier festgelegt. Es ist allerdings kein Zufall, der hier waltet. Digitalizer stellt eine Beziehung zwischen dem Farbwert der Bildpixel und dem dort erscheinenden Zeichen her. Das hat einen ganz eigenen Reiz, der mit den Schrift-Bordmitteln von Photoshop so gar nicht oder nur äußerst mühsam herstellbar ist. Da gerade im Screendesign immer wieder typographische Collagen gefragt sind, hat dieses Plug-in bei vielen Grafikern, die in dieser Richtung arbeiten, einen festen Platz in der Werkzeugkiste.

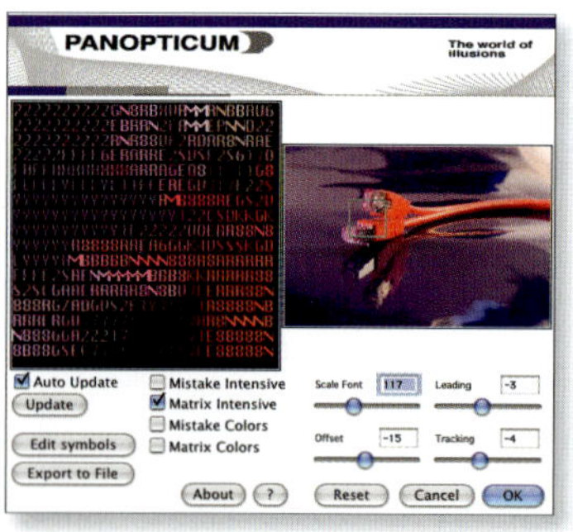

▲ **Abbildung 10.54**
PANOPTICUM DIGITALIZER

Hersteller
Panopticum, Mac und Windows, Demo auf der Website *http://www.panopticum.com* verfügbar, 20 US$.

10.8.2 Panopticum Engraver

Für den Hintergrund von Urkunden, Coupons, Gutscheinen und dergleichen braucht man oft einen banknoten- oder aktienmäßigen Look, der auf den typischen feinen Tiefdruckmustern beruht. Es gibt zwar in Photoshop mit FILTER • VERGRÖBERUNGSFILTER • FARBRASTER und FILTER • ZEICHENFILTER • RASTERUNGSEFFEKT Verwandtes, aber diese beiden lassen sich kaum einstellen. Für diesen Zweck nimmt man am besten den Panopticum Engraver.

Mit EFFECT lassen sich Linien, Wellen, Ringe und Spiralen ebenso erzeugen wie Druckpunktraster. Mit COLOR lässt sich eine Ausgabe auf der Basis der Originalfarben, von RGB-Komponenten oder in Schwarz-Weiß erreichen, wobei letztere die am meisten verwendete Ausgabe ist, kann man diese doch gut in Alpha-Kanälen oder als Ebenenmasken weiterverwenden.

Hersteller
Panopticum, Mac und Windows, Demo verfügbar unter *http://www.panopticum.com* verfügbar, 20 US$.

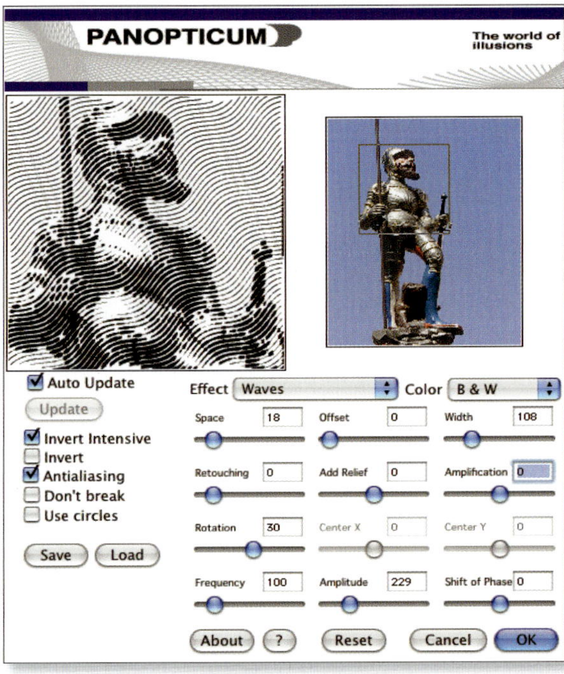

◄ **Abbildung 10.55**
PANOPTICUM ENGRAVER

10.8.3 Die Textur- und Button-Maschine: Super Blade Pro

Vor der Einführung von Photoshops Ebenenstilen war das Erstellen von Buttons für Websites und CD-ROMs eine mühselige Angelegenheit. Sollte ein Button einen Schatten und eine abgeschrägte Kante haben, waren wenigstens vier Ebenen dafür fällig. Aus dieser Zeit stammt Super Blade von Flaming Pear.

Dieses Plug-in vereint so ziemlich alles, was man mit einem Oberflächenmaterial anstellen kann, ohne ein ausgewachsenes 3D-Programm zu bemühen. Es wird mit einer großen Anzahl an Presets geliefert, aber man kann auch selbst Einstellungen

Super Blade Pro
Sie finden eine Demoversion dieses Filters für Mac und Windows auf der Buch-DVD unter SOFTWARE/PLUGINS/SuperBladePro. Hersteller: Flaming Pear, *http://www.flamingpear.com*, 30 US$

abspeichern, was bei der Vielzahl der Parameter sehr sinnvoll ist. Fällt einem nichts ein, kann man buchstäblich »würfeln«. Besonders die im unteren Teil zu findenden Einstellungen mit Namen wie Grit, Dust, Rain, Blotches oder Abrasion bieten vielfältige Möglichkeiten, Flächen schön alt aussehen zu lassen. Das ist auch abseits von Buttons für das Screendesign interessant.

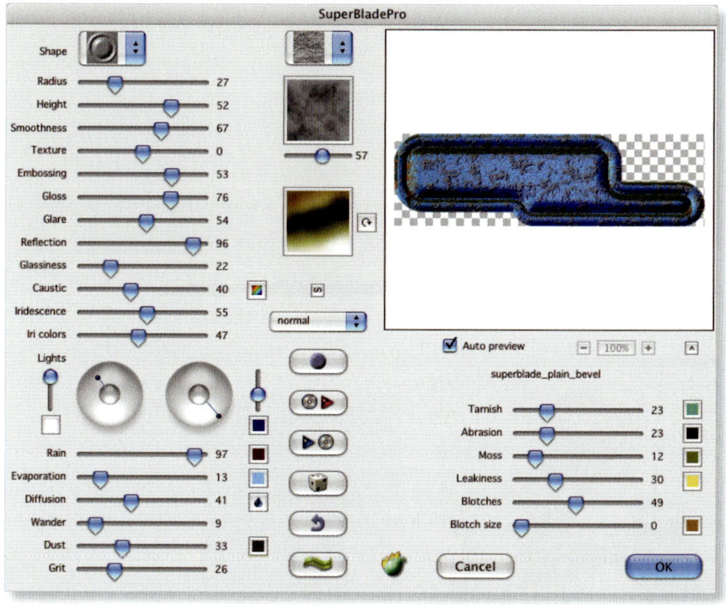

Abbildung 10.56 ▸
Super Blade Pro

10.8.4 Alien Skin Eye Candy 5 Impact

Eine ebenfalls altgediente Plug-in-Schmiede ist Alien Skin. Aus verschiedenen einzelnen Filtern ist im Laufe der Zeit die Sammlung Eye Candy geworden, die übrigens auch für Video-Programme wie Adobe After Effects erhältlich ist. Auch hier ist der Grad der Brauchbarkeit unterschiedlich. Einige Filter aus dieser Sammlung, die wirklich Vorteile gegenüber den Bordmitteln von Photoshop bieten, seien hier vorgestellt.

Perspective Shadow | Will man in Photoshop mehr haben als den flachen Schlagschatten der Ebenen-Effekte, sind aufwendigere Konstruktionen nötig. Neben dem Photoshop-ähnlichen Drop Shadow bietet dieses Plug-in einen perspektivischen Schatten, der im User-Interface des Filters weitreichend eingestellt werden kann. Vor allem die graduelle Weichzeichnung des Schattens (Fade Out), die in Photoshop selbst zunächst eine separate Maske für den Weichzeichner erfordern würde, lässt sich hier interaktiv einstellen. Außerdem kann der Schatten statt nach hinten auch nach vorne geworfen werden.

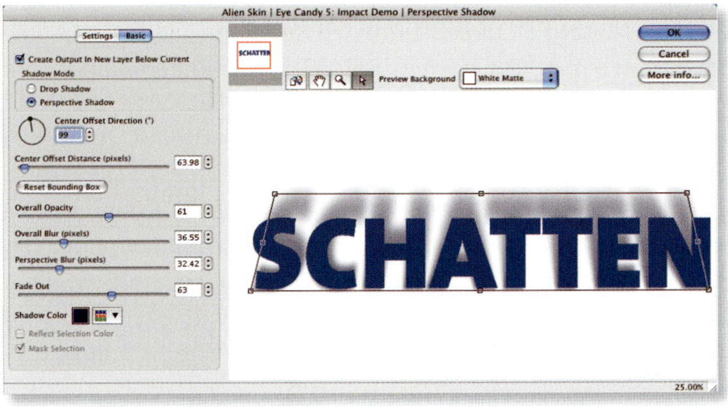

◀ **Abbildung 10.57**
Filter-Dialog Perspective Shadow

▲ **Abbildung 10.58**
Schatten nach vorn mit Perspective Shadow

Glass | Dem Namen dieses Plug-ins ist nicht viel hinzuzufügen. Damit spart man sich bei vernünftigen Ansprüchen an die realistische Darstellung von gläsernen Oberflächen komplexe und zeitraubende Tüfteleien in einem 3D-Programm. Die Ergebnisse sehen trotz der Einfachheit des Filters meist ansprechender aus als mit Ebenenstilen nachgebaute Glas-Effekte (siehe den Workshop »Aqua-Button« in Abschnitt 9.5.5) und machen dabei noch wesentlich weniger Arbeit.

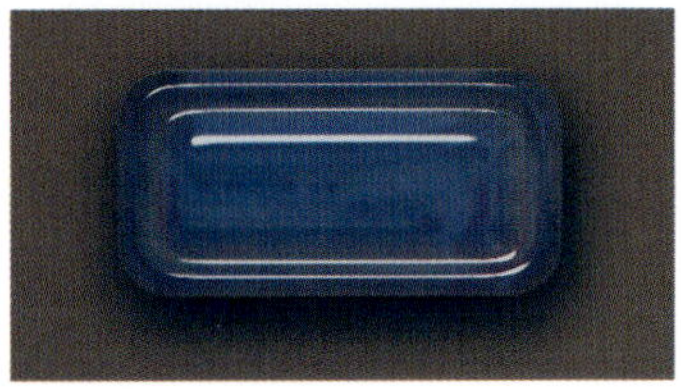

▲ **Abbildung 10.59**
Gläserner Button mit dem Filter Glass

Bevel | Wenn neben den Kanten-Effekten bei den Photoshop-Ebenenstilen und dem Plug-in Super Blade an dieser Stelle das dritte Kantenwerkzeug besprochen wird, so geschieht das deshalb, weil bei Bevel vor allem die Formung der Kante selbst besser und anschaulicher funktioniert als bei Photoshop und Super Blade. Sie lässt sich direkt und interaktiv als Bézierkurve manipulieren. Auch ist die Qualität der Rundungen besser als bei Photoshops hauseigenen Kanten.

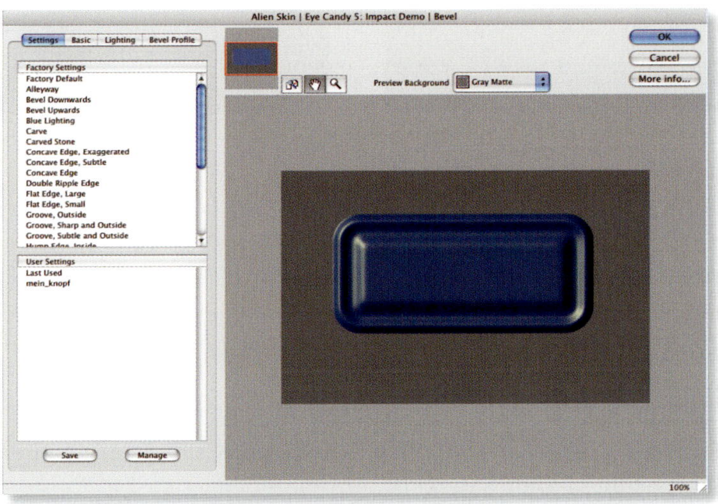

◀ **Abbildung 10.60**
Filter-Dialog von Bevel

Brushed Metal | Dem Look von gebürstetem Metall, den Apple der Benutzeroberfläche seines Betriebssystems, dem QuickTime Movie Player, iTunes und dem Browser Safari verpasst hat, kann man eine gewisse Beliebtheit im Bereich Screen- und User-Interface-Design nicht absprechen.

Lineare Metallstrukturen lassen sich mit Störungen hinzufügen, viel Bewegungsunschärfe und einem Verlauf innerhalb von Photoshop noch recht einfach erzeugen. Will man aber runde Strukturen haben oder gar ein »Pfauenaugenmuster«, wird es knifflig und mühsam. Hier springt Brushed Metal hilfreich ein.

▼ Abbildung 10.61
Brushed Metal: Linear, Circular und Hand-Brushed (von links nach rechts)

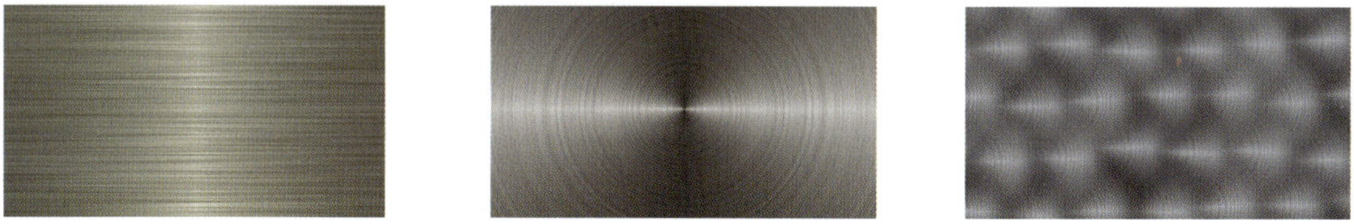

Backlight und Motion Trail | Diese beiden Filter sind augenscheinlich verwandt. Sie sind von Auswahlen ausgehende Bewegungsunschärfen, die in Photoshop in dieser Art nur mühsam oder gar nicht herzustellen sind. Backlight kann die Flächen oder Ränder von Auswahlen als Licht in den Raum werfen.

Das Verhalten dieser Lichteffekte kann sehr vielfältig beeinflusst werden. Motion Trail produziert eine Bewegungsunschärfe entlang einer Kurve, deren Länge und Spannung einstellbar ist.

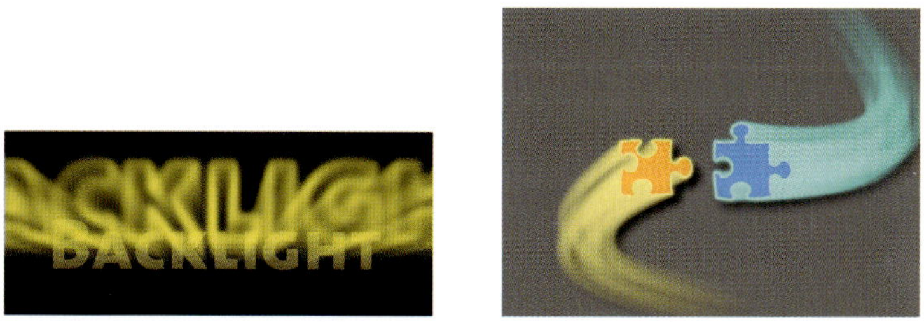

Abbildung 10.62 ▸
Backlight und Motion Trail

10.8.5 Alien Skin Eye Candy 5 Nature

Die Eye Candy-Filter sind im Laufe der Zeit immer mehr geworden, sodass es seit Längerem zwei Pakete davon gibt. Statt der alten Version »Eye Candy 4000« gibt es »Impact« und »Nature«. Die zweite Filtersammlung von Alien Skin bringt eher Effekte, die natürlich aussehen sollen. Bei manchen gelingt das dem Hersteller auch ziemlich gut.

Squint | Dieser Filter macht seinem Namen alle Ehre, denn er schielt und blinzelt ordentlich! Mit diesem Plug-in sind Geisterbilder und sehr realistische Verwackler sowie »Wischer« möglich.

Lichter im Bild lassen sich in der Art von »Smear«-Effekten, wie sie von den Aufnahmechips digitaler Video-Kameras bekannt sind, »langziehen«, was hier auch kreuzweise geht. Bei diesem Effekt bleiben die Tiefen und Mitten scharf. Das wäre mit Photoshops »Hausmitteln« nur über etliche Ebenen und Masken zu erreichen.

▲ Abbildung 10.63
Realistisch verwackeln und »Smear«-Effekt mit SQUINT

Rust | Im Computer erzeugtes Bildmaterial hat oft das Handicap, dass es zu glatt, künstlich und leblos aussieht, und so ist es manchmal eine Kunst, etwas professionell »dreckig« zu machen. Vor allem, wenn man Texturbilder für 3D-Projekte produzieren muss, tritt dieses Problem fast permanent auf. Beim Rust-Plug-in kann man fleckige Strukturen sehr vielfältig und fein einstellen. Mit etwas Übung gelingen sehr realistische Ergebnisse.

▲ Abbildung 10.64
Mit RUST ist auch die helle Binnenfläche des Schilds gealtert (links das Originalbild).

Hersteller
Alien Skin, Demo verfügbar auf der Website unter *http://www.alienskin.com*, Mac und Windows, je 99 US$.

Die beiden Eye Candy-Sammlungen enthalten je zehn Effekte. Neben den vorgestellten sind dies z. B. bei der »Impact«-Sammlung noch Filter für Glühen, Sterne und Chrom. Bei der »Nature«-Sammlung kann man noch Wassertropfen, Wellen, Schnee, Eis, Feuer und Rauch haben. Alle Filter arbeiten mit 16 Bit und mit Photoshop CS3.

10.8.6 Alien Skin Xenofex

Eine neben Eye Candy von Alien Skin entwickelte Filtersammlung mit dem Namen XENOFEX bietet hauptsächlich Strukturen an, zu denen Risse, Falten, Blitze, Mosaik- und Puzzlesteine, Funken, Wolken usw. gehören.

Sehr gelungen und brauchbar ist der Filter TELEVISION, der alle Eigenheiten der Fernsehbildoptik simuliert und der in weiten Grenzen einstellbar ist. Neben technischen Fehlern wie Bildstörungen, Geisterbildern und Vertikalversatz kann er auch die Wölbung der Bildröhre nachahmen.

Hersteller
Demo verfügbar auf der Website des Herstellers Alien Skin unter *http://www.alienskin.com*, Mac und Windows. Diese Sammlung von 14 Filtern kostet 129 US$.

◀ Abbildung 10.65
Der Filter TELEVISION aus dem »Xenofex«-Paket (links das Originalbild)

Nik Color Efex
Sie finden Demo-Versionen von Nik Color Efex für Mac und Windows auf der Buch-DVD unter Software/PlugIns/NikColor Efex. Alle Filter arbeiten im 16-Bit-Modus, mit Photoshop CS3 und werden vom Hersteller Nik Software (*http://www.niksoftware.com*) in verschiedenen Zusammenstellungen angeboten: Standard (19 Filter): 120 €, Select (45 Filter): 190 €, Complete (75 Filter): 360 €.

10.8.7 Nik Color Efex

Diese Filtersammlung orientiert sich in erster Linie an den Charakteristika von analogen Fotografien und dem Verhalten von Film. Im heraufziehenden Zeitalter der Digitalkameras wird ja einiges verschwinden, was zwar aus heutiger Sicht technisch unzulänglich war, aber andererseits ein wichtiges Gestaltungsmittel bleibt. Man denke hier z. B. an das Filmkorn.

Diese Dinge in digitaler Form weiter zur Verfügung zu stellen, hat sich die Firma Nik Software auf die Fahnen geschrieben. Unter den Kategorien Stylizing und Traditional ins Photoshop Menü Filter einsortiert finden sich Filter, die z. B. technische Verfahren des analogen Fotografierens nachbilden wie die Prozesse von Negativ (C–41) zu Dia (E 6) und umgekehrt. Man kann aber auch die Wirkung vieler Vorsatzfilter nachahmen oder die Charakteristik von Infrarotfilm. Aus der Sammlung von immerhin 75 Filtern sehen Sie hier eine kleine Auswahl:

© pixelio.de

▲ **Abbildung 10.66**
Originalbild

▲ **Abbildung 10.67**
B/W Conversion

▲ **Abbildung 10.68**
Old Photo Black and White: klassische alte Fotografie mit wählbarem Farbton und Korn

▲ **Abbildung 10.69**
Bi-Color: klassischer Zweifarben-Filter

▲ **Abbildung 10.70**
Monday Morning: Lichtstreuung und leichtes Korn für eine duftigen und leicht melancholischen Look

▲ **Abbildung 10.71**
Vignette Blur: optische Unschärfe zum Bildrand hin

TEIL IV
Ausgabe und Productivity

11 Photoshop und Web

War Photoshop zu Beginn seiner Karriere vor allem ein Bildbearbeitungsprogramm mit dem Hauptziel der Druckausgabe, so deckt es seit den Kinderjahren des Internets mehr und mehr den ständig wachsenden Gestaltungsbedarf im Web.

11.1 Grundlagen des Webdesigns mit Photoshop

Von den Nutzern in diesem Bereich zu ihrem Hauptwerkzeug gemacht und von Adobe auch immer klarer in dieser Richtung positioniert, kümmert sich Photoshop schon lange nicht mehr nur um ordentlich komprimierte JPEG- und GIF-Dateien, sondern ist der Dreh- und Angelpunkt der Gestaltung im Web überhaupt geworden.

11.1.1 Photoshops Aufgaben im Web

So lässt sich die Anwendung von Photoshop im Webbereich grob in zwei Bereiche unterteilen:

- einerseits in die Ausgabe von webtauglichen und für diesen Zweck hoch optimierten Grafikdateien und
- andererseits in die umfassenden Gestaltungsaufgaben für Webauftritte.

Vor allem bei Letzterem kann man Photoshop nicht isoliert betrachten, denn Adobe hat große Anstrengungen unternommen, die verschiedenen Programme der Creative Suite gerade für diese Aufgabe mit möglichst guten Schnittstellen zu versehen. Ganz besonders gilt dies für die neue Creative Suite 3, die eine ganze Reihe von Änderungen und Neuerungen in diesem Bereich gebracht hat.

11.1.2 Neu in Photoshop CS3

Mit dem Release der Creative Suite 3 hat Adobe die Familie der eigenen Programme mit der zugekauften Produktpalette von Macromedia zusammengeführt. Da sich bisher beide vor allem im Webbereich überschnitten haben, ist hier auch die Bereinigung von Adobes Portfolio am deutlichsten sichtbar. Die wichtigsten Änderungen in Kürze.

ImageReady gibt es nicht mehr | Das zuletzt ohnehin ziemlich inkonsistente ImageReady als Webausgabe-Programm und Screendesign-Ergänzung von Photoshop hat ausgedient und ist verschwunden. Ihm trauert wohl kaum jemand nach.

Die Aufgaben von ImageReady verbleiben teilweise in Photoshop, wie das zuletzt ohnehin bereits passiert ist (z. B. beim Slicing-Werkzeug), bzw. werden teilweise von Fireworks übernommen.

Fireworks ist neu | Das ehemalige Macromedia-Programm war ja von Beginn an als direkter Konkurrent zu Adobes Webwerkzeug platziert.

Die Vektorzeichnungsfähigkeiten von Fireworks gehen über die Möglichkeiten von Photoshop hinaus und basieren auf der Engine von Macromedia FreeHand, das als Konkurrent von Illustrator eingestellt wurde.

Den Screendesign-Workflow hat sich Adobe nun in etwa so gedacht, dass das Design in Photoshop gestalterisch erledigt wird und mit Fireworks in funktionierende Websites bzw. Vorstufen davon umgesetzt wird. Wir werden sehen, dass das noch nicht ganz so gut funktioniert, wie man sich das vorstellen mag.

In Fireworks als kombiniertem Vektor- und Pixelgrafik-Werkzeug können aber auch komplette Screendesigns entwickelt werden, wenn komplexere gestalterische Mittel, die Photoshop (und auch Illustrator) zur Verfügung stellt, nicht gebraucht werden. Umgekehrt kann auch ein Screendesign-Entwurf in Fireworks begonnen und in Photoshop verfeinert und finalisiert werden. Adobe bewirbt deshalb Fireworks auch als »Rapid Prototyping Tool«. Die weiteren Schnittstellen von Fireworks in Richtung Flash und zur ActionScript-Entwicklungsumgebung Flex können es in bestimmten Fällen zu einer Art Grafikzentrale für Webdesign-Aufgaben machen.

Als Fazit dieser Umschichtungen wird man ab jetzt im Bereich »Photoshop und Web« immer auch Fireworks berücksichtigen müssen. Wir werden uns der Zusammenarbeit der beiden Programme ausführlich widmen.

Dreamweaver | Ein weiteres Programm, das näher an Photoshop herangerückt ist, ist die Webentwicklungsumgebung Dreamweaver. Verlief hier früher eher eine Art Trennlinie zwischen Technikern und Kreativen, so ist nun die Integration des Grafikprogramms Photoshop mit diesem Programmier- und Coding-Werkzeug so gut, dass sich einige Arbeitsabläufe sehr verkürzt haben und beide direkt zusammenarbeiten können. Auch hierzu folgen im Weiteren Details.

Mehr denn je und vor allem im Bereich Webentwicklung ist es wichtig, über das Zusammenspiel der einzelnen Programme Bescheid zu wissen. Die Aufgabenteilung, die Adobe bei der Planung seiner Suite zwischen den einzelnen Programmen vorgesehen hat, ist natürlich immer hinterfragbar, und bei der Mächtigkeit der gesamten Produktpalette ist der richtige Weg für eine konkrete Aufgabe nicht immer leicht zu erkennen.

Eine Grundvoraussetzung für jedes Webdesign sind die technischen Grundlagen der im Web verwendeten Grafikformate. Ohne einigermaßen fundiertes Wissen über die technischen Rahmenbedingungen, die gestalterischen Beschränkungen durch Übertragungsbandbreite und Darstellungskompromisse im Browser sowie über Eigenheiten der dadurch bedingten Bilddatei-Formate ist ein vernünftiges Screendesign für das Web kaum möglich.

11.2 Verfahren und Montagetechniken

Im Bereich Webdesign kann Photoshop den riesigen Umfang seiner kreativen Möglichkeiten ausspielen. Besonders hier greifen seine einzelnen Anwendungsbereiche vielfältig ineinander. Die angewendeten Verfahren und Methoden sind weitgehend auf ähnliche Aufgaben des Screendesigns übertragbar, egal ob es um ein User Interface für eine CD-ROM oder um die Menü-Gestaltung für eine Video-DVD geht. Lediglich bei den Bildformaten für die Ausgabe gibt es Unterschiede (siehe Abschnitt 11.3).

Größe	Verbreitung
800 × 600	10 %
1 024 × 768	50 %
1 280 × 1 024	26 %
Browser	**Verbreitung**
MS IE 6.x	51 %
MS IE 7.x	20 %
Firefox	13 %
Safari	3 %
MS IE 5.x	1 %

▲ **Tabelle 11.1**
Verbreitung der Bildschirmgrößen und der wichtigsten Browser (Stand 08/2007, Quelle: *www.thecounter.com*)

11.2.1 Arbeitsvorbereitung: Die Bildgröße festlegen

Beim Druck hat man es relativ einfach: Ein A4-Blatt ist 297 × 210 mm groß und basta. Beim Screendesign für eine CD-ROM gibt es meistens die Bildgrößen 1 024 × 768 oder 800 × 600 Pixel. Auch für ein DVD-Menü-Design ist die Sache klar: 720 × 576 Pixel beim europäischen PAL-System oder 720 × 480 Pixel für das US-TV-System NTSC.

Beim Webdesign ist dieses Thema alles andere als klar. Natürlich geben hier zunächst die momentan gängigen Monitorgrößen

[Auflösung ≠ Auflösung]
Sowohl beim Windows- als auch beim Mac-Betriebssystem wird bei der Größe der Darstellung des Monitorinhalts von »Auflösung« gesprochen. Das ist nicht ganz korrekt. Es müsste von Darstellungs- oder Bildgröße gesprochen werden, denn mit der Bildschirmauflösung eines Monitors ist genau genommen die Anzahl der Bildpunkte pro Fläche gemeint, also ppi (Pixels per Inch) in der Regel 72 ppi. In Photoshop werden diese Bezeichnungen korrekt verwendet.

▲ **Abbildung 11.1**
Website-Standardmaße aus Adobe Dreamweaver (oben) und eigene Dateigrößen-Vorgaben in Photoshop bei Datei • Neu (unten)

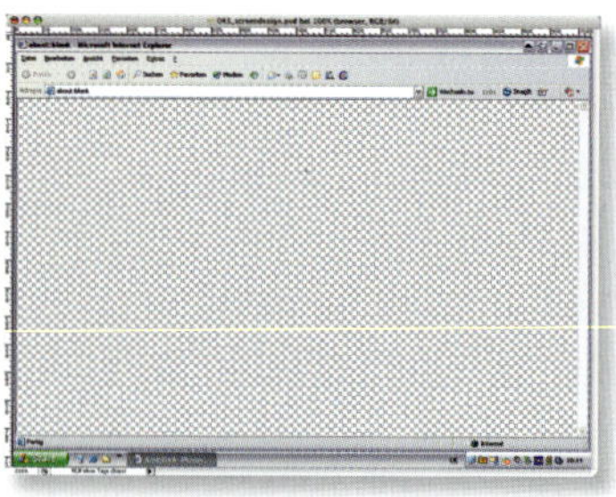

▲ **Abbildung 11.2**
Screenshot vom Microsoft Internet Explorer 6.0 auf Windows XP ohne Fensterinhalt (1 024 × 768 Pixel)

vor, was überhaupt möglich und sinnvoll ist. Wichtig ist auch die Verbreitung dieser Größen (siehe Tabelle).

Wesentlich schwieriger abzuschätzen ist allerdings die tatsächliche »Nutzfläche« einer Website. Hier haben praktisch alle Browser andere Werte, weil Scrollleisten, Statusleiste, Menü- und Titelleisten allesamt ihren Platz brauchen. Weiter ist diese Größe von der Konfiguration des Users sowie von eventuell installierten weiteren Toolbars oder »Themes« (eigene User Interface-Vorlagen z. B. bei Firefox) abhängig. Würde man das für das knappe Dutzend aktueller Browser für Windows und Mac und die verschiedenen Bildschirmgrößen erheben wollen, wäre eine größere Tabelle nötig.

Netterweise hat Adobe in den Fuß des Editorfensters von Dreamweaver einige Standard-Websitegrößen für die Dokumentvorschau eingebaut, die erfahrungsgemäß sehr brauchbar sind. Auf der Basis dieser Zahlen lassen sich in Photoshop eigene Vorgabegrößen für den Auswahldialog beim Befehl Datei • Neu erstellen.

11.2.2 Mit einem Screenshot arbeiten

Um bei der Gestaltung einen realistischen Eindruck nicht nur von der zur Verfügung stehenden Größe, sondern auch davon zu bekommen, wie die Website später im Browserfenster der meisten Betrachter aussehen wird, ist ein Screenshot dieses Fensters hilfreich. Für die Auswahl empfiehlt die Statistik hier derzeit klar den Internet Explorer 6 unter Windows.

Ein Screenshot (Taste [Druck]) landet in der Zwischenablage und wird in Photoshop von seinem Fensterinhalt befreit, damit er in einer Screendesign-Datei in der obersten Ebene (mit »Schloss« fixieren!) den Rahmen für die spätere Arbeit vorgeben kann. Nicht nur wegen seiner hohen Verbreitung ist der Internet Explorer für die spätere Arbeit maßgebend, sondern auch, weil er bei den Abmessungen der Oberflächenelemente in fast allen Belangen der »worst case« ist. Weniger Platz für die Webseiten lässt derzeit kein wichtiger Browser in der Standardkonfiguration.

Das Browserfenster als Bestandteil des Screendesigns hat auch bei Präsentationen den Vorteil, dass sich der Kunde die zukünftige Seite mit diesem Rahmen besser vorstellen kann, solange es noch keine echten Webseiten zu sehen gibt. Wenn es an die Endproduktion geht, kann man den Browser-Rahmen mit dem Freistellungswerkzeug [C] entfernen.

11.2.3 Die Montage-Werkzeuge in Photoshop

Mittlerweile ist der Werkzeugkasten, der dem Screendesigner in Allgemeinen und dem Webdesigner im Besonderen für seine

Montagearbeiten in Photoshop zur Verfügung steht, sehr ansehnlich. Das erleichtert zwar nicht gerade die Übersicht, eröffnet aber vielfältige Möglichkeiten.

Gab es mit Einführung der Bild-Ebenen lediglich diese Ebenen und ihre Modi, so kann man mittlerweile Einstellungs- und Füllebenen als Bildelemente nutzen, die editierbar bleiben. Diese fallen auch von der Dateigröße her nicht mehr ins Gewicht, weil sie keine Bildpixel enthalten.

Der Gebrauch von Maskierungen in Form von Ebenenmasken, Vektormasken und Schnittmasken erweitert die Möglichkeiten unter Vermeidung von Löschungen bei Original-Bildmaterial.

Dazu kommen als weitere wichtige Mittel die Gruppen und zu guter Letzt die Smart Objekte und Smartfilter.

Smart Objekte | Die in Photoshop CS2 eingeführten Smart Objekte haben sich zu einem sehr wichtigen Arbeitsmittel bei Montageaufgaben und hier besonders beim Screendesign entwickelt. Durch die nicht-destruktive Einbindung vielfältigen Bildmaterials ergeben sich viel größere gestalterische Freiheiten als früher. Bei der Verwendung dieses Ebenen-Typs sind eine Menge Feinheiten zu beachten, weil sie sich nicht immer so verhalten, wie man das von ähnlichen Features in anderen Programmen (auch solchen von Adobe) erwartet. Diese Eigenheiten und ein paar Tricks, wie man gut mit ihnen umgehen kann, sind im Folgenden zusammengefasst.

- Ein Smart Objekt behält nach dem Platzieren **keine** Referenz zu seiner externen Ursprungsdatei! Anders als z. B. ein Bild, das in InDesign oder XPress platziert wurde, bekommt Photoshop von einer eventuellen späteren Änderung der Originaldatei nichts mit. Das Ursprungsbild wird vielmehr als Ganzes in die Photoshop-Datei eingebettet und öffnet sich nach einem Doppelklick auf das kleine Icon als temporäre Datei unter dem Original-Namen. Es existiert dabei (und nur dabei!) auch als echte Datei, allerdings in einem versteckten Ordner, den Photoshop dafür auf Betriebssystem-Ebene anlegt (beim Mac unter /PRIVATE/VAR/TMP/FOLDER.501/TEMPORARY ITEMS/, bei Windows XP unter C:\DOKUMENTE UND EINSTELLUNGEN\USER\LOKALE EINSTELLUNGEN\TEMP\). Ist eine solche Datei offen, kann man sie natürlich auch unter einem anderen Namen speichern.
- Mit EBENE • SMART OBJEKTE • INHALT ERSETZEN kann man über einen Datei-Dialog die Platzierung für eine alternative Datei durchführen. Alle Bearbeitungen (Transformationen, Effekte etc.) an diesem Smart Objekt bleiben dabei erhalten.

- Für Smart Objekte gibt es zwei verschiedene Kopiermöglichkeiten: Dupliziert man mit den bekannten Methoden die Ebene, entsteht eine neue Instanz des gleichen Objekts. Tauscht man bei einem den Inhalt aus, macht die Kopie das mit. Geht man allerdings über Ebene • Smart Objekte • Neues Smart Objekt durch Kopie, entsteht ein unabhängiges neues Objekt. Letzteres ist besonders dann sinnvoll, wenn man eine bestimmte Verformung auf viele gleichartige Bildelemente anwenden will.
- Ist in der Ebenen-Palette ein Smart Objekt ausgewählt, so kann man mit Ebene • Smart Objekte • Inhalt exportieren direkt eine neue Datei daraus machen. Es kommt dabei eine exakte Kopie der Original-Datei heraus, eventuell vorhandene Bearbeitungen werden ignoriert.
- Weil Smart Objekte in die Photoshop-Datei eingebettet werden, bläht sich diese ordentlich auf. Etliche hundert Megabyte für ein 800×600-Pixel-Screendesign sind schnell beisammen, wenn man dafür ein paar 6- oder 8-Megapixel-Bilder verwendet hat. Kennt man nach dem Platzieren und Bearbeiten die tatsächlich notwendige Größe, so kann man das Smart Objekt öffnen, die Datei auf etwas mehr als dieses Maß verkleinern (und auch, falls nötig, nachschärfen). Photoshop verrechnet beim Schließen und anschließenden Aktualisieren die Größenreduktion mit dem alten Skalierungsfaktor. Es gibt danach weder einen Größen- noch einen Qualitätsunterschied! Nur die Datei wird wesentlich kleiner und handlicher.
- Die Smart Objekte können nicht nur durch Platzieren einer externen Datei erzeugt werden, sondern auch durch den Befehl Ebene • Smart Objekte • In neuem Smart Objekt gruppieren. Damit kann man sehr elegant große, unförmige Ebenenstapel, die schon fertig sind und an denen man nichts mehr ändern will, zu einer Ebene zusammenziehen, aber eben ohne sie dabei auf eine Ebene zu reduzieren und die Bearbeitbarkeit zu verlieren. Durch das Smart Objekt werden sie nun quasi »im Keller« gelagert. Das erhöht die Übersichtlichkeit in der Ebenen-Palette ungemein! Die Dateigröße ändert sich dadurch nicht. Wendet man das übrigens auf eine einzelne Ebene mit einem Vektor-Smart Objekt an, so kommt man mit diesem Trick an die für diesen Ebenen-Typ eigentlich unmögliche Verkrümmen-Funktion.
- Man kann Smart Objekte ohne Weiteres mit Vektor- oder Ebenenmasken behandeln. Es ist jedoch **Vorsicht** geboten, wenn man diese Ebenen bewegen will. Die »Kette« zwischen Ebeneninhalt und -maske zum gemeinsamen Bewegen gibt es aus unerfindlichen Gründen bei Smart Objekten nicht! Maske

TIPP

Vektorformen, sei es bei Formebenen, Vektormasken oder Pfaden haben eine höhere Positioniergenauigkeit als ein Pixel.

Gleiches gilt auch für Hilfslinien. Das kann vor allem bei Webdesign-Aufgaben sehr stören, denn dort soll ja später entlang der Hilfslinien pixelgenau geschnitten werden. Beim Webdesign sollte man daher immer beim Positionieren von Hilfslinien die ⇧-Taste gedrückt halten, damit diese nur an ganzen Pixeln einrasten.

und Inhalt lassen sich nur getrennt bewegen. Ein kleiner Trick hilft: Packen Sie das Smart Objekt in einen Ordner, und ziehen Sie die Maske zur Ordner-Ebene hinüber. Hier gibt es die »Kette«: Der Ordner mit der Maske und das Smart Objekt darin bewegen sich jetzt gemeinsam.

- Nach dem Platzieren bekommen alle Smart Objekte eine Transformationsbox und können gedreht, skaliert und geschert werden. Für Pixelbilder, also z. B. platzierte TIFF- oder Photoshop-Dateien, steht außerdem die Funktion Bearbeiten • Transformieren • Verkrümmen zur Verfügung. Bei Vektordateien (*.eps, *.ai oder *.pdf) geht das merkwürdigerweise nicht. Nur das weiter oben bereits erwähnte Verschachteln in ein weiteres Smart Objekt hilft hier.

11.2.4 Bilder und HTML

Für die Ausgabe von gestaltetem Bildmaterial im Web muss man die Welt der reinen Bildformate teilweise verlassen und sich mit Mischtechnologien wie dem Einbau von Bildern in eine Seitenbeschreibungssprache befassen. Auch wenn viele Photoshop-User über die Grundlagen von Web und HTML Bescheid wissen werden, folgt hier eine kurze Zusammenfassung.

Technisch versierte Grafiker waren die ersten, die die syntaktischen Elemente, die die »Websprache« HTML zur Verfügung stellt, für gestalterische Zwecke zu »missbrauchen« begannen. HTML ist eine Auszeichnungssprache, die inhaltliche Hierarchien abbilden soll. Dazu bietet sie minimale gestalterische Mittel, die lediglich eine möglichst wenig beschränkte Lesbarkeit auf vielen technischen Plattformen gewährleisten soll. Es gibt sieben Überschriftsebenen, einige Sonderformate, fetter, kursiver, unterstrichener Text, einfache Tabellen, die Möglichkeit, Bilder und Medien über Verweise einzubinden und noch einige, wenige Features mehr. Das war es dann aber auch: HTML ist keine layout-taugliche Seitenbeschreibungssprache wie PostScript mit seiner Orientierung an einer präzisen Rahmenarchitektur.

Einzig die Tabellen in HTML sind eine halbwegs brauchbare Möglichkeit, eine Art rahmenbasiertes Layout zu erhalten. Mit diesen kargen Mitteln begannen die ersten Webdesigner. An dieser Grundlage des Webdesigns, das ja den größten Teil des Screendesigns ausmacht, hat sich lange Zeit nicht viel geändert. Photoshop ist während dieser Entwicklung vom Bildbearbeitungswerkzeug immer mehr auch zum Design-Tool für diese junge Disziplin geworden. Das hat sich im Laufe der Zeit sehr stark in den Features des Programms widergespiegelt.

Magnetische Hilfslinien

Als sehr effizientes visuelles Hilfsmittel bei der Positionierung hat Adobe seit der Version CS2 die sogenannten »Smart Guides« (Magnetische Hilfslinien) eingeführt, die nur auftauchen, wenn etwas bewegt wird, und die es erlauben, dass man sich auf wenige, wirklich wichtige statische Hilfslinien beschränken kann.

Tabellen vs. CSS

Bei der Ausgabe wurde lange Zeit auf einer tabellenbasierten Struktur aufgebaut. Tabellen sind allerdings ziemlich unzuverlässig in der Darstellung und nie wirklich stabil, ganz einfach, weil sie auch nie für diesen Zweck vorgesehen waren. Nun spielen endlich die Cascading Style Sheets (CSS) eine immer wichtigere Rolle im Webdesign. Hier sind pixelgenaues Positionieren von Rahmen und eine weit bessere Typographie bei gleichzeitig schlankerem Code möglich. Mittlerweile – nach zähen technologiepolitischen Kämpfen der diversen Softwarefirmen untereinander und mit dem W3C – kommt so etwas wie eine gewisse Verlässlichkeit in der Darstellung über die Vielzahl der Browser und Betriebssysteme hinweg auf. Photoshop trägt dem Rechnung, indem es sowohl die tabellen- als auch die CSS-basierte Ausgabe anbietet. Das ist vor allem deswegen für Photoshop-User nicht uninteressant, weil viele von ihnen auch für die weiteren Schritte des Webdesigns z. B. mit Website-Editoren wie Dreamweaver zuständig sind. Durch weniger und klareren Code sind sie und natürlich auch diejenigen, die den Code (noch oder wieder) mit der Hand schreiben, deutlich entlastet.

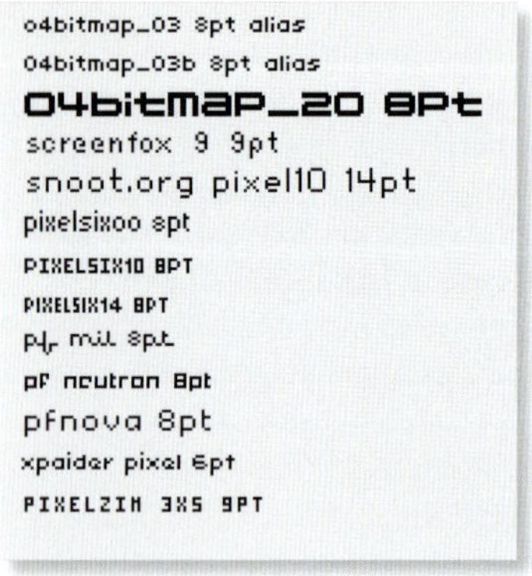

▲ **Abbildung 11.3**
Eine Auswahl an Pixelfonts für das Web

11.2.5 Schriften für das Web

Es gibt fast kein Screendesign, das nicht wenigstens minimale typographische Elemente enthält. Ohne Schrift geht fast nichts. Im Gegensatz zum Druck, wo ein Schriftschnitt alle seine zeichnerischen Details zur Geltung bringen kann, wenn die Schrift mit den meist mindestens 2400 dpi eines Belichters auf die Druckplatte kommt, haben wir es beim Screendesign immer mit der Bildschirmauflösung zu tun, also mit vergleichsweise armseligen 72 ppi. Dass hier delikatere Schriften ihre Eigenheiten verlieren, wird dann klar.

Beim Screendesign sind klare, schnörkellose Schriften gefragt, eher solche ohne Serifen als mit. Besonders, wenn es um kleinere Schriftgrößen geht, sinkt nicht nur die Darstellungsqualität von Schrift rapide ab, sondern auch die Lesbarkeit. Ein Übriges tut die Schriftglättung, das Anti-Aliasing, das bei kleinen Schriften zu einem verwaschenen Etwas führt statt zu einem Buchstaben. Als Abhilfe hierfür gibt es die sogenannten Pixelfonts. All diese Umstände sind in Kapitel 9.7 näher besprochen und mit Beispielen illustriert.

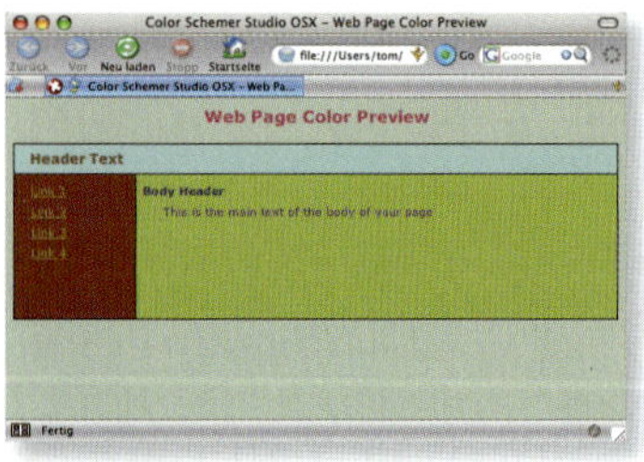

▲ **Abbildung 11.4**
Vorschau eines Farbschemas als Weblayout in Color Schemer

11.2.6 Farben für das Web

Auch für Farben gibt es bei Screendesign-Anwendungen andere Regeln als z. B. beim Druck. Das gilt für das Web ganz besonders, wo die erstellten Inhalte auf einer teilweise riesigen Anzahl verschiedener Bildschirme angezeigt werden, deren Farbverhalten meist ebenso grausam wie unvorhersehbar ist. Strategien wie Color Management stecken im Webbereich erst in den Kinderschuhen, und eine wirkliche Verbesserung ist nicht absehbar. Diese Rahmenbedingungen machen es erforderlich, beim Screendesign mit klaren, gut voneinander abgesetzten Farbschemata zu arbeiten. Feine Nuancen und Kontraste sind im Webbereich eher fehl am Platze, wenn es um klare Erkennbarkeit gehen soll. Informationen zur Entwicklung von Farbschemata, auch in Hinsicht auf das Webdesign, finden Sie in Kapitel 5.

11.3 Bildformate im Web

Bilder, die eingebunden in HTML-Seiten über das Web zum Betrachter gelangen sollen, müssen komprimiert werden, weil unkomprimierte Formate, z. B. TIFF oder Photoshop, viel zu große Dateien ergeben würden. Zwei Formate leisten diese Arbeit in den allermeisten Fällen: das JPEG- und das GIF-Format. Beide sind (noch) der Quasi-Standard für Bilder im Web. Dass es zwei Formate sind, hat eher historische Gründe, weil keines von beiden ideal für alle Anwendungszwecke funktioniert. Beide haben ihre Vor- und Nachteile. Auch wenn Photoshop schon seit langer Zeit beide Ausgabeformate beherrscht, haben doch erst die immer konkreter werdenden Anforderungen des Webdesigns dazu geführt, dass Adobe bei Photoshops Dateiausgabe für das Web das Letzte aus den beiden schon sehr betagten Formaten herausgekitzelt hat.

Die permanente Herausforderung, eine möglichst gute Bildqualität bei möglichst geringer Dateigröße zu erreichen, um damit im Internet die Bandbreite zu schonen und eine möglichst schnelle Übertragung zu erreichen, hat zu einem eigenen Ausgabe-Dialog geführt: Unter Datei • Für Web und Geräte speichern findet man Photoshops Schaltzentrale für die hoch komprimierten Web-Bildformate.

11.3.1 GIF

Das GIF-Format (Graphic Interchange Format) ist ebenfalls ein Veteran im Bereich der Bildformate. Es basiert auf einer verlustbehafteten Kompression. Diese funktioniert allerdings anders als bei JPEG. Farb-JPEGs haben immer 24 Bit Farbtiefe, können also 16,7 Millionen Farben darstellen, während das GIF-Format immer nur von maximal 256 Farben ausgeht. Die Datenreduktion findet also statt, indem die Farbtiefe drastisch verringert wird. Je nach Methode werden die häufigsten 256 Farben aus dem Bild ermittelt und wird jedem Original-Pixel der nächstähnliche Farbwert zugewiesen. Alternativ wird von bis zu 256 Farben aus definierten Farbtabellen ausgegangen.

Eine der 256 möglichen Farben kann als transparent definiert werden und wird bei der Darstellung im Browser ausgeblendet. Da nur entweder voll transparent oder voll deckend möglich ist (und es gibt keinerlei Zwischenwerte), ist diese Transparenz nicht mit den 8-Bit-Graustufenkanälen von Photoshop vergleichbar.

Vorgang der Komprimierung | GIF komprimiert in zwei Schritten: Nach der Reduktion der Farbtiefe auf maximal 256 (und minimal 2) Farben wird mit dem LZW-Verfahren komprimiert, das zum Beispiel auch vom TIFF-Format unterstützt wird. LZW (Lempel-Ziv-Welch) reduziert die Daten anhand der Häufigkeit, mit der bestimmte Daten vorkommen. Das hat zur Folge, dass Bilder, in denen große, zusammenhängende und vor allem gleichmäßige Farbflächen vorkommen, besonders gut komprimiert werden können. GIF eignet sich deshalb sehr gut für Grafik und Illustrationen, Logos und die Darstellung von Schrift.

Das GIF-Format ist zwar in seiner Verwendung im Internet ebenso weit verbreitet wie das JPEG-Format, aber es basiert nicht wie JPEG auf der Verabschiedung eines Standards durch ein Gremium, sondern ist 1987 von der Firma CompuServe eingeführt worden. Auf dem LZW-Verfahren lag allerdings ein Patent, das die Firma Unisys gehalten hat. Drohende Lizenzforderungen für jede Verwendung des Verfahrens in Software oder im Internet haben zur Entwicklung des Nachfolgers PNG geführt. Auch wenn die strittigen Patente in den vergangenen beiden Jahren ausgelaufen sind, hat das GIF-Format ein Ablaufdatum, weil es einfach technisch veraltet ist. Vorerst spielt es noch aber noch eine wichtige Rolle.

Animierte GIFs | Animierte GIFs waren die ersten beweglichen Bilder im Web und haben auf der Basis des damals neu entstandenen Formats GIF 89a einfache Frame-Animationen erlaubt. Diese wurden innerhalb der Creative Suite bisher auf Grundlage der Palette ANIMATION in Photoshop oder in ImageReady erzeugt. Daran hat sich im Prinzip nichts geändert, nur geht diese Animationsfunktion in Photoshop CS3 nun in den neuen Video-Features auf, wo mit Bewegtbild-Ebenen (Video-Ebenen) gearbeitet werden kann und die Ausgabe als GIF-Animation nur einen Sonderfall darstellt. Diese Funktionen werden in Kapitel 15, »Photoshop und Video«, eingehend besprochen.

Darüber hinaus haben GIF-Animationen gegenüber Flash und Video im Web nur noch den schwachen Vorteil, dass sie ohne alle Plug-ins angezeigt werden können. Gegenüber Flash-Dateien, die bei weit kleineren Dateigrößen eine viel bessere grafische Qualität bieten und zudem umfassend interaktiv sein können, und Videos, die weit bessere Bewegtbildqualität bringen, verliert diese Methode zunehmend an Bedeutung. Zudem hat Flash mittlerweile eine Verbreitung jenseits der 95%-Marke.

11.3.2 PNG

Das PNG-Format (Portable Network Graphics, gesprochen »ping«) wurde entwickelt, weil das weit verbreitete GIF-Format von Lizenz- und Patentproblemen belastet und technisch nicht mehr zufriedenstellend war. PNG ist ein offenes Format mit frei zugänglicher Spezifikation (Open Source) und frei von Lizenzen. PNG teilt sich in zwei Unterformate auf, PNG-8 und PNG-24. Die Zahlen kennzeichnen ihre Farbtiefe.

PNG-8 und PNG-24 | Das PNG-8-Format ist als der eigentliche direkte Nachfolger des GIF-Formats gedacht. Mit 8 Bit Farbtiefe umfasst es wie GIF maximal 256 Farben, von denen eine für die Definition einer Transparenz benutzt werden kann. Die Farbtiefe kann auch hier bis auf 2 Farben reduziert werden.

PNG-24 umfasst 24 Bit Farbtiefe, die um einen Alpha-Kanal mit 8 Bit erweitert werden können. Damit sind qualitativ hochwertige Transparenzen möglich.

Kompression | PNG benutzt eine an sich verlustfreie Kompression, die auf dem Verfahren basiert, mit dem man ZIP-Dateien erstellen kann. Um das noch effektiver zu machen, gibt es fünf Filtermethoden, mit denen das Bild vor der Kompression optimiert werden kann (None, Sub, Up, Average, Paeth).

Interlacing | Ähnlich wie das GIF-Format gibt es auch bei PNG das Interlacing, das einen allmählichen Bildaufbau bei langsamen Internetverbindungen erlaubt. Je mehr vom Bild heruntergeladen wurde, desto schärfer wird es. Dies ist der einzige Parameter, der bei Photoshops Einstellungen zum PNG-Format außer der Wahl der Farbtiefe und der Farbreduktion bei PNG-8 zugänglich ist. Angesichts der immer weiter fortschreitenden Verbreitung von PNG im Web wäre es wünschenswert, dass Adobe auch die PNG-Vorfilterung zugänglich macht.

Die Zahl der Browser, die PNG unterstützen, ist mittlerweile sehr ansehnlich. Außer Microsoft, das auch hier wieder einmal sein eigenes Süppchen kocht, sind Opera, Netscape, Firefox und Mozilla neben seinen Derivaten wie Safari oder Camino in der Lage, PNG-8 und PNG-24 korrekt darzustellen. Beim Microsoft Internet Explorer als häufigstem Browser hat man noch ein wenig warten müssen. Erst mit der Version 7 wird PNG nun endlich vollständig unterstützt. Witzigerweise hat der schon lange nicht mehr von Microsoft unterstützte Internet Explorer 5.2 für Mac keine Probleme mit PNG-24.

▲ **Abbildung 11.5**
PNG-24 unterstützt die volle Transparenz von Photoshop-Ebenen.

[PNG]
Adobe Fireworks nutzt PNG als Standard-Dateiformat. Dies ist jedoch mit dem hier besprochenen reinen Bildformat PNG nicht zu verwechseln. Fireworks speichert alle programmspezifischen Daten in den im PNG-Format vorgesehen »privaten« Metadaten-Blöcken ab. Deshalb sind Fireworks-PNG-Dateien auch viel umfangreicher als abmessungsgleiche, reine Bild-PNG-Dateien.

▼ **Abbildung 11.6**
PNG-24 mit 8-Bit-Transparenz (oben) und PNG-8 mit 1 Bit-Transparenz (unten) in Firefox unter Windows (links) und auf dem Mac (rechts).

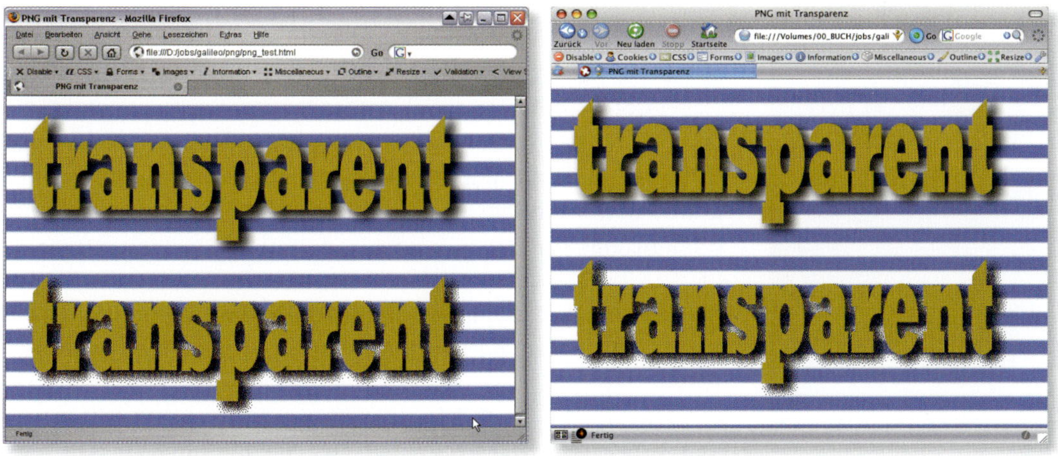

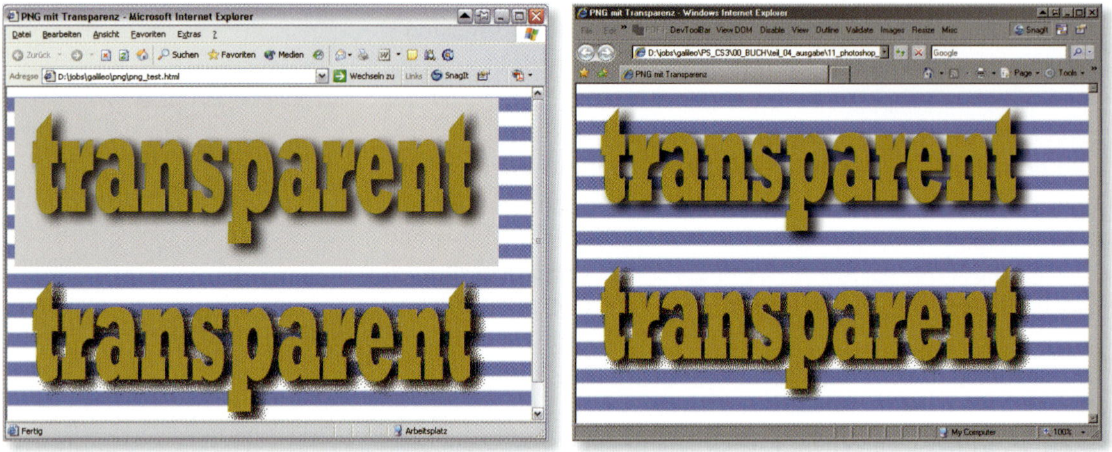

▲ **Abbildung 11.7**
PNG-24 mit 8-Bit-Transparenz (oben) und PNG-8 mit 1-Bit-Transparenz (unten) in Microsoft Internet Explorer 6.0 (links) und 7.0 (rechts) unter Windows

Vorteile | Das PNG-Format hat neben seiner Lizenzfreiheit viele weitere Vorteile. Der volle 8-Bit-Alpha-Kanal wird sicher in der näheren Zukunft dankbar von der Webdesigner-Gemeinde angenommen werden, nachdem nun mit Internet Explorer 7 die volle Unterstützung dieses Formats durch alle wichtigen Browser gegeben ist.

11.3.3 JPEG

JPEG-Bilder basieren auf einem sogenannten verlustbehafteten Kompressionsverfahren: Es wird auf Bildinformationen verzichtet, um die Dateigröße zu reduzieren.

Kompression und Artefakte | Die dem JPEG-Verfahren zugrunde liegende diskrete Cosinus-Transformation (DCT) eliminiert feine Bilddetails zugunsten größerer, detailärmerer Flächen, die sich durch dieses Verfahren platzsparend beschreiben lassen. Deswegen wirken zu stark komprimierte Bilder bei JPEG immer unscharf.

Bei der DCT wird das Bild in sogenannte Blocks aufgeteilt, die 8×8 Pixel groß sind. Durch diese Untereinheiten gestaltet sich der interne Rechenaufwand ökonomisch. Wird zu stark komprimiert, werden diese 64-Pixel-Blocks als typische sogenannte JPEG-Artefakte sichtbar.

▲ **Abbildung 11.8**
Block-Artefakte bei starker JPEG-Kompression

Anwendung | Die JPEG-Kompression kann in weiten Grenzen eingestellt werden. Bei geringer Kompression sind Qualitätsunterschiede mit bloßem Auge nicht zu erkennen. Starke Kompression kann bis zur Unkenntlichkeit des Originalbildes führen. Zwischen diesen beiden Extremen liegt immer der Kompromiss zwischen Einsparungen bei der Dateigröße und akzeptablen Verlusten bei der Bildqualität.

Da »natürliches« Bildmaterial, also Fotos (Porträts, Landschaften, Gegenstände usw.), nie so messerscharf abbildet wie computergenerierte Grafik (Illustrationen, Logos, z. T. 3D-Renderings usw.), kann die JPEG-Kompression durch diese allgegenwärtige zumindest leichte Unschärfe solche Bilder gut komprimieren, ohne dass Verluste sichtbar werden. JPEG ist also praktisch immer das Mittel der Wahl bei Fotos.

Weil JPEG bereits Anfang der 90er-Jahre von der Joint Photographic Experts Group definiert wurde, ist es technisch schon lange nicht mehr auf der Höhe der Zeit. Da es aber extrem weit verbreitet ist, führt kein Weg an ihm vorbei.

JPEG 2000 | Das Nachfolgeformat, JPEG 2000, ist zwar schon definiert und als Standard verabschiedet, aber noch kaum verbreitet. Photoshop beherrscht es aber bereits länger. Im Web ist JPEG 2000 bis jetzt nur mit einem Browser-Plug-in zu betrachten. Es benutzt ein komplett anderes Kompressionsverfahren, das die Dateigröße sehr viel effizienter reduzieren kann, wobei die Bildqualität viel weniger leidet als bei JPEG. JPEG 2000 unterstützt im Gegensatz zum alten Format auch Transparenzen. Bis es etabliert ist, wird aber noch einige Zeit vergehen.

JPEG 2000 installieren

Das Lesen und Speichern von JPEG 2000-Bildern ist standardmäßig nicht in Photoshop verfügbar. Man muss das entsprechende Format-Plug-in von der Installations-DVD in den Photoshop-Programmordner unter ZUSATZMODULE/DATEIFORMAT kopieren.

HD Photo | Zudem versucht Microsoft derzeit massiv, sein noch in den Kinderschuhen steckendes Format HD Photo bei Standardisierungsorganisationen dagegenzupositionieren. Gerade eben ist ein Plug-in von Microsoft für Photoshop CS2 und CS3 erschienen, das dieses Format beherrscht. Die Fähigkeiten sollen weit über JPEG 2000 hinausgehen, was aber in der Beta-Version noch nicht so recht erkennbar ist. Effektiv ist die Kompression, die bei gleicher Qualität die halbe Dateigröße gegenüber JPEG erreicht.

HD Photo downloaden
Wer HD Photo ausprobieren möchte, kann sich das Photoshop-Plug-in dazu für Mac oder Windows unter *www.microsoft.com/downloads* herunterladen. (Suchen Sie unter »All Downloads« nach »HD Photo«.)

11.4 Zoomify

Eine spezielle Darstellungsform für besonders große Bilddateien im Web existiert schon seit geraumer Zeit in Form der Zoomify-Technologie.

11.4.1 Technisches

Dabei handelt es sich nicht um ein eigenes Bildformat, sondern um eine gut durchdachte Ausgabe von einzelnen Bildabschnitten als JPEGs.

Diese werden vom Originalbild in bestimmten Verkleinerungsstufen abgeleitet, zerteilt und mit einem bestimmten Benennungssystem in eine Ordnerstruktur einsortiert und mit einigen

Zusatz-Dateien versehen, um schließlich im Browser auf der Basis eines schlanken Flash-Viewers betrachtet zu werden, der sehr bandbreitenschonend immer nur den gerade benötigten Bildteil in der gewünschten Vergrößerung lädt und anzeigt. Dabei kann bis zur Originalauflösung eingezoomt werden. Ein optionales kleines Navigationsfensterchen sorgt für den Überblick in riesigen Bildern.

Durch die Unterteilung des Bildes in kleine Stücke (»Tiles«) lassen sich auch mit schmalbandigen Internetverbindungen Bilder mit mehr als einem Gigapixel Größe flüssig betrachten. Dieser Aspekt ist auch deshalb sehr interessant, weil es Photoshop ja mit den neuen Funktionen Auto Align und Auto Blend bzw. dem überarbeiteten Photomerge ermöglicht, aus mehreren Aufnahmen sehr große Bilddateien wie z. B. Panoramabilder zusammenzusetzen (siehe Abschnitt 8.10).

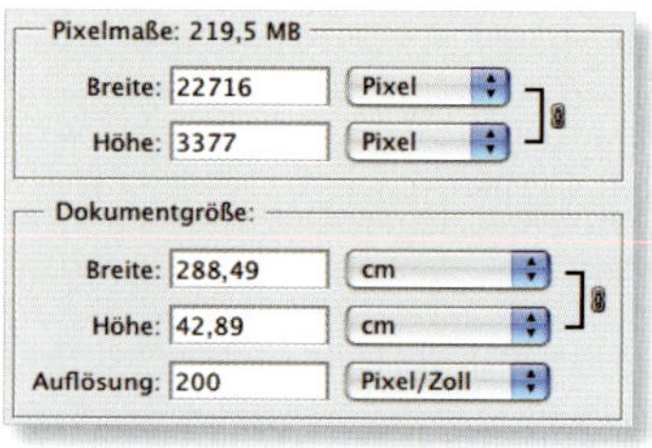

▲ **Abbildung 11.9**
Abmessungen des Panoramabilds

11.4.2 Einstellungen

Mit Photoshop CS3 hat Adobe die Zoomify-Technologie lizenziert und bietet unter Datei • Exportieren • Zoomify eine entsprechende Ausgabeoption an. Im Fenster Zoomify-Export lassen sich die Ausgabe-Parameter einstellen.

Als Beispielbild sei hier ein Teilpanorama mit einem Bildwinkel von etwa 120° gewählt, das aus etwas mehr als 40 Aufnahmen mit je 8 Megapixeln zusammengesetzt wurde. Die Ergebnisdatei ist etwa 77 Megapixel groß und als JPEG mit 100% Qualität etwas über 48 Megabyte groß. Die Abmessungen des Ausdrucks sind beachtlich.

▲ **Abbildung 11.10**
77-Megapixel-Panorama als Ausgangsmaterial für Zoomify

11.4.3 Ausgabe

Unter Datei • Exportieren • Zoomify startet man die Ausgabe. Im Dialog kann man zunächst oben zwischen drei verschiedenen Stilen des Viewers auswählen und festlegen, ob man diesen mit oder ohne das kleine Navigatorfenster haben möchte. Dann wird der Zielordner festgelegt und darunter die Bildqualität eingestellt. Sie bestimmt natürlich die Dateigröße des gesamten Exports. Unten lässt sich noch die Größe des Viewers auf der exportierten HTML-Seite einstellen.

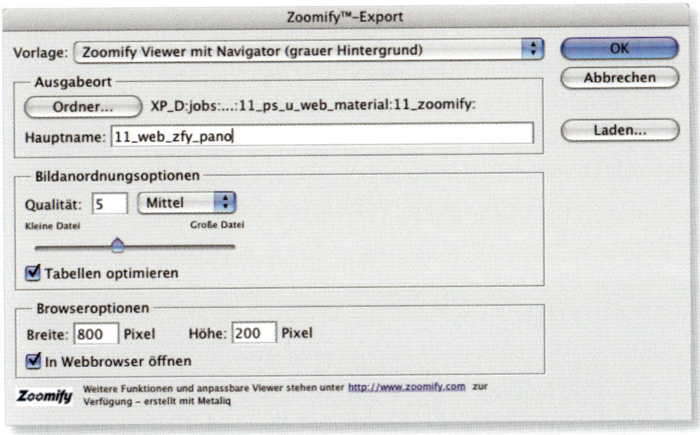

◂ **Abbildung 11.11**
Dialog von Zoomify-Export

Das Export-Ergebnis umfasst etwa 6,5 Megabyte und etwa 1 700 Dateien. Das Bild ist in Stücke zu 256×256 Pixeln zerschnitten worden, die in Ordnern zu 256 Dateien einsortiert und von Zoomify nach einem bestimmten System entsprechend der Zoomstufen benannt werden. Die SWF-Datei ist der Viewer selbst. Zoomify produziert auch gleich eine gebrauchsfertige HTML-Datei mit dem eingebauten Viewer, die direkt nach dem Export im Standard-Browser angezeigt wird. In der XML-Datei stehen die Abmessungen des Gesamtbildes, die Anzahl der »Tiles« und deren Größe.

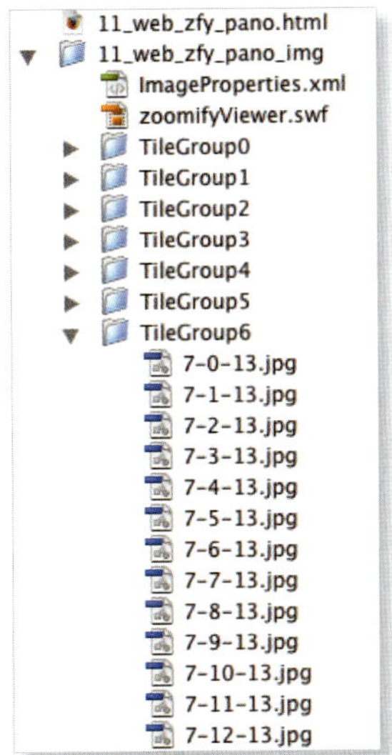

▴ **Abbildung 11.12**
Export-Ordner von Zoomify

11.4.4 Ansicht im Browser

Im Browser kann man dann ganz einfach in der riesigen Bilddatei navigieren. Das Navigationsfenster links oben zeigt mit einem blauen Rahmen den aktuellen Ausschnitt und dessen Position im Bild an, ganz genau so wie die Navigations-Palette von Photoshop. Die Buttons am unteren Rand sind weitgehend selbsterklärend, der ganz rechte Button ist Home und stellt auf die unten gezeigte minimale Zoomstufe zurück, die je nach Proportion des Originalbildes die Höhe oder Breite des Bildes in das Viewer-Fenster einpasst.

◂ **Abbildung 11.13**
Ansicht des Zoomify-Viewers im Browser

Mit einem Klick auf eine Bildstelle wird um eine Stufe eingezoomt. Die entsprechenden Teilstücke des Bildes für die nächste Zoomstufe werden nachgeladen. Diese Bildstelle rückt dann auch in die Mitte des Viewers. Mit gedrückter Alt-Taste kann wieder ausgezoomt werden. Unten sehen Sie die maximale Zoomstufe mit einer über 6 Kilometer entfernten Seilbahnstation, die in natura mit bloßem Auge nicht zu erkennen war.

Abbildung 11.14 ▶
Maximal eingezoomt am äußersten rechten Bildrand

> **Google Maps**
>
> Wer sich eingehender mit dieser Materie beschäftigen will, dem sei auch ein Blick auf die Google Maps empfohlen, die nicht nur Karten und Satellitenbilder mit gigantischen Zoomfaktoren anzeigen können, sondern auch riesige Bilddateien bis weit in den Gigapixel-Bereich. Der Umgang mit der Google Maps-Schnittstelle ist allerdings um einiges technischer als bei Zoomify und erfordert JavaScript-Kenntnisse, hat aber dafür den Vorteil, dass man ohne Flash-Plug-in auskommt. Infos erhalten Sie unter: *maps.google.com* und *www.google.com/apis/maps*.

11.4.5 Zoomifyer for Flash

Ein dezenter Hinweis am unteren Rand des Export-Fensters verrät, dass neben der in Photoshop integrierten Version von Zoomify, die auch schon bisher als »Zoomifyer EZ« kostenlos erhältlich war, die weitaus umfangreichere Version »Zoomifyer for Flash« existiert, die natürlich kostenpflichtig ist (129 US$, *www.zoomify.com*). Dafür hat man vollen Zugriff auf die originale Flash-Datei, auf der der Viewer basiert, und kann diesen mit einer gut dokumentierten Programmierschnittstelle (ActionScript API) nach Herzenslust umbauen, von den Zoomify-Logos befreien, vielfältig erweitern und natürlich auch in eigene Flash-Projekte integrieren.

11.4.6 Einsatz

Neben der Darstellung von Panorama-Montagen sind die Einsatzzwecke für den Zoomify-Export vielfältig. Man denke an Scans von Karten, Kunstwerken, Mittel- und Großformat-Dias oder an Bilder aus dem wissenschaftlichen Bereich (Medizin, Astronomie).

11.5 Für Web und Geräte speichern

Der Photoshop-Dialog für die Ausgabe von Bildern für das Web, den man unter Datei • Für Web und Geräte speichern oder mit dem Shortcut Strg/⌘+Alt+⇧+S aufrufen kann, ist einigermaßen umfangreich. Wir unterteilen diesen Dialog im Folgenden jeweils in die Ausgabe für JPEG und für GIF.

11.5.1 JPEG-Einstellungen

Der Dialog Für Web und Geräte speichern bietet umfangreiche Einstellungs-, Vorschau- und Kontrollmöglichkeiten, bevor man die Datei im gewünschten Format abspeichert. Neben den Navigationswerkzeugen ❶ kann man die verschiedenen Ansichten auswählen. Neben dem Original ❷ gibt es die Ansicht, in der die Auswirkung der jeweiligen Kompressionsmethode gezeigt wird. Man kann auch zwei oder vier Ansichten einander gegenüberstellen, um A/B-Vergleiche zu machen.

Im Menü Vorschau ❸ kann man in der Ansicht Mac- oder Windows-Bildschirme simulieren. Das ist sehr wichtig, weil beide Systeme unterschiedliche Gamma-Werte haben. Bei Windows wirken Bilder dunkler. Hier lässt sich auch die Berechnungsbasis für die spätere Ladezeit ändern. Unter Optimierungsformat ❹ wählt man JPEG, GIF oder PNG aus. Die Voreinstellungen ❺ lassen sich im Menü daneben ❻ um eigene Presets erweitern.

Am Fuß des Dialogs kann das ausgewählte Bild direkt zu einem Browser geschickt werden ❼. Mit dem Button Device Central ❽ kann man zum gleichnamigen neuen Adobe-Programm für mobile Endgeräte wechseln, um das optimierte Bild dort auf den kleinen Displays von Mobiltelefonen, Smartphones oder Ähnlichem zu begutachten. Dieses Programm wird in Abschnitt 11.6 besprochen.

Farb- und Helligkeitsunterschiede

Manchmal weist ein Bild im Dialog Für Web und Geräte speichern einen deutlichen Unterschied in Farbe und Helligkeit im Vergleich zum Originalbild auf. Für den Export geht Adobe vom sRGB-Farbraum aus, der für die Bildschirmdarstellung von Webseiten meistens passt. Stellt man unter Vorschau die Option Dokumentprofil verwenden ein und ist dem Bild in Photoshop der sRGB-Arbeitsfarbraum zugewiesen, so verschwindet dieser Unterschied (siehe Kapitel 7).

▼ Abbildung 11.15
Der Photoshop-Dialog Für Web und Geräte speichern in der 4fach-Ansicht und mit den Einstellungen für das JPEG-Format

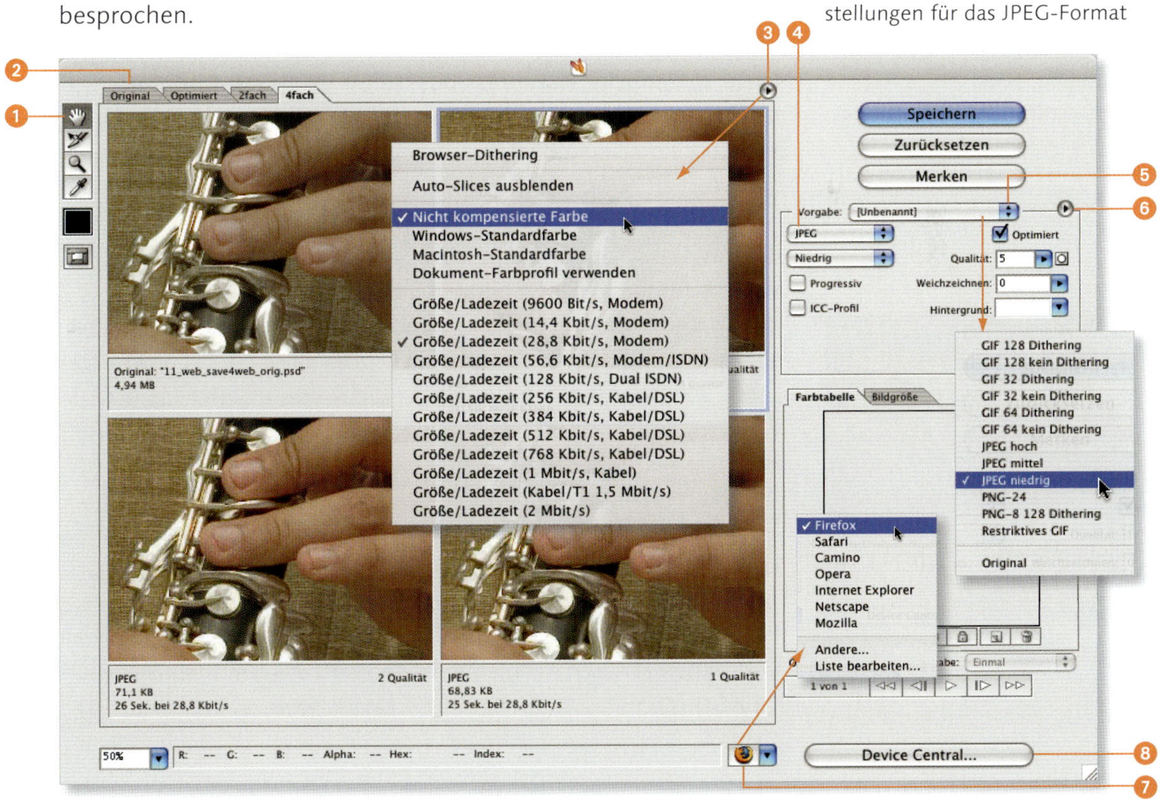

▲ **Abbildung 11.16**
Originalbild

Einstellungen Kompression | Für die Einstellung der JPEG-Kompression gibt es zwar einen guten Bereich, in dem man kaum etwas falsch machen kann. Dieser liegt zwischen etwa 40 % und 60 % Qualität (Voreinstellung JPEG HOCH). Aber wenn man die Kompression für Webbilder »über den Daumen« erledigt, ist das oft noch lange nicht optimal. Entweder sind die Bilder zu groß (und verschwenden dadurch wertvolle Übertragungsbandbreite und belegen teuren Webspace) und verkraften noch eine weitere Kompression oder die Qualität leidet bei fein detaillierten Motiven bereits. Die visuelle Kontrolle ist hier Pflicht. Durch die 2fach- oder 4fach-Ansicht hat man gute Möglichkeiten zu vergleichen, bei welcher Kompressionsstufe die ersten JPEG-Artefakte auftreten.

▲ **Abbildung 11.17**
JPEG-Kompression: 75 % Qualität (links), 50 % (Mitte) und 10 % (rechts)

Unterschiedliche Kompressionsstufen in einem Bild | An sich wird beim JPEG-Format das ganze Bild in der gleichen Qualitätsstufe komprimiert. Eine sehr gute Möglichkeit, das Kompressionsverhalten zu verfeinern und zu steuern, bietet ein kleiner unauffälliger Button im Dialog FÜR WEB UND GERÄTE SPEICHERN ❶. Mit dieser Option kann man unterschiedlich starke Kompressionsstufen im gleichen Bild haben.

Die Basis dafür bilden entweder ein Alpha-Kanal, Transparenzinformationen von Textebenen oder Ebenen mit Vektorformen. Das ist vor allem bei Bildmaterial interessant, das sowohl klare, grafische Formen als auch fotografische Bildteile beinhaltet, wie in unserem Beispiel, wo es scharfkantige Formen und einen unscharfen Hintergrund gibt.

Wird die JPEG-Qualität hoch angesetzt, damit die Kanten scharf bleiben, wird für den Himmel zu viel verschenkt. Komprimiert man umgekehrt gerade so stark, dass man im Himmel noch keine Artefakte sieht, ist das Logo bereits unbrauchbar geworden. Einen solchen Problemfall bekommt man mit der Funktion QUALITÄTSEINSTELLUNG MIT HILFE EINES KANALS ÄNDERN in den Griff.

▲ **Abbildung 11.18**
Bild mit grafischen und Foto-Elementen

Bei dieser Funktion bietet Photoshop vorhandene Text- und Vektorformebenen als eine Art »Maske« an, mit der entschieden wird, wo die untere (schwarz) und wo die obere (weiß) Qualitätsstufe angewendet wird. Wo diese Stufen liegen, lässt sich mit den Reglern auf der Skala oder numerisch einstellen.

Hervorragend verfeinern lässt sich das, wenn man einen Alpha-Kanal für diese Funktion benutzt, denn dort kann man mithilfe der Graustufen manuell entscheiden, wo wie stark oder schwach komprimiert wird.

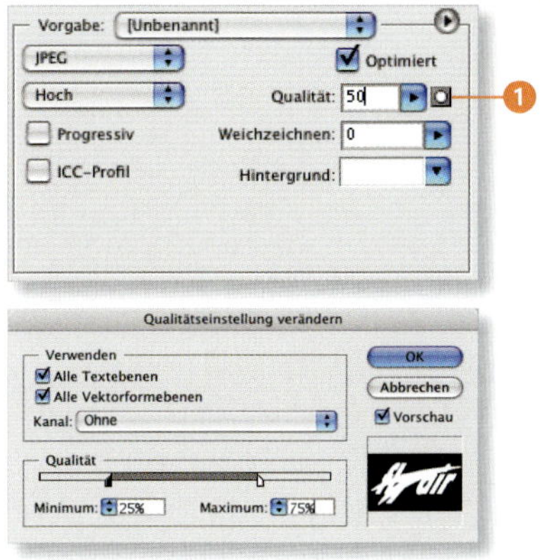

▲ **Abbildung 11.19**
Button für die Funktion Qualitätseinstellung mit Hilfe eines Kanals ändern und Optionen für diese Funktion

◄ **Abbildung 11.20**
Vorher: Kompression des gesamten Bildes mit niedriger Qualität (25 %, links das Original)

◄ **Abbildung 11.21**
Nachher: Steuerung der JPEG-Qualität mit Transparenzinformationen (links das Original)

Bei diesem Beispiel äußert sich die Maßnahme auch in der Dateigröße: Wird das ganze Bild mit 75 % Qualität komprimiert, kommt man auf 52 KB, geht man auf 25 % herunter, bekommt man lediglich 16 KB, jedoch bei unbrauchbarer Bildqualität. Wendet man die beschriebene Methode an, kommt man mit 43 KB aus, spart also fast 20 % Dateigröße bei fast gleichem visuellem Ergebnis.

Je größer der Anteil solcher unscharfer Bereiche im Bild ist, desto mehr lohnt sich der Einsatz dieses Verfahrens.

JPEG ≠ JPEG

Photoshop bietet mit Datei • Speichern unter ebenfalls JPEG als Format an. Die resultierenden Dateien sind allerdings bei gleicher Qualitätsstufe um ein Vielfaches größer, als wenn man das mit Datei • Für Web und Geräte speichern macht. Warum, ist unklar.

11.5.2 GIF-Einstellungen

Die Einstellungen für das GIF-Format im Dialog FÜR WEB UND GERÄTE SPEICHERN sind noch etwas umfangreicher als die Möglichkeiten bei JPEG und bieten mehr Spielraum für ein Finetuning, bei dem aus der an sich veralteten Kompressionsmethode noch einiges herauszuholen ist.

Farbtöne | Der wichtigste Hebel, an dem die GIF-Kompression ansetzt, ist die Reduktion der Farbtöne. Nach der Reduktion von 24 auf 8 Bit Farbtiefe (von 16,7 Millionen auf 256 Farben) gibt es in diesem schon sehr reduzierten Bereich nun die Möglichkeit, gezielt weiter zu optimieren. Auf wie viele Farben man reduzieren möchte, kann man unter FARBEN ⑥ vorgeben. Manchmal wird hier aber auch eine niedrigere Zahl eingefügt. Wenn z. B. ein Logo nur sehr wenige Farbtöne hat, reduziert Photoshop automatisch die nötigen Farben, nachdem das Bild analysiert wurde, auch wenn eine höhere Vorgabe gemacht wurde.

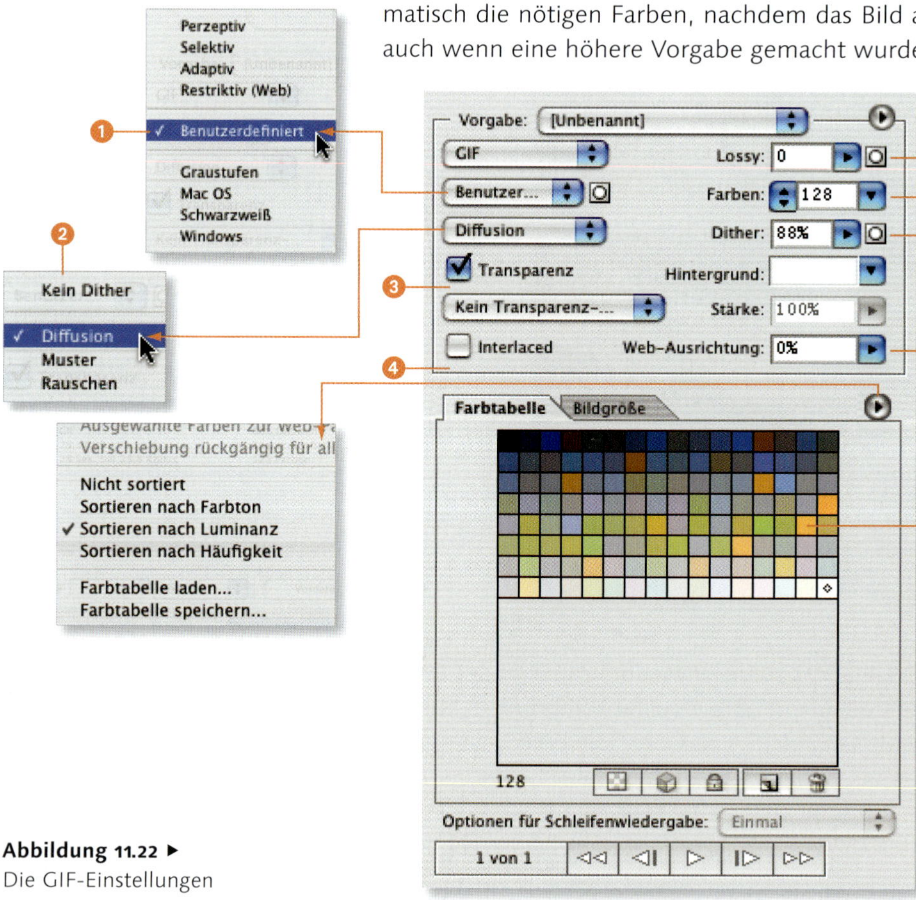

Abbildung 11.22 ▸
Die GIF-Einstellungen

Farbreduktionsalgorithmus | Die Methode, wie die maximal 256 Farben nach ihrer Häufigkeit sortiert werden, bietet einige Auswahl und lässt sich unter FARBREDUKTIONSALGORITHMUS einstellen ❶. ADAPTIV und PERZEPTIV bringen in der Regel optisch die besten Ergebnisse.

Lossy | Eine weitere Möglichkeit, die Dateigröße zu reduzieren, steckt hinter dem Regler LOSSY ❺, der Pixel in der Horizontalen zusammenfasst. Man erkennt dann zunehmend eine streifenartige Struktur, die der LZW-Kompression des GIF-Formats sehr entgegenkommt. Inwieweit das von der Bildqualität her tolerabel aussieht, muss man von Fall zu Fall entscheiden. Man kann LOSSY auch von eventuell vorhandenen Alpha-Kanälen, Text- oder Vektorformebenen abhängig machen (kleiner Button daneben).

Dither | Unter DITHER versteht man das gezielte Hinzufügen von Störungen, um dem Auge Zwischentöne vorzutäuschen, die bei 256 Farben gar nicht existieren können. Bei weichen Verläufen wie Schatten ist das unumgänglich. GIF »mag« eher große einheitliche Farbflächen. Das »Gekrümel« des Ditherings läuft dem genau zuwider, und deshalb gibt es verschiedene Methoden ❷ und die Regelmöglichkeit ❼, um einen Kompromiss zwischen Dateigrößenzuwachs und optischer Qualität zu finden. Dither ist ebenfalls über Alpha-Kanäle etc. zu steuern.

Transparenz | GIF unterstützt Transparenzen ❸, indem eine der 256 möglichen Farben als durchsichtig definiert und ausgeblendet wird. Wird eine Datei in den Dialog von FÜR WEB UND GERÄTE SPEICHERN geladen, die Bildinformationen mit einem transparenten Hintergrund enthält, so wird diese Ebenentransparenz automatisch als durchsichtig definiert. Da es nur durchsichtig und undurchsichtig gibt und keinerlei Halbtransparenzen, ist der Übergang normalerweise sehr hart. Deshalb kann man hierfür auch ein Dithering aktivieren (unter der Checkbox für TRANSPARENZ).

Web-Ausrichtung | Die WEB-AUSRICHTUNG ❽ zwingt mit höherer Einstellung immer mehr Farben auf die Werte der Websafe-Palette. Das ist die Schnittmenge jener 216 Farben, die bei allen Browsern, bei Mac und Windows und bei 256 Farben Bildschirmfarbtiefe korrekt angezeigt werden. Dieses Feature tritt mehr und mehr in den Hintergrund, weil eine solch geringe Monitorleistung de facto fast nicht mehr vorkommt.

Farbtabelle | Unter FARBTABELLE ❾ werden die verwendeten Farben angezeigt. Hier ist ein intensives manuelles Finetuning möglich. Interessant ist die Möglichkeit, diese Farbtabelle abzu-

Bildgröße

Hinter der Farbtabelle findet man einen Tabellenreiter namens BILDGRÖSSE. Er ist mit Vorsicht zu genießen. Geht man mit relativ großen Bildern in den Dialog FÜR WEB UND GERÄTE SPEICHERN und skaliert die Bilder erst hier herunter, muss man Zeit mitbringen. Auch sonst sind hier große Bilder mühsam, weil jede Änderung in den Einstellungen eine komplette Neuberechnung des ganzen Bildes erfordert. Verschärft ist das natürlich bei der 4fach-Ansicht. Besser ist es, Bilder vorher in Photoshop zu skalieren. Photoshop warnt auch mit einer Box bei sehr großen Bildern davor, über FÜR WEB UND GERÄTE SPEICHERN zu exportieren. Hat man einen leistungsfähigen PC, kann man das ignorieren.

speichern und weiterzuverwenden. So kann man einen sehr einheitlichen Look über eine ganze Reihe von GIFs hinweg erreichen.

Interlaced | Unter Interlaced 4 versteht man einen allmählichen Bildaufbau, der zuerst ein relativ grobes Bild zeigt, das dann immer schärfer und detaillierter wird. Das ist vor allem bei langsamen Internetverbindungen angenehm, weil man zumindest schon ahnen kann, welches Bild da erscheinen wird.

Abbildung 11.23 ▸
GIF-Kompression: Reduktion auf 256 Farben (links), 32 Farben (Mitte) und 8 Farben (rechts)

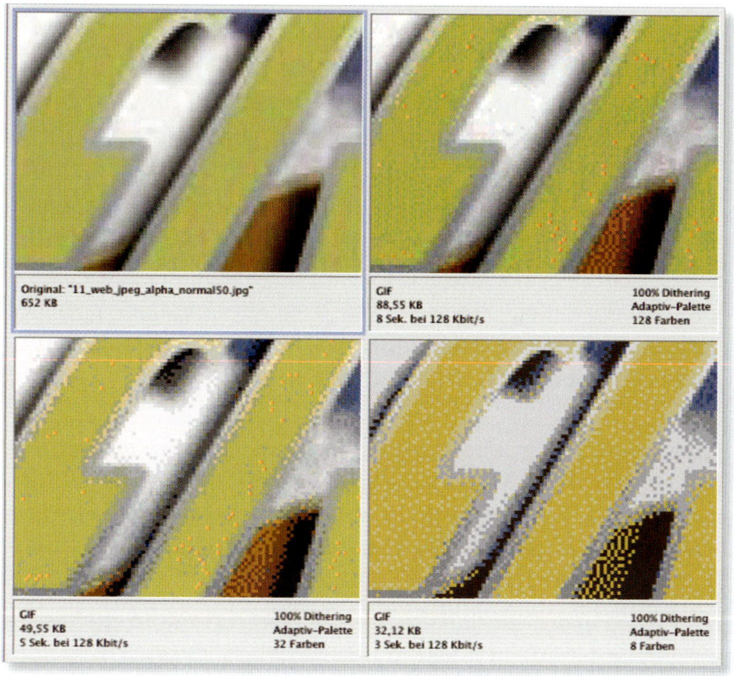

Bei der Vielfalt der Einstellmöglichkeiten empfiehlt es sich natürlich sehr, diese abzuspeichern.

▴ Abbildung 11.24
Droplet einer Photoshop-Aktion

11.5.3 Droplets

Wenn es um eine größere Menge von Bildern geht, die man für die Darstellung im Web zu optimieren hat, so sind automatisierbare Verfahren wünschenswert. Mit den in Kapitel 13 besprochenen Aktionen, deren Massentauglichkeit mithilfe der Stapelverarbeitung sowie mit dem Erstellen sogenannter »Droplets« (also Miniprogrammen, die eine Aktion in Photoshop wiederholt aufrufen und dabei per Drag & Drop mit ganzen Ordnern voll Bilddateien gefüttert werden können) stellt Photoshop die geeigneten Mittel zur Verfügung.

»Speichern unter« umgehen | Wie bereits weiter oben angemerkt wurde, hat die Ausgabe als JPEG über DATEI • SPEICHERN UNTER oft gravierend andere (vor allem schlechtere) Ergebnisse zur Folge als die Erzeugung von JPEGs mit der Funktion FÜR WEB UND GERÄTE SPEICHERN. Letztere ist allerdings für die Aufzeichnung von Aktionen nur teilweise geeignet. Hier ist Photoshop wie in den vergangenen Versionen noch immer nicht fehlerfrei. Bis zur Version CS2 konnte man das umgehen, indem man einfach in ImageReady direkt aus der Palette mit den Bildoptimierungseinstellungen ein Droplet mit den gerade aktuellen Parametern erstellen konnte. Nun gibt es diesen Workaround nicht mehr, weil ImageReady aus der Creative Suite verschwunden ist. Fireworks als eine Art Nachfolger von ImageReady stellt eine derartige Funktion (noch) nicht zur Verfügung.

Wenn man sich von gewissen Einschränkungen nicht irritieren lässt, kann man die Droplets für die Funktion FÜR WEB UND GERÄTE SPEICHERN wie im Folgenden beschrieben benutzen. (Details zur Aufzeichnung von Aktionen und zum Erstellen von Droplets allgemein finden Sie in Kapitel 13.)

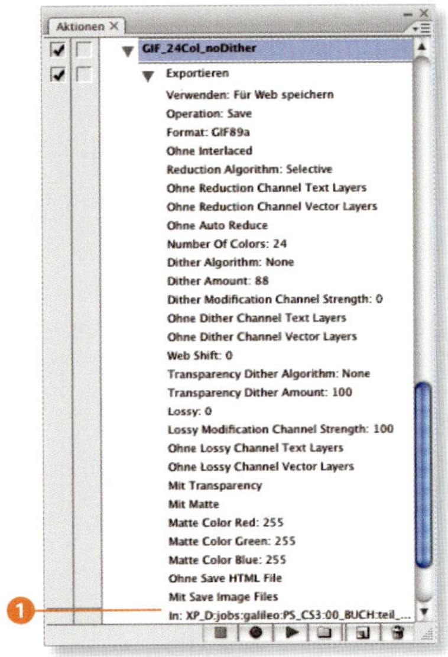

▲ **Abbildung 11.25**
Aufgezeichnete Aktion mit FÜR WEB UND GERÄTE SPEICHERN

Aktionen für das Web | Beim Aufzeichnen einer Aktion mit der Funktion FÜR WEB UND GERÄTE SPEICHERN muss man immer mit einem wirklichen Speichervorgang abschließen, damit dieser Prozess vollständig aufgezeichnet werden kann. Das Problem dabei ist, dass der Ausgabepfad Bestandteil der Aktion ist ①. Normalerweise werden sowohl bei der Stapelverarbeitung als auch beim Erstellen von Droplets aus Aktionen mitaufgezeichnete Speicher-Schritte wahlweise überschrieben und durch automatisches Speichern mit automatisch generierten Namen ersetzt. Das ist im Dialog für die Erstellung von Droplets (DATEI • AUTOMATISIEREN • DROPLET ERSTELLEN) die Aufgabe der in der Abbildung unten aktivierten Checkbox »SPEICHERN UNTER« IN AKTIONEN ÜBERSCHREIBEN.

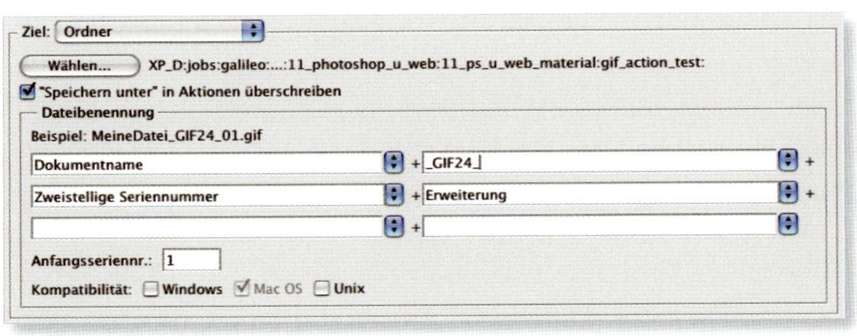

◀ **Abbildung 11.26**
Zielordner-Optionen bei der Droplet-Erstellung

Leider verhält sich ein Droplet mit FÜR WEB UND GERÄTE SPEICHERN nicht wie andere Droplets mit Speicherschritten. Die Umbenennung wird ignoriert. Es werden lediglich Leer- und

Batch

Alternativ zu dieser Methode, die ja nicht unbedingt durch besondere Flexibilität besticht, ist die Batch-Verarbeitung in Fireworks, die auch das Abspeichern als Skript erlaubt. Ein solches Skript ist aber eben kein Droplet, sondern wird zuerst in Fireworks geöffnet, um dann nach den zu bearbeitenden Dateien zu fragen. Der Ausgabeordner muss (genau wie beim Photoshop-Droplet) existieren.

Alternative 2

Eine weitere, allerdings sehr anspruchsvolle Möglichkeit ist die Erstellung eines eigenen Skripts für Photoshop auf der Basis von JavaScript, VBScript oder Apple Script (siehe hierzu Kapitel 13).

Sonderzeichen durch Bindestriche ersetzt. Die Droplets schreiben immer in den Ordner, der in der Aktion angegeben wird, egal wohin man das Droplet auch kopiert. Mit »überschreiben« ist also immer nur der Dateiname gemeint!

Wählt man die Option Ziel: Speichern und schliessen, so könnte man das Droplet überall hinkopieren, weil sich alles in einem Ordner abspielt. Bei Für Web und Geräte speichern kann das aber nicht funktionieren, denn es handelt sich ja um einen Export bei offen bleibender Originaldatei. So wird man sich darauf beschränken müssen, den Zielordner in der Aktion und dem daraus abgeleiteten Droplet festzuschreiben. Die Dateien, die zu bearbeiten sind, können von überall her kommen, landen aber immer in diesem einen Zielordner. Wenn schon die Umbenennungsoptionen nicht funktionieren, so warnt wenigstens ein Dialog vor versehentlichem Überschreiben von bestehenden Dateien. Hier gibt es also von Photoshop noch keine befriedigende Lösung.

Außerdem gibt es natürlich eine ganze Reihe von Dritthersteller-Werkzeugen, die die Stapelverarbeitung von Bildern exzellent beherrschen bzw. in manchen Belangen dafür sogar besser geeignet sind als Photoshop. Als Beispiele seien hier der altgediente GraphicConverter (*www.lemkesoft.de*) für den Mac genannt oder IrfanView für Windows *(irfanview.com)*.

11.6 Device Central für Mobilgeräte

Das komplett neue Programm Device Central hat innerhalb der Creative Suite 3 an zentraler Stelle zweierlei Aufgaben.

Endgeräte-Bibliothek | Zum einen ist es eine Art sehr komfortabler Bibliothek von mobilen Endgeräten, in der eine Vielzahl aktueller Telefone und Smartphones mit zahlreichen technischen Eckdaten abgelegt ist, die die Wiedergabe von Bildern und die Funktionalitäten von Flash bzw. Flash Lite betreffen. Das betrifft damit neben JPEG, GIF und PNG auch die wichtigsten Bildformate für mobile Wiedergabe wie WBMP, diverse Web-Videoformate und die verschiedenen Versionen von Flash Lite.

Diese Bibliothek erlaubt das Erstellen neuer Dokumente für Photoshop, Illustrator und Flash, die gleich die richtige Größe für das jeweilige Endgerät bzw. eine Gruppe von Geräten haben. Hierbei kann für Bildformate zwischen dem Vollbildmodus oder einem Hintergrundbild gewählt werden. Bei Letzterem wird der vom Systemmenü benötigte Platz abgezogen – in der Regel ein

Streifen oben und/oder unten. Aus dem Dialog Für Web und Geräte speichern gelangt man über den gleichnamigen Button Device Central zu einer Vorschau auf dem gewünschten Gerät.

▼ **Abbildung 11.27**
Bibliothek mit Geräteprofilen in Device Central

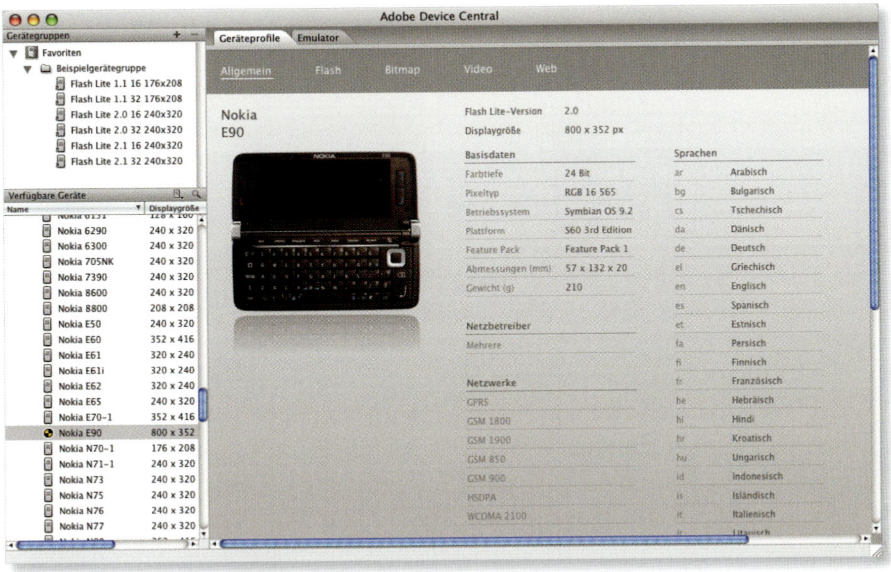

Simulation von Inhalten | Zum anderen dient Device Central zur Simulation der Darstellung von Inhalten auf mobilen Endgeräten. Bei Bildern ist hier natürlich die stark beschränkte Größe von Mobiltelefon-Displays ebenso ein Thema wie die oft geringere Farbtiefe. Darüber hinaus kann Device Central auch widrige Betrachtungsumstände wie hohe Umgebungshelligkeit oder gar Reflexionen auf dem Display simulieren.

▲ **Abbildung 11.28**
Begutachtung der Bildwirkung auf einem mobilen Endgerät in Device Central

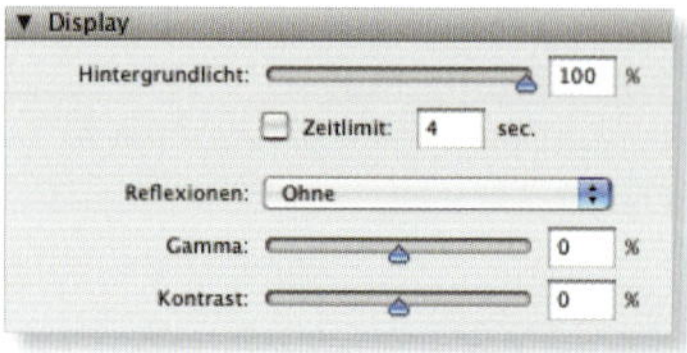

Abbildung 11.29 ▶
Display-Simulation mit Reflexionen (von links nach rechts: Normal, Innenraum und Sonnenlicht)

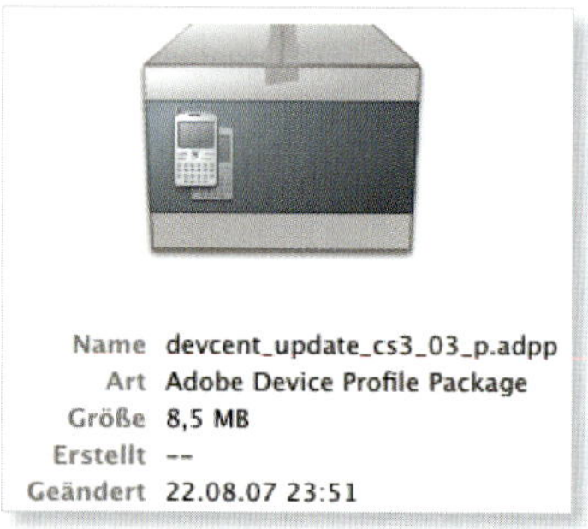

▲ **Abbildung 11.30**
Device Central Profil-Update

Device Central kann mit Updates von der Adobe-Website auf den jeweils momentan am Markt verfügbaren Gerätepark aktualisiert werden.

Da mobile Endgeräte Dateiformate verwenden, die mit Webformaten verwandt sind oder gar aus ihnen hervorgegangen sind, ist die Schnittstelle bei den meisten Programmen unter Für Web und mobile Geräte speichern angesiedelt. In Fireworks fehlt diese Schnittstelle noch.

11.7 Webausgabe direkt aus Photoshop

Man kann direkt aus Photoshop fix und fertige HTML-Seiten inklusive aller benötigten Grafiken ausgeben lassen. Der Weg führt über den Befehl Für Web und Geräte speichern. Es wird nur statt eines einzigen Bildes eine HTML-Seite mit allem benötigten Code erzeugt, und alle passenden Bilder dazu werden in einen verknüpften Ordner ausgegeben.

Slicing | Eine wesentliche Rolle spielt dabei das sogenannte Slicing, das die Bilddatei in einzelne Segmente »zerschneidet«, die dann entweder in das Gerüst einer HTML-Tabelle eingefügt und damit im Browser darstellbar und im Web funktional gemacht werden.

CSS | Ein anderer und besonders in letzter Zeit immer mehr favorisierter Weg führt über das Box-Modell von CSS (Cascading Style Sheets). Hierbei wird mit Rahmen pixelgenau layoutet. Dies ist konform zu aktuellen Standards im Web, produziert weniger Code und damit kleinere Dateien. Außerdem ist die Arbeit mit CSS verlässlicher und genauer in der Gestaltung.

11.7.1 Slicing

Das Slice-Werkzeug rastet an Hilfslinien und Ebenenkanten ein und zerschneidet das Bild.

◄ **Abbildung 11.31**
Screendesign mit Slice-Segmenten

▲ **Abbildung 11.32**
Das Slice-Werkzeug

TIPP

Die Unterteilung des Screendesigns sollte in sinnvollen Abschnitten erfolgen, die der Struktur des Designs (Menüs, Textboxen, Buttons) folgen und vor allem sehr sorgfältig gemacht werden. Ungenauigkeiten produzieren besonders bei der HTML-Ausgabe in Tabellenform kleine, oft nur 1 Pixel hohe oder breite Zellen, die manchmal massenhaft auftauchen und viel überflüssigen Code benötigen und zu sehr unübersichtlichen Verhältnissen im HTML-Code führen. Erfahrungsgemäß gehen die Feinarbeiten beim Slicing bei 200 % Vergrößerung am besten von der Hand.

Die einzelnen Segmente werden nummeriert und können nach einem Doppelklick darauf mit dem Slice-Auswahlwerkzeug [K] benannt sowie mit einer URL und anderen Angaben für den späteren HTML-Code versehen werden. Besonders die sinnvolle Benennung erhöht stark die Übersicht und erspart später lange Suchereien im Code. Zudem sind selbst vergebene Namen in der Regel wesentlich kürzer als die von Photoshop automatisch vergebenen, was den Code verkürzt und die Dateigröße verringert.

Zur besseren Übersicht vor allem bei kleinteiligen Designs empfiehlt es sich, in der Optionen-Leiste für das Slice-Werkzeug den Button AUTO-SLICES AUSBLENDEN zu aktivieren. Dann werden die von Photoshop selbst errechneten Slices (grau markiert) zwischen den manuell aufgezogenen (blau markiert) nicht mehr angezeigt.

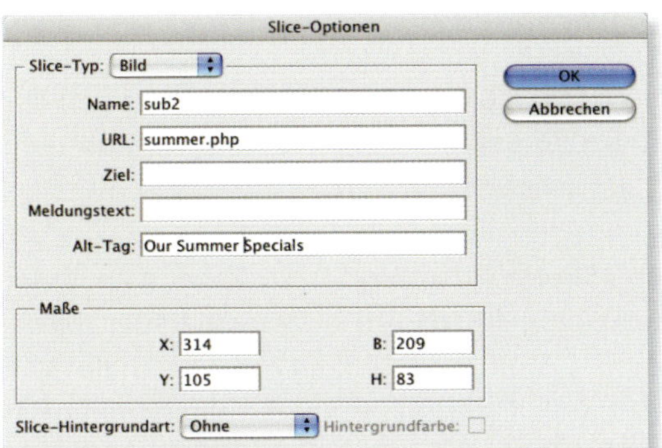

▲ **Abbildung 11.33**
Optionen für ein Slice-Segment

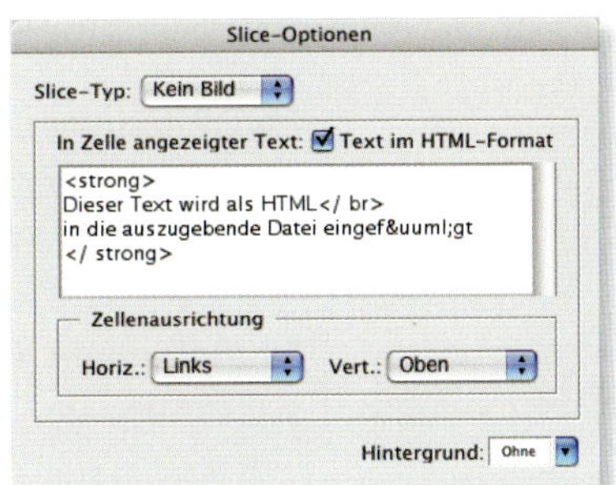

▲ **Abbildung 11.34**
Slice mit HTML- statt Bildausgabe

»Für Web und Geräte speichern« wählen | Ist man mit dem Slicing fertig, wählt man wie bei einem Einzelbild DATEI • FÜR WEB UND GERÄTE SPEICHERN. An dieser Stelle kann man nun mit dem hier ebenfalls verfügbaren Slice-Auswahl-Werkzeug einzelne oder mehrere Segmente markieren und im rechten Dialog-Teil wie gewohnt deren Kompressionseinstellungen und Dateityp (GIF, JPEG oder PNG) auswählen.

Slice-Optionen | Auch die SLICE-OPTIONEN stehen hier noch per Doppelklick auf ein Slice zur Verfügung. Man kann übrigens auch einzelne Slices von der Ausgabe als Bild ausnehmen und als Textabschnitt im HTML-Ergebnis ausgeben lassen, wenn man im Screendesign z. B. Platzhalter-Text stehen hat, der später durch HTML-Text ersetzt werden soll. Solcher Text lässt sich hier bereits einfügen.

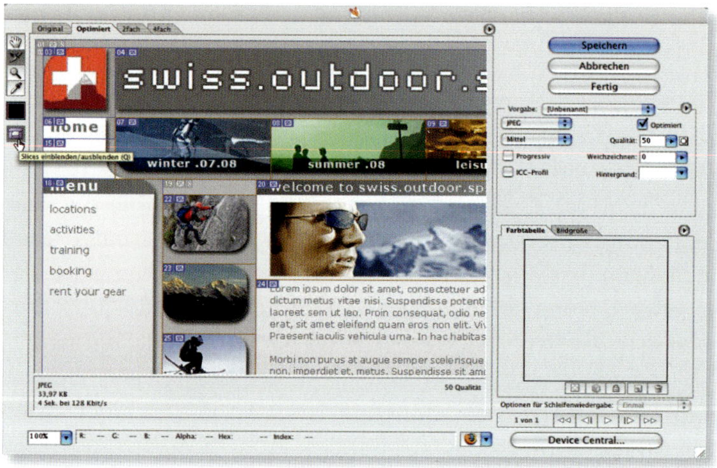

Abbildung 11.35 ▸
Datei mit Slices im Dialog FÜR WEB UND GERÄTE SPEICHERN

Klickt man auf SPEICHERN, kann man die Ausgabe im Datei-Dialog noch weitgehend modifizieren. Als FORMAT muss in unserem Fall HTML UND BILDER gewählt werden.

Einstellungen unter »HTML« | Im Abschnitt HTML lässt sich der Code formatieren und sein Standard zwischen HTML und dem moderneren XHTML umschalten.

▴ **Abbildung 11.36**
Einstellungsmöglichkeiten im Datei-Dialog

Einstellungen unter »Slices« | Unter SLICES kann man unter SLICE-AUSGABE entscheiden, ob das in althergebrachter Tabellenform oder moderner und standardgerechter mithilfe von CSS-Boxen geschehen soll. Darunter kann die Benennung der von Photoshop selbst vergebenen Namen für die Slices geändert werden.

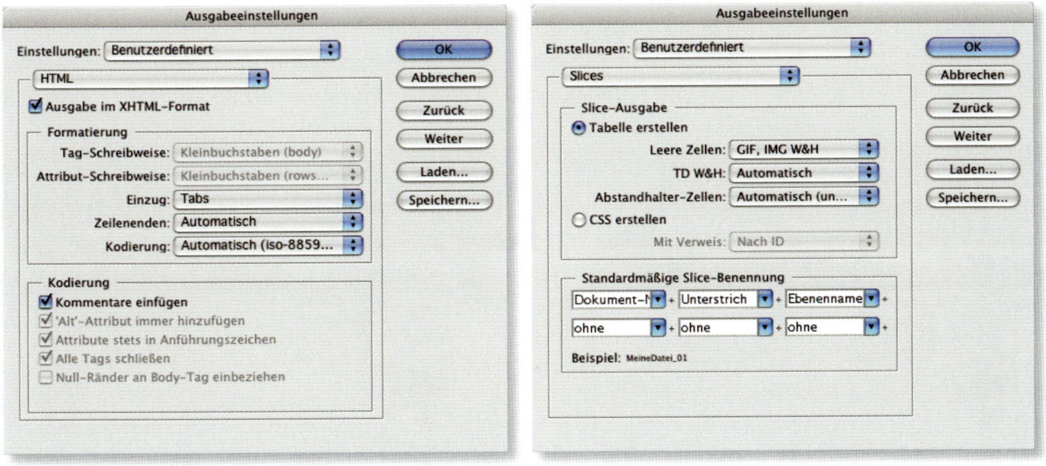

▲ **Abbildung 11.37**
Die Abteilungen HTML (links) und SLICES (rechts) bei den AUSGABEEINSTELLUNGEN

Einstellungen unter »Dateien speichern« | In der Abteilung DATEIEN SPEICHERN wird unter DATEIBENENNUNG festgelegt, wie die einzelnen Bilddateien heißen sollen, und unter OPTIMIERTE DATEIEN wählen Sie aus, wo sie abgelegt werden sollen. Auch die Kompatibilität der Benennung mit den verschiedenen Dateisystemen lässt sich hier regeln.

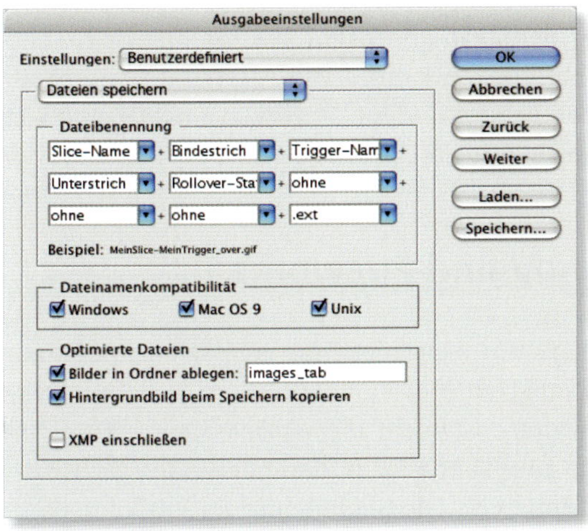

◀ **Abbildung 11.38**
Die Abteilung DATEIEN SPEICHERN bei den AUSGABEEINSTELLUNGEN

Das Ergebnis | Nach dem Speichern liegen dann eine HTML-Datei und ein Bilder-Ordner an der angegebenen Stelle bereit, um im Browser betrachtet zu werden. Man beachte die von Photoshop vergebenen und die selbst bei den Slices eingetragenen Namen für die Bilder. Rufen wir nun eine Variante mit der Ausgabe in Tabellenform im Browser auf und machen die Struktur der Tabelle mit einem Hilfswerkzeug (Web Developer Tools für Firefox oder Developer Toolbar bei MSIE 7) sichtbar, so bietet sich die Ansicht aus Abbildung 11.40.

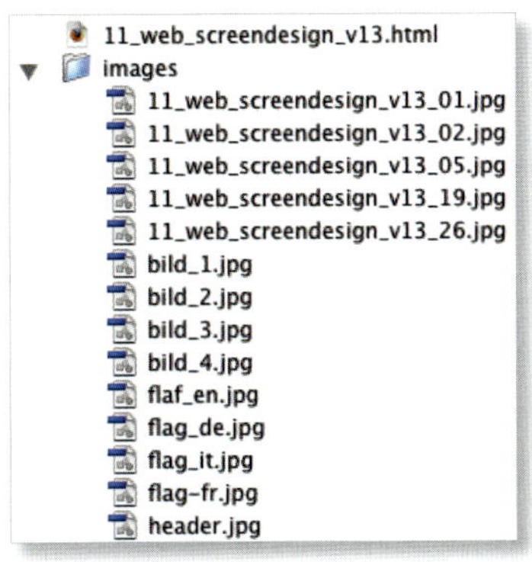

▲ **Abbildung 11.39**
Ergebnisdateien nach dem Speichern

11.7.2 CSS

Gibt man das Ganze in Form von CSS-formatierten <div>-Boxen aus, schaut das so aus wie in Abbildung 11.41.

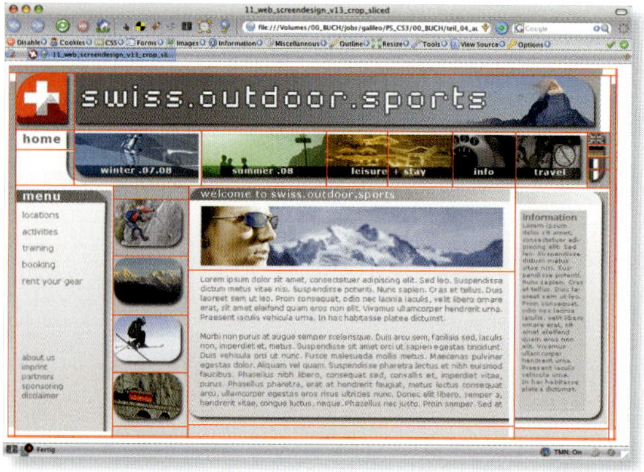

▲ **Abbildung 11.40**
HTML-Ausgabe in Tabellenform

▲ **Abbildung 11.41**
HTML-Ausgabe mit CSS

▲ **Abbildung 11.42**
Slice-Namen als IDs für die <div>-Boxen bei der CSS-Ausgabe

Der eigentliche Seitencode umfasst bei der CSS-Variante 104 Zeilen, bei Tabellenausgabe 160 Zeilen. Die Boxen tragen die in Photoshop eingesetzten Namen als ID.

Nachdem man ja bereits in Photoshop z. B. Menü-Punkte und Buttons mit Links hinterlegen kann, funktionieren die so erstellten HTML-Seiten bereits und sind im Grunde so einsetzbar. Meist wird man diese allerdings weiter bearbeiten.

11.8 Photoshop und Fireworks

Der Verlust der ImageReady-Droplets, die zum schnellen Erzeugen von gut komprimierten JPEGs und GIFs aus größeren Mengen von Bildern dienten, ist nicht die einzige Stelle, wo es im Bereich »Photoshop und Web« zu Änderungen oder gar Unzulänglichkeiten gekommen ist. Die Bereinigung der Produktpalette und die Integration der ehemaligen Macromedia-Programme hat noch eine ganze Reihe von Reibungspunkten hinterlassen, die fallweise dazu führen werden, dass Webdesigner und Photoshop-Nutzer, die diesen zuarbeiten, ihre Gewohnheiten ändern und sich neue Wege suchen müssen. Die vollmundige Werbung, die Adobe in dieser Hinsicht macht, lässt da einiges unerwähnt. Im Zusammenspiel der Programme gibt es die eine oder andere Einbahnstraße, und manche Dinge müssen zu Fuß erledigt werden oder verlangen gar Workarounds.

Damit Sie in diesem Bereich beim Finden neuer Workflow-Lösungen und beim Verbessern Ihrer gewohnten Abläufe nicht allzu viele unnötige Erfahrungen selbst machen müssen, liste ich im Folgenden die wichtigsten Schnittstellen zwischen den drei am meisten beteiligten Programmen von Adobe (Photoshop, Fireworks und Dreamweaver) mit einer Reihe von Hinweisen auf, was man bei ihnen beachten sollte.

11.8.1 Photoshop-Dateien in Fireworks bearbeiten

Ein Workflow, der von Adobe propagiert wird und der auch schon früher durch die von Macromedia eingeführte Kompatibilität mit PSD-Dateien verbreitet war, führt vom Screendesign in Photoshop über die Aufbereitung in Fireworks zu ersten HTML-Seiten mit eingebundener Grafik, die im Browser funktionieren.

PNG ≠ PNG

Fireworks verwendet das offene und freie Dateiformat PNG, das sich langsam im Web als Alternative zu GIF verbreitet. Dieses »Web«-PNG (siehe Abschnitt 11.3.2) wird von Adobe auch als »Flaches PNG« bezeichnet, während Fireworks neben dem Bildinhalt noch Ebenen, Vektoren, Effekte, Slices und Hilfslinien etc. unterstützt. Trotzdem ist das »Fireworks«-PNG voll zulässig und gültig. Es werden alle über das Bildmaterial hinausgehenden Informationen in den erlaubten Metadaten von PNG untergebracht.

Photoshop-Datei öffnen | Öffnen wir unsere Screendesign-Datei in Fireworks, so macht sich Ernüchterung breit: Gegenüber dem Photoshop-Original ist offenbar beim Importieren in Fireworks einiges durcheinander geraten.

◂ **Abbildung 11.43**
Photoshop-Original (oben) nach dem Öffnen in Fireworks (unten)

Versuchen wir noch eine Darstellung des Screendesigns in einer Mutation mit anderen eingeblendeten Ebenen.

Abbildung 11.44 ▸
Auch bei einer Mutation gibt es eine Reihe von Fehlern.

Auch hier verhält sich das Ganze nicht wie erwartet. Ein Blick in die Hilfedatei von Fireworks zeigt eine Reihe von Photoshop-Features, die in Fireworks entweder konvertiert oder ignoriert werden. Dort werden allerdings nur die wichtigsten Inkompatibilitäten erwähnt. Die Liste ist in Wahrheit wesentlich länger. Einige wichtige Stolpersteine seien kurz illustriert.

Inkompatibilitäten zwischen Photoshop und Fireworks | In der folgenden Tabelle sind die wichtigsten Unterschiede zwischen Photoshop und Fireworks und ihre Konsequenzen zusammengefasst. Die Liste erhebt (leider) keinen Anspruch auf Vollständigkeit.

Feature in Photoshop	Importergebnis in Fireworks	Workaround / Lösung
Ebenenmaske bei normaler Ebene	Objektmaske bei normaler Ebene	–
Vektormaske bei normaler Ebene	Gerastert zu Objektmaske bei normaler Ebene	–
Ebenen- + Vektormaske bei normaler Ebene	An sich gerastert zu Objektmaske, aber oft unvorhersehbares Ergebnis	In Photoshop sukzessive rastern
Gruppe mit Füllmethoden	Wird ignoriert	In Photoshop: EBENE • GRUPPE ZUSAMMENFÜGEN
Regler FLÄCHE in der Ebenen-Palette	Wird ignoriert	Vorher rastern
Ebenenstile	Photoshop-Live-Filter (nicht alle)	Eventuell zuvor in Photoshop rastern
Einstellungsebene	Wird ignoriert	In Photoshop: EBENE • AUF EINE EBENE REDUZIEREN
Einstellungsebene als Schnittmaske	Wird ignoriert	In Photoshop: EBENE • AUF EINE EBENE REDUZIEREN
Vektormaske bei Ebenengruppe	Wird ignoriert	Vektormaske in Photoshop jeder einzelnen Ebene der Gruppe zuweisen
Smart Objekt	Wird gerastert	–
Smart Objekt mit Ebenenmaske	Wird mit Transparenz gerastert	–
Smartfilter	Wird gerastert	–
Filtermaske	Wird gerastert	–
Füllebene (Vollton, Verlauf, Muster)	Wird gerastert	–
Ebenenmaske auf Füllebene	Wird zu Transparenz gerastert	–
Vektormaske auf Füllebene	Wird zu Transparenz gerastert	–
Hilfslinien	Werden übernommen	–
Slices	Verschwinden	Slices erst in Fireworks anhand der Photoshop-Hilfslinien zeichnen
Farbige Ebenenmarkierungen	Verschwinden	–

◂ **Tabelle 11.2**
Featureverluste beim Import von Photoshop-Dateien in Fireworks

Imkompatibilitäten bei Vektormasken | Obwohl Fireworks Vektor- und Pixelgrafik beherrscht, was eine seiner unbestrittenen Stärken ist, werden Vektormasken teilweise ignoriert, wenn sie Einstellungsebenen oder Ordner betreffen. Sind Vektormasken einer normalen Ebene zugeordnet, werden sie von Fireworks als Transparenz destruktiv in die Bildebenen eingerechnet.

Abbildung 11.45 ▸
Vektormasken bei Ordnern werden ignoriert (links Photoshop, rechts Fireworks).

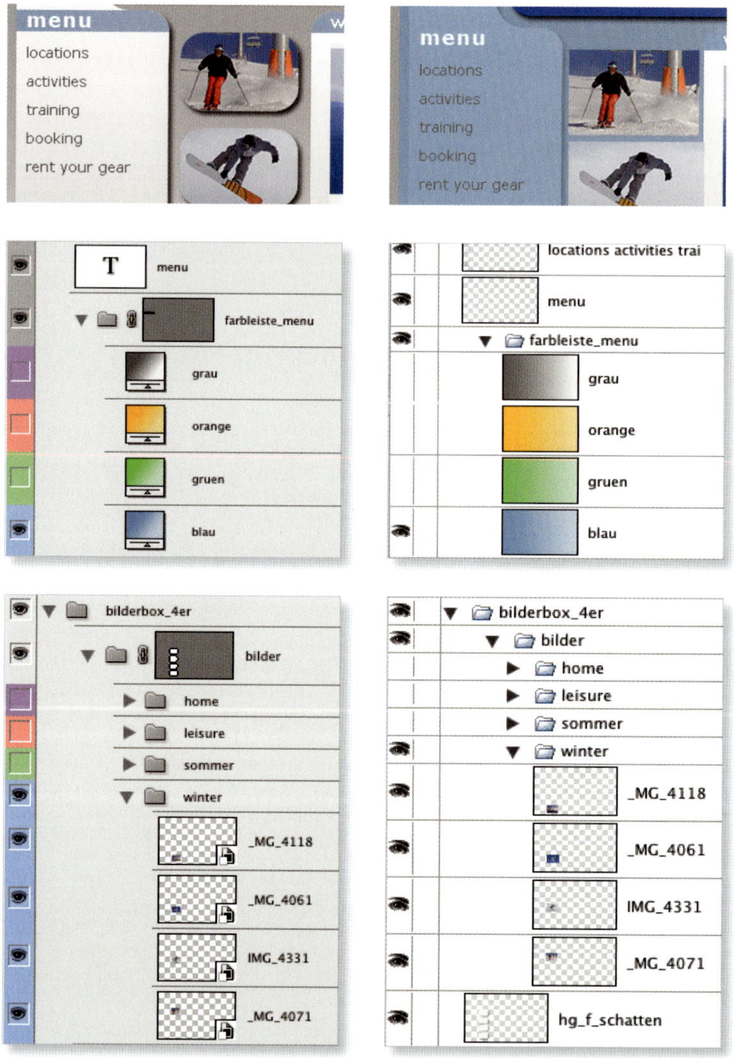

[Ebenenmaske/Objektmaske]
Einer (pixelbasierten) Ebenenmaske in Photoshop entspricht in Fireworks eine Objektmaske.

Die kleine Maske, die für den blauen Hintergrund unter dem Wort »menu« zuständig ist, färbt durch das Fehlen der Vektormaske das gesamte Bild unterhalb blau ein. Bei der senkrechten Bilderreihe rechts daneben fehlen die runden Ecken. Das lässt sich nur beheben, wenn man allen im Ordner befindlichen Ebenen die Vektormaske jeweils einzeln zuweist. Fireworks konvertiert sie dann zu Objektmasken.

Für das Problem der Vektormasken schlägt Adobe in der Hilfedatei von Fireworks einen etwas holprigen Workaround vor: Man sollte bei markierter Vektormaske in Photoshop mit Datei • Exportieren • Pfade -> Illustrator eine Illustratordatei erzeugen und abspeichern und diese danach in Fireworks importieren. Allein mit den Vektormasken, die in unserer Beispieldatei vorkommen, ist man da allerdings eine ganze Weile beschäftigt.

Inkompatibilitäten bei der Kombination von Ebenen- und Vektormasken | Werden Ebenen- und Vektormasken in Photoshop kombiniert, was speziell in komplexeren Screendesigns immer wieder gebraucht wird, kommt Fireworks ganz aus dem Tritt. In diesem Beispiel führt es zum kompletten Verschwinden des Bildes durch eine schwarze Objektmaske in Fireworks.

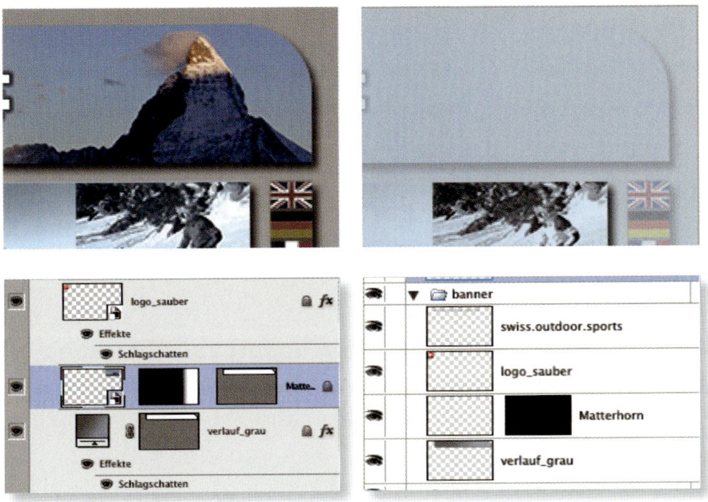

◂ **Abbildung 11.46**
Kombinationen von Vektor- mit Ebenenmasken aus Photoshop (links) werden in Fireworks fehlerhaft interpretiert (rechts).

Dies lässt sich nur vorab in Photoshop regeln: Am besten ist es, man dupliziert die Ebene und wendet in unserem Fall (es handelt sich beim Bild ja um ein Smart Objekt) nacheinander Ebene • Rastern • Vektormaske, dann Ebene • Smart Objekt • Rastern und schließlich Ebene • Ebenenmaske • Anwenden an. In der Abbildung oberhalb sieht man übrigens gut in der Ebene darunter (»verlauf_grau«), wie Fireworks bei Einzelebenen die Vektormaske destruktiv anwendet.

Fazit | Wie man sieht, geht ein großer Teil der technischen und gestalterischen Möglichkeiten, die man in Photoshop beim Screendesign hat, durch den Import in Fireworks verloren. Eine Verknüpfung zur ursprünglichen Photoshop-Datei, die die Bearbeitbarkeit erhält (wie das z. B. beim Verhältnis einer Photoshop-Datei zu einer eingebetteten Bild- oder Vektor-Datei als Smart

Objekt der Fall ist), existiert hier nicht. Das Ganze ist also eine Einbahnstraße.

Hat man erst einmal in Fireworks mit den Slices und dem Einbau von interaktiven Funktionen wie Links oder Rollover-Funktionen für Buttons in Richtung Roh-Website weitergearbeitet, ist es schwer, nachträglich Änderungen auf der Designebene vorzunehmen. Letztlich kann man nur noch einzelne Ausschnitte aus der Photoshop-Datei in die daraus entstandene Fireworks-Datei einkopieren, was ein ziemliches Flickwerk werden kann. Dieser Umstand ist deswegen auch problematisch, weil die in der Photoshop-Datei vorhandene und meist sehr systematisch angelegte Ebenenstruktur in Fireworks nur teilweise übernommen worden ist.

Die obenstehende Liste kann also durchaus auch als Wunschzettel für die nächste Version von Fireworks verstanden werden. Derzeit ist die Kompatibilität zwischen Fireworks und Photoshop nicht besser als zu den Zeiten, als Fireworks noch von Macromedia gekommen ist und die entsprechenden Versionssprünge bei den unterstützten Photoshop-Features hatte. Ganz offenbar ist die große Familienzusammenführung noch nicht bei allen Ex-Macromedia-Produkten abgeschlossen, und es kommt wohl nicht von ungefähr, dass Fireworks im Gegensatz z. B. zu Flash CS3 und Dreamweaver CS3 noch nicht das neue User Interface der Creative Suite 3 hat.

11.8.2 Alternativen zum direkten Import aus Photoshop

Da der Umfang der in Fireworks unterstützten Photoshop-Features also eher bescheiden ist, liegt es nahe, einen Schritt zwischen dem Photoshop-Screendesign und dem Import in Fireworks einzufügen, der diesem Handicap Rechnung trägt. Hierbei kann und sollte man auch die Ebenenstruktur, die ja in Photoshop meist an gestalterischen Gesichtspunkten orientiert ist (Zusammenfassung von Bildbereichen wie z. B. Menü oder Kopfleiste), in eine Struktur überführen, die das vereinfacht und sich eher daran orientiert, was auf bestimmten Webseiten dann später zu sehen sein soll.

Ebenenkompositionen verwenden | Mithilfe von Ebenenkompositionen kann im Hinblick auf die später beabsichtigten Ableitungen des Designs für verschiedene Webseiten und Button-Zustände der jeweilige Zustand gespeichert und übersichtlich benannt werden, ohne dass man sich später dafür jedes Mal von Neuem durch endlose Ebenenstapel und Ordner klicken und dort Ebenen an- und abschalten muss. Das ist ein Haupteinsatzzweck in Ebenenkompositionen.

Unten sind z. B. bei der »Sommer«-Seite der Normalzustand und bei der »Leisure«-Seite der Zustand mit den Buttons rechts oben im Rollover-Zustand (»hilite«) als solche Ebenenkompositionen gespeichert.

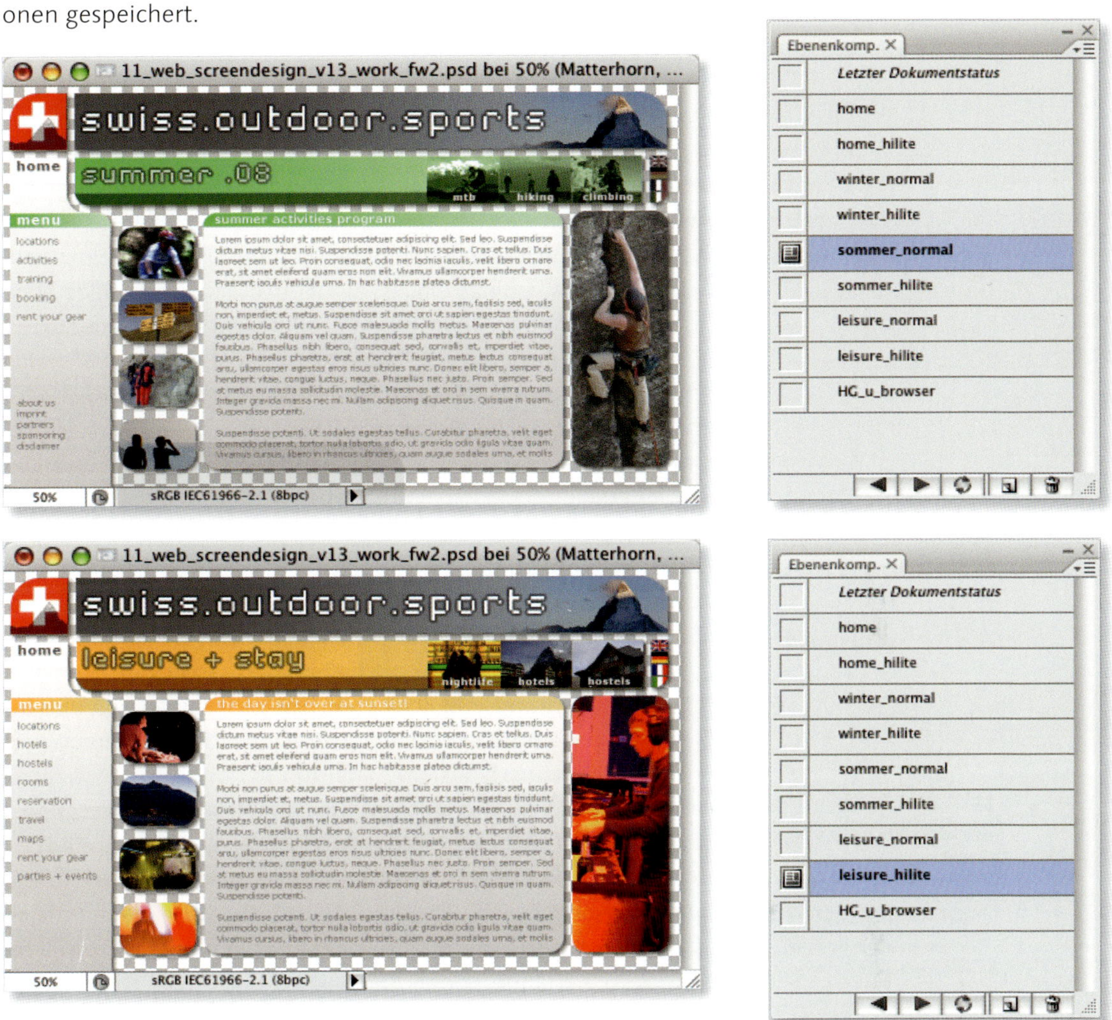

▲ **Abbildung 11.47**
Zwei Ebenenkompositionen mit verschiedenen Zuständen der Screendesign-Datei

Diese Ebenenkompositionen können mit einem einzigen Befehl als einzelne Dateien exportiert werden, indem man mit Datei • Skripten • Ebenenkomp. in Dateien alle vorhandenen Ebenenkompositionen als selbstständige Photoshop-Dateien abspeichern lässt. Das Ganze hat nur einen kleinen Schönheitsfehler: Die hier benutzte Beispieldatei hat rund 180 MB, und diese Größe hat dann jede der exportierten Dateien auch, wenn man im Photoshop-Format exportiert, weil die Datei an sich ja nicht verändert wird. Das wird also sehr schnell sehr viel Platz auf der Festplatte brauchen.

Man könnte nun alle diese Dateien einzeln öffnen, jeweils auf die Hintergrundebene reduzieren und schließlich alle mit Datei • Skripten • Dateien in Stapel laden zu einer Photoshop-Datei zusammenfügen, die Fireworks problemlos versteht und die sich von ihrer Ebenenstruktur für die Weiterverarbeitung in Richtung Website schon gut eignet. Das Ganze ließe sich durch das Einführen einer Aktion (siehe Kapitel 13) für das Reduzieren der einzelnen Dateien auf die Hintergrundebene noch etwas vereinfachen und beschleunigen.

Eine andere Möglichkeit ist die Modifikation des Skripts für den Export der Ebenenkompositionen, das auf JavaScript beruht, offen und damit bearbeitbar ist. Hier könnte man für das Photoshop-Format ein Reduzieren auf die Hintergrundebene einbauen. Das erfordert allerdings einige JavaScript-Kenntnisse (siehe auch Kapitel 13). Automatisch auf die Hintergrundebene reduziert wird bei den Formaten JPEG, BMP und Targa, wobei JPEG auch bei sehr hoher Qualität winzige Verluste mit sich bringt und anfällig für Farbverschiebungen ist. Beides ist bei den Präzisionsanforderungen, die man beim Screendesign haben sollte, nicht zu tolerieren.

Selektives Kopieren mit Aktionen | Die folgende Strategie verbindet die Vorteile des Umgangs mit Ebenenkompositionen, vermeidet aber das pauschale Reduzieren aller Design-Zustände auf die Hintergrundebene und bietet damit später in Fireworks bessere Bearbeitungsmöglichkeiten. Sie geht davon aus, die für Fireworks gedachte Datei schichtweise aufzubauen, funktioniert nicht vollautomatisch, arbeitet aber mit Aktionen.

▲ **Abbildung 11.48**
Die beiden Aktionen für dieses Verfahren

Da Fireworks in Photoshop angelegte Slices ignoriert, Hilfslinien dagegen übernimmt, wäre es sinnvoll, diese in eine solche neue Photoshop-Datei übernehmen zu können.

Hier die Abfolge der Arbeitsschritte, die Sie nebenan gleich als aufgezeichnete Aktion in der entsprechenden Palette sehen. (Details zu Aktionen finden Sie in Kapitel 13.) Die erste Aktion (»Create_FW_FlatPack«) erzeugt eine neue Datei, in die dann mit der zweiten Aktion hineinkopiert wird:

- Warnmeldung, damit alle anderen Dateien geschlossen werden, damit die zweite Aktion fehlerfrei zwischen den beiden Dateien hin- und herschalten kann.
- Bild duplizieren
- Dieses Bild auf Hintergrundebene reduzieren
- Alles auswählen und löschen
- Alle Slices löschen, die ja nicht mehr gebraucht werden
- Auswahl aufheben
- Zur Originaldatei zurückwechseln

Diese Aktion wendet man nur einmal an und speichert danach diese neue Datei zunächst unter einem sinnvollen Namen ab. Diese neue Datei enthält nun vor allem die Hilfslinien.

Nun folgt die Aktion (»CopyMerged_to_FW_FlatPack«), die dann beliebig viele Zustände der Originaldatei als »flache« Kopie jeweils einzeln in die neue Datei einfügt:

- Alles auswählen
- Auf eine Ebene reduziert kopieren
- Zur neuen Datei wechseln
- Einfügen
- Nun ist die Aktion für eine Dialogbox unterbrochen, um die neue Ebene gleich zu benennen. (Später müsste man alles wieder durchschauen, was mühsam und auch fehlerträchtig wäre.)
- Zur Originaldatei zurückwechseln

Diese beiden Aktionen und die noch folgende finden Sie als Aktionen-Set unter dem Namen »Webdesign_PS_to_FW.atn« im Ordner BEISPIELDATEIEN/11_WEB. Zum Laden von Aktionen siehe Kapitel 13.

Ob man für das Ein- und Ausschalten der Ebenen oder sonstige Modifikationen des Zustands der Original-Datei zuvor erstellte Ebenenkombinationen verwendet oder das manuell in betreffenden Ebenen erledigt, ist dabei egal, man hat hier alle Freiheiten.

Ein Nachteil, den dieses Verfahren hat, ist die Tatsache, dass kopierte Inhalte von Photoshop immer zentriert in eine neue Datei eingefügt werden, was nur bei vollformatigen Kopien standrichtig ist. Das Positionieren des Eingefügten von Hand ist oft (trotz Hilfslinien) mühsam, oft gar unmöglich. Deshalb ist es wichtig, eine Blindebene mit zu kopieren, die immer das komplette Dokumentformat aufspannt. Diese Aufgabe kann bei einem Screendesign ein Browser-Screenshot übernehmen, der als Designgrundlage verwendet wird. Gibt es diesen nicht oder will man das nicht, so kann man einen Rahmen über das ganze Format erstellen, indem man alles auswählt und mit BEARBEITEN • KONTUR FÜLLEN eine 1 Pixel breite Kontur auf der Innenseite der Auswahl macht.

Eine Variante dieses Blindrahmens arbeitet als feinerer Trick mit den Schritten der nebenstehenden Aktion:

- In der Datei, aus der kopiert werden soll, ganz nach oben im Ebenenstapel gehen
- Neue Ebene erstellen
- Alles auswählen
- Auswahlkontur innen 1 Pixel breit füllen (Farbe ist egal)
- Auswahl um 1 Pixel verkleinern
- Auswahl (ohne Inhalt) 4-mal um je 1 Pixel zum Rand (rechts, links, oben und unten) hin verschieben, um jeweils die 4 Geraden der Kontur wegzulöschen. Es bleiben 4 einzelne Pixel in den Ecken übrig.
- Umbenennen der Ebene
- Deckkraft auf 1 % reduzieren
- Ebene fixieren

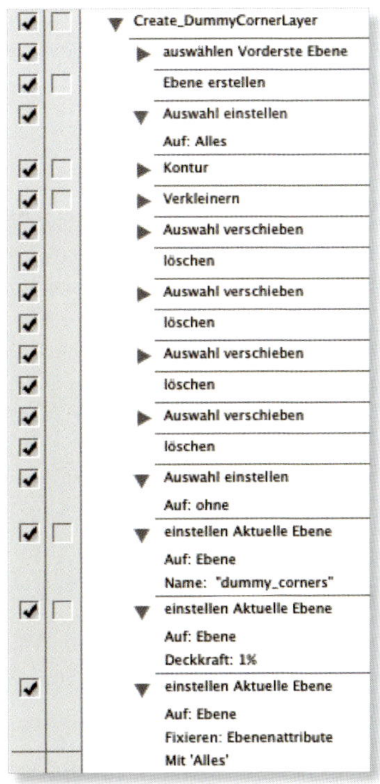

▲ **Abbildung 11.49**
Aktion zur Erzeugung einer Dummy-Ebene

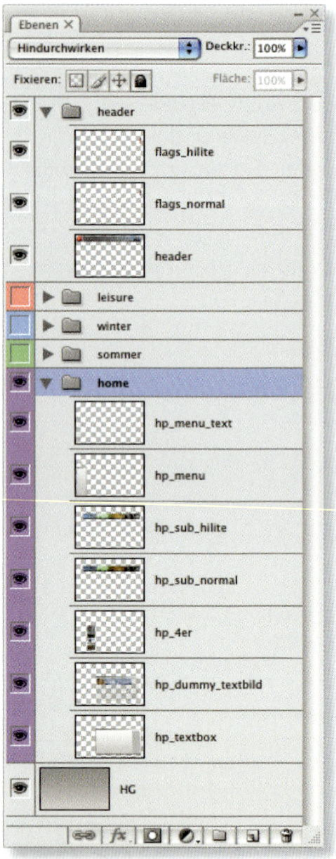

▲ **Abbildung 11.50**
Aufgeräumte Photoshop-Datei für die Weiterbearbeitung in Fireworks

Spezielle Features

Eine ganze Reihe von Features ist auf diesen Zweck hin ausgerichtet. So gibt es eine Bibliothek mit einbaufertigen sogenannten **Symbolen**, die teilweise bereits mit Funktionen auf der Basis von JavaScript ausgestattet sind oder als visuelle Platzhalter dienen können, wie z. B. Formular-Elemente. Auch das Erstellen von bereits funktionsfähigen »Mock-Ups«, also Dummy-Websites, die man dem Kunden in der Planungsphase vorführen kann, geht mit Fireworks relativ leicht und schnell von der Hand und vor allem, bevor die Webentwickler mit ihren Code-Werkzeugen überhaupt Hand angelegt haben.

Der Inhalt der Ebene ist de facto unsichtbar, wird aber bei ALLES AUSWÄHLEN so einbezogen, dass immer das gesamte Bildformat kopiert wird, selbst wenn irgendwo im Bild nur ein kleiner Ausschnitt eingeblendet ist. Das Einfügen in die neue Datei erfolgt immer standrichtig. Die absolute Größe der Datei ist bei diesem Verfahren egal, es funktioniert immer.

Diese dritte Aktion finden Sie ebenfalls auf der Buch-DVD im Set mit den beiden zuvor besprochenen Aktionen.

Fazit | Auf diese Art und Weise lassen sich aus hochkomplexen Screendesigns, die alle Features von Photoshop ausreizen, Auszüge erstellen, die an Fireworks keine besonderen Ansprüche stellen, dort auf jeden Fall funktionieren und vor allem das Erscheinungsbild ohne jede Beeinträchtigung übergeben. In unserem Beispiel hat dieser Auszug mit allem, was visuell weiterverarbeitet werden soll, 37 Ebenen in 5 Ordnern bei einer Dateigröße von etwa 6 MB. Das Original hingegen hat knapp 100 Ebenen in 24 Ordnern bei 180 MB. Das beschleunigt die Arbeit sehr. Im Teamwork hat dieses Verfahren den Vorteil, dass der- oder diejenige, der bzw. die ein solches Screendesign weiterbearbeiten soll, wesentlich mehr Übersicht in der Datei hat und nur das bekommt, was er oder sie braucht.

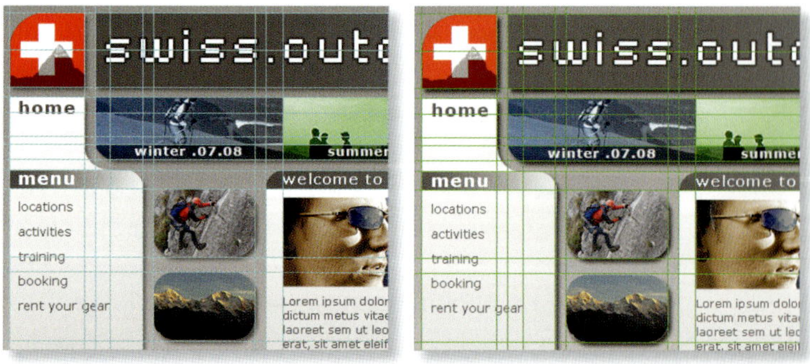

▲ **Abbildung 11.51**
Alles wurde standrichtig in die neue Photoshop-Datei einkopiert (links) und auch so in Fireworks übernommen (rechts). Die Farbunterschiede resultieren aus der Nichtberücksichtigung von Farbprofilen in Fireworks.

Will man Ebenenstile wie z. B. Schlagschatten in Fireworks als Photoshop-Live-Filter weiterbearbeiten, um erst dort z. B. mit wechselnden Effekten für Rollover-Funktionen zu arbeiten, kopiert man nach dem oben beschriebenen Verfahren die Ebene mit abgeschalteten Effekten und zieht danach die Effekte aus der Ebenen-Palette des Originals per Drag & Drop einfach in die neue Datei, wenn dort die eingefügte Ebene aktiv ist. Spätere Änderungen aller Art lassen sich dann als Kopien (auf eine

Ebene reduziert) aus Photoshop in die bereits weiterbearbeitete Fireworks-Datei einfügen.

Dieses Verfahren hat sich bereits früher bewährt, denn die unterschiedliche Ausstattung von Photoshop und Fireworks hat ja schon eine längere Geschichte. Es bietet eine große Flexibilität und erhält auf jeden Fall das komplexe Original.

11.8.3 Entwürfe aus Fireworks in Photoshop weiterbearbeiten

Adobe positioniert Fireworks innerhalb der Creative Suite 3 ausdrücklich als »Rapid Prototyping Tool« für Webdesigner. Weil Fireworks sowohl Pixel- als auch Vektorgrafik beherrscht, kann man damit schnell komplette Designs erstellen, ohne die mächtigen Geschwister Photoshop und Illustrator bemühen zu müssen.

Weil das gestalterische Arsenal von Fireworks begrenzt ist und das Programm auch vom Schwierigkeitsgrad her nicht mit Photoshop oder Illustrator zu vergleichen ist, können im Team auch Personen an der Entwicklung teilnehmen, die nicht so häufig mit Photoshop umgehen oder dort nicht ausreichend kompetent sind. Für die Entwicklung einer Website ist es z. B. nicht untypisch, dass zunächst ein Allrounder, der sowohl in der Grafik bewandert ist, aber auch auf der technischen Seite mit Code umgehen kann, im Dialog mit dem Kunden eine Version als Ausgangspunkt erarbeitet, bevor die (teuren) Spezialisten für Grafik und Code die Site finalisieren. Für diesen Zweck ist Fireworks ideal, und oft kommt man in dieser Phase mit diesem Programm allein aus.

Danach spielt nun der umgekehrte Weg eine große Rolle: Ein Design-Prototyp aus Fireworks soll in Photoshop weiterbearbeitet und ausproduziert werden. Der Unterschied im Umfang der Features kommt in dieser Richtung bei Weitem nicht so gravierend zum Tragen wie beim Export von Photoshop nach Fireworks.

Im folgenden Beispiel ist in Fireworks ein kleines Popup-Fenster entworfen worden, das der zuvor bereits gezeigten Website als Kontakt-Modul dienen soll. Hierbei wurde auf die vorgefertigten Elemente aus der ALLGEMEINEN BIBLIOTHEK zurückgegriffen, um eine Vorstellung vom Aussehen des späteren Formulars zu bekommen. Sehr praktisch ist, dass Fireworks zu diesem Zweck die wichtigsten Dinge (Checkboxen, Textfelder, Buttons etc.) jeweils in einer Mac- und einer Windows-Version verfügbar hat. Hier musste man sich früher immer damit behelfen, solche Formulare provisorisch zusammenzubauen und dann im Screendesign mit Screenshots davon zu arbeiten. In Fireworks können diese Elemente sogar als Symbole beschriftet und verzerrungsfrei skaliert werden. Das ansprechende Design von Formularen ist ja bekannt mühsam, und dieses Feature hilft hier sehr viel.

In unserem Beispiel wurde das Design mit Ordnern strukturiert, es wurden einige Schlagschatten als Photoshop-Live-Filter eingebaut, und für den Telefonhörer links wurde eine Vektormaske verwendet, die es in Fireworks sehr wohl gibt, wenn auch diejenigen aus Photoshop (noch) nicht übernommen werden. Sie sind in Fireworks am kleinen Zeichenfeder-Icon im Miniaturbild in der Ebenen-Palette zu erkennen.

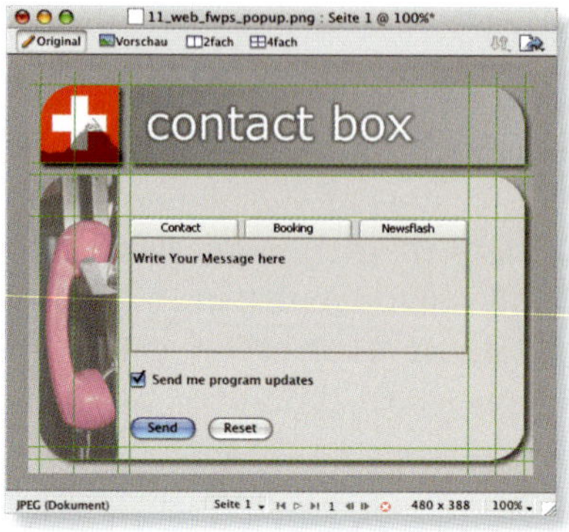

▲ **Abbildung 11.52**
Einfaches Screendesign in Fireworks

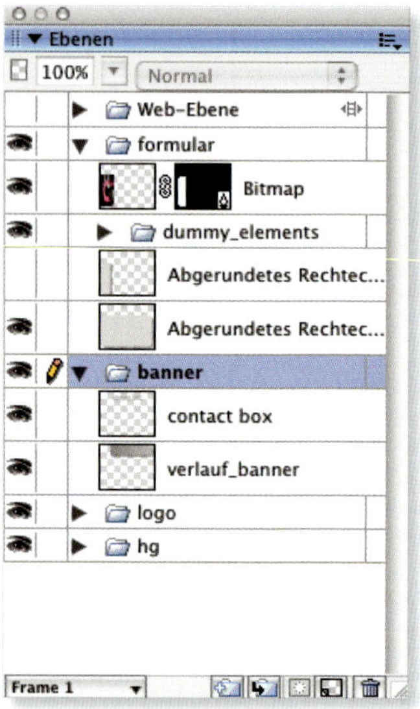

▲ **Abbildung 11.53**
Der Ebenenaufbau

Fireworks-Exportoptionen | Man kann beim Export (Datei • Speichern unter) im Format Photoshop unter mehreren Optionen auswählen.

▲ **Abbildung 11.54**
Fireworks-Exportoptionen für Photoshop-Dateien

Editierbarkeit vor Erscheinungsbild beibehalten versucht, alle nicht-destruktiven Features in Fireworks in ihre Pendants in Photoshop zu übersetzen. Aus den Fireworks-Live-Filtern werden nach Möglichkeit Ebenenstile. Diese haben in Photoshop dann in der Regel leichte Abweichungen gegenüber dem Fireworks-Original (hier z. B. beim dunklen Saum um die Schrift »contact box«). Bei Schriften muss man fallweise Inkonsistenzen bei Größe, Kerning und Spacing hinnehmen. Die Ordnerstruktur wird normalerweise fehlerlos übernommen. Die in Fireworks erstellte Vektormaske wird zu einer normalen Ebenenmaske in Photoshop, also nicht zu einer Vektormaske, wie man erwarten könnte.

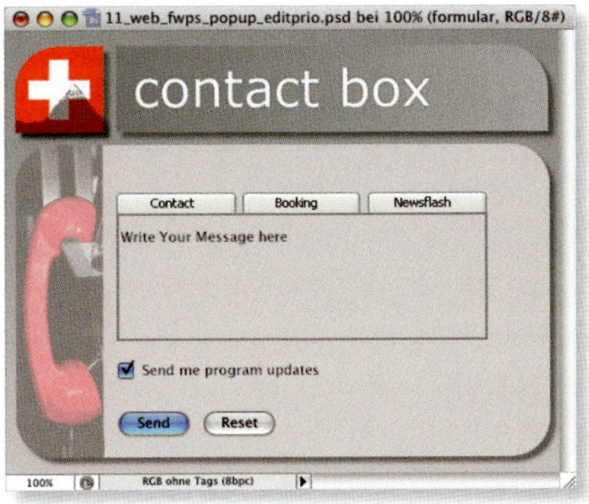

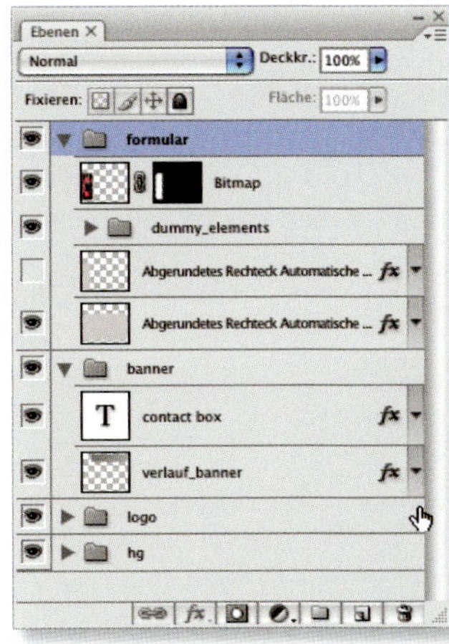

◀▲ **Abbildung 11.55**
Export unter Wahrung der Bearbeitbarkeit

Wählt man die Option FIREWORKS-ERSCHEINUNGSBILD BEIBEHALTEN, so bekommt man das erwartete Ergebnis: Es gibt keine Ebenenstile, alle Fireworks-Effekte werden gerendert. Die Ordnerstruktur bleibt 1:1 erhalten. Die Übernahme der Vektormaske aus Fireworks als Ebenenmaske in Photoshop findet auch hier statt.

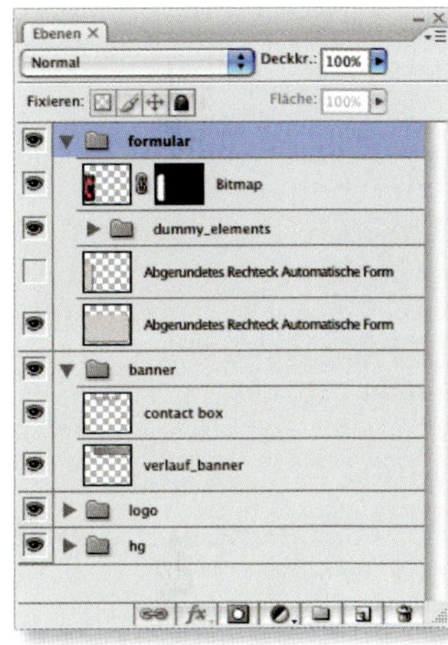

◀▲ **Abbildung 11.56**
Export mit identischem Erscheinungsbild

Fazit | In der Richtung von Fireworks nach Photoshop wird das neue Mitglied der Creative Suite 3 seiner beworbenen Rolle als Rapid Prototyping Tool für das Webdesign bereits gut gerecht. Ansonsten ist Fireworks sicher das am schlechtesten integrierte Ex-Macromedia-Programm der Suite. Das alte User Interface lässt vermuten, dass Adobe bei Fireworks mit der Umstellung einfach nicht zum Release der Creative Suite 3 fertig geworden ist. Daneben dürfte ein mutmaßlicher Grund für die Inkompatibilität zwischen Photoshop und Fireworks im Bereich der Vektorgrafik darin bestehen, dass die Vektorzeichnung in Photoshop auf der Illustrator-Engine beruht, während Fireworks auf Macromedias FreeHand aufbaut. Zusammen mit den ebenfalls verschiedenen Pixelgrafik-Engines von Photoshop und Fireworks sind das ja sogar zwei Schnittstellen, die für eine nahtlose Integration umzubauen sind. Das wird mutmaßlich kein leichtes Unterfangen sein und von den Benutzern wohl noch etwas Geduld bis zur Creative Suite 4 erfordern.

11.8.4 Slicing und HTML-Ausgabe aus Fireworks

Slices = Segmente
Auch wenn Fireworks für die Slices den Ausdruck SEGMENTE verwendet, bleibe ich im Folgenden bei der Bezeichnung SLICES.

Lässt man die zuvor beschriebenen Schwierigkeiten beim Zusammenspiel von Photoshop mit Fireworks einmal außen vor, so liegt die Stärke von Fireworks vor allem in der Überführung von Screendesigns in bereits halbwegs funktionierende Websites oder zumindest in Teile davon. Hier gehen die Möglichkeiten weit über diejenigen von Photoshop hinaus, und vor allem die Funktionen von Fireworks, die bereits Code produzieren (wie z. B. JavaScript für Rollover-Effekte), machen es zu einer idealen Zwischenstation auf dem Weg von der Gestaltung in Photoshop zum Finalisieren des Codes in einer Webentwicklungsumgebung wie beispielsweise Dreamweaver.

Die Fähigkeiten von Fireworks decken sich zum Teil mit den Features von ImageReady, z. B. beim Erstellen von JavaScript-Rollovers.

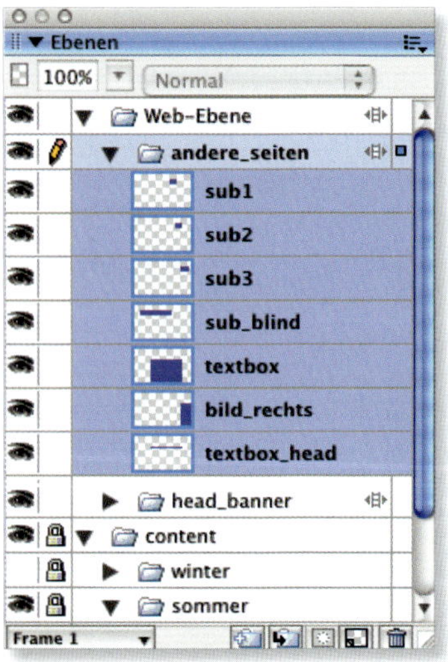

▲ **Abbildung 11.57**
Slicing in Fireworks: Anzeige in der WEB-EBENE

Slicing | Das Slicing funktioniert in Fireworks sehr ähnlich wie in Photoshop oder im alten ImageReady. Lediglich das Handling ist bei Fireworks immer ein wenig besser gewesen, vor allem ist die Genauigkeit größer und das Einrasten an Hilfslinien in Fireworks zuverlässiger. Das kann man beim Vergleich der aktuellen Versionen auch sagen.

Anders als in Photoshop, wo die Slices nur im Bild zu sehen sind, gibt es bei Fireworks zusätzlich dazu in der Ebenen-Palette eine eigene Abteilung, die WEB-EBENE, die nicht verschoben, gelöscht oder umbenannt werden kann und immer zuoberst in der Ebenen-Palette zu finden ist. Hier werden alle Slices aufgeführt, können in Ordnern gruppiert, gesperrt und umbenannt werden. Zusätzlich zu den auch in Photoshop für ein Slice verfügbaren Features wie Kompressionseinstellung, Name ❶ und Link-Adresse ❸ können in Fireworks halbtransparente Markierungsfarben vergeben werden ❷, was sehr zur Übersicht in komplexen Projekten beiträgt. Diese Farben werden auch in den Miniaturbildern in der Ebenen-Palette angezeigt.

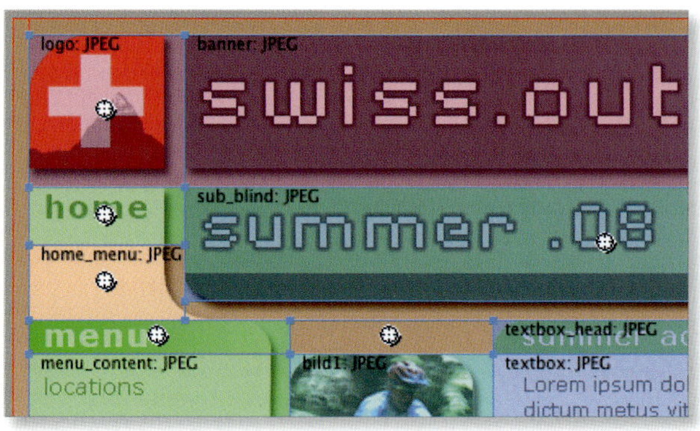

Abbildung 11.58 ▶
Slicing in Fireworks: eingefärbte Slices im Bild

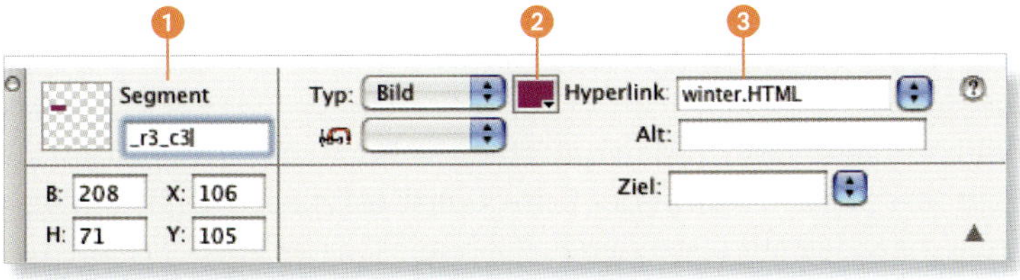

◂ **Abbildung 11.59**
Slicing in Fireworks: eingefärbte Slices im Fenster EIGENSCHAFTEN

Rollover-Effekte | Für ein Slice können in Fireworks bereits JavaScript-basierte Funktionen zugewiesen werden, wie hier ein simpler Rollover-Effekt, der auf einem Bildaustausch beruht. Anders als im alten ImageReady erledigt das Fireworks auf der Grundlage der Animationsfunktion, die sonst hauptsächlich für animierte GIFs gebraucht wird. Soll ein Bild ausgetauscht werden, wenn man ein Slice mit der Maus berührt, so verlangt Fireworks dazu einen veränderten Bildzustand an dieser Stelle, der in einem zweiten Frame mithilfe der Ebenensichtbarkeit oder anderer Features eingestellt wird. Hierzu dupliziert man zuerst den standardmäßig vorhandenen FRAME 1 in der Palette FRAMES, indem man ihn auf das Icon NEU/FRAME DUPLIZIEREN am Fuß der Palette zieht. In jedem der beiden Frames wird nun mit der Sichtbarkeit der Ebenen der gewünschte visuelle Zustand hergestellt. Sinnvolle Benennung und Organisation der Ebenen bereits in Photoshop hilft hier sehr.

▾ **Abbildung 11.60**
Zustandsänderung in zwei Frames mit aus- und eingeblendeten Ebenen als Grundlage für einen Rollover-Effekt.

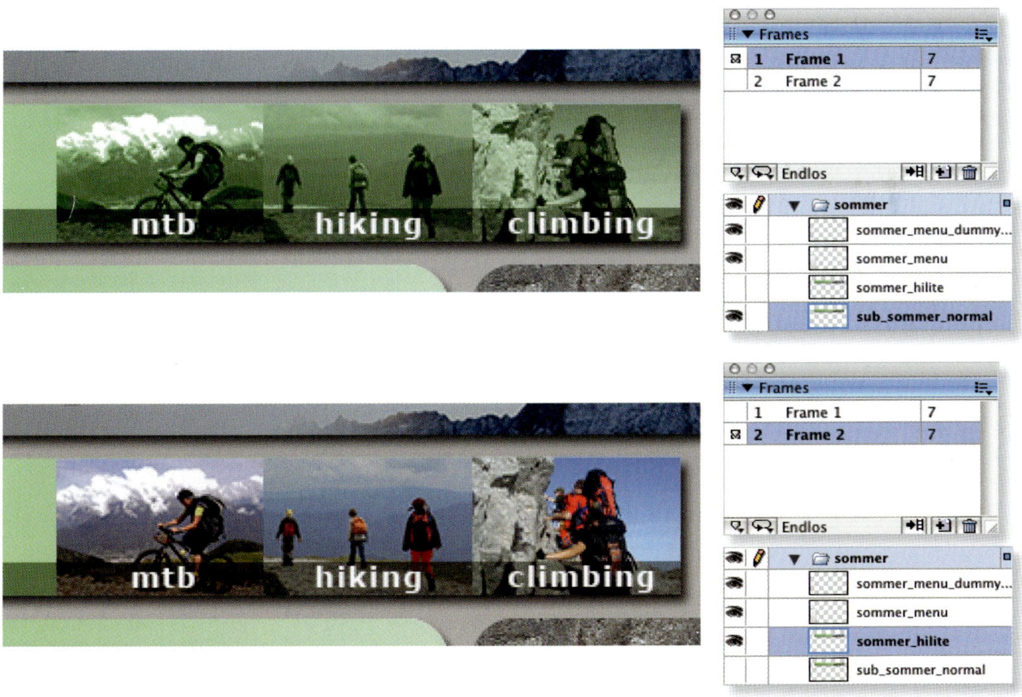

Nun braucht man nur für ein Slice (oder auch gleich für mehrere) in der Palette VERHALTEN auf das Plus-Zeichen zu klicken und dort EINFACHES ROLLOVER auszuwählen. Fireworks erzeugt beim späteren Export als HTML-Seite für ein Slice ein zweites Bild und automatisch den entsprechenden Code, der sowohl das Bild, das ja beim Aufruf der Seite zuerst nicht zu sehen ist, in den Zwischenspeicher (Cache) des Browsers lädt als auch das Bild bei Mauskontakt austauscht und beim Verlassen auch wieder zurücktauscht.

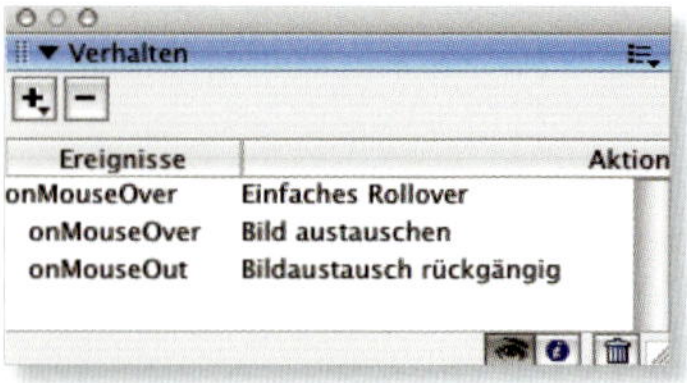

▲ **Abbildung 11.61**
EINFACHES ROLLOVER für ein Slice

Auf die weiteren Verhalten (Pulldown-Menü, Navigationsleiste etc.), die Fireworks für ein Slice zur Verfügung stellt, soll hier nicht weiter eingegangen werden, weil diese nur mit einer sehr sorgfältigen Vorbereitungsprozedur funktionieren, die man bereits in Photoshop berücksichtigen muss, und weil es vor allem später beim Coding in Webentwicklungsumgebungen wie Dreamweaver bessere und vor allem flexiblere Lösungen gibt.

HTML-Ausgabe | Beim Export der Datei aus Fireworks (DATEI • EXPORTIEREN) gibt es neben einer ganzen Reihe von Formaten für andere Screendesign-Zwecke (z. B. Director oder Flex) die Ausgabe als fertige HTML-Datei nebst Bildern oder die Ausgabe als CSS-Ebenen. Die erste Methode (HTML UND BILDER) baut die Bilder in eine HTML-Tabelle ein, was aber aus der Mode kommt und eigentlich nicht mehr aktuellen Webstandards entspricht.

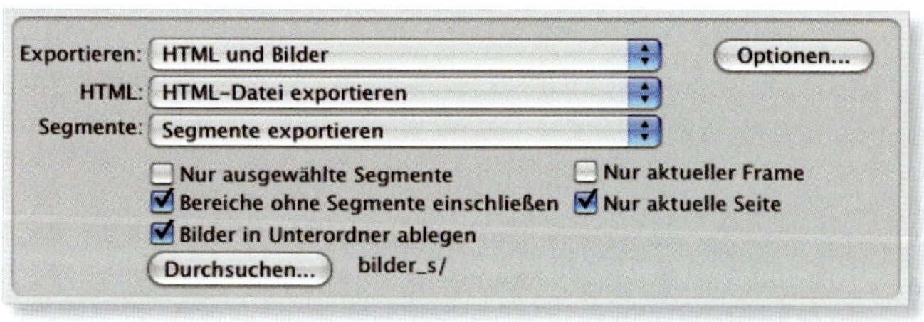

Abbildung 11.62 ▶
Export der Fireworks-Datei als HTML-Datei mit einem Bilder-Ordner

CSS | Die Alternative, CSS-EBENEN, ist zwar weitgehend standardkonform, unterstützt aber nur einen Frame in der Ausgabe, sodass hier bereits Rollover-Effekte nicht mehr ausgegeben werden können. Das ist kein befriedigender Zustand. In diesem Fall muss man den Einbau von Rollover-Effekten dann später beim Coding z. B. in Dreamweaver nachholen.

Optionen für den HTML-Export | Mit dem Button OPTIONEN kann man den exportierten HTML-Code noch feiner einstellen.

In der ersten der drei Abteilungen, ALLGEMEIN, kann man unter HTML-STIL den Standard wählen, dem das ausgegebene HTML entsprechen soll. Hier ist DREAMWEAVER XHTML oder GENERIC XHTML zu empfehlen. HTML-KOMMENTARE erleichtert später beim Weiterbearbeiten des Codes die Übersicht bei größeren Dateien.

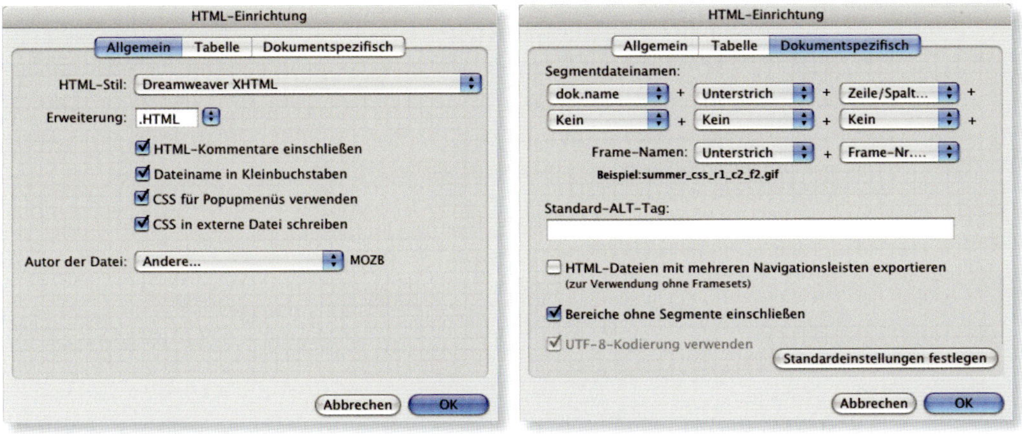

▲ **Abbildung 11.63**
Optionen für die Code-Erzeugung unter HTML-EINRICHTUNG

In der Abteilung TABELLE kann man Details zum Feinaufbau der erzeugten Tabellen verändern. Hier sind die voreingestellten Angaben brauchbar.

Unter DOKUMENTSPEZIFISCH schließlich sind die Benennungsregeln für die vielen erzeugten Bilddateien festzulegen. Da unter den Pulldown-Menüs für die Namensteile immer ein Beispiel der aktuellen Einstellung gezeigt wird, ist das Ganze relativ selbsterklärend. Die Regeln gelten nur für automatisch erzeugte Slices, die man nicht von Hand benannt hat. Auch hier sind die Standardeinstellungen in der Regel okay.

Der von Fireworks produzierte Code ist bei diesen Einstellungen im Allgemeinen sehr sauber und besteht Validierungstests problemlos.

11.8.5 Verschiedene Browserfenstergrößen: Was tun?

Ein Screendesign hat normalerweise eine fixe Größe, hier für einen Bildschirm mit 1024×768 Pixel Auflösung. Was passiert, wenn der User einen größeren Monitor hat und das Browserfenster aufzieht? In der Regel würde eine Webseite aus Fireworks in einem solchen Fall immer links oben im Browserfenster sitzen. Das sieht selten gut aus. Für diesen Fall gibt es drei Möglichkeiten:

Check mit JavaScript | Es gibt einen Check mit JavaScript, der die Bildschirmgröße herausbekommen kann und dann dem Betrachter eine für diese Größe gestaltete Webseite abliefert. Dieses Verfahren funktioniert aber leider nicht überall verlässlich. Außerdem muss man hier die Arbeit des Designs für jede Größe noch einmal machen.

Einzellige Tabelle | Man kann die Seite zentrieren, entweder mittig oben oder in der Vertikalen und der Horizontalen. Das kann man im Webeditor regeln, indem man den Code an zwei leicht zu findenden Stellen modifiziert. Nach den von Fireworks eingefügten Kommentarzeilen, die nach dem umfangreichen Seitenkopf mit den JavaScript-Passagen den Beginn des Slice-Bereichs und den Beginn der Tabelle markieren, ändert man Folgendes (entscheidend ist der fett ausgezeichnete Teil):

```
<!--=== BEGIN COPYING THE HTML HERE ===-->
<!-- Eingefuegt fuer Zentrierung hoch und quer -->
<table width="100%" height="100%" border="0"
cellpadding="0" cellspacing="0"><tr><td valign="middle"
align="center">
<!-- Ende Einfuegung -->
<table border="0" cellpadding="0" cellspacing="0"
width="994">
```

Soll nur oben mittig zentriert werden, lässt man das `valign="middle"` einfach weg. Am Schluss der Datei müssen die neuen Tabellen-Tags natürlich auch wieder geschlossen werden. Diese Stelle ist ebenfalls leicht zu finden:

```
</table>
<!-- Eingefuegt fuer Zentrierung hoch und quer -->
</td></tr></table>
<!-- Ende Einfuegung -->
<!--=== STOP COPYING THE HTML HERE ===-->
```

Dieser Trick mit der einzelligen Tabelle verhindert, dass die Webseite links oben hängen bleibt, und funktioniert prima, wenn der eigentliche Seiteninhalt nicht größer werden soll.

Abbildung 11.64 ▸
Zentriertes Design mit übergeordneter Tabelle

Größenveränderung | Will man ein Design mit veränderlicher Größe entwerfen, wird es kniffliger. Hier kann man durch geschickten Einsatz von Slices, die leere Tabellenzellen mit einer HMTL-definierten Hintergrundfarbe anstelle von Bildern enthalten, Zonen schaffen, die dehnbar sind. Das geht sowohl in horizontaler als auch in vertikaler Richtung. So etwas funktioniert gut für Websites mit einem eher grafischen Look. CSS-basierte Lösungen dieses Problems sind ebenfalls möglich. Eine eingehende Erörterung an dieser Stelle würde allerdings den hier gegebenen Rahmen sprengen. Hier sei auf spezielle Fachliteratur und einschlägige Websites mit Tutorials verwiesen.

11.8.6 HTML-Sprengstoff im Design

In den gleichen Themenkreis gehört die Rücksichtnahme auf HTML-Bereiche innerhalb von Webdesigns.

Bild | Bild-Elemente auf einer Webseite sind im Vergleich zu HTML-Elementen relativ starr und berechenbar. Da HTML, wie bereits erwähnt, kaum typographische und layoutmäßige Stabilität besitzt, drohen hier Überraschungen. HTML dehnt eine Tabellenzelle immer so weit aus, dass der komplette Text darin Platz hat. Es gibt, anders als bei CSS-Boxen, keinerlei Parameter für den Überlauf oder das Beschneiden von Text. Abhängig von der verschiedenen Darstellungsgröße für Schrift bei den diversen Browsern können diese Unterschiede sehr groß sein. Ein Design kann in einem Browser korrekt ausschauen, und in einem anderen haben Tabellenzellen mit HTML-Text das Design komplett »gesprengt«.

Text | Text selbst lässt sich dabei relativ gut in den Griff bekommen, indem man nicht die (nur relativen) HTML-Schriftgrößen von 1 bis 7 verwendet und auch nicht die Headings von 1 bis 6, sondern die Schrift per CSS formatiert und dort nur auf der Basis von Pixelgrößen.

CMS | Das gilt auch für den häufigen Fall, dass in einem solchen HTML-Bereich Text aus einer Datenbank einfließt, beim Einsatz von Content-Management-Systemen (CMS) also. Solche Texte sind oft im Umfang nicht recht abschätzbar. Hier ist neben einer Formatierung per CSS, wie Sie zuvor beschrieben wurde, eine gute Kommunikation von Designer und Programmierer verpflichtend, damit durch entsprechende Programmiermaßnahmen gesichert ist, dass Text eine gewisse Länge nicht überschreitet und vom System entsprechend abgekürzt wird.

Formulare | Eine weitere Ursache von Webdesigner-Alpträumen sind Formulare mit ihren diversen Elementen, vor allem aber Buttons und ein- oder mehrzeilige Texteingabefelder. Ohne weitere Maßnahmen sind hier die Schwierigkeiten vorprogrammiert, wenn man solche Elemente mit einem Screendesign unter einen Hut bringen muss. Besonders in diesen Fällen sind die Größenunterschiede streckenweise sehr groß, speziell zwischen der Mac- und der Windows-Plattform, weil Formularelemente teilweise auf Teile der Benutzeroberfläche zurückgreifen, die vom Betriebssystem zur Verfügung gestellt werden und nicht vom Browser. Auch hier trägt die Lösung den Namen CSS. Mittlerweile wird die präzise Formatierung von Formular-Elementen per CSS von praktisch allen gängigen Browsern unterstützt.

Wollte man das früher ganz genau machen, so gab es die Methode, das Formular vorher auf der Basis von CSS und HTML zu bauen, auf möglichst allen Browsern und Plattformen zu testen und von der Version, die die größte Ausdehnung hatte, einen Screenshot zu machen, der in Photoshop als Ebene platziert wurde. So konnte man sicher sein, dass dem Formular im künftigen Design der nötige Platz reserviert wurde. Jetzt kann man sich das zumindest teilweise vereinfachen, indem man in Fireworks die entsprechenden Symbole aus der ALLGEMEINEN BIBLIOTHEK dafür nimmt. Hier findet man Symbole aller gängigen Formular-Elemente, um sich einen Formular-Dummy zusammenzuklicken.

11.8.7 Mutationen und Seiten

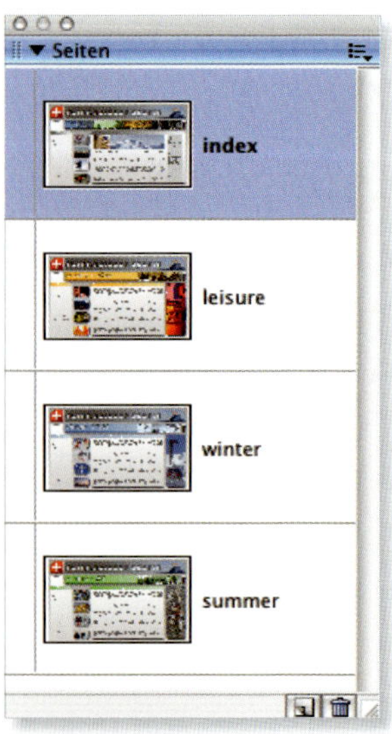

▲ **Abbildung 11.65**
Die neue Palette SEITEN in Fireworks

Das Seiten-Konzept ist eine Neuerung in Fireworks CS3, die für diejenigen Photoshop-User sehr interessant ist, die viel im Webdesign-Bereich arbeiten. In Fireworks sind nun mehrseitige Dokumente möglich. Damit lassen sich aus einem Screendesign mit relativ wenig Aufwand einzelne HTML-Seiten ableiten, die im einfachsten Fall bereits ohne Weiteres verwendbar sind, auf jeden Fall aber als solide Grundlage für die nachfolgende Arbeit des Webentwicklers dienen. Dieses Feature ist sicher eine der wichtigsten Neuerungen im gesamten Webbereich der Creative Suite 3.

Diese Ableitung von Mutationen aus einem Screendesign für verschiedene Einzelseiten geschieht in Fireworks mithilfe der neuen Palette SEITEN. Dort kann man den aktuellen Zustand der Fireworks-Datei mit ihren an- und abgeschalteten Ebenen in Form einer Seite festhalten. Das entspricht vom Prinzip her den Ebenenkompositionen, wie man sie aus Photoshop kennt. Man kann mit einem Klick auf das Icon SEITE HINZUFÜGEN/DUPLIZIEREN am Fuß der Palette entweder eine neue, leere Seite erzeugen oder eine bestehende kopieren, indem man ihr Miniaturbild darauf zieht. Bei unserem Beispiel-Design reduziert sich dann der Aufwand darauf, einige wenige Ebenen bzw. Ebenen-Ordner umzuschalten. Wenn man hier eine gute Struktur mit einer sinnvollen Benennung aufgesetzt hat, geht das jetzt sehr schnell.

Eine Seite kann dabei auch Ebenen enthalten, die auf anderen Seiten nicht vorhanden sind, oder die man dort gelöscht hat. Ebenso kann man bei einer einzelnen Seite neue Ebenen hinzufügen, die auf den anderen Seiten nicht auftauchen. Das gilt auch für die Slices in der Web-Ebene. Dieser Umstand erlaubt es, nicht nur visuell unterschiedliche Ableitungen aus einem Design zu bekommen, sondern auch funktionelle Varianten. Da unser Beispiel für die Startseite und die ersten drei Unterseiten (»Summer«, Winter« und »Leisure«) verschiedene Layouts für Navigationsbuttons benutzt, werden hier auch jeweils andere Slices mit anderen Parametern gebraucht. Hier kann man auf den einzelnen Seiten mit Kopieren und/oder Löschen unterschiedliche Navigationsleisten einbauen.

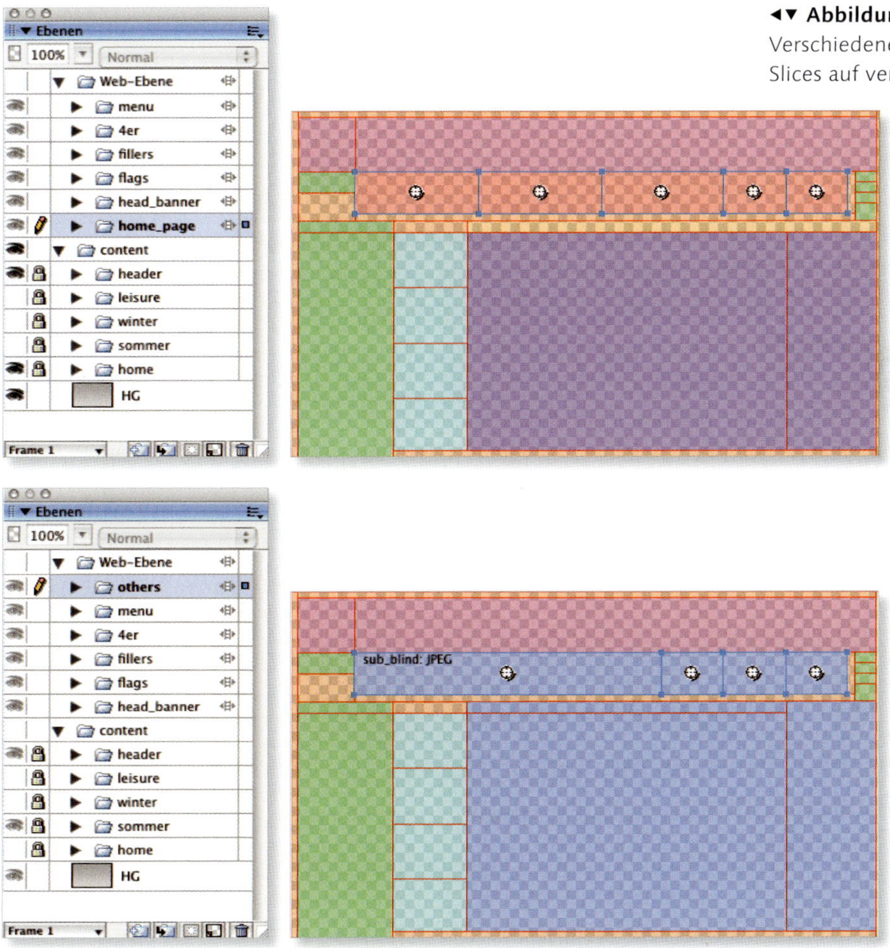

◄▼ Abbildung 11.66
Verschiedene Layouts für die Slices auf verschiedenen Seiten

Beim Benennen der Slices auf verschiedenen Seiten wird man feststellen, dass Fireworks nach einigen Arbeitsschritten beginnt, bereits vergebene Namen zu löschen und in der Web-Ebene einfach nur »Segment« hinzuschreiben und zugleich die Namen in den Eigenschaften eines Slices wieder auf die automatische Benennung zurückzusetzen. Das schaut zwar zuerst nach einem Fehler oder einer Eigenmächtigkeit des Programms aus, erklärt sich aber schnell, wenn man bedenkt, dass später beim Export des gleichen Slices auf verschiedenen Seiten Bilddateien, die ja alle im gleichen Ordner landen, mit gleichnamigen Dateien überschrieben werden könnten.

Will man mehrseitige Layouts erzeugen, ist es deshalb okay, wenn man die Slices gar nicht benennt, sondern diese Aufgabe Fireworks überlässt. Das ist zwar etwas weniger übersichtlich, erspart aber Ärger, denn ändert man hier zu viel manuell oder zum falschen Zeitpunkt, kann das ganze Design erfahrungsgemäß schnell ziemlich instabil werden. Sorgfalt und Überprüfung der einzelnen Seiten im Dokumentfenster unter Vorschau machen sich hier schnell bezahlt.

▲ **Abbildung 11.67**
Seitennamen als URL

Arbeitet man mit mehreren Seiten, so stellt Fireworks in seinem Fenster für die Eigenschaften eines Slice unter Hyperlink in einem kleinen Pulldown-Menü die Namen aller Seiten auf der Seiten-Palette als URL zur Verfügung.

Die verschiedenen Seiten müssen weder vom gleichen Design abstammen noch gleich groß sein. So ist es z. B. möglich, eine verkleinerte Version eines Designs oder Teile davon für ein kleineres Popup-Fenster zu benutzen.

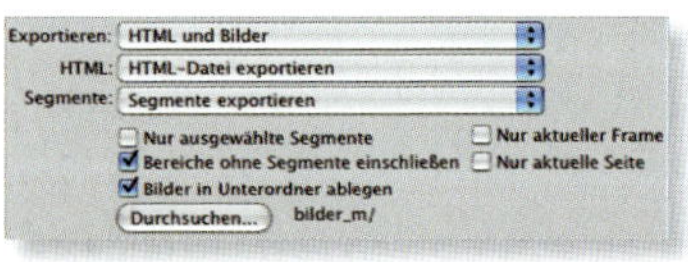

▲ **Abbildung 11.68**
Export von mehreren Seiten

Masterseiten | Interessant ist auch das Feature der Masterseiten. Diese Seiten enthalten einen gewissen Umfang an Bildelementen, der allen davon abhängigen Seiten dann ebenfalls enthalten ist und dort auch vor Bearbeitung geschützt ist. Das funktioniert ganz ähnlich wie bei Layoutprogrammen wie InDesign oder QuarkXPress. Dieses Feature ist vor allem dort sinnvoll, wo Designs nur für Teilbereiche in Photoshop oder Fireworks entworfen werden und der Rest z. B. für Ausgabebereiche etwa von Content-Management-Systemen vorbereitet werden muss.

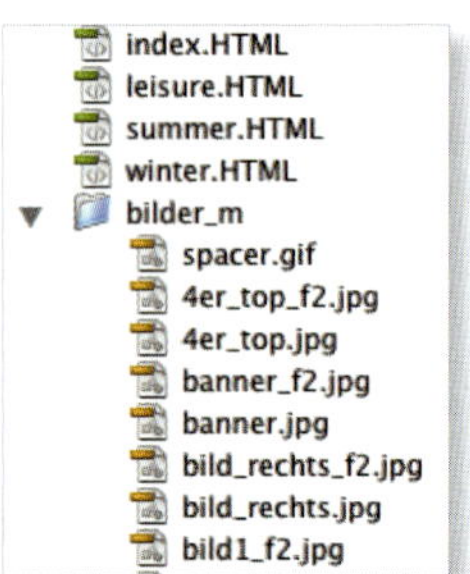

▲ **Abbildung 11.69**
Ausgegebene Dateien

Ausgabe aus Fireworks | Die Ausgabe von Seiten aus Fireworks heraus funktioniert prinzipiell wie der Export von einzelnen HTML-Seiten. Man muss lediglich im Export-Dialog sicherstellen, dass diese Möglichkeit auch aktiviert ist. Die Checkbox Nur aktuelle Seite muss unbedingt deaktiviert sein. Die Checkbox darüber (Nur aktueller Frame) sollte ebenfalls nicht aktiviert sein, damit Rollover-Effekte mit ausgegeben werden, denn die basieren ja auf Frames. Die Ausgabe von Dateien auf der Basis von CSS mit `<div>`-Boxen wird von Fireworks nur bei Einzeldokumenten unterstützt, leider (noch) nicht bei mehrseitigem Export.

Ist der Export abgeschlossen, so ist für unser Beispiel eine kleine Website mit vier HTML-Seiten und einem Bilder-Ordner entstanden, die auf jeden Fall als Mock-Up für eine Präsentation beim Kunden tauglich ist. Features wie Links und Rollovers funktionieren tadellos.

▼ Abbildung 11.70
Die vier HTML-Seiten nach der Ausgabe im Browser

11.9 Photoshop und Dreamweaver

Wer nicht über Adobe Fireworks verfügt oder es nicht benutzen will, kann den direkten Weg von Photoshop zu Dreamweaver gehen, der weiter vorn bereits bei der Beschreibung des Exports über Für Web und Geräte speichern erwähnt wurde (Abschnitt 11.5). Hier wurde nach dem Slicing in Photoshop direkt eine HTML-Seite ausgegeben.

Dieser Weg hat einige Vorteile:

- Man kann konform mit aktuellen Standards auf der Basis von <div>-Boxen und mit CSS ausgeben, was heute oft auch vom Kunden gefordert wird. Dieses Moment ist auch wichtig, wenn man Dateien erzeugen muss, die in gängige Content-Management-Systeme integriert werden sollen, oder Vorlagen (Templates) für solche Systeme erstellen oder modifizieren soll. Hier wird fast ausschließlich auf der Basis von CSS gearbeitet.
- Man hat keine Zwischenstufe wie Fireworks und arbeitet nah an der Ursprungsdatei. Inkonsistenzen in der Darstellung und Interpretation z.B. von Ebeneneffekten können so gar nicht auftauchen.
- Im Teamwork ist ohnehin jede Schnittstelle weniger ein Gewinn.
- Zu diesen allgemeinen Vorteilen ist mit der Integration des Webentwicklungswerkzeugs Dreamweaver in die Creative Suite eine Lösung hinzugekommen, die sehr kurze Wege zwischen dem Design in Photoshop und dem Coding in Dreamweaver erlaubt.
- Man hat auf der Code-Seite keine Blackbox wie Fireworks vor sich. Der Code, der für Funktionen wie Rollovers benötigt wird, steht in Dreamweaver zwar auch in Form von vorgefertigten Verhalten zur Verfügung, kann hier aber gezielt modifiziert werden oder durch eigene Skripten ersetzt werden.

11.9.1 Export aus Photoshop

Für den Export einer HTML-Datei nebst Bildern, die als Grundlage einer direkten Zusammenarbeit von Photoshop und Dreamweaver dienen kann, gilt im Prinzip alles, was im Abschnitt 11.7, »Webausgabe direkt aus Photoshop«, gesagt wurde.

Beim Aufziehen der Slices sollte sehr sorgfältig vorgegangen werden. Bei 200% Vergrößerung sollte man überprüfen, dass sich keine Lücken bilden. Diese werden von Photoshop automatisch benannt und produzieren später unnötigen und vor allem unübersichtlichen Code. Diese Slices sind grau markiert.

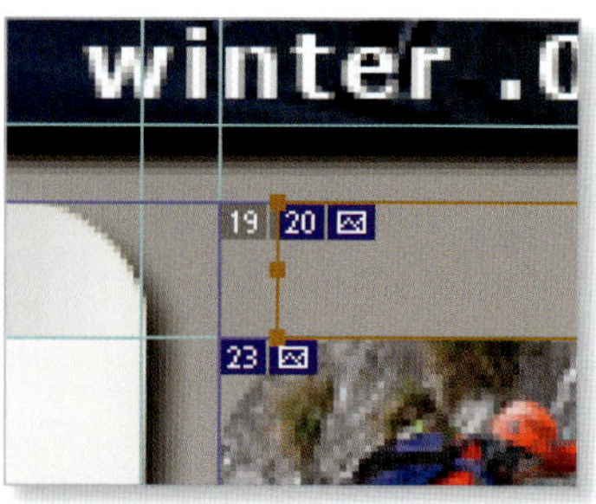

▲ **Abbildung 11.71**
Lücke zwischen zwei Slices mit automatischer Beschriftung

Im Dialog von Für Web und Geräte speichern müssen nun die einzelnen Slices mit den entsprechenden Kompressionseinstellungen versehen werden. Diese sollten sich danach richten, ob es sich eher um fotografischen oder eher zeichnerischen Inhalt handelt und ob man am besten JPEG oder GIF als Dateiformat auswählt. Sollen alle gleich behandelt werden, kann man einfach mit Strg/⌘+A alle Slices auswählen und ihnen im rechten Teil des Dialogs eine gemeinsame Kompressionseinstellung verpassen.

◂ **Abbildung 11.72**
Gemeinsame Einstellungen für alle Slices

Nach dem Klicken auf Speichern muss man im nachfolgenden Datei-Dialog noch sicherstellen, dass unter Format HTML und Bilder eingestellt und unten Alle Slices ausgewählt ist.

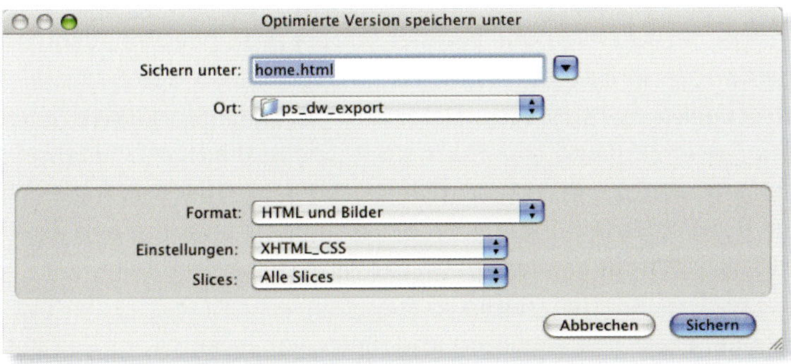

◂ **Abbildung 11.73**
Datei-Dialog

Ausgabeeinstellungen für HTML | In der Abbildung oben wird unter Einstellungen mit XHTML_CSS ein selbst erstelltes Preset angewendet. In diesem Pulldown-Menü kommt man unter Andere an die Ausgabeeinstellungen für HTML heran. Bei Slices muss man unter Slice-Ausgabe den Radiobutton CSS erstellen aktivieren. Der Punkt Mit Verweis ist nicht heikel und eher Geschmackssache, abhängig davon, ob man CSS lieber auf der Basis von IDs für die `<div>`-Boxen verwendet oder dort eher mit Klassen arbeitet.

Bei der Abteilung Dateien speichern geht es um die Benennung, die schon besprochen wurde und ähnlich wie auch bei Fireworks funktioniert. Hier ist darauf zu achten, dass bei Dateinamenkompatibilität mit der Deaktivierung des Punktes Mac OS 9 die Beschränkung auf 31 Zeichen verhindert wird, die bei der Zusammenstellung der Slice-Namen schnell erreicht ist. Eventuell vorhandene automatische Abkürzungen sorgen hier schnell für Unübersichtlichkeit im Code oder gar für Ärger durch Fehler.

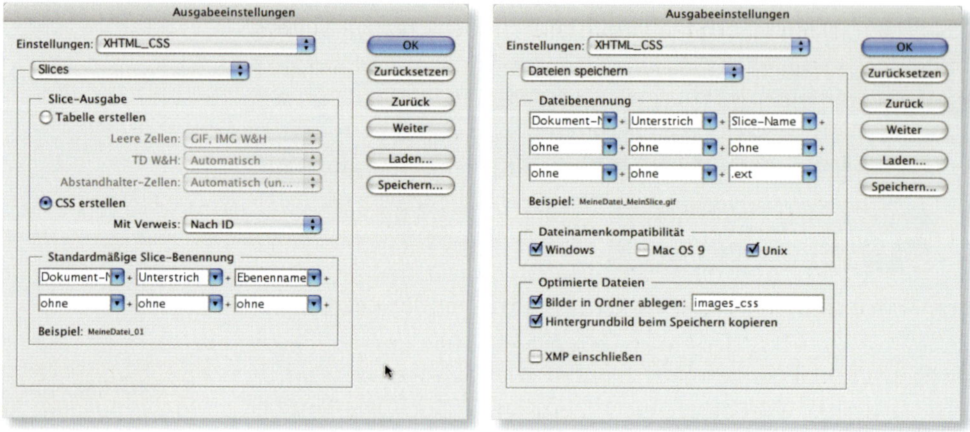

Abbildung 11.74 ▲
Wichtige Einstellungen für die HTML-Ausgabe

```
#home-home-28 {
  position:absolute;
  left:170px;
  top:580px;
  width:817px;
  height:15px;
}

-->
</style>
<!-- End ImageReady Styles -->
</head>
<body style="background-color:#FFFFFF;">
<!-- ImageReady Slices
(11_web_screendesign_v13_psdw_home.psd) -->
<div id="Tabelle_01">
  <div id="home-gap-left">
    <img id="home_gap_left" src=
"images_css/home_gap_left.jpg" width="10" height="595"
alt="" />
  </div>
```

▲ Abbildung 11.75
Ausschnitt aus der von Photoshop erzeugten HTML-Datei in der Code-Ansicht von Dreamweaver

Codeerstellung | Photoshop produziert nun den Code und den Bilder-Ordner. Der Code besteht aus den Definitionen der `<div>`-Boxen im Kopf der Seite und der eigentlichen Seite darunter. Als Relikt von früher erscheint in den HTML-Kommentaren noch das alte ImageReady, auf dessen Ausgabe-Engine Für Web und Geräte speichern ja noch immer basiert (man beachte auch das kleine Icon in der Titelleiste des Dialogs). Auch der Name der ursprünglichen Photoshop-Datei wird hier aufgeführt, leider aber von Dreamweaver nicht interpretiert, sodass die HTML-Datei keinerlei Verknüpfung zu ihrer Quelle mehr hat. Das ist schade für die Bearbeitbarkeit, lässt sich aber zumindest teilweise beheben, wie wir noch sehen werden.

Das Screendesign ist nun so aufgeteilt worden, dass jedes Slice zu einer exakt positionierten und dimensionierten `<div>`-Box mit einem gleich großen Bild darin geworden ist. Das stellt ein präzises Gerüst für die weitere Arbeit dar.

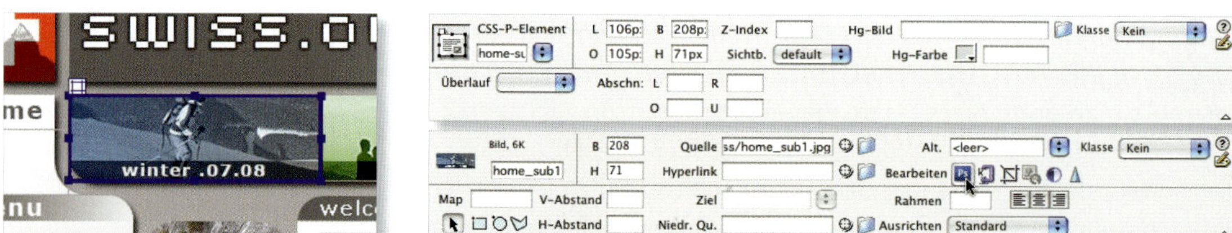

▲ Abbildung 11.76
Photoshop-Slice in Dreamweaver als `<div>`-Box mit Bild darin. Darunter die Eigenschaften der Box (Mitte) und des Bildes (unten)

11.9.2 Arbeiten in Dreamweaver

Im Fenster mit den Eigenschaften des Bildes erkennt man ein Photoshop-Icon beim Punkt Bearbeiten. Welches Programm dort für die Bearbeitung der Bilder zuständig ist, kann man in den Voreinstellungen von Dreamweaver unter Dateitypen/Editoren auswählen. Nach einer Standardinstallation der Creative Suite 3 sollte dort je nach Typ der Suite Photoshop und/oder Fireworks stehen, von denen ein Editor als PRIMÄR gekennzeichnet ist, der dann das markierte Bild bei einem Klick auf eben diesen Button mit dem Editor öffnet. Das geht auch mit einem Alt+Klick auf das Bild. Dabei wird das in der HTML-Seite eingebaute Bild, also in der Regel ein GIF oder JPEG, in Photoshop geöffnet, was natürlich nur begrenzt sinnvoll ist, handelt es sich doch bereits um eine komprimierte Datei, die keine Qualitätsreserven für Bearbeitungen mehr hat. Also müssen die Originaldaten her.

Es gibt (noch) keine Möglichkeit in Dreamweaver, die Zuordnung zwischen Webbild und Original-Photoshop-Datei herzustellen. Hier hilft aber ein Trick: Man markiert in Photoshop mit dem Slice-Auswahlwerkzeug das entsprechende Slice, wo man in Dreamweaver das Bild ändern will, in diesem Beispiel den linken Button der Navigationsleiste. Ist das Slice-Auswahlwerkzeug aktiv, kopiert Photoshop angenehmerweise automatisch auf eine Ebene reduziert, man braucht also nur Strg/⌘+C und nicht Strg/⌘+⇧+C, um alles Sichtbare in die Zwischenablage zu bekommen.

Nun geht man nach der Bearbeitung dieses Bildausschnitts in Photoshop zurück zu Dreamweaver. Dort wird das auszutauschende Bild markiert und mit BEARBEITEN • EINFÜGEN oder Strg/⌘+V ersetzt. Bevor das passiert, öffnet sich der aus Fireworks bekannte Bildoptimierungsdialog (BILDVORSCHAU), der als Modul auch in Dreamweaver eingebaut ist (Fireworks muss nicht installiert sein dafür!). Nun stellt man für den Inhalt der Zwischenablage die Kompression ein. Das Bild könnte hier auch noch beschnitten werden, was wir aber hier nicht wollen, denn es passt ja exakt, weil es sich um das gleiche Slice handelt.

Verknüpfung zu Photoshop

Das funktioniert auch, indem man in der Bridge eine Photoshop-Datei markiert und dann DATEI • PLATZIEREN • IN DREAMWEAVER wählt. Nach der Kompressionseinstellung kann man die Datei beschneiden (unter DATEI die Checkbox EXPORTBEREICH aktivieren). Man muss dabei aber leider ohne Hilfslinien auskommen. Das Ganze geht auch nur mit dem zuletzt gespeicherten Zustand der Datei. Nach dem Speichern des Webbilds gibt es eine Verknüpfung zur Photoshop-Datei.

▲ **Abbildung 11.77**
Markiertes Slice in Photoshop für eine Kopie der geänderten Bildstelle

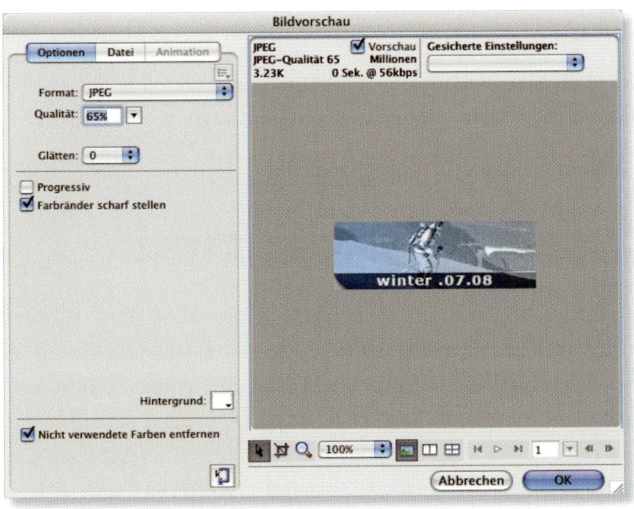

◂ **Abbildung 11.78**
Optimierungsdialog vor dem Einfügen in Dreamweaver

Nach dem Klick auf OK wird man nur noch gefragt, wo und unter welchem Namen die Datei gespeichert werden soll, denn diese Information ist ja in HTML das Wichtigste.

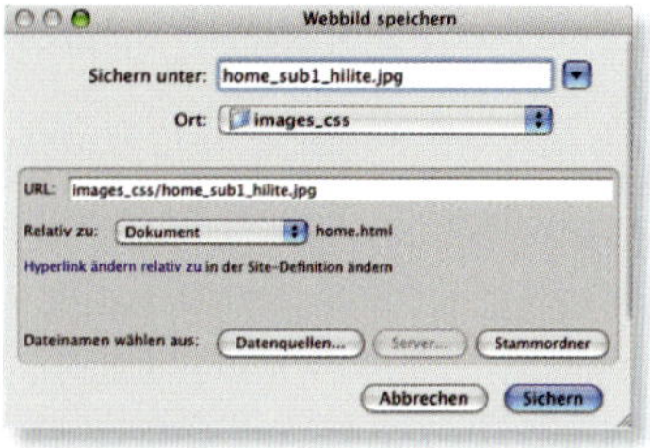

▲ **Abbildung 11.79**
Einzufügende neue Datei abspeichern

Danach ist das neue Bild im Layout in Dreamweaver zu sehen. Im Fenster Eigenschaften findet sich jetzt unten ein Photoshop-Icon ❶ unter Quelle (Qu.). Hier kann in Zukunft das Webbild in der originalen Photoshop-Datei bearbeitet werden. Das geht dann auch mit einem Strg/⌘+Klick auf das Bild im Layout-Modus von Dreamweaver. Auch die Miniatur des Bildes links oben in diesem Fenster weist auf Photoshop als Ursprung hin ❷. Wiederholt man diesen Arbeitsschritt später ein weiteres Mal für dasselbe Webbild, so wird man beim Einfügen nicht mehr nach den Kompressionseinstellungen und auch nicht nach dem Speicherort gefragt. Das »weiß« Dreamweaver nun ja! Die vorigen Einstellungen werden einfach übernommen, und das Bild wird überschrieben. Erst durch das Einfügen eines anderen Bildes an diese Stelle wird diese Verknüpfung wieder aufgelöst.

Abbildung 11.80 ▶
Zwei neue Icons weisen auf Photoshop als Ursprung des neuen Bildes hin.

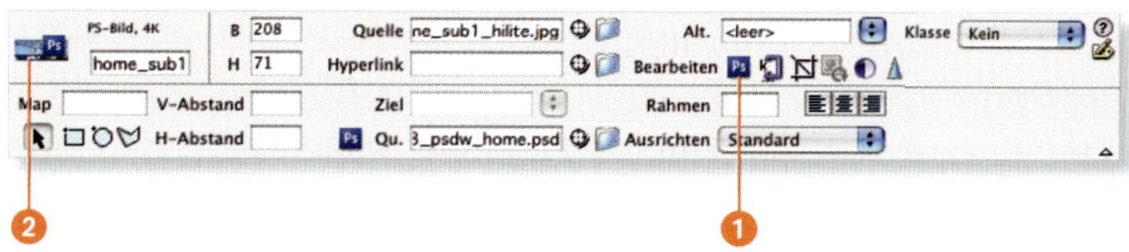

Als typisches Beispiel wurde diese Methode für die zentrale Textbox auf der Webseite angewendet. Zunächst wurde das in der ursprünglichen Textbox platzierte Bild (Foto und Text) in Photoshop ausgeblendet, kopiert und dann in Dreamweaver ausgetauscht, sodass nur noch der Verlauf übrig bleibt. Dieses neue Bild (»home_textbox_leer.jpg«) wird dann in Dreamweaver als Bild aus dem Inhalt dieser Box gelöscht und stattdessen per CSS als Hintergrundbild der Box definiert, sodass man innerhalb der Box nun HTML-Inhalte einfügen kann.

Abbildung 11.81 ▶
Aus Photoshop kopiertes Bild als Hintergrund (Hg-Bild) der CSS-Box

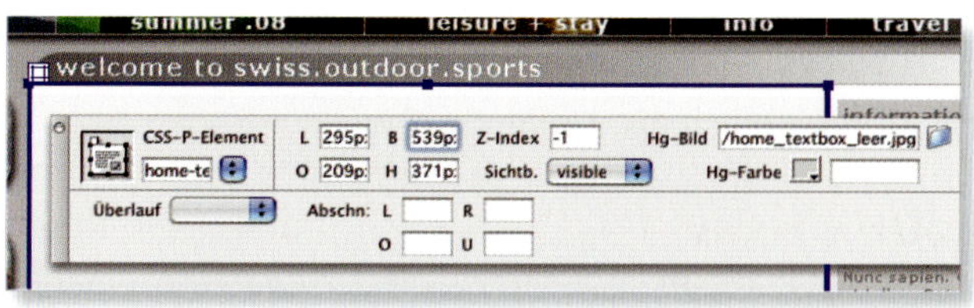

Der neue Inhalt besteht aus zwei Boxen, die über dem Hintergrund liegen: Das Foto wurde mit Kopieren/Einfügen der entsprechenden Photoshop-Auswahl in eine neue Box eingefügt. Die Box darunter enthält nun HTML-Text. Dieses Prozedere ist typisch für den Umgang mit in Photoshop erstelltem Layout-Blindtext für später veränderliche Inhaltsbereiche.

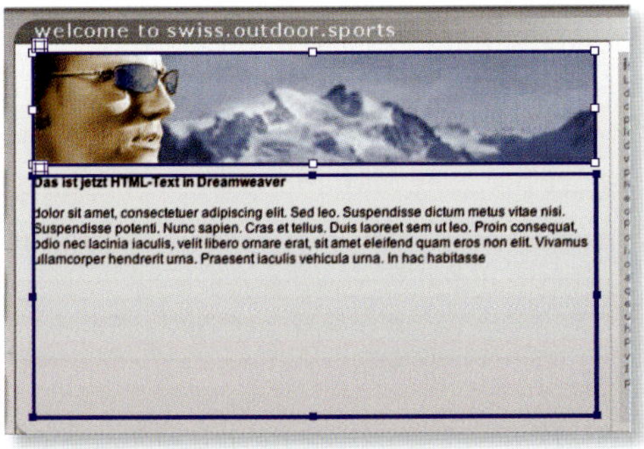

◂ **Abbildung 11.82**
Neuer Inhalt in der CSS-Box mit dem Verlaufshintergrundbild

11.9.3 Fazit

Dieser direkte Weg von Photoshop zu Dreamweaver lässt sowohl dem Grafiker als auch dem Webprogrammierer genug Freiheiten, wirklich alle Feinheiten einer Website zu bearbeiten. Der Preis der umfassenden Kontrolle ist natürlich, wie so oft, ein Verlust an Bequemlichkeit. Da hier aber der Zwischenschritt über Fireworks wegfällt, wird das teilweise wieder wettgemacht. Da außerdem bei Dreamweaver direkt mit einem der besten verfügbaren Webentwicklerwerkzeuge weitergearbeitet werden kann, spielt man hier vom möglichen Schwierigkeitsgrad der Aufgaben in einer ganz anderen Liga als beim Workflow mit Fireworks.

11.10 Gestaltungselemente für das Webdesign

Zusätzlich zu den in den vorangegangenen Abschnitten und an zahlreichen anderen Stellen in diesem Buch behandelten Gestaltungselementen und kreativen Möglichkeiten von Photoshop sollen in diesem Abschnitt in zwangloser Auswahl noch einige weitere Elemente und Verfahren besprochen werden, die in vielen aktuellen Screendesigns verwendet werden. Diese Auswahl kann natürlich keinerlei Anspruch auf Vollständigkeit erheben, sondern soll Ihnen einfach als Anregung dienen.

11.10.1 Stretched Pixels

Ein gestalterisches Element, das sich immer wieder in Screendesigns, aber auch in Print-Produkten findet, sind die »Stretched Pixels«. Hier wird das Bild praktisch an einer Stelle »eingefroren« und bleibt entweder horizontal (oder seltener vertikal) für dieses Pixel auf dem gleichen Farbwert hängen.

Dieser sehr dynamisch wirkende Effekt ist einfach zu erstellen, wenn man ab einer bestimmten senkrechten Linie alle z. B. rechts von ihr liegenden Pixel konstant bekommen will.

▼ **Abbildung 11.83**
Originalbild mit einer ausgewählten 1-Pixel-Spalte (links) und 1-Pixel-Spalte horizontal skaliert (rechts)

Im Originalbild wählt man dazu mit dem Auswahlwerkzeug: Einzelne Spalte eine einzelne 1-Pixel-Spalte aus. Mit [Strg]/[⌘]+[T] oder BEARBEITEN • FREI TRANSFORMIEREN zieht man diese dünne Auswahl einfach nach rechts bis zum Bildrand auf und bestätigt mit der [↵]-Taste.

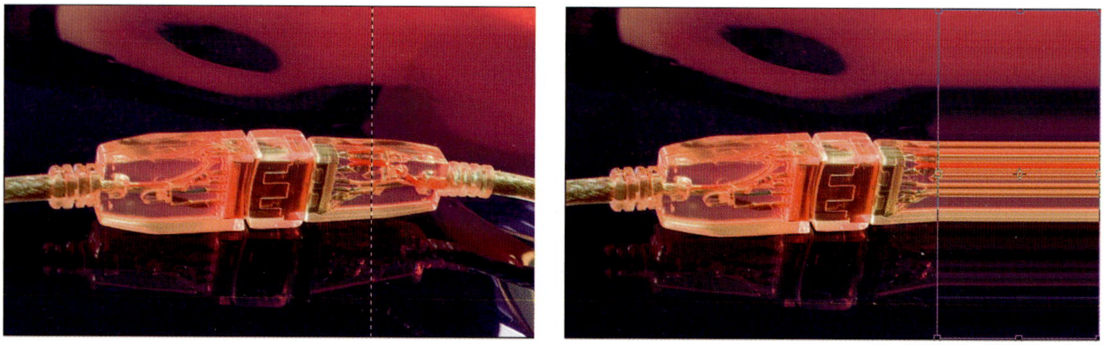

Die Datei zum Workshop finden Sie unter 11_WEB/STRETCHED_PIXELS.JPG.

Schritt für Schritt: Streched Pixel bei nicht-senkrechter Auswahl

Interessanter wird das noch, wenn man nicht an die Senkrechte gebunden ist, sondern eine beliebige Auswahl dafür nehmen kann.

1 Arbeitsfläche vergrößern

Bei dieser Variation des Beispiels soll das Ergebnis breiter ausfallen, um den Effekt noch zu betonen. Dafür wird mit dem Befehl BILD • ARBEITSFLÄCHE bei zuvor gewählter grauer Hintergrundfarbe rechts und links Platz gemacht.

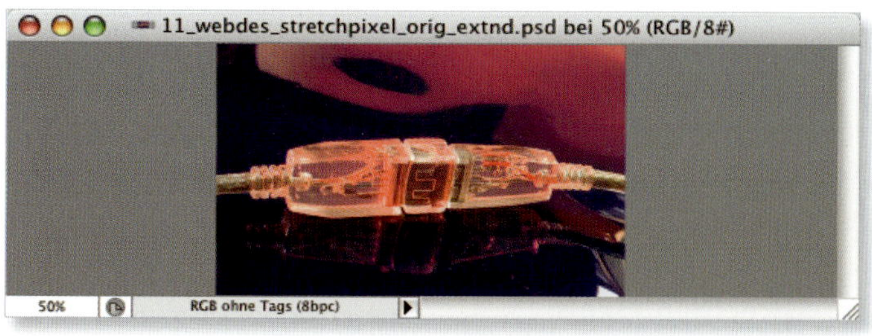

Abbildung 11.84 ►
Originalbild mit erweiterter Arbeitsfläche

2 Auswahl mit Maske

Natürlich sollte die Auswahl auch in diesem Fall wieder lediglich ein Pixel breit sein. Dafür gibt es aber leider kein Auswahlwerkzeug. Also geht man den kleinen Umweg über eine Maske: Mit [Strg]/[⌘]+[A] wählt man alles aus und wechselt mit [Q] in den Maskierungsmodus. Dort zeichnet man mit dem Buntstift-Werkzeug [B] eine beliebige Linie. Ganz wichtig ist, dass der Buntstift in seinen VORGABEN auf 1 Pixel BREITE und 100 % KANTENSCHÄRFE eingestellt wird.

Durch geschicktes Ziehen der Linie kann nun der Charakter der Stretched Pixels weitgehend variiert werden. Fährt man mit der Auswahllinie durch lebhaft kontrastierende Bereiche, wird auch das resultierende Streifenbild entsprechend abwechslungsreich sein. Die Auswahl wurde in diesem Beispiel der besseren Übersicht halber mit schwarzem Buntstift auf weißem Grund gezeichnet.

3 Auswahl umkehren

Ist man fertig, muss man diese mit [Strg]/[⌘]+[I] umkehren, weil ja das Weiß ausgewählt werden soll. Mit erneutem Drücken der [Q]-Taste verlässt man den Maskierungsmodus und macht die gezeichnete Linie zur Auswahl. Man wählt das Verschieben-Werkzeug [V] und kann jetzt mit gedrückter [Alt]-Taste die Auswahl samt Inhalt mit den Cursor-Tasten gleichzeitig pixelweise verschieben und kopieren.

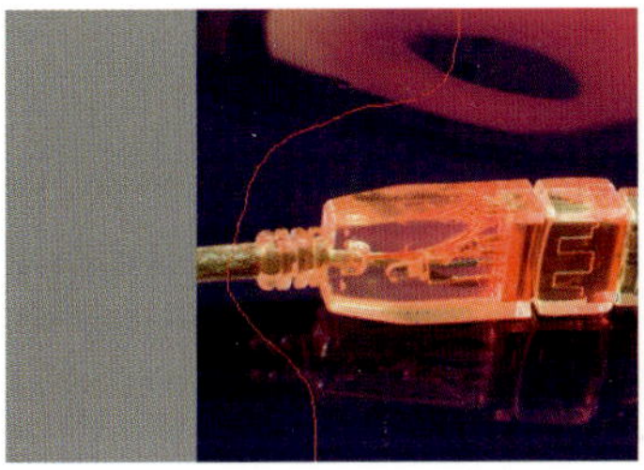

◂ **Abbildung 11.85**
Auswahl als dünne Linie im Maskierungsmodus zeichnen (links) und Auswahl horizontal mit [Alt]+[←] verschieben und kopieren (rechts)

4 Kopieren mit dem Lasso

Das muss man natürlich ziemlich oft hintereinander machen, was bei größeren Bildern schnell mühsam wird. Deshalb sollte man, sobald der »gestreifte« Bereich breit genug dafür ist, eine Lasso-Auswahl in diesem aufziehen und mit der Maus und mit gedrückter [Alt]- und [⇧]-Taste weiter kopieren. Das geht dann schneller. Ein Resultat mit beidseitiger Behandlung zeigt die folgende Abbildung.

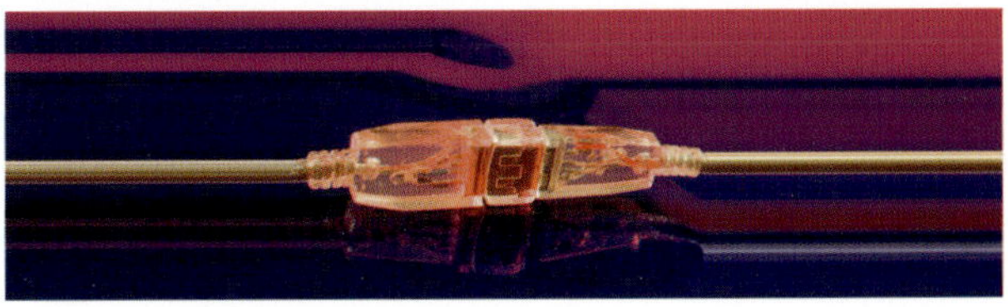

◂ **Abbildung 11.86**
Beidseitige »Stretched Pixels«

11.10.2 Fake Barcode

Der Streifencode (Barcode), der heute jedes erdenkliche Handelsprodukt ziert, ist gleichzeitig auch ein beliebtes Gestaltungselement. Nicht immer hat man aber den dafür nötigen Font (auch unter dem Namen »EAN-Code«) zur Verfügung. Mit einfachen Bordmitteln von Photoshop lässt sich ein solches Streifencode-Imitat schnell selbst herstellen.

Schritt für Schritt: Einen Barcode nachahmen

1 Datei vorbereiten

▲ **Abbildung 11.87**
Datei mit Rauschen als Ausgangspunkt

Eine neue Datei, die eher klein angelegt wird (etwa 100 × 100 Pixel) wird über den Befehl BEARBEITEN • FLÄCHE FÜLLEN mit 50 % GRAU eingefärbt. Anschließend wird diese mit FILTER • RAUSCHFILTER • RAUSCHEN HINZUFÜGEN verrauscht.

Man wählt die GAUSSSCHE NORMALVERTEILUNG und MONOCHROM. Die STÄRKE sollte so eingestellt werden, dass nicht nur Schwarz und Weiß entsteht, sondern auch Grautöne, hier etwa 50 %.

2 Pixel wählen

Aus dieser Datei wählt man bei entsprechender Vergrößerung nun frei eine gewisse Strecke 1 Pixel hoch aus. (Die Abbildung unten links zeigt eine solche Auswahl im Maskierungsmodus.) Diese Auswahl wird jetzt (ähnlich wie bei den zuvor besprochenen »Stretched Pixels«) mit BEARBEITEN • FREI TRANSFORMIEREN in der Senkrechten skaliert.

Abbildung 11.88 ▶
Auswahl einer 1-Pixel-Zeile (links) und Skalieren der Pixelzeile zu senkrechten Streifen (rechts)

3 Schwarzweiß verteilen

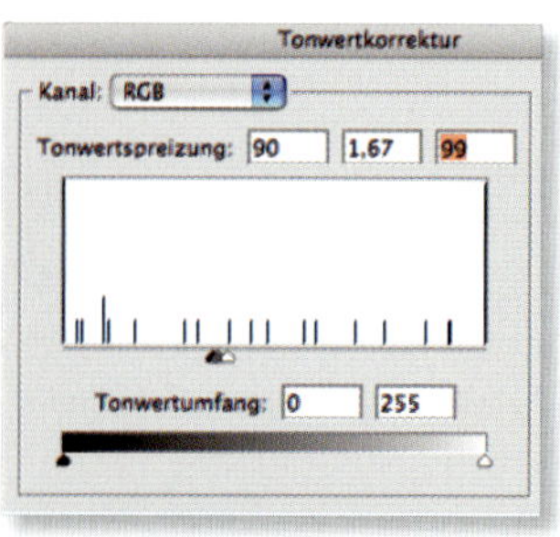

▲ **Abbildung 11.89**
Tonwertkorrektur als Schwellenwert für Schwarz und Weiß

Die Grauwerte in den Störungen sind wichtig, um noch eine Möglichkeit zu haben, die Verteilung von schwarzen und weißen Streifen abstimmen zu können. Diese Einstellung der Schwarz-Weiß-Verteilung kann man entweder über BILD • ANPASSUNGEN • SCHWELLENWERT oder über BILD • ANPASSUNGEN • TONWERTKORREKTUR erledigen.

Da die Auswahl nur wenige Tonwerte enthält, kann man den Schwarz- und den Weißpunkt der TONWERTKORREKTUR genau zwischen zwei »Spikes« im Histogramm setzen, um sicher nur

Schwarz und nur Weiß zu bekommen. Da die Datei nach wie vor sehr klein ist, sind Balken und Abstände klar in ganzzahligen Distanzen angeordnet, was für den Barcode-Look typisch ist.

4 Datei vergrößern

Für den weiteren Gebrauch sollte die Datei nun noch vergrößert werden. Dies sollte man aber nur in ebenfalls ganzzahligen Vielfachen tun (im Beispiel zehnfach), um diesen Charakter zu erhalten. Ebenso sollte bei BILD NEU BERECHNEN MIT unbedingt PIXELWIEDERHOLUNG stehen, nicht das übliche Verfahren BIKUBISCH, denn es sollen ja an den Rändern der Balken keine neuen Grautöne durch Anti-Aliasing (Glättung) entstehen.

▼ **Abbildung 11.90**
Ergebnis und Vergrößerung nur im ganzzahligen Verhältnis

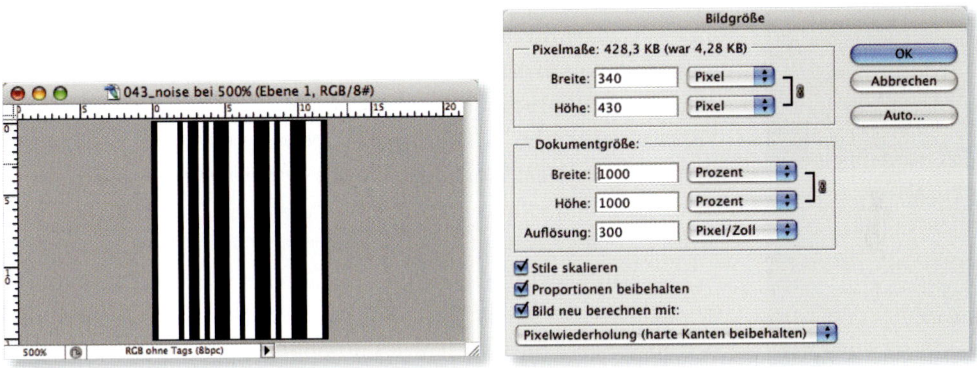

11.10.3 Stilmix: Fotografische und zeichnerische Elemente

Photoshop hat seine Stärken eher im malerisch-fotografischen Bereich im Gegensatz zu Illustrator als zeichnerisch-grafischem Gegenstück. Dennoch wird Photoshop gern dazu verwendet, beide Bildsprachen miteinander zu kombinieren. Solche Kombinationen sind aus dem modernen Screen- und Webdesign nicht mehr wegzudenken. Die Methoden, zu solchen Ergebnissen zu kommen, sind sehr vielfältig. Zwei Beispiele sind im Folgenden willkürlich herausgegriffen.

Kombination von Realbild und Konturen | Ein sehr einfaches, aber wirkungsvolles Verfahren kombiniert ein Bild mit seinen Konturen. Im Originalbild wird die Hintergrundebene dupliziert, und daraus werden mit FILTER • STILISIERUNGFILTER • LEUCHTENDE KONTUREN die Outlines des Bildes extrahiert. Die Schärfe und der Charakter der Zeichnung können dabei im Filterdialog in weiten Grenzen eingestellt werden.

Das gefilterte Ebenen-Duplikat wird nun umgekehrt und mit einer Einstellungsebene versehen, um dieses bläulich einzufärben. Die gefilterte Ebene wird nun noch mit einer Ebenenmaske behandelt.

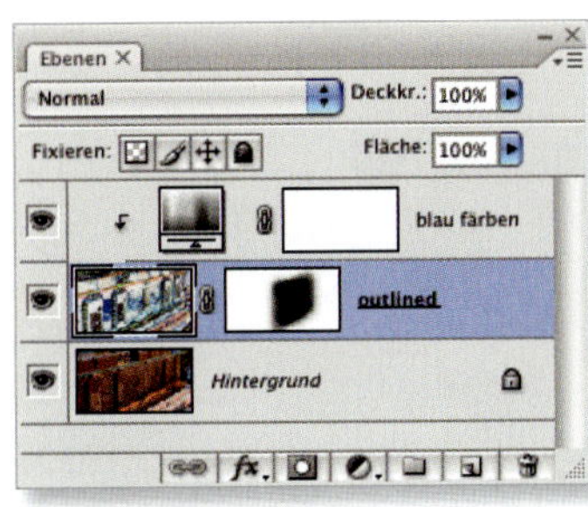

▲ **Abbildung 11.91**
Ebenenaufbau

▲ **Abbildung 11.92**
Originalbild

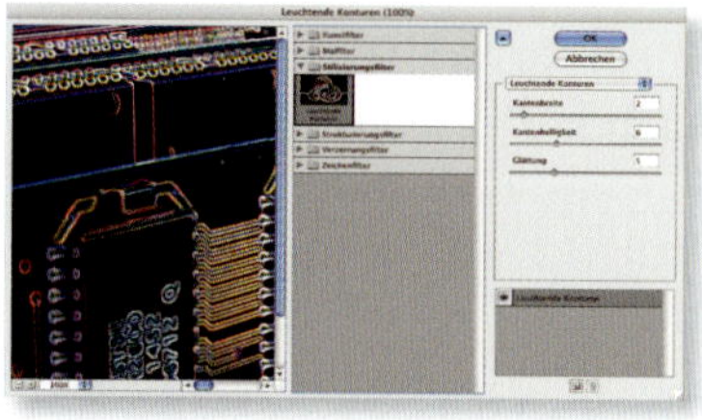

▲ **Abbildung 11.93**
Stilisierungsfilter • Leuchtende Konturen

▲ **Abbildung 11.94**
Endergebnis

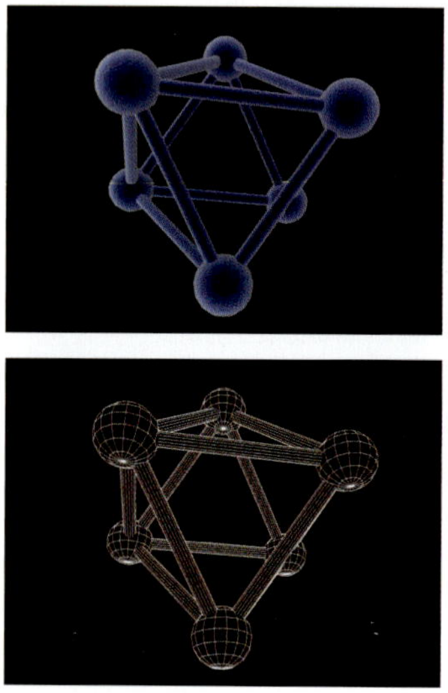

▲ **Abbildung 11.95**
3D-Modell und sein Drahtgitter

3D-Modell und sein Drahtgitter | Eine beliebte Variation dieses Verfahrens ist die Kombination eines Objekts, das in einem 3D-Programm erstellt wurde, mit dessen Drahtgitter (»Wireframe«). Viele 3D-Programme gestatten nicht nur das Rendering von Objekten inklusive Licht, Schattierung und diversen Materialeigenschaften, sondern auch zeichnerische Ausgabe-Methoden, fallweise sogar im Look handgezeichneter Skizzen. In unserem Beispiel wurde ein einfaches Modell in der Art einer Elektronenmikroskop-Aufnahme und in einem weiteren Durchgang als einfaches weißes Drahtgitter auf schwarzem Grund berechnet.

Das Modell wurde mit Alpha-Kanal berechnet. Das Drahtgitter ist ohnehin ein Graustufenbild. Der Bildebene mit dem Modell wurde dessen Alpha-Kanal als Ebenenmaske zugewiesen, und das Drahtgitter wurde als Ebenenmaske für eine Füllebene verwendet. Beide wurden jeweils in eine Gruppe gesteckt, um wiederum mit Ebenenmasken beide ineinanderblenden zu können. Dem Ganzen wurde noch ein dunkles Muster hinterlegt (Ebene »hintergrundmuster«). Ebeneneffekte (Schein nach aussen) verfeinern das Bild noch ein wenig.

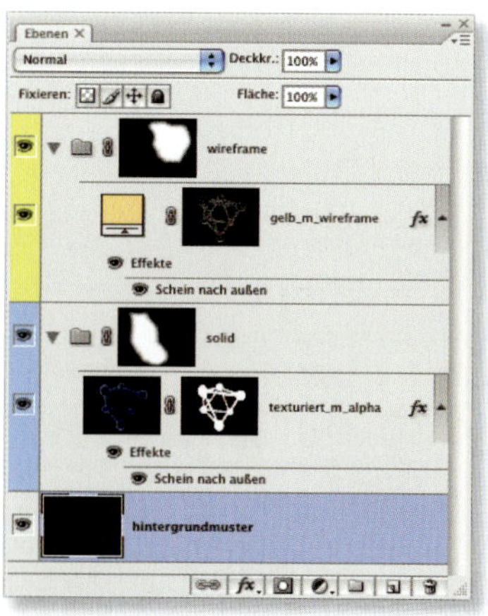

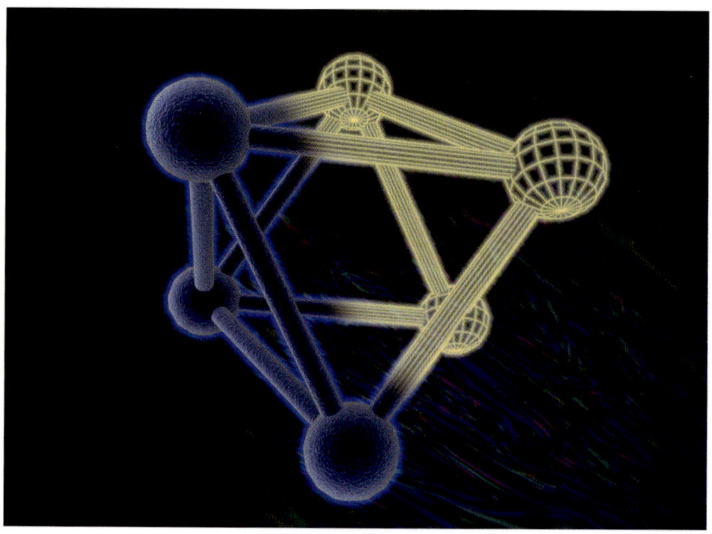

▲▶ **Abbildung 11.96**
Endergebnis und sein Ebenenaufbau

11.10.4 Farbverfremdungen

Viele Mittel, die zur Farb- und Tonwertkorrektur dienen, werden zu sehr kreativen Werkzeugen, wenn man sie etwas freier gebraucht. Verfremdungen bis zur Unkenntlichkeit können ebenso das Ziel sein wie die Reduktion von Fotos auf knappe grafisch-flächige Kompositionen. Einige dieser Werkzeuge sollen an dieser Stelle als Gestaltungsmittel kurz zusammengefasst werden.

▲ **Abbildung 11.97**
Originalbild

Tontrennung | Unter Bild • Anpassungen • Tontrennung findet sich ein spartanischer Dialog, der den Tonwertbereich von 256 Stufen auf eine geringere bestimmbare Anzahl reduziert. Die Anzahl der Stufen, hier 4, ist pro Farb-Kanal zu verstehen, in diesem Beispiel gibt es also 4^3 (64) verschiedenen Farbtöne.

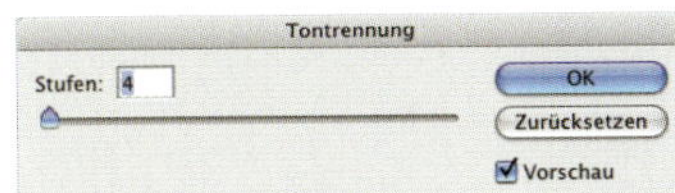

▲ **Abbildung 11.98**
Tontrennung

◄ **Abbildung 11.99**
Ergebnis der Tontrennung

Auto-Tonwertkorrektur | In den Optionen des Dialogs für die Tonwertkorrektur (Bild • Anpassungen • Tonwertkorrektur) sind einige Möglichkeiten kreativer Farbgestaltung gut versteckt. Im Beispiel sind Schwarz und Weiß für die Tiefen und Lichter durch Buntfarben ersetzt worden. Je nachdem, welchen der Algorithmen man wählt, kann auch für die Mitteltöne, die normalerweise mit 50% Grau festgelegt sind, eine Buntfarbe definiert werden.

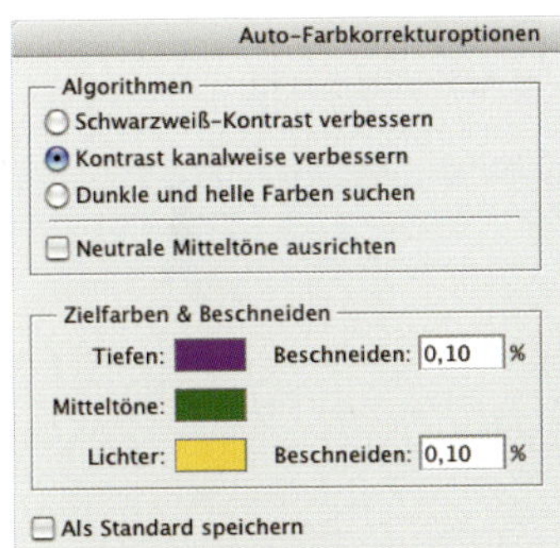

▲ **Abbildung 11.100**
Eigene Zielfarben für die Auto-Tonwertkorrektur

◄ **Abbildung 11.101**
Auto-Tonwertkorrektur

Schwellenwert | Zur Erzeugung grafischer Effekte mit großen zusammenhängenden Flächen eignet sich der Befehl BILD • ANPASSUNGEN • SCHWELLENWERT, der einfach alles über einem einstellbaren Wert weiß, alles darunter schwarz werden lässt. Man kann diesen Befehl wie hier auf das Bild als Ganzes anwenden, aber auch die drei Farbkanäle separat behandeln. Das Resultat ist ein Bild mit maximal acht Farben.

Abbildung 11.102 ▸
Schwellenwert

Modus »Hart mischen« | In die gleiche Familie von Farbeffekten gehört der Ebenen-Modus (Füllmethode) HART MISCHEN. Er produziert ebenfalls ein Bild mit maximal acht Farben und funktioniert sehr ähnlich dem SCHWELLENWERT, wobei hier ein Grenzwert von 50% festgelegt ist. Über Einstellungsebenen hat man die Möglichkeit, dieses Verhalten zu beeinflussen. Der große Vorteil bei dem an sich sehr ähnlichen Verfahren ist, dass das Ganze nicht-destruktiv ist und editierbar bleibt.

Abbildung 11.103 ▸
Ebene mit Modus HART MISCHEN über einem 50%-Grau-Hintergrund

Tonwertkorrektur und Gradationskurven | Auch die in der Farb- und Kontrastkorrektur viel benutzten Befehle für TONWERTKORREKTUR und GRADATIONSKURVEN lassen sich hervorragend für wilde Verfremdungen gebrauchen, vor allem bei separatem Einsatz pro Kanal.

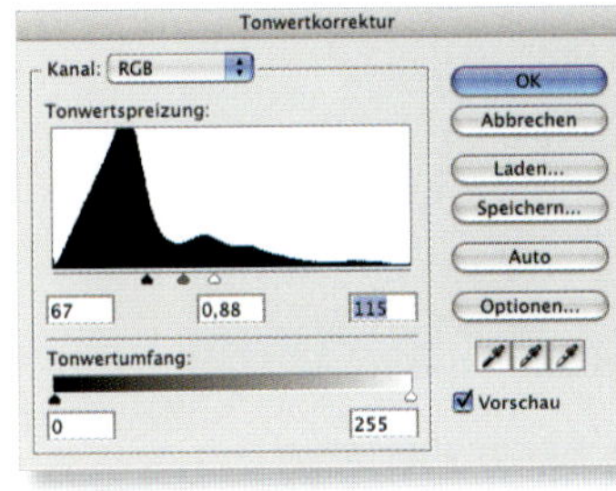

◄▲ **Abbildung 11.104**
Extremere Tonwertkorrektur

Bei der TONWERTKORREKTUR ist es interessant, auf der unteren Skala die Schwarz- und Weißpunktschieber der Ausgabe für Negativ-Effekte »aneinander vorbeizuziehen«.

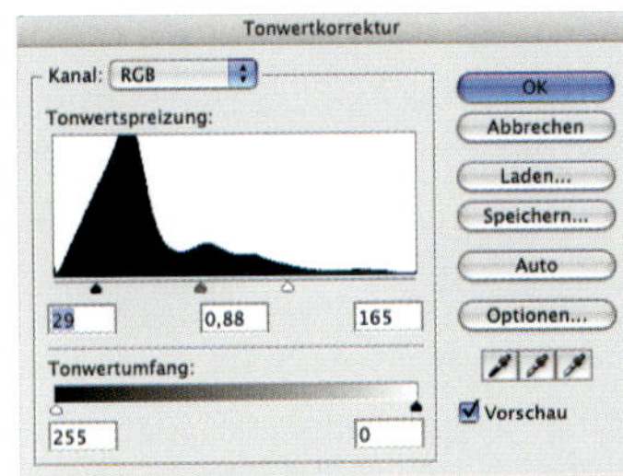

◄▲ **Abbildung 11.105**
Negative Ausgabe bei der Tonwertkorrektur

Bei den GRADATIONSKURVEN ist für deftigere Manipulationen der Zeichenstiftmodus besonders gut geeignet.

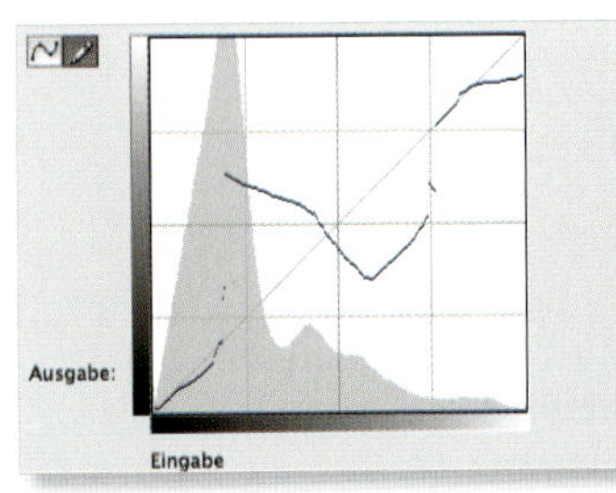

◄▲ **Abbildung 11.106**
GRADATIONSKURVEN (Kurve im Zeichenmodus)

Farbkanäle transformieren | Nicht das ganze Bild geometrisch zu bearbeiten (verschieben, drehen, skalieren, verzerren), sondern

▲ **Abbildung 11.107**
Originalbild

nur einzelne Farbkanäle, kann sehr reizvolle Effekte hervorbringen, vor allem in Kombination mit Filtern. Vor allem bei nicht besonders starkfarbigen Sujets wie unserem Bespielbild kann man damit schöne Ergebnisse erzielen.

In diesem Beispiel wurde zuerst der Blau-Kanal mit Bearbeiten • Transformieren • Verkrümmen an den Ecken hinausgezogen. Anschließend wurden im Rot-Kanal mit dem gleichen Werkzeug die Mitten der Bildkanten aus dem Bild gedrängt.

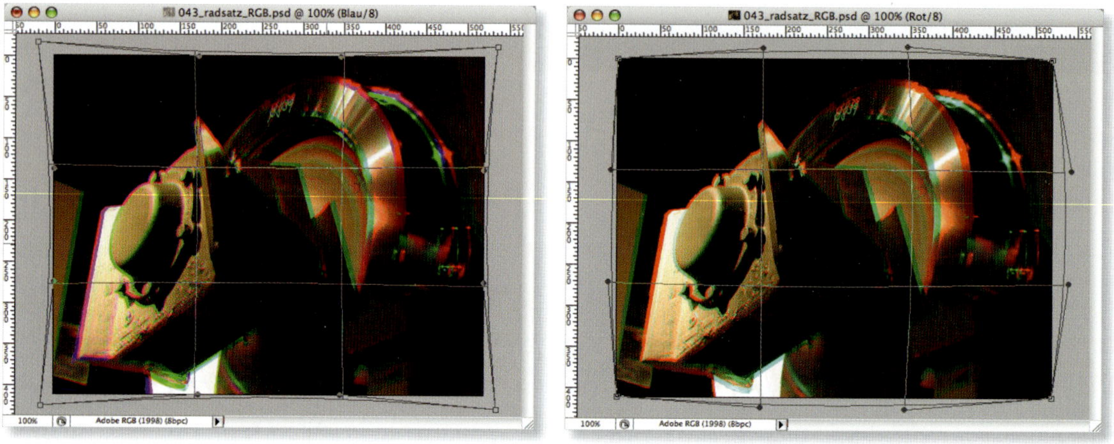

▲ **Abbildung 11.108**
Kissenförmig verzerrter Blau-Kanal und tonnenförmig verzerrter Rot-Kanal

Natürlich kann man die Farb-Kanäle auch mit Filtern behandeln. In unserem Beispiel wurde der Grün-Kanal mit Filter • Weichzeichnungsfilter • Bewegungsunschärfe bearbeitet.

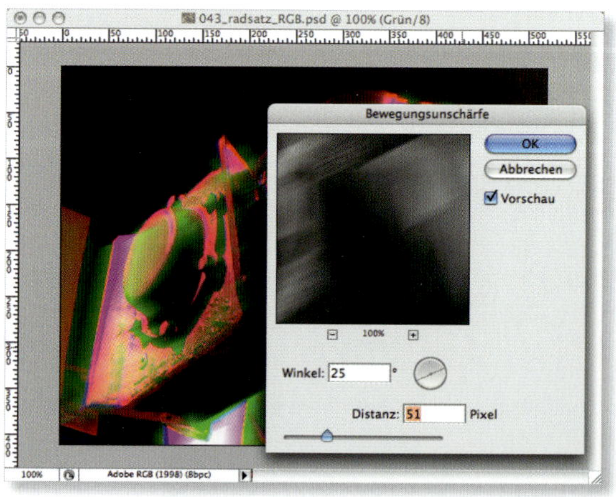

Abbildung 11.109 ▸
Blau-Kanal mit Bewegungsunschärfe

Man kann selbst an diesem simplen Beispiel leicht erkennen, welches große kreative Potenzial in der getrennten Bearbeitung der Kanäle steckt.

Für weitere gestalterische Anregungen sei vor allem auf die Kapitel 9, »Effekte für Text und Bild«, und 10, »Filter«, verwiesen.

Natürlich sind auch in diesem Zusammenhang Ihre Experimentierfreude und Neugier gefragt.

11.11 Nützliche Helfer

Für diejenigen, für die Webdesign nicht bei Photoshop oder Fireworks aufhört, sondern die den Coding-Teil der Aufgabe ebenfalls übernehmen wollen oder müssen, seien hier noch einige erfahrungsgemäß sehr nützliche Helfer erwähnt.

11.11.1 Art Directors Toolkit

Das Allround-Werkzeug Art Directors Toolkit wurde bereits in Kapitel 5.8.1 ausführlich erwähnt. Die dort besprochenen Funktionen, die sich hauptsächlich um Farbe drehen, sind auch speziell für Webdesigner sehr nützlich. Ganz besonders brauchbar ist allerdings die Linealfunktion für die Entwicklung, die Kontrolle oder auch den Nachbau von CSS-basierten Webdesigns. Die Linealfunktion gibt es leider nur bei der Mac-Version des Programms.

▲ **Abbildung 11.110**
Das Lineal von Art Directors Toolkit

11.11.2 Web Developer und Firebug

Geht es mehr in Richtung Code, so sind neben den Bordmitteln eines Webeditors (wie z. B. Dreamweaver) die Kontroll- und Fehlersuchwerkzeuge von Vorteil, die in den Webbrowser integriert sind. Dazu zählen für Firefox die Erweiterungen Web Developer ❶ und Firebug ❷ und ❸.

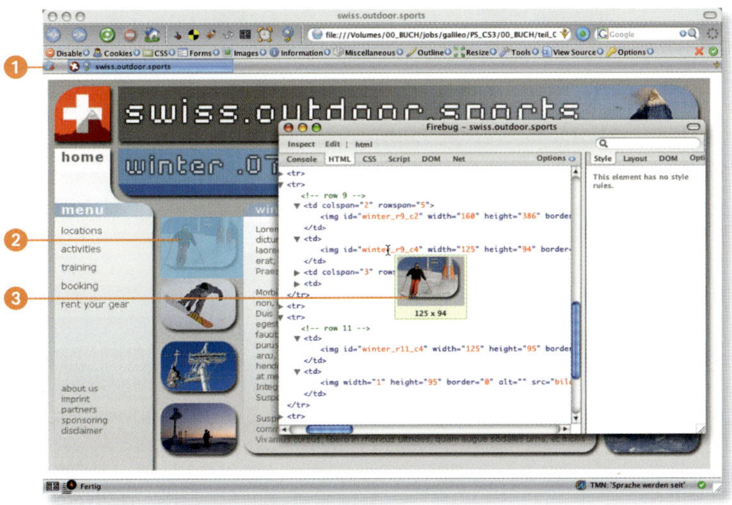

◄ **Abbildung 11.111**
Firefox mit den Erweiterungen Web Developer und Firebug

Beide ergänzen sich hervorragend und gestatten die Inspektion des HTML-Codes und fast aller denkbaren CSS-, HTML- und

JavaScript-Features. Firebug zeigt z. B. markierte Codestellen als Overlay im Browserfenster an ❷ und blendet im Code die Bilder, die zu einem <img>-Tag gehören, als Miniaturbild ein ❸. Die Module sind plattformübergreifend und wie Firefox selbst kostenlos verfügbar. Bei Firefox kommt man über EXTRAS • ADD-ONS auf eine Übersicht der installierten Zusatzmodule, an deren unterem Ende man mit ERWEITERUNGEN HERUNTERLADEN auf die entsprechende Website kommt, auf der man die beiden genannten Module suchen kann.

11.11.3 Developer Toolbar

Für Microsoft Internet Explorer 7 ist der Developer Toolbar ❹ verfügbar. Auch er zeigt in einem Fenster ❺ Code korrespondierend zum visuellen Inhalt der HTML-Seite an.

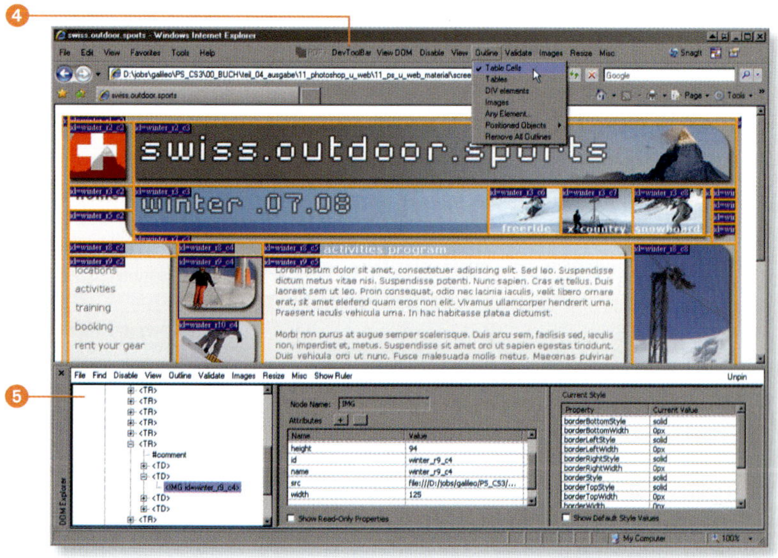

Abbildung 11.112 ▸
Microsoft Internet Explorer 7 mit installiertem Developer Toolbar

11.11.4 Microsoft Script Debugger

Für die Fehlersuche in Microsofts JavaScript-Dialekt JScript gibt es den Microsoft Script Debugger.

12 Photoshop und Druck

Am Ende einer Bildbearbeitung in Photoshop steht oft die Druckausgabe – sei es direkt aus Photoshop oder als druckfertige Datei zur Einbindung in ein Satzprogramm wie QuarkXPress oder Adobe InDesign. In beiden Fällen läuft man bei aller Sorgfalt, die man zuvor in die Retusche, Montage oder sonstige Bearbeitung gesteckt hat, Gefahr, das Ergebnis zu verderben, denn die Umwandlung der RGB-Bilddaten in das für den Druck notwendige CMYK-Farbmodell stellt einen großen Eingriff in die Farbigkeit eines Bildes dar. Hier ist eine ganze Reihe von Dingen zu beachten, wenn es gelingen soll. Auch etwas Hintergrundwissen ist dabei von Vorteil.

Zum Weiterlesen
Die Druckausgabe hängt sehr eng mit dem Farbmanagement zusammen, da hier Wechsel zwischen Farbräumen stattfinden, und zwar vom Arbeitsfarbraum zum Ausgabefarbraum des Druckers oder der Druckmaschine. Farbmanagement wird ausführlich in Kapitel 7 besprochen. Auch Kapitel 5 berührt einige Themen der Druckausgabe.

12.1 Farbseparation und Farbaufbau

Für die Darstellung von Farben im Druck müssen Bilddaten, die am Computer meist als RGB-Farben gespeichert, bearbeitet und dargestellt werden, in die vier Druckfarben Cyan, Magenta, Gelb (Yellow) und Schwarz (Key) umgewandelt werden.

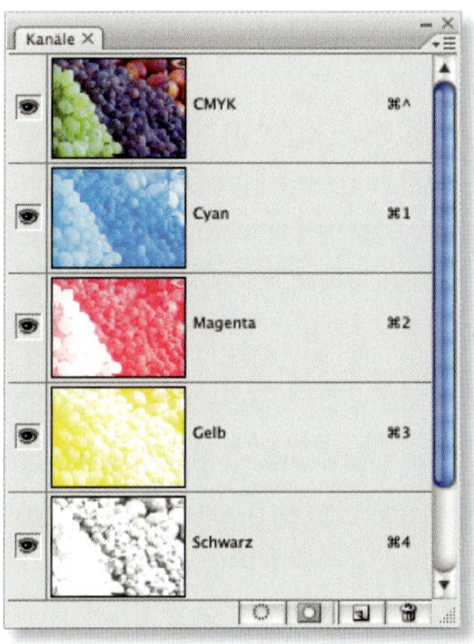

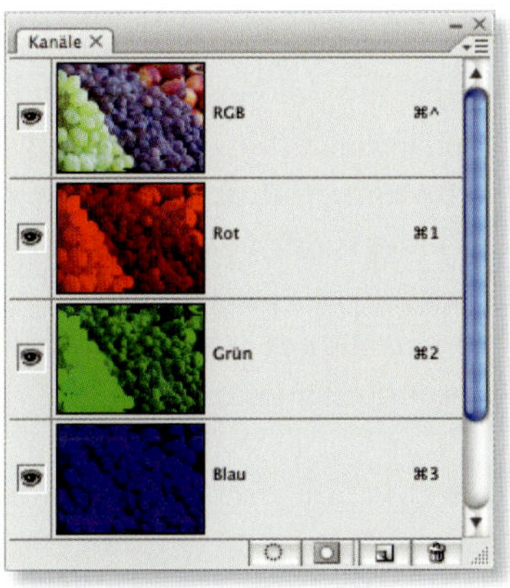

▲ **Abbildung 12.1**
Von RGB nach CMYK konvertiertes Bild und die entsprechenden Ansichten in der Kanäle-Palette

Da sich im Druck mit CMYK nicht so viele verschiedene Farbtöne darstellen lassen wie mit RGB am Bildschirm, ist hierbei grundsätzlich mit Verlusten zu rechnen. Bei der Druckausgabe kommt es vor allem darauf an, diese Verluste möglichst klein zu halten und sie optimal einschätzen und kontrollieren zu können.

12.1.1 Separation

Nimmt man die Konvertierung eines Bildes von RGB nach CMYK vor, indem man BILD • MODUS • CMYK aufruft, tut Photoshop im Hintergrund einiges, was man sich genau anschauen sollte. Dieser Konvertierungsvorgang wird meist Separation genannt, wobei die Separation selbst eigentlich die Trennung in die einzelnen Farbauszüge bezeichnet und die CMYK-Konvertierung vorher passiert. Im Folgenden wird der Begriff in dieser etwas unscharfen, aber eingebürgerten Form verwendet.

Profile erstellen

Für das professionelle Erstellen von Profilen für die CMYK-Konvertierung gibt es eine ganze Reihe von Lösungen. Interessenten sei ein Blick auf folgende Produkte empfohlen:

- Binuscan Profile Plus und CMYK Production Plus (*http://www.binuscan.com*)
- GretagMacbeth ProfileMaker (*http://www.gretagmacbeth.ch*)
- basICColor CMYKbox (*http://www.colorsolutions.de*)
- X-Rite MonacoPROFILER (*http://www.xrite.com*)

Die dort erstellten Profile kann man einfach in Photoshop laden und hat dort keine Arbeit mehr damit.

Profile verwenden oder Eigenbau? | Bevor die Einstellungen für die Konvertierung in die Druckfarben CMYK im Detail erläutert werden, sollte noch klar gesagt werden, dass es im Grunde zwei Möglichkeiten gibt, mit diesem Thema umzugehen.

- Die erste, einfache und bequeme Möglichkeit ist die Verwendung von Farbprofilen. Entweder man nimmt Standardprofile wie ISO Coated oder Profile, die die Druckerei für die CMYK-Konvertierung zur Verfügung stellt.
- Für die zweite Möglichkeit, die eigene Erstellung von CMYK-Konvertierungen, bietet Photoshop recht umfangreiche Einstellungsmöglichkeiten, die in der Folge erläutert werden sollen. Wer hier hochprofessionelle Ansprüche stellt, wird allerdings auch die Grenzen erkennen, die Photoshop in diesem Bereich hat.

ACHTUNG!

Photoshop ist ein amerikanisches Programm, und in den Standardeinstellungen finden sich immer wieder Presets mit US-Einstellungen. In Europa kommen andere Druckfarben zum Einsatz. In den USA laufen die Prozessfarben unter der Bezeichnung SWOP (Specification Web Offset Publications). Die US-Druckfarben sind anderes genormt als europäische. Man muss darauf achten, dass man solche Einstellungen meidet oder ändert, sonst ist Ärger mit der Druckerei vorprogrammiert.

12.1.2 Farbaufbau

CMYK-Konvertierung und Separation sind kein starres Schema, nach dem einfach die drei Farben Rot, Grün und Blau in die vier Druckfarben konvertiert werden. Im Gegenteil: Recht ähnliche Farbeindrücke können von sehr unterschiedlichen Farbmischungen der vier Farben erzeugt werden. Entscheidend ist der Farbaufbau. Dieser Aufbau wird unter anderem von vier Kurven bestimmt, mit denen der Tonwertverlauf der Druckfarben beschrieben wird.

Der Farbaufbau einer Separation wird sehr stark vom Verhalten der Farbe Schwarz bestimmt. Rein theoretisch bräuchte man Schwarz ja gar nicht beim Druck, denn die drei bunten Grundfarben sollten eigentlich in der Lage sein, alle Farben der subtraktiven Mischung (siehe Kapitel 5.1) darzustellen. Das geht aber aus physikalischen Gründen nicht zur Gänze. Die drei Buntfarben ergeben zusammen nur ein mehr oder weniger schmutziges, meist rotbräunliches Grau. Also wird Schwarz zugegeben, um wirklich dunkle und saubere Tiefen zu bekommen. Auch unterstützt Schwarz die Erzeugung von neutralen Grautönen, deren Mischung aus den drei Buntfarben sehr anfällig für Farbstiche ist.

12.1.3 Farbeinstellungen

Die Einstellungen für Separation und Farbaufbau finden Sie unter Bearbeiten • Farbeinstellungen oder [Strg]/[⌘]+[⇧]+[K]. Im oberen Teil unter Arbeitsfarbräume ist der Punkt CMYK (1) für die Separation zuständig. Photoshop benutzt für die Separation Farbprofile. Sie beschreiben das Farbdarstellungsvermögen (Farbräume) bestimmter Geräte und Verfahren, in diesem Fall bestimmter Vierfarb-Druckverfahren. Photoshop übersetzt das Bild für die Druckausgabe dann von seinem eigenen RGB-Farbraum (Arbeitsfarbraum) in den CMYK-Farbraum des Druckers oder der Druckmaschine. Im Profil eines solchen Farbraums ist die CMYK-Konvertierung enthalten.

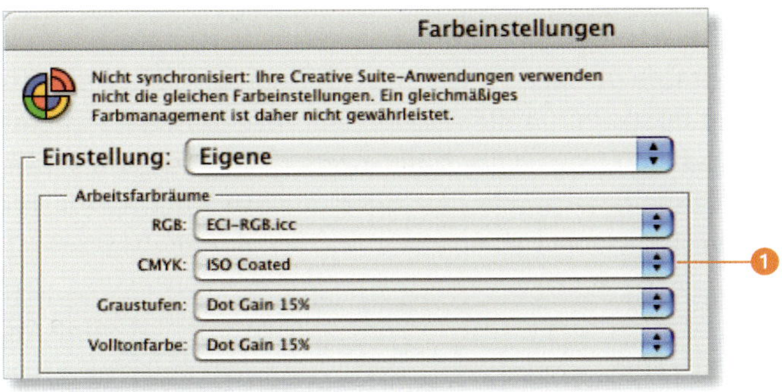

◄ **Abbildung 12.2**
Einstellungen für die Arbeitsfarbräume in den Farbeinstellungen von Photoshop

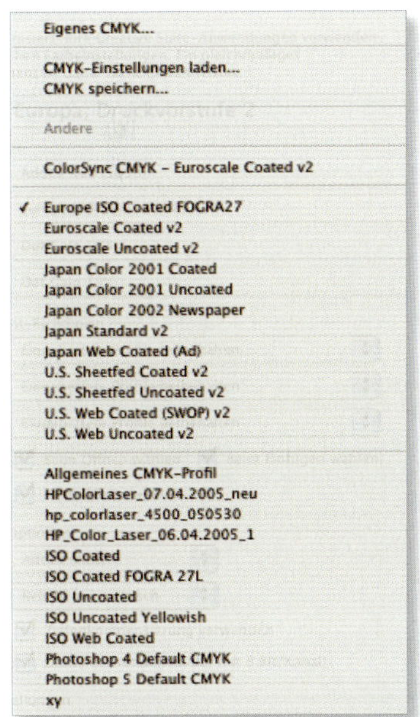

▲ **Abbildung 12.3**
Profile von CMYK-Farbräumen

Profile | Es gibt in Photoshop eine ganze Reihe vorgefertigter Profile für die unterschiedlichsten Druckverfahren. In Europa wurde häufig Euroscale Coated v2 verwendet, das allerdings veraltet ist und nicht mehr verwendet werden sollte bzw. von Druckereien auch nicht mehr akzeptiert wird. Standard sind ISO-Profile, von denen Photoshop das Profil Europe ISO Coated FOGRA27 als Vorgabe anbietet. Zu Profilen und Farbräumen finden Sie detaillierte Informationen in Kapitel 7.

Die Auswahl ist groß, aber prinzipiell kann man keine Empfehlung geben, welches Profil denn nun für die Druckausgabe das ideale ist. Sobald Qualitätssicherheit eine Rolle spielt, ist unbedingt Rücksprache mit der Druckerei erforderlich. Gibt es keine Angaben, ist ein ISO-Profil das einzig Vernünftige.

12.1.4 Gesamtfarbauftrag

Bevor man sich weiter mit den Methoden beschäftigt, nach denen ein RGB-Bild in ein CMYK-Bild konvertiert wird, muss man sich mit einer technischen Größe auseinandersetzen, die alles Weitere maßgeblich beeinflusst: dem Gesamtfarbauftrag. Die vier Druckfarben Cyan, Magenta, Gelb und Schwarz werden in Photoshop mit einem Wertebereich von 0 bis 100 % Deckung (Dichte) behandelt. Theoretisch ergibt sich also mit 4 × 100 % eine Summe von 400 %, wenn alle Farben voll gedruckt würden. Das hält allerdings kein Papier aus. Die Aufnahmefähigkeit für Farbe ist je nach Papiersorte begrenzt, und die Trocknungszeit wird länger, je mehr Farbe auf das Papier gedruckt wird. Außerdem besteht bei einem zu hohen Gesamtfarbauftrag die Gefahr von Verschmutzungen oder Betriebsstörungen bei der Druckmaschine.

[Papiersorten und Farbauftrag]
Während bei hochwertigen Papieren für den Bogenoffsetdruck in der Regel ein Gesamtfarbauftrag von 350 % möglich ist, ist beim Zeitungsdruck bei ca. 240 % Schluss. Wird auf gestrichenem Papier gedruckt, ist man mit 300 % auf der sicheren Seite. Eine verbindliche Auskunft Ihrer Druckerei ist natürlich das Beste.

Da man also auf Teile der theoretisch möglichen 400 % verzichten muss, sind spezielle Verfahren notwendig, um den Gesamtfarbauftrag zu reduzieren und trotzdem ein gutes Druckbild zu bekommen. Aus dieser technischen Beschränkung heraus haben sich zwei Methoden des Farbaufbaus ergeben (GCR und UCR), die im Folgenden genauer erläutert werden sollen.

12.1.5 GCR – Unbuntaufbau

Der Unbuntaufbau oder GCR (Grey Component Replacement) ändert zu den Tiefen hin die Mischung von Grautönen und entsättigten Farben. Statt diese Graukomponente durch die drei Buntfarben zusammenzumischen, werden diese durch einen entsprechenden Schwarzanteil ersetzt.

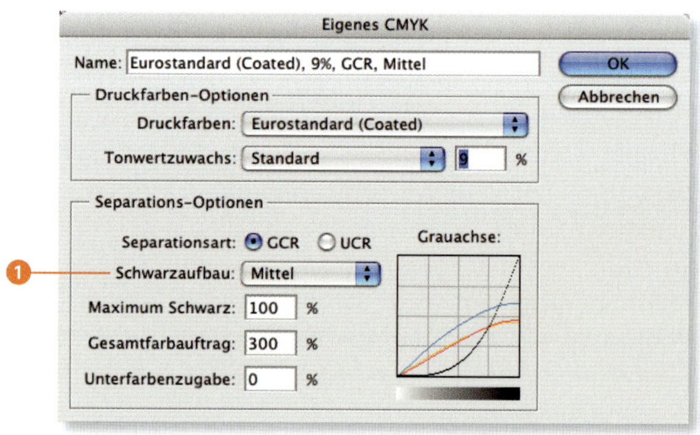

Abbildung 12.4 ▸
Einstellungsdialog für Eigenes CMYK

Im Einstellungsdialog, der sich in den Farbeinstellungen öffnet, wenn man Arbeitsfarbräume • CMYK • Eigenes CMYK auswählt, bekommt man diesen Aufbau als Diagramm von Tonwertkurven für die vier Druckfarben gezeigt.

Als SEPARATIONSART ist hier GCR gewählt. Im Diagramm sieht man, wie zu den Tiefen hin (nach rechts) der Buntfarbenanteil zugunsten von Schwarz zurückgeht. Ob das erst in den stärkeren Tiefen passiert oder bereits in den Mitten, kann man über die Einstellung SCHWARZAUFBAU ❶ regeln. Im Extremfall MAXIMUM werden alle Grautöne von den Lichtern bis zu den Tiefen mit Schwarz gedruckt. Die Einstellung OHNE entspricht im Grunde einem reinen Drei-Farben-Druck (CMY).

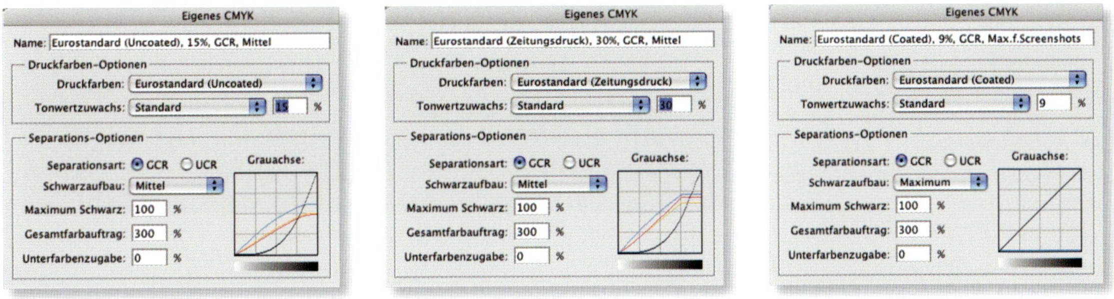

▲ **Abbildung 12.5**
Unterschiedliche Schwarzaufbauten mit ihren Diagrammen

So ein Diagramm ist schön und gut, aber wie schaut das dann im Druckbild aus? Hier sehen Sie zunächst ein Bild, das mit einem Schwarzaufbau in der Einstellung MITTEL separiert wurde. Man kann in der Kanäle-Palette sehen, wie sich Schwarz und Buntfarben verteilen.

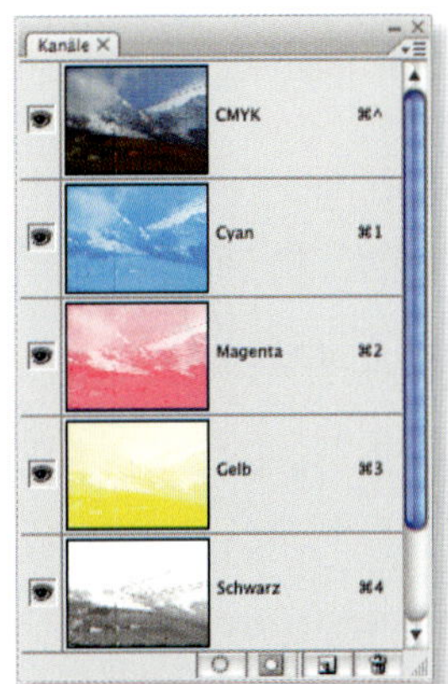

◄▲ **Abbildung 12.6**
CMYK-Separation mit mittlerem Schwarzaufbau

Als extremes Gegenbeispiel wurde nun die Einstellung MAXIMUM gewählt. Das Resultat ist sowohl im Bild als auch in der Kanal-Ansicht anschaulich.

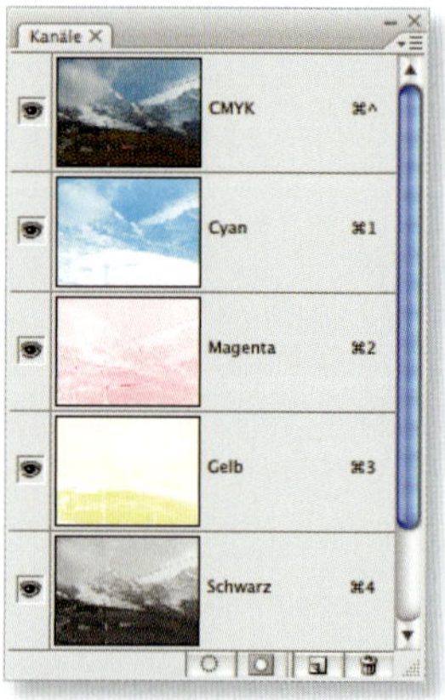

▲▶ Abbildung 12.7
CMYK-Separation mit maximalem Schwarzaufbau

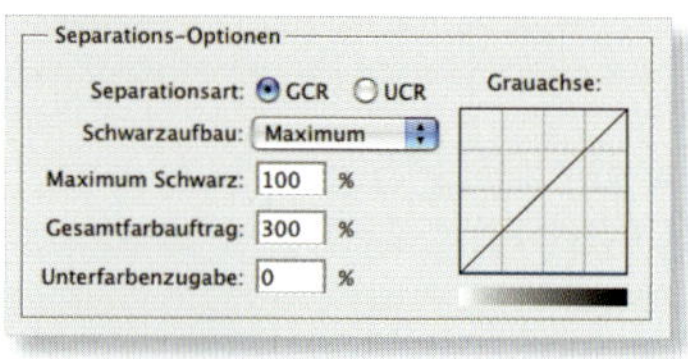

▲ Abbildung 12.8
Maximaler Schwarzaufbau mit Diagramm in den Separationseinstellungen

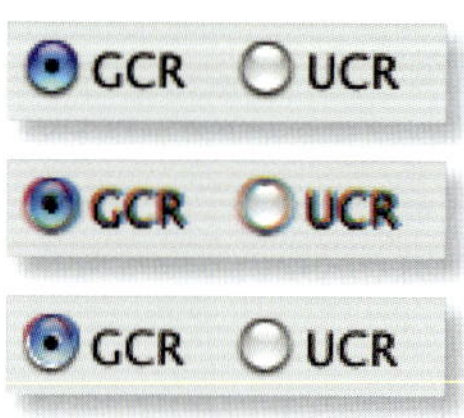

▲ Abbildung 12.9
Schlechte Registerhaltigkeit am Beispiel eines Screenhots: Originalbild (oben), Druckbild mit mittlerem (Mitte) und mit maximalem Schwarzaufbau (unten)

Einsatz GCR | Je stärker der Schwarzaufbau ist, desto weniger kräftig und satt wird der farbliche Gesamteindruck. Wie die Gegenüberstellung der beiden Beispiele zeigt, eignet sich ein starker Schwarzaufbau eher weniger für Fotos. Wofür kann er sonst gut sein?

Im Druck werden (vereinfacht gesagt) vier Farben von vier Druckwalzen auf das Papier gedruckt. Die Druckplatten müssen dafür natürlich äußerst genau auf die gleiche Position drucken. Diese Einstellung ist sehr heikel. Man bezeichnet diese Genauigkeit als »Registerhaltigkeit«. Sind die vier Druckplatten auch nur minimal gegeneinander verschoben, so ist diese Registerhaltigkeit nicht mehr gegeben, und es kommt beim Druckbild zu unschönen Farbsäumen (Abbildung 12.9, Mitte). Wählt man bei diesem Screenshot, der im Druck abgebildet werden soll, einen maximalen Schwarzaufbau, so lassen sich diese Säume zwar nicht ganz vermeiden, aber wenigstens stark zurückdrängen (in der Abbildung 12.9 unten).

Maximaler Schwarzaufbau ist vor allem bei Bildern sinnvoll, bei denen es auf Bildschärfe, klare Darstellung von eher grafischen Elementen und Lesbarkeit ankommt, so wie am nebenstehenden Beispiel eines Screenshots. Weitere Anwendungsfälle können z. B. Reproduktionen von Zeichnungen oder Bauplänen sein.

12.1.6 UCR – Buntaufbau

Das Gegenstück zum Unbuntaufbau ist der Buntaufbau oder UCR (Under Color Removal). Bei dieser Separation wird Schwarz nicht über die Tonwertkurve hinweg verwendet, um unbunte Töne zu stützen, sondern immer nur in den Tiefen. Deswegen gibt es hier auch keine Einstellmöglichkeit für den Schwarzaufbau.

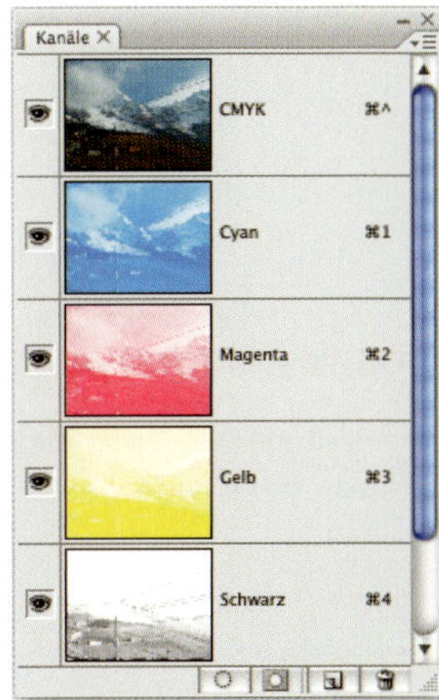

◄▲ **Abbildung 12.10**
Buntfarben-Separation

Beim Buntaufbau sind die Schwarzanteile im Bild für die Zeichnung und Dichte in den Tiefen verantwortlich (»Skelettschwarz«). Es wird weniger Schwarz gedruckt als z. B. bei GCR mit mittlerem Schwarzaufbau. UCR zeichnet sich gegenüber GCR durch eine kräftigere Farbigkeit aus.

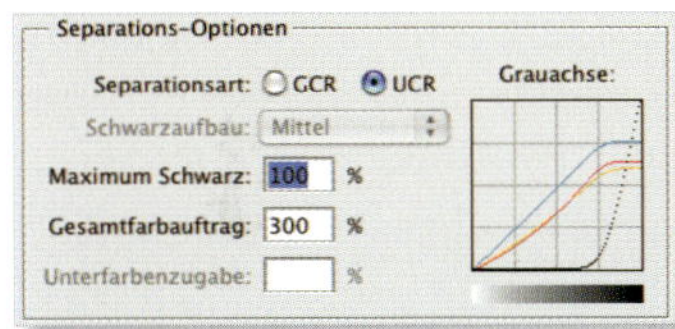

▲ **Abbildung 12.11**
Separationseinstellungen beim Buntaufbau

12.1.7 Die Qual der Wahl: GCR oder UCR?

Der Sinn der beiden Verfahren GCR und UCR ist es ja, durch geschickten Einsatz von Schwarz eine optimale Ausnutzung des Spielraums zu bieten, den der begrenzte Gesamtfarbauftrag zulässt. Geht es eher ins Bunte, erlaubt UCR die bessere Reduktion des Farbauftrags, eher unbunte Bilder profitieren mehr von GCR.

Hier bringt zum Beispiel die Separation eines gedeckten blauvioletten Farbtons mit GCR und einem stärkeren Schwarzaufbau eine Reduktion im Gesamtfarbauftrag gegenüber UCR (kein Schwarz) um 12 % (von 210 % auf 198 %) bei gleichem Farbeindruck (siehe LAB-Werte).

▼ **Abbildung 12.12**
Reduktion des Gesamtfarbauftrags durch GCR

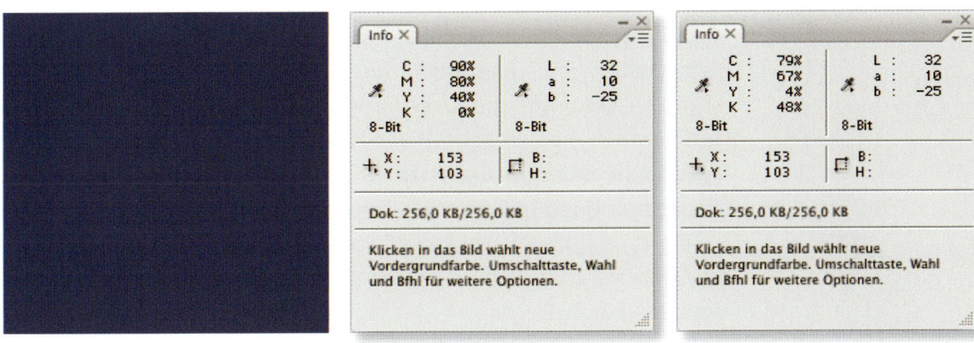

Keine von beiden Methoden ist ein Patentrezept und gleich gut für alle Anwendungsfälle geeignet. Beide haben Vor- und Nachteile. Es lassen sich jedoch einige Eigenschaften der beiden Verfahren herausstreichen, um sie besser voneinander abgrenzen zu können.

GCR (Unbuntaufbau)	UCR (Buntaufbau)
Kommen in einem Bild keine wirklich satten Farben vor, kann man ohne Bedenken GCR verwenden.	In der Regel für bunte und kräftige Sujets mit satten Farben geeignet. Die Trübung der Töne durch Schwarz hält sich sehr in Grenzen.
Die Buntfarben sind weniger am Gesamtfarbauftrag beteiligt. Dadurch ergibt sich bei kräftigeren Originalfarben ein flauer Farbeindruck gegenüber UCR.	Weil Schwarz erst in den dunklen Tiefen zugemischt wird, hat man bis in die tieferen Mitten hinein in der Regel einen höheren möglichen Farbauftrag für die drei Buntfarben als bei GCR.
Bei Grautönen, Hauttönen und schwach gesättigten Farbtönen (Landschaften, Metall etc.) ist GCR durch den Grauanteil stabiler und so weniger anfällig für Schwankungen in der Produktion. Nur bei Abweichungen nach unten in den Buntfarben kann es manchmal zum »Ausgrauen« von Hauttönen kommen.	Grautöne und Hautfarben, die beide sehr empfindlich auf Farbstiche reagieren, sind bei UCR gefährdet, weil alle schwach gesättigten und neutralen Töne praktisch immer aus den drei Buntfarben gemischt werden müssen. Minimale Schwankungen im Auftrag auch nur einer Farbe können bereits kräftige Farbstiche produzieren.
Ist ein Bild einmal mit GCR separiert, sind Farbkorrekturen meist nicht mehr möglich. Durch den fallweise hohen Schwarzanteil kann eine Farbkorrektur kaum noch greifen.	UCR bietet gute Farbkorrekturmöglichkeiten, weil die Buntfarben in dominanten Anteilen gegenüber Schwarz vertreten sind.

▲ **Tabelle 12.1**
Gegenüberstellung von GCR und UCR

GCR wird im Produktionsalltag häufiger verwendet als UCR. Mit einem mittleren Schwarzaufbau ist GCR ein für die meisten Zwecke taugliches Hausrezept, das man zumindest einmal als Ausgangspunkt nehmen kann. Ein großer Vorteil von GCR ist seine Produktionsstabilität. Auch spart GCR in der Regel gegenüber UCR Buntfarbe ein, die ja teurer ist als Schwarz. Das kann bei größeren Auflagen ein Argument sein.

12.1.8 Druckfarben, Papier und Tonwertzuwachs

Die Parameter der Separation hängen aber nicht nur von der Methode oder dem Sujet ab, sondern auch von den Druckfarben selbst und vom Papier. Beide sind im Regelfall aufeinander abgestimmt, also wird die Druckerei z. B. die passende Druckfarbe für gestrichenes Bogen-Offset-Papier verwenden. Neben dem zulässigen Gesamtfarbauftrag spielt eine weitere Eigenschaft des Papiers eine große Rolle: der Tonwertzuwachs.

Wird Druckfarbe auf ein Papier aufgetragen, hängt es von der Saugfähigkeit des Papiers ab, ob und wie viel von der Farbe in das Papier einzieht.

- Gestrichenes Papier ist beschichtet (Coated). Die Farbe zieht kaum ein, und die Druckrasterpunkte stehen gut und scharf auf dem Papier.
- Ungestrichenes und besonders Zeitungspapier dagegen ist sehr saugfähig: Beim Einziehen der Farbe ins Papier werden die Punkte des Druckrasters größer und unschärfer.

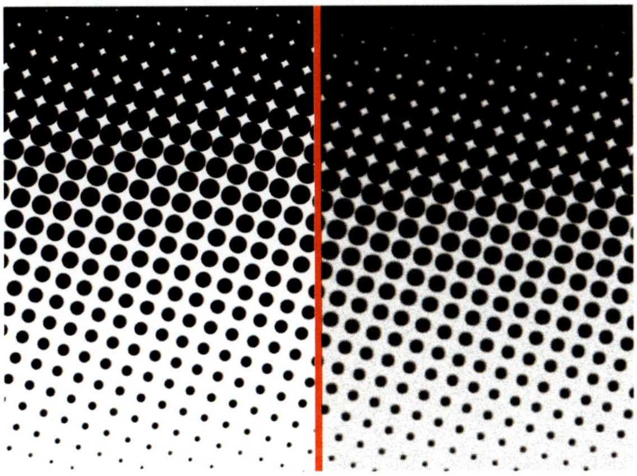

◀ **Abbildung 12.13**
Tonwertzuwachs: gestrichenes Papier (links) und stärker saugfähiges Papier (rechts)

Das Resultat ist eine Abdunklung, die nur kompensiert werden kann, indem bei der Separation die Farbe aufgehellt wird. Dieser Parameter findet sich als Einstellung für den Tonwertzuwachs im Dialog Eigenes CMYK. Wählt man unter Druckfarben einen der drei Presets, die für die Arbeit in Europa infrage kommen, wird auch gleich der Eintrag für den Tonwertzuwachs geändert. Erwartungsgemäß ist er bei Zeitungspapier sehr hoch.

Die Druckfarben sind hier offenbar noch nach der alten Euroskala angegeben. Obwohl Photoshop als CMYK-Arbeitsfarbraum Europe ISOcoated FOGRA 27 anbietet, findet man hier nicht die entsprechenden Farbcharakteristiken nach FOGRA 27. Da hat Adobe offenbar noch nicht alle Hausaufgaben gemacht. Man kann zwar eigene Druckfarben definieren, aber nicht speichern.

▲ **Abbildung 12.14**
Einstellungen für Druckfarben und Tonwertzuwachs im Dialog Eigenes CMYK für gestrichenes (oben), ungestrichenes (Mitte) und Zeitungspapier (unten)

12.1.9 Unterfarbenzugabe

Weil bei GCR ab der Schwarzaufbau-Einstellung Mittel die Tiefen vorwiegend aus Schwarz gebildet werden, wirken z. B. kräftige Schatten manchmal »tot«, weil sie kaum noch Farbkomponenten enthalten. Das kann man mit der Unterfarbenzugabe (UCA, Under Color Addition) verbessern. In den Tiefen wird so viel Buntfarbe (vor allem Cyan als dunkelste der drei) zugemischt, wie es der Gesamtfarbauftrag zulässt. Die Tiefen werden brillanter und nähern sich dem, was die Drucker »Fettes Schwarz« nennen, das aus 100 % Schwarz und 40 % Cyan besteht. Bei UCR gibt es diesen Parameter nicht.

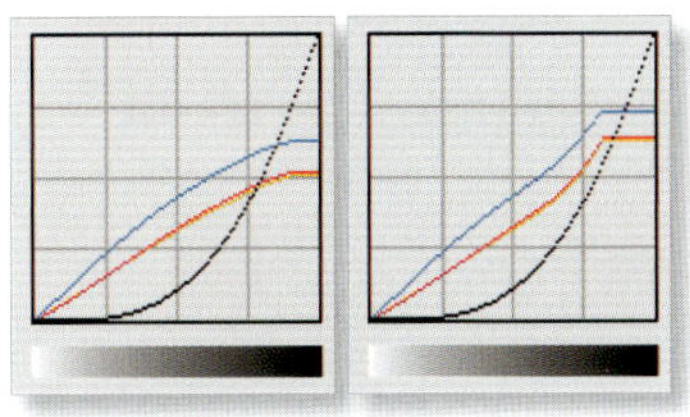

▲ **Abbildung 12.15**
Die Unterfarbenzugabe sorgt für ein kräftiges sattes Schwarz, links 0 % und rechts 100 %.

12.2 Druckraster und Auflösung

12.2.1 Rasterwinkel und Rasterweite

Ein weiterer Schritt in der Druckausgabe ist die Rasterung des Bildes. Während Tintenstrahldrucker die vier (oder auch mehr) Druckfarben in einem möglichst unregelmäßigen Muster, das meist nicht beeinflussbar ist, auf das Papier sprühen, gibt es beim Offsetdruck ein fixes Druckraster für jede der vier Farben, das aus Punkten besteht, deren Größe sich dem Tonwert entsprechend ändert. Dieses Raster hat zwei wichtige Größen: den Rasterwinkel und die Rasterweite.

▲ **Abbildung 12.16**
Originalbild (Ausschnitt)

Rasterwinkel | Druckfarbe ist lasierend, d.h. durchscheinend, und entwickelt ihre Leuchtkraft erst auf weißem Untergrund. Diese Transparenz ist auch für die Mischung der Farben notwendig (lasierendes Gelb auf Cyan ergibt z.B. Grün). Damit sich die Punkte aller vier Druckraster an den richtigen Stellen »treffen«, sind bestimmte Winkel erforderlich. Sind diese zu regelmäßig, ergeben sich im Druckraster sichtbare Wiederholungstrukturen. Manche Winkelverhältnisse können zu moiré-artigen Störungen führen. Können sich aufgrund des falschen Rasterwinkels zwei Farben nicht richtig »treffen« und damit mischen, können falsche Winkel auch zu Verschiebungen in der Farbigkeit führen. Bei der folgenden Gegenüberstellung ist z.B. im unteren Bild das Rot aus diesem Grund weniger kräftig als bei den anderen dreien.

Die drei nachfolgend dargestellten Rasterwinkel-Kombinationen zeigen links den Farbeindruck im Bild, rechts das Raster im Detail. Die erste Rasterwinkel-Kombination ist in Ordnung und gebräuchlich. Im nächsten Beispiel, bei dem alle Winkel 0° betragen, leidet die Farbigkeit, außerdem ist das Raster deutlich erkennbar. Beim letzten Beispiel sind die Rasterwinkel zu regelmäßig.

▲ **Abbildung 12.17**
C: 105°, M: 75°, Y: 90°, K: 45°

▲ **Abbildung 12.18**
C: 0°, M: 0°, Y: 0°, K: 0°

▲ **Abbildung 12.19**
C 0°, M: 90°, Y: 30°, K: 60°

Druckraster einstellen | In der Regel wird die Druckraster-Einstellung innerhalb des Druckers festgelegt und ist nicht durch den User beeinflussbar. Werden Dateien an eine Druckerei übergeben, hat man damit auch meist nichts mehr zu tun.

Es kann aber durchaus einmal sein, dass man gezwungen ist, sich damit auseinanderzusetzen. Manche Drucker bieten in den Menüs für die Einstellung ihrer Treiber teilweise sehr umfangreiche Eingriffsmöglichkeiten. Andere Drucker wiederum können auch dem Programm, aus dem heraus die Datei gedruckt wird, die Rastereinstellungen überlassen. Für solche (wenn auch seltene) Fälle ist Photoshop gerüstet. In der Regel kümmern sich nur PostScript-fähige Drucker um die Druckraster-Einstellungen.

Im Drucken-Dialog von Photoshop (Datei • Drucken oder [Strg]/[⌘]+[P]) wählt man im rechten Teil die Einstellungen für die Ausgabe. Dort kommt man im unteren Abschnitt Funktionen über Raster ① an die eigentliche Einstellung für das Druckraster.

Standardmäßig ist Rastereinstellung des Druckers verwenden aktiviert und damit logischerweise der Rest der Box ausgegraut. Man kann entweder für jede der vier Druckfarben die Rastereinstellungen eingeben oder das mit dem Auto-Button Photoshop überlassen, das abhängig von der Auflösung der Datei sinnvolle Werte vorschlägt.

Wichtig ist bei der Dialogbox Auto-Rasterung, dass hier mit Drucker nicht die Ausgabe des Druckers für das Bild selbst gemeint ist, sondern die Auflösung, mit der dieser das Druckraster darstellen kann. Diese muss sehr hoch sein, weil ja winzige runde Punkte in verschiedener Größe gedruckt werden müssen, aus denen sich das Druckraster zusammensetzt. Das ist viel feiner, deshalb der hohe Standardwert von 2400 dpi. Mit dieser Auflösung erzeugen meist auch die Filmbelichter in der Druckerei die Filme mit dem Druckraster. Die Laden- und Speichern-Buttons sind bei solchen Einstellungen eine Selbstverständlichkeit.

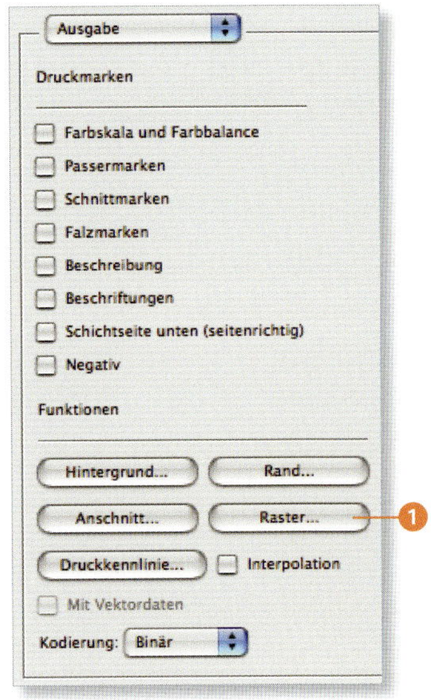

▲ **Abbildung 12.20**
Einstellungen für das Druckraster im Dialog von Drucken

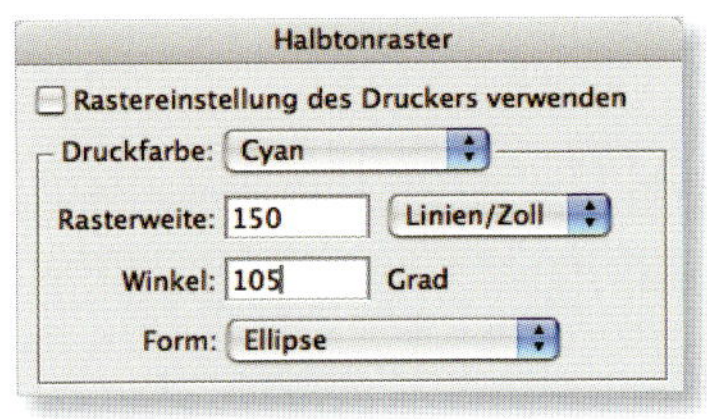

▲ **Abbildung 12.21**
Einstellungen für das Halbtonraster

▲ **Abbildung 12.22**
Auto-Rasterung

12.2.2 Auflösung: dpi, lpi & Co.

Die zuvor bereits erwähnten Begriffe Rasterweite und Auflösung hängen unmittelbar zusammen. In den gleichen Themenkreis gehören die Abkürzungen dpi (»dots per inch«), lpi (»lines per inch«) und ppi (»pixel per inch«). Hier gibt es immer wieder Verwechslungen.

Alle diese Größen spielen nicht erst bei der Druckausgabe eine Rolle, sondern finden sich bereits im Dialog Bild • Bildgrösse sowie unter Datei • Neu. In beiden Fällen werden wir nach den Maßen und nach der Auflösung gefragt. Die gewünschte Dateigröße kann in vielerlei Maßeinheiten eingestellt werden, sie wird aber prinzipiell immer mit ihren Pixel-Abmessungen angegeben. Das sind ja schließlich die elementaren Bildelemente (wörtlich: Picture Elements = Pixel).

ppi und dpi | Der Bezug zur häufig gebrauchten Maßeinheit Zoll wird als Auflösung in Pixel pro Zoll (ppi) angegeben, für Druckzwecke meist 300. Meist wird hier nicht ganz korrekt von dpi gesprochen.

Auflösung ändern | Will man lediglich die Auflösung ändern, deaktiviert man die Checkbox Bild neu berechnen mit und ändert entweder einen der beiden oberen Werte für die Dimensionen oder die Auflösung selbst. Alle drei Werte sind bei gegebener Bildgröße (Pixelmasse) natürlich direkt voneinander abhängig (Kettensymbol rechts neben den Werten).

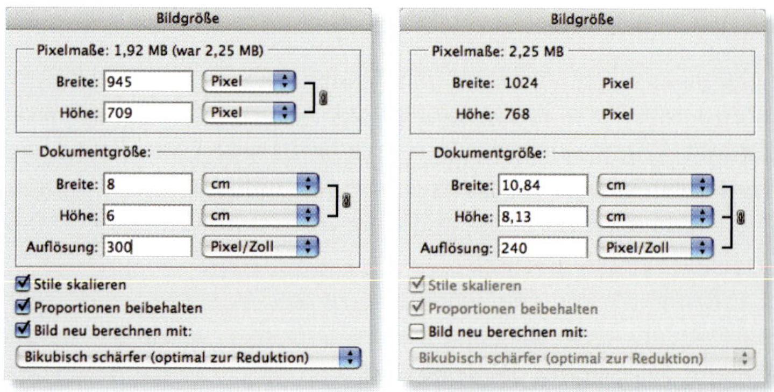

Abbildung 12.23 ▸
Dialog unter Bild • Bildgrösse für die Änderung der Bildgröße (links) und für die Änderung der Auflösung allein (rechts)

Dpi und Punktraster | Mit dpi wird die Auflösungsfähigkeit eines Druckers oder Belichters angegeben, der kleine Pünktchen (dots) druckt, um z. B. das Punktraster eines Druckfilms zu erstellen. Wenn man sich die winzigen Tropfen eines Tintenstrahldruckers unter der Lupe anschaut, kann man verstehen, warum deren Auflösung in dpi so hoch ist. So ein dot aus einem Tintentropfen entspricht eben noch lange keinem Bildpixel. Erst einige dieser Tropfen repräsentieren einen Pixel des Bildes.

Damit das menschliche Auge, das ja nicht mit einer Lupe bewaffnet ist, eine Fläche als homogen empfindet, braucht man etwa 150 Bildelemente pro Zoll (150 ppi). Ab dieser Auflösung kann man keine einzelnen Punkte mehr unterscheiden.

Offsetdruck | Beim Offsetdruck sind diese Bildelemente keine Pixel, sondern eben die Punkte des Druckrasters. Auch für diese gilt: Ab 150 Rasterlinien pro Zoll sieht man eine homogene Fläche. Diese Größe wird in lpi angegeben. 150 lpi sind die am häufigsten verwendete Standardauflösung im Druck. Bei einer

Zeitung liegt der Wert oft darunter (90 bis 100 lpi), und deswegen erkennt man dort das typische Druckraster.

Reicht also eine Datei mit 150 ppi für einen Druck mit 150 lpi aus? Theoretisch ja, aber die Umsetzung der rechtwinkligen Pixelstruktur in das schiefwinklige Druckraster ist bei einer 1:1-Umsetzung mit Verlusten und Ungenauigkeiten verbunden, sodass man in der Regel mit Reserven arbeitet.

lpi	lpcm	Qualitätsfaktor × 1	× 1,5	× 2	Anwendung
90	36er-Raster	90 ppi	135 ppi	180 ppi	Zeitungsdruck
100	40er-Raster	100 ppi	150 ppi	200 ppi	Zeitungsdruck
120	48er-Raster	120 ppi	180 ppi	240 ppi	ungestrichenes Papier
137	54er-Raster	137 ppi	205 ppi	274 ppi	gestrichenes Papier
150	**60er-Raster**	**150 ppi**	**225 ppi**	**300 ppi**	**gestrichenes Papier**
185	72er-Raster	185 ppi	277 ppi	370 ppi	Kunstdruck

▲ **Tabelle 12.2**
Bezüge zwischen lpi, den deutschen Rasterbezeichnungen und der Bildauflösung (die oft üblichen 300 dpi sind hervorgehoben)

Diesen Qualitätsfaktor setzt man gewöhnlich mit 2 an. Ein Qualitätsfaktor von 1,5 ist das Minimum. Dabei kommt man dann auf 300 ppi Auflösung. Diese Auflösung verwendet man gewöhnlich für Bilddateien, die später in den Druck gehen sollen. Im deutschen Sprachraum wird bei dieser Rasterweite von 150 lpi übrigens auch vom »60er-Raster« gesprochen.

12.3 Ausgabe-Formate

In der Vielfalt der Bild-Dateiformate, die Photoshop beherrscht, gibt es zum Glück nicht allzu viele, die für die Weiterverarbeitung in Richtung Satz und Druckerei infrage kommen.

12.3.1 TIFF

Als eine Art Industriestandard kann das TIFF (Tagged Image File Format) auf eine lange Geschichte als Pixelbildformat zurückblicken. Fast alle Programme und auch die verschiedenen Betriebssystem-Plattformen können mit TIFFs umgehen. TIFF ist ein sehr robustes Format, bei dem man eigentlich nicht viel falsch machen kann und das deshalb in der Druckbranche auch am weitesten verbreitet ist.

TIFFs können aber nicht nur Pixelbildinformationen enthalten, sondern auch Vektorinformationen wie Beschneidungspfade, die dann auch von Layout-Programmen wie Adobe InDesign oder QuarkXPress korrekt interpretiert werden. Selbst Ebenen werden von TIFF unterstützt. Bei diesem Feature wird es dann aber mit der Kompatibilität problematisch.

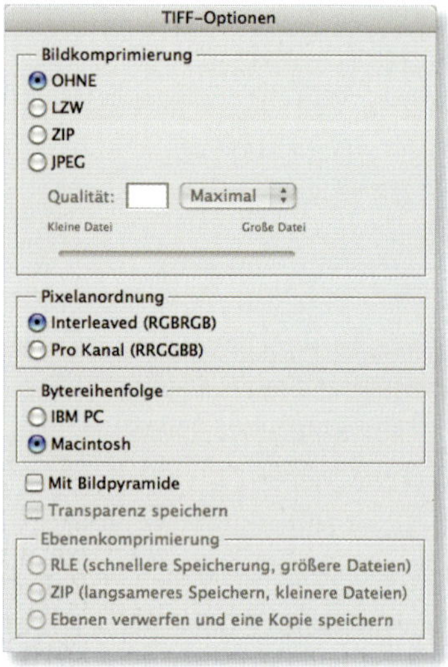

▲ **Abbildung 12.24**
Optionen für das TIFF-Format

TIFF-Optionen | Im Dialog für die TIFF-Optionen lässt sich einiges einstellen. Unter der Rubrik Bildkomprimierung bleibt man auf der sicheren Seite, wenn man Ohne wählt. Muss dennoch z. B. für die Datenübertragung per E-Mail, Web oder ISDN die Dateigröße reduziert werden, sollte man immer LZW verwenden. Das wird weitgehend verstanden. ZIP und JPEG sind mit Vorsicht zu genießen, hier lauern Probleme.

Die beiden folgenden Abteilungen Pixelanordnung und Bytereihenfolge kann man in der Regel übergehen: Die Varianten werden von den allermeisten Programmen verstanden. Auch alles Weitere im unteren Teil des Dialogs ist für spezielle Zwecke gedacht und hat mit der Nutzung von TIFF als Austauschformat im Bereich Druckausgabe nichts zu tun.

12.3.2 PDF

An sich ist das PDF-Format (Portable Document Format) weithin als universelles Austauschformat von eher textbasierten Informationen und gesetzten Dateien bekannt. Auch einzelne Bilder lassen sich ohne Umweg über ein Layout-Programm zu einem PDF machen, das man an die Druckerei schicken kann. Man denke nur an Party-Flyer, die ja oft komplett in Photoshop entstehen.

Optionen | In den Optionen des Dialogs Adobe PDF speichern sieht man viele Einstellungen, die von Adobe Acrobat bekannt sind. Hat man Adobe Acrobat auf dem Rechner installiert, so findet man hier auch die Job Options von Acrobat Distiller, die allen Adobe-Programmen mit PDF-Ausgabe systemweit zur Verfügung stehen. Im Idealfall haben Sie bereits eine solche Job Option von Ihrer Druckerei bekommen oder heruntergeladen und sie im entsprechenden Ordner abgelegt. Das ist normalerweise beim Mac Systemfestplatte/Library/Application Support/Adobe/Adobe PDF/Settings (oder an entsprechender Stelle im Benutzer-Ordner) und unter Windows C:\Programme\Adobe\Adobe Acrobat 8.0\Distillr\Settings. Dann braucht man unter Adobe PDF-Vorgabe ❶ nur noch die entsprechende Auswahl zu treffen und auf PDF speichern zu klicken.

Manche Druckereien verlangen PDFs nach der Norm PDF/X-3. Das lässt sich unter Standard ❸ bestimmen. Auch die Kompatibilität mit früheren Acrobat-Versionen können Sie einstellen ❷. Auf den beiden folgenden Dialogseiten kann man unter Komprimierung einstellen, wie Photoshop Bilder komprimiert, z. B. für die Verteilung des PDFs per E-Mail oder über das Web, und unter Ausgabe legt man fest, welche Farbprofile man dem PDF auf den Weg in die Druckerei mitgeben will (zu Farbprofilen siehe Kapitel 7.3).

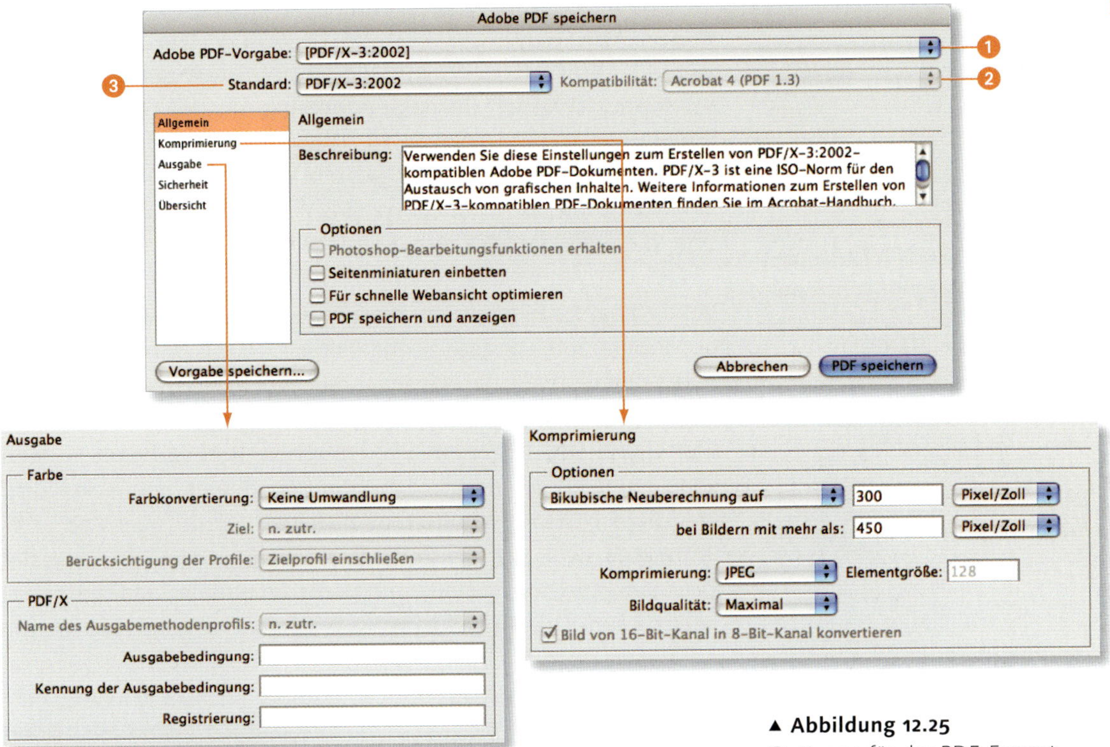

▲ **Abbildung 12.25**
Optionen für das PDF-Format

Preflight | Überprüfen können Sie die Tauglichkeit für die Druckerei mit der Preflight-Funktion in Adobe Acrobat 8 Professional. Unter ERWEITERT • PREFLIGHT können Sie PDF-Dokumente auf ihre Konformität zu bestimmten Standards hin überprüfen und sich die eventuell im Dokument vorhandenen Fehler anzeigen lassen. Unten wird ein Photoshop-PDF auf den Standard PDF/X-3 hin überprüft, der relativ strikt formuliert ist und viele Features, die an sich im PDF-Format erlaubt sind, ausschließt, um so die Fehleranfälligkeit zu verringern. Er wird deshalb bei Druckereien oft verlangt.

▼ **Abbildung 12.26**
Preflighting in Acrobat 8 (links die Prüfprofile, rechts das Ergebnis)

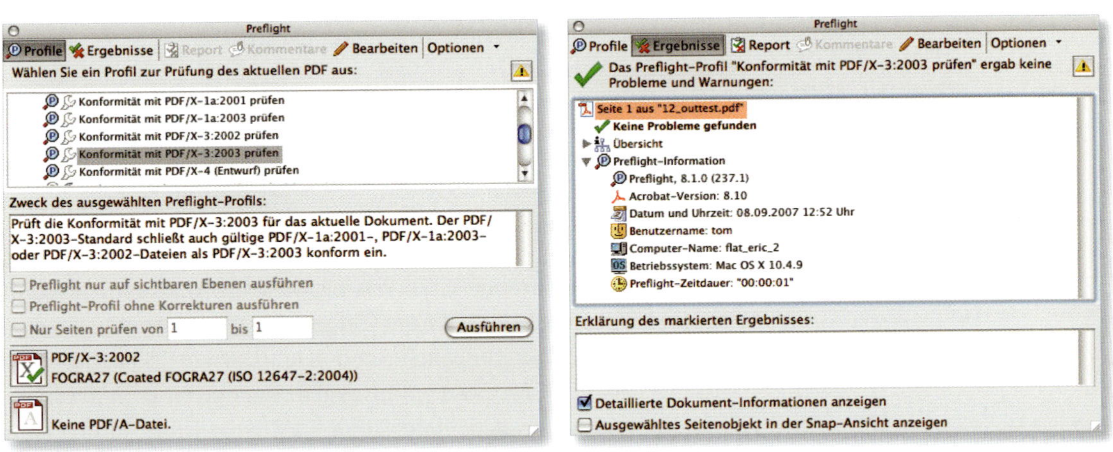

12.3.3 EPS

Das EPS-Format (Encapsulated PostScript) ist ein weiteres beliebtes Austauschformat im Zusammenhang mit der Druckausgabe. In der Regel ist es nicht mehr zur Weiterbearbeitung gedacht und schließt die Pixelbildinformationen in einen PostScript-Container ein. Da PostScript Dateien vor allem in Vektorform beschreibt, sind auch hier natürlich Freistellpfade möglich.

EPS-Dateien speichern ein Vorschaubild mit, das vor allem bei Vektorinhalten hilfreich ist. Diese Vorschaubilder werden in Layout-Programmen angezeigt und halten dort die Darstellung angenehm flüssig, weil das Vorschaubild wesentlich weniger Daten braucht als das Originalbild oder die Originalgrafik. Da ein EPS von einem Satzprogramm nicht mehr weiterbearbeitet werden kann, wird immer die ganze Datei zum Druck geschickt, auch wenn sie im Satz beschnitten oder skaliert wurde. Hier sind TIFFs im Vorteil, weil die meisten Layout-Programme TIFFs vor der Druckausgabe beschneiden und skalieren und das Bild sozusagen »netto« zum Drucker schicken.

Optionen | In den EPS-Optionen unter Vorschau kann man das Format für das eingebettete Vorschaubild bestimmen (Vorschau). Für die Arbeit am Windows-PC nimmt man TIFF, am Mac kann man unter Macintosh auch das Mac-interne PICT-Format dafür wählen. Die platzsparenden JPEG-Vorschaubilder werden nur am Mac unterstützt.

Die Kodierung ist eine häufige Fehlerquelle. Die Binär-Kodierung erzeugt zwar kleinere Dateien, kann aber auf Windows-Maschinen Ärger machen, weil einige Zeichen als Steuerzeichen für das System fehlinterpretiert werden können. Deshalb sollte man am PC immer die ASCII-Kodierung wählen. Das gilt natürlich auch für Mac-User, die Dateien in die Windows-Welt schicken.

Abbildung 12.27 ▼
EPS-Optionen

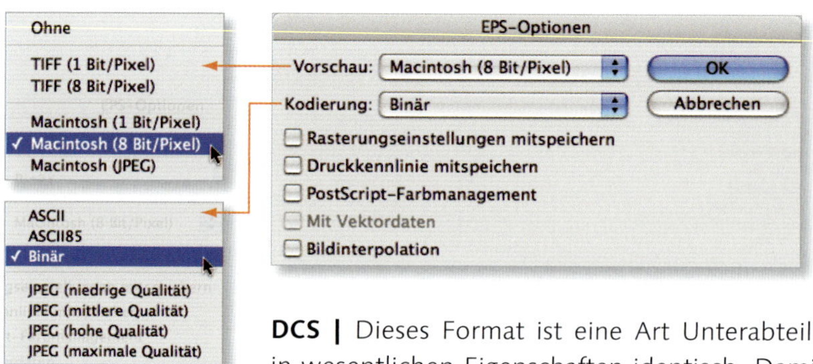

DCS | Dieses Format ist eine Art Unterabteilung von EPS und in wesentlichen Eigenschaften identisch. Damit können die einzelnen Farbkanäle und auch Schmuckfarbenkanäle (siehe Kapitel 5.7) als separate Dateien ausgegeben werden. DCS (Desktop Color Separation) ist in erster Linie für Filmbelichter interessant.

Es gibt zwei Versionen: DCS 1.0 und DCS 2.0, wobei erstere z. B. keine Schmuckfarben akzeptiert, sondern nur die vier Druckfarbenkanäle. Man kann wählen, ob man alle Farbkanäle in mehreren Dateien oder in einer einzigen abspeichern will.

◂ **Abbildung 12.28**
Speichermöglichkeiten für eine DCS-Datei als Mehrfach- oder Einzeldatei

12.3.4 Reden Sie mit Ihrer Druckerei!

Alles hier Gesagte soll und kann nicht die Kommunikation mit der Druckerei oder dem Dienstleister ersetzen, die oder der Ihre Bilder weiterverarbeitet. Beide haben in der Regel klare Vorgaben, wie sie die angelieferten Dateien haben wollen. Die meisten haben auf ihrer Website Download-Möglichkeiten für PDF-Job Options und ICC-Profile, die Sie nur an die entsprechende Stelle auf Ihrem Computer kopieren und dann benutzen müssen, wenn Sie Dateien verschicken. Auch sonstige Angaben wie Auflösung usw. sollten Sie genau beachten. Das spart Zeit, Nerven und vor allem Geld, denn viele Dienstleister in der Druckbranche verlangen teilweise deftige Aufschläge für Manipulationen, die notwendig werden, wenn man sich nicht an ihre Vorgaben hält. Abgesehen davon erhöht das auch Ihre eigene Produktionssicherheit: Sie wissen, was Sie bekommen.

12.4 Proofing

Bevor man Bilddaten aus dem Haus gibt, ist es von Vorteil, verlässlich zu wissen, ob wirklich alles passt. Auch wenn man weiß, dass man sich an alle Standards und die Vorgaben der Druckerei gehalten hat, ist es gut, dies auch zu kontrollieren.

12.4.1 Was ist ein Proof?

Die beste Möglichkeit dazu ist ein Proof. Dieser Druck dient einmal zur eigenen Kontrolle, ob ein Bild wirklich so ausschaut, wie es gedacht war. Ein weiterer Zweck ist die Abnahme durch den Kunden. Hat er diesen Druck akzeptiert, gilt das in der Regel (je nach Gestaltung der Auftragsbedingungen) als abgenommen. Gibt man diesen abgenommenen Proofdruck dann als Vorgabe gemeinsam mit den Daten in die Druckerei, so hat man sich relativ gut gegen Reklamationen abgesichert. Das ist jedoch mit einigen Voraussetzungen verbunden.

12.4.2 Proofdrucker

Man kann nicht mit jedem Drucker ein Proof erstellen. Ein Proofdrucker hat hohen Qualitätsansprüchen zu genügen. Er sollte zunächst über einen großen Farbraum verfügen, der zumindest größer sein muss als das, was später eine Druckerei an Farbumfang aufs Papier bringt. Dann sollte er sehr farbstabil sein, denn er ist ja im Grunde eine Art Referenzgerät.

Tintenstrahldrucker | Wenn man Proofdrucke nur von Bildern haben will, reicht im Grunde ein guter Tintenstrahldrucker, der sauber profiliert ist. Will man aber auch Vektor- und Layoutdaten proofen, z. B. aus Adobe Illustrator, Adobe InDesign oder QuarkXPress, führt kein Weg am einem Drucker vorbei, der PostScripttauglich ist, denn ohne diesen Standard läuft in der Datenkommunikation mit einem Druck-Dienstleister kaum etwas.

Früher wurden für Proofs Spezialdrucker mit eigenen Farben und Papieren eingesetzt (z. B. beim Cromalin-Verfahren). Heute werden meist hochwertige Tintenstrahldrucker als Proofdrucker eingesetzt. Sie sind meist sehr farbstabil, und der Umfang an darstellbaren Farben ist größer als derjenige des Offsetdrucks. (Farblaserdrucker sind zwar oft von Haus aus PostScript-fähig, aber beim Farbdruck meist sehr instabil, sodass sie kaum für diesen Zweck infrage kommen.)

RIP | In der Regel sorgen bei Tintenstrahldruckern Software-RIPs (Raster Image Processor) für die PostScript-Fähigkeit. Am Markt verfügbare Produkte sind z. B. EFI Colorproof (vormals Best, *http://www.efi.com*), ProofMaster (*http://proofmaster.net*) oder PowerRIP (*http://www.iproofsystems.com*).

Profilierung | Ein weiteres notwendiges Feature, das ein Proofdrucker haben muss, ist die Profilierbarkeit. Hier sei auf das ausführliche Kapitel 7, »Farbmanagement«, verwiesen. Ein Proofdrucker braucht unbedingt ein Farbprofil, weil er selbst die Farbausgabe z. B. derjenigen Druckmaschine simulieren muss, auf der dann der Auflagendruck stattfindet.

Photoshop benutzt für seine Bildbearbeitung einen Arbeitsfarbraum (z. B. ECI-RGB). Ein bearbeitetes Bild wird dann später in der Druckerei z. B. nach der Norm ISO Coated gedruckt. Für diese Norm gibt es ein Profil (oder die Druckerei hat ein eigenes Farbprofil für ihre Maschine, das sie Ihnen zur Verfügung stellt). Der Proofdrucker hat nun die Aufgabe, das später anzuwendende Profil vorab zu simulieren. Dafür muss natürlich auch sein eigenes Profil als Ausgabegerät ausgemessen worden sein.

Korrekturmechanismen aus!

Will man ein Proof drucken, müssen immer alle internen Farbkorrektur-Mechanismen des Druckers abgeschaltet werden, sonst hat das Farbmanagement keinen Sinn. Es müssen die gleichen Bedingungen herrschen, unter denen der Drucker profiliert wurde.

Beim Drucken eines Proofs muss Photoshop nun das Bild von seinem Arbeitsfarbraum ausgehend so von RGB nach CMYK umrechnen, dass es dem ISO Coated-Profil der Druckmaschine entspricht. Für den Probedruck auf dem Proofdrucker muss nun noch vom ISO Coated-Profil auf das gemessene Profil des Proofdruckers umgerechnet werden. Genau das ist die Aufgabe des Photoshop-Dialogs DRUCKEN.

12.4.3 Proofs drucken aus Photoshop

Die Möglichkeit, aus Photoshop Proofs zu drucken, findet sich unter DATEI • DRUCKEN ([Strg]/[⌘]+[P]).

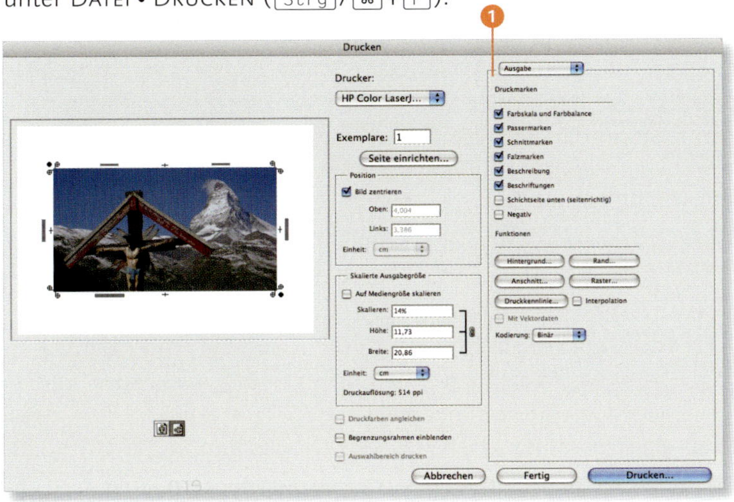

◄ **Abbildung 12.29**
Der neue Dialog DRUCKEN in Photoshop CS3

▲ **Abbildung 12.30**
Mitdrucken von Passermarken, Farb- und Grauskalen

Im Abschnitt AUSGABE kann man festlegen, ob und wie die Datei mit Farbskalen, Passermarken, Schnittmarken etc. ausgedruckt ❶ oder ob z. B. ein Hintergrund oder Rand mitgedruckt werden soll.

Farbmanagement | Spannender wird es, wenn man in den Modus FARBMANAGEMENT wechselt. Hier kann man zunächst oben auswählen, ob man das **Dokument** drucken will (Abbildung 12.31 links) oder ob man ein **Proof** dieses Dokuments haben will (Abbildung 12.31 rechts).

- Für das Drucken des DOKUMENTS stellt man die FARBHANDHABUNG auf FARBVERWALTUNG DURCH PHOTOSHOP ❷ und wählt unter DRUCKERPROFIL das ausgemessene Profil des Druckers ❸. Die RENDERPRIORITÄT richtet sich nach dem Motiv. PERZEPTIV ist bei Fotos in Ordnung ❹.
- Will man aber ein PROOF drucken, wählt man ebenfalls FARBVERWALTUNG DURCH PHOTOSHOP und als DRUCKERPROFIL ebenfalls das Profil des Druckers. Mit PROOF EINRICHTEN ❺ kommt das Wichtigste zum Schluss: Das Profil, das simuliert

HINWEIS

Bei einigen PostScript-RIPs werden die Farbprofile für den Drucker vom RIP verwaltet. Dann kann man dem RIP einfach CMYK-Daten mit dem Arbeitsfarbraum-Profil (z. B. ISO Coated) schicken und muss DRUCKER BESTIMMT FARBEN einstellen. Genaue Auskunft gibt das Handbuch des RIPs.

werden soll: Dieses schreibt entweder die Druckerei vor, oder es ist wie hier der CMYK-Arbeitsfarbraum, der in unserem Fall dem entspricht, den die Druckerei ihren Kunden generell empfiehlt (ISO FOGRA27 coated).

Wenn die Farbe des Papiers mit berücksichtigt werden soll (was z. B. beim Profil ISO uncoated yellowish für gelbliches Papier sinnvoll ist), muss man PAPIERFARBE SIMULIEREN ❻ aktivieren.

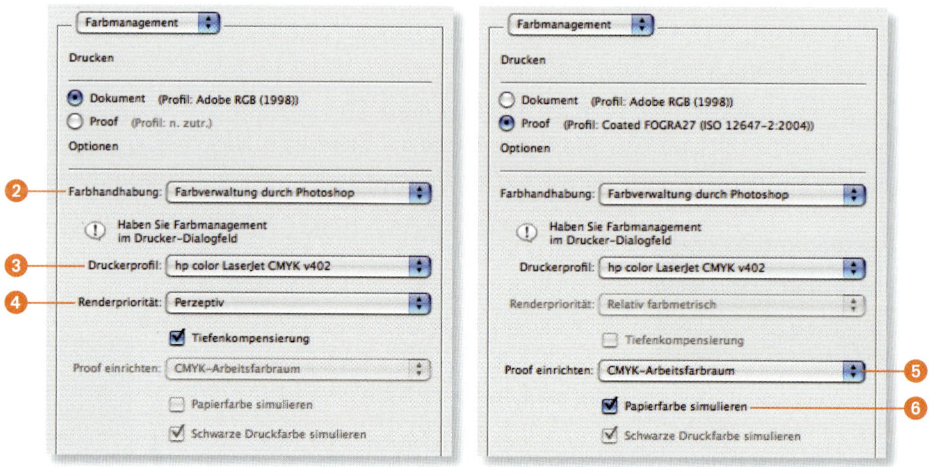

Abbildung 12.31 ▲
Unterabteilungen für DOKUMENT (links) und PROOF (rechts) im Druck-Dialog

Soll ein Proof zusammen mit den Druckdaten in die Druckerei gegeben werden, so empfiehlt es sich, neben den Farbskalen, die man im Druck-Dialog von Photoshop hinzufügen kann und die die vier Druckfarben und die drei primären Mischungen Rot, Blau und Grün umfassen, noch als Referenz den FOGRA-Medienkeil mitzudrucken.

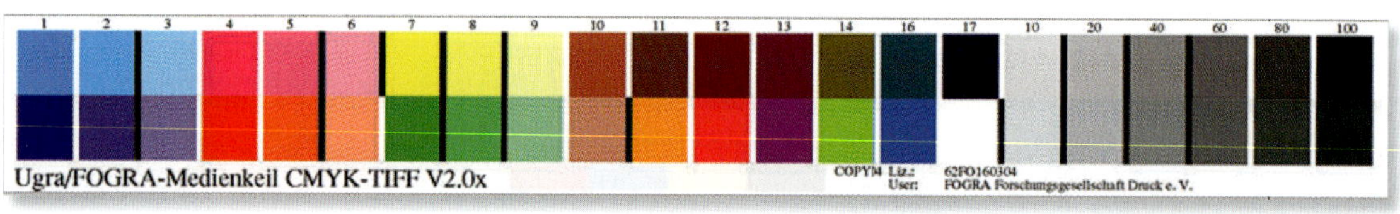

▲ Abbildung 12.32
FOGRA-Medienkeil

Dieser ist von der FOGRA (Forschungsgesellschaft Druck e.V., *http://www.fogra.de*) entwickelt worden und dort erhältlich. Wird der FOGRA-Medienkeil auf einem Proof mitgedruckt und hat die dazugehörige Druckdatei eines der ISO-Profile angehängt, weiß der Drucker an der Maschine verbindlich, was er vor sich hat. Das sorgt für Reklamationssicherheit.

12.4.4 Softproof

Neben dem Proofausdruck hat man bei Photoshop noch die Möglichkeit eines sogenannten Softproofs. Dabei wird nichts gedruckt (ein Softproof ist eben keine »Hard Copy«), sondern das Farbverhalten der beabsichtigten Druckausgabe wird am Bildschirm simuliert.

So wie beim Drucken eines Proofs ein profilierter Drucker Pflicht ist, muss hierzu der Monitor profiliert sein (zur Monitor-Profilierung siehe Kapitel 7).

Unter Ansicht • Farbproof oder mit Strg/⌘+Y kann man schnell zwischen der Ansicht der Datei im Arbeitsfarbraum und derjenigen im beabsichtigten Ausgabefarbraum umschalten. Doch zuvor muss das unter Ansicht • Proof einrichten eingestellt werden. Man findet hier eine ganze Reihe vorgefertigter Einstellungen. Neben druckrelevanten Ansichten (auch einzelner Druckplatten) kann man auch Bildschirm-Darstellungen auf Mac und Windows simulieren. Am häufigsten wird der Preset CMYK-Arbeitsfarbraum verwendet, den man ja in der Regel so einstellt, dass er bereits zur beabsichtigten Ausgabe passt. Es lassen sich auch benutzerdefinierte Proofs erstellen.

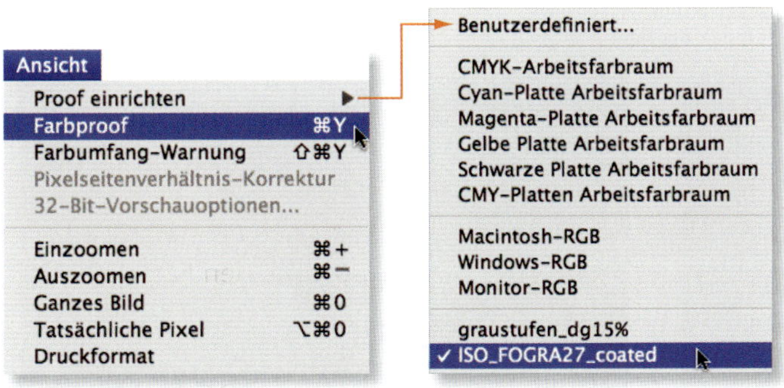

◂ **Abbildung 12.33**
Menüpunkte unter Ansicht für Softproof

Proof-Bedingungen anpassen | Dazu kann man im Dialog Proof-Bedingung anpassen einstellen, wie das geschehen soll. Unter Zu simulierendes Gerät wird das Farbprofil angegeben, das der Ausgabe entspricht, hier Europe ISO Coated FOGRA27. Darunter wird die Renderpriorität eingestellt (siehe hierzu Abschnitt 7.4.3). Außerdem kann die Papierfarbe mit simuliert werden. Mit Speichern werden diese Einstellungen unter einem eigenen Namen im Menü unter Ansicht • Proof einrichten verfügbar gemacht.

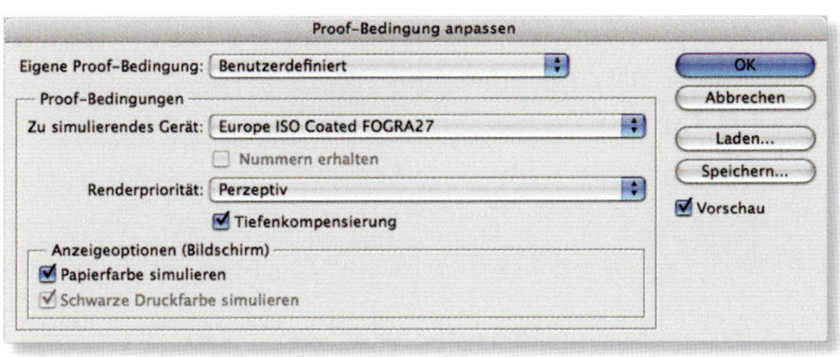

◂ **Abbildung 12.34**
Einstellungen für Softproof unter Proof-Bedingung anpassen

Zwei Ansichten | Angenehm ist die Möglichkeit, mit Fenster • Anordnen • Neues Fenster für [Dateiname] ein zweites Fenster für das Dokument zu öffnen und mit Fenster • Anordnen • Untereinander (oder Nebeneinander) zwei Ansichten gegenüberzustellen und in einer davon mit Strg/⌘+Y in die Softproof-Ansicht zu wechseln. Man hat dann einen guten A/B-Vergleich über die Auswirkung der Umrechnung der Datei in den Ausgabefarbraum.

Titelleiste | Wird eine Datei als Softproof angezeigt, wird das simulierte Profil in der Titelliste nach der Farbtiefe benannt (hier: .../8*/ISO_FOGRA27_coated). Bearbeitungen werden natürlich in beiden Fenstern angezeigt. Setzt man z. B. die Sättigung herauf, so werden bei eingeschalteter Farbumfang-Warnung (Strg/⌘+⇧+Y) in der Normalansicht die nicht mehr druckbaren Bereiche markiert, die über den Gesamtfarbauftrag hinausgehen, während man im Softproof sehen kann, wie sich das visuell im Farbauftrag auswirkt.

Abbildung 12.35 ▼
A/B-Vergleich mit zwei Fenstern der gleichen Datei, links als Softproof, rechts in der Normalansicht (RGB-Arbeitsfarbraum)

13 Automatisierung in Photoshop

Immer wiederkehrende Aufgaben sind langweilig, mühsam, oft stumpfsinnig und vor allem fehleranfällig. Das ist auch in Photoshop so. Zum Glück ist Photoshop in weiten Grenzen automatisierbar und kann so nervige Routineaufgaben selbstständig abarbeiten.

13.1 Möglichkeiten der Automatisierung

Dafür gibt es einige Möglichkeiten mit deutlichen Unterschieden in Komfort und Leistungsfähigkeit:

Aktionen | Mit Aktionen kann man Befehle und Operationen von Photoshop aufzeichnen lassen, während man ganz normal auf der Benutzeroberfläche arbeitet. Diese Aktionen lassen sich dann mit eigenen Tastenbefehlen (Shortcuts) versehen oder über die Aktionen-Palette »abspielen«. Fast alle Funktionen von Photoshop lassen sich so zu ganzen Befehlssequenzen zusammenhängen, die dann mit einem Mausklick oder Tastendruck gestartet werden können. Diese Möglichkeit ist z. B. verwandt mit der Makro-Aufzeichnung in Microsoft Word oder Excel.

Stapelverarbeitung | Aktionen lassen sich mit der Stapelverarbeitung auf ganze Ordner anwenden. Dabei können die Originale überschrieben oder die Ergebnisse in neue Ordner ausgegeben werden.

Droplets | Droplets sind Aktionen, die als eigenes kleines Programm abgespeichert werden. Sie gestatten, dass man im Finder (Mac) oder Explorer (Windows) einfach mehrere Dateien oder ganze Ordner auf das Icon eines solchen Droplets zieht, das daraufhin die einprogrammierte Aktion in Photoshop startet.

Bildverarbeitung von Bridge | Die Bildverarbeitung von Bridge kann auf alle Aktionen in Photoshop zugreifen und diese mit Mehrfachauswahlen von Bildern starten.

Arbeiten mit Datensätzen | Beim Arbeiten mit Datensätzen ergeben sich weitreichende Möglichkeiten der Rationalisierung und Zeitersparnis. Es werden externe Datenbestände dazu benutzt, in einer Datei die Sichtbarkeit und den Inhalt von Ebenen sowie Text zu manipulieren. Die Schnittstelle ist dabei eine Texttabelle, die praktisch jedes Datenbank- und Tabellenkalkulationsprogramm ausgeben kann.

Scripting | Das Scripting von Photoshop ist schließlich die hohe Schule: Hier hat man fast vollständigen Zugriff auf den »Motor« von Photoshop und kann sogar eigene, neue Programmteile schreiben. Drei Programmiersprachen stehen dazu zur Verfügung: VBScript (nur auf Windows), AppleScript (nur am Mac) und JavaScript (auf Mac und Windows). Im Gegensatz zu den vorgenannten Möglichkeiten muss man hier richtig programmieren. Das kann beliebig anspruchsvoll werden. Entsprechend ist der Lernaufwand, aber auch die Vielfalt der Möglichkeiten.

All diese Methoden, sich die tägliche Arbeit zu erleichtern, sollen nun an Beispielen erläutert werden. Es lohnt sich erfahrungsgemäß meistens, ein paar Stunden Arbeit in die Erstellung solcher Automatiken zu stecken, wenn man sich dadurch Tage mit öden Jobs ersparen oder Agenturpraktikanten mit sinnvolleren Tätigkeiten versorgen kann.

13.2 Automatisierung durch Photoshop-Funktionen

13.2.1 Aktionen

Mögliche Tastaturbefehle

Nicht alle Tastaturen verfügen über die Tasten F13 bis F15, besonders Notebooks nicht. Auch sind manche Funktionstasten vom System belegt, wie z. B. beim Mac für die Exposé-Funktion. Nach der Erstinstallation von Photoshop sind einige Funktionstasten für den Aufruf einzelner Paletten belegt. Das kann man aber ändern.

Die Aktionen-Palette | Unter Fenster • Aktionen öffnet man die Aktionen-Palette (links), an deren Fuß sich die wichtigsten Steuerungselemente für die Erstellung und den Ablauf von Aktionen befinden. Aktionen sind in Sets organisiert, die man mit dem Button ❸ erstellen kann. Eine neue Aktion (rechts) erzeugt man mit dem Button Neue Aktion ❹.

Nachdem man sie benannt und einem Set zugeordnet hat, beginnt die »Aufnahme« und der rote »Record«-Button ❷ ist aktiviert. Ab jetzt wird alles aufgezeichnet, was in Photoshop passiert. Ist man fertig, wird die Aufzeichnung mit dem »Stopp«-Button ❶ beendet.

Durch einen Doppelklick auf die Aktion in der Palette kann man die Optionen für die Aktionen (rechts) jederzeit wieder aufrufen, um z. B. dieser Aktion einen Shortcut oder eine farbige Markierung für den Schaltermodus (jede Aktion hat dort einen Button) der Aktionen-Palette zuzuweisen. Dafür stehen die Funktionstasten von F1 bis F15 in Kombination mit Strg/ und/oder der ⇧-Taste zur Verfügung. Das reicht für maximal 60 Aktionen.

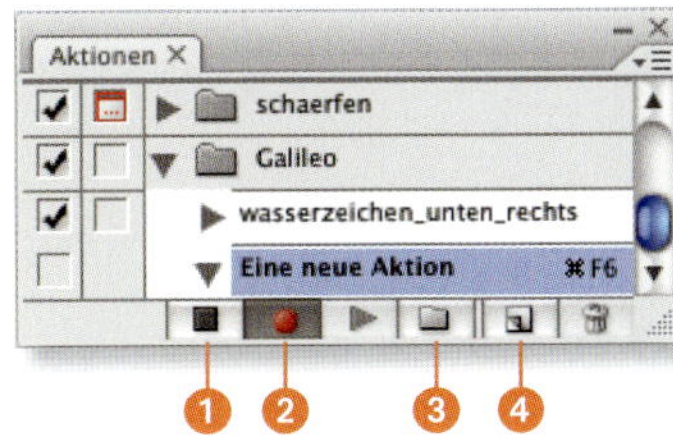

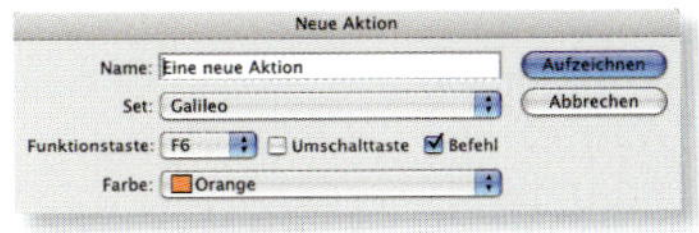

▲ **Abbildung 13.1**
Aktionen-Palette und Optionen für Aktionen

Das Palettenmenü | Im Menü der Aktionen-Palette lassen sich Aktionen-Sets löschen, laden, ersetzen und speichern. Gespeicherte Aktionen-Sets mit der Endung »*.atn« sind plattformübergreifend einsetzbar. Man kann diese sehr kleinen Dateien z. B. auf einen Memory Stick laden und so »sein« Photoshop »mitnehmen«.

Aktion erstellen | Da Aktionen Schritt für Schritt aufgezeichnet werden, liegt es natürlich nahe, Ihnen das auch genauso vorzustellen:

Daten auf der DVD
Sie finden die Dateien zu diesem Workshop auf der Buch-DVD im Ordner BEISPIELDATEIEN/ 13_AUTOMATISIEREN/ WASSERZEICHEN_AKTION.

Schritt für Schritt: Wasserzeichen-Aktion

Bei dieser Aktion soll ein Wasserzeichen mit einem Copyright-Vermerk und einem Logo in ein Bild eingebaut werden, sodass es zwar im Bild sichtbar ist, aber dieses nicht abgedeckt wird. Der Look soll an eine Prägung erinnern. Um die Schwierigkeit ein wenig zu steigern, soll es in der rechten unteren Ecke positioniert werden, und zwar egal, wie groß das Bild ist und ob es ein Hoch- oder Querformat aufweist. Außerdem soll für das Wasserzeichen keine externe Datei bemüht werden, damit die Aktion universell anwendbar ist. Klingt schwierig? Ist aber nicht so schlimm.

◀ **Abbildung 13.2**
So soll das Wasserzeichen nach der Aktion im Bild stehen.

1 Wasserzeichen importieren

Das Wasserzeichen wurde in Adobe Illustrator entworfen. Damit die Prägung später gut aussieht, sollten keine allzu dünnen Linien verwendet werden. Wichtig ist, dass der Text komplett in Pfade (Outlines) umgewandelt wird.

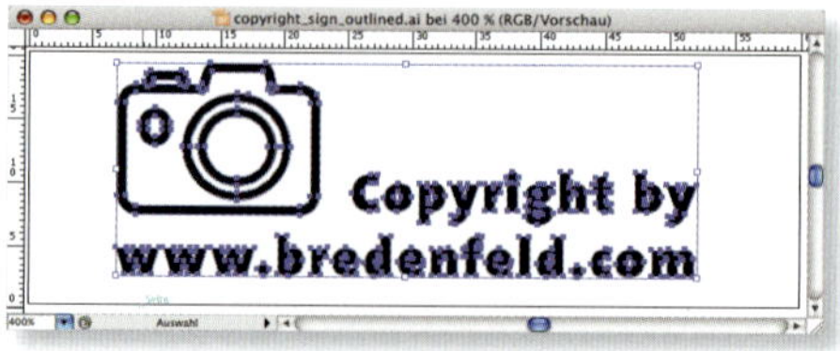

Abbildung 13.3 ►
Wasserzeichen in Adobe Illustrator

Das komplette Wasserzeichen wird in Illustrator markiert und kopiert. In Photoshop wird es nun eingefügt, wobei man gefragt wird, wie das passieren soll. Wir brauchen es als Pfad.

Der Pfad ist relativ klein, und so nutzen wir gleich die nach dem Einfügen noch vorhandene Transformationsbox, um das Wasserzeichen zu vergrößern. Auch die Drehung um 90° erledigen wir hier gleich mit.

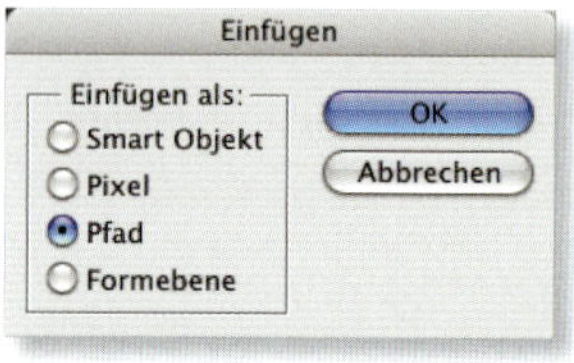

▲ **Abbildung 13.4**
Wasserzeichen als Pfad einfügen

Abbildung 13.5 ►
Wasserzeichen-Pfad skaliert und rotiert

2 Aufzeichnung beginnen

Mit dem »Record«-Button am Fuß der Aktionen-Palette oder mit dem Menübefehl Neue Aktion beginnen wir die Aufzeichnung, indem die Aktion benannt und einem Set zugewiesen wird. Dann wird als erster Schritt im Palettenmenü der Befehl Pfad einfügen aufgerufen. Dafür muss der Wasserzeichen-Pfad mit dem Pfadauswahl-Werkzeug [A] ausgewählt sein. Mit diesem kleinen Trick werden alle Daten, die den Pfad beschreiben, zu einem Bestandteil der Aktion.

Die Original-Illustrator-Datei wird dadurch nicht mehr benötigt. Die Koordinaten für alle Ankerpunkte und alle Kurvendaten werden in den Aktionsschritt geschrieben.

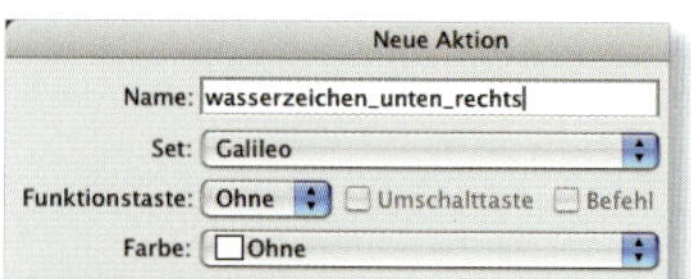

▲ **Abbildung 13.6**
Beginn der Aufzeichnung mit der Integration des Wasserzeichen-Pfades in die Aktion

3 Pfad als Auswahl auf neuer Ebene füllen

Nun wird der Pfad (Arbeitspfad) in der Pfade-Palette mit gedrückter [Strg]/[⌘]-Taste angeklickt und dadurch als Auswahl geladen. Dann wird mit EBENE • NEU • EBENE oder [Strg]/[⌘]+[⇧]+[N] eine neue Ebene über der Hintergrundebene mit dem Bild erzeugt. Die Auswahl wird dort mit BEARBEITEN • FLÄCHE FÜLLEN mit irgendeiner Farbe ausgefüllt.

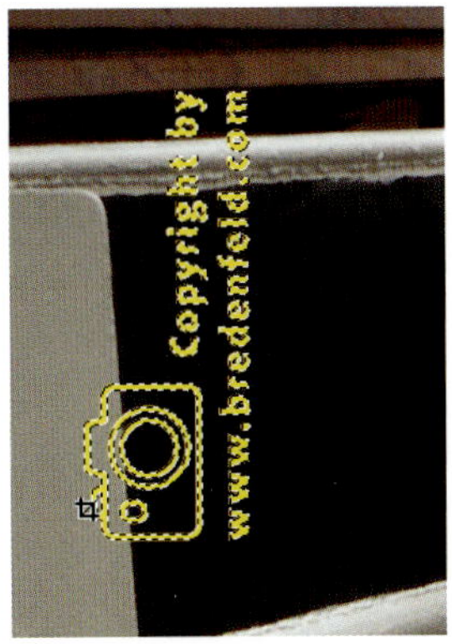

▲ **Abbildung 13.7**
Das Wasserzeichen mit Farbe füllen

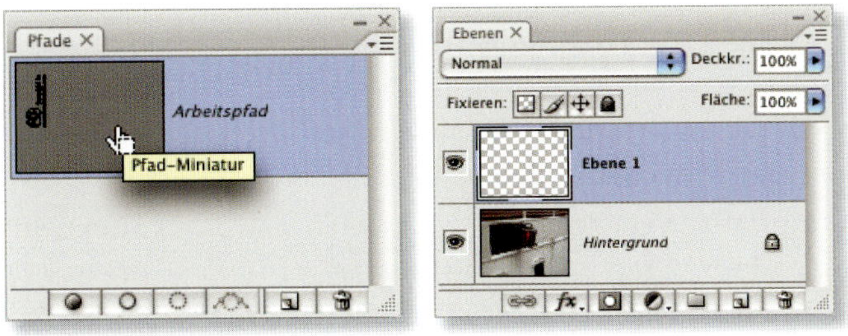

▲ **Abbildung 13.8**
Der Wasserzeichen-Pfad wird als Auswahl geladen

4 Wasserzeichen positionieren

Um das Wasserzeichen in der rechten unteren Ecke zu platzieren, muss man einen kleinen Trick anwenden, damit das immer klappt, denn die Aktion soll ja unabhängig von Hoch- oder Querformat und Bildgröße funktionieren. Dazu wählt man mit [Strg]/[⌘]+[A] alles aus. Dann wählt man bei aktiver Wasserzeichen-Ebene den Befehl EBENE • EBENEN AN AUSWAHL AUSRICHTEN und dort einmal UNTERE KANTEN und danach einmal RECHTE KANTEN. Dadurch wandert das Wasserzeichen in die rechte untere Ecke. Weil hier keinerlei Maß- oder Distanzangaben gemacht wurden, wird das später immer funktionieren.

Anschließend wird das bündig am Rand sitzende Wasserzeichen vom Rand weggerückt. Dazu wählt man den Befehl BEARBEITEN • FREI TRANSFORMIEREN und benutzt die Cursor-Tasten, um das Wasserzeichen ein wenig nach links oben zu schieben.

Bewegen in Aktionen

Soll bei Aktionen etwas im Bild bewegt werden, so muss das immer über BEARBEITEN • FREI TRANSFORMIEREN geschehen. Mit dem Bewegen-Werkzeug funktioniert das nicht!

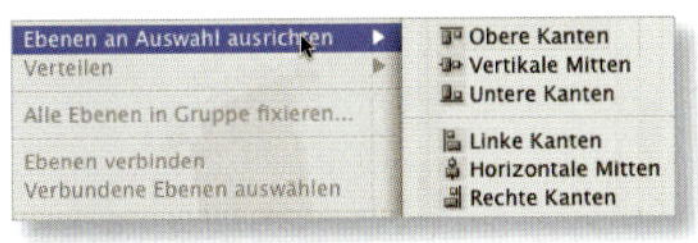

◀▲ **Abbildung 13.9**
Mit EBENEN AN AUSWAHL AUSRICHTEN wird das Wasserzeichen rechts unten platziert (linke Abbildung).

◀ **Abbildung 13.10**
Das Wasserzeichen wird im Bild mit der Transformationsbox und den Cursor-Tasten bewegt.

5 Prägeeffekt anwenden

Nun soll das Wasserzeichen einen Effekt im Bild bekommen, der an eine Stempelprägung erinnert. Dadurch ist das Bild nirgends verdeckt und das Zeichen trotzdem immer zu sehen. Hierzu wird ein Ebeneneffekt herangezogen, und zwar EBENE • EBENENSTIL • ABGEFLACHTE KANTE UND RELIEF. Der Stil wird mit RELIEF AN ALLEN KANTEN eingestellt ❶. Damit die Prägung genug vom Bild darunter durchscheinen lässt, werden die Lichter ❷ und Tiefen ❸ an den Kanten zurückgenommen. Nun muss noch in der Ebenen-Palette für diese Ebene der Wert für FLÄCHE auf 0% gesetzt werden, denn wir wollen nur den Effekt sehen, nicht die Farbe, die wir dem Wasserzeichen gegeben haben.

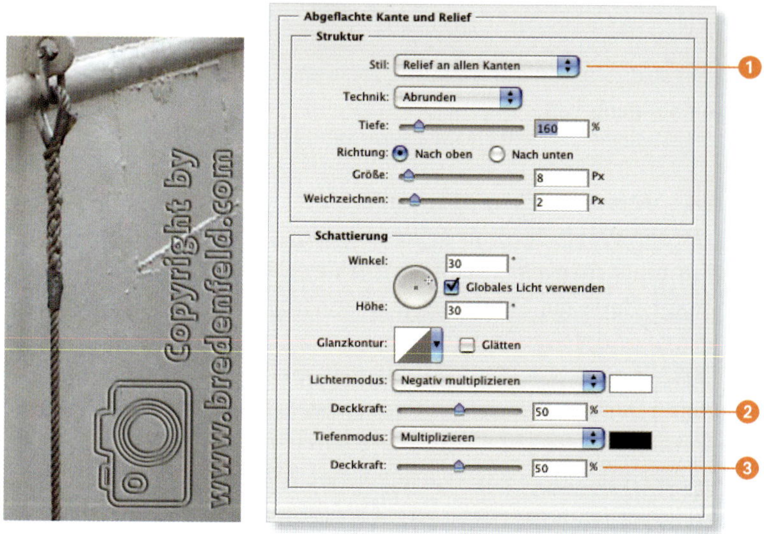

Abbildung 13.11 ▶
Prägung mittels Ebeneneffekt

6 Aufräumen

Am Schluss muss die Datei noch »aufgeräumt« werden. Zunächst muss der Arbeitspfad gelöscht werden, denn er soll ja nicht mit dem Bild mitgeliefert werden. Dazu zieht man ihn einfach in der Pfade-Palette auf den Papierkorb. Noch haben wir das Wasserzeichen auf einer separaten Ebene. Mit EBENE • AUF HINTERGRUNDEBENE REDUZIEREN verschmelzen die beiden Ebenen. Danach können wir die Aufzeichnung stoppen und in der Pfade-Palette den Ablauf sehen. Bis auf ARBEITSPFAD EINSTELLEN ❹ und EINSTELLEN AKTUELLE EBENE ❺ sind alle Schritte aufgeklappt.

Bei ARBEITSPFAD EINSTELLEN werden alle Punkte mit ihren Koordinaten aufgezeichnet. Das ist entsprechend umfangreich. Hinter EINSTELLEN AKTUELLE EBENE verbergen sich alle Parameter, die man bei Ebenen einstellen kann, also neben Deckkraft, Modus usw. auch die Ebeneneffekte. Es wird alles aufgezeich-

Bewegen in der Ebenen-Palette

Bei Ebenen gibt es eine wichtige Einschränkung in Bezug auf Aktionen: Klickt man auf eine Ebene, wird deren Name aufgezeichnet. Er kann aber bei anderen Dateien anders lauten, worauf die Aktion mit einer Fehlermeldung abbricht. Man sollte sich stattdessen in der Ebenen-Palette mit Shortcuts eine Ebene hinauf- (Alt+. (Punkt)) bzw. hinunterbewegen (Alt+, (Komma)). Die oberste Ebene erricht man mit Alt+⇧+- (Bindestrich), die unterste mit Alt+-. Dann wird alles korrekt aufgezeichnet.

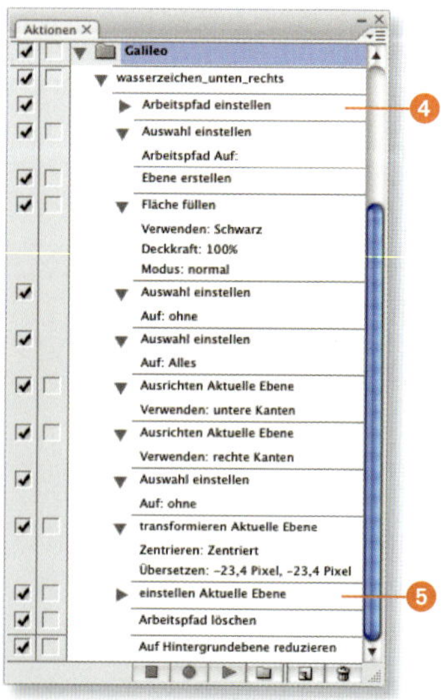

▲ **Abbildung 13.12**
Der Ablauf der gesamten Aktion

net, auch die Werte, die nicht verändert wurden. Hier gibt es ebenfalls eine längere Kolonne an Befehlen. ■

13.2.2 Stapelverarbeitung

Das Starten einer Aktion mit dem kleinen »Play«-Button am Fuß der Aktionen-Palette oder mit einem zugewiesenen Shortcut ist auf die Operation mit Einzeldateien beschränkt. Sollte eine größere Menge Bilder mit einer Aktion verarbeitet werden, muss diese über Datei • Automatisieren • Stapelverarbeitung aufgerufen werden.

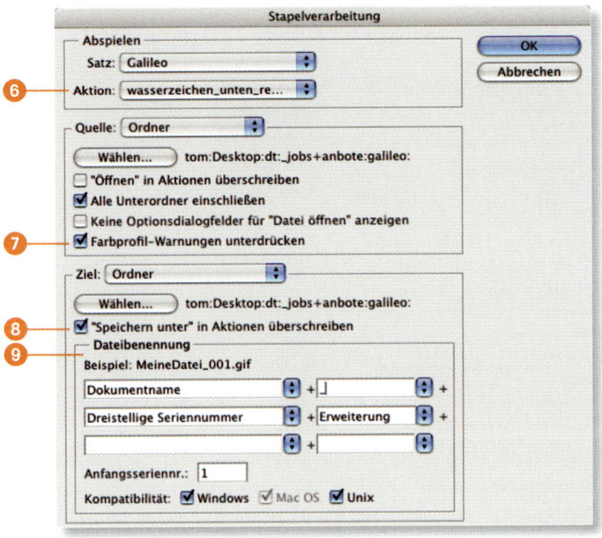

◀ **Abbildung 13.13**
Der Dialog der Stapelverarbeitung

Speichern bei der Stapelverarbeitung

Wenn Sie den Befehl Speichern unter aufzeichnen, müssen Sie dafür sorgen, dass im Dateidialog der Dateiname nicht geändert wird. Sobald man das tut, wird dieser Name aufgezeichnet, in einer späteren Stapelverarbeitung eine Datei dieses Namens erzeugt und immer wieder überschrieben. Wechseln Sie vor dem Speichern zu einem anderen oder zu einem neuen Ordner. Dann wird kein Dateiname festgelegt und die Aktion funktioniert wie gewünscht in einer Stapelverarbeitung.

Dazu gibt es einen umfangreicheren Dialog, in dem man zunächst festlegt, welche Aktion aus welchem Set benutzt werden soll ❻. Unter Quelle kann man festlegen, ob es sich um einen Ordner, alle in Photoshop geöffneten Dateien, eine Auswahl in Bridge oder eine externe Quelle (Scanner) handelt. Wichtig ist meist, dass man Farbprofil-Warnungen unterdrücken ❼ auswählen muss. Sonst wird eventuell bei jedem einzelnen Bild nachgefragt, was bei der Profil-Fehlerbehandlung (s. Abschnitt 7.4) zu tun ist.

Bei Ziel kann im gleichen Ordner (Speichern und Schliessen) oder in einem anderen Ordner gespeichert werden. Letzteres ist aus Sicherheitsgründen immer zu empfehlen. Hier ist zu beachten, dass man »Speichern unter« in Aktionen überschreiben aktivieren muss ❽. Sind in Aktionen Formatwechsel aufgezeichnet (z. B. von PSD nach JPEG), so sind damit meist Pfadangaben verbunden, die Dateien in falsche Ordner speichern oder auch versehentlich andere Dateien überschreiben können. Die letzte Abteilung ❾ kümmert sich um die Benennung.

13.2.3 Der Bildprozessor

Eine ähnliche, wenn auch leicht erweiterte Aufgabe hat der Bildprozessor. Er ist sowohl aus Adobe Bridge mit Werkzeuge • Photoshop • Bildverarbeitung als auch von Photoshop aus mit Datei • Skripten • Bildprozessor aufzurufen. Lediglich die Optionen zum Öffnen der Dateien sind bei beiden Wegen unterschiedlich.

Angenehm beim Bildprozessor ist, dass er mehrere Formate gleichzeitig aus einem Bild generieren kann und das auch noch in verschiedenen Größen (Abteilung ❸ im Dialog). Am Schluss kann man eine verfügbare Photoshop-Aktion abarbeiten lassen. Eine weitere angenehme Ergänzung gegenüber der Stapelverarbeitung ist die Speichermöglichkeit für die Einstellungen.

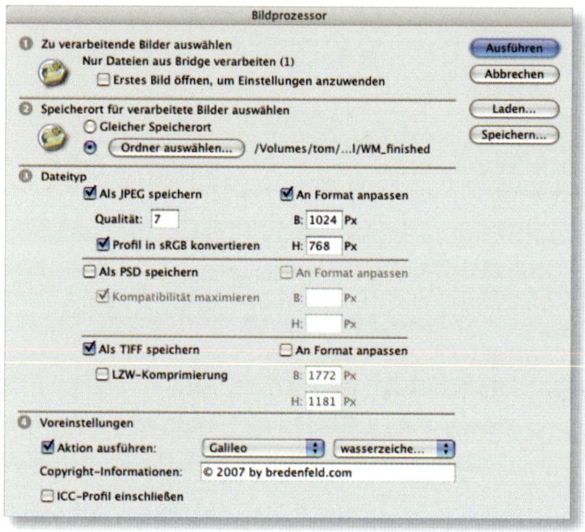

Abbildung 13.14 ►
Der Bildprozessor

13.2.4 Droplets

Droplets sind kleine Programme, die lediglich dazu dienen, alle Dateien oder Ordner, die im Finder (Mac) oder Explorer (Windows) auf das Droplet-Icon gezogen werden, mit einer bestimmten Aktion in Photoshop abzuarbeiten und Photoshop zu starten, wenn das Programm nicht offen sein sollte.

Droplet erstellen | Man kann sie unter Datei • Automatisieren • Droplet erstellen produzieren. Bedingung ist eine bereits vorhandene Aktion. Der Dialog für die Erstellung von Droplets unterscheidet sich kaum von dem der Stapelverarbeitung. Lediglich im oberen Teil wird nach einem Ort für das Speichern des fertigen Droplets gefragt. Der ganze untere Teil ist im Wesentlichen derselbe wie bei der Stapelverarbeitung. Was ist bei den geringen Unterschieden der Vorteil von Droplets?

Bei der Stapelverarbeitung muss man für jeden abzuarbeitenden Stapel den Dialog neu aufrufen, um Start- und Zielordner zu definieren. Das erübrigt sich bei den Droplets, weil sie auf ihren Standort bezogen sind.

Watched Folders | Eine sehr interessante Einsatzmöglichkeit von Droplets ist ihr Gebrauch im Zusammenhang mit sogenannten »Watched Folders« oder »Hot Folders«. Das sind Ordner, die bei Veränderungen ihres Inhalts in irgendeiner Form reagieren. Der eine oder andere Leser wird das vom Adobe Acrobat Distiller kennen. Beim Mac geschieht dies mit AppleScript in den »Ordneraktionen«, bei Windows kann man so etwas mit VBScript realisieren.

Ein Beispiel: Ein Photoshop-Droplet sorgt mit seiner Aktion dafür, dass ein Bild verkleinert und mit einem Schatten auf weißem Hintergrund versehen wird, um anschließend als JPEG-Datei mit 50 % Qualität abgespeichert zu werden, z. B. für den Einsatz in einem Produktkatalog im Web. Wenn nun ein solches Watched-Folder-Skript dafür sorgt, dass alle Dateien, die neu in diesen Ordner hereinkommen, automatisch mit dem Droplet geöffnet werden, um dann in einen Unterordner gespeichert zu werden, kann man redundante Arbeitsabläufe sehr stark vereinfachen. Man braucht nur noch Bilder in einen derart präparierten Ordner zu legen. Alles Weitere geschieht dann automatisch.

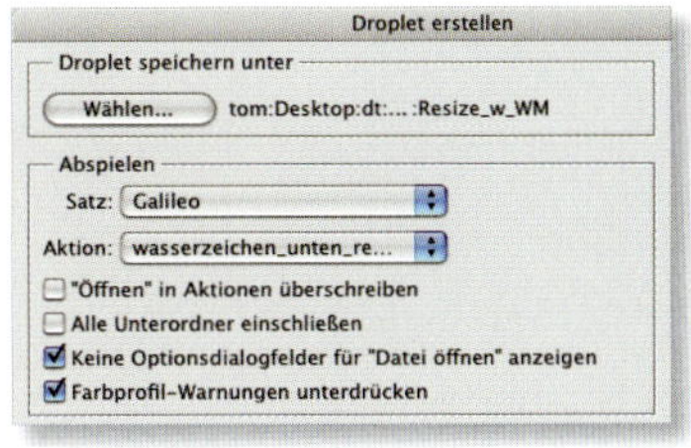

▲ **Abbildung 13.15**
Einstellungen für die Droplet-Erstellung

13.2.5 Mehrfachscans freistellen und ausrichten

Nicht direkt mit dem Bildprozessor und der Stapelverarbeitung verwandt, aber ebenfalls unter Datei • Automatisieren zu finden, ist das sehr zeitsparende Feature Fotos freistellen und ausrichten. Sie kennen das: Eine Reihe von Fotos muss eingescannt werden, und natürlich wird nicht jedes einzeln behandelt, sondern man gibt so viele Fotos in den Scanner, wie auf der Scanner-Fläche Platz haben. Gute Scansoftware bietet immerhin die Möglichkeit, jedes Foto mit einem Rahmen zu versehen und diesem Rahmen eigene Einstellungen zu geben. So bekommt man dann einzelne Dateien aus einem Scan. Dieses Verfahren spart zwar Zeit gegenüber den Einzelscans, erfordert aber doch für jeden Mehrfachscan ein wenig Handarbeit für die Rahmen. Manche Scanner haben dieses Feature auch gar nicht.

Hier hilft Photoshop: Scannen Sie einfach die ganze Fläche – natürlich mit den Einstellungen, die alle Bilder mindestens in gewünschter Qualität liefern –, und teilen Sie dann die Scan-Datei mit Datei • Automatisieren • Fotos freistellen und ausrichten in Einzeldateien auf. Das Einzige, was Sie fallweise vor dem Speichern noch tun müssen, ist, einzelne Bilder um plus/minus 90 Grad oder 180 Grad zu drehen, denn Photoshop erkennt ja (noch) nicht, wo auf einem Foto oben oder unten ist.

Abbildung 13.16 ▶
Scans von mehreren Bildern können von Photoshop automatisch getrennt und begradigt werden.

13.3 Arbeiten mit Variablen

Mit Einführung der ersten Version seiner Creative Suite hat Adobe in das Webgrafik-Programm ImageReady ein neues Feature eingebaut, das – etwas versteckt – ein mächtiges Werkzeug zur Produktion von Mutationen einer Datei darstellte. Zunächst war es offenbar in erster Linie für die Produktion von Webgrafiken gedacht.

Seit der Creative Suite 2 findet sich diese Funktion nun auch in Photoshop unter dem Befehl Bild • Variablen. Wir finden hier ein echtes Productivity-Tool, das zum einen fehleranfällige Routinearbeit erledigen kann und zum anderen gleichzeitig eine Anbindung an Datenbestände z. B. aus der Warenwirtschaft oder einem Adressverzeichnis bietet. Was tut diese Funktion nun genau?

13.3.1 Aufgaben der Variablen

Mit der Variablen-Funktion in Photoshop lassen sich Dateien in drei wichtigen Eigenschaften durch Daten, die in Textform vorliegen, modifizieren:

- Die **Sichtbarkeit einer Ebene** kann durch externe Daten mit `TRUE` oder `FALSE` ein- oder ausgeschaltet werden.
- Der **Text** in Textebenen lässt sich durch Text aus externen Daten ersetzen.
- Der **Inhalt einer Bildebene** (Pixelinformationen) kann durch eine externe Bilddatei ausgetauscht werden. Die zugeführten Daten liefern den jeweiligen Dateinamen bzw. Pfad dazu.

13.3.2 Variablen anwenden

Wie man eine Datei für die Variablen-Funktion vorbereitet und dann mit Daten »füttert«, soll in einem kleinen Workshop verdeutlicht werden.

Schritt für Schritt: Produktion von Gutschein-Mutationen

Ein profanes Beispiel aus dem Produktionsalltag: Ein kleiner Baumarkt will eine Gutscheinaktion starten und verschiedene Produkte bewerben. Sie bekommen zu jedem Produkt ein Foto und eine Excel-Tabelle mit allen Daten zu allen Produkten, die der Kunde auf dem Gutschein sehen will. Außerdem soll ein Barcode, der die Einlösung des Gutscheins an der Kasse erleichtern soll, gleich in die Datei integriert werden. Der Kunde will pro Produkt eine druckfertige CMYK-TIFF-Datei, die er an die Zeitungen weitergeben kann, in denen er seine Kampagne inseriert.

Sie sollen nun davon Mutationen produzieren. Wie viele das sein sollen, kann der Kunde momentan noch nicht sagen. Da eine Kalkulation auf dieser Basis schwierig ist, muss also eine Lösung her, die automatisch abläuft, damit nach der Einrichtung einer solchen Produktion nur geringe weitere Kosten entstehen.

Daten auf der DVD
Sie finden die Dateien zu diesem Workshop auf der Buch-DVD im Ordner BEISPIELDATEIEN/13_AUTOMATISIEREN/VARIABLEN.

▲ **Abbildung 13.17**
So soll der fertige Gutschein aussehen.

1 Arbeitsvorbereitung

Zunächst werden die Produktbilder des Kunden auf eine Standardgröße beschnitten, herunterskaliert und einheitlich bearbeitet (Kontrastkorrektur). Das geschieht mit Abobe Bridge und dem Bildprozessor, weil man hiermit mehrere Dateien gleichzeitig bearbeiten kann und eine teure Einzelbearbeitung wegfällt.

◀ **Abbildung 13.18**
Produktbilder in Adobe Bridge

Die einzelnen Bilder werden als Photoshop-Dateien in einem Ordner gesammelt. Mit den Umbenennungsfunktionen von Bridge können Sie hier von Anfang an für Ordnung sorgen.

Die Photoshop-Datei, die die gesamte Gestaltung des Gutscheins umfasst, ist natürlich wegen der vorzusehenden Mutationen einigermaßen umfangreich. Hier ist konsequentes Arbeiten mit farbigen Markierungen und Ebenen-Gruppen Pflicht, um den Überblick zu behalten.

In der Ebenen-Palette sind Textebenen, wo Text ausgetauscht werden soll, grün markiert. Rot markierte Ebenen beinhalten

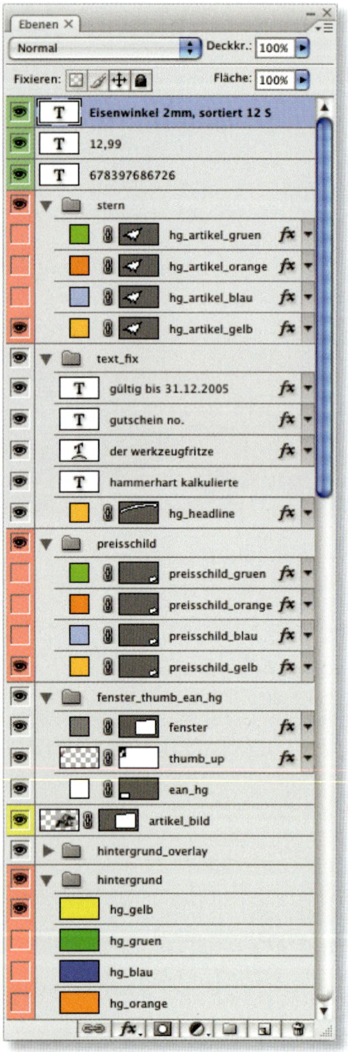

▲ **Abbildung 13.19**
Ebenenaufbau der Photoshop-Datei für den Gutschein

Farbmutationen. Der Kunde schreibt für zwei Bildelemente (Preisschild und »Stern« für Artikelbeschreibung) sowie für den Hintergrund vier verschiedene Farben vor. Die Ebene mit dem auszutauschenden Produktbild ist gelb gekennzeichnet.

2 Variablen definieren

Als wichtigster Schritt steht am Anfang einer solchen Produktion das Definieren der Variablen: Welche Bildelemente sollen von Daten gesteuert werden? Unter Bild • Variablen • Definieren können Ebenen mit Variablen gekennzeichnet werden, deren Namen Sie selbst wählen können.

Entsprechend des Typs der Ebene stehen verschiedene Variablentypen zur Verfügung. Bei Textebenen sind der Textinhalt (Textersetzung) und die Sichtbarkeit kontrollierbar. Es ist möglich, beides unabhängig voneinander zu steuern.

Der »Stern«, der der Artikelbeschreibung hinterlegt ist, ist eine Ebene mit einer Vektorform. Hier ist die einzige Steuerungsmöglichkeit die Sichtbarkeit.

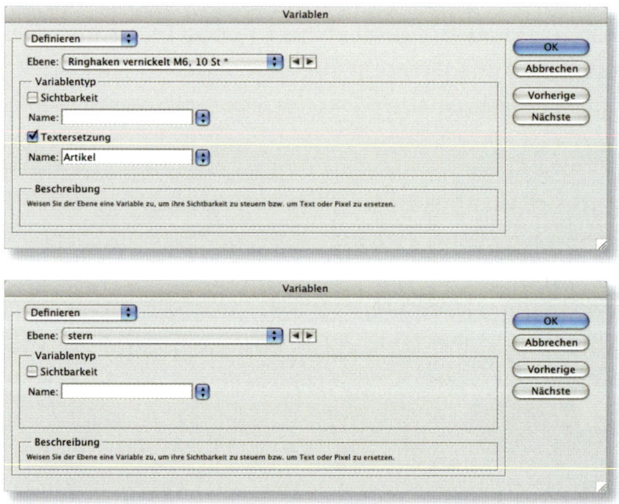

▲ **Abbildung 13.20**
Bei Textebenen (oben) kann man den Inhalt austauschen und die Sichtbarkeit kontrollieren. Bei Vektorform-Ebenen (unten) ist nur die Sichtbarkeit steuerbar.

Bei Ebenen mit Pixelbildern sind die Kontrollmöglichkeiten etwas feiner einzustellen. Neben der Sichtbarkeit ist vor allem wichtig, wie ein zu ladendes Bild platziert wird. Unter Pixelersetzung • Methode können Sie wählen, wie das neue Bild in der Ebene eingepasst wird. Wenn Sie mit der Maus über das Menü Methode fahren, bekommen Sie unten anschaulich mit einer kleinen Grafik gezeigt, was passieren wird.

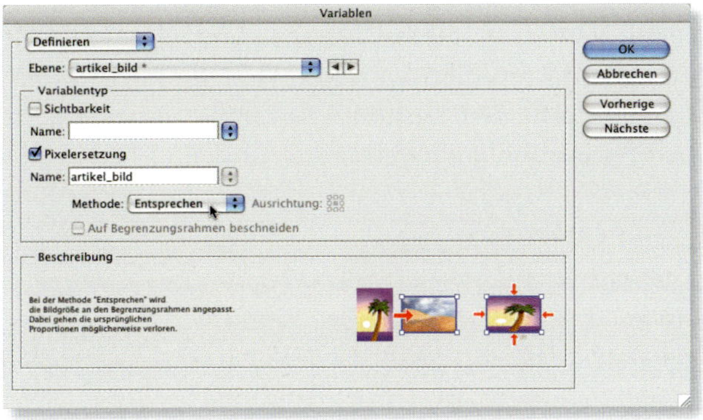

◀ **Abbildung 13.21**
Bei normalen Bildebenen können Sie SICHTBARKEIT und PIXELERSETZUNG bestimmen.

Im Auswahlmenü EBENE sind alle Ebenen, die bereits mit einer Variablen versehen worden sind, mit einem Stern (*) gekennzeichnet.

3 Datensatz erstellen

Der erste Datensatz beinhaltet den Zustand der Datei zum Zeitpunkt der Variablendefinition. Lediglich bei der Pixelersetzung weiß die Datei natürlich noch nicht, welche externe Bilddatei zur Ersetzung herangezogen wird. Sichtbarkeit und Textinhalte geben den Originalzustand der Datei wieder.

Im Variablen-Dialog können Sie ganz oben zwischen DEFINIEREN (Strg/⌘+1) und DATENSÄTZE (Strg/⌘+2) hin- und herschalten. Die Abteilung DATENSÄTZE ist auch direkt unter BILD • VARIABLEN • DATENSÄTZE zugänglich. Hier können Sie nun die Werte der Variablen verändern und beginnen, mithilfe mehrerer Datensätze von Ihrer Photoshop-Datei Mutationen zu erstellen. Sie können mit den Vor- und Zurück-Buttons ❷ durch die Datensätze navigieren oder mit ❶ durch die Variablen. Das geht auch über die direkte Auswahl mittels Klick auf die entsprechende Zeile in der Tabelle unten. Mit dem Button ❸ erstellen Sie einen neuen Datensatz, der zunächst die gleichen Werte beinhaltet wie der aktuell angezeigte.

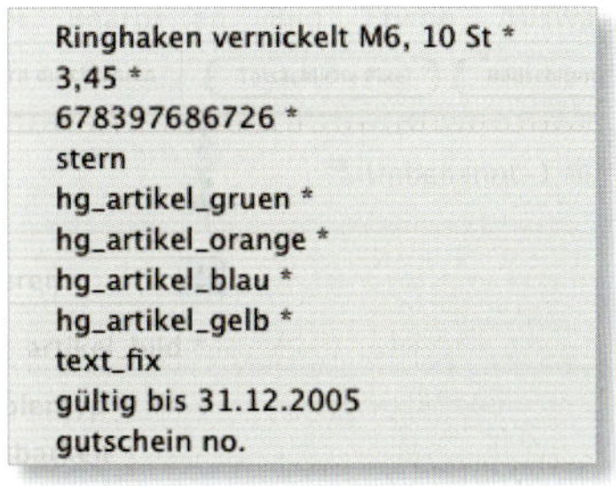

▲ **Abbildung 13.22**
Ebenen mit Variablen sind mit »*« markiert.

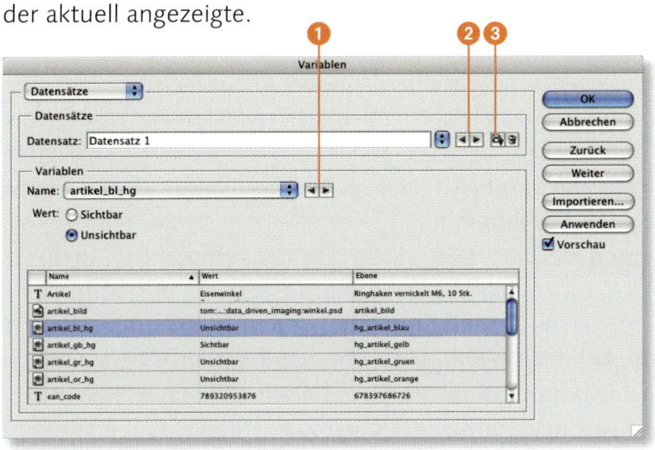

◀ **Abbildung 13.23**
Dialog von VARIABLEN • DATENSÄTZE (Variableneinstellung für Sichtbarkeit einer Ebene)

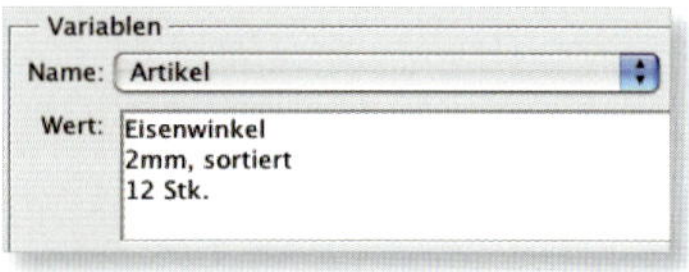

▲ **Abbildung 13.24**
Variableneinstellung für Textersetzung

In der Abteilung Variablen dieses Dialogs können Sie nun die Werte in den Datensätzen dem Variablentyp entsprechend eingeben oder ändern. Mit dem Button Anwenden verändern Sie die Photoshop-Datei dann auch sichtbar.

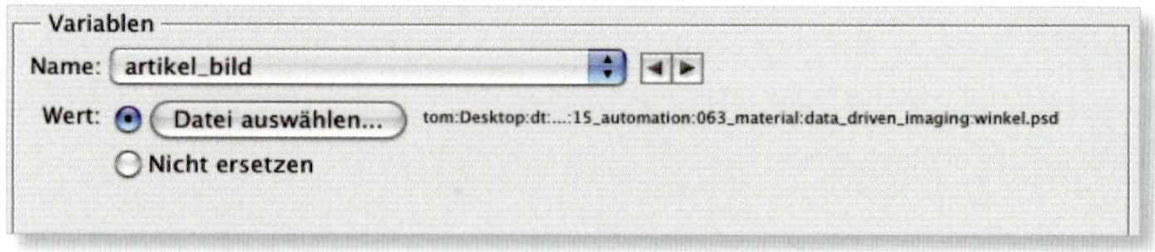

▲ **Abbildung 13.25**
Variableneinstellung für Pixelersetzung

HINWEISE

CSV- und TSV-Dateien sind reine Textdateien und formatlos. Wenn die Daten in Excel aufbereitet werden, muss man darauf achten, dass die Zahlenformate stimmen. Den zwölfstelligen Barcode (Spalte »ean_code«) zeigt Excel oft in Exponential-Schreibweise als z. B. 5,6732E+11 an. Ebenso wird bei Preisen wie 12,90 oft die letzte Null weggelassen. Hier muss man die Zahlenformate für Spalten anpassen. Zeilenumbrüche innerhalb von Tabellenzellen (hier z. B. für die Artikelbeschreibung) bekommt man am Mac mit Strg/⌘+Alt+↵, bei Windows mit Alt+↵.

4 Externe Datensätze erstellen

Die Dateneingabe per Hand ist mühsam und auch nicht unser Ziel, denn die Daten sollen ja einfach nur eingelesen werden. Bevor man nun externe Daten importieren kann, muss man diese entsprechend aufbereiten. Diese Daten werden von Photoshop als CSV-Dateien, bei denen die Variablen durch ein Komma getrennt werden (Comma Separated Values), oder als TSV-Dateien, bei denen die Trennung der Daten durch einen Tabulator geschieht (Tab Separated Values), akzeptiert. Jedes handelsübliche Datenbank- oder Tabellenkalkulationsprogramm kann diese Formate ausgeben. Wir nehmen das am weitesten verbreitete Programm für diese Zwecke als Beispiel: Microsoft Excel. Es bietet eine halbwegs komfortable Benutzeroberfläche und versteht sich mit einer Menge an Drittformaten in diesem Bereich.

Leider fehlt (noch immer) eine Möglichkeit, den ersten Datensatz (oder auch mehrere manuell erstellte), der ja nach der Definition der Variablen in Photoshop automatisch entsteht, als Datei zu exportieren und damit direkt ein Muster zur Verfügung zu haben, um in Excel die Daten dann schnell aufbereiten zu können. So bleibt uns nichts anderes übrig, als für den Start die Namen der Variablen abzuschreiben und in der Kopfzeile (Zeile 1) der Excel-Datei einzutragen. Diese Kopfzeile ist wichtig, weil dann ein Fehler in der Reihenfolge der Daten beim Import kein Problem ist. Der Übersicht halber sind (ähnlich wie im Ebenenaufbau) die Spalten farbig markiert: Textersetzungen sind grün, Pixelersetzungen (neues Bild) gelb und Ebenensichtbarkeiten orange gekennzeichnet.

Befinden sich die Bilddateien, die ausgetauscht werden, im gleichen Ordner wie die Photoshop-Datei, in die sie geladen werden sollen, reicht der Dateiname allein als Angabe. Liegen die Bilder woanders, ist in dieser Spalte der komplette Pfad nötig.

Nun muss diese Datei ausgegeben werden. Excel-eigene Formatierungen wie farbige Tabellenzellen oder typographische

Auszeichnungen wie Fettungen werden dabei ignoriert. Da innerhalb von Textblöcken (wie in diesem Beispiel bei den Artikelbeschreibungen) auch Kommata vorkommen können, empfiehlt sich das Ausgabeformat TAB DELIMITED, also eine TSV-Datei.

▼ **Abbildung 13.26**
Excel-Tabelle mit zehn Datensätzen für die Photoshop-Datei

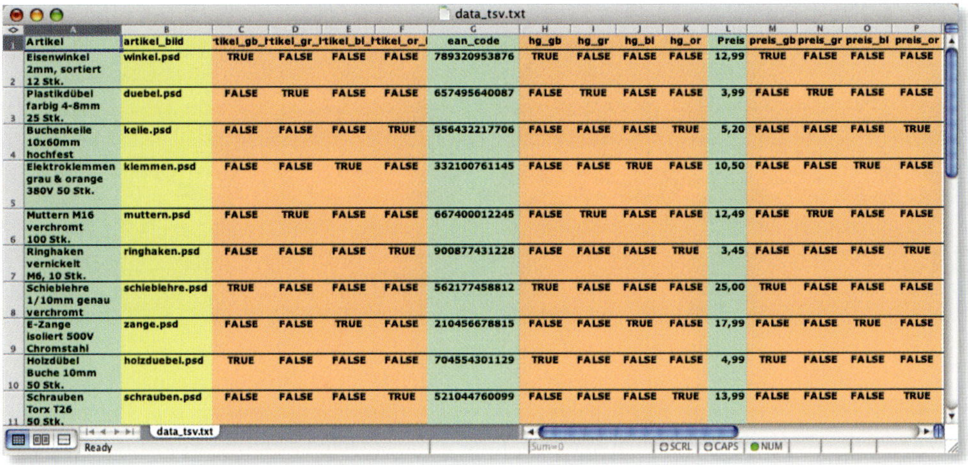

	A	B	C	D	E	F	G	H	I	J	K	L	M	N	O	P
1	Artikel	artikel_bild	tikel_gb_	tikel_gr_	tikel_bl_	tikel_or_	ean_code	hg_gb	hg_gr	hg_bl	hg_or	Preis	preis_gb	preis_gr	preis_bl	preis_or
2	Eisenwinkel 2mm, sortiert 12 Stk.	winkel.psd	TRUE	FALSE	FALSE	FALSE	789320953876	TRUE	FALSE	FALSE	FALSE	12,99	TRUE	FALSE	FALSE	FALSE
3	Plastikdübel farbig 4-8mm 25 Stk.	duebel.psd	FALSE	TRUE	FALSE	FALSE	657495640087	FALSE	TRUE	FALSE	FALSE	3,99	FALSE	TRUE	FALSE	FALSE
4	Buchenkeile 10x60mm hochfest	keile.psd	FALSE	FALSE	FALSE	TRUE	556432217706	FALSE	FALSE	FALSE	TRUE	5,20	FALSE	FALSE	FALSE	TRUE
5	Elektroklemmen grau & orange 380V 50 Stk.	klemmen.psd	FALSE	FALSE	TRUE	FALSE	332100761145	FALSE	FALSE	TRUE	FALSE	10,50	FALSE	FALSE	TRUE	FALSE
6	Muttern M16 verchromt 100 Stk.	muttern.psd	FALSE	TRUE	FALSE	FALSE	667400012245	FALSE	TRUE	FALSE	FALSE	12,49	FALSE	TRUE	FALSE	FALSE
7	Ringhaken vernickelt M6, 10 Stk.	ringhaken.psd	FALSE	FALSE	FALSE	TRUE	900877431228	FALSE	FALSE	FALSE	TRUE	3,45	FALSE	FALSE	FALSE	TRUE
8	Schieblehre 1/10mm genau verchromt	schieblehre.psd	TRUE	FALSE	FALSE	FALSE	562177458812	TRUE	FALSE	FALSE	FALSE	25,00	TRUE	FALSE	FALSE	FALSE
9	E-Zange isoliert 500V Chromstahl	zange.psd	FALSE	FALSE	TRUE	FALSE	210456678815	FALSE	FALSE	TRUE	FALSE	17,99	FALSE	FALSE	TRUE	FALSE
10	Holzdübel Buche 10mm 50 Stk.	holzduebel.psd	TRUE	FALSE	FALSE	FALSE	704554301129	TRUE	FALSE	FALSE	FALSE	4,99	TRUE	FALSE	FALSE	FALSE
11	Schrauben Torx T26 50 Stk.	schrauben.psd	FALSE	FALSE	FALSE	TRUE	521044760099	FALSE	FALSE	FALSE	TRUE	13,99	FALSE	FALSE	FALSE	TRUE

5 Datensätze importieren

Im Variablen-Dialog können Sie auf der Seite DATENSÄTZE mit dem Button IMPORTIEREN eine Tabelle laden, die neue Datensätze hinzufügt oder die bestehenden ersetzt. In der Abteilung DATENSÄTZE des Variablen-Dialogs kann man sich jetzt zur Überprüfung durch die einzelnen Mutationen klicken. Ist alles in Ordnung, kann ausgegeben werden.

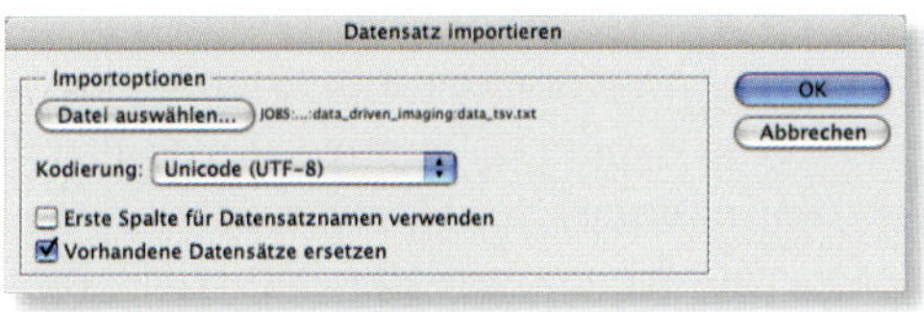

◀ **Abbildung 13.27**
Daten in Photoshop importieren

6 Bilder ausgeben

Unter DATEI • EXPORTIEREN • DATENSÄTZE ALS DATEIEN werden nun die einzelnen Varianten der Photoshop-Datei als einzelne Dateien ausgegeben. Im Dialog gibt man jetzt noch Zielordner und Benennungsregeln an.

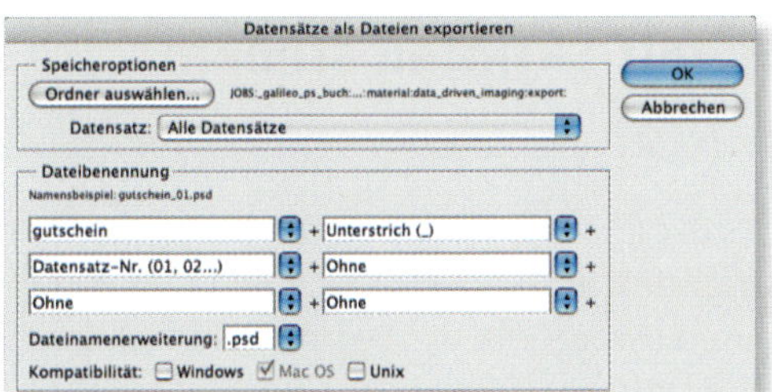

◀ **Abbildung 13.28**
Ausgabe-Optionen

Das Endergebnis sind in diesem Beispiel zehn Mutationen des Gutscheins.

▲ **Abbildung 13.29**
Fertig: zehn Mutationen des Gutscheins ■

Aus Photoshop kann man datensatzgesteuert nur Photoshop-Dateien ausgeben. Eine automatische Nachbearbeitung z. B. von druckfähigen CMYK-TIFFs mittels Stapelverarbeitung mit Bildprozessor würde sich hier anschließen. Das Gleiche gilt bei JPEGs für Webanwendungen.

Für dieses Verfahren lassen sich noch eine ganze Reihe anderer Anwendungszwecke finden, seien es z. B. Personalisierungen (Ausweise) oder Produktkataloge für Print und Web. Hat man einmal die Datenschnittstelle definiert und aufgesetzt, funktioniert das Ganze reibungslos. Gleichzeitig kann man auch das Design der Photoshop-Datei weitgehend ändern, ohne die Mutationsfähigkeit zu gefährden, solange die Ebenennamen bestehen bleiben. Ein großer Vorteil gegenüber üblichen Halbfertigprodukten mit Freifeldern, in die später Informationen aus Datenbeständen eingedruckt werden, ist der geschlossene professionelle Look, weil auch das Aussehen der variablen Informationen Bestandteil der Photoshop-Datei ist. Auch ist beim späteren Eindrucken solcher Daten in der Regel nur Schwarz als Druckfarbe auf weißem oder zumindest hellem Hintergrund möglich, während man hier sehr viele gestalterische Freiheiten hat.

13.4 Photoshop mit Skripten steuern

Bis jetzt haben wir die Automatisierung von Photoshops Funktionen noch auf der Benutzeroberfläche eingerichtet und schon leistungsfähige Lösungen erreicht. Nun geht es eine Etage tiefer. Wirklich spannend und herausfordernd wird es mit dem Gebrauch von Programmiersprachen. Aber nur keine Angst: Es handelt sich nicht um die höheren und recht abstrakten Programmiersprachen wie C, C++, C# oder Java, sondern um Skriptsprachen, die im Gegensatz zu ihren viel abstrakteren großen Schwestern deutlich einfacher zu erlernen sind und verständlicheren, gut lesbaren Code produzieren.

13.4.1 Visual Basic, AppleScript und JavaScript

Sowohl Windows als auch Apples Mac OS bringen auf der Betriebssystemebene solche Skriptsprachen mit, mit denen man in mehr oder weniger weiten Grenzen Abläufe automatisieren kann. Zu einem großen Teil reicht diese Programmierbarkeit in Anwendungsprogramme hinein, sodass auch Abläufe mit einem Zusammenspiel von mehreren Programmen und dem Betriebssystem möglich sind. Auf der Windows-Plattform ist diese Sprache VBScript (VB = Visual Basic). Das Gegenstück beim Mac heißt AppleScript.

Photoshop bietet eine Unterstützung von VBScript und AppleScript. Zusätzlich kann man mit Photoshop auf Basis von JavaScript kommunizieren. Diese letzte Möglichkeit ist plattformübergreifend einsetzbar. VBScript und AppleScript laufen jeweils nur auf ihren Heimat-Plattformen, haben dort allerdings den Vorteil, dass aufwendigere Abläufe nicht nur mit Photoshop allein, sondern auch mit anderen Programmen entwickelt werden können. Diese Möglichkeiten gibt es bei JavaScript nur innerhalb der Creative-Suite-Produkte, die mittlerweile fast alle per JavaScript programmierbar sind.

Letztlich sind sich alle drei Sprachen aber sehr ähnlich, und es ist nicht allzu schwer, Skripten von einer Sprache in die andere zu übertragen.

Beispiele in JavaScript

Wir werden hier auf JavaScript zurückgreifen, weil in diesem Buch der plattformübergreifende Gedanke im Vordergrund steht, und weil JavaScript durch seinen vielfältigen Einsatz im Web eine sehr weite Verbreitung hat. Die im Programmieren versierteren Webdesigner und -entwickler unter den werten Lesern können hier gleich voll einsteigen. Sie müssen in unserem Fall nur vom Objektmodell des Webbrowsers auf das von Photoshop umdenken.

13.4.2 Das Photoshop-Objektmodell

Wer JavaScript von seinem Einsatz auf Webseiten her kennt, weiß oft nicht, dass es auch noch anders verwendet wird. So lässt sich z. B. das Multimedia-Autoren-Werkzeug Macromedia Director ebenfalls mit JavaScript programmieren.

Einer Programmiersprache liegt nicht nur ihre eigene Sprachstruktur zugrunde, sondern auch ein sogenanntes Objektmodell, das sozusagen ihren Wirkungsbereich beschreibt. Dieses Modell ist streng hierarchisch organisiert. Beim Webeinsatz von JavaScript ist das höchstrangige Objekt das Browserprogramm, in dem JavaScript ausgeführt wird. Hierarchisch eine Ebene darunter befinden sich z. B. die Fenster, in denen eine Ebene tiefer die HTML-Dokumente zu finden sind. Darin gibt es wiederum eine Ebene tiefer Bilder, Text, Tabellen, Formulare und weitere Elemente.

Ohne ein solches Objektmodell würde JavaScript auch in Photoshop nicht funktionieren. Auch hier ist das Programm Photoshop die höchste Stelle in der Hierarchie.

▼ **Abbildung 13.30**
Photoshop-Objektmodell

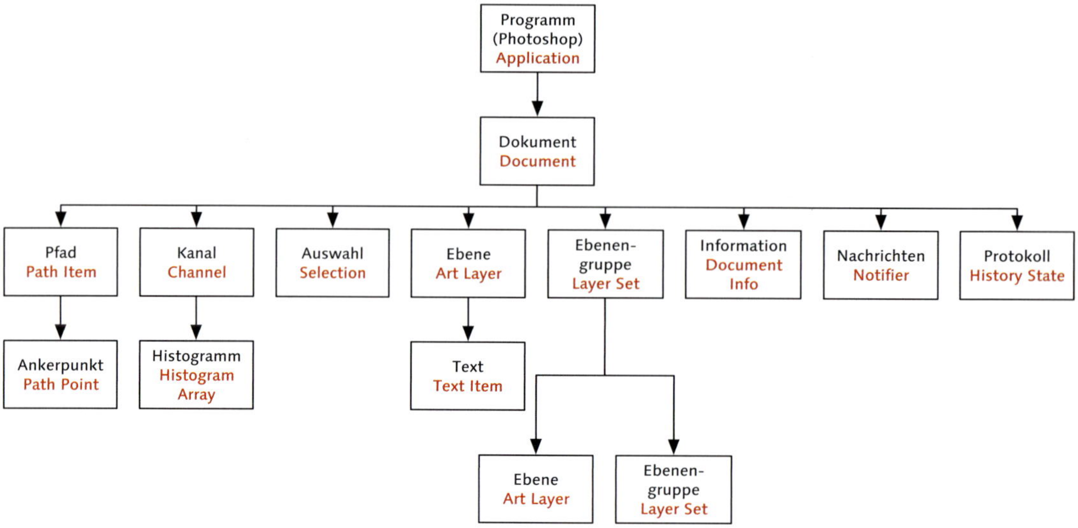

13.4.3 Skripten am Beispiel

Im folgenden Workshop soll ein kleiner Einstieg in die Steuerung von Photoshop mit JavaScript gegeben werden. Das kann nur ein kurzer Einblick sein. Sie werden im Laufe der nächsten Seiten leicht ahnen können, dass solche Skripten beliebig komplex gestaltet werden können. Scripting in Photoshop könnte ganz leicht ein eigenes Buch füllen. Wir wollen hier sowohl Ihren Appetit wecken als Ihnen auch die Furcht vor solchen Versuchen nehmen.

Das folgende Programmierbeispiel gliedert sich in zwei Teile. Im ersten Teil geht es um das User-Interface-Design. Sie haben per JavaScript Zugriff auf alle Elemente der Benutzeroberfläche und können vollkommen frei eigene Fenster und Dialoge entwickeln.

Im zweiten Teil geht es um die Auswertung der Eingaben, die im User Interface gemacht wurden, und um die Umsetzung in eine Funktionalität in Photoshop.

Daten auf der DVD
Sie finden die Datei zu diesem Workshop auf der Buch-DVD unter BEISPIELDATEIEN/13_AUTOMATISIEREN/TEXTEBENE_ERZEUGEN.JSX.

Schritt für Schritt: Datei mit Text per JavaScript erzeugen

Damit Sie nicht im Dunkeln tappen, hier zunächst das Ziel: Es soll eine leere Datei erzeugt werden, in die dann per JavaScript Text in wählbarer Größe und Farbe eingetragen wird.

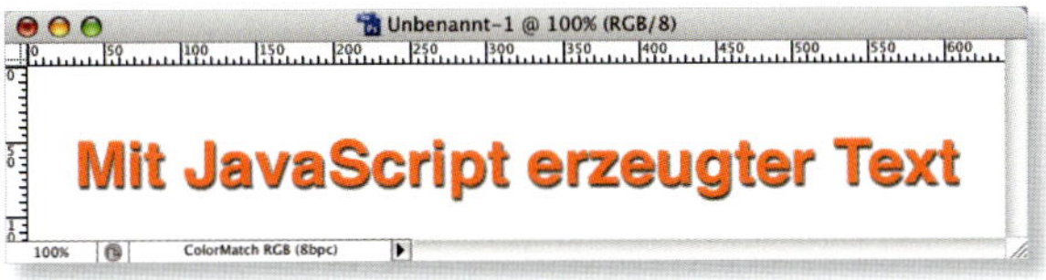

◂ **Abbildung 13.31**
Das Ziel dieses Programmierbeispiels: Datei mit Textebene erzeugen

Das soll mit einem selbst entwickelten Dialogfenster geschehen, in dem man den Text eingeben und dessen Aussehen man festlegen kann. Der nötige Code soll in der Reihenfolge schrittweise besprochen werden, in der er im Skript steht, also beginnend mit dem User Interface.

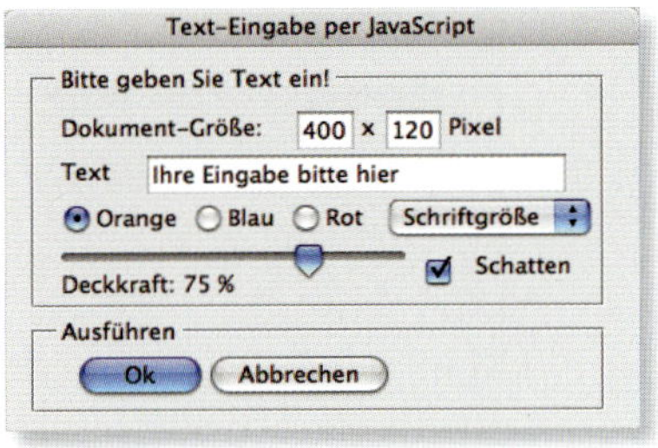

◂ **Abbildung 13.32**
Selbst entwickeltes Dialogfenster für Texteingabe und Festlegung des Aussehens

1 Arbeitsvorbereitung

Bevor wir ans Programmieren gehen, sollte eine Frage beantwortet werden: Womit programmiert man Photoshop überhaupt? Das **ExtendScript Toolkit** ist Photoshops JavaScript-Entwicklungsprogramm. Hier kann man die Skripten schreiben, sofort an Photoshop zum Start übergeben und sich auch bei der Fehlersuche unterstützen lassen. In den Paletten kann man Fenster mit den aktuellen in Photoshop verfügbaren Skripten, Fehlern usw. einblenden. Im großen Hauptfenster findet die eigentliche Scripting-Arbeit statt.

Im Kopf des Fensters können die Skripten mit den »Play«- und »Stopp«-Buttons gestartet und angehalten werden. Die Codezeilen werden je nach Funktion farbig dargestellt (Syntax Coloring). Bei jedem Speichern und Starten wird der Code auf korrekte Syntax geprüft.

ExtendScript Toolkit 2
Hier finden Sie ExtendScript Toolkit 2:
Windows: C:\PROGRAMME\ADOBE\ABOBE UTILITIES\EXTENDSCRIPT TOOLKIT 2
Mac: SYSTEMFESTPLATTE/PROGRAMME/DIENSTPROGRAMME/ADOBE UTILITIES/EXTENDSCRIPT TOOLKIT 2

TIPP
JavaScript-Dateien, die Photoshop steuern können, haben die Dateiendung »*.jsx« im Gegensatz zu »*.js« bei Dateien für den Webeinsatz. Man kann aber in der Endung gefahrlos das »x« löschen. Dann werden die Photoshop-JavaScript-Dateien von Webentwicklungswerkzeugen wie Macromedia Dreamweaver oder Adobe GoLive korrekt interpretiert und man hat komfortablere Editiermöglichkeiten. Allerdings muss man die Datei beim Testen dann immer manuell starten. Ist ein Skript fertig, sollte man die Endung wieder um ein »x« ergänzen.

2 Dialogfenster erstellen

Vor dem eigentlichen Beginn der Programmierung des Dialogfensters braucht man im Kopf der Datei zwei Zeilen für Grundfunktionen. Die Zeilenumbrüche gibt es nur hier im Buch. Sie finden die Abbildung zum aktuellen Stand außen in der Randspalte auf Höhe der entsprechenden Codezeilen. Zeilen oder Teile des Codes, die mit »//« beginnen, sind funktionsloser Kommentar, der zur Übersichtlichkeit und Verständlichkeit des Codes dient. Codezeilen enden immer mit einem Semikolon (»;«). So bleibt die Erklärung des Codes für Sie kompakt und übersichtlich.

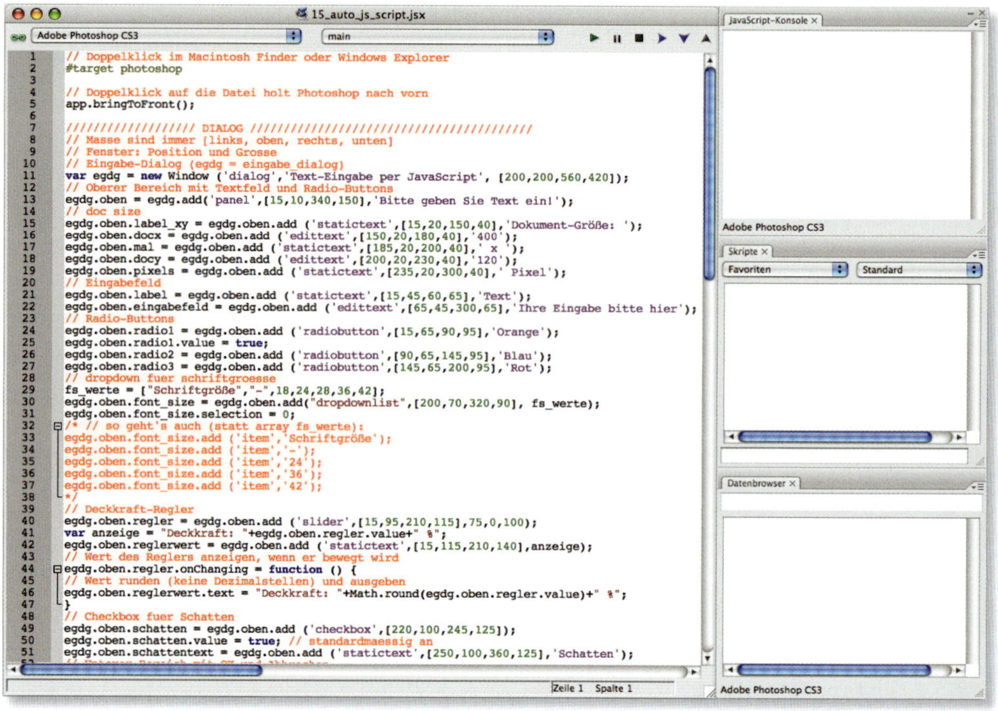

Abbildung 13.33 ▲
Adobe ExtendScript Toolkit

Zunächst soll bei einem Doppelklick auf die Skript-Datei Photoshop gestartet werden und dann in den Vordergrund geholt werden.

```
#target photoshop
app.bringToFront();
```

Nun beginnt der eigentliche Aufbau des Dialogs. Die Maße werden immer in der Reihenfolge `[links, oben, rechts, unten]` angegeben. Das sind immer die X- und Y-Koordinaten der linken oberen und rechten unteren Ecke. Der Kürze halber wird das Fensterobjekt für den Eingabedialog mit »egdg« für »Eigener Dialog« abgekürzt. Zunächst muss dieses Fensterobjekt erzeugt werden:

```
var egdg = new Window ('dialog',
'Text-Eingabe per JavaScript', [200,200,560,420]);
```

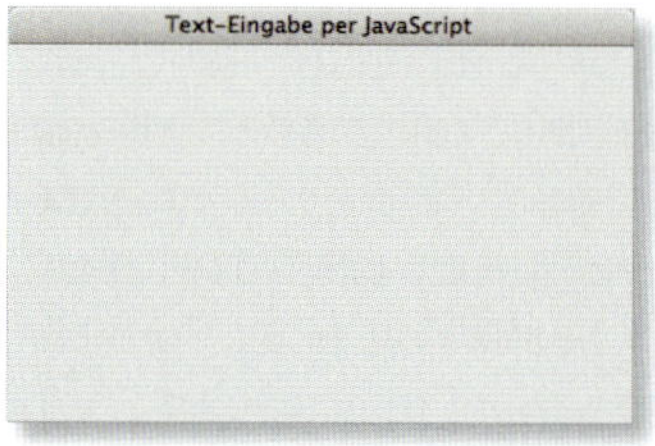

Nun wird ein sogenanntes »Panel« mit dem Namen »oben« eingefügt. Panels sind umrahmte Bereiche, die Funktionsgruppen im User Interface voneinander abgrenzen und gliedern. Sie werden meist beschriftet. Ein solches Panel ist ein Unterobjekt des Dialogfensters.

```
egdg.oben = egdg.add('panel',[15,10,340,150],
'Bitte geben Sie Text ein!');
```

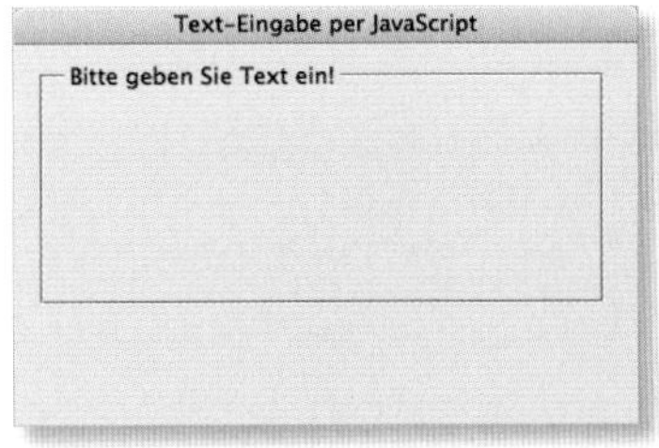

Nun wird das erste interaktive Element als Unterobjekt vom Panel »oben« eingefügt: das doppelte Eingabefeld für die Bildgröße. Es wird mit insgesamt drei Textfeldern beschriftet (»Dokument-Größe«, »x« und »Pixel«).

```
egdg.oben.label_xy = egdg.oben.add
('statictext',[15,20,150,40],'Dokument-Größe: ');
egdg.oben.docx = egdg.oben.add
('edittext',[150,20,180,40],'400');
egdg.oben.mal = egdg.oben.add
('statictext',[185,20,200,40],' x ');
egdg.oben.docy = egdg.oben.add
('edittext',[200,20,230,40],'120');
egdg.oben.pixels = egdg.oben.add
('statictext',[235,20,300,40],' Pixel');
```

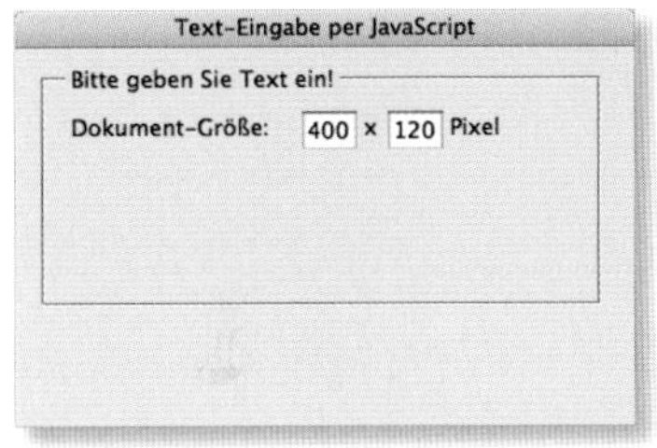

Als Nächstes folgt die Eingabe des Textes, der als Inhalt der Textebene in Photoshop erscheinen soll. Das Textfeld enthält als Vorgabetext eine Eingabeaufforderung an den Benutzer:

```
egdg.oben.label = egdg.oben.add ('statictext',[15,45,
60,65],'Text');
egdg.oben.eingabefeld = egdg.oben.add ('edittext',
[65,45,300,65],'Ihre Eingabe bitte hier');
```

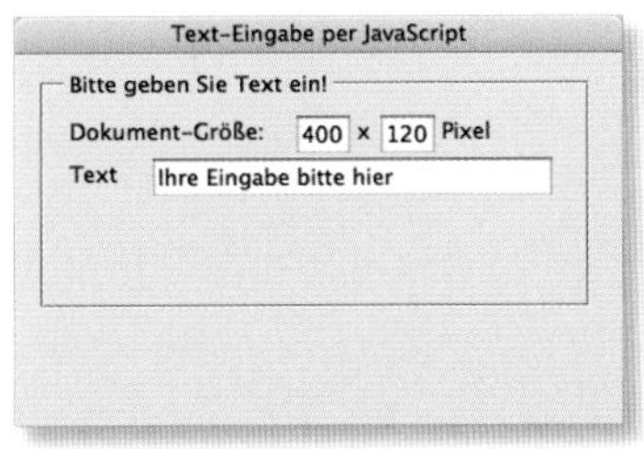

Es folgen die drei Radio-Buttons (nur einer der drei Buttons kann ausgewählt werden) für die Festlegung der Farbe. Auch sie sind Unterobjekte dieses Panels. Bitte beachten Sie, dass der erste Button mit `value = true` aktiviert wurde.

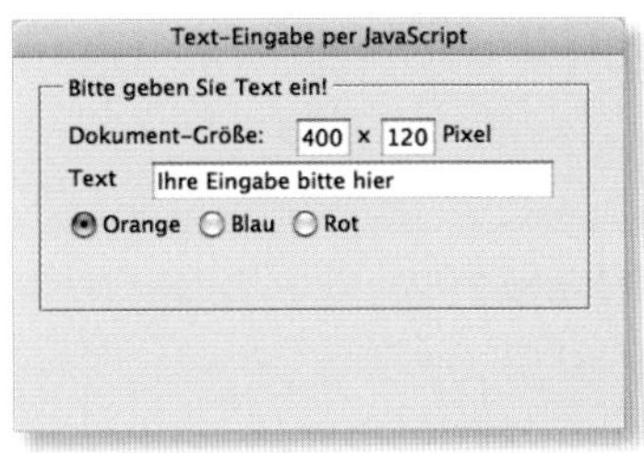


```
egdg.oben.radio1 = egdg.oben.add ('radiobutton',[15,
65,90,95],'Orange');
egdg.oben.radio1.value = true;
egdg.oben.radio2 = egdg.oben.add ('radiobutton',[90,
65,145,95],'Blau');
```

```
egdg.oben.radio3 = egdg.oben.add ('radiobutton',[145,
65,200,95],'Rot');
```

Nun folgt ein Pulldown-Menü für die Auswahl einiger Schriftgrößen. Dieses wird mit einer Werteliste (Array) »gefüttert«, das zuerst festgelegt werden muss. Der erste Punkt der Liste ist ausgewählt (»Schriftgröße«, Position 0).

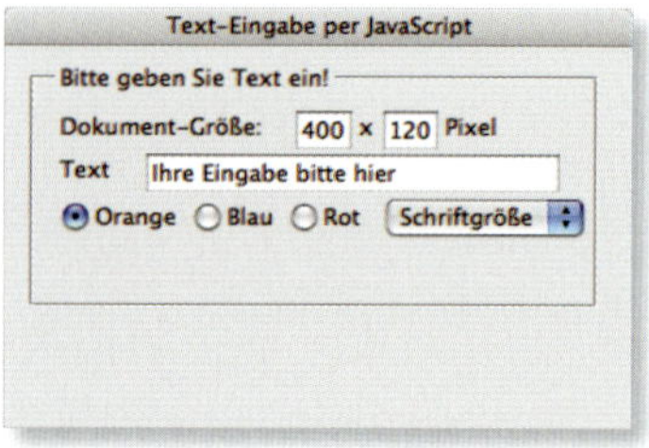


```
fs_werte = ["Schriftgröße","-",18,24,28,36,42];
egdg.oben.font_size =
egdg.oben.add("dropdownlist",
[200,70,315,90], fs_werte);
egdg.oben.font_size.selection = 0;
```

Darunter wird nun ein Schieberegler für die Deckkraft der Texteingabe erzeugt.

```
egdg.oben.regler = egdg.oben.add ('slider',
[15,95,210,115],75,0,100);
```

Unterhalb des Reglers liegt ein kleines Textfeld, in dem der aktuelle Wert des Reglers angezeigt werden soll. Zunächst wird der Ausgabewert des Reglers zusammen mit fixem Text in eine Variable geschrieben.

```
var anzeige = "Deckkraft: " + egdg.oben.regler.
value + " %";
```

Nun folgt das Textfeld für die Anzeige:

```
egdg.oben.reglerwert = egdg.oben.add ('statictext',
[15,110,210,140],anzeige);
```

Für ein permanentes Update der Anzeige brauchen wir eine kleine Funktion, die auf die Reglerbewegung reagiert. Diese muss gerundet werden:

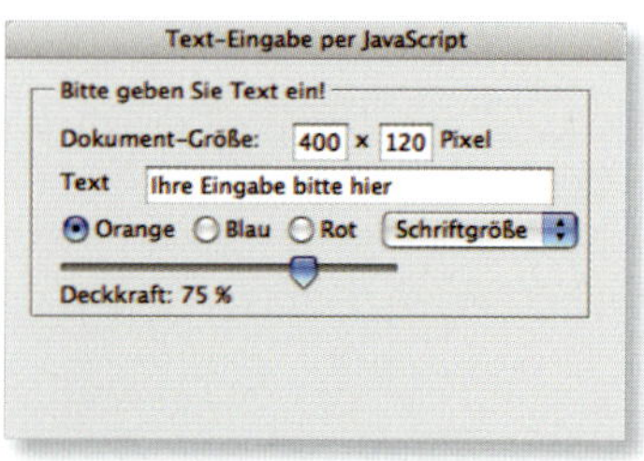


```
egdg.oben.regler.onChanging = function () {
egdg.oben.reglerwert.text = "Deckkraft: " +
Math.round(egdg.oben.regler.value) + " %";
}
```

Um den Schatten für den Text ein- und auszuschalten, brauchen wir eine Checkbox. Sie ist rechts daneben beschriftet und standardmäßig aktiviert:

```
egdg.oben.schatten = egdg.oben.add('checkbox',
[220,100,245,125]);
egdg.oben.schatten.value = true;
egdg.oben.schattentext = egdg.oben.add('statictext',
[250,100,360,125],'Schatten');
```

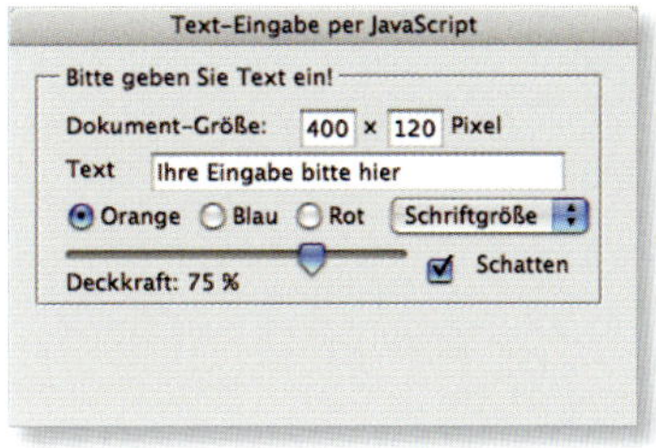

Damit ist der obere Bereich mit den User-Interface-Elementen für die Eingabe fertig. Jetzt werden im unteren Teil des Dialogfensters noch ein »OK«- und ein »Abbrechen«-Button benötigt. Diese beiden befinden sich in einem zweiten Panel namens »unten«.

```
egdg.unten = egdg.add('panel',
[15,155,340,210],'Ausführen');
egdg.unten.ok = egdg.unten.add('button',
[25,15,85,35],'Ok', {name:'ok'});
egdg.unten.cancel = egdg.unten.add('button',
[100,15,200,35],'Abbrechen', {name:'cancel'});
```

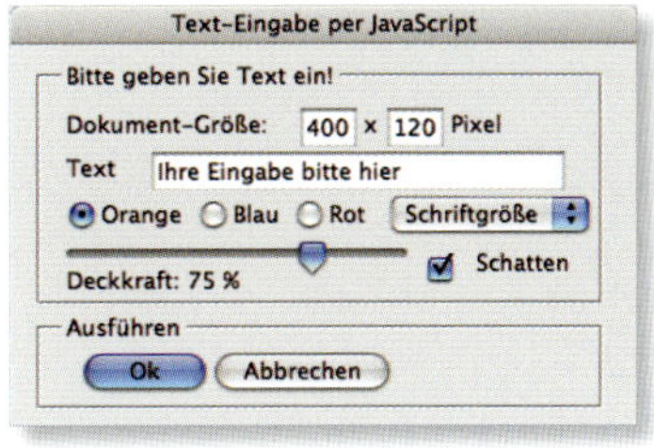

Nachdem nun der Dialog fertig definiert wurde, muss er noch angezeigt werden. Die Variable `ok` wird gebraucht, damit alles Folgende nur ausgeführt wird, wenn der OK-Button geklickt wurde. Beim Klick auf ABBRECHEN verschwindet der Dialog.

```
var ok = egdg.show() == 1;
```

3 User-Eingaben auswerten

Nun werden die Einstellungen und Eingaben, die der User gemacht hat, für die Weitergabe an die eigentliche Funktion des Skripts in Variablen gespeichert. Hier beginnt die eigentliche Übergabe der Funktion an Photoshop.

Für die Farbe (Variable `wahlfarbe`) wird ein Standardwert (Grau) festgelegt, der sich nur ändert, wenn einer der drei Radio-Buttons geklickt wurde. Dafür wird der Ausgabewert jedes Buttons mit einer `if`-Anweisung abgefragt.

Die Floskel `with (egdg.oben)` erspart es uns, zusammen mit der geschweiften Klammer die beiden übergeordneten Objekte vor jedes abgefragte Element zu schreiben.

```
with (egdg.oben){
```

Zunächst müssen die eingetragenen Zahlenwerte für die Dokumentgröße, die als Text übergeben werden, in Zahlen umgewandelt werden. Dafür gibt es mehrere Methoden: Bei der Breite wird der Text mit `UnitValue` in eine Einheit mit Wert umgewandelt, und bei der Höhe wird mit dem Abrundungsbefehl eine Zahl »erzwungen«.

```
var Dok_Breite = UnitValue(docx.text,"px");
var Dok_Hoehe = Math.floor(docy.text);
```

Dann folgen die Eingaben vom Textfeld und den Radio-Buttons für die Farbe:

```
var eingabe = eingabefeld.text;
var wahlfarbe = "666666"; // grau
if(radio1.value==1){wahlfarbe="FF6600";} // orange
if(radio2.value==1){wahlfarbe="3333FF";} // blau
if(radio3.value==1){wahlfarbe="CC0000";} // rot
```

Jetzt wird der Wert ermittelt, der vom Pulldown-Menü kommt. Die Funktion für das Abrunden ist nur ein Trick, um aus der Textrückgabe einen Zahlenwert zu machen.

```
var schrift_gr = Math.floor(font_size.selection.text);
```

Nun werden noch die Ausgabewerte von Deckkraftregler und Schatten-Checkbox in aussagekräftige Variablen geschrieben. Außerdem muss noch die geschweifte Klammer des `with`-Blocks geschlossen werden.

```
var deckkraft = regler.value;
var schatten_an = schatten.value;
}
```

4 Neue Datei erzeugen

Vorausgesetzt, der User hat auf OK geklickt, geht es nun mit der eigentlichen Ausführung des Skripts richtig los.

```
if(ok==true){
```

Für das Erzeugen einer neuen Datei braucht man Maßeinheiten. Am einfachsten ist es, die gerade in Photoshop aktuellen Einheiten aus den Voreinstellungen auszulesen, zu speichern und am Ende des Skripts wieder in die Voreinstellungen zurückzuschreiben. Dann werden neue Maßeinheiten festgelegt, auf die sich der Rest des Skripts bezieht. Die Voreinstellungen (`preferences`) sind ein Unterobjekt des Photoshop-Programm-Objekts (`app`).

```
var alte_lineal_einheiten = app.preferences.
rulerUnits;
var alte_typo_einheiten = app.preferences.
typeUnits;
// Neue Einheiten
app.preferences.rulerUnits = Units.PIXELS;
app.preferences.typeUnits = TypeUnits.POINTS;
```

Dann kann ein neues Dokument erzeugt werden. Es ist ein Unterobjekt des Photoshop-Programm-Objekts app und wird mit der Methode add ins Leben gerufen.

Es hat die eingegebenen Maße und 72 dpi Auflösung. Sollten bei der Erstellung der Datei Dialoge auftauchen wollen (Farbprofilwarnungen etc.), werden sie hier unterdrückt.

```
var Dokument_Objekt = app.documents.add(Dok_Breite,
Dok_Hoehe, 72);
app.displayDialogs = DialogModes.NO;
```

5 Ebene mit Text erstellen

Die Farbe des Textes wird in Hexadezimal-Code angegeben und mit dem Wert belegt, den die drei Radio-Buttons ergeben haben. Textfarbe ist ein Farbobjekt, das an anderer Stelle weiterverwendet werden könnte.

```
var Textfarbe = new SolidColor;
Textfarbe.rgb.hexValue = wahlfarbe;
```

Die neue Datei hat lediglich eine weiße Hintergrundebene. Für die Schrift brauchen wir eine neue Textebene. Es wird zunächst eine neue Ebene als Unterobjekt des Dokuments erzeugt, dann zur Textebene gemacht und schließlich mit einem Textobjekt bestückt. Das Textobjekt wird nun häufiger gebraucht, deshalb wird es gleich in eine Variable geschrieben.

```
var neue_textebene = Dokument_Objekt.artLayers.add();
neue_textebene.kind = LayerKind.TEXT;
var TXT = neue_textebene.textItem;
```

Der Text wird nun als Absatztext definiert, mit einem Font versehen, mit dem Text aus dem Eingabefeld gefüllt und in der Mitte des Dokuments platziert. Dann werden Größe, Farbe und Ausrichtung festgelegt.

```
TXT.TextType = TextType.PARAGRAPHTEXT;
TXT.font = "Helvetica-Bold";
TXT.contents = eingabe;
TXT.position = Array(Dok_Breite/2, Dok_Hoehe/2);
```

Weil das Pulldown-Menü nicht nur Zahlen zurückgibt, muss man sicherstellen, dass nur die Zahlen für die Schriftgröße verwendet werden. Kommt keine Zahl (`NaN` = Not a Number), wird eine Größe von 24 pt vorgegeben.

```
if(schrift_gr == NaN){
TXT.size = 24;
} else {
TXT.size = schrift_gr;
}
```

Nun folgen noch die Einfärbung des Texts und seine zentrierte Ausrichtung.

```
TXT.color = Textfarbe;
TXT.justification = Justification.CENTER;
```

Als letzter sichtbarer Schritt fehlt nun noch die Zuweisung des Ebeneneffekts »Standard-Schlagschatten«. Dieser Effekt muss mit exakt diesem Namen in Ihren Photoshop-Vorgaben existieren, sonst wird diese Codezeile ignoriert. Die Zuweisung ist mit einer `if`-Anweisung an den Eingabewert der Checkbox gebunden. Anschließend wird noch die Deckkraft auf den Wert des Reglers gesetzt und die Textebene auf die Hintergrundebene reduziert.

```
if (schatten_an==true){
neue_textebene.applyStyle("Standard-Schlagschatten");
}
Textfarbe = null;
neue_textebene.opacity = deckkraft;
neue_textebene.merge();
```

6 Aufräumen und beenden

Am Ende des Skripts werden nun noch die gespeicherten alten Einstellungen der Maßeinheiten in die Voreinstellungen zurückgeschrieben und schließlich alle erzeugten Objekte gelöscht und damit aus dem Arbeitsspeicher entfernt. Die geschweifte Klammer am Ende schließt die `if`-Bedingung, in der nach dem Wert des OK-Buttons gefragt wurde.

```
app.preferences.rulerUnits = alte_lineal_einheiten;
app.preferences.typeUnits = alte_typo_einheiten;
Dokument_Objekt = null;
Textfarbe = null;
neue_textebene = null;
}
```

Damit ist das Skript fertig und kann mit dem »Play«-Button des ExtendScript-Toolkit-Fensters getestet werden. ■

An diesem relativ einfachen Beispiel können Sie abschätzen, dass sich mit dem Skripting sehr mächtige eigene Erweiterungen für Photoshop erstellen lassen. Auch Adobe selbst nutzt diese Schnittstelle z. B. beim Bildprozessor. Dessen Code ist frei einsehbar. Öffnen Sie doch einfach einmal die Datei »Bildprozessor.jsx« (zu finden im Photoshop-Programmordner unter VORGABEN/SKRIPTEN) mit dem ExtentScript Toolkit, und schauen Sie sich in den 1800 Codezeilen um. Manchmal kann man auch lernen, indem man beginnt, Bestehendes behutsam an eigene Bedürfnisse anzupassen. Eine Möglichkeit dort wäre z. B., den gleichzeitigen Export von TIFFs oder JPGEs in mehreren Größenstufen einzubauen.

Unser Beispiel unter Windows | Der Dialog in diesem Workshop wurde auf einem Mac entworfen. Da sich viele Elemente der Benutzeroberfläche des Betriebssystems, auf die das Objektmodell von Photoshop für die Erzeugung von Dialog-Boxen zurückgreift, bei Mac und Windows mehr oder weniger in den Abmessungen unterscheiden, kann es zu sichtbaren Unzulänglichkeiten auf der jeweils anderen Plattform kommen.

In unserem Beispiel ist nur ein Schriftzug teilweise abgedeckt, und zwei Eingabefelder sind ein wenig zu klein. Problematisch wird es erst, wenn man an wichtige Funktionen gar nicht mehr herankommt, weil diese verdeckt sind. Grundsätzlich sind (wie z. B. bei Web-Formularen) die Windows-Elemente größer als die auf der Mac-Seite.

◀ **Abbildung 13.43**
Der eben erstellte Dialog auf der Windows-Plattform

13.4.4 Hilfsmittel zum Skripten

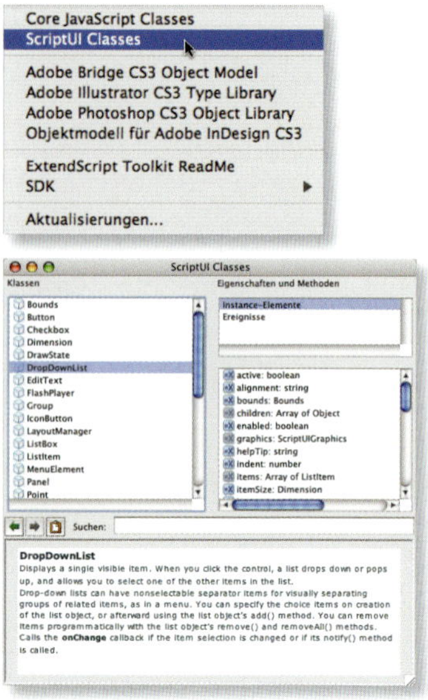

▲ **Abbildung 13.44**
Klassen-Fenster in ExtendScript Toolkit 2

Klassen-Fenster | Man kann sich relativ viel Schreibarbeit mit den in der neuen Version ExtendScript Toolkit 2 hinzugekommenen Klassen-Fenstern sparen, die Sie unter HILFE finden. Hier bekommen Sie auch zu fast jedem Element eine Erklärung zu Eigenschaften, Funktionen und Methoden.

Guides | Weitere Hilfe bei eigenen Schritten in diesem weitläufigen Bereich bieten natürlich die Unterlagen von Adobe. Der Photoshop Scripting Guide für alle drei Programmiersprachen gibt eine Einführung und ist auch auf Deutsch verfügbar. Der JavaScript Reference Guide liegt nur in Englisch vor und bietet eine komplette Übersicht über das Objektmodell von Photoshop mit allen Objekten, Eigenschaften und Methoden. In diesem Nachschlagewerk sind trockene Fakten aufgelistet und eher weniger Beispiele zu finden. Sie finden diese Handbücher als PDFs im Ordner SKRIPT HANDBUCH im Photoshop-Programmordner. Hier gibt es auch Beispielskripten

ScriptListener | Im Ordner HILFSPROGRAMME finden Sie ein Plug-in namens »ScriptListener«, das Ihnen erlaubt, Photoshops Arbeit mitschreiben zu lassen. Wenn Sie es in den Ordner ZUSATZMODULE/PHOTOSHOP ONLY/AUTOMATISIEREN kopieren, wirft es nach einem Neustart von Photoshop alle Operationen als JavaScript-Code in einer Log-Datei aus, die Sie beim Mac auf dem Schreibtisch unter dem Namen SCRIPTINGLISTENERJS.LOG und bei Windows unter C:\SCRIPTINGLISTENERJS.LOG finden. Bei Windows wird parallel dazu auch eine VBScript-Version unter C:\SCRIPTINGLISTENERVB.LOG ausgegeben.

Der Code ist sehr umfangreich, weil alles aufgezeichnet wird, auch Dinge, die man nicht verändert. Er mutet auf den ersten Blick ziemlich kryptisch an, denn hier schauen Sie Photoshop buchstäblich in die Innereien. Mit etwas Übung findet man aber die Operationen, die man durchgeführt hat, im Code wieder und hat dann die Möglichkeit, einzelne Stücke davon einfach per Kopieren/Einfügen im ExtendScript Toolkit in eigene Skripten einzufügen. Dadurch sind Funktionen greifbar, die nicht im Objektmodell erfasst werden, z. B. bestimmte Filter oder die Detaileinstellungen von Ebeneneffekten. Die einzelnen Funktionen werden meist mit Kürzeln der englischen Bezeichnungen und Befehle aufgelistet.

Skripten im Web

Weitere Unterstützung gibt es online. Unter *http://www.ps-scripts.com/bb* finden Sie ein gut besuchtes Forum rund um den Themenkreis Photoshop und Scripting. Auch bei Adobe selbst können Sie unter *http://share.studio.adobe.com* fündig werden.

Filterbezeichnungen
Sie finden ein PDF mit den englischen Bezeichnungen von Filtern, Modi und Werkzeugen auf der Buch-DVD unter »Infos/Filter_Modes_Tools_EN_DE.pdf«.

TEIL V

Photoshop Extended: 3D und Video

14 Photoshop und 3D

Eine der interessantesten Neuerungen von Photoshop CS3 sind die neuen 3D-Funktionen.

14.1 3D-Ebenen

Mit den 3D-Ebenen ist ein neuer Ebenentyp zu den bereits bekannten hinzugekommen. Diese Ebenen beinhalten importierte 3D-Objekte, wie sie von einer Vielzahl von 3D-Programmen erstellt werden können. Deren aktuelle Ansicht ist ein visueller Teil des Ebenenstapels und kann als Bild auch weitgehend wie andere Ebenentypen bearbeitet werden.

Diese 3D-Ebenen werden in der Ebenen-Palette durch ein kleines Würfel-Icon 1 beim Miniaturbild gekennzeichnet. Der »leere Raum« außerhalb des 3D-Objekts wird als Transparenz interpretiert.

Der Clou bei dieser neuen Funktion sind die Bearbeitungsmöglichkeiten, die nun in einer ganzen Reihe von Fällen nicht mehr im 3D-Programm erledigt werden müssen, sondern direkt in Photoshop ausgeführt werden können. Dadurch verkürzen sich manche Schritte in der Zusammenarbeit von Grafikern und 3D-Designern oder erübrigen sich sogar ganz.

Man kann diese 3D-Objekte in Photoshop bewegen, drehen, skalieren, die Ansicht und Beleuchtung ändern oder sogar Querschnitte anlegen.

Zusätzlich ist Photoshop in der Lage, die Texturen (d.h. die Bilder, die im 3D-Programm als Oberflächen des 3D-Objekts angelegt wurden) als Bilddateien bearbeitbar zu machen. Dass man diese Texturen bearbeiten kann, ohne zum ursprünglichen 3D-Programm zurückkehren zu müssen, ist eine hervorragende Eigenschaft von Photoshop, die wir weiter unten detailliert besprechen werden.

▲ **Abbildung 14.1**
3D-Ebene in der Ebenen-Palette und in einer Bildmontage

14.1.1 3D-Modelle für Photoshop vorbereiten

Bevor wir ein 3D-Objekt in Photoshop importieren und dort bearbeiten können, müssen wir erst einmal ein solches Objekt erstellen. Das wird in einem 3D-Programm erledigt, wobei wir in der Folge Maxon Cinema 4D R10 stellvertretend für die anderen marktüblichen Programme wie Autodesk Maya, Autodesk 3ds Max, Newtek Lightwave 3D, Avid Softimage XSI oder die Open-Source-Software Blender steht, um nur die bekanntesten zu nennen.

Für diesen Abschnitt benutzen wir das Modell einer Trinkflasche für einen Sportdrink, das aus zwei Teilen besteht: einer Plastikflasche, um deren Oberflächengestaltung es hauptsächlich gehen wird, und einem grauen Verschluss, der aus Vollmaterial besteht, nicht gestaltet wird und den wir deshalb nur der Vollständigkeit halber »mitschleppen«.

Abbildung 14.2 ▼
Konstruktion des 3D-Objekts in Cinema 4D

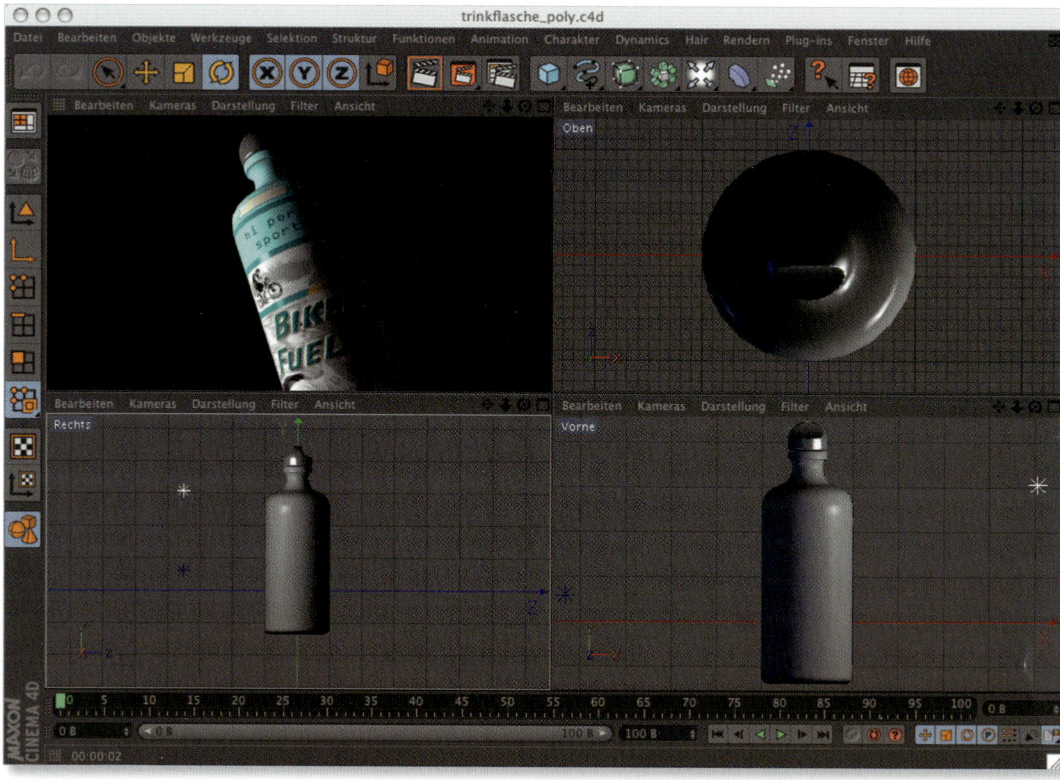

Formate | Photoshop versteht eine ganze Reihe von 3D-Formaten. Da aber sehr viele 3D-Formate proprietär sind und von den Herstellern nicht offengelegt werden, ist man gezwungen, ein 3D-Objekt vor dem Import in Photoshop in eines der unterstützten Formate zu konvertieren. In der Regel sind dies offene Formate bzw. ältere Dateitypen, die sich als Industriestandards etabliert haben. Bei den offenen Formaten seien das relativ neue und deswegen noch kaum unterstützte Universal 3D (*.u3d) erwähnt sowie Collada (*.dae), das z. B. von Blender unterstützt wird. Bei den älteren Dateitypen spielen vor allem das OBJ-Format (Alias Wavefront Power Animator, später Maya) und das 3DS-Format, der alte Dateityp von 3D Studio Max, die Hauptrollen. Praktisch jede aktuelle 3D-Software ist in der Lage, neben ihrem eigenen Dateiformat Objekte in einem oder beiden dieser Formate zu exportieren. Wir werden hier das 3DS-Format benutzen.

Eine ganze Reihe von Features der jeweiligen 3D-Software geht beim Exportieren – wie so oft beim Speichern in einem alten und/oder allgemeineren Dateiformat – verloren. Das kann jeweils nur durch Versuche evaluiert werden, und in der Regel muss man sich zu seinem 3D-Programm dann spezifische Workarounds einfallen lassen, deren detaillierte Beschreibung hier allein wegen der Vielzahl an 3D-Programmen viel zu weit führen würde.

14.1.2 Probleme bei der Übernahme

Dennoch sei in der Folge eine Reihe von Umständen aufgelistet, die beim Herrichten und Importieren von 3D-Modellen in Photoshop Probleme bereiten können. Diese Liste ist zwar etwas länger, erhebt aber keinen Anspruch auf Vollständigkeit, vor allem, weil dieses Photoshop-Feature noch relativ neu ist und sich allein aus Zeitgründen noch nicht allzu viele Erfahrungswerte angesammelt haben. Die verwendeten Fachausdrücke sollten jedem Benutzer einer 3D-Software vertraut sein.

Es werden nur Polygon-Körper unterstützt | Parametrische Körper, Arrays, Instanzen, Boole'sche Objekte und solche, die auf Splines und NURBS basieren, werden beim Import ignoriert und müssen vorher in Polygon-Objekte umgewandelt werden. Am besten arbeitet man dazu mit einer Kopie.

Texturen nicht in eigenen Ordnern speichern | Manche 3D-Programme schreiben strikte Projektstrukturen für alle beteiligten Dateien vor oder wenigstens Textur-Ordner mit fixer Benennung. Das muss man fallweise von Hand ändern, um alle Texturbilder auf der gleichen Ordner-Ebene zu speichern wie das zu exportierende Modell, damit Photoshop die Texturen findet.

Texturbilder im DOS-Format benennen | Sobald Texturen mit langen Dateinamen in einem 3D-Objekt vorkommen, das in Photoshop importiert werden soll, werden die Bilder, deren Dateinamen länger sind als das alte DOS-Format, das lediglich

8 Buchstaben oder Zahlen und maximal noch den Unterstrich sowie 3 Buchstaben oder Zahlen für die Dateierweiterung erlaubt, beim Import übergangen und tauchen in Photoshop nicht auf. (Photoshop kürzt übrigens Texturen, die als 3D-Export aus der Fluchtpunkt-Funktion ausgegeben werden, ebenfalls auf das 8.3-Format ab.)

Texturen müssen Pixelbilder sein | Sobald parametrische Texturen (z. B. das allseits bekannte Schachbrettmuster) oder sogenannte prozedurale Texturen, die nicht auf Bildern, sondern auf mathematischen Formeln beruhen, auf einem Objekt liegen, werden diese beim Import in Photoshop ignoriert. Wie man solche Texturen in Pixelbilder umwandelt, kann von Programm zu Programm sehr verschieden sein. Hier muss man einigen Aufwand in Workarounds investieren oder die Verwendung solcher Texturen vermeiden.

Nicht alle Texturkanäle werden unterstützt | Abgesehen von der teilweise sehr unterschiedlichen Benennung der einzelnen Texturkanäle in den verschiedenen 3D-Programmen, werden nur einige beim Import in Photoshop übernommen und dargestellt und können damit auch dort bearbeitet werden. Farbe (oder oft Diffusion genannt) wird immer unterstützt. Relief-Informationen (auch Bump genannt) werden in der Regel importiert und bearbeitet, aber nicht immer dargestellt.

Es wird nur eine Textur pro Körper unterstützt | Photoshop unterstützt 3D-Objekte mit mehreren Körpern, wie bei unserem Beispiel die Flasche und den Verschluss. Es darf aber nur eine Textur pro Körper angelegt sein. Viele 3D-Programme erlauben mehrere Texturen pro Körper, teilweise auch mit Alpha-Kanälen und Füllmethoden ähnlich wie beim Ebenenaufbau in Photoshop. Das wird aber beim Import von 3D-Objekten in Photoshop nicht unterstützt. Im übelsten Fall wird gar keine Textur importiert.

Die Glättung von Polygon-Objekten ist manchmal mangelhaft | Will man runde Objekte mit wirklich schönen Kanten und gewölbten Flächen haben, muss man fallweise die Anzahl der Polygone kräftig heraufschrauben, um nicht in Photoshop die einzelnen Polygone zu sehen, aus denen z. B. eine Kugel angenähert wird. Damit das Beispiel der Trinkflasche einigermaßen akzeptable Rundungen aufweist und die störende Facettierung verschwindet, war eine Unterteilung der Oberflächen in über 90.000 (!) Polygone nötig. Das hat natürlich Auswirkungen auf die Performance.

Darstellungsprobleme durch Open GL | Photoshop kann für die Darstellung von 3D-Ebenen die eigene Render-Engine benutzen oder OpenGL, das hardwaremäßig von praktisch allen Grafikkarten unterstützt wird, wenn auch in unterschiedlichem Umfang. Bei manchen Rechnern kann es Probleme geben, wenn andere Programme ebenfalls auf die OpenGL-Schnittstelle der Grafikkarte zugreifen, z. B. ein 3D-Programm oder ein Spiel. Die Effekte in Photoshop reichen von Darstellungsfehlern bis zum völligen Ausfall der Bearbeitungsmöglichkeiten einer 3D-Ebene.

Hier muss man entweder die andere(n) Anwendung(en) schließen oder in Photoshop unter VOREINSTELLUNGEN • LEISTUNG in der Abteilung GPU-EINSTELLUNGEN die Benutzung der Grafikkarte abschalten, indem man das Häkchen aus der Checkbox 3D-BESCHL. AKTIVIEREN entfernt. Bei Benutzung der Photoshop-eigenen Render-Engine ist die Darstellung wesentlich zäher.

[OpenGL]
»Open Graphics Library«. 3D-Beschreibungssprache mit Befehlen, die die GPU (Graphics Processing Unit, Grafikprozessor) hardwaremäßig abarbeiten kann. Sie ist dabei um ein Vielfaches schneller als die CPU (Prozessor) des Computers selbst. Sie benutzt einen eigenen, sehr schnellen Speicher auf der Grafikkarte (Video Memory).

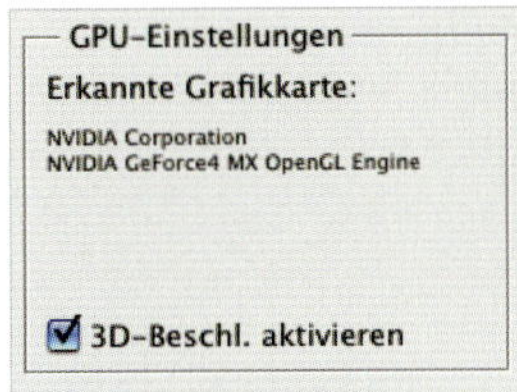

▲ **Abbildung 14.3**
Benutzung der Grafikkarte ändern

Die Darstellung hängt von der Grafikkarte ab | Photoshop bezieht die Bildinformation, die es in einer 3D-Ebene darstellt, entweder aus einer eigenen Rendering Engine oder aus dem Ausgangsspeicher der Grafikkarte, so wie auch die Bewegung und Änderung der Darstellungsgeometrie einer 3D-Ebene in der Grafikkarte abgewickelt wird. Deshalb hat die Hardware-Ausstattung eines Rechners erhebliche Auswirkungen auf Darstellungsgeschwindigkeit, -qualität und -umfang.

In der Abbildung 14.4 unten fehlt die Relief-Information, obwohl die Textur in Photoshop importiert wurde (Windows-PC, Pentium 4, NVIDIA GeForce FX5700). Oben sehen Sie die Darstellung der gleichen Datei auf einem MacBook Pro mit einer ATI Radeon X1600 mit korrekt angezeigten, erhabenen Schriftzügen. Beide Grafikkarten laufen in diesem Fall mit 256 MB Speicher.

Andere Texturtypen wie Displacement (echtes geometrisches Relief), Specular (Glanz), Reflection (Spiegelung), Leuchten (Selbstleuchten, Illumination, Incandescence) usw. werden übergangen. Manchmal werden auch Farb- und Relief-Texturen vertauscht.

▲ **Abbildung 14.4**
Unterschiedliche Darstellung der Datei bei verschiedenen Grafikkarten

Kamera-Roll wird nicht immer unterstützt | Ist die Kamera im Original um die Z-Achse (Sichtachse) gekippt (Roll oder Banking), so wird das von Photoshop fallweise nicht übernommen und muss nachgebessert werden. Am besten notiert man sich in einem solchen Fall den Winkel im 3D-Programm und gibt ihn manuell bei den Einstellungen für die Kamera in Photoshop ein.

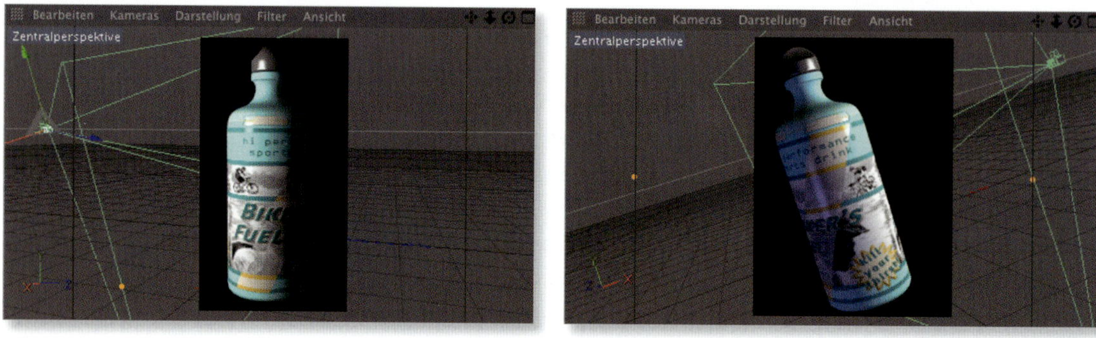

▲ **Abbildung 14.5**
Kamera ohne (links) und mit Roll-Winkel (rechts)

Man muss auf jeden Fall sauber konstruieren. Fehler, die einem im 3D-Programm passieren (wie z. B. verkehrte Flächennormalen) und die man im 3D-Programm möglicherweise gar nicht bemerkt, führen nach dem Import in Photoshop zu unbrauchbaren Ergebnissen.

Diese lange Liste wurde bewusst der Besprechung des Exports aus dem 3D-Programm und des Imports in Photoshop vorangestellt. Man spart eine Menge Probieren und unnütze Arbeitsschritte, wenn man die oben genannten Probleme kennt.

Adobe betritt mit den neuen 3D-Funktionen ein schwieriges Terrain, weil eine möglichst weitreichende Unterstützung der riesigen Vielfalt an Features, die aktuelle 3D-Software bietet, zwangsläufig zu Kompromissen führen muss. Auch wenn die 3D-Ebenen ein Feature mit der Version 1.0 sind, bieten sie bei Beachtung des Vorgenannten sehr leistungsfähige, neue Workflows. Die lange Liste an Dingen, die zu beachten sind, bedeutet aber keineswegs, dass 3D in Photoshop ein untaugliches Werkzeug wäre. Man muss nur genau wissen, wie man es benutzt.

▲ **Abbildung 14.6**
Struktur des 3D-Objekts in Cinema 4D

14.1.3 3D-Modelle in Photoshop importieren

Das 3D-Modell ist sauber für den Export vorbereitet: Die beiden Körper, Flasche und Deckel, sind in Polygone umgewandelt worden (blaues Dreieck-Icon). Das Modell wird von zwei Lichtern beleuchtet, die auch in Photoshop so übernommen werden. Es sind einfache Punktlichter. Das Objekt »Umgebung« ist lediglich für eine Grundhelligkeit in der Szenerie zuständig. Auch das wird normalerweise von Photoshop berücksichtigt. Beiden Körpern sind Texturen zugewiesen. Die Textur für den Verschluss ist einfarbig grau. Das wird von Photoshop ohne Vorhandensein einer (Bild-)Textur richtig interpretiert.

▲ **Abbildung 14.7**
Die drei verwendeten Texturen (Ansicht in Adobe Brigde): Farbe (links), Relief (Mitte) und Glanz (rechts)

Das Material für die Flasche ist eine Textur aus einer Photoshop-Datei, die im JPEG-Format abgespeichert wurde. Ein JPEG in hoher Qualität (100 %) ist zu empfehlen. Photoshop unterstützt beim Import bei Weitem nicht alle Bildformate, die das 3D-Programm als Texturen akzeptiert. Auch viele Formate, die

Photoshop an sich versteht, werden in diesem Fall nicht übernommen. Die Texturbilder sind im DOS-kompatiblen 8.3-Format benannt. Die Textur »etikt_gl.jpg« (Abbildung 14.7, rechts) für den Glanz ist Bestandteil des Modells. Sie wird mit exportiert, aber in Photoshop nicht unterstützt.

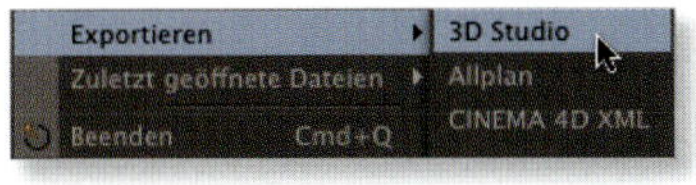

▲ **Abbildung 14.8**
Exportfunktion bei Cinema 4D

Export | Beim Export eines 3D-Objekts für den Import in Photoshop wählen wir das 3DS-Format (3D Studio). Das geht bei den allermeisten 3D-Programmen.

▲ **Abbildung 14.9**
3D-Objekt in Photoshop importieren

Import | Der Import in Photoshop findet über Ebene • 3D-Ebenen • Neue Ebene aus 3D-Datei statt. Dabei fügt Photoshop eine neue Ebene ein, die das 3D-Objekt in der Ansicht zeigt, in der es zuletzt im 3D-Programm gespeichert wurde.

In der Ebenen-Palette ist nun die 3D-Ebene mit den importierten Texturen zu finden (Abbildung 14.10), die unter der Unterebene Strukturen aufgelistet werden. In der Ecke des Miniaturbildes finden wir das kleine 3D-Icon.

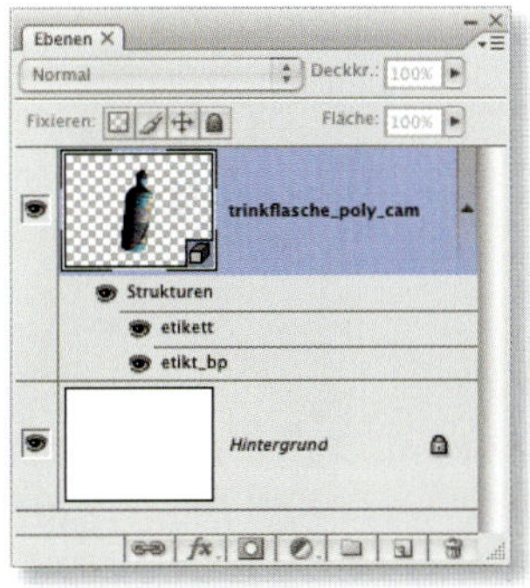

▲ **Abbildung 14.10**
3D-Ebene

14.1.4 3D-Objekte manipulieren

Bearbeiten mit Smartfiltern | Weil der Bildinhalt einer 3D-Ebene kein Pixelbild ist, sondern nur die aktuelle Ansicht des 3D-Objekts, kann dieser Bildinhalt, ähnlich wie beim Smart Objekt, z. B. nicht mit Pinselwerkzeugen oder Filtern bearbeitet werden. Die Bearbeitung mit Smartfiltern ist allerdings möglich.

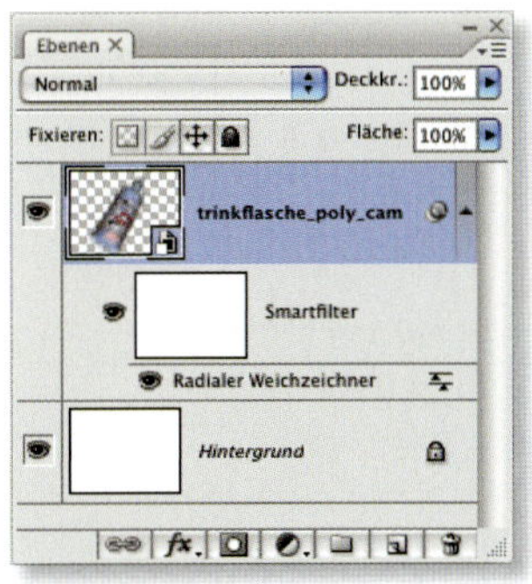

◄▲ **Abbildung 14.11**
3D-Ebene mit Smartfilter bearbeitet

▲ **Abbildung 14.12**
Beschnittenes Bildformat im Smart Objekt

Hierbei ist zu beachten, dass das Konvertieren in ein Smart Objekt zur Anwendung eines Smartfilters meistens eine kleine Korrektur erfordert. Nach der Konvertierung ist das Bildformat des Smart Objekts exakt auf die maximale Ausdehnung der 3D-Ansicht zugeschnitten.

Dreht, bewegt oder skaliert man nun das 3D-Objekt und berührt oder überschreitet man dabei den Bildrand, macht das dem 3D-Objekt selbst zwar nichts, der übergeordneten Photoshop-Datei wird nach der Bearbeitung des Smart Objekts allerdings ein beschnittenes Bild zurückgegeben. Hier hilft nur, innerhalb des Smart Objekts die Arbeitsfläche so weit zu vergrößern, dass das 3D-Objekt auf jeden Fall darin Platz hat und nicht den Rand berührt.

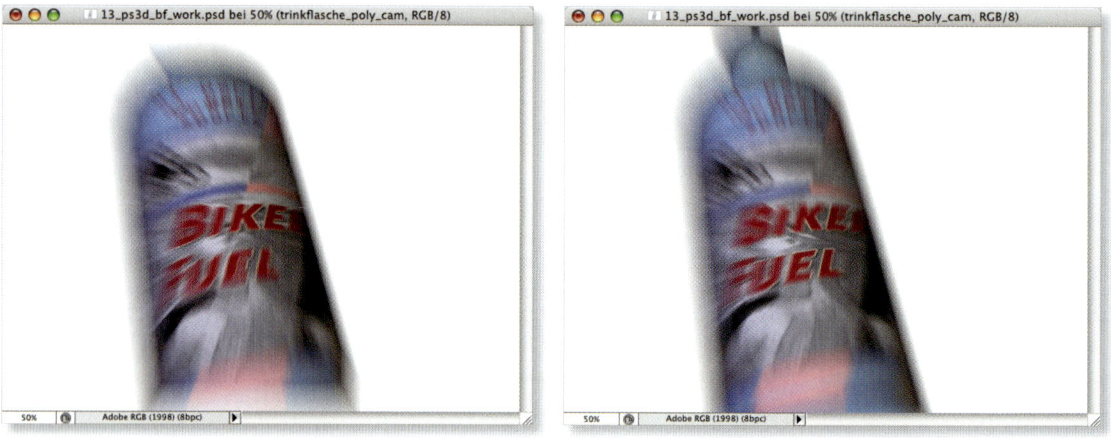

▲ **Abbildung 14.13**
Rückgabe als beschnittenes Smart Objekt (links), rechts die korrigierte Version

Die weiteren ebenenbezogenen Bearbeitungsmöglichkeiten von Photoshop wie Ebenenmaske, Vektormasken, Füllmethoden und die Anwendung von Ebenenstilen und Einstellungsebenen funktionieren problemlos.

Transformation und Navigation | Mit einem Doppelklick auf das kleine Würfel-Icon im Miniaturbild der 3D-Ebene in der Ebenen-Palette oder über Ebenen • 3D-Ebenen • 3D-Modell transformieren eröffnen sich in der Optionen-Leiste die Möglichkeiten zur geometrischen Bearbeitung des 3D-Objekts.

Zunächst wird ganz links zwischen der Manipulation von Objekt [O] und Kamera [C] (1) unterschieden. Auch wenn die visuellen Wirkungen fallweise sehr ähnlich sind, so bewegt man im ersten Fall ein Objekt innerhalb des Raums z. B. bei unveränderter Beleuchtung und fixem Standpunkt, während eine Bewegung der Kamera neben der scheinbaren Bewegung des fixen Objekts auch die Beleuchtung auf dem Objekt ändert. Der Unterschied sollte jedem, der schon einmal ein 3D-Programm benutzt hat, klar sein.

Der Home-Button ❷ setzt Objekt bzw. Kamera wieder auf die Ausgangsposition zurück, wobei das nicht die Position beim Import in Photoshop ist, sondern diejenige beim Öffnen der 3D-Ebene. Die folgenden vier Buttons sind bereits als Icons selbsterklärend: 3D-Objekt drehen bzw. 3D-Kamera kreisen [R] ❸, 3D-Objekt rollen bzw. 3D-Kamera rollen [L] ❹, 3D-Objekt ziehen bzw. 3D-Kamera schwenken [H] ❺, 3D-Objekt näher heran oder weiter weg bewegen (Bewegung in der Z-Achse) bzw. 3D-Kameragang [S] ❻ sowie 3D-Objekt skalieren bzw. 3D-Kamera zoomen [Z] ❼ sollten aus allen 3D-Programmen geläufig sein.

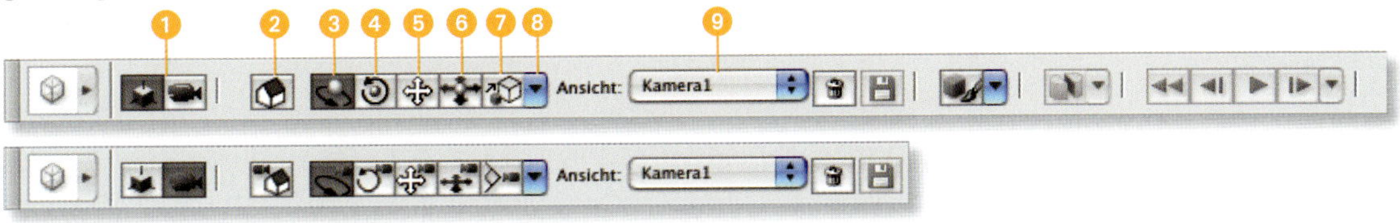

▼ **Abbildung 14.14**
Die Optionen-Leiste mit den Transformationen für Objekt (oben) und Kamera (unten)

Der Pfeil am Ende dieser Buttonreihe ❽ öffnet die numerische Eingabemöglichkeit für die Objektposition bzw. die 3D-Kamera-einstellungen. Beide Dialoge erlauben neben der numerischen Eingabe – wie an anderen Stellen in Photoshop auch – die Änderung der Werte mit dem Zahlencursor (Doppelpfeil mit Zeigefinger). Hier findet in der Regel das Finetuning einer Ansicht statt.

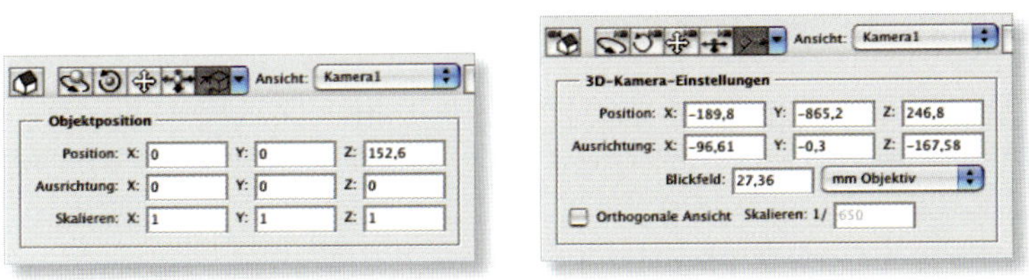

◀ **Abbildung 14.15**
Numerische Eingabe der Parameter für Objekt (links) und Kamera (rechts)

Ansichten | Rechts daneben können die Ansichten ❾, also die Kamerapositionen ausgewählt und abgespeichert werden. Nach den sieben voreingestellten Ansichten folgen die im 3D-Programm eingerichteten Kameras (hier Kamera1 und Kamera2) und dann die in Photoshop gespeicherten Ansichten. Rechts daneben kann die aktuelle Ansicht gelöscht werden bzw. eine Ansicht unter einem eigenen Namen gespeichert werden.

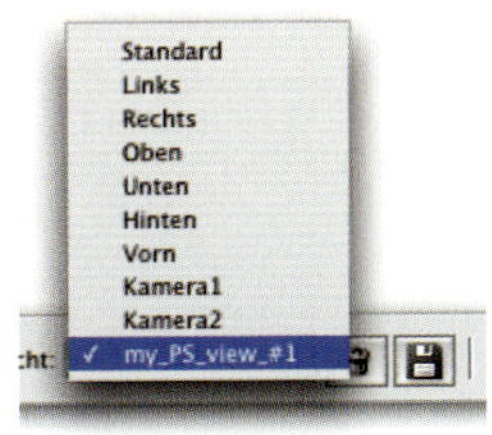

▲ **Abbildung 14.16**
Auswahl der Kameraansichten

Darstellungen | Neben der Standarddarstellung, die versucht, dem meist möglichst (foto-)realistisch gerenderten Ergebnis eines 3D-Programms nahe zu kommen, bietet Photoshop auch eine ganze Reihe von anderen Darstellungsmöglichkeiten für 3D-Objekte. Die beiden Pulldown-Menüs Licht- und

▲ **Abbildung 14.17**
Einstellungsmenüs für Darstellung und Schnitte

Querschnitt

Die Querschnitt-Funktion ist nicht bei allen 3D-Objekten verfügbar. Warum das so ist, ist nicht herauszubekommen. Ein weiterer Bug in dieser Funktion taucht beim Skalieren von Dokumenten auf, in denen der Querschnitt aktiviert ist. Manchmal verschwindet der eingestellte Schnitt dabei einfach.

ERSCHEINUNGSBILDEINSTELLUNGEN und QUERSCHNITTEINSTELLUNGEN bieten eine gute Auswahl an alternativen Darstellungsformen. Hier ergibt sich ein gutes Experimentierfeld. Deswegen wird im folgenden Beispiel willkürlich je eine der beiden Einstellmöglichkeiten kombiniert. Hier wurde für das Erscheinungsbild der Modus AUSGEBLENDETES DRAHTGITTER verwendet, bei dem man Linien und Flächen getrennt einfärben kann und verdeckte Gitterlinien verborgen werden. Die LICHTEINSTELLUNGEN wurden beibehalten.

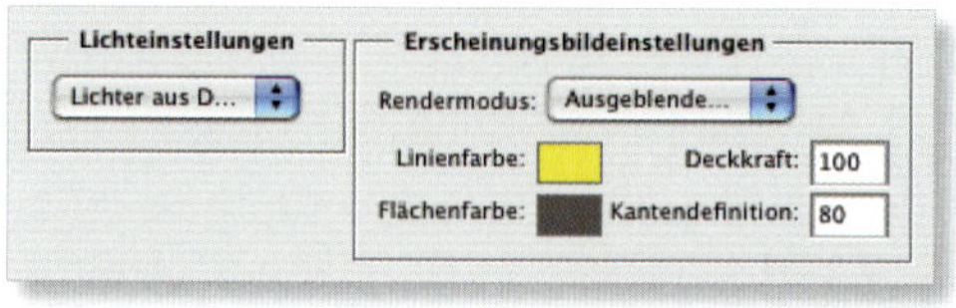

Abbildung 14.18 ►
Licht- und Erscheinungsbildeinstellungen

Mit den Einstellungen für den Querschnitt kann man mithilfe der Checkbox QUERSCHNITT AKTIVIEREN eine willkürliche Schnittebene durch ein Objekt legen und diese danach unter POSITION UND AUSRICHTUNG verschieben und drehen. Die Schnittlinie lässt sich einfärben. Mit SPIEGELN lassen sich der gezeigte und der weggeschnittene Teil austauschen.

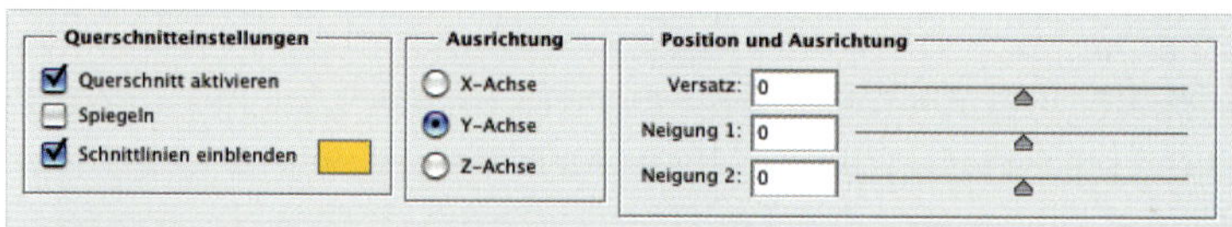

Abbildung 14.19 ►
Querschnitteinstellungen

Diese Einstellungen wurden jeweils auf eine 3D-Ebene und deren Kopie angewendet und zeigen eine Möglichkeit, wie sie z. B. bei technischen Illustrationen gern benutzt wird. Normalerweise wären zwei separate Renderings im 3D-Programm fällig.

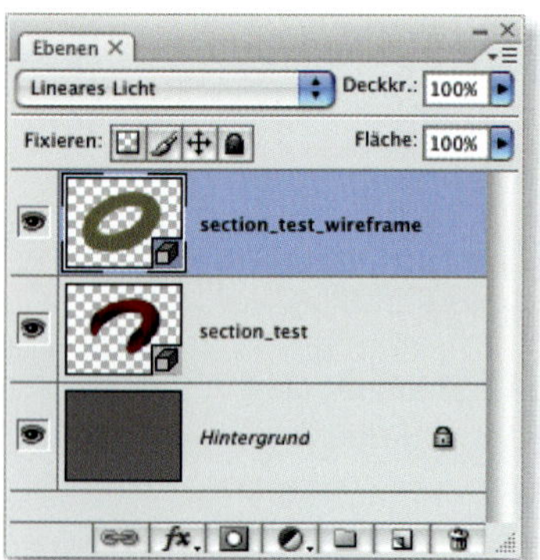

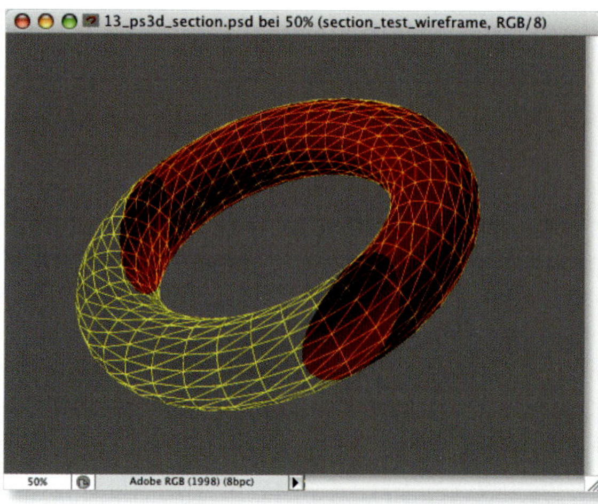

▲► Abbildung 14.20
Zwei Darstellungsformen von 3D-Ebenen kombiniert (oben der Ebenenaufbau)

14.1.5 Mutationen von 3D-Modellen in Photoshop

Photoshop ist ein Bildverarbeitungsprogramm und sicher auch mit den neuen Funktionen kein 3D-Programm geworden. Photoshop hat früher schon beim Erstellen von Texturbildern eine sehr wichtige Rolle im 3D-Bereich gespielt, und das ist jetzt nicht anders geworden, nur sind die Funktionen besser integriert. So wird denn auch der Schwerpunkt beim Gebrauch der neuen 3D-Ebenen auf der Bearbeitung von Texturen liegen.

Texturen bearbeiten | Die Texturen liegen unterhalb der Sub-Ebene STRUKTUREN in der Ebenen-Palette. In unserem Beispiel sind dort die Texturen für die Farbe (»etikett.jpg«) und für das Relief (»etikt_bp2.jpg«) zu finden. Die dritte aus dem 3D-Programm exportierte Textur für den Glanz (»etikt_gl.jpg«) ist nicht importiert worden.

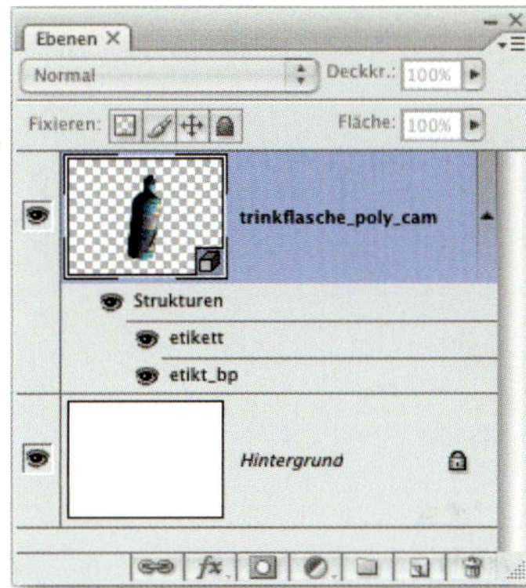

▲ **Abbildung 14.21**
Texturen innerhalb der 3D-Ebene

Für die Benennung der Texturen in Photoshop wird der Dateiname ohne Erweiterung herangezogen. Texturen können nicht umbenannt werden.

Mit dem »Auge« links der jeweiligen Textur kann diese ausgeblendet werden. Ist nur eine Farbtextur vorhanden, verschwindet der ganze Körper; ist eine Relieftextur vorhanden, so wird der Körper schwarz, wenn die Farbe ausgeblendet wird. Wird eine Relief-Textur ausgeblendet, verschwindet der Relief-Effekt (wenn er überhaupt angezeigt wird).

Mit einem Doppelklick auf den Namen der Textur wird diese in gleicher Weise geöffnet, wie wir das von Smart Objekten kennen. Unabhängig von der Größe der Datei, in die wir das 3D-Objekt importiert haben, hat diese Smart Objekt-Datei die Originalgröße der Bilddatei, wie wir sie im 3D-Programm verwendet haben. Das Dateiformat ist, wie bei auch bei Smart Objekten, *.psb. Auch wenn die Ursprungstextur nur eine JPEG-Datei war, stehen uns nun mit dieser PSB-Datei alle gestalterischen Möglichkeiten von Photoshop offen.

▲ **Abbildung 14.22**
Geöffnete Original-Textur

Wir kopieren nun beispielsweise aus dem Originaldesign der Textur (einer Photoshop-Datei in Druckgröße und -auflösung, die ja für den späteren Druck des Flaschenetiketts dienen muss) einen anderen Zustand dieser Datei mit BEARBEITEN • AUF EINE EBENE REDUZIERT KOPIEREN und fügen den Inhalt der Zwischenablage in die offene Textur-Datei ein. Sie hat ja die gleiche Größe, weil sie aus diesem Design abgeleitet wurde, passt also genau. Nach dem Einfügen in die Textur-Datei schließen wir diese (temporäre) Datei und speichern sie dabei. In der Datei mit der 3D-Ebene wird die neue Textur auf das 3D-Objekt aufgezogen und nach einer gewissen Rechenzeit angezeigt.

Abbildung 14.23 ▶
Originaldesign des Etiketts (links) und einkopierte Modifikation der Textur (rechts)

Mehrere 3D-Ebenen | Natürlich finden auch mehrere 3D-Ebenen in einer Photoshop-Datei Platz. Im folgenden Beispiel wurden für einen Anzeigenentwurf zu der großen Trinkflasche noch zwei kleine hinzugefügt und dann sowohl bei ihren Texturen als auch in der Darstellungsgeometrie modifiziert. Allein diese Mutation hätte zwei neue Renderings mit neuen Texturen erfordert.

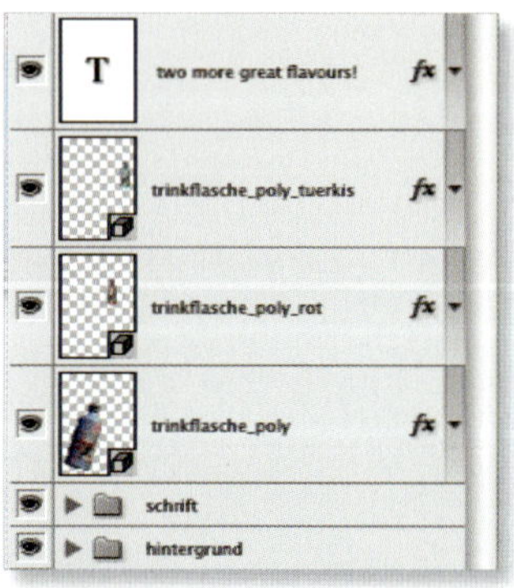

▲▶ **Abbildung 14.24**
Hinzufügen von weiteren Mutationen von 3D-Ebenen

Texturen ersetzen | Mit dem Befehl Ebene • 3D-Ebene • Strukturen ersetzen gibt es einen »Rückweg« für die Texturen, die in Photoshop bearbeitet wurden. Die Texturen, die als echte Dateien gemeinsam mit der 3DS-Datei in einem Ordner vorhanden sind, werden in Photoshop importiert.

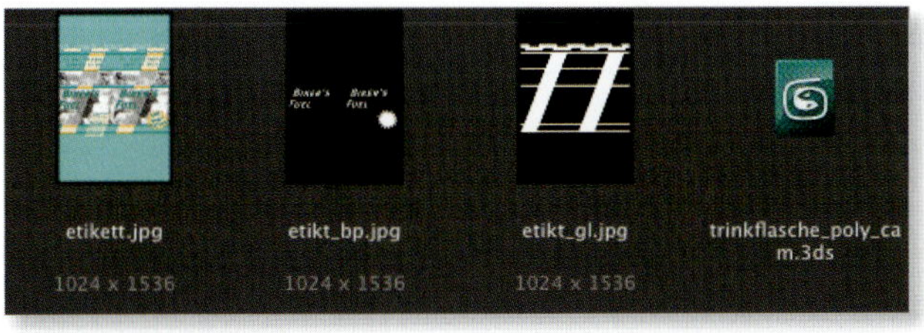

▲ **Abbildung 14.25**
Original-Export aus dem 3D-Programm

▲ **Abbildung 14.26**
Neue Textur für die Farbe der 3D-Ebene

Nun wird die Datei in Photoshop bearbeitet, und die Textur für die Farbe wird geändert. Bis jetzt findet das alles nur innerhalb von Photoshop statt bzw. in den temporären PSB-Dateien, die beim Öffnen der Texturen entstehen.

Nun wählen wir im Menü Ebene • 3D-Ebene • Strukturen ersetzen. Nach einem Warnhinweis werden die Originale aller importierten Texturen überschrieben. Was nicht importiert wurde, bleibt unangetastet.

▲ **Abbildung 14.27**
Ersetzen der Original-Textur-Dateien

In unserem Fall wurde die Textur für die Farbe ausgetauscht. Importiert man die für den Import in Photoshop erzeugte 3DS-Datei zurück in Cinema 4D, so kann man dort jetzt mit der neuen Textur weiterarbeiten.

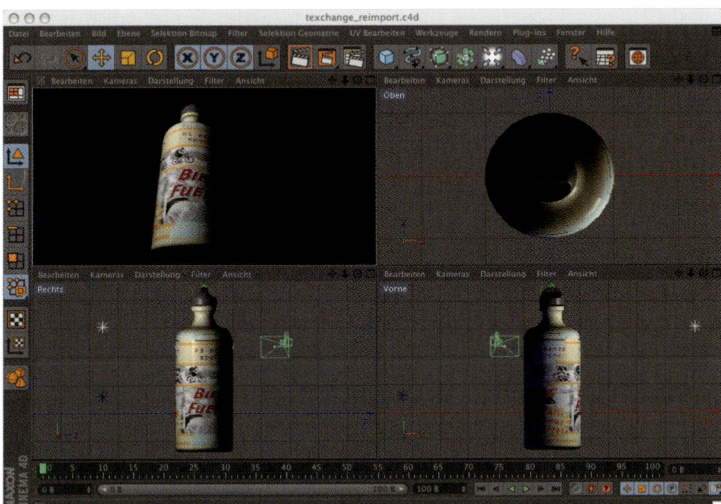

◂ **Abbildung 14.28**
Modell mit neuer Textur nach dem Re-Import in Cinema 4D

Alternative

Auch wenn die Wege und Rückwege zwischen dem 3D-Programm und Photoshop durch die neue 3D-Funktion erheblich abgekürzt und vereinfacht wurden, so fällt die noch eher magere Anzahl an unterstützten Texturkanälen und 3D-Features negativ auf. Man muss derzeit noch gut abwägen, ob man die Reduktion, die der Workflow bei den Ansprüchen an die Qualität erfordert, akzeptieren kann, ob man bei alten Gewohnheiten bleibt und damit bei zwar komplexeren, aber meist eingespielten Workflows oder ob man Ausschau nach Alternativen hält. Hier ist in erster Linie Maxon BodyPaint zu nennen, das zwar in Cinema 4D integriert ist, aber auch mit anderen wichtigen 3D-Programmen zusammenarbeitet und alle Texturkanäle unterstützt und vor allem das Malen von Texturen in verschiedenen 2D- und 3D-Ansichten erlaubt (Infos unter: *www.maxon.de*).

[Material, Shader, Textur]
Die Nomenklatur ist bei Herstellern von 3D-Anwendungen beileibe nicht eindeutig. Manche setzen Texturen mit Materialien gleich, bei manchen heißen Materialien auch »Shader«, und andere verwenden die Bezeichnung »Kanäle« für die Texturen. Die Begriffsverwirrung in diesem Bereich sollte beachtet werden.

Fazit | Diese nur ganz einfachen Beispiele zeigen das Potenzial, das in der neuen 3D-Funktion von Photoshop steckt. Wenn man einmal die Klippen beim Übertragen der 3D-Objekte vom 3D-Programm zu Photoshop umschifft hat und gemeinsam mit den beteiligten 3D-Designern einen funktionierenden Workflow aufgesetzt hat, können Modifikationen am Look von 3D-Modellen quasi in Echtzeit durchgeführt werden, schnell präsentationsreif gemacht und sogar im Beisein des Kunden erfolgen, ohne dass lästige Wartezeiten auftreten. Vor allem im Bereich des Verpackungsdesigns ist hier eine sehr große Arbeitserleichterung und Zeitersparnis zu sehen.

Ein weiterer Aspekt ist die Ersparnis von zusätzlichen Lizenzen für das 3D-Programm, wenn es, wie oft üblich, einen 3D-Artist gibt, der Modelle baut, und einen anderen, der für die Texturierung und das Rendering zuständig ist. Dieser zweite Part kann nun allein mithilfe von Photoshop erledigt werden, denn jetzt kann der Modeller die 3D-Datei sozusagen verpacken, und der Texture Artist braucht das 3D-Programm im Grunde nicht mehr.

14.2 Texturen für 3D-Anwendungen erstellen

Eine wichtige Anwendung für Photoshop im Zusammenhang mit Arbeiten im 3D-Bereich war schon lange die Erstellung und Bearbeitung von Texturen für 3D-Objekte. Texturen sind Bilddateien, die ein 3D-Programm wie eine Hülle auf geometrische Objekte »aufzieht«. Neben vollkommen abstrakten Mustern und Texturen, die auf mathematischen Berechnungen beruhen, spielen vor allem Fotos für Texturen eine Rolle. Man denke z. B. an die Haut einer Eidechse als Grundlage einer Textur für einen 3D-Drachen.

Eine Maßgabe für solche Texturen ist, dass sie sich nahtlos aneinanderfügen lassen, damit weder horizontal noch vertikal Wiederholungskanten sichtbar werden, wenn man sie mehrfach hintereinander auf ein Objekt aufzieht, das ja in der Regel geometrisch nicht genau zur Textur passt.

Ein sehr nützlicher Helfer für diesen Zweck ist der Filter • Sonstige Filter • Verschiebungseffekt. Neben anderen Aufgaben kann er vor allem bei der Erstellung nahtloser Muster sehr hilfreich sein. Das soll an einem Beispiel für eine einfache Texturproduktion erläutert werden.

Schritt für Schritt: Textur für 3D-Anwendungen erstellen

3D-Programme wie Maya, Lightwave, 3ds Max oder Cinema 4D bieten für die Oberflächen ihrer Objekte eine Menge eingebauter bzw. mitgelieferter Texturen. Für einen wirklich realistischen Look kommt man aber bei allen Programmen nicht um Texturbilder herum, die auf natürlichem Material, sprich auf Fotos, basieren. Es gibt neben käuflichen und meist auch nicht gerade billigen Angeboten die Möglichkeit, diese selbst zu erstellen. Auch in diesem Bereich ist dann sehr oft Photoshop im Spiel. Zudem müssen solche Texturbilder nahtlos »kachelbar« sein, um größere Flächen wiederholend bedecken zu können.

Daten auf der DVD
Sie finden die Datei zu diesem Workshop auf der Buch-DVD im Ordner BEISPIELDATEIEN/14_3D/NAHTLOSTEXTUR.TIF.

1 Foto nahtlos machen

Ein einfaches Foto von einer Natursteinmauer soll als Ausgangspunkt dienen. Würde man es so, wie es ist, als Textur auf ein 3D-Objekt aufziehen, würde man bei eventuell vorkommenden Wiederholungen natürlich die Bildränder immer wieder als Stoßkanten sehen.

Als Erstes zieht man nun die Bildränder in die Bildmitte, indem man mit FILTER • SONSTIGE FILTER • VERSCHIEBUNGSEFFEKT einen beliebigen Wert eingibt, der in etwa die halbe Kantenlänge ausmacht. Wichtig ist die Option DURCH VERSCHOBENEN TEIL ERSETZEN, die dafür sorgt, dass alles, was links »hinauswandert«, rechts wieder ins Bild hereinkommt. In der Vertikalen gilt das natürlich entsprechend genauso.

▲ **Abbildung 14.29**
Foto einer Natursteinmauer

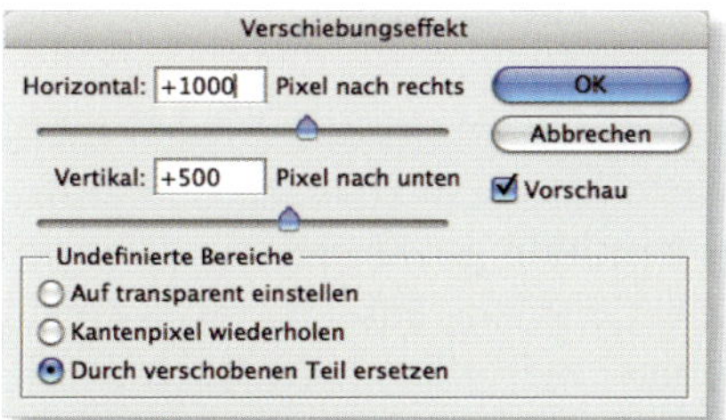

▲ **Abbildung 14.30**
Dialog des Filters VERSCHIEBUNGSEFFEKT

▲ **Abbildung 14.31**
»Kantenkreuz« nach der Verschiebung

So entsteht ein »Kantenkreuz«, das man mit diversen Retuschewerkzeugen eliminieren muss.

Nachdem das geschehen ist, bleibt noch ein zweiter Durchgang, denn die Enden des Kantenkreuzes, die ja am Bildrand nicht retuschiert werden können, werden noch erkennbar bleiben. Man wendet nun den Filter VERSCHIEBUNGSEFFEKT ein zweites Mal an, nachdem man die Kantenkreuz-Enden markiert hat, was besonders bei inhomogenen Mustern wie unserer Mauer sinnvoll ist. Bei diesem zweiten Mal wird das Bild um etwa ein

▲ **Abbildung 14.32**
Ausretuschiertes Kantenkreuz

Viertel oder ein Drittel der Kantenlänge verschoben, sodass diese Markierungen gut im Bild liegen. In ihrer Umgebung findet dann die letzte Retusche statt.

Nun ist das Bild wirklich nahtlos. Man kann das durch wiederholte Eingabe des Shortcuts Strg/⌘+F für den letzten angewandten Filter, also eine Wiederholung der Verschiebung, überprüfen. Nun sollte nirgends mehr eine Stoßkante zu sehen sein.

▲ **Abbildung 14.33**
Markierungen an den Enden (links) und Kanten-Endpunkte mit Verschiebungseffekt in Richtung Bildmitte gerückt (rechts)

▲ **Abbildung 14.34**
Nahtlos kachelbares Texturbild

2 Relief-Information aus dem Bild gewinnen

Damit unsere Mauer später nicht wie eine Fototapete auf einem 3D-Objekt klebt, brauchen wir noch eine Relief-Information, die die Mauer mit ihren Fugen so richtig plastisch machen soll. Das ist nicht immer einfach und hängt sehr vom Sujet und von der Lichtsituation bei der Aufnahme ab. In der Regel ist diffuses, schattenarmes Licht für solche Zwecke am besten. Schatten sollen ja erst später mithilfe der Beleuchtung des 3D-Programms entstehen.

Es gibt vielfältige Verfahren, um aus einem Foto eine Relief-Information herauszuholen. Die Überlegungen zu diesem Thema sind denen zur Maskengewinnung aus Bildinformationen nicht unähnlich. Analysieren wir das Foto der Mauer, so sind Steine und Mörtel, die höhenmäßig getrennt werden sollen, abgesehen von einigen dünnen Schatten nahezu gleich hell. Bei den Steinen herrscht eine rötliche Färbung vor, während der Mörtel grau ist.

3D & TIFF

Die meisten 3D-Programme akzeptieren TIFF-Dateien als Texturbilder. Erzeugt man diese in Photoshop, so bekommt man normalerweise 24-Bit-Dateien mit 8 Bit pro Kanal heraus. Diese Dateien muss das 3D-Programm laden und meistens für die Verarbeitung und die Bildberechnung (Rendering) im Arbeitsspeicher halten.

Viele, vor allem natürlich-realistische Texturbilder haben allerdings einen recht geringen Farbtonumfang. Wechselt man hier von RGB in den Modus Indizierte Farbe, so kann mit den unten stehenden Einstellungen oft ohne sichtbare Verluste ein 8-Bit-TIFF mit den 256 häufigsten Farben erzeugt werden.

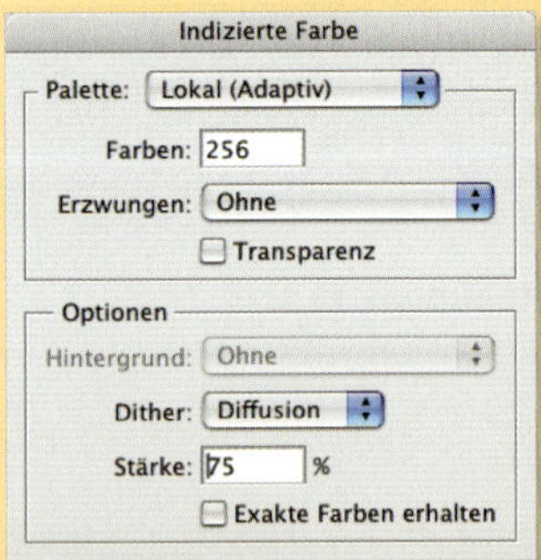

▲ **Abbildung 14.35**
Indizierte Farbe

Die meisten 3D-Programme freuen sich spürbar über die erheblich geringere Arbeitsspeicherbelastung, vor allem bei großen Texturen wie z. B. für Himmel oder Landschaften.

Also liegt der Rot-Kanal als erster Ansatz für die Gewinnung der Reliefdaten nahe. Hierzu wird vom fertig retuschierten Bild der Rot-Kanal kopiert und mit einer Tonwertkorrektur kontrastverstärkt. Dann macht man eine Kopie des Bildes mit Bild • Duplizieren und erstellt mit Bild • Modus • LAB-Farbe eine LAB-Kopie, in der man den A-Kanal (Magenta-Grün) mithilfe einer Tonwertkorrektur in der rechten (roten) Hälfte im Kontrast stark anhebt. Hier werden jetzt alle rötlichen Bereiche hervorgehoben.

▼ Abbildung 14.36
Kontrastverstärkter Rot-Kanal (links) und A-Kanal mit verstärkter »roter« Hälfte (rechts)

3 Kanalberechnung aufrufen

Nun wird mit einer Kanalberechnung versucht, das Beste aus beiden gewonnenen Relief-Informationen herauszuholen. Im Dialog, der nach dem Befehl Bild • Kanalberechnungen erscheint, wird oben vom Originalbild (RGB) die Kopie des Rot-Kanals als Quelle 1 ausgewählt, als Quelle 2 dient die Kopie des A-Kanals. Beide werden im Modus Aufhellen verrechnet.

◄ Abbildung 14.37
Kanalberechnung für optimale Relief-Information

4 Tonwertumfang bearbeiten

Anschließend wird auf das Ergebnis noch eine Gradationskurve angewendet, um den Tonwertumfang optimal zwischen Schwarz und Weiß einzupassen, und schließlich folgt noch eine leichte Weichzeichnung von 2 Pixeln, damit im 3D-Programm die Kanten nicht unnatürlich hart werden.

▲ Abbildung 14.38
Fertiges Relief-Bild

5 Anwendung im 3D-Programm

Für die Verwendung als Textur in einem 3D-Programm wird das nahtlose Foto als TIFF-Datei gespeichert (dieses Format verstehen praktisch alle 3D-Programme), das Relief-Bild wird ebenfalls in diesem Format gespeichert, jedoch als 8-Bit-Graustufen-Datei.

Ein Material für ein 3D-Objekt besteht in unserem Beispiel mit MAXON Cinema 4D immer aus mehreren »Kanälen«, die einzelnen optischen und physikalischen Eigenschaften entsprechen. Diesen Kanälen können neben Farben und mathematischen Mustern auch Bilddateien zugeordnet werden. Das Material für unsere Mauer kommt mit zwei Kanälen aus: FARBE und DISPLACEMENT. Nun rufen wir in Cinema 4D den Material-Editor (ATTRIBUTE) auf und aktivieren unter BASIS zwei der BASIS-EIGENSCHAFTEN: FARBE und DISPLACEMENT. Im Kanal FARBE laden wir dort als TEXTUR das Foto der Mauer und im Kanal DISPLACEMENT das Graustufen-TIFF. DISPLACEMENT verändert die an sich plane Fläche in ihrer Geometrie so, dass überall, wo im Graustufenbild (Displacement Map) helle Tonwerte auftreten, die Punkt aus der Fläche herausgeschoben werden und umgekehrt bei dunklen Werten in die Fläche »hineingedrückt« werden. Das Prinzip findet auch bei dem Photoshop-Filter BELEUCHTUNGSEFFEKT.

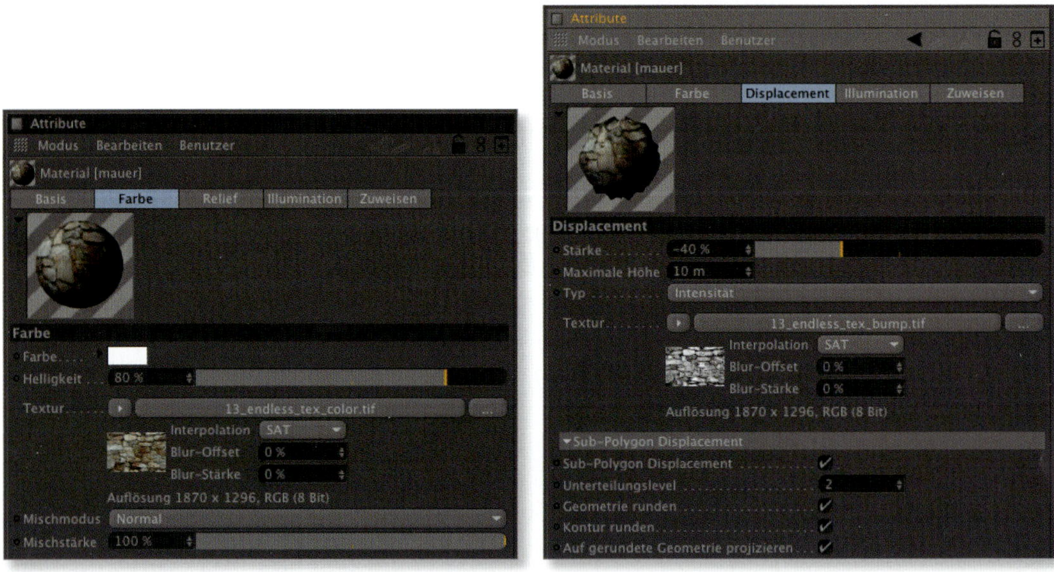

Abbildung 14.39 ▲
Farbiges Texturbild für Farbe (links) und Graustufenbild für Displacement (rechts)

In unserem Beispiel wurde das Material so auf die Fläche aufgezogen, dass es sich jeweils in der Höhe und in der Breite einmal wiederholt.

Im Ergebnis kann man nun überprüfen, ob die Textur wirklich nahtlos gekachelt ist. Ein schräger Schattenwurf auf die Fläche zeigt die Wirkung der Displacement-Textur, die das Punktgitter der Fläche aus- und einwärts verformt hat und das Relief von Steinen und Fugen sehr überzeugend nachbildet.

◂ **Abbildung 14.40**
Gerendertes Ergebnis mit Schattenwurf auf die plastische Mauer

Der plastische Look wird am bewegten Rand der Schatten sowie am Rand der Fläche selbst besonders deutlich. ■

Dieser kleine Workshop kann als ein Beispiel dafür dienen, wie weit Photoshop in andere Bereiche der Medienproduktion hineinreicht, welche Lösungen hier auf welchen Wegen möglich sind und wie unentbehrlich Photoshop auch abseits der Arbeitsbereiche ist, die man sonst für typisch hält.

14.3 Das Fluchtpunkt-Werkzeug

Die mit der Vorversion eingeführte Funktion Fluchtpunkt ist in Photoshop CS3 deutlich verbessert und erweitert worden. Auch wenn sie zunächst für die perspektivisch unterstützte Retusche gedacht war, machen es ihre neuen, echten 3D-Funktionalitäten notwendig, die Besprechung dieser Funktion aus dem Kapitel »Retusche« weitgehend in das Kapitel »Photoshop und 3D« zu verlagern.

Video-Training
Auf der Buch-DVD im Ordner VIDEO-TRAINING finden Sie zwei Video-Lektion zu den Themen »Fluchtpunkt-Filter« und »Perspektivisch anbauen«.

14.3.1 3D-Retusche

Nach der Kurzvorstellung des Werkzeugs in Kapitel 4, »Retusche«, wird die Fluchtpunkt-Funktion hier in einem kleinen Workshop im Detail besprochen.

Schritt für Schritt: Fassaden-Retusche

In diesem Beispiel sollen verschiedene Bildteile, die störend wirken, wegretuschiert werden. Außerdem soll über der Doppeltür in der Bildmitte ein Schriftzug einmontiert werden.

Abbildung 14.41 ▸
Eine Fassade soll mit der FLUCHTPUNKT-Funktion retuschiert werden.

Daten auf der DVD
Sie finden die Datei zu diesem Workshop auf der Buch-DVD unter BEISPIELDATEIEN/14_3D/FLUCHTPUNKT_UNI.JPG.

1 Gitter im Fluchtpunkt-Dialog einrichten

Der Dialog der Fluchtpunkt-Funktion (FILTER • FLUCHTPUNKT oder [Strg]/[⌘]+[Alt]+[V]) öffnet sich als eigener Arbeitsbereich über dem Bild, der nur mit OK oder ABBRECHEN wieder verlassen werden kann. Mit dem Ebene-erstellen-Werkzeug ❶ [C] wird eine Arbeitsfläche auf dem sichtbaren Teil der Fassade aufgezogen, indem die vier Eckpunkte definiert werden. Bei diesem Bild bieten sich die jeweils linken oberen Ecken der Fensterrahmen an.

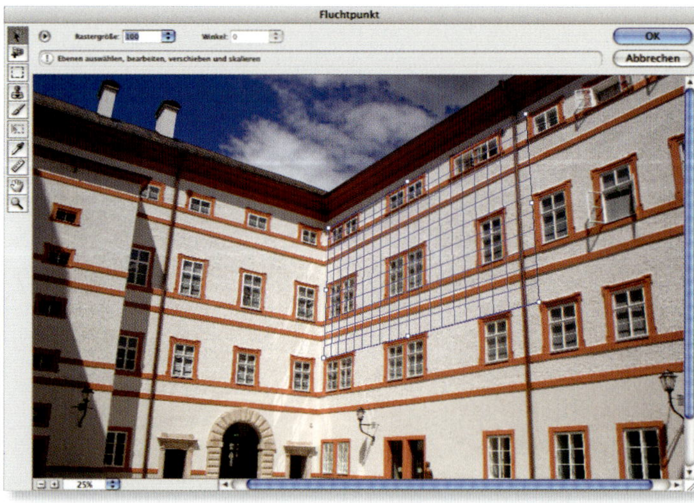

Abbildung 14.42 ▸
Einrichten einer Arbeitsfläche mit dem Ebene-erstellen-Werkzeug

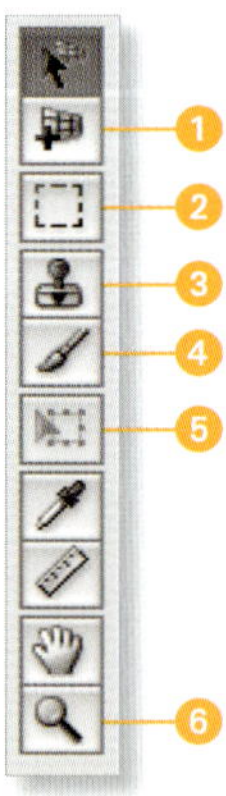

▴ Abbildung 14.43
Toolbox im Fluchtpunkt-Dialog

Das sollte möglichst genau geschehen, denn davon hängt ab, ob später noch viel nachbearbeitet werden muss oder die kopierten Fassadenteile bereits perfekt sitzen. Idealerweise nimmt man Bildelemente, die garantiert waagerecht und senkrecht ausgerichtet sind, in diesem Fall die Fenster. Dann zoomt man mit dem Zoom-Werkzeug [Z] ❻ oder mit den normalen Photoshop-Shortcuts an den Ecken der Gitter weit ins Bild hinein und versucht, die Ecken des Arbeitsflächen-Gitters möglichst präzise zu positionieren (links). Das Drücken der X-Taste verdoppelt die Vergrößerung vorübergehend.

◂ **Abbildung 14.44**
Arbeitsflächen-Gitter präzise ausrichten (links) und über den ganzen Bearbeitungsbereich aufziehen (rechts)

2 Gitter vergrößern

Passt das Gitter, wird es mit den Anfassern an den Seitenmitten aufgezogen, bis es den zu bearbeitenden Bereich möglichst komplett überdeckt.

◂ **Abbildung 14.45**
Gitterebenen bis über den Bildrand aufziehen

3 Auswahl aufziehen und kopieren

Nun kann man mit dem Auswahlrechteck-Werkzeug A ❷ eine Auswahl aufziehen wie im Dokument-Fenster auch, nur dass die Auswahl sich jetzt an der Perspektive der Arbeitsfläche orientiert. Um die Fassadenteile perfekt anstückeln zu können, sollte sich die Auswahl sorgfältig auf Elemente beziehen, die sich wiederholen (hier die Ecken der Fenster).

Drückt man nun zum Kopieren die Alt-Taste, kann man diese Auswahl samt Inhalt an eine andere Stelle ziehen. Dies geschieht perspektivisch korrekt, und die Auswahl wird in die Raumtiefe hinein kleiner. Mit der ⇧-Taste kann diese Bewegung

TIPP

Bei sehr steilen Perspektiven oder Bereichen, bei denen sehr nah am Bildrand gearbeitet werden muss, ist es ratsam, vor Aufruf der Fluchtpunkt-Funktion mit Bild • Arbeitsfläche den Spielraum am Rand zu vergrößern.

eingeschränkt werden und ist dann nur noch in Richtung der Gitterlinien möglich. Sie scheint sich senkrecht und waagerecht an der Fassade entlang zu bewegen. Das ist hier auch nötig, um die Teile exakt in der Flucht der Stockwerke zu kopieren. Durch sorgfältige Festlegung der Quellauswahlen kann man nun auf der ganzen Fassade mithilfe von Auswahlen retuschieren.

Abbildung 14.46 ▶
Die perspektivische Auswahl wird kopiert.

4 Über Eck retuschieren

Es sind natürlich auch mehrere Arbeitsflächen im Fluchtpunkt-Fenster möglich. Sie können entweder unabhängig voneinander sein oder mit gedrückter Strg/⌘-Taste aus der Kantenmitte einer bestehenden Fläche herausgezogen werden. Sie schließen dann unmittelbar an die Kante an und sind räumlich um 90° zur ersten Ebene angeordnet. An den Ecken der neuen Gitterebene kann noch die Ausrichtung feinabgestimmt werden.

Abbildung 14.47 ▼▶
Aufziehen eines weiteren Gitters im 90°-Winkel

Nun kann man eine Auswahl »um die Ecke« kopieren oder bewegen. Auswahlen lassen sich von einem Arbeitsflächen-Gitter auf ein anderes schieben und passen dabei ihre räumliche Ausrichtung automatisch an. Hier wurden die beiden Doppelfenster auf die andere Fassade des Gebäudes kopiert.

◂ **Abbildung 14.48**
Kopieren »um die Ecke«

5 Transformieren

Man sieht, dass die einkopierten Fenster auf dem anderen Fassadenteil zwar an sich richtig eingepasst sind, was ihre Umrisse angeht, aber ihr »Innenleben« schaut merkwürdig aus, denn sie haben ja eine gewisse räumliche Tiefe, die nun, um 90° gedreht, nicht mehr funktioniert. Wir kopieren zwar entlang einer räumlichen Gitterebene, aber die Bildauschnitte, die wir bewegen, sind ja flach.

Wenn man bei noch bestehender Auswahl die Taste [T] drückt, wird das Transformieren-Werkzeug aktiv 5 (Abbildung 14.43), und die Auswahl zeigt die bekannten Anfasser, mit denen sich die Auswahl skalieren lässt. Mit Klicken und Ziehen außerhalb kann man die Auswahl wie gewohnt drehen – alles natürlich unter Berücksichtigung der Perspektive. In der Kopfleiste erscheinen die beiden Checkboxen Spiegeln und Kippen (vertikal spiegeln). Wenden wir Spiegeln auf unsere Auswahl an, passt der optische Eindruck, auch wenn es nur ein Trick ist.

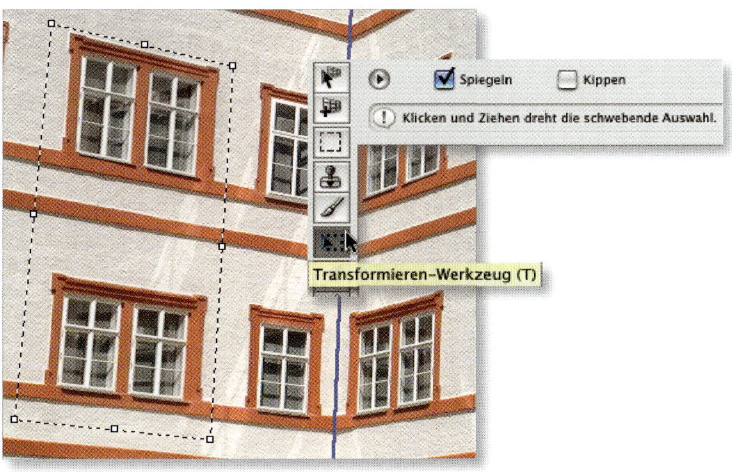

◂ **Abbildung 14.49**
Spiegeln der einkopierten Auswahl mit Transformieren

6 Der perspektivische Kopierstempel

Auch ein Kopierstempel steht mit dem Stempel-Werkzeug [S] 3 zur Verfügung, ebenso ein Pinsel [B] 4. Beide funktionieren wie gewohnt, halten sich aber an die räumlichen Arbeitsflächen. Sie sind in unserem Beipiel nötig, um kleine Fehlstellen auszubessern. Hundertprozentig exakt sind die Gitter nämlich selten, denn Objektiv-Verzerrungen sorgen bei Fotos dafür, dass z. B. eine solche Fassade ganz leicht gewölbt ist. Dieser Effekt tritt eher bei weitwinkligeren Linsen auf und macht sich störend bemerkbar, wenn man Auswahlen über weitere Strecken im Bild kopiert.

Abbildung 14.50 ▸
Vor der Retusche der Palette

Nun werden mit gedrückter Alt-Taste vom linken Rand der linken Tür Pixel aufgenommen und damit an der rechten Tür die angelehnte Palette wegretuschiert.

Abbildung 14.51 ▸
Perspektivischer Kopierstempel

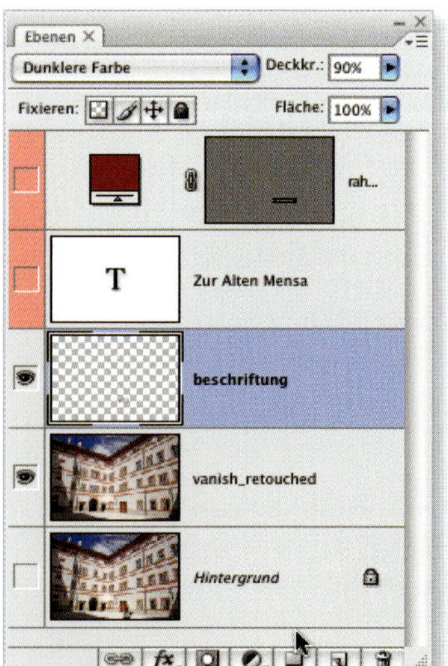

▴ **Abbildung 14.52**
Die aktuelle Ebenen-Palette

7 Flache Bildelemente einkopieren

Ein weiteres, sehr wichtiges und nützliches Feature ist die Möglichkeit, »flache« Auswahlen in die perspektivischen Gitter einzukopieren, sei es aus der gleichen Datei oder aus einer anderen. Hier wurde ein Schild, das aus einer Formebene und einer Textebene besteht, mit Bearbeiten • Auf eine Ebene reduziert kopieren (Strg/⌘+⇧+C) als Pixelbild in die Zwischenablage kopiert. Wechselt man dann in die Fluchtpunkt-Funktion und fügt das Bild ein, passt es sich sofort der Perspektive an, sobald es in eine Arbeitsfläche bewegt wird. Mit dem Transformieren-Werkzeug T des Fluchtpunkt-Fensters lässt es sich skalieren, drehen und spiegeln.

Anstatt diese Beschriftung direkt in das Fluchtpunkt-Fenster einzukopieren und damit fest mit der Bildebene des Originalbildes zu verbinden, kann man die Fluchtpunkt-Funktion auch aufrufen, wenn eine leere Ebene aktiv ist. Man sieht im Fluchtpunkt-Fenster zwar das Originalbild, an dem sich die Gitterebenen orientieren, kopiert aber (perspektivisch korrekt) in die neue leere Ebene ein. Dort hat man dann alle Möglichkeiten, die Ebenen mit ihren Effekten und Füllmethoden bieten. Hier wurde der Modus auf DUNKLERE FARBE gestellt und die DECKKRAFT auf 90 % reduziert, um die Beschriftung besser auf der Mauer zu integrieren.

Hier sehen Sie das Ergebnisbild mit allen Manipulationen. Der Boden wurde noch mithilfe einer weiteren, horizontal liegenden Gitterebene »aufgeräumt«.

▲ **Abbildung 14.53**
Flaches Bild auf einer neuen Ebene und einkopiert in den Fluchtpunkt-Filter

▲ **Abbildung 14.54**
Einkopierte Beschriftung auf neuer Ebene

▲ **Abbildung 14.55**
Das Original und das bearbeitete Bild ■

14.3.2 Messen mit der Fluchtpunkt-Funktion

Ein sehr nützliches Werkzeug, das an sich nichts mit Retusche oder Bildbearbeitung zu tun hat, ist die Messfunktion des Fluchtpunkt-Filters. Sie ist eher im Zusammenhang mit anderen Zähl- und Messfunktionen zu sehen, die Photoshop CS3 Extended (teilweise) für wissenschaftliche Zwecke integriert hat.

Mit der Taste R ruft man das Messwerkzeug auf, das auf den Gitterebenen Winkel und Distanzen messen kann. Dabei können die gemessenen und entsprechend beschrifteten Strecken im Bild stehen bleiben.

▲ **Abbildung 14.56**
Messwerkzeug im Bild und Optionen in der Kopfleiste

Doppelklickt man bei aktiviertem Messwerkzeug auf eine Gitterebene, so kann man in den Optionen auf der Kopfleiste des Fensters unter LÄNGE die (bekannte) Breite angeben, in unserem Bild z. B. denjenigen beim Gitterteil mit den drei Toren, der, sagen wir, 8 Meter breit ist. Es erscheint nun am Fuß des Gitters die Zahl 8 und an allen andern Gittern eine entsprechende Bemaßung.

Mit der Checkbox MESSUNGEN MIT RASTER VERKNÜPFEN kann man entscheiden, ob das ganze Gitter darauf Bezug nehmen soll. In unserem Beispiel ist das dann ein Quadratmeter-Raster. Im Bild kann man nun an beliebigen Stellen Strecken und Winkel messen, ohne auf eine Leiter steigen zu müssen oder gar vor Ort gewesen zu sein.

Abbildung 14.57 ▶
Bemaßte Gitterebenen

14.3.3 Schiefe Flächen

Man kann mit dem Fluchtpunkt-Werkzeug auch Gitterebenen erstellen, die nicht rechtwinklig aufeinanderstehen, sondern auch schiefwinklig sein können.

Daten auf der DVD
Sie finden die Datei zu diesem Workshop auf der Buch-DVD im Ordner BEISPIELDATEIEN/14_3D/KIRCHE.JPG.

Schritt für Schritt: Nicht rechtwinklige Gitterebenen erstellen

Die Kirche in der Abbildung 14.58 soll in der Höhe ergänzt werden.

1 Gitterebenen erstellen

Dafür brauchen wir drei Gitterebenen, die sich um die nicht rechtwinkligen Fassadenteile legen (Abbildung 14.59).

Um nach dem Aufziehen des ersten Gitters ein weiteres Gitter schiefwinklig anschließen zu können, muss dieses zunächst mit gedrückter Strg/⌘+Taste ein kleines Stück rechtwinklig aus dem Mitten-Anfasser der bestehenden Ebene herausgezogen werden. Dann kann man es mit gedrückter [Alt]-Taste schwenken, bis es mit dem angrenzenden Fassadenteil fluchtet.

◂ **Abbildung 14.59**
Einsatz von schiefwinkligen Gitterebenen

▴ **Abbildung 14.58**
Originalbild

◂ **Abbildung 14.60**
Anschlussgitter zuerst mit 90° herausziehen (links) und dann schwenken (rechts)

Wirklich genau geht das Schwenken mit der Maus manchmal nicht, weil die geometrische Verkürzung in der Raumtiefe die Einstellung in manchen Winkeln sehr grob macht. Hier hilft die numerische Einstellung über die Optionen in der Kopfleiste. Unter WINKEL kann man den Winkel mit Zahlenwerten eingeben, mit den [↑]- und [↓]-Tasten in Grad-Schritten verringern bzw. mit gedrückter [⇧]-Taste in 10°-Schritten. Bruchteile von Graden muss man manuell eingeben, was oft aber nötig ist, will man wirklich exakte Ergebnisse haben.

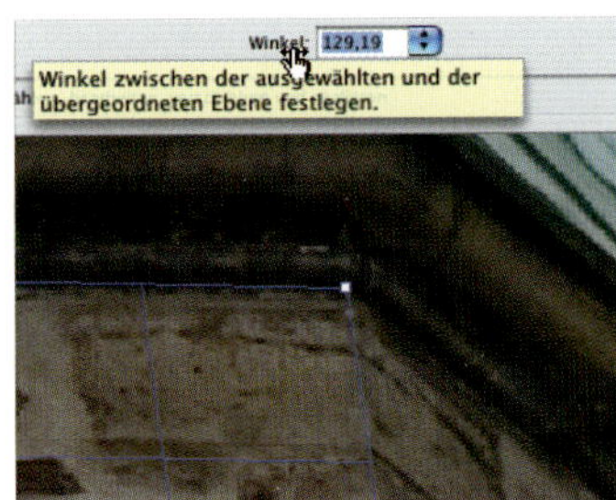

▴ **Abbildung 14.61**
Feineinstellung des Winkels

2 Gitter verlängern

Wenn die drei Gitterebenen aufgezogen sind, kann man sie nach oben und unten verlängern und mithilfe einer Auswahl, die sich über alle drei Ebenen erstreckt, den oberen Teil des Kirchenschiffs »abheben« lassen.

▲ **Abbildung 14.62**
Abheben des Kirchendachs

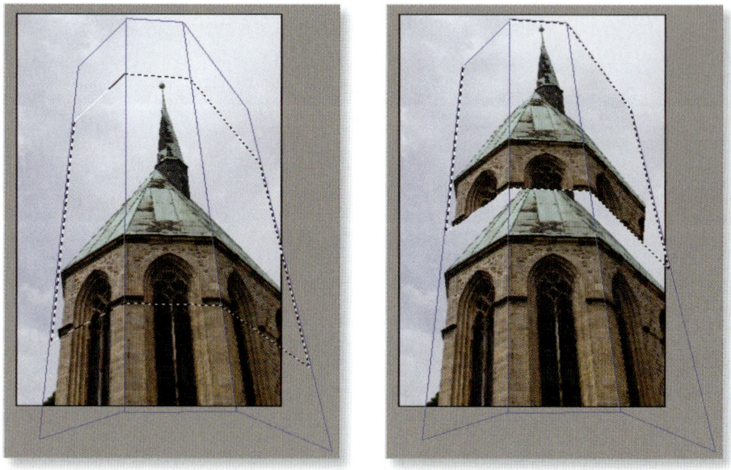

3 Mittelteil ergänzen

Nun muss nur noch der fehlende Mittelteil ergänzt werden. Das macht man mit einer schmalen Auswahl, die ebenfalls über alle drei Gitterebenen reicht. Nach etwas Retusche am rechten Bildrand (ebenfalls im Fluchtpunkt-Fenster) und in den Wolken ist die Kirche sauber um etliche Meter aufgestockt.

Abbildung 14.63 ▸
Nach der Ergänzung des mittleren Teils (links) und nach der Schlussretusche (rechts)

▲ **Abbildung 14.64**
Button für den Export aus dem Fluchtpunkt-Filter

14.3.4 3D aus 2D-Bildern

Die Fluchtpunkt-Funktion dient nicht nur zur perspektivischen Retusche und Montage. Ein kleiner, unscheinbarer Button eröffnet ungeahnte Möglichkeiten. Links oben im Fenster ❶ zeigt er als Tooltip Einstellungen und Befehle für Fluchtpunkt, was auch noch nicht vielsagend ist. Im Pulldown-Menü, das sich öffnet, bietet Photoshop die Möglichkeit, die räumlichen Gitter samt Bildinhalt in folgenden Formaten auszugeben:

- als neue 3D-Ebene in der aktuellen Photoshop-Datei
- als DXF-Datei für AutoCAD und viele andere Engineering- und 3D-Programme
- als 3DS-Datei, die kompatibel zu den meisten 3D-Programmen ist
- als VPE-Datei (Vanishing Point Export) zur Weiterbearbeitung und Animation in Adobe After Effects CS3

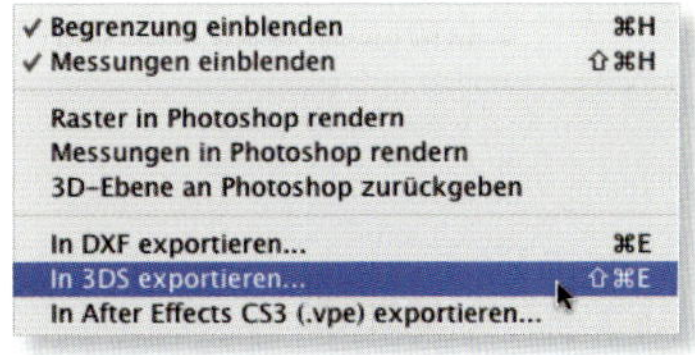

▲ **Abbildung 14.65**
Exportmöglichkeiten aus der Fluchtpunkt-Funktion

Rückgabe an eine Photoshop-3D-Ebene | Nehmen wir als Beispiel einen Barocksaal mit dessen Stirnwand, Teilen der beiden Seitenwände und einem Teil der Decke. Das ergibt vier Gitterebenen im Fluchtpunkt-Fenster.

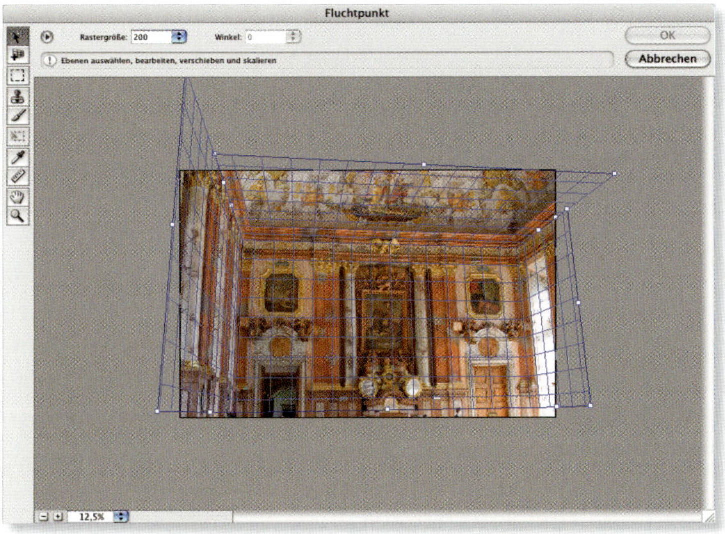

◄ **Abbildung 14.66**
Innenraum mit vier Fluchtpunkt-Ebenen

Nach der Anwahl von 3D-Ebene an Photoshop zurückgeben muss man das Fluchtpunkt-Fenster mit OK schließen. In der Ebenen-Palette erscheint eine neue 3D-Ebene, die wir hier etwas verdreht haben, um die Dreidimensionalität hervorzuheben.

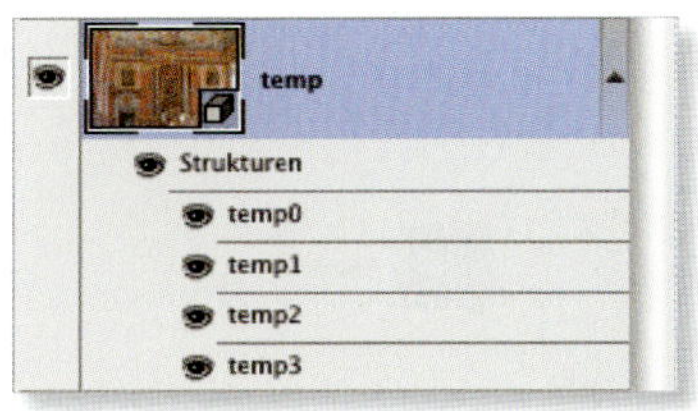

◄▲ **Abbildung 14.67**
Neue 3D-Ebene nach der Rückgabe aus dem Fluchtpunkt-Filter

Mit einem Doppelklick auf eine der vier unter STRUKTUREN in der Ebene gelisteten Texturen öffnet sich diese als PSB-Datei wie bei einem Smart Objekt. Intern speichert Photoshop diese Texturen als 24-Bit-PNG-Dateien ab. Hier sieht man bei der Decke des Saals, wie Photoshop die Bildinformation aus dem Foto verzerrt hat, um sie in die Gitterebene einzupassen. Mit einigen Abstrichen wirkt sie plan und ist damit für 3D-Zwecke brauchbar. Die schrägen Bildkanten resultieren natürlich aus dem Bildausschnitt, weil die Gitterebenen im Fluchtpunkt-Fenster über den Bildrand hinausgezogen wurden.

Abbildung 14.68 ▸
Verzerrte Saaldecke als Textur

In Gegensatz zu den beiden folgenden Exportverfahren werden bei der Rückgabe als 3D-Ebene an Photoshop keine neuen physischen Dateien erzeugt. Die Bilddateien werden als Smart Objekte in die bestehende Datei integriert, die dadurch zum Teil erheblich anwachsen kann.

Export als After Effects-Datei | Im Zuge der immer weiter verbesserten Integration von Photoshop mit anderen Adobe-Programmen wurde das Video-, Animations- und Compositing-Programm After Effects in die Creative Suite eingegliedert und dessen schon traditionell sehr gute Schnittstellen zu Photoshop um eine neue Funktion erweitert.

In Form des neuen VPE-Formats kann man die Konstruktion der Gitterebenen aus der Fluchtpunkt-Funktion von Photoshop exportieren und in After Effects als fertige Komposition importieren. Besonders vorteilhaft ist dabei, dass nicht nur die Gitterebenen als 3D-Ebenen in After Effects erscheinen, sondern dass auch eine 3D-Kamera hinzugefügt wird, die Photoshop aus der Geometrie der Gitterebenen in der Fluchtpunkt-Funktion als scheinbaren Standpunkt eines gedachten Betrachters errechnet hat.

▴ **Abbildung 14.69**
Aus Photoshop exportierte Daten

Nach dem Export aus dem Fluchtpunkt-Fenster mit IN AFTER EFFECTS CS3 (.VPE) EXPORTIEREN wird diese VPE-Datei in After Effects unter ABLAGE • IMPORTIEREN • FLUCHTPUNKT (.VPE) importiert. Photoshop hat parallel zur VPE-Datei die entsprechenden

Texturen als PNG-Dateien ausgegeben. After Effects baut nun aus den importierten Daten ein Projekt (oder lädt diese zu einem Projekt hinzu). Im Projektfenster sieht man die gebrauchsfertige Struktur ①.

Die VPE-Datei wird im Projekt zu einer Komposition, die aus vier 3D-Ebenen besteht. Sie sind in der Abbildung 14.70 als Ebenen-Spuren ebenso farbig unterschiedlich markiert wie im Kompositionsfenster als 3D-Flächen. Dazu legt After Effects ein leeres Objekt (Farbfläche mit den Namen »Übergeordnet«) an, auf das diese vier Ebenen geometrisch Bezug nehmen, damit man sie alle vier gleichzeitig bewegen kann. In der obersten Spur befindet sich die Kamera, deren Standpunkt Photoshop berechnet hat.

▼ **Abbildung 14.70**
Komposition aus der VPE-Datei in After Effects

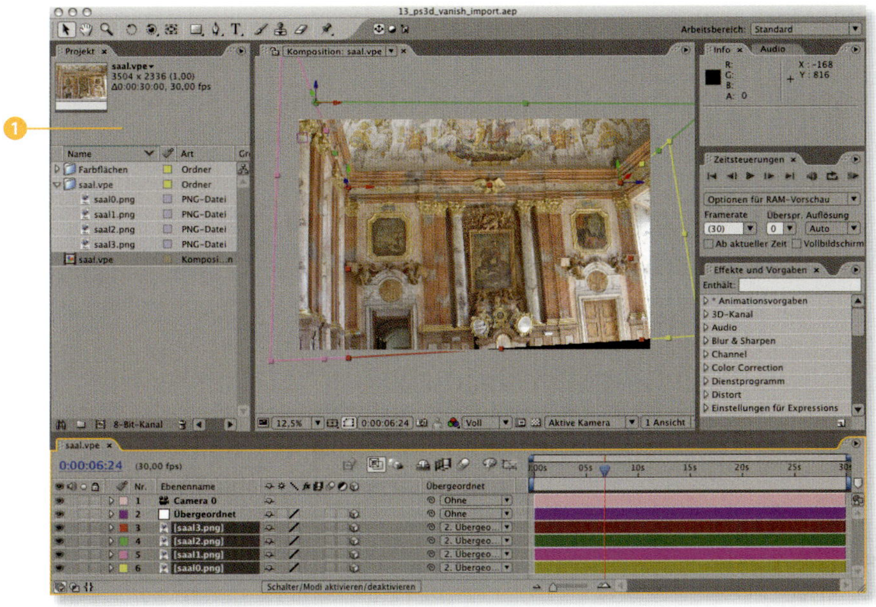

Nun kann auf der Basis dieser Komposition animiert werden. Wir nehmen hier einmal den einfachsten Fall an, bei dem die Kamera bewegt wird. Am Beginn (00:00 sec) befindet sich die Kamera an der der Photoshop übergebenen Originalposition, und bei 10:00 sec ist die Kamera nach rechts und näher an die Box aus den vier Ebenen gefahren.

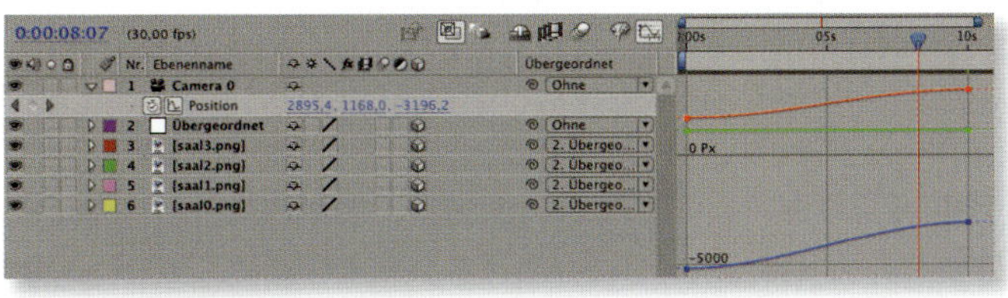

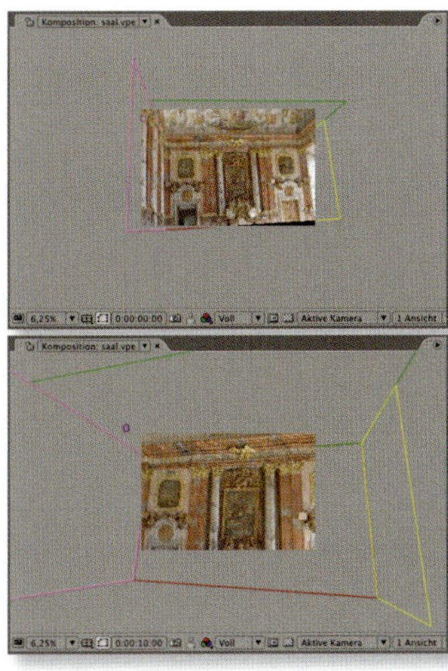

▲▶ **Abbildung 14.71**
Animation mit Kamerafahrt

Innerhalb der Grenzen, die durch die Geometrie der aus Photoshops Fluchtpunkt-Funktion übernommenen Ebenen mit ihren zum Teil extremen Verzerrungen gesetzt werden, sind hier interessante Möglichkeiten im Zusammenspiel zwischen Photoshop, 3D und Video entstanden. Sehr sinnvoll ist der VPE-Export sicher bei Videoarbeiten, wo künstlich erstellte 3D-Inhalte in Realbildmaterial eingebaut werden sollen. Photoshop ist vor allem im Vorfeld und in der Planungsphase solcher Produktionen sehr brauchbar, weil auf der Basis von Fotos oder Standbildern aus Videos aufwendigere Montagen von 3D-Animationen und Realvideo-Aufnahmen vorbereitet und ohne viel Aufwand visualisiert werden können. Gleiches gilt natürlich für Animationen von Architekturprojekten, die so bereits bewegt in die Realumgebung eingebaut werden können.

Export als 3D-Datei | Da bereits beim Export von Photoshop nach After Effects 3D-Informationen ausgegeben werden, liegt es nahe, dass auch andere Programme bedient werden. Neben dem traditionellen 3D-Austauschformat zu AutoCAD, den DXF-Dateien, beherrscht Photoshop, wie auch bei den 3D-Ebenen, das alte Dateiformat von 3D Studio Max, das von fast allen aktuellen 3D-Programmen verstanden wird, weil es so alt und konservativ ist wie z. B. Illustrator 8.

Nach der Ausgabe mit In 3DS exportieren aus dem Fluchtpunkt-Fenster findet sich im Finder bzw. Explorer neben den erzeugten Texturen im PNG-Format eine 3DS-Datei, die dann importiert werden kann. Im Editorfenster von 3ds Max, das unten abgebildet ist, sieht man neben der Ebenen-Box mit den PNG-Texturen auch die Kamera (hellblaue Linien).

Abbildung 14.72 ▸
3DS-Datei in 3ds Max 9 importiert

In einem 3D-Programm stehen nun eine ganze Reihe weiterer Möglichkeiten zur Verfügung, die selbstverständlich über die neuen 3D-Fähigkeiten von Photoshop weit hinausgehen.

Man kann z. B. in der 3D-Umgebung neue Objekte einfügen, die dann mit den dreidimensionalen Flächen interagieren können statt mit einem flachen Bild.

Hier wurde die oben schon benutzte 3DS-Datei in Cinema 4D importiert und um etwas Licht und zwei Objekte ergänzt, die eine starke Wechselwirkung mit ihrer Umgebung eingehen: Es handelt sich um eine Kugel aus Glas und eine Kugel aus Metall. Außerdem wurde die Perspektive mit dem Blick durch eine neue Kamera leicht verändert. Animiert man diese Szene, glaubt man kaum, dass die Umgebung aus einem einzigen flachen Photoshop-Bild entstanden ist.

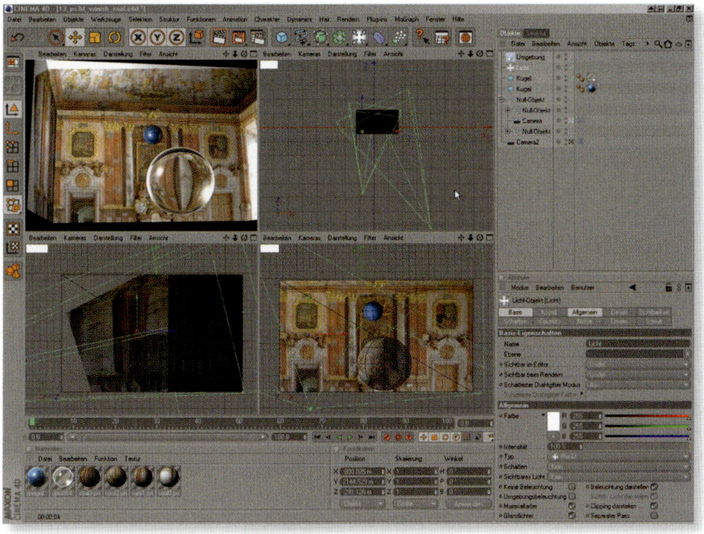

◂ **Abbildung 14.73**
Import der 3DS-Datei in Cinema 4D und Ergänzung mit Licht und weiteren Objekten

Die entstehenden Spiegelungen und Brechungen an den beiden Kugeln wären mit einem flachen Bild nicht möglich.

◂ **Abbildung 14.74**
Echte 3D-Spiegelungen und -brechungen

Eine bereits oben erwähnte Anwendung dieser neuen Photoshop-Features ist die Visualisierung von Bauprojekten, bevor diese verwirklicht werden. Hier kann jetzt Zeit gespart werden, weil einige aufwendige Arbeitsschritte wegfallen oder abgekürzt werden können. Ein einfaches praktisches Beispiel soll einen solchen Workflow demonstrieren.

Daten auf der Buch-DVD
Sie finden die Dateien zu diesem Workshop unter BEISPIELDATEIEN/14_3D/BURGHOF. Dieser Workshop führt das Prozedere im 3D-Programm mithilfe von Maxon Cinema 4D vor. Das Modell des Lifts ist auf der DVD aber auch als 3DS-Datei verfügbar, sodass Sie das Beispiel genauso gut mit 3ds Max, Maya oder anderen Programmen durchspielen können.

Schritt für Schritt: Visualisierung eines Bauprojekts

In diesem Bauprojekt soll ein gläserner Aufzug in der Ecke eines Hofes aufgestellt werden. Grundlage für eine Visualisierung sind ein Foto dieses Hofes und ein (sehr einfaches) 3D-Modell eines gläsernen Liftturms. Der Liftturm soll in der Ecke links neben dem Torbogen entstehen.

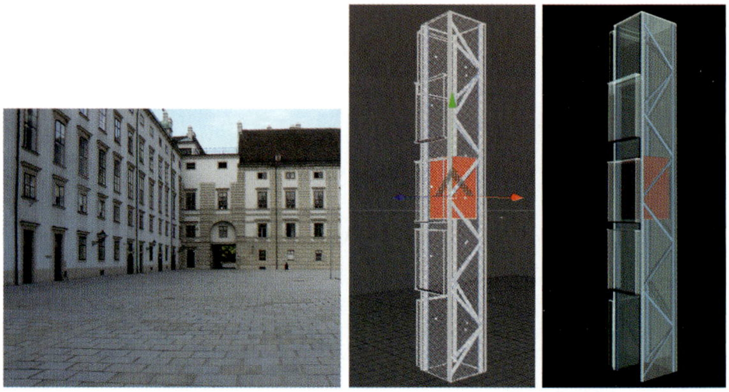

Abbildung 14.75 ▸
Das Ausgangsmaterial

1 Umgebung mit der Fluchtpunkt-Funktion herstellen

Zunächst soll in Photoshop mithilfe der Fluchtpunkt-Funktion die Hofecke als dreidimensionales Gebilde hergestellt werden, damit wir später in einem 3D-Programm den Lift darin passgenau platzieren können.

Nachdem wir das Fenster unter FILTER • FLUCHTPUNKT geöffnet haben, legen wir die Gitterebenen an. Wir beginnen mit der Fläche beim Torbogen ①, weil sie in der Mitte liegt und gute Kanten bietet. Oft sind alte Gebäude nämlich alles andere als rechtwinklig. Außerdem ist eine eventuell vorhandene Objektivverzerrung, die dem Fluchtpunkt-Werkzeug Probleme bereiten könnte, in der Bildmitte am geringsten. Dann folgen die linke Seite des Hofes ② und der Boden ③. Bis hierher geht es flott, denn das sind alles 90-Grad-Ecken. Die Fläche rechts neben dem Torbogen ④ soll etwas niedriger als die Fläche ① sein, damit wir das Dach oben anschließen können. Sie soll allerdings exakt die gleiche Ausrichtung haben. Ziehen wir an der Fläche ① mit gedrückter [Strg]/[⌘]+Taste eine neue Fläche heraus, so liegt diese 90° zu Fläche ①. Wir ziehen diese Fläche zuerst nur ein wenig heraus und geben dann in der Kopfleiste einen WINKEL von 180° an. Dann klappt diese Ebene in die Flucht von Fläche ①.

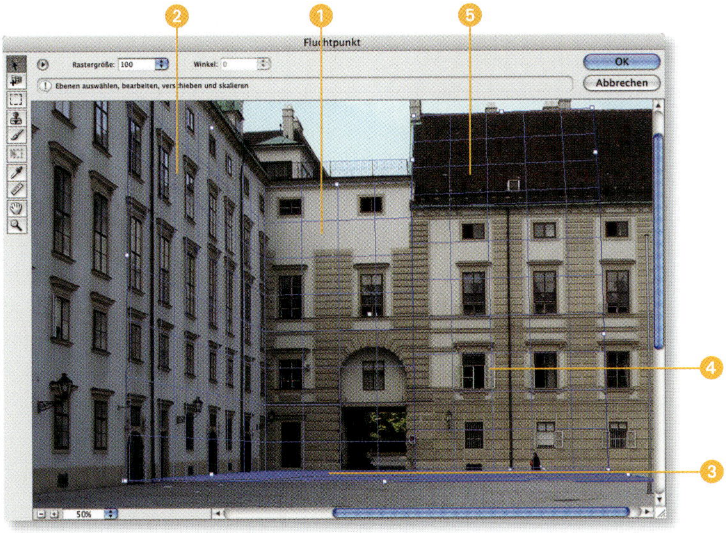

◂ **Abbildung 14.76**
Erstellen der Gitterebenen im Fluchtpunkt-Fenster

Bei der Dachfläche 5 gehen wir genauso vor, weil sie zuerst auch in unsere Richtung zeigt. Da die Eingabebox für den Winkel auch den Doppelpfeil-Cursor zeigt und man den Wert dort durch Ziehen der Maus ändern kann, klappen wir damit die Dachfläche 5 so weit nach hinten, bis sie auf dem Dach zu liegen scheint. Das Ziehen mit der [Alt]-Taste spart man sich dadurch, weil das streckenweise mühsam und ungenau ist, wenn es um Bewegungen in Richtung der Bildtiefe geht.

◂ **Abbildung 14.77**
Schiefstellen der Dachfläche

2 Export der Hofecke aus Photoshop und Import

Nun müssen die Gitterebenen als 3D-Modell ausgegeben werden. Wir wählen hierfür beim kleinen Button mit dem Pfeil links oben im Fluchtpunkt-Fenster In 3DS exportieren. Photoshop erzeugt eine 3DS-Datei und 5 Bilddateien mit den Texturen der Hofecke.

◂ **Abbildung 14.78**
Exportierte Dateien

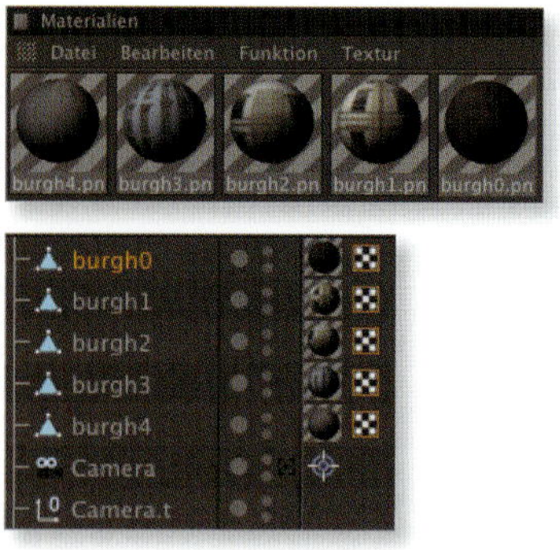

▲ **Abbildung 14.79**
Importierte Objekte (oben) und Materialien (unten)

3 Import in Cinema 4D

Nun wird die 3DS-Datei in Cinema mit Datei • Hinzuladen importiert. Im Fenster Objekte werden fünf texturierte Flächen, eine Kamera und ein leeres Objekt angelegt, auf das die Kamera schaut (»Camera.t«). Unter Materialien sind entsprechend fünf Texturen angelegt worden.

Im Editorfenster schaut es noch nicht so ordentlich aus, wie man sich das vorstellt. Je nach Programm (auch bei 3ds max) sind die Welt- und Objektachsen verdreht bzw. vertauscht. In Abbildung 14.80 schauen wir um 90° verdreht von unten auf die Welt-Ebene. Diese Importfehler variieren von Fall zu Fall und auch von Programm zu Programm. Oft ist die Kamera auch um die Sichtachse verdreht (Rollwinkel). Das muss man individuell mit den entsprechenden Werkzeugen des bevorzugten 3D-Programms auskorrigieren. Meist reicht ein Verpacken in Gruppen, die dann geradegerichtet werden.

Abbildung 14.80 ▶
Importergebnis in Cinema 4D

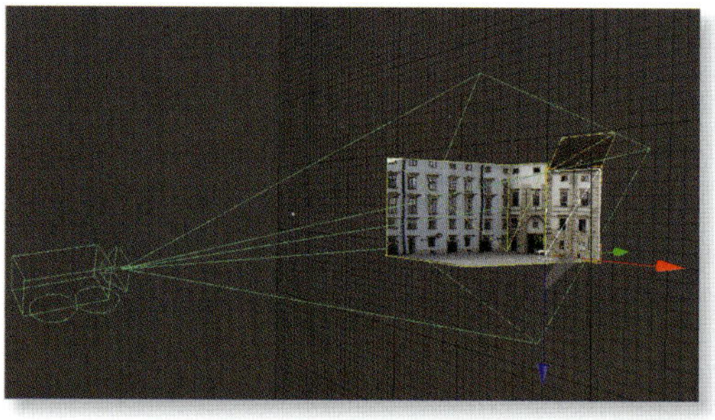

Nach drei Korrekturschritten schaut der Blick durch die von Photoshop erzeugte Kamera schon besser aus.

▼ **Abbildung 14.81**
Korrektur der Blickrichtung (links) und des Rollwinkels der Kamera (rechts)

4 Positionierung der Kamera

Weil der 3D-Export aus Photoshops Fluchtpunkt-Funktion keinen Bezug zur Bildfläche des Originalbildes hat, stimmt die

Kameraposition nur in Bezug auf die Perspektive der Gitternetze an sich, nicht in Bezug auf das Bildformat. Das kann aber leicht korrigiert werden. Dazu erstellt man ein sogenanntes »Backdrop«. Das ist ein Bild, das in 3D-Programmen immer exakt die Sichtpyramide der Kamera abdeckt und unendlich weit weg, also hinter allen Objekten liegt.

Damit es genau passt, muss in den Voreinstellungen für das Rendering die Bildgröße der Photoshop-Datei eingestellt werden. Das muss ja ohnehin so sein, damit die gerenderten Bilder später wieder passgenau in das Foto eingebaut werden können.

◂ Abbildung 14.82
Rendereinstellungen mit der Größe des Originalbildes

Für ein solches Backdrop hat sich ein Schwarzweiß-Bild bewährt, weil man damit einfacher positionieren kann. Man kann auch Transparenzen verwenden, die aber nicht von allen 3D-Programmen im Editor-Modus unterstützt werden und außerdem fallweise viel Leistung schlucken.

◂ Abbildung 14.83
Schwarzweißes Backdrop als Positionierhilfe für die Kamera

Nach ein wenig Verschieben der Kamera und/oder des Zielpunktes und Verändern der Brennweite passt unser 3D-Modell der Hofecke exakt zum Originalfoto.

◂ Abbildung 14.84
Fertig eingerichtetes 3D-Modell des Hofes

5 Platzieren des Lift-Modells

Nun wird der Liftturm in Cinema 4D über DATEI • HINZULADEN in die Szene eingefügt. Die Positionierung ist nun durch das Hof-Modell ein Kinderspiel. Früher konnte man derlei oft nur allein mit dem Modell vor einem Backdrop-Bild erledigen, was sehr viel Probieren und Augenmaß erforderte. Hier spielt die neue Photoshop-Funktion erstmals ihre Stärke aus.

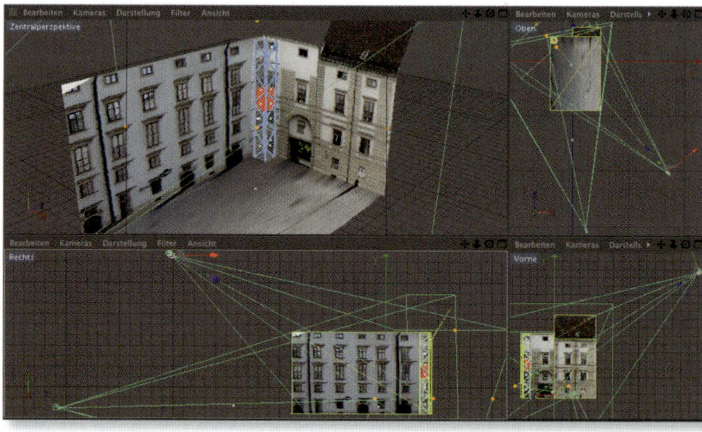

Abbildung 14.85 ▸
Platziertes 3D-Modell des Liftturms

Schauen wir nun durch die vorher ausgerichtete Kamera, so sehen wir, dass der Lift perspektivisch perfekt sitzt.

Abbildung 14.86 ▸
Fertig eingerichtete Ansicht mit Liftturm

6 Rendering

Für die finale Bildberechnung in Cinema 4D brauchen wir zwei Durchgänge. Zunächst soll der Lift zusammen mit dem Hofmodell gerendert werden, damit das Glas seine Transparenzen und Spiegelungen in Interaktion mit der umgebenden Fassade entfalten kann. In einem zweiten Durchgang berechnen wir den Liftturm allein. Wir brauchen hierbei eigentlich gar nicht das Bild des Turms selbst, sondern nur seine Maske, den Alphakanal, der Umriss und Transparenzen enthält. Wichtig ist natürlich, dass man ein Ausgabeformat mit Alphakanälen wählt, z. B. TIFF. Eine hohe Renderqualität versteht sich von selbst, damit der Alphakanal eine saubere Maske abgibt.

▼ **Abbildung 14.87**
Rendering: Liftturm mit Hofmodell (links) und Turm allein für den Alphakanal (rechts)

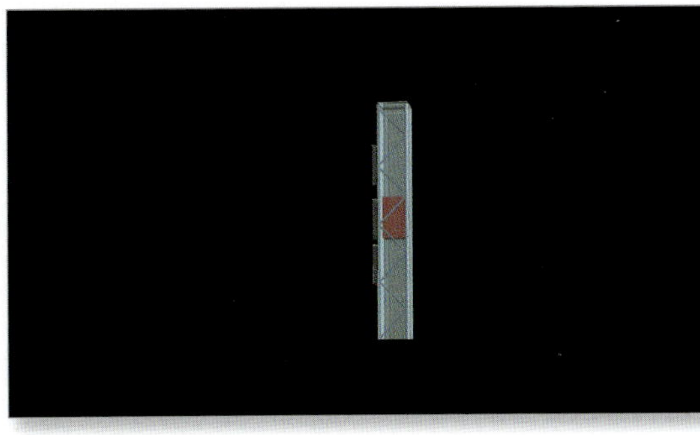

7 Montage in Photoshop

Der letzte Schritt in Photoshop beschränkt sich nur noch auf das Einbauen der beiden Renderings. Zuerst wird die Datei mit Lift und Hofmodell über das Originalbild gelegt. Dann öffnet man das zweite Bild mit dem Liftturm allein. In der Montage wird dann mit Auswahl • Auswahl laden der Alphakanal dieser Datei geladen und der Ebene mit Lift und Hofmodell als Ebenenmaske zugewiesen. Die typische klare und harte Farbigkeit des 3D-Modells wird mit einer Einstellungsebene abgemildert, damit es sich besser ins Bild integriert. Der Ebenenaufbau ist in Abbildung 14.88 zu sehen.

Die Montage in dieser Art und Weise erlaubt Transparenzen und perspektivisch korrekte Spiegelungen, die die Glaubwürdigkeit solcher Visualisierungen stark erhöhen. Diese Integration ist sonst nur über aufwendige Renderings zu erreichen, wobei man im 3D-Programm mit qualitativ viel höherwertigen Texturen arbeiten und diese manchmal sogar speziell dafür fotografieren muss.

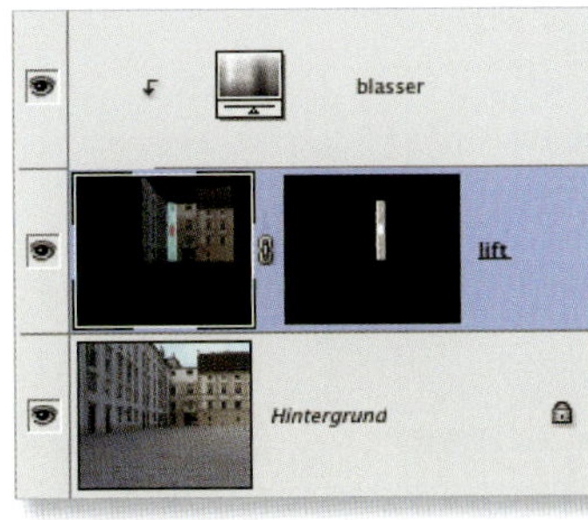

▲ **Abbildung 14.88**
Ebenenaufbau der Montage

▼ **Abbildung 14.89**
Fertige Montage und Detailansicht mit Spiegelungen und Transparenzen

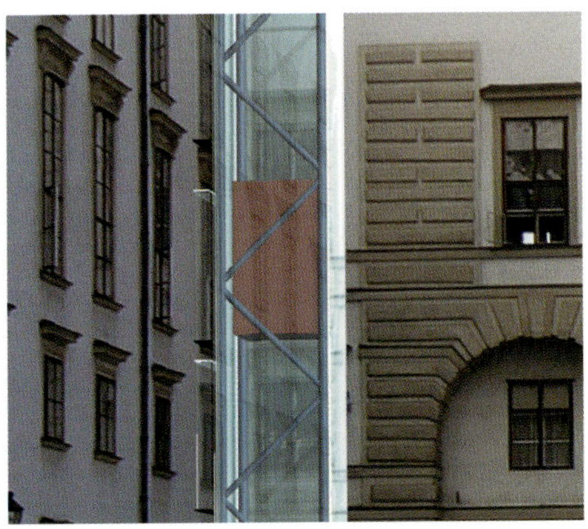

14.3.5 Probleme bei der Anwendung der Fluchtpunkt-Funktion

Auch wenn die Funktion FLUCHTPUNKT gerade in der neuen Version zusammen mit den Exportmöglichkeiten ein weites Feld von Anwendungen erschließt, Workflows mit einer großen Zeitersparnis möglich macht und Dinge erlaubt, die früher so gar nicht oder nur sehr mühsam und mit viel Erfahrung gingen, so darf man bei alledem die Grenzen nicht vergessen, die sich hier an einigen Stellen deutlich zeigen.

Bildqualität | Zu allererst muss man sich angesichts der zum Teil massiven Verzerrungen, die beim Gebrauch der Fluchtpunkt-Funktion auftauchen, Gedanken zur Bildqualität machen. Vor allem, wenn Gitterebenen benutzt werden, die sehr stark in Richtung Z-Achse, also in die Tiefe des Bildes ausgerichtet sind, muss man bei der Erstellung der Texturen teilweise massive Einbußen bei der Bildqualität hinnehmen.

▲ **Abbildung 14.90**
Stark verzerrtes Texturbild von einer in die Bildtiefe geneigten Gitterebene

Im nebenstehenden Beispielbild, der linken Begrenzung des Hofes, den wir im vorangegangenen Workshop benutzt haben, sieht man, wie Photoshop aus der im Original perspektivisch sehr stark in die Tiefe geneigten Fläche zwar ein annähernd rechtwinkliges Texturbild gemacht hat, aber diese sehr stark in der Horizontalen hinaufskaliert wurde. (Das sollte ja an sich bei Pixelbildern generell vermieden werden.) Dadurch wird das Bildrauschen horizontal verstärkt. An den beiden dunklen gebogenen Röhren der Regenrinne sieht man, dass optische Verzerrungen, die im Original kaum sichtbar sind, hier kräftig verstärkt werden. Farbsäume (chromatische Aberration, siehe Kapitel 3) werden ebenfalls ungut betont.

Daraus ergibt sich, dass man bei einem Wechsel des Betrachtungsstandortes im resultierenden 3D-Modell – sei es in einem 3D-Programm oder in einer zurückgegebenen Photoshop-3D-Ebene – sehr vorsichtig sein sollte und abwägen muss, inwieweit diese Verzerrungen noch tragbar sind. Zu beachten ist gerade in diesem Zusammenhang auch, dass oft Flächen gar nicht plan sind, sondern dass (wie in Abbildung 14.90) noch Details auf der Fläche zu finden sind, die dann natürlich stark verzerrt werden (wie in dieser Abbildung oberhalb die Simse bei den Fenstern).

Lösung | Prinzipiell ist angesichts dieser Einschränkungen zu empfehlen, möglichst große Bilder als Ausgangsbasis zu nehmen, um Qualitätsreserven zu haben. Will man auf der Basis eines mit der Fluchtpunkt-Funktion erstellten 3D-Modells eine Animation für die Video-Ausgabe erstellen, so sollte man für eine Ausgabe in SD-Größe (720×576 Pixel, siehe auch Kapitel 15) durchaus

Fotos in der Größenordnung von 6 bis 10 Megapixel verwenden. Bei größeren Dateien merkt man dann, dass diese Funktion zwar gegenüber der Version CS2 merklich schneller geworden, aber noch immer relativ langsam ist im Vergleich zu anderen Photoshop-Operationen, und das auch auf aktueller Hardware.

Objektivkorrektur | Vor allem bei Aufnahmen, die mit etwas weitwinkligeren Objektiven gemacht wurden, sollte man unbedingt vor der Benutzung der Fluchtpunkt-Funktion mit FILTER • VERZERRUNGSFILTER • OBJEKTIVKORREKTUR (siehe Abschnitt 3.4.1) das Bild einigermaßen gerade ausrichten. Die Gitterebenen bei der Fluchtpunkt-Funktion lassen sich sonst nicht vernünftig aufziehen und schneiden außerdem andere Flächen im Raum an.

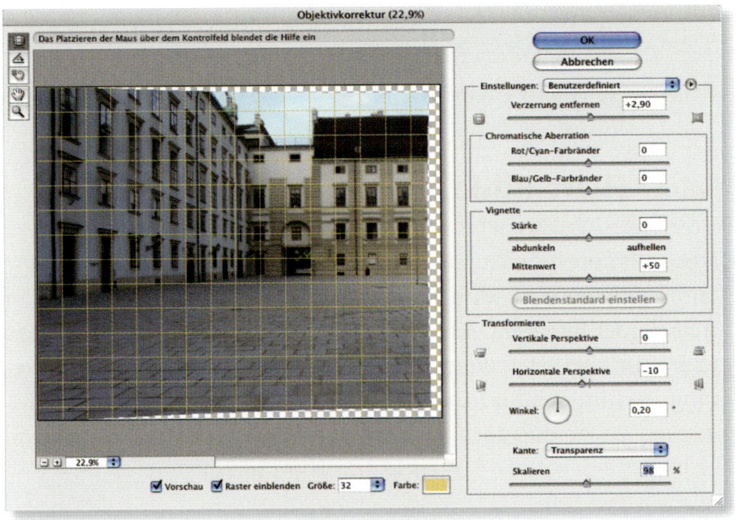

◂ Abbildung 14.91
Vor der Benutzung des Fluchtpunkt-Filters sollten Sie Ihre Bilder mit der Objektivkorrektur begradigen.

Gitterebenen-Problematik | Eine weitere Limitierung ist in der Tatsache zu sehen, dass Photoshop nur rechteckige Gitterebenen kennt. Sobald unregelmäßige oder gar runde Formen ins Spiel kommen, muss man passen oder mit den Unzulänglichkeiten leben. Will man bessere Ergebnisse haben, so kommt man um professionelle Werkzeuge nicht herum.

Ein Standardprogramm in diesem Bereich ist der Image Modeler von Realviz, der aus mindestens zwei Bildern und mithilfe von darin gesetzten Markern das komplette räumliche Gefüge eines fotografierten Objekts rekonstruieren kann. Ähnlich wie bei Photoshops Gitterebenen können dann Flächen mit dem Realbild-Inhalt texturiert werden und kann alles miteinander als 3D-Modell exportiert werden. Die Bearbeitungsmöglichkeiten sind hierbei sehr vielfältig, und man braucht eine Weile, um das Programm zu beherrschen. Diese Professionalität hat natürlich ihren Preis.

Realviz Image Modeler
750 €, für Mac und Windows, Infos unter *www.realviz.com*

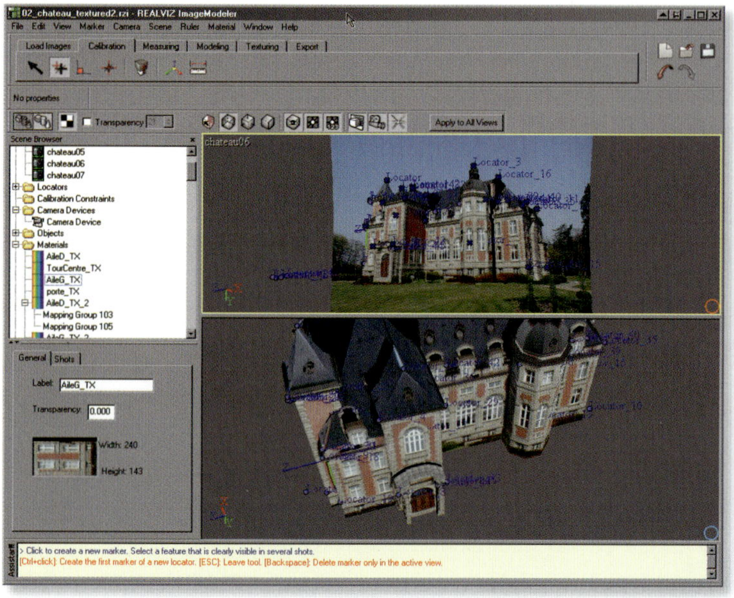

Abbildung 14.92 ▸
Realviz Image Modeler

14.4 HDR-Bilder für 3D

Neben Innen- und Außenaufnahmen mit extremem Belichtungsumfang findet sich ein weiterer wichtiger Anwendungszweck für HDR-Bilder im Bereich 3D-Grafik. Seit einiger Zeit geht man dazu über, manche 3D-Szenen (vor allem in der Architektur-Visualisierung und im Produkt-Design) nicht mehr mit (virtuellen) Lichtquellen zu beleuchten, sondern für die Beleuchtung Farb- und Lichtwerte der gesamten Umgebung heranzuziehen.

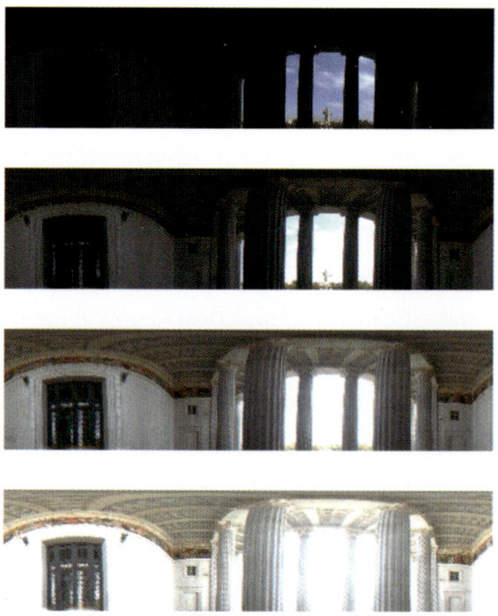

Abbildung 14.93 ▸
Vier Aufnahmen eines Halbkugel-Panoramas mit jeweils zwei Blenden Unterschied

Dafür nimmt man Voll- oder auch nur Halbkugel-Panoramen, die mittels Bracketing als HDR aufgenommen werden (zu HDR siehe Abschnitt 2.15, zu Panoramen Abschnitt 8.10).

© Christian Bauer

▲ **Abbildung 14.94**
HDR-Halbkugel-Panorama für 3D-Anwendungen

Diese Verfahren (Stichworte Radiosity und Global Illumination) sind zwar sehr rechenaufwendig, weil praktisch alle sichtbaren Oberflächen für die Lichtverhältnisse der Szene berücksichtigt werden müssen, aber die Bildqualität und Natürlichkeit der Lichtstimmungen sind dafür umso beeindruckender. Man beachte die Unterschiede in der Bilddynamik bei den beiden Renderings, wobei die Halbkugel einmal mit einem 8-Bit-TIFF und einmal mit einem 32-Bit-HDR-Bild bezogen wurde.

▲ **Abbildung 14.95**
3D-Szene mit 8-Bit-TIFF beleuchtet

▲ **Abbildung 14.96**
Die gleiche Szene mit einer Beleuchtung durch ein 32-Bit-HDR-Bild

14.4.1 HDR-Maps selbst erstellen

HDR-Umgebungen kann man mit Fischaugen-Objektiven oder einfacher und billiger z. B. mittels farbloser Weihnachtskugeln (Mirror Ball) fotografieren (natürlich in diversen Belichtungsstufen). Da sie nur zur Beleuchtung dienen, müssen die Aufnahmen nicht einmal besonders scharf sein. Oft werden auch nur Halbkugeln benutzt, was bei vielen Sujets ausreicht, denn oft gibt es ja einem Boden bzw. Horizont.

Eine solche »Light Probe« kann man mit HDRShop (*http://www.hdrshop.com*, nur für Windows, freie Software) in ein

▲ **Abbildung 14.97**
Light Probe, mit einem Mirrorball fotografiert

Vollkugel-Panorama konvertieren. Alternativ kann man auch das Plug-in Flexify benutzen (*www.flamingpear.com*, für Mac und Windows, 35 US$). Es bietet eine einfache Konvertierung von Mirror Ball ① zu einer Kugelabwicklung ②, auch »Equirectangulares Bild« genannt, das für die Texturierung der Himmelskugel im 3D-Programm gebraucht wird. Aus diesem Grund ist Flexify eines der noch sehr seltenen Plug-ins, die mit 32-Bit-Bildern funktionieren. Die Ergebnisse sind nicht sehr befriedigend. Besser ist es, die Spiegelkugelbilder zuerst mit Flexify zu Kugelabwicklungen zu machen und diese dann in Photoshop zu einem HDR-Bild zusammenzufügen.

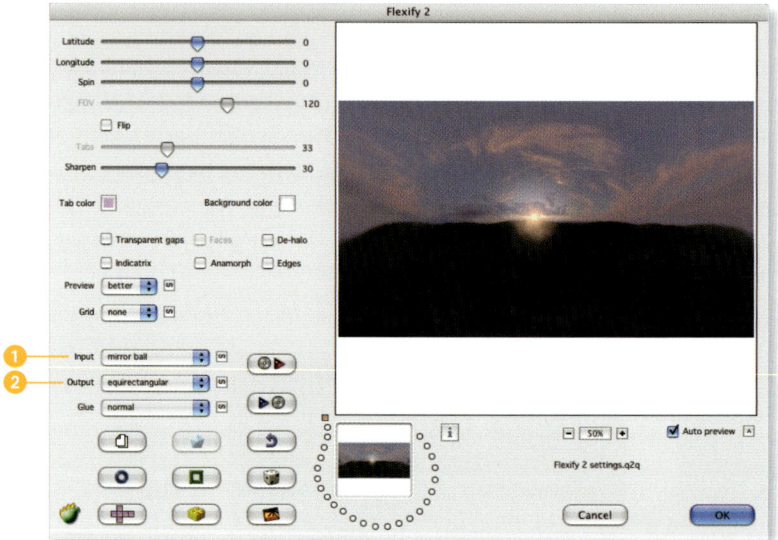

Abbildung 14.98 ▶
Konvertierung von Spiegelkugel zu Kugelabwicklung mit Flexify

15 Photoshop und Video

Nicht nur für Printgrafiker oder Webdesigner ist Photoshop ein alltägliches Werkzeug. Auch die Kolleginnen und Kollegen vom bewegten Bild nutzen dieses Programm sehr oft. Adobe produziert ja nicht nur Print- und Grafik-Software, sondern hat mit **Premiere Pro** und **Encore** auch Programme für Videoschnitt und DVD-Produktion im Portfolio. Vor allem aber ist **Adobe After Effects** der Industriestandard im Bereich Compositing, Spezialeffekte und Motion Graphic Design.

Alle Adobe-Produkte für den Video-, Film- und Animationsbereich zeichnen sich durch die gute Zusammenarbeit mit Photoshop aus. Diese Integration ist mit der Version 3 der Creative Suite noch weiter verbessert worden. Zudem ist After Effects CS3 nun Bestandteil der entsprechenden Creative Suite-Ausgabe »Production Premium« geworden. Die beiden Programme **Encore CS3** und **Premiere Pro CS3** sind inzwischen auch für Apple Macintosh-Rechner erhältlich, allerdings nur für neuere Modelle mit Intel-Prozessoren. Premiere kehrt als eines der ersten überhaupt am Mac erhältlichen Videoschnittprogramme nach mehreren Versionen Pause wieder auf diese Plattform zurück. Adobe versucht damit, Apples Hausprogrammen DVD Studio Pro und Final Cut Pro Konkurrenz zu machen und setzt dabei auf die hervorragende Integration der Videoprogramme mit den übrigen Adobe-Werkzeugen.

Teil dieser Strategie sind die neuen Video-Funktionen innerhalb von Photoshop. Nachdem es bereits in der Version CS2 das Fenster ANIMATIONEN gab, das ursprünglich aus ImageReady kam und für Webanimationen, z. B. als animierte GIFs zuständig war, ist diese Funktion nun in Form der Videoebenen ein gutes Stück näher an Adobes Videoprodukte gerückt.

Bevor die Video-Features von Photoshop und die Zusammenarbeit mit den anderen Programmen aus der Creative Suite Production Premium vorgestellt werden, muss jedoch Grundsätzliches zur Videobearbeitung und -ausgabe besprochen werden.

15.1 Computerbild vs. Fernsehbild

Das Erbe
Die Fernsehtechnik ist im Vergleich zur Computertechnik uralt. Auch die modernsten DV-Videokameras schleppen technische Altlasten aus den 20er- und 30er-Jahren des 20. Jahrhunderts mit sich herum. Das Farbfernsehen musste immer abwärtskompatibel zum Schwarzweiß-Fernsehen bleiben und die digitale ebenso zur alten analogen Videotechnik. Das ist ein Grund dafür, warum sich die Bilddarstellung bei Computer und Fernsehen technisch relativ unabhängig voneinander entwickelt hat.

Wenn es um Videobearbeitung am Computer geht, darf man eines niemals aus den Augen verlieren: Die Behandlung von Bildern am Computer und beim Fernsehen ist grundverschieden. Es ist sehr von Vorteil, auch als Grafiker und Photoshop-Benutzer diese technischen Gegebenheiten zu kennen, denn sie beeinflussen maßgeblich, was machbar ist und was nicht.

Die wichtigsten Unterschiede zwischen den beiden Bildwelten werden in der Folge kurz erklärt, ohne Sie allzu sehr mit Videotechnik zu langweilen.

15.1.1 Verschiedene Farbwelten: RGB vs. YUV

Computer stellen Bilder mithilfe des RGB-Farbmodells dar, während das Fernsehbild seine Farben mit YUV definiert, auch wenn sowohl die Bildröhre des Fernsehers als auch der Aufnahme-Chip in der Videokamera mit RGB arbeiten.

YUV | Dieses Farbmodell ist mit LAB verwandt. Das Bild wird wie bei LAB in eine Luminanz-Komponente (Y) und in eine Farbkomponente (U und V) zerlegt. Der Grund ist einfach: Nimmt man nur die Luminanz, also Y, hat man Schwarzweiß-Fernsehen.

Fernsehen und Farbe | Die Farbkomponente ist beim Fernsehen erst 1960 dazugekommen. Technische Beschränkungen haben dazu geführt, dass nicht alle Farben übertragen werden können. Stark gesättigte Farben produzieren Übersteuerungen (»Color Bleeding«). Deshalb ist die Sättigung der Farben auf etwa 75% limitiert (»Legal Colors«). Auch Schwarz und Weiß sind beim Fernsehbild anders definiert als am Computer: Weiß liegt bei 235 | 235 | 235, Schwarz liegt bei 16 | 16 | 16.

Testbild | Das Testbild mit den Farbbalken (»Color Bars«) zeigt die Grundfarben Rot, Grün und Blau sowie ihre primären Mischungen Gelb, Cyan und Pink. Daneben sehen Sie zum Vergleich die ungesättigten RGB-Farben am Computer 2.

Fernsehfarben mit Photoshop einstellen | In Photoshop gibt es zwei Möglichkeiten, schnell zu legalen Farben zu kommen. Unter Filter • Videofilter • NTSC-Farben kann man die Farbsättigung zu »Legal Colors« abdämpfen ❸. Allerdings gilt das für den amerikanischen NTSC-Fernsehstandard und nicht für die europäische PAL-Norm. Der beste Weg führt über zwei Einstellungsebenen ❶: Zuerst wird mit Farbton/Sättigung die Sättigung um 25 % auf 75 % reduziert (Abbildung unten, links). In einer weiteren Einstellungsebene wird mit einer Tonwertkorrektur der Schwarzpunkt auf 16 erhöht und der Weißpunkt auf 235 herabgesetzt.

▲ **Abbildung 15.1**
Standard-Farbbalken (links) und Vergleich unterschiedlicher Entsättigungsmethoden (rechts)

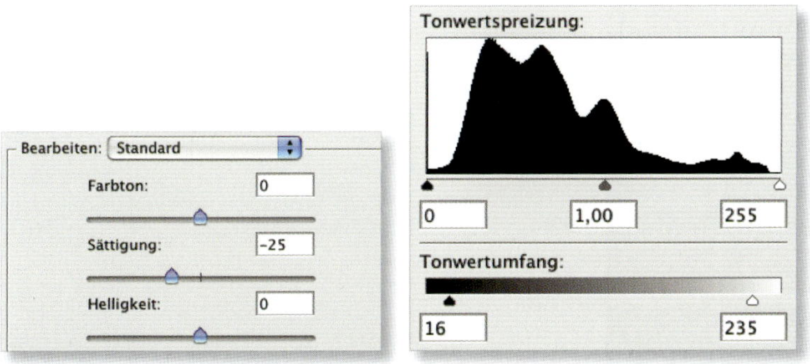

◀ **Abbildung 15.2**
Reduktion der Sättigung und des Tonwertumfangs auf »legale Farben«

Liegen diese beiden Ebenen in der Ebenen-Palette ganz oben, kann man darunter ganz normal ohne irgendwelche Rücksichten auf die Fernsehfarben arbeiten.

Verwendet man Photoshop-Bilder in anderen Video-Programmen wie z. B. Adobe Premiere, Adobe After Effects, Apple Final Cut oder den Avid-Programmen, kümmern sich diese bei der Ausgabe ihrer Ergebnisse meist um die Einhaltung der Farblegalität und man braucht in Photoshop nicht darauf zu achten.

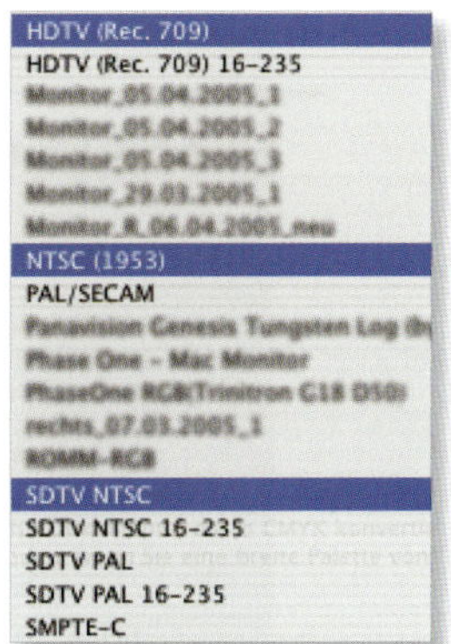

▲ **Abbildung 15.3**
Farbprofile für den TV- und Videobereich

Farbprofile für Video | Eine weitere Möglichkeit, die Farben auf den erlaubten Bereich einzugrenzen, ist die Benutzung von

Farbprofilen, die Photoshop auch für den Videobereich anbietet. Sie finden sie unter BEARBEITEN • FARBEINSTELLUNGEN (Strg/⌘+⇧+K). Adobe schlägt bei der Arbeit innerhalb der Production Suite das Profil »SDTV PAL« vor.

15.1.2 Progressive Scan vs. Halbbilder

▲ **Abbildung 15.4**
Fernsehbild

Der zweite wichtige Unterschied zwischen der Bilddarstellung bei Computer und Fernsehen ist das zeitliche Verhalten. Ihr Computer-Monitor gibt je nach Einstellung zwischen 75 und 150 Bilder in der Sekunde wieder, und zwar komplette Bilder (»Progressive Scan«). Fernsehen dagegen kann nur 25 Bilder pro Sekunde darstellen. Weil das aber unter der Flimmergrenze des menschlichen Auges liegt, wird es in zwei Halbbilder (»Fields«) zerlegt, also in 50 Halbbilder pro Sekunde. Das erste Halbbild zeigt die geraden Bildzeilen (2, 4, 6 usw.), das zweite die ungeraden (1, 3, 5 usw.). Dadurch wirkt das Bild für das Auge ruhig. Dieser Umstand ist ebenfalls eine technische Altlast aus der Frühzeit der Fernsehtechnik.

Betrachtet man ein Vollbild, so erkennt man die typischen Zähnchen, die sich aus der Zusammensetzung des Bildes aus zwei Halbbildern mit zeitlichem Versatz ergeben.

Abbildung 15.5 ▼
Zwei zeitlich versetzte Halbbilder ergeben ein volles Fernsehbild.

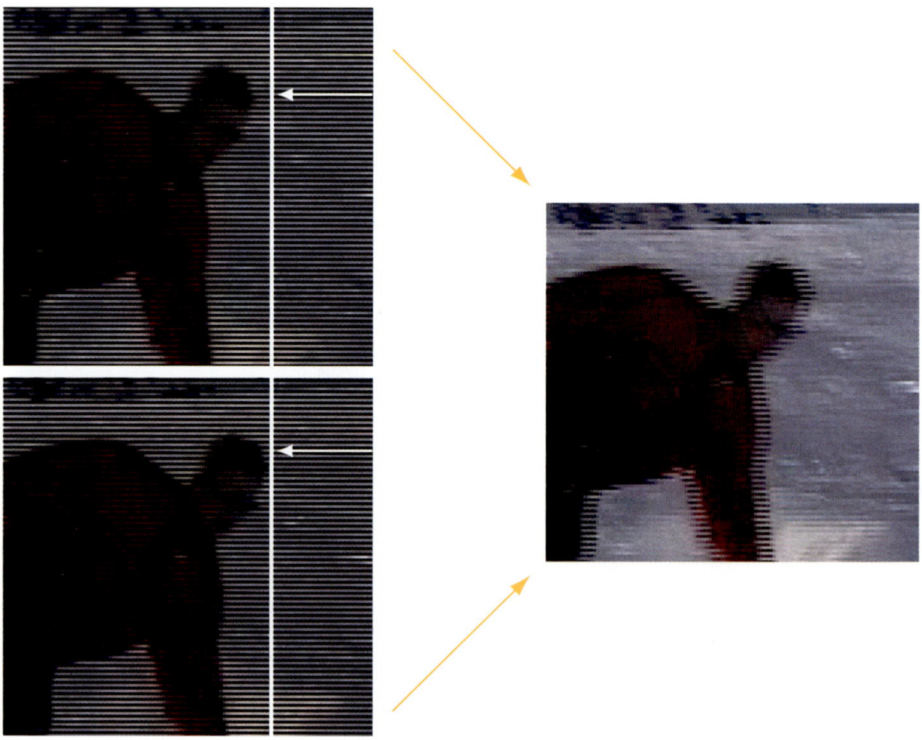

Daraus ergeben sich für die grafische Arbeit einige Einschränkungen, die man beachten muss, will man nicht hässliche Störungen im Ergebnis riskieren. Gemeinerweise kann man diese Störungen in Photoshop selbst nicht sehen.

15.1.3 Action Safe und Title Safe

Auf einem Computerbildschirm können Sie immer alles bis zum Rand sehen. Das klingt selbstverständlich, aber beim Fernseher ist es das nicht. Die Bildröhre mit ihrem schwarzen Rand schneidet einen Teil des Bildes ab.

Action Safe | Man kalkuliert gewöhnlich einen Verlust von 5% auf jeder Seite ein, der verschwindet ❶. Der Bereich innerhalb dieser Grenze heißt »Action Safe«. In diesem Bereich sollte also nichts Wichtiges passieren.

Title Safe | Ein weiterer Bereich zieht noch einmal 5% vom Rand ab, liegt also bei 10%. Er hat den Namen »Title Safe« ❷. Innerhalb seiner Grenzen sollte alles stattfinden, was mit Schrift, Logos und geometrischen Formen zu tun hat. Auch das ist eine historische Angelegenheit.

Früher waren die Bildröhren derart gewölbt, dass man alles außerhalb von »Title Safe« als unzulässig verzerrt betrachtet hat. Heute sind Bildröhren so flach, dass das meist kein Thema ist. Trotzdem sieht es meist besser aus, wenn man innerhalb dieses Bereiches bleibt.

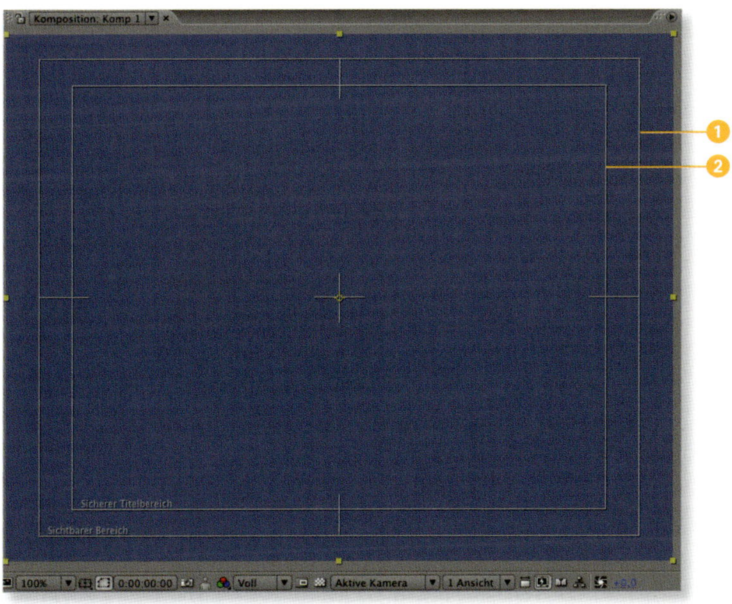

▲ **Abbildung 15.6**
Action Safe und Title Safe

15.1.4 Pixel-Seitenverhältnis

Das Pixel-Seitenverhältnis (**Pixel Aspect Ratio** oder meist einfach nur **Pixel Aspect** genannt) sorgt neben den Halbbildern für die meisten Probleme an der Schnittstelle zwischen Computer und TV, weil das Thema eher komplex ist.

Square Pixels | Der Computer kennt an sich nur quadratische Pixel (»Square Pixels«). Ein Quadrat von 100 × 100 Pixeln ist am Bildschirm ein Quadrat. Beim analogen Fernsehbild gab es zuerst nur Bildzeilen. Erst mit der Einführung der digitalen Videotechnik wurden diese Zeilen in Pixel unterteilt.

Non Square Pixels | Um das analoge amerikanische TV-Bild (das einer Abmessung von 640 × 480 Pixeln entspricht) und sein europäisches Gegenstück (entspricht 768 × 576 Pixel) unter einen »digitalen Hut« zu bekommen, wurden die digitalen Videobildformate mit 720 × 480 Pixel (NTSC, USA) und 720 × 576 Pixel (PAL, Europa) festgelegt. Das heißt, dass das US-Format gestreckt wurde und das europäische gestaucht. Das klingt unanschaulich und ist es auch. Solange man in der Fernsehwelt bleibt, ist das alles egal, weil die gesamte TV- und Video-Hardware dies berücksichtigt.

Umrechnung | Interessant wird das erst, wenn TV-Bilder in den Computer und wieder heraus kommen. Dann müssen die sogenannten »Non Square Pixels« des TV-Bildes in die »Square Pixels« der Computerwelt umgerechnet werden. Seit der Version CS beherrscht Photoshop die Umrechnung von nicht-quadratischen Pixel auf quadratische.

Das Pixel-Seitenverhältnis ist entweder beim Erstellen einer neuen Datei wählbar oder unter Bearbeiten • Pixel-Seitenverhältnis.

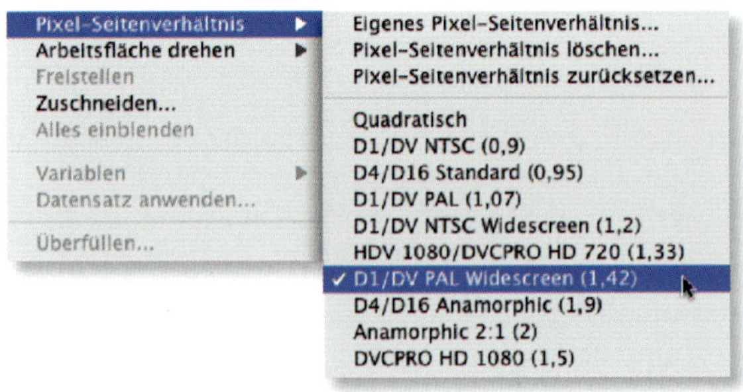

Abbildung 15.7 ► Die wichtigsten Pixel-Seitenverhältnisse für Videobilder

Problembereiche | Besonders wichtig wird die Problematik bei geometrischen Formen und Sujets, deren Proportionen heikel sind, z. B. bei Firmenlogos. Speziell bei Gesichtern reagiert das

Auge empfindlich, auch wenn sich die Pixel nur um 6% in der Breite unterscheiden. Zum weiteren Verständnis soll folgende Übersicht dienen.

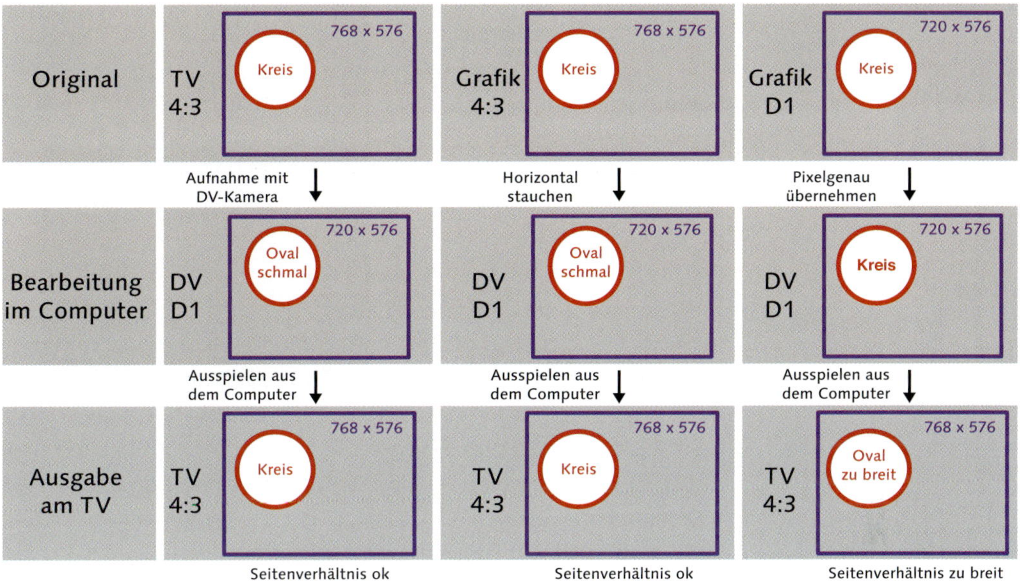

▲ **Abbildung 15.8**
Bezüge zwischen quadratischen und nicht-quadratischen Pixeln im Computer-TV-Workflow

15.1.5 Unscharfe Farben: Color Subsampling

Das Fernsehbild hat in Bezug auf grafische Arbeit noch ein weiteres Problem auf Lager. Beim digitalen Fernsehbild werden Helligkeit (Y) und Farbe (U und V) getrennt behandelt. Das entspricht ja auch dem menschlichen Sehen mit den Stäbchen- und Zäpfchen-Sehzellen im Auge.

Unser Farbsehen ist wesentlich unschärfer als das Helligkeitssehen. Das hat man sich beim digitalen Farbfernsehbild zunutze gemacht, um Übertragungsbandbreite zu sparen. Die beiden Farbkomponenten U und V werden schon in der Kamera viel schlechter digitalisiert als die Helligkeitskomponente. Je nach Standard wird die Farbe um den Faktor 2 bis 4 »unterabgetastet« (»Color Subsampling«). Man kann sich das etwa so vorstellen, dass für die Farbe nur jedes zweite oder gar vierte Pixel übertragen wird.

Will man diesen technischen Sachverhalt illustrieren, ergibt sich etwa folgendes Bild: Professionelle digitale Videoformate tasten Bilder im sogenannten 4:2:2-Format (Y:U:V) ab, die Farbinformation ist dabei nur »halb so gut« wie die Helligkeitsinformation. Beim weit verbreiteten DV-Format (Digital Video) ist dieses Verhältnis nur 4:1:1. (Falls Sie in Abbildung 15.9 das Grün vermissen: Es wird aus der Luminanz und den Farbkomponenten errechnet.)

▲ **Abbildung 15.9**
TV-Bild

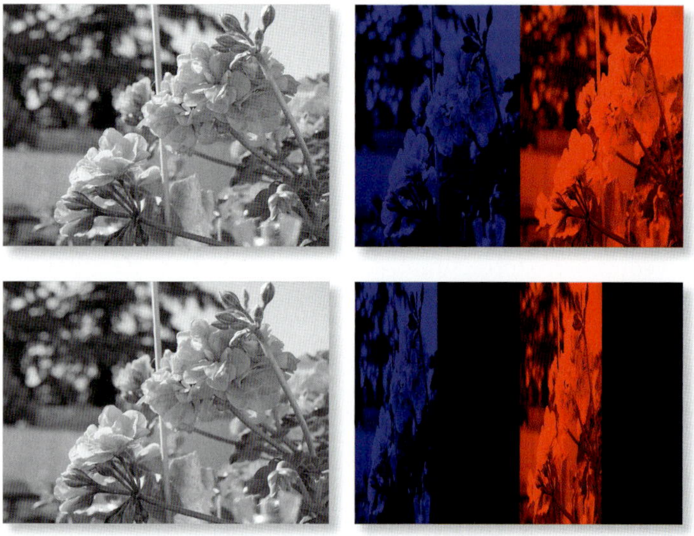

Abbildung 15.10 ▶
Helligkeits- und Farbkomponenten bei 4:2:2-Abtastung (oben) und bei 4:1:1-Abtastung (unten)

Beim Computer ist dieses Verhältnis immer 4:4:4, Helligkeit und Farbe werden immer gleichberechtigt behandelt. Man könnte jetzt denken: »Technisch ist das ja alles ganz interessant, aber was hat das mit der praktischen Arbeit zu tun?«

Konsequenzen für die Computerarbeit | Weil Farbe beim TV-Bild eine wesentlich geringere Auflösung hat, gibt es eine sonst am Computer unbekannte Unterscheidung zwischen Helligkeitsschärfe und Farbschärfe. Je satter eine Farbe wird, desto unschärfer wird sie auch. Das schränkt gestalterisch ein. Dinge, die am Fernsehbildschirm scharf aussehen sollen, dürfen keine starken Farben haben, ganz besonders dann nicht, wenn das Videomaterial im DV- oder DVCAM-Format bearbeitet oder ausgegeben wird. Dass Gestaltung mit Kontrast und Zeichnung bei Video viel mehr über die Helligkeit als über die Farbe läuft, erfordert einiges Umdenken bei der grafischen Arbeit. Kurz: Beim Film mit seiner hohen Auflösung schauen tiefrote Titel toll aus. Bei digitalem Video kann man so etwas vergessen. Es ist unbrauchbar, weil satte Farben immer unscharf aussehen.

15.2 Videobilder in Photoshop

15.2.1 Vorgaben für Video-Formate

Seit der Version CS hält Photoshop neben den verschiedenen anderen Vorgabe-Formaten unter Datei • Neu eine ganze Reihe von Video-Formaten gebrauchsfertig bereit.

PAL D1/DV | Sicher das noch häufigste Format in unseren Breiten ist PAL D1/DV. Die Bildgröße von 720 × 576 Pixel bei einem Pixel Aspect von 1,066:1 wird sowohl im professionellen Bereich (Digi-Beta, Betacam SX, IMX, DVCAM, DVCPro usw.) als auch bei DV im semiprofessionellen und Consumer-Bereich verwendet.

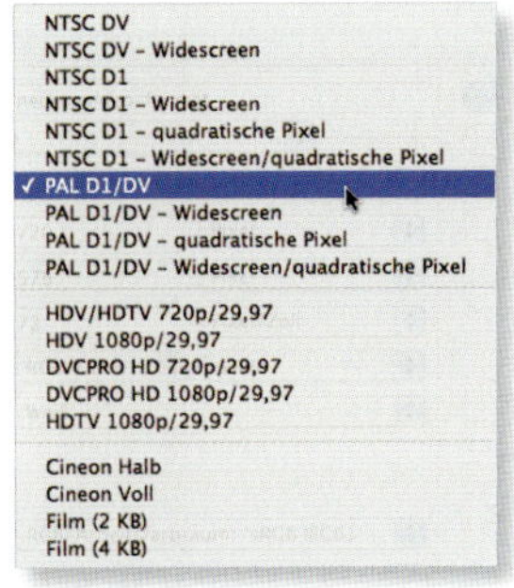

▲ **Abbildung 15.11**
Video- und Filmformate in den Vorgaben zu Datei • Neu

Vorgaben | Daneben beherrscht Photoshop auch viele andere wichtige Video- und Filmformate, auch die im professionellen und oberen Consumer-Bereich immer mehr verbreiteten HD-Formate. Sie sind seit Photoshop CS3 im Dialog von Datei • Neu in der Vorgabengruppe Film & Video zusammengefasst. Natürlich kann man auch eigene Vorgabegrößen anlegen.

Action und Title Safe | Photoshop öffnet eine solche neue Datei gleich mit Hilfslinien für korrektes »Action Safe« und »Title Safe«. Der Zusatz »[skaliert]« in der Titelleiste des Dokumentfensters signalisiert, dass diese Datei auf nicht-quadratischen Pixeln basiert und derzeit nicht in ihren Pixel-Abmessungen dargestellt wird.

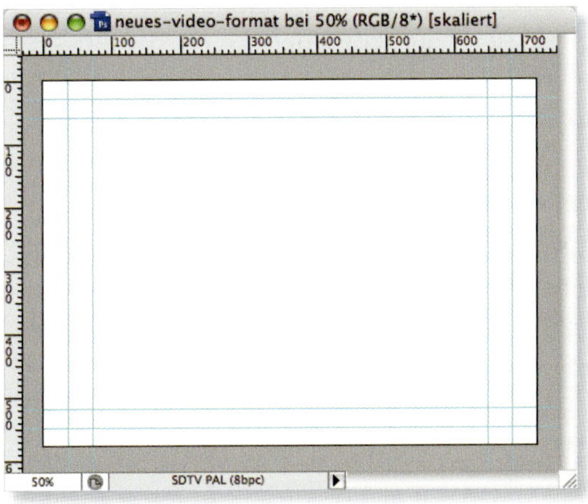

▲ **Abbildung 15.12**
Neue Datei im PAL D1/DV-Format mit Hilfslinien für »Action Safe« und »Title Safe«

TIPP

Wenn Sie eine Datei ohne Hilfslinien haben und dort »Action Safe« und »Title Safe« einfügen wollen, geht das am einfachsten mit einer festen Auswahl von jeweils 10 % der Breite und Höhe einer Datei.

Klicken Sie zuerst mit dieser Auswahl außerhalb der linken oberen Bildecke in die Arbeitsfläche. Die Auswahl sitzt in der Ecke. Nun ziehen Sie sowohl horizontal als auch vertikal je eine Hilfslinie auf die Mitte und die Kante der Auswahl. Das Gleiche tun Sie dann rechts unten.

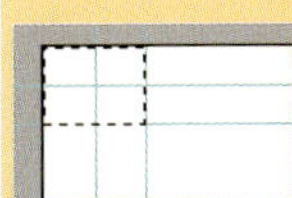

Pixel Aspect | Beim Erstellen einer neuen Datei mit nicht-quadratischen Pixeln erscheint ein Warnhinweis zur Korrektur des Pixel-Seitenverhältnisses. Ist diese Korrektur aktiviert, zeigt Photoshop die Datei in der Ansicht so an, wie sie später am Video-Bildschirm aussehen würde. Die 720 × 576 Pixel große Datei wird (nur in der Ansicht) um etwa 6 % gestreckt, damit sie exakt das Format 768 × 576 Pixel (das übliche 4:3-Verhältnis) hat.

Es kostet ein wenig Rechner-Performance, wenn man diese Ansichtskorrektur permanent laufen hat. Sie hilft aber sehr. Achten Sie im folgenden Beispiel auf den Kreis.

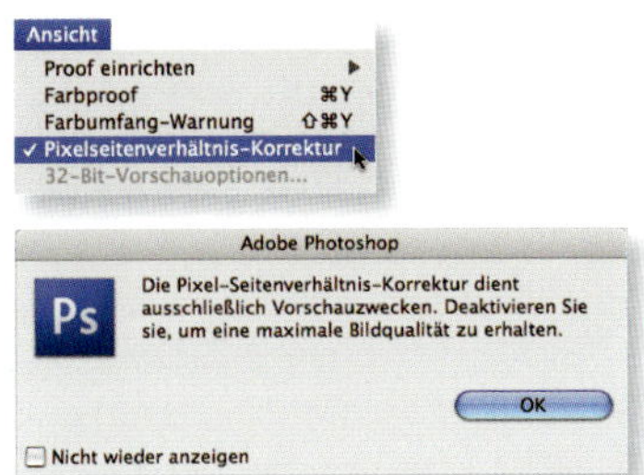

▲ **Abbildung 15.13**
Einstellung und Warnung zur Pixelseitenverhältnis-Korrektur

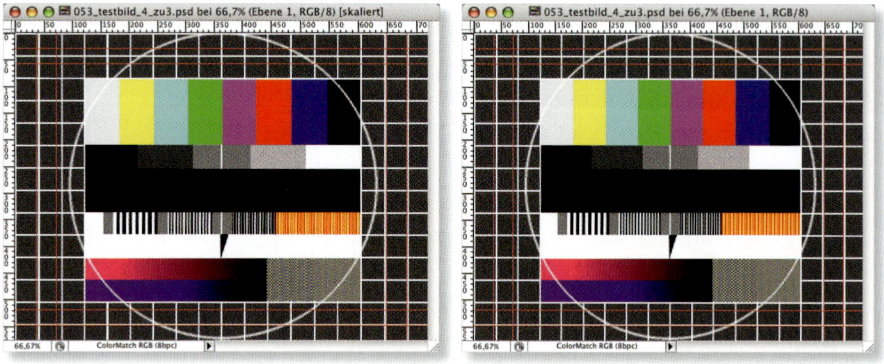

Abbildung 15.14 ▲
PAL D1/DV-Datei (720×576 Pixel) mit (links) und ohne Korrektur des Pixel-Seitenverhältnisses (rechts)

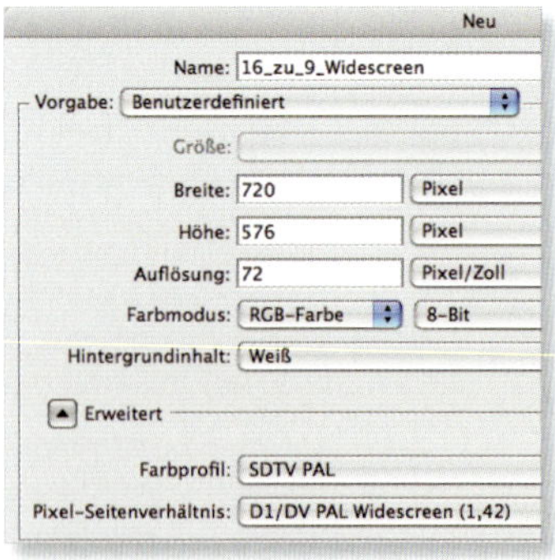

▲ Abbildung 15.15
Neue PAL D1/DV-Datei im 16:9-Breitformat

15.2.2 Arbeiten mit verschiedenen Pixel Aspects

Es geht beim Pixel-Seitenverhältnis aber nicht nur um die Ansicht, sondern auch um das Verhalten bei der Bearbeitung. Um das zu verdeutlichen, soll eine neue Datei erstellt werden, diesmal ebenfalls im PAL D1/DV-Format, allerdings in der 16:9-Breitbildvariante (»Widescreen«). Sie ist von den Pixel-Abmessungen her identisch (720×576 Pixel), hat aber einen Pixel Aspect von 1,422:1.

Dieses Format wird später im normalen Fernseher entsprechend gestreckt oder oben und unten mit den typischen schwarzen Letterbox-Streifen versehen. Auf einem der neuen Breitbild-TV-Schirme wird sie formatfüllend gezeigt. Wird für eine solche Datei die Pixel-Seitenverhältnis-Korrektur aktiviert, ist sie entsprechend breiter als eine normale PAL D1/DV-Datei. Kreisförmige oder rechtwinklige Formen verdeutlichen das.

Was passiert, wenn man nun etwas aus einem Bild mit anderem Pixel Aspect kopiert und einfügt? Photoshop rechnet bei allen Aktionen das Pixel-Seitenverhältnis der Dateien mit ein.

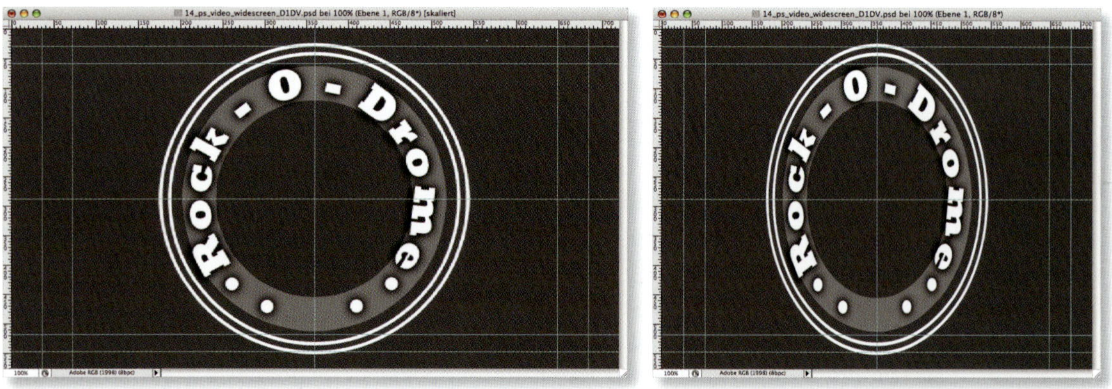

Abbildung 15.16 ▲
PAL D1/DV-Widescreen-Datei mit (links) und ohne Pixel-Seitenverhältnis-Korrektur (rechts)

Das D1/DV-Widescreen-Format entspricht vom Verhältnis der Darstellung (16:9) einer Datei von 1024×576 Pixel mit quadratischen Pixeln. Will man nun z. B. ein Foto oder einen Scan für eine solche 16:9-Darstellung auf Video aufbereiten, muss man es auf dieses Maß skalieren. Kopiert man es dann und fügt es in die Widescreen-Datei ein, passt es exakt, weil Photoshop es automatisch herunterskaliert.

▼ **Abbildung 15.17**
Ein Foto mit 1024 x 576 Pixel wird in eine PAL D1/DV-Widescreen-Datei einkopiert und dabei automatisch skaliert.

Zum Aufziehen von runden und quadratischen Formen sollte man immer die Pixel-Seitenverhältnis-Korrektur aktivieren. Zwar denkt Photoshop auch hier mit und man kann mit gedrückter [⇧]-Taste eine kreisrunde Auswahl aufziehen, man sieht aber natürlich eine Ellipse, was irritiert.

15.2.3 Ärger mit Halbbildern vermeiden

Typische Anwendungsfälle für Photoshop im Bereich Video sind die Gestaltung von Menüs für DVDs, Titel, Inserts (»Bauchbinden«, »Lower Third«) oder die Erstellung von Basismaterial für Animationen und Bewegtbild-Montagen (Compositing) für Opener, Trenner und ähnliche TV-Anwendungen. Bei vielen dieser Fälle geht es dabei auch um Text und um grafische Formen.

TIPP

Wenn Sie Bilder aus Videomaterial in anderen Bereichen (z. B. Print) weiterverarbeiten wollen, stören die Halbbilder in der Regel sehr. Um sie verschwinden zu lassen, wählen Sie FILTER • VIDEOFILTER • DE-INTERLACE und stellen im Dialog die visuell beste Variante ein.

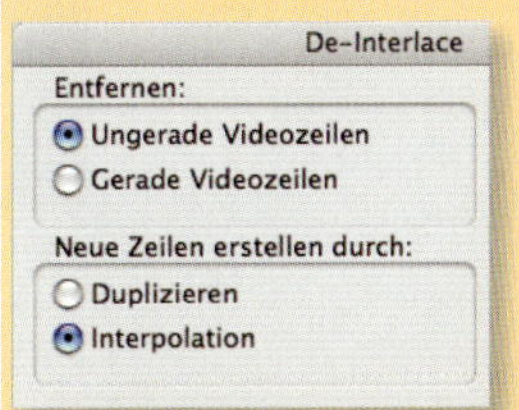

▲ **Abbildung 15.18**
De-Interlace

◄ **Abbildung 15.19**
Typische Photoshop-Anwendung für Video: Bauchbinde mit Grafik und Text

Hier lauern allerdings einige Gefahren, die durch die Halbbilder verursacht werden.

Flimmern | Durch die Halbbilder werden feine Details, die sich in der Größenordnung von 1 Pixel bewegen, nur in einem von beiden Halbbildern angezeigt. Dadurch ergibt sich für diese Feinheiten eine Frequenz von nur 25 Bildern pro Sekunde, mit der ein solches Detail verschwindet, und das flimmert dann sehr unangenehm. Dies passiert nur in der Horizontalen, weil die Halbbilder ja zeilenweise organisiert sind.

Dünne Linien | Besonders gemein sind dünne horizontale Linien und Buchstaben mit Serifen, wenn diese sehr dünn zulaufen. Ein Beispiel mit einer Serifenschrift und drei dünnen Rahmen um diese soll das klarmachen. Die beiden inneren Rahmen bestehen aus einer 1 und einer 2 Pixel breiten Linie.

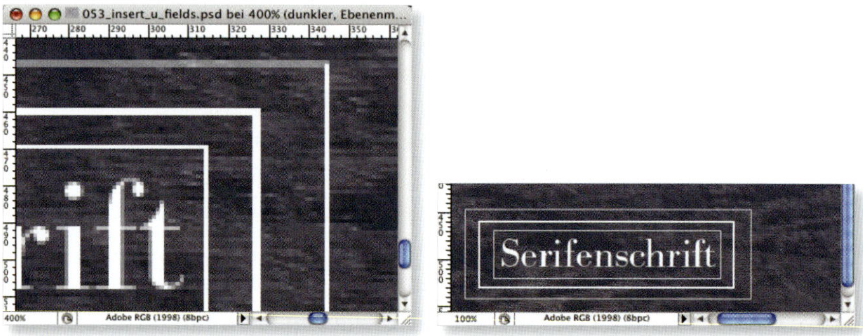

Abbildung 15.20 ▸
Schrift mit Serifen und dünne Rahmen

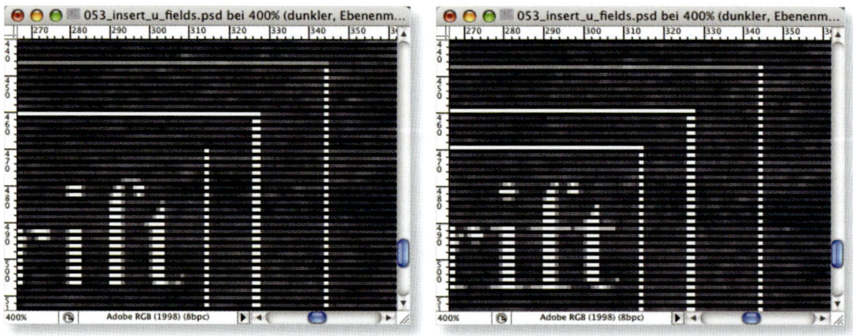

Abbildung 15.21 ▸
Halbbildflimmern bei Serifen und dünnen horizontalen Linien (links erstes Habbild, rechts zweites)

Wenn man sich die beiden Halbbilder getrennt anschaut, sieht man auf der rechten Vergrößerung, dass Teile der Buchstaben und die obere Linie des inneren Rahmens, der nur 1 Pixel breit ist, fehlen. So etwas flimmert auf einem Fernsehschirm sehr auffällig. Der 2 Pixel breite mittlere Rahmen ist auf beiden Halbbildern gut zu sehen. Er wird ebenso wenig flimmern wie der äußere Rahmen, der ursprünglich auch 1 Pixel breit war, aber mit Filter • Weichzeichnungsfilter • Bewegungsunschärfe in der Vertikalen (Winkel 90°) ganz leicht (Abstand 1 Pixel) weichgezeichnet wurde. Das ist ein gutes Hausmittel, mit dem man dem Halbbildflimmern beikommt.

Man sollte also möglichst keine horizontalen Bildelemente benutzen, die dünner als 2 Pixel sind. Schriften mit Serifen sind immer zu meiden, es sei denn, diese sind immer dick genug.

Bildschärfe und Schrift | Eine weitere technische Gegebenheit sollte man beim Thema Schrift und Video noch bedenken. Die vertikale Auflösung des Fernsehbildes ist fixiert. Sie beträgt bei PAL immer 576 Zeilen. Die horizontale Auflösung beträgt zwar beim digitalen Fernsehbild 720 Pixel. Die Darstellungsqualität entlang der Zeilen (also horizontal) am Fernseher ist allerdings unterschiedlich und von der Qualität der Bildröhre abhängig. Diese Auflösung wird in (senkrechten) »Linien« gemessen. Ein halbwegs guter gewöhnlicher Fernseher löst 300 bis 350 Linien auf, also nur die Hälfte dessen, was das digitale Fernsehbild eigentlich hergibt. Professionelle Broadcast-TV-Monitore lösen zwischen 600 und 800 Linien auf, kosten allerdings ein Mehrfaches eines sehr guten Consumer-TV-Geräts. Kurz: Fernsehen hat eine **fixe** vertikale und eine **variable** horizontale Bildschärfe.

Das hat Konsequenzen für die Schriftdarstellung: Light-Schriftschnitte sollte man ebenso meiden wie eng stehende Condensed-Schnitte. Entweder verschwimmen die dünnen senkrechten Linien der Buchstaben, oder die schmalen Zwischenräume bei eng spationierten Schriften laufen zu. Man sollte im Interesse besserer Lesbarkeit bei Video-Anwendungen neben serifenlosen Schriften auch eine größere Laufweite verwenden.

15.2.4 Photoshop-Datei als TV-Bild ausgeben

Meist werden Bilddateien, die für Videozwecke gedacht sind, zunächst von anderen Programmen weiterverarbeitet und können erst später auf einem Video-Monitor angesehen und auf Fernsehtauglichkeit überprüft werden.

HINWEIS

Sehr viele Grafikkarten haben heute neben den VGA- und DVI-Anschlüssen für Computer-Monitore auch Video-Ausgänge, oft sogar S-Video und Composite. Hier wird allerdings in der Regel das Monitorbild auf 768 x 576 Pixel heruntergerechnet und als Videosignal ausgegeben. Das ist keine echte Video-Ausgabe. Es gibt dort keinen Pixel Aspect, und auch die Halbbilddarstellung ist nicht korrekt.

Video-Ausgabekarten | Es hat bis jetzt schon einige Lösungen gegeben, die ein Bild aus Photoshop direkt als digitales oder analoges Videobild ausgeben konnten. Beispiele für solche Video-Ausgabekarten sind DeckLink von Blackmagic *(http://www.blackmagic-design.com)*, IO, KONA und XENA von AJA *(http://www.aja.com)* oder Karten von Digital Voodoo (http://www.digitalvoodoo.net). Diese Karten sind zum großen Teil als Ausgabeschnittstellen für Videoschnittprogramme gedacht, bringen aber meist auch eigene Treiber in Form von Plug-ins für Photoshop mit.

Video-Out | Seit Photoshop CS2 ist jetzt allerdings Video-Out für viele User und für wenig Geld zu haben. Dazu reichen eine DV-Kamera (mit DV-Eingang!) und ein Fernseher oder TV-Monitor.

Über die FireWire-Schnittstelle (i.LINK, IEEE 1394), die heute jeder halbwegs aktuelle Computer an Bord hat, wird eine solche Kamera an den Computer angeschlossen. Das kann natürlich auch ein DV- oder DVCAM-Recorder sein oder ein DV-Analog-Konverter, z. B. die ADVC-Serie von Canopus (*http://www.canopus.com*).

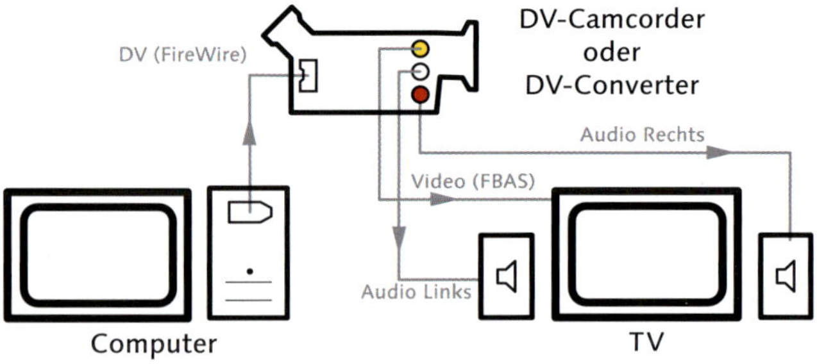

Abbildung 15.22 ▸
Computer mit Video-Ausgabe

TIPP

Die Videovorschau ist nicht »live« und wird nicht bei jeder Änderung an der Datei aktualisiert. Es wird immer nur der aktuelle Zustand zur Video-Ausgabe geschickt, der dann dort im Ausgabespeicher (Frame Buffer) hängen bleibt, bis etwas Neues kommt oder aus Photoshop in ein anderes Programm gewechselt wird. Der Befehl VIDEOVORSCHAU AN GERÄT SENDEN hat leider keinen Shortcut. Man kann sich allerdings einen einrichten, was sehr zu empfehlen ist.

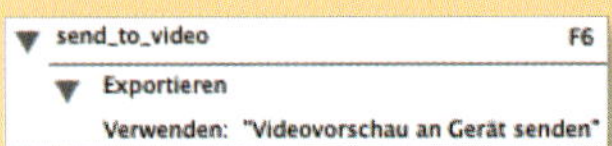

Videovorschau | Ist ein DV-taugliches Gerät an den FireWire-Port angeschlossen, wird es von Photoshop erkannt, und man kann über DATEI • EXPORTIEREN • VIDEOVORSCHAU AN GERÄT SENDEN das aktuelle Dokument auf einem Videobildschirm anschauen. Bei mehreren Dokumenten wird das aktive (vorne liegende) Dokument gesendet. Unter DATEI • EXPORTIEREN • VIDEOVORSCHAU kann man das Verhalten der Video-Ausgabe einstellen.

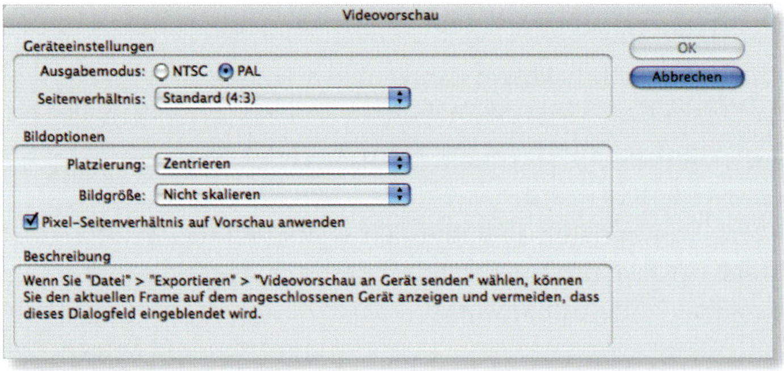

▴ **Abbildung 15.23**
Optionen für die Videovorschau

Die neuen Videoebenen von Photoshop CS3 werden bei dieser hardwaremäßigen Video-Ausgabe (noch) nicht unterstützt. Es wird immer nur der aktuelle Frame ausgegeben.

Die Videovorschau ist für alle, die mit Photoshop für Videoarbeiten Material produzieren müssen, eine echte Hilfe. Statt mit z. T. sehr teurer Extra-Hardware zu arbeiten, können so Grafiken kostengünstig auf TV-Tauglichkeit überprüft werden, und zwar bevor sie im weiteren Produktionsablauf landen. Speziell in diesem Bereich sind nachträgliche Änderungen oft teuer und aufwendig.

▴ **Abbildung 15.24**
Video-Ausgabe direkt aus Photoshop auf einen TV-Monitor

15.3 Videoebenen

Mit der Version CS3 hat das Bewegtbild in Photoshop Einzug gehalten und den ohnehin schon riesigen Gerätepark der Programmfeatures weiter vergrößert. Die neu eingeführten Videoebenen haben zwei grundlegende Funktionsweisen und zwei Möglichkeiten, mit Inhalt befüllt zu werden.

15.3.1 Verfahren zur Erzeugung von Bewegtbild: Cell Animation vs. Keyframes

Cell Animation | Die Cell Animation muss man sich wie den klassischen Zeichentrick vorstellen. Es wird Bild für Bild gezeichnet oder gemalt. Das schnelle Abspielen ergibt später den Eindruck eines Films.

Keyframe Animation | Anders bei der Keyframe Animation: Hier wird Bewegung und Veränderung durch das Festlegen eines Anfangs- und eines Endzustandes (»Keyframes« oder »Schlüsselbilder«) definiert. Alle Zustände dazwischen werden berechnet (Interpolation oder Tweening).

Beide Verfahren können bei den neuen Video- und Animationsfunktionen von Photoshop verwendet werden. Dabei lässt sich auch ein Animationstyp in den anderen umwandeln, zumindest mit gewissen Einschränkungen. Das ist sehr praktisch, denn beide Verfahren haben für bestimmte Zwecke ihre spezifischen Vorteile.

15.3.2 Videoebene erstellen oder importieren

Videoebenen können als leere Ebenen für die Erstellung von bewegtem Inhalt eingerichtet werden. Dazu wählt man unter Ebene • Videoebene • Neue leere Videoebene. Oft allerdings wird man mit vorhandenem Material arbeiten. Dieses kann über Ebene • Videoebene • Neue Videoebene aus Datei importiert werden.

[Codec]
Coder/Decoder: Pärchen von Soft- oder Hardware zum Komprimieren und Dekomprimieren von Video- und Audiodaten

Videoformat | Dabei stützt sich Photoshop bei den Videoformaten auf QuickTime, Apples Medienarchitektur. Windows Media wird weder unter Windows noch am Mac von Haus aus unterstützt. Ältere Windows-Videoformate werden von QuickTime eingelesen, wenn sie in AVI-Containern und mit einem unterstützten bzw. installierten Codec vorgefunden werden.

Bildsequenzen einlesen | Daneben werden auch Bildsequenzen eingelesen. Hierzu wählt man das erste Bild der gewünschten

Reihe aus und aktiviert die Checkbox BILDSEQUENZ, die Photoshop zugänglich macht, wenn in einem Ordner nummerierte Bilder gefunden werden.

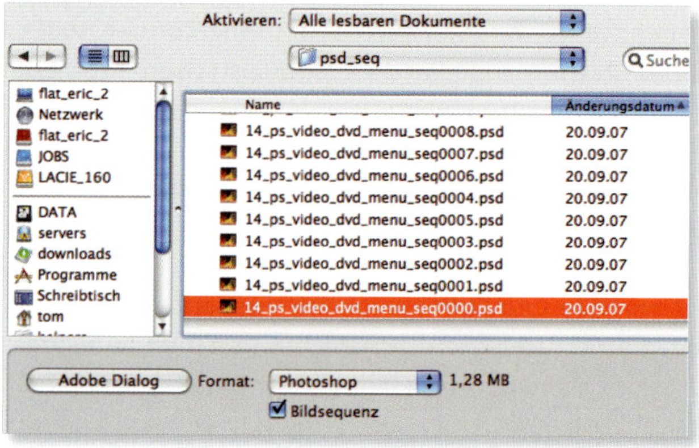

Abbildung 15.25 ►
Einlesen einer Bildsequenz in eine Videoebene

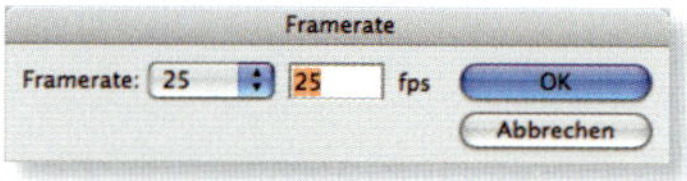

▲ **Abbildung 15.26**
Einstellen der Bildrate bei einer importierten Bildsequenz

Da Photoshop nicht wissen kann, wie viele Bilder pro Sekunde aus dieser Sequenz abgespielt werden sollen, muss man ihm das sagen. Geht man über DATEI • ÖFFNEN und wählt dabei entweder ein unterstütztes Videoformat oder eine Bildsequenz aus, so erstellt Photoshop automatisch eine neue Videoebene. Sie erscheint in der Ebenen-Palette mit einem kleinen Film-Icon in der Ecke des Miniaturbildes ❶.

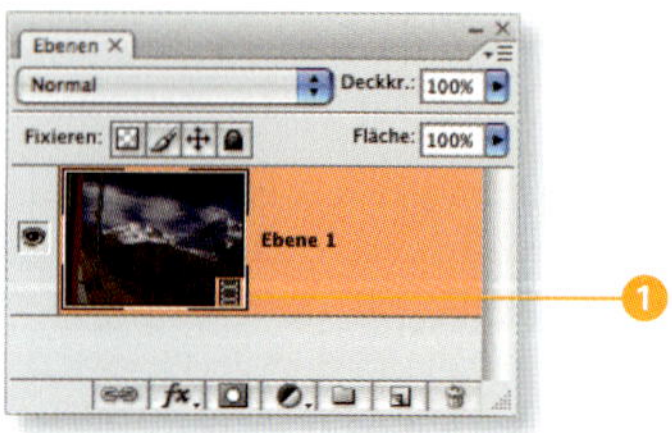

▲ **Abbildung 15.27**
Videoebene in der Ebenen-Palette

Navigation über die Animationen-Palette | Nach dem Import eines Videoclips kann man unter FENSTER • ANIMATION eine Zeitleiste aufrufen, die die Navigation innerhalb der Dauer des Clips erlaubt.

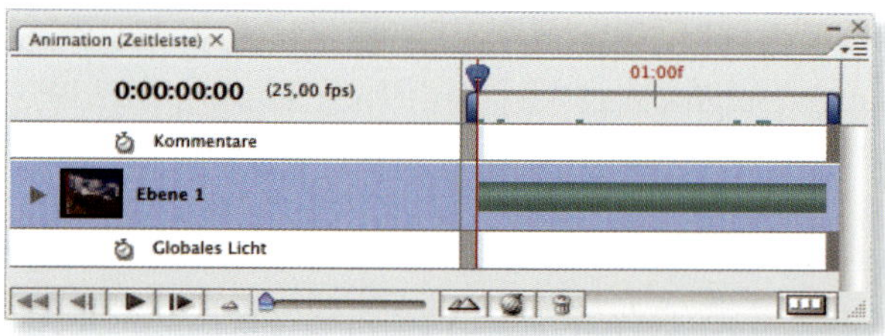

Abbildung 15.28 ►
Das Fenster ANIMATION nach dem Import

Ein Fenster ANIMATION hat es bereits in Photoshop CS2 gegeben. Es war für die Animation von Bildern zuständig, die im Web-Bildformat GIF ausgegeben werden sollten.

Das Fenster selbst ist in seiner Funktionalität stark erweitert worden. Vor allem das Paletten-Menü (kleiner Button rechts oben) hat es in sich. Eine detaillierte Besprechung muss in zwei getrennten Abschnitten erfolgen, denn die Funktionen unterscheiden sich natürlich stark bei der Cell- und bei der Keyframe-Animation.

15.4 Frame-Animation

Bei der Frame-Animation gleicht das Fenster ANIMATION weitgehend dem bisher aus Photoshop bzw. zuvor aus ImageReady bekannten Bereich der Benutzeroberfläche. Hier können auf der Basis von Einzelbildern Animationen produziert werden, die an den klassischen Zeichentrick erinnern.

15.4.1 Das Animationsfenster bei der Frame-Animation

In der rechten oberen Ecke findet sich an gewohnter Stelle das Paletten-Menü ❶. In der Fußleiste befindet sich von links beginnend die Einstellungsmöglichkeit für die Wiedergabe als einfache, begrenzte oder unendliche Schleife ❷. Daneben finden sich die vier Buttons der Steuerungselemente für die Wiedergabe ❹. Am Fuß jedes Frame-Miniaturbildes ❸ kann man die Dauer dieses Frames angeben. Mit dem Button ❺ kann man zwischen zwei Frames beliebige Zwischenschritte einfügen (Tweening). Rechts davon ❻ finden sich zwei Buttons für das Erstellen von neuen Frames und für das Löschen von vorhandenen. Rechts unten befindet sich der Button ❼ für den Wechsel in den Modus ZEITLEISTE.

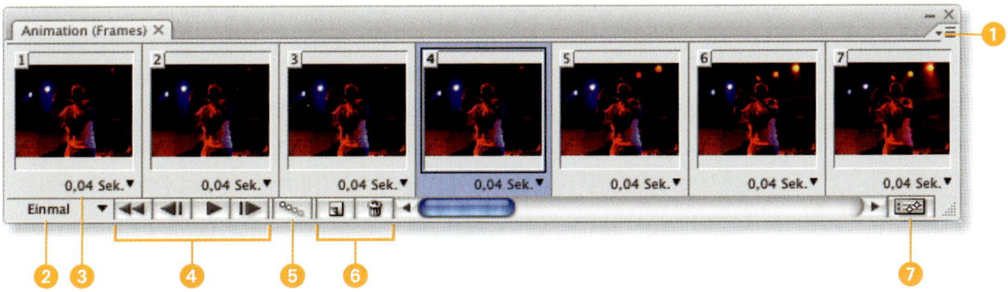

▲ **Abbildung 15.29**
Das Fenster ANIMATION im Modus FRAMES

Prinzipiell kann jeder Frame jeden beliebigen Zustand des Ebenenstapels enthalten. Im oben gezeigten Beispiel enthält jede Ebene einen einzelnen Frame aus einem Video. Pro Frame ist davon immer nur eine Ebene sichtbar. Geändert werden können nun für jeden Frame der Animation die Einstellungen für Position, Deckkraft und die Parameter für die Effekte der Ebenenstile.

15.4.2 Pauschale Manipulationen über die Ebenen-Palette

Damit man nicht Änderungen, die mehrere Frames gleichzeitig betreffen sollen, bei jedem Frame separat verändern muss, erscheinen beim Vorhandensein von Frame-Animationen im Kopf der Ebenen-Palette drei Buttons und eine Checkbox, die pauschale Manipulationen zulassen.

Unter VEREINHEITLICHEN kann man bei der aktiven Ebene bestimmen, ob man (von links nach rechts) EBENENPOSITION,

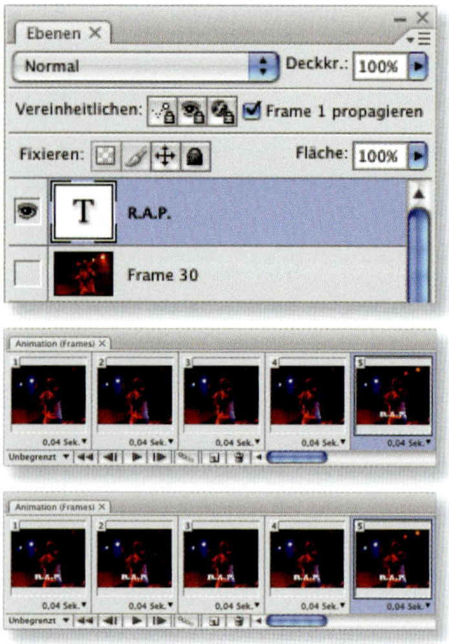

▲ **Abbildung 15.30**
Pauschale Manipulationen über alle Frames hinweg

Ebenensichtbarkeit oder Ebenenstil gemeinsam für alle Frames verändern möchte. Die Deckkraft ist hier dem Ebenenstil zugeordnet. Hier wurde die Sichtbarkeit der Schrift in Frame 5 geändert und mithilfe der Funktion Vereinheitlichen für die Ebenensichtbarkeit auf alle anderen Frames ausgeweitet (untere Zeitleiste).

Hat man die Checkbox Frame 1 propagieren aktiviert, so werden alle Änderungen, die man bei einer Ebene im ersten Frame vornimmt, automatisch an alle anderen weitergegeben.

15.4.3 Tweening

Hat man zwei Frames, die sich unterscheiden, wie hier die in Frame 1 aus- und in Frame 2 eingeblendete Schrift (obere Zeitleiste), so kann man mit dem Button ❶ zwischen beiden Frames eine bestimmte Anzahl an Zwischenschritten einfügen (Frames 2, 3 und 4 in der unteren Zeitleiste), während derer die Zustände in den beiden ursprünglichen Frames interpoliert werden. In diesem Fall ist das die Deckkraft, die nun von Frame 1 bis Frame 5 langsam anwächst. Die Folge ist hier also ein Aufblenden der Schrift.

In der Dialogbox zu dieser Funktion kann man die möglichen Parameter auswählen, die interpoliert werden sollen. In Anlehnung an das englische Wort »between« (zwischen) bezeichnet man diese Methode als Tweening. Das Ganze spart eine Menge Handarbeit und fallweise auch Kopfrechnen.

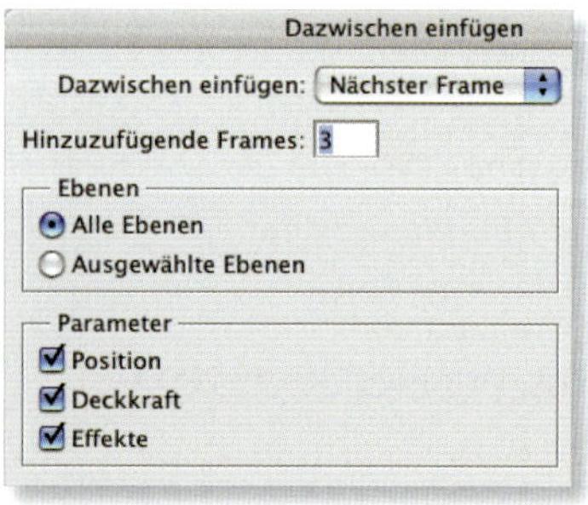

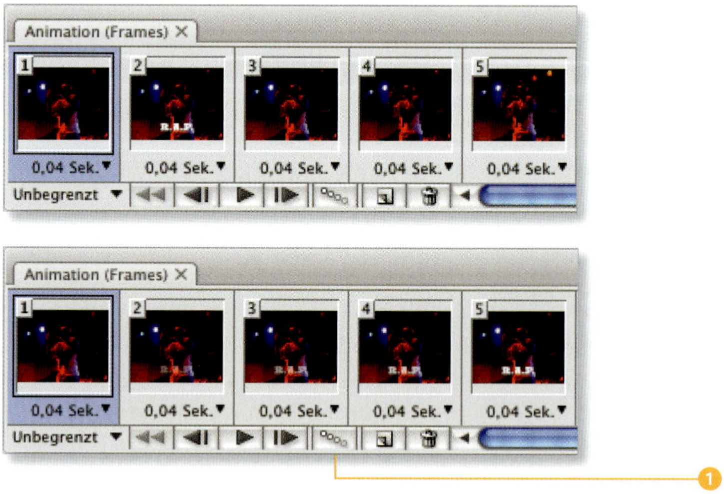

▲▶ **Abbildung 15.31**
Einfügen von Zwischenframes mit dem Tweening-Button

15.4.4 Beispiel für eine Frame-Animation: Animierte Werbebanner

Auch wenn nur wenige Parameter animiert werden können, so bietet doch der Einsatz von Einstellungsebenen und Ebenenstilen weitreichende gestalterische Möglichkeiten. Der Haupteinsatzzweck der Frame-Animation wird sicher die Erstellung von animierten GIFs für das Web sein, die – obwohl an sich veraltet – gegenüber der Alternative Flash den Vorteil haben, ohne Browser-Plug-in dargestellt werden zu können. Anders als bei Anwendungen im Videobereich werden hier eher wenige Frames gebraucht, die oft einzeln bearbeitet werden. Man denke vor allem an Werbebanner.

Ein typisches Beispiel für solche Animationen sind Banner für Werbung im Web. Werbebanner sind ein wichtiges Betätigungsfeld für Webdesigner. Der Herausforderung, auf oft teurem und deshalb möglichst kleinem Platz die Aufmerksamkeit des Betrachters auf sich zu ziehen, wird in der Regel mit bewegten Inhalten begegnet. Zudem ist auch die Dateigröße meist strikt beschränkt und die Anforderung an die Kompression hoch. Oft muss ein Kompromiss gefunden werden zwischen der Länge der Animation, also der Anzahl der Frames, der gestatteten Dateigröße und der erzielbaren Bildqualitiät. Seit in der Creative Suite 2 die Animations-Palette von ImageReady nach Photoshop CS2 gewandert ist, können solche Jobs komplett hier erledigt werden.

Animationen einrichten | Bei Werbebannern gibt es bestimmte Standardgrößen. Eine davon ist der Full Size Banner mit einer Größe von 468×60 Pixeln. Eine neue Datei hierzu kann z. B. unter DATEI • NEU aus einer Reihe von eigens für Web-Werbeformate erstellten Vorlagen aufgerufen werden (die Herstellung dieser Vorgaben wird in einem Zusatzkapitel auf der Website zum Buch unter *www.galileodesign.de/1416/BuchUpdates* gezeigt).

Wir gehen jedoch nicht von einer leeren Datei aus, sondern nehmen Vorhandenes als Basis. Die Kompresssion von GIF-Animationen basiert innerhalb der Frames stark vereinfacht gesprochen auf der Datenreduktion durch Weglassen von gleichartigen Pixeln bei einfarbigen Flächen. Bei mehreren Frames geschieht dies durch die Bildung von Differenzen. Im folgenden Frame wird nur gespeichert, was sich gegenüber dem vorherigen geändert hat. Das bedeutet, dass sich GIF-Animationen von den Einzelframes her eher für grafische Sujets eignen und von der Bewegung her eher für einzelne, sich bewegende Elemente statt für ein vollflächig bewegtes Bild, wie z. B. bei Live-Video. Diese Umstände sollten bei der Auswahl des Ausgangsmaterials für eine solche Animation auf jeden Fall berücksichtigt werden.

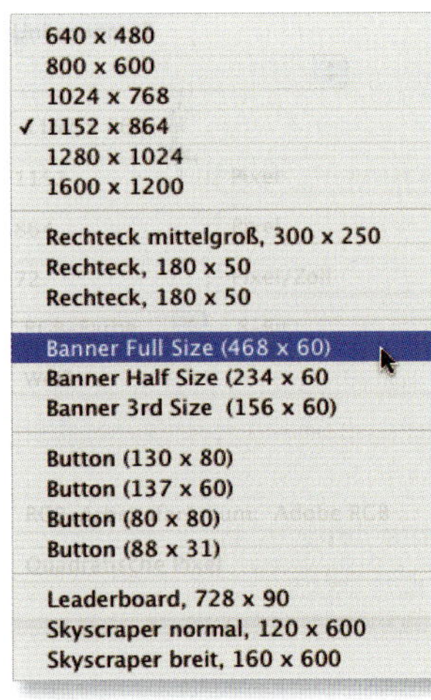

▲ **Abbildung 15.32**
Standardformate für Web-Banner

Die Datei zu diesem Workshop finden Sie auf der Buch-DVD unter BEISPIELDATEIEN/15_VIDEO/PSVIDEO_GRUNDLAGE_BANNER.PSD.

Schritt für Schritt: Animierte Werbebanner erstellen

1 Ausgangsmaterial aus Screendesign erstellen

Wir greifen auf das Material aus Kapitel 11 zurück und leiten aus diesem Screendesign Elemente für einen Banner ab. Das ist ein durchaus übliches Verfahren.

Abbildung 15.33 ▸
Screendesign als Grundlage für Banner-Produktion

Der Kopfbereich des Screendesigns wurde verkleinert und um eine zweite Leiste unterhalb erweitert, in die von links Schrift-Inserts einfahren sollen. Der obere Teil soll statisch bleiben, damit er sich nicht zu stark auf die Dateigröße auswirkt.

Um die korrekte Proportion zu bekommen, nehmen wir zuerst eine Auswahl mit festem Seitenverhältnis (468 zu 60) und markieren damit den oberen Teil des Screendesigns. An der unteren Kante der Auswahl wird eine Hilfslinie platziert, an der das Screendesign beschnitten wird.

Abbildung 15.34 ▸
Feste Proportion für Auswahl

Abbildung 15.35 ▸
Der obere Teil wird proportionsrichtig ausgewählt (hier dargestellt im Maskierungsmodus).

Danach wird dieser obere Teil auf 468 × 60 Pixel herunterskaliert, und die Inhalte werden darin geringfügig verschoben. Das soll die Grundlage für unseren Werbebanner sein.

Abbildung 15.36 ▸
Auszug aus der Screendesign-Datei

2 Datei für Animation vorbereiten

Nun werden zwei Sätze für den unteren Teil des Banners eingefügt. Das sind die Textebenen »1.satz« und »2.satz«. Zum Schluss der Animation soll rechts noch eine Art Stempel ins Bild kommen. Dazu gibt es eine rote Hintergrundform mit gelbem Rand und davor eine Textebene mit den Worten »Get it!«. Zu dieser gibt es eine Kopie, die am Ende einmal aufglühen soll. Sie hat deswegen den Effekt SCHEIN NACH AUSSEN.

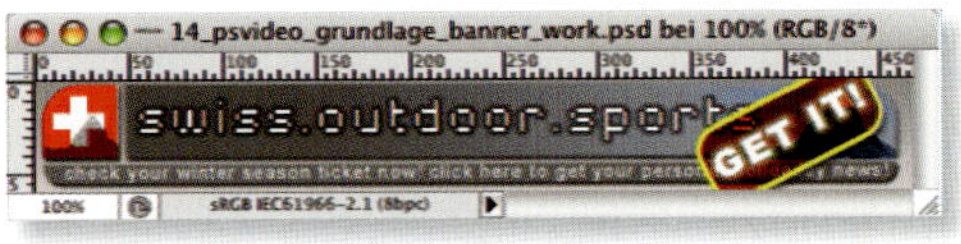

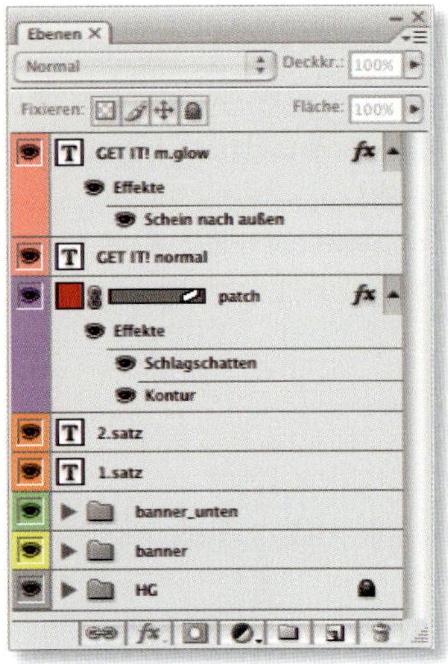

▲ **Abbildung 15.37**
Überarbeitetes Ausgangsmaterial

3 Animationsfenster bereitstellen

Jetzt muss zuerst dafür gesorgt werden, dass wir animieren können. Öffnen wir mit FENSTER • ANIMATION das entsprechende Fenster, so wird standardmäßig der Modus ZEITLEISTE angezeigt, den wir hier nicht gebrauchen können. Also wechseln wir mit dem Button rechts unten zum Modus FRAMES.

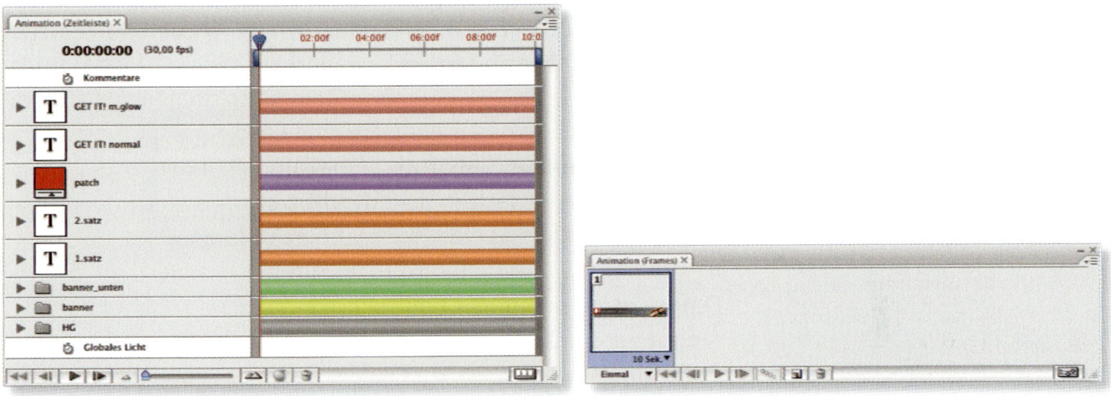

▲ **Abbildung 15.38**
Wechsel vom Modus ZEITLEISTE zum Modus FRAMES im Fenster ANIMATION

4 Schrift animieren

Da man beim Erstellen von GIF-Animationen mit der Anzahl der Frames haushalten muss, um die Dateigröße gering zu halten, und da die Abspielgeschwindigkeit dieser Animationen auch selten die Flüssigkeit von Video erreicht, wendet man oft einen Trick an, um mit wenigen Frames den Eindruck von Bewegung zu erzeugen. Dabei zeichnet man während der Bewegungsphase horizontal weich, um beim Stillstand wieder scharf zu werden.

Dazu wird zunächst der erste Satz in ein Smart Objekt umgewandelt, um ihn editierbar zu halten (z.B. für Änderungswünsche eines Kunden) und für die Anwendung von FILTER • WEICHZEICHNUNGSFILTER • BEWEGUNGSUNSCHÄRFE vorzubereiten. Dann wird von dieser Ebene ein Duplikat gemacht und dort für die

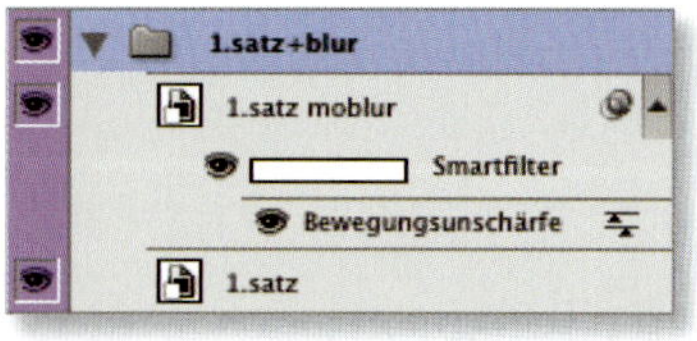

▲ **Abbildung 15.39**
Erzeugen von Dynamik mit Bewegungsunschärfe

»scharfe« Version der Smartfilter wieder gelöscht. Beide Ebenen landen in einer Gruppe, um sie gemeinsam bewegen zu können. Die Ansicht im Ebenenstapel zeigt Abbildung 15.39.

Der Wechsel von Unscharf zu Scharf in der Animation wird nun einfach durch Blenden der beiden Ebenen mittels Deckkraft erledigt. Zuvor muss man sicherstellen, dass bei keiner der beiden Ebenen die Schalter für die Vereinheitlichung im Kopf der Ebenen-Palette aktiviert sind. Auch die drei obersten Ebenen für den »Get it«-Stempel sollten unsichtbar sein. Diese brauchen wir erst später.

Danach wird zunächst im Fenster Animation mit dem Button ❶ aus Frame 1 ein weiterer Frame erzeugt.

In Frame 1 wird dann die ganze Gruppe mit dem Verschieben-Werkzeug [V] und gedrückter [⇧]-Taste nach links aus dem Bild geschoben. Dort wird bei der »scharfen« Ebene (ohne Smartfilter) die Deckkraft auf 0% gesetzt. Dann wird bei Frame 2 die »unscharfe« Ebene auf 0% Deckkraft eingestellt.

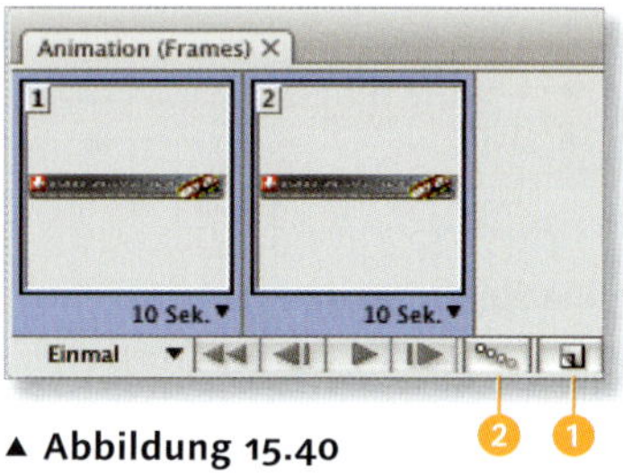

▲ **Abbildung 15.40**
Ersten Frame duplizieren

5 Tweening

Anschließend erfolgt das eigentliche Tweening, indem man Frame 1 markiert und mit dem Tweening-Button ❷ drei Frames zwischen Frame 1 und 2 einfügt.

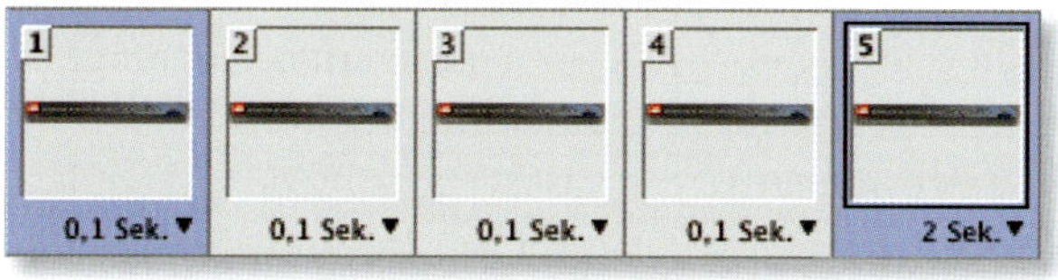

Abbildung 15.41 ▶
Mit Tweening eingefügte Frames

Dort wird zwischen den Positionen und den verschiedenen Werten für die Deckkraft interpoliert. Die Dauer der Frames wird mit 0,1 Sekunden möglichst kurz eingestellt. Auf Frame 5 soll gewartet werden, bevor es weitergeht.

Abbildung 15.42 ▶
Die ersten 5 Frames der Animation mit dem einfahrenden Schriftzug und dem Abblenden seiner Bewegungsunschärfe

6 Zweiten Text animieren

Das gleiche Verfahren wenden wir beim zweiten Satz an. Seine Animation erstreckt sich von Frame 5 bis 9. Auch am Ende wird 2 Sekunden gewartet. Die Schriftzeile ist jetzt aufgebaut.

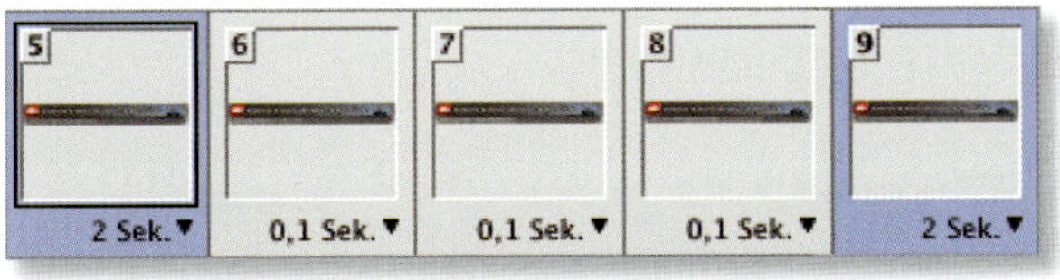

◀ **Abbildung 15.43**
Animation des zweiten Satzes

◀ **Abbildung 15.44**
Zustand der Animation bei Frame 9

7 Effekte animieren

Da der Patch mit »Get it!« zu Anfang der Animation unsichtbar war, müssen wir ihn nun sichtbar machen. Dies tun wir aber erst, nachdem wir Frame 9 dupliziert haben. Zur Verstärkung des Aufleuchtens werden die vorhandenen Effekte noch durch einen Schein nach aussen für die rote Hintergrundform ergänzt.

Frame 9 wird noch einmal dupliziert. In Frame 10 wird die oberste Ebene (»GET IT! m.glow«) auf 0% Deckkraft gesetzt. Dann wird in der Ebene »patch« der Effekt Schein nach aussen ganz abgedreht. Nun werden wieder mit dem Tweening-Button nach Frame 9 und vor Frame 10 drei neue Frames eingefügt, in denen die obere Ebene mit dem glühenden Schriftzug und bei der roten Form der Schein nach aussen schrittweise abgeblendet wird, weil die Animationsfunktion die Interpolation sämtlicher Parameter innerhalb des Dialogs Ebenenstil unterstützt.

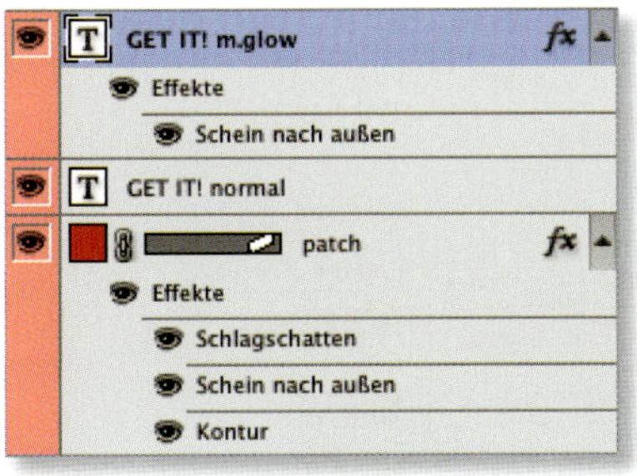

▲ **Abbildung 15.45**
Stempelform mit Schriftzug mit Effekten in der Ebenen-Palette

▲ **Abbildung 15.46**
Abblenden der obersten Ebene und der Effekte in den letzten 5 Frames

Am Ende stellen wir noch eine Wartezeit von 5 Sekunden ein, bevor die Animation von vorn beginnt. Damit ist sie fertig.

8 Ausgabe als GIF-Animation

Der Weg für die Ausgabe als GIF-Animation führt über Datei • Für Web und Geräte speichern. Gegenüber normalen GIFs mit einem Einzelbild vervielfachen sich bei mehreren Frames natürlich die Anforderungen an die Kompressionsqualität. In der Regel muss man hier viel experimentieren.

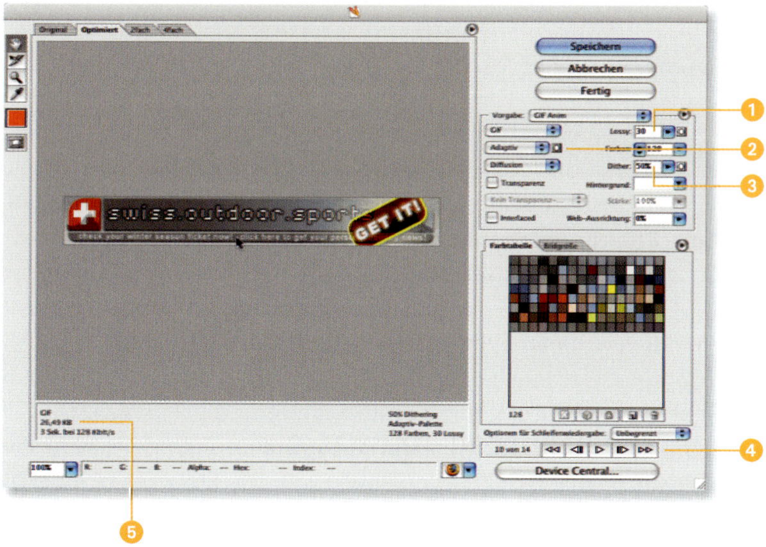

Abbildung 15.47 ▸
Ausgabe einer Animation als GIF

Der wichtigste Parameter ist die Reduktion der Farbtöne, die in diesem Fall nicht allzu stark sein sollte. Die Einstellung Lossy ❶, hier mit einem Wert von 30, bringt eine gute Reduktion der Dateigröße. Sie kann auch mit Maskierungen von Alphakanälen, Text- und Formebenen arbeiten, was aber hier schnell zu Artefakten führt. Beim Farbreduktionsalgorithmus ❷, hier Adaptiv, greift die Maskierung der Text- und Formebenen gut.

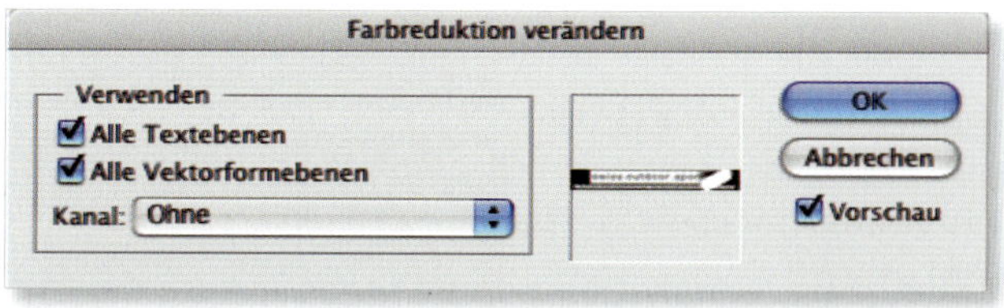

Abbildung 15.48 ▸
Maskierung beim Farbreduktionsalgorithmus

Die Einstellung für Dither ❸ hat ebenfalls recht viel Einfluss auf die Dateigröße. Auch hier bringt in unserem Beispiel eine Maskierung keinen Erfolg. Die resultierende Dateigröße ❺ (26,5 KB) ist noch recht zufriedenstellend. Man sollte aber bedenken, dass manche Website-Betreiber, bei denen man Bannerwerbung schalten kann, die Obergrenze für einen Full Size Banner bei 15 bis 20 KB ansetzen. Hier müsste man dann Frames entfernen und/oder weitere Abstriche bei der Bildqualität machen.

Tipp

Bevor man eine Animation als animiertes GIF ausgibt, sollte man alle eventuell vorhandenen Slices aus der Datei löschen, damit es im Dialog Für Web und Geräte sichern keine Probleme gibt, denn ein solches GIF ist immer nur eine einzige Datei. Sonst gibt Photoshop lauter Einzelteile aus.

Mit der Zeitsteuerung ④ kann man eine Vorschau der Animation unter den Bedingungen der eingestellten Kompressionsparameter anschauen.

15.4.5 Frame-Animationen in Fireworks

Auch mit Adobe Firework kann man Gif-Animationen erstellen. Es funktioniert mit seiner Palette Frames und der einzelbildweisen Manipulation seiner Ebenenstruktur ganz ähnlich wie das Fenster Animation in Photoshop, wenn es im Modus Frames läuft. Hier kommt noch der Vorteil dazu, dass Fireworks sowohl Pixelbild- als auch Vektorinformationen beinhaltet und bearbeiten kann. Die Animationsmöglichkeiten gehen teilweise über diejenigen von Photoshop hinaus, kann doch Fireworks z. B. die Form von Vektorobjekten animieren oder bei der Transformation von Pixelbild-Ebenen diese skalieren, rotieren oder verzerren. Interessant ist zudem die enge Integration von Fireworks und Flash, das ja als Konkurrenz zu animierten GIFs zu betrachten ist.

15.5 Zeitleisten-Animation

Komplett neu in Photoshop CS3 ist der Modus Zeitleiste im Fenster Animation. Hier findet sich das Gegenstück zur Frame-Animation in Form der Animation auf der Basis von Keyframes, die als einzige festgelegt sind. Alles andere wird ähnlich wie beim Tweening der Frame-Animation berechnet, allerdings nicht wie dort in Form einzelner, fester Bilder. Vielmehr werden alle Zwischenbilder erst beim Abspielen oder bei der Ausgabe (Rendering) berechnet. Dadurch eignet sich dieses Verfahren für Dateien mit einer größeren Anzahl an Frames und vor allem für Video-Anwendungen. Außerdem ist es durch die weitgehende Manipulierbarkeit und die verhältnismäßig wenigen Frames, die zur Definition einer Animation gebraucht werden, viel flexibler.

Entliehen bei After Effects

Benutzern von Adobe After Effects, das ja eine Art »Photoshop für bewegte Bilder« ist, wird einiges im Animationsfenster bekannt vorkommen, wenn es in den Modus Zeitleiste geschaltet wird. Ganz offensichtlich hat Adobe hier Anleihen bei seinem altbewährten Compositing-Programm genommen und Teile der Engine von After Effects in Photoshop eingebaut.

15.5.1 Das Animationsfenster bei der Zeitleisten-Animation

Das Fenster Animation ist im Modus Zeitleiste um einiges reicher an Features und Einstellmöglichkeiten als im Modus Frames. Anders als beim Modus Frames, wo ein Frame immer den Gesamtzustand aller Ebenen widerspiegelt, werden im Modus Zeitleiste die **Ebenen einzeln animierbar** gemacht. Der Ebenenstapel in der Ebenen-Palette findet sich also 1:1 im Animationsfenster wieder. Das gilt angenehmerweise auch für die Farbmarkierungen.

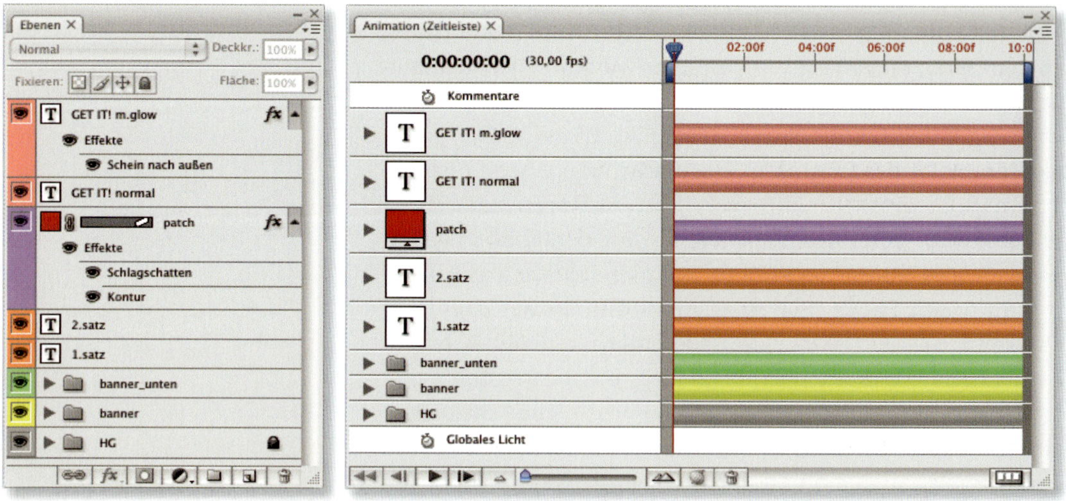

▲ **Abbildung 15.49**
Die Ebenen in Photoshop und im Animationsfenster

Sehen wir uns nun die einzelnen Elemente der Benutzeroberfläche dieses Fensters an, das man im Bezug auf seine Funktionen sicher zu den umfangreichsten in Photoshop zählen kann.

Timecode

Bei der manuellen Eingabe des Timecodes müssen die Doppelpunkte mit eingegeben werden. 5:00 setzt den Zeitzeiger auf 5 Sekunden und null Frames, 500 auf den 500. Frame, also 20 Sekunden und null Frames. Wer aus After Effects die bequeme und schnelle Eingabe ohne Sonderzeichen gewöhnt ist, muss in Photoshop auf diesen Luxus verzichten.

Timecode | Im Gegensatz zum Modus Frames, wo die Länge der Einzelbilder entscheidend ist, haben wir es hier mit einer zeitbasierten Struktur zu tun. Links oben 1 findet sich dazu der aktuelle Timecode in dem im Video-Bereich üblichen SMPTE-Format (Stunden:Minuten:Sekunden:Frames). Im Paletten-Menü 3 kann unter Palettenoptionen auf nummerierte Frames umgeschaltet werden. Der Timecode kann nach einem Doppelklick auf die Zahl manuell eingegeben werden oder mit dem Doppelpfeilcursor für die Wertänderung durch Ziehen mit der Maus manipuliert werden.

Linke Spalte | Sie gibt den Ebenenstapel mit den einzelnen Ebenen 4 wieder. Deren Animationsparameter sind durch Aufklappen der Ebene mit dem kleinen Dreieck 6 erreichbar.

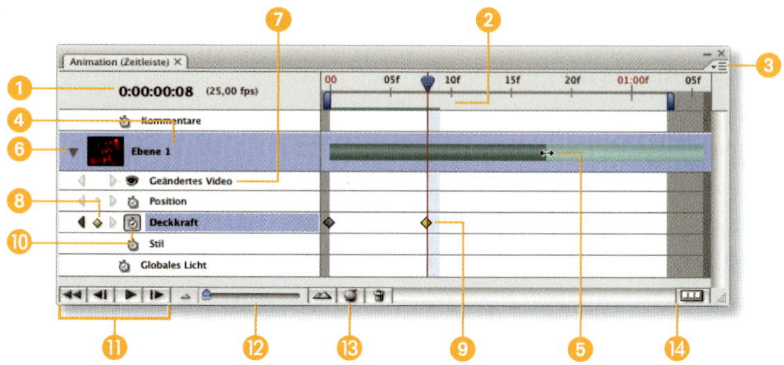

Abbildung 15.50 ▶
Das Fenster Animation im Modus Zeitleiste

Geändertes Video | Darunter befindet sich die Sub-Ebene GEÄNDERTES VIDEO ⑦, in der alles enthalten ist, was effektiv in den Bildinhalt der Ebene eingreift, also alles, was unter destruktive Bildbearbeitung fallen würde, wie z. B. eine Retusche. Durch diese Sub-Ebene bleibt das Original-Material der Videoebene unangetastet. Unter GEÄNDERTES VIDEO wird also automatisch ein Frame eingefügt, wenn man bei einem Frame auf der Ebene herummalt. Auch wenn diese Sub-Ebene im User Interface unterhalb der betreffenden Ebene liegt, liegt der Inhalt visuell über dem Bild des Frames. Dieses Feature ist wichtig für Video-Retusche und -Painting.

Position, Deckkraft und Stil | Darunter befinden sich die Sub-Ebenen für die Animation von POSITION, DECKKRAFT und STIL (Ebenenstil). Wird die »Uhr« angeklickt ⑩, so kann man diesen Parameter animieren. Links daneben kann man mit den gelben Rauten ⑧ einen Keyframe setzen, an dem der Zustand der Videoebene für diesen Parameter fixiert wird. Die beiden Pfeile links und rechts daneben navigieren zum vorigen bzw. nächsten Keyframe. Diese Keyframes erscheinen in der Zeitspur des Parameters als gelbe (markiert) oder graue Rauten ⑨.

Automatisches Ausrichten

Wenn man bei allen Verschiebungen in der Zeitleiste (Zeitzeiger, In- und Out-Points, Enden des Arbeitsbereichs und Keyframes) die [⇧]-Taste gedrückt hält, rasten die verschobenen Elemente aneinander ein wie in After Effects. Das erleichtert exaktes Timing in der Animation.

Tasten am unteren Rand | Links unten befindet sich die Navigation ⑪ mit den Tasten für den Rücklauf zum ersten Frame, für den Schritt um einen Frame zurück, für die Start-Stopp-Funktion und für den Schritt um einen Frame vorwärts. Daneben kann man den Zoomfaktor der Zeitlisten-Ansicht ändern ⑫, um auch zeitlich feine Animationen bearbeiten zu können. Der Schalter für ZWIEBELSCHICHT AKTIVIEREN/DEAKTIVIEREN ⑬ erlaubt das sogenannte »Onion Skinning«, bei dem vorangegangene und nachfolgende Frames einstellbar über den aktuellen Frame geblendet werden können. Dieser Trick wird beim Zeichentrick mit Transparentpapier erreicht und erlaubt den schrittweisen Aufbau von Animationen z. B. mit Malwerkzeugen (Video Painting und Rotoscoping, siehe unten). Ebenfalls im Fuß befindet sich die Umschaltung in den Modus FRAMES ⑭.

Arbeitsbereich

Am oberen Rand des Fensters ② kann man den Arbeitsbereich mit den blauen Anfassern in der Länge verstellen. In der Spur für die Videoebene (ohne farbige Ebenenmarkierung immer grün dargestellt) selbst kann man den sichtbaren Teil an Anfang und Ende verkürzen ⑤ (In- und Out-Point).

Globales Licht | Der Parameter GLOBALES LICHT bezieht sich auf die gleichnamige Einstellmöglichkeit in der Dialogbox EBENENSTIL, die es bei den Ebenen für Schatten, Relief und Glanz gibt. Er erspart bei zusammenhängenden Einstellungen für mehrere Effekte auf mehreren Ebenen die vielen nötigen separaten Einstellungen, die man sonst manuell vornehmen müsste. Logischerweise gibt es diese Spur auch nur einmal für alle Ebenen. Sie liegt immer ganz unten im Animationsfenster.

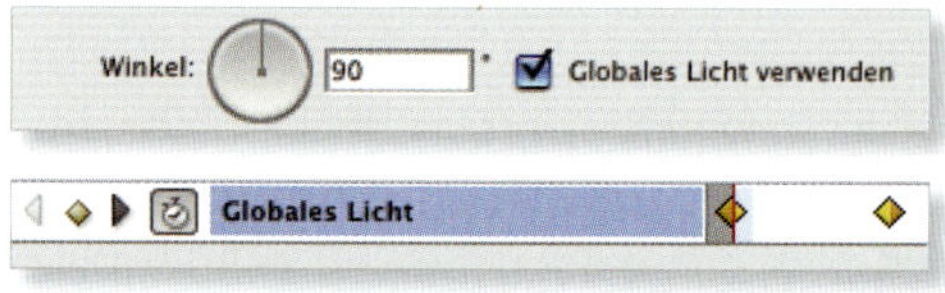

Abbildung 15.51 ▸
Animieren der Einstellung GLOBALES LICHT bei den Ebenenstilen

Das Animationsfenster bei Text- und Formebenen | Bei Text- und Formebenen gibt es andere bzw. weitere animierbare Parameter als bei den Bild- und Videoebenen.

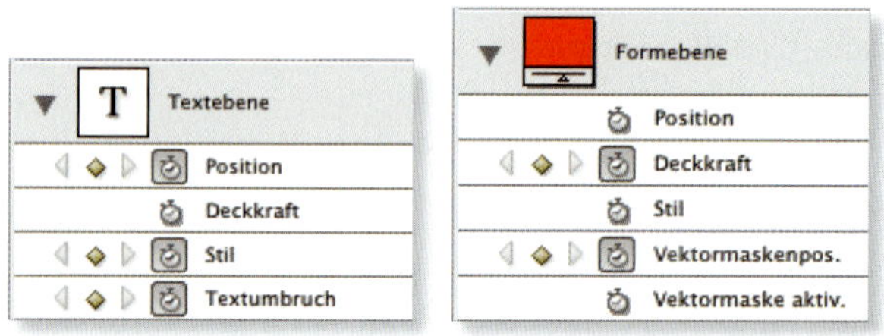

Abbildung 15.52 ▸
Animierbare Parameter bei Text- und Formebenen

HINWEIS
Ebenen mit Smart Objekten werden bei der Zeitleisten-Animation genauso behandelt wie Bildebenen. Es wird nur der sichtbare Bildinhalt manipuliert. Das gilt auch für die Anwendung von Smartfiltern.

Sind Bild- oder Videoebene mit Ebenenmasken oder Vektormasken versehen, können auch diese animiert werden. Neben der Position kann man die Masken auch an- und abschalten. Hier sind die Keyframes auch keine Rauten, die für eine lineare Interpolation der Werte zwischen zwei Keyframes stehen, sondern Quadrate, was einen abrupten Wechsel verdeutlicht, den es ja bei Ein/Aus-Funktionen geben muss. Ist die rechte Hälfte des Keyframe-Quadrats hell, wird hier abgeschaltet (linker Keyframe in der Abbildung unten rechts).

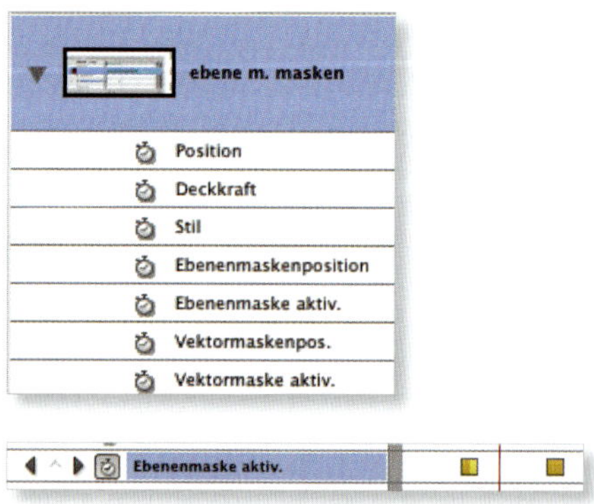

Abbildung 15.53 ▸
Animationsmöglichkeiten für Masken (oben) und Keyframes für Maskenaktivität (unten)

15.5.2 Favoritenebenen

Da das Fenster ANIMATION bei mehreren Ebenen mit vielen Parametern schnell sehr unübersichtlich wird, kann man ausgewählte Ebenen im Paletten-Menü als FAVORITENEBENEN FESTLEGEN. So lassen sich z. B. in diesem Fenster alle Ebenen ausblenden, die nicht animiert werden. Auch dieses Feature kommt sicher manchem aus After Effects bekannt vor.

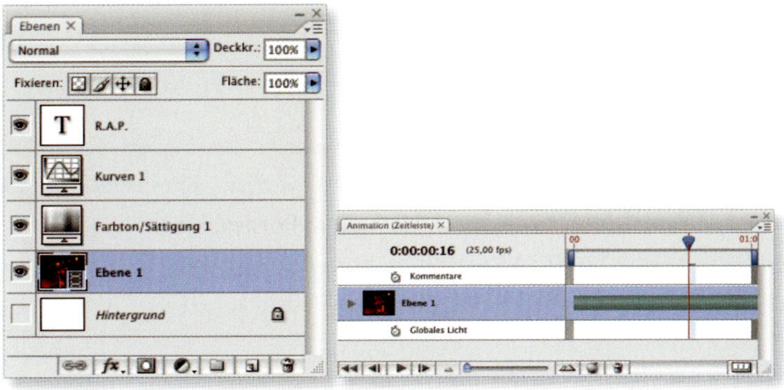

◀ **Abbildung 15.54**
Übersichtlichkeit im Animationsfenster durch Favoritenebenen

15.5.3 Sub-Ebene »Geändertes Video«

Die Funktion der Sub-Ebene Geändertes Video wurde bereits erwähnt. Sie bezieht sich auf bearbeitete Frames von Videoebenen. In (Stand-)Bild-, Smart Objekt-, Text- und Formebenen gibt es diese Spur folglich auch nicht. In der Spur dieser Ebene werden diese bearbeiteten Frames dunkelblau markiert.

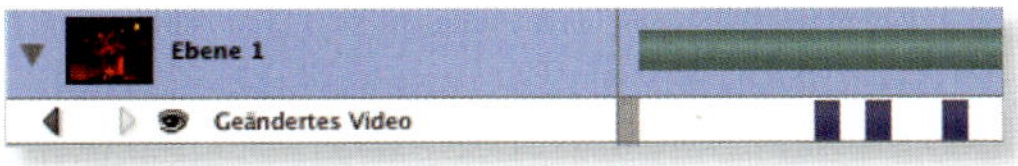

◀ **Abbildung 15.55**
Bearbeitete Frames einer Videoebene

Sie können über das Paletten-Menü einzeln (Frame wiederherstellen) oder pauschal (Alle Frames wiederherstellen) für eine Ebene gelöscht werden, um nach einer Warnung den ursprünglichen visuellen Zustand der Videoebene wiederherzustellen.

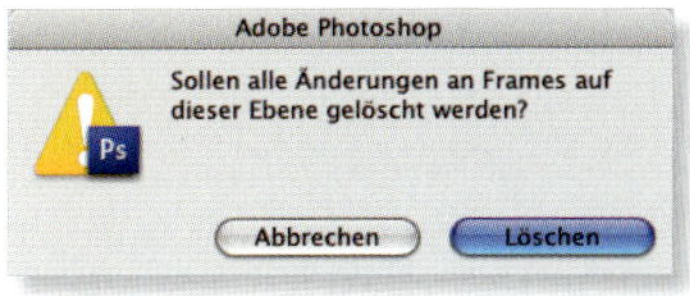

▲ **Abbildung 15.56**
Wiederherstellung von geänderten Frames

15.5.4 Abspielen von Videoebenen

Für das Abspielen der Videoebenen berechnet Photoshop den Ebenenstapel für jeden Frame und speichert das entsprechende Bild im Arbeitsspeicher (RAM), damit es flüssig abgespielt werden kann. Die Festplatte ist bei größeren und längeren Videoclips zu langsam dafür. Da der Arbeitsspeicher im Gegensatz zur Festplatte relativ klein ist, sind der Dauer und dem Bildformat des abzuspielenden Clips Grenzen gesetzt. Ein im Arbeitsspeicher befindlicher Frame ist in der Timeline des Animationsfensters am unteren Rand des Streifens für den Arbeitsbereich grün markiert. Ist diese Linie durchgehend, kann flüssig abgespielt werden.

Beim Abspielen findet immer zuerst der Einspielvorgang in den Arbeitsspeicher statt, der je nach Komplexität des Ebenenstapels, der verwendeten Anzahl von (Video-)Ebenen und der Art der eingesetzten Photoshop-Features einige Zeit dauern kann. Danach beginnt das eigentliche Abspielen. Je nach Leistungsfähigkeit der Maschine und Darstellungsgröße in der Originalgeschwindigkeit des Videoclips (grüne Anzeige der Geschwindigkeit) oder darunter (rote Anzeige).

TIPP

Ein Grund für eine unbefriedigende Abspiel-Performance beim Einsatz von Videoebenen kann darin bestehen, dass Ansicht • Pixelseitenverhältnis-Korrektur aktiviert ist. Das ist ja eine horizontale Skalierung, die live berechnet wird und entsprechend auf die Bremse tritt.

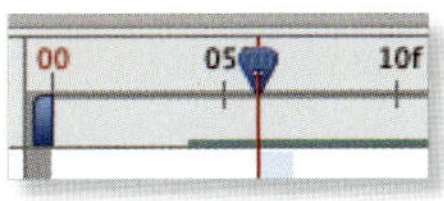

▲ **Abbildung 15.57**
Frames im Arbeitsspeicher (dunkelgrün markiert)

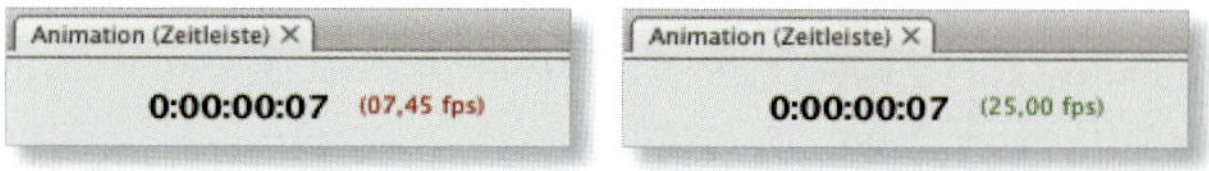

Abbildung 15.58 ▸
Anzeige der Abspielgeschwindigkeit

▴ Abbildung 15.59
Auslassen von Frames zugunsten der Abspielgeschwindigkeit

HINWEIS

Beim Export als Video geht die Ebenenstruktur der Photoshop-Datei verloren, es wird nur ein »flaches« (Bewegt-)Bild ausgegeben.

Im Paletten-Menü kann ein bedarfsweises Auslassen von einzelnen Frames beim Abspielen erlaubt werden. Die Wiedergabe wird dabei möglicherweise ruckelig, aber die Abspielgeschwindigkeit sollte in Echtzeit erfolgen, um das Timing einer Animation insgesamt korrekt beurteilen zu können.

15.5.5 Video rendern

Da Photoshop bei Datei • Speichern unter das Speichern von Dateien mit Videoinhalten nur im PSD-Format zulässt und dieses Format im Wesentlichen nur in Photoshop selbst verwendet werden kann, ist für die Weiterverarbeitung von Dateien mit fertig bearbeiteten Videoebenen der Export in einem Format notwendig, das von anderen Programmen verstanden wird. Unter Datei • Exportieren • Video rendern findet man die entsprechenden Möglichkeiten.

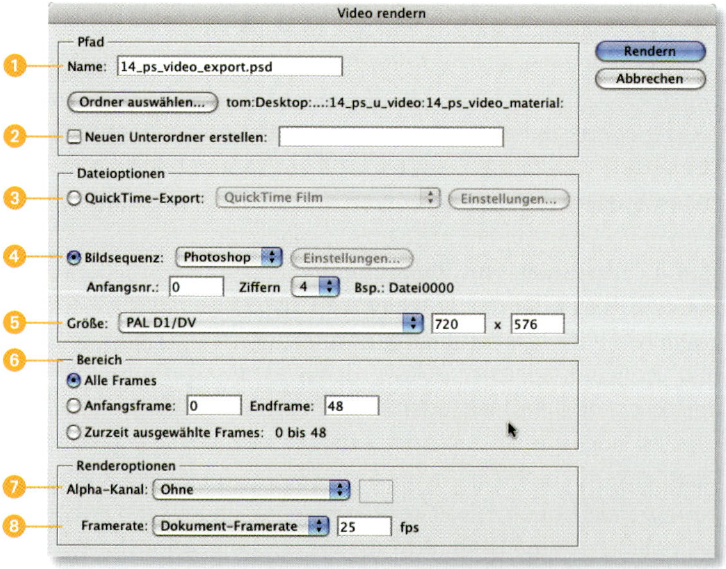

Abbildung 15.60 ▸
Der Dialog Video rendern

Im oberen Teil werden Name und Zielordner der zu exportierenden Video-Datei angegeben ❶. Darunter findet sich die Option Neuen Unterordner erstellen ❷, der vor allem dann gebraucht wird, wenn Serien von nummerierten Bildern ausgegeben werden, die allein ohne andere Dateien in einem Ordner liegen sollen.

Im Abschnitt Dateioptionen befindet sich der wichtigste Teil des Dialogs. Hier wird oben das Dateiformat eingestellt, wobei zwischen dem Export als Filmdatei ❸ (QuickTime-Export) und

Bildsequenz ④ unterschieden wird. Unter Grösse kann man die Bildgröße und das Pixel-Seitenverhältnis ⑤ definieren. Darunter wird der zeitliche Bereich der Bilder für die Ausgabe eingestellt ⑥. Unten schließlich kann man die Behandlung eines eventuell vorhandenen Alpha-Kanals bestimmen ⑦ und die Framerate ändern ⑧.

Hinweis

Adobe sieht den Export von Videodateien aus Photoshop lediglich auf der Basis der QuickTime-Architektur vor. QuickTime muss dazu auf Windows-Rechnern installiert sein. AVI-Dateien werden nur auf der Basis der älteren Codecs (Cinepak, DV usw.), die QuickTime versteht, ausgegeben. Am Mac ist hingegen bei installiertem QuickTime-Plug-in für Windows Media *(flip4mac.com)* der Export als WMV-Datei möglich. Das geht auf Windows nicht. Hier hilft nur der Umweg über andere Formate.

Video-Einstellungen für den Export | Die Möglichkeiten unter Dateioptionen • QuickTime-Export sind so vielfältig wie die Anzahl der unterschiedlichen Formate, die Apples Medienarchitektur QuickTime bei bewegten Bildern beherrscht. Zunächst kann man beim Pulldown-Menü QuickTime-Export ③ eines der Formate auswählen, die grundsätzlich zur Verfügung stehen.

Hierbei werden alle Formate aufgelistet, die aufgrund installierter Software zugänglich sind. Auch bei installierter Hardware (z. B. MPEG-2-Karte) wird die Liste entsprechend erweitert. Die Auswahl umfasst (etwas missverständlich) nicht nur QuickTime-Formate, sondern auch z. B. Flash, MPEG-4 und andere. Bei der enormen Vielfalt an Einstellungen ist es in erster Linie wichtig, was das Programm braucht, das das ausgegebene Video weiterbearbeiten soll, oder welche Anforderungen im Fall der abspielfertigen Endausgabe an Bildgröße, -qualität, -format und -geschwindigkeit vorliegen.

▲ **Abbildung 15.61**
Formatauswahl für QuickTime-Export

DV-PAL-Clip ausgeben | Als Beispiel sei in der folgenden Abbildung der obere Teil der Ausgabeeinstellungen für einen DV-PAL-Clip für die weitere Bearbeitung in einem Schnittprogramm wie Premiere Pro oder Final Cut gezeigt. Dieser Videoclip soll dort gemeinsam mit DV-Material aus einer Kamera geschnitten werden, wobei dieses Format ein brauchbarer Kompromiss zwischen Qualität und Dateigröße ist.

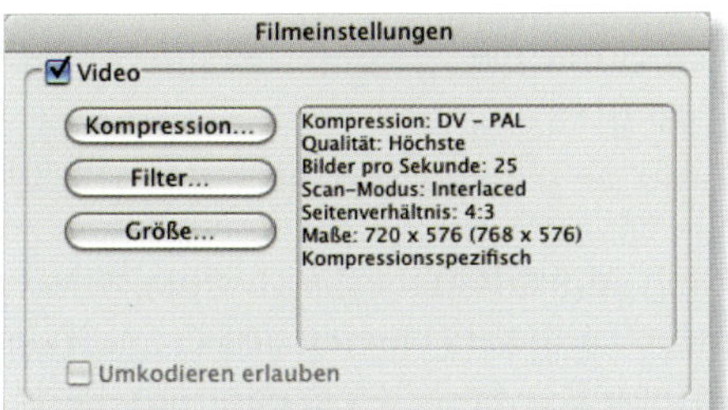

◄ **Abbildung 15.62**
Einstellungen für QuickTime DV-PAL

Ausgabe als Windows Media | Will man die Videodatei (am Mac) als fertigen Windows-Media-Film ausgeben, der direkt für das Streaming oder den Download im Internet verwendet werden kann, so könnten die Einstellungen für die Wiedergabe über Breitbandverbindungen dafür in etwa so aussehen.

Abbildung 15.63 ▸
Export-Einstellungen bei Flip4Mac für Windows Media am Mac

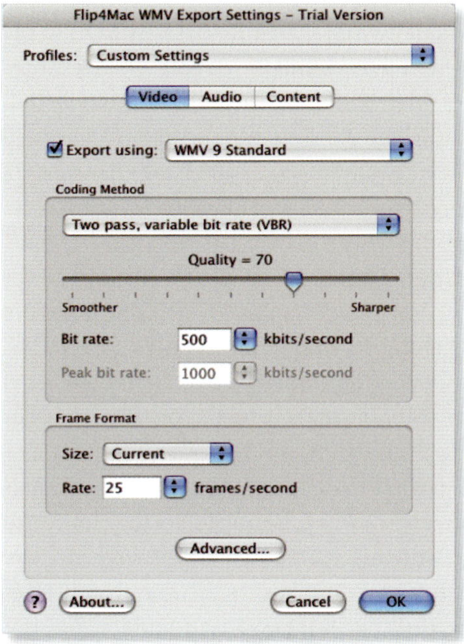

Zum Weiterlesen
Eine auch nur halbwegs detaillierte Beschreibung der in diesem Export-Dialog möglichen Ausgabe- und Kompressionseinstellungen würde den Rahmen dieses (Photoshop-) Buchkapitels locker sprengen. Wer die neuen Videoebenen in Photoshop ergänzend zu anderen Videoprogrammen wie Premiere, After Effects, Final Cut, den Avid-Produkten oder anderen benutzt, sollte ohnehin wissen, wie die nötigen Einstellungen für die Weiterverarbeitung der Ergebnisse auszusehen haben. Für alle anderen sei auf entsprechende, reichlich vorhandene Ressourcen im Netz bzw. auf passende Fachliteratur verwiesen.

▴ **Abbildung 15.64**
Bildformate für Bildsequenzen

HINWEIS

Auch das verfügbare Targa-Format (*.tga) sollte einen Alpha-Kanal an sich unterstützen, nur gibt es in diesem Fall einen Bug in Photoshop CS3: Ein Alpha-Kanal kann im Dialog nicht angegeben werden (auch wenn in den Optionen 32 Bit gewählt wird). Es wird trotzdem ein solcher exportiert. Dieser ist aber leer.

Ausgabe als Bildsequenz | Neben dem Export als eine einzige Videodatei beherrscht Photoshop auch die Ausgabe in Form von Bildsequenzen. Das ist vor allem dann interessant und wichtig, wenn qualitativ möglichst hochwertig weiterverarbeitet werden soll. Üblich ist auch eine Verwendung von Bildsequenzen, wenn Transparenzinformationen weitergegeben werden sollen, die ein Format erfordern, das Alpha-Kanäle unterstützt. Bei den Videoformaten gibt es da nur wenige (bei QuickTime z. B. den Codec »Animation«).

Zur Auswahl steht eine Reihe von Standbildformaten, je nach Beschaffenheit der Datei. Open EXR kann z. B. nur ausgegeben werden, wenn es sich um eine HDR-Datei handelt (siehe Kapitel 2), Cineon (Bilddaten mit 3 × 10 Bit Farbtiefe für digitalisiertes Kinofilm-Material) nur bei einer entsprechenden Datei, wenn das Dateiformat-Plug-in installiert ist.

Enthält die Videoebene bzw. die Photoshop-Datei Transparenzen in Form von Ebenentransparenz oder (bewegten) Ebenenmasken, ist oft der Export mit Alpha-Kanal wünschenswert. Von den Bildformaten unterstützen laut Dialogauswahl PNG und TIFF einen integrierten Alpha-Kanal. Der korrekte Export von Transparenzinformationen funktioniert allerdings nur im PSD- und im PNG-Format, wobei das PSD-Format innerhalb der Adobe-Produktpalette für die Übergabe von Bildsequenzen vorzuziehen ist.

Ein Alpha-Kanal kann einen weichen Rand haben, der das Bild gegen den Hintergrund ausblendet. Zur Vermeidung von hellen oder dunklen Farbsäumen bei der Montage auf einem neuen

Hintergrund kann dem Bild ein neuer Hintergrund für die ausgeblendeten Bildteile hinzugefügt werden. Das kann Schwarz, Weiß, eine Farbe oder bei DIREKT (unverändert) der originale Bildanteil sein. Dieser Parameter wird auch »premultiplied« genannt. Photoshop benötigt diesen Parameter nicht, weil dort die Transparenzinformation ohne Hintergrundbild direkt in der Ebene enthalten ist.

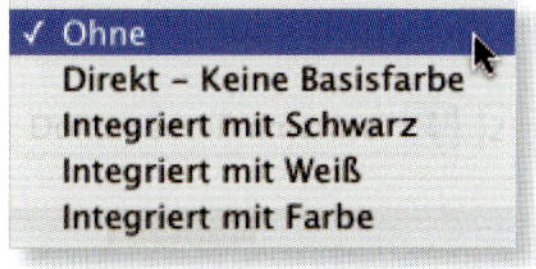

▲ **Abbildung 15.65**
Optionen für möglichen Alphakanal

15.6 Konvertieren der Animationstypen

Die beiden Modi, in denen das Fenster ANIMATION laufen kann, FRAMES und ZEITLEISTE, lassen sich ineinander umwandeln. Beide haben ja ein grundsätzlich anderes Funktionsprinzip. Deswegen muss man hierbei ein paar Dinge beachten, will man nicht die Ergebnisse seiner Arbeit verlieren.

15.6.1 Zeitleisten- zu Frame-Animation

Wird ein Video-Clip importiert, so legt Photoshop eine Videoebene an, die grundsätzlich das Fenster ANIMATION in den Modus ZEITLEISTE schaltet. Will man daraus eine Frame-Animation machen, z. B. um eine GIF-Animation aus einigen Video-Frames zu erstellen, so reicht es nicht aus, einfach im Animationsfenster rechts unten auf den Button IN FRAME-ANIMATION KONVERTIEREN zu klicken, was an sich naheliegen würde. Im Folgenden wird das korrekte Prozedere erklärt.

Nach dem Importieren des Videoclips liegt dieser im Animationsfenster als Videoebene vor und kann dort bearbeitet werden oder (wie in diesem Fall) gekürzt werden, indem er mit dem Befehl DAUER DES DOKUMENTS AUF ARBEITSBEREICH ZUSCHNEIDEN aus dem Paletten-Menü der Clips rechts und links abgeschnitten wurde.

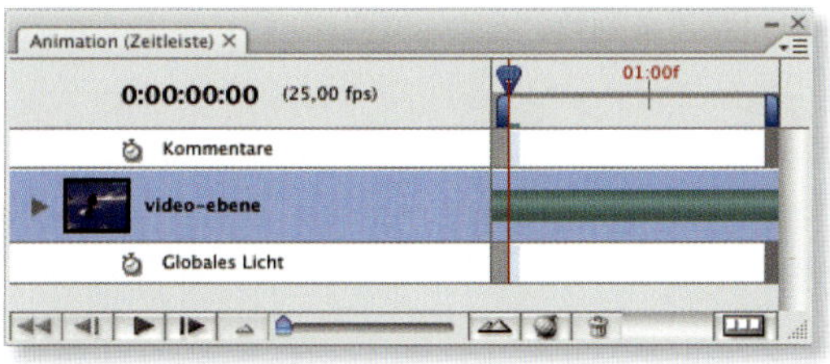

▲ **Abbildung 15.66**
Importierter Videoclip in der Zeitleiste

▲ **Abbildung 15.67**
Warnung vor dem Konvertieren in eine Frame-Animation

Nun darf man nicht den Button IN FRAME-ANIMATION KONVERTIEREN wählen. Tut man das, wird man gewarnt: Die Frame-

Animation kennt keine Videoebene, sondern nimmt das augenblicklich in der Zeitleiste aktive Bild als ersten Frame.

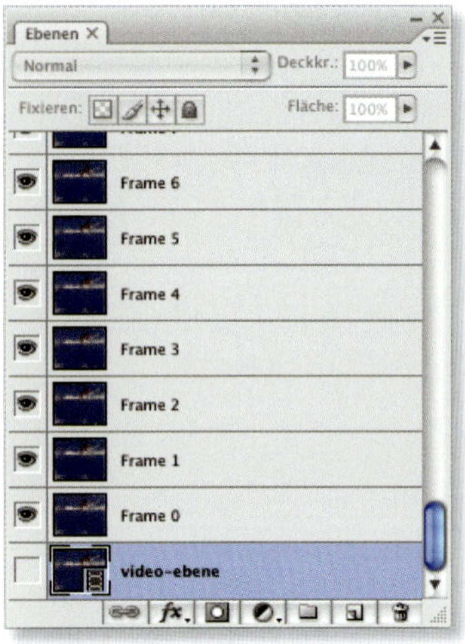

▲ **Abbildung 15.68**
Ablegen der einzelnen Video-Frames in Bildebenen

Frames zu Ebenen reduzieren | Stattdessen wählt man im Paletten-Menü den Befehl Frames zu Ebenen reduzieren. Er verteilt alle vorhandenen Frames der Videoebene auf je eine separate normale Bildebene. Der Ebenenstapel kann dadurch sehr umfangreich werden, denn statt der Verknüpfung zur (extern liegenden) Videodatei wird der gesamte Inhalt des Videoclips eingelesen und als Bildebenen in der PSD-Datei abgelegt. Die Dateigröße steigt dadurch sprunghaft an! Die ursprüngliche Videoebene wird ausgeblendet.

Frames aus Ebenen erstellen | Nachdem nun alle Video-Frames in je einer Bildebene liegen, wählt man im Paletten-Menü des Animationsfensters den Befehl Frames aus Ebenen erstellen. Dieser ordnet die In- und Out-Points jeder einzelnen Ebene zeitlich so an, dass jeweils immer das Richtige zu sehen ist, um den ursprünglichen visuellen Eindruck des Videoclips wiederherzustellen, nur dass jetzt keine Videoebene mehr im Spiel ist, auch wenn sie noch existiert (am unteren Ende des Ebenenstapels).

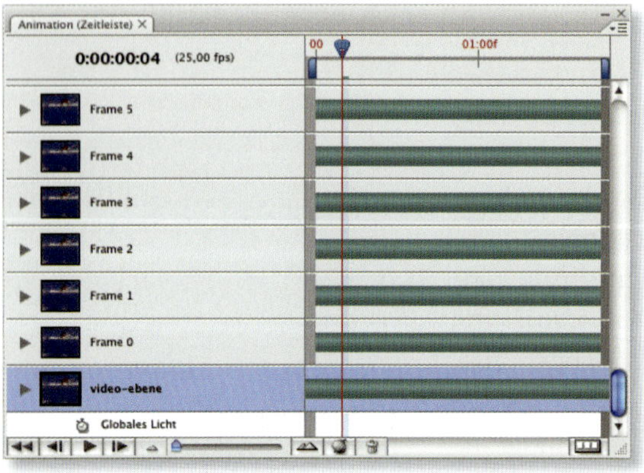

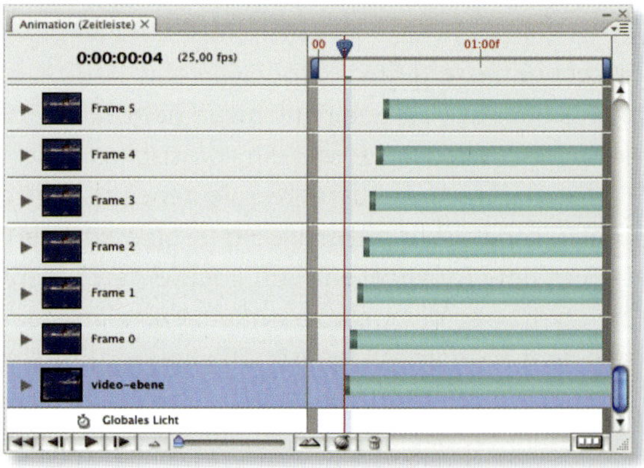

▲ **Abbildung 15.69**
Das Animationsfenster vor (links) und nach (rechts) dem Befehl Frames aus Ebenen erstellen

Dann endlich kann man die Konvertierung in eine Frame-Animation vornehmen, die dann korrekt ausgeführt wird. Jetzt kann man die Animation z. B. durch Entfernen von Frames für ein animiertes GIF vorbereiten.

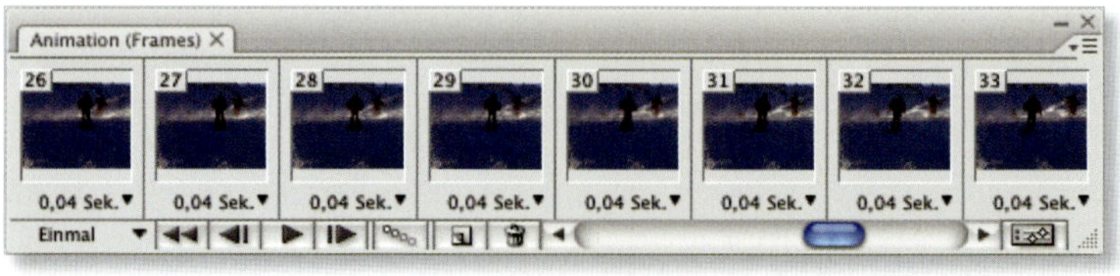

Abbildung 15.70 ▶
Korrekt umgewandelter Videoclip als Frame-Animation

15.6.2 Frame- zu Zeitleisten-Animation

Für den umgekehrten Weg gibt es zwei Möglichkeiten, abhängig davon, was man vorhat.

Will man eine Frame-Animation in Form einer Videoebene behandeln, so führt der Weg über Datei • Exportieren • Video rendern und den Import des gerenderten Clips als Videoebene. Eine direkte Umwandlung einer Frame-Animation in eine Videoebene funktioniert (noch) nicht. Dieser Weg ist z. B. für die Weiterbearbeitung eines Bild für Bild erstellten Zeichentrick-Clips sinnvoll. Will man die Einzelbilder einer Frame-Animation im Modus Zeitleiste bearbeiten, braucht man nur rechts unten im Animationsfenster den Button In zeitleistenbasierte Animation konvertieren zu klicken.

15.7 Beispiele für den Einsatz von Videoebenen und Animationen

Nach der Vorstellung der Möglichkeiten von Videoebenen und des Animationsfensters sollen einige Beispiele den praktischen Einsatz dieses neuen Photoshop-Features beleuchten.

15.7.1 Zeichentrick

Der einfachste Fall beginnt mit einer leeren Videoebene. Hierbei kann Photoshop wie ein klassisches Zeichentrickwerkzeug benutzt werden. Dass hierbei die Zwiebelschicht-Option und ein Grafik-Tablett sehr nützliche Helfer sein können, liegt nahe.

Auch die Möglichkeit, auf einer leeren Videoebene zu malen, die über einer Videoebene mit einem geladenen Video-Clip liegt, also den Videoinhalt quasi »abzupausen«, ist ein übliches Verfahren. Hierbei kann der typische Stil der zitternden Umrisslinien entstehen (»Wiggle Outline«), weil ja Frame für Frame ein neuer Umriss gezeichnet wird.

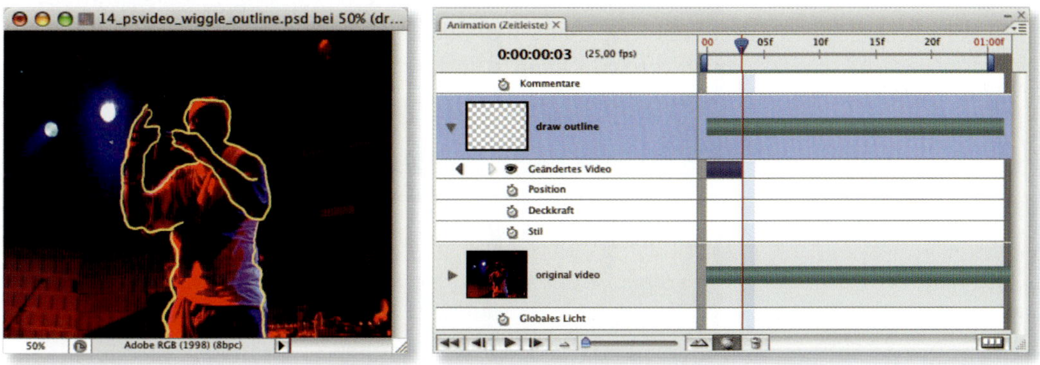

▼ **Abbildung 15.71**
Zeichentrick auf einer leeren Videoebene über einem Videoclip

Sehr hilfreich ist der Gebrauch der Zwiebelschalenoption (Onion Skinning). Er gestattet den sukzessiven Aufbau von zeichnerischen und malerischen Inhalten auf der Basis der vorangegangenen Frames. Ob und wie dabei die vorigen und/oder nachfolgenden Frames eingeblendet werden, lässt sich im Paletten-Menü unter ZWIEBELSCHICHTENEINSTELLUNGEN bestimmen.

Abbildung 15.72 ▼▶
Optionen für das »Onion Skinning«

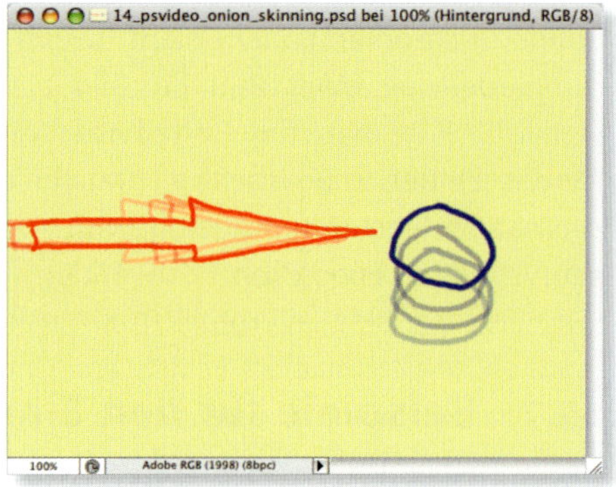

TIPP

Beim Abspielen der Animation sollte man unbedingt das Onion Skinning vorübergehend abdrehen, weil Photoshop hier sonst oft nicht die gewünschte Geschwindigkeit erreicht (rote Anzeige bei der Frame-Rate).

Bei diesem einfachen Beispiel wurde zuerst der rote Pfeil gezeichnet, wobei die vorigen drei und kein folgender Frame eingeblendet wurden ❶. An der Stelle, wo der Pfeil den Ball trifft (markiert in der Abbildung 15.73), wurde der Zeichenvorgang umgekehrt: Hier wurde der erste Kreis gezeichnet und die Zwiebelschichten umgestellt auf die drei folgenden und keinen vorangegangenen. Dann wurde der Kreis rückwärts bis hinunter zum unteren Bildrand animiert bis zum ersten Frame. Nach dem Zusammentreffen werden beide Elemente ab Bild Nr. 17 wieder vorwärts animiert, nachdem die Zwiebelschalenoptionen wieder auf die Anzeige der vorigen Frames umgestellt wurden.

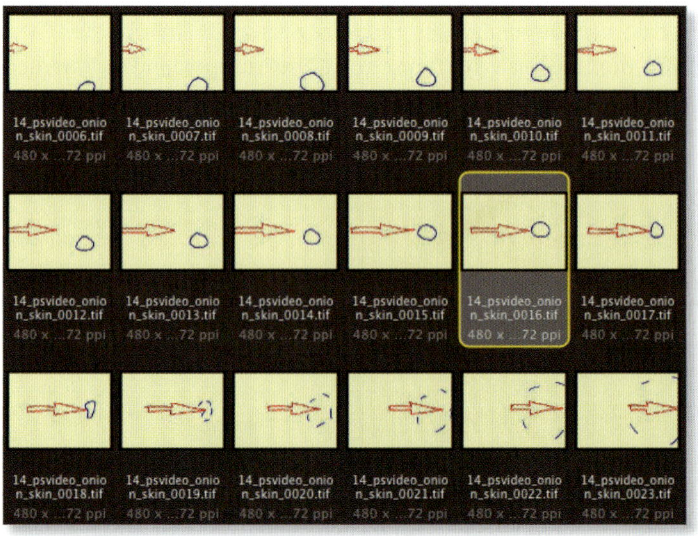

Abbildung 15.73 ▶
Zeichentrick-Bildsequenz in Abobe Bridge

15.7.2 Rotoscoping

Ein weiterer, verbreiteter Anwendungsfall für das Malen auf Videoebenen ist das sogenannte Rotoscoping. Hierbei wird, ähnlich wie beim Zeichentrick, auf aufeinanderfolgenden Video-Frames gemalt. Hierbei geht es oft weniger um die Erstellung von neu gestaltetem Bildinhalt, sondern um die Bearbeitung des Originalmaterials. Ähnlich wie beim oben erwähnten Zeichnen einer Umrisslinie auf Einzelbildern wird hierbei auch eine leere Videoebene als Malfläche verwendet.

Das Ergebnis kann vielfältig sein. Als Beispiele seien die Lichtschwerter der Star Wars-Helden genannt, deren Schein nachträglich in den Film hineingemalt wurde, oder der komplett rotoskopierte Film »Scanner Darkly« von Richard Linklater. Oft wird Rotoscoping allerdings für Maskierungen verwendet, die mit den sonst üblichen Verfahren (Chroma Keying in der Blue- oder Greenbox) nicht erreicht werden können, wie z. B. bei dem bekannten Beispiel des kleinen Mädchens im roten Mantel in Steven Spielbergs Film »Schindlers Liste«, der ansonsten komplett schwarzweiß ist. Die Freistellung des Mädchens innerhalb der Menschenmenge kann nicht automatisiert geschehen und ist nur mit Rotoscoping und Frame für Frame möglich. Diese Aufgabe erledigt man normalerweise mit zwei Ebenen, wobei eine der beiden farbig bleibt und ausmaskiert wird und die andere, darunter liegende Ebene komplett entsättigt wird.

Inhalt der Videoebenen bearbeiten | Leider kann man bei Photoshops neuen Videoebenen die Ebenenmasken nur in der Position und in ihrer Sichtbarkeit animieren. Den Inhalt einer Ebenenmaske dagegen kann man nicht einzelbildweise bearbeiten. Hier hilft allerdings ein Trick. Wenn man eine neue leere Videoebene oberhalb der Original-Videoebene mit Schwarz, Weiß oder Grau überall dort ausmalt, wo man, wie im Beispiel unten, das Bild gern schwarzweiß hätte, und den Modus dieser Ebene auf Sättigung stellt, so wird die untere Videoebene dort entfärbt.

▼ Abbildung 15.74
Rotoscoping für eine Kombination von Schwarzweiß und Farbe

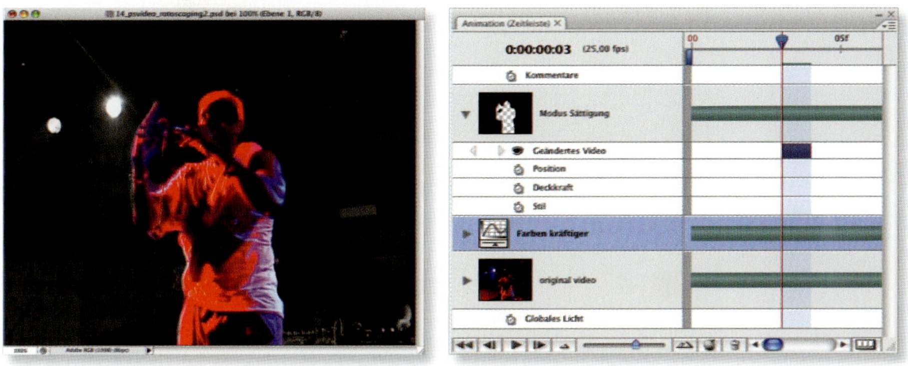

15.7.3 Effekt-Animation

▲ **Abbildung 15.75**
Bild mit Ebenen-Stilen

Die Unterstützung der Ebenenstile durch die Animationsfunktion gestattet nun in Photoshop so vielfältige Gestaltungsmöglichkeiten, dass in einfachen Fällen sicher weitergehende Programme wie After Effects nicht mehr unbedingt gebraucht werden. Ebenfalls kann jetzt in Photoshop bereits eine rohe Layout-Version für ein späteres Motion Design entworfen werden.

Im folgenden, einfachen Beispiel wurde ein Schriftzug von oben ins Bild gefahren, der dabei langsam schärfer wird. Der untere Schriftzug wird mit einer Hintergrundform gemeinsam eingeblendet. Er hat einen rotierenden Schatten. Später bekommt das Ganze eine lauflichtartige Outline.

Abbildung 15.76 ▶
Animation auf der Basis der Ebenenstile

Den zugehörigen Aufbau der Ebenen-Palette und im Fenster Animation sehen Sie in der folgenden Abbildung. Die Ebenen, die Keyframes haben, sind in der Zeitleiste aufgeklappt. Bei solchen Aufgaben ist die farbige Markierung der Ebenen sehr hilfreich.

▼▶ **Abbildung 15.77**
Ebenenaufbau und Zeitleiste

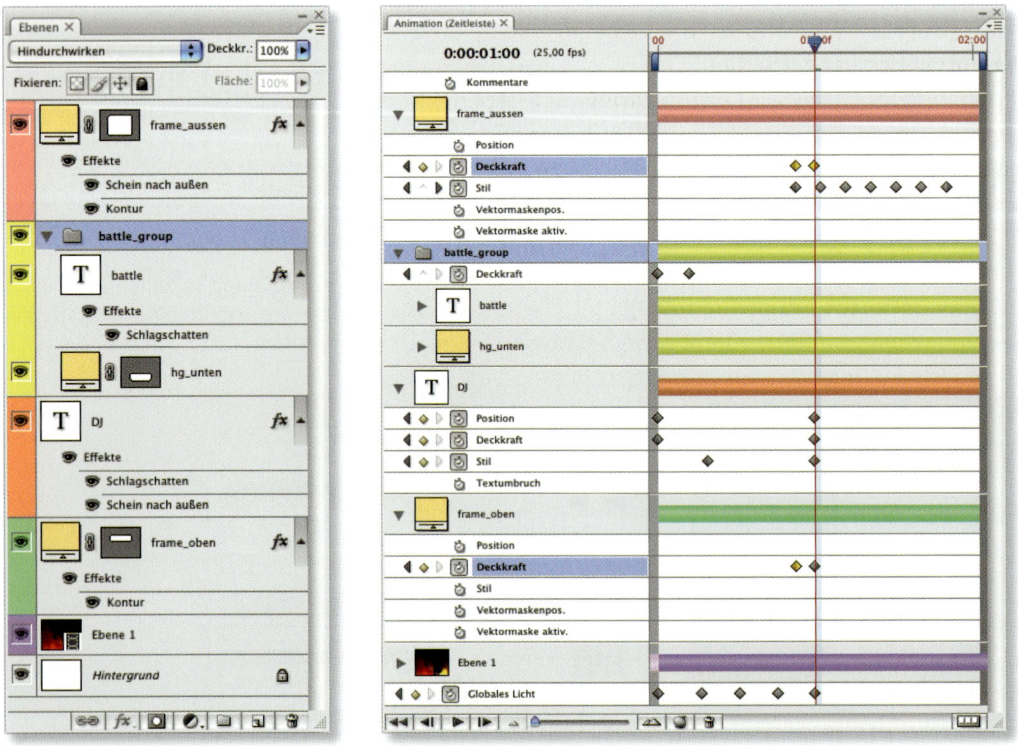

Ganz unten in der Zeitleiste wird mit Keyframes in der Spur GLOBALES LICHT der Schlagschatten der Textebene »battle« gedreht (pro Keyframe um 90°). Bei der Ebene »frame_aussen« ganz oben im Ebenenstapel wird die Lauflicht-Outline mit einem strahlenförmigen Verlauf auf der KONTUR erzeugt, dessen Winkel animiert wird.

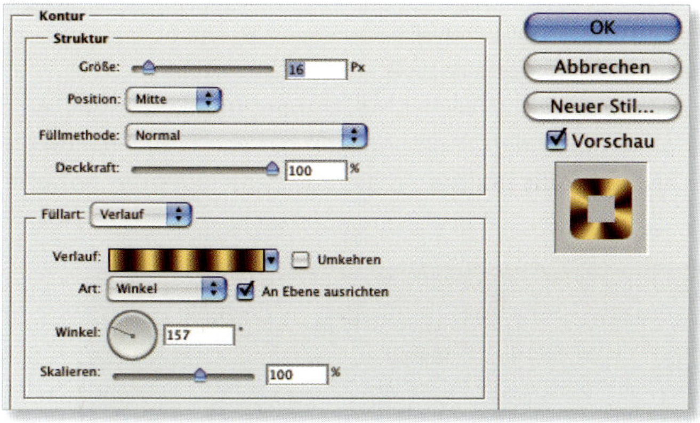

◀ **Abbildung 15.78**
Streifenförmiger Verlauf auf der KONTUR in der Art WINKEL als flimmernde Outline

Damit man z. B. Rotationen nicht immer alle 90° einen Keyframe setzen muss, lassen sich einzelne oder mehrere Keyframes kopieren. Hier wurden die ersten (0°, 90°, 180° und 270°) mit gedrückter ⇧-Taste ausgewählt und mit der rechten Maustaste (Kontextmenü) kopiert. Dann wurde ein fünfter Keyframe gesetzt und bei diesem mithilfe des Kontextmenüs eine zweite Umdrehung eingefügt (unten gelb markiert).

▲ **Abbildung 15.79**
Kopieren der ersten vier Keyframes

Erstellt man in der Ebenen-Palette Ordner von Ebenen, so tauchen diese auch in der Zeitleiste auf. Sie lassen sich in ihrer DECKKRAFT animieren. Versieht man sie mit Ebenen- oder Vektormasken, können diese wie bei normalen Ebenen auch in Position und Sichtbarkeit animiert werden.

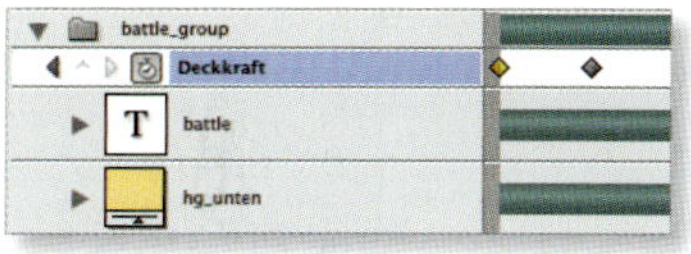

▲ **Abbildung 15.80**
Auch Gruppen lassen sich animieren.

15.7.4 Video-Retusche (Wire Removal)

Eine weitere wichtige Anwendung von Photoshops neuen Videoebenen ist die Retusche auf bewegtem Bildmaterial. Diese Aufgabe wird oft auch »Wire Removal« genannt, weil bei Außenaufnahmen immer wieder durchs Bild wandernde Stromleitungen herausretuschiert werden müssen oder auch jene Drähte, an denen fliegende Darsteller in Filmen zu hängen pflegen. Diese oft mühsame Handarbeit konnte zwar auch bisher schon in Photoshop erledigt werden, indem man Videomaterial, das in Form von Bildsequenzen vorlag, Bild für Bild bearbeitet hat. Eine Vorstellung, wie das Ergebnis im bewegten Zustand ausschaut, konnte man dabei allerdings nicht direkt bekommen. Ansonsten gab und gibt es für diesen Zweck Videoprogramme oder gar Hardware-

Lösungen in sehr gehobenen Preisregionen (Commotion, Flint, Flame, Paintbox etc.)

Nun lassen sich diese Aufgaben in Photoshop erledigen. Dabei arbeiten die Videoebenen mit den ebenfalls neuen Funktionen des Kopierstempel-Werkzeugs und der Palette KOPIERQUELLE zusammen (siehe hierzu auch Kapitel 4.2.1).

Sie finden den in diesem Workshop verwendeten Videoclip unter BEISPIELDATEIEN/15_VIDEO/PSVIDEO_DV_CLIP_FRAME_RETOUCH.MOV.

Schritt für Schritt: Bewegtbild-Retusche

In diesem praktischen Beispiel, einer Video-Aufnahme aus dem Fenster einer fahrenden Bergbahn, soll der von links nach rechts durchs Bild wandernde Strommast aus dem Videoclip entfernt werden.

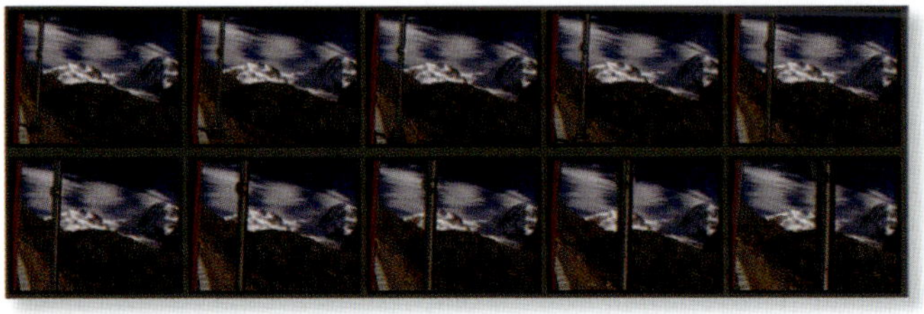

Abbildung 15.81 ▸
Videoclip mit zu retuschierender Fehlstelle

1 Videoclip laden

Wir laden den Videoclip in Photoshop, indem wir direkt über DATEI • ÖFFNEN gehen. Dadurch erspart man sich das Erstellen einer neuen leeren Datei mit den richtigen Maßen und dem richtigen Pixel-Seitenverhältnis und den anschließenden Import in eine Videoebene.

2 Zeitversatz bestimmen

Entscheidend für den Einsatz des Kopierstempel-Werkzeugs ist die richtige Einstellung des zeitlichen Versatzes zu dem Frame, aus dem die intakte Stelle herauskopiert werden soll, die den störenden Strommast abdecken soll.

Dafür öffnen wir mit FENSTER • KOPIERQUELLE die gleichnamige Palette. Dort wird zunächst die Checkbox ÜBERLAGERUNG ANZEIGEN aktiviert und die DECKKRAFT auf einen Wert von etwa 25% eingestellt. Der Modus bleibt vorerst auf NORMAL. Bis jetzt ändert sich im Bild visuell nichts. Nun erhöht man langsam den Wert unter FRAMEVERSATZ (am besten mit dem Doppelpfeil-Cursor über der Bezeichnung). Man sieht, wie sich eine blasse »Kopie« des Strommasts nach rechts bewegt. Diese wird so weit nach rechts und damit in der Zeit voraus geschoben, dass sich das Original und die blasse Kopie nicht mehr berühren und ein wenig Platz zwischen beiden als Sicherheitsabstand bleibt. Steht der Zeitzeiger auf Frame 1, so sollte der resultierende Versatz bei etwa 25 Frames liegen. Weil der Mast sich scheinbar immer schneller bewegt, kann man später den Versatz verringern. Generell gilt beim Wire Removal: Je kleiner dieser Versatz ist, desto besser.

▲ **Abbildung 15.82**
Das Fenster Kopierquelle

▲ **Abbildung 15.83**
Einstellung des Zeitversatzes für die Kopierquelle

3 Kopierquelle ausrichten

Nicht nur der Mast bewegt sich, sondern auch der Hintergrund steht nicht still, wie man auf der vorigen Abbildung am »Geisterbild« der Berge hinten sehen kann. Nun muss die Kopierquelle möglichst gut ausgerichtet werden. Dafür wechseln wir im Fenster Kopierquelle in den Modus Differenz, bei dem Übereinstimmungen Schwarz ergeben. Hier sieht man an den hellen Stellen im Bild deutlich, wie sich der Hintergrund über die Zeitspanne des Frameversatzes bewegt hat.

◄ **Abbildung 15.84**
Original und Kopierquellen-Überlagerung im Modus Differenz

Anschließend wird so lange an den fünf Parametern unter Versatz »geschraubt«, bis möglichst viel im Bild schwarz geworden ist. Da es sich hier um eine Aufnahme aus freier Hand handelt, ändert sich der Winkel leicht. Außerdem bewegen wir uns langsam, aber doch auf den Hintergrund zu, deshalb ist eine (wenn auch minimale) Skalierung notwendig. Bevor man mit der eigentlichen Retusche beginnt, sollte noch die Checkbox Automatisch ausblenden aktiviert werden, damit man beim eigentlichen Malen das Bild und nicht die Differenz-Überlagerung sieht.

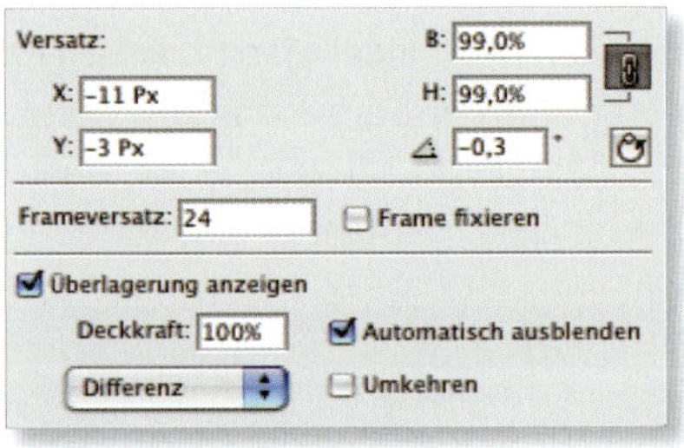

Abbildung 15.85 ▸
Transformieren der Kopierquelle

> **TIPP**
> Auch wenn man es gewöhnt ist: Bei diesem Einsatz des Kopierstempels gilt: Finger weg von der Alt-Taste! Damit löscht man den aktuellen Frame- und Pixelversatz, was zuerst irritiert und später nur noch lästig ist.

Nach dieser Einstellung sollten Bild und Überlagerung in etwa so aussehen wie in Abbildung 15.86. Vor allem der Bereich des linken (zu retuschierenden) Mastes sollte möglichst schwarz sein.

Abbildung 15.86 ▸
Gut eingestellter Versatz

4 Retuschieren

Zum Retuschieren dieser Datei im PAL-DV-Format (720×576 Pixel) beginnen wir mit einem mittelharten (50%) Pinsel und einem Durchmesser von etwa 30 Pixel. Wenn man dann zum Malen ins Bild klickt, verschwindet das Overlay-Bild (in der Abbildung im Modus NORMAL) der Kopierquelle (Abbildung 15.87, Mitte). Ist der räumliche und zeitliche Versatz der Kopierquelle korrekt eingestellt, sollte sich der Mast sauber entfernen lassen (rechts).

▾ **Abbildung 15.87**
Vor, während und nach der Retusche

In Fenster Animation schaltet man nun nach jeder Retusche einen Frame weiter. Man sollte bei jedem Frame darauf achten, dass das Bild möglichst schwarz bleibt, und alle paar Frames den räumlichen Versatz nachjustieren. Den zeitlichen Versatz kann man im Laufe der Sequenz auf etwa 10 herabsetzen, weil der Mast nach rechts hin »schneller« wird.

◂ **Abbildung 15.88**
Retuschierter Frame

Man muss bei der Videoretusche sehr sorgfältig vorgehen. Photoshop arbeitet bekanntlich bei solchen Aufgaben nur mit einfacher Pixelgenauigkeit. Bewegungen in Videosequenzen finden aber mit Bruchteilen davon statt, weil die Auflösung von Video allgemein relativ niedrig ist. Im Standbild eines Frames mag die Retusche perfekt ausschauen, in der Bewegung kann man sie dennoch oft als eine Art »wässrige« Kanten erkennen, die durchs Bild wandern. Hier zeigt sich dann die Grenze zwischen Photoshop und solchen Programmen, die das mit Subpixel-Genauigkeit angehen.

15.8 Photoshop und die CS3-Videoprogramme

Die Verzahnung der einzelnen Adobe-Produkte ist mit der Creative Suite 3 weiter fortgeschritten. Die **Creative Suite 3 Production Premium** wurde zeitnah zur Design- und der Web-Version veröffentlicht und ist auch mit dieser gemeinsam als **Master Collection** zu haben. Entsprechend gut ist die Zusammenarbeit zwischen Photoshop, Illustrator, Premiere, Encore, After Effects und Flash.

Als Kandidaten für die Datenübergabe im Videobereich kommen für Photoshop das Schnittprogramm Premiere Pro CS3 mit dem DVD-Authoring-Werkzeug Encore CS3 sowie das Compositing-Programm After Effects CS3 in Frage. Die Schnittstellen zu diesen drei Programmen mit Photoshop seien im Folgenden kurz beleuchtet, vor allem auch im Hinblick auf die neuen Video-Features von Photoshop selbst.

15.8.1 Photoshop CS3 und Premiere Pro CS3

Photoshop und Premiere existieren in Adobes Portfolio schon lange Jahre Seite an Seite. Trotzdem ist die Zusammenarbeit nicht ganz so eng, wie man angesichts dieser Zeit erwarten könnte.

Import | Photoshop-Dateien lassen sich in Premiere über DATEI • IMPORTIEREN, Strg/⌘+I oder einen Doppelklick in den Leerraum des Projektfensters importieren. In den Optionen kann man bei IMPORTIEREN ALS zwischen FILMMATERIAL und SEQUENZ wählen. Bei FILMMATERIAL kann man unter ZUSAMMENFÜGTE EBENEN eine »flache« Version der PSD-Datei einlesen. Unter EBENE AUSWÄHLEN kann man sich eine (einzelne) Ebene heraussuchen.

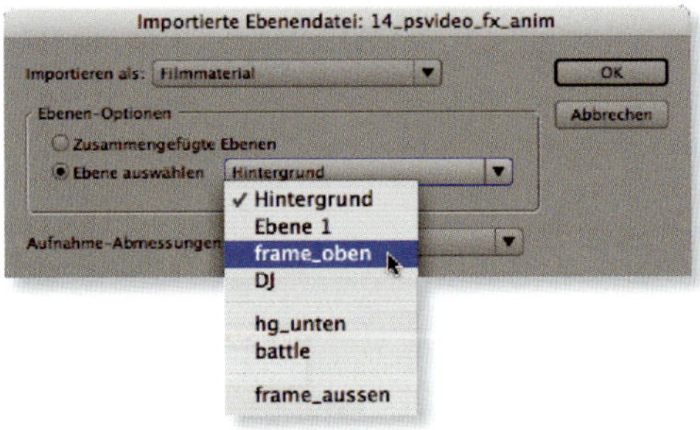

Abbildung 15.89 ▸
Importoptionen für Photoshop-Dateien in Premiere

Standbild | Nach dem Import wird eine Photoshop-Datei immer als Standbild und mit einer Standardlänge in das Projekt integriert. Diese Länge kann man in den Voreinstellungen verändern. Videoebenen aus Photoshop werden leider nicht übernommen.

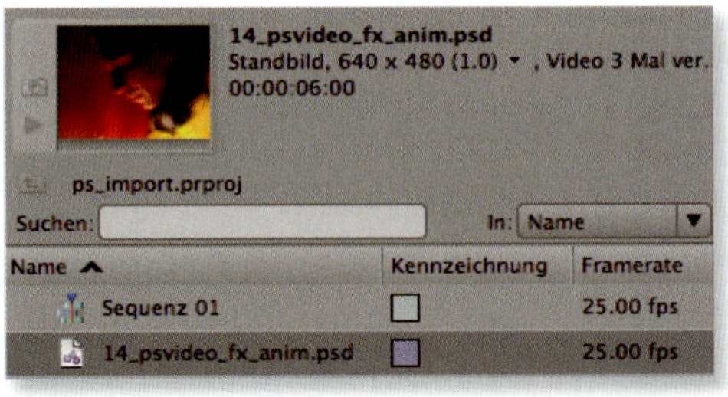

Abbildung 15.90 ▸
Photoshop-Dateien werden als Standbild importiert.

Verknüpfung | Da ein Premiere-Projekt selbst keinerlei sichtbare (Medien-)Daten enthält, sondern nur Verweise auf deren

Standort im Dateisystem, gibt es immer eine Verknüpfung zu den Originaldateien. Diese lassen sich an einigen Stellen im Programm aufrufen, in der Regel über das Kontextmenü, hier beim Klick mit der rechten Maustaste auf einen Clip in der Zeitleiste der Sequenz.

◂ **Abbildung 15.91**
Kontextmenü in Premiere mit der Bearbeitungsfunktion für die Originaldatei

Import als Sequenz | Importiert man eine Photoshop-Datei mit der Option SEQUENZ, so versucht Premiere, möglicht viel von der originalen Struktur beizubehalten.

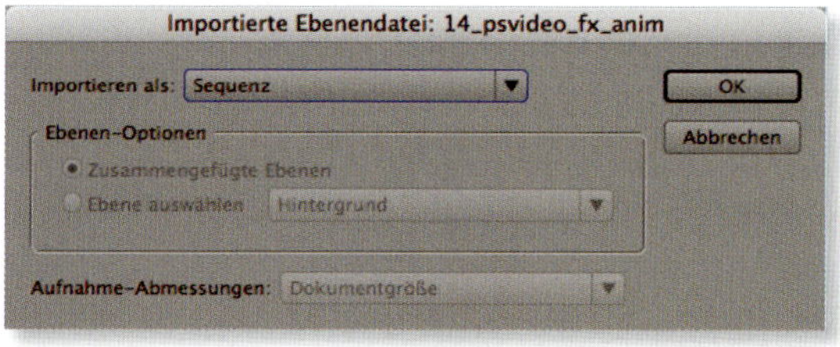

◂ **Abbildung 15.92**
Importmodus SEQUENZ für Photoshop-Dateien mit Ebenen

Neben den beschrifteten Photoshop-Ebenen wird auch gleich eine Sequenz erzeugt, die bereits die richtige Reihenfolge der Ebenen als Video abbildet.

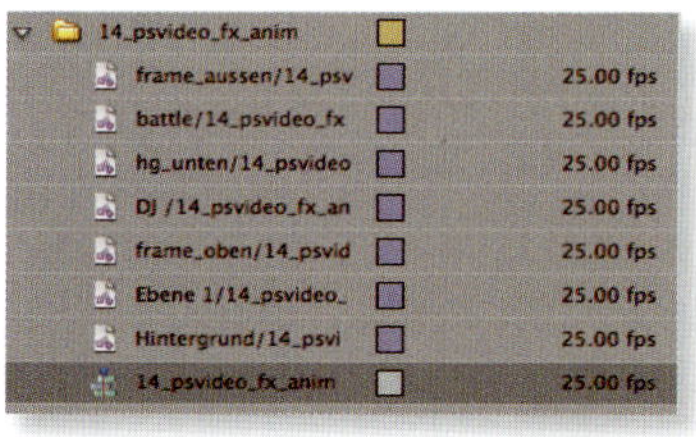

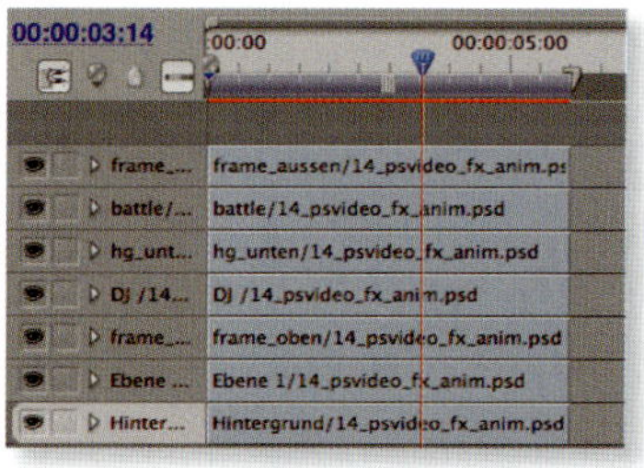

◂ **Abbildung 15.93**
Importierte Photoshop-Ebenen im Projektfenster (links) und in der Zeitleiste der Sequenz (rechts)

Probleme bei der Übernahme | Bei den Ebenen werden einige Dinge nicht übernommen: Verschiedene Füllmethoden (Modi) werden nicht korrekt unterstützt oder werden durch NORMAL ersetzt. Textebenen werden samt Effekten gerastert, Füllebenen und Vektormasken ebenfalls.

Bearbeitet man die Photoshop-Datei außerhalb von Premiere, wird sie umgehend aktualisiert, denn sie ist ja nur als Verknüpfung in Premiere importiert. Dies geschieht allerdings nicht immer in allen Belangen. Ändert sich z. B. die Anzahl der Ebenen, wird das von Premiere ignoriert oder falsch interpretiert.

PSD-Datei aus Premiere Pro erzeugen | Es lassen sich auch über Datei • Neu • Photoshop-Datei aus Premiere heraus PSD-Dateien erzeugen und im gleichen Schritt dem Projekt hinzufügen. Die Größe und das Pixel-Seitenverhältnis werden dabei praktischerweise gleich vom Projekt übernommen. Diese Funktion führt allerdings hier und da zu Abstürzen. Zum Glück geht es auch anders.

15.8.2 Photoshop CS3 und Encore CS3

Eine typische Aufgabe im Grenzbereich von Video- und Bildbearbeitung ist das Screendesign für DVD-Menüs. Diese können aus Standbildern bestehen, aber auch (meiste kurze) Videoschleifen enthalten (Motion-Menüs). Hier sind fast immer Photoshop und eine Compositing-Lösung, oft After Effects, gefragt. Die Montage von Bildhintergrund und Buttons aus Stand- und Bewegtbildmaterial erfordert eine enge Zusammenarbeit dieser Programme. Auch der Import in Encore (und natürlich auch in sein Schwesterprogramm DVD Studio Pro von Apple) sollte möglichst viele Features unterstützen, die relevant für diese Art von Screendesign sind.

Import | Encore unterstützt natürlich den Import von Photoshop-Dateien. Hierbei werden vor allem Ebenen unterstützt. Der Import funktioniert wiederum über [Strg]/[⌘]+[I], den Befehl Datei • Importieren als oder über einen Doppelklick in den leeren Raum des Projektfensters. Hierbei kann man entscheiden, ob man Photoshop-Dateien als Track (Schnittfenster) oder als Grundlage für ein Menü importieren möchte.

Abbildung 15.94 ▼
Photoshop-Datei in Encore importiert

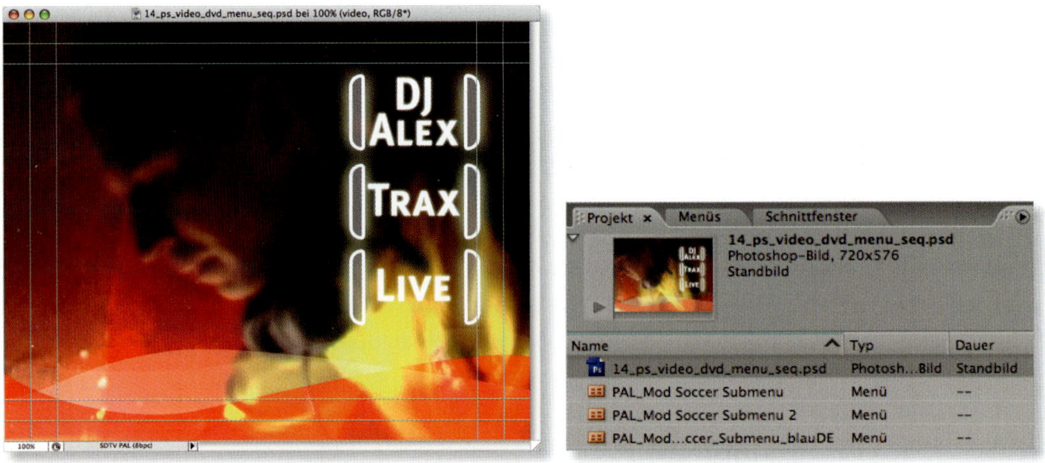

Danach muss man die importierte Datei der Bibliothek hinzufügen, um sie für die weitere Arbeit greifbar zu machen. In der

Vorschau der Bibliothek sieht man, dass offenbar der Inhalt korrekt aus Photoshop übernommen wurde.

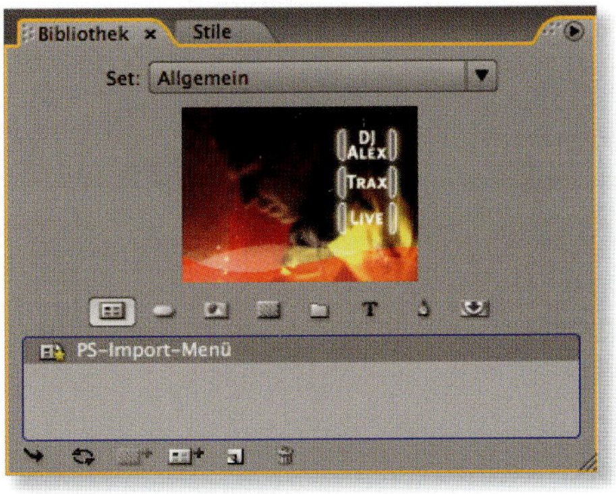

◀ **Abbildung 15.95**
Importierte PSD-Datei in Bibliothek hinzugefügt

Ergebnis des Imports | Doppelklickt man dann im Projektfenster auf das neue Menü (orangefarbenes Icon), so erscheint im Fenster Ebenen die Struktur der Photoshop-Datei, die einem Vergleich mit dem Original in Photoshop durchaus standhält. Der Text der Photoshop-Textebenen ist editierbar geblieben, was für die weitere Arbeit sehr wichtig ist, wenn z.B. mehrere Menüs mit verschiedenem Wortlaut aus diesem Screendesign abgeleitet werden sollen.

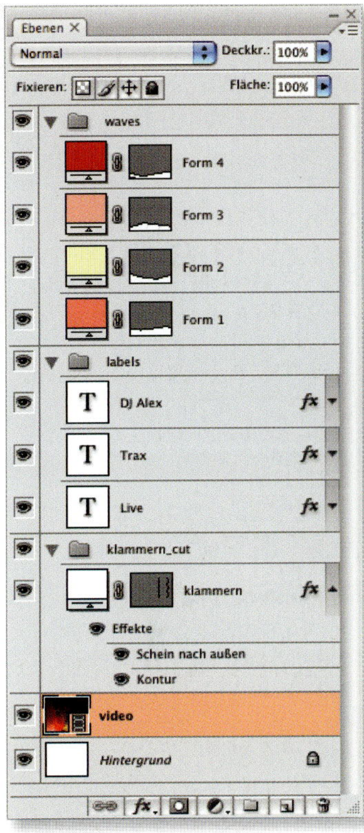

▲ **Abbildung 15.96**
Photoshop-Ebenenstapel

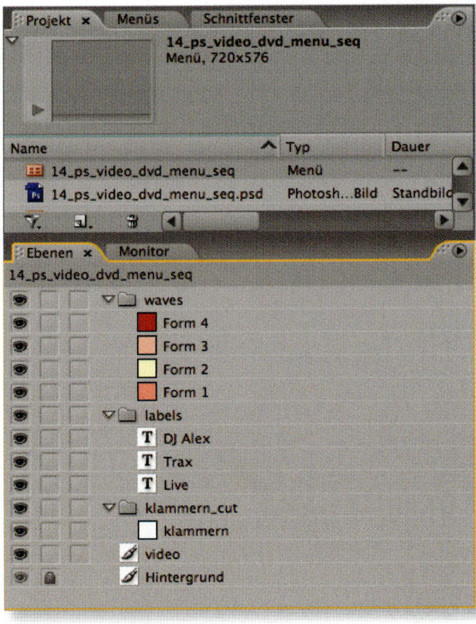

◀ **Abbildung 15.97**
Encore-Menü

Videoebenen übernehmen | Lediglich die Videoebene wurde ignoriert, indem nur der erste Frame übernommen wurde. Hier muss man also die Videoebene in Photoshop als Video rendern und dann als Videoclip in Encore importieren.

Von Encore CS3 zu Photoshop | Der Rückweg zu Photoshop führt über einen Button in der linken oberen Ecke des Hauptfensters von Encore.

Abbildung 15.98 ▸
Bearbeiten in Photoshop

Auf diese Weise lassen sich auch die mit Encore mitgelieferten Menü-Vorlagen in Photoshop anpassen und dann wieder in die Bibliothek zurückgeben.

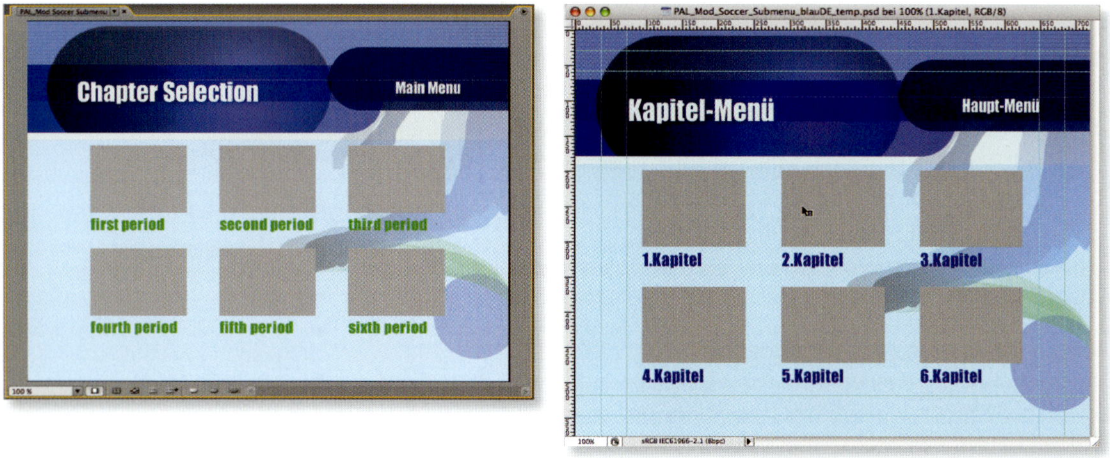

▲ Abbildung 15.99
Eine Vorlage aus Encore (links) nach der Bearbeitung in Photoshop (rechts)

Photoshop > After Effects > Encore | Erwähnenswert ist noch der Umweg über After Effects, wenn es darum geht, Photoshop-Dateien mit Videoebenen in Encore für ein Motion Menu verwenden zu können. Hierzu kann man über den Menüpunkt Datei • Adobe Dynamic Link eine komplette After Effects-Komposition importieren, ohne sie in After Effects zu einem Videoclip rendern zu müssen.

Abbildung 15.100 ▸
After Effects-Datei in Encore importieren

Hierbei werden die Videoebenen aus Photoshop korrekt mit transportiert, weil die Schnittstelle zwischen Photoshop in dieser Beziehung gut funktioniert.

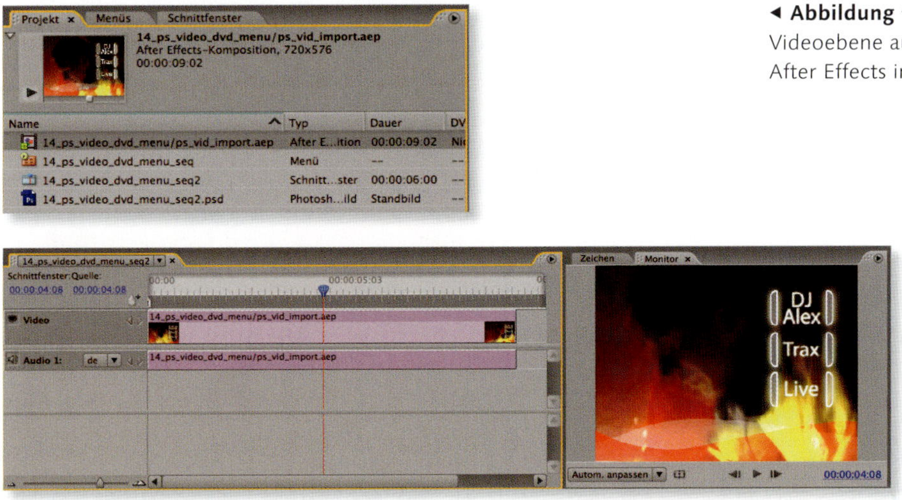

◀ **Abbildung 15.101**
Videoebene aus Photoshop über After Effects in Encore importiert

15.8.3 Photoshop und After Effects

Der optische Eindruck täuscht nicht: Auf den ersten Blick erinnert das Animationsfenster von Photoshop stark an After Effects. So wundert es auch wenig, wenn die Zusammenarbeit zwischen diesen Programmen wesentlich besser funktioniert als die von Photoshop mit Premiere oder Encore CS3.

Ergebnis nach dem Import | Nach einem Import einer Photoshop-Datei mit Videoebenen bietet sich im User Interface von After Effects folgendes Bild:

After Effects hat die Ebenenstruktur der Photoshop-Datei mithilfe von Kompositionen nachgebildet. Zuoberst im Projektfenster findet sich die Hauptkomposition mit dem ursprünglichen Dateinamen ❶. Anders als in Photoshop haben Ordner ❷ in After Effects eine reine Ordnungsfunktion für importierte Dateien (unabhängig vom physischen Dateisystem). Die Photoshop-Ordner werden als Unterkompositionen ❸ interpretiert, die in After Effects für die entsprechende strukturelle und visuelle Verschachtelung zuständig sind.

Die Videoebene ❹ wird als Photoshop-Sequenz und damit als Bewegtbild übernommen. After Effects macht hier technisch ohnehin keinen Unterschied zu den Standbildebenen aus Photoshop. In der Zeitleiste der Hauptkomposition ❻ findet man die Struktur der Ebenen-Palette aus Photoshop abgebildet – mit den drei Sub-Kompositionen ❺ anstelle von Photoshops Ebenen-Ordnern.

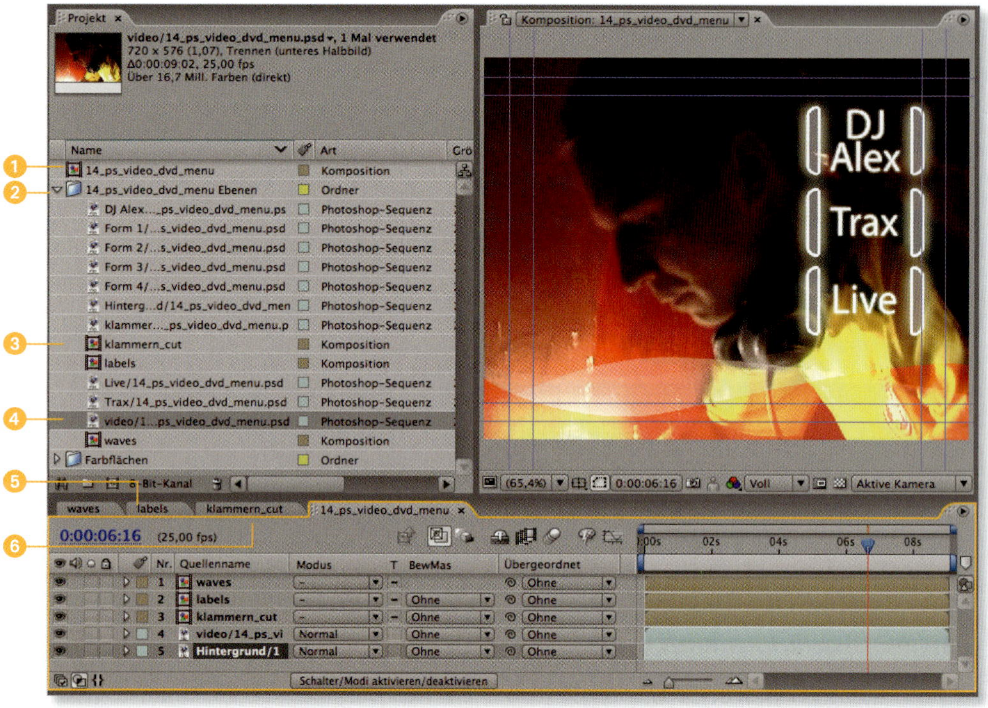

Abbildung 15.102 ▲
Photoshop-Datei mit Videoebene in After Effects importiert

Formebenen | Geht man weiter ins Detail und schaut man sich in der Sub-Komposition »waves« um, so findet man die vier Formebenen korrekt abgebildet, und das auch mit den korrekten Modi (Füllmethoden).

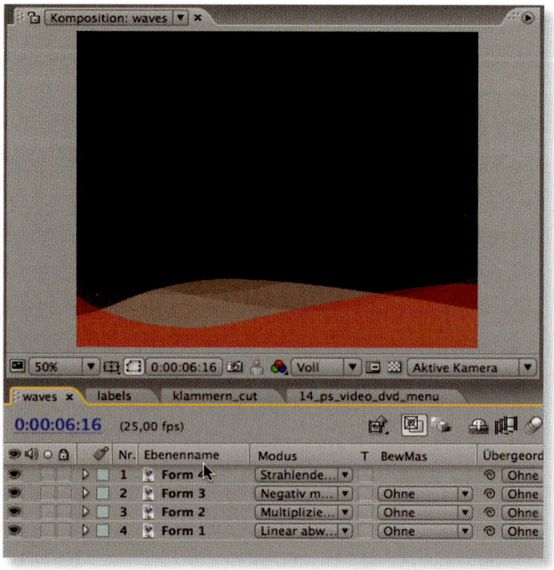

Abbildung 15.103 ▶
Füllebenen mit Vektormasken und Modi aus Photoshop in After Effects

Masken | Klappt man eine Ebene auf, so findet sich auch die Vektormaske aus Photoshop in der Spur Masken wieder. Diese lassen sich nun in After Effects mit jedem einzelnen Ankerpunkt animieren.

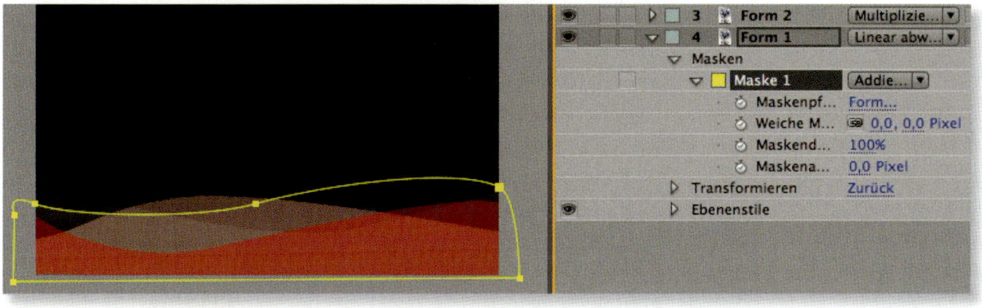

▲ **Abbildung 15.104**
Vektormasken aus Photoshop werden korrekt interpretiert.

Da After Effects bis zu 256 Vektormasken pro Ebene zulässt, hat es auch keine Schwierigkeiten, die sechs Formen der Ebene »klammern« richtig zu interpretieren. Unter EBENENSTILE sieht man die Übernahme der Ebeneneffekte aus Photoshop. Auch diese sind hier animierbar, und das wesentlich präziser als in Photoshop. Sie müssen allerdings im Bedarfsfall erst über EBENE • EBENENSTILE • IN EDITIERBARE FORMATE UMWANDELN »freigeschaltet« werden.

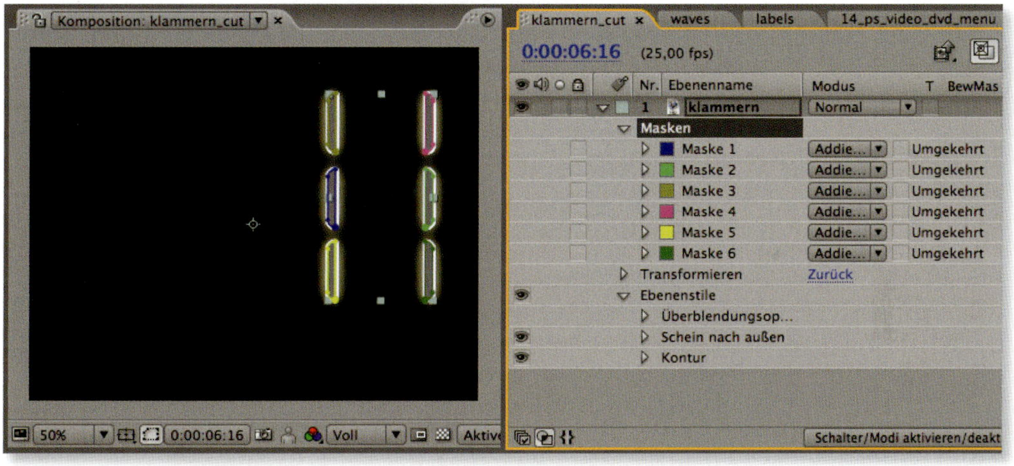

▲ **Abbildung 15.105**
Mehrteilige Vektormasken und Ebenenstile aus Photoshop in After Effects

Textebenen aus Photoshop | Auch Textebenen aus Photoshop werden in ihre Pendants in After Effects übersetzt und bleiben voll bearbeitbar. Auch hier gehen die Animationsmöglichkeiten seit der neuen Typographie-Engine, die in After Effects seit der vorigen Version 7 vorhanden ist, sehr weit über die Fähigkeiten hinaus. Man muss nur die entsprechenden Ebenen in After Effects (ähnlich wie bei den Ebenenstilen) explizit mit EBENE • IN EDITIERBAREN TEXT UMWANDELN bearbeitbar machen. After Effects übernimmt die Editierbarkeit aus Photoshop nicht standardmäßig, weil gerasterte Ebenen Rechenzeit und -aufwand sparen.

HINWEIS

Einzig Smart Objekte und Smartfilter werden beim Import in After Effects nicht editierbar übernommen, sondern gerastert.

Abbildung 15.106 ▶
Übernahme von bearbeitbarem Text aus Photoshop

15.8.4 Fazit

Die neuen Videofunktionen und die stark erweiterte Anbindung von Photoshop an Adobes Videoprogramme machen die Arbeit an der Schnittstelle zwischen Stand- und Bewegtbild einfacher, interessanter und vielseitiger. Photoshop kann mittlerweile in einem bereits beachtlichen Umfang als Entwurfswerkzeug im Motion Design verwendet werden. Besonders im Zusammenspiel mit After Effects, das ja schon lange als »Photoshop für bewegte Bilder« bezeichnet wird, bildet die nahezu einwandfreie Schnittstelle kaum noch ein Hindernis im Workflow. Bei Premiere und Encore ist die Integration längst noch nicht so weit fortgeschritten und der Workflow eher noch holprig und bis dato kaum besser als der Transfer von Daten zu Fremdprodukten wie Final Cut oder Combustion. Hier gibt es ähnliche Schwächen und Inkonsistenzen wie bei der Integration der Adobe-Produkte im Webbereich.

16 Die DVD zum Buch

Die DVD zum Buch ist eine wahre Fundgrube, die Ihnen viel Freude bei der Arbeit bereiten wird. Sie setzt sich aus folgenden Verzeichnissen zusammen:

- Adobe-Testversionen
- Beispieldateien
- Infos
- Software
- Video-Lektionen

Damit Sie einen Überblick über die einzelnen Ordner bekommen, möchte ich Ihnen die Inhalte kurz vorstellen.

16.1 Adobe-Testversionen

Das Verzeichnis enthält eine 30-Tage-Vollversion von Photoshop CS3, Fireworks CS3 und Lightroom 1.2 in deutscher Sprache für Mac und Windows.

Um eines dieser Programme zu installieren, müssen Sie zunächst die komplette Installationsdatei auf Ihre Festplatte kopieren. Klicken Sie dann die .exe-Datei doppelt. Bei den Mac-Versionen klicken Sie einfach die .dmg-Datei doppelt und dann im sich öffnenden Volume den Installer.

Sollten Sie bereits einmal eine Demoversion von Photoshop, Fireworks oder Lightroom auf Ihrem Rechner installiert gehabt haben, so ist die erneute Installation einer Testversion nicht möglich.

16.2 Beispieldateien

Im Ordner »Beispieldateien« finden Sie alle Dateien, die Sie zum Nachvollziehen der Schritt-für-Schritt-Anleitungen benötigen. Die

Bilddaten stammen von verschiedenen Online-Bilddatenbanken, vom Autor und anderen Fotografen. Wie alle Bilder unterliegen auch sie dem Urheberrecht. Beachten Sie: Die Bilder auf der DVD sind ausschließlich für Sie zum Üben vorgesehen! Sie dürfen nicht in kommerziellen Projekten verwendet und nicht weitergegeben werden. Um mit den Bildern von der DVD zu arbeiten, empfiehlt es sich, Kopien anzulegen, mit denen Sie sorglos experimentieren können.

16.3 Infos

Filter_Modes_Tools_EN_DE.pdf | Englische Bezeichnungen aller Filter und Füllmethoden für die JavaScript-Programmierung von Photoshop.

Glossar_Photoshop_CS3 | In diesem Glossar können Sie unbekannte Begriffe rund um Photoshop auf einfache Art und Weise nachschlagen.

Photoshop_CS3_Shortcuts.pdf | Diese PDF-Datei enthält eine Sammlung der häufigsten Tastenkürzel, eine Aufstellung, die Ihnen so manchen Klick ersparen wird.

Photoshop_CS3_Shortcuts_Werkzeuge.pdf | Eine Übersicht der Tastenkürzel der Werkzeug, zusammen mit einer Übersetzung der Werkzeuge Englisch – Deutsch und Deutsch – Englisch.

16.4 Software

16.4.1 Farbe

Color Consultant Pro

Programm zur Erstellung von Farbschemata und Farbpaletten

- Infos: *http://www.code-line.com*
- Sprache: Englisch
- Mac

ColorSchemer

Programm zur Erstellung von Farbschemata und Farbpaletten

- Infos: *http://www.colorschemer.com*
- Sprache: Englisch
- Mac und Windows

ECI_Offset 2004
ISO-Farbprofile für den Offsetdruck

ECI_Monitortest_Mac und PC
Schreibtisch-Hintergrund mit Grauskala und Gamma-Test

eciRGBv10.sit und .zip
RGB-Farbprofil für PC und Mac

RAL_Farbtabelle_HEX_RGB.pdf
Übersetzungstabelle für das Industrie-Farbschema RAL in RGB- und Hexadezimal-Werte

16.4.2 Plug-Ins

Aurelon
CoCo ist ein Profi-Farbkorrektur-PlugIn von Aurelon, vor allem für die Arbeit in der Druckvorstufe geeignet.

- Info: *http://www.aurelon.com*
- Sprache: Englisch
- Mac

EditLab
Dieses Photoshop-PlugIn fasst Weißabgleich, Farb- und Tonwertkorrektur sowie Gradationskurven in einem einzigen Schritt-für-Schritt-Dialog zusammen.

- Info: *http://www.pictocolor.com/editlabpro.htm*
- Sprache: Englisch
- Mac und Windows

FilterFoundry
Über die Eingabe von mathematischen Formeln kann man mit FilterFoundry seine eigenen Filter in Photoshop erstellen.

- Info: *http://thepluginsite.com/knowhow/ffpg/ffpg.htm*
- Sprache: Englisch
- Mac und Windows

LensFix und PanoTools
Photoshop-PlugIns für hochpräzise Objektivkorrekturen und vielfältiges Remapping von Bildern

- Info: *http://www.kekus.com/software/plugin.html*
- Sprache: Englisch
- Mac

MaskPro

Sehr leistungsfähiges Freistellungs- und Maskierungswerkzeug

- Infos: *http://www.ononesoftware.com*
- Sprache: Deutsch und Englisch
- Mac und Windows

NeatImage

Professionelles Werkzeug zur Rauschbekämpfung

- Infos: *http://www.neatimage.com*
- Sprache: Englisch
- Mac und Windows

NikColorEfex

Reichhaltige Filtersammlung, spezialisiert auf visuelle Efekte aus der Analog-Fotografie

- Infos: *http://www.niksoftware.com*
- Sprache: Deutsch und Englisch
- Mac und Windows

NoiseNinja

Anti-Rausch-Werkzeug für Profi-Ansprüche als Photoshop-PlugIn

- Infos: *http://www.picturecode.com*
- Sprache: Englisch
- Mac und Windows

PhotoTune

Farbkorrektur-PlugIn ähnlich den »Variationen« in Photoshop

- Infos: *www.phototune.com*
- Sprache: Englisch
- Mac und Windows

PTLens

Optik-Korrektur-PlugIn

- Infos: *http://www.epaperpress.com/ptlens*
- Sprache: Englisch
- Windows

SuperBladePro

Photoshop-PlugIn zur Gestaltung von Buttons, Kanten und Oberflächen

- Infos: *http://www.flamingpear.com/blade.html*
- Sprache: Englisch
- Mac und Windows

16.4.3 Programme

Art Directors Toolkit

Universelles Hilfsprogramm für Grafiker: Vielfältige Funktionen für Farben, Schrift, Maßeinheiten, Formate

- Infos: *http://www.code-line.com*
- Sprache: Deutsch und Englisch
- Mac

Hugin

Open Source-Werkzeug für die Panorama-Montage

- Infos: *http://hugin.sourceforge.net*
- Sprache: Englisch
- Mac, Windows, Linux

Photomatix

Programm zur Erstellung von HDR-Bildern aus Fotoserien mit mehreren Belichtungseinstellungen

- Infos: *http://www.franzis.de/photomatix*
- Sprache: Deutsch und Englisch
- Mac und Windows

PTGui

Professionelles Programm für die Montage von Panoramen aus Einzelbildern

- Infos: *http://ptgui.com*
- Sprache: Englisch
- Mac und Windows

REALVIZ_Sticher

Panorama-Software mit einfachem User-Interface und professionellen Ergebnissen

- *http://stitcher.realviz.com*
- Sprache: Englisch
- Mac und Windows

16.5 Video-Lektionen

In diesem Ordner finden Sie ein attraktives Special: Als Ergänzung zum Buch möchten wir Ihnen relevante Lehrfilme zur Verfügung stellen. So haben Sie die Möglichkeit, dieses neue Lernmedium kennenzulernen und gleichzeitig Ihr Wissen um Photoshop CS3 zu vertiefen. Sie schauen dem Trainer bei der Arbeit zu und verstehen intuitiv, wie man die erklärten Funktionen anwendet.

16.5.1 Training starten

Um das Training zu starten, gehen Sie auf der Buch-DVD in den Ordner Video-Lektionen und klicken dort auf der obersten Ebenen als Windows-Benutzer die Datei »Start-PC.exe« an (als Mac-Anwender die Datei »Start-Mac«). Alle anderen Dateien können Sie ignorieren.

Das Video-Training startet und Sie finden sich auf der Oberfläche wieder.

Die Vollversionen der Video-Trainings
Die Lektionen wurden von Maike Jarsetz aufgenommen. Von Ihr stammt u.a. auch das Training »Das Photoshop-Training für digitale Fotografie«, ISBN 978-3-8362-1045-4.

16.5.2 Inhalt des Trainings

Bitte klicken Sie im rechten Bereich auf einen Lektionen-Namen, und schon läuft die Video-Lektion los. Sie finden folgende Filme:

Kapitel 1: Neu in Photoshop CS3

1.1	Die neue Benutzeroberfläche	(06:16 Min.)
1.2	Das Schnellauswahlwerkzeug	(06:17 Min.)
1.3	Die neuen Smartfilter	(05:40 Min.)
1.4	Der Fluchtpunkt-Filter	(03:30 Min.)
1.5	Die Funktion »Helligkeit/Kontrast«	(02:50 Min.)
1.6	Gradationskurven	(06:38 Min.)
1.7	Schwarzweiß-Umwandlung	(03:52 Min.)
1.8	Bildmapping	(02:43 Min.)
1.9	Einzelbilder zusammenfügen	(04:22 Min.)
1.10	Ein Panorama erstellen	(02:49 Min.)

Kapitel 2: Neuerungen in Camera Raw und in der Bridge

2.1	Die Bridge anpassen	(04:58 Min.)
2.2	Der Metadaten-Filter der Bridge	(05:16 Min.)
2.3	Vorschau in der Bridge	(03:15 Min.)
2.4	JPG entwickeln in Camera Raw	(04:44 Min.)
2.5	Tiefen und Lichter korrigieren mit Camera Raw	(05:36 Min.)
2.6	Retusche im Raw-Konverter	(03:16 Min.)

Sollten Sie Probleme bei der Verwendung des Video-Trainings haben, so finden Sie Hilfe unter *www.galileodesign.de/hilfe/Videotrainings_FAQ*.

Viel Spass beim Lernen am Bildschirm!

Index

B

C

D

E

G

H

I

J

K

L

M

Q

R

S

T

U

V

W

X

Z

Bibliografische Information der Deutschen Bibliothek
Die Deutsche Bibliothek verzeichnet diese Publikation in der Deutschen Nationalbibliografie; detaillierte bibliografische Daten sind im Internet über http://dnb.ddb.de abrufbar.

ISBN 978-3-8362-1008-9

1. Auflage 2008

Der Name Galileo Press geht auf den italienischen Mathematiker und Philosophen Galileo Galilei (1564–1642) zurück. Er gilt als Gründungsfigur der neuzeitlichen Wissenschaft und wurde berühmt als Verfechter des modernen, heliozentrischen Weltbilds. Legendär ist sein Ausspruch Eppur se muove (Und sie bewegt sich doch). Das Emblem von Galileo Press ist der Jupiter, umkreist von den vier Galileischen Monden. Galilei entdeckte die nach ihm benannten Monde 1610.

Lektorat Ruth Lahres
Korrektorat Friederike Daenecke, Zülpich
Herstellung Vera Brauner
Einbandgestaltung Hannes Fuß, www.exclam.de
Typografie und Layout Vera Brauner
Satz Satzpro, Krefeld
Druck Himmer AG, Augsburg
Fotos © 2008 Thomas Bredenfeld und Lizenzgeber

Dieses Buch wurde gesetzt aus der Linotype Syntax (9,25pt/13 pt) in Adobe InDesign CS3. Gedruckt wurde es auf Bilderdruckpapier (115 g/m^2).

Gerne stehen wir Ihnen mit Rat und Tat zur Seite:
ruth.lahres@galileo-press.de
bei Anmerkungen zum Inhalt des Buches

service@galileo-press.de
für versandkostenfreie Bestellungen und Reklamationen

ralf.kaulisch@galileo-press.de
für Rezensions- und Schulungsexemplare